Die Schweiz und die UNO-Menschenrechtspakte

La Suisse et les Pactes des Nations Unies relatifs aux droits de l'homme

Walter Kälin / Giorgio Malinverni / Manfred Nowak

Die Schweiz und die UNO-Menschenrechtspakte

La Suisse et les Pactes des Nations Unies relatifs aux droits de l'homme

Zweite, stark erweiterte Auflage

Deuxième édition entièrement remaniée

Helbing & Lichtenhahn
Basel und Frankfurt am Main

Bruylant, Bruxelles

Die Deutsche Bibliothek – CIP Einheitsaufnahme

Kälin, Walter
Die Schweiz und die UNO-Menschenrechtspakte =
La Suisse et les Pactes des Nations Unies relatifs aux droits de l'homme /
Walter Kälin/Giorgio Malinverni/Manfred Nowak. -
2., stark erw. Aufl. - Basel ; Frankfurt am Main :
Helbing und Lichtenhahn ; Bruxelles : Bruylant, 1997
ISBN 3-7190-1561-0 (Helbing und Lichtenhahn)
ISBN 2-8027-1091-5 (Bruylant)

ISBN 3-7190-1561-0 (Helbing und Lichtenhahn)
ISBN 2-8027-1091-5 (Bruylant)
Bestellnummer 21 01561(Helbing und Lichtenhahn)

Printed in Germany

Vorwort zur zweiten Auflage

Am 18. September 1992 sind die beiden UNO-Menschenrechtspakte für die Schweiz in Kraft getreten. Auch wenn die Ratifikation der Pakte vor allem aussenpolitisch motiviert war, hat sich seither gezeigt, dass den Garantien dieser Dokumente durchaus praktische Bedeutung für Gesetzgeber und Rechtsanwender zukommt.

Die vorliegende, vollständig überarbeitete, stark erweiterte zweite Auflage richtet sich an Praktikerinnen und Praktiker in Verwaltung, Gerichten und Anwaltschaft. Im Textteil setzt sie den Akzent auf die Bedeutung der Pakte für die innerstaatliche Anwendung. Dem dokumentarischen Teil sind nicht nur zusätzliche wichtige Entscheide des Menschenrechtskomitees, sondern auch die deutsche Übersetzung der Allgemeinen Bemerkungen zu den beiden Pakten beigefügt worden.

Zu danken haben wir Herrn Dr. Markus G. Schmidt, Menschenrechtszentrum in Genf, für vielfältige Unterstützung beim Beschaffen von Dokumenten und Informationen; Frau Elisabeth Gasser-Wolf für das grosse Engagement bei der Übersetzung der Allgemeinen Bemerkungen und Frau Monika Wyss und Frau Daniela Delgado für vielfältige und umfangreiche Schreibarbeiten. Die zweite Auflage wäre überdies nicht zustandegekommen ohne die Mitarbeit und Unterstützung durch unsere Assistentinnen und Assistenten: Herr Dr. Alberto Achermann, Frau lic.iur. Martina Caroni, Herr Rechtsanwalt Jörg Künzli, Herr lic. iur. Andreas Rieder vom Seminar für öffentliches Recht der Universität Bern, Frau Dr. Eva Kornicker sowie Herr Rechtsanwalt Philip Lüdin und Herr Rechtsanwalt Jean-Marc Verniory, Universität Genf.

August 1997

Walter Kälin, Bern
Giorgio Malinverni, Genf
Manfred Nowak, Wien

Préface à la deuxième édition

Les deux Pactes des Nations Unies relatifs aux droits de l'homme sont entrés en vigueur pour la Suisse le 18 septembre 1992. Même si la ratification de ces deux instruments internationaux a été dictée avant tout par des considérations de politique étrangère, il s'est avéré que les garanties qu'ils consacrent ont eu une incidence pratique, à la fois pour le législateur et pour les organes d'application du droit.

Cette deuxième édition, considérablement augmentée, de notre ouvrage, s'adresse aux praticiens du droit au sein des administrations et des tribunaux, ainsi qu'aux avocats. Dans la partie doctrinale, l'accent a été mis sur la signification des Pactes pour l'ordre juridique interne. Dans la partie documentaire, nous avons ajouté des constatations récentes du Comité des droits de l'homme, ainsi que la traduction allemande des Observations générales.

Nous désirons exprimer ici notre reconnaissance à Monsieur Markus G. Schmitt, du Centre des droits de l'homme des Nations Unies à Genève, pour les informations qu'il nous a fournies et les documents qu'il nous a procurés; à Madame Elisabeth Gasser-Wolf, qui s'est attelée à la lourde tâche de traduire les Observations générales, ainsi qu'à Mesdames Monika Wyss et Daniela Delgado pour leurs travaux de dactylographie. Cette deuxième édition de notre ouvrage n'aurait peut-être pas vu le jour sans la précieuse collaboration de nos assistantes et assistants: Messieurs Alberto Achermann, Jörg Künzli, Andreas Rieder et Madame Martina Caroni, de l'Université de Berne, ainsi que Madame Eva Kornicker et Messieurs Philip Lüdin et Jean-Marc Verniory, de l'Université de Genève.

Août 1997

Walter Kälin, Berne
Giorgio Malinverni, Genève
Manfred Nowak, Vienne

Vorwort zur ersten Auflage

Die Schweiz wird die UNO-Menschenrechtspakte von 1966 demnächst ratifizieren. Nach Jahren des Zuwartens hat der Bundesrat Ende Januar 1991 eine entsprechende Botschaft an die Bundesversammlung verabschiedet. Mit dem Beitritt der Schweiz zu diesen wichtigsten Instrumenten des *universellen* Menschenrechtsschutzes wird eine solide Rechtsgrundlage für die schweizerische Menschenrechtspolitik geschaffen werden.

Die Ratifikation der Pakte vermag darüber hinaus den innerstaatlichen Rechtsschutz zumindest punktuell zu verstärken. Zwar wird auch künftig die Europäische Menschenrechtskonvention die primäre internationale Rechtsquelle für den Menschenrechtsschutz in der Schweiz bleiben, die Pakte werden aber Rechtsprechung und Gesetzgebung vielfältige Impulse geben und damit für Gerichte, Anwälte, Verwaltungsbehörden und Politiker von praktischer Relevanz sein. In diesem Sinne will der vorliegende Band Informationen über die rechtliche Tragweite der Menschenrechtspakte bzw. die juristischen Konsequenzen ihrer Ratifikation bereitstellen und den Einstieg in den praktischen Umgang mit diesen internationalen Instrumenten erleichtern. Diesem Zweck dienen nicht nur die einführenden Aufsätze, sondern auch der umfangreiche dokumentarische Teil.

Allen, die zum Gelingen dieses Bandes beigetragen haben, schulden wir unseren aufrichtigen Dank: Die Initiative der Schweizer Sektion von amnesty international, im Februar 1990 eine Tagung zum Thema dieses Buches zu organisieren, gab den Anstoss, die dort vorgetragenen Referate auszubauen und zusammen mit Hintergrundmaterialien zu publizieren. Der Dienst für Menschenrechte des EDA unterstützte uns bereitwillig mit Auskünften verschiedener Art. Fürsprecher Markus Feller und lic.iur. Lisbeth Sidler vom Seminar für öffentliches Recht der Universität Bern betreuten den dokumentarischen Teil. Frau Karin Müller, licenciée en droit und Assistentin an der Universität Genf, verfasste die französischsprachigen Zusammenfassungen. Frau Chantal von Fellenberg übernahm die französischen Schreibarbeiten, und Frau Monika Wyss besorgte die Herstellung der Druckvorlagen.

Im Februar 1991

Walter Kälin, Bern
Giorgio Malinverni, Genf
Manfred Nowak, Wien

Inhaltsübersicht
Sommaire

Erster Teil: Grundlagen
Première partie: Généralités

Zweiter Teil: Die Bedeutung der Pakte für die Schweiz
Deuxième partie: La portée des Pactes pour la Suisse

Dritter Teil: Dokumente in Deutsch

Quatrième partie: documents en français

Inhaltsverzeichnis
Table des matières

Zweiter Teil: Die Bedeutung der Pakte für die Schweiz
Deuxième partie: La portée des Pactes pour la Suisse

Dritter Teil: Dokumente in Deutsch

Quatrième partie: Documents en français

Abkürzungsverzeichnis
Abréviations

a.a.O.	am angegebenen Ort
Abs.	Absatz
a.M.	anderer Meinung
ACHR	American Convention on Human Rights
AG	Kanton Aargau
AHV	Alters- und Hinterlassenenversicherung
AHVG	Bundesgesetz über die Alters- und Hinterlassenenversicherung
AJIL	American Journal of International Law
AJP/PJA	Aktuelle Juristische Praxis/Pratique juridique actuelle
AMRK	Amerikanische Menschenrechtskonvention
ANAG	Bundesgesetz über Aufenthalt und Niederlassung der Ausländer
ANAV	Vollziehungsverordnung zum Bundesgesetz über Aufenthalt und Niederlassung der Ausländer
Anm.	Anmerkung
AR	Kanton Appenzell Ausserrhoden
Art.	Artikel
AS	Amtliche Sammlung der Bundesgesetze und Verordnungen
ASA	Archiv für Schweizerisches Abgaberecht
ASDI	Annuaire suisse de droit international
AsylG	Asylgesetz
ATF	Arrêts du Tribunal fédéral
Aufl.	Auflage
AVIG	Arbeitslosenversicherungsgesetz
AVR	Archiv des Völkerrechts
BBl	Bundesblatt der Schweizerischen Eidgenossenschaft
Bd.	Band
BdBSt	Bundesratsbeschluss über die Erhebung einer direkten Bundessteuer
BE	Kanton Bern
BG	Bundesgesetz
BGE	Bundesgerichtsentscheid

BL	Kanton Basel-Land
BSG	Bernische Systematische Gesetzessammlung
Bst.	Buchstabe
BStrP	Bundesgesetz über die Bundesstrafrechtspflege
BV	Bundesverfassung
BYIL	British Yearbook of International Law
bzw.	beziehungsweise
CCPR	Convenant on Civil and Political Rights (Pakt II)
CEDH	Convention européenne des droits de l'homme
CIJ	Cour internationale de justice
Commission eur. D.H.	Commission européenne des droits de l'homme
Cour eur. D.H.	Cour européenne des droits de l'homme
CPM	Code pénal militaire
CPS	Code pénal suisse
CPT	European Committee for the Prevention of Torture
Cst.	Constitution
d.h.	das heisst
ders.	derselbe
DGB	Bundesgesetz über die direkte Bundessteuer
Diss.	Dissertation
DR	Decisions and Reports
E.	Erwägung
ECHR	European Convention on Human Rights
ECOSOC	Economic and Social Council (Wirtschafts- und Sozialrat der UNO)
Ed./ed.	Editor
Eds./eds.	Editors
EMRK	Europäische Menschenrechtskonvention
ER	Europarat
ESC	Europäische Sozialcharta
et al.	et altera
EuGRZ	Europäische Grundrechte Zeitschrift
ev.	eventuell

FAO	Food and Agriculture Organization of the United Nations (UNO-Ernährungs- und Landwirtschafts-organisation)
f.	folgende
ff.	fortfolgende
FF	Feuille fédérale
Fn.	Fussnote
FP	Fakultativprotokoll
GV	Generalversammlung (UNO)
HRLJ	Human Rights Law Journal
HRQ	Human Rights Quarterly
Hrsg.	Herausgeber
ibid.	ibidem
ICJ	International Commission of Jurists
ICLQ	International and Comparative Law Quarterly
IDEDH	Institut de droit européen des droits de l'homme (Montpellier)
IGH	Internationaler Gerichtshof
ILC	International Law Commission
ILO	International Labour Organisation (Internationale Arbeitsorganisation)
i.d.R.	in der Regel
i.V.m.	in Verbindung mit
insbes.	insbesondere
IRSG	Bundesgesetz über die internationale Rechtshilfe in Strafsachen
IVG	Invalidenversicherungsgesetz
IWF	Internationaler Währungsfonds
JU	Kanton Jura
KSZE	Konferenz für Sicherheit und Zusammenarbeit in Europa
KV	Kantonsverfassung
lit.	litera
LSEE	Loi sur le séjour et l'établissement des étrangers
m.E.	meines Erachtens

MstG	Militärstrafgesetz
NGOs	Non-Governmental Organizations (nicht-staatliche Organisationen)
Nr.	Nummer
OIT	Organisation internationale du travail
OJ	Loi fédérale d'organisation judiciaire
OG	Bundesgesetz über die Organisation der Bundesrechtspflege
OR	Obligationenrecht
Pakt I/Pacte I	UNO-Pakt über wirtschaftliche, soziale und kulturelle Rechte/Pacte international relatif aux droits économiques, sociaux et culturels
Pakt II/Pacte II	UNO-Pakt über bürgerliche und politische Rechte/ Pacte international relatif aux droits civils et politiques
PKK	Arbeiterpartei Kurdistans (Türkei)
RDS	Revue de droit suisse
Res.	Resolution
resp.	respektive
RGDIP	Revue générale de droit international public
RO	Recueil officiel des lois fédérales
RS	Recueil systématique des lois fédérales
RSDIE	Revue suisse de droit international et de droit européen
RUDH	Revue universelle des droits de l'homme
Rz.	Randziffer
S.	Seite
SJ	Semaine Judiciaire
SJZ	Schweizerische Juristen-Zeitung
SKöF	Schweizerische Konferenz für öffentliche Fürsorge
SO	Kanton Solothurn
sog.	sogenannt
SR	Systematische Sammlung des Bundesrechts
StGB	Schweizerisches Strafgesetzbuch
StPO	Strafprozessordnung
SZS	Schweizerische Zeitschrift für Sozialversicherung

TG	Kanton Thurgau
u.a.	unter anderem
u.E.	unseres Erachtens
UN	United Nations/Vereinte Nationen
UN.Doc.	Dokument der UNO
UNDP	United Nations Development Programme (UNO-Entwicklungsprogramm)
UNESCO	United Nations Educational, Scientific and Cultural Organization (Organisation für Erziehung, Wissenschaft und Kultur)
UNICEF	United Nations International Children's Emergency Fund (Weltkinderhilfswerk der UNO)
UNO	United Nations Organization/Organisation der Vereinten Nationen
U.S.	United States
USA	United States of America
u.U.	unter Umständen
v.	versus
v.a.	vor allem
VE	Verfassungsentwurf
vgl.	vergleiche
VPB	Verwaltungspraxis der Bundesbehörden
WHO	World Health Organization (Weltgesundheitsorganisation)
ZaöRV	Zeitschrift für ausländisches öffentliches Recht und Völkerrecht
z.B.	zum Beispiel
ZBl	Schweizerisches Zentralblatt für Staats- und Verwaltungsrecht
ZGB	Schweizerisches Zivilgesetzbuch
Ziff.	Ziffer
ZP	Zusatzprotokoll
ZSR	Zeitschrift für Schweizerisches Recht
ZStrR	Schweizerische Zeitschrift für Strafrecht
z.T.	zum Teil

Literaturverzeichnis
Bibliographie

Weiterführende Literaturhinweise finden sich in den Anmerkungen zu den Beiträgen in diesem Buch sowie in: / D'autres indications bibliographiques se trouvent dans les notes des diverses contributions de ce livre et dans: MANFRED NOWAK, U.N. Covenant on Civil and Political Rights, CCPR Commentary, Kehl/Strasbourg/Arlington, 1993, 927 ff.

ALSTON PHILIP
Out of the Abyss: The Challenges Confronting the New U.N. Committee on Economic, Social and Cultural Rights, Human Rights Quarterly (HRQ) 1987, 332 ff.

ALSTON PHILIP
U.S. Ratification of the Covenant on Economic, Social and Cultural Rights: The Need for an Entirely New Strategy, American Journal of International Law (AJIL) 1990, 365 ff.

ALSTON PHILIP
The Committee on Economic, Social and Cultural Rights, in: DERS. (ed.), The United Nations and Human Rights, A Critical Appraisal, Oxford 1992, 473 ff.

ALSTON PHILIP/QUINN GERARD
The Nature and Scope of State Parties' Obligations under the International Covenant on Economic, Social and Cultural Rights, Human Rights Quarterly (HRQ) 1987, 156 ff.

BARTSCH HANS-JÜRGEN
Die Entwicklung des internationalen Menschenrechtsschutzes, Neue Juristische Wochenschrift (NJW) 1977, 474 ff.; 1978, 449 ff.; 1979, 449 ff.; 1980, 489 ff.; 1981, 488 ff.; 1982, 478 ff.; 1983, 473 ff.; 1985, 1751 ff.; 1986, 1379 ff.; 1989, 3061 ff.

BAYEFSKY ANNE F.
The Principles of Equality or Non-Discrimination in International Law, Human Rights Law Journal (HRLJ), 1990, 1 ff.

BOSSUYT MARC J.
Guide to the travaux préparatoires of the International Covenant on Civil and Political Rights, Dordrecht 1987.

CASSESE ANTONIO
Self Determination of Peoples, A Legal Reappraisal, Cambridge 1995.

CRAVEN MATTHEW C.R.
The International Covenant on Economic, Social and Cultural Rights, A Perspective on its Development, Oxford 1995.

DE ZAYAS ALFRED/MÖLLER JAKOB TH./OPSAHL TORKEL
Application of the International Covenant on Civil and Political Rights under the Optional Protocol by the Human Rights Committee, German Yearbook of International Law (GYBIL) 1985, 9 ff.

DHOMMEAUX JEAN
Le Comité des Droits de l'homme: 10 ans de jurisprudence (25 août 1977–9 juillet 1987), Annuaire Français de Droit International (AFDI) 1987, 183 ss.

DIMITRIJEVIC VOJIN
The Roles of the Human Rights Committee, Bd. 37 der Vorträge vor dem Europa-Institut des Saarlandes, Saarbrücken 1985.

DRZEWICKI KRZYSZTOF/KRAUSE CATARINA/ROSAS ALLAN (eds.)
Social Rights as Human Rights, A European Challenge, Abo 1994.

EIDE ASBJÖRN/KRAUSE CATARINA/ROSAS ALLAN (eds.)
Economic, Social and Cultural Rights, A Textbook, Dordrecht/Boston/London 1995.

EMPELL HANS-MICHAEL
Die Kompetenzen des UN-Menschenrechtsausschusses im Staatenberichtsverfahren (Art. 40 des Internationalen Paktes über bürgerliche und politische Rechte), Frankfurt am Main 1987.

ERMACORA FELIX
Über das Kumulationsverbot in Menschenrechtsverfahren, in: Festschrift für Stephan Verosta, Wien 1983, 187 ff.

ERMACORA FELIX
The Protection of Minorities before the United Nations, Recueil des Cours (RdC) 1985, 250 ff.

FISCHER DANA D.
Reporting Under the Covenant on Civil and Political Rights: The First Five Years of the Human Rights Committee, American Journal of International Law (AJIL) 1982, 142 ff.

FLORETTA HANS/ÖHLINGER THEO
Die Menschenrechtspakte der Vereinten Nationen, Wien 1978.

GANDHI P.R.
The Human Rights Committee and the Right of Individual Communication, British Yearbook of International Law (BYIL) 1986, 201 ff.

GANDHI P.R.
The Human Rights Committee and Derogation in Public Emergencies, German Yearbook of International Law (GYIL) 1989, 323 ff.

GEBERT PIUS
Das Recht auf Bildung nach Art. 13 des UNO-Paktes über wirtschaftliche, soziale und kulturelle Rechte, St. Gallen 1996.

GOMEZ DEL PRADO JOSÉ L.
United Nations Conventions on Human Rights: The Practice of the Human Rights Committee and the Committee on the Elimination of Racial Discrimination in Dealing with Reporting Obligations of States Parties, Human Rights Quarterly (HRQ) 1985, 492 ff.

GRAEFRATH BERNHARD
Menschenrechte und internationale Kooperation, 10 Jahre Praxis des Internationalen Menschenrechtskomitees, Berlin (DDR) 1988.

HANNUM HURST/FISCHER DANA D. (eds.)
U.S. Ratification of the International Covenants on Human Rights, New York 1993.

HARRIS DAVID/JOSEPH SARAH (eds.)
The International Covenant on Civil and Political Rights and United Kingdom Law, Oxford 1995.

HARTMANN JOAN F.
Derogation from Human Rights Treaties in Public Emergencies – A Critique of Implementation by the European Commission and Court of Human Rights and the Human Rights Committee of the United Nations, Harvard International Law Journal (HILJ) 1981, 1 ff.

HEFFERNAN LIZ
A comparative View of Individual Petition Procedures under the European Convention on Human Rights and the International Covenant on Civil and Political Rights, Human Rights Quarterly (HRQ) 1997, 78 ff.

HENKIN LOUIS (ed.)
The International Bill of Rights – The Covenant on Civil and Political Rights, New York 1981.

HIGGINS ROSALYN
Derogations under Human Rights Treaties, British Yearbook of International Law (BYBIL) 1976/77, 281 ff.

HOLOUBEK MICHAEL
Der Schutz der persönlichen Freiheit im UN-Pakt über bürgerliche und politische Rechte, Österreichische Zeitschrift für öffentliches Recht und Völkerrecht (ÖZöRV) 1989, 89 ff.

JHABVALA FARROKH
The Practice of the Covenant's Human Rights Committee, 1976–82: Review of State Party Reports, Human Rights Quarterly (HRQ) 1984, 81 ff.

JOSEPH SARAH
New Procedures concerning the Human Rights Committee's Examination of State Reports, Netherlands Quarterly of Human Rights (NQHR) 1995, 5 ff.

LIJNZAAD LIESBETH
Reservations to UN-Human Rights Treaties, Ratify and Ruin?, Dordrecht/Boston/London 1995.

MALINVERNI GIORGIO
La Suisse et les droits de l'homme, Annuaire suisse de droit international (ASDI) 1989, 153 ss.

MALINVERNI GIORGIO
Freedom of Information in the European Convention on Human Rights and in the International Covenant on Civil and Political Rights, Human Rights Law Journal (HRLJ) 1983, 443 ff.

MALINVERNI GIORGIO
Le Pacte international relatif aux droits civils et politiques et le principe de l'égalité des sexes en droit suisse, in: Présence et actualité de la Constitution dans l'ordre juridique, Mélanges offerts à la Société suisse des juristes pour son Congrès 1991 à Genève, Bâle 1991, 153.

MCGOLDRICK DOMINIC
The Human Rights Committee, Its Role in the Development of the International Covenant on Civil and Political Rights, Oxford 1991.

MERON THEODOR (ed.)
Human Rights in International Law: Legal and Policy Issues, 2 volumes, Oxford 1984.

MOCK PETER
Quelques réflexions sur les réserves déposées par la Suisse lors de la ratification du Pacte international relatif aux droits civils et politiques, Aktuelle Juristische Praxis (AJP) 1994, 984 ss.

MÜNGER KURT
Bürgerliche und politische Rechte im Weltpakt der Vereinten Nationen und im schweizerischen Recht, Zürich 1973.

NOWAK MANFRED
Die Durchsetzung des Internationalen Paktes über bürgerliche und politische Rechte / Bestandesaufnahme der ersten 10 Tagungen des UN-Ausschusses für Menschenrechte, Europäische Grundrechte Zeitschrift (EuGRZ) 1980, 532 ff.

NOWAK MANFRED
UN-Ausschuss für Menschenrechte – Rechtsprechungsberichte, Europäische Grundrechte Zeitschrift (EuGRZ) 1981, 427 ff.; 1983, 11 ff.; 1984, 421 ff.; 1986, 605 ff.; 1989, 430 ff.

NOWAK MANFRED
Erfüllt Österreich seine Verpflichtungen nach dem UN-Pakt über bürgerliche und politische Rechte?, Europäische Grundrechte Zeitschrift (EuGRZ) 1981, 513.

NOWAK MANFRED
UNO-Pakt über bürgerliche und politische Rechte und Fakultativprotokoll, CCPR-Kommentar, Kehl/Strasbourg/Arlington, 1989.

NOWAK MANFRED
The Interrelationship between the Covenant on Civil and Political Rights and the European Convention on Human Rights, in: STAVROULA VASSILOUNI (ed.), Aspects of the Protection of Individual and Social Rights, Athen 1995, 131 ff.

NOWAK MANFRED
U.N. Covenant on Civil and Political Rights, CCPR Commentary, Kehl/Strasbourg/Arlington 1993.

OPSAHL TORKEL/DE ZAYAS ALFRED
The Uncertain Scope of Article 15(1) of the International Covenant on Civil and Political Rights, Canadian Human Rights Yearbook (CHRYB) 1983, 237 ff.

OPSAHL TORKEL
The General Comments of the Human Rights Committee, in: Des Menschen Recht zwischen Freiheit und Verantwortung, Festschrift für Karl Josef Partsch, Berlin 1989, 273 ff.

OPSAHL TORKEL
Equality in Human Rights Law, with Particular Reference to Article 26 of the International Covenant on Civil and Political Rights, in: MANFRED NOWAK/DOROTHEA STEURER/HANNES TRETTER (Hrsg.), Fortschritt im Bewusstsein der Grund- und Menschenrechte, Festschrift für Felix Ermacora, Kehl/Strasbourg/Arlington 1988, 51 ff.

OPSAHL TORKEL
The Human Rights Committee, in: PHILIP ALSTON (ed.), The United Nations and Human Rights, A Critical Appraisal, Oxford 1992, 369 ff.

ORAA JAIME
Human Rights in States of Emergency in International Law, Oxford 1992.

OXENKNECHT RENATE
Der Schutz ethnischer, religiöser und sprachlicher Minderheiten in Art. 27 des Internationalen Paktes über bürgerliche und politische Rechte vom 16. Dezember 1966, Frankfurt am Main 1988.

PAPPA CHRISTOPH
Das Individualbeschwerdeverfahren des Fakultativprotokolls zum internationalen Pakt über bürgerliche und politische Rechte, Diss. Bern 1995.

RAMCHARAN B.G.
The Concept and Present Status of International Protection of Human Rights, Forty Years after the Universal Declaration, Dordrecht/Boston/London 1989.

RAMCHARAN B.G.
State Responsibility for Violations of Human Rights Treaties, in: Contemporary Problems of International Law: Essays in Honour of Georg Schwarzenberger, London 1988, 242 ff.

RAMCHARAN B.G.
Implementing the International Covenants on Human Rights, in: DERS., (ed.), Human Rights: Thirty Years after the Universal Declaration, The Hague/Boston/London 1979, 173 ff.

ROUILLER CLAUDE
Le Pacte international relatif aux droits civils et politiques, Revue de droit suisse (RDS) 1992 I, 107 ff.

SCHMIDT MARKUS
The Complementarity of the Covenant and the European Convention on Human Rights – Recent Developments, in: DAVID HARRIS/SARAH JOSEPH (eds.), The International Covenant on Civil and Political Rights and United Kingdom Law, Oxford 1995, 629 ff.

SCHMIDT MARKUS
Kein stilles Dulden, Beschwerdeverfahren vor Menschenrechtsgremien der Vereinten Nationen, Vereinte Nationen (VN) 1994, 7 ff.

SHELTON DINAH L.
Individual Complaint Machinery under the United Nations 1503 Procedure and the Optional Protocol to the International Covenant on Civil and Political Rights, in: HURST HANNUM (ed.), Guide to International Human Rights Practice, Philadelphia 1984, 59 ff.

SIEGHART PAUL
The International Law of Human Rights, Oxford 1983.

SIMMA BRUNO
Menschenrechtspolitik mit wirtschaftlichen Mitteln: ihr völkerrechtlicher Rahmen, in: DIETER BLUMENWITZ/GOTTFRIED ZIEGER (Hrsg.), Menschenrechte und wirtschaftliche Gegenleistungen, Köln 1987, 73 ff.

SIMMA BRUNO
Fragen der zwischenstaatlichen Durchsetzung vertraglich vereinbarter Menschenrechte, in: Festschrift für Hans-Jürgen Schlochauer, Berlin/New York 1981, 635 ff.

SIMMA BRUNO
The Implementation of the International Covenant on Economic, Social and Cultural Rights, in: FRANZ MATSCHER (Hrsg.), Die Durchsetzung wirtschaftlicher und sozialer Grundrechte, Kehl/Strasbourg/Arlington 1991, 75 ff.

SUDRE FRÉDÉRIC
Droit international et européen des droits de l'homme, 3e éd., Paris 1997.

SUDRE FRÉDÉRIC
La protection des droits de l'homme par le Comité des droits de l'homme des Nations Unies: les communications individuelles, Institut de droit européen des droits de l'homme (IDEDH), Montpellier 1995.

TOMUSCHAT CHRISTIAN
Der Ausschuss für Menschenrechte – Recht und Praxis, Vereinte Nationen (VN) 1981, 141 ff.

TOMUSCHAT CHRISTIAN
Equality and Non-Discrimination under the International Covenant on Civil and Political Rights, in: Festschrift für Hans-Jürgen Schlochauer, Berlin/ New York 1981, 949 ff.

VASAK KAREL/ALSTON PHILIP (ed.)
The International Dimensions of Human Rights, 2 volumes, Paris (Unesco) 1982.

ZUIJDWIJK TON J.M.
Petitioning the United Nations, New York 1982.

Erster Teil: Grundlagen
Première partie: Généralités

Inhalt, Bedeutung und Durchsetzungsmechanismen der beiden UNO-Menschenrechtspakte

Manfred NOWAK[1]

I. Bedeutung der Pakte

1. Menschenrechtsschutz als Aufgabe des Völkerrechts

Die Förderung und der internationale Schutz der Menschenrechte sind in den 50 Jahren seit dem Ende des Zweiten Weltkriegs neben der Friedenssicherung und dem Kampf gegen Armut und Unterentwicklung zur wichtigsten Aufgabe des Völkerrechts und zwischenstaatlicher Organisationen geworden[2]. Durch die Verabschiedung der *Europäischen Menschenrechtskonvention* im Jahre 1950 und die Schaffung einer Europäischen Kommission und eines Gerichtshofs zur völkerrechtlich verbindlichen Entscheidung über Individual- und Staatenbeschwerden gegen seine Mitgliedstaaten hat der Europarat diesbezüglich eine Pionierrolle eingenommen, der andere Regionalorganisationen gefolgt sind: 1969 wurde im Rahmen der Organisation Amerikanischer Staaten die Inter-

1 Ausserordentlicher Universitätsprofessor an der Verwaltungsakademie des Bundes und Direktor des Ludwig Boltzmann Instituts für Menschenrechte, Wien.

2 Vgl. dazu aus der reichhaltigen Literatur zum Beispiel: *Felix Ermacora*, Menschenrechte in der sich wandelnden Welt, Bd. I , Wien 1974; *Karel Vasak/Philip Alston* (Hrsg.), The International Dimensions of Human Rights, 2 Bde., Paris 1982; *Thomas Buergenthal*, International Human Rights in a Nutshell, 2. Aufl., St. Paul/Minnesota 1995; *Bertie Ramcharan*, The Concept and Present Status of the International Protection of Human Rights, Dordrecht/Boston/London 1987; *Antonio Cassese,* Human Rights in a Changing World, Cambridge 1990; *Paul Newman/David Weissbrodt*, International Human Rights: Law, Policy and Process, 2. Aufl., Cincinnati 1996; *Raoul Kneucker/Manfred Nowak/Hannes Tretter*, Menschenrechte-Grundrechte, Wien 1992; *Jack Donnelly*, International Human Rights, Boulder 1993; *Hurst Hannum*, Guide to the International Human Rights Practice, Philadelphia 1993; *Theo van Boven,* General Course on Human Rights, in Collected Courses of the Academy of European Law, Bd. 4, Buch 2, The Hague/London/Boston 1995, S. 1; *Henry J. Steiner/Philip Alston,* International Human Rights in Context: Law, Politics, Morals, Oxford 1996; *Raija Hanski/Markku Suksi* (Hrsg.), An Introduction to the International Protection of Human Rights: A Textbook, Turkku/Abo 1997; zu den menschenrechtlichen Texten vgl. *Bruno Simma/Ulrich Fastenrath*, Menschenrechte – Ihr internationaler Schutz, 3. Aufl., München 1992; *Felix Ermacora/Manfred Nowak/Hannes Tretter*, International Human Rights, Vienna 1993; *United Nations*, A Compilation of International Instruments, UN.Doc. ST/HR/1/Rev. 4, New York 1993.

Amerikanische Menschenrechtskonvention beschlossen, und 1981 folgte die Organisation für Afrikanische Einheit mit der Annahme einer Afrikanischen Charta der Rechte der Menschen und Völker.

Auf der *universellen Ebene* gestaltete sich dieser Prozess naturgemäss viel schwieriger[3]. Zwar enthält bereits die Charta der Vereinten Nationen den klaren Auftrag, «die Achtung und Verwirklichung der Menschenrechte und Grundfreiheiten für jedermann zu fördern», doch erwies sich die konkrete Umsetzung dieser Absichtserklärung angesichts der Heterogenität der Weltgemeinschaft und der tiefgreifenden Konflikte zwischen Ost und West einerseits und Nord und Süd andererseits als dornenvoller Weg. Allzuoft scheiterte die in den leidvollen Erfahrungen vor und während des Zweiten Weltkriegs geborene Bereitschaft, den Schutz der grundlegenden Menschenrechte gegenüber staatlicher Herrschaftsausübung als übernationale Angelegenheit zu begreifen und internationalen Organen zu übertragen, am unbeschränkten Souveränitätsdogma alter wie neuer Nationalstaaten. Zwar gelang es den Vereinten Nationen schon im Jahr 1948, den unbestimmten Begriff der Menschenrechte in der berühmten «Allgemeinen Erklärung» näher zu definieren und damit die Basis für einen universellen Mindeststandard zu legen. Damit war jedoch nur der erste Schritt zu einer *«Internationalen Charta der Menschenrechte»* gesetzt. Der zweite Schritt, d.h. die Annahme einer völkerrechtlich verbindlichen universellen Menschenrechtskonvention in Form der beiden Pakte, dauerte bis 1966, und bis zum völkerrechtlichen Inkrafttreten der Pakte als Voraussetzung des dritten Schritts, der Einsetzung internationaler Durchsetzungsmechanismen, verging ein weiteres Jahrzehnt.

2. Entstehungsgeschichte der Pakte[4]

Die mit knapper Mehrheit getroffene Entscheidung der UNO-Generalversammlung 1951, *die universelle Menschenrechtskonvention zweizuteilen,* spiegelt die tiefe ideologische Spaltung der Staatengemeinschaft zur Zeit des Kalten Krieges

3 Zusätzlich zu den in Anm. 2 angeführten Arbeiten vgl. zum Beispiel: *Theodor Meron*, Human Rights Law-Making in the United Nations, Oxford 1986; *Philip Alston* (Hrsg.), The United Nations and Human Rights – A Critical Appraisal, Oxford 1992; *Manfred Nowak,* Die Vereinten Nationen und die Menschenrechte, in: *Heiner Bielefeldt/Volkmar Deile/Bernd Thomson* (Hrsg.), Amnesty International, Menschenrechte vor der Jahrtausendwende, Frankfurt 1993, S. 19.

4 Vgl. zur Entstehungsgeschichte der Pakte den ausführlichen Kommentar des UNO-Generalsekretärs in UN.Doc. A/2929 («Annotations on the text of the draft International Covenants on Human Rights»), New York 1955; ferner *Manfred Nowak*, Die Durchsetzung des Internationalen Paktes über bürgerliche und politische Rechte, Europäische Grundrechte Zeitschrift (EuGRZ) 1980, S. 532; *Marc J. Bossuyt*, Guide to the «travaux préparatoires» of the International Covenant on Civil and Political Rights, Dordrecht 1987.

wider. Die westlichen Staaten hatten sich mit ihrer Auffassung, wonach nur bürgerliche und politische Rechte Menschenrechte im eigentlichen Sinne, d.h. unmittelbar anwendbare und durch das Individuum gegenüber dem Staat auf nationaler wie internationaler Ebene gerichtlich durchsetzbare subjektive Rechte seien, gegenüber den sozialistischen Staaten und der Mehrheit der Staaten der Dritten Welt durchgesetzt. Deren Auffassung, dass nur eine gemeinsame Durchsetzung bürgerlicher, politischer, wirtschaftlicher, sozialer und kultureller Rechte die reale Freiheit des Individuums effektiv gewährleisten könne, wurde nur insofern berücksichtigt, als die Generalversammlung beschloss, in beide Pakte soviel wie möglich übereinstimmende Artikel einschliesslich der Gewährleistung des Selbstbestimmungsrechts der Völker aufzunehmen.

1954 legte die Menschenrechtskommission der Vereinten Nationen einen fertigen Entwurf beider Pakte vor, der jedoch im Dritten Ausschuss der Generalversammlung nochmals zwölf Jahre lang im Detail überarbeitet wurde. Die wichtigsten Änderungen betrafen das *internationale Durchsetzungsinstrumentarium*. Obwohl es der nunmehrigen Mehrheit der sozialistischen und Dritte Welt-Staaten gelang, alle gerichtlichen Kompetenzen des IGH zu streichen und das Staatenbeschwerdeverfahren auf ein blosses Streitschlichtungsverfahren ohne klare Tatsachenermittlungs- und Entscheidungskompetenzen zu reduzieren, konnte die Eigenschaft des UNO-Menschenrechtsausschusses als unabhängiges Expertenorgan gewahrt und die Möglichkeit einer fakultativen Individualbeschwerde hinsichtlich des Paktes über bürgerliche und politische Rechte (im folgenden zitiert als: politischer Pakt) im letzten Augenblick hinzugefügt werden. Als einziges obligatorisches Verfahren blieb das Berichtprüfungsverfahren, das hinsichtlich des Paktes über wirtschaftliche, soziale und kulturelle Rechte (im folgenden zitiert als: Sozialpakt) durch die Betrauung des Wirtschafts- und Sozialrats anstelle eines Sachverständigenausschusses zusätzlich abgeschwächt wurde. Am 16. Dezember 1966 wurden beide Pakte von der Generalversammlung einstimmig angenommen und zur Unterzeichnung aufgelegt[5]. Das Erste Fakultativprotokoll zum Pakt über bürgerliche und politische Rechte (Individualbeschwerde) wurde nur mit 66 Pro- und zwei Gegenstimmen (Niger, Togo) bei 38 Enthaltungen (z.B. Griechenland, Japan sowie die meisten sozialistischen Staaten) verabschiedet. Nach Hinterlegung der erforderlichen 35 Ratifikationsurkunden traten beide Pakte einschliesslich des Ersten Fakultativprotokolls 1976 völkerrechtlich in Kraft, das Staatenbeschwerdeverfahren gemäss Art. 41 des politischen Paktes drei Jahre später. Am 15. Dezember 1989 verabschiedete die Generalversammlung mit 59 Pro-, 26 Gegenstimmen und 48 Enthaltungen ein Zweites Fakultativprotokoll zum politischen Pakt über die Abschaffung

5 GV-Res. 2200/A (XXI).

der Todesstrafe[6]. Diese GV-Resolution wurde im wesentlichen von den west- und osteuropäischen sowie lateinamerikanischen Staaten unterstützt. Dagegen stimmten vor allem die islamischen Staaten, aber auch die Vereinigten Staaten und Japan.

3. Spezialkonventionen und Verfahren auf Grundlage der UNO-Charta

Der langwierige Prozess der Ausarbeitung, Ratifizierung und Durchsetzung beider Pakte führte zu einer Reihe von parallelen Entwicklungen bzw. ergänzenden Massnahmen zur beschleunigten Verwirklichung der Menschenrechte im Schoss der Vereinten Nationen. Zum einen wurde eine Reihe von Spezialkonventionen zur Bekämpfung der Diskriminierung (z.B. Konventionen gegen Rassendiskriminierung 1965/69, Apartheid 1973/76 und Diskriminierung der Frau 1979/81), zum Schutz einzelner Rechte (z.B. Konventionen gegen Völkermord 1948/51 und gegen die Folter 1984/87) oder zum Schutz einzelner Personengruppen (z.B. die Konventionen über Flüchtlinge 1951/54, die Rechte des Kindes 1989/90 oder die Rechte der Wanderarbeiter 1990) ausgearbeitet[7]. Da diese Konventionen in zunehmendem Mass mit einem eigenen Durchsetzungsinstrumentarium ausgestattet werden – nach Inkrafttreten der Konvention über die Rechte der Wanderarbeiter wird es bereits sieben unabhängige Expertenausschüsse geben, die nebeneinander Staatenberichte, z.T. auch Staaten- und Individualbeschwerden prüfen –, führt diese Tendenz zu einer gewissen Zersplitterung des auf Verträgen beruhenden Menschenrechtsschutzinstrumentariums der Vereinten Nationen. Dazu kommen noch die verschiedenen Verfahren und Organe, welche die Menschenrechtskommission und ihre Unterkommission zur Verhinderung der Diskriminierung und zum Schutz der Minderheiten, v.a. seit den späten siebziger Jahren, unmittelbar aufgrund der UNO-Charta und ihres generellen Mandats zum Schutz der in der Allgemeinen Erklärung garantierten Rechte entwickelt haben: das vertrauliche Verfahren zur Untersuchung besonders schwerer und systematischer Menschenrechtsverletzungen, eigene Arbeitsgruppen und Spezialberichterstatter zur Untersuchung bestimmter Menschenrechtsverletzungen (z.B. Verschwindenlassen von Menschen, willkürliche Hinrichtungen, Folter, religiöse Diskriminierung, willkürliche Haft, Gewalt gegen Frauen) in allen Ländern der Welt oder zur Untersuchung der gesamten Menschenrechtssituation in einzelnen ausgewählten Ländern (derzeit Afghanistan, Äquatorialguinea, Burundi, Haiti, Irak, Iran, das ehemalige Jugoslawien,

6 GV-Res. 44/128.
7 Vgl. die Übersicht in den in Anm. 2 genannten Textsammlungen.

Kambodscha, Kuba, Myanmar, Nigeria, die besetzten palästinensischen Gebiete, Rwanda, Somalia, Sudan und Zaire).

4. Von der Förderung zum Schutz der Menschenrechte

All diese Massnahmen zeigen, dass auch die Vereinten Nationen nach langen Jahren des Zauderns und der berüchtigten «no power to take action»-Doktrin im Lauf der achtziger Jahre den entscheidenden Schritt vom blossen standard-setting und der Förderung zum internationalen Schutz der Menschenrechte gegen die eigene Staatsgewalt gesetzt haben. Dieses deutliche Abrücken von der lange vertretenen Auffassung, jede gegen einen Mitgliedstaat gerichtete Massnahme stelle einen unzulässigen Eingriff in innerstaatliche Angelegenheiten dar, hat zu jenem Menschenrechtsbewusstsein mitbeigetragen, von dem die Revolutionen in Osteuropa getragen waren. Allzu hochgesteckte Erwartungen, dass mit dem Ende des Kalten Krieges und mit den Massnahmen des Sicherheitsrates gegen den Irak eine neue Ära der kollektiven Friedenssicherung und einer effizienten internationalen Durchsetzung der Menschenrechte angebrochen wäre, wurden jedoch bald durch die Ohnmacht der Staatengemeinschaft gegenüber dem Völkermord in Rwanda und dem ehemaligen Jugoslawien enttäuscht. Der Widerstand mancher, vor allem asiatischer Staaten gegen die Universalität der Menschenrechte hätte beinahe zum Scheitern der Zweiten Weltkonferenz der Vereinten Nationen über Menschenrechte 1993 in Wien geführt[8]. Dessenungeachtet bildet die durch Konsens von 171 Staaten angenommene Wiener Erklärung samt Aktionsprogramm eine solide Basis für innovative Schritte der Vereinten Nationen zum Schutz und zur Durchsetzung der Menschenrechte sowie zur Verhütung ihrer systematischen Verletzung. Massnahmen der Friedenssicherung und des Menschenrechtsschutzes sind enger aneinandergerückt, so dass grössere friedenserhaltende oder friedensschaffende Operationen des Sicherheitsrates heute in der Regel auch eine menschenrechtliche Komponente aufweisen (z.B. in Kambodscha, El Salvador, Guatemala, Haiti oder dem ehemaligen Jugoslawien)[9]. Die konkrete Menschenrechtsarbeit verlagert sich somit zunehmend ins Feld, wie nicht zuletzt die Operation des UNO-Hochkommissars für Menschenrechte in Rwanda oder die Umsetzung des Friedensabkommens von Dayton für Bosnien-Herzegowina zeigen[10].

8 Vgl. *Manfred Nowak* (Hrsg.), World Conference on Human Rights, Wien 1994.

9 Vgl. *Alice H. Henkin* (Hrsg.), Honoring Human Rights and Keeping the Peace, Lessons from El Salvador, Cambodia, and Haiti, Recommendations for the United Nations, Washington D.C. 1995.

10 Vgl. *Manfred Nowak,* Beyond «Book-Keeping»: Bringing Human Rights to Bosnia, in: The World Today, April 1996, S. 101.

Die materiell-rechtliche Basis dieses weitverzweigten Menschenrechtsschutzinstrumentariums bilden insbesondere die beiden Menschenrechtspakte, die bereits von mehr als 130 Staaten aller geopolitischen Regionen ratifiziert wurden. Zum ersten Mal in der Geschichte hat sich die Weltgemeinschaft 1966 zu einem gemeinsamen Menschenrechtskatalog bekannt, dessen Achtung und Verwirklichung für die Vertragsstaaten völkerrechtlich verbindlich ist und von internationalen Organen überwacht wird. Die Bedeutung der Pakte geht allerdings weit über diese völkerrechtlichen Vertragspflichten hinaus. Kraft ihrer zunehmenden Anerkennung entwickeln sich die Pakte allmählich zu völkerrechtlichem Gewohnheitsrecht und lösen dadurch die Allgemeine Erklärung in ihrer Funktion als universeller Mindeststandard für das Verhalten aller Staaten der Welt ab.

II. Inhalt und Verpflichtungskraft der Rechte der Pakte

1. Menschenrechte erster und zweiter Generation

Idealtypisch betrachtet kommt in der Zweiteilung der Pakte der angebliche Wesensunterschied zwischen den Menschenrechten erster und zweiter Generation zum Ausdruck. Nach dieser zur Zeit der Verabschiedung der beiden Pakte – zumindest im Westen – vorherrschenden dualistischen Sichtweise gewährleistet der Pakt über bürgerliche und politische Rechte[11] jene auf den ideengeschichtlichen Grundlagen der rationalistischen Naturrechtslehre, des Liberalismus und der Lehre von der Demokratie beruhenden liberalen Abwehr- und demokratischen Mitwirkungsrechte, d.h. die Freiheit vom Staat und die Freiheit zum Staat im Sinne der Statuslehre *Georg Jellineks*[12]. Demgegenüber würde der Pakt über wirtschaftliche, soziale und kulturelle Rechte[13] jene auf der Grundlage sozialistischer Grundrechtstheorie beruhenden Leistungsrechte der zweiten Generation, d.h. die Freiheit durch den Staat im Sinne *Jellineks*, garantieren.

11 Vgl. zu diesem Pakt insbesondere *Louis Henkin* (Hrsg.), The International Bill of Rights, The Covenant on Civil and Political Rights, New York 1981; *Manfred Nowak*, UNO-Pakt über bürgerliche und politische Rechte und Fakultativprotokoll – CCPR-Kommentar, Kehl/Strasbourg/Arlington 1989; *ders.*, U.N. Covenant on Civil and Political Rights – CCPR Commentary, Kehl/Strasbourg/Arlington 1993.

12 Vgl. *Georg Jellinek*, System der subjektiven öffentlichen Rechte, 2. Auflage, Tübingen 1905.

13 Vgl. zu diesem Pakt *Hans Floretta/Theo Öhlinger*, Die Menschenrechtspakte der Vereinten Nationen, Wien 1978; *Franz Matscher* (Hrsg.), The Implementation of Economic and Social Rights, Kehl/Strasbourg/Arlington 1991; *Asbjorn Eide/Catarina Krause/Allan Rosas* (Hrsg.), Economic, Social and Cultural Rights, Dordrecht 1995; *Fons Coomans*, Economic, Social and Cultural Rights, in: SIM Special Nr. 16, Utrecht 1995, S. 3; *Paul Hunt*, Reclaiming Social Rights, Aldershot 1996.

An diese idealtypische Unterscheidung knüpfen sich gewisse *normative Konsequenzen* hinsichtlich der Verpflichtungskraft und der Durchsetzbarkeit. Gemäss Art. 2 des *politischen Paktes* verpflichten sich die Vertragsstaaten, die bürgerlichen und politischen Rechte zu achten, allen Rechtsunterworfenen ohne Diskriminierung zu gewährleisten und dafür Sorge zu tragen, dass die Rechtsunterworfenen gegen jede Verletzung dieser Rechte eine wirksame Beschwerde an ein staatliches, wenn möglich gerichtliches Organ einlegen können, dessen stattgebender Entscheidung unmittelbare Geltung verschafft werden muss. Falls dieser innerstaatliche Rechtsschutz nicht gewährt wird bzw. nicht zum gewünschten Erfolg führt, können die Rechtsunterworfenen jener derzeit 92 Vertragsstaaten, die das Erste Fakultativprotokoll ratifiziert haben, eine Individualbeschwerde an den Menschenrechtsausschuss der Vereinten Nationen erheben.

Demgegenüber verpflichtet sich jeder Vertragsstaat des *Sozialpaktes* lediglich, «einzeln und durch internationale Hilfe und Zusammenarbeit, insbesondere wirtschaftlicher und technischer Art, unter Ausschöpfung aller seiner Möglichkeiten Massnahmen zu treffen, um nach und nach mit allen geeigneten Mitteln, vor allem durch gesetzgeberische Massnahmen, die volle Verwirklichung der in diesem Pakt anerkannten Rechte zu erreichen» (Art. 2 Abs. 1). Infolge dieser bloss progressiven Implementierungspflicht steht den Rechtsunterworfenen kein subjektives Beschwerderecht an eine nationale oder internationale Instanz zu. Die völkerrechtliche Überwachung beschränkt sich auf die Prüfung von Staatenberichten durch den Wirtschafts- und Sozialrat der Vereinten Nationen. Aus dieser vergleichsweise schwächeren Verpflichtungskraft der Rechte des Sozialpaktes wurde in der Literatur die These abgeleitet, diese seien nicht unmittelbar anwendbar, also blosse «Programmrechte»[14].

2. Leistungs- und Unterlassungsansprüche

Diese idealtypische Unterscheidung hält einer kritischen Überprüfung in concreto freilich nur zum Teil stand[15]. Erstens ist es bereits im Ansatz verfehlt, die Rechte des politischen Paktes auf blosse Abwehrrechte, d.h. Unterlassungsansprüche gegen staatliche Eingriffe, reduzieren zu wollen. Abgesehen von den

14 Vgl. z.B. *Andreas Khol*, Der Menschenrechtskatalog der Völkergemeinschaft, Wien 1968, S. 42 f.; *Heinz Guradze*, Die Menschenrechtskonventionen der Vereinten Nationen vom 16. Dezember 1966, Jahrbuch für Internationales Recht (JIR) 1971, S. 242 (S. 244 f.).

15 Vgl. dazu und zum folgenden *Nowak*, CCPR-Kommentar (Anm. 11), S. 38 ff. und S. 592 ff.; *Eide/Krause/Rosas* (Anm. 13), sowie hinten die Beiträge von *Malinverni*, S. 71 ff. und *Künzli/Kälin*, S. 105 ff.

politischen Rechten wie dem Wahlrecht oder dem Recht auf gleiche Ämterzugänglichkeit, die schon von ihren ideengeschichtlichen Grundlagen her als Kombination von Unterlassungs- und Leistungsansprüchen konzipiert waren (z.B. die Verpflichtung der Staaten auf Durchführung eines den Grundsätzen des allgemeinen, freien, geheimen und gleichen Wahlrechts entsprechenden Wahlverfahrens)[16], enthalten auch die meisten bürgerlichen Rechte positive Gewährleistungspflichten der Staaten. Beispielsweise erfordert Art. 14 die Einrichtung staatlicher Gerichte und die Durchführung eines fairen und öffentlichen Verfahrens über zivilrechtliche Ansprüche und strafrechtliche Anklagen, Art. 13 die Durchführung eines fairen Verfahrens im Fall der Ausweisung von Ausländern, Art. 9 die Gewährleistung der persönlichen Sicherheit durch entsprechende staatliche Schutzmassnahmen und die Durchführung eines gerichtlichen Haftprüfungsverfahrens und Art. 20 das gesetzliche Verbot der Kriegspropaganda und Verhetzung. Darüber hinaus hat der Menschenrechtsausschuss auch bei den meisten übrigen Rechten des politischen Paktes die Verpflichtung der Vertragsstaaten hervorgehoben, diesen Rechten durch entsprechende positive Leistungen Wirksamkeit zu verleihen. Beispielsweise betonte er, dass ein effektiver Schutz des Rechts auf Leben auch Massnahmen zur Senkung der Kindersterblichkeit erfordere[17].

Umgekehrt können die Rechte des Sozialpaktes nicht auf blosse Leistungsrechte reduziert werden. Beispielsweise verpflichtet das Streikrecht und die Freiheit gewerkschaftlicher Betätigung in Art. 8 primär zur Unterlassung staatlicher Eingriffe. Ähnliches gilt für das in Art. 6 gewährleistete Recht, seinen Lebensunterhalt durch frei gewählte Arbeit zu verdienen, für die in Art. 10 Abs. 1 genannte Verpflichtung, dass eine Ehe nur im freien Einverständnis der künftigen Ehegatten geschlossen werden darf, für das Recht auf gleichen Zugang zum Schulunterricht und die Privatschulfreiheit der Eltern gemäss Art. 13 oder für das in Art. 15 gewährleistete Recht auf Teilnahme am kulturellen Leben und wissenschaftlichen Fortschritt.

3. Unmittelbare Anwendbarkeit

Ferner ist auch die oben genannte These der unmittelbaren bzw. nicht unmittelbaren Anwendbarkeit m.E. verfehlt. Zusätzlich zu Art. 23 Abs. 4 des politischen Paktes, der für die Gleichheit der Ehegatten ausdrücklich nur eine progressive Implementierungspflicht vorsieht, sind auch andere bürgerliche und politische Rechte einer fortschreitenden Verwirklichung durchaus zugänglich. Das gilt

16 Vgl. dazu *Manfred Nowak*, Politische Grundrechte, Wien 1988.
17 Siehe die Allgemeine Bemerkung 6/16, Text hinten S. 361 ff.

beispielsweise für den umfassenden Schutz des Lebens im oben beschriebenen Sinne, für den auf Besserung und gesellschaftliche Wiedereingliederung gerichteten Strafvollzug in Art. 10 Abs. 3, für das in Art. 14 Abs. 3 garantierte Recht aller Angeklagten auf ein Urteil «ohne unangemessene Verzögerung», für den Schutz von Familie und Kindern in den Art. 23 und 24, für die Verwirklichung eines wirklich allgemeinen und gleichen Wahlrechts und der Ämterzugänglichkeit in Art. 25 oder für die Verpflichtung zu aktivem und positivem Diskriminierungsschutz gemäss Art. 26.

Aus dieser grundsätzlichen Verpflichtung der Vertragsstaaten des politischen Paktes, die Verwirklichung der darin enthaltenen Rechte kontinuierlich zu verbessern und «über die dabei erzielten Fortschritte» gemäss Art. 40 Abs. 1 periodisch zu berichten, darf allerdings nicht der Schluss gezogen werden, diese Rechte seien nicht unmittelbar anwendbar oder voll verpflichtend. Das gleiche gilt grundsätzlich auch für die Rechte des Sozialpaktes. Sie sind mehrheitlich als «Verhaltenspflichten» («obligations of conduct») im Gegensatz zu «Ergebnispflichten» («obligations of result») formuliert, d.h. sie verpflichten die Vertragsstaaten im allgemeinen nicht dazu, vom Tag des Inkrafttretens des Paktes an ein bestimmtes Ergebnis zu garantieren (z.B. Vollbeschäftigung, angemessener Lebensstandard und umfassende Gesundheitsvorsorge für alle Menschen), sondern die nach den jeweiligen Umständen erforderlichen Massnahmen zu ergreifen, um längerfristig ein solches Ergebnis zu verwirklichen bzw. ihm möglichst nahe zu kommen. Diese «Verhaltenspflichten» gelten ab dem Tag des Inkrafttretens. Falls ein Vertragsstaat keine geeigneten Massnahmen zur schrittweisen Verwirklichung dieser Rechte ergreift, stellt dies ebenso eine Völkerrechtsverletzung dar wie die Nichtbeachtung einer «Ergebnispflicht», z.B. die Folterung einer festgenommenen Person.

4. Horizontalwirkung

Schliesslich ergeben sich auch aus der Horizontalwirkung vieler Rechte positive Gewährleistungspflichten der Vertragsstaaten, wobei auch diesbezüglich kein Wesensunterschied zwischen den Rechten des Sozialpaktes und des politischen Paktes feststellbar ist. Vielmehr ist die Frage der Horizontalwirkung für jedes Recht unter Berücksichtigung seines Wortlauts und Schutzzwecks getrennt zu beurteilen. Rechte wie das Folterverbot, die persönliche Freiheit, die menschenwürdige Behandlung Gefangener, die Freizügigkeit, das Verbot willkürlicher Ausweisung von Fremden, die Garantien eines fair trial oder das Wahlrecht in den Art. 7, 9, 10, 12, 13, 14 und 25 des politischen Paktes sind ebenso wie die in den Art. 9, 11, 12, 13 und 14 des Sozialpaktes gewährleisteten Rechte auf soziale Sicherheit, einen angemessenen Lebensstandard einschliesslich des

Schutzes vor Hunger, auf Gesundheit und Bildung primär staatsgerichtet. Andere Rechte wie das Verbot der Sklaverei und Leibeigenschaft, der Schutz der Privatsphäre, der Ehe, Familie und des Kindes oder der gleiche Schutz durch das Gesetz in den Art. 8, 17, 23, 24 und 26 des politischen Paktes wirken wie das Recht auf gerechte Arbeitsbedingungen, der Schutz der Familie oder das Recht auf Teilnahme am kulturellen Leben in den Art. 7, 10 und 15 des Sozialpaktes primär oder zumindest auch auf der horizontalen Ebene. In diesen Fällen sind die Vertragsstaaten beider Pakte verpflichtet, durch geeignete gesetzliche oder sonstige Massnahmen (z.B. Abschaffung der Leibeigenschaft, Schutz des guten Rufs gegen beleidigende Meinungsäusserungen, Kodifizierung des Ehe-, Familien- und Kindschaftsrechts unter Berücksichtigung der Freiheit der Eheschliessung, der Gleichheit der Ehegatten und des Schutzes von Kindern gegen Ausbeutung etc., Kodifizierung des Arbeitsrechts in der Privatwirtschaft etc.) sicherzustellen, dass diese Menschenrechte auch gegen Eingriffe Privater (z.B. von Sklavenhaltern, Journalisten, Ehegatten, Eltern, Arbeitgebern etc.) ausreichend geschützt werden.

5. Schrankenproblematik[18]

a) Absolute und relative Rechte

Nur wenige Menschenrechte gelten absolut. Lediglich das Verbot der Folter, Sklaverei, Leibeigenschaft und Schuldhaft sowie das Recht auf Rechtsfähigkeit in den Art. 7, 8 Abs. 1 und 2, 11 und 16 des politischen Paktes sind infolge ihres Wortlauts als *schrankenlos und notstandsfest* garantiert. Andere Rechte des politischen Paktes – Recht auf Leben (Art. 6), Verbot rückwirkender Strafgesetze (Art. 15) sowie Gedanken-, Gewissens-, Religions- und Weltanschauungsfreiheit (Art. 18) – dürfen zwar auch im Fall eines öffentlichen Notstands gemäss Art. 4 Abs. 2 nicht ausser Kraft gesetzt werden, sehen jedoch andere Schranken vor. Der Sozialpakt enthält keine Notstandsklausel und ist generell so formuliert, dass man hier nicht von absoluten Rechten sprechen kann.

Daraus folgt, dass die Frage, ob eine konkrete Handlung oder Unterlassung ein in den Pakten garantiertes Recht verletzt, nur in den seltensten Fällen eindeutig mit ja oder nein beantwortet werden kann. Selbst bei den sogenannten absoluten Rechten divergieren die Auffassungen in Judikatur und Literatur darüber, ob eine bestimmte Behandlung oder Strafe als erniedrigend, unmensch-

18 Vgl. dazu *Manfred Nowak*, Limitations on Human Rights in a Democratic Society, in: *Franz Matscher/Wolfram Karl* (Hrsg.), Austrian – Soviet Round Table on the Protection of Human Rights, Kehl/Strasbourg/Arlington 1992, S. 169.

lich, grausam oder gar als Folter zu qualifizieren ist, oder ob moderne Formen der persönlichen Abhängigkeit von einem anderen Menschen als Sklaverei oder Leibeigenschaft zu werten sind. Bei all jenen Rechten, die primär durch positive Gewährleistungsmassnahmen zu verwirklichen sind, stellt sich die Schrankenproblematik angesichts der Relativität dieser Vertragspflichten und des damit verbundenen weiten Gestaltungsspielraums der Staaten nicht.

b) Unbestimmte Gesetzesbegriffe und klar definierte Schranken

In anderen Fällen wird die Zulässigkeit von Einschränkungen durch bewusst eingefügte *unbestimmte Gesetzesbegriffe* erreicht. Als Beispiel sei auf das *Willkürverbot* im politischen Pakt hingewiesen: Niemand darf willkürlich seines Lebens beraubt werden (Art. 6 Abs. 1), willkürlich festgenommen werden (Art. 9 Abs. 1), willkürlich das Recht auf Einreise in sein eigenes Land entzogen werden (Art. 12 Abs. 4) oder willkürlichen Eingriffen in sein Privatleben ausgesetzt werden (Art. 17 Abs. 1). Der Ausdruck «willkürlich» wurde bei der Ausarbeitung dieses Paktes regelmässig anstelle einer taxativen Aufzählung aller zulässigen Eingriffsfälle verwendet und enthält Elemente der Rechtswidrigkeit, Ungerechtigkeit, Unberechenbarkeit und Unangemessenheit, die nur im Einzelfall unter Abwägung aller relevanter Umstände einer genauen Beurteilung zugänglich sind. Ähnliches gilt für das Recht einer verhafteten Person auf ein Gerichtsverfahren «innerhalb angemessener Frist» (Art. 9 Abs. 3), das Recht eines Angeklagten auf ein Urteil «ohne unangemessene Verzögerung» (Art. 14 Abs. 3 lit. c) oder die Ausübung politischer Rechte «ohne unangemessene Einschränkungen» (Art. 25).

Zum Teil werden die zulässigen *Einschränkungen* eines Menschenrechts in den Pakten jedoch relativ *präzise geregelt*. Beispielsweise gilt das in Art. 8 des politischen Paktes normierte Verbot der Zwangs- oder Pflichtarbeit nicht für Arbeiten in der Haft, im Militär- und Zivildienst, im Fall von Notstands- oder normalen Bürgerpflichten. Das Recht auf Leben in Art. 6 umfasst zwar kein absolutes Verbot der Todesstrafe – ein solches wird durch das Zweite Fakultativprotokoll angestrebt –, doch darf die Todesstrafe nur für schwerste Verbrechen von Erwachsenen unter Einhaltung bestimmter Verfahrensgarantien verhängt werden. Ähnliches gilt für das Recht auf persönliche Freiheit, das zwar aus bestimmten Gründen, aber nur unter Einhaltung der in den Art. 9–11 normierten Verfahrensgarantien beschränkt bzw. entzogen werden darf.

c) Gesetzesvorbehalte

Die meisten Einschränkungen werden durch ausdrückliche Gesetzesvorbehalte ermöglicht, wobei hier verschiedene Techniken zu unterscheiden sind. Manche Rechte wie die Freizügigkeit und das Verbot einer willkürlichen Ausweisung sind von vorneherein nur auf Personen beschränkt, die sich «rechtmässig im Hoheitsgebiet eines Vertragsstaates aufhalten» (Art. 12 und 13 des politischen Paktes). Daraus folgt, dass der Genuss dieser Rechte von der souveränen Entscheidung des Staates abhängt, Fremde in ihr Hoheitsgebiet einreisen zu lassen. In anderen Fällen ist das Menschenrecht zwar grundsätzlich für «jedermann» gewährleistet, doch kann es *durch Gesetz ohne nähere Bedingungen* beschränkt werden. Als Beispiele seien die Freiheitsentziehung «aus gesetzlich bestimmten Gründen» gemäss Art. 9 Abs. 1 und das Verbot «rechtswidriger Beeinträchtigungen» von Ehre und Ruf in Art. 17 Abs. 1 des politischen Paktes sowie die Ausübung des Streikrechts «in Übereinstimmung mit der innerstaatlichen Rechtsordnung» gemäss Art. 8 Abs. 1 lit. d des Sozialpaktes genannt.

Häufiger trifft man jedoch auf die Technik des *materiell determinierten Gesetzesvorbehalts*. Die Ausübung der Freizügigkeit sowie politischer Freiheitsrechte wie der Religions- und Weltanschauungsfreiheit, der Meinungs- und Informationsfreiheit, der Versammlungs-, Vereinigungs-, Koalitions- und Gewerkschaftsfreiheit darf dann beschränkt werden, wenn solche Eingriffe gesetzlich vorgesehen sind, einem der taxativ aufgezählten Eingriffszwecke dienen (z.B. nationale Sicherheit, ordre public, Volksgesundheit, Rechte und Freiheiten anderer) und zur Erreichung dieses Zwecks notwendig, d.h. verhältnismässig, sind (Art. 12, 18–22 des politischen Paktes, Art. 8 des Sozialpaktes). Auch das Verbot von Kriegspropaganda und Verhetzung in Art. 20 des politischen Paktes kann als spezifische Einschränkung der genannten politischen Freiheitsrechte qualifiziert werden.

d) Missbrauchsverbot

Ferner ist in diesem Zusammenhang auf das Missbrauchsverbot in Art. 5 Abs. 1 beider Pakte hinzuweisen. Falls eine private Person oder Gruppe ein Recht der Pakte (insbes. die genannten politischen Freiheitsrechte) dazu missbraucht, die Rechte anderer Personen abzuschaffen oder unzulässigerweise zu beschränken, so verwirkt sie dieses Recht. Für die Vertragsstaaten stellt das Missbrauchsverbot demgegenüber eine absolute Schranke von Eingriffen im Sinne des Schutzes des Wesensgehaltes dieser Rechte dar.

e) Vorbehalte und interpretative Erklärungen

Schliesslich darf die Bedeutung völkerrechtlicher Vorbehalte der Vertragsstaaten als Schranke der Verpflichtungskraft der Pakte nicht unterschätzt werden. Gemäss Art. 19 lit. c der Wiener Vertragsrechtskonvention sind Vorbehalte mangels einer anderslautenden Vertragsbestimmung (eine solche findet sich in den Pakten nicht) zulässig, sofern sie nicht «mit Ziel und Zweck des Vertrags unvereinbar» sind. In der umstrittenen Allgemeinen Bemerkung 24/52[19] hat der Menschenrechtsausschuss im November 1994 das Ziel und den Zweck des politischen Paktes darin gesehen, rechtlich bindende Menschenrechtsstandards und ein wirksames Überwachungsverfahren zu schaffen. Folglich seien Vorbehalte zu all jenen Bestimmungen des Paktes, die ius cogens oder Völkergewohnheitsrecht repräsentieren, oder Vorbehalte, die die Anwendbarkeit von Durchsetzungsverfahren ausschliessen, unvereinbar mit Ziel und Zweck des Paktes. Auch wenn ich mit der Rechtsauffassung des Ausschusses, dass Staaten zu Vertragsnormen, die gleichzeitig Völkergewohnheitsrecht darstellen, keine Vorbehalte machen dürften, sowie mit der konkreten Aufzählung der völkergewohnheitsrechtlichen Bestimmungen, die auch den Minderheitenschutz und die Religionsfreiheit umfasst, nicht übereinstimme, so hat diese Allgemeine Bemerkung eine deutliche und m.E. in wesentlichen Punkten zutreffende Antwort auf eine Reihe umstrittener Rechtsfragen gegeben, nämlich:

- dass der Ausschuss (und nicht die Staaten im Wege von Einsprüchen) die alleinige Kompetenz hat, über die Zulässigkeit eines Vorbehalts zu entscheiden;
- dass die Vorbehalte betreffenden Bestimmungen der Wiener Vertragsrechtskonvention auf Menschenrechtsverträge nicht anwendbar sind, da hier das Prinzip der zwischenstaatlichen Reziprozität keinen Platz habe;
- dass Normen des zwingenden Völkerrechts (ius cogens) und solche, die internationale Überwachungsverfahren konstituieren, keinesfalls durch Vorbehalte ausgeschlossen werden dürfen; und
- dass ein mit Ziel und Zweck des Paktes unvereinbarer und vom Ausschuss als unzulässig qualifizierter Vorbehalt keine Rechtswirkungen entfaltet, so dass die betreffende Bestimmung auf den Vertragsstaat uneingeschränkt anwendbar ist.

Ungefähr die Hälfte aller Vertragsstaaten des politischen Paktes haben durch insgesamt ca. 200 Vorbehalte und interpretative Erklärungen eine grosse Anzahl von materiell- wie formalrechtlichen Verpflichtungen dieses Paktes beschränkt[20]. Umstritten sind z.B. die indische Erklärung, dass sich das Selbstbestimmungsrecht in Art. 1 nur auf Völker unter Fremdherrschaft beziehe, die Erklärung Frankreichs, wonach die Minderheitenschutzbestimmung in Art. 27 nicht anwendbar sei, der Ausschluss des Verbots der Schuldhaft in Art. 11 durch

19 UN.Doc. CCPR/C/21/Rev.1/Add.6, Text hinten S. 347 ff. Vgl. dazu *Manfred Nowak*, The Activities of the UN-Human Rights Committee: Developments from 1 August 1992 to 31 July 1995, Human Rights Law Journal (HRLJ) 1995, S. 377 (S. 380 ff.).

20 Siehe den Text aller Vorbehalte und interpretativen Erklärungen in UN.Doc. CCPR/C/2/Rev.4; abgedruckt bis 1993 in *Nowak*, Commentary (Anm. 11), S. 744 ff. Zu den Vorbehalten der Schweiz *Malinverni*, hinten S. 83 ff.

den Kongo, die Einschränkung der notstandsfesten Rechte gemäss Art. 4 Abs. 2 durch Trinidad und Tobago, sowie verschiedene Vorbehalte der USA, insbesondere zum Folterverbot in Art. 7 und zum Verbot der Hinrichtung von Minderjährigen in Art. 6 Abs. 5[21].

6. Kollektive Rechte

a) Selbstbestimmungsrecht der Völker

Bei der Mehrheit der in den Pakten garantierten Rechte handelt es sich um ausschliessliche Individualrechte der ersten oder zweiten Generation. Darüber hinaus enthält die übereinstimmende Bestimmung des Art. 1 in beiden Pakten auch ein typisches kollektives Recht der sogenannten dritten Generation: das Recht aller Völker auf Selbstbestimmung. Da dieses Solidaritätsrecht in einem eigenen Teil beider Pakte normiert ist und keine Definition des Begriffs «Völker» enthält, ist seine juristische Bedeutung äusserst umstritten. Insbesondere ist unklar, ob dieses politisch bedeutsame Recht allen Völkern im ethnischen Sinn oder nur den unter kolonialer oder damit vergleichbarer Fremdherrschaft lebenden Völkern zusteht, ob die Selbstbestimmung nur im Aussenverhältnis oder auch nach innen wirkt, ob die Sezession eine zulässige Form der Ausübung des Selbstbestimmungsrechts darstellt und ob dieses im Wege der Individualbeschwerde geltend gemacht werden kann. Die letztgenannte Frage hat der Ausschuss im Fall der *Lubicon Lake Band* gegen Kanada verneint[22].

b) Sonstige Rechte mit kollektivem Einschlag

Neben dem Selbstbestimmungsrecht als einzigem ausschliesslich kollektivem Recht enthalten die Pakte einzelne Rechte, die neben der individuellen auch eine kollektive Komponente aufweisen. Art. 27 des politischen Paktes schützt zwar nicht die Minderheiten als Kollektive, sondern ausdrücklich nur deren Angehörige, doch besteht das geschützte Recht darin, «gemeinsam mit anderen Angehörigen ihrer Gruppe» ihr eigenes kulturelles Leben zu pflegen, ihre eigene Religion zu bekennen und auszuüben oder sich ihrer eigenen Sprache zu bedienen. In ähnlicher Weise garantiert Art. 18 Abs. 1 des politischen Paktes die Freiheit, seine Religion oder Weltanschauung «allein oder in Gemeinschaft mit anderen» zu bekunden. Art. 22 Abs. 1 gewährleistet das Recht, sich frei «mit anderen zusammenzuschliessen». Während man bei diesen Rechten wie bei der

21 Zu den Vorbehalten der USA vgl. die Beiträge von *David P. Stewart* und des Lawyers Committee for Human Rights, HRLJ 1993, S. 77 und S. 125.

22 Communication 167/1984, *Lubicon Lake Band v. Canada*, hinten S. 590 ff.

Versammlungsfreiheit in Art. 21 noch die These vertreten kann, es handle sich um individuelle Rechte, zu deren Ausübung das Individuum auf die Mitwirkung anderer angewiesen ist, spricht Art. 8 Abs. 1 lit. b und c des Sozialpaktes ausdrücklich vom «Recht der Gewerkschaften», sich frei zu betätigen sowie nationale Vereinigungen oder Verbände zu gründen. Meines Erachtens steht auch der Wortlaut der übrigen Bestimmungen der Pakte einer Auslegung nicht im Wege, die auch Personengruppen und juristische Personen als Träger bestimmter Rechte (z.B. Religionsfreiheit von Religionsgesellschaften, Meinungs- und Informationsfreiheit von Medien, Vereinigungsfreiheit oder passives Wahlrecht politischer Parteien) anerkennt. Der Menschenrechtsausschuss hat jedoch bisher unter Hinweis auf den restriktiven Wortlaut des Ersten Fakultativprotokolls keine Individualbeschwerden von Gruppen oder juristischen Personen zugelassen.

7. Vergleich mit einschlägigen Konventionen des Europarates

a) Europäische Menschenrechtskonvention[23]

Die Europäische Menschenrechtskonvention 1950/53 samt Zusatzprotokollen enthält nur ein einziges Recht, das in den Pakten nicht garantiert ist: das Recht auf Achtung des Eigentums in Art. 1 des Ersten Zusatzprotokolls. Das ausdrückliche Verbot der Kollektivausweisung von Ausländern gemäss Art. 4 des Vierten Zusatzprotokolls ist von dem generellen Verbot willkürlicher Ausweisung in Art. 13 des politischen Paktes mitumfasst. Umgekehrt geht der politische Pakt in einer Reihe von Bestimmungen über den Schutz der EMRK hinaus. Zwar hat das Siebte Zusatzprotokoll[24] durch die Normierung des Schutzes Fremder vor willkürlicher Ausweisung, der Gleichheit der Ehegatten sowie der Rechte strafgerichtlich Verurteilter auf ein Rechtsmittel, auf Entschädigung im Falle eines

23 Vgl. aus der reichhaltigen Literatur zur EMRK zum Beispiel: *Jochen A. Frowein/Wolfgang Peukert,* Europäische Menschenrechtskonvention, EMRK-Kommentar, 2. Aufl., Kehl/Strasbourg/Arlington 1996; *Pieter van Dijk/Fried van Hoof,* Theory and Practice of the European Convention on Human Rights, 2. Aufl., Deventer 1990; *Ronald St. J. MacDonald/Franz Matscher/Herbert Petzold* (Hrsg.), The European System for the Protection of Human Rights, Dordrecht 1993; *Mark E. Villiger*, Handbuch der Europäischen Menschenrechtskonvention, Zürich 1993; *Manfred Nowak* (Hrsg.), Europarat und Menschenrechte, Wien 1994; *Luke Clements,* European Human Rights, London 1994; *Donna Gomien/David Harris/Leo Zwaak,* Law and Practice of European Convention on Human Rights and the European Social Charta, Strasbourg 1996; *D.J. Harris/M. O'Boyle/C. Warbrick*, Law of the European Convention on Human Rights, London 1995.

24 Vgl. *Stefan Trechsel*, Das Verflixte Siebente? – Bemerkungen zum 7. Zusatzprotokoll zur EMRK, in: *Manfred Nowak/Dorothea Steurer/Hannes Tretter* (Hrsg.), Fortschritt im Bewusstsein der Grund- und Menschenrechte – Festschrift für Felix Ermacora, Kehl/Strasbourg/Arlington 1988, S. 195.

Fehlurteils und des Grundsatzes des «ne bis in idem» gewisse Defizite ausgeglichen, doch fehlen noch immer die folgenden Rechte im System der EMRK[25]: das Selbstbestimmungsrecht der Völker (Art. 1), die generelle Gleichberechtigung von Mann und Frau (Art. 3), das Recht Inhaftierter auf menschenwürdige Behandlung (Art. 10), das Recht auf Rechtsfähigkeit (Art. 16), das Verbot der Kriegspropaganda und Verhetzung (Art. 20), der generelle Schutz der Familie (Art. 23), die spezifischen Rechte des Kindes (Art. 24), das Recht auf Gleichheit (Art. 26) und die Rechte der Angehörigen von Minderheiten (Art. 27). Zusätzlich geht der Schutz des Paktes bei einzelnen Rechten wie der Meinungsfreiheit (Art. 19), dem Recht auf Eheschliessung (Art. 23) und den politischen Rechten (Art. 25) über den der EMRK hinaus. Auch fehlt eine dem Art. 16 EMRK vergleichbare Ermächtigung zur Beschränkung der politischen Tätigkeit von Ausländern.

b) Europäische Sozialcharta[26]

Demgegenüber zeigt ein Vergleich des Sozialpaktes mit der Europäischen Sozialcharta 1961/65 (ESC) Defizite im Bereich des UNO-Menschenrechtsschutzes. Die ESC regelt die einzelnen Rechte im allgemeinen ausführlicher und garantiert verschiedene Rechte, die im Sozialpakt nicht enthalten sind: das Recht auf Kollektivverhandlungen (Art. 6), die detaillierten Rechte der Kinder, Jugendlichen und Frauen im Arbeitsleben (Art. 7 und 8), das Recht auf berufliche Ausbildung (Art. 10), das Recht auf Fürsorge und Inanspruchnahme sozialer Dienste (Art. 13 und 14) sowie die spezifischen Rechte der Behinderten, ausländischen Arbeitnehmer und Wanderarbeiter gemäss den Art. 15, 18 und 19. Umgekehrt gehen die gewerkschaftlichen Rechte einschliesslich des Streikrechts, das Recht auf einen angemessenen Lebensstandard sowie die Rechte auf Bildung und Teilnahme am kulturellen Leben in den Art. 8, 11, 13, 14 und 15 des Sozialpaktes deutlich über vergleichbare Rechte der ESC und EMRK hinaus. Ausserdem trägt die abgestufte Ratifikationspflicht gemäss Art. 20 ESC zu der vergleichsweise geringen praktischen Bedeutung dieser Konvention bei.

25 Zum Vergleich der EMRK mit den Pakten siehe den Bericht des Sachverständigenausschusses des Ministerkomitees des Europarates in ER-Dok. H (70) 7, Strasbourg 1970; *Manfred Nowak*, The Interrelationship between the Covenant on Civil and Political Rights and the European Convention on Human Rigths, in: *Stavroula Vassilouni* (Hrsg.), Aspects of the Protection of Individual and Social Rights, Athen 1995, S. 131. Zum Verhältnis zwischen den Pakten und der EMRK ausführlich *Giorgio Malinverni*, hinten S. 43 ff.

26 Vgl. aus der reichhaltigen Literatur zur ESC zum Beispiel: *David Harris,* The European Social Charter, New York 1984; *Teun Jaspers/Lammy Betten* (Hrsg.), 25 Years European Social Charter, Deventer 1988; *Krzystof Drzewicki/Catarina Krause/Allan Rosas* (Hrsg.), Social Rights as Human Rights: A European Challenge, Abo/Turku 1994; *Theo Öhlinger*, Die Europäische Sozialcharta und der Schutz wirtschaftlicher und sozialer Rechte durch den Europarat, in: *Nowak* (Anm. 23), S. 119; *Gomien/Harris/Zwaak* (Anm. 23), S. 375 ff.; *Hunt* (Anm. 13).

Allerdings sind hinsichtlich beider Verträge derzeit Bestrebungen im Gange, ihre Bedeutung durch die Schaffung einer Individualbeschwerde (Entwurf eines Fakultativprotokolls zum Sozialpakt)[27] bzw. einer Verbandsklage durch nichtstaatliche Organisationen (Zusatzprotokoll zur Europäischen Sozialcharta) zu heben[28].

III. Durchsetzungsinstrumentarium

1. Innerstaatliche Durchsetzung der Pakte

Mit der Ratifizierung verpflichten sich die Vertragsstaaten zur innerstaatlichen Verwirklichung der in den Pakten garantierten Menschenrechte. Wie eingangs bereits ausgeführt wurde, verpflichtet Art. 2 des politischen Paktes die Staaten grundsätzlich zur sofortigen Achtung und Gewährleistung der entsprechenden Rechte sowie zur Schaffung wirksamer individueller Rechtsschutzmöglichkeiten gegen Verletzungen, während Art. 2 des Sozialpaktes grundsätzlich nur zur Ergreifung geeigneter Massnahmen zur schrittweisen Verwirklichung der entsprechenden Rechte verpflichtet. Beide Pakte enthalten somit unmittelbar anwendbare Ergebnis- bzw. Verhaltenspflichten der Vertragsstaaten.

Allerdings besteht keinerlei völkerrechtliche Verpflichtung, die in den Pakten garantierten Rechte in die innerstaatliche Rechtsordnung zu inkorporieren. De facto sind die Bestimmungen der Pakte in den meisten Vertragsstaaten nicht unmittelbar vor innerstaatlichen Gerichten und/oder Verwaltungsbehörden durchsetzbar. Zumindest im Fall der Anerkennung einer Individualbeschwerde an eine internationale Instanz erweist es sich in der Praxis allerdings als ratsam, die entsprechenden Rechte auch innerstaatlich als unmittelbar anwendbar zu gestalten.

2. Internationales Durchsetzungsinstrumentarium

a) Überwachungsorgane

Da die konkrete Durchsetzung der in den Pakten garantierten Rechte primär eine innerstaatliche Verpflichtung der Vertragsstaaten darstellt, kommt den interna-

27 Siehe hinten S. 29.

28 Das «Additional Protocol to the European Social Charter providing for a system of collective complaints» wurde am 22. Juni 1995 vom Ministerkomitee des Europarates angenommen und am 9. November 1995 zur Unterzeichnung aufgelegt (ETS 158). Die «Revised European Social Charta» wurde am 3. Mai 1996 angenommen (ETS 163). Vgl. *Gomien/Harris/Zwaak* (Anm. 23), S. 406 und 426.

tionalen Kontrollorganen lediglich eine überwachende Funktion zu. Der *politische Pakt* hat mit dieser Aufgabe ein aus 18 Mitgliedern bestehendes und von den Vertragsstaaten gewähltes unabhängiges Expertenorgan, den *Menschenrechtsausschuss*, betraut[29]. In den 20 Jahren seiner bisherigen Tätigkeit hat sich dieser Ausschuss zum bei weitem wichtigsten menschenrechtlichen Vertragsorgan im Rahmen der Vereinten Nationen entwickelt. Er hält jährlich drei Tagungen zu je drei Wochen in Genf oder New York ab und legt der Generalversammlung jeden Herbst einen ausführlichen Jahresbericht über seine Tätigkeit vor. Die Kosten des Ausschusses und seines Sekretariats im Menschenrechtszentrum der Vereinten Nationen in Genf werden nicht von den Vertragsstaaten, sondern aus dem allgemeinen UNO-Budget bezahlt. Der Menschenrechtsausschuss prüft Staatenberichte aller Vertragsstaaten und entscheidet über Staaten- und Individualbeschwerden gegen jene Staaten, die diese Verfahren ausdrücklich anerkannt haben.

Im Gegensatz dazu sieht der *Sozialpakt* kein eigenes Kontrollorgan vor. Art. 16 überträgt die Prüfung der Staatenberichte vielmehr dem *Wirtschafts- und Sozialrat* der Vereinten Nationen. Auch den UNO-Sonderorganisationen (insbes. ILO und UNESCO) sowie der UNO-Menschenrechtskommission werden gewisse Befugnisse im Berichtsprüfungsverfahren eingeräumt. Der Sozialpakt kennt kein Beschwerde- oder Untersuchungsverfahren.

Der Wirtschafts- und Sozialrat als eines der Hauptorgane der Vereinten Nationen hat freilich weder die Zeit noch die Sachkunde und Unabhängigkeit, die für eine effektive Überwachungsfunktion unablässig sind. In den ersten Jahren übertrug er diese Aufgabe einer eigenen Arbeitsgruppe, die 1982 in eine Arbeitsgruppe von Regierungsexperten umbenannt wurde. Auch wenn dadurch die Sachkundigkeit verbessert werden konnte, so fehlte dieser Arbeitsgruppe weiterhin die für eine wirksame Prüfung der Staatenberichte notwendige Unabhängigkeit. Nachdem die Kritik an dieser unbefriedigenden Situation immer lauter wurde, entschied der Wirtschafts- und Sozialrat im Jahr 1985, die Arbeitsgruppe durch einen unabhängigen 18-köpfigen Ausschuss für wirtschaftliche, soziale und kulturelle Rechte (im folgenden zitiert als «*Sozialausschuss*») zu ersetzen[30]. Obwohl dieser Ausschuss kein Vertragsorgan ist, sondern ein Unterorgan des Wirtschafts- und Sozialrates, dessen Mitglieder von diesem gewählt werden, funktioniert er nach dem Vorbild des Menschenrechtsausschusses bzw. vergleichbarer Vertragsorgane. Der Sozialausschuss hielt seine konstituierende

29 Vgl. dazu und zum folgenden *Nowak* (Anm. 11) sowie *Dominic McGoldrick*, The Human Rights Committee, Its Role in the Development of the International Covenant on Civil and Political Rights, Oxford 1991.

30 Vgl. dazu und zum folgenden *Philip Alston*, Out of the Abyss: The Challenges Confronting the New U.N. Committee on Economic, Social and Cultural Rights, Human Rights Quarterly (HRQ) 1987, S. 332.

Sitzung im März 1987 ab und tagt nunmehr zweimal jährlich für drei Wochen in Genf.

b) Prüfung von Staatenberichten

Beide Pakte sehen das Berichtsprüfungsverfahren als einziges obligatorisches Verfahren zur internationalen Kontrolle der innerstaatlichen Durchsetzungsmassnahmen vor. Art. 40 des politischen Paktes und Art. 16 des Sozialpaktes verpflichten die Vertragsstaaten, über alle Massnahmen zur Verwirklichung der jeweiligen Rechte und über die dabei erzielten Fortschritte Berichte vorzulegen, worin auch auf etwa bestehende Umstände und Schwierigkeiten, die die Durchführung der Pakte behindern, hinzuweisen ist. Der *politische Pakt* sieht die Vorlage eines Erstberichtes innerhalb eines Jahres nach Inkrafttreten des Paktes für den betreffenden Vertragsstaat sowie weitere Berichte jeweils auf Anforderung des Menschenrechtsausschusses vor. Dieser führte jedoch ein periodisches Berichtssystem im Abstand von fünf Jahren ein und ersucht die Vertragsstaaten nur in aussergewöhnlichen Fällen (z.B. nach einem Staatsstreich) um Vorlage eines Zusatz- oder Notstandsberichtes. Bisher sind ca. 100 Erstberichte sowie knapp 130 zweite, dritte und vierte periodische Berichte, Zusatzberichte und Notstandsberichte vorgelegt worden. Eine grosse Zahl von Staaten ist allerdings mit der Vorlage ihrer Berichte, oft mehrere Jahre lang, in Verzug.

Für den *Sozialpakt* hat der Wirtschafts- und Sozialrat 1976 ein Programm der schrittweisen Vorlage von Teilberichten gemäss Art. 17 ausgearbeitet: Alle zwei Jahre mussten die Vertragsstaaten Berichte über je eine der drei in diesem Pakt garantierten Kategorien von Menschenrechten vorlegen: wirtschaftliche Rechte (Art. 6–9), soziale Rechte (Art. 10–12) und kulturelle Rechte (Art. 13–15). Daraus folgte eine abschnittsweise Periodik von sechs Jahren. Dieses System erwies sich als so verwirrend, dass der Wirtschafts- und Sozialrat 1988 auf Empfehlung des Sozialausschusses beschloss, ein Gesamtberichtssystem im Abstand von fünf Jahren nach dem Vorbild des Menschenrechtsausschusses einzuführen. Neue Vertragsstaaten müssen zwei Jahre nach Inkrafttreten des Paktes einen Gesamtbericht für alle Rechte vorlegen, alle anderen Staaten wurden aufgefordert, ihre Berichte so schnell als möglich umzustellen, wobei der 30. Juni als generelles Fälligkeitsdatum festgelegt wurde.

Für die konkrete Prüfung der Staatenberichte hat der Menschenrechtsausschuss ein ziemlich effizientes *Verfahren* entwickelt (z.T. nach dem Vorbild des Rassendiskriminierungsausschusses), dem sich der Sozialausschuss im wesentlichen angeschlossen hat. Die Regierungen werden in Empfehlungen und Richtlinien darauf hingewiesen, dass sie neben der Rechtslage auch über die faktische Situation berichten und etwaige Probleme und Schwierigkeiten nicht verschweigen sollen. Grundsätzlich werden die schriftlichen Berichte nur in Anwesenheit von Regierungsvertretern geprüft, wobei grosser Wert auf einen konstruktiven Dialog gelegt wird. Das schliesst allerdings nicht aus, dass manche Regierungsvertreter, die den Fragen der Ausschussmitglieder auszuweichen versuchen, in der Art eines Kreuzverhörs vernommen werden. Das gesamte Berichtsprüfungsverfahren ist öffentlich, so dass nicht-staatlichen Menschenrechtsorganisationen (NGOs) wie beispielsweise Amnesty International eine wichtige Informations- und Kontrollfunktion zukommt. Sie stellen den Ausschussmitgliedern ihre eigenen Informationen und «Schattenberichte» zu den jeweiligen Staaten informell zur Verfügung, haben jedoch kein Rederecht wie in der Menschenrechtskommission und ihrer Unterkommission. Im Verfahren vor dem Sozialausschuss haben sie zum Teil Rederecht und sind auch berechtigt, schriftliche Informationen offiziell einzubringen und als UNO-Dokumente verteilen zu lassen. Der Menschenrechtsausschuss hat bisher ca. 230 Staatenberichte, der Sozialausschuss und die Arbeitsgruppen des Wirtschafts- und Sozialrats haben ebenfalls weit über 200 Berichte geprüft.

Lange Zeit war die Frage umstritten, ob die Ausschüsse zu einer formellen *Beurteilung* der Situation in den betreffenden Vertragsstaaten als Abschluss des Berichtsprüfungsverfahrens befugt sind. Obwohl Art. 40 Abs. 4 des politischen Paktes ausdrücklich vorsieht, dass der Menschenrechtsausschuss den Vertragsstaaten seine *eigenen Berichte* übersendet, haben sich am Beginn die sozialistischen Mitglieder mit der Begründung durchgesetzt, eine derartige Evaluierung würde dem konstruktiven Geist des Berichtsprüfungsverfahrens widersprechen und dieses zu einer Art Beschwerde- oder Untersuchungsverfahren umfunktionieren. In den späten achziger Jahren hat sich jedoch die Praxis eingebürgert, dass verschiedene Ausschussmitglieder in einer abschliessenden Runde eine persönliche Stellungnahme zur Menschenrechtssituation des betreffenden Staates abgeben. Seit 1992 beschliesst der Ausschuss gemeinsame länderspezifische Bemerkungen, die ursprünglich noch sehr vorsichtig formuliert waren. In der Zwischenzeit haben sich diese Bemerkungen jedoch zu umfangreichen und zum Teil sehr kritischen Stellungnahmen zu den Staatenberichten entwickelt, und seit 1994 wird in den Jahresberichten des Ausschusses nicht mehr eine Zusammenfassung der gesamten Diskussion, sondern neben einer kurzen Einleitung zu dem betreffenden Staatenbericht nur mehr die Stellungnahme des Ausschusses abgedruckt.

Obwohl der Sozialpakt keine mit Art. 40 Abs. 4 des politischen Paktes vergleichbare Bestimmung enthält, hat der Sozialausschuss schon 1989 beschlossen, am Tag nach dem Abschluss der Diskussion jedes Staatenberichtes sogenannte *«abschliessende Stellungnahmen»* («concluding observations») zu formulieren. Diese sind ähnlich strukturiert wie die Stellungnahmen des Menschenrechtsausschusses und umfassen positive Aspekte, die wichtigsten Problembereiche sowie detaillierte Empfehlungen an die betreffenden Regierungen.

Schliesslich ermächtigt Art. 40 Abs. 4 des politischen Paktes den Menschenrechtsausschuss, im Rahmen des Berichtsprüfungsverfahrens «ihm geeignet erscheinende *allgemeine Bemerkungen*» zu veröffentlichen. Analog dazu kann der Wirtschafts- und Sozialrat gemäss Art. 21 des Sozialpaktes der Generalversammlung «Berichte mit *Empfehlungen allgemeiner Art*» vorlegen; und der Wirtschafts- und Sozialrat hat den Sozialausschuss anlässlich seiner Errichtung ermächtigt, «Vorschläge und Empfehlungen allgemeiner Art» auf der Basis der Prüfung von Staatenberichten in seinen Jahresbericht aufzunehmen. Der Menschenrechtsausschuss hat bisher 25 Allgemeine Bemerkungen, die an die Gesamtheit der Vertragsstaaten gerichtet sind, veröffentlicht. Sie beziehen sich meist auf bestimmte formal- oder materiellrechtliche Bestimmungen des Paktes, wurden wie alle sonstigen Entscheidungen dieses Ausschusses durch Konsens angenommen und stellen neben den Entscheidungen im Individualbeschwerdeverfahren die wichtigste Erkenntnisquelle für die Interpretation dieses Paktes dar. Der Wirtschafts- und Sozialrat hat bisher von seinen Befugnissen gemäss Art. 21 des Sozialpaktes noch keinen Gebrauch gemacht, doch hat der Sozialausschuss 1988 mit der Veröffentlichung Allgemeiner Bemerkungen nach dem Vorbild des Menschenrechtsausschusses begonnen. Nach ausführlicher Diskussion mit Spezialberichterstattern der Unterkommission zur Verhinderung der Diskriminierung und zum Schutz von Minderheiten sowie mit Vertretern einschlägiger NGOs hat er bisher sieben formal- und materiellrechtliche Allgemeine Bemerkungen veröffentlicht[31].

Insgesamt kann das Berichtsprüfungsverfahren vor beiden Ausschüssen als fruchtbares Instrument des internationalen Menschenrechtsschutzes bezeichnet werden. Die Vertragsstaaten werden verpflichtet, sich und der Weltöffentlichkeit Rechenschaft über die innerstaatliche Verwirklichung der Menschenrechte abzugeben, und die kritische und genaue Prüfung durch die Ausschüsse vor dem Hintergrund einer interessierten nicht-staatlichen Öffentlichkeit gewährleistet zumindest, dass allzu grosse Diskrepanzen zwischen offizieller Berichterstattung und realer Situation nicht unwidersprochen bleiben.

c) Staatenbeschwerdeverfahren[32]

Während sich die internationalen Kontrollbefugnisse hinsichtlich des Sozialpaktes mit dem Berichtsprüfungsverfahren erschöpfen, sieht Art. 41 des politischen Paktes auch ein fakultatives Staatenbeschwerdeverfahren vor. Im Un-

31 Hinten S. 449 ff. abgedruckt. Da die Allgemeine Bemerkung 7 zum Recht auf ausreichende Unterkunft und Schutz vor Vertreibung (UN.Doc. E/C.12/1997/4) erst nach Abschluss des Manuskripts veröffentlicht wurde, konnte sie leider nicht mehr berücksichtigt werden.

32 Vgl. *Nowak*, CCPR-Kommentar (Anm. 11), S. 620 ff.

terschied zu vergleichbaren Verfahren im Rahmen der ILO, UNESCO, der Europäischen und Amerikanischen Menschenrechtskonvention wurden die entsprechenden Kompetenzen des Menschenrechtsausschusses und der in Art. 42 vorgesehenen ad hoc-Vergleichskommission im Zuge der Ausarbeitung in der Generalversammlung der Vereinten Nationen allerdings dermassen beschnitten, dass es nicht verwundert, dass sich bisher nur 45 Staaten diesem Verfahren unterworfen haben und keiner von diesen auf die Idee gekommen ist, sich dieses Instruments zu bedienen. Ich werde mich folglich nur sehr kursorisch mit diesem Verfahren befassen.

Im Unterschied zu anderen Staatenbeschwerdeverfahren ist jenes nach dem Pakt als reines *Vermittlungs- bzw. Vergleichsverfahren* ohne die Möglichkeit einer bindenden Entscheidung für den Fall des Scheiterns der Vergleichsbemühungen konzipiert. Ein Vertragsstaat, der eine Beschwerde gegen einen anderen Vertragsstaat wegen Verletzungen seiner Verpflichtungen aufgrund des Paktes (d.h. in der Regel wegen grober Menschenrechtsverletzungen) erheben will, muss vorerst in einem Vorverfahren eine gütliche Einigung mit dem anderen Staat versuchen. Gelingt ihm dies nicht, so kann er nach sechs Monaten die Sache dem Menschenrechtsausschuss vorlegen. Auch hier bleibt das Verfahren streng vertraulich, und die Funktion des Ausschusses beschränkt sich im wesentlichen darauf, seine guten Dienste zum Zweck einer gütlichen Regelung zur Verfügung zu stellen. Eigene Tatsachenermittlungsbefugnisse stehen ihm so gut wie nicht zu. Scheitern auch seine Vergleichsbemühungen, so muss er einen Bericht vorlegen, der sich auf eine kurze Darstellung des Sachverhalts beschränkt, also keine eigene Stellungnahme enthalten darf.

Falls beide Staaten zustimmen, kann der Ausschuss schliesslich noch eine *ad hoc-Vergleichskommission* einsetzen, deren Kompetenzen allerdings ebenso begrenzt sind. Sie kann einen weiteren Vergleichsversuch unternehmen und bei dessen neuerlichem Scheitern schliesslich ebenfalls einen Bericht verfassen, in dem sie allerdings auch keine Stellungnahme zur Sachfrage, sondern lediglich «ihre Ansichten über Möglichkeiten einer gütlichen Regelung» (Art. 42 Abs. 7 lit. c) aufnehmen darf – wohlgemerkt, nachdem eine solche gütliche Regelung bereits dreimal gescheitert ist! Sollte sich die Vergleichskommission erdreisten, auch noch einen vierten Vergleichsversuch für sinnvoll zu halten, so haben die beteiligten Vertragsstaaten das Recht, dem Vorsitzenden des Ausschusses gemäss Art. 42 Abs. 7 lit. d offiziell mitzuteilen, dass sie mit dem Inhalt des Kommissionsberichts nicht einverstanden sind. Dass die Autoren dieses Verfahrens dessen Absurdität offensichtlich selbst erkannt haben dürften, zeigt sich darin, dass sie es nicht gewagt haben, das Budget der Vereinten Nationen mit den Ausgaben der Kommissionsmitglieder zu belasten. Gemäss Art. 42 Abs. 9 müssen die beteiligten Vertragsstaaten für diese Kosten selbst aufkommen, was die Popularität des Verfahrens kaum steigern dürfte.

d) Individualbeschwerdeverfahren[33]

Buchstäblich in letzter Minute gelang es den Niederlanden, dem Libanon, Nigeria und einer Reihe anderer Staaten 1966 im Dritten Ausschuss der Generalversammlung trotz des erbitterten Widerstandes vor allem der sozialistischen Staaten, ein fakultatives Individualbeschwerdeverfahren für behauptete Verletzungen der Rechte des *politischen Paktes* durchzusetzen. Der fakultative Charakter dieses Verfahrens wurde insofern besonders betont, als es nicht wie das Staatenbeschwerdeverfahren im Pakt selbst geregelt ist, sondern in ein eigenes *Fakultativprotokoll* verbannt wurde. Dieses Faktum hat in der Praxis allerdings keine Nachteile bewirkt. Im Gegenteil: Während das Staatenbeschwerdeverfahren bisher von nur 45 Staaten anerkannt wurde, haben zwei Drittel aller Vertragsstaaten (92 von 138) das Fakulativprotokoll ratifiziert. Obwohl die Kompetenzen des Menschenrechtsausschusses im Individualbeschwerdeverfahren ebenfalls relativ vorsichtig formuliert wurden, hat es sich in der Praxis zu einem der wichtigsten Verfahren des internationalen Menschenrechtsschutzes entwikkelt. Bis 31. Juli 1995 waren insgesamt 645 Beschwerden registriert worden. Von diesen befanden sich 76 im Zulässigkeitsverfahren, 321 wurden zurückgewiesen, eingestellt oder zurückgezogen, 40 wurden für zulässig erklärt und befanden sich im Stadium meritorischer Behandlung, 48 wurden abgewiesen und bei 160 Beschwerden wurden eine oder mehrere Verletzungen des Paktes festgestellt[34]. Daraus folgt, dass die «Erfolgsquote» einer Individualbeschwerde an den Menschenrechtsausschuss beinahe 30% beträgt, während sie bei den Strassburger Instanzen bei unter 5% liegt! Ursprünglich bezogen sich fast alle festgestellten Verletzungen auf das Militärregime in Uruguay oder auf Mobutos Einparteienherrschaft in Zaire, doch in den letzten Jahren zeigt die Statistik ein viel gestreuteres Bild. Von den 645 registrierten Beschwerden waren insgesamt 136 (21,1%) gegen Jamaica gerichtet (v.a. Todesstrafenfälle), 79 gegen Uruguay

33 Vgl. *Nowak*, CCPR-Kommentar (Anm. 11), S. 693 ff.; *McGoldrick* (Anm. 29), S. 120 ff.; *Christoph Pappa*, Das Individualbeschwerdeverfahren des Fakultativprotokolls zum Internationalen Pakt über bürgerliche und politische Rechte, Bern 1996.

34 Der Ausschuss veröffentlicht alle Zurückweisungs- und Sachentscheidungen in seinen Jahresberichten an die Generalversammlung (UN.Doc. A/32/44 sowie A/33 bis 50/40) sowie in eigenen Veröffentlichungen ausgewählter Entscheidungen (UN.Doc. CCPR/C/OP/1,2). Die wichtigsten Entscheidungen werden in der Übersetzung von *Christian Tomuschat* regelmässig in der EuGRZ auch in deutscher Sprache veröffentlicht. Ausserdem enthalten die Rechtsprechungsberichte von *Manfred Nowak* kurze deutsche Zusammenfassungen der bis 1989 veröffentlichten Entscheidungen des Ausschusses: siehe EuGRZ 1980, S. 532; 1981, S. 427; 1983, S. 11; 1984, S. 421; 1986, S. 605 und 1989, S. 430. Seine englisch-sprachigen Zusammenfassungen aller Entscheidungen im Human Rights Law Journal gehen bis Juli 1995: HRLJ 1980, S. 136; 1981, S. 168; 1982, S. 207; 1984, S. 199; 1986, S. 287; 1990, S. 139; 1993, S. 9; 1995, S. 377. Eine chronologische Übersicht aller bisher veröffentlichten Entscheidungen mit Fundstellenhinweisen findet sich hinten S. 659 ff. Eine Zusammenstellung einiger ausgewählter Entscheide findet sich schliesslich hinten S. 555 ff.

(12,2%), 76 gegen Kanada (11,8%), 50 gegen die Niederlande (7,8%, v.a. Fälle betreffend die Gleichberechtigung von Frauen), 37 gegen Frankreich (5,7%, v.a. Beschwerden von Bretonen), 31 gegen Trinidad und Tobago (4,8%, v.a. Todesstrafenfälle) und 25 gegen Finnland (3,9%). Die meisten Verurteilungen erfolgten gegen Jamaica und Uruguay[35]. Allerdings ist der Grossteil jener Staaten, in denen die bürgerlichen und politischen Rechte systematisch verletzt werden, insbesondere in Asien und Afrika, noch nicht Vertragspartei des Paktes bzw. des Ersten Fakultativprotokolls.

Von den derzeit 40 *Europaratsstaaten* (einschliesslich der Russischen Föderation und Kroatien) haben bisher 36 Staaten die Europäische Menschenrechtskonvention ratifiziert und das Individualbeschwerdeverfahren gemäss Art. 25 EMRK anerkannt, während 37 Staaten den politischen Pakt und 33 Staaten das Erste Fakultativprotokoll ratifiziert haben. Mit anderen Worten: Der Grossteil der Bevölkerung Europas (aus 30 Staaten) hat die Wahl, Verletzungen bürgerlicher und politischer Rechte entweder bei der Europäischen Menschenrechtskommission in Strassburg oder beim Menschenrechtsausschuss der Vereinten Nationen in Genf anzufechten. Gegen jene Europaratsstaaten, die keinen entsprechenden Vorbehalt bei der Ratifizierung des Fakulativprotokoll abgegeben haben, besteht sogar die Möglichkeit, eine Strassburger Entscheidung in Genf überprüfen zu lassen. Gegen drei Europaratsstaaten (Kroatien, die Russische Föderation und die Ukraine) besteht derzeit nur die Möglichkeit einer Beschwerde nach Genf, doch haben sich diese Staaten beim Beitritt zum Europarat verpflichtet, die EMRK so umgehend wie möglich zu ratifizieren. Umgekehrt steht gegen jene Vertragsstaaten der EMRK, die den politischen Pakt noch nicht ratifizierten (Andorra, Liechtenstein und Türkei) oder zwar den Pakt, nicht aber das Fakulativprotokoll ratifizierten (Albanien, die Schweiz und das Vereinigte Königreich), bisher nur die Möglichkeit einer Beschwerde nach Strassburg offen. Schliesslich gibt es gegen einen Europaratsstaat (Moldawien) noch keine Möglichkeit einer Individualbeschwerde an eine internationale Überwachungsinstanz.

Obwohl das Fakulativprotokoll statt Beschwerde den Ausdruck «Mitteilung» («communication») und statt Urteil, Erkenntnis oder Sachentscheidung den Ausdruck «Auffassungen» («views», «constatations») verwendet, läuft das Individualbeschwerdeverfahren in der Praxis nach dem Vorbild gerichtlicher Verfahren bzw. der Strassburger Instanzen ab. Wie letzteres ist es vertraulich, doch entscheidet der Menschenrechtsausschuss als einziges Organ im Zulässigkeits- wie im meritorischen Verfahren. Ein wichtiger Nachteil gegenüber Strassburg sei hervorgehoben: Die Beweiswürdigung des Ausschusses beschränkt sich gemäss Art. 5 Abs. 1 Fakulativprotokoll auf schriftliche Angaben, während die

35 Vgl. *Nowak* (Anm. 19), S. 377 (S. 383).

Europäische Menschenrechtskommission auch Zeugen einvernehmen oder einen Augenschein durchführen kann.

Die *Zulässigkeitsvoraussetzungen* des Fakulativprotokolls sind weniger und werden in der Regel formloser gehandhabt als in Strassburg. Beispielsweise fehlt die Sechs-Monate-Frist und eine von der Europäischen Menschenrechtskommission weidlich ausgenützte Befugnis zur Zurückweisung «offensichtlich unbegründeter» Beschwerden. Im Extremfall nicht-begründeter Beschwerden hat allerdings auch der Ausschuss darauf bestanden, dass zumindest ein prima facie-Beweis einer möglichen Verletzung erbracht werden müsste. Auf der anderen Seite führte bisher nur in wenigen Fällen der Missbrauch des Beschwerderechts zur Zurückweisung einer Beschwerde.

Beschwerdelegitimiert sind gemäss Art. 1 Fakulativprotokoll ausschliesslich *Einzelpersonen* («individuals», «particuliers»), die behaupten, Opfer einer Menschenrechtsverletzung zu sein. Falls ein Opfer nicht in der Lage ist, selbst eine Beschwerde einzubringen – etwa weil es «incommunicado» inhaftiert ist, was bei vielen Beschwerden gegen Uruguay der Fall war – so können dies auch nahe Familienangehörige an seiner Stelle tun. Ausserdem kann sich ein Beschwerdeführer natürlich durch einen Anwalt, sonstige Personen oder auch durch eine juristische Person, also etwa auch durch eine Menschenrechtsorganisation wie Amnesty International vertreten lassen, sofern diese dazu bevollmächtigt ist. Nur im eigenen Namen können Organisationen oder Personengruppen im Unterschied zu Art. 25 EMRK nach ständiger Judikatur des Ausschusses keine Individualbeschwerde einbringen. In den meisten Fällen ist diese aus Angst vor Popularklagen eingefügte Einschränkung des Fakulativprotokolls insofern nicht besonders problematisch, als beispielsweise bei Auflösung oder Tätigkeitsbeschränkung einer politischen Partei, Religionsgesellschaft oder Gewerkschaft immer auch Einzelpersonen in ihren individuellen Rechten auf Religions-, Meinungs-, Vereinigungs- oder Gewerkschaftsfreiheit verletzt sind. Auch die Angehörigen von Minderheiten können individuell Beschwerde führen. Beim ausschliesslich kollektiven *Recht aller Völker auf Selbstbestimmung* hat die konsequente Anwendung dieser Rechtsprechung allerdings zum Ergebnis geführt, dass dieses als einziges Recht des Paktes durch Individualbeschwerde nicht durchsetzbar ist[36].

Gemäss Art. 5 Abs. 2 Fakulativprotokoll sind Beschwerden zurückzuweisen, wenn der *innerstaatliche Rechtsweg nicht erschöpft* wurde oder dieselbe Sache vor einer anderen internationalen Untersuchungs- oder Ausgleichsinstanz geprüft wird. Beide Zulässigkeitsvoraussetzungen werfen eine Fülle von Interpretationsproblemen auf, die im Rahmen dieser Einleitung nicht näher behandelt werden können. Als allgemeine Regel gilt, dass grundsätzlich alle

36 Communication 167/1984, *Lubicon Lake Band v. Canada*, hinten S. 590 ff.

gerichtlichen und administrativen Rechtsbehelfe, die dem Beschwerdeführer eine begründete Chance auf Abhilfe bieten (z.B. Aufhebung einer Entscheidung, Beendigung oder Unterlassung einer Massnahme, Feststellung einer Rechtsverletzung, Schadenersatz etc.), ausgeschöpft werden müssen. Darunter fallen neben dem normalen Instanzenzug auch ausserordentliche Rechtsbehelfe wie Verfassungsbeschwerden, Haftbeschwerden, Wiedereinsetzungsanträge etc. Nicht auszuschöpfen sind blosse Bitt- oder Gnadengesuche, Aufsichtsbeschwerden, Eingaben an einen Ombudsmann sowie offensichtlich aussichtslose oder besonders langwierige Rechtsbehelfe.

Das *Kumulationsverbot* kommt zur Anwendung, wenn dieselbe Sache – d.h. derselbe Anspruch bezüglich derselben Einzelperson, sofern er sich auf ein vergleichbares materielles Menschenrecht stützt – vor einer vergleichbaren anderen internationalen Untersuchungs- oder Ausgleichsinstanz bereits anhängig ist. Vergleichbar sind diesbezüglich nur Individualbeschwerden aufgrund der Europäischen und Amerikanischen Menschenrechtskonvention, der Rassendiskriminierungs- und Anti-Folterkonvention der Vereinten Nationen sowie aufgrund Art. 26 der ILO-Satzung und des Spezialverfahrens vor dem ILO-Vereinigungsfreiheitsausschuss. Sobald diese Verfahren abgeschlossen sind, steht das Kumulationsverbot einer Beschwerdeerhebung an den Ausschuss nicht mehr im Weg. Allerdings haben viele Europaratsstaaten diesbezüglich einen Vorbehalt des Inhalts abgegeben, dass ein Instanzenzug von Strassburg nach Genf unzulässig sei. Sobald eine Sache folglich von der Europäischen Menschenrechtskommission inhaltlich geprüft und danach als offensichtlich unzulässig zurückgewiesen wurde, ist eine Beschwerde an den Menschenrechtsausschuss gegen viele Europaratsstaaten nicht mehr möglich. Allerdings zeigt die jüngere Rechtsprechung des Ausschusses eine gewisse Tendenz, Zurückweisungen durch die Europäische Menschenrechtskommission im Zweifel trotz Vorbehalt zu überprüfen. Im Fall *Casanovas gegen Frankreich* begründete der Ausschuss diese Auffassung dadurch, dass sich viele Rechte der EMRK (konkret ging es um das Recht auf ein faires Verfahren) sowohl inhaltlich als auch hinsichtlich ihrer Durchsetzung von jenen des Paktes unterscheiden, so dass eine Zurückweisung als unvereinbar ratione materiae noch keine «Prüfung» im Sinn der genannten Vorbehalte darstelle, die eine Behandlung durch den Ausschuss ausschliessen würde[37]. Man wird sich dennoch vorher gut überlegen müssen, welche Beschwerdemöglichkeiten im konkreten Fall aufgrund der bisherigen Rechtsprechung eine grössere Erfolgschance versprechen.

Das Individualbeschwerdeverfahren wird gemäss Art. 5 Abs. 4 Fakulativprotokoll durch sogenannte «Auffassungen» des Ausschusses abgeschlossen, die allerdings in der Praxis eher einem gerichtlichen Urteil mit Spruch und

37 Communication 441/1990, *Robert Casanovas v. France*, hinten S. 638 ff.

ausführlicher Begründung entsprechen. Der Ausschuss hat sich durch extensive Auslegung seiner Kompetenzen zur *Veröffentlichung aller Sachentscheidungen* im vollen Wortlaut mit Angabe der Identität des Beschwerdeführers wie des betroffenen Staates im Jahresbericht wie in eigenen Presseinformationen entschlossen. Auch Sondervoten einzelner Mitglieder («dissenting» oder «concurring opinions») werden im vollen Wortlaut wiedergegeben. Obwohl diese Entscheidungen im Unterschied zu den Urteilen des Europäischen oder Inter-Amerikanischen Gerichtshofes für Menschenrechte völkerrechtlich nicht verbindlich sind, kommt ihnen in der Praxis eine durchaus vergleichbare moralische und politische Autorität zu.

Nachdem sich das vor allem im Westen mit Nachdruck gepflegte Dogma der Nicht-Justiziabilität wirtschaftlicher, sozialer und kultureller Rechte zunehmend als unhaltbar erweist[38], begann der Sozialausschuss 1990 mit der Ausarbeitung eines *Fakultativprotokolls zum Sozialpakt*, das ein Individualbeschwerdeverfahren nach dem Vorbild des Fakulativprotokolls zum politischen Pakt vorsieht. Obwohl die Wiener Weltkonferenz über Menschenrechte dieses Vorhaben ausdrücklich unterstützte und *Philip Alston* als Vorsitzender des Sozialausschusses bereits im November 1994 einen fertigen Entwurf für dieses Fakultativprotokoll vorlegte[39], hat sich die Menschenrechtskommission noch nicht damit befasst[40].

IV. Ausgewählte allgemeine Bemerkungen[41]

Abschliessend möchte ich noch kurz auf einige besonders wichtige Entscheidungen des Menschenrechtsausschusses und des Sozialausschusses hinweisen. Von den Allgemeinen Bemerkungen gemäss Art. 40 Abs. 4 des politischen Paktes[42] erwiesen sich die beiden zum *Recht auf Leben* in Art. 6 und jene zu Vorbehalten als besonders kontrovers. In der Allgemeinen Bemerkung 6/16

38 Vgl. zum Beispiel die verschiedenen Beiträge zur Konferenz der Internationalen Juristenkommission über die Rolle der Juristen bei der Durchsetzung wirtschaftlicher, sozialer und kultureller Rechte sowie die dort verabschiedete «Bangalore Declaration and Plan of Action» vom 25.10.1995 in ICJ-Review No. 55, December 1995. Siehe auch die Literaturhinweise in den Anm. 13 und 26.

39 UN.Doc. E/C.12/1994/12.

40 Vgl. dazu *Manfred Nowak*, The Need for an Optional Protocol to the International Covenant on Economic, Social and Cultural Rights, in ICJ-Review No. 55, December 1995, 153; *Philip Alston*, Establishing a Right to Petition under the Covenant on Economic, Social and Cultural Rights, in: Collected Courses of the Academy of European Law, Bd. 4, Buch 2, The Hague/London/Boston 1995, S. 107.

41 Deutscher und französischer Text der Allgemeinen Bemerkungen siehe hinten S. 295 ff. bzw. S. 449 ff.

42 UN.Doc. CCPR/C/21/Rev.1/Add. 1–6 und HRI/GEN/1/Rev.2; zum Text siehe hinten S. 295 ff.

vom Juli 1982 betonte der Ausschuss die herausragende Bedeutung des Rechts auf Leben und leitete daraus die Verpflichtung der Staaten zu umfassenden positiven Gewährleistungsmassnahmen wie der Bekämpfung von Epidemien und Unterernährung, zur Senkung der Kindersterblichkeit und zur Vermeidung von Kriegen, Völkermord und ähnlichen Gewaltakten ab. Die Vertragsstaaten werden auch zur Ergreifung wirksamer Massnahmen zur Verhütung des Verschwindenlassens von Menschen aufgefordert. In der Allgemeinen Bemerkung 14/23 vom November 1984 setzte er sich schliesslich mit den Gefahren atomarer Rüstung für dieses wichtigste Recht des Paktes auseinander. Er forderte, dass die Produktion, die Erprobung, der Besitz, die Aufstellung und der Einsatz von Atomwaffen verboten und als Verbrechen gegen die Menschheit anerkannt werden sollten. Diese Interpretation des Paktes wurde von verschiedenen westlichen Regierungsvertretern im 3. Ausschuss der Generalversammlung (Bundesrepublik Deutschland, Frankreich, Japan, Kanada, Portugal und die Niederlande) als eine Überschreitung der Ausschusskompetenzen scharf kritisiert. Auf die Allgemeine Bemerkung 24/52 vom November 1994 betreffend *Vorbehalte*, die von einzelnen Regierungen wie den USA und dem Vereinigten Königreich scharf kritisiert worden ist, wurde bereits hingewiesen[43].

Von den Allgemeinen Bemerkungen des Sozialausschusses[44] sind vor allem zwei hervorzuheben. In der Allgemeinen Bemerkung 4/1991 wurde nach langen Beratungen mit Experten und NGOs zum ersten Mal eine detaillierte Interpretation eines materiellen Rechts, des *Rechts auf Wohnung* in Art. 11 des Sozialpakts, vorgenommen. Der Ausschuss betonte, dass das Recht auf eine angemessene Wohnung (adequate housing) nicht im engen Sinne eines «Daches über dem Kopf» verstanden werden darf, sondern als das Recht aller Menschen, irgendwo einen Platz zu haben, wo sie in Sicherheit, Frieden und Würde leben können. Dazu gehört auch ein Minimum an Privatsphäre, Infrastruktur, Rechtssicherheit, finanzieller Erschwinglichkeit, kultureller Adäquanz und eines Diskriminierungsschutzes am Wohnungsmarkt. Die Staaten sind unabhängig vom Entwicklungsstand ihrer Wirtschaft verpflichtet, Massnahmen zu ergreifen wie die Verabschiedung eines nationalen Wohnungsplans, eine gesetzliche Wohnbauförderung oder die Errichtung von öffentlichen Wohnungen. Eine durch staatliche Politik verursachte generelle Verschlechterung der Wohnungssituation wird vom Ausschuss ebenso wie die willkürliche Vertreibung von Menschen aus ihren Wohnungen als Verletzung dieses wichtigen sozialen Menschenrechts qualifiziert.

In der Allgemeinen Bemerkung 5/1994 beschäftigte sich der Sozialausschuss ausführlich mit den wirtschaftlichen, sozialen und kulturellen *Rechten*

43 Siehe vorne S. 15.

44 Vgl. UN.Doc. HRI/GEN/1/Rev.2; Text hinten S. 295 ff.

von Behinderten und den korrespondierenden Pflichten der Vertragsstaaten, jegliche Diskriminierung von Behinderten zu eliminieren und positive Massnahmen zu ihrem Schutz zu ergreifen. Im besonderen wurden die Rechte Behinderter auf Arbeit, soziale Sicherheit, einen angemessenen Lebensstandard, Gesundheit, Bildung und Teilnahme am kulturellen Leben hervorgehoben.

V. Ausgewählte Entscheidungen aus der Rechtsprechung des Menschenrechtsausschusses über Individualbeschwerden[45]

Der Ausschuss hat in einer grossen Zahl von Fällen schwere und systematische Verletzungen beinahe aller Bestimmungen des Paktes durch die frühere Militärregierung *Uruguays* festgestellt. Im besonderen hatte Uruguay die Rechte auf persönliche Freiheit, ein faires Verfahren, politische Rechte und Freiheiten, das Recht Inhaftierter auf menschenwürdige Behandlung, das Folterverbot und zum Teil auch das Recht auf Leben verletzt. Die Haftbedingungen im «Libertad»-Gefängnis von Montevideo und insbesondere im berüchtigten Straftrakt «La Isla» wurden in ihrer Gesamtheit als systematische unmenschliche Behandlung im Sinn der Art. 10 und 7 qualifiziert. In den Uruguay-Fällen hat der Ausschuss auch seine bekannten Beweislastregeln entwickelt: Wenn eine Regierung ihrer Informations- und Mitwirkungspflicht nach Art. 4 Abs. 2 Fakulativprotokoll trotz Aufforderung nicht entspricht, stützt der Ausschuss seine Tatsachenfeststellung nach Art eines Versäumnisurteils auf die plausibel vorgebrachten und begründeten Angaben der Beschwerdeführer. Ausserdem verpflichte das Fakulativprotokoll die Vertragsstaaten, gut dokumentierte Beschwerdevorbringen bona fide zu untersuchen und die Ergebnisse dieser Nachforschungen dem Ausschuss zur Verfügung zu stellen.

Der Fall der *Sandra Lovelace*[46] betraf eine gebürtige Maliseet-Indianerin kanadischer Staatsangehörigkeit, die im Gebiet des Tobique-Reservats aufgewachsen war und durch ihre Heirat mit einem Nicht-Indianer aufgrund des kanadischen Indian Acts ihren Rechtsstatus als Indianerin und damit ihr Wohnsitzrecht im Reservat verloren hatte. Dessenungeachtet kehrte sie nach ihrer Scheidung mit ihren Kindern in das Tobique-Reservat zurück, wo sie von anderen Maliseet-Indianern gegen eine drohende Abschiebung durch die kanadischen Behörden geschützt wurde. Der Ausschuss bejahte ihren Status als Angehörige einer ethnischen Minderheit im Sinn von Art. 27 und stellte eine Verletzung dieser Bestimmung fest.

45 Zu den Fundstellen siehe Anm. 33. Ausgewählte Entscheidungen sind hinten S. 555 ff. abgedruckt.

46 Communication 24/1977, *Sandra Lovelace v. Canada*, siehe hinten S. 555 ff.

Im *Fall der mauritischen Frauen*[47] ging es um eine geschlechtsspezifische Diskriminierung im Immigration and Deportation Act von Mauritius. Dieses Gesetz hatte ausländischen Ehefrauen mauritischer Männer ein unbeschränktes Aufenthaltsrecht ex lege eingeräumt, ausländische Ehemänner mauritischer Frauen jedoch verpflichtet, um eine behördliche Aufenthaltsgenehmigung nachsuchen. Obwohl der Pakt kein Recht von Ausländern auf Einreise in einen Vertragsstaat vorsieht, stellte der Ausschuss eine Verletzung von Art. 3 in Verbindung mit den Art. 17 Abs. 1 und 23 Abs. 1 fest, da diese geschlechtsspezifische Diskriminierung Auswirkungen auf das Familienleben der betroffenen mauritischen Frauen zeitigte.

Auch in den Fällen *Broeks* und *Zwaan de Vries*[48] gegen die Niederlande ging es um eine geschlechtsspezifische Diskriminierung, diesmal aber nicht in Verbindung mit einem anderen Recht dieses Paktes, sondern mit Rechten des Sozialpaktes. Aufgrund des niederländischen Arbeitslosenversicherungsgesetzes bezogen verheiratete Frauen nur unter der Voraussetzung des Nachweises, für den Lebensunterhalt der Familie verantwortlich zu sein, eine Arbeitslosenunterstützung, während dieser Nachweis bei verheirateten Männern nicht erforderlich war. Der Ausschuss stellte eine Verletzung von Art. 26 mit der Begründung fest, das Recht auf gleichen Schutz durch das Gesetz sei nicht akzessorisch, sondern verbiete Diskriminierung – d.h. eine ungleiche Behandlung, die nicht auf vernünftigen und objektiven Bedingungen beruht – in allen Bereichen, die staatlich geregelt und geschützt sind. Diese m.E. zutreffende Entscheidung ist auf heftige Kritik gestossen und hat in den Niederlanden sogar zu ernsten politischen Überlegungen geführt, den Pakt zu kündigen. Allerdings hat sich dabei herausgestellt, dass in Ermangelung einer ausdrücklichen Bestimmung eine Kündigung nur zulässig ist, wenn ihr alle anderen Vertragsstaaten zustimmen.

Im Fall der *Dezembermorde in Surinam*[49] stellte der Ausschuss aufgrund überzeugender Indizien fest, dass die 15 prominenten Oppositionellen, die im Dezember 1982 von der Militärpolizei in Paramaribo aus ihren Betten geholt worden waren, und deren Leichen zwei Tage später, z.T. schwer verstümmelt, in der Leichenhalle des Akademischen Krankenhauses wieder aufgetaucht waren, willkürlich ihres Rechts auf Leben in Art. 6 beraubt worden sind.

In verschiedenen Fällen gegen *Zaire* stellte der Ausschuss ausdrücklich die Anwendung von Foltermethoden (Schläge, Elektroschocks, Daumenpresse, vorgetäuschte Exekutionen, Nahrungsmittelentzug) durch Mitglieder des militärischen Sicherheitsdienstes fest. In anderen Fällen gegen Zaire wurde die

47 Communication 35/1978, *Shirin Aumeeruddy-Cziffra et al. v. Mauritius,* siehe hinten S. 560 ff.

48 Communication 172/1984, *S.W.M. Broeks v. The Netherlands* und Communication 182/1984, *F.H. Zwaan de Vries v. The Netherlands,* hinten S. 596 ff.

49 Communication 146, 148 bis 154/1983, *Baboeram et. al. v. Surinam,* hinten S. 583 ff.

administrative Verbannung in den Heimatort der Betroffenen als Verletzung der in Art. 12 garantierten Bewegungsfreiheit qualifiziert.

Im Fall des seit knapp zwei Jahrzehnten in Madagaskar offiziell eingetragenen französischen Anwalts *Eric Hammel*[50], der zwei südafrikanische Beschwerdeführer erfolgreich vor dem Ausschuss gegen Madagaskar vertreten hatte und aus diesem Grund in einer Nacht- und Nebelaktion ohne rechtsstaatliche Garantien des Landes verwiesen worden war, stellte der Ausschuss eine Verletzung von Art. 13 fest. Im Fall des britischen Staatsbürgers *Charles Stewart,* der im Alter von sieben Jahren mit seinen Eltern nach Kanada emigriert war, dort knapp 30 Jahre lebte und wegen einer grossen Anzahl strafgerichtlicher Verurteilungen ausgewiesen werden sollte, stellte der Ausschuss keine Verletzung des Paktes fest, da Kanada nicht als sein Heimatland zu qualifizieren sei. Diese im Licht der Enstehungsgeschichte des Paktes m.E. unrichtige Interpretation von Art. 12 Abs. 4 wurde von mehreren Ausschussmitgliedern in abweichenden Meinungen heftig kritisiert[51].

Die Beschwerde des finnischen Freidenkers *Erkki Hartikainen*[52], der behauptet hatte, dass die obligatorische Teilnahme von Schülern an einem Unterricht über Religionsgeschichte und Ethik dem in Art. 18 Abs. 4 gewährleisteten Elternrecht atheistischer Eltern widerspreche, wurde unter Hinweis auf die Möglichkeit der Befreiung von diesem Gegenstand im Falle des Nachweises eines vergleichbaren Unterrichtes ausserhalb der Schule sowie im Hinblick auf entsprechende Reformbemühungen Finnlands abgewiesen. In der Tat informierte die Regierung den Ausschuss kurz darauf von einer entsprechenden Verbesserung des Unterrichts in diesem Fach.

Im Fall des finnischen Wehrdieners *Antti Vuolanne*[53], der wegen unerlaubten Fernbleibens vom Dienst von einem Militäroffizier in einem Disziplinarverfahren zu einer zehntägigen Einzelhaft verurteilt worden war, stellte der Ausschuss eine Verletzung des Rechts auf gerichtliche Haftprüfung in Art. 9 Abs. 4 fest.

Im Fall des *Ivan Kitok*[54] ging es um die Frage, ob das schwedische Rentierzuchtgesetz 1971, das den Fortbestand der autochthonen Sami-Kultur durch die gesetzliche Begrenzung der Anzahl von Rentierzüchtern auf deren angestammtem Territorium schützen wollte, mit Art. 27 vereinbar ist. Durch dieses Gesetz wurde dem gebürtigen Sami, der ohne Unterbrechung auf dem Territorium seines Volkes gelebt und mit diesem feste Bande bewahrt hatte, das Recht auf Rentierzüchtung entzogen, da er diesen Beruf, der einen essentiellen Bestandteil der Sami-Kultur ausmacht, länger als drei Jahre nicht ausgeübt hatte. Der

50 Communication 155/1983, *Eric Hammel v. Madagascar,* hinten S. 585 ff.

51 Communication 538/1993, *Charles E. Stewart v. Canada.*

52 Communication 40/1978, *Erkki Juhani Hartikainen et al. v. Finland,* hinten S. 565 ff.

53 Communication 265/1987, *Antki Vuolanne v. Finland,* hinten S. 619 ff.

54 Communication 197/1985, *Ivan Kitok v. Sweden,* hinten S. 609 ff.

Ausschuss äusserte ernste Bedenken darüber, dass das genannte Gesetz die Zugehörigkeit zu einer ethnischen Minderheit von anderen als «objektiven ethnischen Kriterien» abhängig mache, wies die Beschwerde jedoch letztlich im Hinblick auf den höherrangigen Zweck des Schutzes der Minderheit in ihrer Gesamtheit ab.

Eine Reihe von Beschwerden von *Angehörigen der bretonischen Volksgruppe*[55], die gegen die Nichtanerkennung bzw. Vernachlässigung der bretonischen Sprache in französischen Schulen und Behörden gerichtet waren, wurden wegen Nichterschöpfung des innerstaatlichen Rechtsweges zurückgewiesen. In einem Sondervotum wies das senegalesische Ausschussmitglied in ungewöhnlich scharfer Weise darauf hin, dass der französische Vorbehalt zu Art. 27 dem Ausschuss jegliche Prüfung sonstiger Zulässigkeitsvoraussetzungen verwehre. Dem wurde von fünf anderen Mitgliedern in einem zweiten Sondervotum entgegengehalten, dass die Frage, ob es sich hier um einen Vorbehalt oder eine blosse interpretative Erklärung handle, im vorliegenden Fall nicht relevant sei, da der Ausschuss zur Behandlung ratione materiae unzuständig sei. In zwei weiteren *bretonischen Fällen*[56] entschied die Mehrheit des Ausschusses, die französische Erklärung zu Art. 27 sei ihrem Inhalt nach ein Vorbehalt, der eine Prüfung von Behauptungen der Verletzung von Minderheitenrechten ausschliesse. Nur die britische Expertin Higgins vertrat die Auffassung, es handle sich bloss um eine interpretative Erklärung. In einem anderen bretonischen Fall entschied der Ausschuss, dass die unentgeltliche Beiziehung eines Dolmetschers im Strafprozess durch Art. 14 Abs. 3 lit. f nicht geboten war, da der Angeklagte französisch verstand.

Im Fall der *Lubicon Lake Band*[57], einer indianischen Stammesgesellschaft in der kanadischen Provinz Alberta, die eine Verletzung ihres Selbstbestimmungsrechts durch die grossräumige Ausbeutung ihrer natürlichen Ressourcen und die ökologische Zerstörung ihres Territoriums geltend gemacht hatte, hat sich der Ausschuss schliesslich zu der folgenreichen und nicht unbestrittenen Auffassung durchgerungen, dass im Wege der Individualbeschwerde nur Verletzungen der in den Art. 6–27 garantierten individuellen Rechte bekämpft werden könnten. Behauptete Verletzungen von Art. 1 können daher ausschliesslich im Berichtsprüfungs- und Staatenbeschwerdeverfahren geprüft werden. Im konkreten Fall wurde allerdings eine Verletzung von Minderheitenrechten gemäss Art. 27 festgestellt. Im Fall einiger englischsprechender Einwohner des kolum-

55 Z.B.Communication 228/1987, *C.L.D. v. France,* Communication 243/1987, *S.R. v. France*, Communication 262/1987, *R.T. v. France,* Communication 324/1988, *J.B. v. France* und Communication 325/1988, *H.K. v. France*.

56 Communication 220/1987, *T.K. v. France* und Communication 222/1987, *M.K. v. France*.

57 Communication 167/1984, *Lubicon Lake Band v. Canada*, hinten S. 590 ff.

bianischen Inselarchipels *San Andres*[58], die eine Verletzung ihres Selbstbestimmungsrechts durch die fortschreitende Kolumbianisierung und Industrialisierung ihres angestammten Territoriums geltend gemacht hatten, bestätigte der Ausschuss diese Rechtsprechung und wies die Individualbeschwerde zurück.

Im Fall *Delgado gegen Kolumbien*[59] stellte der Ausschuss erstmals eine Verletzung des Rechts auf Sicherheit gemäss Art. 9, und zwar unabhängig vom Recht auf persönliche Freiheit, fest. Es handelte sich dabei um einen Religionslehrer, dessen Auseinandersetzungen mit der katholischen Kirche und den staatlichen Unterrichtsbehörden zu Todesdrohungen und tätlichen Angriffen geführt hatten, die den Beschwerdeführer schliesslich veranlassten, nach Frankreich zu flüchten. Der Ausschuss erblickte im mangelnden staatlichen Schutz gegen diese Angriffe durch private Todesschwadronen eine Verletzung des Rechts auf Sicherheit.

Im Fall *Järvinen gegen Finnland*[60] qualifizierte die Mehrheit des Ausschusses eine längere Dauer des Zivildienstes im Vergleich zum Wehrdienst nicht als Verletzung des Gleichheitsgrundsatzes in Art. 26. Drei Ausschussmitglieder kamen allerdings zum gegenteiligen Ergebnis.

Der Ausschuss hat in einer grossen Anzahl von Beschwerden von Personen, die in *Jamaica*, z.T. auch in *Trinidad und Tobago*, wegen Mordes oder anderer schwerer Straftaten zum Tode verurteilt worden sind, vielfältige Verletzungen des Rechts auf ein faires Verfahren gemäss Art. 14 des Paktes festgestellt. Auch wenn Art. 6 an sich die *Todesstrafe* zulässt, so hat der Ausschuss in diesen Fällen die ständige Rechtsprechung entwickelt, dass gerade bei Strafverfahren wegen eines Verbrechens, das mit der Todesstrafe bedroht ist, alle Verfahrensgarantien des Art. 14 genau eingehalten werden müssen. Folglich stellte er zumindest bei schwereren Verfahrensfehlern regelmässig auch eine Verletzung des Rechts auf Leben in Art. 6 fest und forderte die Regierung Jamaicas auf, die Beschwerdeführer freizulassen. Meist wurden diese zwar nicht freigelassen, wohl aber die Todesstrafe in eine Haftstrafe umgewandelt. In vielen Fällen wurden die konkreten Haftbedingungen in der Todeszelle auch als grausame, unmenschliche oder erniedrigende Behandlung im Sinn von Art. 7 und/oder 10 qualifiziert. Lange Wartezeiten in der Todeszelle (das sogenannte «Todeszellensyndrom») als solche wurden jedoch nicht als Verletzung von Art. 7 und/oder 10 gewertet. Im Fall des *Errol Johnson gegen Jamaica* wurde diese Rechtsprechung vor allem damit näher begründet, dass Art. 6 auf die Abschaffung der Todesstrafe ziele und dass der Ausschuss es daher vermeiden sollte, die Vertragsstaaten zu einer

58 Communication 318/1988, *E.P. et al. v. Columbia.*

59 Communication 195/1985, *William Eduardo Delgado Paez v. Colombia*, hinten S. 603 ff.

60 Communication 295/1988, *Aapo Järvinen v. Finland*, hinten S. 624 ff.

möglichst schnellen Hinrichtung zu animieren. Schliesslich sei das Leben in der Todeszelle, so hart es auch sein möge, dem Tod vorzuziehen. Dieser m.E. im Gesamtkontext des Paktes überzeugenden Argumentation haben allerdings verschiedene Mitglieder in abweichenden Meinungen heftig widersprochen[61].

In drei besonders kontroversen Fällen gegen *Kanada* ging es um die Frage, ob die *Auslieferung* von Personen, denen die Verhängung der *Todesstrafe bzw. die Hinrichtung in den USA* drohte, eine Verletzung der Art. 6 und/oder 7 darstellt[62]. Nur im Fall des *Charles Chitat Ng*, dem in Kalifornien mit grosser Wahrscheinlichkeit die Verurteilung wegen Entführung und zwölffachen Mordes und die Hinrichtung in der Gaskammer bevorstand, stellte die Mehrheit des Ausschusses eine Verletzung von Art. 7 (Verbot grausamer und unmenschlicher Bestrafung) fest. Die Ausschussmitglieder waren in dieser Frage allerdings sehr gespalten. Die abweichenden Meinungen reichten von der Auffassung, die Beschwerden hätten wegen des Fehlens der Opfereigenschaft zurückgewiesen werden müssen, bis zur Meinung, dass Kanada (wo die Todesstrafe abgeschafft ist) durch die Auslieferung auch das Recht der Beschwerdeführer auf Leben verletzt hätte. Selbst die «hardliner» unter den Ausschussmitgliedern wie der Österreicher *Kurt Herndl* räumten allerdings ein, dass besonders grausame Hinrichtungsmethoden eine Verletzung von Art. 7 darstellten. Im Unterschied zu dem bekannten Urteil des Europäischen Gerichtshofs für Menschenrechte im Fall *Soering gegen das Vereinigte Königreich*[63] wurde das sogenannte «death row phenomenon» in den USA nur von einer kleinen Minderheit als Verletzung des Folterverbotes gewertet.

Das Problem der *Verschwundenen* stellte sich in einer Reihe von Fällen gegen lateinamerikanische Staaten. Im Anschluss an die wegweisende Entscheidung des Inter-Amerikanischen Gerichtshofs für Menschenrechte im Fall *Velásquez Rodriguez gegen Honduras*[64] stellte der Ausschuss beispielsweise im Fall des *Rafael Mojica gegen die Dominikanische Republik*, der *Nydia Bautista gegen Kolumbien* und der *Ana Rosario Celis Laureano gegen Peru*[65] fest, dass das Verschwindenlassen von Regimekritikern, sofern gute Gründe für ein Verschulden der Regierung sprächen, eine Verletzung der Rechte auf Leben, persönliche Integrität, Freiheit und Sicherheit gemäss Art. 6, 7 und 9 darstellt. Im

61 Communication 588/1994, *Errol Johnson v. Jamaica.*

62 Communication 470/1991, *Joseph Kindler v. Canada*, Communication 469/1991, *Charles Chitat Ng v. Canada*, hinten S. 648 ff. und Communication 539/1993, *Keith Cox v. Canada.*

63 Urteil vom 7.7.1989, Serie A Nr. 161.

64 Urteil vom 29.7.1988, EuGRZ 1989, S. 157.

65 Communication 449/1991, *Rafael Mojica v. Dominican Republic*, hinten S. 641 ff.; Communication 563/1993, *Nydia Bautista v. Colombia; Communication 540/1993, Ana Rosario Celis Laureano v. Peru.*

argentinischen Verschwundenen-Fall[66] ging es um ein neun Monate altes Mädchen, das von Agenten der damaligen Militärdiktatur 1977 gemeinsam mit seinen Eltern entführt und 1984 von seiner Grossmutter in der Obhut einer Krankenschwester wiedergefunden wurde, während die Eltern weiterhin verschwunden blieben. Da die demokratische Regierung Argentiniens erst nach langwierigen Gerichtsverfahren im Jahr 1993 die wirkliche Identität des Mädchens anerkannte und erst 1994 (als sie bereits 18 Jahre alt war) die Adoption durch die Krankenschwester für nichtig erklärt hatte, stellte der Ausschuss schliesslich eine Verletzung des in Art. 24 garantierten Rechts jeden Kindes auf besonderen Schutz fest und forderte die Regierung auf, ihre Bemühungen zu intensivieren, das Schicksal verschwundener Kinder zu untersuchen und ihnen entsprechende Identitätspapiere auszustellen.

In engem Zusammenhang mit dem Problem der Verschwundenen steht die Frage der *Straflosigkeit für schwere Menschenrechtsverletzungen* unter früheren Regimen aufgrund von Amnestiegesetzen, die von nachfolgenden demokratischen Regierungen erlassen wurden. Während der Ausschuss in den sogenannten *«Punto Final»-Fällen gegen Argentinien*[67] entsprechende Beschwerden von Angehörigen verschwundener und/oder ermordeter Opfer des «Schmutzigen Krieges» als unvereinbar mit den Bestimmungen des Paktes «ratione temporis» zurückwies (der Pakt war von Argentinien erst 1986 ratifiziert worden), stellte er im Fall des *Hugo Rodriguez gegen Uruguay*[68] Verletzungen des Folterverbots (Art. 7) in Verbindung mit dem in Art. 2 Abs. 3 garantierten Rechts auf wirksamen Rechtsschutz fest. Der Beschwerdeführer war 1983 von der Geheimpolizei des damaligen Militärregimes schwer gefoltert worden, doch waren seine Beschwerden aufgrund eines Amnestiegesetzes aus dem Jahr 1986 von den demokratischen Behörden nicht behandelt worden. In der Entscheidungsbegründung betonte der Ausschuss, dass die Erlassung des Amnestiegesetzes nicht nur die Bestrafung der Verantwortlichen, sondern auch die Untersuchung vergangener Menschenrechtsverletzungen verhindert und folglich das Recht auf wirksamen Rechtsschutz einschliesslich einer gerechten Entschädigung verletzt habe. Im bereits erwähnten Fall der *Nydia Bautista gegen Kolumbien* ging der Ausschuss noch einen Schritt weiter. Obwohl gegen die beiden für die Entführung und das Verschwindenlassen von Frau Bautista im Jahr 1987 verantwortlichen Geheimdienstagenten eine Disziplinarstrafe verhängt wurde, und obwohl ein Verwaltungsgericht 1995 den Familienangehörigen eine Entschädigung für das Verschwindenlassen und die Ermordung von Frau Bautista zugesprochen hatte,

66 Communication 400/1990, *Darwinia Rosa Mónaco de Gallicchio und ihre Enkelin Jimena Vicario v. Argentina*, hinten S. 630 ff.

67 Communication 275/1988, *S.E. v. Argentina*, Communication 343–345/1988, *R.A.V.N. et al. v. Argentina.*

68 Communication 322/1988, *Hugo Rodriguez v. Uruguay.*

entschied der Ausschuss, dass diese disziplinar- und verwaltungsrechtlichen Massnahmen im Fall solch schwerwiegender Menschenrechtsverletzungen kein adäquates Rechtsmittel im Sinn von Art. 2 Abs. 3 des Paktes darstellten. Die Verantwortlichen müssten vielmehr vor Gericht gebracht und entsprechend bestraft werden.

Die Frage der Entschädigung wegen Menschenrechtsverletzungen unter einem früheren Regime war auch Gegenstand des Falles *Alina Simunek u.a. gegen Tschechien*[69]. Die Beschwerdeführer hatten die CSSR aus politischen Gründen zwischen 1968 und 1987 verlassen, worauf ihr Eigentum von der kommunistischen Regierung konfisziert wurde. 1991 erliess die Regierung der CSFR ein Restitutionsgesetz, wonach Staatsbürgern mit ständigem Wohnsitz in der CSFR Wiedergutmachung garantiert wurde. Da die Beschwerdeführer weiterhin im Ausland wohnten, kamen sie nicht in den Genuss der Entschädigung. Obwohl der Pakt kein Recht auf Eigentum gewährleistet, fand der Ausschuss das Erfordernis des ständigen Wohnsitzes im Inland als willkürlich und stellte eine Verletzung des Rechts auf Gleichheit in Art. 26 fest. Im Fall *Frank Adam gegen Tschechien* erweiterte der Ausschuss diese Rechtsprechung, indem er feststellte, dass auch die Staatsbürgerschaft kein objektiv gerechtfertigtes Kriterium für Entschädigungsansprüche darstellt und Art. 26 verletzt[70].

Im Fall zweier führender Mitglieder der *People's Redemption Organization*, einer Oppositionspartei gegen die frühere Einparteienregierung von Präsident Kaunda in *Zambia*[71], die wegen ihrer politischen Aktivitäten verfolgt und mehrere Jahre lang willkürlich festgehalten worden waren, stellte der Ausschuss Verletzungen der Art. 9, 10, 12, 19 und 25 fest. Ähnliche Verletzungen der Rechte von Oppositionspolitikern einschliesslich des Folterverbots wurden in den letzten Jahren zum Beispiel gegen Zaire, Äquatorialguinea, Kamerun, die Zentralafrikanische Republik, Libyen, Korea, Nicaragua, Kolumbien und Peru ausgesprochen.

Im Fall *Párkányi gegen Ungarn*[72] betreffend den ehemaligen Direktor eines ungarischen Unternehmens, der wegen Betrugs zu einer Haftstrafe verurteilt worden war, fand der Ausschuss eine Verletzung des Rechts von Strafhäftlingen auf menschenwürdige Behandlung gemäss Art. 10 in der Tatsache, dass dem Beschwerdeführer pro Tag nur fünf Minuten für persönliche Hygiene und fünf Minuten Ausgang an der frischen Luft gewährleistet worden waren. Im Fall des Kanadiers *Gerald John Griffin*, der in *Spanien* wegen Drogenhandels zu acht Jahren Freiheitsstrafe verurteilt worden war, fand der Ausschuss die geschilder-

69 Communication 516/1992, *Alina Simunek et. al. v. Czech Republic,* hinten S. 652 ff.

70 Communication 586/1994, *Josef Frank Adam v. Czech Republic.*

71 Communication 314/1988, *Peter Chiiko Bwalya v. Zambia* und Communication 326/1988, *Henry Kalenga v. Zambia.*

72 Communication 410/1990, *Csaba Párkányi v. Hungary*, hinten S. 634 ff.

ten Haftbedingungen im 1993 geschlossenen Gefängnis von Melilla (30 Häftlinge in einer Zelle ohne Fenster, uringetränkte Matratzen und Leintücher, Salzwasser-Duschen, hohe Selbstmordrate und Gewalt, keine Trennung von Untersuchungs- und Strafhäftlingen) als Verletzung von Art. 10[73].

Im Interesse des Schutzes der französisch-sprechenden Minderheit Kanadas hat die Provinz Québec ein Gesetz erlassen, wonach nur französische Firmenschilder auf den Strassen zulässig waren. Einige *englisch-sprachige Geschäftsleute in Québec*[74] fühlten sich dadurch in ihren Minderheitenrechten verletzt. Dem folgte der Ausschuss nicht, da in Kanada die englisch-sprechende Bevölkerung überwiege und sich der Schutz von Angehörigen auf das Verhältnis seiner Minderheit zur Gesamtbevölkerung eines Staates beziehe. Gleichwohl sah er in dem Gesetz eine Verletzung der Meinungsfreiheit nach Art. 19.

Im Anschluss an die Rechtsprechung des Europäischen Gerichtshofs für Menschenrechte in den Fällen *Dudgeon gegen das Vereinigte Königreich, Norris gegen Irland* und *Modinos gegen Zypern*[75] entschied auch der Ausschuss im Fall *Toonen gegen Australien*[76], dass das gänzliche Verbot der Homosexualität unter (erwachsenen) Männern in Tasmanien dem Recht auf Privatsphäre in Art. 17 und dem Diskriminierungsverbot in Art. 26 widerspreche. Die Begründung der tasmanischen Regierung, dieses Verbot würde dem Schutz gegen die Verbreitung von AIDS dienen, wurde zurückgewiesen.

Auch die niederländische Regierung wurde im Fall *Coeriel* und *Aurik gegen die Niederlande*[77] wegen Verletzung des Rechts auf Privatsphäre verurteilt, da der Justizminister den beiden Beschwerdeführern, die zum Hinduismus übergetreten waren und sich in Indien zu Hindupriestern ausbilden lassen wollten, die Änderung ihres niederländischen Familiennamens in einen Hindu-Namen nicht genehmigt hatte. Im Fall des Polizisten *Joszef Debreczeny*, dessen Wahl in den Gemeinderat von Dantumadeel von den niederländischen Behörden im Hinblick auf die Gewaltenteilung verweigert worden war, fand der Ausschuss jedoch eine zulässige Einschränkung des passiven Wahlrechts gemäss Art. 25 lit. b[78].

73 Communication 493/1992, *Gerald John Griffin v. Spain.*

74 Communication 359/1989, *John Ballantyne, Elizabeth Davidson and Gordon McIntyre v. Canada*, hinten S. 627 ff. und Communication 455/1991, *Allan Singer v. Canada*, hinten S. 646.

75 Urteile aus den Jahren 1981, 1988 und 1993, Serie A Nr. 45, 142, 259.

76 Communication 488/1992, *Nicolas Toonen v. Australia.*

77 Communication 453/1991, *A.R. Coeriel and M.A.R. Aurik v. The Netherlands*, hinten S. 643 ff.

78 Communication 500/1992, *Joszef Debreczeny v. The Netherlands.*

VI. Schlussbemerkung

Diese kleine Auswahl von Entscheidungen sollte verdeutlichen, mit welcher *Vielfalt von Fällen und Rechtsfragen* der Menschenrechtsausschuss im *Individualbeschwerdeverfahren* befasst wurde. Unabhängig davon, ob diese Beschwerden die Verfolgung von Oppositionspolitikern, Haftbedingungen in Gefängnissen, Rechte von Minderheiten, die Privatsphäre oder diffizile Interpretationsprobleme im Zusammenhang mit der Todesstrafe, dem Phänomen der Verschwundenen, der Straflosigkeit aufgrund von Amnestiegesetzen, dem passiven Wahlrecht, dem Gleichheitsgrundsatz, der Meinungsfreiheit, dem Recht auf Einreise in das «eigene Land» oder der Zulässigkeit von Vorbehalten der Vertragsstaaten aufwerfen, hat dieser Ausschuss m.E. nachdrücklich unter Beweis gestellt, dass die Qualität der völkerrechtlich nicht verbindlichen Rechtsprechung eines Expertenorgans im Rahmen der Vereinten Nationen mit jener des Europäischen Gerichtshofes für Menschenrechte durchaus vergleichbar sein kann. Mit der zunehmenden Ratifizierung des Fakulativprotokolls durch Mitgliedstaaten des Europarates entwickelt sich diese Rechtsschutzmöglichkeit zu einer ernstzunehmenden Alternative gegenüber der Individualbeschwerde an die Strassburger Instanzen. Sie ist auch nicht zuletzt deshalb verstärkt in Erwägung zu ziehen, weil die Rechte des politischen Paktes in wichtigen Bereichen über jene der EMRK hinausgehen und die Erfolgschancen im allgemeinen grösser sind als in Strassburg.

Wie bereits betont wurde, übertreffen auch die Erfahrungen im *Berichtsprüfungsverfahren* vor dem Menschenrechtsausschuss, wie vor dem Sozialausschuss, bei weitem die in dieses Kontrollinstrument gesetzten Erwartungen. Wenn man von den bisher wenig spektakulären Erfahrungen mit dem Berichtssystem aufgrund von Art. 57 EMRK absieht, gibt es zum Berichtsverfahren des politischen Paktes keine Alternative im System des Europarates. Auch im Bereich der wirtschaftlichen, sozialen und kulturellen Rechte hat der Sozialausschuss neue Massstäbe gesetzt, die viel effizienter sind als das enttäuschende Berichtsprüfungsverfahren aufgrund der Europäischen Sozialcharta.

Aus all dem folgt die Erkenntnis, dass sich europäische Staaten, die an einem möglichst wirksamen *internationalen* Menschenrechtsschutzinstrumentarium für ihre Bürger interessiert sind, heute nicht mehr allein auf das ursprünglich vorbildhafte Schutzsystem des Europarates beschränken sollten. In vielen Bereichen haben die Vereinten Nationen neue Akzente gesetzt, die auch für europäische Standards richtungsweisend sind.

Les Pactes et la protection des droits de l'homme dans le cadre européen

par Giorgio MALINVERNI[1]

Adoptés à l'unanimité par l'Assemblée générale des Nations Unies le 16 décembre 1966, le Pacte international relatif aux droits économiques, sociaux et culturels (ci-après: Pacte I) et le Pacte international relatif aux droits civils et politiques (ci-après: Pacte II) sont entrés en vigueur, respectivement, le 3 janvier et le 23 mars 1976. Formant avec la Déclaration universelle des droits de l'homme du 10 décembre 1948 ce qu'il est convenu d'appeler la «Charte internationale des droits de l'homme», ils traduisent en règles de droit, contraignantes pour les Etats, les principes énumérés dans la Déclaration. Contrairement à elle, ils instituent des mécanismes de contrôle international de leur respect par les Etats[2].

La conclusion de deux conventions distinctes s'explique par la différence de nature entre les droits économiques, sociaux et culturels d'une part et les droits civils et politiques d'autre part, qui se répercute sur les mécanismes de contrôle susceptibles d'être instaurés.

Si, en raison de leur caractère universel et de leur contenu, les deux pactes doivent être considérés comme les pièces maîtresses et les instruments de référence en matière de droits de l'homme, ils ont cependant été précédés et suivis par toute une série d'autres conventions, tant régionales qu'universelles, de portée générale ou spéciale.

Or la prolifération, en soi réjouissante, de traités internationaux relatifs aux droits de l'homme peut également être génératrice de problèmes assez délicats de coexistence. Ceux-ci peuvent se poser à un double niveau: d'abord, à celui du cumul des mécanismes de contrôle institués par les divers instruments; ensuite, à celui de l'absence de concordance entre les catalogues ou les définitions des droits et libertés garantis.

Dans les pages qui suivent, notre propos est d'examiner les rapports entre le Pacte I et la Charte sociale européenne d'une part, et entre le Pacte II et la Convention européenne des droits de l'homme d'autre part. Notre analyse se

1 Professeur à l'Université de Genève.

2 Au 1er janvier 1997, le Pacte I a été ratifié par 135 Etats, et le Pacte II par 137, dont la quasi-totalité des Etats occidentaux. Quant au Protocole facultatif à ce dernier pacte, qui ouvre la voie aux requêtes individuelles, il a été ratifié par 89 Etats.

limite toutefois à l'examen des droits et libertés garantis, en laissant délibérément de côté celui de la coexistence des procédures de contrôle[3].

Pareille étude présente désormais un intérêt qui n'est plus purement théorique, puisque les deux Pactes des Nations Unies sont entrés en vigueur pour notre pays le 18 septembre 1992[4].

3 Sur ce sujet, en général, voir: Conseil de l'Europe, Problèmes découlant de la coexistence des Pactes des Nations Unies relatifs aux droits de l'homme et de la Convention européenne des droits de l'homme, Rapport du Comité d'experts en matière de droits de l'homme au Comité des Ministres, Doc. H (70) 7, Strasbourg, septembre 1970; *Gérard Cohen-Jonathan,* Les rapports entre la Convention européenne des droits de l'homme et le Pacte des Nations Unies sur les droits civils et politiques, in: Régionalisme et universalisme dans le droit international contemporain, Société française pour le droit international, Colloque de Bordeaux, Paris 1977, pp. 313 ss; *Polys Modinos,* Coexistence de la Convention européenne des droits de l'homme et du Pacte des droits civils et politiques des Nations Unies, Revue des droits de l'homme (RDH), 1968, pp. 41 ss; *A.H. Robertson,* The United Nations Covenant on Civil and Political Rights and the European Convention on Human Rights, British Yearbook of International Law (BYIL) 1968–69, p. 21; *Jan de Meyer,* La Convention européenne des droits de l'homme et le Pacte international relatif aux droits civils et politiques, Heule 1968; *Marc-André Eissen,* The European Convention on Human Rights and the United Nations Covenant on Civil and Political Rights: Problems of Coexistence, Buffalo Law Review, 1972, pp. 181 ss; *idem,* Convention européenne des droits de l'homme et Pacte des Nations Unies relatif aux droits civils et politiques: problèmes de «coexistence», Zeitschrift für ausländisches öffentliches Recht und Völkerrecht (ZaöRV) 1970, p. 237; *Maxime Tardu,* Quelques questions relatives à la coexistence des procédures universelles et régionales de plainte individuelle dans le domaine des droits de l'homme, RDH 1971, pp. 589 ss; *Jane M. Glenn,* Le Pacte international relatif aux droits civils et politiques et la Convention européenne des droits de l'homme, thèse Strasbourg 1973; *Torkel Opsahl,* Le droit matériel, in: Actes du Colloque sur la Convention européenne des droits de l'homme par rapport à d'autres instruments internationaux pour la protection des droits de l'homme (Athènes, septembre 1978), Strasbourg, Conseil de l'Europe, 1979; *idem,* Ten Years' Coexistence Strasbourg-Geneva, in: Protection des droits de l'homme: la dimension européenne, Mélanges en l'honneur de Gérard J. Wiarda, Cologne 1988, pp. 431 ss; *Felix Ermacora,* Über das Kumulationsverbot in Menschenrechtsverfahren, in: Festschrift für S. Verosta, Vienne 1983, p. 187; voir également *Giorgio Malinverni,* Les mécanismes de contrôle international du respect des droits de l'homme, in: Contributions à l'année internationale de la paix, Les Cahiers du droit public, Bordeaux 1988, p. 157; *Stefan Trechsel/Martin Philipp Wyss,* Implementing Human Rights Guarantees, A Comparison between the International Covenant on Civil and Political Rights and the European Convention on Human Rights. NJCM Bulletin 7/1994, pp. 775–784. *Liz Heffernan,* A Comparative View of Individual Petition Procedures under the European Convention on Human Rights and the International Covenant on Civil and Political Rights, Human Rights Quarterly 1997, pp. 78 ss.

4 Voir Feuille fédérale (FF) 1991 I 1129–1186; 1991 IV 1052. Voir *Erika Schläppi,* Internationaler Pakt über wirtschaftliche, soziale und kulturelle Rechte sowie Internationaler Pakt über bürgerliche und politische Rechte; Beitritt der Schweiz zu den beiden Menschenrechtspakten von 1966, Aktuelle Juristische Praxis/Pratique Juridique Actuelle (AJP/PJA) 1992, pp. 894 ss.

I. Le Pacte relatif aux droits civils et politiques et la Convention européenne des droits de l'homme

Le Pacte II garantit les droits et libertés fondamentaux classiques (art. 6 à 27) qui sont, pour la plupart, directement applicables.

Etant déjà partie à la Convention européenne des droits de l'homme, la Suisse est donc tenue par une double série d'obligations internationales. La question qui se pose est dès lors celle de savoir si celles-ci sont convergentes, complémentaires ou contradictoires.

La lecture des dispositions des deux instruments internationaux fait apparaître d'abord des domaines où aucune interférence n'est a priori possible. En effet, certains droits sont garantis uniquement par le Pacte, à l'exclusion de la Convention européenne, et vice versa.

1. Les droits garantis uniquement par le Pacte

a) Le Pacte et la Convention de Rome de 1950

aa) Le droit des peuples à disposer d'eux-mêmes

Parmi les droits qui ne sont garantis que par le Pacte, il convient de mentionner, en premier lieu, le droit des peuples à disposer d'eux-mêmes[5]. Ce droit est proclamé à l'art. 1er de chacun des deux Pactes, qui consacre également le droit, pour tous les peuples, de disposer librement de leurs richesses et de leurs ressources naturelles (al. 2) et qui exige des Etats parties qu'ils facilitent la réalisation de ces droits (al. 3).

Figurant en tête des deux Pactes, cette disposition, basée sur la célèbre déclaration de l'Assemblée générale des Nations Unies de 1960[6], témoigne de l'influence qu'a exercée sur leurs auteurs le processus de décolonisation au début

5 Dans l'abondante littérature relative à ce droit, voir notamment *Alexandre Kiss*, The Peoples' Right to Self-Determination, Human Rights Law Journal (HRLJ) 1986, p. 165; *Hector Gros Espiell*, The Right of Self-Determination, Implementation of United Nations Resolutions, Nations Unies, New York 1980, E/CN.4/Sub.2/405/Rev. 1, No de vente E. 79. XIV.5.

6 Rés. 1514 (XV) sur l'octroi de l'indépendance aux territoires et peuples sous domination coloniale; voir également, à ce propos, la résolution 2625 (XXV) de l'Assemblée générale des Nations Unies, du 24 octobre 1970, sur les principes de droit international régissant les relations amicales et la coopération entre les Etats.

des années soixante[7]. Pour les pays du tiers monde en particulier, ce droit était et demeure une condition préalable essentielle pour la jouissance effective des autres droits de l'homme garantis par les Pactes[8]. Le droit des peuples à disposer d'eux-mêmes s'en distingue toutefois fondamentalement. Alors que les libertés énumérées aux articles suivants sont des droits individuels, le droit des peuples à disposer d'eux-mêmes est en effet un droit collectif, qui n'est pas appelé à régir les rapports de l'individu avec l'Etat[9]. Il est d'ailleurs le seul droit collectif du Pacte II. Même l'art. 27, relatif aux droits des minorités, a pour destinataires non pas les groupes minoritaires, mais les membres de ces groupes.

Pour cette raison, l'art. 1er figure, seul, dans la première partie du Pacte, alors que les autres droits se trouvent dans la troisième partie. En raison de son caractère collectif, l'art. 1er ne peut pas faire l'objet d'une communication individuelle en vertu du Protocole additionnel No 1 au Pacte[10]. Son respect ne peut donc être contrôlé que dans le cadre des rapports des Etats (art. 40 Pacte II) et des requêtes étatiques (art. 41 Pacte II).

Le principe du droit des peuples à l'autodétermination, inséré dans le Pacte sous la pression des Etats du tiers monde, a retrouvé une certaine actualité à partir du début des années quatre-vingt-dix, dans le cadre de la dissolution d'Etats multinationaux d'Europe centrale et orientale, en particulier de l'ex-Union soviétique et de l'ex-Yougoslavie.

La distinction entre la notion de peuple et celle de minorité, à l'art. 27, n'est pas aisée. Alors que le droit à l'autodétermination n'est en principe reconnu qu'aux peuples se trouvant sur des territoires non soumis à la souveraineté d'un Etat, les droits contenus à l'art. 27 le sont à des individus appartenant à des minorités.

Il paraît difficile de se fonder sur l'art. 1er commun aux deux Pactes pour en déduire un droit quelconque, pour des peuples ou des minorités, à une certaine autonomie locale ou territoriale à l'intérieur du territoire d'Etats souverains. En l'état actuel du droit international, les Etats ne sont en effet aucunement tenus

7 Dans le même ordre d'idées, on relèvera que, contrairement à la CEDH (art. 63), les deux Pactes ne contiennent pas de clause coloniale. En effet, de l'avis de plusieurs délégations, le concept même de domination coloniale devait être considéré comme illégal et toute référence à des territoires placés sous un tel statut risquait d'être considérée comme une approbation d'une pratique condamnable. La suppression de la clause coloniale dans les deux pactes fut décidée par 92 voix contre 0 et 10 abstentions (Doc. [ONU] A/6546, pp. 47 à 49 et 153).

8 Ces raisons permettent d'expliquer que ce droit n'ait pas été inséré dans la CEDH.

9 *Manfred Nowak*, U.N. Covenant on Civil and Political Rights, CCPR Commentary, Kehl/Strasbourg/Arlington 1993, pp. 14 ss.

10 Communication No 197/1985, *Ivan Kitok c. Suède*, par. 6.3, *infra* pp. 609 ss. Pour cette raison, certains groupes qui ne se considèrent pourtant pas comme des minorités ethniques, comme les Indiens du Canada, ont été obligés d'invoquer l'art. 27 devant le Comité (voir par exemple les communications No 167/1984, *Bernard Ominayak et la bande du Lac Lubicon c. Canada, infra* pp. 590 ss et No 358/1989, *R. L. et autres c. Canada.*

d'instituer des formes de décentralisation politique ou administrative en faveur des minorités. Le droit international ne saurait obliger les Etats à adopter une structure étatique particulière.

A fortiori en va-t-il ainsi du droit de sécession, qui va directement à l'encontre du principe de l'intégrité territoriale des Etats. Un tel droit ne saurait donc être reconnu que dans des cas exceptionnels et après consultation des populations concernées, par voie référendaire.

L'art. 1er al. 1er confère à chaque peuple le droit inaliénable de déterminer librement son statut politique et d'assurer son développement économique, social et culturel. Il impose aux Etats des obligations correspondantes. En particulier, leur système constitutionnel doit rendre possible l'exercice de ce droit[11].

L'al. 2 se réfère à un aspect particulier du contenu économique du droit à l'autodétermination, à savoir le droit qu'ont les peuples de disposer librement de leurs richesses et de leurs ressources naturelles. Il est précisé qu'en aucun cas un peuple ne pourra être privé de ses moyens de subsistance.

L'al. 3 est particulièrement important, dans la mesure où il impose aux Etats parties des obligations spécifiques, non seulement envers leurs propres peuples, mais également envers tous ceux qui n'ont pas pu exercer leur droit à l'autodétermination. Tous les Etats sont en effet tenus de faciliter la réalisation de ce droit et cette obligation incombe aussi bien aux Etats qui ont la responsabilité d'administrer des territoires non autonomes et des territoires sous tutelle qu'à ceux qui n'ont pas cette responsabilité.

L'affirmation du droit des peuples à l'autodétermination est assortie d'une réserve en faveur du droit international (al. 2). Celle-ci doit permettre de sauvegarder les intérêts économiques sur le plan international, en particulier les investissements.

bb) Le droit des détenus d'être traités avec humanité

Le deuxième droit que le Pacte II est seul à garantir est le droit de toute personne privée de liberté d'être traitée avec humanité et avec la dignité inhérente à la personne humaine (art. 10 al. 1er). Cela ne signifie pas pour autant que les personnes détenues ne bénéficient d'aucune protection dans le cadre de la Convention européenne. Dans une jurisprudence très abondante, les organes de Strasbourg ont en effet toujours affirmé que la détention n'a pas pour effet de priver ceux qui en sont l'objet des garanties de la Convention, en particulier de son art. 3[12].

11 Observation générale 12 (21), *infra* pp. 507 ss.

12 Voir *Jochen Abr. Frowein/Wolfgang Peukert*, Europäische Menschenrechtskonvention, 2e édition, Kehl am Rhein, 1996, p. 47 ss; *Giorgio Malinverni*, L'interdiction de la torture et des peines ou traitements inhumains ou dégradants, Fiches juridiques suisses (Fiche No 1371), pp. 3 ss.

Contrairement aux al. 2 et 3, l'al. 1er de l'art. 10 vise, d'une manière générale, toutes les personnes privées de liberté, qu'elles se trouvent en prison, dans un hôpital ou dans un camp de concentration. Il vient renforcer, pour les personnes privées de liberté, la portée de l'art. 7 Pacte II[13]. Alors que l'art. 7 protège l'individu dans son intégrité corporelle, l'art. 10 al. 1er vise les conditions de détention en général. La première de ces dispositions a donc principalement une portée négative, en ce sens qu'elle exige des Etats qu'ils s'abstiennent d'infliger des mauvais traitements. La seconde impose en revanche aux Etats des obligations positives tendant à assurer des conditions de détention décentes dans le domaine de l'alimentation, des soins médicaux, des loisirs, etc. Le traitement humain auquel a droit toute personne privée de liberté est un droit à ce point fondamental qu'il ne saurait être conditionné par les ressources matérielles des Etats[14]. Le maintien au secret pendant de longues périodes, avec impossibilité de communiquer avec le monde extérieur, a été jugé par le Comité comme contraire à l'art. 10 par. 1[15].

L'al. 2 de l'art. 10 Pacte II contient deux dispositions distinctes qui n'ont pas de contrepartie dans la Convention européenne. La première prévoit que les prévenus doivent en principe être séparés des condamnés et soumis à un régime distinct, approprié à leur condition de personnes non condamnées. Elle constitue le corollaire du principe de la présomption d'innocence consacré à l'art. 14 al. 2 Pacte II[16]. Aux termes de la seconde, les jeunes prévenus doivent être séparés des adultes et il doit être décidé de leur cas aussi rapidement que possible.

L'al. 3 de l'art. 10 n'a pas non plus d'équivalent dans la Convention. Il prévoit que le régime pénitentiaire doit comporter un traitement des condamnés et que le but essentiel de ce traitement doit être leur amendement et leur reclassement social. Il dispose également que les jeunes délinquants doivent être séparés des adultes et soumis à un régime approprié à leur âge et à leur statut légal.

Au moment de la ratification du Pacte II, la Suisse a assorti l'art. 10 par. 2 b) d'une réserve aux termes de laquelle «la séparation entre jeunes prévenus et adultes n'est pas garantie sans exception». Cette réserve a été formulée pour tenir compte du fait que la séparation entre ces deux catégories de personnes n'est pas, en Suisse, toujours garantie, tant en droit, par les codes de procédure pénale cantonaux, qu'en fait, en particulier en cas de détention préventive de courte durée[17].

13 Observations générales 7/16 et 9/16.

14 *Idem*. Sur cette disposition, voir la communication N° 493/1992, *Gerald John Griffin c. Espagne*.

15 Communication N° 74/1980 *Angel Estrella c. Uruguay*, *infra* pp. 574 ss.

16 Sur cette disposition, voir la communication N° 493/1992, *Gerald John Griffin c. Espagne*.

17 Message sur l'adhésion de la Suisse aux deux Pactes internationaux de 1966 relatifs aux droits de l'homme, FF 1991 I 1138.

cc) Le droit à la reconnaissance de la personnalité juridique

On ne trouve pas non plus dans la Convention européenne un article comparable à l'art. 16 Pacte II, qui dispose que chacun a droit à la reconnaissance en tous lieux de sa personnalité juridique.

Au moment de l'élaboration du Protocole N° 4 à la CEDH, le Comité d'experts du Conseil de l'Europe avait résolu de ne pas y inclure une telle disposition, au motif que la règle énoncée à l'art. 16 Pacte II pouvait se déduire d'autres articles de la Convention, en particulier des art. 4, 6 et 14[18]. Cet article n'implique donc vraisemblablement pas d'obligations supplémentaires à celles qui découlent déjà de la CEDH. Son but n'est certainement pas de régler le problème de la capacité juridique, qui doit pouvoir être limitée pour des motifs valables, tels que la minorité ou l'aliénation mentale[19].

En vérité, la portée pratique de cette disposition est très limitée. Elle n'a d'ailleurs donné lieu à aucune communication individuelle, même si, en théorie, le droit à la reconnaissance de la personnalité juridique fait partie des droits les plus élémentaires de l'être humain, puisqu'il lui confère le droit d'être une personne, titulaire de droits et d'obligations, et non un simple objet, comme l'étaient les esclaves.

L'art. 16 interdit par exemple la sanction de la «mort civile», que l'on retrouve dans des systèmes juridiques anciens, et qui privait un individu de la titularité de ses droits. Mais c'est peut-être dans l'interprétation des autres dispositions du Pacte que l'utilité de l'art. 16 paraît la plus évidente.

dd) L'interdiction de la propagande en faveur de la guerre et de tout appel à la haine raciale

Une autre disposition qui n'a pas d'équivalent dans la CEDH est l'art. 20 Pacte II, qui interdit la propagande en faveur de la guerre et l'appel à la haine nationale, raciale ou religieuse. Cela ne signifie pas pour autant que les organes de Strasbourg ne soient pas en mesure d'examiner la compatibilité avec la Convention d'une législation nationale visant à réprimer tout appel à la haine raciale[20]. L'interdiction prévue à l'art. 20 n'est pas contraire à la liberté d'expression garantie à l'art. 19 Pacte II. Cette dernière disposition précise en effet que l'exercice de cette liberté comporte des devoirs et des responsabilités. L'art. 20 Pacte II se limite donc à apporter une restriction à la liberté d'expression, mais une restriction que les Etats sont tenus d'imposer.

18 Voir Conseil de l'Europe, Problèmes découlant de la coexistence des Pactes des Nations Unies relatifs aux droits de l'homme et de la Convention européenne des droits de l'homme (note 3), p. 40.

19 *Idem.*

20 Voir, p. ex., Cour eur. D.H., arrêt *Jersild* du 23 septembre 1994, Série A, vol. 298.

Tout comme l'art. 1er, l'art. 20 Pacte II ne consacre pas, à proprement parler, un droit de l'homme et il représente, de ce point de vue, un corps étranger dans le système du Pacte. Il doit être interprété comme créant une obligation, pour les Etats, de prévoir dans leur législation une disposition réprimant toute propagande en faveur de la guerre et tout appel à la haine nationale, raciale ou religieuse[21]. La répression doit revêtir un caractère pénal.

L'al. 1er n'interdit vraisemblablement pas la propagande en faveur du recours à la force dans les cas de légitime défense (art. 51 de la Charte des Nations Unies), pour réaliser le droit des peuples à l'autodétermination[22] ou pour les mesures prises au titre du chapitre VII de la Charte des Nations Unies. Ce qui est visé, ce sont les cas de propagande pouvant déboucher sur des actes d'agression.

Quant à l'al. 2, l'imprécision du langage est telle qu'il peut donner lieu à des interprétations abusives ou à des accusations sans fondement, voire à des pressions inadmissibles sur les médias et la presse. Pour cette raison, les Etats membres du Conseil de l'Europe ont marqué leur hostilité à l'endroit de cette disposition et plusieurs d'entre eux ont fait à son propos des réserves ou des déclarations interprétatives[23]. En ratifiant le Pacte, la Suisse s'est réservé «le droit de ne pas adopter de nouvelles mesures visant à interdire la propagande en faveur de la guerre».

En réalité, seule l'incitation publique à la haine raciale, nationale ou religieuse est visée par cette disposition, non celle qui aurait lieu dans des cercles privés.

S'agissant plus spécialement de la haine raciale, l'art. 20 Pacte II n'impose pas aux Etats des obligations plus strictes que celles qui découlent de l'art. 4 de la Convention internationale sur l'élimination de toutes les formes de discrimination raciale, du 21 décembre 1965. Or, en prévision de son adhésion à cette convention, la Suisse a dû compléter le Code pénal par une disposition réprimant la haine nationale, raciale ou religieuse[24]. Notre droit est maintenant en harmonie également avec l'art. 20 Pacte II.

21 Dans ce sens, Observation générale 11/19, *infra* pp. 534 ss; voir *Wolfgang Kreuzer*, Das Verbot der Kriegspropaganda in Art. 20 Abs. 1 der UN-Konvention über staatsbürgerliche und politische Rechte und seine Folgen für die innerstaatliche Gesetzgebung, thèse Regensburg, Erlangen 1974.

22 Observation générale 11/19, *infra* pp. 534 ss.

23 Voir *Gérard Cohen-Jonathan*, La Convention européenne des droits de l'homme, Paris 1989, pp. 16–17.

24 Voir les nouveaux art. 261bis CPS et 171 c CPM, en vigueur depuis le 1er janvier 1995. Voir *Marcel Alexander Niggli,* Rassendiskriminierung; ein Kommentar zu Art. 261bis StGB, Zurich 1996. Voir également *Mylène Bidault,* Le Comité pour l'élimination de la discrimination raciale, Paris 1997.

ee) La protection de la famille

L'art. 23 par. 1 Pacte II dispose que la famille est l'élément naturel et fondamental de la société et que, comme telle, elle a droit à la protection de la société et de l'Etat. Cette disposition n'a pas d'équivalent dans la Convention européenne, les art. 8 et 12 CEDH se limitant à garantir le droit au respect de la vie familiale et le droit au mariage[25].

L'art. 23 par. 1 est en fait la seule disposition du Pacte II à contenir une garantie institutionnelle. En vertu de cette disposition, les Etats sont donc tenus de faire du mariage et de la famille des institutions de droit privé et de les protéger contre des ingérences pouvant provenir de l'Etat comme de particuliers. En tant qu'institutions relevant du droit privé, le mariage et la famille créent en effet des droits et des obligations aussi dans le chef des particuliers, notamment entre les époux[26]. Le but de l'art. 23 par. 1er est notamment d'éviter que l'Etat n'assume des tâches et des responsabilités que la famille est parfaitement à même d'assumer, par exemple l'éducation des enfants.

Certaines législations discriminatoires à l'endroit d'épouses ou d'époux étrangers peuvent être contraires à l'art. 23 par. 1er[27].

ff) La protection des enfants

Comme nous avons déjà pu le constater à la lecture de l'art. 10 Pacte II, ce traité voue aux enfants et aux adolescents une attention particulière, qu'ont ignorée les auteurs de la CEDH. Cette impression est confirmée par d'autres dispositions de l'instrument des Nations Unies. Ainsi, l'art. 6 al. 5 prévoit-il que la peine de mort ne peut être prononcée pour des crimes commis par des personnes âgées de moins de 18 ans; l'art. 14, qui est consacré aux garanties judiciaires, dispose à son al. 4 que la procédure applicable aux jeunes gens tiendra dûment compte de leur âge et de l'intérêt que présente leur rééducation. Quant à l'art. 23 al. 4 *in fine*, il prévoit expressément qu'en cas de dissolution du mariage les Etats doivent prendre les dispositions qui s'imposent pour assurer aux enfants la protection nécessaire.

L'art. 24 al. 1er prévoit de son côté que tout enfant a droit, de la part de sa famille, de la société et de l'Etat, aux mesures de protection qu'exige sa condition de mineur.

25 *Manfred Nowak*, The Interrelationship Between the Covenant on Civil and Political Rights and the European Convention on Human Rights, in: *Stavroula Vassilouni* (ed.), Aspects of the Protection of Individual and Social Rights, Marangopoulos Foundation for Human Rights, Athènes 1995, p. 149. L'art. 16 de la Charte sociale européenne ainsi que l'art. 10 Pacte I offrent à la famille des garanties d'ordre social, économique et juridique.

26 *Idem*.

27 Communication N° 24/1977, *Sandra Lovelace c. Canada, infra* pp. 555 ss.

La nature de ces mesures est laissée à la libre appréciation des Etats: aides directes aux familles, gratuité de certaines institutions, création d'orphelinats, etc.

Les enfants doivent être protégés à la fois contre des ingérences des autorités et contre des actes de leurs propres parents, par exemple en cas d'abus[28].

Comme on peut le constater, ces dispositions créent pour les Etats des obligations positives, et pas uniquement des obligations d'abstention. A l'art. 24, l'expression «mesure de protection» est relativement vague. Elle n'inclut probablement pas uniquement des mesures de caractère social. En effet, certaines mesures de ce type sont déjà prévues à l'art. 10 al. 3 Pacte I. On doit en déduire, *a contrario,* que l'art. 24 Pacte II vise autre chose que des mesures purement sociales.

Contrairement à l'art. 1er de la Convention sur les droits de l'enfant, qui fixe à 18 ans l'âge des personnes qu'elle protège, l'art. 24 Pacte II ne définit pas le terme enfant. Dès lors que le Pacte se sert également des expressions «mineurs» et «jeunes», une interprétation systématique permet d'affirmer que l'art. 24 Pacte II protège les enfants jusqu'à l'adolescence, sans qu'il soit possible d'établir un âge précis[29].

L'art. 24 par. 1er Pacte II contient une clause de non-discrimination qui vient s'ajouter à celle qui est déjà contenue à l'art. 2. L'interdiction de toute discrimination fondée sur la naissance a pour but d'assurer une protection particulière aux enfants nés hors mariage seulement en ce qui concerne les mesures à prendre en leur qualité de mineurs. Elle ne signifie pas que ces enfants ne puissent pas être traités différemment des enfants légitimes en droit des successions[30].

L'art. 24 al. 2 Pacte II dispose que tout enfant doit être enregistré immédiatement après sa naissance et avoir un nom. Cette disposition vient concrétiser l'al. 1er, qui proclame le droit des mineurs de bénéficier de mesures spéciales de protection. Le droit d'avoir un nom est particulièrement important pour les enfants nés hors mariage. Quant à l'obligation d'enregistrement après la naissance, elle vise à faciliter l'identification des enfants et à réduire le risque qu'ils ne soient enlevés ou vendus[31].

L'art. 24 al. 3 Pacte II, qui proclame le droit, pour tout enfant, d'acquérir une nationalité, a pour but d'éviter qu'un enfant ne soit moins bien protégé en raison de son apatridie. Cette disposition ne semble toutefois pas pouvoir être interprétée comme imposant aux Etats l'obligation d'accorder leur nationalité à tous les enfants qui naissent sur leur territoire. Les Etats doivent cependant s'efforcer d'adopter les mesures appropriées pour éviter les cas d'apatridie à la naissance:

28 *Nowak* (note 25), p. 151.
29 *Idem.*
30 *Idem.*
31 Observation générale 17/35, *infra* pp. 537 ss.

naître de parents apatrides ne devrait en particulier pas être une cause d'apatridie[32]. Dans ces cas, les Etats devraient admettre l'acquisition de la nationalité *jure soli*.

Toutes ces exigences ne semblent pas devoir poser de problèmes particuliers au regard du droit suisse. Notre législation sur la nationalité, en particulier, prévoit que tout enfant a, à sa naissance, une nationalité.

gg) Le principe d'égalité

Contrairement à la CEDH, où le principe de non-discrimination, consacré à l'art. 14, n'a pas de portée indépendante, le Pacte II garantit, à l'art. 26, le principe d'égalité comme tel[33], comme le fait l'art. 4 Cst. féd. Le Comité des droits de l'homme a en effet interprété cette disposition de manière très large, en affirmant qu'elle consacre le principe de l'égalité dans tous les domaines, y compris ceux qui sont couverts par d'autres instruments internationaux[34] et non seulement en relation avec les droits et libertés garantis par le Pacte. Le principe de l'égalité entre hommes et femmes fait quant à lui l'objet, dans les deux Pactes, d'une disposition spéciale, l'art. 3 commun[35]. Et le principe de non-discrimination est consacré, dans des termes qui rappellent ceux de l'art. 14 CEDH, à l'art. 2 al. 1er Pacte II. Avec trois dispositions contre une seule dans la Convention européenne, le principe d'égalité est donc décidément mieux garanti par le Pacte, surtout si l'on tient compte de la jurisprudence du Comité des droits de l'homme qui vient d'être rappelée et du fait que, selon lui, la réalisation du principe d'égalité peut requérir, de la part des Etats, des mesures positives (*affirmative action*)[36].

L'art. 26 Pacte II consacre à la fois le principe de l'égalité dans la loi et celui de l'égalité devant la loi. Le premier s'adresse au législateur, tant formel que matériel, tandis que le second vise les organes d'application du droit, administration et tribunaux. La plupart des cas dans lesquels le Comité a conclu à une

32 *Idem.*

33 Voir *Christian Tomuschat*, Equality and Non-Discrimination under the International Covenant on Civil and Political Rights, in: Festschrift für Hans-Jürgen Schlochauer, Berlin/New York 1981, p. 691; *Torkel Opsahl*, Equality in Human Rights Law, With Particular Reference to Article 26 of the International Covenant on Civil and Political Rights, in: Festschrift für Felix Ermacora, Kehl am Rhein, 1988, p. 51; *Anne-F. Bayefsky*, The Principle of Equality or Non-Discrimination in International Law, HRLJ 1990, p. 3.

34 Il s'agissait en l'occurrence du droit à la sécurité sociale garanti par l'art. 9 Pacte I; voir communication No 172/1984, *S.W.M. Broeks c. Pays-Bas*; communication No 182/1984, *F.H. Zwaan-de Vries c. Pays-Bas, infra* pp. 596 ss; voir à ce sujet *Christian Tomuschat*, Der Gleichheitssatz nach dem internationalen Pakt über bürgerliche und politische Rechte, Europäische Grundrechte-Zeitschrift (EuGRZ) 1989, p. 37.

35 Voir *Giorgio Malinverni*, Le principe d'égalité des sexes en droit international et en droit européen, in: L'égalité entre hommes et femmes, Payot, Lausanne 1988, p. 11.

36 Observation générale 4/13, *infra* pp. 510 ss.

violation de l'art. 26 Pacte II se rapportaient à des discriminations fondées sur le sexe[37]. Toute différence de traitement n'est pas en soi contraire à l'art. 26 Pacte II. Tel n'est pas le cas si la distinction opérée se fonde sur des critères objectifs et raisonnables.

La Suisse a fait à l'art. 26 Pacte II une réserve aux termes de laquelle l'égalité de toutes les personnes devant la loi et leur droit à une égale protection de la loi sans discrimination «ne sont garantis qu'en liaison avec d'autres droits contenus dans le Pacte». Comme on le verra, cette réserve ne va pas sans poser certains problèmes, dans la mesure où elle va clairement à l'encontre de l'interprétation que le Comité a donnée de l'art. 26 Pacte II.

hh) Les droits des minorités

Dernière disposition du Pacte II à ne pas avoir d'équivalent dans la CEDH, l'art. 27 Pacte II reconnaît aux personnes appartenant à des minorités ethniques, religieuses ou linguistiques le droit d'avoir leur propre vie culturelle, de pratiquer leur religion et d'employer leur langue.

Comme nous l'avons déjà relevé, les droits reconnus dans cet article sont garantis aux individus et non aux groupes. Cette disposition ne consacre donc pas un droit collectif, mais un droit individuel[38].

L'Assemblée consultative du Conseil de l'Europe avait proposé, en 1961, d'inclure un article semblable à l'art. 27 Pacte II dans le Protocole N° 4 à la CEDH. Cette proposition n'avait toutefois pas été retenue. Il faut dire que, dans le cadre de la Convention européenne, les minorités bénéficient déjà d'une certaine forme de protection grâce à l'art. 14 CEDH, qui mentionne, au nombre des motifs de discrimination interdits, «l'appartenance à une minorité nationale»[39]. En se fondant sur cette disposition, la Commission et la Cour européennes ont rendu un certain nombre de décisions importantes dans le domaine de la protection des minorités[40].

Toutefois, les insuffisances du principe de non-discrimination à assurer une protection efficace des minorités, en particulier à tenir compte de leurs intérêts

37 Communication N° 35/1978, *Shirin Aumeeruddy-Cziffra et autres c. Maurice, infra* pp. 560 ss; communication N° 172/1984, *S.W.M. Broeks c. Pays-Bas*; communication N° 182/1984, *Zwaan-de Vries c. Pays-Bas, infra* pp. 596 ss; communication N° 202/1986, *Ato del Avellanal c. Perou.*

38 *Nowak* (note 9), p. 528, N° 31.

39 L'art. 2 al. 1er Pacte II, qui est la disposition correspondante de l'art. 14 CEDH, ne fait en revanche pas référence à ce motif de discrimination, qui aurait fait double emploi avec l'art. 27.

40 Voir p. ex. Cour eur. D.H., Affaire relative à certains aspects du régime linguistique de l'enseignement en Belgique, arrêt du 23 juillet 1968, Série A, vol. 6; Cour eur. D.H., arrêt *Mathieu-Mohin et Clerfayt* du 2 mars 1987, Série A, vol. 113; Cour eur. D.H., arrêt *Kokkinakis* du 25 mai 1993, Série A, vol. 260-A; Commission eur. D.H., req. N° 20348/92, *Buchley c. Royaume-Uni*, European Human Rights Reports, vol. 19, Commission Supplement, pp. CD 20 ss.

spécifiques, ont conduit le Conseil de l'Europe à rédiger un instrument distinct, spécialement consacré à la protection des minorités: la Convention-cadre pour la protection des minorités nationales. Adoptée par le Comité des Ministres du Conseil de l'Europe le 10 novembre 1994, elle a été ouverte à la signature le 1er février 1995[41]. La Charte européenne des langues régionales ou minoritaires, qui ne couvre qu'un domaine bien déterminé de la protection des minorités, et qui vise d'ailleurs autant à préserver des langues menacées qu'à protéger les minorités linguistiques, a également été adoptée au sein du Conseil de l'Europe le 5 novembre 1992[42].

b) Le Pacte et le Protocole additionnel No 7 à la Convention européenne

Les droits et libertés qui viennent d'être mentionnés font donc l'objet d'une garantie expresse dans le Pacte II, sans avoir de contrepartie directe dans la Convention européenne.

Jusqu'à récemment, cette liste était encore plus longue. Un certain nombre de droits qui n'étaient consacrés que par le Pacte le sont maintenant aussi par la Convention, depuis l'entrée en vigueur du Protocole additionnel No 7[43]. Il en va ainsi des garanties offertes aux étrangers visés par une mesure d'expulsion (art. 13 Pacte II et 1er Prot. No 7); du droit de toute personne condamnée de faire réexaminer sa condamnation par une juridiction supérieure (principe du double degré de juridiction; art. 14 al. 5 Pacte II et 2 Prot. No 7); du droit de toute personne condamnée à être indemnisée en cas d'erreur judiciaire (art. 14 al. 6 Pacte II et 3 Prot. No 7); du droit de ne pas être poursuivi ou puni en raison d'une infraction pour laquelle une condamnation ou un acquittement a déjà été prononcé (principe *ne bis in idem*; art. 14 al. 7 Pacte II et 4 Prot. No 7); de l'égalité de droits et de responsabilités des époux au regard du mariage, durant le mariage et lors de sa dissolution (art. 23 al. 4 Pacte II et 5 Prot. No 7). La Suisse a ratifié le Protocole No 7 à la CEDH, si bien que les dispositions correspondantes du Pacte II ne devraient pas soulever de problèmes particuliers.

41 Sur cette convention, voir *Philippe Boillat*, Quelques observations sur la Convention-cadre pour la protection des minorités nationales, AJP/PJA 1995, p. 1283; *Giorgio Malinverni*, La Convention-cadre du Conseil de l'Europe pour la protection des minorités nationales, Revue suisse de droit international et de droit européen (RSDIE) 1995, p. 521; *Paul Tavernier*, A propos de la Convention-cadre du Conseil de l'Europe pour la protection des minorités nationales, Revue générale de droit international public (RGDIP) 1995, p. 385.

42 Sur cette convention, voir *Peter Kovacs*, La protection des langues des minorités ou la nouvelle approche de la protection des minorités?, RGDIP 1993, p. 411.

43 Sur ce protocole, voir *Stefan Trechsel*, Das Verflixte Siebente? – Bemerkungen zum 7. Zusatzprotokoll zur EMRK, in: Festschrift F. Ermacora Kehl am Rhein, 1988, p. 195 et *Michel Hottelier*, La Suisse et le Protocole No 7 à la CEDH, Schweizerisches Zentralblatt für Staats- und Verwaltungsrecht (ZBl) 1991, p. 45.

c) Le Pacte et les Protocoles additionnels N°s 1 et 4 à la Convention européenne

Il convient de traiter séparément les droits garantis par le Pacte II et par les Protocoles additionnels N°s 1 et 4 à la CEDH. Du fait que ces protocoles n'ont pas été ratifiés par la Suisse, les dispositions correspondantes du Pacte engendrent en effet pour elle des obligations nouvelles. Deux articles méritent, à cet égard, de retenir l'attention.

D'abord, l'art. 12 Pacte II, aux termes duquel quiconque se trouve légalement sur le territoire d'un Etat a le droit d'y circuler librement et d'y choisir sa résidence[44]. Cette disposition soulève des problèmes au regard des étrangers qui sont au bénéfice d'autorisations de séjour valables uniquement pour les cantons qui les ont délivrées (permis A et B) et qui ne peuvent donc pas choisir librement leur résidence en Suisse[45].

La Suisse a donc dû déposer, à propos de cet article, une réserve, aux termes de laquelle le droit de circuler et de choisir librement sa résidence est applicable «sous réserve des dispositions de la législation fédérale sur les étrangers selon lesquelles les autorisations de séjour et d'établissement ne sont valables que pour le canton qui les a délivrées».

La deuxième disposition qui soulève des problèmes est l'art. 25 Pacte II, qui garantit le droit de prendre part à la direction des affaires publiques, de voter, d'être élu et d'accéder aux fonctions publiques.

L'art. 25 lettre a) stipule d'abord que tout citoyen a le droit de prendre part à la direction des affaires publiques, soit directement, soit par l'intermédiaire de représentants librement choisis. Dans la mesure où elle se propose d'instaurer dans les Etats parties des régimes de démocratie directe ou représentative, cette disposition ne soulève aucun problème au regard de notre droit public.

L'art. 25 lettre b) reprend, en des termes plus explicites, le contenu de l'art. 3 du Protocole additionnel N° 1 à la Convention européenne. Il est en effet rédigé sous la forme d'un droit subjectif et non sous celle d'un engagement, de la part des Etats, d'organiser, à des intervalles réguliers, des élections libres[46]. Il confère donc à chaque citoyen le droit de prendre part à des élections. L'art. 73 de la Constitution genevoise, qui interdit le cumul du mandat de député au Grand Conseil avec le statut de fonctionnaire, n'est pas contraire à cette disposition[47]. L'art. 25 lettre b) précise en outre que les élections doivent se dérouler au scrutin

44 La disposition correspondante de la CEDH, l'art. 2 al. 1er du Protocole N° 4, est rédigée en des termes presque identiques.

45 Art. 5 LSEE; voir *Giorgio Malinverni*, in: Commentaire de la Constitution fédérale, ad art. 69ter, N°s 35 ss.

46 En pratique, la Commission et la Cour ont cependant interprété cette disposition comme conférant un droit subjectif qui peut être invoqué dans le cadre d'une requête individuelle; voir Cour eur. D.H., arrêt *Mathieu-Mohin et Clerfayt* (note 40), par. 46–49.

47 ATF du 29 décembre 1994, *G.*, Plädoyer 4/1995, p. 64.

secret. La Suisse a dû faire à ce propos une réserve aux termes de laquelle cette disposition sera appliquée «sans préjudice des dispositions du droit cantonal et communal qui prévoient ou admettent que les élections au sein des assemblées ne se déroulent pas au scrutin secret».

Quant à l'art. 25 lettre c), qui prévoit le droit, pour chaque citoyen, d'accéder, dans des conditions d'égalité, aux fonctions publiques de son pays, il n'a pas d'équivalent dans la Convention européenne[48]. Il ne semble toutefois pas soulever de problème particulier au regard de notre ordre juridique.

Il en va de même pour l'art. 11 Pacte II qui, en des termes qui rappellent ceux de l'art. 1er Prot. add. No 4 à la CEDH, interdit la prison pour dettes, comme le fait déjà l'art. 59 al. 3 de notre Constitution.

2. Les droits garantis uniquement par la Convention européenne

Si le Pacte des Nations Unies contient des droits qui ne sont pas garantis par la CEDH, celle-ci en consacre à son tour qui n'ont pas trouvé grâce au niveau de l'organisation mondiale. Il peut être utile de les mentionner rapidement, dans le simple but de donner un tableau comparatif aussi complet que possible.

a) Le droit de propriété

Le premier droit à n'être garanti que par la CEDH est la garantie de la propriété (art. 1er du Protocole No 1 à la CEDH). Lors de l'élaboration de la Convention européenne, ce droit, consacré à l'art. 17 de la Déclaration universelle, fut l'objet de longues discussions. Celles-ci portaient moins sur le principe même de la propriété que sur la question de l'indemnité en cas d'expropriation ou de nationalisation. Les difficultés n'ayant pas pu être aplanies, la Convention fut signée, en 1950, sans que la garantie de la propriété n'y fût incorporée. Il fallut attendre un an et demi de tractations pour que ce droit trouve sa place dans le Protocole additionnel No 1, signé à Paris en 1952.

Les difficultés rencontrées par les auteurs de la Convention européenne furent encore amplifiées au niveau universel par les profondes divergences entre les systèmes économiques, sociaux, politiques et idéologiques des Etats membres de l'Organisation des Nations Unies. Aucun dénominateur commun n'ayant pu être trouvé, les deux Pactes furent adoptés sans aucune référence à la propriété.

48 Voir Cour eur. D.H., arrêt *Glasenapp* du 28 août 1986, Série A, vol. 104, par. 48; Cour eur. D.H., arrêt *Kosiek* du 28 août 1986, Série A, vol. 105, par. 34; Cour eur. D.H., arrêt *Vogt* du 26 septembre 1995, Série A. vol. 323, par. 43.

La Suisse n'ayant pas ratifié le Protocole N° 1 à la CEDH, la propriété n'est garantie, dans notre pays, par aucun instrument international. Seul est donc invocable l'art. 22ter Cst. féd. et les dispositions correspondantes des Constitutions cantonales.

b) Le droit à l'instruction

Le droit à l'éducation, consacré à l'art. 2 du Protocole additionnel N° 1 à la CEDH, n'a pas d'équivalent dans le Pacte II, mais aux art. 13 et 14 Pacte I. Cela paraît correspondre à une certaine logique, dès lors que le droit à l'éducation est généralement considéré comme un droit de la seconde génération, qui postule, de la part de l'Etat, des prestations positives, en particulier pour permettre à chaque enfant de recevoir une instruction primaire et secondaire gratuite. A première vue, l'inclusion du droit à l'éducation dans un protocole additionnel à la CEDH ne peut donc manquer de surprendre. Une lecture plus attentive de l'art. 2 Prot. add. N° 1 à la CEDH révèle toutefois que sa formulation négative met l'accent sur le droit à l'instruction plus que sur le droit culturel à l'éducation[49]. C'est en tout cas ainsi que l'a interprétée la Cour européenne des droits de l'homme dans son célèbre arrêt sur les affaires linguistiques belges[50]. Les Etats parties ne sont pas tenus, en vertu de cette disposition, de fournir à leurs frais, ou de subventionner, un système scolaire d'un type particulier. L'art. 2 du Protocole add. N° 1 se limite à garantir le droit de fréquenter les établissements scolaires existants.

La deuxième phrase de l'art. 2, qui garantit aux parents le droit d'assurer l'éducation de leurs enfants conformément à leurs convictions religieuses et philosophiques, a, elle, son équivalent à l'art. 18 par. 4 Pacte II, où cette prérogative des parents est rattachée à la liberté religieuse.

c) L'interdiction d'expulser des étrangers

Deux autres droits, qui figurent dans le Protocole N° 4 à la CEDH, et qui ont tous les deux trait à l'expulsion, ne sont pas non plus garantis par le Pacte II. Il s'agit du droit, pour les ressortissants d'un Etat, de ne pas être expulsés du territoire de cet Etat (art. 3 par. 1er Protocole N° 4) et de l'interdiction des expulsions collectives d'étrangers (art. 4 du même Protocole). Le premier de ces droits est cependant implicitement protégé par l'art. 12 par. 4 Pacte II, aux termes duquel nul ne peut être arbitrairement privé du droit d'entrer dans son propre pays[51]. Ce dernier droit a son équivalent à l'art. 3 par. 2 Prot. add. N° 4

49 *Nowak* (note 25), p. 137.
50 Cour eur. D.H., Affaire relative à certains aspects du régime linguistique de l'enseignement en Belgique (note 40).
51 *Nowak* (note 25), p. 139.

à la CEDH. Quant au deuxième de ces droits, dans son Observation générale 15 (27), le Comité des droits de l'homme a exprimé l'avis que des lois ou décisions qui prévoiraient des expulsions collectives d'étrangers ne pourraient, par leur nature même, pas respecter les exigences de l'art. 13 Pacte II et lui seraient donc contraires.

3. Les droits bénéficiant d'une meilleure protection dans l'un ou l'autre des deux instruments

L'énumération des droits garantis par un seul des deux instruments, à l'exclusion de l'autre, ne suffit pas à rendre compte du niveau réel de protection qu'ils offrent. Dans de nombreux cas, en effet, les deux traités consacrent les mêmes droits, mais l'un d'eux accorde une meilleure garantie que l'autre. C'est tantôt le Pacte, tantôt la Convention européenne.

a) Meilleure protection offerte par le Pacte

aa) L'interdiction de la peine de mort
S'agissant de l'interdiction de la peine de mort, la protection offerte par le Pacte est plus généreuse que celle de la Convention. Alors que l'art. 2 al. 1er CEDH ne prévoit que des limites minimales à la peine de mort, l'art. 6 du Pacte dispose d'abord que cette peine ne peut être prononcée que pour les crimes les plus graves et conformément à la législation en vigueur au moment où le crime a été commis. Il précise en outre que cette peine ne peut être appliquée qu'en vertu d'un jugement définitif rendu par un tribunal compétent (art. 6 al. 2). L'al. 4 prévoit encore que tout condamné à mort a le droit de solliciter la grâce ou la commutation de sa peine et que l'amnistie, la grâce ou la commutation de la peine peuvent dans tous les cas être accordées. Enfin, aux termes de l'al. 5, une sentence de mort ne peut être prononcée pour des crimes commis par des personnes âgées de moins de 18 ans et elle ne peut être exécutée contre des femmes enceintes.

On aura remarqué la volonté des auteurs du Pacte de limiter au maximum les cas où le châtiment suprême peut être prononcé et leur désir de l'abolir progressivement. Celui-ci ressort particulièrement bien des premiers mots de l'art. 6 al. 2 («dans les pays où la peine de mort n'a pas été abolie»)[52]. On ne trouve rien de tel à l'art. 2 CEDH.

Que le droit à la vie soit mieux protégé par le Pacte que par la Convention européenne, cela résulte également des deux Protocoles additionnels à ces deux

52 Voir Observation générale 6/16, *infra* pp. 512 ss.

instruments, tous deux relatifs à l'interdiction de la peine de mort. Le Protocole N° 6 à la CEDH, du 28 avril 1983, se limite en effet à interdire la peine de mort en temps de paix. Celle-ci peut en revanche être infligée en temps de guerre ou de danger imminent de guerre (art. 2). Le Protocole N° 2 au Pacte, adopté par l'Assemblée générale des Nations Unies le 15 décembre 1989, va plus loin, puisque la peine de mort y est proscrite de manière générale, sauf si, lors de sa ratification, un Etat formule une réserve prévoyant cette peine en temps de guerre à la suite d'une condamnation pour un crime de caractère militaire, d'une gravité extrême, commis en temps de guerre.

Contrairement à l'art. 2 CEDH, l'art. 6 Pacte II affirme enfin que le droit à la vie est inhérent à la personne humaine. Le Comité des droits de l'homme en a déduit qu'il s'agit du droit le plus important garanti par le Pacte. Afin de le protéger, les Etats sont donc tenus d'adopter également des mesures positives, par exemple pour réduire la mortalité infantile, éliminer la malnutrition, lutter contre les épidémies, etc.[53]. L'art. 2 CEDH, en revanche, se limite à protéger la vie, de manière plus classique, contre des atteintes de la part de l'Etat.

bb) L'interdiction de la torture

Les articles garantissant le droit de ne pas être soumis à la torture ou à des traitements inhumains ou dégradants sont rédigés de manière très semblable dans les deux instruments. L'art. 7 du Pacte précise cependant qu' «il est interdit de soumettre une personne, sans son libre consentement, à une expérience médicale ou scientifique», ce que ne dit pas l'art. 3 CEDH. Le but de cette disposition est d'interdire des expériences de caractère criminel, semblables à celles pratiquées dans les camps de concentration au cours de la Seconde guerre mondiale. Seules sont donc interdites les expériences qui revêtent un caractère cruel, inhumain ou dégradant.

cc) Le droit à un procès équitable

Bien que plusieurs différences entre l'art. 14 Pacte II et l'art. 6 CEDH aient été éliminées par l'entrée en vigueur du Protocole additionnel N° 7 à la CEDH, le droit à un procès équitable est encore mieux protégé par le texte onusien. Celui-ci est par exemple le seul à garantir expressément le droit de tout accusé d'être informé de son droit d'avoir l'assistance d'un défenseur (art. 14 par. 3 d) ou à interdire de forcer une personne à témoigner contre elle-même ou à s'avouer coupable (art. 14 par. 3 g). Comme cette dernière règle est inhérente à la notion de procès équitable, on peut cependant considérer qu'elle est implicitement garantie aussi par l'art. 6 CEDH.

53 *Idem.*

Le droit de toute personne condamnée de faire réexaminer sa condamnation par une juridiction supérieure est mieux protégé par l'art. 14 par. 5 Pacte II que par l'art. 2 Prot. N° 7 à la CEDH. Cette dernière disposition contient en effet des restrictions que l'on ne retrouve pas dans le texte onusien. Aux termes de l'al. 2 de l'art. 2 Prot. N° 7 à la CEDH, le principe du double degré de juridiction peut faire l'objet d'exceptions pour les infractions mineures ou lorsque l'intéressé a été jugé en première instance par la plus haute juridiction ou a été condamné à la suite d'un recours contre son acquittement.

De même, le principe *ne bis in idem* fait l'objet d'une meilleure garantie à l'art. 14 par. 7 Pacte II qu'à l'art. 4 du Protocole additionnel N° 7 à la Convention européenne. Contrairement au texte onusien, cette dernière disposition précise en effet que ce principe s'applique uniquement aux juridictions du même Etat. Selon ce texte, la même personne pourrait donc être condamnée pour les mêmes faits dans des Etats différents.

En ce qui concerne le principe de non-rétroactivité du droit pénal, contrairement à l'art. 7 CEDH, l'art. 15 du Pacte prévoit expressément que si, postérieurement à une infraction, la loi prévoit l'application d'une peine plus légère, le délinquant doit en bénéficier.

dd) Les droits des étrangers

D'une manière générale, le Pacte assure une meilleure protection aux étrangers que ne le fait la Convention. Ainsi, alors que l'art. 3 par. 2 du Protocole additionnel N° 4 à la CEDH dispose que nul ne peut être privé du droit d'entrer sur le territoire de l'Etat dont il est le ressortissant, l'art. 12 par. 4 Pacte II reconnaît ce même droit également à des personnes qui, tout en n'ayant pas la nationalité de l'Etat, ont avec lui des liens solides. Le droit d'entrer «dans son propre pays» peut en effet être revendiqué également par des apatrides, des réfugiés, voire par des étrangers habitant depuis longtemps dans un pays, ou qui y sont nés, au point qu'ils le considèrent comme leur propre pays[54].

De même, les garanties offertes aux étrangers contre des expulsions arbitraires sont meilleures à l'art. 13 Pacte II qu'à l'art. 1er du Protocole additionnel N° 7 à la Convention. Contrairement à la première de ces dispositions, qui s'applique aux étrangers se trouvant légalement sur le territoire des Etats parties, la seconde n'étend sa protection qu'à ceux qui y résident régulièrement. Cette distinction peut avoir des conséquences pratiques pour les étrangers qui, tout en étant entrés légalement dans un pays, n'y ont pas encore une résidence, par exemple ne sont pas encore titulaires d'un permis de séjour ou d'établissement.

54 *Nowak* (note 25), p. 157. Voir, sur cette disposition, ATF 122 II 433, cons. 3 c). Dans cet arrêt, le TF n'a en tout cas pas exclu que l'art. 12 par. 4 Pacte II puisse être invoqué par des étrangers, par exemple des étrangers de la deuxième génération.

Ensuite, les droits procéduraux reconnus aux étrangers sont soumis à des restrictions plus amples dans le texte européen que dans le Pacte. L'art. 1er par. 2 du Protocole additionnel N° 7 à la Convention prévoit en effet qu'un étranger peut être expulsé avant d'avoir fait valoir les raisons qui militent contre son expulsion, d'avoir fait examiner son cas et de s'être fait représenter à ces fins devant l'autorité compétente lorsque cette expulsion est nécessaire dans l'intérêt de l'ordre public ou est basée sur des motifs de sécurité nationale. L'art. 13 Pacte II n'autorise en revanche des exceptions au droit qu'il consacre que pour des raisons impérieuses de sécurité nationale.

L'art. 16 CEDH autorise enfin les Etats à imposer des restrictions à l'activité politique des étrangers, en particulier dans les domaines des libertés d'expression, de réunion et d'association. Fort heureusement, cette disposition n'a pas d'équivalent dans le Pacte II.

ee) Le droit à un recours effectif

Il convient de relever enfin que si les deux traités garantissent le droit à un recours effectif auprès d'une instance nationale à toute personne dont les droits et libertés qui y sont garantis ont été violés, l'art. 2 par. 3 Pacte II le fait dans des termes beaucoup plus explicites que l'art. 13 CEDH. Les Etats s'engagent en effet expressément à garantir que l'autorité compétente statuera sur les droits de la personne qui forme le recours et à développer les possibilités de recours juridictionnel, ainsi qu'à garantir la bonne suite donnée par les autorités compétentes à tout recours qui aura été reconnu justifié (art. 2 par. 3 b et c Pacte II). Toutes ces précisions ne figurent pas à l'art. 13 CEDH. Le caractère imprécis de cette disposition n'est peut-être pas étranger aux difficultés d'interprétation auxquelles elle a donné lieu.

ff) Le droit à l'honneur et à la réputation

L'art. 17 du Pacte protège non seulement le droit au respect de la vie privée et familiale, du domicile et de la correspondance, comme le fait l'art. 8 CEDH, mais également l'honneur et la réputation. Cette disposition, et en particulier son al. 2, soulève notamment la question de l'effet horizontal des droits qu'elle consacre[55]. Même en admettant un tel effet (indirect), elle ne pose pas de problème au regard de notre législation[56]. On peut d'ailleurs admettre que l'honneur et la réputation sont implicitement protégés par le droit au respect de la vie privée.

55 Dans ce sens, Observation générale 16/32, *infra* pp. 526 ss.

56 Voir les art. 173 ss CPS.

b) Meilleure protection offerte par la Convention européenne

aa) Le droit à la vie
S'agissant du droit à la vie, seule la Convention énumère limitativement, en son art. 2 al. 2, les circonstances dans lesquelles la mort n'est pas considérée comme infligée en violation de cet article, alors que l'art. 6 du Pacte stipule simplement que nul ne peut être arbitrairement privé de sa vie.

bb) L'interdiction du travail forcé ou obligatoire
L'art. 8 par. 3 b) Pacte II prévoit une exception à l'interdiction du travail forcé ou obligatoire qui n'est pas prévue à l'art. 4 CEDH. Il autorise en effet, dans les Etats où certains crimes sont punis de la détention accompagnée de travaux forcés, l'accomplissement d'une telle peine, à condition qu'elle soit infligée par un tribunal compétent.

cc) L'interdiction des détentions arbitraires
L'art. 5 CEDH accorde une meilleure garantie de la liberté personnelle que ne le fait l'art. 9 Pacte II. Cette dernière disposition se limite en effet à interdire les arrestations et les détentions arbitraires, alors que la première indique, à son par. 1er, de manière exhaustive et limitative, les motifs qui peuvent justifier une privation de liberté. Selon la jurisprudence de la Cour, ces motifs doivent être interprétés restrictivement[57]. S'agissant du droit d'obtenir une réparation pour arrestation ou détention illicite, l'art. 9 par. 5 Pacte II semble en revanche offrir une meilleure protection que l'art. 5 par. 5 CEDH, dès lors que le droit à réparation est reconnu dans tous les cas d'arrestation ou de détention illégale, et non seulement, comme le prévoit l'art. 5 par. 5 CEDH, dans les cas d'arrestation ou de détention contraires aux par. 1 à 4 de ce même article.

dd) Le droit d'être jugé dans un délai raisonnable
De même, en ce qui concerne le droit à un procès équitable et à une bonne administration de la justice, l'art. 6 al. 1er CEDH prévoit que les causes doivent être jugées dans un délai raisonnable aussi bien pour les procès civils que pour les affaires pénales, tandis que l'art. 14 Pacte II ne stipule expressément cette obligation qu'en faveur des personnes accusées d'une infraction pénale.

ee) Le droit de demander la révision du jugement
L'art. 4 par. 2 du Protocole add. No 7 à la Convention prévoit la possibilité de demander la réouverture du procès si la découverte de faits nouveaux ou un vice

57 Cour eur. D.H., arrêt *Quinn* du 22 mars 1995, Série A, vol. 311, par. 42.

de procédure sont de nature à affecter un jugement déjà en force. Une telle garantie n'est pas expressément prévue dans le Pacte.

4. Le rôle unificateur de la jurisprudence

Pour le reste, les dispositions du Pacte ne présentent, par rapport à celles de la CEDH, que de légères différences rédactionnelles, sans réelle incidence sur le contenu des droits garantis. En voici quelques exemples:

- L'art. 9 par. 3 Pacte II prévoit expressément, ce que ne fait pas l'art. 5 par. 3 CEDH, que la détention préventive ne doit pas être la règle.
- Le libre et plein consentement des époux comme condition de validité du mariage n'est expressément mentionné qu'à l'art. 23 par. 3 Pacte II. Il est cependant implicitement inclus aussi dans l'art. 12 CEDH.
- Le droit de ne pas subir de contrainte pouvant porter atteinte à la liberté d'adopter une religion ou une conviction de son choix n'est expressément consacré qu'à l'art. 18 du Pacte. Il peut cependant, lui aussi, être considéré comme implicitement garanti par l'art. 9 CEDH.

Cette dernière disposition consacre expressément, à côté du droit d'avoir ou d'adopter une religion, également celui d'en changer, ce qu'omet de faire l'art. 18 Pacte II. Mais, ici aussi, on peut considérer que ce droit est impliqué dans celui d'adopter une religion.

Ces exemples pourraient être multipliés[58]. Ils ne présenteraient pas un grand intérêt. Il convient plutôt de rappeler que, bien souvent, les écarts entre les deux textes peuvent être comblés par la jurisprudence. Ainsi, l'art. 14 par. 3 d) Pacte II dispose expressément que toute personne accusée a le droit d'être présente au procès. On ne retrouve pas de disposition semblable à l'art. 6 CEDH. Dans les affaires *Colozza et Rubinat*, la Cour européenne des droits de l'homme a toutefois reconnu que ce droit est implicitement contenu dans la notion de procès équitable[59]. De même, avant l'entrée en vigueur du Protocole additionnel N° 7 à la CEDH, l'expulsion individuelle des étrangers n'était pas régie par la Convention. Dans sa jurisprudence, la Commission a cependant toujours admis qu'une telle expulsion peut, dans certains cas, enfreindre les art. 3 ou 8 CEDH, si, dans l'Etat vers lequel il est expulsé, l'étranger s'expose à subir de mauvais traitements ou ne peut pas se faire rejoindre par sa famille. Une lacune a ainsi été en partie comblée par des dispositions qui sont sans rapport direct avec l'objet à réglementer. Enfin, selon la jurisprudence européenne, la liberté de rechercher

58 Voir, p. ex., les différences entre l'art. 2 al. 3 Pacte II et 13 CEDH.

59 Cour eur. D.H., arrêt *Colozza et Rubinat* du 12 février 1985, Série A, vol. 89, p. 14, par. 27.

des informations, qui, à côté de celle d'en recevoir ou d'en communiquer, est expressément mentionnée à l'art. 19 par. 2 du Pacte, est également garantie, de manière implicite, à l'art. 10 par. 2 CEDH[60]. Dans le même ordre d'idées, en distinguant entre la liberté d'opinion (par. 1er), qui ne peut être soumise à aucune forme de restriction, et la liberté d'expression (par. 2), qui est susceptible d'être restreinte aux conditions traditionnelles (par. 3), l'art. 19 Pacte II est mieux rédigé que l'art. 10 CEDH. Mais cette différence rédactionnelle ne semble pas affecter le contenu du droit. Aussi longtemps que les opinions demeurent dans le for intérieur, aucun intérêt public ne saurait en effet être invoqué pour les restreindre également dans le cadre de la Convention européenne. Ce n'est que l'expression de ces opinions qui peut, le cas échéant, être soumise à des limitations.

Par ailleurs, lorsque des problèmes similaires se posent devant les organes de Strasbourg et devant le Comité, l'approche des deux instances est comparable. Il en va ainsi, par exemple, de l'examen de la compatibilité des extraditions avec l'interdiction des traitements inhumains et dégradants[61], de la répression pénale des actes homosexuels entre adultes avec le droit au respect de la vie privée[62], ou de l'application de la liberté d'expression au domaine des activités commerciales[63].

5. Les restrictions aux droits et libertés garantis

a) Pour apprécier l'ampleur des garanties offertes par un catalogue de libertés, les restrictions susceptibles d'être apportées doivent être prises en compte en tout cas dans la même mesure que la définition des droits. A cet égard, on constatera que le Pacte des Nations Unies et la Convention européenne adoptent tantôt la même démarche, tantôt une démarche différente.

60 Il est toutefois douteux que ce droit crée une obligation, à la charge de l'Etat, de fournir des informations. Voir à ce propos *Giorgio Malinverni*, Freedom of Information in the European Convention on Human Rights and in the International Covenant on Civil and Political Rights, HRLJ 1983, p. 448.

61 Comparer l'arrêt *Soering* de la Cour eur. D.H. (Série A, vol. 161) avec les constatations du Comité dans les affaires *Kindler, Charles Chitat Ng et Cox* (Communications Nos 470/1991, 469/1991, *infra* pp. 648 et 539/1993).

62 Comparer les arrêts *Dudgeon*, *Norris* et *Modinos* de la Cour eur. D.H. (Série A, vol. 45, 142 et 259) avec les constatations du Comité dans l'affaire *Nicholas Toonen* (Communication No 488/1992).

63 Comparer les arrêts *Barthold*, *Markt intern Verlag*, *Casado Coca et Jacubowski* de la Cour eur. D.H. (Série A, vol. 90, 165, 285 et 291) avec les constatations du Comité dans les affaires *Ballantyne, Davidson et McIntyre et Allan Singer* (Communications Nos 359/1989, 385/1989, *infra* pp. 627 ss et 455/1991, *infra* p. 646).

Pour les libertés idéales, en particulier la liberté religieuse, la liberté d'expression, la liberté de réunion et d'association, les techniques utilisées sont comparables. Les restrictions doivent reposer sur une base légale et être nécessaires à la poursuite de l'un des objectifs d'intérêt public qui y sont mentionnés (sécurité nationale, ordre public, protection de la santé ou de la morale, etc.). Ainsi, la clause générale des al. 2 des art. 8 à 11 CEDH se retrouve, en des termes semblables, aux art. 18 al. 3 (liberté religieuse), 19 al. 3 (liberté d'expression), 21 (liberté de réunion) et 22 (liberté d'association) du Pacte.

Dans d'autres cas, en revanche, l'approche des deux instruments est différente. Dans plusieurs de ses articles, le Pacte admet que les libertés qu'il consacre peuvent être limitées tout simplement si les restrictions ne sont pas arbitraires. La comparaison des art. 5 CEDH et 9 Pacte II est illustrative à cet égard. Alors que le premier énumère, de manière précise et exhaustive, les motifs qui peuvent justifier une privation de liberté (al. 1er lettres a à f), le second se contente d'affirmer que nul ne peut faire l'objet d'une arrestation ou d'une détention arbitraire[64]. De même, alors que l'al. 2 de l'art. 8 CEDH énumère de manière précise les motifs permettant de restreindre le droit au respect de la vie privée, l'art. 17 du Pacte se limite à dire que ce droit ne saurait faire l'objet d'immixtions arbitraires ou illégales[65].

En raison notamment de l'imprécision de la notion d'arbitraire, à laquelle se réfère souvent le Pacte, celui-ci semble donc autoriser, du moins pour certains droits, des restrictions plus amples que celles qui sont admises en vertu de la Convention.

b) Toujours au sujet des restrictions, on relèvera que l'art. 16 CEDH permet d'imposer des restrictions à l'activité politique des étrangers, alors qu'aucune disposition correspondante ne figure dans le Pacte.

c) Lorsqu'elles sont appelées à se prononcer sur la «conventionnalité» d'une restriction, la Commission et la Cour européennes des droits de l'homme examinent entre autres si celle-ci est nécessaire, dans une société démocratique, à la réalisation d'un but d'intérêt public[66]. Etroitement liée à la mention des finalités pour lesquelles des restrictions aux libertés peuvent intervenir, la notion de société démocratique vient ainsi tempérer le pouvoir d'appréciation des Etats dans le choix des mesures restrictives des libertés. Cette notion est donc une notion ultime par rapport à laquelle il convient de vérifier en dernier ressort la nécessité des restrictions apportées à un droit.

64 Voir *Cohen-Jonathan* (note 3), p. 318.
65 Comparer également l'art. 2 al. 2 CEDH et 6 Pacte II.
66 Voir p. ex. les al. 2 des art. 8 à 11 CEDH.

La clause de la «société démocratique» se retrouve également dans certains articles du Pacte II[67], mais pas dans tous[68]. Il est de toute façon douteux que cette notion puisse être, dans les mains du Comité des droits de l'homme, un instrument jouant le même rôle qu'auprès des instances de Strasbourg. En raison de la plus grande hétérogénéité de la société internationale, la notion de société démocratique ne peut en effet probablement pas être définie au niveau universel de manière aussi précise qu'au niveau européen[69]. D'une manière générale, d'ailleurs, comparé aux argumentations du Comité des droits de l'homme, le raisonnement des organes de Strasbourg est d'habitude plus élaboré et mieux articulé, notamment en ce qui concerne la pesée des intérêts.

d) En cas de guerre ou de danger public menaçant la vie de la nation, aussi bien le Pacte des Nations Unies que la Convention européenne autorisent les Etats non seulement à restreindre les droits fondamentaux qu'ils consacrent, mais également à adopter des mesures qui y dérogent (art. 15 CEDH et 4 Pacte II)[70].

L'art. 4 du Pacte prend soin de préciser que les mesures dérogatoires ne doivent pas entraîner de discrimination. On peut cependant considérer que l'interdiction de la discrimination s'applique également aux mesures prises en application de l'art. 15 de la Convention européenne.

Aux termes des art. 15 al. 2 CEDH, 3 du Protocole additionnel N° 6 et 4 par. 3 du Protocole additionnel N° 7, aucune dérogation n'est possible aux art. 2 (droit à la vie), 3 (interdiction de la torture et des traitements inhumains et dégradants), 4 al. 1er (interdiction de l'esclavage), 7 (principe de non-rétroactivité des lois pénales), 1er Prot. add. N° 6 (interdiction de la peine de mort) et 4 Prot. add. N° 7 (principe *ne bis in idem*). L'art. 4 al. 2 du Pacte contient une disposition semblable à l'art. 15 al. 2 CEDH. La liste des droits auxquels il n'est pas possible de déroger y est toutefois plus longue. En plus de ceux que mentionne la Convention, on trouve en effet l'interdiction de la prison pour dettes (art. 11), le droit à la reconnaissance de la personnalité juridique (art. 16)

67 Voir les art. 14 par. 1er, 21 et 22 par. 2.

68 Voir les art. 12 par. 3; 18 par. 3 et 19 par. 3.

69 Voir *Gérard Cohen-Jonathan*, Human Rights Covenants, in: Encyclopedia of Public International Law (Vol. 8), p. 300.

70 Voir *Rusen Ergec*, Les droits de l'homme à l'épreuve des circonstances exceptionnelles, Bruxelles 1987; *Joan F. Hartmann*, Derogation from Human Rights Treaties in Public Emergencies – A Critique of Implementation by the European Commission and Court of Human Rights and the Human Rights Committee of the United Nations, Harvard International Law Journal 1981, p. 1; *idem*, Working Paper for the Committee of Experts on the Article 4 Derogations Provision, Human Rights Quarterly 1985, p. 89; *Rosalyn Higgins*, Derogations under Human Rights Treaties, BYIL 1976/77 p. 281; *Torkel Opsahl*, Emergency Derogation from Human Rights, Nordic Journal on Human Rights 1987, p. 4; *Jaime Oraa*, Human Rights in States of Emergency in International Law, Oxford, 1992. Sur l'art. 4 Pacte II, voir également l'Observation générale 5/13, *infra* pp. 511 ss.

et la liberté de pensée, de conscience et de religion (art. 18), mais pas le principe *ne bis in idem* (art. 14 par. 7).

L'art. 4 du Pacte va aussi plus loin que l'art. 15 CEDH, dans la mesure où il exige la proclamation du «danger public» par un acte officiel. La Commission et la Cour pourraient être amenées à vérifier si un Etat, signataire de la Convention et partie au Pacte, a respecté cette obligation[71].

II. Le Pacte relatif aux droits économiques, sociaux et culturels et la Charte sociale européenne

Le Pacte relatif aux droits économiques, sociaux et culturels contient un catalogue de droits (art. 6 à 15), que chaque Etat partie s'engage à mettre en oeuvre progressivement, au maximum de ses ressources et par tous les moyens appropriés, en particulier par des mesures législatives (art. 2 al. 1er) et par la conclusion de conventions internationales d'assistance et de coopération (art. 23).

En raison de son contenu, ce pacte doit être rapproché de la Charte sociale européenne. La Suisse l'a toutefois ratifié, même si, jusqu'à présent, elle a refusé de ratifier la Charte[72]. Pour expliquer cette attitude, il faut se rappeler que les deux textes n'ont pas tout à fait le même contenu.

D'abord, la Charte contient certains droits que le Pacte I ne consacre pas. Il en va ainsi, par exemple, du droit des personnes physiquement ou mentalement diminuées à la formation professionnelle et à la réadaptation professionnelle et sociale (art. 15), du droit à l'exercice d'une activité lucrative sur le territoire des autres Parties contractantes (art. 18) ou du droit des travailleurs migrants et de leurs familles à la protection et à l'assistance (art. 19). Si l'une ou l'autre de ces dispositions est un des motifs du refus des Chambres, il n'est donc pas valable pour le Pacte I.

Le Pacte I et la Charte sociale se différencient en outre par le fait que, sous réserve de quelques exceptions[73], les droits consacrés par le premier sont libellés de manière moins contraignante et ont souvent le caractère de simples déclarations de principe. Il en découle donc des obligations moins précises que des dispositions correspondantes de la Charte. Ainsi, en matière de sécurité sociale, l'art. 9 Pacte I se limite à affirmer que les Etats parties reconnaissent le droit de toute personne à la sécurité sociale. Une telle obligation ne soulève manifestement pas de problème pour la Suisse. La disposition correspondante de la Charte,

71 Voir Cour eur. D.H., arrêt *Brannigan et McBride* du 26 mai 1993, Série A, vol. 258-B, par. 67–73.

72 Refus du Conseil des Etats du 7 mars 1984 et du Conseil national du 2 décembre 1987.

73 Voir par ex. l'art. 14 Pacte I, qui dispose que tout Etat partie s'engage à établir, dans un délai de deux ans, un plan détaillé des mesures nécessaires pour réaliser progressivement le principe de l'enseignement primaire obligatoire et gratuit pour tous.

à savoir son art. 12, pose en revanche des exigences beaucoup plus élevées, qui ne sont pas acceptables pour nos autorités[74]. De même, l'art. 8 Pacte I, qui garantit entre autres le droit de grève, permet de restreindre l'exercice de ce droit pour les membres des forces armées, de la police et de la fonction publique, ce que ne réserve pas la disposition correspondante de la Charte (art. 6).

Pour la Suisse, la seule difficulté est constituée par le droit à l'instruction, consacré à l'art. 13 Pacte I. Ce droit n'est pas garanti par la Charte sociale, mais par l'art. 2 du Protocole additionnel N° 1 à la CEDH. Or on sait que ce droit est à l'origine du refus du Conseil fédéral de ratifier ce protocole, en raison de l'opposition exprimée par les cantons, lors de la procédure de consultation, à l'endroit d'une disposition qui, selon eux, serait susceptible de mettre en péril leur compétence en matière d'éducation[75].

Quant aux autres droits qui sont garantis par le Pacte I mais pas par la Charte sociale européenne, ils postulent pour la plupart des standards minima qui ne devraient pas soulever de problèmes pour notre pays. Il s'agit du droit des peuples à disposer d'eux-mêmes, ainsi que de leurs richesses et de leurs ressources naturelles (art. 1er); du droit de toute personne à un niveau de vie suffisant et à l'amélioration de ses conditions d'existence (art. 11 al. 1er); du droit de toute personne d'être à l'abri de la faim (art. 11 al. 2) et du droit à la culture (art. 15).

On peut donc dire que la ratification du Pacte I ne devrait dans l'ensemble pas poser de problèmes en Suisse, en raison des exigences peu élevées qu'il pose, et qui sont dans l'ensemble compatibles avec notre législation sociale.

74 FF 1983 II pp. 1324 ss, ch. 224.
75 Voir Annuaire suisse de droit international (ASDI) 1985, pp. 245 et 249.

Zweiter Teil: Die Bedeutung der Pakte für die Schweiz
Deuxième partie: La portée des Pactes pour la Suisse

Les Pactes dans l'ordre juridique interne

par Giorgio MALINVERNI[1]

En raison du système moniste qui régit les rapports entre le droit international et le droit interne dans notre pays, les deux Pactes font, depuis leur ratification, partie intégrante de notre ordre juridique.

Si la question de l'incorporation de ces deux traités dans l'ordre interne n'est pas controversée, celle de leur effet direct et de leur statut est en revanche beaucoup plus délicate. Il convient d'examiner ces deux questions séparément.

I. L'applicabilité directe

1. Le Pacte international relatif aux droits civils et politiques (Pacte II)

S'agissant du Pacte II, certains auteurs avaient tiré argument, avant sa ratification, de son art. 2 pour nier le caractère *self-executing* de ses dispositions. L'al. 1er de cet article prévoit en effet que «les Etats parties [...] *s'engagent* à respecter et à garantir [...] les droits reconnus dans le [...] Pacte». Quant à l'al. 2, il dispose que «ces mêmes Etats *s'engagent à prendre* [...] les arrangements devant permettre l'adoption de telles mesures d'ordre législatif ou autre, propres à donner effet aux droits reconnus dans le présent Pacte [...]».

On a déduit de ces dispositions, en particulier de la deuxième, que le Pacte ne créerait aucune obligation d'application immédiate, mais se limiterait à imposer une mise en oeuvre progressive des droits qu'il garantit.

Cette thèse a également été défendue sur la base de l'art. 40 Pacte II, qui prévoit l'obligation, pour les Etats, de rédiger un rapport sur «les mesures qu'ils auront arrêtées et qui donnent effet aux droits reconnus dans le [...] Pacte et sur les progrès réalisés dans la jouissance de ces droits»[2].

1 Professeur à l'Université de Genève.

2 Voir Conseil de l'Europe, Problèmes découlant de la coexistence des Pactes des Nations Unies relatifs aux droits de l'homme et de la Convention européenne des droits de l'homme, Doc. H (70) 7, Strasbourg, septembre 1970, p. 13, par. 39–40; voir également *Luzius Wildhaber*, Menschenrechte, Föderalismus, Demokratie und die verfassungsrechtliche Verankerung der Aussenpolitik, in: Festschrift für Werner Kägi, Zurich 1979, pp. 440–41; *Mathias Krafft*, Politique en faveur des droits de l'homme, partie intégrante de la politique étrangère suisse, in: Völkerrecht im Dienste des Menschen, Festschrift zum 70. Geburtstag von Hans Haug, Berne 1986, p. 131.

Si l'on s'en tenait à cette manière de voir, toutes les dispositions du Pacte II devraient être considérées comme n'étant pas *self-executing*, dès lors qu'elles appelleraient une mise en oeuvre progressive par les Etats parties.

Cette thèse n'est cependant pas convaincante. La lecture des dispositions du Pacte II révèle en effet que celles-ci atteignent un degré de précision suffisant pour pouvoir être appliquées comme telles, sans qu'il soit nécessaire de les compléter par des dispositions internes d'exécution. La plupart d'entre elles sont en tout cas aussi précises et concrètes que les dispositions correspondantes de la Convention européenne des droits de l'homme et peuvent constituer le fondement d'une décision judiciaire. Elles sont donc directement invocables devant les tribunaux suisses[3].

C'est dans ce sens que s'est prononcé le Tribunal fédéral dans les arrêts qu'il a eu l'occasion de rendre sur le Pacte II depuis que cet instrument international est en vigueur en Suisse, soit depuis le mois de septembre 1992. Notre Cour suprême a par exemple affirmé sans sourciller que l'art. 14 par. 3 d) de cette convention est directement applicable, à l'instar de l'art. 6 par. 3 c) CEDH[4]. L'applicabilité directe des dispositions du Pacte II a également été rappelée dans un *obiter dictum* d'un autre arrêt de la même année[5].

Quelques mois auparavant, le Tribunal fédéral avait examiné sous l'angle de l'art. 7 Pacte II le cas du traitement forcé d'un malade mental à la clinique universitaire de Zurich, quand bien même cette disposition n'avait pas été invoquée par le recourant[6].

Plus récemment, notre Cour suprême n'a pas hésité à examiner le système de vote propre aux Landsgemeinden avec l'art. 25 lit. b) Pacte II – même si cet article a fait l'objet d'une réserve de la part de la Suisse – pour conclure que cette disposition ne s'appliquerait de toute façon pas au cas d'espèce, dès lors que sa portée est limitée aux élections et ne couvre donc pas les votations[7]. Cette même disposition a en revanche été appliquée dans une affaire relative à l'interdiction, dans la canton de Genève, du cumul du mandat de député au Grand

3 Voir *Claude Rouiller*, Le Pacte international relatif aux droits civils et politiques, Revue de droit suisse (RDS) 1992, p. 119; voir, sur le problème de l'applicabilité directe, *Olivier Jacot-Guillarmod*, L'applicabilité directe des traités internationaux en Suisse: histoire d'un détour inutile, Annuaire suisse de droit international (ASDI) XLV (volume anniversaire 1989), p. 129.

4 ATF 120 Ia 247 (cons. 4 et 5); voir également, sur l'art. 14 Pacte II, ATF 119 Ib 311, cons. 3 c).

5 ATF 120 Ia 12; voir également, à propos de l'art. 19 Pacte II, l'arrêt de la Commission administrative du TF, du 9 septembre 1993, en la cause *X. c. Y.*, non publié, mais reproduit dans Plädoyer 1994 (1), p. 63 et dans la Revue suisse de droit international et de droit européen (RSDIE) 1994, pp. 576–77.

6 Arrêt du 7 octobre 1992, Schweizerisches Zentralblatt für Staats- und Verwaltungsrecht (ZBl) 1993, p. 504; voir également l'ATF du 29 août 1995, *Y.*, Aktuelle Juristische Praxis/Pratique Juridique Actuelle (AJP/PJA) 10/95, p. 1347.

7 ATF 121 I 148.

Conseil avec une fonction dans l'enseignement public. Se fondant sur la doctrine et sur la pratique du Comité des droits de l'homme, le Tribunal fédéral a conclu que l'art. 73 Cst. GE, qui interdit le cumul contesté, n'est pas contraire à l'art. 25 Pacte II[8].

2. Le Pacte international relatif aux droits économiques, sociaux et culturels (Pacte I)

a) La thèse traditionnelle

Selon la thèse traditionnelle, les droits sociaux se distinguent assez nettement des droits civils et politiques. Les différences que l'on se plaît à relever le plus souvent sont les suivantes: leur caractère plus vague, qui contraste avec la formulation précise des droits et libertés classiques; le fait que, contrairement à ces derniers, les premiers postulent une intervention de l'Etat, qui doit fournir des prestations positives, impliquant souvent un effort financier; enfin, les difficultés inhérentes à leur justiciabilité, car il est malaisé de concevoir que le pouvoir judiciaire assume des tâches qui sont propres au pouvoir législatif[9].

Selon cette conception, les droits sociaux ne sont en principe pas directement applicables. Ils ne fondent pas des prétentions que les individus pourraient invoquer directement en justice, mais constituent de simples injonctions à l'adresse du législateur. De véritables prétentions juridiques ne peuvent naître qu'à la suite d'une concrétisation législative des droits sociaux.

Sur un plan formel, la différence de nature entre les deux groupes de droits se manifeste par le fait que, alors que la Déclaration universelle des droits de l'homme proclame tous les droits fondamentaux indistinctement, ceux-ci ont, par la suite, été incorporés dans deux instruments distincts, afin de bien marquer la différence des engagements pris par les Etats au titre de chacun d'eux: alors que le Pacte II confère des droits directement aux individus, le Pacte I se limiterait à créer des obligations à la charge des Etats.

Sur le plan procédural enfin, la différence de nature entre les droits de la première et ceux de la deuxième génération se traduit par le recours à des mécanismes différents de contrôle de leur respect par les Etats. Pour les droits sociaux, la seule technique retenue est celle des rapports périodiques, alors que

8 ATF du 29 décembre 1994, *G.*, Plädoyer 4/1995, p. 64 et RSDIE 1996, p. 453. Tout récemment, le TF a appliqué l'art. 10 Pacte II (ATF 122 I 222, cons. 2), les art. 12 et 13 Pacte II (ATF 122 II 433 cons. 3 c) et 14 Pacte II (ATF 122 II 140, cons. 5b et c).

9 Voir, parmi beaucoup d'autres, *Louis Henkin*, Introduction to the International Bill of Rights, New York 1981, p. 10.

les droits civils et politiques peuvent faire l'objet de requêtes étatiques et individuelles.

Cette vision traditionnelle des droits sociaux est encore largement dominante en Suisse. Ainsi, le titre II du projet de révision totale de la Constitution fédérale de novembre 1996 distingue-t-il entre les droits fondamentaux (chap. 1er) et les buts sociaux (chap. 2). La formulation de l'art. 33 du projet indique clairement que la Confédération et les cantons se limitent à prendre, chacun dans leur domaine de compétences, les mesures propres à réaliser ces objectifs sociaux. L'art. 33 du projet ne confère donc pas des droits directement invocables devant les autorités administratives et judiciaires. L'al. 2 de cette disposition prend même le soin de préciser qu'«aucun droit subjectif à des prestations de l'Etat ne peut être déduit directement des buts sociaux» et que «la loi détermine à quelles conditions un tel droit existe»[10].

Pour sa part, devant se prononcer sur la conformité d'un décret zurichois avec l'art. 13 par. 2 c) Pacte I, qui garantit le droit à l'instruction, le Tribunal fédéral a jugé, dans un arrêt récent, que cette disposition n'est pas d'application directe[11]. Les motifs avancés par notre Cour suprême sont ceux qui sont traditionnellement invoqués pour dénier un effet direct aux droits économiques et sociaux. Les mêmes arguments ont été repris par le Tribunal fédéral des assurances dans une affaire relative à une rente d'assurance-invalidité. L'art. 9 Pacte I ne fixe que des lignes directrices, des objectifs à atteindre et ne saurait fonder un droit quelconque à une prestation d'assurance. Quant à l'art. 2 par. 2 Pacte I, également invoqué par le recourant, il n'a pas de portée autonome et formule des garanties seulement en liaison avec des obligations programmatoires que les Etats ne s'engagent à réaliser que progressivement[12].

b) Les nouvelles tendances

Si cette conception des droits sociaux est encore largement dominante, en Suisse comme dans d'autres pays, une nouvelle tendance se fait cependant jour, qui vise à revitaliser des droits trop souvent considérés, à tort, comme n'étant pas seulement de la seconde génération, mais également de seconde zone.

10 Voir Message relatif à une nouvelle Constitution fédérale, du 20 novembre 1996, FF 1997 I p. 603.

11 ATF 120 Ia 1, *Verband Studierender an der Universität Zürich*; voir également, dans le même sens, l'ATF du 28 avril 1994, *C. E.*, AJP/PJA 3/95, p. 359.

12 ATF 121 V 246, *T.*; voir également ATF 121 V 232, *B.* et 122 I 101. Sur cette jurisprudence, voir *Jörg Künzli*, Soziale Menschenrechte: blosse Gesetzgebungsaufträge oder individuelle Rechtsansprüche?, AJP/PJA 1996, pp. 527 ss.

aa) L'interprétation de l'art. 2 par. 1er Pacte I

Pour beaucoup, la différence de nature juridique entre les droits économiques et sociaux, d'une part, et les droits civils et politiques, d'autre part, serait reflétée dans l'art. 2 par. 1 Pacte I, aux termes duquel chacun des Etats parties «s'engage à agir [...] en vue d'*assurer progressivement* le plein exercice des droits reconnus [...] par tous les moyens appropriés, y compris en particulier l'adoption de *mesures législatives*». Le Pacte I se limiterait donc à prescrire aux Etats des buts à atteindre.

Il importe de s'attarder quelques instants sur cette disposition, considérée comme centrale pour déterminer la nature juridique des obligations qui pèsent sur les Etats ayant ratifié le Pacte I.

Il est incontestable que la formulation de l'art. 2 par. 1er Pacte I tranche très nettement avec la disposition correspondante du Pacte II, par laquelle «les Etats parties [...] s'engagent à *respecter* et *garantir* à tous les individus [...]» les droits qui y sont consacrés. L'on ne saurait toutefois en tirer la conclusion hâtive que le Pacte I ne contient que des aspirations et des exhortations.

Sur un plan purement formel, on relèvera d'abord que, contrairement à celle de son par. 1er, la rédaction du par. 2 de l'art. 2 Pacte II est très proche de celle de l'art. 2 par. 1er Pacte I. Cette disposition prévoit en effet que «les Etats [...] s'engagent à prendre [...] les arrangements devant permettre l'adoption de telles mesures d'ordre législatif ou autre, propres à donner effet aux droits reconnus dans le présent Pacte qui ne seraient pas déjà en vigueur». Or, on vient de voir qu'on ne saurait tirer argument de cette rédaction pour dénier l'effet direct des articles du Pacte II.

On sait par ailleurs que l'art. 2 Pacte I a fait l'objet de l'Observation générale No 3[13], adoptée par le Comité des droits économiques, sociaux et culturels en décembre 1990. Il n'est pas inutile d'examiner quelle portée a été donnée à cette disposition par l'organe habilité à l'interpréter avec le plus d'autorité.

D'entrée de cause, le Comité affirme que l'engagement pris par les Etats de «prendre des mesures» a un effet immédiat. Ainsi, quand bien même le Pacte I prévoit la réalisation progressive des droits économiques et sociaux et admet donc implicitement que des contraintes, imputables au caractère limité des ressources matérielles disponibles, puissent avoir une incidence négative sur leur mise en oeuvre, les mesures tendant à réaliser ces droits doivent être adoptées

13 UN, Doc. E/1991/23; E/C.12/1990/8. Voir *infra* pp. 456 ss.

dans un délai relativement court après l'entrée en vigueur du Pacte pour les Etats[14].

Ensuite, le Comité rappelle très fermement que si la réalisation de certains droits sociaux postule l'adoption d'une législation adéquate d'application, les obligations des Etats ne se limitent pas à cette obligation. L'art. 2 par. 1er Pacte I précise en effet que les Etats s'engagent à agir par «tous les moyens appropriés, y compris en particulier l'adoption de mesures législatives». Cette affirmation fait tomber le mythe selon lequel tous les droits sociaux ne sauraient déployer d'effet à défaut d'une législation les concrétisant.

bb) La justiciabilité

L'Observation générale No 3 aborde également un autre aspect crucial des droits sociaux: celui de leur justiciabilité. A ce propos, le Comité relève que ces droits ne sont pas tous, par leur nature et intrinsèquement, insusceptibles d'être examinés par un organe judiciaire. Certains d'entre eux peuvent au contraire être considérés comme justiciables.

Il en va ainsi, d'abord, du droit de jouir de ces droits sans discrimination aucune. Un tribunal est parfaitement à même de vérifier si le principe de non-discrimination dans l'exercice de ces droits (art. 2 par. 2 et art. 3 Pacte I) a été respecté.

Mais, outre le principe de non-discrimination, d'autres dispositions du Pacte I semblent pouvoir faire l'objet, selon le Comité, d'un examen judiciaire. Tel est par exemple le cas de l'art. 7 lettre a) i) (droit de chacun à un salaire équitable et à une rémunération égale pour un travail de valeur égale sans distinction aucune); de l'art. 8 (droit de toute personne de former avec d'autres des syndicats et de s'affilier au syndicat de son choix); de l'art. 10 par. 3 (mesures spéciales de protection et d'assistance en faveur des enfants et des adolescents, sans discrimination aucune); de l'art. 13 par. 2 a) (enseignement primaire obligatoire et accessible gratuitement à tous); de l'art. 13 par. 3 (liberté des parents de choisir pour leurs enfants des établissements autres que ceux des pouvoirs publics et de faire assurer l'éducation religieuse et morale de leurs enfants conformément à leurs propres convictions)[15]; de l'art. 13 par. 4 (liberté

14 Voir à ce sujet *Bruno Simma*, The Implementation of the International Covenant on Economic, Social and Cultural Rights, in: *Franz Matscher* (éd.), La mise en oeuvre des droits économiques et sociaux, Kehl am Rhein 1991, pp. 90–91. Voir également le document UN Doc. E/CN.4/1987/17. L'annexe à ce document contient une série de principes, dont le principe No 21, qui prévoit que «the obligation to achieve progressively the full realisation of the rights requires States Parties to move as expeditiously as possible towards the realisation of the rights. Under no circumstances shall this be interpreted as implying for States the right to defer indefinitely efforts to ensure full realisation». Voir également *Künzli/Kälin, infra* pp. 105 ss.

15 Cette disposition est très proche de l'art. 2 du Protocole additionnel No 1 à la Convention européenne des droits de l'homme, dont le caractère *self-executing* n'a jamais été contesté.

de créer et de diriger des établissements d'enseignement) et de l'art. 15 (liberté de la recherche et liberté artistique)[16].

Quelle que soit la formulation utilisée, la plupart de ces articles reconnaissent d'ailleurs des droits directement à des individus, ce qui est une caractéristique des droits directement applicables[17].

cc) La nature des obligations à la charge des Etats

Quant à l'argument qui consiste à différencier les droits sociaux des droits civils et politiques par la nature des obligations qu'ils créent à la charge de l'Etat, il convient également de le relativiser.

Plusieurs tribunaux ont en effet reconnu que les engagements assumés en vertu des droits de la première génération peuvent exiger des mesures positives de la part de l'Etat. La Cour européenne des droits de l'homme l'a affirmé à propos de l'art. 6 CEDH, qui oblige entre autres les Etats à prendre toutes les mesures nécessaires afin que chacun jouisse d'un droit d'accès effectif à la justice[18] et afin que les procès se déroulent dans un délai raisonnable[19].

Pour prendre un autre droit garanti par l'art. 6 CEDH, celui de l'indépendance des tribunaux, on se rappellera que plusieurs arrêts de la Cour européenne ont obligé les Etats parties à entreprendre des modifications et des restructurations de leur organisation judiciaire, qui ont impliqué des interventions positives des pouvoirs publics et entraîné des frais parfois considérables[20]. Que l'on pense encore à l'obligation qu'ont les Etats d'assurer gratuitement l'interprétation du procès pour les accusés ne comprenant pas la langue dans laquelle il est conduit (art. 6 par. 3 e CEDH)[21], etc.

La Cour européenne a également conclu à l'existence d'obligations positives pesant sur les Etats à propos de leur devoir d'assurer le respect de la vie privée

16 Voir *Simma* (note 14), p. 91; voir également *Asbjörn Eide*, Economic, Social and Cultural Rights as Human Rights, in: *Eide/Krause/Rosas* (eds.), Economic, Social and Cultural Rights, Dordrecht, Boston, London 1995, p. 21 et *Künzli* (note 12), p. 528.

17 *Danilo Türk*, The United Nations and the Realisation of Economic, Social and Cultural Rights, in: La mise en oeuvre des droits économiques et sociaux (note 14), pp. 99–100. Voir également *Robert E. Robertson*, Measuring State Compliance with the Obligation to Devote the «Maximum Available Resources» to Realizing Economic, Social and Cultural Rights, Human Rights Quarterly 1994, p. 693.

18 Cour eur. D.H., arrêt *Airey* du 9 octobre 1979, Série A, vol. 32, par. 24; Cour eur. D.H., arrêt *Artico* du 13 mai 1980, Série A, vol. 37, par. 33; Cour eur. D.H., arrêt *Kamasinski* du 19 décembre 1989, Série A, vol. 168, par. 63.

19 Cour eur. D.H., arrêt *Martins Moreira* du 26 octobre 1988, Série A, vol. 143, par. 60; Cour eur. D.H., arrêt *Mansur* du 8 juin 1995, Série A, vol. 319-B, par. 68.

20 Cour eur. D.H., arrêt *De Cubber* du 26 octobre 1984, Série A, vol. 86; Cour eur. D.H., arrêt *Belilos* du 29 avril 1988, Série A, vol. 132.

21 Cour eur. D.H., arrêt *Luedicke, Belkacem et Koç* du 28 novembre 1978, Série A, vol. 29; Cour eur. D.H., arrêt *Kamasinski* (note 18).

et familiale au sens de l'art. 8 CEDH. Cette disposition ne se limite pas à interdire des ingérences dans la vie familiale, mais présuppose l'existence de structures juridiques adéquates qui, seules, permettent de mener une vie familiale telle que l'envisage la Convention[22].

On peut en dire autant d'autres droits, par exemple du droit au respect des biens au sens de l'art. 1er du Protocole additionnel No 1 à la Convention. Ce droit ne se limite pas à interdire des ingérences dans le droit de propriété, mais exige également un système de protection du droit en question[23].

On peut encore rappeler ici que, dans son Observation générale sur un droit classique de la première génération, le droit à la vie, le Comité des droits de l'homme a affirmé que ce droit ne se limite pas à protéger les individus contre des atteintes provenant des organes de l'Etat, mais que ces derniers sont également tenus de prendre des mesures positives pour diminuer la mortalité infantile et accroître l'espérance de vie, en particulier des mesures permettant d'éliminer la malnutrition et les épidémies[24].

Les exemples pourraient être multipliés. Ceux qui ont été donnés suffisent pour montrer que les organes internationaux de contrôle du respect des droits de l'homme ont trouvé les moyens de se prononcer non seulement au sujet d'obligations négatives des Etats, caractéristiques des droits et libertés classiques, mais également au sujet d'obligations positives, qui sont aussi inhérentes à certains de ceux-ci. Il s'agit là d'une considération importante pour les droits économiques et sociaux, dont la réalisation implique avant tout des obligations positives de l'Etat. La même observation peut être faite à propos de la pratique judiciaire de certaines juridictions internes[25].

dd) Les mécanismes de contrôle

Les caractéristiques des droits économiques et sociaux ont eu pour conséquence que, aussi bien pour la Charte sociale européenne que pour le Pacte I, le seul

22 Cour eur. D.H., arrêt *Marckx* du 13 juin 1979, Série A, vol. 31, par. 31; Cour eur. D.H., arrêt *Johnston* du 8 décembre 1986, Série A, vol. 112, par. 55; Cour eur. D.H., arrêt *Rees* du 17 octobre 1986, Série A, vol. 106, par. 35; Cour eur. D.H., arrêt *Cossey* du 27 septembre 1990, Série A, vol. 184, par. 36; Cour eur. D.H., arrêt *Gaskin* du 7 juillet 1989, Série A, vol. 160, par. 38 et 41; Cour eur. D.H., arrêt *Keegan* du 26 mai 1994, Série A, vol. 290; Cour eur. D.H., arrêt *Kroon* du 29 octobre 1994, Série A, vol. 297–A.

23 Cour eur. D.H., arrêt *Agosi* du 24 octobre 1986, Série A, vol. 108, par. 55. Voir encore, pour d'autres exemples, *Künzli* (note 12), p. 530.

24 Observation générale No 6 (16), *infra* pp. 512 ss; voir à ce sujet *Manfred Nowak*, Die Justiziabilität wirtschaftlicher, sozialer und kultureller Rechte, in: La mise en oeuvre des droits économiques et sociaux (note 14), p. 389.

25 Voir, par exemple, pour la jurisprudence des tribunaux italiens, *Giuseppe De Vergottini*, La protection des droits économiques et sociaux en Italie, in: La mise en oeuvre des droits économiques et sociaux (note 14), p. 321 et, pour les pays scandinaves, *Allan Rosas*, The Implementation of Economic and Social Rights: Nordic Legal Systems, *idem*, p. 223.

mécanisme de contrôle prévu est celui des rapports périodiques des Etats. L'absence de justiciabilité des droits sociaux rendrait en effet inadéquates d'autres techniques, comme les requêtes étatiques et, surtout, les requêtes individuelles.

Depuis un certain temps, cependant, le Comité des droits économiques, sociaux et culturels considère que le système des rapports prévu à l'art. 16 Pacte I est loin de constituer l'unique moyen propre à effectuer le contrôle de la conformité de la législation interne au Pacte, le seul qui serait adapté aux caractéristiques spécifiques de cet instrument.

Lors de ses dernières réunions, il a envisagé la possibilité d'introduire un système de requêtes individuelles[26]. Ses travaux ont abouti à un projet de protocole facultatif au Pacte I, du 9 novembre 1994, prévoyant l'examen de communications individuelles[27].

Il peut être intéressant de relever au passage une tentative parallèle entreprise au niveau européen. Le 5 juillet 1995 a en effet été rendu public un projet de Protocole additionnel à la Charte sociale européenne, qui prévoit un système de réclamations, non pas individuelles, mais collectives[28].

La caractéristique principale du projet de protocole préparé par le Comité des droits économiques, sociaux et culturels est qu'il assimile, au niveau procédural et de la mise en oeuvre, les droits sociaux aux droits individuels classiques. Que l'on en juge plutôt.

L'art. 1er par. 1er prévoit que tout Etat partie au Pacte I qui devient partie au Protocole reconnaît la compétence du Comité des droits économiques, sociaux et culturels pour recevoir et examiner des communications émanant de particuliers ou de groupes qui prétendent être victimes d'une violation de l'un quelconque des droits reconnus dans le Pacte.

L'art. 2 précise que tout particulier ou groupe qui se prétend victime d'une violation de l'un des droits reconnus par le Pacte peut présenter une communication écrite au Comité. Les conditions de recevabilité, prévues à l'art. 3, sont calquées sur celles du Protocole additionnel au Pacte II pour les communications individuelles relatives aux violations des droits garantis par ce pacte. On relèvera en particulier que l'art. 3 par. 3 lettre a) énonce la règle de l'épuisement des

26 Voir *Philip Alston*, No Right to Complain About Being Poor: The Need for an Optional Protocol to the U.N. Covenant, in: Essays in Honour of Torkel Opsahl, Oslo 1991; voir également *Nowak*, (note 24), p. 391.

27 Voir Nations Unies, Conseil économique et social, Comité des droits économiques, sociaux et culturels, Projet de protocole facultatif prévoyant l'examen de communications, Rapport présenté par M. *Philip Alston*, Doc. E/C.12/1994/12, du 9 novembre 1994.

28 Voir Conseil de l'Europe, Protocole additionnel à la Charte sociale européenne prévoyant un système de réclamations collectives, document H (95) 8, du 5 juillet 1995.

recours internes, ce qui, normalement, implique que l'objet de la communication ait été au préalable porté devant la dernière instance judiciaire nationale.

On relèvera également que l'art. 5 confère au Comité le pouvoir d'adopter des mesures provisoires qui peuvent être nécessaires pour préserver le statu quo et pour éviter un préjudice irréparable, pouvoir que même la Convention européenne des droits de l'homme ne confère ni à la Commission ni à la Cour européennes des droits de l'homme[29].

Enfin, les art. 7 par. 5 et 8 par. 1er disposent que, après avoir examiné une communication, le Comité adopte ses constatations en ce qui concerne les allégations formulées et peut recommander à un Etat qui ne s'est pas acquitté de ses obligations de prendre des mesures précises pour remédier à toute violation et empêcher qu'elle ne se reproduise.

Quel que soit le sort qui sera réservé à ce projet de Protocole – l'avenir nous le dira – il convient de relever la volonté de ses auteurs de renforcer le principe de l'indivisibilité et de l'interdépendance des droits de l'homme et de redresser le déséquilibre qui existe actuellement entre les droits civils et politiques et les droits sociaux, par un effort de revitalisation de ces derniers[30].

II. Le statut des Pactes en droit interne

L'art. 2 par. 3 Pacte II oblige les Etats parties à prévoir une procédure de recours effective, grâce à laquelle les violations des droits et libertés garantis par ce pacte peuvent être constatées. La loi fédérale d'organisation judiciaire et la loi fédérale sur la procédure administrative répondent à cette exigence[31].

Comme ceux qui sont consacrés par la Convention européenne des droits de l'homme, les droits garantis par les Pactes doivent être considérés comme des droits constitutionnels. Cela signifie que les garanties offertes par le droit constitutionnel suisse doivent être concrétisées par les dispositions correspondantes des Pactes, avec les précisions qui sont apportées par la jurisprudence et la pratique du Comité des droits de l'homme et du Comité des droits économiques, sociaux et culturels, ainsi que par leurs observations générales.

29 Cour eur. D. H., arrêt *Cruz Varas* du 20 mars 1991, Série A, vol. 201.

30 Voir, dans ce sens, le document E/CN.4/Sub. 2/1995/10, du 4 juillet 1995, intitulé «Réalisation des droits économiques, sociaux et culturels». Ce document prévoit, à son par. 44, que «les droits de l'homme et les libertés fondamentales sont tous indivisibles et interdépendants; une attention égale et urgente doit être accordée à la mise en oeuvre, à la promotion et à la protection des droits civils, politiques, économiques, sociaux et culturels».

31 Message sur l'adhésion de la Suisse aux deux Pactes internationaux de 1966 relatifs aux droits de l'homme, Feuille fédérale (FF) 1991 I 1142.

Sur le plan de la procédure, on sait que le Tribunal fédéral a assimilé les recours pour violation de la Convention européenne des droits de l'homme à des recours pour violation de droits constitutionnels au sens de l'art. 84 al. 1er lettre a) OJ, puisque les droits découlant de cette convention ont, de par leur nature, un contenu constitutionnel[32].

Depuis que, suite à la révision de l'art. 86 OJ[33], tous les recours de droit public, pour violation de droits constitutionnels comme pour violation de traités internationaux, ne sont recevables qu'à l'encontre de décisions prises en dernière instance cantonale, la question de savoir si les recours pour violation des Pactes doivent se fonder sur la lettre a) ou sur la lettre c) de l'art. 84 al. 1er OJ a perdu de son importance[34].

III. La coexistence des Pactes avec la Convention européenne

Lorsqu'un Etat est partie à deux instruments internationaux, il peut avoir assumé des obligations ayant le même objet, mais qui ne sont pas concordantes. Le juge interne peut donc se trouver en situation de devoir choisir le texte sur la base duquel il tranchera le litige qui lui est soumis, si le recourant invoque les dispositions concurrentes des deux instruments. Ce problème, auquel le Tribunal fédéral a déjà été confronté à propos des rapports entre la Convention européenne et les droits garantis par notre droit constitutionnel, trouve sa solution dans l'application du principe de faveur. En matière de droits fondamentaux, en effet, le concours de textes ayant le même objet ne se résout pas par application des principes traditionnels régissant les conflits de règles, comme celui de la *lex superior*[35], de la *lex posterior* ou de la *lex specialis*. Cette solution est d'ailleurs imposée par les textes mêmes de la Convention européenne et du Pacte II aux art. 60 et 5 al. 2 respectivement[36].

La clause de faveur prévue dans ces deux articles doit s'appliquer chaque fois qu'une disposition des deux traités se trouve en concurrence, dans un Etat

32 ATF 101 Ia 67, *Diskont- und Handelsbank.*

33 Révision du 4 octobre 1991, en vigueur depuis le 15 février 1992 (RO 1992 288, FF 1991 II 461).

34 Voir ATF 120 Ia 1, *Verband Studierender an der Universität Zürich.*

35 Par exemple supériorité du système universel sur un système régional.

36 Outre la disposition générale contenue à l'art. 5 al. 2, le Pacte II a prévu deux cas particuliers de conflits de normes: à propos de l'art. 6 (droit à la vie), les rédacteurs ont stipulé expressément que cette disposition n'autorise pas les Etats à déroger aux obligations assumées en vertu de la Convention sur le génocide. Par ailleurs, l'art. 22 prévoit que les dispositions relatives à la liberté d'association ne devraient pas permettre qu'il soit porté atteinte à la Convention de l'OIT de 1948 sur la liberté syndicale.

donné, soit avec sa législation interne, soit avec une disposition correspondante d'un autre traité international[37].

Le juge interne devra appliquer la disposition la plus favorable, tout en s'inspirant de l'autre pour l'interpréter et la concrétiser. C'est ce que fait déjà le Tribunal fédéral, qui applique en principe les droits garantis par notre Constitution, réputés plus favorables, tout en s'inspirant de ceux de la CEDH, tels qu'ils ont été interprétés par les organes de Strasbourg. Aux sources nationale et européenne déjà existantes vient s'en ajouter une troisième, d'origine universelle.

37 Il convient de préciser que le principe de faveur doit être appliqué uniquement par les autorités nationales, et non par les organes internationaux. En d'autres termes, l'art. 60 CEDH ne confère p. ex. pas à la Commission européenne compétence pour appliquer la disposition, réputée plus favorable, du Pacte en lieu et place de celle, correspondante, de la Convention.

Les réserves de la Suisse

par Giorgio MALINVERNI[1]

La Suisse a ratifié le Pacte II en formulant un nombre relativement élevé de réserves[2]: neuf en tout, d'importance variable[3]. Elles seront examinées de manière détaillée au cours de cette brève étude. Aucune réserve n'a en revanche été émise au Pacte I.

Quantitativement, les réserves au Pacte II sont plus nombreuses que celles dont le Conseil fédéral avait assorti la ratification de la Convention européenne des droits de l'homme. Cela peut être expliqué par le nombre plus élevé de droits garantis par le Pacte et, surtout, par la plus grande précision de ses dispositions. Des réserves comparables à celles faites aux art. 10 par. 2 b), 12 par. 1, 14 par. 5, 20 et 26 Pacte II n'auraient pas été nécessaires au moment de la ratification de la Convention européenne, tout simplement parce que celle-ci ne garantit pas les droits que consacrent ces articles.

1 Professeur à l'Université de Genève.

2 Aux termes de l'art. 2 par. 1er d) de la Convention de Vienne sur le droit des traités, «l'expression ‹réserve› s'entend d'une déclaration unilatérale, quel que soit son libellé ou sa désignation, faite par un Etat quand il signe, ratifie, accepte ou approuve un traité ou y adhère, par laquelle il vise à exclure ou à modifier l'effet juridique de certaines dispositions du traité dans leur application à cet Etat». Lorsqu'ils n'entendent pas se soumettre à l'intégralité d'un traité international, plutôt que de formuler des réserves, les Etats font parfois des déclarations dites interprétatives. Cette qualification ne suffit cependant pas à les soustraire au régime des réserves si, par leur contenu, les déclarations interprétatives s'en rapprochent au point de ne pas pouvoir s'en distinguer. C'est l'intention de l'Etat plutôt que la forme de l'instrument qui est déterminante à cet égard. Si une déclaration, quelle que soit son appellation, vise à exclure ou à modifier l'effet juridique d'un traité à l'égard d'un Etat, elle constitue bel et bien une réserve. Ainsi, au sujet de la déclaration interprétative que la Suisse avait faite à l'art. 6 par. 1er CEDH, la Cour européenne des droits de l'homme s'est exprimée en ces termes: «Pour dégager la nature juridique d'une telle ‹déclaration›, il y a lieu de regarder au-delà du seul intitulé et de s'attacher à cerner le contenu matériel. En l'occurrence, il s'avère que la Suisse entendait soustraire à l'empire de l'art. 6 par. 1er certaines catégories de litiges et se prémunir contre une interprétation, à son sens trop large, de ce dernier. Or, la Cour doit veiller à éviter que les obligations découlant de la Convention ne subissent des restrictions qui ne répondraient pas aux exigences de l'art. 64, relatif aux réserves. Partant, elle examinera sous l'angle de cette disposition, comme dans le cas d'une réserve, la validité de la déclaration interprétative dont il s'agit» (Cour eur. D.H., arrêt *Belilos* du 29 avril 1988, Série A, vol. 132, par. 47). Contrairement à ce qu'elle avait fait au moment de la ratification de la Convention européenne, la Suisse a, au moment de la ratification du Pacte II, formulé uniquement des réserves et aucune déclaration interprétative. Voir, d'une manière générale, *Dieter Brändle*, Vorbehalte und auslegende Erklärungen zur Europäischen Menschenrechtskonvention, thèse Zürich, 1978.

3 Le texte de ces réserves est publié, *infra* pp. 440 ss et dans RO 1993 I 747–748 et RS 0.103.1.

Toutefois, si le nombre de réserves formulées par un Etat, comme nous le verrons, est un élément à prendre en compte pour apprécier leur admissibilité, c'est surtout leur contenu qui est déterminant.

Comme on le sait, la Suisse a rencontré de nombreux problèmes avec les réserves qu'elle a formulées à la Convention européenne des droits de l'homme, qui lui ont valu deux condamnations[4]. La question se pose dès lors de savoir si elle court le risque de s'exposer aux mêmes déboires avec les réserves qu'elle a formulées au Pacte II. A cet effet, il convient de comparer le régime des réserves dans ces deux instruments internationaux.

I. Le régime des réserves dans la Convention européenne des droits de l'homme et dans le Pacte II

1. La Convention européenne des droits de l'homme

Le régime des réserves dans la Convention européenne[5] est régi par l'art. 64 CEDH, qui dispose:

> «1. Tout Etat peut, au moment de la signature de la présente convention ou du dépôt de son instrument de ratification, formuler une réserve au sujet d'une disposition particulière de

4 Cour eur. D.H., arrêt *Belilos* (note 2); Cour eur. D.H., arrêt *Weber* du 22 mai 1990, Série A, vol. 177.

5 Sur le régime des réserves dans la Convention européenne des droits de l'homme, voir notamment *Pierre-Henri Imbert*, Les réserves à la Convention européenne des droits de l'homme, Revue générale de droit international public (RGDIP), 1983, p. 580; *Béatrice Wagner/Luzius Wildhaber*, Der Fall Temeltasch und die auslegenden Erklärungen der Schweiz, Europäische Grundrechte-Zeitschrift (EuGRZ) 1983, p. 145; *Jochen A. Frowein*, Reservations to the European Convention on Human Rights, in: Protection des droits de l'homme: la dimension européenne, Mélanges en l'honneur de Gérard Wiarda, Cologne/Berlin/Bonn/Munich 1988, p. 193; *Christian Tomuschat*, Turkey's Declaration under Article 25 of the European Convention on Human Rights, in: Festschrift für Felix Ermacora, Kehl am Rhein 1988, p. 119; *Iain Cameron/Frank Horn*, Reservations to the European Convention on Human Rights; the Belilos Case, German Yearbook of International Law (GYIL) 1990, p. 69; *Luzius Wildhaber*, Parliamentary Participation in Treaty-Making, Report on Swiss Law, Chicago-Kent Law Review 1992, p. 450; *Luzius Wildhaber*, Rund um Belilos, Die schweizerischen Vorbehalte und auslegenden Erklärungen zur Europäischen Menschenrechtskonvention im Verlaufe der Zeit und im Lichte der Rechtsprechung, in: Kleinstaat und Menschenrechte, Festgabe Gerard Batliner, Bâle 1993, p. 325; *Susan Marks*, Reservations Unhinged: The Belilos Case before the European Court of Human Rights, International and Comparative Law Quartely (ICLQ) 1990, p. 300; *Henry Bourguignon*, The Belilos Case: New Light on Reservations to Multilateral Treaties, Virginia Journal of International Law 1989, p. 347; *Gérard Cohen-Jonathan*, Les réserves à la Convention européenne des droits de l'homme (à propos de l'arrêt Belilos du 29 avril 1988), RGDIP 1989, p. 271; *Ronald St. J. Macdonald*, Reservations under the European Convention on Human Rights, Revue belge de droit international 1988, p. 429; *Mark E. Villiger*, Das Urteil des Europäischen Gerichtshofs für Menschenrechte im Fall Belilos gegen die Schweiz, recht 1989, p. 59.

> la convention, dans la mesure où une loi alors en vigueur sur son territoire n'est pas conforme à cette disposition. Les réserves de caractère général ne sont pas autorisées aux termes du présent article.
>
> 2. Toute réserve émise conformément au présent article comporte un bref exposé de la loi en cause.»[6]

Pour être valable au sens de l'art. 64 CEDH, une réserve doit donc remplir les conditions suivantes.

D'abord, elle doit être émise au plus tard au moment de la signature ou de la ratification de la Convention. Pour cette raison, le Tribunal fédéral a récemment, et avec raison, prononcé l'invalidité de la réserve que la Suisse avait reformulée à l'art. 6 CEDH après que, dans l'arrêt *Belilos*, la Cour européenne eut jugé nulle celle qu'elle avait émise au moment de la ratification[7].

Quant à la deuxième condition, l'art. 64 CEDH semble autoriser des réserves à n'importe quelle disposition particulière de la Convention. Il suffirait que la réserve vise une disposition précise. Il y a toutefois lieu de se demander si certains articles de la Convention ne sont pas insusceptibles de réserves, car des réserves à de tels articles seraient contraires à l'objet et au but du traité. Aux conditions prévues à l'art. 64 CEDH, il convient en effet d'ajouter une condition supplémentaire, contenue à l'art. 19 c) de la Convention de Vienne sur le droit des traités, aux termes duquel toute réserve à un traité international doit être compatible avec son objet et son but[8]. Nous reviendrons plus tard sur cette condition.

L'art. 64 CEDH exige en troisième lieu que les réserves n'aient pas un «caractère général». Selon la Cour, «par réserves de caractère général», l'art. 64 entend notamment une réserve rédigée en des termes trop vagues ou amples pour que l'on puisse en apprécier le sens et le champ d'application exacts»[9].

6 La possibilité pour les Etats de faire des réserves vaut également pour les Protocoles N° 1 (art. 5), N° 4 (art. 6) et N° 7 (art. 7), mais non pour le Protocole N° 6 relatif à l'abolition de la peine de mort, qui n'admet pas de réserves (art. 4).

7 ATF 118 Ia 473, cons. 5–7. Sur la question de la validité de cette nouvelle réserve, voir *Stefan Oeter,* Die «auslegende Erklärung» der Schweiz zu Art. 6 Ziff. 1 EMRK und die Unzulässigkeit von Vorbehalten nach Art. 64 EMRK, Zeitschrift für ausländisches öffentliches Recht und Völkerrecht (ZaöRV) 1988, p. 522; *Thomas Schmuckli*, Die Fairness in der Verwaltungsrechtspflege, Fribourg 1990; *Olivier Guillod*, Les garanties de procédure en droit tutélaire, Revue du droit de la tutelle 1991, p. 52; *Rainer Schweizer*, Auf dem Weg zu einem schweizerischen Verwaltungsverfahrens- und Verwaltungsprozessrecht, Schweizerisches Zentralblatt für Staats- und Verwaltungsrecht (ZBl) 1990, p. 214; *Jean-François Flauss*, Le contentieux de la validité des réserves à la Convention européenne des droits de l'homme devant le Tribunal fédéral suisse, Revue universelle des droits de l'homme (RUDH) 1993, p. 297.

8 *Jacques Velu/Rusen Ergec*, La Convention européenne des droits de l'homme, Bruxelles 1990, p. 159. Voir également *R. Kühner*, Vorbehalte und auslegende Erklärungen zur Europäischen Menschenrechtskonvention, ZaöRV 1982, p. 77.

9 Cour eur. D.H., arrêt *Belilos* (note 2), par. 55.

La dernière condition exige enfin que les réserves soient assorties «d'un bref exposé de la loi en cause» (art. 64 par. 2 CEDH).

2. Le Pacte II

A la réglementation fort détaillée du régime des réserves dans la Convention européenne fait contraste l'absence totale de réglementation dans les Pactes. Aucun des deux instruments ne contient en effet de disposition relative aux réserves, en dépit de plusieurs tentatives faites pour en introduire[10]. Cette absence de disposition expresse ne signifie toutefois pas que des réserves ou des déclarations interprétatives soient inadmissibles. Leur admissibilité doit simplement être examinée à la lumière des règles de la Convention de Vienne sur le droit des traités, en particulier de son art. 19 c), aux termes duquel, sauf disposition contraire, un Etat peut toujours formuler une réserve si celle-ci n'est pas incompatible avec l'objet et le but du traité.

En fait, les Etats ont largement fait usage de cette possibilité. Au 1er novembre 1994, 46 des 127 Etats parties au Pacte II avaient, globalement, formulé 150 réserves, d'importance variable il est vrai[11]: certaines visent à écarter l'application de tel ou tel article du Pacte; d'autres ont pour but d'assurer la primauté du droit interne sur le Pacte; d'autres encore concernent la compétence du Comité des droits de l'homme.

Certes, la raison d'être des réserves est de permettre à des Etats qui estiment avoir des difficultés à s'engager sur tous les articles d'un traité d'accepter la plupart des obligations conventionnelles tout en en écartant d'autres. La possibilité de formuler des réserves est donc utile, dans la mesure où elle favorise la ratification d'un traité de la part d'Etats qui, sans cette possibilité, y renonceraient. Toutefois, le nombre si élevé de réserves au Pacte II, leur teneur et leur portée ont fini par préoccuper le Comité, car elles sont de nature à «compromettre l'application effective du Pacte et à affaiblir le respect de leurs obligations par les Etats parties»[12].

10 Voir *Manfred Nowak*, U. N. Covenant on Civil and Political Rights, CCPR Commentary, Engel, Kehl/Strasbourg/Arlington 1993, p. XXV, No 22. Le Protocole facultatif No 2 au Pacte II contient en revanche une disposition sur les réserves. Aux termes de son art. 2 par. 1, «il ne sera admis aucune réserve au présent Protocole, en dehors de la réserve formulée lors de la ratification ou de l'adhésion et prévoyant l'application de la peine de mort en temps de guerre à la suite d'une condamnation pour un crime de caractère militaire, d'une gravité extrême, commis en temps de guerre.» Les par. 2 et 3 prévoient certaines obligations de procédure.

11 Voir Observation générale No 24 (52), *infra* pp. 498 ss.

12 *Idem.*

II. Les conditions de validité des réserves au Pacte II

Comme nous l'avons relevé, les Pactes sont muets sur la question des réserves. Il en va de même du Protocole facultatif se rapportant au Pacte II. Ce mutisme ne signifie pas pour autant que les Etats sont autorisés à émettre n'importe quelle réserve. Dans le silence des textes, la validité des réserves s'apprécie d'abord en fonction des dispositions pertinentes de la Convention de Vienne sur le droit des traités. Toutefois, le caractère *sui generis* des conventions internationales de sauvegarde des droits de l'homme commande de prendre en compte également des considérations relevant de la politique des droits de l'homme (*human rights policy*). Il y a donc lieu d'examiner successivement ces deux catégories de conditions.

1. Les conditions juridiques

a) La condition de fond: la compatibilité de la réserve avec l'objet et le but du traité

Aux termes de l'art. 19 par. 3 de la Convention de Vienne sur le droit des traités, si les réserves ne sont pas interdites par un traité, un Etat peut en formuler, pour autant qu'elles ne soient pas incompatibles avec son objet et son but.

Bien que, contrairement à d'autres instruments internationaux relatifs aux droits de l'homme, le Pacte II ne fasse pas expressément référence au critère de la compatibilité des réserves avec son objet et son but, la question de leur interprétation et de leur acceptabilité est donc régie par ce critère[13]. Il reste à déterminer quelles sont les réserves qui seraient incompatibles avec le but et l'objet du Pacte II.

aa) Toutes les réserves

Une première interprétation de l'art. 19 par. 3 de la Convention de Vienne consisterait à prétendre que toutes les réserves aux traités relatifs aux droits de l'homme sont contraires à leur objet et à leur but, car ces traités sont l'expression juridique de droits à ce point fondamentaux que chacun doit pouvoir les exercer. Les réserves aux conventions de sauvegarde des droits de l'homme seraient donc inadmissibles en raison de la nature même de ces conventions.

Cette vision extrême des choses est par exemple celle de Jan De Meyer, juge à la Cour européenne des droits de l'homme, telle qu'il l'a exprimée dans son opinion concordante dans l'arrêt *Belilos*:

13 *Idem,* ch. 6.

> «La Convention européenne des droits de l'homme a pour objet et pour but, non pas de créer, mais de reconnaître des droits dont le respect et la protection s'imposent même à défaut de tout texte de droit positif. On conçoit mal que des réserves puissent être admises en ce qui concerne des dispositions reconnaissant des droits de ce genre. On peut même penser que de telles réserves, ainsi que les dispositions qui les autorisent, sont incompatibles avec le *jus cogens* et, dès lors, nulles, à moins qu'elles ne se rapportent qu'à des modalités de mise en oeuvre, sans toucher à la substance même des droits dont il s'agit»[14].

Le juge De Meyer suggérait une solution alternative à celle de la formulation de réserves. Suite à la ratification d'un traité, les Etats devraient pouvoir bénéficier d'un certain délai – relativement bref – pendant lequel ils auraient l'obligation d'adapter leur droit interne aux engagements internationaux qu'ils ont contractés. Les réserves ne seraient tolérées que pour leur permettre d'effectuer cette adaptation[15].

Pour intéressante qu'elle soit, cette thèse ne correspond pas à la pratique des Etats. Celle-ci laisse au contraire apparaître qu'un grand nombre de réserves sont formulées à la plupart des traités de sauvegarde des droits de l'homme sans qu'elles soient considérées comme étant en soi, en raison de la nature du traité en cause, intrinsèquement invalides.

C'est dans ce sens également que s'est exprimée la Cour interaméricaine des droits de l'homme dans son avis consultatif du 8 septembre 1983: les réserves aux dispositions des conventions relatives aux droits de l'homme ne sont pas en soi contraires au but et à l'objet de ces traités[16].

bb) Les réserves écartant des règles impératives du droit international

On peut ensuite prétendre que sont contraires à l'objet et au but du traité les réserves qui portent sur des normes impératives de droit international *(jus cogens)*.

C'est cette question qu'avait à résoudre la Cour interaméricaine des droits de l'homme lorsqu'elle fut saisie d'une demande d'avis consultatif sur la validité de la réserve faite par le Guatemala à l'art. 4 par. 4 CADH, qui prohibe la peine de mort pour les délits politiques. Dans son avis, la Cour de San José a affirmé que les réserves aux droits fondamentaux et essentiels, dont le droit à la vie, sont incompatibles avec l'objet et le but de la Convention interaméricaine des droits de l'homme. Même si elle a concédé que les réserves qui ne cherchent qu'à restreindre certains aspects précis d'une norme impérative ne doivent pas être

14 Cour eur. D.H., arrêt *Belilos* (note 2), p. 36.

15 *Idem.*

16 Cour interaméricaine des droits de l'homme, avis consultatif OC–3/83 du 8 septembre 1983, Série A N° 3 (1983) (Limitation de la peine de mort), par. 61. Cet avis est reproduit dans la RUDH 1992, p. 298 et dans Human Rights Law Journal (HRLJ) 1983, p. 352.

présumées contraires à la Convention, elle a insisté sur le fait qu'elles ne doivent pas rendre illusoire le but fondamental du droit en cause[17].

L'invalidité de réserves portant sur des normes impératives du droit international a été affirmée également par le Comité des droits de l'homme dans son Observation générale No 24 (52). De telles réserves seraient incompatibles avec le but et l'objet du Pacte:

> «Ainsi un Etat ne peut se réserver le droit de pratiquer l'esclavage ou la torture, de soumettre des personnes à des traitements ou peines cruels, inhumains ou dégradants, de les priver arbitrairement de la vie, de les arrêter et de les détenir arbitrairement, de dénier le droit à la liberté de pensée, de conscience et de religion, de présumer une personne coupable tant que son innocence n'a pas été établie, d'exécuter des femmes enceintes ou des enfants, d'autoriser l'incitation à la haine nationale, raciale ou religieuse, de dénier à des personnes nubiles le droit de se marier, ou de dénier aux minorités le droit d'avoir leur propre vie culturelle, de professer leur propre religion ou d'employer leur propre langue»[18].

Le Comité a ajouté que si des réserves à des dispositions particulières de l'art. 14 Pacte II peuvent être acceptables, une réserve générale au droit à un procès équitable ne le serait pas[19].

cc) Les réserves portant sur les droits indérogeables

Est-il permis de tenir le même raisonnement à propos des droits auxquels il n'est pas permis de déroger en cas de danger grave menaçant la vie de la nation (art. 4 Pacte II)[20]? En d'autres termes, le fait que les rédacteurs d'une convention internationale aient considéré certains droits comme tellement fondamentaux au point qu'on ne puisse jamais y déroger, même en temps de guerre ou de danger grave menaçant la vie de la nation, exclut-il la possibilité de formuler des réserves à ces droits?

Pour répondre à cette question, il importe de comprendre les raisons pour lesquelles certains droits ont été classés par les auteurs du Pacte dans la catégorie des droits indérogeables. D'abord, certains droits sont considérés comme indérogeables parce qu'ils sont sans rapport direct avec l'état d'urgence. Tel est par exemple le cas de l'interdiction de la prison pour dettes (art. 11 Pacte II). Pour d'autres, par exemple pour la liberté de conscience, une dérogation est tout simplement inconcevable. Pour d'autres encore, l'interdiction de dérogation est justifiée par le fait que c'est précisément en temps de guerre ou de danger grave que ces droits sont menacés. C'est ce qui se passerait dans le cas d'une réserve

17 Cour interaméricaine des droits de l'homme (note 16), par. 61.
18 Observation générale (note 11), ch. 8.
19 *Idem.*
20 La liste de ces droits est légèrement différente de celle qui figure aux art. 15 CEDH et 27 CADH.

aux dispositions de l'art. 4 Pacte II, qui vise justement à contrebalancer les intérêts de l'Etat et les droits de l'individu en période d'exception[21].

En fait, il y a eu très peu de réserves aux dispositions non susceptibles de dérogation en cas de danger grave pour la vie de la nation. Le Congo en a fait une à l'art. 11 (prison pour dettes)[22], à laquelle la Belgique a objecté dans le but de ne pas créer un précédent qui ouvrirait la voie à d'autres réserves à des articles auxquels le Pacte n'autorise pas de dérogations[23].

En revanche, aucun Etat n'a objecté à la réserve que le Royaume-Uni a formulée à l'endroit du même article[24], de même qu'à celles que l'Italie et l'Argentine ont émises à propos de l'art. 15 (non-rétroactivité du droit pénal) non plus qu'à celle du Mexique à l'art. 18 (liberté religieuse) ou à celle de l'Irlande à l'art. 6 (droit à la vie)[25].

La réserve formulée par la République de Trinité-et-Tobago à l'art. 4 Pacte II, par laquelle ce gouvernement se réserve le droit de ne pas appliquer intégralement les dispositions de son paragraphe 2, qui énumère les articles auxquels aucune dérogation n'est autorisée[26], s'est heurtée à une objection de la part des Pays-Bas. Pour le Gouvernement de ce pays, la formulation d'une réserve à l'article qui énonce les droits indérogeables est incompatible avec l'objet et le but du Pacte[27].

dd) Les réserves aux dispositions de procédure

Doivent enfin être considérées comme contraires à l'objet et au but du traité les réserves portant sur les dispositions de caractère procédural, qui ont pour but d'assurer la mise en oeuvre des droits et libertés garantis. Ces dispositions fournissent en effet le cadre nécessaire pour que les droits consacrés par le Pacte soient respectés et elles sont donc intimement liées à son objet et à son but. Des réserves visant à les écarter seraient donc inadmissibles. Serait ainsi incompatible avec le but et l'objet du traité une réserve à l'art. 2 par. 3 du Pacte, car elle entamerait l'efficacité de sa mise en oeuvre[28]. De même, un Etat ne pourrait pas se réserver le droit de ne pas soumettre au Comité des droits de l'homme des

21 Observation générale (note 11), ch. 10, *infra* pp. 501 s.
22 RO 1993 I 782.
23 RO 1993 I 799. Voir *William Schabas,* Les réserves des Etats-Unis d'Amérique au Pacte international relatif aux droits civils et politiques en ce qui a trait à la peine de mort, RUDH 1994, p. 141.
24 RO 1993 I 787.
25 RO 1993 I 778 ss.
26 RO 1993 I 797.
27 RO 1993 I 800.
28 Observation générale (note 11), ch. 11, *infra* p. 502.

rapports périodiques. Il en irait ainsi également d'une réserve qui écarterait la compétence du Comité d'interpréter les dispositions normatives du Pacte[29].

b) Le caractère irrelevant des objections

Dans son avis consultatif relatif aux Réserves à la Convention sur le génocide[30], la Cour internationale de Justice a estimé qu'un Etat qui fait objection à une réserve au motif que celle-ci est incompatible avec l'objet et le but d'un traité peut, par son objection, considérer que le traité n'est pas en vigueur entre lui-même et l'Etat auteur de la réserve.

Cette question est maintenant réglementée par les art. 20 et 21 de la Convention de Vienne de 1969, qui traitent des effets juridiques des objections élevées par les Etats aux réserves émises par d'autres Etats. Fondamentalement, une réserve empêche l'application, entre l'Etat auteur de la réserve et les autres Etats, de la disposition qui a fait l'objet de la réserve. Une objection a cependant pour conséquence que, dans les rapports entre l'Etat auteur de la réserve et l'Etat qui a formulé l'objection, la réserve ne s'applique que dans la mesure où elle n'est pas touchée par l'objection.

Il est toutefois permis de se demander si cette réglementation générale peut s'appliquer telle quelle aux instruments de sauvegarde des droits de l'homme. Contrairement aux autres traités, ceux-ci ne se caractérisent en effet pas par un réseau d'obligations interétatiques réciproques. Ils visent au contraire à reconnaître des droits à des individus: «Le principe de la réciprocité interétatique ne s'applique pas, sauf peut-être dans le contexte limité des réserves aux déclarations touchant la compétence du Comité faites au titre de l'art. 41»[31].

L'inadéquation des règles pertinentes de la Convention de Vienne aux particularités des conventions internationales relatives aux droits de l'homme a pour conséquence que l'absence d'objection des Etats à une réserve n'est pas nécessairement indicative de sa compatibilité avec l'objet et le but du traité. On peut donc difficilement déduire de l'absence d'objections que les Etats jugent acceptable une réserve donnée. Des objections peuvent en revanche constituer un élément d'appréciation pour déterminer la compatibilité d'une réserve avec l'objet et le but du traité[32].

c) Les conditions de forme

Afin de contrôler la mise en oeuvre des droits et libertés qu'il consacre, le Pacte a institué un organe de contrôle, le Comité des droits de l'homme. Pour qu'il

29 *Idem.*
30 CIJ, Recueil 1951, p. 15.
31 Observation générale (note 11), ch. 17.
32 *Idem.*

puisse s'acquitter des devoirs qui lui incombent aux termes des art. 40 et 41 du Pacte, ainsi que du Protocole facultatif N° 1, celui-ci doit savoir de manière très précise si un Etat est lié par une obligation donnée, et dans quelle mesure.

Les réserves doivent donc «être spécifiques et transparentes, de façon que le Comité, les personnes qui vivent sur le territoire de l'Etat auteur de la réserve et les autres Etats parties sachent bien quelles sont les obligations en matière de droits de l'homme que l'Etat intéressé s'est ou non engagé à remplir»[33]. Il s'ensuit que «les réserves ne sauraient [...] être de caractère général, mais doivent viser une disposition particulière du Pacte et indiquer précisément leur champ d'application»[34].

L'Etat qui formule des réserves a donc l'obligation d'indiquer de manière précise «les dispositions législatives ou les pratiques internes qu'il juge incompatibles avec l'obligation énoncée dans le Pacte qui fait l'objet de sa réserve»[35]. Il doit également justifier les délais dont il a besoin pour aligner ses lois et pratiques sur le Pacte, ou expliquer pourquoi il n'est pas en mesure de le faire»[36].

2. Les conditions relevant de la politique en matière de droits de l'homme

Comme nous l'avons déjà relevé, en raison du caractère *sui generis* des conventions internationales de sauvegarde des droits de l'homme, l'absence de contradiction d'une réserve avec l'objet et le but de ces conventions ne suffit pas à la rendre licite. D'autres considérations peuvent en effet intervenir, qui sont susceptibles, si ce n'est d'invalider des réserves, du moins de laisser planer certains doutes sur leur légitimité.

Contrairement aux critères que nous avons vus jusqu'ici, et qui doivent être examinés à la lumière de règles précises de droit international, telles qu'elles sont contenues dans la Convention de Vienne sur le droit des traités, ceux que nous allons passer en revue maintenant relèvent de la politique en matière de droits de l'homme (*human rights policy*)[37]. Les principaux sont les suivants.

a) Formuler un nombre minimum de réserves

La possibilité, offerte aux Etats, d'assortir de réserves la ratification d'un traité est certes utile, dans la mesure où elle permet à ceux d'entre eux qui estiment avoir des difficultés à garantir tous les droits qu'il consacre d'accepter néan-

33 *Idem*, ch. 19.
34 *Idem*.
35 *Idem*, ch. 20.
36 *Idem*.
37 *Idem*, ch. 2.

moins la plupart des obligations qui en découlent. Toutefois, pour les traités de sauvegarde des droits de l'homme, il serait souhaitable que «les Etats acceptent la totalité des obligations, car les normes relatives aux droits de l'homme sont l'expression juridique des droits essentiels que chacun doit pouvoir exercer en tant qu'être humain»[38]. En ne prévoyant pas dans le Pacte II de dispositions sur les réserves, ses auteurs ont en effet eu l'intention d'assurer à toutes les personnes relevant de la juridiction d'un Etat partie tous les droits énoncés dans cet instrument, qui constituent souvent un standard minimum.

Dans un instrument comme le Pacte II, qui énonce plusieurs droits civils et politiques, chacun des articles et leur conjugaison tendent à assurer la réalisation des objectifs qui y sont visés. Les Etats devraient «prendre en considération l'effet général d'un groupe de réserves ainsi que l'effet de chacune d'elles sur l'intégrité du Pacte, qui demeure une considération primordiale»[39]. Ils devraient en conséquence s'abstenir «de formuler un si grand nombre de réserves qu'ils n'acceptent en fait qu'un nombre limité d'obligations touchant aux droits de l'homme et non plus le Pacte en tant que tel»[40].

b) Eviter l'alignement du droit international sur le droit interne

En ratifiant un traité de sauvegarde des droits de l'homme, les Etats prennent l'engagement de modifier les normes de leur ordre juridique qui contreviennent à ce traité. Les réserves ne doivent dès lors pas être un moyen facile permettant à un Etat de renoncer à modifier telle ou telle loi qui n'est pas en harmonie avec les exigences du droit international[41]. Pour ne pas réduire la portée des normes internationales relatives aux droits de l'homme, les réserves ne devraient pas avoir pour but d'aligner systématiquement les obligations assumées par les Etats sur les règles moins contraignantes du droit interne[42].

Il convient également d'éviter que les réserves aient pour effet de réduire à néant l'autonomie des droits et libertés garantis par le Pacte, en proclamant qu'ils ont une portée identique aux dispositions correspondantes du droit interne, ou qu'elles ne sont acceptées que dans cette mesure[43].

Dans le même ordre d'idées, les réserves ne devraient pas indiquer que le sens de telle ou telle disposition du Pacte est le même que celui d'une disposition correspondante d'un autre traité international[44].

38 *Idem*, ch. 4.
39 *Idem*, ch. 19.
40 *Idem*.
41 *Idem*, ch. 12.
42 *Idem*, ch. 19.
43 *Idem*.
44 *Idem*.

C'est en se fondant sur ces considérations que les Gouvernements des Pays-Bas et de la Tchécoslovaquie ont élevé une objection à la réserve formulée par la République de Corée à l'art. 14 par. 5 et 7 et à l'art. 22 Pacte II. Aux termes de cette réserve, la République de Corée a déclaré que ces dispositions seront appliquées en conformité avec les lois de ce pays[45]. Or, de l'avis des Gouvernements objectants, une telle réserve est incompatible avec l'objet et le but du Pacte, car elle contredit le principe généralement admis en droit international, selon lequel un Etat ne peut invoquer les dispositions de son droit interne pour justifier la non-exécution d'un traité[46].

c) Le devoir de retirer les réserves

Des considérations relevant de la politique en matière de droits de l'homme imposent enfin aux Etats l'obligation de veiller à ce que la nécessité de maintenir les réserves qu'ils ont formulées soit examinée périodiquement, afin qu'elles puissent être retirées le plus rapidement possible[47].

III. Les réserves formulées par la Suisse

1. Considérations générales

Ce qui frappe au premier chef, lorsque l'on examine les réserves formulées par la Suisse au moment de la ratification du Pacte, c'est leur nombre relativement élevé: neuf en tout[48]. Ce nombre ne peut manquer de surprendre, même s'il est comparable, quantitativement, à celui des réserves émises par d'autres Etats[49].

Un nombre si élevé de réserves peut paraître peu compatible avec le premier principe régissant la licéité des réserves qui découle de la politique en matière de droits de l'homme. Nous avons vu qu'en vertu de ce principe les Etats devraient s'efforcer d'accepter la totalité des obligations qui découlent pour eux d'un traité qui consacre des droits élémentaires de la personne humaine.

En formulant un nombre si élevé de réserves, le Conseil fédéral s'en est certes tenu à sa pratique traditionnelle en matière de ratification des traités internatio-

45 RO 1993 I 782.
46 RO 1993 800–801.
47 Observation générale (note 11), ch. 4 et 20, *infra* pp. 499 s. et *infra* p. 507.
48 *Infra* pp. 440 s., RO 1993 I 747–48; une réserve a été depuis lors retirée (voir plus loin, note 69).
49 RO 1993 I 778 ss. Voir en particulier les réserves formulées par la France, les Etats-Unis, la Belgique, la Grande-Bretagne, l'Irlande et les Pays-Bas. Voir à ce sujet *Peter Mock*, Quelques réflexions sur les réserves déposées par la Suisse lors de la ratification du Pacte international relatif aux droits civils et politiques, Aktuelle Juristische Praxis/Pratique Juridique Actuelle (AJP/PJA) 1994, p. 985.

naux, qui exige d'apporter des réserves si l'ordre juridique interne diffère d'un accord à ratifier. Selon le Conseil fédéral, «cette attitude tient au fait que le respect strict des normes du droit international, en particulier des traités internationaux – quelle que soit leur portée juridique – fait partie des principes de l'Etat de droit suisse»[50].

Si elle procède d'un souci louable de n'engager la Suisse sur le plan international que dans la mesure où celle-ci pense pouvoir respecter ses engagements, cette pratique ne correspond cependant pas à la philosophie qui inspire l'Observation générale du Comité des droits de l'homme sur les réserves.

On se rappellera que, pour le Comité, c'est le droit interne qui devrait s'aligner sur les exigences du Pacte, et non l'inverse. Lorsqu'ils ratifient un traité relatif aux droits de l'homme, les Etats doivent s'efforcer de modifier leur législation, si elle est contraire à ce traité. Les réserves ne doivent pas être un oreiller de paresse permettant à un Etat de renoncer à adapter son droit interne aux exigences du Pacte.

Ainsi, plutôt que d'apporter des réserves si l'ordre juridique interne diffère d'un accord à ratifier, il serait préférable de modifier l'ordre juridique interne afin de pouvoir ratifier un traité international sans réserves, ou avec le moins de réserves possible.

2. Le contenu des réserves

a) Aux termes de la première réserve, portant sur l'art. 10 par. 2 lettre b) Pacte II, «la séparation entre jeunes prévenus et adultes n'est pas garantie sans exception».

Cette réserve a été formulée pour tenir compte du fait que la séparation entre ces deux catégories de personnes n'est pas, en Suisse, toujours garantie, tant en droit, par les codes de procédure pénale cantonaux, qu'en fait, en particulier en cas de détention préventive de courte durée[51].

Quand bien même, dans ses Observations générales N° 9, du 27 juillet 1982 et N° 21, du 7 avril 1992, le Comité des droits de l'homme a précisé que cette disposition est une norme impérative dont l'inexécution ne peut être justifiée par quelque considération que ce soit, il paraît difficile d'admettre qu'elle fasse partie du droit international à caractère contraignant *(jus cogens)*. On peut en voir la preuve dans le fait que le principe de la séparation entre jeunes prévenus et adultes n'est pas consacré dans d'autres traités internationaux, par exemple

50 Message sur l'adhésion de la Suisse aux deux Pactes internationaux de 1966 relatifs aux droits de l'homme, Feuille fédérale (FF) 1991 I 1138. Voir également rapport de gestion 1988, DFAE, p. 46, ch. IV/1.

51 Message (note 50), p. 1138.

dans la Convention européenne des droits de l'homme[52]. Cette réserve peut par conséquent difficilement être considérée comme étant contraire à l'objet et au but du Pacte[53].

b) Il en va probablement de même pour la deuxième réserve formulée à propos de l'art. 12 Pacte II, aux termes de laquelle le droit de circuler et de choisir librement sa résidence est applicable «sous réserve des dispositions de la législation fédérale sur les étrangers selon lesquelles les autorisations de séjour et d'établissement ne sont valables que pour le canton qui les a délivrées».

L'art. 12 par. 1er Pacte II garantit à quiconque se trouve légalement sur le territoire d'un Etat le droit d'y circuler sans entraves et d'y choisir librement sa résidence. Le principe de la libre circulation des personnes sur notre territoire ne pose guère de problèmes. Il n'en va toutefois pas de même de la liberté d'y séjourner et de s'y établir, l'art. 8 LSEE précisant que les autorisations de séjour et d'établissement ne sont valables que pour le canton qui les a délivrées. Une réserve à cet égard devait donc être faite[54].

c) Les trois réserves portant sur l'art. 14 Pacte II, qui garantit le droit à un procès équitable, ne semblent pas non plus soulever de problèmes sous l'angle de leur conformité au but et à l'objet du Pacte .

aa) Aux termes de la première, qui porte sur l'art. 14 par. 1er, «le principe de la publicité des audiences n'est pas applicable aux procédures qui ont trait à une contestation relative à des droits et obligations de caractère civil ou au bien-fondé d'une accusation en matière pénale et qui, conformément à des lois cantonales, se déroulent devant une autorité administrative. Le principe de la publicité du prononcé du jugement est appliqué sans préjudice des dispositions des lois cantonales de procédure civile et pénale prévoyant que le jugement n'est pas rendu en séance publique, mais est communiqué aux parties par écrit».

En outre, «la garantie d'un procès équitable, en ce qui concerne les contestations portant sur des droits et obligations de caractère civil, vise uniquement à assurer un contrôle judiciaire final des actes ou décisions de l'autorité publique qui touchent à de tels droits ou obligations». Par ailleurs, par «contrôle judiciaire

52 Voir *Mock* (note 49), p. 985.

53 Plusieurs autres Etats ont d'ailleurs fait une réserve semblable en alléguant que l'art. 10 par. 2 b) créait pour eux des obligations excessives, qui allaient au-delà de ce que doit prévoir un traité général sur les droits de l'homme. L'avant-projet de loi fédérale régissant la condition pénale des mineurs prévoit la séparation des prévenus mineurs des autres détenus. Lorsque cette loi sera en vigueur, la Suisse pourra retirer cette réserve.

54 Sur la question de savoir s'il aurait été souhaitable de réserver également la réglementation selon laquelle un requérant d'asile se trouve dans l'impossibilité de quitter la Suisse, dès lors qu'il doit déposer ses papiers avec sa demande d'asile, voir *Mock* (note 49), p. 986. Cet auteur s'interroge aussi sur la conformité de la nouvelle loi fédérale sur les mesures de contrainte avec l'art. 12 Pacte II (*idem*).

final», la Suisse entend «un contrôle judiciaire limité à l'application de la loi, tel un contrôle de type cassatoire».

Cette réserve est identique à celle que la Suisse a formulée à l'art. 6 par. 1er CEDH[55]. Si elle n'est certainement pas contraire à l'objet et au but du traité[56], on doit regretter que, près de vingt ans après la ratification de la Convention européenne, nos autorités se trouvent dans l'obligation d'apporter à un autre instrument international la même réserve, car aucun progrès n'a été accompli pendant tout ce temps.

Cette réserve paraît donc peu compatible avec l'obligation qu'ont les Etats d'examiner périodiquement la nécessité de maintenir leurs réserves et de les retirer dès que possible[57]. Il est d'ailleurs permis de se demander si cette réserve était absolument indispensable. En effet, l'invalidation des réserves faites par la Suisse à l'art. 6 CEDH, à la fois par la Cour européenne des droits de l'homme[58] et par le Tribunal fédéral[59], aura une influence directe sur la législation suisse, tant fédérale que cantonale, qui devra être modifiée pour s'adapter aux exigences de l'art. 6 CEDH. Dans ces conditions, une réserve à l'art. 14 Pacte II ayant la même teneur que celles formulées à l'égard de l'art. 6 CEDH n'aura plus vraiment de raison d'être dès que les modifications législatives nécessaires auront été effectuées. A ce moment-là, la réserve pourra donc vraisemblablement être retirée[60].

bb) Selon la deuxième réserve à l'art. 14, «la garantie de la gratuité de l'assistance d'un avocat d'office et d'un interprète (art. 14 par. 3 lettres d et f) ne libère pas définitivement le bénéficiaire du paiement des frais qui en résultent».

Comme la précédente, cette réserve est analogue à la déclaration interprétative faite par la Suisse à l'art. 6 par. 3 c) et e) CEDH[61]. Elle prête donc le flanc à la critique pour les mêmes raisons que celles qui viennent d'être évoquées. A celles-ci vient s'ajouter un motif supplémentaire d'insatisfaction. Depuis que la Suisse a formulé sa réserve à l'art. 6 par. 3 e) CEDH, la Cour européenne des droits de l'homme a en effet interprété cette disposition comme signifiant que

55 RS 0.101, p. 32.

56 Dans son Observation générale No 24 (52) (note 11), le Comité des droits de l'homme a relevé que des réserves particulières à l'art. 14 sont acceptables. Seule une réserve générale au droit à un procès équitable ne le serait pas (ch. 8), *infra* pp. 500 s.

57 Observation générale (note 11), ch. 20.

58 Cour eur. D.H., arrêt *Belilos* (note 2); Cour eur. D.H., arrêt *Weber* (note 4).

59 ATF 118 Ia 473, *F. gegen R.*

60 *Mock* (note 49), pp. 986–87.

61 RS 0.101, p. 33. Voir également *Achermann/Caroni/Kälin, infra* pp. 194 ss.

la gratuité des frais d'interprète implique une dispense définitive, indépendante de l'issue du procès[62]. Pour la Cour, l'obligation de restituer les frais d'interprète en cas de condamnation priverait l'art. 6 par. 3 e) CEDH de son effet utile:

> «Elle laisserait subsister les désavantages que subit un accusé ne comprenant ou ne parlant pas la langue employée à l'audience par rapport à un accusé la connaissant, et que l'art. 6 par. 3 e) a précisément pour but d'atténuer [...] En outre, on ne saurait exclure que l'obligation, pour le condamné, de régler les frais se répercute sur l'exercice de son droit à un procès équitable [...] Le risque demeure que la désignation ou la non-désignation d'un interprète dépende de l'attitude de l'accusé, laquelle pourrait de son côté être influencée par la crainte de conséquences financières [...] Le droit à un procès équitable, que veut sauvegarder l'art. 6, se trouverait lui-même atteint»[63].

Dans cette affaire, la Cour s'est certes prononcée exclusivement sur la gratuité des frais d'interprète, puisque seule cette question était soumise à son examen. A notre avis, ses considérations peuvent toutefois être appliquées, par analogie, également aux frais résultant de l'assistance d'un avocat d'office[64].

En dépit de cette jurisprudence, la Suisse persiste à donner une interprétation de la règle de la gratuité des frais des avocats d'office et des interprètes qui va clairement à l'encontre de celle donnée il y a plus de quinze ans déjà par la Cour européenne des droits de l'homme[65], et qui prive l'art. 6 par. 3 e) CEDH de son effet utile.

cc) La troisième réserve à l'art. 14 porte sur son paragraphe 5. Elle réserve la législation fédérale en matière d'organisation judiciaire sur le plan pénal, en prévoyant une exception au droit de faire examiner par une juridiction supérieure la déclaration de culpabilité ou la condamnation lorsque l'intéressé a été jugé en première instance par la plus haute juridiction[66].

La Suisse n'a pas dû faire une réserve analogue à la Convention européenne des droits de l'homme. Contrairement à l'art. 14 par. 5 Pacte II, l'art. 2 du Protocole additionnel N° 7 à la Convention européenne[67] prévoit en effet des

62 Cour eur. D.H., arrêt *Luedicke, Belkacem et Koç* du 28 novembre 1978, Série A, vol. 29, par. 38–46. Voir également Cour eur. D.H., arrêt *Kamasinski* du 19 décembre 1989, Série A, vol. 168, par. 74.

63 Cour eur. D.H., arrêt *Luedicke, Belkacem et Koç* (note 62), par. 42.

64 D'un avis contraire, *Mock* (note 49), p. 988.

65 On rappellera que, en se fondant sur cette déclaration interprétative, qu'il avait assimilée à une réserve, le Tribunal fédéral a pu rejeter, il y a une quinzaine d'années, et malgré la jurisprudence de la Cour, un recours de droit public dans lequel le recourant se plaignait d'une violation de l'art. 6 al. 3 lettre e) CEDH parce qu'il s'était vu imposer les frais d'interprète (ATF 106 Ia 214, *Temeltasch*). Cet arrêt a par la suite été confirmé par la Commission européenne des droits de l'homme (Req. N° 9116/80, Décisions et Rapports [DR] 31, pp. 120 ss). Voir *Béatrice Wagner/ Luzius Wildhaber*, Der Fall Temeltasch und die auslegenden Erklärungen der Schweiz, EuGRZ 1983, p. 145.

66 Voir p. ex. ATF 116 IV 56, *Schweizerische Bundesanwaltschaft*.

67 RS 0.101.07.

exceptions à la règle du double degré de juridiction, notamment lorsque l'intéressé a été jugé en première instance par la plus haute juridiction. En pareil cas, un éventuel réexamen ne pourra pas être effectué par une juridiction supérieure. Pour cette raison, il paraît difficile de soutenir que la réserve faite par la Suisse à l'art. 14 par. 5 Pacte II est contraire à l'objet et au but du Pacte.

d) Ne paraissent pas non plus être contraires à l'objet et au but du Pacte les réserves formulées par la Suisse aux art. 20 et 25 b) Pacte II.

Aux termes de la première, «la Suisse se réserve le droit de ne pas adopter de nouvelles mesures visant à interdire la propagande en faveur de la guerre, qui est proscrite par l'art. 20 par. 1er». Ici aussi, comme dans le cas de la réserve faite à l'art. 10 par. 2 b), quand bien même, dans son Observation générale No 11 (19), du 29 juillet 1983 relative à l'art. 20, le Comité a déclaré que les Etats sont tenus d'adopter les mesures législatives voulues pour interdire les actions qui y sont mentionnées et a précisé que la loi devrait indiquer clairement que la propagande de guerre est contraire à l'ordre public et prescrire une sanction appropriée en cas de violation, il paraît difficile de soutenir que la réserve suisse soit contraire au but et à l'objet du Pacte. On peut en effet nourrir de sérieux doutes sur la nécessité d'adopter une loi spéciale pour réprimer ce délit. Dans notre pays, la propagande en faveur de la guerre peut en effet déjà, dans certaines circonstances, tomber sous le coup de plusieurs dispositions du code pénal (titres XIII et XVI CPS). L'exigence formulée par le Comité des droits de l'homme dans son Observation générale paraît donc exagérée[68].

Aux termes de la deuxième réserve formulée par la Suisse à l'endroit de l'art. 20, notre pays se réservait le droit d'adopter une disposition pénale qui tienne compte des exigences de l'art. 20, par. 2 à l'occasion de son adhésion à la Convention sur l'élimination de toutes les formes de discrimination raciale, du 21 décembre 1965. L'entrée en vigueur, le 1er janvier 1995, des art. 261bis CPS et 171 lettre c) CPM a permis au Conseil fédéral de retirer cette réserve[69], qui n'était censée revêtir qu'un caractère transitoire, mais qui aurait dû être maintenue en cas de rejet, par le peuple, des deux articles susmentionnés.

La seconde réserve prévoit que l'art. 25 lettre b) sera appliqué «sans préjudice des dispositions du droit cantonal et communal qui prévoient ou admettent que les élections au sein des assemblées ne se déroulent pas au scrutin secret»[70].

Le but de l'art. 25 lettre b) est d'assurer aux électeurs une totale liberté d'expression. Or la pratique de certains cantons et communes, où les élections se déroulent à main levée, dans le cadre des *Landsgemeinden*, ne satisfait pas aux exigences de cet article. Le Tribunal fédéral a toutefois admis que cette

68 Du même avis, *Mock* (note 49), p. 989.

69 Le retrait de la réserve a pris effet le 16 octobre 1995 (RO 1996, p. 725).

70 Voir, sur cette réserve, ATF 121 I 146, *Willi Rohner*. Voir également *Achermann/Caroni/Kälin, infra* pp. 229 ss.

pratique n'est pas contraire à la Constitution fédérale[71]. L'abolition de ces institutions historiques n'étant pas possible, la Suisse a dû déposer une réserve.

L'art. 25 lettre b) ne visant que les élections, à l'exclusion des votations, la réserve ne s'applique pas à ces dernières[72].

e) La dernière réserve, aux termes de laquelle l'égalité de toutes les personnes devant la loi et leur droit à une égale protection de la loi sans discrimination, tels qu'ils sont consacrés à l'art. 26, «ne seront garantis qu'en liaison avec d'autres droits contenus dans le Pacte», est en revanche beaucoup plus problématique. Elle va en effet clairement à l'encontre de l'interprétation que le Comité a donnée de l'art. 26 Pacte II[73].

Selon la jurisprudence du Comité[74] et son Observation générale N° 18 (37), du 9 novembre 1989, l'art. 26 est en effet un droit de portée indépendante, dont le champ de protection n'est pas limité aux droits garantis par le Pacte. Il interdit toute discrimination et toute inégalité de traitement de droit ou de fait dans tous les domaines de l'activité étatique[75]. Ainsi le veut une interprétation systématique de l'art. 26. Seule une telle interprétation confère en effet à cette disposition une portée propre, distincte de celle de l'art. 2 par. 1er du Pacte, qui interdit déjà toute discrimination se rapportant aux droits garantis par le Pacte, comme le fait l'art. 14 CEDH pour les droits garantis par cette convention.

Selon le Comité, le contenu et le champ d'application de l'art. 26 du Pacte correspondent donc à la garantie offerte par l'art. 4 Cst. féd. Or, on sait que plusieurs lois fédérales contiennent encore des inégalités, en particulier entre hommes et femmes, qui sont contraires à l'art. 4 Cst. féd.[76]. En vertu de l'art. 113 al. 3 Cst. féd., leur conformité à cette disposition ne peut toutefois pas être contrôlée[77].

Afin d'éviter que la conformité de ces lois ne soit examinée par rapport à l'art. 26 du Pacte (art. 113 al. 3 deuxième phrase Cst. féd.), ce qui serait une manière détournée d'examiner leur conformité à l'art. 4 Cst. féd., et de courir le

71 ATF 121 I 146, *Willi Rohner*.

72 *Idem*; voir *Mock* (note 49), p. 989. Voir aussi *Claude Rouiller*, Le Pacte international relatif aux droits civils et politiques, Revue de droit suisse (RDS) 1992, pp. 125 ss.

73 D'autres Etats, dont, récemment, la République fédérale d'Allemagne, ont toutefois fait une réserve identique. Voir *Mock* (note 49), p. 990.

74 Communication N° 172/1984, *S.W.M. Broeks c. Pays-Bas,* par. 12 ss; communication N° 182/1984, *Zwaan-de Vries c. Pays-Bas*, *idem*, p. 165, *infra* pp. 596 ss; communication N° 202/1986, *Ato del Avellanal c. Pérou,* par. 2.1, 10.2 et 11. Voir également la communication N° 516/1992, *Alina Simunek et al. c. la République tchèque*, par. 11.3, *infra* p. 656.

75 *Christian Tomuschat*, Der Gleichheitssatz nach dem internationalen Pakt über bürgerliche und politische Rechte, EuGRZ 1989, pp. 37 ss; ATF 121 V 233, *B.*

76 Voir notamment le programme législatif «Egalité des droits entre femmes et hommes (FF 1986 I 1132) et le message du Conseil fédéral concernant la loi fédérale sur l'égalité entre femmes et hommes, du 24 février 1993.

77 Pour un exemple récent, voir ATF 120 V 1, *B.*

risque de voir certaines dispositions de sa législation sociale déclarées contraires au principe de l'égalité des sexes, le Conseil fédéral a donc décidé de formuler une réserve à l'art. 26, qui a pour objet d'indiquer que cette disposition ne vaut qu'en liaison avec les autres droits reconnus par le Pacte II. Pour la Suisse, la portée de l'art. 26 Pacte II est donc la même que celle de l'art. 2 par. 1 de ce même Pacte et que celle de l'art. 14 CEDH.

Ainsi, si elle est saisie d'un recours pour non-conformité d'une loi fédérale avec l'art. 26 Pacte II, notre Cour suprême peut facilement débouter le requérant en se fondant sur le même raisonnement qu'elle avait tenu, il y a bien des années déjà, dans l'arrêt *Achermann*[78]. On se souvient que dans cet arrêt le Tribunal fédéral des assurances avait refusé d'examiner la conformité des art. 3 al. 1er et 21 al. 1er LAVS avec l'art. 14 CEDH, au motif que cette dernière disposition n'a pas de portée indépendante[79].

La réserve de la Suisse à l'art. 26 Pacte II contredit clairement l'Observation générale No 24 (52), aux termes de laquelle les réserves ne doivent pas viser à supprimer l'autonomie des droits et libertés consacrés par le Pacte en les alignant sur des dispositions correspondantes du droit interne ou d'autres instruments internationaux[80].

3. Les conditions de forme

Selon l'Observation générale No 24 (52), les conditions de forme auxquelles devraient se conformer les réserves au Pacte II correspondent en gros à celles prévues à l'art. 64 CEDH, tel qu'interprété par la Cour européenne des droits de l'homme.

En résumé, ces conditions sont les suivantes. Les réserves doivent être précises, et indiquer clairement leur champ d'application, ainsi que les dispositions législatives internes jugées incompatibles avec les dispositions du Pacte qui font l'objet de ces réserves. Les réserves de caractère général sont donc interdites[81].

78 ATF 105 V 1; voir par exemple ATF 121 V 234, *B*.

79 *Idem*. Voir *Giorgio Malinverni*, Le Pacte international relatif aux droits civils et politiques et le principe de l'égalité des sexes en droit suisse, in: Présence et actualité de la Constitution dans l'ordre juridique, Mélanges offerts à la Société suisse des juristes pour son Congrès 1991 à Genève, Bâle 1991, pp. 161-162.

80 Observation générale (note 11), ch. 19, *infra* pp. 506 s. Il est vrai cependant que cette observation générale est postérieure à la réserve suisse.

81 Observation générale (note 11), ch. 19 et 20.

a) L'interdiction des réserves de caractère général

Une réserve de caractère général est une réserve rédigée «en des termes trop vagues ou amples pour que l'on puisse en apprécier le sens et le champ d'application exacts»[82].

C'est pour cette raison que la déclaration interprétative que la Suisse avait faite d'une disposition pourtant précise de la Convention européenne des droits de l'homme, à savoir l'art. 6 par. 1er, et que la Cour a assimilée à une réserve, a été jugée, en raison de son caractère trop général, contraire à l'art. 64 CEDH. Selon cette déclaration interprétative, la garantie du procès équitable contenue à l'art. 6 par. 1er CEDH devait viser «uniquement à assurer un contrôle judiciaire final des actes ou décisions de l'autorité publique qui concernent des droits et obligations de caractère civil ou le bien-fondé d'une accusation pénale».

Par cette déclaration interprétative, la Suisse entendait se soustraire à l'interprétation de l'art. 6 par. 1er CEDH d'après laquelle le bien-fondé d'une accusation pénale doit être décidé par un tribunal ou, en tout cas, par un organe statuant en dernière instance aussi bien sur les points de droit que sur les faits.

La Cour a estimé que les termes de la déclaration interprétative ne permettaient pas d'évaluer la portée exacte de l'engagement de la Suisse, en particulier en ce qui concerne les catégories de litiges visés et la question de savoir si le contrôle judiciaire final s'exerçait ou non sur les faits d'une affaire. L'interprétation divergente à laquelle se prêtait la déclaration suisse allait à l'encontre de l'exigence de précision et de clarté prévue à l'art. 64 CEDH[83]. Une réserve qui vise un nombre limité de lois qui, réunies, instituent un système bien circonscrit et cohérent de dispositions n'atteint en revanche pas le degré de généralité que prohibe l'art. 64 par. 1er CEDH[84].

La Suisse a su tirer l'enseignement qui se dégage de cette jurisprudence. La réserve formulée à l'art. 14 par. 1 Pacte II précise de manière non équivoque que la garantie du procès équitable, en ce qui concerne les contestations portant sur des droits et obligations de caractère civil, vise uniquement à assurer un contrôle judiciaire final des actes ou décisions de l'autorité publique qui touchent à de tels droits ou obligations et que, par contrôle judiciaire final, on entend un contrôle limité à l'application de la loi, tel un contrôle de type cassatoire.

Il est difficile de formuler à ce stade un pronostic sur la question de savoir si les autres réserves formulées par la Suisse pourraient un jour être considérées par le Comité des droits de l'homme comme ayant un caractère général.

82 Cour eur. D.H., arrêt *Belilos* (note 2), par. 55.

83 Voir *Gérard Cohen-Jonathan*, Les réserves à la Convention européenne des droits de l'homme (à propos de l'arrêt *Belilos* du 29 avril 1988), RGDIP 1989, pp. 273–314.

84 Cour eur. D.H., arrêt *Chorherr* du 25 août 1993, Série A, vol. 266–B, par. 18; voir également Cour eur. D.H., arrêt *Schmautzer* du 23 octobre 1995, Série A, vol. 328–A, par. 29 ss; Cour eur. D.H., arrêt *Gradinger* du 23 octobre 1995, Série A, vol. 328–C, par. 37 ss.

b) L'indication des dispositions légales écartées par les réserves

Dans son Observation générale, le Comité a exprimé le souhait qu'un Etat qui formule un réserve «indique les dispositions législatives ou les pratiques internes qu'il juge incompatibles avec l'obligation énoncée dans le Pacte qui fait l'objet de sa réserve»[85]. Cette «directive» du Comité n'est pas sans rappeler l'art. 64 par. 2 CEDH, aux termes duquel toute réserve doit comporter «un bref exposé de la loi en cause».

La raison d'être de cette exigence est que aussi bien les autres Etats contractants que les organes de la Convention doivent savoir de manière précise quelles sont les dispositions écartées par la réserve. D'après la jurisprudence de la Cour, le bref exposé «constitue à la fois un élément de preuve et un facteur de sécurité juridique»; il vise à «offrir, notamment aux autres Parties contractantes et aux organes de la Convention, la garantie que la réserve ne va pas au-delà des dispositions explicitement écartées par l'Etat intéressé»[86]. L'art. 64 par. 2 CEDH n'exige pas pour autant une description, même sommaire, des textes en cause. S'il permet à chacun d'identifier avec précision les lois en question et de se renseigner sur elles, le renvoi au Journal officiel fournit une sauvegarde suffisante contre une interprétation de la réserve qui en étendrait indûment le champ d'application[87].

L'inobservation de l'art. 64 par. 2 CEDH, qui entraîne l'invalidité de la réserve, ne saurait être justifiée par des difficultés pratiques à désigner la législation visée par la réserve. C'est donc en vain que, dans l'affaire *Belilos*, la Suisse a cherché à se justifier en invoquant l'impossibilité pratique dans laquelle elle se trouvait de faire état de l'ensemble des dispositions de procédure pénale et civile cantonales visées par la réserve[88].

Pour cette raison, après avoir été condamnée par la Cour européenne dans l'affaire *Belilos*, la Suisse a tenu à préciser la portée de sa déclaration interprétative à l'art. 6 par. 1er CEDH, en donnant la liste des dispositions législatives fédérales et cantonales[89] couvertes, avec effet au 29 avril 1988, par la déclaration interprétative faite le 28 novembre 1974 et précisée le 16 mai 1988.

Nos autorités n'ont cependant pas jugé nécessaire de fournir une telle liste au moment où elles ont formulé leur réserve à l'art. 14 par. 1er Pacte II. Le risque que la Suisse soit un jour condamnée de ce chef sont cependant peu probables, en raison, notamment, de l'absence de compétence, pour le moment, du Comité à être saisi de communications individuelles au titre du Protocole facultatif, que

85 Observation générale (note 11), ch. 20.
86 Cour eur. D.H., arrêt *Belilos* (note 2), par. 59; Cour eur. D.H., arrêt *Weber* (note 4), par. 38.
87 Cour eur. D.H., arrêt *Chorherr* (note 84), par. 20.
88 Cour eur. D.H., arrêt *Belilos* (note 2), par. 59.
89 Cette liste figure, pour le droit fédéral, au RS O.101, pp. 32–33 et au RO 1989 276.

la Suisse n'a pas encore ratifié, ainsi que du caractère de «soft law» de l'Observation générale du Comité, qui, de surcroît, a été publiée postérieurement à la formulation des réserves suisses. Il n'est toutefois pas exclu que les informations souhaitées par le Comité dans son Observation générale doivent lui être fournies par nos autorités dans les rapports périodiques ou lors de leur discussion.

Conclusion

La raison d'être des réserves est de permettre à des Etats qui ne peuvent que difficilement accepter l'intégralité d'un traité d'assumer la plupart des engagements tout en en écartant d'autres. Elles jouent donc un rôle utile car elles favorisent la ratification de traités par des Etats qui, sans cela, y renonceraient.

Le droit d'émettre des réserves n'est cependant pas illimité. S'agissant des conventions de sauvegarde des droits de l'homme, il semble même, au fil des ans, se restreindre considérablement. Aux conditions proprement juridiques, d'abord d'origine jurisprudentielle, puis codifiées par la Convention de Vienne de 1969, sont en effet venues s'ajouter des conditions relevant de la «*human rights policy*». La conformité des réserves à l'objet et au but du traité ne semble plus être le seul critère pour juger de leur admissibilité. Les Etats sont de plus en plus invités à formuler le moins de réserves possible, à faire en sorte que celles-ci n'aient pas pour effet de vider une norme de sa portée et à ne pas aligner les dispositions conventionnelles sur celles, moins contraignantes, de leur ordre juridique interne ou d'autres conventions internationales.

Le but final recherché est bien celui d'obtenir des Etats des ratifications sans réserves de conventions qui ne font que consacrer des droits élémentaires de l'individu, qui devraient être universellement reconnus. C'est pour cette raison aussi que les organes institués par ces conventions se montrent si exigeants sur les conditions formelles de formulation des réserves, comme l'illustre la jurisprudence des organes de Strasbourg.

Die Bedeutung des UNO-Paktes über wirtschaftliche, soziale und kulturelle Rechte für das schweizerische Recht

Jörg KÜNZLI und Walter KÄLIN[1]

I. Zur Rechtsnatur der wirtschaftlichen, sozialen und kulturellen Rechte

1. Der aktuelle Stand der Diskussion

Der Pakt über wirtschaftliche, soziale und kulturelle Rechte[2] verpflichtet die Vertragsstaaten – und damit auch die Schweiz – «unter Ausschöpfung aller [ihrer] Möglichkeiten Massnahmen zu treffen, um nach und nach mit allen geeigneten Mitteln» die Verwirklichung dieser Menschenrechte zu erreichen (Art. 2 Abs. 1). In dieser Bestimmung hat man lange einen Beleg für die grundsätzliche Andersartigkeit der Sozialrechte erblickt und daraus abgeleitet, dass sich ihre Rechtsnatur prinzipiell von den Abwehransprüchen der Freiheitsrechte unterscheide und auf die Pflicht beschränke, im Gesundheits-, Sozial-, Arbeits- oder Bildungswesen und in anderen paktrelevanten Bereichen eine

1 Jörg Künzli, lic. iur. und Rechtsanwalt, ist Assistent am Institut für öffentliches Recht der Universität Bern; Walter Kälin, Prof. Dr. iur., ist Ordinarius für Staats- und Völkerrecht an der Universität Bern. Dieser Beitrag will einen ersten Überblick über Inhalt und Bedeutung der materiellen Bestimmungen von Pakt I verschaffen. Eine Art Kommentierung stellen die Beiträge in *Asbjörn Eide/Catarina Krause/Allan Rosas* (Eds.), Economic, Social and Cultural Rights – A Textbook, Dordrecht/Boston/London 1995, dar. Art. 2, 6–8 und 11 sind detailliert von *Matthew Craven*, The International Covenant on Economic, Social and Cultural Rights – A Perspective on its Development, Oxford 1995, kommentiert worden. Einen Kurzüberblick geben die Beiträge zu Pakt I in *Hurst Hannum/Dana D. Fischer* (Eds.), U.S. Ratification of the International Covenants on Human Rights, New York 1993, S. 168–259. Vgl. auch *Louis B. Sohn* (Ed.), Guide to Interpretation of the International Covenant on Economic, Social and Cultural Rights, Irvington (Dieses Werk war im Zeitpunkt der Fertigstellung dieses Textes noch nicht erschienen).

2 Pakt I, nachstehend auch Sozialpakt genannt. Text hinten S. 253 ff.

aktive Politik zu betreiben. Verschiedene Autoren sind sogar soweit gegangen, den Garantien von Pakt I jeglichen Rechtscharakter abzusprechen[3].

Die Verpflichtungen, die sich für Vertragsstaaten aus Pakt I ergeben, sind weit komplexer, als dies auf den ersten Blick erscheinen mag: Auf der einen Seite wächst heute die Einsicht, dass ein wirksamer Schutz der Rechte der 1. Generation oft aktive staatliche Schutzmassnahmen und Leistungen erfordert[4]; andererseits wird zunehmend erkannt, wie sehr soziale und wirtschaftliche Rechte nicht nur durch staatliche Leistungen erfüllt, sondern auch wirksam durch staatliches Unterlassen geschützt werden können. Der Antagonismus zwischen Freiheits- und Sozialrechten wird in Praxis und Doktrin zunehmend aufgeweicht[5], weil die Erkenntnis dafür wächst, dass die Unterschiede zwischen den beiden Kategorien oft nicht prinzipieller, sondern gradueller Natur sind.

Einen wesentlichen Beitrag für ein sachgerechtes Verständnis der Rechtsnatur von Sozialrechten hat *Asbjörn Eide*[6] entwickelt: Seines Erachtens werden auch diese Rechte auf einer ersten Stufe wirksam durch staatliches Unterlassen

3 Vgl. z.B. *E. G. Vierdag*, The Legal Nature of the Rights Granted by the International Covenant on Economic, Social and Cultural Rights, Netherlands Yearbook of International Law (NYIL) 1978, S. 69 ff., der kategorisch erklärt: «The implementation of these provisions is a political matter, not a matter of law, and hence not a matter of rights» (a.a.O., S. 103). Eine noch radikalere Kritik findet sich bei *Maurice Cranston*, What are Human Rights?, New York 1973, S. 65 ff.

4 Vgl. dazu insbesondere die Allgemeine Bemerkung 6/16 des Menschenrechtsausschusses (hinten S. 361 ff.).

5 So enthalten moderne Menschenrechtsverträge wie die Kinderrechts- oder die Wanderarbeitnehmerkonvention Rechte beider Kategorien; es bestehen konkrete Projekte, neben dem Recht auf Bildung weitere soziale Menschenrechte in die EMRK aufzunehmen (vgl. dazu *Matti Pellonpää*, Economic, Social and Cultural Rights, in: *Ronald St. J. Macdonald et al.* [Eds.], The European System for the Protection of Human Rights, Dordrecht/Boston/London 1993, S. 869 ff.). Auch auf der Ebene der völkerrechtlichen Durchsetzungsinstrumentarien findet eine Annäherung statt. Beleg dafür sind der Entwurf eines Fakultativprotokolls zu Pakt I (Schaffung eines Individualbeschwerdeverfahrens) bzw. das Zusatzprotokoll vom 22.10.1991 zur Europäischen Sozialcharta betreffend das Beschwerderecht für Arbeitgeberverbände, Gewerkschaften und nichtstaatliche Organisationen (Turin-Protokoll). Auch die Lehre anerkennt mittlerweile immer mehr die Überschneidungen der Rechtsnatur von Rechten der 1. und der 2. Generation; vgl. z.B. *Philip Alston*, Economic and Social Rights, in: *Louis Henkin/John L. Hargrove* (Eds.), Human Rights: An Agenda for the Next Century, Washington 1994, S. 137 ff.; *Philip Alston/Gerard Quinn*, The Nature and Scope of State Parties' Obligations under the International Covenant on Economic and Cultural Rights, Human Rights Quarterly (HRQ) 1987, S. 156 ff.; *Asbjörn Eide*, Strategies for the Realization of the Right to Food, in: *Kathleen E. Mahoney/Paul Mahoney* (Eds.), Human Rights in the Twenty-first Century, Dordrecht/Boston/London 1993, S. 459 ff.; *ders.*, Economic, Social and Cultural Rights as Human Rights, in: *Eide/Krause/Rosas* (Anm. 1), S. 21 ff.; *G.J.H. van Hoof*, The Legal Nature of Economic, Social and Cultural Rights: A Rebuttal of Some Traditional Views, in: *Philip Alston/Katarina Tomasevski* (Eds.), The Right to Food, Dordrecht 1984, S. 97 ff. Vgl. auch den Beitrag von *Giorgio Malinverni*, vorne S. 74 ff.

6 Vgl. z.B. *Asbjörn Eide,* Right to adequate food as a human right, UN Study Series, New York 1989, S. 34 ff.; *ders.*, Economic, Social and Cultural Rights as Human Rights, in: *Eide/Krause/Rosas* (Anm. 1), S. 21 ff.

geschützt; auf einer zweiten Stufe sind die Vertragsstaaten verpflichtet, die individuelle Ausübung der Rechte gegen Beeinträchtigungen durch Dritte zu schützen[7]. Erst auf einer dritten Stufe findet sich die in Art. 2 Abs. 1 Pakt I statuierte progressive Leistungspflicht der Staaten zur Erfüllung der Paktgarantien[8]. Der Ausschuss für wirtschaftliche, soziale und kulturelle Rechte, welcher vom Wirtschafts- und Sozialrat der UNO mit der Überwachung der Paktanwendung durch die Vertragsstaaten betraut worden ist[9], hat 1990 in der Allgemeinen Bemerkung 3[10] diesen Ansatz übernommen und weiterentwickelt. In diesem für das Verständnis des Paktes grundlegenden Dokument hat der Ausschuss u.a. ausgeführt, die Verpflichtung gemäss Art. 2 Abs. 1 des Paktes, «nach und nach[11] mit allen geeigneten Mitteln, vor allem durch gesetzgeberische Massnahmen, die volle Verwirklichung» der Paktgarantien zu erreichen, richte sich zwar primär an den Gesetzgeber, welcher ohne Verzug Schritte zur Behebung von Defiziten in paktrelevanten Bereichen zu unternehmen habe[12]. Dies befreie aber die Vertragsstaaten nicht von der Pflicht, neben den progressiv zu erfüllenden gesetzgeberischen Massnahmen «alle» d.h. auch andere «geeignete Mittel» einzusetzen, wozu namentlich die Anerkennung der Justiziabilität von Teilbereichen der materiellen Garantien gehöre[13]. Dieses Mittel erweist sich vor allem in jenen Teilbereichen des Paktes als geeignet, deren Erfüllung vom Staat keinen Einsatz von finanziellen Mitteln und keine umfangreiche Gesetzgebungsvorhaben erfordern. Weil das Völkerrecht den Staaten eine grosse Freiheit beim Entscheid lässt, *wie* sie ihre Pflichten aus Staatsverträgen innerstaatlich umsetzen, hat die Schweiz durchaus die Freiheit, die justiziablen Teilgehalte der Paktgarantien anders als durch direkte Anwendung umzusetzen: Deshalb spielt

7 Diese mittlerweile auch im Zusammenhang mit klassischen Freiheitsrechten anerkannten sog. positiven Schutzpflichten der Staaten entsprechen wiederum der auch in der schweizerischen Grundrechtspraxis anerkannten Geltung einer (indirekten) Drittwirkung der Grundrechte. Auf dieser Stufe verlangt demgemäss z.B. das Recht auf eine angemessene Wohnung u.a. den Erlass einer Mietrechtsgesetzgebung, welche Mietern und Mieterinnen einen gewissen Schutz vor ungerechtfertigten Kündigungen einräumt.

8 Auf dieser Ebene hat demgemäss ein Vertragsstaat beispielsweise, in Erfüllung des Rechts auf Arbeit, aktiv Massnahmen zur Verminderung der Arbeitslosigkeit zu ergreifen.

9 ECOSOC Res. 1985/17 vom 28.5.1985; abgedruckt hinten S. 265 f.

10 Allgemeine Bemerkung 3; abgedruckt hinten S. 302 ff.

11 Die Übersetzung des Originaltextes «undertakes to take steps» durch den Ausdruck «nach und nach» ist insofern missverständlich, als die deutsche Version leicht den Eindruck erwecken könnte, es stehe weitgehend im Belieben der Vertragsstaaten, ob und wann sie diese Schritte unternehmen.

12 Allgemeine Bemerkung 3, Ziff. 9: «[D]ie Bestimmung [muss] im Lichte des Gesamtziels und der eigentlichen Daseinsberechtigung des Paktes ausgelegt werden, welche darin bestehen, den Vertragsstaaten klare Verpflichtungen bezüglich der vollen Verwirklichung der betreffenden Rechte zu setzen. Diese Formulierung verpflichtet deshalb zu einem möglichst raschen und gleichzeitig möglichst wirksamen Vorgehen zur Erreichung dieses Ziels.»

13 Allgemeine Bemerkung 3, Ziff. 5, hinten S. 304.

die direkte Anwendbarkeit des Paktes nur dort eine praktische Rolle, wo die fragliche Garantie ihre selbständige Bedeutung behalten hat, weil sie nicht bereits durch das innerstaatliche Recht (d.h. durch ein verfassungsmässiges Recht oder eine Gesetzesbestimmung[14]) geschützt ist.

2. Verpflichtungsschichten

Im folgenden soll versucht werden, die verschiedenen Verpflichtungsebenen der Paktgarantien im Lichte der Praxis des Ausschusses[15] aufzulisten[16]. Dabei lassen sich unterscheiden:

a) Abwehransprüche: Wo von «Gewährleistung eines Rechtes[17]» bzw. von der «Verpflichtung zur Achtung einer Freiheit[18]» die Rede ist, macht bereits der Wortlaut deutlich, dass gewisse Rechte den Staat schwergewichtig zu einem Nichteingreifen in eine geschützte Rechtsposition verpflichten. Aber auch Rechte, deren Erfüllungsschwergewicht primär in einer Leistungsverpflichtung besteht, können Teilgehalte enthalten, die sich in ihrer Rechtsnatur nicht von einem Freiheitsrecht unterscheiden[19]. Alle diese Bereiche unterliegen nicht einer

14 Bei Gesetzesbestimmungen ist allerdings ausschlaggebend, ob das Bundesgericht sie frei überprüfen kann. Wo kantonale Gesetze Paktrechte umsetzen und ihre Anwendung im Rahmen der staatsrechtlichen Beschwerde nur auf Willkür hin geprüft werden kann, behalten direkt anwendbare Paktgarantien ihre selbständige Bedeutung.

15 Da im Rahmen von Pakt I (noch) kein Beschwerdeverfahren besteht, findet die Praxis des Ausschusses ihren Ausdruck in folgenden Formen: Am wichtigsten sind die Allgemeinen Bemerkungen (General Comments; hinten in diesem Buch S. 295 ff. abgedruckt), in welchen der Ausschuss kommentarartig seine Auffassung über den Inhalt einzelner Paktgarantien darlegt. Bedeutsamen Einblick geben im weiteren die Vorgaben und Anleitungen des Ausschusses für die Erarbeitung der Staatenberichte (sog. Reporting Guidelines) sowie die Schlussbemerkungen des Ausschusses zu den ihm unterbreiteten Staatenberichten (sog. Concluding Observations). Siehe dazu *Philip Alston*, The Committee on Economic, Social an Cultural Rights, in: *ders.* (Ed.), The United Nations and Human Rights – A Critical Appraisal, Oxford 1992, S. 473 ff.

16 Siehe dazu ausführlicher *Jörg Künzli*, Soziale Menschenrechte: Blosse Gesetzgebungsaufträge oder individuelle Rechtsansprüche?, Aktuelle Juristische Praxis (AJP) 1996, S. 527 ff. und *Malinverni*, vorne S. 74 ff. Siehe dazu auch: Towards an Optional Protocol to the International Covenant on Economic, Social and Cultural Rights – Analytical paper adopted by the Committee on Economic, Social and Cultural Rights at its seventh session, 11 December 1992 (UN. Doc. E/C. 12/1992/2, S. 87 ff.).

17 Art. 8 Pakt I.

18 Art. 13 Abs. 3 und Art. 15 Abs. 3 Pakt I.

19 So enthält z.B. das in Art. 6 Pakt I verankerte Recht auf Arbeit auf dieser Stufe ein bereits implizit aus dem Wortlaut ersichtliches («Recht, seinen Lebensunterhalt durch *frei gewählte ...* Arbeit zu verdienen») Recht auf Berufswahlfreiheit, wie es in der Schweiz im Rahmen der Handels- und Gewerbefreiheit grundrechtlich anerkannt wird, oder ein Verbot der Zwangsarbeit analog zu den Bestimmungen von Art. 8 Abs. 3 Pakt II oder Art. 4 Abs. 2 EMRK; vgl. dazu *Krzysztof Drzewicki*, The Right to Work and Rights in Work, in: *Eide/Krause/Rosas* (Anm. 1), S. 175 ff. und hinten S. 117 ff.

progressiven, sondern einer unmittelbaren Verpflichtung und verschaffen auf Landesebene gerichtlich durchsetzbare individuelle Rechtsansprüche jedenfalls dann, wenn sie ihre selbständige Bedeutung behalten haben, weil nicht schon ein Gesetz oder ein verfassungsmässiges Recht den Anspruch abdeckt.

b) Diskriminierungsfreie Gewährleistung der materiellen Bestimmungen: Gemäss Art. 2 Abs. 2 von Pakt I verpflichten sich die Vertragsstaaten «zu gewährleisten, dass die in diesem Pakt verkündeten Rechte ohne Diskriminierung [...] ausgeübt werden.» Die Formulierung dieses akzessorischen Diskriminierungsverbots («gewährleisten») und die Tatsache, dass eine Verwirklichung zumindest des negativen Diskriminierungsverbotes i.d.R. keine Gewährung staatlicher Leistungen erfordert, begründen eine – zumindest im Bereich staatlichen Handelns justiziable – Verpflichtung, den diskriminierungsfreien Genuss der materiellen Paktgarantien unmittelbar durchzusetzen[20].

c) Minimalansprüche: Die meisten Sozialrechte weisen einen harten Kern auf, der einen Mindeststandard umschreibt, bei dessen Missachtung die betreffende Garantie jedes Sinnes entleert wird[21]. In seiner Allgemeinen Bemerkung 3 zur Verpflichtung der Vertragsstaaten aus dem Sozialpakt übernahm der Ausschuss für wirtschaftliche, soziale und kulturelle Rechte den von *Philip Alston*[22] entwickelten Ansatz, demzufolge die Nichterfüllung von Minimalansprüchen (sog. «minimal core contents») durch einen Vertragsstaat eine nur schwer zu widerlegende Vermutung der Verletzung seiner völkerrechtlichen Verpflichtun-

20 Vgl. dazu ausführlicher und m. Hinw. hinten S. 113 ff.

21 Beispiele sind das Recht auf Obdach beim Recht auf angemessene Wohnung oder das Recht auf Schutz vor Hunger im Rahmen des Rechts auf Nahrung.

22 *Philip Alston*, Out of the Abyss: The Challenges Confronting the New UN Committee on Economic, Social and Cultural Rights, HRQ 1987, S. 351 ff.; siehe dazu auch *Craven* (Anm. 1), S. 141 ff. Ein ähnlicher Ansatz – der sog. «minimal threshold approach» – wurde von skandinavischen Autoren (siehe z.B. *Asbjörn Eide*, Realization of Social and Economic Rights and the Minimal Treshold Approach, Human Rights Law Journal 1989, S. 35 ff. und *Bard-Anders Andreassen/Alan G. Smith/Hugo Stokke*, Compliance with Economic and Social Human Rights: Realistic Evaluations and Monitoring in the Light of Immediate Obligations, in: *Asbjörn Eide/Bernt Hagtvet* (Eds.), Human Rights in Perspective, A Global Assessment, Oxford 1992, S. 252 ff.) entwickelt. Gemäss diesem Vorschlag sind für jeden einzelnen Vertragsstaat anhand von Indikatoren, wie z.B. Säuglingsterblichkeit, Lebenserwartung, Arbeitslosenrate oder Lebensmittelversorgung, Minimalverpflichtungen aus dem Sozialpakt festzulegen, die der gesamten Bevölkerung des betreffenden Staates als Minimum zu gewährleisten sind. Eine Kombination dieser Ansätze scheint die Menschenrechtskommission zu vertreten, die in Resolution 1993/14, Ziff. 7 die Staaten dazu aufrief, «to consider identifying specific national benchmarks designed to give effect to the minimum core obligations to ensure the satisfaction of minimum essential levels of each of the rights».

gen darstellt[23]. Normalerweise dürfte diese Vermutung für Industriestaaten kaum zu widerlegen sein. Zudem wird es in Ländern wie der Schweiz kaum zu systematischen Unterschreitungen dieser Minimalansprüche kommen. Wie das Bundesgericht mit der Anerkennung eines ungeschriebenen verfassungsmässigen Rechts auf Existenzsicherung[24] und neuere Kantonsverfassungen mit der Verankerung direkt durchsetzbarer Sozialrechte im Bereich der Überlebenssicherung[25] zeigen, kann die Anerkennung des self-executing-Charakters bei sozialrechtlichen Minimalgarantien jedoch ein geeignetes Mittel sein, um in Einzelfällen Menschen zu jenem Minimum an staatlicher Leistung zu verhelfen, welches für die Erfüllung primärer Subsistenzbedürfnisse nötig ist.

d) Schranken des Abbaus eines erreichten Realisierungsstandes: Die von Art. 2 Abs. 1 statuierte progressive Implementierungspflicht lässt Rückschritte von einem einmal erreichten Stand der Verwirklichung als problematisch erscheinen, und Art. 2 Abs. 2 macht klar, dass ein Abbau nie auf diskriminierende Weise vorgenommen werden darf. Andererseits müssen die Staaten nicht mehr als die «geeigneten Mittel» einsetzen, was die Realisierungspflichten u.a. vom Stand der jeweils tatsächlich vorhandenen Mittel abhängig macht. Der Ausschuss hat den Grundsatz entwickelt, dass der bewusste Abbau eines einmal erreichten Realisierungsstandes nicht absolut verboten ist; die Staaten müssen aber, um paktkonform zu handeln, entweder anderweitig für eine Kompensation der Nachteile sorgen oder nachweisen, dass trotz Einsatz aller geeigneten Mittel

23 Allgemeine Bemerkung 3, Ziff. 10: «[Der Ausschuss ist] der Ansicht, dass jeder Vertragsstaat die grundlegende Mindestverpflichtung hat, wenigstens die Verwirklichung des Kernbereichs jedes Rechtes zu gewährleisten. Ein Vertragsstaat, in welchem beispielsweise zahlreichen Personen das Wesentliche bezüglich Nahrung, gesundheitlicher Erstversorgung, Unterkunft oder Unterricht fehlt, ist ein Staat, welcher prima facie die ihm aufgrund des Paktes obliegenden Verpflichtungen vernachlässigt. Der Pakt würde weitgehend die Daseinsberechtigung verlieren, wenn diese grundlegende Mindestverpflichtung aus seinem Inhalt nicht eindeutig herausgelesen würde.» So auch Nr. 25 der Limburg Principles on the Implementation of the International Covenant on Economic, Social and Cultural Rights (abgedruckt in HRQ 1987, S. 122 ff.): «States parties are obligated, regardless of the level of economic development, to ensure respect for minimum subsistence rights for all». Noch einen Schritt weiter ging der gegenwärtige Vorsitzende des Ausschusses für wirtschaftliche, soziale und kulturelle Rechte *Philip Alston* (Out of the Abyss [Anm. 22], S. 353): «[E]ach right must [...] give rise to an absolute minimum entitlement, in absence of which a state party is to be considered to be in violation of its obligations».

24 BGE 121 I 367 f.; siehe dazu auch hinten S. 130 f.

25 Art. 29 KV-BE verankert für jede Person «bei Notlagen [einen] Anspruch auf ein Obdach, auf die für ein menschenwürdiges Leben notwendigen Mittel und auf grundlegende medizinische Versorgung» (Abs. 1). Jedes Kind hat darüber hinaus einen durchsetzbaren «Anspruch auf Schutz, Fürsorge und Betreuung sowie auf eine seinen Fähigkeiten entsprechende, unentgeltliche Schulbildung» (Vgl. dazu *Urs Bolz*, Art. 29, in: *Walter Kälin/Urs Bolz*, Handbuch des bernischen Verfassungsrechts, Bern 1995, S. 312 ff.). Ähnlich Art. 24 KV-AR.

ein Rückschritt unvermeidbar war[26]. Dieser Grundsatz ist offenkundig für den Bereich der nicht justiziablen Realisierungspflichten entwickelt worden, und Verstösse gegen ihn müssen deshalb nach dem Konzept des Paktes innerstaatlich nicht gerichtlich angefochten werden können[27]. Anders verhält es sich im Bereich justiziabler Abwehransprüche, deren Abbau bzw. Beschränkung den allgemeinen Anforderungen der Schrankenbestimmung von Art. 4 des Paktes[28] entsprechen muss, sowie bei diskriminierendem Abbau.

e) Leistungsverpflichtungen: Über die Minimalgarantien hinausgehende Leistungsverpflichtungen unterstehen – soweit sich diese Ansprüche nicht im Laufe der Zeit zu justiziablen und deshalb unmittelbar zu erfüllenden Gehalten verdichten – einer progressiven Implementierungspflicht, welche in einem Rechtsstaat vor allem auf dem Wege der Gesetzgebung, und zwar ohne Verzug[29], zu erfolgen hat. Bei sozial-, wirtschafts- und kulturpolitischen Rechtsetzungsvorhaben müsste es deshalb zum Reflex des Gesetzgebers auf eidgenössischer und kantonaler Ebene gehören, diese auf ihre Paktkonformität hin zu überprüfen. – In einer spezifischen Situation muss u.E. allerdings die direkte Anwend-

26 Allgemeine Bemerkung 3, Ziff. 9: «[...] Zudem muss jede bewusst regressive Massnahme in diesem Bereich zwingend mit grösster Sorgfalt geprüft werden und im Hinblick auf alle im Pakt anerkannten Rechte und unter Verwendung aller zur Verfügung stehenden Mittel vollumfänglich gerechtfertigt sein.» Vgl. dazu auch *Craven* (Anm. 1), S. 137 f. mit Hinweis auf die Behandlung von Staatenberichten.

27 Das schliesst die *Möglichkeit* zur Anerkennung der Justiziabilität allerdings nicht aus, da ein gutheissender Entscheid nicht die Bereitstellung neuer finanzieller Mittel zur Folge hat, sondern lediglich geplante Einsparungen verunmöglicht. Deshalb entfällt in solchen Situationen das traditionelle Argument der mangelnden gerichtlichen Realisierungsmöglichkeit einer sozialen Grundrechtsgarantie weitgehend. Zudem ist durchaus vorstellbar, dass Gerichte in der Lage sind zu prüfen, ob der Gesetzgeber oder die Exekutive den Begründungsanforderungen für einen Abbau nachgekommen ist.

28 Danach braucht es für die Beschränkung vier Voraussetzungen: (1) eine gesetzliche Grundlage; (2) ein öffentliches Interesse (in Art. 4 als Förderung des allgemeinen Wohles in einer demokratischen Gesellschaft umschrieben); (3) eine Notwendigkeit, für die Verfolgung des öffentlichen Interesses das Recht einschränken zu müssen; und (4) die Vereinbarkeit der Beschränkung «mit der Natur» des betreffenden Rechtes, was als Verbot der Aushöhlung der betreffenden Garantie zu verstehen ist (so auch *Oscar M. Garibaldi*, The Limitation Clauses, in: *Hannum/Fischer* (Anm. 1), S. 262 f. und *Philip Alston*, The International Covenant on Economic, Social and Cultural Rights, in: *United Nations Centre for Human Rights* (Ed.), Manual on Human Rights Reporting, New York 1991, S. 48.

29 Allgemeine Bemerkung 3, Ziff. 2: «Während somit die volle Verwirklichung der betreffenden Rechte nur schrittweise erreicht werden kann, müssen die zur Erreichung dieses Ziels notwendigen Massnahmen in einer angemessenen kurzen Zeitspanne nach Inkrafttreten des Paktes von den einzelnen Vertragsstaaten getroffen werden». Zumindest nicht sachgerecht ist deshalb folgende Aussage des Eidgenössischen Versicherungsgerichts (BGE 121 V 250): «Les Etats signataires du Pacte relatif aux droits civils et économiques [sic] s'engagent à respecter sans délai les droits reconnus par cet instrument, ce qui n'est pas le cas pour les droits proclamés dans le Pacte relatif aux droits économiques, sociaux et culturels, qui requiert seulement une mise en oeuvre progressive».

barkeit der Leistungsverpflichtungen des Paktes bejaht werden, wenn sich Leistungsansprüche nicht bereits aus schweizerischem Verfassungs- oder Gesetzesrecht ergeben, nämlich dort, wo der Staat gegenüber einem Individuum im besonderen Rechtsverhältnis eine *umfassende Garantenstellung* einnimmt: Deshalb hat z.B. der Vormund für eine adäquate Bildung des Mündels zu sorgen, und in Haftsituationen sind die Anforderungen zu beachten, die sich aus dem Recht auf Gesundheit[30] ergeben.

II. Das Diskriminierungsverbot (Art. 2 Abs. 2 und Art. 3)

1. Inhalt

Im Gegensatz zum Pakt über bürgerliche und politische Rechte enthält der Sozialpakt kein allgemeines Gleichheitsgebot, sondern wie Art. 14 EMRK ein akzessorisches[31] Diskriminierungsverbot. Dieses wird durch eine ebenfalls akzessorische Verpflichtung zur Sicherstellung der Gleichberechtigung von Frau und Mann in Art. 3 Pakt I ergänzt.

Diskriminierungsverbote beruhen auf dem Grundgedanken, dass eine Ungleichbehandlung rechtmässig sei, solange sie nicht auf einem explizit verpönten Grund beruht[32]. Unzulässige Anknüpfungspunkte sind Rasse, Hautfarbe, Geschlecht, Sprache, Religion, politische oder sonstige Anschauungen, nationale oder soziale Herkunft, Vermögen, Geburt oder sonstiger Status[33]. Damit

30 Das Bundesgericht behandelt diese Problematik bereits heute als Problem der persönlichen Freiheit, was zeigt, dass es sich hier um justiziable Fragen handelt: siehe BGE 102 Ia 304 zur ärztlichen Versorgung in der Untersuchungshaft und BGE 118 Ia 76 und 364 zur Bedeutung des täglichen Spaziergangs an der frischen Luft für die Gesundheit von Gefangenen.

31 *Craven* (Anm. 1), S. 177 ff.

32 *Craven* (Anm. 1), S. 155.

33 Die letzte Wendung macht deutlich, dass diese Liste, wie sie in Art. 2 Abs. 2 von Pakt I enthalten ist, nicht abschliessenden Charakter hat: Allgemeine Bemerkung 5 (abgedruckt hinten S. 315 ff.), Ziff. 5; *Craven* (Anm. 1), S. 168 ff.; *Alston* (Anm. 28), S. 47. Als «sonstigen Status» hat der Ausschuss etwa den Status körperlicher oder geistiger Behinderung bezeichnet (Allgemeine Bemerkung 5, Ziff. 5). In der Allgemeinen Bemerkung 6 (abgedruckt hinten S. 329 ff.), Ziff. 11 f. führte der Ausschuss zum Problem der Diskriminierung älterer Menschen aus: «Eine weitere relevante Frage ist, ob die Diskriminierung aufgrund des Alters vom Pakt untersagt wird. Weder der Pakt noch die UNO-Menschenrechtserklärung nennen ausdrücklich das Alter unter den Verboten der Diskriminierung. Diese Unterlassung darf nicht so sehr als absichtlich betrachtet werden, sondern ist vielmehr damit zu erklären, dass im Zeitpunkt der Annahme dieser Instrumente das Problem des Alterns der Bevölkerung weder so offensichtlich noch so dringlich war, wie es heute ist. Die Frage bleibt dennoch offen, ob davon auszugehen ist, dass die Diskriminierung aufgrund des sonstigen Status auf das Alter anwendbar ist. Der Ausschuss hält fest, dass es zwar vielleicht noch nicht möglich ist, den Schluss zu ziehen, dass die Diskriminierung aufgrund des Alters vom Pakt insgesamt untersagt wird, dass aber die Bereiche, in welchen solche Diskriminierungen akzeptiert werden können, sehr beschränkt sind.»

wird verdeutlicht, dass ein Diskriminierungsverbot wie in Pakt I sich nur in der Form der Gesetzgebungstechnik von einem akzessorischen Gleichheitsgebot unterscheidet[34] und – wie die Bestimmung von Art. 2 Abs. 2 des Paktes über bürgerliche und politische Rechte[35] – unterschiedliche Behandlungen solange zulässt, als sie sich auf vernünftige und objektive Gründe stützen lassen[36].

2. Verpflichtung

Da bereits der Wortlaut von Art. 2 Abs. 2 ausdrücklich von einer Verpflichtung zur Gewährleistung und nicht bloss wie die meisten materiellen Garantien von einer Anerkennung eines bestimmten Rechts spricht, ist in der internationalen Doktrin[37] wie auch Praxis[38] unumstritten, dass das in Art. 2 Abs. 2 verankerte Diskriminierungsverbot auf einer ersten Verpflichtungsstufe grundsätzlich für die direkte Anwendung geeignet ist[39]. Dieselbe Verpflichtungskraft kommt gemäss Auffassung des Ausschusses auch dem Grundsatz der Gleichberechtigung von Mann und Frau gemäss Art. 3 Sozialpakt zu[40]. Da jedoch diese Verbote akzessorischen Charakter besitzen, kommt ihnen je nach der ihnen zugrundeliegenden spezifischen Garantie eine andere Bedeutung zu:

34 *Manfred Nowak*, UNO-Pakt über bürgerliche und politische Rechte – CCPR-Kommentar, Kehl/Strassburg/Arlington 1989, S. 47, Fn. 84 führt aus, dass gemäss der Entstehungsgeschichte der beiden Pakte die Worte «distinction» (wie in Art. 2 Abs. 2 Pakt II) oder «discrimination» austauschbar sind.

35 Vgl. dazu *Nowak* (Anm. 34), S. 47.

36 Gemäss den Reporting Guidelines zu Art. 2 Pakt I verlangt deshalb der Ausschuss von Staaten Auskunft über: «[A]ny distinctions, exclusions, restrictions or preferences, be it in law or in administrative practices or in practical relationships, between persons or groups of persons, made on the basis of [...], which have the effect of nullifying or impairing the recognition, enjoyment or exercise of equality of opportunity or treatment in employment or occupation» (Zitat abgedruckt in *Craven* [Anm. 1], S. 163 f.).

37 *Craven* (Anm. 1), S. 181 f.; *Alston* (Anm. 28), S. 47; *Oscar M. Garibaldi*, Obligations Arising from the International Covenant on Economic, Social and Cultural Rights, in: *Hannum/Fischer* (Anm. 1), S. 166; Limburg Principle (Anm. 23) Nr. 35: «Article 2(2) calls for immediate application and involves an explicit guarantee on behalf of the States parties. It should, therefore, be made subject to judicial review and other recourse procedures.»

38 Allgemeine Bemerkung 3, Ziff. 5: «Der Ausschuss hält beispielsweise fest, dass der diskriminierungsfreie Genuss der anerkannten Rechte oft durch die Existenz gerichtlicher oder anderer wirksamer Rechtsmittel wenigstens teilweise verwirklicht wird.»

39 In diesem Zusammenhang gilt es auch die Praxis des Ausschusses für Menschenrechte zu beachten, welcher in Anwendung des allgemeinen Gleichheitsgebotes von Art. 26 Pakt II auch die rechtsgleiche Handhabung von Bestimmungen des Paktes I überprüft hat; Communication 172/1984, *Broeks v. the Netherlands*; 182/1984, *Zwaan-de Fries v. the Netherlands*; 180/1984, *Danning v. the Netherlands*.

40 Allgemeine Bemerkung 3, Ziff. 5, hinten S. 304.

In Verbindung mit Schichten der materiellen Garantien, welche primär durch staatliches Unterlassen geschützt werden können, übernimmt die Norm von Art. 2 Abs. 2, analog der Bestimmung von Art. 14 EMRK, die Funktion einer zusätzlichen Schranke zulässiger Eingriffe in die Rechte des Paktes. Diese Norm ist jedoch auch im Zusammenhang mit den Leistungskomponenten der materiellen Garantien relevant, und sie verliert ihre Justiziabilität hier nicht: Bei bereits bestehenden sozialen Einrichtungen des Staates gewährt sie – wie Art. 4 BV[41] – einen Anspruch auf rechtsgleichen Zugang, und bei staatlichen Geldleistungen, die in Erfüllung des Paktes gewährt werden[42], schützt sie vor Diskriminierung bei der Verteilung dieser Gelder.

Es gilt allerdings zu beachten, dass sich die staatliche Verpflichtung zur Durchsetzung des Diskriminierungsverbotes nicht auf die Zurverfügungstellung von gerichtlichen Instanzen beschränkt, sondern in Verbindung mit den einzelnen materiellen Garantien auch eine progressiv zu verwirklichende Leistungskomponente besitzt: Der Ausschuss erwartet von den Staaten, dass sie im Schutzbereich der Paktgarantien in einem ersten Schritt besonders benachteiligte Regionen und Personengruppen identifizieren[43] und in einem zweiten Schritt die Gewährleistung der Paktrechte auch für solche sog. «most vulnerable and disadvantaged groups» durch gezielte staatliche Leistungen sicherstellen. Der Ausschuss nimmt damit ausdrücklich Abstand von einem Konzept, wonach die volle Realisierung der Paktrechte allein durch allgemeines wirtschaftliches Wachstum sichergestellt werden kann; er verlangt im Gegenteil gezielte, auf die Bedürfnisse dieser Gruppen zugeschnittene Förderungsprogramme[44]. In Erfüllung dieser Verpflichtungen dürfen sich die Staaten nicht darauf beschränken, rechtliche oder faktische Diskriminierungen im staatlichen Sektor zu beseitigen, sondern haben zudem – insbesondere in Zeiten, in welchen vermehrt öffentliche Dienstleistungsbetriebe privatisiert werden – durch Gesetzgebung und andere Mittel aktiv dafür zu sorgen, dass auch im Verhältnis zwischen Privatpersonen

41 Vgl. *Georg Müller*, Art. 4, in BV-Kommentar, Rz. 21.

42 Z.B. Subventionen im Kulturbereich oder Stipendien im Bildungsbereich, Leistungen von Sozialhilfe und staatlichen Sozialversicherungen.

43 Allgemeine Bemerkung 1, Ziff. 3; *Craven* (Anm. 1), S. 159.

44 *Craven* (Anm. 1), S. 159. Die besondere Bedeutung, welche der Ausschuss diesem Konzept beimisst, wird durch die Tatsache unterstrichen, dass die Allgemeinen Bemerkungen 5 und 6 exklusiv die Rechte von «disadvantaged groups» – behinderter resp. älterer Menschen – zum Inhalt haben. In der Allgemeinen Bemerkung 5 wird ausgeführt: «Für eine derart verletzliche und benachteiligte Gruppe besteht diese Verpflichtung darin, konkrete Massnahmen zur Verminderung struktureller Nachteile zu treffen und den an einer Behinderung leidenden Personen eine geeignete bevorzugte Behandlung angedeihen zu lassen, um zu erreichen, dass allen diesen Personen die volle, uneingeschränkte Teilnahme und die Gleichbehandlung im Rahmen der Gesellschaft gewährleistet wird. Daraus ergibt sich fast zwangsläufig die Notwendigkeit, zur Erreichung dieses Zieles zusätzliche Mittel zu mobilisieren und eine breite Skala punktueller Massnahmen zu treffen» (a.a.O., Ziff. 9).

Diskriminierungen abgebaut werden[45]. Staatliche Förderungsprogramme zugunsten benachteiligter Gruppen verletzen deshalb die Diskriminierungsverbote von Art. 2 Abs. 2 und 3 Pakt I solange nicht, bis das mit diesen Massnahmen beabsichtigte Ziel erreicht ist[46].

3. Bedeutung für die Schweiz

Für die Schweiz sind keine überzeugenden Argumente ersichtlich, die gegen die gerichtliche Überprüfbarkeit von Diskriminierungen im Bereich der Paktrechte sprechen: Das Konzept von Art. 2 Abs. 2 entspricht im wesentlichen demjenigen des Rechtsgleichheitsgebotes von Art. 4 BV. Trotzdem gelangte das Eidgenössische Versicherungsgericht kürzlich zum Schluss, das Diskriminierungsverbot und das Gebot der Gleichbehandlung von Mann und Frau gemäss Art. 2 und 3 von Pakt I seien nicht self-executing:

> «Quant à l'art. 2 al. 2, il n'a pas de portée autonome. Comme cela ressort de sa lettre, il formule des garanties [...] en liaison seulement avec des obligations programmatiques que les Etats s'engagent à réaliser progressivement. A cet égard, il existe également une différence avec le Pacte relatif aux droits civils et politiques, qui consacre, à son art. 26, un droit indépendant à l'égalité et à une égale protection de la loi [...], ce qui a d'ailleurs conduit la Suisse à formuler une réserve pour en réduire le champ d'application et lui ôter toute portée autonome.
>
> En conclusion, l'argumentation du recourant, tirée du droit international, n'est pas fondée»[47].

Diese Praxis geht in doppelter Hinsicht fehl[48]: Erstens beurteilt sie die Rechtsnatur und die Verpflichtungskraft der materiellen Garantien zu schematisch, nur gestützt auf die Ausführungen in der Botschaft des Bundesrates und ohne jegliche Berücksichtigung von Ausschusspraxis und herrschender völkerrechtlicher Doktrin; zweitens zieht sie – wiederum in Verkennung der Auffassungen des Ausschusses – den unzulässigen Schluss, die Justiziabilität des Diskriminierungsverbots entfalle, wenn es um die Handhabung eines an sich nicht direkt anwendbaren Rechts gehe. Der Verdacht lässt sich nicht von der Hand weisen, dass die Urteile des Versicherungsgerichtes primär auf Bedenken gegenüber den

45 Allgemeine Bemerkung 5, Ziff. 11; vgl. dazu auch Limburg Principle Nr. 40 (Anm. 23): «Article 2 (2) demands from States parties that they prohibit private persons and bodies from practising discrimination in any field of public life».

46 *Alston* (Anm. 28), S. 47; Limburg Principle Nr. 39 (Anm. 23).

47 BGE 121 V 250. Eine Bestätigung dieser Aussage findet sich in BGE 121 V 232 f. Das Fehlen der unmittelbaren Verbindlichkeit von Art. 3 Pakt II wurde mit den gleichen Argumenten begründet: BGE 121 V 233 f.

48 Siehe dazu *Malinverni*, vorne S. 74 ff. sowie *Künzli* (Anm. 16), S. 535 f.

weitreichenden Konsequenzen beruhen, welche sich aus einer direkten Anwendung von Art. 2 Abs. 2 und Art. 3 Pakt I ergeben würden:

- Als Bestandteil eines völkerrechtlichen Vertrages nehmen das Diskriminierungsverbot und das Gleichbehandlungsgebot des Sozialpaktes am Vorrang des Völkerrechts gegenüber dem Landesrecht teil, weshalb Gerichte ungeachtet von Art. 113 Abs. 3 BV die Vereinbarkeit von Bundesgesetzen aus Bereichen, welche der Pakt normiert, mit den Paktbestimmungen überprüfen müssen[49]. Dies wäre v.a. im Bereich des Sozialversicherungsrechts relevant, in welchem der Bund im Vergleich zu anderen paktrelevanten Materien weitgehende Gesetzgebungskompetenzen besitzt[50].
- Bezüglich des kantonalen Rechtes besteht bereits heute die Möglichkeit der Rüge, der kantonale Gesetzgeber habe die Rechtsgleichheit (gemäss Art. 4 BV) auf der Stufe der *Rechtsetzung* verletzt. Demgegenüber ist nach ständiger Praxis des Bundesgerichtes[51] die Rüge der rechtsungleichen *Rechtsanwendung* im Rahmen der staatsrechtlichen Beschwerde nur möglich, wenn die fragliche Gesetzesnorm der beschwerdeführenden Partei Rechte einräumt oder zumindest zum Schutze ihrer privaten Interessen erlassen worden ist[52]. Hier würde die Möglichkeit einer direkten Anrufung von Art. 2 Abs. 2 Pakt I eine wesentliche Ausdehnung der Legitimation für Rechtsgleichheitsbeschwerden bewirken, da argumentiert werden könnte, die rechtsungleiche Anwendung von Bestimmungen des kantonalen Rechts, welche die Paktgarantien konkretisieren, verletze direkt anwendbares Völkerrecht[53].

49 Vgl. *Walter Kälin*, Das Verfahren der staatsrechtlichen Beschwerde, 2. Aufl., Bern 1994, S. 34 ff. und den Grundsatzentscheid BGE 117 Ib 373.

50 Siehe Art. 34bis, Art. 34^{quater} und Art. 34^{novies} BV.

51 Vgl. z.B. BGE 117 Ia 93.

52 Vgl. dazu *Kälin* (Anm. 49), S. 238 ff.

53 Dieselbe Legitimationserleichterung liesse sich auch erreichen, falls Beschwerdeführer sich weiterhin auf Art. 4 BV berufen, aber als Rechtsnorm, die zu ihrem Schutz erlassen wurde, auf die Paktgarantien Bezug nehmen dürften. Die gleichen Überlegungen dürften auch für die Legitimation zur *Willkürbeschwerde* in diesen Sachbereichen gelten.

III. Das Recht auf Arbeit und Rechte im Arbeitsleben (Art. 6 und 7)

1. Inhalt und Verpflichtung

a) Recht auf Arbeit (Art. 6)

aa) Progressiv zu erfüllende Teilgehalte

Das Recht auf Arbeit wird oft als jene fundamentale Garantie der Menschenrechte zweiter Generation bezeichnet, welche die Voraussetzungen für den Genuss der meisten übrigen Menschenrechte schaffe[54]; andererseits dient es häufig als Beispiel, um eine generelle Skepsis gegenüber wirtschaftlichen und sozialen Rechten zu untermauern[55].

Art. 6 Abs. 1 Pakt I bestimmt umfassend: «Die Vertragsstaaten erkennen das Recht auf Arbeit an [...] und unternehmen geeignete Schritte zum Schutz dieses Rechts». Diese Bestimmung garantiert Individuen das Recht, den Lebensunterhalt durch frei gewählte oder angenommene Arbeit zu verdienen. Abs. 2 legt als Verhaltensverpflichtungen Massnahmen fest, welche die Staaten zur vollen Verwirklichung dieser Garantie zu treffen haben. Dazu gehören das Einrichten von Bildungs- und Ausbildungsprogrammen sowie die Durchführung einer Politik, welche auf stetige wirtschaftliche, soziale und kulturelle Entwicklung und produktive Vollbeschäftigung abzielt.

Bereits die Wahl des Begriffs «erkennen» zur Umschreibung der Verpflichtung der Vertragsstaaten sowie die ausdrückliche Erwähnung von Massnahmen zur vollen Verwirklichung dieses Rechts in Abs. 2 machen deutlich, dass mit dieser Norm *kein subjektives Recht auf einen Arbeitsplatz* kodifiziert werden sollte. Vielmehr haben sich die Vertragsstaaten mit der Ratifizierung verpflichtet, unter Ausschöpfung aller geeigneten Mittel Massnahmen zu ergreifen, um das Ziel der Vollbeschäftigung zu erreichen. Die Staaten sind mit anderen Worten zu einer aktiven Arbeitsmarktpolitik verpflichtet. Die Tatsache, dass ein Staat Arbeitslosigkeit kennt, verletzt den Pakt nicht; allerdings darf ein Staat das Bestehen einer relativ hohen Sockelarbeitslosigkeit[56] nicht bewusst in Kauf nehmen, sondern er muss, um den Anforderungen des Paktes gerecht zu werden, gezielte Massnahmen zur Verminderung der Arbeitslosigkeit ergreifen[57].

Ein weiterer wichtiger Bereich betrifft den *Schutz vor willkürlichen Entlassungen:* Zwar ist dieser Anspruch im Text von Art. 6 nicht explizit enthalten; aus

54 Vgl. *Alston* (Anm. 28), S. 50; *Drzewicki* (Anm. 19), S. 169.

55 Siehe z.B. *Cranston* (Anm. 3), S. 66 ff.

56 *Craven* (Anm. 1), S. 206 weist darauf hin, dass eine Sockelarbeitslosigkeit von 3% vom Ausschuss wohl noch als «normal» angesehen wird.

57 *Craven* (Anm. 1), S. 205 ff. m. Hinw. auf die Materialien und die Ausschusspraxis.

der Anerkennung einer Verpflichtung der Vertragsstaaten, das Recht auf Arbeit zu respektieren bzw. zu schützen, kann aber der Schluss gezogen werden, dass diese Garantie den Anspruch auf staatlichen Schutz vor ungerechtfertigten Kündigungen mitumfasse. Zwar hat der Ausschuss als Ganzes ein solches Recht bisher nicht anerkannt, aber verschiedene Ausschussmitglieder vertreten die Meinung, die Staaten müssten in ihrer Gesetzgebung Massnahmen zum Schutz vor willkürlicher Entlassung vorsehen[58].

bb) Unmittelbar zu erfüllende Teilgehalte

- Diskriminierungsfreier Zugang zum Arbeitsmarkt und zur Berufsausbildung: In Verbindung mit Art. 2 Abs. 2 und Art. 3 des Paktes verbietet Art. 6 jegliche Diskriminierung beim Zugang zu Berufsausbildungseinrichtungen und -beratungen sowie bei der Wahl einer Arbeitsstelle[59]. Intensiv hat sich der Ausschuss mit Gesetzen und Praktiken beschäftigt, welche Frauen oder politisch dissidenten Personen den Zugang zu Arbeitsstellen beschränkten[60]. Darüber hinaus ist in der bisherigen Ausschusspraxis der Gedanke zum Ausdruck gekommen, dass *Entlassungen* aus politischen und ähnlichen Gründen eine nach Art. 2 Abs. 2 verbotene Diskriminierung darstellen können, gegen welche Rechtsschutz zu gewähren ist[61].
- *Arbeitsplatzfreiheit*: Wie erwähnt verpflichtet die Bestimmung von Art. 6 Pakt I die Vertragsstaaten keinesfalls, jeder Person einen Arbeitsplatz ihrer Wahl zur Verfügung zu stellen. Andererseits dürfen sie Personen nicht daran hindern, eine Berufsausbildung oder eine frei gewählte Arbeitsstelle anzunehmen[62].
- *Verbot der Zwangsarbeit*: Bereits aus dem Wortlaut von Art. 6 Abs. 1, wonach das Recht auf Arbeit auch den Anspruch jedes einzelnen umfasst, seinen Lebensunterhalt durch *frei gewählte* Arbeit zu verdienen[63], wird der

58 *Craven* (Anm. 1), S. 221. Die kommenden Jahre werden zeigen, ob sich diese Tendenz zu einer Praxis des Ausschusses verdichten wird.

59 *Craven* (Anm. 1), S. 210; so auch die Reporting Guidelines (abgedruckt in Alston [Anm. 28], S. 49) zu Art. 6 Pakt I: «3.(a) Please indicate whether there exist in your country any distinctions, exclusions, restrictions or preferences, be in law or in administrative practices or in practical relationships, between persons or group of persons, made on the basis of race, colour, sex, religion, political opinion, nationality or social origin, which have the effect of nullifying or impairing the recognition, enjoyment or exercise of equality of opportunity or treatment in employment or occupation».

60 *Craven* (Anm. 1), S. 212 f. und S. 224.

61 Z.B. bei der Behandlung des Staatenberichtes von Panama, wo es zu politisch motivierten Entlassungen gekommen war: siehe *Craven* (Anm. 1), S. 222 f. mit Hinweis auf die General observations on additional information of Panama, UN.Doc. E/1993/22, S. 53, Ziff. 197.

62 *Drzewicki* (Anm. 19), S. 178; *Craven* (Anm. 1), S. 217 weist darauf hin, dass der Ausschuss bisher allerdings kaum Aussagen zu diesem Teilgehalt gemacht hat.

63 *Drzewicki* (Anm. 19), S. 177; *Craven* (Anm. 1), S. 218.

Abwehrgehalt dieser Garantie ersichtlich, der ohne Zweifel justiziabel ist. Der Ausschuss hat sich bisher zu diesem Teilgehalt kaum geäussert und damit offenbar die Politik verfolgt, dieses Thema dem Menschenrechtsausschuss zu überlassen, der sich mit dem Zwangsarbeitsverbot von Art. 8 des Paktes über die bürgerlichen und politischen Rechte befassen muss[64].

b) Das Recht auf gerechte und günstige Arbeitsbedingungen (Art. 7)

Die in Art. 7 Pakt I verankerten Rechte gehören zu den klassischen Materien von Sozialrechtsverträgen[65] und werden als notwendige Ergänzung des Rechts auf Arbeit betrachtet[66]. Im einzelnen wird dieser Anspruch auf gerechte und günstige Arbeitsbedingungen in lit. a–d durch folgendes Konglomerat von Minimalrechten konkretisiert: (a) Anspruch auf angemessenen Lohn, der Arbeitnehmern und Arbeitnehmerinnen einen angemessenen Lebensunterhalt für sie und ihre Familien gewährleistet, und auf gleiches Entgelt für gleichwertige Arbeit. Besonders hervorgehoben wird dabei der Anspruch weiblicher Arbeitskräfte auf gleichen Lohn und gleich günstige Arbeitsbedingungen, wie sie für Männer gelten; (b) Recht auf sichere und gesunde Arbeitsbedingungen; (c) Anspruch auf Gewährleistung gleicher Aufstiegschancen, wobei nur auf Beschäftigungsdauer und Befähigung abgestützt werden darf; und schliesslich (d) ein Recht auf Arbeitspausen, Freizeit, eine angemessene Begrenzung der Arbeitszeit, auf regelmässigen bezahlten Urlaub sowie auf Vergütung gesetzlicher Feiertage.

Die Effektivität dieses Rechts hängt, soweit nicht innerstaatlich eine unmittelbare Drittwirkung von Grundrechten anerkannt ist, in besonderem Masse vom Stand der Gesetzgebung ab, da es sich überwiegend in privatwirtschaftlichen Bereichen verwirklichen muss[67]. Staatliche Massnahmen zur vollen Verwirklichung dieses Rechts müssen sich deshalb vor allem darauf konzentrieren, in einer Arbeitsschutzgesetzgebung zumindest Minimalansprüche zu konkretisieren[68], deren persönlicher Anwendungsbereich möglichst umfassend ausgestaltet ist. Daneben scheinen aber insbesondere die Konkretisierungen des allgemeinen Diskriminierungsverbotes in lit. a (i) betreffend gleichen Lohn und in einge-

64 *Craven* (Anm. 1), S. 218 f.

65 Vgl. z.B. die ILO-Übereinkommen Nr. 14 über den wöchentlichen Ruhetag (SR 0.822.712.4); Nr. 81 über die Arbeitsaufsicht in Gewerbe und Handel (SR 0.822.719.1); Nr. 100 über die Gleichheit des Entgeltes männlicher und weiblicher Arbeitskräfte für gleichwertige Arbeit (SR 0.822.720.2); Nr. 132 über den bezahlten Urlaub (SR 0.822.723.2) und Art. 2 und 3 der Europäischen Sozialcharta.

66 *Craven* (Anm. 1), S. 226.

67 *Craven* (Anm. 1), S. 246.

68 *Clyde W. Summers*, Article 7 – Right to Just and Favorable Conditions of Work, in: *Hannum/Fischer* (Anm. 1), S. 181.

schränkterem Masse diejenige von lit. c über gleiche Aufstiegsmöglichkeiten auch einer gerichtlichen Beurteilung zugänglich zu sein: Tatsächlich hat der Ausschuss den Anspruch gemäss Art. 7 lit. a (i) auf gleichen Lohn für gleichwertige Arbeit als einen jener Teilgehalte bezeichnet, welche für die direkte Anwendung geeignet sind[69].

2. Bedeutung für die Schweiz

a) Recht auf Arbeit

Auf Bundesebene kennt die Schweiz kein verfassungsmässiges Recht auf Arbeit[70]. Der Bund ist jedoch aufgrund der Bestimmungen von Art 31bis Abs. 1[71], Art. 31^{quinquies} Abs. 1[72] und Art. 34^{novies} Abs. 3[73] gehalten, Massnahmen zur Bekämpfung der Arbeitslosigkeit und zur Förderung der Vollbeschäftigung zu ergreifen. In Erfüllung dieser Verfassungsaufträge enthalten deshalb insbesondere das Arbeitslosenversicherungsgesetz[74] und das Gesetz über die Invalidenversicherung[75] verschiedene Instrumente zur Wiedereingliederung von stellenlosen Personen[76]. Art. 6 Pakt I im Sinne eines Rechts auf Beschäftigung schafft deshalb für die Schweiz keine grundsätzlich neuen Verpflichtungen, seine

69 Allgemeine Bemerkung 3, Ziff. 5.

70 Insbesondere lässt sich aus der Handels- und Gewerbefreiheit kein derartiger Anspruch ableiten. Vgl. *Christoph Zenger,* Die Bedeutung der Freiheit wirtschaftlicher Entfaltung für eine freie Berufswahl, Bern 1985, S. 356 ff. und *Joachim Breining,* Arbeitslosenversicherungsrecht und Ausländerrecht, Diss. Zürich 1990, S. 83 ff. Siehe aber auch Art. 33 Abs. 1 des Verfassungsentwurfes gemäss Bundesratsbeschluss vom 20. November 1996 (VE 1996): «In Ergänzung zu privater Initiative setzen sich Bund und Kantone im Rahmen ihrer verfassungsmässigen Zuständigkeiten und ihrer verfügbaren Mittel dafür ein, dass [...] c. Erwerbsfähige ihren Lebensunterhalt durch Arbeit zu angemessenen Bedingungen bestreiten können». Dabei handelt es sich gemäss den Erläuterungen zu Art. 33 in der Botschaft des Bundesrates über eine neue Bundesverfassung vom 20. November 1996 um eine innerstaatliche Umsetzung der Verpflichtungen aus Pakt I.

71 Gemäss diesem sog. Wohlfahrtsartikel ist der Bund zur Ergreifung von Massnahmen u.a. zur wirtschaftlichen Sicherung der Bürger verpflichtet; er schafft jedoch kein verfassungsmässiges Individualrecht; *René Rhinow*, Art. 31bis, in: BV-Kommentar, insbes. Rz. 21 f.

72 «Der Bund trifft Vorkehren [...] zur Verhütung und Bekämpfung der Arbeitslosigkeit [...]». Vgl. zu dieser Bestimmung *René Rhinow*, Art. 31^{quinquies}, in: BV-Kommentar, insbes. Rz. 20 f.

73 «Die Arbeitslosenversicherung [...] fördert durch finanzielle Leistungen Massnahmen zur Verhütung und Bekämpfung der Arbeitslosigkeit.»

74 AVIG (SR 837.0).

75 IVG (SR 831.20).

76 Vgl. dazu z.B. *Thomas Locher*, Grundriss des Sozialversicherungsrechts, Bern 1994, S. 193 ff. Siehe zu den Massnahmen der Schweiz zur Vermeidung von Arbeitslosigkeit im einzelnen auch den ersten Bericht der Schweiz zur Umsetzung des internationalen Paktes über wirtschaftliche, soziale und kulturelle Rechte, Bundesamt für Industrie, Gewerbe und Arbeit (im folgenden: Bericht der Schweiz), Bern Mai 1996, S. 25 ff.

Bedeutung liegt vielmehr in der Verpflichtung, dass der erreichte gesetzliche Schutz wegen der besonderen Rechtfertigungsbedürftigkeit von «retrogressiv measures»[77] auch in Zeiten staatlicher Finanzknappheit nur unter qualifizierten Bedingungen vermindert werden darf. Zusätzlich wird die Schweiz verpflichtet, solche Programme prioritär zugunsten von schwachen und benachteiligten Personenkategorien einzusetzen[78].

Die unmittelbar zu erfüllenden Abwehrgehalte der Garantie von Art. 6 des Sozialpaktes sind in der Schweiz im wesentlichen bereits vor der Ratifizierung der UNO-Pakte als verfassungsmässige Individualrechte anerkannt worden: So schützt die in Art. 31 der BV verankerte Handels- und Gewerbefreiheit unter anderem die Berufswahl- und die Berufszugangsfreiheit[79], während das Verbot der Zwangsarbeit einen Teilgehalt der Persönlichen Freiheit bildet[80] und zudem durch Art. 4 EMRK und Art. 8 Abs. 3 Pakt II[81] geschützt wird. Die Garantie eines Schutzes vor willkürlicher Entlassung und das Recht auf einen diskriminierungsfreien Zugang zu einem Arbeitsplatz sind in der Schweiz vor allem mittels einer paktkonformen Auslegung entsprechender Bestimmungen des Obligationenrechts und der eidgenössischen oder kantonalen Beamtengesetze sicherzustellen.

b) Recht auf gerechte und günstige Arbeitsbedingungen

Von den in Art. 7 Pakt I angesprochenen Teilgehalten wird auf Bundesebene das Recht auf gleiches Entgelt für gleichwertige Arbeit in Art. 4 Abs. 2 Satz 3 BV als verfassungsmässiges Individualrecht anerkannt, das sich auch direkt auf Rechtsbeziehungen zwischen Privaten auswirkt[82]. Die übrigen Bereiche sind in verschiedenen Erlassen auf Gesetzesstufe verankert, vor allem im Arbeitsgesetz[83], im Obligationenrecht[84] und im Unfallversicherungsgesetz[85], wobei es sich dabei um gerichtlich durchsetzbare Bestimmungen handelt. Keine Regelung im

77 Vgl. dazu vorne S. 110 f.

78 Siehe dazu vorne S. 114 f.

79 *René Rhinow*, Art. 31, in BV-Kommentar, Rz. 78 ff. und *Zenger* (Anm. 70), S. 319 ff.

80 *Jörg Paul Müller*, Die Grundrechte der schweizerischen Bundesverfassung, 2. Aufl., Bern 1991, S. 8.

81 Vgl. dazu auch das ILO-Übereinkommen über die Zwangs- und Pflichtarbeit (SR 0.822.713.9).

82 Vgl. zu dieser Garantie z.B. *G. Müller*, (Anm. 41), Rz. 141 ff. und *J.P. Müller* (Anm. 80), 234 f. und den Bericht der Schweiz (Anm. 76), S. 40 ff.

83 Bundesgesetz über die Arbeit in Industrie, Gewerbe und Handel (SR 822.11); vgl. auch die Verordnungen 1–4 zu diesem Gesetz (SR 822.111–114); dieses Gesetz stützt sich wiederum auf die Kompetenzbestimmung von Art. 34ter Abs. 1 lit. a BV, wonach der Bund befugt ist, Vorschriften «über den Schutz der Arbeitnehmer» aufzustellen; siehe dazu *Gabriel Aubert*, Art. 34 Abs. 1 Bst. a–c, in BV-Kommentar, Rz. 13.

84 Vgl. insbes. Art. 328 und 329 ff. OR.

85 SR 832.20; vgl. auch die Erlasse zur Verhütung von Betriebsunfällen und Berufskrankheiten (SR 823.3) und die Übersicht im Bericht der Schweiz (Anm. 76), S. 37 f.

schweizerischen Recht findet sich hingegen zu Mindestlöhnen, doch bilden solche häufig einen Gegenstand von Gesamtarbeitsverträgen, welche gemäss dem Bundesgesetz über die Allgemeinverbindlicherklärung von Gesamtarbeitsverträgen[86] vom Staat für einen gesamten Wirtschaftszweig oder Beruf anwendbar erklärt werden können, um Minimallöhne und andere Arbeitsbedingungen als Mittel des Konkurrenzkampfes auszuschliessen und das soziale Dumping zu bekämpfen[87].

Obwohl die Praxis des Ausschusses zur Garantie gerechter und günstiger Arbeitsbedingungen noch wenig entwickelt ist, lässt sich doch abschätzen, dass aus ihr der Schweiz kaum neue Leistungsverpflichtungen erwachsen dürften; ihre Bedeutung liegt vielmehr darin, dass eine Abschwächung bereits anerkannter Schutzbestimmungen im Landesrecht, welche zwecks Erhöhung der Konkurrenzfähigkeit des Wirtschaftstandortes Schweiz in Betracht gezogen wird, nicht nach völlig freiem Ermessen des Gesetzgebers vorgenommen werden kann, sondern dass dieser an die Kompensations- bzw. Rechtfertigungspflichten gebunden ist, welche der Ausschuss für den Fall von retrogressiven Massnahmen aus dem Pakt abgeleitet hat[88].

IV. Die Koalitionsfreiheit (Art. 8)

1. Inhalt und Verpflichtung

Die Koalitionsfreiheit gemäss Art. 8 Pakt I wird auch durch den Pakt II[89] und die EMRK[90] geschützt, wobei dieses Recht am detailliertesten im Sozialpakt geregelt ist[91]. Innerhalb von Pakt I verpflichtet neben dem Diskriminierungsverbot einzig diese Bestimmung die Staaten ausdrücklich zur *Gewährleistung* eines Rechts; demgegenüber gehen die übrigen Garantien des Paktes von der *Anerkennung* eines Rechts aus[92]. Diese Wortwahl macht deutlich, dass die

86 SR 221.215.311.

87 Vgl. dazu z.B. *Frank Vischer*, Der Arbeitsvertrag, Schweizerisches Privatrecht, Bd. VII/1, III, S. 277 ff.

88 Siehe vorne S. 110 f.

89 Art. 22 Pakt II.

90 In Art. 11 EMRK wird diese Garantie ausdrücklich als Teilgehalt der Versammlungsfreiheit aufgeführt; auf völkerrechtlicher Ebene ist die Schweiz zudem durch das ILO-Übereinkommen Nr. 87 über die Vereinigungsfreiheit und den Schutz des Vereinigungsrecht von 1948 gebunden (SR 0.822.719.7).

91 Zu Art. 8 ausführlich *Craven* (Anm. 1), S. 248–286.

92 Mit Ausnahme von Art. 13 Abs. 3 und Art. 15 Abs. 3, welche die Vertragsstaaten zur *Achtung* verpflichten.

Koalitionsfreiheit nicht progressiv, sondern unmittelbar zu erfüllen ist[93]; zudem fordert die Freiheit primär staatliches Unterlassen. Aus diesen Gründen ist anerkannt, dass Art. 8 Pakt I justiziabel und damit self-executing ist[94].

Abs. 1 lit. a dieser Bestimmungen verankert ein subjektives Recht auf Bildung von und Beitritt zu Gewerkschaften, das nur unter Beachtung der Eingriffsschranken[95] beschränkt werden darf. Weiter schützt diese Garantie das Recht der Gewerkschaften, sich zu Dachorganisationen zusammenzuschliessen resp. internationale Gewerkschaftsorganisationen zu bilden (lit. b)[96] und sich frei zu betätigen (lit. c)[97]. Als letztes materielles Recht schützt Art. 8 Pakt I in lit. d schliesslich das Streikrecht in Übereinstimmung mit der innerstaatlichen Rechtsordnung[98]. Die bisherigen Diskussionen des Ausschusses scheinen darauf hinzuweisen, dass der Vorbehalt des nationalen Rechts nicht den Inhalt des Streikrechts meint (dieser Aspekt wird durch die allgemeine Schrankenbestimmung von Art. 4 des Paktes geregelt), sondern den Vertragsstaaten erlaubt, die Zulässigkeit von Streiks von gewissen *formellen* Voraussetzungen (z.B. Einhalten einer Wartefrist, vorgängiges Durchlaufen eines Vermittlungsverfahrens etc.) abhängig zu machen[99].

Die Staaten dürfen alle Garantien von Abs. 1 laut Abs. 2 für Angehörige von Armee, Polizei oder der öffentlichen Verwaltung einschränken[100]. Aus der bisherigen Praxis des Ausschusses wird jedoch nicht ersichtlich, ob eine Einschränkung des Streikrechts von Beamten den Erfordernissen der generellen Schran-

93 *Craven* (Anm. 1), S. 251 und S. 261 f.; *Alston* (Anm. 28), S. 54; *Clyde W. Summers*, Article 8 – Trade Union Rights, in: *Hannum/Fischer* (Anm. 1), S. 186; *Garibaldi* (Anm. 37), S. 166: «The travaux préparatoires make it abundantly clear that by using the phrases ‹undertaken to ensure› [...] instead of ‹recognize›, the drafters intended to create independent legal obligations to be discharged in full and at once.»

94 Allgemeine Bemerkung 3, Ziff. 5; *Craven* (Anm. 1), S. 251 (Hinweis auf die klare Entstehungsgeschichte) und S. 261; *Michael Hohn*, Streikrecht und Aussperrungsrecht, Diessenhofen 1978, S. 127. Die Botschaft zur Ratifikation der beiden Pakte bezeichnet hingegen nur das Recht auf Gründung von Gewerkschaften im Sinne von Art. 8 Abs. 1 lit. a als «möglicherweise» justiziables Recht (Bundesblatt [BBl] 1991 V 1202).

95 Gesetzliche Grundlage, Notwendigkeit in einer demokratischen Gesellschaft im Interesse der nationalen Sicherheit oder der öffentlichen Ordnung oder zum Schutz der Rechte und Freiheiten anderer gemäss Art. 4 Pakt I.

96 Abs. 1 lit. b.

97 Abs. 1 lit. c; dieser Teilgehalt steht wieder unter denselben Eingriffsvoraussetzungen wie Abs. 1 lit. a.

98 Abs. 1 lit. d.

99 Vgl. die Zusammenstellung der diesbezüglichen Praxis des Ausschusses in *Craven* (Anm. 1), S. 281 f.

100 Abs. 3 enthält schliesslich eine spezielle Günstigkeitsklausel zugunsten der ILO-Konvention Nr. 87 (siehe Anm. 90). Dieses Abkommen führt das Streikrecht nicht explizit auf, der ILO-Sachverständigenausschuss leitet jedoch ein solches Recht aus Art. 3 dieser Konvention ab; vgl. *Craven* (Anm. 1), S. 278.

kenklausel von Art. 4 Pakt I zu genügen hat[101] – was zur Folge hätte, dass ein generelles und permanentes Streikverbot für alle Kategorien von Angehörigen der öffentlichen Verwaltung unzulässig wäre –, oder ob Art. 8 Abs. 2 über Art. 4 hinausgehende Beschränkungen erlaubt. Vom Ausschuss unbeantwortet blieb bis jetzt auch die Frage, ob dieser Vorbehalt neben Angehörigen von Polizei und der Zentralverwaltung auch Angehörige von Regiebetrieben betrifft[102]. Diesbezüglich wird man die künftige Praxis des Ausschusses im Auge behalten müssen.

2. Bedeutung für die Schweiz

Die Koalitionsfreiheit, d.h. die Freiheit, Gewerkschaften zu bilden und in eine solche Organisation einzutreten resp. auszutreten, wird in der Schweiz durch die Vereinigungsfreiheit von Art. 56 BV[103] und Art. 11 EMRK resp. Art. 22 Pakt II geschützt[104]. Bezüglich der Teilgehalte von Art. 8 Abs. 1 lit. a–c gewährt deshalb der Pakt keine weitergehenden Rechte. Was das Streikrecht betrifft, öffneten sich jedoch mit der Ratifizierung der Pakte zwei potentielle Problemfelder, nämlich die fehlende positivrechtliche Anerkennung des Streikrechts zumindest auf Bundesebene und das generelle Streikverbot für Beamte und Beamtinnen.

a) Fehlende Verankerung des Streikrechts

Obwohl Streiks in der Schweiz grundsätzlich erlaubt sind[105], findet sich eine ausdrückliche Garantie des Rechts auf Streik auf Bundesebene weder auf Verfassungs-[106] noch auf Gesetzesstufe[107], und auf kantonaler Ebene anerkennt einzig der Kanton Jura in seiner Verfassung explizit ein Recht auf dieses Instrument des Arbeitskampfes[108]. Da die schweizerische Arbeitsverfassung zudem durch die Friedensabkommen zwischen Arbeitnehmer- und Arbeitgeberorgani-

101 *Craven* (Anm. 1), S. 282.

102 *Craven* (Anm. 1), S. 282 f.

103 Das Koalitionsrecht wird zudem auf Gesetzesstufe durch folgende Bestimmungen geschützt: Art. 60 ff. ZGB, Art. 336 Abs. 2 lit. a und Art. 356a OR sowie Art. 2 des BG über die Allgemeinverbindlicherklärung von Gesamtarbeitsverträgen (SR 221.215.311).

104 Vgl. *Giorgio Malinverni*, Art. 56, in BV-Kommentar, Rz. 42 ff. und *J.P. Müller* (Anm. 80), S.176.

105 Botschaft zur Europäischen Sozialcharta, BBl 1983 II 1285. Siehe dazu auch den Bericht der Schweiz (Anm. 76), S. 61 ff. und *Claudia Camastral*, Grundrechte im Arbeitsverhältnis, Chur/Zürich 1996, S. 110 ff.

106 Ein ausdrückliches verfassungsmässiges Streikrecht statuiert jedoch Art. 24 Abs. 3 VE 1996 (Anm. 70).

107 Eine indirekte Anerkennung dieses Recht lässt sich jedoch Art. 356a Abs. 2 OR entnehmen.

108 Art. 20 KV-JU: «Pour assurer la protection des travailleurs, l'Etat: [...] g) Reconnaît le droit de grève; [...]».

sationen geprägt ist und damit der Streik in der Schweiz ein seltenes Phänomen darstellt, fehlt es auch weitgehend an einer einschlägigen Gerichtspraxis zur Zulässigkeit und den Folgen kollektiver Arbeitskampfmassnahmen[109]. Das Bundesgericht hat die Frage offengelassen, ob sich aus Art. 56 BV oder Art. 34ter BV ein verfassungsmässiges Streikrecht ableiten lasse[110]. Erst seit der Ratifikation von Pakt I besteht somit im Bereich des Streikrechts in der Schweiz eine justiziable Individualgarantie[111], deren Verletzung mittels staatsrechtlicher Beschwerde oder Verwaltungsgerichtsbeschwerde vor Bundesgericht gerügt werden kann.

Die Bedeutung einer ausdrücklichen verfassungs- oder völkerrechtlichen Anerkennung des Streikrechts wird vor allem relevant bei den arbeitsrechtlichen Folgen eines Streikes, d.h. bei fristlosen Kündigungen eines Arbeitsverhältnisses aus wichtigem Grund i.S.v. Art. 337 OR wegen Teilnahme an einer nicht rechtmässigen Kollektivmassnahme. Das Bundesgericht hat im oben zitierten Fall[112] für eine solche Konstellation ausdrücklich auf die Bedeutung der Drittwirkung von Grundrechten hingewiesen und festgehalten: «[Art. 337 OR] ist eine typische offene Norm, die nach dem Gesagten grundrechtskonformer Auslegung zugänglich ist»[113]. Mithin ist bei der Prüfung der Rechtmässigkeit[114]

109 *J.P. Müller* (Anm. 80), S. 178.

110 BGE 111 II 251 ff.

111 So auch die Erläuterung zu Art. 24 in der Botschaft des Bundesrates über eine neue Bundesverfassung zum VE 1996 (Anm. 70). – Die Praxis der EMRK-Organe zu Art. 11 anerkennt zwar das Recht zur Durchführung von Kollektivmassnahmen, überlässt aber deren Auswahl dem staatlichen Ermessensspielraum. Einzig ein vollständiges Streikverbot wird als mit Art. 11 EMRK unvereinbar angesehen; *Jochen Abr. Frowein/Wolfgang Peukert,* EuropäischeMenschenRechtsKonvention – EMRK-Kommentar, 2. Aufl., Kehl/Strassburg/Arlington 1996, S. 416. *Mark E. Villiger* (Handbuch der Europäischen Menschenrechtskonvention, Zürich 1993, S. 365) vertritt die Meinung, diesem Vertrag könne solange kein Streikrecht entnommen werden, «als der Staat den Gewerkschaften insgesamt angemessene Mittel [...] zur Verfügung stellt, um sich für ihre Zwecke effektiv einzusetzen». Bezüglich Art. 22 Pakt II lehnte es der Ausschuss in einer umstrittenen Entscheidung ab, das Streikrecht als Bestandteil dieser Norm zu betrachten (Communication 118/1982, *J.B. et al. (represented by the Alberta Union of Provincial Employees) v. Canada).* Vgl. die Kritik an dieser Entscheidung in *Nowak* (Anm. 34), S. 418 f. Siehe dazu auch *Achermann/Caroni/Kälin*, hinten S. 220.

112 BGE 111 II 257 ff.

113 So auch *Vischer* (Anm. 87), S. 180; a.M. *Eugen Bucher*, Gibt es ein verfassungsmässiges «Streikrecht» und lässt sich diese Vorstellung ins Privatrecht übertragen? – Überlegungen aus Anlass von BGE 111 II 245 ff., recht 1987, S. 9 ff.

114 Gemäss schweizerischer Praxis gilt ein Streik nur bei Vorliegen folgender Voraussetzungen als rechtmässig: 1. der Streik darf die Friedenspflicht nicht verletzen; 2. das Streikziel muss Arbeitsbedingungen zum Gegenstand haben, die von Arbeitgebern in einem Gesamtarbeitsvertrag erfüllt werden können, d.h. politische Streiks sind unzulässig; 3. der Streik darf nicht darauf abzielen, rechtliche Ansprüche durchzusetzen, für welche die Gerichte zuständig sind; 4. der Streik muss organisiert sein, sog. «wilde» Streiks sind verboten; und schliesslich muss 5. das Gebot der Verhältnismässigkeit beachtet werden. BGE 111 II 257 und *Vischer* (Anm. 87), S. 261.

eines Streiks und damit bei der Frage, ob Streiken ein wichtiger Grund für eine fristlose Kündigung eines Arbeitsvertrages sei, auch der Art. 8 des Paktes und die diesbezügliche Praxis des Ausschusses zu beachten; dieser hat allerdings – wie erwähnt[115] – viele wichtige Fragen noch nicht geklärt. Dazu gehört auch die Frage, ob ein generelles Verbot von politischen oder sog. wilden Streiks mit dem Pakt vereinbar ist.

b) Generelles Streikverbot für Beamte und Beamtinnen

Auf Bundesebene verbietet Art. 23 Beamtengesetz auf generelle Weise den Beamtenstreik[116,117]. Diesem Verbot sind auch die öffentlich-rechtlich Angestellten des Bundes unterworfen[118]. Auf kantonaler Ebene bietet sich ein uneinheitliches Bild: Gewisse Kantone verbieten den Beamtenstreik ausdrücklich, die Rechtsordnungen anderer Kantone enthalten keine Regelungen[119], während wiederum nur der Kanton Jura ein solches Recht ausdrücklich garantiert[120].

Bereits unter Berücksichtigung des Wortlauts von Art. 8 i.V.m. der Schrankenklausel von Art. 4 Pakt I, wonach das Streikrecht von Beamtinnen und Beamten nur zum Zwecke der Förderung des Allgemeinwohls in einer demokratischen Gesellschaft eingeschränkt werden darf[121], erscheint dieses generelle Verbot problematisch. Im Unterschied zu Kernbereichen des öffentlichen Dienstes wie Feuerwehr, Polizei oder Spital, wo es ein gewichtiges öffentliches Interesse gebietet, die Lähmung des öffentlichen Dienstes durch Arbeitskämpfe zu verhindern, lässt sich – wie auch in der Doktrin betont wird[122] – ein generelles Streikverbot für Angehörige privatwirtschaftsähnlicher Bereiche der Leistungsverwaltung kaum rechtfertigen, vor allem, wenn sie nicht Beamte, sondern öffentlich-rechtlich Angestellte sind.

115 Vorne S. 122 ff.

116 Vgl. zum Beamtenstreik *Peter Hänni*, Rechte und Pflichten im öffentlichen Dienstrecht – Eine Fallsammlung zur Gerichts- und Verwaltungspraxis in Bund und Kantonen, Fribourg 1993, S. 22 ff.; *Daniel Wormser*, Der sog. Streikartikel im Bundesgesetz über das Dienstverhältnis der Bundesbeamten von 1927 – Bedeutung und Werdegang, Diss. Bern 1975, und den Bericht der Schweiz (Anm. 76), S. 63 ff.

117 Das Beamtengesetz befindet sich zur Zeit in Revision, eine Aufhebung oder Lockerung dieses Verbotes scheint jedoch nicht beabsichtigt; vgl. BBl 1993 IV 512 ff.

118 Art. 25 Angestelltenordnung (SR 172.221.104).

119 In diesen Kantonen gilt somit kein Streikverbot; vgl. für den Kanton Genf: Unveröffentlichter Entscheid des Bundesgerichts vom 23. März 1995, besprochen in Plädoyer 1995, S. 70.

120 Art. 20 lit. g KV-JU.

121 *Craven* (Anm. 1), S. 282.

122 *Craven* (Anm. 1), S. 283.

V. Subsistenzrechte und das Recht auf soziale Sicherheit (Art. 11 und 9)

1. Inhalt und Verpflichtung

a) Allgemeines

Zu den sogenannten Subsistenzrechten werden diejenigen Garantien gezählt, welche die zu einem menschenwürdigen Überleben unumgänglichen Voraussetzungen sichern. Im Zentrum stehen das Recht «auf einen angemessenen Lebensstandard» gemäss Art. 11 Pakt I und das Recht auf soziale Sicherheit, wie es in Art. 9 verankert ist. In einem weiteren Sinn können auch das Recht auf Gesundheit[123] sowie Teilbereiche des Rechts auf Bildung[124] zu dieser Kategorie gezählt werden. Minimalleistungen aus diesen Garantien gehören zu den sog. «minimum core contents»[125], und ein Unterlassen dieser Leistungen oder ein Abbau von Leistungen unter diese Schwelle begründen eine zumindest für reichere Staaten kaum zu widerlegende Vermutung einer Paktverletzung; solche Minimalansprüche sollten zudem nach der hier vertretenen Auffassung als self-executing anerkannt werden[126].

b) Recht auf einen angemessenen Lebensstandard (Art. 11)

Diese Bestimmung gewährt in lit. a im einzelnen die Rechte auf ausreichende Ernährung[127,128], Bekleidung und Unterbringung[129]. Wie bereits im Wortlaut

123 Siehe dazu hinten S. 141 ff.

124 Siehe dazu hinten S. 144 ff.

125 Allgemeine Bemerkung 3, Ziff. 10.

126 Vgl. vorne S. 109 f.

127 Siehe dazu insbes. die in Anm. 5 und 6 aufgeführten Werke von *Asbjörn Eide* sowie *Christine Breining-Kaufmann*, Hunger als Rechtsproblem – völkerrechtliche Aspekte eines Rechts auf Nahrung, Diss. Zürich 1991.

128 Daneben anerkennt Art. 11 Pakt I in seinem Abs. 2 auch das «grundlegende Recht eines jeden, vor Hunger geschützt zu sein». Dies stellt die einzige Garantie des Paktes I dar, die ausdrücklich als «grundlegend» eingestuft wird. Daraus schloss der Ausschuss, dieser Teilgehalt auferlege den Staaten eine unmittelbare Verpflichtung und er sei infolge seiner Nähe zum Recht auf Leben notstandsfest zu beachten. Diese Überlegung entspricht auch dem oben (Ziff. I.2.) dargestellten Konzept eines «minimal core content». Skepsis zu dieser Einstufung äussert hingegen *Craven* (Anm. 1), S. 307 f.

129 Vgl. dazu *Scott Leckie*, The Right to Housing, in: *Eide/Krause/Rosas* (Anm. 1), S. 107 ff. und die Allgemeine Bemerkung 4 (hinten S. 308 ff.).

angetönt[130], gewähren diese Subsistenzrechte über den Minimalstandard hinausgehende Ansprüche. Während auch in diesem Bereich Situationen denkbar sind, in welchen Rechte wirkungsvoll durch staatliches «Respektieren»[131] bzw. «Schützen»[132] realisiert werden können, liegt das Schwergewicht des Schutzes dieser Ansprüche im Bereich progressiv zu erfüllender Leistungen. Art und Form dieser Leistungen werden jedoch vom Wortlaut des Pakts I nicht vorgeschrieben[133]. Einzig im Bereich des Schutzes vor Hunger verpflichtet Abs. 2 die Vertragsstaaten zu konkreten Schritten[134].

Die in Abs. 1 dieses Artikels angesprochenen Problemfelder sind sehr breit, und die Verankerung blosser Grundprinzipien macht es notwendig, die Bestimmung in weitem Ausmass zu konkretisieren. Mit anderen Worten: Soweit es nicht nur um leicht erkennbare, für die Sicherung des Überlebens notwendige Mindeststandards geht, sind die Vertragsstaaten hier noch stärker als in anderen Bereichen auf die Arbeit des Ausschusses angewiesen. Bisher hat sich der Ausschuss erst mit dem *Recht auf angemessene Unterbringung* detailliert befasst: Gemäss Allgemeiner Bemerkung 4[135] und den Reporting Guidelines[136] des Ausschusses sollen sich die Staaten auf dem Weg der Gesetzgebung oder mit anderen Mitteln u.a. auf die Beseitigung der Obdachlosigkeit konzentrieren, den sozialen Wohnungsbau fördern, den Mieterschutz verstärken, den Eigentumserwerb an Wohnraum fördern, Schutz gegen Zwangsräumungen gewähren[137], Mindeststandards für Wohnraum festlegen, gegen Häuserspekulation

130 «Angemessener» Lebensstandard resp. Recht auf das «für ihn erreichbare Höchstmass» an Gesundheit. Vgl. auch die Allgemeine Bemerkung 4, Ziff. 7: «Nach Ansicht des Ausschusses darf das Recht auf Unterkunft nicht in einem engen oder beschränkten Sinn, beispielsweise lediglich als Anspruch auf ein Dach über dem Kopf oder ausschliesslich als Ware verstanden werden. Es ist vielmehr als Recht auf einen Ort auszulegen, wo man in Sicherheit, Frieden und Würde leben kann».

131 Allgemeine Bemerkung 4, Ziff. 18: «Zwangsräumungen [verstossen] *prima facie* gegen die Bestimmungen des Paktes [...] und [können] nur unter ganz ausserordentlichen Umständen und unter Beachtung der internationalen Grundsätze gerechtfertigt sein [...].»

132 So wird in der Allgemeinen Bemerkung 4 von den Staaten verlangt, für eine soziale Mietrechtsgesetzgebung besorgt zu sein.

133 Art. 11 Abs. 1 betont in diesem Zusammenhang einzig die Bedeutung einer «internationalen, auf freier Zustimmung beruhenden Zusammenarbeit».

134 Demnach haben diese Massnahmen zur möglichst wirksamen Erschliessung und Nutzung der natürlichen Hilfsquellen in Form von Programmen «zur Verbesserung der Methoden der Erzeugung, Haltbarmachung und Verteilung der Nahrungsmittel durch volle Nutzung der technischen und wissenschaftlichen Erkenntnisse» beizutragen. Zudem sollen auf zwischenstaatlicher Ebene Massnahmen zur Sicherung einer «gerechten Verteilung der Nahrungsmittelvorräte der Welt unter Berücksichtigung der Probleme der Nahrungsmittel einführenden und ausführenden Länder» getroffen werden. Hierzu detailliert *Craven* (Anm. 1) S. 316 ff.

135 Ziff. 8–17.

136 Anm. 59.

137 Der Ausschuss hat in einer reichen Praxis diesen Teilgehalt als Abwehrrecht behandelt; vgl. die Hinweise bei *Craven* (Anm. 1), S. 339 ff.

vorgehen, Diskriminierung auf dem Wohnungsmarkt bekämpfen und aktive Programme zur Verbesserung der Wohnsituation randständiger Gruppen durchführen[138].

c) Recht auf soziale Sicherheit (Art. 9)

Als eine der kürzesten Bestimmungen des Sozialpaktes bestimmt Art. 9: «Die Vertragsstaaten erkennen das Recht eines jeden auf soziale Sicherheit an; diese schliesst die Sozialversicherung ein.» Die Formulierung geht von einem weiten Begriff der sozialen Sicherheit aus, welcher nicht nur die traditionellen Sozialversicherungen, sondern etwa auch staatliche Krankenversicherungssysteme miteinschliesst. Die Knappheit der Formulierung und das Fehlen einer entwikkelten Praxis des Ausschusses zu diesem Artikel machen deutlich, dass diese Garantie zwar zur progressiven Errichtung eines Sozialversicherungssystems verpflichtet, dessen Inhalt aber weitgehend dem Ermessen der Staaten überlässt. Trotz der Unbestimmtheit der eigentlichen Leistungsverpflichtungen enthält diese Norm aber gemäss der Ansicht des Ausschusses eine unmittelbar verpflichtende und justiziable Schicht[139], indem sie den Individuen ein subjektives Recht auf Leistungen der sozialen Sicherheit im Rahmen bestehender Sozialversicherungen gewährt. Mit anderen Worten: Gemäss dieser Auffassung verletzt ein Staat Art. 9, wenn er einer Person Leistungen versagt, die ihr gemäss dem innerstaatlichen Recht an sich zukommen; Verletzungen des innerstaatlichen Rechts begründen damit im Bereich der sozialen Sicherheit direkt eine völkerrechtliche Verantwortlichkeit.

2. Bedeutung für die Schweiz

a) Allgemeines

Da die zur Erfüllung der grundlegenden Subsistenzbedürfnisse notwendigen Leistungen in der Schweiz auf dem Weg der Sozialversicherung oder Sozialhilfe geleistet werden, verliert – zumindest was die Grundbedürfnisschicht betrifft – das Recht auf einen angemessenen Lebensstandard von Art. 11 Pakt I weitgehend seine selbständige Bedeutung, d.h. seine Funktion beschränkt sich auf die Hilfe zur inhaltlichen Konkretisierung des innerstaatlichen Rechts. Dabei dürfte für die Schweiz die Verpflichtung zu Massnahmen, welche auch für benachtei-

138 Zum Ganzen ausführlich *Craven* (Anm. 1), S. 329 ff. und *Leckie* (Anm. 129), S. 110 ff.

139 Analytical Paper (Anm. 16), Ziff. 70. In Ziff. 5 der Allgemeinen Bemerkung 3 über die justiziablen Garantien des Paktes wurde Art. 9 noch nicht erwähnt.

ligte Bevölkerungsgruppen eine menschenwürdige Wohnsituation gewährleisten, praktisch am wichtigsten sein.

Art. 34^{sexies} BV verpflichtet den Bund zur Förderung und zur Verbilligung des Wohnungsbaus; dieser ist gemäss Abs. 2 lit. b insbesondere zur Unterstützung «des Siedlungs- und Wohnungswesens zugunsten von Familien, Personen mit beschränkten Erwerbsmöglichkeiten sowie Betagten, Invaliden und Pflegebedürftigen» befugt[140]. Diese Norm ist Kompetenzbestimmung und gewährt kein verfassungsmässiges Recht auf Wohnung[141]. Trotzdem entspricht dieser Verfassungsartikel, indem er den Bund besonders zur Verbesserung der Wohnsituation von benachteiligten Personen verpflichtet, weitgehend der Stossrichtung der Leistungsverpflichtung des Rechts auf Unterkunft von Art. 11 Pakt I. Dieser Bestimmung kommt also keine selbständige Bedeutung zu, soweit es um mehr als einen Minimalanspruch auf Obdach geht, wie ihn im Rahmen ihrer Fürsorgezuständigkeit die Kantone zu leisten haben[142]. Art. 11 Pakt I behält aber insofern eine gewisse Bedeutung, als ein Rückschritt vom erreichten Stand (z.B. in der Mieterschutzgesetzgebung) in besonderem Mass rechtfertigungspflichtig wird[143]; zudem kann die Praxis des Ausschusses Bund und Kantonen wichtige Anstösse für ihre Tätigkeit im Bereich der Wohnpolitik geben.

b) Recht auf Existenzsicherung

Obwohl von der Doktrin seit langem gefordert[144] und auch in verschiedenen Kantonsverfassungen verankert[145], anerkannte das Bundesgericht erst in einem

140 Siehe dazu *Charles-André Junod*, Art. 34^{sexies}, in BV-Kommentar, insbes. Rz. 19 ff. und zur schweizerischen Wohnungsmarktpolitik ausführlich den Bericht der Schweiz (Anm. 76), S. 136 ff.

141 *Junod* (Anm. 140), Rz. 37 ff.

142 Dazu gleich nachstehend lit. b.

143 Vgl. vorne S. 110 f.

144 Vgl. Z. B. *Jean-François Aubert*, Un droit social encadré, Zeitschrift für Schweizerisches Recht (ZSR) 1991 I, S. 165; *Pascal Coullery*, Das Recht auf Sozialhilfe, Diss. Bern 1993, S. 109 ff., S. 114 f.; *André Grisel*, Les droits constitutionnels non écrits, in: Festschrift für U. Häfelin, Zürich 1989, S. 77; *Ueli Kieser*, Gewährleistet die Bundesverfassung ein ungeschriebenes Recht auf Sozialhilfe?, Schweizerisches Zentralblatt für Staats- und Verwaltungsrecht (ZBl) 1991, S. 200 f.; *Anne Mäder/Ursula Neff*, Vom Bittgang zum Recht – Zur Garantie des sozialen Existenzminimums in der schweizerischen Fürsorge, 2. Aufl., Bern/Stuttgart 1990; *J.P. Müller* (Anm. 80) 39 ff.; *ders.*, Einleitung zu den Grundrechten, in BV-Kommentar, Rz. 94; *Michel Rosselini,* Les libertés non écrites, Diss. Genf 1987, S. 218 ff.; *Felix Wolffers*, Grundriss des Sozialhilferechts – eine Einführung in die Fürsorgegesetzgebung von Bund und Kantonen, Bern/Stuttgart/Wien 1993, S. 78 ff.

145 Vgl. z.B. § 16 KV-BL, Art. 24 Abs. 1 KV-AR und Art. 29 Abs. 1 KV-BE, der einen justiziablen Grundrechtsanspruch auf «ein Obdach, auf die für ein menschenwürdiges Leben notwendigen Mittel und auf grundlegende medizinische Versorgung» begründet. Siehe auch Art. 10 VE 1996 (Anm. 70): «Wer in Not ist, hat Anspruch auf Hilfe und Betreuung und auf die Mittel, die für ein menschenwürdiges Dasein unerlässlich sind».

Entscheid vom Oktober 1995 die Existenz eines ungeschriebenen Grundrechts auf Existenzsicherung[146]. Direkt auf diesen verfassungsrechtlichen Minimalstandard – dessen Umfang in diesem Urteil nicht festgelegt wurde – ist jedoch nur subsidiär abzustellen, falls das zuständige Gemeinwesen gestützt auf das Gesetzesrecht einer betroffenen Person die zu einem menschenwürdigen Leben unabdingbaren Mittel nicht zur Verfügung stellt[147].

Dieser Entscheid stützte sich nicht auf den Sozialpakt ab. Trotzdem erfüllt er ein zentrales Postulat des Ausschusses für wirtschaftliche, soziale und kulturelle Rechte, zumindest elementare Aspekte der Garantien des Paktes I einer gerichtlichen Überprüfung zugänglich zu machen. Zwecks Konkretisierung des Umfanges dieses verfassungsrechtlichen Individualanspruches wird sich das Bundesgericht in seiner zukünftigen Rechtsprechung an der Praxis des Ausschusses für wirtschaftliche, soziale und kulturelle Rechte zu orientieren haben, der in seiner Allgemeinen Bemerkung 3[148] bereits erste Ansätze des Inhaltes eines «minimum core content» der hier in Frage kommenden Garantien des Sozialpaktes entwickelt hat. Solange der Umfang der staatlichen Leistungsverpflichtung gestützt auf dieses neue ungeschriebene Grundrecht der BV diesem «minimum core content» entspricht, beschränkt sich die Funktion des Paktes in diesem Bereich darauf, eine Inspirationsquelle zur inhaltlichen Ausgestaltung resp. Weiterentwicklung der verfassungsmässigen Garantie zu sein. Eine selbständige Bedeutung der Minimalansprüche des Sozialpaktes würde jedoch wieder aufleben, falls der Umfang der gerichtlich durchsetzbaren[149] positiven Pflichten eines Vertragsstaates zur Erfüllung der Minimalanforderungen von Art. 9, 11 und 12 Pakt I gemäss der zukünftigen Praxis des Ausschusses für wirtschaftliche, soziale und kulturelle Rechte denjenigen des Bundesgerichts gestützt auf die BV übertreffen würde.

146 BGE 121 I 367 ff.

147 Ibid. E. 2.c: «In Frage steht dabei [...] nicht ein garantiertes Mindesteinkommen. Verfassungsrechtlich geboten ist nur, was für ein menschenwürdiges Dasein unabdingbar ist und vor einer unwürdigen Bettelexistenz zu bewahren vermag. Es ist in erster Linie Sache des zuständigen Gemeinwesens, auf Grundlage seiner Gesetzgebung über Art und Umfang der im konkreten Fall gebotenen Leistungen zu bestimmen. Dabei kommen sowohl Geldleistungen wie auch Naturalleistungen in Betracht [...]. Lediglich wenn das einfache Gesetzesrecht im Ergebnis dem verfassungsrechtlichen Minimalanspruch nicht zu genügen vermag, ist unmittelbar darauf abzustellen. Hier ist es freilich nicht angezeigt, dazu im einzelnen Ausführungen zu machen, da nicht Art und Umfang der Leistungen streitig sind [...].»

148 Ziff. 10, hinten S. 306.

149 Siehe dazu vorne S. 109 f.

c) Recht auf Sozialhilfe

aa) Allgemeines

Ziel der wirtschaftlichen Sozialhilfe[150] ist eine *über die blosse Existenzsicherung*[151] hinausgehende materielle und persönliche Hilfeleistung, die dem Hilfeempfänger die Teilhabe am Arbeits- und Sozialleben ermöglicht und seine wirtschaftliche und persönliche Selbständigkeit fördert[152]. Das Sozialhilfesystem steht dabei in einem komplementären Verhältnis zu den Sozialversicherungen, indem Leistungen der ersteren nur bei Hilfsbedürftigkeit zur Anwendung gelangen und zusätzlich kein Anspruch auf rechtzeitige Leistungen von Sozialversicherungen oder von gesetzlich zugesicherten Leistungen Privater[153] besteht. Der Sozialhilfe kommt deshalb insbesondere bei sozialen Risiken, welche vom heutigen Sozialversicherungssystem nur unzureichend erfasst werden – wie z.B. bei alleinerziehenden Personen oder Langzeitarbeitslosen – die Funktion einer subsidiären Grundsicherung zu[154].

Das System der Sozialhilfe fällt bis heute wesentlich in die Rechtsetzungskompetenz der Kantone[155]; gestützt auf Art. 48 BV[156] erliess der eidgenössische Gesetzgeber das Bundesgesetz über die Zuständigkeit für die Unterstützung

150 Gemäss einer älteren Terminologie auch als Fürsorge bezeichnet.

151 Im Gegensatz zum sog. absoluten Existenzminimum soll sich deshalb der Umfang der Leistungen der Sozialhilfe i.S. eines sozialen oder relativen Existenzminimums an der Teilhabe am Arbeits- und Sozialleben und am durchschnittlichen Lebensstandard der Gesamtbevölkerung orientieren; *Pascal Coullery*, Diskussionsentwurf für ein eidgenössisches Sozialhilferahmengesetz, Schweizerische Zeitschrift für Sozialversicherung (SZS) 1995, S. 346 f.

152 *Wolffers* (Anm. 144), S. 91. Zusätzlich zu Leistungen, welche die physischen Existenzgrundlagen sichern, umfasst die Sozialhilfe Leistungen, die z.B. die Ausstattung der Wohnung, die Teilhabe an den Medien, eine angemessene Mobilität, Mittel für die Ausbildung der Kinder, die allgemein üblichen Versicherungen sowie die Befriedigung individueller Bedürfnisse ermöglichen, *Wolffers* (Anm. 144), S. 85.

153 V.a. familienrechtliche Unterhalts- und Unterstützungsbeiträge gemäss Art. 152, 163, 276 ff. und 328 f. ZGB.

154 *Felix Wolffers*, Braucht es für die Sozialhilfe eine bundesrechtliche Regelung?, SZS 1994, S. 118; *Coullery* (Anm. 144), S. 75 ff. und *Alfred Maurer*, Bundessozialversicherungsrecht, Basel 1993, S. 10. Siehe dazu auch Art. 4 des Diskussionsentwurfs für ein eidgenössisches Sozialhilferahmengesetz, abgedruckt in *Coullery* (Anm. 151), S. 339. Siehe dazu auch den Bericht der Schweiz (Anm. 76), S. 127 ff.

155 Vgl. die Kritik an dieser Kompetenzregelung und die Forderungen für ein eidgenössisches Rahmengesetz bei *Coullery* (Anm. 151) und *Wolffers* (Anm. 154).

156 Siehe dazu *Blaise Knapp*, Art. 48, in BV-Kommentar. Von verschiedenen Autoren wird diese Norm jedoch auch als Grundlage eines verfassungsmässigen Rechts auf Sozialhilfe interpretiert; siehe *Coullery* (Anm. 144), S. 109 ff.; *Wolffers* (Anm. 144), S. 82; die wohl herrschende Lehrmeinung versteht diese Norm jedoch als reine Zuständigkeitsvorschrift; vgl. z.B. *Werner Thomet*, Kommentar zum Bundesgesetz über die Zuständigkeit für die Unterstützung Bedürftiger (ZUG), Zürich 1994, S. 33 f.; *Knapp* (a.a.O.), Rz. 4 ff.

Bedürftiger[157] (ZUG), das jedoch die Sozialhilfe nicht zur Bundessache erklärt, sondern im wesentlichen die Verpflichtungen der Kantone zur Ausrichtung von Unterstützungsleistungen gegeneinander abgrenzt[158]. Die eigentliche Kodifikation des Sozialhilferechts findet sich deshalb in den kantonalen Sozialhilfegesetzen.

bb) Direkter materieller Anspruch auf das soziale Existenzminimum gestützt auf den Pakt I?

Auf Sozialhilfeleistungen, welche über das in BGE 121 I 367 ff. festgelegte Recht auf Existenzsicherung hinausgehen, besteht in der Schweiz – obwohl teilweise von der Lehre postuliert[159] – weder auf Ebene der Bundesverfassung noch gemäss kantonalen Verfassungen[160] ein Rechtsanspruch. Obwohl Leistungen des Staates zur Sicherung des Überlebens zweifellos zu den sog. «core contents» zu zählen sind[161], welche nicht bloss progressiv zu erfüllen sind und dem einzelnen einen subjektiven Rechtsanspruch verleihen, kann gemäss heutiger Praxis des Ausschusses – trotz Ansätzen zu einer weitergehenden Verpflichtung von Industriestaaten[162] – aus dem Sozialpakt kein selbständiges justiziables Recht auf Sicherung des sozialen Existenzbedarfs abgeleitet werden, der über das Überlebensnotwendige hinausgeht.

cc) Verschafft der Pakt I einen Rechtsanspruch auf Vollzug der kantonalen Sozialhilfegesetze?

Neuere kantonale Sozialhilfegesetze[163] anerkennen heute oft einen gesetzlichen Anspruch auf Sozialhilfe beim Vorliegen gewisser Voraussetzungen; andere Gesetze schweigen sich über diese Frage aus, während in wenigen Kantonen ein

157 SR 851.1. Bundesrechtlich geregelt ist demgegenüber die Sozialhilfe für Asylsuchende (Art. 21a ff. des Asylgesetzes vom 5. Oktober 1979).

158 *Thomet* (Anm. 156), S. 33.

159 Siehe *Coullery* (Anm. 144), S. 109 ff.; *Wolffers* (Anm. 154), S. 122; a.M. *Kieser* (Anm. 144), S. 200 f. und *J.P. Müller* (Anm. 80), S. 43 f.

160 So gewährt die Bestimmung von Art. 29 Abs. 1 KV-BE nur einen sozialen Mindeststandard, «d.h. das zum Überleben in Würde absolut Unentbehrliche»; *Peter Saladin/Martin Aubert*, Sozialverfassung, in: *Kälin/Bolz* (Hrsg.), Handbuch des bernischen Verfassungsrechts, Bern 1995, S. 100.

161 Vgl. dazu vorne S. 109 f.

162 Siehe z.B. Bemerkungen des Ausschuss zum Staatenbericht von Kanada (UN.Doc. E/C. 12/1994/19, S. 30, Ziff. 104): «The Committee is concerned that there seems to exist no procedure to ensure that those who must depend entirely on welfare payments do not thereby derive an income which is at or above the poverty line».

163 Vgl. die Überblicke bei *Coullery* (Anm. 144), S. 80 f., *Wolffers* (Anm. 144), S. 90 ff. Siehe auch Art. 3 Abs. 1 des Textentwurfs eines Bundesgesetzes über die Sozialhilfe, der einen Anspruch Hilfsbedürftiger auf Sozialhilfe der Kantone statuiert.

klagbarer Anspruch ausdrücklich ausgeschlossen[164] wird; allerdings kommt auch in diesen restriktiven Kantonen den Behörden kein Entschliessungsermessen zu, so dass Hilfe zu leisten ist, wenn die Voraussetzungen gegeben sind[165]. Unabhängig von der Regelung der Anspruchsberechtigung weisen die Gesetze den Behörden regelmässig weite Ermessensspielräume zur Beurteilung der Leistungsberechtigung zu; gleiches gilt für den Entscheid über Art und Ausmass der staatlichen Hilfe[166]. Allerdings müssen die Behörden dabei willkürfrei und rechtsgleich vorgehen[167], was ihnen mit den Richtlinien für die Bemessung der Sozialhilfe der Schweizerischen Konferenz für öffentliche Fürsorge[168] erleichtert wird.

Wie erwähnt wird das Recht auf Sozialhilfe vom Ausschuss als eine derjenigen Garantien eingestuft, welche einer gerichtlichen Anwendung in besonderem Masse offenstehen, wobei es dabei allerdings nicht um einen subjektiven Anspruch auf Unterstützung in einer bestimmten Höhe, sondern bloss auf Einhaltung des innerstaatlichen Rechts geht[169]. In Kantonen, die im Gesetz einen Anspruch ausdrücklich verankern oder sich dazu nicht äussern – was den Betroffenen wenigstens einen Anspruch auf gesetzeskonforme Behandlung ihrer Gesuche gibt –, kann nur staatsrechtliche Beschwerde wegen *willkürlicher* Handhabung von Gesetzesbestimmungen geführt werden, welche die Betroffenen berechtigen oder zumindest in ihren privaten Interessen an Unterstützung schützen. Darüber hinaus muss es gemäss der hier vertretenen Auffassung über den self-executing-Charakter von Art. 9 und 11 Pakt I in solchen Fällen möglich sein, mit Staatsvertragsbeschwerde wenigstens für Minimalansprüchen den Anspruch auf gesetzeskonforme Entrichtung von Sozialhilfe geltend zu machen[170, 171].

164 So in den Kantonen Bern (wo allerdings eine Gesetzesrevision angekündigt ist und Art. 29 KV zudem justiziable Sozialrechte verankert), Fribourg und Neuchâtel.

165 *Wolffers* (Anm. 144), S. 90 f.

166 *Wolffers* (Anm. 144), S. 46 f.

167 Vgl. Ziff. 1.6. der SKöF-Richtlinien (*SKöF* [Hrsg.], Richtlinien für die Bemessung der Sozialhilfe – Kommentierte Empfehlungen, Bern 1992): «Den antragstellenden Personen steht zwar kein klagbarer Rechtsanspruch auf einen bestimmten Unterstützungsbeitrag, wohl aber ein prinzipieller Anspruch auf geeignete und menschenwürdige Hilfe zur Existenzsicherung zu.»

168 A.a.O.

169 Siehe vorne S. 129.

170 U.E. müsste das Bundesgericht in diesem Fall die Auslegung des kantonalen Rechts frei prüfen, weil das Völkerrecht grundsätzlich Anspruch auf richtige und nicht nur willkürfreie Gesetzeshandhabung gibt.

171 Diese Überlegungen gelten auch für die Sozialversicherung, doch kommt ihnen keine praktische Bedeutung zu, da auf diese Leistungen ein Rechtsanspruch besteht, welcher mittels Verwaltungsgerichtsbeschwerde auf Bundesebene bereits nach nationalem Recht gerichtlich durchgesetzt werden kann.

Oberhalb des verfassungsrechtlich geforderten Minimums nützt die justiziable Schicht von Art. 9 und 11 Pakt I dort wenig, wo kantonale Gesetze einen klagbaren Anspruch ausschliessen[172]. Allerdings verpflichtet der Pakt auch diese Kantone, die notwendigen Massnahmen zu ergreifen, um das Recht auf soziale Sicherheit voll zu verwirklichen, weshalb seit der Ratifikation von Pakt I wenigstens grundsätzlich eine völkerrechtliche Verpflichtung zur schrittweisen Verbesserung der Rechtsstellung Bedürftiger besteht.

dd) Paktkonformität der Rückerstattungspflicht von Sozialhilfeleistungen?
Die kantonalen Sozialhilfegesetze gehen ausnahmslos vom Grundsatz der Rückerstattungspflicht bezogener Sozialhilfe aus[173]. Während einige Kantone diese Rückerstattungsverpflichtung nur noch in Fällen von widerrechtlichem Leistungsbezug resp. grösserem Vermögensanfall vorsehen[174], statuieren insbesondere ältere Sozialhilfegesetze eine umfassende Rückerstattungspflicht für den Fall, dass sich die Verhältnisse so verbessert haben, dass dem Empfänger die Rückerstattung zugemutet werden kann. Diese ältere Konzeption sieht – analog zum verfassungsmässigen prozessualen Armenrecht gemäss Art. 4 BV[175] – Sozialhilfeleistungen als Vorschussleistungen zur Überbrückung einer finanziellen Notlage, wird aber heute zunehmend «als einer aufgeschlossenen Sozialhilfe unwürdig» bezeichnet[176]. Die justiziable Schicht von Art. 9 Pakt I verbietet ein solches System zumindest nach dem heutigen Stand der Ausschusspraxis kaum; hingegen legt es die progressiv zu verwirklichende Leistungspflicht nahe, die Anerkennung des Rechts auf soziale Sicherheit auf dem Weg einer paktkonformen Auslegung durch eine zurückhaltende Bejahung der Zumutbarkeit oder aber durch den gesetzgeberischen Wechsel zum neueren Konzept zu verstärken. Dafür spricht auch der Gedanke, dass die Vertragsstaaten durch Pakt I verpflichtet werden, insbesondere benachteiligte Gruppen zu fördern; deshalb sind staatliche Leistungen in Gebieten, welche durch den Sozialpakt abgedeckt werden, nicht mehr bloss staatliche Gnadenakte, sondern sie werden in Erfüllung völkerrechtlicher Leistungspflichten gewährt. Weitgehende Rückerstattungsverpflichtungen für rechtmässig bezogene Sozialhilfe erscheinen deshalb zumin-

172 Auch hier kann allerdings Willkürbeschwerde geführt werden, weil die meisten Bestimmungen von Sozialhilfegesetzen – zumindest bei paktkonformer Auslegung – als Normen einzustufen sind, die zum Schutze privater Interessen erlassen worden sind.

173 Siehe dazu *Coullery* (Anm. 144), S. 92 ff.; *Mäder/Neff* (Anm. 144), S. 69 f. und *Wolffers* (Anm. 144), S. 176 ff.

174 Kommentar zu Ziff. 7.3 der SKöF-Richtlinien (Anm. 167), d.h. z.B. bei Erbschaftsanfall oder Lotteriegewinn.

175 Siehe dazu z.B. *J.P. Müller* (Anm. 80), S. 286 ff.

176 *Peter Tschümperlin*, Recht, Politik und Praxis – die öffentliche Fürsorge zwischen Anspruch und Wirklichkeit, Zeitschrift für öffentliche Fürsorge 1989, S. 169.

dest bei unverschuldeter Bedürftigkeit mittel- und längerfristig mit dem Sozialpakt kaum mehr vereinbar[177].

d) Diskriminierungsfreier Zugang zu Leistungen der sozialen Sicherheit

aa) Unterschiedliche AHV-Alter von Frau und Mann
Gemäss Art. 21 Abs. 1 AHVG[178] haben Anspruch auf eine Altersrente «Männer, welche das 65. Altersjahr vollendet haben» und «Frauen, welche das 64. Altersjahr vollendet haben». Das Bundesgericht äusserte verschiedentlich Zweifel an der Vereinbarkeit dieser Regelung mit dem Gleichheitsgebot von Art. 4 BV[179], sah sich jedoch aufgrund der Bestimmung von Art. 113 Abs. 3 und 114bis Abs. 3 BV ausserstande, diese Bundesgesetzesnorm nicht anzuwenden[180]. Wie steht es mit der Vereinbarkeit des unterschiedlichen Rentenalters für Mann und Frau mit Art. 3 Pakt I? Entgegen der Entscheidung des Bundesgerichts[181] ist Art. 3 ohne weiteres einer gerichtlichen Durchsetzung zugänglich[182], weshalb das Bundesgericht in Anwendung des Grundsatzes der derogatorischen Kraft des Völkerrechts[183] diese Frage hätte prüfen müssen[184]. Anlässlich der letzten Revision des AHVG begründete der Bundesrat das Weiterbestehen unterschiedlicher Alterslimiten zur Rentenberechtigung mit weiter bestehenden Benachteiligungen der Frau in der gesellschaftlichen Realität[185]. Diese Argumentation ist mit der Auffassung des Ausschusses für wirtschaftliche, soziale und kulturelle Rechte

177 Einen Konzeptionswechsel empfiehlt auch der Kommentar zu Ziff. 7.3 der SKöF-Richtlinien (Anm. 167).

178 Nach der Fassung gemäss 10. AHV-Revision.

179 BGE 106 Ib 189 f. und 109 Ib 81; diese Urteile ergingen jedoch vor der 10. AHV-Revision und betrafen ein Rentenalter von 62 resp. 65 Jahren. Das eidg. Versicherungsgericht kam in BGE 116 V 209 und 117 V 318 zum Schluss, ein niedrigeres Rentenalter für Frauen diskriminiere den Mann und verstosse deshalb gegen Art. 4 Abs. 2 BV; so auch *Gabriela Riemer-Kafka*, Die Gleichstellung von Mann und Frau in der schweizerischen Sozialversicherung, SZS 1991, S. 233 f. und *Maurer* (Anm. 154), S. 88.

180 So auch BGE 121 V 231.

181 BGE 121 V 229 ff.

182 Siehe vorne S. 115 f.

183 Siehe dazu *Kälin* (Anm. 49), S. 35 ff.

184 Dies gilt in vorliegender Konstellation umso mehr, als keine Anzeichen ersichtlich sind, dass der Bundesgesetzgeber durch die Regelung von Art. 21 AHVG bewusst gegen Art. 3 des Paktes verstossen wollte, was gemäss der sog. Schubert-Praxis des Bundesgerichts (BGE 118 Ib 281 E. b, 99 Ib 39; siehe dazu *Kälin* [Anm. 49], S. 36) die ausnahmsweise Anwendung eines staatsvertragswidrigen Bundesgesetzes rechtfertigen könnte.

185 Botschaft zur zehnten AHV-Revision, BBl 1990 II 25: «Grundsätzlich ist [...] ein gleiches Rentenalter für beide Geschlechter als Ziel ins Auge zu fassen. [...] Die Vorarbeiten zur zehnten AHV-Revision haben gezeigt, dass die Frage der Gleichberechtigung von Mann und Frau beim Rentenalter aber nicht losgelöst von der Verwirklichung des Gleichheitssatzes in anderen wichtigen gesellschaftlichen Bereichen behandelt werden kann. Hier lassen sich noch zahlreiche und wichtige Benachteiligungen der Frauen feststellen».

vereinbar, wonach eine vorübergehende Privilegierung benachteiligter Bevölkerungsgruppen in einem Rechtsbereich bis zum Ausgleich der Gesamtbenachteiligung dieser Personengruppe keinen Verstoss gegen die Diskriminierungsverbote des Paktes darstellt[186]. Deshalb müsste das Bundesgericht die Rüge, das unterschiedliche AHV-Alter für Mann und Frau verletze Art. 3 Pakt I, zwar behandeln, es dürfte sie aber abweisen, solange Frauen in anderen Lebensbereichen weiterhin benachteiligt sind.

bb) Kinderzulagenordnung gemäss Art. 21b AsylG
In Abweichung von den allgemein geltenden Regeln[187] hat das Asylgesetz die Frage der Kinderzulagen für Asylsuchende geregelt: Demnach werden Kinderzulagen für im Ausland lebende Kinder nur ausbezahlt, falls der Gesuchsteller oder die Gesuchstellerin als Flüchtling anerkannt oder gemäss Art. 14a Abs. 3 oder 4 AsylG vorläufig aufgenommen werden[188]. Diese Regelung verstösst in klarer Weise gegen das Rechtsgleichheitsgebot von Art. 4 BV: Das Bundesgericht hat eine analoge Bestimmung im thurgauischen Familienzulagensystem mit dem Argument aufgehoben, es sei «kein vernünftiger und einigermassen gewichtiger Grund in den zu regelnden Verhältnissen ersichtlich, einzig gerade während der Dauer des Asylverfahrens [...] Arbeitnehmern keinen Zulagenanspruch für im Ausland wohnende Kinder zu gewähren.»[189] Diese Überlegungen gelten in gleichem Masse auch für die Frage der Vereinbarkeit von Art. 21a AsylG mit Art. 9 i.V. mit dem direkt anwendbaren Diskriminierungsverbot von Art. 2 Abs. 2 Pakt I[190].

186 Siehe vorne S. 115.

187 Gemäss allen kantonalen Familienzulagengesetzen haben Angehörige der übrigen ausländerrechtlichen Kategorien – wenn auch teilweise in reduziertem Umfang – Anspruch auf Auszahlung von Kinderzulagen auch für ihre im Ausland wohnhaften Kinder.

188 Siehe dazu *Alberto Achermann/Christina Hausammann,* Handbuch des Asylrechts, 2. Aufl., Bern/Stuttgart 1991, S. 379 f.

189 BGE 114 Ia 4 E. 8.a.

190 U.E. dürfte Art. 21b AsylG seit dem Inkrafttreten des Paktes nicht mehr angewendet werden, da der Pakt auch entgegenstehenden Bundesgesetzen vorgeht. Es lässt sich nicht argumentieren, es liege im Sinne der Schubert-Praxis (siehe dazu Anm. 184) ein bewusster Verstoss des Bundesgesetzgebers gegen das Gleichheitsgebot vor, der sich auch auf allfällige völkerrechtliche Diskriminierungsverbote erstrecke, weshalb die rechtsanwendenden Behörden an den Willen des Gesetzgebers gebunden seien: Die Schubert-Praxis bezieht sich nur auf das Verhältnis zwischen späterem Gesetz und früherem Staatsvertrag, während hier ein Konflikt zwischen einer 1990 verabschiedeten Gesetzesbestimmung und dem erst 1992 ratifizierten Pakt zur Diskussion steht.

cc) Ausweisung von ausländischen Staatsangehörigen wegen Fürsorgeabhängigkeit

Die Frage einer indirekten Diskriminierung von ausländischen Staatsangehörigen im Sozialhilferecht stellt sich aufgrund von Art. 10 Abs. 1 lit. d ANAG[191], wonach ein Ausländer oder eine Ausländerin aus der Schweiz ausgewiesen werden kann, wenn sie «der öffentlichen Wohltätigkeit fortgesetzt und in erheblichem Masse zur Last fällt.»[192] Hinter diesem Ausweisungsgrund steht der Wunsch, eine zusätzliche Belastung der öffentlichen Sozialhilfe künftig zu vermeiden[193]. Das Bundesgericht hat entschieden, Ausweisungsentscheide hätten verhältnismässig zu sein[194]. Zwar kann aus Art. 9 Pakt I sicher kein Aufenthaltsrecht abgeleitet werden und zudem ist diese Garantie gemäss Art. 4 Pakt I einschränkbar. Eine völkerrechtskonforme Handhabung des landesrechtlichen Verhältnismässigkeitsprinzips muss aber berücksichtigen, dass der Pakt die Vertragsstaaten anhält, bei Bedürftigkeit Sozialhilfe zu leisten, so dass im Bezug von Fürsorgegeldern nicht einfach etwas Verpöntes gesehen werden darf. Dies muss die Bewertung des Ausweisungsgrundes von Art. 10 Abs. 1 lit. d ANAG beeinflussen; deshalb ist u.E. seit der Ratifikation des Paktes diese Klausel jedenfalls bei unverschuldeter Fürsorgeabhängigkeit nur noch mit äusserster Zurückhaltung anzuwenden[195].

191 SR 142.20.

192 Gemäss Abs. 2 darf diese Ausweisung aber nur erfolgen, falls den Ausgewiesenen die Heimkehr in ihren Heimatstaat möglich und zumutbar ist. Zudem sollen nach Art. 11 Abs. 3 ANAG «unnötige Härten vermieden werden» (siehe dazu auch Art. 16 Abs. 3 ANAV, SR 142.201); ausdrücklich wird auch auf die Möglichkeit hingewiesen, statt einer Ausschaffung eine Heimschaffung anzuordnen, was zur Folge hat, dass die betreffende Person nicht mit einer Einreisesperre belegt wird, da die Heimschaffung nur eine Entfernungs- und keine Fernhaltemassnahme darstellt. Aber auch die Durchführung dieser Massnahme hat ein Erlöschen der Aufenthalts- oder Niederlassungsbewilligung zur Folge (Art. 9 Abs. 1 lit. d und Abs. 3 lit. b); vgl. dazu *Daniel Thürer,* Die Rechtsstellung des Ausländers in der Schweiz, in: *Jochen Abr. Frowein/Torsten Stein* (Hrsg.), Die Rechtsstellung von Ausländern nach staatlichem Recht und Völkerrecht, Berlin etc. 1987, S. 1381 ff. und S. 1384; *Stefan Stroppel,* Die Beendigung der Anwesenheitsberechtigung von Ausländern nach schweizerischem Recht, unter besonderer Berücksichtigung der entsprechenden Verwaltungs- und Strafpraxis im Kanton Baselland, Diss. Zürich 1987; *Peter Sulger Büel,* Vollzug von Fernhaltemassnahmen gegenüber Fremden nach dem Recht des Bundes und des Kantons Zürich, Diss. Zürich 1984, S. 85 ff. und S. 93 f. sowie *Breining* (Anm. 70) S. 302 ff. Siehe dazu auch *Achermann/Caroni/Kälin,* hinten S. 180.

193 BGE 119 Ib 6 E. 3b.

194 Ausgeprägt BGE 119 Ib 7 ff.

195 Die gleichen Überlegungen gelten – wenn auch in etwas weniger akzentuierter Form – im Falle einer Nichterneuerung von Aufenthaltsbewilligungen infolge Sozialhilfeabhängigkeit und einer damit verbundenen Wegweisung aus der Schweiz.

e) Zulässigkeit des Abbaus von Sozialleistungen?

Infolge des grossen Umfangs von Mitteln der öffentlichen Hand im Sozialbereich wird in Zeiten staatlicher Finanzknappheit regelmässig postuliert, durch Abbau von Leistungen auch in diesem Bereich das Sparpotential auszuschöpfen. Aus zwei Gründen beschränkt der Sozialpakt den Handlungsspielraum beim Abbau des Sozialstaates: Erstens müssen auch hier Massnahmen, die einen einmal erreichten Verwirklichungsstand von Paktrechten wieder schmälern, entweder durch Ausgleichsmassnahmen kompensiert oder aber durch den Nachweis gerechtfertigt werden, dass der Abbau auch unter Ausschöpfung aller vorhandenen Mittel nicht vermieden werden konnte[196]. Zweitens verlangt der Pakt den prioritären Einsatz von staatlichen Mitteln zugunsten besonders benachteiligter Personenkategorien[197]; eine Kürzung von staatlichen Leistungen im Sozialversicherungs- und Sozialhilfebereich würde jedoch dieses Grundprinzip ins Gegenteil verkehren, indem gerade solche Bevölkerungsgruppen die Folgen staatlicher Sparanstrengungen besonders ausgeprägt zu tragen hätten.

VI. Familien, Mütter und Kinder (Art. 10)

1. Inhalt und Verpflichtung

Art. 10 enthält die einzige personenspezifische Garantie des Paktes; sie gilt für Familien, Mütter und Kinder. Da diese Norm als einzige des Sozialpaktes den Begriff «Recht» vermeidet, kann bereits an dieser Stelle festgehalten werden, dass zumindest aus den Abs. 1 und 2 keine subjektiven Individualrechte abgeleitet werden können[198].

Abs. 1 bezeichnet die Familie als natürliche Kernzelle der Gesellschaft und fordert, ihr sei grösstmöglicher Schutz und Beistand zu gewähren, insbesondere im Hinblick auf ihre Gründung und solange sie für Betreuung und Erziehung unterhaltsberechtigter Kinder verantwortlich ist[199]. Analog zur Parallelbestimmung des Paktes II geht diese Bestimmung von einem weiten Familienbegriff aus, der keinesfalls an das Bestehen einer Ehe geknüpft wird[200]. Jedes in diesem Bereich relevante Gesetzgebungsvorhaben muss demzufolge auch die Interessen von alleinerziehenden Eltern berücksichtigen.

196 Siehe vorne S. 110 f.
197 Vgl. oben S. 114 f.
198 Vgl. *Clyde W. Summers*, Article 10 – Rights Relating to Protection of the Familiy, in: *Hannum/Fischer* (Anm. 1), S. 197.
199 Vgl. auch die ähnliche Bestimmung von Art. 23 Abs. 1 Pakt II; siehe dazu *Achermann/Caroni/Kälin*, hinten S. 221 f.
200 *Nowak* (Anm. 34), S. 433 f.

Abs. 2 dieser Garantie verpflichtet die Vertragsstaaten zu besonderem Schutz für Frauen vor und nach der Geburt eines Kindes. Zur Gewährleistung dieses Schutzes wird ausdrücklich ein bezahlter Mutterschaftsurlaub oder ein Urlaub mit angemessenen Leistungen der Sozialversicherung gefordert.

Die Schaffung von Sondermassnahmen zum Schutz und Beistand für Kinder und Jugendliche ohne Diskriminierung aufgrund der Abstammung oder aus sonstigen Gründen fordert schliesslich Abs. 3 dieser Bestimmung. Im besonderen soll diese Personenkategorie vor wirtschaftlicher und sozialer Ausbeutung geschützt werden, weshalb ihre Beschäftigung in Bereichen, die ihrer Gesundheit oder Moral Schaden zufügen können, gesetzlich zu verbieten und zudem ein Mindestalter für die entgeltliche Beschäftigung von Kindern vorzuschreiben ist. Die in diesem Absatz verankerte Konkretisierung des allgemeinen Diskriminierungsverbotes von Art. 2 Abs. 2 sowie die beiden Gesetzgebungsaufträge, die keine staatlichen Leistungen implizieren, sind nach Meinung des Ausschusses nicht bloss progressiv zu erfüllen, sondern sie sind grundsätzlich auch für die unmittelbare Anwendung durch gerichtliche Organe geeignet[201].

2. Bedeutung für die Schweiz

Auf Landesebene überträgt Art. $34^{quinquies}$ Abs. 1 dem Bund den verbindlichen Auftrag, in Ausübung aller ihm zustehenden Befugnisse die Bedürfnisse der Familie zu berücksichtigen[202]. Auch diese Bestimmung geht analog zu Art. 10 Pakt I von einem weiten Familienbegriff aus[203], weshalb der Pakt kaum einen weiteren Geltungsbereich als diese Verfassungsbestimmung hat.

Obwohl Abs. 4 von Art. $34^{quinquies}$ BV analog zu Art. 10 Abs. 2 des Sozialpaktes einen verbindlichen Gesetzgebungsauftrag zur Einrichtung einer Mutterschaftsversicherung enthält[204], unterliess es der Bundesgesetzgeber bekanntlich bis heute, entsprechende Ausführungserlasse zu verabschieden. Da jedoch aus dieser Paktbestimmung keine unmittelbar zu erfüllende Verpflichtung des Staates abgeleitet werden kann, liegt ihre Wirkung wohl eher im politischen Bereich, indem sie ein weiteres Argument zur Beseitigung dieses verfassungswidrigen Zustandes darstellt.

Die Verpflichtungen zum Schutz von Kindern und Jugendlichen werden von der Schweiz erfüllt. So statuiert Art. 30 Arbeitsgesetz, wie explizit vom Pakt gefordert, eine Mindestaltersgrenze für die entgeltliche Beschäftigung von Jugendlichen, deren Missachtung zudem gemäss Art. 59 lit. c dieses Gesetzes

201 Allgemeine Bemerkung 3, Ziff. 5.

202 Vgl. dazu *Pascal Mahon,* Art. $34^{quinquies}$, in BV-Kommentar, insbes. Rz. 28 ff.

203 *Mahon* (Anm. 202), Rz. 35 ff.

204 *Mahon* (Anm. 202), Rz. 70 ff.

einer Strafandrohung untersteht. Gemäss Art. 29 Arbeitsgesetz kann für Jugendliche bis zum vollendeten 19. Altersjahr zum Schutz der Gesundheit oder zur Wahrung der Sittlichkeit die Leistung gewisser Arbeiten untersagt oder von besonderen Voraussetzungen abhängig gemacht werden. Schliesslich wird in Art. 30 Arbeitsgesetz eine absolute tägliche Höchstarbeitsdauer von neun Stunden festgelegt. Im weiteren sieht auch das OR Sonderbestimmungen zugunsten von Lehrlingen und Jugendlichen vor[205].

VII. Das Recht auf Gesundheit (Art. 12)

1. Inhalt und Verpflichtung

Gesundheit hängt massgeblich vom subjektiven Empfinden ab[206]; entsprechend werden die Vertragsstaaten in Art. 12 Pakt I zur Anerkennung des Rechts eines jeden auf *das für ihn erreichbare* Höchstmass an körperlicher und geistiger Gesundheit verpflichtet[207]. Als Massnahme zur Erreichung dieses Ziels erwähnt Abs. 2 in einer nicht abschliessenden[208] Liste folgendes: Massnahmen zur Senkung der Zahl der Totgeburten und der Kindersterblichkeit; zur Verbesserung der Umwelt- und Arbeitshygiene; zur Vorbeugung, Behandlung und Bekämpfung epidemischer, endemischer, Berufs- und sonstiger Krankheiten sowie die Schaffung der Voraussetzungen, die für jedermann im Krankheitsfall den Genuss medizinischer Einrichtungen und ärztlicher Betreuung sicherstellen. Bereits aus dieser unvollständigen Auflistung wird deutlich, dass diese Garantie umfassende Massnahmen erfordert, da das Bestehen eines Höchstmasses an Gesundheit von ausserordentlich vielen Faktoren abhängig ist. Deutlich wird auch, dass sich ein relativer Höchststand an Gesundheit nur unter Beachtung und Förderung anderer Menschenrechte – wie insbesondere des Rechts auf Leben[209] und der Rechte auf einen angemessenen Lebensstandard, auf soziale

205 Siehe Art. 329a, 329e und 344–346a OR.

206 *Markus Müller*, Zwangsmassnahmen als Instrument der Krankheitsbekämpfung – Das Epidemiengesetz und die Persönliche Freiheit, Basel/Frankfurt a.M. 1992, S. 152; vgl. auch *Katarina Tomasevski*, Health Rights, in: *Eide/Krause/Rosas* (Anm. 1), S. 125.

207 Die Relativität dieses Rechts wurde auch im Ausschuss anlässlich des Day of General Discussion zu Art. 12 Pakt I (UN.Doc. E/C.12/1993/19, Ziff. 289 ff) betont: «It should be evident that the right to health could never represent an absolute right: human beings were by definition not completely healthy.»

208 *Alston* (Anm. 28), S. 65.

209 So fordert das Überwachungsorgan des Pakts II in der Allgemeinen Bemerkung 6/16 die Staaten ausdrücklich zur Ergreifung von Massnahmen zur Reduzierung der Kindersterblichkeit auf (a.a.O., Ziff. 5).

Sicherheit, auf gesunde Arbeitsbedingungen sowie des Rechts auf Bildung – erreichen lässt.

Um die exakte Verpflichtung der Vertragsstaaten aus dieser Garantie zu ermitteln, ist wiederum von den unterschiedlichen Verpflichtungsebenen der Menschenrechte auszugehen:

Auf einer ersten Ebene, die durchaus justiziabel ist[210], erlaubt Art. 12 Pakt I den Vertragsstaaten beispielsweise Zwangsmedikationen nur unter Beachtung der Schrankenklausel von Art. 4 Pakt I und untersagt generell medizinische Experimente ohne Einwilligung der betroffenen Person sowie zwangsweise Abtreibungen und Sterilisationen. In Verbindung mit dem Diskriminierungsverbot verpflichtet das Recht auf Gesundheit zudem die Staaten zur Respektierung der Freiheit der Individuen, bestehende Gesundheitseinrichtungen zu benutzen[211].

Auf der Leistungsebene verlangt der Ausschuss zur Erreichung der vollen Verwirklichung dieses Rechts ein Bündel von unterschiedlichsten gesundheitspolitischen Massnahmen, auf die hier nicht im einzelnen eingegangen werden kann[212]. Schwerpunktmässig lassen sich die wichtigsten zu ergreifenden Schritte aber folgendermassen zusammenfassen: Schaffung einer adäquaten medizinischen Grundversorgung für die gesamte Bevölkerung; Errichtung besonderer Programme zum Schutz der Gesundheit besonders gefährdeter Personenkategorien; Sicherstellung eines diskriminierungsfreien Zugangs zu bestehenden Gesundheitseinrichtungen sowie Massnahmen zur Verbesserung der Umwelthygiene.

2. Bedeutung für die Schweiz

Das Gesundheitswesen liegt in der Schweiz überwiegend in der Kompetenz der Kantone[213]; dem Bund obliegt jedoch gemäss Art. 69 BV die Zuständigkeit zur Bekämpfung übertragbarer oder stark verbreiteter oder bösartiger Krankheiten[214] sowie nach Art. 24^{septies} der Auftrag, Vorschriften über den Schutz des

210 Vgl. dazu General Discussion (Anm. 207), Ziff. 322, 333 und 335.

211 Ein besonders illustratives Beispiel, das die Bedeutung dieses Aspekts des Rechts auf Gesundheit unterstreicht, findet sich im Bericht des Sonderberichterstatters zur Situation der Menschenrechte im irakisch besetzten Kuwait (UN.Doc. E/CN.4/1992/26, Ziff. 185 ff., auch abgedruckt in: *Walter Kälin* (Ed.), Human Rights in Times of Occupation: The Case of Kuwait, Bern 1994, S. 115 ff.).

212 Vgl. Reporting Guidelines zu Art. 12 Pakt I (Anm. 59), S. 63 ff. und General Discussion (Anm. 207).

213 Vgl. zu den Kompetenzabgrenzungen im Gesundheitswesen zwischen Bund und Kantonen den Überblick in *M. Müller* (Anm. 206), S. 6 ff.

214 Vgl. dazu *Giorgio Malinverni*, Art. 69, in BV-Kommentar.

Menschen und seiner natürlichen Umwelt gegen schädliche oder lästige Einwirkungen zu erlassen und insbesondere Luftverunreinigung und Lärm zu bekämpfen[215]. Keine dieser Bestimmungen begründet jedoch ein verfassungsmässiges Individualrecht auf Gesundheit. Ein Anspruch auf grundlegende medizinische Versorgung bildet jedoch Teil eines Rechts auf Existenzsicherung, wie es in verschiedenen Kantonsverfassungen und neuerdings auch vom Bundesgericht als ungeschriebenes Grundrecht anerkannt wird[216].

Angesichts des umfassend ausgebauten Gesundheitssystems in der Schweiz erstreckt sich die Bedeutung dieser Garantie weniger auf eine Verpflichtung zum Aufbau von flächendeckenden und jedermann zugänglichen Gesundheitseinrichtungen, sondern auf folgende Bereiche:

- Das eidgenössische Epidemiengesetz (Art. 9 und 17)[217] und verschiedene Verordnungen im militärischen Bereich[218] sowie diverse kantonale Erlasse[219] reglementieren verschiedene Formen von medizinischen Behandlungen, Impfungen oder Untersuchungen, die auch ohne Einwilligung der davon betroffenen Person durchgeführt werden können. Solche Massnahmen greifen bereits in das Grundrecht der Persönlichen Freiheit ein[220]; daneben tangieren sie auch den Schutzbereich des Art. 12 Pakt I. Demzufolge hat ein solcher Eingriff nicht nur die Eingriffsvoraussetzungen der schweizerischen Grundrechtsdogmatik zu beachten, sondern auch den Anforderungen von Art. 4 Pakt I zu genügen[221]. In aller Regel dürfte diese Schrankenbestimmung allerdings nicht mehr Schutz als die persönliche Freiheit bieten, so dass Art. 12 kaum selbständige Bedeutung zukommt. Auffassungen des Ausschusses zur Abwehrschicht könnten allerdings künftig für eine völkerrechtskonforme Handhabung des Grundrechts der Persönlichen Freiheit relevant werden.
- Grössere Bedeutung kommt dieser Garantie als Anspruch auf diskriminierungsfreien Zugang zu Gesundheitseinrichtungen zu: Art. 12 i.V.m. Art. 2 Abs. 2 Pakt I sichert einen individuellen, gerichtlich durchsetzbaren An-

215 Vgl. dazu *Thomas Fleiner,* Art. 24^{septies}, in BV-Kommentar.

216 Siehe dazu oben S. 130 f.

217 Vgl. dazu *M. Müller* (Anm. 206), S. 195 ff.

218 Siehe z.B. die Verordnung über die medizinische Beurteilung der Diensttauglichkeit und Dienstfähigkeit (SR 511.12).

219 Vgl. beispielsweise zum Problem obligatorischer Schuluntersuchungen *Markus Müller,* Obligatorische schulärztliche Untersuchungen als Grundrechtsfrage, Bernische Verwaltungsrechtsprechung (BVR) 1993, S. 266 ff. Relevant wird diese Frage oft auch im Zusammenhang mit Zwangsmedikationen von Patienten und Patientinnen psychiatrischer Spitäler; siehe dazu BGE in ZBl 1993, S. 504 ff. und die Besprechung von *Markus Müller*, recht 1994, S. 41 ff.

220 Vgl. *Walter Haller*, Persönliche Freiheit, in BV-Kommentar, Rz. 38 ff.; *J.P. Müller* (Anm. 80) S. 9 f. und *M. Müller* (Anm. 206), S. 142 ff.

221 Vgl. dazu vorne Anm. 28.

spruch sowohl auf rechtsgleichen Zugang als auch auf rechtsgleiche medizinische Behandlung. Besondere Bedeutung hat dieser Anspruch in der Transplantationsmedizin und in anderen Gebieten, wo knappe Ressourcen eine vollumfängliche Behandlung aller Patienten und Patientinnen verunmöglichen. Die unvermeidliche Selektion muss hier auf sachlichen Gründen beruhen und darf nicht an den gemäss Art. 2 Abs. 2 verpönten Merkmalen anknüpfen. Das gilt grundsätzlich auch für das Kriterium der Nationalität[222]. Art. 12 i.V. mit Art. 2 Abs. 2 kann u.E. dort eine selbständige Rolle spielen, wo mangels einer individualschützenden Norm im kantonalen Gesetzesrecht die Legitimation zur staatsrechtlichen Beschwerde fehlt[223].

VIII. Das Recht auf Bildung (Art. 13 und 14)

1. Inhalt und Verpflichtung

Mit Art. 13 verpflichten sich die Vertragsstaaten zur Anerkennung des «Rechts eines jeden auf Bildung». In Hinblick auf die volle Verwirklichung dieses Rechts haben die Staaten gemäss Abs. 2 dieser Bestimmung einen unentgeltlichen Grundschulunterricht zu gewährleisten[224] und bezüglich weiterführender Schulen und Universitäten auf die Unentgeltlichkeit des Besuchs dieser Bildungseinrichtungen hinzuarbeiten. Abs. 3 statuiert weiter die Freiheit der Eltern, ihr Kind eine Privatschule besuchen zu lassen, und Abs. 4 verankert die Freiheit zur Errichtung und Betreibung von Privatschulen.

Bereits aus dieser Kurzübersicht wird deutlich, dass Art. 13 Teilgehalte enthält, die primär durch staatliches Unterlassen erfüllt werden können und deshalb als Freiheitsrechte eingestuft werden müssen[225]. Diese Teilbereiche werden denn auch gemeinhin mit dem Begriff der «negativen Bildungsfreiheit»[226] umschrieben. Eindeutig als justiziable, unmittelbar verpflichtende In-

222 Vgl. Tages-Anzeiger vom 2./3. und 8. September 1995, wonach am Universitätsspital Zürich Asylsuchende von der Warteliste für die Durchführung einer Nierentransplantation gestrichen wurden; vgl. dazu auch *Markus Schön*, Die Zulassung zu anstaltlich genutzten öffentlichen Einrichtungen aus verfassungsrechtlicher Sicht, Zürich 1985, S. 194. Zulässig ist ein Ausschluss von Ausländern mit ungesichertem Aufenthaltsstatus nur, wenn davon auszugehen ist, dass eine medizinische Behandlung wenig Sinn macht, weil die betroffene Person ohnehin in absehbarer Zeit in ein Gebiet reisen muss, in welchem eine notwendige medizinische Nachbetreuung nicht möglich ist.

223 Vgl. dazu vorne S. 116.

224 Siehe dazu auch Art. 14 Pakt I.

225 Vgl. *Manfred Nowak*, The Right to Education, in: *Eide/Krause/Rosas* (Anm. 1), S. 195 f.

226 *Luzius Wildhaber*, Art. 2 Erstes Zusatzprotokoll, in: *Heribert Golsong u.a.* (Hrsg.), Internationaler Kommentar zur Europäischen Menschenrechtskonvention, Köln u.a., ab 1986, Rz. 3.

dividualrechte einzustufen sind deshalb (1) die Freiheit der Wahl einer Bildungseinrichtung[227], die bereits während der obligatorischen Schulzeit gilt und deshalb die Errichtung staatlicher Schulmonopole verbietet, (2) die Freiheit der Errichtung und Betreibung von Privatschulen, (3) das Recht der Eltern auf Achtung ihrer religiösen und weltanschaulichen Überzeugungen sowie (4) in Verbindung mit Art. 2 Abs. 2 Pakt I das Verbot diskriminatorischer Zugangsbeschränkungen zu bestehenden Bildungseinrichtungen. Genau diese Bereiche werden auch durch den direkt anwendbaren Art. 2 des Ersten Zusatzprotokolls zur EMRK geschützt[228].

Auf der Stufe der staatlichen Leistungsverpflichtung, d.h. dem Recht, ausgebildet zu werden, statuiert Art. 13 i.V.m. Art. 14 als erstes eine unmittelbar zu erfüllende und deshalb justiziable Verpflichtung zur Einführung eines obligatorischen und unentgeltlichen Primarschulunterrichts[229]. Auf der Stufe progressiv zu erfüllender Leistungspflichten schenkt der Ausschuss Anstrengungen zur Erleichterung des Zugangs und zur Förderung von sog. «vulnerable groups» (z.B. fremdsprachigen, geistig und körperlich behinderten Kindern, Kindern aus nationalen Minderheiten oder von Eltern mit tiefen Einkommen) besondere Beachtung[230]. Ein weiterer zentraler Punkt stellt die Verpflichtung dar, auch für weiterführende Schulen auf das Ziel der Allgemeinzugänglichkeit des Besuchs hinzuarbeiten[231]. An dieser Stelle gilt es nochmals zu betonen, dass Art. 2 Pakt I auch hier verlangt, auf dieses Ziel unter Ausschöpfung aller geeigneten Mittel bis zur vollständigen Verwirklichung hinzuarbeiten. Schliesslich haben Staaten durch entsprechende Gestaltung der Lehrpläne darauf hinzuarbeiten, dass «die Bildung auf die volle Entfaltung der menschlichen Persönlichkeit und des Bewusstseins ihrer Würde gerichtet sein und die Achtung vor den Menschen-

227 Vgl. *Mark G. Yudof,* Articles 13 and 14 – Right to Education, in: *Hannum/Fischer* (Anm. 1), S. 238.

228 *Wildhaber* (Anm. 226), Rz. 28 und 70 ff. Diese Bestimmung schützt zusätzlich einen Anspruch auf Ausbildung in einer Nationalsprache und auf amtliche Anerkennung der abgeschlossenen Schulausbildung. Nachdem diese zwei zusätzlichen Aspekte in der Schweiz auf Gesetzesstufe bereits anerkannt sind, ist kein rechtlicher Grund mehr ersichtlich, eine Ratifikation des Ersten Zusatzprotokolls zur EMRK hinauszuzögern. Die Nichtratifizierung dieses Zusatzprotokolls beruhte vor allem auf föderalistischen Bedenken in bezug auf das Recht auf Bildung; *Marco Borghi*, Art. 27, in BV-Kommentar, Rz. 92; *Paul Richli/Bruno Mascello*, Zur Privatschulfreiheit in der Schweiz – unter besonderer Berücksichtigung völkerrechtlicher Verträge, ZSR-Beiheft 17, 1994, Strukturen des schweizerischen Bildungswesens, S. 144.

229 Vgl. *Nowak* (Anm. 225), S. 199 f.

230 Ziff. 5 der Reporting Guidelines zu Art. 13 (Anm. 59), S. 66 f. In diesen Bereich gehört auch die Verpflichtung, Erwachsenen, die keine Grundschule besuchten, Möglichkeiten zur Behebung dieses Bildungsdefizits zu gewährleisten (Art. 13 Abs. 2 lit. d Pakt I).

231 Dieser Teilbereich enthält implizit auch die Verpflichtung zur Errichtung von Bildungseinrichtungen, die eine weiterführende Ausbildung ermöglichen.

rechten und Grundfreiheiten stärken muss». Die schulische Ausbildung hat zudem Verständnis, Toleranz und Freundschaft unter den Völkern zu fördern[232].

2. Bedeutung für die Schweiz

Nach schweizerischem Verfassungsrecht besteht ein Recht auf Bildung auf Bundesebene[233] nur in der reduzierten Form der Garantie eines obligatorischen, unentgeltlichen, konfessionell neutralen und genügenden Primarschulunterrichts gemäss Art. 27 Abs. 2 und 3 BV[234]. Die Anerkennung eines darüber hinausgehenden Rechts auf Bildung wurde vom Bundesgericht unter Berufung auf den negativen Entscheid des Souveräns[235] zu einer entsprechenden Verfassungsvorlage abgelehnt[236]. Obwohl von der Lehre[237] gefordert, lehnte es das Bundesgericht auch ab, eine entsprechende Garantie aus dem ungeschriebenen Grundrecht der persönlichen Freiheit[238] oder der Handels- und Gewerbefreiheit abzuleiten. Da die Schweiz das Erste Zusatzprotokoll zur EMRK, welches ein negatives Recht auf Bildung verankert, nicht ratifiziert hat, birgt die Bestimmung von Art. 13 Pakt I für Individuen in der Schweiz ein grosses Potential an zusätzlichem Rechtsschutz. Im folgenden soll kurz auf einzelne aktuelle Problembereiche eingegangen werden[239]:

232 Art. 13 Abs. 1 Pakt I.

233 Auf kantonaler Ebene wurde dieses Recht in verschiedenen Kantonsverfassungen teils als justiziables Grundrecht, teils als Sozialziel verankert; vgl. die Übersicht in *Herbert Plotke*, Bildung und Schulen in den kantonalen Verfassungen, ZSR-Beiheft 17, 1994, Strukturen des schweizerischen Bildungswesens, S. 39 ff.

234 Vgl. dazu *Borghi* (Anm. 228), Rz. 29 ff. und BGE 117 Ia 31 ff.

235 Ein Bildungsartikel, der ein Recht auf Bildung verankert hätte, scheiterte 1973 am Ständemehr. Vgl. die Kritik an dieser Begründung für die Nichtanerkennung eines ungeschriebenen Grundrechts in *Peter Saladin/Martin Aubert*, Zulassungsbeschränkungen an schweizerischen Hochschulen, ZSR-Beiheft 17, 1994, Strukturen des schweizerischen Bildungswesens, S. 170 und *Christoph Zenger*, Numerus clausus an Hochschulen als Grundrechtsfrage, ZSR 1983 I, S. 31.

236 BGE 103 Ia 398.

237 Folgende Autoren plädieren für ein eigenständiges Grundrecht auf Bildung oder betrachten dieses Recht als Teilgehalt eines anderen Grundrechts: *Herbert Plotke*, Schweizerisches Schulrecht, Bern/Stuttgart 1979, S. 271 ff.; *Paul Richli*, Chancengleichheit im Schul- und Ausbildungssystem als Problem des Staats- und Verwaltungsrechts, ZBl 1995, S. 20; *Saladin/Aubert* (Anm. 235), S. 159 ff.; *Schön* (Anm. 222), S. 79 ff.; *Zenger* (Anm. 235), S. 31 ff.

238 BGE 114 Ia 220: «Die persönliche Freiheit begründet grundsätzlich keinen Anspruch auf Leistungen des Staates. [...] Ein Recht auf Bildung [...] darf nicht auf dem Umweg der höchstrichterlichen Rechtsprechung zum Grundrecht der persönlichen Freiheit geschaffen werden.» In BGE 117 Ia 30 schloss es aber das Gericht nicht aus, dass ein staatlicher Eingriff den Schutzbereich dieses Grundrechts tangieren könne; vgl. dazu auch BGE 121 I 24 f.

239 Umfassend untersucht werden die Auswirkungen von Art. 13 Pakt I auf das schweizerische Bildungswesen von *Pius Gebert*, Das Recht auf Bildung nach Art. 13 des UNO-Paktes über wirtschaftliche, soziale und kulturelle Rechte, St. Gallen 1996.

a) Erhöhung oder Einführung von Schul- und Studiengebühren

Im bereits mehrfach zitierten BGE 120 Ia 1 ff. kam das Bundesgericht zum Schluss, das Recht auf Bildung gemäss Art. 13 Abs. 2 lit. c des Paktes I könne gegenüber der Erhöhung von Studiengebühren nicht angerufen werden, da diese Bestimmung zu wenig präzise formuliert sei und den Staaten ein zu grosses Ermessen gewähre, um Individuen ein subjektives Recht einzuräumen. Während es richtig ist, dass auch der Ausschuss diese Bestimmung nicht explizit zu den justiziablen Teilgehalten des Rechts auf Bildung zählt, bedarf die Frage der Paktkonformität der Erhöhung von Studiengebühren, die über inflationsbedingte Anpassungen hinausgeht, einer genaueren Prüfung: Art. 13 Abs. 2 lit. c Pakt I verpflichtet die Vertragsstaaten, alle geeigneten Massnahmen zur vollen Verwirklichung des von dieser Norm statuierten Endziels zu ergreifen. Dieses besteht in der Realisierung des Zugangs zu Hochschulen für alle, welche die erforderliche Eignung besitzen. Um dieses Ziel zu erreichen, sollen die Vertragsstaaten «insbesondere» auf die allmähliche Unentgeltlichkeit des Besuchs von Hochschulen hinarbeiten. Aus dem deutschen Begriff «insbesondere» lässt sich nicht ableiten, ob die progressiv zu erreichende Unentgeltlichkeit zwingende Voraussetzung der vollen Verwirklichung dieser Paktbestimmung ist, oder ob mit dieser Formulierung lediglich eine mögliche – wenn auch zentrale – Massnahme zur Erfüllung dieser Paktverpflichtung in beispielhafter Weise erwähnt wird. Auch den offiziellen englischen und französischen Versionen können keine schlüssigen Hinweise entnommen werden. Während der französische Ausdruck «notamment» auf die Statuierung lediglich einer Möglichkeit schliessen lässt, legt der englische Ausdruck «in particular» die gegenteilige Lösung nahe[240]. Ein Blick auf die Materialien[241] verdeutlicht jedoch, dass die französische Fassung den Vertragswillen wiedergibt und den Vertragsstaaten damit ein erheblicher Spielraum in der Wahl der Mittel zur Erreichung der Allgemeinzugänglichkeit des Hochschulunterrichts offensteht. Die Reduktion bestehender Hochschulgebühren ist demgemäss zwar ein praktisch wichtiges Element zur Erreichung dieses Ziels, die historische Auslegung dieser Norm steht jedoch dem Argument entgegen, Studierenden stünde ein subjektives, gerichtlich durchsetzbares Recht auf die allmähliche Einführung der Unentgeltlichkeit des Hochschulunterrichts zu.

Differenzierter ist die Frage der Zulässigkeit von Studiengebührenerhöhungen zu beurteilen. Der Pakt I räumt den Staaten nur einen Ermessensspielraum in der Wahl der Mittel zur Verwirklichung der Paktgarantien ein. Massnahmen, welche sich vom bereits erreichten Stand entfernen, verletzen als sog. «retrogressive measures» das Recht auf Bildung, falls nicht in anderen Bereichen für

240 Siehe dazu *Gebert* (Anm. 239), S. 33 f.

241 UN.Doc. A/3764; A/C.3/L. 623 und 625 und *Gebert* (Anm. 239), S. 424.

eine sachgerechte Kompensation gesorgt wird oder aus finanziellen Gründen eine Gebührenerhöhung nicht bloss wünschenswert, sondern unvermeidbar ist[242]. Ein Staat muss deshalb – um nicht in Widerspruch zu seinen Verpflichtungen aus dem Sozialpakt zu geraten – auch in Zeiten, in welchen Finanzprobleme bestehen, sehr überzeugende Gründe für Gebührenerhöhungen an staatlichen Hochschulen geltend machen können, wenn er nicht gleichzeitig Studierende – z.B. durch Stipendienanpassungen[243] oder stärkere Subventionierung von Dienstleistungen (Mensa etc.) – anderswie besser stellt. Die Frage, ob solche Massnahmen unter Berücksichtigung des Paktes I überhaupt durchgeführt werden können und ob wirksame flankierende Massnahmen getroffen wurden, erweist sich aber u.E. als justiziabel, d.h. genügend bestimmt, um auch vom Bundesgericht im Verfahren der staatsrechtlichen Beschwerde geprüft zu werden.

b) Verbot eines staatlichen Schulmonopols

Art. 27 BV gewährleistet keine Unterrichtsfreiheit, sondern überlässt es den Kantonen, ob sie Privatschulen zulassen oder verbieten wollen[244]. Diese Regelungskompetenz wird von den Kantonen in unterschiedlicher Weise ausgenützt, wobei in keinem Kanton ein staatliches Schulmonopol statuiert wird[245]. Dieser Spielraum ist den Kantonen mit der Ratifikation des Sozialpaktes entzogen worden. Da die Unterrichtsfreiheit gemäss Art. 13 Abs. 3 Pakt I bzw. das Recht auf Führung einer Privatschule zudem ohne Zweifel justiziabel[246] ist, müsste das Bundesgericht auf staatsrechtliche Beschwerden von Personen eintreten, welchen die Errichtung oder der Betrieb einer privaten Bildungsinstitution verweigert oder als Eltern untersagt wird, ihr Kind in einer Privatschule ausbilden zu lassen. Materiell dürfte eine solche Beschwerde allerdings abgewiesen werden, falls die Lehrpläne der betroffenen Institution staatlich vorgegebenen

242 Vgl. vorne S. 110 f.; so auch *Gebert* (Anm. 239), S. 464. Infolge fehlender Ausgleichsmassnahmen beurteilt dieser Autor die in BGE 120 Ia 1 ff. erfolglos angefochtenen Studiengebührenerhöhungen der Universität Zürich als paktwidrig (a.a.O., S. 458).

243 Werden die Stipendien nur im betreffenden Hochschulkanton angehoben, bleibt allerdings das Problem, dass nicht alle von der Gebührenerhöhung Betroffenen in den Genuss dieser Kompensationsleistung gelangen.

244 *Borghi* (Anm. 228), Rz. 101; *Tobias Jaag/Georg Müller/Peter Saladin/Ulrich Zimmerli*, Ausgewählte Gebiete des Bundesverwaltungsrechts, 2. Aufl., Basel/Frankfurt a.M. 1997, S. 149; *Bruno Mascello*, Elternrecht und Privatschulfreiheit, Diss. St. Gallen 1995, S. 127 f.

245 Gemäss *Mascello* (Anm. 244), S. 148, gewähren aber nur vier Kantone die Unterrichtsfreiheit uneingeschränkt in ihren Verfassungen, während die übrigen sie im Rahmen der Gesetzgebung zulassen oder keine Bestimmungen zu diesem Themenbereich erlassen haben.

246 Allgemeine Bemerkung 3, Ziff. 5 und *Gebert* (Anm. 239), S. 613; *Mascello* (Anm. 244, S. 199) und *Richli/Mascello* (Anm. 228, S. 137) zweifeln demgegenüber an der Justiziabilität dieses Freiheitsrechts.

bildungspolitischen Mindestnormen[247] oder den in Art. 13 Abs. 1 Pakt I niedergelegten Ausbildungsrichtlinien nicht genügen würden[248].

c) Einführung von Zulassungsbeschränkungen zu Hochschulen (numerus clausus)

Bereits vor der Ratifizierung des Paktes I durch die Schweiz beschäftigte sich das Bundesgericht verschiedentlich mit der Frage der Zulässigkeit von Zugangsbeschränkungen zu Bildungseinrichtungen[249]. Trotz Einwänden der Lehre[250] hat das Gericht bisher nicht anerkannt, dass solche Massnahmen in spezifische Grundrechte von Studienwilligen eingreifen[251]. Deshalb wurde bisher einzig geprüft, ob die Einführung eines numerus clausus dem Willkürverbot und dem Gebot rechtsgleicher Behandlung oder dem Prinzip der Gewaltentrennung zuwiderlaufe.

Art. 13 Abs. 2 lit. c fordert von den Staaten, den Hochschulunterricht auf *jede geeignete Weise*, insbesondere durch allmähliche Einführung der Unentgeltlichkeit, jedermann gleichermassen entsprechend seinen Fähigkeiten zugänglich zu machen. Damit wird zweierlei statuiert: 1) Die Schweiz steht unter der Verpflichtung, den Zugang zu Hochschulen zu *erleichtern*; 2) Zulassungsentscheide haben unter Beachtung der Rechtsgleichheit zu ergehen, wobei gemäss dem klaren Wortlaut von Art. 13 Abs. 2 lit. c allein auf die *Fähigkeit* des Bewerbers oder der Bewerberin abgestellt werden darf. Die Verpflichtung zur Erleichterung des Zugangs lässt als «retrogressive measure» die Einführung des numerus clausus in bisher frei zugänglichen Studienbereichen zwar nicht als absolut verboten, wohl aber als grundsätzlich problematisch und damit als ausgesprochen rechtfertigungsbedürftig erscheinen: Der numerus clausus lässt sich mit anderen Worten nur mit dem Pakt vereinbaren, wenn zwingende sachliche Gründe dafür sprechen. Das Kriterium der Fähigkeit ist für die Ausgestaltung eines allfälligen numerus clausus relevant: Zulassungsbeschränkungen, welche auf Losverfahren, auf Quoten und Kontingente oder auf das Alter der Bewerber abstellen, lassen sich damit nicht vereinbaren[252]. Demgegenüber bilden fachspezifische Aufnahmeprüfungen und Eignungstests oder

247 Art. 13 Abs. 3 Pakt I.

248 Art. 13 Abs. 4 Pakt I.

249 BGE 114 Ia 216; 104 Ia 305 ff., 369 ff.; 102 Ia 321 ff.; vgl. auch BGE 121 I 24, der zwar nach der Ratifizierung der UNO-Pakte erging, aber keinen Bezug auf Art. 13 des Pakts I nimmt.

250 *Zenger* (Anm. 235), S. 19; *Schön* (Anm. 222), S. 42 und S. 147 ff.; *Saladin/Aubert* (Anm. 235), S. 158 ff.; *Richli* (Anm. 237), S. 215 f. und S. 222.

251 Vgl. die Zusammenstellung der Rechtsprechung in BGE 121 I 24 f.

252 Problematisch dürften auch Beschränkungen sein, welche auf die Maturitätsnoten abstützen, solange nicht sichergestellt ist, dass in allen Kantonen ähnliche Beurteilungsmassstäbe gelten: So auch *Richli* (Anm. 237), S. 219 und S. 222.

fachrelevante Praktika zulässige Selektionskriterien[253]. Die Einführung eines numerus clausus, der nicht auf eignungsbezogenen Selektionskriterien beruht, könnte deshalb beim Bundesgericht angefochten werden. Die Justiziabilität von Art. 13 steht hier u.E. ausser Frage[254], da ein Spezialfall der diskriminierungsfreien Einräumung eines Paktanspruchs[255] und nicht die Gewährung staatlicher Leistungen zur Diskussion steht.

IX. Kulturelle und wissenschaftliche Rechte (Art. 15)

1. Inhalt und Verpflichtung

Art. 15 des Paktes I kodifiziert als einzige Bestimmung[256] des Paktes sog. kulturelle Rechte, die oft – auch von der Doktrin[257] – wenig beachtete letzte Kategorie von Rechten innerhalb der Menschenrechte der zweiten Generation. Im einzelnen enthält diese Garantie ein Konglomerat sehr unterschiedlicher Teilgehalte:

a) Recht auf Teilnahme am kulturellen Leben und Kunstfreiheit

Art. 15 Abs. 1 lit. a bestimmt lapidar: «Die Vertragsstaaten erkennen das Recht eines jeden an, am kulturellen Leben teilzunehmen». Damit wird als erstes ein zwar gemäss Art. 4 des Paktes einschränkbares, trotzdem aber unmittelbar verpflichtendes Verbot statuiert, von staatlicher Seite her in die Freiheit aller Menschen einzugreifen, sich am kulturellen Leben gemäss ihren Vorlieben aktiv oder passiv zu beteiligen[258]. Das sich daraus ergebende Freiheitsrecht schützt sowohl den persönlichen Besuch von kulturellen Veranstaltungen als auch den Genuss von Kultur durch Literatur und Film. Insofern lässt sich der justiziable Teilgehalt von Art. 15 am treffendsten als passive Kunstfreiheit umschreiben. Die aktive Kunstfreiheit wird in Abs. 3 als zur direkten Anwendung geeignete, d.h. justiziable[259] Freiheit des Kunstschaffens kodifiziert[260], indem die Vertrags-

253 So auch *Gebert* (Anm. 239), S. 463.

254 A.M. *Saladin/Aubert* (Anm. 235), S. 168.

255 Art. 13 Abs. 2 lit. c erlaubt beim Zugang bloss das Unterscheidungsmerkmal der Fähigkeit.

256 Teilweise wird jedoch auch das Recht auf Bildung zu dieser Kategorie gezählt.

257 Vgl. aber immerhin *Asbjörn Eide*, Cultural Rights as Individual Human Rights, in: *Eide/Krause/Rosas* (Anm. 1), S. 229 ff.

258 *Eide* (Anm. 257), S. 234.

259 Allgemeine Bemerkung 3, Ziff. 5, hinten S. 304.

260 Vgl. auch Ziff. 1 lit. g der Reporting Guidelines zu Art. 15 (Anm. 59), S. 69: «Please describe [...] legislation protecting the freedom of artistic creation and performance, including the freedom to disseminate the results of such activities, as well as an indication of any restrictions or limitations imposed on the freedom».

staaten *verpflichtet* werden, «die zu [...] schöpferischer Tätigkeit unerlässliche Freiheit zu achten».

Gemäss den Reporting Guidelines[261] verpflichtet diese Norm i.V.m. Abs. 2 die Vertragsstaaten auf der Leistungsebene zu einer umfassenden staatlichen Förderung der Kultur, wobei insbesondere auf die Bedeutung der Kultur für staatliche Minderheiten und die ausländische Bevölkerung eines Staates zu achten ist[262]. Daneben verlangt diese Garantie Massnahmen des Kulturgüterschutzes[263].

b) Wissenschaftliche Rechte

Auch die Forschungsfreiheit wird in Art. 15 Pakt I an zwei verschiedenen Stellen kodifiziert; gemäss lit. b von Abs. 1 «erkennen die Vertragsstaaten das Recht eines jeden an, an den Errungenschaften des wissenschaftlichen Fortschrittes und seiner Anwendung teilzuhaben», während in Abs. 3 wiederum ein justiziables[264] Freiheitsrecht verankert ist: «Die Vertragsstaaten *verpflichten* sich, die zu wissenschaftlicher Forschung [...] unerlässliche Freiheit zu *achten*». Die erstgenannte Bestimmung garantiert in ihrer Funktion als Abwehrgarantie eine «passive» Forschungsfreiheit, indem die Staaten zur Respektierung der Freiheit der Suche und des Empfanges von wissenschaftlichen Informationen verpflichtet werden. Daneben werden die Vertragsstaaten und deren Gesetzgeber auf der Leistungsebene dieser Garantie dazu angehalten, aktiv den wissenschaftlichen Fortschritt zu fördern und dafür besorgt zu sein, dass wissenschaftlicher Fortschritt dem Wohl der gesamten Bevölkerung und insbesondere dem Schutz der Rechte auf Leben, auf Gesundheit und eine gesunde Umwelt dient[265].

c) Schutz des geistigen Eigentums

Als letzter Teilgehalt wird in Art. 15 Abs. 1 lit. c schliesslich ein individuelles Recht kodifiziert, den Schutz der geistigen und materiellen Interessen zu geniessen, die jemandem als Urheber von Werken der Wissenschaft, Literatur oder Kunst erwachsen. Auch dieser Anspruch auf Freiheit des geistigen Eigentums lässt sich zumindest in Staaten, in welchen der Schutz der Immaterialgüterrechte bereits umfassend auf Gesetzesstufe geregelt ist, innerstaatlich durchsetzen.

261 Reporting Guidelines zu Art. 15 (Anm. 59), S. 68 ff.
262 *Alston* (Anm. 28), S. 70.
263 Reporting Guidelines zu Art. 15 (Anm. 59), S. 69, Ziff. 1 lit. f.
264 Allgemeine Bemerkung 3, Ziff. 5.
265 Reporting Guidelines zu Art. 15 (Anm. 59), S. 69, Ziff. 2.

2. Bedeutung für die Schweiz

a) Kulturelle Rechte

aa) Recht auf Teilnahme am kulturellen Leben

Die Freiheit der «Konsumation» von Kultur ist in der Schweiz durch die Informationsfreiheit als Teilbereich der Meinungsfreiheit[266] resp. durch die Meinungsbildungsfreiheit bereits verfassungsrechtlich geschützt.

Im Bereich der Kulturförderung lehnten die Stände im Jahre 1994 trotz Volksmehr die Aufnahme eines Kulturartikels in die Verfassung ab, weshalb dem Bund in diesem Bereich nur eingeschränkte Kompetenzen zukommen. Immerhin ist er gemäss Art. 27ter[267] BV befugt, die einheimische Filmproduktion zu fördern, und er kann gemäss Art. 24^{sexies} Abs. 3[268] die Kantone im Bereich des kulturrelevanten Heimatschutzes finanziell unterstützen[269]. In den übrigen Bereichen sind die Kantone für die Kulturförderung zuständig, eine Aufgabe, die sie nicht nur wahrnehmen dürfen, sondern seit der Ratifikation des Paktes grundsätzlich auch erfüllen müssen[270].

bb) Kunstfreiheit

Die Kunstfreiheit wird auf Bundesebene zwar nicht als eigenständiges verfassungsmässiges Recht anerkannt[271], sie ist aber gemäss bundesgerichtlicher Rechtsprechung als Teilgehalt der Meinungsäusserungsfreiheit[272] bzw. von Art. 10 EMRK und Art. 19 des Paktes II geschützt[273]. Mehrere moderne Kantonsverfassungen[274] kennen ebenfalls dieses Recht. Deshalb kommt Art. 15 in der Schweiz keine eigenständige rechtliche Bedeutung zu, die Ratifikation dieser

266 Siehe *J.P. Müller* (Anm. 80), S. 145.

267 Siehe dazu *Marco Borghi*, Art. 27ter, in BV-Kommentar.

268 Siehe zu dieser Kompetenznorm *Thomas Fleiner*, Art. 24^{sexies}, in BV-Kommentar, Rz. 12 ff.

269 Vgl. dazu den Bericht der Schweiz (Anm. 76), S. 202.

270 In diesem Bereich stellt sich infolge der völkerrechtlichen Verantwortlichkeit des Bundes für die Durchsetzung des Paktes die Frage, ob nicht gestützt auf Art. 15 Pakt I dem Bund – wenigstens soweit wie die Kulturförderung von dieser Norm verlangt wird – eine gewisse Oberaufsicht zukäme.

271 Vgl. aber Art. 16 VE 1996 (Anm. 70): «Die Freiheit der Kunst ist gewährleistet.»

272 Die auch nicht-verbale Äusserungen schützt; vgl. *J.P. Müller* (Anm. 80), S. 91 und S. 108 ff.

273 Diese Norm schützt die Freiheit der Kunst bereits gemäss ihrem Wortlaut.

274 Vgl. § 14 KV-AG, Art. 14 KV-AR, Art. 22 KV-BE, § 6 Abs. 2 lit. e KV-BL, Art. 8 lit. i KV-JU, Art. 14 KV-SO.

Norm könnte aber für das Bundesgericht ein weiteres Argument dafür sein, die Kunstfreiheit als selbständiges ungeschriebenes Grundrecht anzuerkennen[275].

Allerdings ist bereits heute ein Bereich ersichtlich, in welchem diese Norm relevant werden könnte: Da das Bundesgericht die Zulässigkeit einer Vorzensur für kommerzielle, entgeltliche Filmvorführungen nur unter dem Aspekt der Handels- und Gewerbefreiheit prüft, hält es solche Massnahmen nicht für verfassungswidrig[276]. Ob sie – soweit es nicht um Jugendschutz geht – auch vor Art. 15 Pakt I standhalten, ist zweifelhaft. Das Beispiel zeigt, dass die kulturellen Rechte von Art. 15 relevant werden können, wo sich künstlerische Tätigkeiten in einem kommerziellen Umfeld abspielen.

cc) Diskriminierungsfreie Gewährleistung von staatlichen Kulturleistungen

Verschiedene Erlasse auf dem Gebiet der Kulturförderung beschränken den Kreis der Subventionsberechtigten auf Schweizer und Schweizerinnen[277]. Solche Beschränkungen sind nicht immer sachlich gerechtfertigt; in diesem Ausmass erscheinen sie im Lichte des Diskriminierungsverbotes von Art. 2 Abs. 2 Pakt I als problematisch.

b) Wissenschaftliche Rechte

aa) Recht auf Teilnahme am wissenschaftlichen Fortschritt

Die Freiheit, am wissenschaftlichen Fortschritt teilzunehmen, wird – was ihren Abwehrgehalt betrifft – gemäss schweizerischem Grundrechtsverständnis wiederum durch die Informationsfreiheit als Teilgehalt der Meinungsfreiheit geschützt.

Die durch Art. 15 Abs. 2 Pakt I statuierte Leistungsverpflichtung zur Förderung der Forschung findet auf Stufe der Bundesverfassung ihr Gegenstück in Art. 27^{sexies}[278], welcher den Bund allgemein verpflichtet, günstige Forschungsbedingungen zu schaffen[279]. Die Leistungskomponente der wissenschaftlichen Garantien des Paktes verpflichtet – zumindest gemäss der gegenwärtig noch kaum vorhandenen Praxis zu Inhalt und Ausmass der progressiven Verpflichtung

275 Vgl. nun auch Art. 16 VE 1996 (Anm. 70). Keine Notwendigkeit einer Anerkennung der Kunstfreiheit als ungeschriebenes Grundrecht sieht *Heinrich Hempel* (Die Freiheit der Kunst, Zürich 1991, S. 447 ff), sofern potentielle Einschränkungen des Kunstschaffens verfassungskonform interpretiert werden.

276 BGE 93 Ia 309 f.

277 Siehe z.B. Art. 1 lit. b und d der Verordnung über die eidgenössische Kunstpflege (SR 442.11). Teilweise sind zusätzlich wenigstens die ausländischen Staatsangehörigen mit Niederlassungsbewilligung berechtigt (vgl. z.B. Art. 1 Abs. 2 der Filmverordnung, SR 443.11).

278 Vgl. dazu *Marco Borghi,* Art. 27^{sexies}, in BV-Kommentar und *Hans Gruber,* Forschungsförderung und Erkenntnisfreiheit, Diss. Bern 1986, S. 3 ff. Gestützt auf diese Bestimmung erging das BG über die Forschung (SR 420.1).

279 *Borghi* (Anm. 278), Rz. 15.

– den Staat deshalb nicht zu grundsätzlich neuen Aufgaben. Deshalb liegt auch in diesem Bereich die Hauptbedeutung des Paktes in einer Schmälerung des staatlichen Ermessensbereichs beim Einsatz seiner finanziellen Mittel, d.h. in der vermutungsweisen (nur mit qualifizierten Gründen widerlegbaren) Paktwidrigkeit des Abbaus der Forschungsförderung, welcher über übliche finanzpolitisch motivierte Schwankungen hinausgeht und nicht durch Massnahmen wie die Verbesserung der Rahmenbedingungen für private Forschungsförderung (z.B. durch Steuererleichterungen) kompensiert wird.

bb) Forschungsfreiheit

Die in Abs. 3 von Art. 15 Pakt I verankerte Forschungsfreiheit wird vom Bundesgericht – im Gegensatz zu vielen modernen Kantonsverfassungen[280] – wiederum nicht als eigenständiges ungeschriebenes Grundrecht der BV anerkannt, sondern als Teil einer weit verstandenen Meinungsäusserungsfreiheit und als Teilgehalt der persönlichen Freiheit[281] eingestuft[282]. Diese Meinung wird auch von der Doktrin[283] und den politischen Behörden[284] geteilt. Angesichts der Problematik der Grenzen wissenschaftlichen Forschens in Bereichen wie z.B. der Gen- oder Atomtechnologie erscheint die Anerkennung als eigenständige Grundrechtsgarantie – was durch die Ratifizierung des Paktes I faktisch bereits geschehen ist – trotzdem als sachgerecht, um spezifischen Einschränkungsbedürfnissen besser gerecht werden zu können[285].

c) Schutz des geistigen Eigentums

Der Schutzbereich der Eigentumsgarantie von Art. 22ter BV umfasst neben dem Eigentum im sachenrechtlichen Sinn auch die Immaterialgüterrechte[286]. Daneben werden diese immateriellen Rechte auch durch verschiedene Bundesgesetze über geistiges Eigentum geschützt. Diesem Teilgehalt von Art. 15 Pakt I kommt deshalb für die Schweiz keinerlei selbständige Bedeutung zu.

280 Vgl. z.B. § 14 KV-AG, Art. 13 KV-AR, Art. 21 KV-BE, § 6 Abs. 2 lit. e KV-BL, Art. 14 KV-SO, § 6 Ziff. 6 KV-TG.

281 BGE 115 Ia 269.

282 *J.P. Müller* (Anm. 80), S. 121; *Borghi* (Anm. 278), Rz. 11 und *Gruber* (Anm. 278), S. 96 ff.

283 *Jörg Paul Müller*, Wissenschaftsfreiheit, in BV-Kommentar, Rz. 5 ff.; *Gruber* (Anm. 278), S. 156 ff.

284 Vgl. Botschaft zum Forschungsgesetz (BBl 1981 III 1068): «Die Garantie der Freiheit von Lehre und Forschung hat Verfassungsrang [...]. Weil sie als ungeschriebenes Grundrecht nicht aus dem Verfassungstext ersichtlich ist, [ist] es notwendig, diejenigen Forschungsinstanzen eindeutig auf die Einhaltung des Grundrechts zu verpflichten, die als halbstaatliche oder private Organisationen mit Bundesmitteln die Forschung fördern».

285 Eine ausdrückliche Verankerung der «Freiheit der Wissenschaft» sieht nun der VE 1996 (Anm. 70) in Art. 17 vor.

286 *J.P. Müller* (Anm. 80), S. 327; *Georg Müller*, Art. 22ter, in BV-Kommentar, Rz. 2.

Die Bedeutung des UNO-Paktes über bürgerliche und politische Rechte für das schweizerische Recht

Alberto ACHERMANN, Martina CARONI und Walter KÄLIN[1]

I. Einleitung

1. Die Bedeutung des Paktes für die innerstaatliche Ebene

Hauptmotiv der Ratifikation der Menschenrechtspakte durch die Schweiz war das Bedürfnis, die schweizerische Menschenrechtspolitik – insbesondere im Bereiche bilateraler Interventionen zugunsten Einzelner – auf eine solide juristische Grundlage zu stellen. Entsprechend führte der Bundesrat im Ingress zu seiner Botschaft aus: «Der Beitritt zu den Pakten» würde «vor allem ein wichtiges Anliegen unserer Aussenpolitik im universellen Rahmen verwirklichen» und «hätte deshalb nicht das vorrangige Ziel, den Schutz der Menschenrechte in der Schweiz auszubauen»[2]. Es trifft zu, dass – anders als die EMRK – die Pakte auf innerstaatlicher Ebene bisher wenig praktische Wirkungen entfaltet haben. Für den Pakt über die bürgerlichen und politischen Rechte (Pakt II) liegt ein wichtiger Grund in den zahlreichen Vorbehalten, mit welchen der Bundesrat

1 Dr. iur. Alberto Achermann, Fürsprecher, LL.M., und lic. iur. Martina Caroni, Assistent bzw. Assistentin am Institut für öffentliches Recht der Universität Bern; Prof. Walter Kälin, Ordinarius für Staats- und Völkerrecht an der Universität Bern. Dieser Überblick beschränkt sich auf eine Diskussion ausgewählter Bereiche, in welchen der Pakt für die Praxis relevant werden kann, weil die schweizerische Rechtsordnung noch nicht genügend Schutz gewährt und zudem die Praxis des Menschenrechtsausschusses über jene der EMRK-Organe hinausgeht. Ausgeklammert bleiben jene Bereiche, in welchen ein an sich weitergehender Schutz des Paktes durch einen Vorbehalt wegbedungen worden ist (hierzu ausführlich *Malinverni*, vorne S. 94 ff.). Diese Darstellung kann eine eingehende Kommentierung des Paktes II nicht ersetzen. Siehe dafür die umfassenden Darstellungen bei *Manfred Nowak*, UN-Covenant on Civil and Political Rights, CCPR-Commentary, Kehl/Strasbourg/Arlington 1993; *ders.*, UNO-Pakt über bürgerliche und politische Rechte und Fakultativprotokoll, CCPR-Kommentar, Kehl/Strasbourg/Arlington 1989 sowie *Dominic McGoldrick*, The Human Rights Committee, Its Role in the Development of the International Covenant on Civil and Political Rights, Oxford 1991. Einen Kurzüberblick geben die Beiträge zu Pakt II in: *Hurst Hannum/Dana D. Fischer* (Eds.), U.S. Ratification of the International Covenants on Human Rights, New York 1993, S. 53–160.

2 Botschaft betreffend den Beitritt der Schweiz zu den beiden internationalen Menschenrechtspakten von 1966 vom 30. Januar 1991, Bundesblatt (BBl) 1991 I 1190.

jene Gehalte wegbedingen wollte, die über die EMRK hinausgehen[3]. Zu erwähnen ist insbesondere der Vorbehalt zu Art. 26 Pakt II[4], welcher dem umfassenden Gleichheitsgebot des Paktes seine selbständige Bedeutung nimmt und damit verhindert, dass rechtsungleichen und diskriminierenden Bundesgesetzen, die gemäss Art. 113 Abs. 3 BV im Verhältnis zu Art. 4 BV verbindlich sind, wegen des Vorrangs des Völkerrechts die Anwendung versagt werden kann.

Eine detaillierte Analyse zeigt allerdings, dass auch Pakt II für Gesetzgeber, Verwaltung, Gerichte und Anwälte wenigstens *punktuell* praktische Relevanz bekommen kann: In den vielen Bereichen, in welchen die Garantien des Paktes und jene der EMRK sich decken, ist es möglich, dass der Menschenrechtsausschuss eine Frage bereits entschieden hat, die noch nie Gegenstand eines Strassburger Verfahrens war. Bedeutsamer ist die Praxis des Ausschusses dort, wo der Pakt punktuell über den EMRK-Schutz hinausgeht[5], gleichzeitig eine entsprechende Garantie im schweizerischen (Verfassungs-)recht aber fehlt. Diese selbständige Bedeutung des Paktes kann sich nicht nur aus einer expliziten Regelung im Text der Paktgarantien ergeben: Seit die Arbeit des Ausschusses nicht mehr durch Konflikte erschwert wird, welche während vielen Jahren die Spannungen des Ost-West-Konfliktes reflektierten, hat sich die Tendenz verstärkt, Pakt II als lebendiges Instrument zu verstehen, dessen Inhalt kreativ zu konkretisieren ist. Wiederholt hat der Ausschuss in diesem Sinn Paktgarantien, deren Formulierung mit jener einer analogen EMRK-Bestimmung übereinstimmt, weiter ausgelegt als die Strassburger Organe und ihnen Gehalte entnommen, die auf europäischer Ebene nicht anerkannt sind. Wie weit diese Tendenz sich fortsetzen wird, bleibt abzuwarten. Jedenfalls ist es angezeigt, die Praxis des Ausschusses auch dort zu verfolgen[6], wo Pakt und EMRK gleichartige Garantien enthalten.

3 Hierzu ausführlich der Beitrag von *Malinverni*, vorne S. 95 ff.

4 Hierzu *ders.,* vorne S. 100 f.

5 Zum Verhältnis von Pakt II und EMRK der Beitrag von *Malinverni*, vorne S. 41 ff. sowie *Markus G. Schmidt,* The Complementarity of the Covenant and the European Convention on Human Rights – Recent Developments, in: *David Harris/Sarah Joseph* (Eds.), The International Covenant on Civil and Political Rights and United Kingdom Law, Oxford 1995, S. 629–659.

6 Die Praxis des Ausschusses findet ihren Niederschlag einerseits in den Allgemeinen Bemerkungen (General Comments/Observations générales), die hinten S. 295 ff. abgedruckt sind, sowie in den Entscheiden, die im Individualbeschwerdeverfahren ergehen. Sie sind publiziert in: Annual Reports of the Human Rights Committee, General Assembly, Official Records, Supplement No. 40, United Nations, New York (1977-)/Rapports Annuels du Comité des Droits de l'Homme, Assemblée Générale, Documents Officiels, Supplément no. 40, Nations Unies, New York (1977-). Entscheide des Ausschusses werden punktuell in der Europäischen Grundrechte Zeitschrift (EuGRZ), im Human Rights Law Journal (HRLJ) oder in der Revue Universelle des Droits de l'Homme (RUDH) abgedruckt. Eine Auswahl wichtiger Entscheide findet sich hinten S. 555 ff. Die Praxis des Ausschusses ist teilweise via Internet bei der University of Minnesota Human Rights Library (http://www.umn.edu/humanrts/index.html) und dem Graduate Institute of International Studies in Genf (http://heiwww.unige.ch/humanrts) greifbar.

Dieser Beitrag beschränkt sich auf eine Diskussion jener Bereiche, in welchen Pakt II für die Praxis schweizerischer Behörden und Gerichte relevant sein kann. Vorher soll kurz auf die Bedeutung des Paktes für die schweizerische Aussenpolitik hingewiesen werden.

2. Die aussenpolitische Bedeutung des Paktes

a) Verstärkung der schweizerischen Menschenrechtspolitik[7]

Wie eingangs bereits erwähnt, standen aussenpolitische Motive bei der Ratifikation der beiden Menschenrechtspakte durch die Schweiz im Vordergrund. Der Bundesrat führte in seiner Botschaft dazu aus:

> «Die Aktivitäten unseres Landes für den Schutz und die Förderung der Menschenrechte sowohl auf nationaler als auch auf internationaler Ebene sind eng mit dem Wertsystem verbunden, auf dem der schweizerische Staat beruht. Im Mittelpunkt seines Interesses steht die Menschenwürde. Dieses Engagement [...] ist eine Konstante der schweizerischen Aussenpolitik. Dies erklärt sich aus der Tatsache, dass die Achtung der Menschenrechte eine wichtige Grundlage der nationalen und internationalen Sicherheit darstellt, ohne die ein dauerhafter, auf Stabilität und Gerechtigkeit beruhender Friede nicht möglich ist. In dieser Hinsicht würde der Beitritt unseres Landes zu den Pakten, die im Bereich des universellen Menschenrechtsschutzes den eigentlichen Bezugstext darstellen, zu den Bemühungen um eine erhöhte Sicherheit in der Welt beitragen [...]. Da die beiden Pakte unabdingbare Bezugstexte sowohl auf universeller Ebene als auch gegenüber den an der KSZE teilnehmenden Staaten darstellen, würden wir – wenn wir sie gegenüber anderen Vertragsstaaten anrufen könnten, die sie nicht respektieren – über eine konkretere und solidere Basis (als es die Allgemeine Erklärung der Menschenrechte ist) verfügen, um in der Welt zugunsten von Personen zu intervenieren, deren Rechte grob missachtet worden sind.»[8]

Die schweizerische Menschenrechtspolitik[9] stützt sich im wesentlichen auf drei Instrumente[10]:

7 Dieses Thema ist ausführlich in der ersten Auflage dieses Buches behandelt worden. Siehe *Walter Kälin*, Die Bedeutung der UNO-Menschenrechtspakte für die schweizerische Menschenrechtspolitik, in: *Walter Kälin/Giorgio Malinverni/Manfred Nowak*, Die Schweiz und die UNO-Menschenrechtspakte, Basel 1991, S. 65 ff.

8 Botschaft (Anm. 2), S. 1196.

9 Die Konturen dieser Politik sind im Bericht des Bundesrates über die schweizerische Menschenrechtspolitik vom 2. Juni 1982, BBl 1982 II 729 ff. dargelegt worden.

10 Hierzu ausführlicher *Walter Kälin*, Die Menschenrechtspolitik der Schweiz, in: Aussenpolitik, Schweizerisches Jahrbuch für Politische Wissenschaft, Bern/Stuttgart 1988, S. 194 ff.; *Mathias Krafft*, Politique en faveur des droits de l'homme, partie intégrante de la politique étrangère suisse, in: Völkerrecht im Dienste des Menschen, Festschrift für Hans Haug, Bern/Stuttgart 1986, S. 123 ff.; *Mathias-Charles Krafft et Jean-Daniel Vigny*, La Politique suisse à l'égard des droits de l'homme, in: *Alois Riklin/Hans Haug/Raymond Probst* (Hrsg.), Neues Handbuch der schweizerischen Aussenpolitik, Bern 1992, S. 223 ff. und *Jean-Daniel Vigny*, La Suisse et la politique des Nations Unies à l'égard des droits de l'homme, a.a.O., S. 265 ff.

- Im Rahmen internationaler Organisationen engagiert sich unser Land bei der Ausarbeitung neuer Vertragsinstrumente oder Erklärungen zum Schutze der Menschenrechte; mit namhaften finanziellen Beiträgen unterstützt es die Tätigkeit zwischenstaatlicher und nichtstaatlicher Menschenrechtsorganisationen.
- Mittels bilateraler Interventionen gegenüber Staaten, welche die Menschenrechte schwerwiegend missachten, setzen sich unsere Behörden direkt zugunsten von Opfern von Menschenrechtsverletzungen ein.
- Schliesslich betrachtet der Bundesrat die Ratifikation universeller oder regionaler Menschenrechtskonventionen als wichtigen Beitrag zur Stärkung der internationalen Anstrengungen zum Schutz der Menschenrechte.

Die Ratifikation der Pakte sollte primär eine wichtige Lücke in der Liste der Menschenrechtskonventionen schliessen, welchen sich die Schweiz angeschlossen hat. Damit wurde gleichzeitig die Grundlage für bilaterale Interventionen gegenüber anderen Staaten rechtlich verstärkt: Von einem Vertragspartner darf ein Staat jederzeit die Einhaltung von Vertragsbestimmungen fordern, ohne sich einer verbotenen Einmischung in die inneren Verhältnisse des betroffenen Staates schuldig zu machen. Wie der Internationale Gerichtshof (IGH) schon 1950 festgehalten hat, ist die Auslegung völkerrechtlicher Verträge eine der staatlichen Souveränität entzogene internationale Angelegenheit[11]. Zwar unterscheiden sich Menschenrechtsverträge von anderen völkerrechtlichen Verpflichtungen dadurch, dass sich die Staaten hier nicht einen Austausch von Leistungen versprechen; ihnen fehlt deshalb das Element der Reziprozität. Anders gesagt: Bei Verträgen über Menschenrechte stehen nicht Pflichten der Staaten gegeneinander im Vordergrund, sondern solche gegenüber den eigenen Staatsangehörigen[12]. Trotzdem erzeugen sie – wie es *Verdross/Simma* unter Bezugnahme auf das Urteil des Internationalen Gerichtshofes im Südwestafrika-Fall[13] formuliert haben – insofern gegenseitige Rechte und Pflichten, als «jeder Vertragsstaat allen anderen Parteien gegenüber zur Vertragserfüllung verpflichtet

11 Gutachten des IGH vom 30. März 1950 im Falle der Traités de paix conclus avec la Bulgarie, la Hongrie et la Roumanie, C.I.J. Recueil 1950, S. 70 f: «Interpréter [...] les clauses d'un traité ne saurait être envisagé comme une question relevant essentiellement de la compétence nationale d'un Etat. C'est une question de droit international [...]».

12 *Alfred Verdross/Bruno Simma*, Universelles Völkerrecht, 3. Aufl., Berlin 1984, S. 479.

13 Sud-Ouest africain, 2e phase, C.I.J. Recueil 1966, S. 32: Der Gerichtshof führte mit ausdrücklichem Hinweis auf Verträge humanitären Inhalts aus, dass «[...] un droit ou intérêt juridique ne se rapporte pas nécessairement à un objet concret ou tangible et peut être atteint même en l'absence de tout préjudice matériel. [...] [D]es Etats peuvent demander qu'un principe général soit observé, même si l'infraction alléguée à ce principe ne touche pas à leur intérêt concret propre [...]».

und umgekehrt auch berechtigt ist, von jeder anderen Partei Erfüllung zu verlangen»[14]. In diesem Sinn bezeichnet Art. 5 des 2. Teils des ILC-Konventionsentwurfs zur Staatenverantwortlichkeit[15] im Fall der Missachtung einer Menschenrechtskonvention all jene Staaten als «verletzt», welche Vertragspartner sind. Die Glaubwürdigkeit bilateraler Interventionen, die über das hinausgehen, was nach Völkergewohnheitsrecht eingefordert werden kann[16], nimmt stark zu, wenn diese auf eine gemeinsame vertragliche Basis abgestützt werden können.

Damit erweisen sich die Pakte als wichtiges Instrument zur weltweiten Förderung der Menschenrechte und der Rechtsstaatlichkeit, welche seit einigen Jahren zu den erklärten Zielen schweizerischer Aussenpolitik gehört[17].

b) Bedeutung für weitere Bereiche

Wie der Bundesrat in seinem Bericht über die Aussenpolitik der Schweiz in den 90er Jahren ausführt, soll der verstärkte Einsatz der Schweiz für die Menschenrechte «inskünftig besonders in der stärkeren Gewichtung menschenrechtlicher, rechtsstaatlicher und demokratischer Kriterien in der allgemeinen politischen Entscheidfindung zum Ausdruck kommen müssen (Asyl-, Aussenwirtschafts-, Entwicklungspolitik u.s.w.)»[18]. Auch in diesen Bereichen können die Pakte ein verlässlicher Massstab sein, der von einer Mehrheit der Staaten

14 *Verdross/Simma* (Anm. 12), S. 480.

15 Art. 5 Abs. 2 des 2. Teils des Konventionsentwurfs der International Law Commission über die Staatenverantwortlichkeit lautet «In particular, ‹injured State› means [...] e) if the right infringed by the act of a State arises from a multilateral treaty or from a rule of customary international law, any other State party to the multilateral treaty or bound by the relevant rule of customary international law, if it is established that: [...] (iii) the right has been created or is established for the protection of human rights and fundamental freedoms.» Der Text ist abgedruckt in: Archiv des Völkerrechts (AVR) 24/1986, S. 480 f. Vgl. dazu *Bruno Simma*, Grundfragen der Staatenverantwortlichkeit in der Arbeit der International Law Commission, AVR 24/1986, S. 389 f.; *Stephen C. McCaffrey*, The Thirty-Seventh Session of the International Law Commission, American Journal of International Law (AJIL) 1986, S. 188 ff. Zur Staatenverantwortlichkeit für Menschenrechtsverletzungen ganz allgemein: *Felix Ermacora*, Über die völkerrechtliche Verantwortlichkeit für Menschenrechtsverletzungen, in: Festschrift zum 90. Geburtstag von Alfred Verdross, Berlin 1980, S. 357 ff.; *B.G. Ramcharan*, State Responsibility for Violations of Human Rights Treaties, in: Contemporary Problems of International Law: Essays in Honour of Georg Schwarzenberger on his Eightieth Birthday, London 1988, S. 242 ff.; *Theodor Meron*, Human Rights and Humanitarian Norms as Customary Law, Oxford 1989, S. 136 ff.; *Menno T. Kamminga*, Inter-State Accountability for Violations of Human Rights, Philadelphia 1992.

16 Das Recht der Staaten, gegen schwere und systematische Verletzungen zentraler Menschenrechte wie das Recht auf Leben, das Folterverbot oder das Verbot von Verbrechen gegen die Menschlichkeit etc. vorzugehen, ist heute in Doktrin und Staatenpraxis unbestritten.

17 Bericht über die Aussenpolitik der Schweiz in den neunziger Jahren vom 29. November 1993, BBl 1994 I 179 ff.

18 A.a.O., S. 182.

akzeptiert werden muss, weil sie diesen Vertragswerken ebenfalls beigetreten sind oder die Universalität der darin enthaltenen Garantien nicht bestreiten können:

- Besondere Bedeutung können die Pakte im Bereich der schweizerischen *Entwicklungszusammenarbeit* erlangen[19]: Die Realisierung der Menschenrechte überschneidet sich zu wichtigen Teilen mit einer Idee nachhaltiger Entwicklung, die Entwicklung nicht einfach mit Modernisierung und Erhöhung des Bruttosozialproduktes gleichstellt, sondern die Sicherstellung eines menschenwürdigen Lebens ins Zentrum rückt. Die wirtschaftlichen, sozialen und kulturellen Rechte legen zumindest teilweise klare Zielsetzungen für die Festsetzung von Prioritäten und den Inhalt von Projekten fest[20]. In negativer Hinsicht vermögen die Pakte einen verlässlichen Massstab zu setzen für die Beurteilung von Projekten, die – wie etwa grosse Infrastrukturprojekte, die Zwangsumsiedlungen unerlässlich machen – den Vorwurf der Menschenrechtswidrigkeit implizieren. Ferner legt die programmatische Schicht der Pakte nahe, die Entwicklungszusammenarbeit im Bereich der Förderung guter Regierungsführung («good governance») durch konkrete Projekte zugunsten der Rechtsstaatlichkeit und Menschenrechte (z.B. Ausbildung und Reform des Justizapparates, Stärkung der Gerichte, Aufbau von Rechtshilfeprogrammen für diskriminierte Bevölkerungsgruppen etc.) auszubauen. Schliesslich kann auf die Pakte zurückgegriffen werden, wenn es darum geht, die Entwicklungszusammenarbeit in Hinblick auf eine schlechte Menschenrechtssituation zu konditionalisieren, d.h. mit Auflagen (bis hin zu ihrem Abbruch bei schweren und systematischen Verletzungen zentraler Menschenrechte) zu versehen[21].
- Eine gewisse Bedeutung als Massstab für die Beurteilung der Menschenrechtssituation in einem bestimmten Land kommt den Pakten im Bereich der *Kriegsmaterialausfuhr* zu: Gemäss Art. 11 Abs. 2 lit. b des Kriegsmaterialgesetzes vom 30. Juni 1992 werden «keine Bewilligungen erteilt, [...] wenn Grund zur Annahme besteht, dass Kriegsmateriallieferungen in ein bestimmtes Land die von der Schweiz im internationalen Zusammenleben verfolgten Bestrebungen, insbesondere zur Achtung der Menschenwürde [...] beein-

19 Siehe dazu die Botschaft über die Weiterführung der technischen Zusammenarbeit und der Finanzhilfe zugunsten von Entwicklungsländern vom 20. April 1994, BBl 1994 II 974 ff. und 1021 ff.

20 Dies gilt v.a. für das Recht auf Gesundheit und das Recht auf Bildung; siehe dazu vorne S. 141 ff. und 144 ff.

21 Botschaft (Anm. 19), S. 975 f.

trächtigen»[22]. Das Kriegsmaterialgesetz befindet sich momentan in Revision[23].

- Schliesslich hat der Bundesrat erklärt, die Pakte – und nicht die EMRK – seien Beurteilungsmassstab bei der Festlegung sog. «verfolgungssicherer Herkunftsstaaten» gemäss Art. 16 Abs. 2 des Asylgesetzes vom 5. Oktober 1979[24].

II. Recht auf Leben und polizeilicher Schusswaffeneinsatz (Art. 6)

1. Allgemeines

Art. 6 Pakt II garantiert jedem Menschen als fundamentalstes aller Menschenrechte «ein angeborenes Recht auf Leben. Dieses Recht ist gesetzlich zu schützen. Niemand darf willkürlich seines Lebens beraubt werden» (Abs. 1). Absätze 2–6 befassen sich mit der Todesstrafe und regeln u.a. die erlaubten Fälle (nur für schwerste Verbrechen), Verfahrensgarantien bei entsprechenden Verurteilungen, das Verbot der Vollstreckung für strafbare Handlungen, die von Jugendlichen unter 18 Jahren begangen wurden, und an schwangeren Frauen. Gemäss Art. 4 Abs. 2 Pakt II ist das Recht auf Leben notstandsfest.

Art. 2 EMRK erlaubt ebenfalls die Vollstreckung von Todesurteilen, ohne allerdings die Voraussetzungen ähnlich detailliert wie in Art. 6 Pakt II zu umschreiben. Umgekehrt regelt Art. 6 Pakt II die Fälle erlaubter vorsätzlicher

22 Siehe dazu ausführlich *Walter Kälin*, Schweizerische Kriegsmaterialausfuhr im Spannungsfeld von Menschenrechten und Entwicklungszusammenarbeit, in: *Walther L. Bernecker/Thomas Fischer* (Hrsg.), Unheimliche Geschäfte, Zürich 1991, S. 73 ff.

23 Gemäss der vom Bundesrat vorgeschlagenen Fassung für ein revidiertes Gesetz soll die Erteilung einer Bewilligung für Kriegsmaterialausfuhr nach Art. 21 lit. b des Entwurfes u.a. auch von der «Situation im Innern des Bestimmungslandes, insbesondere bezüglich der Respektierung der Menschenrechte» abhängig sein (vgl. die Botschaft zur Volksinitiative «für ein Verbot der Kriegsmaterialausfuhr» und zur Revision des Bundesgesetzes über das Kriegsmaterial, BBl 1995 II 1062 ff. und 1074). In der parlamentarischen Beratung ist die Menschenrechtsklausel gestrichen worden; die Erteilung der Bewilligung soll nur noch davon abhängig gemacht werden, dass die Ausfuhr von Kriegsmaterial «dem Völkerrecht nicht widerspricht, den Grundsätzen der schweizerischen Aussenpolitik und den internationalen Verpflichtungen nicht zuwiderläuft».

24 Vgl. die Botschaft zur Totalrevision des Asylgesetzes und zur Änderung des Bundesgesetzes über Aufenthalt und Niederlassung der Ausländer vom 4. Dezember 1995, BBl 1996 II 58, neu Art. 32 des Entwurfes zum Asylgesetz.

Tötung durch Staatsorgane im Gegensatz zu Art. 2 EMRK nicht[25]. Darüber hinaus unterscheidet sich, wie die Doktrin betont, auch die Praxis des Ausschusses zu Art. 6 deutlich von der Rechtsprechung der Strassburger Organe[26]. Der Ausschuss betont stark die Schutz- und Leistungskomponente des Rechtes auf Leben. In diesem Sinn hat er die Staaten in seiner Allgemeinen Bemerkung 6/16 gemahnt, zur Verhinderung von Krieg, Genozid und anderen Gewalthandlungen, die zum Verlust des Lebens führen, beizutragen und sich aktiv gegen das Verschwindenlassen von Personen einzusetzen; darüber hinaus hat er positive Massnahmen verlangt, um die Kindersterblichkeit zu verringern und die Lebenserwartung zu erhöhen, insbesondere durch den Kampf gegen Unterernährung und Epidemien[27]. Pflichten des Staates, das Leben aktiv zu schützen, hat der Ausschuss im Rahmen des Individualbeschwerdeverfahrens v.a. im Zusammenhang mit Entführungen und dem Verschwindenlassen von Personen anerkannt[28].

Zahlreiche Staaten haben sich sowohl im Rahmen des Paktes wie auch der EMRK über ein Zusatzprotokoll zur *Abschaffung der Todesstrafe* verpflichtet: Das Zweite Fakultativprotokoll zu Pakt II vom 15. Dezember 1989 verlangt von den Vertragsstaaten, niemanden, der der Hoheitsgewalt des betreffenden Staates untersteht, hinzurichten und verpflichtet sie, alle erforderlichen Massnahmen zur Abschaffung der Todesstrafe zu ergreifen (Art. 1). Im Gegensatz zum Sechsten Zusatzprotokoll zur EMRK, das die Todesstrafe nur für Friedenszeiten abschafft, ist die Anwendung der Todesstrafe in Kriegszeiten für Vertragsparteien des Zweiten Zusatzprotokolls zum Pakt nur noch möglich, wenn sie im Zeitpunkt der Ratifikation einen entsprechenden Vorbehalt angebracht haben (Art. 2)[29].

25 Die EMRK enthält in Art. 2 eine ähnliche Regelung; im Gegensatz zu Pakt II listet sie aber eine Reihe von Ausnahmen vom Verbot der vorsätzlichen Tötung durch Staatsorgane auf. Neben der Todesstrafe ist diese erlaubt, wenn sie sich aus einer unbedingt erforderlichen Gewaltanwendung ergibt: a) um die Verteidigung eines Menschen gegenüber rechtswidriger Gewaltanwendung sicherzustellen; b) um eine ordnungsgemässe Festnahme durchzuführen oder das Entkommen einer ordnungsgemäss festgehaltenen Person zu verhindern; c) um im Rahmen der Gesetze einen Aufruhr oder einen Aufstand zu unterdrücken. Vgl. dazu auch den Fall *McCann and others v. United Kingdom*, Serie A Nr. 324.

26 Vgl. *Schmidt* (Anm. 5), S. 630; *Malinverni*, vorne S. 57 f.

27 Allgemeine Bemerkung 6/16, Ziff. 2–5; hinten S. 361 f. – Vgl. auch Allgemeine Bemerkung 14/23, Ziff. 4–6 (hinten S. 364), wo der Ausschuss die Entwicklung, das Testen, die Herstellung, den Besitz und die Verwendung von Nuklearwaffen als eine der grössten Bedrohungen des Rechts auf Leben bezeichnet hat und verlangte, diese Handlungen sollten verboten und als Verbrechen gegen die Menschlichkeit anerkannt werden.

28 Siehe v.a. Communication 161/1983, *Joaquin Herrera Rubio v. Colombia*, Ziff. 10.3 und 10.5.

29 Nach einer Untersuchung von amnesty international (angefertigt für die Sub-Commission on Prevention of Discrimination and Protection of Minorities, Stand Juni 1993) haben 52 Staaten die Todesstrafe ganz abgeschafft, weitere 16 Staaten wendeten sie nur in aussergewöhnlichen Situationen an (v.a. im Ausnahme- oder Kriegszustand). 19 Staaten und Territorien haben die Todesstrafe seit mehr als zehn Jahren nicht mehr praktiziert und sie damit de facto abgeschafft.

In der Schweiz ist die Einführung der Todesstrafe seit der Ratifikation des Sechsten Zusatzprotokolls zur EMRK[30] und des Zweiten Fakultativprotokolls zum Pakt[31], welche ohne Vorbehalt erfolgte, für Friedens- und Kriegszeiten verboten. Damit stellt für unsere Rechtsordnung die Problematik des sog. «gezielten Todesschusses» durch die Polizei den einzigen praktisch relevanten Fall vorsätzlicher Tötung durch Staatsorgane dar.

2. Das Problem des polizeilichen Schusswaffeneinsatzes

Im Vordergrund der Diskussion steht die Frage, ob der Schusswaffeneinsatz durch die Polizei einer gesetzlichen Grundlage bedarf. In vielen schweizerischen[32] Kantonen fehlt eine solche; der Schusswaffengebrauch stützt sich dort ausschliesslich auf Verwaltungsverordnungen (Dienstreglemente)[33].

Ist dies mit Art. 6 Abs. 1 Pakt II vereinbar, der verlangt, dass das Recht auf Leben «gesetzlich» zu schützen ist? Der Menschenrechtsausschuss hat in seiner

103 Staaten und Territorien wenden die Todesstrafe nach wie vor an (zitiert nach *M. Cherif Bassiouni*, The Protection of Human Rights in the Administration of Justice, Irvington NY 1994, S. 42 ff.).

30 AS 1987 1806, SR 0.101.06.

31 AS 1994 2201, SR 0.103.22.

32 Anders als etwa in Deutschland, wo der Musterentwurf für ein einheitliches Polizeigesetz von verschiedenen Bundesländern übernommen worden ist. § 41 Abs. 2 Satz 2 des Musterentwurfes lautet: «Ein Schuss, der mit an Sicherheit grenzender Wahrscheinlichkeit tödlich wirken wird, ist nur zulässig, wenn er das einzige Mittel zur Abwehr einer gegenwärtigen Lebensgefahr oder der gegenwärtigen Gefahr einer schwerwiegenden Verletzung der körperlichen Unversehrtheit ist»; vgl. *Franz Fechner*, Grenzen polizeilicher Notwehr, Frankfurt am Main 1991, S. 31.

33 Vgl. dazu *Hans Reinhard*, Allgemeines Polizeirecht, Bern 1993, S. 253 f. und *Werner Ritter*, Schutz der Freiheitsrechte durch genügend bestimmte Normen, Chur/Zürich 1994, S. 100 f., beide m.Hinw. Zum Schusswaffengebrauch durch die Polizei im allgemeinen siehe *Thomas Hug*, Schusswaffengebrauch durch die Polizei, Zürich 1980. – Die Konferenz kantonaler Polizeikommandanten erarbeitete im Jahre 1976 eine *Musterdienstanweisung*. Art. 2 regelt die Voraussetzungen des Schusswaffengebrauchs wie folgt (abgedruckt in *Reinhard*, S. 254): «Die Polizei hat, wenn andere verfügbare Mittel nicht ausreichen, in einer den Umständen angemessenen Weise von der Waffe Gebrauch zu machen, 1. Wenn sie mit einem gefährlichen Angriff unmittelbar bedroht oder gefährlich angegriffen wird, 2. wenn andere Personen mit einem gefährlichen Angriff unmittelbar bedroht oder gefährlich angegriffen werden, 3. wenn die dienstlichen Aufgaben nicht anders als durch Waffengebrauch auszuführen sind, insbesondere a) wenn Personen, welche ein schweres Verbrechen oder ein schweres Vergehen begangen haben oder eines solchen dringend verdächtig sind, sich nach der Festnahme oder einer bereits vollzogenen Verhaftung durch Flucht zu entziehen versuchen, b) wenn sie aufgrund erhaltener Informationen oder aufgrund persönlicher Feststellungen annehmen darf oder muss, dass Personen für andere eine unmittelbar drohende Gefahr an Leib und Leben darstellen und sich diese der Festnahme oder einer bereits vollzogenen Verhaftung durch Flucht zu entziehen versuchen, c) zur Befreiung von Geiseln, d) zur Verhinderung eines unmittelbar drohenden Verbrechens oder schweren Vergehens an Einrichtungen, die der Allgemeinheit dienen oder die für die Allgemeinheit wegen ihres Schadenspotentials eine besondere Gefahr bilden.»

Allgemeinen Bemerkung zu Art. 6 klar festgehalten, dass es nicht genüge, wenn die Vertragsstaaten Verletzungen des Rechts auf Leben unterliessen. Sie müssten vielmehr aktiv Verletzungen des Rechts durch ihre Sicherheitskräfte verhüten. Deshalb müsse das Gesetz die Umstände, unter denen eine Person ihres Lebens beraubt werden dürfe, genau umschreiben und beschränken[34]. Die alleinige[35] Abstützung des gezielten Todesschusses auf Dienstanweisungen oder die allgemeine Polizeiklausel erscheint damit unzulässig, und sie ist mit dem Pakt nicht vereinbar.

Damit ist allerdings die Frage nicht beantwortet, ob als gesetzliche Grundlage ein Gesetz im formellen Sinn erforderlich ist oder ob Verordnungsrecht genügt. Der Text von Art. 6 («loi»/«law») und der Wortlaut der Allgemeinen Bemerkung Nr. 6 («législation»/«law») führen nicht zu einer klaren Lösung. In der völkerrechtlichen Literatur ist argumentiert worden, angesichts der Schwere des Eingriffs könne nur ein Gesetz im formellen Sinn genügen[36]. Diese Auffassung scheint durch die Praxis des Ausschusses gestützt zu werden. Im Fall *Suarez de Guerrero v. Columbia*[37] entschied der Ausschuss, der polizeiliche Schusswaffeneinsatz mit Todesfolge im Zusammenhang mit einer Entführung habe u.a. auch deshalb das Recht auf Leben verletzt, weil er bloss auf ein präsidiales Dekret[38] abgestützt werden konnte; entsprechend wurde der Vertragsstaat verpflichtet, in Hinblick auf den Schusswaffeneinsatz gegen Entführer sein Gesetz zu ergänzen[39]. Wenn auch der Entscheid in diesem Punkt nicht ganz klar ist, kann mit der Doktrin davon ausgegangen werden, dass der Ausschuss

34 Allgemeine Bemerkung 6/16, Ziff. 3: «Die Beraubung des Lebens durch Behörden des Staates ist eine äusserst schwerwiegende Angelegenheit. Die Gesetzgebung muss deshalb genauestens die Fälle regeln und begrenzen, in welchen eine Person durch solche Behörden des Lebens beraubt werden kann.»

35 Es ist klar, dass der Gesetzgeber nie *alle* Fälle voraussehen kann, in welchen der Waffeneinsatz notwendig wird. Dies befreit ihn aber nicht davon, die typischen und voraussehbaren Fälle zu regeln.

36 *Yoram Dinstein*, The Right to Life, Physical Integrity, and Liberty, in: *Louis Henkin* (Ed.), The International Bill of Rights, The Covenant on Civil and Political Rights, New York 1981, S. 115. Zustimmend *Nowak*, Commentary (Anm. 1), S. 106 mit Anm. 13 und S. 208.

37 Communication 45/1979, *Suarez de Guerrero v. Columbia*; hinten S. 570 ff. auszugsweise abgedruckt.

38 Dieses Dekret aus dem Jahre 1978 rechtfertigte Tötungen «committed by the members of the police force in the course of operations planned with the object of preventing and curbing the offences of extortion and kidnapping, and the production and processing of and trafficking in narcotic drugs».

39 Ziff. 13.3 der Entscheidung: «Inasmuch as the police action was made justifiable as a matter of Colombian law by Legislative Decree No. 0070 of 20 January 1978, the right to life was not adequately protected by the law of Colombia as required by article 6 (1). [...] 15. The Committee is accordingly of the view that the State party should take the necessary measures to compensate the husband of Mrs. María Fanny Suárez de Guerrero for the death of his wife and to ensure that the right to life is duly protected by amending the law.»

an die gesetzliche Grundlage für Eingriffe in das Recht auf Leben relativ hohe Anforderungen stellt. Die voraussehbaren Fälle des polizeilichen Schusswaffeneinsatzes müssten deshalb im Gesetz im formellen Sinn geregelt werden.

Im übrigen ist darauf hinzuweisen, dass der Ausschuss auch auf die Beachtung der relevanten UNO-Mindestgrundsätze drängt[40]. Hier spielen insbesondere die UNO-Grundsätze über den Gebrauch von Gewalt und Feuerwaffen durch die Polizei[41] eine bedeutende Rolle[42].

III. Das Verbot unmenschlicher Auslieferung und Abschiebung (Art. 7)

1. Die Praxis des Ausschusses

Art. 7 Pakt II verbietet Folter, grausame, unmenschliche oder erniedrigende Behandlung oder Strafe. Der Ausschuss hat daraus – wie früher schon die

40 Vgl. die Schlussfolgerungen des Ausschusses bei der Prüfung des Staatenberichtes der USA (Human Rights Committee Conclusions on U.S. Report, Consideration of Reports Submitted by States Parties Under Article 40 of the Covenant, Comments of the Human Rights Committee, UN.Doc CCPR/C/79/Add. 50 (1995)): «(32) The Committee urges the State party to take all necessary measures to prevent any excessive use of force by the police; that rules and regulations governing the use of weapons by the police and security forces be in full conformity with the United Nations Basic Principles on the Use of Force and Firearms by Law Enforcement Officials; that any violations of these rules be systematically investigated in order to bring those found to have committed such acts before the courts; and those found guilty be punished and the victims be compensated.»

41 Basic Principles on the Use of Force and Firearms by Law Enforcement Officials, adopted by the Eighth United Nations Congress on the Prevention of Crime and the Treatment of Offenders, Havanna, Cuba, 27 August to 7 September 1990.

42 Auch diese Grundsätze verlangen von den Staaten eine gesetzliche Regelung des Gebrauches von Schusswaffen, wobei sie allerdings ein Gesetz im materiellen Sinn genügen lassen (siehe General Provision Nr. 1 und Special Provision Nr. 11). «*General Provisions*: 1. Governments and law enforcement agencies shall adopt and implement rules and regulations on the use of force and firearms against persons by law enforcement officials. In developing such rules and regulations, Governments and law enforcement agencies shall keep the ethical issues associated with the use of force and firearms constantly under review. *Special Provisions:* 11. Rules and Regulations on the use of firearms by law enforcement officials should include guidelines that: (a) Specify the circumstances under which law enforcement officials are authorized to carry firearms and prescribe the types of firearms and ammunition permitted; (b) Ensure that firearms are used only in appropriate circumstances and in a manner likely to decrease the risk of unnecessary harm; (c) Prohibit the use of those firearms and ammunition that cause unwarranted injury or present an unwarranted risk; (d) Regulate the control, storage and issuing of firearms, including procedures for ensuring that law enforcement officials are accountable for the firearms and ammunition issued to them; (e) Provide for warnings to be given, if appropriate, when firearms are to be discharged; (f) Provide for a system of reporting whenever law enforcement officials use firearms in the performance of their duty.»

EMRK-Organe aus Art. 3 EMRK[43] – das Verbot abgeleitet, eine Person in einen Staat abzuschieben, wo ihr eine solche Behandlung droht. In der Allgemeinen Bemerkung 20/44 von 1992 führte der Ausschuss an, ein Vertragsstaat dürfe eine Person nicht durch Ausweisung oder Rückschiebung der Gefahr aussetzen, in einem anderen Land gefoltert zu werden[44]. Diese Auffassung hat der Ausschuss in einigen Fällen bestätigt, die bis heute allerdings immer nur Auslieferungen betrafen[45].

2. Bedeutung für die Schweiz

Inhaltlich stimmt diese Praxis weitgehend mit der Rechtsprechung zu Art. 3 EMRK überein, so dass sie für die Schweiz keine zusätzlichen Verpflichtungen bringt. In zwei Punkten ist sie aber von einer gewissen Bedeutung:

– Da das Völkerrecht die Todesstrafe nicht allgemein verbietet[46], ist ein Staat grundsätzlich berechtigt, trotz drohender Hinrichtung auszuliefern[47]. Während der Europäische Gerichtshof im Fall *Soering v. United Kingdom* entschieden hat, die Art des Freiheitsentzugs im Vorfeld der Exekution (die sog. «death row»)[48] könne eine unmenschliche Behandlung darstellen, weshalb die Auslieferung gegen Art. 3 EMRK verstosse, befasste sich der Menschenrechtsausschuss mit verschiedenen Arten der Hinrichtung. Er kam zum Schluss, wegen der damit verbundenen Länge des Todeskampfes stelle die Hinrichtung durch Gas eine paktwidrige unmenschliche Behandlung dar[49]; demgegenüber hielt er die Exekution mittels Giftinjektion mit Art. 7 vereinbar[50]. Der Pakt verpflichtet somit die Staaten, welche trotz drohender

43 Vgl. zur Entwicklung der Rechtsprechung *Walter Kälin*, Grundriss des Asylverfahrens, Basel 1990, S. 232 ff. Aus der Praxis des Gerichtshofes vgl. die Fälle *Soering v. United Kingdom*, Serie A Nr. 161, *Cruz Varas v. Sweden*, Serie A Nr. 201 und *Vilvarajah et al. v. United Kingdom*, Serie A Nr. 215.

44 Allgemeine Bemerkung 20/44 , Ziff. 9, hinten S. 366.

45 Communication 470/1991, *Joseph Kindler v. Canada*; Communication 469/1991, *Charles Chitat Ng v. Canada*; Communication 539/1993, *Keith Cox v. Canada*.

46 Siehe vorne S. 161 f.

47 So auch die Praxis des Ausschusses, der allerdings verlangt, die Entscheidung, bei drohender Todesstrafe auszuliefern, dürfe nicht summarisch (d.h. ohne faires Verfahren) oder willkürlich erfolgen: Siehe Fall *Ng* (Anm. 45), Ziff. 15.6, abgedruckt hinten S. 650.
Ein Staat ist allerdings berechtigt zu verlangen, dass im Falle der Auslieferung auf den Vollzug der Todesstrafe verzichtet wird. In diesem Sinn Art. 37 Abs. 2 des Bundesgesetzes über die Internationale Rechtshilfe in Strafsachen (IRSG, SR. 351.1) und BGE 111 Ib 145 f. E. 6.

48 Im Fall *Kindler* (Anm. 45) machte der Ausschuss deutlich, dass die Frage der Unmenschlichkeit der death row angesichts der konkreten Haftbedingungen sowie des Alters und Zustandes der betroffenen Person zu beurteilen sei (Ziff. 15.3).

49 Fall *Ng* (Anm. 45), Ziff. 16.3, abgedruckt hinten S. 651.

50 Fall *Cox* (Anm. 45), Ziff. 17.3.

Todesstrafe ausliefern wollen, die Methode der drohenden Hinrichtung zu bewerten und auf eine Auslieferung zu verzichten, wenn die Exekutionsart grausam oder unmenschlich ist.

– Während der Europäische Gerichtshof für Menschenrechte die Anwendbarkeit des Verbotes unmenschlicher Auslieferung oder Rückschiebung bisher v.a. in Fällen drohender Folter oder unmenschlicher Behandlung bejaht hat[51], stellte der Ausschuss klar, dass auch bei anderen Menschenrechtsverletzungen, die im ausländischen Staat drohen, eine Auslieferung oder Rückschiebung paktwidrig sein kann[52]. Bisher hat er direkt und konkret geprüft, ob Auslieferungen das Recht auf *Leben* gemäss Art. 6 verletzten[53]. Dabei verzichtete der Ausschuss darauf, auf das Verbot unmenschlicher Behandlung gemäss Art. 7 zurückzugreifen und – analog zu den Strassburger Organen – zu argumentieren, es wäre unmenschlich, jemand einem Land auszuhändigen, wo er oder sie im Recht auf Leben verletzt würde. Vielmehr prüfte er direkt, ob eine Verletzung von Art. 6 drohte. Dogmatisch liegt der Grund für diese Sichtweise wohl in der Auffassung des Ausschusses, dass Art. 6 Pakt II den Staaten besondere Pflichten zum *Schutz* des menschlichen Lebens auferlege[54]; in dieser Perspektive ist zu prüfen, ob der ausliefernde Staat seine Pflicht verletzt, die auszuliefernde Person vor Verletzungen des Rechts auf Leben durch Dritte (konkret: den Drittstaat) zu schützen. Dieser Ansatz kann *potentiell* zu einer starken Ausdehnung der menschenrechtlichen Auslieferungs- und Rückschiebungsverbote führen, da auch viele andere Garantien des Paktes den Vertragsstaaten Schutzpflichten auferlegen. Ob der Ausschuss diesen Schritt, welcher den Schutz des Paktes im Vergleich zum Verbot unmenschlicher Auslieferung und Rückschiebung gemäss Art. 3 EMRK stark ausdehnen würde, machen wird, bleibt abzuwarten.

51 Siehe Fall *Soering* (Anm. 43), Ziff. 88. In Ziff. 113 liess der Gerichtshof aber die Möglichkeit offen, dass eine Auslieferung wegen Unvereinbarkeit mit Art. 6 EMRK unzulässig sein könnte, wenn dem Angeschuldigten jegliche Chance eines fairen Strafprozesses im Land, das um die Auslieferung ersucht, genommen würde.

52 Siehe Fall *Ng* (Anm. 45), Ziff. 14.2: «If a State Party extradites a person within its jurisdiction in such circumstances that as a result there is a real risk that *his or her rights under the Covenant* will be violated in another jurisdiction, the State party itself may be in violation of the Covenant.» [Hervorhebung durch die Autoren].

53 Deutlich im Fall *Ng* (Anm. 45), Ziff. 15, abgedruckt hinten S. 650.

54 Siehe vorne S. 162.

IV. Rechte inhaftierter Personen (Art. 10)

1. Allgemeines

Art. 10 Abs. 1 Pakt II garantiert allen, denen die Freiheit entzogen ist, den Anspruch, «menschlich und mit Achtung vor der dem Menschen innewohnenden Würde behandelt» zu werden[55]. Abs. 2 verlangt die getrennte Unterbringung von Beschuldigten und Verurteilten und eine Behandlung von Beschuldigten, die ihrer Stellung als Nichtverurteilte entspricht; im weiteren müssen jugendliche Beschuldigte von Erwachsenen getrennt untergebracht werden[56], und ein Urteil hat so schnell wie möglich zu ergehen. Abs. 3 verlangt darüber hinaus, dass z.B. jugendliche Straffällige von Erwachsenen zu trennen und ihrem Alter und ihrer Rechtsstellung entsprechend zu behandeln sind. Art. 10 enthält damit Garantien, die in der EMRK zumindest nicht explizit enthalten sind[57].

Im übrigen stellt der Ausschuss in seiner Praxis klar, dass Gefangenen alle Rechte des Paktes zustehen, die nur soweit eingeschränkt werden dürfen, als es für die Haft unvermeidbar ist[58]. Besonders relevant für den Strafvollzug sind neben Art. 7 Pakt II (Verbot von Folter oder grausamer, unmenschlicher oder erniedrigender Behandlung oder Strafe) auch Art. 6 (Recht auf Leben), Art. 17 (Schutz des Privatlebens), Art. 18 (insbesondere die Religionsfreiheit) und Art. 19 Pakt II (insbesondere die Informationsfreiheit).

55 Unter Freiheitsentzug wird dabei jede Form von Freiheitsentzug verstanden (in Gefängnissen, Spitälern, insbesondere psychiatrischen Anstalten, Gefangenenlagern oder Erziehungsanstalten oder anderswo); vgl. Allgemeine Bemerkung 21/44, welche die Allgemeine Bemerkung 9/16 ersetzt hat, Ziff. 2, hinten S. 369.

56 Die Schweiz hat zu Art. 10 Abs. 2 lit. b folgenden Vorbehalt angebracht: «Die Trennung zwischen jugendlichen Beschuldigten und Erwachsenen wird nicht ausnahmslos gewährleistet»; vgl. dazu die Botschaft betreffend den Beitritt der Schweiz zu den beiden internationalen Menschenrechtspakten von 1966 (Anm. 2), S. 1199, Ziff. 422. In seinem ersten Bericht an den Ausschuss gemäss Art. 40 Pakt II vom Februar 1995 weist der Bundesrat darauf hin, dass bei der im Gang befindlichen Revision der allgemeinen Bestimmungen des Strafgesetzbuches eine Bestimmung aufgenommen werden soll, wonach Jugendliche in Untersuchungshaft von Erwachsenen zu trennen sind. Sobald das Gesetz in Kraft trete (was noch einige Jahre dauern dürfte), könne der Vorbehalt zurückgezogen werden (S. 64, Ziff. 183 f.).

57 Vgl. *Manfred Nowak*, The Interrelationship between the Covenant on Civil and Political Rights and the European Convention on Human Rights, in: *Vassilouni* (Ed.), Aspects of the Protection of the Individual and Social Rights, Athen 1995, S. 145 f.; *ders.*, Commentary (Anm. 1), S. 183; *Giorgio Malinverni*, vorne S. 45 ff.; *Schmidt* (Anm. 5), S. 640. – Es ist hier darauf hinzuweisen, dass ein Zusatzprotokoll zur EMRK, das die Rechte Gefangener festschreiben soll, in Verhandlung ist; vgl. zur Vorgeschichte *Stefan Trechsel*, Les droits des détenus, Rapport, in: Droits de l'homme des personnes privées de leur liberté/Egalité et non-discrimination, Actes du 7e Colloque international sur la Convention européenne des Droits de l'homme (Copenhague, Oslo, Lund 1990), Kehl am Rhein u.a. 1994, S. 41 f.

58 Vgl. Allgemeine Bemerkung 21/44, Ziff. 3, hinten S. 369.

2. Die Bedeutung von Art. 10 Abs. 1 Pakt II

a) Das Verhältnis von Art. 10 Abs. 1 Pakt II zu Art. 7 Pakt II bzw. Art. 3 EMRK

Bezüglich Art. 10 Abs. 1 Pakt II stellt sich die Frage, ob das Gebot menschenwürdiger Haftbedingungen sich mit dem Verbot unmenschlicher Behandlung gemäss Art. 7 Pakt II und Art. 3 EMRK, das für Haftbedingungen ebenfalls relevant ist[59], deckt oder ob es einen weitergehenden Schutz bietet. Teilweise wird in der Literatur bestritten, dass Art. 10 Pakt II über das Verbot unmenschlicher oder erniedrigender Behandlung hinausgeht[60], obwohl gerade die Praxis der Strassburger Organe zu Art. 3 EMRK bezüglich Haftbedingungen in der Lehre als äusserst restriktiv bezeichnet worden ist[61]. *Nowak*[62] ist mit anderen Autoren[63] hingegen entschieden der Auffassung, aus der Praxis des Menschenrechtsausschusses folge, dass die unmenschliche Behandlung i.S. von Art. 10 Pakt II eine geringere Intensität der Missachtung der Menschenwürde verlangt als die unmenschliche Behandlung i.S. von Art. 7 Pakt II. Bestärkt wird diese Sichtweise durch die Allgemeine Bemerkung 21/44 von 1992, die klarstellt, dass

59 Bezüglich Art. 3 EMRK vgl. z.B. den *Griechenland-Fall,* Annuaire de la Convention Européenne des Droits de l'Homme 12/1969, S. 505.

60 Vgl. *Trechsel* (Anm. 57), S. 46 ff. («Si nous confrontons cette pratique du Comité à la jurisprudence sur l'article 3 de la Convention, il est difficile de dire si l'article 10 accorde vraiment une protection renforcée»; a.a.O. S. 47). Einge Autoren kritisieren, der Wortlaut von Art. 10 Abs. 1 Pakt II sei zu unbestimmt; vgl. die Nachweise bei *Nowak*, Commentary (Anm. 1), S. 184 und *Trechsel* (Anm. 57), S. 46.

61 Vgl. dazu die sehr kritischen Anmerkungen von *Antonio Cassese*, Prohibition of Torture and Inhuman or Degrading Treatment or Punishment, in: *Ronald St. J. Macdonald/Franz Matscher/Herbert Petzold* (Eds.), The European System for the Protection of Human Rights, Dordrecht/Boston/London 1993, S. 232 ff. *Trechsel* (Anm. 57), S. 48, findet hingegen, der Ausschuss hätte den von *Cassese* kritisierten Entscheid *Kröcher und Möller v. Switzerland* kaum anders entschieden. Im Fall *Hurtado v. Switzerland* scheint nun die Europäische Kommission für Menschenrechte ihre Praxis gelockert zu haben (so auch die Interpretation von *Schmidt*, [Anm. 5], S. 640): In ihrem Bericht vom 8. Juli 1993 (abgedruckt im Anhang zum Urteil des Gerichtshofes vom 28. Januar 1994, friedliche Streitbeilegung, Serie A Nr. 280–A, S. 10 ff.) stellt die Kommission mit 15 gegen eine Stimme eine Verletzung von Art. 3 EMRK fest, weil der Beschwerdeführer nach der Festnahme in Polizeihaft einige Tage stark verschmutzte Kleider tragen musste, was eine erniedrigende Behandlung bedeutete. Einstimmig befand die Kommission, das Unterlassen sofortiger ärztlicher Behandlung des Beschwerdeführers, der bei der Festnahme einen Rippenbruch erlitten hatte, stelle unmenschliche Behandlung i.S. von Art. 3 EMRK dar.

62 *Nowak*, Commentary (Anm. 1), S. 186; ähnlich auch S. 189.

63 Vgl. z.B. *Schmidt* (Anm. 5), S. 640: «The threshold of application of this provision is, of course, far lower than that of Article 3 of the ECHR and of Article 7 of the ICCPR, both of which prohibit cruel, inhuman, and degrading treatment». Vgl. auch *Stephen Livingstone*, Prisoners' Rights, in: *Harris/Joseph* (Anm. 5), S. 271 f.

Art. 10 Abs. 1 das Folterverbot von Art. 7 Pakt II für Strafgefangene *ergänzt*, und dass diese Personengruppe nicht nur keiner unmenschlichen oder erniedrigenden Behandlung, sondern auch keiner über den Haftzweck hinausgehenden Härte und keinem solchen Zwang unterworfen werden darf[64]. Tatsächlich gibt es mehrere Fälle, in welchen der Ausschuss nur eine Verletzung von Art. 10 Pakt II, nicht aber eine solche von Art. 7 Pakt II festgestellt hat[65]. Auch konzeptionell unterscheiden sich die beiden Bestimmungen: Während Art. 7 gegen bestimmte gewalttätige Eingriffe in die persönliche Integrität gerichtet ist, bezieht sich Art. 10 Abs. 1 überwiegend auf die allgemeinen Haftbedingungen; Art. 7 verlangt mit dem Verbot von Misshandlungen ein Unterlassen des Staates, Art. 10 hingegen auch ein Tätigwerden, indem der Staat einen bestimmten Standard menschlicher Haftbedingungen bereitstellen muss[66].

b) Praxis des Menschenrechtsausschusses

Der Menschenrechtsausschuss hat, wie erwähnt, in einer Vielzahl von Fällen teils gleichzeitig eine Verletzung von Art. 10 und Art. 7, teils nur eine Verletzung von Art. 10 Abs. 1 festgestellt[67]. Allein eine Verletzung von Art. 10 hat der Ausschuss z.B. im besonders erwähnenswerten Fall *Párkányi v. Hungary* erblickt[68]: Der Beschwerdeführer konnte sich in Polizeihaft morgens jeweils nur während fünf Minuten seiner Hygiene widmen, und er durfte sich täglich nur während fünf Minuten an der frischen Luft bewegen[69]. Die meisten Fälle betrafen allerdings aussereuropäische Diktaturen und/oder Staaten mit tiefem Lebensstandard, wobei in allen Fällen die Haftbedingungen äusserst schlecht waren[70]. Laut dem Ausschuss darf der Minimalgehalt menschenwürdiger Behandlung nicht von den materiellen Ressourcen eines Staates abhängen[71]; e con-

64 Allgemeine Bemerkung 21/44, Ziff. 3; abgedruckt hinten S. 369.

65 Hinweise auf die reiche Kasuistik bei *Nowak*, Commentary (Anm. 1), S. 186 ff.; vgl. auch unten lit. b.

66 *Nowak*, Commentary (Anm. 1), S. 188 f.

67 Vgl. die Hinweise bei *Nowak*, Commentary (Anm. 1), S. 187 ff.

68 Communication 410/1990, *Csaba Párkányi v. Hungary;* abgedruckt hinten S. 634 ff.

69 Vgl. Communication 410/1990 (Anm. 68), Ziff. 8.4: «The Committee considers that such limitation of time for hygiene and recreation is not compatible with article 10 of the Covenant.»

70 In einem neueren Fall, der im Frühjahr 1995 vom Ausschuss zu beurteilen war, rügte der kanadische Staatsbürger *Griffin* die Haftbedingungen im 500 Jahre alten Gefängnis von Melilla, einer spanischen Enklave in Marokko (Communication 493/1992, *Gerald John Griffin v. Spain*). Der Beschwerdeführer schilderte die Haftumstände als schlimmer denn in «Midnight Express»: 30 Personen in einer Zelle, keine Fenster, uringetränkte Matratzen und Bettücher, Dusche mit Meerwasser, gewaltsame Auseinandersetzungen und Zusammenlegung von Untersuchungs- und Strafhäftlingen. Der Ausschuss sah darin eine Verletzung von Art. 10 Abs. 1 und 2 des Paktes.

71 Allgemeine Bemerkung 21/44, Ziff. 4, hinten S. 369.

trario gilt aber, dass Staaten mit gehobenem Lebensstandard bessere Haftbedingungen anbieten müssen[72]. Die Prüfung des amerikanischen Staatenberichtes durch den Ausschuss[73] lässt erahnen, welche Anforderungen dieser an westliche Industriestaaten stellt. Er kritisierte im Lichte von Art. 10 Abs. 1 Pakt II etwa, dass in den USA viele Gefängnisse überfüllt seien oder dass vielerorts männliche Wärter unkontrollierten Zugang zu Zellen weiblicher Gefangener hätten, was das Risiko sexueller Übergriffe erhöhe[74].

Art. 10 verbietet im weiteren, wie bereits Art. 2 Abs. 1, jegliche Diskriminierung der Gefangenen: Menschenwürdige Behandlung muss ohne jegliche Unterschiede bezüglich Rasse, Hautfarbe, Geschlecht, Sprache, Religion, politische oder andere Anschauungen etc. gewährt werden[75]. Der Ausschuss verlangt im übrigen, dass die Mitgliedstaaten konkrete Massnahmen (inklusive die Schaffung unabhängiger Aufsichtsorgane) treffen, um die wirksame Anwen-

72 Vgl. auch die ersetzte Allgemeine Bemerkung 9/16, Ziff. 1: «The humane treatment and the respect for the dignity of all persons deprived of their liberty is a basic standard of universal application which cannot depend entirely on material resources. While the Committee is aware that *in other respects the modalities and conditions of detention may vary with the available resources*, they must always be applied without discrimination, as required by article 2 (1).»

73 Human Rights Committee Conclusions on U.S. Report (Anm. 40).

74 Vgl. a.a.O. (Anm. 40): «20. The Committee is concerned about conditions of detention of persons deprived of liberty in federal and state prisons, particularly with regard to planned measures which would lead to further overcrowding of detention centres. The Committee is also concerned at the practice which allows male prison officers access in women['s] detention centres and which has led to serious allegations of sexual abuse of women and the invasion of their privacy. The Committee is particularly concerned at the conditions of detention in certain maximum security prisons which are incompatible with article 10 of the Covenant and run counter to the United Nations Standard Minimum Rules for the Treatment of Prisoners and the Code of Conduct for Law Enforcement Officials.»
Der Ausschuss empfiehlt in der Folge den USA: «34. The Committee expresses the hope that measures be adopted to bring conditions of detention of persons deprived of liberty in federal [or] state prisons in full conformity with article 10 of the Covenant. Legislative, prosecutorial and judicial policy in sentencing must take into account that overcrowding in prisons causes violation of article 10 of the Covenant. Existing legislation that allows male officers access to women's quarters should be amended so as to provide at least that they will always be accompanied by women officers. Conditions of detention in prisons, in particular in maximum security prisons, should be scrutinized with a view to guaranteeing that persons deprived of their liberty be treated with humanity and with respect for the inherent dignity of the human person, and implementing the United Nations Standard Minimum Rules for the Treatment of Prisoners and the Code of Conduct for Law Enforcement Officials therein.» – Diese Empfehlung dürfte auch für den Vollzug in den schweizerischen Frauengefängnissen interessieren.

75 Allgemeine Bemerkung 21/44, Ziff. 4, hinten S. 370.

dung der Garantien des Paktes zu überwachen[76]. Bemerkenswert an der Praxis des Ausschusses ist schliesslich, mit welchem Nachdruck dieser auf die Einhaltung der UNO-Mindestgrundsätze für die Behandlung von Strafgefangenen[77] und anderer Mindestgrundsätze pocht[78].

c) Bedeutung für die Schweiz

Das schweizerische Bundesgericht hat in einer reichen und schöpferischen Rechtsprechung[79] aus dem ungeschriebenen Grundrecht der Persönlichen Freiheit und anderen Grundrechten zum Teil sehr detaillierte Anforderungen an einen «menschenwürdigen, von schikanösen und sachlich nicht begründeten Eingriffen freien Vollzug»[80] von Haft herauskristallisiert. Im Einklang mit der Praxis des Ausschusses gilt gemäss dieser Rechtsprechung, dass über die eigentliche Haft hinausgehende Grundrechtsbeschränkungen nur soweit zulässig sind, als sich diese mit dem Haftzweck oder der Aufrechterhaltung der Gefängnisordnung rechtfertigen lassen[81]. Im allgemeinen kann daher davon ausgegangen

76 Allgemeine Bemerkung 21/44, Ziff. 6: «Er [der Ausschuss] hält es ferner für erforderlich, dass dabei die von den zuständigen Behörden getroffenen konkreten Massnahmen präzisiert werden, durch welche die tatsächliche Anwendung der Regeln über die Behandlung von Personen, denen ihre Freiheit entzogen wurde, überprüft werden kann. Die Vertragsstaaten sollten zudem in ihren Berichten Auskunft über ihr System für die *Beaufsichtigung* der Gefängnisse geben sowie auch über die genauen *Massnahmen, welche zur Verhinderung von Folter und grausamer, unmenschlicher und erniedrigender Behandlung und zur Gewährleistung der Unparteilichkeit der Aufsicht* getroffen wurden.»

77 Grundsatzkatalog der UNO für den Schutz aller irgendeiner Form von Haft oder Strafgefangenschaft unterworfenen Personen, angenommen von der Generalversammlung der UNO in Resolution 43/173, vom 9. Dezember 1988 (abgedruckt etwa in: *Bruno Simma/Ulrich Fastenrath,* Menschenrechte – Ihr internationaler Schutz, 3. Aufl., München 1992, S. 254 ff.). Vgl. auch die Standard Minimum Rules für die Behandlung der Gefangenen des ECOSOC, angenommen durch ECOSOC-Resolution 663 C (XXIV) vom 31. Juli 1957; ergänzt um Regel 95 mit Resolution 2076 (LXII) vom 13. Mai 1977 (abgedruckt u.a. in: *Nigel Rodley*, The Treatment of Prisoners under International Law, Oxford 1987, S. 327 ff.).

78 Vgl. die Liste relevanter Empfehlungen in der Allgemeinen Bemerkung 21/44, Ziff. 5, abgedruckt hinten S. 370. Der erste Bericht der schweizerischen Regierung an den UNO-Menschenrechtsausschuss gemäss Art. 40 Pakt II vom Februar 1995 hält in Ziff. 164 folgendes fest: «Die Summe der Minimalregeln für die Behandlung der Gefangenen, welche von den Vereinten Nationen oder vom Europarat angenommen worden sind, besitzt zwar keinen zwingenden Gesetzescharakter, stellt aber für die schweizerische Rechtsprechung die Richtlinien der Strafrechtspolitik auf, denen bei der Auslegung des Verfassungsrechts der persönlichen Freiheit Rechnung zu tragen ist». Der Bericht verweist in Anmerkung 92 ausdrücklich auf die Resolution 43/173 der UNO-Generalversammlung und auf Resolution 663 C des ECOSOC.

79 Vgl. dazu insbesondere *Jörg Paul Müller*, Grundrechte der schweizerischen Bundesverfassung, 2. Aufl., Bern 1991, S. 6 ff.

80 BGE 102 Ia 283.

81 BGE 118 Ia 73 E. d.

werden, dass die *Rechtslage* für Untersuchungs- und Strafgefangene mit Art. 10 Abs. 1 Pakt II konform ist[82].

Relevant ist Art. 10 Abs. 1 Pakt II in der Schweiz v.a. für die Haftbedingungen für Ausländer in Vorbereitungs- und Ausschaffungshaft. Nach Art. 13a ff. des Bundesgesetzes über Aufenthalt und Niederlassung der Ausländer (ANAG) in der Fassung des Bundesgesetzes über Zwangsmassnahmen im Ausländerrecht vom 18. März 1994[83] können Ausländer während maximal drei Monaten in Vorbereitungshaft zwecks Sicherstellung des Wegweisungsverfahrens und während längstens neun Monaten in Ausschaffungshaft zur Sicherstellung des Wegweisungsvollzuges gehalten werden[84]. Der Bundesgesetzgeber hat die konkrete Ausgestaltung des Haftregimes den Kantonen überlassen und schreibt in Art. 13d Abs. 2 lediglich vor, die Haft sei in «geeigneten Räumlichkeiten» zu vollziehen[85], die Zusammenlegung von Administrativhäftlingen mit Personen in Untersuchungs- oder Strafhaft sei «zu vermeiden»[86] und den Inhaftierten sei «soweit möglich geeignete Beschäftigung anzubieten». Der Verzicht auf detail-

82 Inwiefern dies auch für die Praxis von Untersuchungshaft, insbesondere in Polizeihaftanstalten, und des Strafvollzugs zutrifft, muss hier offenbleiben. In seinem ersten Bericht an den Menschenrechtsausschuss vom Februar 1995 (Ziff. 168) hält der Bundesrat fest, es «wäre freilich eine Illusion anzunehmen, dass in der Schweiz schlechte Behandlungen und ungenügende Haftbedingungen nie vorkämen.» Vgl. in diesem Zusammenhang auch den Fall *Hurtado v. Switzerland* (Anm. 61). So hat etwa der Bericht des Europäischen Folterkomitees vom 27. Januar 1993 (CPT/Inf (93) 4) verschiedene Missstände aufgezeigt. Das Komitee beanstandete u.a. das Gefängnis der Polizeikaserne Zürich, das zwei Gemeinschaftszellen von $24m^2$ resp. $50m^2$ aufwies, die durch 6 resp. 9 Gefangene belegt waren (wovon die meisten – alles Ausländer – seit mehr als 8 Tagen dort waren), als ungenügend. Die Zellen waren schmutzig und verfügten kaum über Tageslicht und Ventilation. Bezüglich des Gefängnisses im Amtshaus Bern beanstandete das Komitee die schlechte Belüftung und das mangelnde Tageslicht wegen der Milchglasscheiben und forderte, dass es in allen Zellen möglich sein müsse, bei Tageslicht zu lesen und zu arbeiten. Bezüglich der zwei Polizeigefängnisse in Zürich befand das Komitee, dass die Zellengrösse von $7{,}5m^2$ resp. $10m^2$ genügend sei, allerdings nur sofern die Zelle durch eine Person belegt sei. Das Komitee besuchte auch verschiedene Polizeigefängnisse und kam fast durchwegs zum Schluss, dass diese für längere Aufenthalte völlig ungeeignet seien.

83 AS 1995 I 151, in Kraft seit dem 1. Februar 1995.

84 Vgl. dazu *Walter Kälin*, Zwangsmassnahmen im Ausländerrecht, AJP 1995, S. 837.

85 Art. 13d Abs. 2 ANAG. In Konformität mit Pakt II führt die Botschaft zum Bundesgesetz über Zwangsmassnahmen vom 22. Dezember 1993 (BBl 1994 I 316) aus: «Insbesondere gilt es zu beachten, dass die Haftmodalitäten im Lichte des Verhältnismässigkeitsprinzips ausgestaltet werden und nicht weiter gehen, als es der Zweck unabdingbar erfordert. So soll das *Haftregime grundsätzlich ein anderes sein als für Untersuchungs- und Strafgefangene*. Es handelt sich bei den in Vorbereitungshaft befindlichen Ausländern nicht um Kriminelle, sondern um Personen, die zum Zweck der Durchführung und Sicherung eines Wegweisungsverfahrens festgehalten werden. Schon daraus ergibt sich, dass der Sicherheitsstandard und die Unterbringung zwangsläufig *nicht die gleichen sein dürfen wie bei Delinquenten*. Im übrigen gelten in diesen Bereichen auch weiterhin die kantonalen Vollzugs- und Ausführungsbestimmungen» [Hervorhebungen durch die Autoren].

86 Damit erfüllt das Gesetz ein Postulat von Art. 10 Abs. 2 Pakt II.

liertere Regelungen durch den Bundesgesetzgeber hat offenbar einige Kantone zur Annahme verleitet, diese Richtlinien seien eher Empfehlungen als bindende Vorschriften für den kantonalen Gesetzgeber: Nur so lässt sich erklären, dass mehrere Kantone Ausschaffungshäftlinge auf dem Verordnungsweg demselben Regime unterworfen haben wie es für Untersuchungs- und Strafgefangene gilt[87]. Dies widerspricht nicht nur den Intentionen des Bundesgesetzgebers[88], sondern auch der Praxis des Ausschusses, wonach die Rechte der Gefangenen nur soweit eingeschränkt werden dürfen, als es für die Haft unvermeidbar ist[89]. In diesem Zusammenhang wirft die *Aufsichtspflicht* der Staaten gewisse Fragen auf. Wie erwähnt, verlangt der Ausschuss in seiner Allgemeinen Bemerkung 21/44, dass die Mitgliedstaaten in ihren Berichten ausführen, welche konkreten Massnahmen getroffen wurden, um die wirksame Anwendung der Regeln von Art. 10 zu überwachen[90]. Für die Schweiz besteht das Problem darin, dass der Bund, anders als im Bereich des Strafvollzugs[91], für die Ausschaffungsgefängnisse keine ausdrückliche Oberaufsichtsbefugnis hat. Immerhin stellt das Gesetz sicher, dass das Bundesgericht sich nicht nur im Rahmen von staatsrechtlichen Beschwerden, sondern auch bei der verwaltungsgerichtlichen Überprüfung von Haftentscheiden mit Haftbedingungen befassen kann[92].

3. Hinweis auf weitere für inhaftierte Personen relevante Garantien von Pakt II

Wie bereits einleitend erwähnt, stehen Gefangenen alle Rechte des Paktes zu; Einschränkungen sind nur soweit zulässig, als es für die Haft unvermeidbar ist[93]. Unter den Rechten, die für Personen, denen die Freiheit entzogen ist, relevant sind, ist zunächst Art. 6 Abs. 1 Pakt II zu erwähnen, wonach jeder Mensch ein angeborenes Recht auf Leben hat und dieses gesetzlich zu schützen ist. Art. 6

87 Vgl. dazu *Jörg Künzli/Alberto Achermann*, Das Haftregime in der Vorbereitungs- und Ausschaffungshaft, in: *Schweizerische Flüchtlingshilfe* (Hrsg.), Zwangsmassnahmen im Ausländerrecht – Situationsbericht, Bern 1995, S. 4 ff.

88 Vgl. das Zitat aus BBl 1994 I 316, oben in Anm. 85.

89 Vgl. Allgemeine Bemerkung 21/44, Ziff. 3, abgedruckt hinten S. 369. Auch die vieldiskutierten Verhältnisse im zürcherischen provisorischen Polizeigefängnis im Sommer 1995 (vgl. die Hinweise bei *Künzli/Achermann* (Anm. 87), S. 12 ff. und die Beschreibung der Haftbedingungen in der dort abgedruckten Verfügung des zürcherischen Haftrichters vom 10. Juni 1995) warfen zumindest ernsthafte Fragen bezüglich der Vereinbarkeit mit Art. 10 Pakt II auf.

90 Ziff. 6; abgedruckt hinten S. 370.

91 Art. 392 StGB weist dem Bund die Oberaufsicht im Bereich des Strafvollzugs zu.

92 Gemäss Art. 13c Abs. 3 ANAG hat der Haftrichter die Angemessenheit der Vorbereitungs- und Ausschaffungshaft und dabei u.a. die Haftbedingungen zu überprüfen. Vgl. dazu nun BGE 122 II 299.

93 Vgl. Allgemeine Bemerkung 21/44, Ziff. 3, abgedruckt hinten S. 369.

Pakt II beinhaltet nach der Praxis des Ausschusses auch positive Massnahmen[94]. *Nowak*[95] verweist in diesem Zusammenhang unter Hinweis auf die Praxis des Ausschusses auf die besondere Pflicht des Staates gegenüber inhaftierten Personen: Mangelnde Nahrungsversorgung, ungenügende medizinische Betreuung oder der Verzicht auf Massnahmen zur Verhinderung von Selbstmorden können zu einer Verletzung von Art. 6 Abs. 1 Pakt II führen.

In Anwendung von Art. 17 Pakt II, der vor willkürlichen oder rechtswidrigen Eingriffen in das Privatleben, die Familie, Wohnung und den Schriftverkehr schützt, prüfte der Ausschuss in zwei Fällen die Zulässigkeit von Beschränkungen der Korrespondenz von Inhaftierten. Im Fall *Pinkney v. Canada*[96] beurteilte er eine sehr allgemein gefasste Überwachungs- und Zensurgenehmigung als nicht ausreichenden Schutz im Sinne von Art. 17 Pakt II[97]. Im Fall *Estrella v. Uruguay* wurde das Recht einer Person im Strafvollzug auf regelmässige Korrespondenz mit Familienangehörigen und Freunden betont und ebenso das Recht, regelmässig unter der «notwendigen Überwachung» Besuche von diesen zu empfangen. Eine übermässige Zensur stelle zudem auch eine Verletzung von Art. 10 Abs. 1 Pakt II dar[98, 99].

94 Vgl. vorne S. 162.

95 *Nowak*, Commentary (Anm. 1), S. 107 mit Hinweis auf Communication 84/1981, Ziff. 9.2.

96 Communication 27/1978.

97 Die angefochtene Regelung hatte folgenden Wortlaut (deutsche Übersetzung aus EuGRZ 1982, S. 14 f.): «Jedes Schreiben von einem oder an einen Gefangenen ist [...] von dem Gefängnisvorsteher oder einem zu diesem Zweck von ihm ermächtigten Bediensteten zu lesen. Es liegt im Ermessen des Vorstehers, jedes Schreiben oder jeden Teil eines Schreibens deswegen anzuhalten oder zu zensieren, weil der Inhalt beanstandungswürdig ist oder weil das Schreiben von übermässiger Länge ist.» Der Ausschuss kam zum Schluss, dass eine «so allgemein gefasste Bestimmung wie dieser Artikel [...] nach Auffassung des Ausschusses nicht schon für sich allein hinreichenden rechtlichen Schutz gegen willkürliche Anwendung [gewährleistete], obwohl, wie der Ausschuss bereits festgestellt hat, keine Beweise dafür vorhanden sind, dass Herr Pinkney zufolgedessen selbst Opfer einer Verletzung des Paktes gewesen wäre».

98 Communication 74/1980, Ziff. 9.2.: «This requires that any such measures of control or censorship shall be subject to satisfactory legal safeguards against arbitrary application [...]. Furthermore, the degree of restriction must be consistent with the standard of humane treatment of detained persons required by article 10 (1) of the Covenant. In particular, prisoners should be allowed under necessary supervision to communicate with their family and reputable friends at regular intervals, by correspondence as well as by receiving visits.»

99 Ähnliche Standards zur Frage des Briefverkehrs von Inhaftierten entwickelte der Europäische Gerichtshof für Menschenrechte in Anwendung der Parallelbestimmung von Art. 8 EMRK (vgl. insbesondere die Fälle *Silver et al. v. United Kingdom*, Serie A Nr. 61; *Campell and Cosans v. United Kingdom*, Serie A Nr. 48; *Boyle and Rice v. United Kingdom*, Serie A Nr. 131, sowie *Stephan Breitenmoser*, Der Schutz der Privatsphäre gemäss Art. 8 EMRK, Basel/Frankfurt a.M. 1986, S. 213 ff. und 333 ff. und *Luzius Wildhaber* in: Internationaler Kommentar zur EMRK, Art. 8, Rz. 504 ff.). Nach dieser Praxis erscheint eine Zurückhaltung resp. Zensur von Briefen zulässig, falls in diesen Gewalt angedroht oder zu einer strafbaren Handlung aufgerufen wird, und welche eine wirkliche und klare Gefährdung von Ordnung und Disziplin darstellen. Unzulässig ist eine Zensur von Briefen hingegen, falls diese nicht an nahe Verwandte oder

Art. 18 Pakt II, wonach jedermann das Recht auf Gedanken-, Gewissens- und Religionsfreiheit hat, verpflichtet die Vertragsstaaten auch zu *positiven Massnahmen*. Die zuständigen Behörden haben die Ausübung religiöser Bekenntnisse z.B durch Zurverfügungstellung von Gebetsräumen oder einer religionskonformen Mahlzeitenauswahl etc. zu ermöglichen, wobei sich das Ausmass dieser Verpflichtung im Einzelfall aufgrund des Verhältnismässigkeitsprinzips ergibt[100].

Gemäss Art. 19 Pakt II, welcher in expliziter Weise die Informationsfreiheit schützt, dürfen sowohl der Empfang wie auch die Weitergabe von Meinungen nur beschränkt werden, wenn dies gesetzlich vorgesehen und zur Verbrechensverhütung bzw. zur Aufrechterhaltung der Gefängnisordnung unbedingt erforderlich ist[101].

V. Bewegungsfreiheit von Ausländerinnen und Ausländern (Art. 12 und 13)

1. Allgemeines

Mit Ausnahme der Rechte, die ausdrücklich Staatsbürgerinnen und Staatsbürgern eines Landes vorbehalten sind[102], stehen Ausländerinnen und Ausländern, die sich im Vertragsstaat aufhalten, alle Rechte von Pakt II zu, gleichgültig, ob andere Staaten Gegenrecht halten, welche Staatsangehörigkeit die Person besitzt oder ob sie staatenlos ist[103]. Gewisse Rechte allerdings verlangen als Vorausset-

bekannte Personen oder an ehemalige oder derzeit inhaftierte Personen gerichtet sind, falls sie in unanständiger Sprache geschrieben sind und falls sie an Anwälte gerichtet sind und Beschwerden über die Behandlung im Gefängnis enthalten (vgl. die Zusammenstellung in *Wildhaber*, a.a.O., Rz. 509 f.; *Mark E. Villiger*, Handbuch der Europäischen Menschenrechtskonvention, Zürich 1993, S. 337 ff.). Im Fall *Schönenberger und Durmaz v. Switzerland*, Serie A Nr. 137, abgedruckt in: VPB 1989, S. 547 ff., wurde schliesslich auf eine Verletzung von Art. 8 EMRK durch die Schweiz erkannt, da Gefängnisbehörden die Weiterleitung eines Schreibens eines noch nicht beauftragten Anwalts an den Gefangenen – das einen Hinweis auf das Aussageverweigerungsrecht enthielt – verweigerten.

100 Vgl. *Nowak*, Commentary (Anm. 1), S. 327 f. Zu positiven Massnahmen zugunsten Inhaftierter werden die Vertragsstaaten auch durch Art. 9 EMRK verpflichtet, vgl. *Jochen A. Frowein/Wolfgang Peukert*, Europäische MenschenRechtsKonvention – EMRK-Kommentar, 2. Aufl., Kehl/Strassburg/Arlington 1996, S. 379 f. Ähnlich das Bundesgericht zur Glaubens- und Gewissensfreiheit von Art. 49 BV: BGE 118 Ia 361 f.

101 *Nowak*, Commentary (Anm. 1), S. 357, m. Hinw. auf die Praxis; *Livingstone* (Anm. 63), S. 291, hält fest, dass der Ausschuss bisher wenig unternommen habe, den Geltungsbereich von Art. 19 Pakt II zu entwickeln; dieser liesse sich aber der Praxis zu Art. 10 EMRK entnehmen, der nur geringfügig von Art. 19 abweiche.

102 Dies betrifft eigentlich nur die Rechte von Staatsbürgern gemäss Art. 25 Pakt II.

103 Vgl. Allgemeine Bemerkung 15/27 (Stellung der Ausländer), Ziff. 1, abgedruckt hinten S. 343.

zung einen «rechtmässigen Aufenthalt»[104]. Verschiedene Garantien von Pakt II haben für Ausländer, Staatenlose oder auch Flüchtlinge, die sich in einem Vertragsstaat des Paktes aufhalten, einige Bedeutung. Art. 12 Abs. 1 garantiert jedermann, der sich rechtmässig im Hoheitsgebiet eines Staates aufhält, das Recht, sich dort frei zu bewegen und seinen Wohnsitz frei zu wählen; da die Schweiz dazu einen Vorbehalt erklärt hat, kommt dieser Garantie allerdings keine selbständige Bedeutung zu[105]. Art. 12 Abs. 2 gibt jedermann das Recht, jedes Land, einschliesslich seines eigenen, zu verlassen; auch dieses Recht entfaltet in der Schweiz kaum praktische Wirkungen. Interessanter ist Abs. 4, demzufolge niemandem willkürlich das Recht entzogen werden darf, in sein eigenes Land einzureisen[106]. Nach Art. 13 darf ein Fremder, der sich rechtmässig im Hoheitsgebiet eines Staates aufhält, nur aufgrund einer rechtmässig ergangenen Entscheidung ausgewiesen werden, wobei ihm Gelegenheit zu geben ist, die gegen die Ausweisung sprechenden Gründe vorzubringen, den Entscheid überprüfen und sich dabei vertreten zu lassen, sofern nicht zwingende Gründe der nationalen Sicherheit entgegenstehen[107]. Diese Bestimmungen gewähren grundsätzlich den gleichen Schutz wie die EMRK mit den spezifischen Garantien des Vierten und Siebten Zusatzprotokolls[108].

104 Art. 12 Abs. 1 und Art. 13 Pakt II; vgl. dazu unten S. 181 ff.

105 «Das Recht, sich frei zu bewegen und seinen Wohnsitz frei zu wählen, steht unter dem Vorbehalt der Bundesgesetzgebung über die Ausländer, wonach Aufenthalts- und Niederlassungsbewilligungen nur für den Kanton gelten, der sie ausgestellt hat.» Die Beschränkungen der Bewegungsfreiheit von Asylsuchenden gestützt auf die entsprechenden Bestimmungen des Asylgesetzes sind durch die allgemeine Schrankenklausel von Art. 12 Abs. 3 Pakt II gedeckt (vgl. *Kälin*, Anm. 84, S. 841 mit Anm. 55).

106 Hierzu nachstehend Ziff. 2.

107 Dazu Ziff. 3, hinten S. 181 ff.

108 – *Verbot kollektiver Ausweisung*: EMRK im Vierten Zusatzprotokoll, Art. 4 (keine Einschränkung auf rechtmässigen Aufenthalt) / Pakt II: nicht explizit, aber Auslegung (die Allgemeine Bemerkung 15/27 verlangt rechtmässigen Aufenthalt).
– *Verbot willkürlicher Ausweisung in Einzelfällen*: EMRK im Siebten Zusatzprotokoll, Art. 1 (rechtmässiger Aufenthalt, rechtmässige Entscheidung) / Pakt II: Art. 13 (rechtmässiger Aufenthalt).
– *Verbot der Ausweisung von Staatsangehörigen*: EMRK im Vierten Zusatzprotokoll, Art. 3 Abs. 1 / Pakt II: Auslegung von 12 Abs. 4 (Recht auf Rückkehr ins eigene Land).
– *Recht auf Rückkehr*: EMRK im Vierten Zusatzprotokoll, Art. 3 Abs. 2 (Kein Entzug des Rechts auf Einreise in das Land der Staatsangehörigkeit) / Pakt II: Art. 12 Abs. 4 (Kein *willkürlicher* Entzug der *Einreise* in das *eigene* Land).
– *Recht, jedes Land inkl. des eigenen zu verlassen*: EMRK im Vierten Zusatzprotokoll, Art. 2 Abs. 2 (Vorbehalt von Abs. 3 betr. Gesetz und Sicherheit) / Pakt II: Art. 12 Abs. 2 (Vorbehalt von Abs. 3).
– *Freie Bewegung und Wohnsitznahme bei rechtmässigem Aufenthalt*: EMRK im Vierten Zusatzprotokoll, Art. 2 Abs. 1 (Vorbehalt von Abs. 3 und 4) / Pakt II: Art. 12 Abs. 1 (Vorbehalt von Abs. 3).

2. Das Recht auf Rückkehr ins eigene Land

a) Praxis des Ausschusses

Art. 12 enthält neben anderen Garantien das Verbot, jemandem willkürlich das Recht zu entziehen, in sein eigenes Land einzureisen (Abs. 4). Zunächst einmal fällt auf, dass dieses Recht anders als die Garantien von Art. 12 Abs. 1 und 2 nicht als Freiheitsrecht ausgestaltet ist, welches gemäss Abs. 3 zum Schutze der nationalen Sicherheit und der öffentlichen Ordnung eingeschränkt werden kann, sondern dem Muster jener Rechte folgt, welche bloss «*willkürliche*» Eingriffe verbieten. Dann zeigt ein Vergleich mit regionalen Konventionen, dass Pakt II den Begriff «sein eigenes Land» («his own country»/«son propre pays») wählt, während Art. 3 Abs. 2 des Vierten Zusatzprotokolls zur EMRK und Art. 22 Abs. 5 der Amerikanischen Menschenrechtskonvention von der Staatsangehörigkeit ausgehen. Zu untersuchen bleibt im Rahmen von Art. 12 Abs. 4 Pakt II auch der Begriff der *Einreise*.

Um mit letzterem zu beginnen, scheint hier klar, dass das Recht auf Einreise ein Verbot willkürlicher *Ausweisung* für jene impliziert, die sich auf Art. 12 Abs. 4 Pakt II berufen können[109]. Den travaux préparatoires lässt sich entnehmen, dass ein umfassendes Ausweisungsverbot für eigene Staatsangehörige nicht in den Text aufgenommen wurde, weil die Ausweisung von Staatsangehörigen als Bestrafung (Exilierung) in den meisten Staaten nicht mehr existierte[110]. Da aber nach wie vor einige wenige Staaten an der Exilierung festhielten, wurde die Möglichkeit zur Verhängung von Einreiseverboten zwar nicht abgeschafft, aber dem Vorbehalt der Unzulässigkeit willkürlicher Einreiseverbote unterstellt[111].

Der Begriff des *willkürlichen Entzuges* ist ebenfalls im Lichte der Entstehungsgeschichte zu betrachten. Danach gilt im Falle eigener Staatsangehöriger allein die gesetzlich vorgesehene Exilierung als Sanktion für Verbrechen nicht als willkürlich; ausdrücklich wurde bei der Beratung des Paktes in der Generalversammlung darauf hingewiesen, dass öffentliche Gesundheit oder Moral kein zulässiger Grund für ein Einreiseverbot sein dürfen[112]. Konsequenterweise haben Österreich (bezüglich des Hauses Habsburg) und Italien (bezüglich des Hauses Savoyen) Vorbehalte zu Art. 12 Abs. 4 Pakt II angebracht.

109 *Nowak*, Commentary (Anm. 1), S. 218: «In contrast to Art. 3 (1) of the 4th AP to the ECHR and Art. 22 (5) of the ACHR, the Covenant does not contain an express prohibition of expulsion of nationals, but this prohibition follows indirectly from the right to entry.»

110 Vgl. *Nowak*, Commentary (Anm. 1), S. 218, m.w.Hinw.

111 *Ders.*, Commentary (Anm. 1), S. 218 f.

112 *Ders.*, Commentary (Anm. 1), S. 219, m.Hinw. auf die Entstehungsgeschichte. – Hinzuweisen ist hier auf den Umstand, dass der Willkürbegriff des Paktes sich mit jenem von Art. 4 BV nicht deckt. Vgl. *Nowak*, Commentary (Anm. 1), S. 110 f. und 172 f., m.Hinw.

Probleme wirft die Auslegung des Begriffes «eigenes Land» auf. Werden davon nur Staatsangehörige erfasst oder auch andere Personen, die wie Flüchtlinge oder Ausländer, die im betreffenden Land geboren und aufgewachsen sind, einen sehr engen Bezug zu diesem Land haben? Die Entstehungsgeschichte weist auf die weitere Auslegung hin. Die Verfasser des Paktes haben hier (anders als EMRK und AMRK) den Begriff gewählt, wie er ebenfalls in Art. 13 Abs. 2 der Allgemeinen Erklärung der Menschenrechte enthalten ist[113]. Die in der Literatur vorherrschende Meinung leitet daraus ab, dass auch Ausländer, Staatenlose oder Flüchtlinge sich auf den Begriff des eigenen Landes berufen könnten, wenn sie zu diesem Land eine sehr starke Bindung entwickelt und dort ihre eigentliche Heimat gefunden haben[114].

Der Menschenrechtsausschuss hat bisher nicht geklärt, wie der Begriff des eigenen Landes auszulegen ist. Er scheint jedoch der weiten Interpretation zuzuneigen. Bereits im Jahre 1983, anlässlich der Prüfung des libanesischen Staatenberichtes[115], verlangte der Ausschuss von der libanesischen Regierung eine Stellungnahme zum Entscheid, seit 1948 im Libanon wohnhaften Palästinensern ihre Aufenthaltspapiere nicht zu erneuern und ihnen die Wiedereinreise zu verweigern. 1994 hatte sich der Ausschuss mit der Beschwerde eines in

113 *Ders.*, Commentary (Anm. 1), S. 219 weist darauf hin, dass der heutige Text einem Vorschlag von Frankreich, den Niederlanden und den USA vorgezogen wurde, welcher das Recht auf Einreise ins eigene Land nur Staatsbürgern zukommen lassen wollte.

114 Vgl. *Nowak*, Commentary (Anm. 1), S. 219, m.Hinw. auf die travaux préparatoires; *ders.* (Anm. 57), S. 157: «One may think of immigrants, refugees and stateless persons who lived for a considerable time in the host country or of children who were born in that country without adopting its nationality»; vgl. auch *Stig Jagerskiold*, The Freedom of Movement, in: *Henkin* (Anm. 36), S. 180 f.: «The right to enter one's own country, then, is not governed solely by citizenship or nationality. In contrast to the European Convention on Human Rights and the American Convention on Human Rights, which provide only that a person may not be deprived of the right to enter the country of his nationality, the Covenant protects permanent residents. An alien, therefore, has the right to enter a country in which he has established a permanent residence.»; *Christian Tomuschat*, Das Recht auf Heimat, in: Des Menschen Recht zwischen Freiheit und Verantwortung, Festschrift für Karl Josef Partsch, Berlin 1989, S. 192: «Bewusst hat man nicht formal an die Staatsangehörigkeit angeknüpft, sondern mit der Wendung his own country einen Begriff gewählt, der nicht eine juristische Kunstschöpfung darstellt, sondern auf die tatsächlich bestehende Bindung, die Verwurzelung am Mittelpunkt des eigenen Lebens abhebt»; *Jean Marie Henckaerts*, Mass Expulsion in International Law and Practice, Den Haag 1995, S. 84: «Immigrants who have lived for many years in a foreign country and who have broken off most ties with their country of nationality but who have not yet acquired the nationality of their host country can also rely on Art. 12 (4)».

115 Vgl. Report of the Human Rights Committee, General Assembly Official Records: Thirty-Eight Session, Supplement No. 40 (A/38/40), 1983, S. 83, Ziff. 350.

Kanada lebenden Italieners zu befassen[116], welcher seit seinem fünften Lebensjahr in Kanada gelebt hatte und wegen zahlreicher Delikte des Landes verwiesen worden war. Der Beschwerdeführer rügte u.a. eine Verletzung von Art. 12 Abs. 4 Pakt II, da Kanada sein «own country» sei. Der Ausschuss hat u.a. diese Rüge ausdrücklich für *zulässig* erklärt. Der Entscheid in der Sache wird wohl Klarheit bringen, welche Tragweite der Ausschuss Art. 12 Abs. 4 zukommen lässt.

b) Bedeutung für die Schweiz

Sollte sich erweisen, dass Art. 12 Abs. 4 – ausser im Falle der Ausweisung wegen strafrechtlicher Delikte – ein Verbot willkürlicher Ausweisung für Personen beinhaltet, die die Schweiz wegen langjährigen Aufenthaltes und des Verlustes der Bindung zum ursprünglichen Heimatland als ihre eigentliche Heimat ansehen, dürfte die Ausweisung von Staatenlosen, Flüchtlingen und Immigranten der zweiten Generation stark eingeschränkt werden. Insbesondere stellt sich ernsthaft die Frage, ob die Ausweisungsgründe von Art. 10 Abs. 1 lit. b (Nichteinfügen in die hiesige Ordnung)[117], lit. c (Gefährdung der öffentlichen Ordnung infolge Geisteskrankheit) und lit. d ANAG (Fürsorgeabhängigkeit)[118] in diesen Fällen noch haltbar sind.

Dies würde eine neuere Tendenz der schweizerischen Praxis stärken, bei intensiver Bindung zur Schweiz nur noch in Fällen ernsthafter Delinquenz die Ausweisung zuzulassen. In diesem Sinn hat das Bundesgericht die Beschwerde eines türkischen Staatsangehörigen gutgeheissen, der seit 1967 im Kanton Basel-Land gelebt hatte und 1989 heimgeschafft werden sollte, weil er wegen eines Unfalls ab 1985 von der Fürsorge unterstützt werden musste[119]. Das Gericht hielt die Ausweisung nach längerer Abwägung für nicht verhältnismässig i.S. von Art. 10 Abs. 2 ANAG. Eine Berücksichtigung von Art. 12 Abs. 4 Pakt II hätte zum gleichen Resultat geführt und die Begründung des Bundesge-

116 Communication 558/1993, *G. Canepa v. Canada,* UN.Doc. CCPR/C/52/D/558/1993, 20.10. 1994. In Communication 538/1993, *Charles E. Stewart v. Canada,* die erst nach Abschluss dieses Teils des Manuskripts entschieden wurde, äusserte sich der Ausschuss erstmals zu diesem Begriff, siehe vorn S. 33.

117 Wenn das Verhalten oder die Handlungen des Ausländers darauf schliessen lassen, dass er nicht gewillt oder nicht fähig ist, sich in die hier geltende Ordnung einzufügen; vgl. dazu Art. 16 Abs. 2 ANAV: etwa fortgesetzte Liederlichkeit oder Arbeitsscheu.

118 Dabei ist zu beachten, dass gemäss Art. 10 Abs. 2 ANAG nur bei lit. c und d von Abs. 1 die Einschränkung gemacht wird, dass die Heimkehr in den Heimatstaat möglich und zumutbar sein muss.

119 BGE 119 Ib 1 ff. i.S. *R. und S. gegen Regierungsrat des Kantons Basel-Landschaft;* siehe dazu auch *Künzli/Kälin*, vorne S. 138. In die gleiche Richtung geht die Praxis des Europäischen Gerichtshofes für Menschenrechte zu Art. 8 EMRK, wonach die Ausweisung von Ausländern der zweiten Generation auch im Fall von Delinquenz nur noch unter erschwerten Bedingungen zulässig ist: Vgl. dazu die Fälle *Berrehab v. The Netherlands,* Serie A Nr. 138, und *Moustaquim v. Belgium,* Serie A Nr. 193.

richts gestärkt. Nur die Tatsache, dass der Beschwerdeführer über eine Niederlassungsbewilligung verfügte, öffnete ihm im übrigen überhaupt den Weg ans Bundesgericht[120]. Bei Ausländern hingegen, die bloss über eine Aufenthaltsbewilligung verfügen, auch wenn sie jahrzehntelang in der Schweiz sind, gibt es gegen einen letztinstanzlich kantonalen Entscheid kein bundesrechtliches Rechtsmittel mehr[121], sofern nicht Verfahrensverletzungen geltend gemacht werden können[122]. Auch wenn bei Inhabern einer Aufenthaltsbewilligung in der Regel noch von Beziehungen zum Herkunftsstaat ausgegangen werden kann, kommt es in der Praxis durchaus vor, dass im Gefolge einer Nichtverlängerung der Aufenthaltsbewilligung Personen die Schweiz verlassen müssen, die hier tiefe Wurzeln geschlagen haben[123]. Eine Anerkennung des Verbots der Ausweisung aus dem eigenen Land gemäss Art. 12 Abs. 4 würde in solchen Fällen sowohl den Rechtsweg für eine Staatsvertragsbeschwerde an das Bundesgericht öffnen als auch die materielle Rechtslage zugunsten der betroffenen Ausländer massiv verstärken.

3. Garantien im Ausweisungsverfahren

Gemäss Art. 13 Pakt II kann ein Ausländer, der sich rechtmässig im Hoheitsgebiet eines Vertragsstaates aufhält, aus diesem nur auf Grund einer rechtmässig ergangenen Entscheidung ausgewiesen werden, und es ist ihm, sofern nicht zwingende Gründe der nationalen Sicherheit entgegenstehen, Gelegenheit zu geben, die gegen seine Ausweisung sprechenden Gründe vorzubringen und diese Entscheidung durch die zuständige Behörde oder durch eine von dieser Behörde

120 Gemäss Art. 100 lit. b Ziff. 3 OG sind auf dem Gebiet der Fremdenpolizei Verwaltungsgerichtsbeschwerden nur zulässig bei Bewilligungen, auf die das Bundesrecht einen Anspruch einräumt.

121 Gemäss Art. 4 ANAG entscheidet die kantonale Behörde über die Erteilung und Verlängerung von Aufenthaltsbewilligungen grundsätzlich nach freiem Ermessen. Gemäss Art. 18 Abs. 1 ANAG ist der eine Bewilligung verweigernde kantonale Entscheid endgültig. Somit ist gemäss Art. 100 lit. b Ziff. 3 OG die Verwaltungsgerichtsbeschwerde ausgeschlossen. Die staatsrechtliche Beschwerde fällt mangels anrufbaren verfassungsmässigen Rechts weg; die Willkürbeschwerde ist ausgeschlossen, weil das ANAG mit der Einräumung freien Ermessens auf einen rechtlichen Schutz der Interessen der betroffenen Ausländerinnen und Ausländer verzichtet und damit bewirkt, dass die Legitimation zur staatsrechtlichen Beschwerde entfällt; vgl. BGE 121 I 268 E. 2 und allgemein *Walter Kälin*, Das Verfahren der staatsrechtlichen Beschwerde, 2. Aufl., Bern 1994, S. 237 ff.

122 Vgl. BGE 121 I 272.

123 Vgl. etwa den in der Öffentlichkeit Ende 1995 heftig diskutierten Fall der versuchten Heimschaffung einer Gastarbeiterfamilie aus Ex-Jugoslawien, die sich seit 18 Jahren in der Schweiz aufgehalten hatte (hierzu etwa «Der Bund» vom 23. Dezember 1995). Zumindest für die Tochter, die hier ihr ganzes bisheriges Leben verbracht hat, handelt es sich bei der Schweiz um ihr «eigenes Land».

besonders bestimmte Person nachprüfen und sich dabei vertreten zu lassen. Art. 13 stellt damit für Ausweisungen, die nach Art. 12 Pakt II zulässig sind, gewisse Verfahrensvorschriften auf.

Art. 13 schützt nur jene Ausländer, die sich rechtmässig im Land aufgehalten haben. Der Begriff des *rechtmässigen* Aufenthaltes («lawfully»/«légalement») ist auslegungsbedürftig. Rechtmässig ist der Aufenthalt, wenn der Ausländer in Übereinstimmung mit der Rechtsordnung eingereist ist oder eine gültige Anwesenheitserlaubnis hat[124]. Dies gilt nicht nur für ordentliche Aufenthaltsbewilligungen, sondern auch für Fälle, wo sich der Ausländer dort mit dem Einverständnis des Staates aufhält, was in der Schweiz etwa für Asylsuchende während des Verfahrens gilt[125]. Nicht rechtmässig ist der Aufenthalt von Personen, die nie eine Erlaubnis hatten, sich im Gebiet des betreffenden Staates aufzuhalten, oder deren Erlaubnis zum Aufenthalt abgelaufen ist[126]. Nach der Entscheidung des Menschenrechtsausschusses im Fall *Celepli v. Sweden*[127] liegt insbesondere in Fällen von Personen, die an sich aus- oder weggewiesen sind, deren Wegweisung aber nicht vollzogen wird, *kein* rechtmässiger Aufenthalt i.S. von Art. 12 und damit auch nicht von Art. 13 Pakt II vor[128]. Wegen dieser Rechtsprechung vermag Art. 13 für Asylsuchende, die rechtskräftig abgewiesen worden sind, und für vorläufig Aufgenommene kaum Wirkung zu entfalten. Immerhin verlangt der Ausschuss, dass in Fällen, in welchen die Rechtmässigkeit des Aufenthaltes umstritten und deshalb Verfahrensthema ist, die Entscheidung in Übereinstimmung mit Art. 13 zu treffen ist[129].

Art. 13 verlangt, dass der Ausländer, der sich rechtmässig in einem Staat aufhält, nur auf Grund einer *rechtmässig ergangenen Entscheidung* ausgewiesen werden darf. Zwar regelt Art. 13 an sich nur das Verfahren und nicht die

124 *Nowak*, Commentary (Anm. 1), S. 224.

125 Gemäss Art. 19 Abs. 1 AsylG dürfen sich Asylsuchende während des Verfahrens in der Schweiz aufhalten, sofern sie nicht gemäss Abs. 2 der gleichen Bestimmung in einen Drittstaat weggewiesen werden können; vgl. dazu *Kälin* (Anm. 43), S. 195 f.

126 *Nowak*, Commentary (Anm. 1), S. 202.

127 Communication 456/1991, *Ismet Celepli v. Sweden,* Ziff. 9.2. Der Beschwerdeführer bekam als PKK-Mitglied eine Bewilligung zum Aufenthalt in Schweden. Nach einem der PKK zugeschriebenen Mord wurde ihm diese entzogen und seine Ausweisung angeordnet, obwohl kein Strafverfahren eröffnet wurde. Die Ausweisung wurde allerdings nicht vollzogen; statt dessen wurde ihm ein Zwangsaufenthaltsort zugewiesen, den er nicht verlassen durfte und wo er sich regelmässig bei der Polizei melden musste.

128 Für die Schweiz bedeutet dies, dass sich die gemäss Art. 14a ANAG vorläufig Aufgenommenen nicht auf Art. 12 Abs. 1 Pakt II berufen können. Die vorläufige Aufnahme ist im schweizerischen Recht nicht als besondere Bewilligungsart, sondern als Ersatzmassnahme für eine rechtskräftige, aber nicht vollziehbare Wegweisung ausgestaltet; vgl. *Kälin* (Anm. 43), S. 201.

129 Allgemeine Bemerkung 15/27, Ziff. 9: «Ist jedoch die Rechtmässigkeit der Einreise oder des Aufenthalts umstritten, muss jede Entscheidung, welche zur Ausweisung des Ausländers führen kann, unter Beachtung des Art. 13 getroffen werden.»

materiellen Gründe für die Ausweisung. Für den Ausschuss steht aber fest, dass eine «rechtmässig ergangene Entscheidung» auch bedeutet, dass diese frei von Willkür sein muss[130]. Er ist zwar nicht bereit, die richtige Anwendung des innerstaatlichen Rechts nachzuprüfen, behält sich aber vor, in Fällen missbräuchlicher bzw. willkürlicher Rechtsanwendung einzugreifen[131]. Im Rahmen der Prüfung des schwedischen Staatenberichtes im Oktober 1985 wurden im Ausschuss diverse Fragen zu Ausweisungsgründen im Ausländergesetz aufgeworfen, was ebenfalls zeigt, dass sich der Ausschuss auch mit materiellen Fragen der Ausweisung befasst[132].

Nach Auffassung des Ausschusses bedarf es bei Ausweisungen im weiteren einer *Entscheidung im Einzelfall*; kollektive Ausweisungen genügen dieser Anforderung nicht, was sich bereits aus der Vorschrift ergibt, dass der Ausländer die Möglichkeit haben muss, gegen die Ausweisung sprechende Gründe vorzubringen und den Entscheid durch eine Behörde nachprüfen zu lassen. Der Ausschuss verlangt auch, dass ein Rechtsmittel gegen den Ausweisungentscheid *effektiv* sein muss[133], was wohl die aufschiebende Wirkung mit einschliesst. Nur im Fall zwingender Gründe der nationalen Sicherheit darf davon abgewichen werden. Schliesslich darf im Anwendungsbereich von Art. 13 Pakt II nicht zwischen verschiedenen Kategorien von Ausländern unterschieden werden[134].

Der Ausschuss verlangt, dass es dem ausgewiesenen Ausländer in der Regel freigestellt werden muss, in welches zu seiner Aufnahme bereites Land er

130 Allgemeine Bemerkung 15/27, Ziff. 10: «Art. 13 bezieht sich unmittelbar nur auf das Verfahren, nicht auf die inhaltlichen Gründe der Ausweisung. Da er jedoch nur die aufgrund einer ‹rechtmässig ergangenen Entscheidung› getroffenen Massnahmen zulässt, liegt sein offensichtliches Ziel darin, willkürliche Ausweisungen zu verhindern.»

131 Vgl. Communication 58/1979, *Maroufidou v. Sweden*, Ziff. 9.3: «The reference to ‹law› in this context is to the domestic law of the State party concerned, which in the present case is Swedish law, though of course the relevant provisions of domestic law must in themselves be compatible with the provisions of the Covenant. Article 13 requires compliance with both the substantive and the procedural requirements of the law». Im gleichen Entscheid (Ziff. 10.1) stellt der Ausschuss aber auch klar, es sei nicht seine Aufgabe zu überprüfen, ob der Vertragsstaat das entsprechende Gesetz richtig ausgelegt und angewendet haben solange jedenfalls nicht erwiesen sei, dass der Staat nicht in gutem Glauben oder in Missbrauch seiner Befugnisse gehandelt habe. Vgl. auch Communication 155/1983, *Hammel v. Madagascar*, auszugsweise abgedruckt hinten S. 585 ff.

132 Vgl. Annual Report 1986, S. 28, Ziff. 133: «With reference to that issue, members of the Committee wished to have additional information on the specific grounds for the expulsion of aliens [...]. Referring to the fact that under section 43 of the Aliens Act 171 ‹illicit sexual relations› and leading ‹a grossly disorderly way of life› were listed as reasons for expulsion, one member asked for clarification of the legal definition of such terms and asked how such charges were applied in practice. In addition, questions were raised concerning the grounds for expulsion, the legal remedies available and their general effectiveness».

133 Allgemeine Bemerkung 15/27, Ziff. 10, hinten S. 346.

134 Allgemeine Bemerkung 15/27, Ziff. 10: «Bei der Anwendung des Art. 13 ist eine Ungleichbehandlung zwischen verschiedenen Kategorien von Ausländern nicht zulässig.»

ausreisen will[135]. Nur wenn kein anderer Staat zur Aufnahme bereit ist (was heute allerdings den Normalfall darstellt), darf der Ausländer in den Herkunftsstaat abgeschoben werden.

VI. Verfahrensgarantien (Art. 14)

1. Einleitung

Art. 14 Pakt II verpflichtet die Vertragsstaaten zur Beachtung bzw. Gewährleistung gewisser verfahrensrechtlicher Garantien und bildet somit das Gegenstück zu Art. 6 EMRK sowie Art. 2–4 des Siebten Zusatzprotokolls zur EMRK. Durch die Gewährung einer Anzahl individueller minimaler Verfahrensrechte in Zivil- und Strafverfahren soll «*the proper administration of justice*»[136] erreicht werden.

Einleitend hält Art. 14 Pakt II die *Gleichheit aller Menschen* vor Gericht fest. Diese Garantie, welche kein anderes Menschenrechtsinstrument kennt, besitzt in der Praxis des Menschenrechtsausschusses zwei Aspekte: Einerseits stellt Art. 14 Abs. 1 Satz 1 eine Konkretisierung des allgemeinen Gleichbehandlungsgebotes von Art. 26 Pakt II dar und ist in Verbindung mit den in Art. 2 Abs. 1 und Art. 3 Pakt II statuierten Diskriminierungsverboten zu sehen. Demnach muss allen Menschen gleichermassen der Zugang zu Gerichten gewährt werden, ohne Unterschied des Geschlechts, der Rasse, des Vermögens, etc.[137]. Dies erstreckt sich auch auf die gleiche und nicht diskriminierende Anwendung der Gesetze durch die Gerichte, kann jedoch nicht auch dahingehend interpretiert

135 Allgemeine Bemerkung 15/27, Ziff. 9: «Normalerweise muss einem Ausländer, welcher ausgewiesen wird, gestattet werden, sich in jedes Land zu begeben, welches bereit ist, ihn aufzunehmen». Nach *Nowak*, Commentary (Anm. 1), S. 228, geht die staatliche Souveränität bei der Ausweisung von Ausländern nicht so weit zu entscheiden, in welches Land die betreffende Person ausgeschafft werden kann.

136 Allgemeine Bemerkung 13/21, Ziff. 1.

137 Eine Verletzung dieses Grundsatzes wurde in Communication 202/1986, *Graciela Ato de Avellanal v. Peru*, festgestellt. Nach dem damals geltenden peruanischen Recht war es verheirateten Frauen nicht möglich, das eheliche Vermögen betreffende Klagen vor Gericht zu vertreten. In seinen Auffassungen führte der Menschenrechtsausschuss aus (deutsche Übersetzung in EuGRZ 1989, S. 124 ff.): «10.2 Was Diskriminierung auf Grund des Gesetzes angeht, so stellt der Ausschuss fest, dass nach Art. 3 von Pakt II die Vertragsstaaten sich verpflichten, «die Gleichberechtigung von Mann und Frau bei der Ausübung aller in diesem Pakt festgelegten bürgerlichen und politischen Rechte sicherzustellen», und dass Art. 26 vorsieht, dass alle Menschen vor dem Gesetz gleich sind und Anspruch auf gleichen Schutz durch das Gesetz haben. Der Ausschuss stellt fest, dass die ihm vorliegenden Tatsachen erkennen lassen, dass die Anwendung von Art. 168 des peruanischen Zivilgesetzbuchs auf die Bf. zur Verweigerung ihrer Gleichheit vor dem Gericht führte und Diskriminierung auf Grund des Geschlechtes darstellte».

werden, dass der Ausschuss die inhaltliche Richtigkeit des Entscheides überprüft[138]. Andererseits verbietet das Recht auf Gleichheit vor den Gerichten die Schaffung von getrennten Gerichten für bestimmte Personengruppen. Die Einrichtung von Sondergerichten, z.B. Militärgerichten, ist jedoch solange zulässig, wie diese nicht für Personengruppen geschaffen werden, deren Diskriminierung durch Art. 2 Abs. 1 oder Art. 3 Pakt II verboten ist[139].

Des weiteren hält Art. 14 Abs. 1 Pakt II fest, dass jedermann «Anspruch darauf hat, dass über eine gegen ihn erhobene strafrechtliche Anklage oder seine zivilrechtlichen Ansprüche und Verpflichtungen durch ein zuständiges, unabhängiges, unparteiisches und auf Gesetz beruhendes Gericht in billiger Weise und öffentlich verhandelt wird». Demnach sind sämtliche Zivil- und Strafverfahren *fair* durchzuführen. Neben den Bedingungen der Unabhängigkeit und Unparteilichkeit des Gerichtes, des Öffentlichkeitsgebotes etc. werden die weiteren Voraussetzungen eines fairen Verfahrens nicht explizit erwähnt. Der Menschenrechtsausschuss hat dazu ausgeführt, zu einem fairen Verfahren würden etwa auch die Waffengleichheit, der Ausschluss der reformatio in peius von Amtes wegen oder eine angemessene Verfahrensdauer gehören[140].

Die Absätze 2–7 von Art. 14 Pakt II enthalten – Art. 6 Abs. 2 und 3 EMRK sowie Art. 2–4 Siebtes Zusatzprotokoll EMRK entsprechend – Garantien, welche ausschliesslich auf Strafverfahren Anwendung finden. Eine wichtige Bedingung für ein faires Verfahren ist die *Unschuldsvermutung*, wonach keine staatlichen Organe den Ausgang eines Strafverfahrens vorwegnehmen dürfen.

138 Nach Communication 273/1989, *B.d.B. et al. v. The Netherlands*, Ziff. 6.4, garantiert Art. 14 nicht «equality of results or absence of error on the part of the competent tribunal». Somit gilt wie bei der EMRK auch für Mitteilungen an den Menschenrechtsausschuss, dass diese ratione materiae unzulässig sind, wenn es sich um eine «Vierte-Instanz-Beschwerde» handelt; der Menschenrechtsausschuss prüft m.a.W. nur, ob die in Art. 14 Pakt II gewährten Garantien im Rahmen des jeweiligen Verfahrens eingehalten worden sind und nicht, ob das Ergebnis des Verfahrens fair bzw. richtig ist; *Paul Tavernier*, Le droit à un procès équitable dans la jurisprudence du comité des droits de l'homme des nations unies, Revue trimestrielle de droits de l'homme 1996, S. 15; *Schmidt* (Anm. 5), S. 635; *Christoph Pappa*, Das Individualbeschwerdeverfahren des Fakultativprotokolls zum internationalen Pakt über bürgerliche und politische Rechte, Bern/Wien 1996, S. 96 ff. Für die EMRK siehe statt vieler *Villiger* (Anm. 99), S. 69 f. Rz. 101, 92 Rz. 145.

139 *Nowak*, Commentary (Anm. 1), S. 240. Zur Problematik der Beurteilung von Zivilpersonen durch Militärgerichte vgl. Allgemeine Bemerkung 13/21, Ziff. 4, hinten S. 373.

140 Communication 207/1986, *Yves Morael v. France*, Ziff. 9.3: «[...] Although article 14 does not explain what is meant by a ‹fair trial› in a suit at law (unlike paragraph 3 of the same article dealing with the determination of criminal charges), the concept of a fair hearing in the context of article 14 (1) of the Covenant should be interpreted as requiring a number of conditions, such as equality of arms, respect for the principle of adversary proceedings, preclusion of ex officio reformatio in peius, and expeditious procedure. The facts of the case should accordingly be tested against those criteria.» Vgl. auch Allgemeine Bemerkung 13/21, Ziff. 5, hinten S. 373.

Aufgrund der Unschuldsvermutung obliegt die Beweislast den Strafverfolgungsbehörden[141].

Die in Art. 14 Abs. 3 Pakt II aufgeführten *Minimalgarantien* eines fairen Strafprozesses umfassen das Recht, in einer verständlichen Sprache über die Anklage informiert zu werden (lit. a), die Zurverfügungstellung von genügend Zeit zur Vorbereitung der Verteidigung (lit. b), das Recht auf Verkehr mit einer Verteidigerin oder einem Verteidiger nach Wahl (lit. b), den Anspruch auf ein Urteil innert angemessener Frist (lit. c) sowie die spezifischen Verteidigungsrechte während der Verhandlung (lit. d)[142]. Ferner gehören zu den minimalen Erfordernissen eines fairen Strafverfahrens auch das Recht, Zeugen benennen und befragen zu können (lit. e), der Anspruch auf Beizug eines unentgeltlichen Dolmetschers bei Unkenntnis der Verhandlungssprache (lit. f)[143] und das Verbot des Zwangs zur Selbstbeschuldigung (lit. g).

Für strafrechtliche Verfahren gegen Jugendliche bestimmt Art. 14 Abs. 4 Pakt II, dass diese in einer Art und Weise zu führen seien, welche dem Alter der Jugendlichen Rechnung trage und ihre Wiedereingliederung in die Gesellschaft fördere. Diese Verpflichtung umfasst nicht nur die Gewährleistung eines fairen Verfahrens gemäss Art. 14[144] sowie der übrigen, explizit für Jugendliche aufgestellten Garantien des Paktes[145], sondern auferlegt den Vertragsstaaten eine weitergehende Verpflichtung: Dem jugendlichen Alter der betroffenen Personen sowie dem im Vordergrund stehenden Zweck der Wiedereingliederung ist im Rahmen der Gerichtsbarkeit gegen Jugendliche gebührend Beachtung zu schenken.

Schliesslich garantiert Art. 14 das Recht auf ein Rechtsmittel für alle strafrechtlich Verurteilten (Abs. 5)[146], das Recht, im Falle eines Fehlurteils eine Entschädigung zu erhalten (Abs. 6) sowie den Grundsatz *ne bis in idem* (Abs. 7).

141 Zur Unschuldsvermutung siehe Allgemeine Bemerkung 13/21, Ziff. 7, hinten S. 374.

142 Diese Bestimmung umfasst das Recht auf Anwesenheit bei der Verhandlung, das Recht, sich selbst zu verteidigen oder sich durch einen Verteidiger eigener Wahl vertreten zu lassen, das Recht auf amtliche Verteidigung sowie das Recht, über die Möglichkeit der amtlichen Verteidigung informiert zu werden. Bezüglich der Unentgeltlichkeit der amtlichen Verteidigung hat die Schweiz anlässlich der Ratifikation von Pakt II einen Vorbehalt angebracht, wonach die Kostenbefreiung nicht endgültig sei; vgl. dazu vorne *Malinverni,* S. 97 f.

143 Zu dieser Garantie hat die Schweiz den Vorbehalt gemacht, dass die Unentgeltlichkeit des Beistandes durch einen Dolmetscher nicht endgültig sei; vgl. dazu vorne/hinten S. 97 f. und 286.

144 Allgemeine Bemerkung 13/21, Ziff. 16, hinten S. 376.

145 Art. 6 Abs. 5 Pakt II (Verbot der Todesstrafe für Jugendliche unter 18 Jahren); Art. 10 Abs. 3 und 4 Pakt II (Trennung Jugendlicher und Erwachsener während der Untersuchungshaft und im Strafvollzug); Art. 14 Abs. 1 Pakt II (Möglichkeit des Verzichts auf eine Veröffentlichung des Urteil wegen entgegenstehender Interessen von Jugendlichen).

146 Art. 14 Abs. 5 Pakt II; bei der Ratifikation von Pakt II hat die Schweiz zu dieser Bestimmung den gleichen Vorbehalt gemacht, den sie zu Art. 2 Abs. 2 des Siebten Zusatzprotokolls zur EMRK abgegeben hat; vgl. vorne/hinten S. 98 f. und 286.

Ein grober Vergleich von Art. 14 Pakt II mit dem teilweise gleich lautenden Art. 6 EMRK zeigt, dass die Rechtsprechung des Menschenrechtsausschusses und der EMRK-Organe in weiten Bereichen kongruent sind; das gilt besonders ausgeprägt für die Garantien in strafrechtlichen Verfahren[147]. Dennoch lässt sich nicht leugnen, dass der Menschenrechtsausschuss – obwohl oder vielleicht gerade weil er in diesem Bereich zahlenmässig weit weniger Fälle als die EMRK-Organe zu behandeln hat – in seiner Praxis bei der Konkretisierung der Verfahrensgarantien teilweise recht weit gegangen ist[148]. Deshalb lässt sich nicht ausschliessen, dass in Zukunft die Praxis zu einzelnen Aspekten des fair trial weiter auseinanderdriften könnte[149]. Im folgenden soll auf jene Aspekte der heutigen Ausschusspraxis eingegangen werden, die für die Schweiz von Bedeutung sind.

2. Verfahren über zivilrechtliche Ansprüche und Beamtenrecht

a) Allgemeines

Gemäss Art. 14 Abs. 1 Pakt II hat jedermann «Anspruch darauf [...], dass über [...] seine zivilrechtlichen Ansprüche und Verpflichtungen durch ein zuständiges, unabhängiges, unparteiisches und auf Gesetz beruhendes Gericht in billiger Weise und öffentlich verhandelt wird». Der Anwendungsbereich des Rechtes auf ein faires Verfahren stimmt somit mit demjenigen von Art. 6 Abs. 1 EMRK überein. Die Auslegung dieser identischen Begriffe erfolgt sowohl durch den Menschenrechtsausschuss[150] als auch durch die EMRK-Organe[151] *autonom*. Die Rechtsprechung des Menschenrechtsausschusses zur Auslegung der Begriffe «zivilrechtliche Ansprüche» und «Verpflichtungen» ist bei weitem nicht so umfang- und facettenreich wie diejenige der Strassburger Organe[152]; trotzdem lässt sich gerade hier eine gewisse Tendenz zu einer weiten Anerkennung des zivilrechtlichen Charakters eines Verfahrens feststellen. Im Fall *Y.L. v. Canada* hielt der Ausschuss bereits 1986 fest:

> «9.2 [...] Nach Ansicht des Ausschusses stellt der Begriff der Auseinandersetzung über ‹zivilrechtliche Ansprüche und Verpflichtungen› (‹suit at law›) oder dessen Äquivalent in den anderen Sprachfassungen eher auf die *Natur des in Frage stehenden Rechts* ab als auf den Status einer der Parteien (Regierungsbehörden, parastaatliche Behörden oder autonome Verwaltungsträger) oder auf die besondere Instanz, vor der nach dem jeweiligen

147 *Schmidt* (Anm. 5), S. 636.
148 *Ders.*, S. 659.
149 *Tavernier* (Anm. 138), S. 21 f.
150 *Nowak*, Commentary (Anm. 1), S. 241.
151 *Villiger* (Anm. 99), S. 224 Rz. 374.
152 *Tavernier* (Anm. 138), S. 9 f.

Rechtssystem das in Rede stehende Recht geltend zu machen ist, wobei insbesondere in Common Law-Systemen zu beachten ist, dass es keinen Wesensunterschied zwischen öffentlichem und privatem Recht gibt und dass die Gerichte üblicherweise eine Kontrolle über das Verfahren entweder in erster Instanz oder auf Grund einer gesetzlich besonders vorgesehenen Berufung oder sonst im Wege der gerichtlichen Überprüfung ausüben. In dieser Hinsicht muss jede Mitteilung im Lichte ihrer Besonderheiten geprüft werden.»[153]

b) Streitigkeiten aus öffentlichem Dienstverhältnis

Diese Formel stimmt weitgehend mit der Rechtsprechung zu Art. 6 EMRK überein[154]. Im Bereich des öffentlichen Dienstrechts hat der Ausschuss aus seiner Formel allerdings Folgerungen gezogen, welche über die Strassburger Praxis hinausgehen[155]. Im Fall *Ruben Toribio Munoz Hermoza v. Peru*[156] wurde

153 Communication 112/1981, *Y.L. v. Canada*, deutsche Übersetzung in EuGRZ 1986, S. 455.

154 Siehe z.B. das Urteil des Europäischen Gerichtshofes für Menschenrechte im Fall *Benthem v. The Netherlands*, Serie A Nr. 97 (deutsche Übersetzung in EuGRZ 1986, S. 299 ff): «34. [...] Ausserdem betrifft Art. 6 nicht nur ‹Streitigkeiten des Zivilrechts im klassischen Sinn, d.h. zwischen Privatpersonen oder zwischen einer Privatperson und dem Staat in dem Masse, wo letzterer als Privatperson gehandelt hat und somit dem Privatrecht untersteht› und nicht als Inhaber öffentlicher Gewalt handelt [...]. Daraus folgt, dass weder ‹die Natur des Gesetzes, auf dessen Grundlage die Streitigkeit entschieden werden muss› noch der Charakter ‹der in der Sache zuständigen Behörde› von Bedeutung sind; es kann sich um eine ‹ordentliche Rechtsprechung› handeln, um ein ‹Verwaltungsorgan, etc. [...] ausschlaggebend ist allein die Natur des Rechts›, das in Frage steht».

155 Die EMRK-Organe gehen in konstanter Praxis (vgl. z.B. Beschwerde 15965/90, *R.H. v. Spain*, Entscheidung der Europäischen Kommission für Menschenrechte vom 15. Januar 1993, Decisions and Reports (DR) 74, S. 76 ff., und Beschwerde 18598/91, *Sygounis et. al. v. Greece,* Entscheidung der Europäischen Kommission für Menschenrechte vom 18. Mai 1994, DR 78–A, S. 71 ff.) vom Grundsatz aus, dass Verfahren betr. öffentlichem Dienst nicht als zivilrechtliche Verfahren i.S. von Art. 6 Abs. 1 EMRK zu qualifizieren seien (vgl. hierzu *Ruth Herzog*, Art. 6 EMRK und kantonale Verwaltungsrechtspflege, Bern 1995, S. 57; *Tomas Poledna*, Disziplinarische und administrative Entlassung von Beamten – vom Sinn und Unsinn einer Unterscheidung, Schweizerisches Zentralblatt für Staats- und Verwaltungsrecht (ZBl) 96/1995, S. 60 f.). In neueren Entscheiden von Kommission und Gerichtshof wird diese Praxis in gewisser Weise zwar relativiert – Streitigkeiten aus öffentlichem Dienstverhältnis wird dann zivilrechtlicher Charakter verliehen, wenn die Streitsache vermögensrechtlicher Natur ist (vgl. den Fall *Scuderi v. Italy*, Serie A Nr. 265–A). In ihrer Zulässigkeitsentscheidung vom 8. April 1992 führte die Europäische Kommission für Menschenrechte aus, dass «the proceedings in question concerned recalculation of the sums owed to the applicant by the civil service in respect of an upgrading ordered by the Ministry of Finance on 14 April 1980. They relate to what for the applicant was an economic right, which was accordingly a civil right, and the proceedings thus fall within the scope of Article 6 § 1 of the Convention», a.a.O., S. 11. Die Kommission nahm in ihrer Entscheidung direkt Bezug auf das wenige Tage vorher ergangene Urteil im Fall *Editions Périscope v. France* (Serie A Nr. 234–B, Ziff. 40), wonach ein «civil right» bereits dann vorliege, wenn das Recht vermögensrechtlicher Natur sei, unbeachtet der «origin of the dispute and the fact that the administrative courts had jurisdiction». Dies wird praktisch wohl nur auf Lohnstreitigkeiten zutreffen und den Grundsatz der Nichtanwendbarkeit von Art. 6 Abs. 1 EMRK auf die übrigen Bereiche beamtenrechtlicher Streitigkeiten – Einstellung, Entlassung, Beförderung, etc. – (momentan noch) unangetastet lassen (vgl. auch *Andreas Kley-Struller*, Beamten-

der Beschwerdeführer im Zusammenhang mit einem Verfahren wegen Beleidigung eines Vorgesetzten vorübergehend vom Dienst bei der *Guardia Civil* suspendiert. Obwohl er mangels Beweisen von der Anschuldigung freigesprochen wurde und das entsprechende Dekret die Entlassung von Angehörigen der *Guardia Civil* nur im Anschluss an eine strafrechtliche Verurteilung vorsah, wurde er in der Folge definitiv aus dem Dienst entlassen. Ohne näher auf die Frage einzugehen, ob hier überhaupt ein zivilrechtlicher Anspruch vorliege, stellte der Ausschuss eine Verletzung des Rechtes auf ein faires Verfahren gemäss Art. 14 Abs. 1 fest, da es die peruanischen Gerichte unterlassen hatten, innert angemessener Zeit das Verfahren abzuschliessen. Expliziter wurde der Ausschuss im Fall *Robert Casanovas v. France*[157]: Der Beschwerdeführer war wegen fachlicher Inkompetenz aus dem Feuerwehrdienst der Stadt Nancy entlassen worden. Nachdem eine Beschwerde bei der Europäischen Menschenrechtskommission wegen Unvereinbarkeit *ratione materiae* für unzulässig erklärt worden war[158], wandte sich der Beschwerdeführer an den Menschenrechtsausschuss und machte eine Verletzung von Art. 14 Abs. 1 Pakt II (Recht auf Entscheid innert angemessener Frist) geltend[159]. In seiner Zulässigkeitsentscheidung be-

rechtliche Streitsache und Art. 6 EMRK bzw. Art. 14 CCPR, AJP 1995, S. 759). Die Anwendbarkeit von Art. 14 Abs. 1 Pakt II auf vermögensrechtliche Streitigkeiten im Zusammenhang mit einem öffentlichen Dienstverhältnis wurde vom Menschenrechtsausschuss in Communication 454/1991, *Enrique Garcia Pons v. Spain*, ebenfalls ausdrücklich bejaht.

156 Communication 203/1986, *R.T. Munoz Hermoza v. Peru.*

157 Communication 441/1990, *R. Casanovas v. France.*

158 Beschwerde 16992/90, *Robert Casanovas v. France*, Entscheidung der Europäischen Kommission für Menschenrechte vom 3. Oktober 1990.

159 Das Verwaltungsgericht hatte erst nach über drei Jahren über den Rekurs entschieden. – Die Mitteilung ist nicht nur in Bezug auf die Frage des Rechtscharakters beamtenrechtlicher Streitigkeiten interessant; in der Phase der Zulässigerklärung hatte sich der Ausschuss vorgängig mit der Frage befassen, ob die Mitteilung gemäss Art. 5 Fakultativprotokoll überhaupt geprüft werden dürfe. Zwar war das Strassburger Verfahren im Zeitpunkt der Mitteilung an den Menschenrechtsausschuss bereits beendet, doch hatte Frankreich anlässlich der Ratifikation des Paktes II einen Vorbehalt angebracht, wonach der «Weiterzug» einer Strassburger Entscheidung nach Genf ausgeschlossen sei. Der entsprechende Einwand der französischen Regierung wurde mit dem Hinweis entkräftet, dass die Europäische Menschenrechtskommission die Beschwerde wegen Unvereinbarkeit ratione materiae mit den EMRK-Garantien für unzulässig erklärt hatte. Der Ausschuss folgerte daraus, dass «une affaire qui avait été déclarée irrecevable ratione materiae n'avait pas, au sens de la réserve, été ‹examinée› d'une façon qui excluait que le Comité l'examine à son tour» (Communication 441/1990, *Robert Casanovas v. France*, französische Übersetzung in RUDH 1994, S. 455, Ziff. 5.1). Dieser Entscheid wäre im Lichte der Praxis des Menschenrechtsausschusses wohl anders ausgefallen, hätte die Europäische Menschenrechtskommission die Beschwerde wegen offensichtlicher Unbegründetheit (*manifestly ill-founded*) für unzulässig erklärt; vgl. hierzu Mitteilung 452/1991, *Jean Glaziou v. France*, Ziff. 7.2; vgl. auch *Nowak*, Commentary (Anm. 1), S. 696 ff. sowie *Jean Dhommeaux,* Les Etats parties à la Convention européenne des Droits de l'Homme et le Comité des Droits de l'Homme de l'O.N.U.: de la cohabitation du système universel de protection des droits de l'homme avec le système européen, in: Liber Amicorum Marc-André Eissen, Bruxelles 1995, S. 123 ff.

jahte der Menschenrechtsausschuss ohne zu zögern das Vorliegen eines zivilrechtlichen Anspruches:

> «5.2. Le Comité a rappelé que la notion de ‹droits et obligations de caractère civil›, au sens du paragraphe 1 de l'article 14, est fondée sur la nature du droit en question, plutôt que sur le statut de l'une des parties. Le Comité a considéré qu'une procédure de révocation constituait bien une contestation sur les droits et obligations de caractère civil, au sens du paragraphe 1 de l'article 14 du Pacte. En conséquence, le 7 juillet 1993, le Comité a déclaré la communication recevable.»

Obwohl der Menschenrechtsausschuss in der Folge die Beschwerde abwies, da in der Zwischenzeit ein für den Beschwerdeführer günstiger verwaltungsgerichtlicher Entscheid ergangen war, bleibt die Feststellung, dass der Ausschuss beamtenrechtlichen Streitigkeiten bezüglich *Entlassungen aus dem öffentlichen Dienst* zivilrechtlichen Charakter zuspricht.

c) Bedeutung für die Schweiz

In der Schweiz steht bei Streitigkeiten über die *Begründung eines Dienstverhältnisses* kein Rechtsmittel zur Verfügung[160]; soweit ersichtlich hat der Ausschuss ein solches nie verlangt. Hingegen ist die *Nichtwiederwahl von Bundesbeamten* gemäss Art. 58 BtG letztinstanzlich mittels Verwaltungsgerichtsbeschwerde beim Bundesgericht anfechtbar[161]. In Bezug auf die *Nichtwiederwahl kantonaler Beamtinnen und Beamten* ist demgegenüber die Legitimation zur staatsrechtlichen Beschwerde grundsätzlich nicht gegeben, *«es sei denn, das kantonale Recht räume ihm einen Anspruch auf Wiederwahl ein»*[162]. Ist dies nicht der Fall, so kann gemäss bundesgerichtlicher Praxis lediglich die Verletzung von Verfahrensvorschriften durch die kantonalen Behörden gerügt werden[163]. Wo im Kanton der Weg an das Verwaltungsgericht ausgeschlossen ist, entfällt somit jede gerichtliche Beurteilung.

Aus der oben dargestellten Praxis des Menschenrechtsausschusses folgt, dass zumindest in Fällen von *Entlassungen aus dem Beamtenverhältnis* gerichtlicher Rechtsschutz gewährt werden muss, welcher den Anforderungen von

160 *Tobias Jaag*, Das öffentliche Dienstrecht im Bund und im Kanton Zürich – ausgewählte Fragen, ZBl 95 (1994), S. 466 f. Die Verwaltungsgerichtsbeschwerde im Zusammenhang mit der Begründung des Dienstverhältnisses von Bundespersonal ist durch Art. 100 lit. e Ziff. 1 OG ausgeschlossen. Wegen fehlender Legitimation – es besteht kein Anspruch auf Wahl bzw. Anstellung in ein öffentliches Amt – ist die staatsrechtliche Beschwerde ebenfalls unzulässig (vgl. *Kälin*, Anm. 121, S. 239; *Herzog*, Anm. 155, S. 244; BGE 105 Ia 273 E. a).

161 *Tobias Jaag/Georg Müller/Peter Saladin/Ulrich Zimmerli*, Ausgewählte Gebiete des Bundesverwaltungsrechts, 2. Aufl., Basel/Frankfurt a.M. 1997, S. 7; *Jaag* (Anm. 160), S. 470.

162 BGE 120 Ia 112 E. 1a; *Jaag* (Anm. 160), S. 470 f.

163 BGE 105 Ia 276 E. d; die Legitimation ergibt sich in diesen Fällen aus den entsprechenden Verfahrensnormen, deren Verletzung gerügt wird; *Kälin* (Anm. 121), S. 238.

Art. 14 Abs. 1 Pakt II entspricht. Gleiches gilt für Streitigkeiten über die Beendigung eines öffentlich-rechtlichen Anstellungsverhältnisses. Ob der Menschenrechtsausschuss auf Fälle der *Nichtwiederwahl* von Beamten dieselben Grundsätze anwenden würde, lässt sich nicht voraussagen. Die Folgen und Wirkungen einer Nichtwiederwahl für die betroffene Person kommen allerdings meist denjenigen einer Entlassung gleich; insofern ist nicht ausgeschlossen, dass der Menschenrechtsausschuss diese Praxis eines Tages auch auf Fälle der Nichtwiederwahl erstrecken wird[164].

Die Tatsache, dass die Schweiz zu Art. 14 Abs. 1 Pakt II einen Vorbehalt angebracht hat, ist für die hier diskutierte Frage weitgehend irrelevant. Laut diesem Vorbehalt bezweckt die Garantie eines fairen Prozesses nur, dass eine «letztinstanzliche richterliche Prüfung der Akte oder Entscheidungen» über zivilrechtliche Rechte und Pflichten stattfindet; ferner präzisiert der Vorbehalt, dass unter letztinstanzlicher richterlicher Prüfung eine «auf die Rechtsanwendung beschränkte [...] richterliche Prüfung, die kassatorischer Natur ist,» zu verstehen sei. Dieser Vorbehalt entspricht demjenigen zu Art. 6 Abs. 1 EMRK, der durch das Urteil *Belilos*[165] sowie (in seiner «korrigierten» Fassung) durch das Bundesgericht[166] für ungültig erklärt worden ist. Im Gegensatz zur EMRK enthält der Pakt II keine Regelungen betreffend Vorbehalte. Da der von der Schweiz anlässlich der Ratifikation hinterlegte Vorbehalt zu Art. 14 Abs. 1 Pakt II auch nicht den Bestimmungen der Wiener Vertragsrechtskonvention widerspricht[167], muss dieser Vorbehalt als gültig betrachtet werden[168]. Soweit der Vorbehalt zu Art. 14 Abs. 1 Pakt II sich auf Bereiche erstreckt, die durch Art. 6 EMRK erfasst werden, ist er nutzlos, denn die Rechtsuchenden können hier ihre Ansprüche aus der EMRK ableiten. Praktische Bedeutung entfaltet der Vorbehalt erst dann, wenn – wie im hier diskutierten Beispiel der Entlassung bzw. Nichtwiederwahl – die Pakt-Garantien weitergehen als diejenigen der EMRK. In diesen Fällen garantiert Art. 14 Abs. 1 Pakt II für die Schweiz nur

164 Sollte die künftige Praxis des Menschenrechtsausschusses zeigen, dass Art. 14 Abs. 1 Pakt II auch die Nichtwiederwahl von Beamtinnen und Beamten erfasst, wäre die Praxis des Bundesgerichtes, bei Nichtwiederwahlen nur Schutz gegen Verfahrensfehler, nicht aber gegen Willkür in der Sache zu gewähren, in jenen Fällen nicht mehr haltbar, in denen auf kantonaler Ebene keine gerichtliche Überprüfung besteht.

165 *Belilos v. Switzerland*, Serie A Nr. 132.

166 BGE 118 Ia 473.

167 Gemäss Art. 19 des Wiener Übereinkommens über das Recht der Verträge können Staaten grundsätzlich Vorbehalte zu Verträgen anbringen; dieses Recht wird dann eingeschränkt, wenn die entsprechenden Vorbehalte mit Ziel und Zweck des Vertrages unvereinbar sind, durch den Vertrag selbst ausgeschlossen werden oder wenn das Anbringen von Vorbehalten durch den Vertrag verboten wird.

168 *Peter Mock*, Quelques réflexions sur les réserves déposées par la Suisse lors de la ratification du Pacte international relatif aux droits civils et politiques, AJP 1994, S. 986 f.; siehe auch *Malinverni*, vorne S. 96 f.

eine auf die Rechtsanwendung beschränkte letztinstanzliche richterliche Prüfung[169], praktisch also die staatsrechtliche Beschwerde.

3. Unabhängigkeit der Gerichte

Art. 14 Abs. 1 Pakt II verlangt – wie im übrigen auch Art. 6 Abs. 1 EMRK –, dass die urteilenden Gerichte *unabhängig* von den übrigen Staatsgewalten sind. Das Erfordernis der Unabhängigkeit der Richter betrifft auch deren *Bestellung*. In seiner Allgemeinen Bemerkung zu Art. 14 Pakt II bittet der Menschenrechtsausschuss die Vertragsstaaten, in ihren Berichten genaue Angaben über die Bestellung der Gerichte und die Wahl der Richter zu machen[170].

Während die EMRK-Organe in konstanter Praxis eine *Volkswahl* der Richter als mit Art. 6 Abs. 1 EMRK vereinbar betrachten[171], ist die Situation bezüglich Art. 14 Abs. 1 Pakt II nicht ebenso eindeutig. In seinen *Conclusions* zum Ersten Bericht der Vereinigten Staaten drückte der Menschenrechtsausschuss seine Besorgnis aus über die Art, nach welcher in gewissen Bundesstaaten Richterinnen und Richter gewählt werden, und empfahl, Richterwahlen nicht durch politische Behörden, sondern durch ein unabhängiges Organ vornehmen zu lassen.

In der Schweiz ist die Volkswahl von Richterinnen und Richtern auf kantonaler Ebene ein durchaus gängiges Vorgehen. Vor dem Hintergrund der Bedenken des Menschenrechtsausschusses erscheint diese Praxis nicht ganz problemlos. Der Ausschuss befürchtet wohl, dass bei Volkswahlen die Chance, gewählt zu werden, für Kandidatinnen und Kandidaten einer grossen, etablierten politischen Partei wesentlich höher ist als für parteiunabhängige Kandidaten, was gewissen politischen Kreisen allzu starken Einfluss auf die Justiz geben könnte[172]. Trotz offenkundiger Bedenken gegenüber politischen Wahlen von Richtern, die auf dem Hintergrund negativer Erfahrungen in Staaten mit anderen politischen Systemen als jenem der Schweiz ein Stück weit durchaus verständlich sind, dürfte der Ausschuss wohl nicht soweit gehen, Volkswahlen geradezu als paktwidrig zu bezeichnen.

169 *Kley-Struller*, (Anm. 155), S. 759 f.
170 Allgemeine Bemerkung 13/21, Ziff. 3, hinten S. 372 f.; *McGoldrick* (Anm. 1), S. 400 ff.
171 *Villiger* (Anm. 99), S. 244 Rz. 413, m.w.Hinw.
172 Vgl. auch *Nowak*, Commentary (Anm. 1), S. 245 f.

4. Verteidigungsrechte während der Verhandlung im Strafprozess

Ein bedeutsamer Unterschied zwischen Pakt II und der EMRK scheint in Bezug auf das Recht zu bestehen, *sich selbst zu verteidigen*. In der Doktrin wird die Meinung vertreten, dieses Recht des Paktes sei absolut[173]. Demgegenüber gehen sowohl die EMRK-Organe als auch die schweizerische Praxis davon aus, dass einem Angeschuldigten in gewissen Fällen auch gegen dessen Willen ein Verteidiger beigeordnet werden könne[174]. Situationen, in welchen eine solche notwendige Verteidigung angeordnet werden kann, liegen insbesondere vor, wenn die verdächtigte Person sich mehr als fünf Tage in Untersuchungshaft befindet, eine Freiheitsstrafe von mindestens einem Jahr oder ambulante oder stationäre Massnahmen nach Art. 42 ff. oder Art. 100bis StGB zu gewärtigen hat oder wenn das Verfahren besonders komplex ist[175].

Mit der in der Doktrin vertretenen Auffassung, dass einer angeschuldigten Person auf keinen Fall gegen ihren Willen eine Verteidigung beigeordnet werden kann, hat sich der Menschenrechtsausschuss bis anhin nicht ausdrücklich befasst. In einigen Todesstrafenverfahren gegen *Jamaica* stellte der Menschenrechtsausschuss bezüglich der Verteidigungsrechte allerdings fest, der Vertragsstaat hätte einen anderen Anwalt bestellen oder aber dem Beschwerdeführer erlauben sollen, sich im Beschwerdeverfahren selbst zu vertreten[176].

Der Ausschuss lässt es zu, dass der Angeschuldigte auf das Recht, sich selbst zu verteidigen, verzichtet und statt dessen einen Anwalt beauftragt oder gegebenenfalls um eine unentgeltliche Verbeiständung nachsucht[177]. Daraus folgt aber nicht, dass jemandem ein Anwalt aufgezwungen werden kann: Sollte es einer angeschuldigten Person in einem Verfahren, in welchem ihr die Todesstrafe droht, möglich sein, sich selbst zu vertreten, dann kann dies erst recht für weniger schwerwiegende Verfahren gelten. In diesem Sinne müssen die Regelungen der notwendigen Verteidigung bezüglich ihrer Vereinbarkeit mit Pakt II zumindest mit einer gewissen Skepsis betrachtet werden.

Im übrigen stimmen die in Pakt II garantierten Rechte mit denjenigen der EMRK überein, wobei das im Pakt ausdrücklich garantierte *Recht auf Anwe-*

173 *Ders.*, Commentary (Anm. 1), S. 259 m.w.Hinw.

174 *Villiger* (Anm. 99), S. 298 f. Rz. 507 f.; *Niklaus Schmid*, Strafprozessrecht, 2. Aufl., Zürich 1993, S. 132 Rz. 484.

175 Weitere Hinweise bei *Schmid* (Anm. 174), S. 132 f. Rz. 484; *Peter Staub*, Kommentar zum Strafverfahren des Kantons Bern, Bern 1992, Art. 41 N. 1 ff.

176 Communication 250/1987, *Carlton Reid v. Jamaica*: «11.4 [...] In the circumstances and bearing in mind that this is a case involving the death penalty, the Committee considers that the State party should have appointed another lawyer for his defence or *allowed him to represent himself at the appeal proceedings.*» Gleichlautende Feststellung auch in Communication 248/1987, *Glenford Campbell v. Jamaica*, Ziff. 6.6.

177 So auch *Nowak*, Commentary (Anm. 1), S. 261 oben i.V. mit S. 259.

senheit gemäss Rechtsprechung der EMRK-Organe aus dem allgemeinen Fairnessgebot folgt[178]. Die fast apodiktisch anmutende Feststellung des Bundesgerichtes, dass die von Art. 14 Abs. 3 lit. d Pakt II garantierten Rechte keine weitergehenden Ansprüche als Art. 6 Abs. 3 lit. c EMRK gewähren[179], erscheint jedoch in Anbetracht der dynamischen und kreativen Rechtsprechung sowohl des Menschenrechtsausschusses als auch der EMRK-Organe als zu grobe Vereinfachung, welche Unterschiede zwischen den beiden Menschenrechtsinstrumenten ignoriert.

5. Lediglich vorläufige Befreiung von Dolmetscher- und Anwaltskosten

Gemäss dem von der Schweiz bei der Ratifikation von Pakt II hinterlegten Vorbehalt zu Art. 14 Abs. 3 lit. d und f Pakt II garantiert die Schweiz nur eine vorläufige Befreiung von den Kosten des amtlichen Anwaltes sowie der Übersetzung. Dieser Vorbehalt entspricht dem von der Schweiz bei der Ratifikation der EMRK abgegebenen *Vorbehalt* zu Art. 6 Abs. 3 lit. c und e EMRK. Während die Gültigkeit des Vorbehaltes zu Art. 6 Abs. 3 EMRK zunehmend umstritten ist[180], kann von der Gültigkeit des Vorbehaltes zu Art. 14 Abs. 3 Pakt II ausgegangen werden[181].

Inhaltlich bestehen jedoch Bedenken, ob der Vorbehalt der bloss vorläufigen Befreiung von den *Übersetzungskosten* sachlich gerechtfertigt ist. Art. 14 Abs. 3 lit. d Pakt II hält ausdrücklich fest, dass einer angeschuldigten Person eine amtliche Verteidigung beigeordnet werden könne, wenn ihr «die Mittel zur Bezahlung eines Verteidigers» fehlen. Eine amtliche Verbeiständung wird somit nur für den Fall der Mittellosigkeit garantiert[182]. Demgegenüber stellt Art. 14

178 *Villiger* (Anm. 99), S. 277 f. Rz. 468.

179 So das Bundesgericht in BGE 120 Ia 255 E. 5b: «Die Regelung von Art. 14 Abs. 3 lit. d UNO-Pakt II, welche sich bewusst an jene der EMRK anlehnt und im Lichte derselben zu interpretieren ist, [...] gewährt keine weitergehenden Ansprüche als Art. 6 Ziff. 3 lit. c EMRK». Diese Feststellung verkennt, dass es sich beim Pakt II einerseits und bei der EMRK andererseits um zwei unterschiedliche Menschenrechtsinstrumente handelt, welche zwar weitgehende Gemeinsamkeiten aufweisen, die aber freilich gewisse Unterschiede – sei es bezüglich der garantierten Rechte oder bezüglich der Praxis der Durchsetzungsorgane – aufweisen; vgl. *Schmidt* (Anm. 5), S. 629 und 659.

180 V.a. wegen der durch Art. 64 Abs. 2 EMRK geforderten kurzen Inhaltsangabe der vorbehaltenen Gesetze; *Villiger* (Anm. 99), S. 26 Rz. 37 m.w.Hinw.; *Mock* (Anm. 168), S. 988.

181 Siehe dazu *Malinverni*, vorne S. 97 f.

182 Vgl. dazu z.B. die Regelung von Art. 42 Abs. 2 StPO BE: «[...] Wird der Angeschuldigte zu den Staatskosten verurteilt, so hat er dem Staate die dem amtlichen Verteidiger zugesprochene Entschädigung zurückzuerstatten, wenn ihm die Bestellung eines Verteidigers nach seinem Einkommen und seinem Vermögen zumutbar war sowie wenn er innerhalb von zehn Jahren, von der Rechtskraft des Urteils an gerechnet, zu hinreichendem Einkommen oder Vermögen gelangt. [...]»; *Staub* (Anm. 175), Art. 42 N. 15 ff.

Abs. 3 lit. f Pakt II als einzige Bedingung für die Inanspruchnahme des Rechtes auf unentgeltliche Beiziehung eines Dolmetschers auf das *Nichtverstehen* bzw. *Nichtsprechen* der Verhandlungssprache ab, unabhängig von der finanziellen Lage der betroffenen Person[183]. Der Menschenrechtsausschuss hat in seiner Allgemeinen Bemerkung zu dieser Bestimmung festgehalten, der Anspruch auf einen Dolmetscher bestehe unabhängig vom Verfahrensausgang immer dann, wenn fehlende Sprachkenntnisse ein Hindernis für eine wirksame Verteidigung bildeten[184]. Die Möglichkeit des Beizuges eines Dolmetschers ist ohne Zweifel von zentraler Bedeutung für die Fairness von Strafverfahren[185]. Die schweizerische Praxis, Dolmetscherkosten zu den Verfahrenskosten zu schlagen und diese im Falle einer Verurteilung den Angeschuldigten aufzubürden, birgt die Gefahr in sich, dass angeschuldigte Personen aus Angst vor den Kostenfolgen auf einen Dolmetscher und damit auf eine wichtige Garantie für ein faires Verfahren verzichten[186].

6. Verbot des Zwangs zur Selbstbeschuldigung

a) Art. 14 Abs. 3 lit. g Pakt II

Gemäss Art. 14 Abs. 3 lit. g darf niemand «gezwungen werden, gegen sich selbst als Zeuge auszusagen oder sich schuldig zu bekennen.» Zudem sollte nach Ansicht des Menschenrechtsausschusses die Verwertung von Beweismitteln, die durch Drohung oder Zwang erlangt wurden, gesetzlich verboten werden[187]. Als verpönte Zwangsmittel stehen zwar eindeutig Folter und grausame, unmenschliche oder erniedrigende Behandlung gemäss Art. 7 Pakt II sowie die in Art. 10 Pakt II verbotenen Modalitäten des Freiheitsentzuges[188] im Vordergrund, doch fallen auch sonstige Zwangshandlungen darunter, mit welchen – wie z.B. mittels Verhängung gerichtlicher Sanktionen – Aussagen erzwungen werden sollen[189]. Die EMRK enthält kein explizites Verbot des Zwangs zur Selbstbeschuldigung. Ein solches wird aber aus der Unschuldsvermutung von Art. 6 Abs. 2 EMRK[190]

183 Jedermann «[...] kann die unentgeltliche Beiziehung eines Dolmetschers verlangen, wenn er die Verhandlungssprache des Gerichts nicht versteht oder nicht spricht».

184 Allgemeine Bemerkung 13/21, Ziff. 12, hinten S. 375.

185 *Stefan Trechsel,* Die Verteidigungsrechte in der Praxis zur Europäischen Menschenrechtskonvention, Schweizerische Zeitschrift für Strafrecht (ZStrR) 96 (1979), S. 374 f.

186 *Andreas Kley-Struller*, Der Anspruch auf unentgeltliche Rechtspflege, AJP 1995, S. 184 f.; *Villiger* (Anm. 99), S. 304 Rz. 519; *Trechsel* (Anm. 185), S. 375.

187 «The law should require that evidence provided by means of such methods or any other form of compulsion is wholly unacceptable.», Allgemeine Bemerkung 13/21, Ziff. 14.

188 Allgemeine Bemerkung 13/21, Ziff. 14, abgedruckt hinten S. 376.

189 *Nowak*, Commentary (Anm. 1), S. 264.

190 *Villiger* (Anm. 99), S. 288 Rz. 488.

sowie aus dem Anspruch auf ein faires Verfahren gemäss Art. 6 Abs. 1 EMRK[191] abgeleitet.

b) Bedeutung für die Schweiz

Das Verbot des Zwangs zur Selbstbeschuldigung ist im Strafprozessrecht sowohl auf Bundes-[192] als auch auf kantonaler[193] Ebene garantiert. Probleme können sich aber in gewissen Bereichen des Nebenstrafrechts ergeben. Im Vordergrund steht das *steuerrechtliche Hinterziehungsverfahren*[194]. Das eigentliche Steuerveranlagungsverfahren fällt – analog zur Praxis zu Art. 6 EMRK[195] – ohne Zweifel nicht in den Schutzbereich von Art. 14 Pakt II. Demgegenüber kann davon ausgegangen werden, dass Art. 14 Pakt II wie Art. 6 EMRK[196] in Steuer*straf*verfahren anwendbar ist.

Bis 1995 entsprach das Bundesrecht den Anforderungen von EMRK und Pakt II nicht[197]. Mit dem Inkrafttreten des Bundesgesetzes über die direkte Bundessteuer (DBG)[198] auf den 1. Januar 1995 hat sich die Lage nun formell verändert. Im Gegensatz zur Regelung des Bundesratsbeschlusses über die Erhebung einer direkten Bundessteuer (BdBSt), wonach eine Steuernachforderung nur möglich war, wenn der Steuerpflichtige den Steuerhinterziehungstat-

191 *Funke v. France*, Serie A Nr. 256–A, Ziff. 44.

192 Art. 41 und 79 Bundesgesetz über die Bundesstrafrechtspflege (BStrP, SR 312.0).

193 Z.B. Art. 108, 141 Abs. 1 Ziff. 2 StPO BE; *Staub* (Anm. 175), Art. 141 N. 14 ff.

194 Vgl. zur Einreihung des Steuerstrafrechtes in den Bereich des Nebenstrafrechtes *Urs R. Behnisch*, Das Steuerstrafrecht im Recht der direkten Bundessteuer, Bern 1991, S. 16 ff.

195 *Villiger* (Anm. 99), S. 233 f. Rz. 395.

196 Siehe *Herzog* (Anm. 155), S. 60 f. und 301 ff.; *Villiger* (Anm. 99), S. 233 f. Rz. 395; *Walter Kälin/Lisbeth Sidler*, Die Anwendbarkeit von Art. 6 EMRK auf kantonale Steuerhinterziehungsverfahren, Archiv für Schweizerisches Abgaberecht (ASA) 57 (1988), S. 547; *Walter Kälin/Lisbeth Sidler*, Verschuldensgrundsatz und Öffentlichkeitsprinzip: Die Strafsteuer im Lichte von Verfassung und EMRK, ASA 60 (1991), S. 169 ff.; *Behnisch* (Anm. 194), S. 14 ff.; BGE 121 II 263 E. 4; BGE 119 Ib 314 E. 2.

197 Gemäss dem bis Ende 1994 in Kraft gewesenen Bundesratsbeschluss über die Erhebung einer direkten Bundessteuer (BdBSt) wies das Steuerhinterziehungsverfahren nach Art. 129 Abs. 1 BdBSt sowohl strafrechtliche als auch rein steuerrechtliche Komponenten auf, indem im gleichen Verfahren zunächst eine Busse wegen Hinterziehung ausgefällt und danach die Höhe der zu entrichtenden Nachsteuer festgesetzt wurde. Während die Verhängung der Busse unbestrittenermassen eine strafrechtliche Verurteilung darstellt und somit die Verfahrensgarantien gemäss Art. 14 Pakt II und Art. 6 EMRK zu beachten waren (*Ernst Blumenstein/Peter Locher*, System des Steuerrechts, 5. Aufl., Zürich 1995, S. 431; *Behnisch* [Anm. 194], S. 265 und 294), galt das Nachsteuerverfahren nicht als strafrechtliches Verfahren, weil die Nachsteuer nicht Strafcharakter habe, sondern dazu diene, dem Gemeinwesen den entgangenen Steuerbetrag zukommen zu lassen (vgl. *Blumenstein/Locher*, S. 306 ff.). Problematisch war diese Regelung, weil die Höhe der Hinterziehungsbusse von der Höhe der hinterzogenen Steuer abhängig war, diese jedoch in einem Verfahrensabschnitt bestimmt wurde, in welchem der Steuerpflichtige zur Mitwirkung verpflichtet war.

198 DBG, SR 642.11.

bestand erfüllt hatte[199], ist nach dem DBG die Steuernachforderung formell vom Steuerstrafrecht losgelöst[200] und hat entsprechend keinen strafrechtlichen Charakter mehr. Art. 151 Abs. 1 DBG regelt, dass eine Erhebung von Nachsteuern erfolgt, wenn «sich aufgrund von Tatsachen oder Beweismitteln, die der Steuerbehörde nicht bekannt waren, [ergibt], dass eine Veranlagung zu Unrecht unterblieben oder eine rechtskräftige Veranlagung unvollständig ist, oder [...] eine unterbliebene oder unvollständige Veranlagung auf ein Verbrechen oder ein Vergehen gegen die Steuerbehörde zurückzuführen» ist. Im Rahmen des Steuerstrafrechts wird gemäss Art. 175 DBG – in einem unbestrittenermassen rein strafrechtlichen Verfahren – Steuerhinterziehung «mit Busse bestraft». Die Höhe der Hinterziehungsbusse richtet sich zwar auch nach Art. 175 Abs. 2 DBG weiterhin nach der Höhe des hinterzogenen Steuerbetrages, doch verankert diese formelle Trennung von Hinterziehungs- und Nachsteuerverfahren den Grundsatz, dass die Beweispflicht für die Höhe des hinterzogenen Steuerbetrages allein den Steuerbehörden obliegt. Eine Mitwirkungspflicht des Steuerpflichtigen im Hinterziehungsverfahren – und somit auch bei der Bestimmung der Höhe der hinterzogenen Steuersumme – würde klarerweise dem Verbot des Zwangs zur Selbstbeschuldigung gemäss Art. 14 Abs. 3 lit. g Pakt II zuwiderlaufen. Zusätzlich muss postuliert werden, dass den Steuerpflichtigen belastende Informationen, welche den Veranlagungsbehörden im Rahmen eines Nachsteuerverfahrens seitens des Steuerpflichtigen zugänglich gemacht wurden, im Hinterziehungsverfahren einem Beweisverwertungsverbot unterliegen[201].

7. Jugendgerichtsverfahren

a) Die Regelung von Art. 14 Abs. 4 Pakt II

Während die EMRK keine Bestimmung zu Gerichtsverfahren gegen Jugendliche enthält, findet sich eine solche in Art. 14 Abs. 4 Pakt II. Demnach sind Strafverfahren gegen Jugendliche in einer Weise zu führen, die dem Alter der Angeschuldigten entspricht und die ihre Wiedereingliederung in die Gesellschaft fördern soll. Welche Massnahmen im einzelnen für Jugendstrafverfahren von den Staaten ergriffen werden sollen, lassen sowohl der Wortlaut von Art. 14 Abs. 4 Pakt II als auch die Allgemeine Bemerkung des Menschenrechtsaus-

199 Art. 129 Abs. 1 BdBSt.

200 *Blumenstein/Locher* (Anm. 197), S. 309 ff.

201 Die kürzlich vom Bundesgericht in BGE 121 II 285 E. 3.c.bb geäusserten Bedenken, dass die Annahme eines «Aussageverweigerungsrechtes [...] das bisherige Steuersystem ernsthaft in Frage» stelle, erweisen sich angesichts der geänderten Konzeption des DBG als überholt.

schusses offen[202]. Der Ausschuss hat einzig festgehalten, dass Jugendlichen zumindest die gleichen Garantien zukommen, wie sie Art. 14 den Erwachsenen garantiert[203]. Bezüglich Jugendstrafverfahren auferlegt Pakt II somit den Vertragsstaaten eine doppelte Verpflichtung: Erstens haben sie in diesen Verfahren sowohl die allgemeinen Garantien von Art. 14 als auch die anderswo in Pakt II explizit verankerten Jugendschutzgarantien[204] zu beachten. Zweitens überbindet der Pakt den Staaten die weitergehende Verpflichtung gemäss Art. 14 Abs. 4, das Verfahren derart auszugestalten, dass es sowohl dem *jugendlichen Alter* der angeschuldigten Personen entspricht als auch den im Vordergrund stehenden Zweck der *Wiedereingliederung fördert*. Pakt II verpflichtet die Staaten jedoch nicht, spezielle Jugendgerichte zu errichten[205].

b) Personalunion von untersuchendem und urteilendem Jugendrichter in der Schweiz

In praktisch sämtlichen schweizerischen Kantonen[206] amten im Bereich der Jugendstrafrechtspflege die Jugendgerichtspräsidentinnen und -präsidenten in Personalunion sowohl als untersuchende als auch als urteilende und eventuell gar als vollziehende Instanz[207]. Diese traditionelle Personalunion wird mit der Überlegung begründet, dass das Jugendstrafrecht die repressiven Aspekte des Strafrechts in den Hintergrund treten lasse und statt dessen primär erzieherische, präventive und soziale Ziele verfolge; diese Ziele liessen sich nur auf der Basis einer vertieften Kenntnis der Persönlichkeit der betroffenen Jugendlichen erreichen; die Personalunion stelle damit sicher, dass im Einzelfall eine der persönlichen Situation angemessene Massnahme gewählt werde, und liege somit im Interesse der betroffenen Jugendlichen[208]. Eine extensive Auslegung des Unabhängigkeitsgebotes von Art. 14 Pakt II sowie Art. 6 EMRK widerspreche deshalb den Interessen der betroffenen Jugendlichen[209]. Während nach heutiger

202 Der Ausschuss hatte sich bis heute noch mit keiner Mitteilung betreffend Art. 14 Abs. 4 Pakt II zu befassen; *McGoldrick* (Anm. 1), S. 430.

203 Allgemeine Bemerkung 13/21, Ziff. 16, hinten S. 376.

204 Art. 6 Abs. 5 Pakt II (Verbot der Todesstrafe für Jugendliche unter 18 Jahren); Art. 10 Abs. 3 und 4 Pakt II (Trennung Jugendlicher und Erwachsener während der Untersuchungshaft und im Strafvollzug); Art. 14 Abs. 1 Pakt II (Möglichkeit des Verzichts auf eine Veröffentlichung des Urteils wegen entgegenstehender Interessen von Jugendlichen).

205 *Nowak*, Commentary (Anm. 1), S. 265 f.

206 *Marie Boehlen*, Kommentar zum Schweizerischen Jugendstrafrecht, Bern 1975, S. 269.

207 Vgl. z.B. Art. 10 Jugendrechtspflegegesetz des Kantons Bern (BSG 322.1); *Michel Hottelier*, Le droit des mineurs d'être jugés par un tribunal impartial au sens de l'art. 6 para 1er CEDH, Semaine Judiciaire (SJ) 111 (1989), S. 134; *Gérard Piquerez*, Le droit à un juge indépendant et impartial garanti par les articles 58 Cst. et 6 ch. 1 CEDH impose-t-il de manière absolue une séparation des fonctions judiciares?, SJ 111 (1989), S. 128 f.

208 *Boehlen* (Anm. 206), S. 269 f.; *Piquerez* (Anm. 207), S. 129 m.w.Hinw.

209 *Piquerez* (Anm. 207), S. 131.

Rechtsprechung zweifelhaft ist, ob Art. 6 EMRK in diesem Punkt auf Jugendstrafverfahren Anwendung findet[210], muss im folgenden untersucht werden, ob die Personalunion mit Art. 14 Pakt II vereinbar ist. Soweit ersichtlich, ist diese Frage vom Menschenrechtsausschuss bisher nicht behandelt worden, doch lassen verschiedene Argumente Zweifel an der Paktkonformität des schweizerischen Rechts aufkommen:

- Die Bemerkung des Menschenrechtsausschusses in seiner Allgemeinen Bemerkung, dass Jugendlichen mindestens die in Art. 14 Pakt II Erwachsenen gewährten Garantien zukommen[211], scheint keinen Raum für das Argument zu lassen, bezüglich der Unabhängigkeit und Unparteilichkeit der urteilenden Behörden seien Abstriche «zum Wohle» der Jugendlichen zulässig.
- Für diese Auslegung spricht auch die Systematik von Art. 14, welcher nur im letzten Satz von Abs. 1 zur Verfahrens- und Urteilsöffentlichkeit regelt, wo Verfahrensgarantien zum Wohle der Jugendlichen zurückgenommen werden dürfen. Sonst lässt der Wortlaut von Art. 14 Pakt II keinerlei weiteren «Abstriche» zum Wohle von Kindern und Jugendlichen zu. Deshalb darf die Verpflichtung von Art. 14 Abs. 4 zum besonderen Schutz des Jugendwohles nicht als Erlaubnis zur Reduktion der allgemeinen Garantien von Art. 14 verstanden werden; vielmehr handelt es sich um einen Auftrag, im innerstaatlichen Recht zusätzliche Verfahrensgarantien einzuführen[212].
- Schliesslich spricht für diese Auslegung die Tatsache, dass Art. 40 des Übereinkommens über die Rechte der Kinder von 1989[213], welcher erstmals detaillierte minimale Verfahrensgarantien für Strafverfahren gegen Kinder und Jugendliche aufstellt und damit das Prinzip des «fair trial» von Art. 14

210 Im Fall *Nortier v. The Netherlands*, Serie A Nr. 267, Ziff. 38, liess der Gerichtshof die Frage offen, nachdem die Kommission die niederländische Auffassung als «doubtful» bezeichnet hatte, dass Art. 6 EMRK die Personalunion von untersuchendem und urteilendem Richter erlaube; die Kommission betonte: «Indeed the guarantee of impartiality in Article 6 is a fundamental guarantee, and it would not seem acceptable that young persons who are brought to trial should be deprived of that guarantee or that it should apply to them only to a limited extent» (Beschwerde Nr. 13924/88, *Nortier v. The Netherlands*, Kommissionsbericht vom 9. Juli 1992, Ziff. 60). Demgegenüber bejahte das Bundesgericht in einem nicht publizierten Urteil vom 18. März 1994 die Vereinbarkeit der Personalunion mit Art. 6 EMRK (Hinweis in BGE 121 I 213 f., E. 4.b). Die gegenteilige Auffassung hatte bereits 1988 das Kassationsgericht des Kantons Genf vertreten (Cour de Cassation du Canton de Genève, Urteil vom 29. April 1988, SJ 110/1988, S. 469 f.).

211 Allgemeine Bemerkung 13/21, Ziff. 16, hinten S. 376.

212 Vgl. *Hagi N.A. Noor Muhammad*, Due Process of Law for Persons accused of Crime, in: *Henkin* (Anm. 36), S. 155.

213 Ist für die Schweiz am 26. März 1997 in Kraft getreten. Vgl. die Botschaft des Bundesrates betreffend den Beitritt der Schweiz zum Übereinkommen von 1989 über die Rechte des Kindes, BBl 1994 V 1 ff.

Pakt II für diese Alterskategorie konkretisiert[214], in Abs. 2 lit. b (iii) ausdrücklich einen Anspruch auf einen unabhängigen Richter verankert[215, 216].

VII. Schutz der Privatsphäre (Art. 17)

1. Allgemeines

Art. 17 Pakt II schützt Privatleben, Familie, Wohnung sowie Briefverkehr vor willkürlichen oder rechtswidrigen Eingriffen und verbietet rechtswidrige Beeinträchtigungen von Ehre und Ruf. Obwohl diese Bestimmung Art. 8 EMRK weitgehend entspricht, bestehen gewisse Unterschiede zwischen den beiden Garantien. Während z.B. die EMRK in Abs. 2 von Art. 8 genau umschreibt, wann in die durch Abs. 1 garantierten Bereiche eingegriffen werden darf[217], beschränkt sich Art. 17 Pakt II darauf festzuhalten, dass «*willkürliche oder rechtswidrige Eingriffe*» in das Privat- und Familienleben, die Wohnung und den Briefverkehr unzulässig seien. Weiter schützt Art. 17 Abs. 1 Pakt II über die EMRK hinaus ausdrücklich auch Ehre und Ruf.

Gemäss Art. 17 Abs. 2 Pakt II obliegt den Vertragsstaaten die Verpflichtung, sämtliche Eingriffe in die durch diese Bestimmung geschützten Güter zu unterlassen. Diese Verpflichtung erstreckt sich nicht nur auf die Unterlassung

214 *Gabriele Dorsch*, Die Konvention der Vereinten Nationen über die Rechte des Kindes, Berlin 1994, S. 253.

215 Art. 40 des Übereinkommens über die Rechte des Kindes bestimmt in diesem Punkt:
«1. Die Vertragsstaaten erkennen das Recht jedes Kindes an, das der Verletzung der Strafgesetze verdächtigt, beschuldigt oder überführt wird, in einer Weise behandelt zu werden, die das Gefühl des Kindes für die eigene Würde und den eigenen Wert fördert, seine Achtung vor den Menschenrechten und Grundfreiheiten anderer stärkt und das Alter des Kindes sowie die Notwendigkeit berücksichtigt, seine soziale Wiedereingliederung sowie die Übernahme einer konstruktiven Rolle in der Gesellschaft durch das Kind zu fördern.
2. Zu diesem Zweck stellen die Vertragsstaaten unter Berücksichtigung der einschlägigen Bestimmungen internationaler Übereinkünfte insbesondere sicher, [...]
b) dass jedes Kind, das einer Verletzung der Strafgesetze verdächtigt oder beschuldigt wird, Anspruch auf folgende Mindestgarantien hat: [...]
iii) seine Sache unverzüglich durch eine zuständige Behörde oder ein zuständiges Gericht, die unabhängig und unparteiisch sind, in einem fairen Verfahren entsprechend dem Gesetz entscheiden zu lassen, [...]».

216 Der Bundesrat sieht in seiner Botschaft zum Übereinkommen über die Rechte des Kindes einen Vorbehalt zu Art. 40 Abs. 2 des Übereinkommens vor (Anm. 213, S. 70). Es fragt sich mit Blick auf Art. 14 Abs. 4 Pakt II sowie auf die Allgemeine Bemerkung des Menschenrechtsausschusses allerdings, inwiefern ein unbedingter Anspruch Jugendlicher auf Beurteilung durch ein unabhängiges und unparteiisches Gericht in der Schweiz nicht bereits aufgrund von Pakt II gilt.

217 Gemäss Art. 8 Abs. 2 EMRK sind Eingriffe in das Privat- und Familienleben nur zulässig, wenn sie *gesetzlich vorgesehen* und *in einer demokratischen Gesellschaft notwendig* sind, um einen der abschliessend *in Abs. 2 aufgezählten Eingriffszwecke* zu erreichen.

staatlicher Eingriffe, sondern auferlegt den Vertragsparteien die zusätzliche Verpflichtung, positive Massnahmen zum Schutz der in Art. 17 Abs. 1 Pakt II garantierten Rechte gegen private Übergriffe zu ergreifen[218]. Auch wenn der Schutz der Privatsphäre in hochkomplexen modernen Gesellschaften nie absolut sein kann[219], bedürfen zulässige Eingriffe und Beschränkungen einer ausdrücklichen und präzisen gesetzlichen Grundlage, und sie dürfen im konkreten Fall nur von einer zuständigen Behörde verfügt werden[220]. Eingriffe und Beschränkungen in Privat- und Familienleben, Wohnung und Briefverkehr sind somit dann unzulässig, wenn sie entweder auf keiner gültigen gesetzlichen Grundlage beruhen und damit rechtswidrig[221] sind oder wenn der Eingriff willkürlich ist. Willkür im Sinne von Art. 17 Abs. 2 Pakt II liegt dann vor, wenn der Eingriff oder die Beschränkung, obwohl gesetzlich vorgesehen, mit den Zielen des Paktes nicht vereinbar oder als Ganzes gesehen unverhältnismässig ist[222]. Dies gilt nicht für den Schutz von Ehre und Ruf; diese Rechtsgüter werden lediglich vor rechtswidrigen, d.h. gegen das innerstaatliche Recht verstossende Eingriffe und Beeinträchtigungen geschützt.

Der Begriff des *Privatlebens* ist unausweichlich unbestimmt und unterliegt einer stetigen Anpassung an gesellschaftlichen Wandel[223]. Deshalb kann eine Vielzahl von Sachverhalten in den Schutzbereich von Art. 17 Pakt II fallen. Grundsätzlich decken sich bezüglich des Privatlebens die Schutzbereiche des Paktes II und der EMRK[224]. Erfasst werden u.a. die persönliche Integrität (insoweit diese nicht bereits durch die Art. 7 bzw. 10 Pakt II gedeckt ist), die Identität, die Privatsphäre, der Schutz persönlicher Daten, die Achtung zwischenmenschlicher Beziehungen, etc.[225].

218 Vgl. Allgemeine Bemerkung 16/32, Ziff. 1 und Ziff. 9, hinten S. 377 und 379.

219 Vgl. Allgemeine Bemerkung 16/32, Ziff. 7: «Da alle Menschen in einer Gesellschaft leben, ist der Schutz des Privatlebens notgedrungen relativ.»

220 Allgemeine Bemerkung 16/32, Ziff. 8, hinten S. 379.

221 In seiner Allgemeinen Bemerkung 16/32, Ziff. 3, führte der Menschenrechtsausschuss zur Bedeutung des Begriffes «rechtswidrig» («unlawful») aus: «Das Adjektiv ‹rechtswidrig› bedeutet, dass kein Eingriff stattfinden darf, unter Vorbehalt der vom Gesetz vorgesehenen Fälle. Die von den Staaten erlaubten Eingriffe dürfen nur aufgrund eines Gesetzes erfolgen, welches seinerseits mit den Bestimmungen, Zwecken und Zielen des Paktes vereinbar sein muss.»; *Martina Palm-Risse*, Der völkerrechtliche Schutz von Ehe und Familie, Berlin 1990, S. 358; *Nowak*, Commentary (Anm. 1), S. 292.

222 Allgemeine Bemerkung 16/32, Ziff. 4, hinten S. 378 sowie *Palm-Risse* (Anm. 221), S. 359; *Nowak*, Commentary (Anm. 1), S. 292 f. Der Willkürbegriff von Pakt II weicht somit stark von jenem des Art. 4 BV ab.

223 *Frédéric Sudre*, Droit international et européen des droits de l'homme, 2. Aufl., Paris 1995, S. 208 Rz. 150.

224 *Nowak*, Commentary (Anm. 1), S. 294.

225 Vgl. hierzu *Nowak*, Commentary (Anm. 1), S. 294 ff.; für die EMRK *Villiger* (Anm. 99), S. 319 ff. Rz. 543 ff.; *Sudre* (Anm. 223), S. 208 ff. Rz. 150 f.

Der *Familien*begriff von Pakt II ist im Lichte der Gesellschaft des jeweiligen Vertragsstaates auszulegen und zu bestimmen[226]. Er kann sich je nach gesellschaftlichen Verhältnissen über die Kernfamilie hinaus auf einen erweiterten Familienbegriff erstrecken, wobei in jedem Fall das Bestehen einer tatsächlichen Beziehung von Bedeutung ist. Insofern bestehen auch in bezug auf den Familienbegriff deutliche Gemeinsamkeiten zwischen Pakt II und der EMRK[227]. Während Art. 23 Pakt II die Familie als «natürliche Kernzelle der Gesellschaft» im Sinne einer Institutsgarantie schützt, gewährt Art. 17 Pakt II den Mitgliedern einer Familie ein Abwehrrecht gegen Eingriffe in das Familienleben, d.h. in denjenigen Freiraum, in welchem sich die familiären Beziehungen frei entfalten können[228]. Beeinträchtigungen des Familienlebens können sich v.a. im Bereich der Einreise, des Aufenthalts und der Ausweisung von Ausländerinnen und Ausländern sowie bei der Trennung von Kindern und Eltern ergeben[229].

Der Schutz vor rechtswidrigen Eingriffen und Beeinträchtigungen der *Wohnung* erfasst denjenigen Ort, an welchem eine Person wohnt und ihrer gewöhnlichen Beschäftigung nachgeht[230]. Art. 17 Pakt II bezieht sich somit auf einen weiten Begriff der Wohnung und deckt sich auch hier mit Art. 8 EMRK. Geschützt werden alle Arten von Wohnungen oder Häusern, unabhängig von den jeweiligen Eigentumsverhältnissen oder Gebrauchsarten, inklusive der Nutzung als private Geschäftsräume[231]. Beeinträchtigungen der Wohnung stellen sämtliche gegen den Willen der betroffenen Person erfolgten Eingriffe in die Wohnsphäre dar[232].

Der Begriff des *Schriftverkehrs* erfasst nicht nur den Briefverkehr, sondern erstreckt sich vielmehr auf sämtliche Formen der Kommunikation über Distanzen hinweg (inkl. Telephon oder Fax etc.) und schützt deren Geheimhaltung und Vertraulichkeit[233]. Diese ist de iure und de facto zu gewährleisten[234].

Schliesslich gewährt Art. 17 Pakt II Schutz vor rechtswidrig und vorsätzlich begangenen, auf einer unwahren Behauptung beruhenden Beeinträchtigungen der *Ehre* und des *Rufes* seitens staatlicher Organe oder Privatpersonen[235]. Den

226 Allgemeine Bemerkung 16/32, Ziff. 5: «Bezüglich des Ausdruckes ‹Familie› verlangen die Ziele des Paktes, dass dieser Begriff im Hinblick auf Art. 17 im weiten Sinne ausgelegt wird, so dass es alle Personen umfasst, welche eine Familie bilden, wie sie in der Gesellschaft des betreffenden Vertragsstaates verstanden wird.»

227 *Palm-Risse* (Anm. 221), S. 224.

228 *Nowak*, Commentary (Anm. 1), S. 406; *Palm-Risse* (Anm. 221), S. 254 ff.

229 *Nowak*, Commentary (Anm. 1), S. 300 ff.

230 Allgemeine Bemerkung 16/32, Ziff. 5, hinten S. 378.

231 *Nowak*, Commentary (Anm. 1), S. 302 f.

232 *Ders.*, Commentary (Anm. 1), S. 303.

233 *Ders.*, Commentary (Anm. 1), S. 304.

234 Allgemeine Bemerkung 16/32, Ziff. 8, hinten S. 379.

235 *Nowak*, Commentary (Anm. 1), S. 306.

Vertragsstaaten obliegt die Verpflichtung, in ihrem Verfahrensrecht effektiven Rechtsschutz auch gegen solche private Beeinträchtigungen vorzusehen[236].

2. Schutz des Privatlebens und Namensänderungsrecht

a) Die Praxis des Ausschusses

Das Recht auf einen Namen sowie der Schutz des Namens stellen Aspekte der individuellen Existenz und der Identität dar und fallen daher zweifellos in den Schutzbereich des Privatlebens gemäss Art. 17 Abs. 1 Pakt II[237]. In diesem Bereich hat der Ausschuss eine Praxis entwickelt, welche Pakt II eine selbständige, über die EMRK hinausgehende Bedeutung gibt: In einer Beschwerde wandten sich zwei niederländische Staatsbürger, welche den hinduistischen Glauben angenommen hatten, an den Menschenrechtsausschuss[238], nachdem zuvor die Europäische Menschenrechtskommission ihre Beschwerde wegen Verletzung von Art. 9 EMRK für offensichtlich unbegründet und somit *unzulässig* erklärt hatte[239]. Sie machten eine Verletzung des Rechtes auf Privatleben seitens der niederländischen Behörden geltend[240]. Den Beschwerdeführern war zwar die Änderung ihrer Vornamen in hinduistische Vornamen gestattet worden, der niederländischen Verwaltungsgerichtshof verweigerte ihnen in der Folge aber die Annahme hinduistischer Familiennamen. Die Beschwerdeführer hatten ihr Gesuch damit begründet, dass sie hinduistische Studien aufnehmen wollten, um die Hindu-Priesterwürde zu erlangen, was nur Trägern hinduistischer Namen möglich sei.

Der niederländische Verwaltungsgerichtshof begründete seinen abschlägigen Entscheid mit der Tatsache, dass die gesetzliche Regelung Namensänderungen nur bei Vorliegen besonderer Umstände («exceptional circumstances») zulasse, die Motive der Beschwerdeführer für die Namensänderung aber nicht als besonderer Umstand eingestuft werden könnten. Der Menschenrechtsausschuss kam zum Schluss, diese Entscheidung verletze Art. 17 des Paktes. Er betonte zuerst, dass Familiennamen ein wichtiges Element der persönlichen

236 Allgemeine Bemerkung 16/32, Ziff. 11, hinten S. 380.

237 Vgl. auch Art. 24 Abs. 2 Pakt II; *Nowak*, Commentary (Anm. 1), S. 294.

238 Communication 453/1991, *R.A. Coeriel and M.A.R. Aurik v. The Netherlands*, auszugsweise abgedruckt hinten S. 643 ff.

239 Beschwerde 18050/91, *M.A.R. Aurik and R.A. Coeriel v. the Netherlands*, Entscheidung der Europäischen Menschenrechtskommission vom 2. Juli 1992, HRLJ 1994, S. 448 f.

240 Die Niederlande haben keinen Vorbehalt zu Art. 5 Abs. 2 lit. a Fakultativprotokoll angebracht; aus diesem Grunde ist es möglich, dass Beschwerdeführer nach Abschluss des Strassburger Verfahrens an den Menschenrechtsausschuss gelangen; vgl. dazu auch *Dhommeaux* (Anm. 159), S. 119 ff.

Identität darstellen und somit Schutz vor willkürlichen und rechtswidrigen Eingriffen geniessen. Im konkreten Fall sei der Eingriff nicht rechtswidrig gewesen, da eine gesetzliche Grundlage für die Verweigerung bestanden habe. Die von den niederländischen Behörden angegebenen Gründe für die Weigerung – die Beschwerdeführer hätten nicht genügend nachgewiesen, dass ein Namenswechsel unabdingbare Voraussetzung für ihre Studien sei, zudem seien die ausgewählten Namen nicht «holländisch-klingend» und hätten ganz klar religiöse Bezüge – waren jedoch nach Ansicht des Menschenrechtsausschusses nicht genügend, weshalb ein willkürlicher Eingriff in Art. 17 Pakt II bejaht wurde.

b) Bedeutung für die Schweiz

Gemäss Art. 30 Abs. 1 ZGB[241] können Namensänderungen bewilligt werden, wenn dafür *wichtige Gründe* vorliegen. Beim Entscheid, ob in einem Einzelfall solche wichtigen Gründe vorliegen, kommt den kantonalen Behörden im Rahmen der Interessenabwägung ein gewisser Ermessensspielraum zu[242].

Gemäss bundesgerichtlicher Rechtsprechung sind dann wichtige Gründe für eine Namensänderung gegeben, wenn «das Interesse des Namensträgers an einem neuen Namen dasjenige der Verwaltung und der Allgemeinheit an der Unveränderlichkeit des einmal erworbenen und in die Register eingetragenen Namens sowie an eindeutiger Kennzeichnung und Unterscheidung des einzelnen überwiegt»[243]. Insbesondere ist nach herrschender Lehre und Rechtsprechung eine Namensänderung dann zu bewilligen, wenn der angestammte Name dem Gesuchsteller einen schwerwiegenden, dauerhaften Nachteil verursacht. Gleichfalls können moralische, geistige oder seelische Gründe eine Namensänderung rechtfertigen[244], so z.B. das Interesse des Gesuchstellers, nicht «des Namens wegen dem Spott ausgesetzt zu sein. Eine Namensänderung fällt also etwa in Betracht, wenn der Name als lächerlich, hässlich oder anstössig erscheint oder immer wieder verstümmelt wird.»[245]

In einem Entscheid vom 16. August 1982 hatte sich das solothurnische Verwaltungsgericht mit der Frage zu befassen, ob ein *Religionswechsel* einen wichtigen Grund für eine *Vornamensänderung* darstelle. Laut dem Urteil kann kein Zweifel daran bestehen, «dass in der Schweiz zumindest in den Fällen, wo es um ein Namensänderungsgesuch im Zusammenhang mit dem Übertritt von

241 «Die Regierung des Wohnsitzkantons kann einer Person die Änderung des Namens bewilligen, wenn wichtige Gründe vorliegen».

242 *Andreas Bucher*, Natürliche Personen und Persönlichkeitsschutz, 2. Aufl., Basel 1995, S. 251 Rz. 795.

243 BGE 120 II 277; *Mario M. Pedrazzini/Niklaus Oberholzer*, Grundriss des Personenrechts, 4. Aufl., Bern 1993, S. 191 f.

244 BGE 120 II 277; *Bucher* (Anm. 242), S. 251 Rz. 795; *Pedrazzini/Oberholzer* (Anm. 243), S. 192.

245 BGE 120 II 277.

einer christlichen Konfession zu einer anderen bzw. zu einer sog. Sekte geht, allgemein kein wichtiger Grund für eine Namensänderung – und gehe es auch nur um die Änderung des Vornamens – angenommen wird.»[246] In der Folge führte das Verwaltungsgericht jedoch aus, dass diese Feststellung nicht mehr einheitlicher schweizerischer Praxis entspreche und im konkreten Fall wichtige Gründe dafür vorlägen, die Beschwerde gutzuheissen.

Auch das Bundesgericht hatte sich bereits mit der Frage der Namensänderung aus religiösen Gründen zu befassen[247]. Die Beschwerde richtete sich gegen die Weigerung des Genfer Regierungsrates, einem gläubigen Juden, welcher im Alter von 30 Jahren von seinem Stiefvater adoptiert worden war und deshalb seinen ursprünglichen Namen kraft Adoption verloren hatte, zu gestatten, seinen ursprünglichen, jüdischen Familiennamen (Lévy) wieder anzunehmen. In seinem Entscheid führte es aus:

> «Or, il est incontestable que le fait de s'appeler Perrenoud a pour conséquence que la qualité d'israélite du recourant n'est plus manifestée. Seuls ses parents, ses proches, ses amis et ses connaissances au courant de son adoption, soit un cercle étroit, savent qu'ils est d'ascendance, de religion, de culture et de tradition juives. [...] En revanche, s'il porte le nom de Lévy, sa condition de juif est d'emblée manifeste.
>
> De surcroît, le changement de nom de Lévy et son remplacement par le patronyme Perrenoud pourraient être interprétés, par les personnes qui ignorent l'adoption du recourant, comme un moyen pour lui de cacher son ascendance israélite, voire comme un abandon de la communauté juive. La situation du recourant est très différente de celle de la personne qui change un nom ordinaire et courant contre un autre nom de même nature ne comportant aucun signe d'apparence à une collectivité fortement individualisée par sa religion, son histoire, sa culture et ses traditions.»[248]

Das Bundesgericht hat hier religiöse Motive als wichtige Gründe für einen Namenswechsel akzeptiert. Es erscheint jedoch zweifelhaft, ob das Bundesgericht zum gleichen Schluss gelangt wäre, hätte der Beschwerdeführer nicht lediglich den durch die Adoption verlorenen Familiennamen erneut annehmen wollen. Die Feststellung, dass Religionswechsel in der schweizerischen Rechtsprechung nicht generell als wichtiger Grund i.S. von Art. 30 Abs. 1 ZGB anerkannt wird, scheint somit auch heute noch eine gewisse Gültigkeit zu haben. Dies muss ändern: Art. 17 Pakt II verlangt eine paktkonforme Auslegung von Art. 30 Abs. 1 ZGB, welche die Praxis des Menschenrechtsausschusses zum Recht auf Namenswechsel aus religiösen Gründen auch bei Gesuchen rezipiert, welche den Nachnamen betreffen.

246 Entscheid des Verwaltungsgerichtes Solothurn vom 16.8.1982, Schweizerische Juristen-Zeitung (SJZ) 1985, S. 9 ff.
247 BGE 108 II 1.
248 BGE 108 II 5 f. E. 5.a.

VIII. Glaubens- und Gewissensfreiheit und Militärdienst (Art. 18)

1. Allgemeines

Art. 18 Abs. 1 Pakt II[249] garantiert jedermann das Recht auf Gedanken-, Gewissens- und Religionsfreiheit: «Dieses Recht umfasst die Freiheit, eine Religion oder eine Weltanschauung eigener Wahl zu haben oder anzunehmen, und die Freiheit, seine Religion oder Weltanschauung allein oder in Gemeinschaft mit anderen, öffentlich oder privat durch Gottesdienst, Beachtung religiöser Bräuche, Ausübung und Unterricht zu bekunden». Abs. 2 verbietet, jemanden einem Zwang auszusetzen, «der seine Freiheit, eine Religion oder eine Weltanschauung seiner Wahl zu haben oder anzunehmen, beeinträchtigen würde». Gemäss Abs. 3 darf «die Freiheit, seine Religion oder Weltanschauung zu bekunden, [...] nur den gesetzlich vorgesehenen Einschränkungen unterworfen werden, die zum Schutz der öffentlichen Sicherheit, Ordnung, Gesundheit, Sittlichkeit oder der Grundrechte und -freiheiten anderer erforderlich sind»[250]. Abs. 4 schliesslich verpflichtet die Vertragsstaaten, «die Freiheit der Eltern und gegebenenfalls des Vormunds oder Pflegers zu achten, die religiöse und sittliche Erziehung ihrer Kinder in Übereinstimmung mit ihren eigenen religiösen Überzeugungen sicherzustellen».

Art. 18 Pakt II entspricht damit weitgehend[251] Art. 9 EMRK[252] und der in Art. 2 des Ersten Zusatzprotokolls zur EMRK verankerten Pflicht des Staates,

249 Zu Art. 18 Pakt II siehe u.a. *Karl Josef Partsch*, Freedom of Conscience and Expression, and Political Freedoms, in: *Henkin* (Anm. 36), S. 209 ff.; *Nowak*, Commentary (Anm. 1), S. 308 ff.; *John P. Humphrey*, Political and Related Rights, in: *Theodor Meron* (Ed.), Human Rights in International Law, Legal and Policy Issues, Oxford 1984, S. 174 ff.; *Beat Kaufmann*, Das Problem der Glaubens- und Überzeugungsfreiheit im Völkerrecht, Zürich 1989, S. 123 ff.

250 Im Unterschied zu anderen Bestimmungen von Pakt II (Art. 12 Abs. 3, 14 Abs. 1 und 19 Abs. 3) darf gemäss Art. 18 Abs. 3 das Recht nicht aufgrund der *nationalen* Sicherheit eingeschränkt werden, sondern nur u.a. für den Schutz der *öffentlichen* Sicherheit (so auch ganz explizit Allgemeine Bemerkung 22/48 Ziff. 8, hinten S. 382 f.). Dies bedeutet wohl, dass Einschränkungen der Gedanken-, Gewissens- und Religionsfreiheit bei konkret drohender Gefahr (etwa bei befürchteten Ausschreitungen anlässlich einer Prozession) zulässig sind, nicht aber zur allgemeinen Wahrung des Religionsfriedens in spannungsärmeren Zeiten (ähnlich *Nowak*, Commentary (Anm. 1), S. 326 f.).

251 Zu beachten ist, dass Art. 9 Abs. 1 EMRK ausdrücklich das Recht auf Wechsel der Religion oder Weltanschauung anerkennt, während einer entsprechenden Formulierung in Pakt II vor allem von islamischer Seite opponiert wurde, so dass Art. 18 Pakt II auf eine namentliche Erwähnung dieses Rechts verzichtet; *Nowak*, Commentary (Anm. 1), S. 312 und 315 f. Die Lehre stellt sich allerdings auf den Standpunkt, Art. 18 beinhalte dennoch ebenfalls ein Recht auf Religionswechsel; vgl. u.a. *Richard B. Lillich*, Civil Rights, in: *Meron* (Anm. 249), S. 159; *Nowak* (Anm. 57), S. 159; *ders.*, Commentary (Anm. 1), S. 316. Der Ausschuss ist dieser Auffassung in seiner Allgemeinen Bemerkung 22/48 gefolgt (Ziff. 5): «Der Ausschuss weist

im Bildungs- und Erziehungsbereich das Recht der Eltern[253] zu achten, die Erziehung und den Unterricht entsprechend ihren eigenen religiösen und weltanschaulichen Überzeugungen sicherzustellen. Im Unterschied zu Art. 9 EMRK ist Art. 18 Pakt II gemäss Art. 4 Pakt II notstandsfest[254].

Die schweizerische Bundesverfassung schützt in Art. 49 und 50 die Glaubens-, Gewissens- und Kultusfreiheit[255] in ähnlichem Rahmen wie Pakt II und EMRK[256]. Insbesondere darf gemäss Art. 49 Abs. 2 BV niemand zur «Teilnahme an einer Religionsgenossenschaft oder an einem religiösen Unterricht oder zur Vornahme einer religiösen Handlung gezwungen, oder wegen Glaubensansichten mit Strafen irgendwelcher Art belegt werden». In weiten Bereichen kommt deshalb dem Pakt keine über die BV hinausgehende Bedeutung zu. Ein spezielles Problem stellt für die Schweiz aber die Bestrafung von Militärdienstverweigerern und die Regelung des zivilen Ersatzdienstes dar.

darauf hin, dass die Freiheit, eine Religion oder Weltanschauung ‹zu haben oder anzunehmen›, notwendigerweise die Freiheit einschliesst, eine Religion oder Weltanschauung zu wählen, einschliesslich insbesondere des Rechtes, seine gegenwärtige Religion oder Weltanschauung durch eine andere Religion oder Weltanschauung zu ersetzen oder einen atheistischen Standpunkt einzunehmen, sowie des Rechtes, seine Religion oder Weltanschauung zu behalten».

252 Art. 9 EMRK wurde in enger Anlehnung an die Allgemeine Erklärung der Menschenrechte und die Vorarbeiten zum Pakt II formuliert; *Nikolaus Blum*, Die Gedanken-, Gewissens- und Religionsfreiheit nach Art. 9 der Europäischen Menschenrechtskonvention, Berlin 1990, S. 45 ff.; *Kaufmann* (Anm. 249), S. 235 ff.; vgl. auch *Franz Matscher*, Gedanken-, Gewissens- und Religionsfreiheit – Internationalrechtliche Aspekte, in: *ders.*, (Hrsg.), Folterverbot sowie Religions- und Gewissensfreiheit im Rechtsvergleich, Kehl/Strassburg/Arlington 1990, S. 47.

253 Art. 18 Pakt II erwähnt zusätzlich Vormund und Pfleger.

254 Vgl. auch Allgemeine Bemerkung 22/48, Ziff. 1: «Der grundlegende Charakter dieser Freiheiten kommt zudem in der Tatsache zum Ausdruck, dass nach dem Wortlaut des Art. 4 Abs. 2 des Paktes Art. 18 auch im Falle des öffentlichen Notstandes nicht ausser Kraft gesetzt werden darf.»

255 Vgl. ausführlich *J.P. Müller* (Anm. 79), S. 53 ff.; *Ulrich Häfelin*, in BV-Kommentar, Art. 49 und 50; *Peter Karlen*, Das Grundrecht der Religionsfreiheit in der Schweiz, Zürich 1988, S. 123 ff. und 172 ff.

256 Bezüglich EMRK hat das Bundesgericht in Abweichung von der früheren Praxis, die von gleichen Garantien ausging (BGE 116 Ia 258 E. b und BFE 114 Ia 121 f. E. 2.a), in einem neueren Entscheid (BGE 117 Ia 314) die Frage aufgeworfen, ob «nicht eher die Konvention einen weitergehenden Schutz gewährleistet. Diese äussert sich nämlich insbesondere deutlicher zu den Voraussetzungen – namentlich zum Erfordernis überwiegender öffentlicher Interessen beziehungsweise der Wahrung des Verhältnismässigkeitsprinzips – bei staatlichen Eingriffen in die religiösen Freiheitsrechte» (vgl. auch BGE 119 Ia 182 f. E. 3.b). Dasselbe gilt auch für Art. 18 Pakt II (vgl. Abs. 3 von Art. 18 und dazu die Allgemeine Bemerkung 22/48 , Ziff. 8, hinten S. 382 f.).

2. Das Problem der Dienstverweigerung

Die Leistung von Militärdienst kann den Einzelnen in Konflikt mit seinem Gewissen, seiner Religion oder Weltanschauung bringen. Gemäss Art. 49 Abs. 5 BV entbinden aber «Glaubensansichten» nicht von der «Erfüllung bürgerlicher Pflichten». Insbesondere gilt dies für die Wehrpflicht; Art. 18 Abs. 1 BV statuiert sie für *jeden Schweizer*[257]. Damit kann sich ein Schweizer nicht auf die Glaubens- und Gewissensfreiheit berufen, um den Militärdienst zu verweigern[258]. Auch die Gedanken-, Gewissens- und Religionsfreiheit von Art. 9 EMRK anerkennt nach der Praxis der Kommissionsorgane kein Recht auf Militärdienstverweigerung[259].

Wie verhält sich Art. 18 Pakt II gegenüber dem Problem der Militärdienstverweigerung? Die Botschaft des Bundesrates zum Bundesgesetz über den zivilen Ersatzdienst vom 22. Juni 1994[260] nimmt ausdrücklich Bezug auf Art. 18 Pakt II und führt aus, das Kontrollorgan des Paktes habe diese Bestimmung bisher so ausgelegt, dass aus ihr kein Recht auf Wehrdienstverweigerung aus Gewissensgründen abgeleitet werden könne[261]. Tatsächlich hat der Ausschuss in einer Reihe von Fällen[262] festgehalten, Pakt II enthalte kein Recht auf Dienstverweigerung, da Art. 8 Abs. 3 lit. c (ii) es den Staaten offenlasse, ob sie eine Verweigerung der Wehrdienstleistung aus Gewissensgründen akzeptierten[263]. In der Zwischenzeit hat der Ausschuss allerdings seine Auffassung teilweise revidiert und in seiner Allgemeinen Bemerkung zu Art. 18 ausgeführt[264], der Pakt nehme zwar nicht ausdrücklich Bezug auf ein Recht auf

257 Vgl. dazu *Augustin Macheret*, in BV-Kommentar, Art. 18 Abs. 1–3, Rz. 1 ff.; *Marie-Thérèse de Leonardis*, L'objection de conscience en droit public Suisse, Lausanne 1990, S. 16 ff.

258 Vgl. *J.P. Müller* (Anm. 79), S. 61; *Häfelin* (Anm. 255), Rz. 148 ff., und ausführlich *Karlen* (Anm. 255), S. 403 ff. *Karlen* formuliert treffend, zwischen dem Grundsatz der allgemeinen Wehrpflicht und dem Grundrecht der Religionsfreiheit bestehe «letztlich ein unlösbarer Gegensatz» (S. 403).

259 Siehe die Hinweise auf die Praxis bei *Villiger* (Anm. 99), S. 342. Die Kommission berücksichtigt in systematischer Auslegung von Art. 9, dass Art. 4 Abs. 3 lit. b EMRK den obligatorischen Militärdienst ausdrücklich als EMRK-konform erachtet.

260 BBl 1994 III 1618.

261 Die Botschaft (Anm. 260) fährt fort: «Diese Interpretation erfolgte, ähnlich der Strassburger Praxis zu Art. 9 EMRK, unter Hinweis darauf, dass der Pakt an anderer Stelle ‹jede Dienstleistung militärischer Art sowie in Staaten, in denen Wehrdienstverweigerung aus Gewissensgründen anerkannt wird, jede für Wehrdienstverweigerer gesetzlich vorgeschriebene nationale Dienstleistung› vom Verbot der Zwangs- und Pflichtarbeit ausnimmt (Art. 8 Abs. 3 lit. c). Daraus folgt für den Ausschuss, dass der Pakt den Übereinkommensstaaten ausdrücklich die Freiheit belasse, das Recht auf Wehrdienstverweigerung zu anerkennen oder auch nicht».

262 Vgl. Communication 185/1984, *L.T.K. v. Finland*, und spätere Fälle (Nachweise bei *Nowak*, Commentary [Anm. 1], S. 154, Anm. 59).

263 Vgl. die Kritik an dieser Praxis bei *Nowak*, Commentary (Anm. 1), S. 322 f.

264 Allgemeine Bemerkung 22/48, Ziff. 11, hinten S. 384.

Dienstverweigerung aus Gewissensgründen, aber der Ausschuss glaube, ein solches Recht lasse sich aus Art. 18 ableiten, insbesondere weil die Pflicht, tödliche Gewalt einzusetzen, ernsthaft mit der Gewissensfreiheit und dem Recht der Religions- und Glaubensfreiheit in Widerspruch treten könne[265]. Dies könnte ein Hinweis auf eine Praxisänderung sein. Darüber hinaus hält die Allgemeine Bemerkung fest, dass es jenen Staaten, die bereits einen Zivildienst eingeführt haben, untersagt sei, zwischen Dienstverweigerern je nach der Basis ihres Glaubens zu differenzieren[266].

Für die *Schweiz* hätte eine Anerkennung eines Rechts auf Dienstverweigerung durch den Ausschuss keine einschneidenden Auswirkungen mehr. Im dritten Anlauf[267] hat das Schweizer Stimmvolk am 17. Mai 1992[268] der Einführung eines zivilen Ersatzdienstes zugestimmt. Der revidierte Art. 18 Abs. 1 der Bundesverfassung lautet: «Jeder Schweizer ist wehrpflichtig. Das Gesetz sieht einen zivilen Ersatzdienst vor». Mit dem Inkrafttreten des neuen Bundesgesetzes über den zivilen Ersatzdienst vom 6. Oktober 1995[269], das zwar wie bis anhin am Primat der Wehrdienstpflicht festhält und kein Wahlrecht zwischen Militärdienst und Zivildienst enthält, wird nicht mehr zwischen privilegierten ethischen und anders motivierten, nicht zu berücksichtigenden Gewissenskonflikten unterschieden[270]. Das neue Bundesgesetz sieht in Art. 1 vor, dass Militärdienstpflichtige, die glaubhaft darlegen, dass sie den Militärdienst mit ihrem Gewissen

265 A.a.O.

266 A.a.O.: «Ist dieses Recht in Gesetzgebung und Praxis einmal anerkannt, soll es keine Unterscheidung der Verweigerer aus Gewissensgründen nach der Art ihrer besonderen Anschauungen mehr geben, und ebenso soll es keine Diskriminierung von Verweigerern aus Gewissensgründen mehr geben, weil sie ihren Militärdienst nicht geleistet haben.» Der Ausdruck «Weltanschauung» («belief»), wie auch der Begriff «Religion» («religion»), wird vom Ausschuss in einem weiten Sinn verstanden: So Allgemeine Bemerkung 22/48, Ziff. 2.

267 Vgl. BBl 1994 III 1612 und *de Leonardis* (Anm. 257), S. 335 ff. für die Vorgeschichte.

268 AS 1992 1578.

269 Dessen Referendumsfrist lief am 15. Januar 1996 unbenützt ab (vgl. die Referendumsvorlage in BBl 1995 IV 485), und es ist am 1. Oktober 1996 in Kraft getreten (SR 824.0; AS 1996, 1445).

270 So noch Art. 81 des Militärstrafgesetzes (vom 13. Juni 1927, SR 321.0) in der Fassung des Bundesgesetzes vom 5. Oktober 1990. Danach konnte, wer glaubhaft machte, dass er *aufgrund ethischer Grundwerte* den Militärdienst mit seinem Gewissen nicht vereinbaren konnte, anstelle der Gefängnisstrafe eine Arbeitsleistung im öffentlichen Interesse erbringen (Art. 81 Abs. 2; vgl. dazu *Fernand Chappuis*, Le refus de servir, SJZ 90, 1994, S. 382 f.). Die Botschaft zur Revision des damaligen Militärstrafgesetzes führt aus, es gelte «die religiösen oder ethischen Gründe als grundlegende Elemente der Dienstverweigerung aus Gewissensgründen anzuerkennen. [...] Die politischen Beweggründe müssen weiterhin ausgeschlossen sein, wie im übrigen auch die humanitären, welche zu wenig präzis und zu dehnbar sind. Oft stehen sie, wie einzelne ideologische Beweggründe, den ethischen nahe und können von den Gerichten auch als solche anerkannt werden» (BBl 1987 II 1316). Dem ersten Bericht der schweizerischen Regierung an den Menschenrechtsausschuss gemäss Art. 40 Pakt II lässt sich entnehmen (Ziff. 352), dass im Jahre 1994 bei insgesamt 239 Dienstverweigerungen in 68% der Fälle und im Jahre 1993 bei 409 Dienstverweigerungen in 65% der Fälle das Vorliegen ethischer Grundwerte bejaht wurde.

nicht vereinbaren können, einen zivilen Ersatzdienst leisten können[271]. Diese Regelung ist paktkonform, da sie im Einklang mit der Auffassung des Ausschusses[272] nicht mehr zwischen Dienstverweigerern mit unterschiedlich begründeten Motiven differenziert. Die alte Regelung hätte hingegen wohl gegen Art. 18 Pakt II verstossen.

Fragen wirft aber der zusammen mit dem neuen Gesetz revidierte Art. 81 des Militärstrafgesetzes (MStG) auf. Dieser sieht in Abs. 3[273] für Angehörige gewisser religiöser Gruppierungen, die – wie v.a. die Zeugen Jehovas – aus Gewissensgründen auch den zivilen Ersatzdienst verweigern, anstelle einer Strafe die Verpflichtung zu einer Arbeitsleistung im öffentlichen Interesse vor[274]. Im

271 Die Botschaft des Bundesrates (Anm. 260) führt bezüglich «Gewissensgründen» folgendes aus, S. 1636: «[213.1] [...] Die öffentliche Diskussion im Zusammenhang mit Gewissensentscheiden war jahrelang vom Bestreben geprägt, ethisch begründete und politisch motivierte Gewissensentscheidungen auseinanderzuhalten und ihnen unterschiedliche Rechtsfolgen zu geben. [...] soll künftig auf das Bemühen verzichtet werden, eine klare Trennlinie zwischen ethischen und politischen Verweigerungsgründen zu ziehen. Entscheidend muss sein, ob die persönlichen Reflexionen sich zu eigentlichen Gewissensentscheidungen verdichtet haben. Somit führen rein politisch-taktische Erwägungen nicht zur Zulassung zum Zivildienst, wenn sie kein Resultat ethischer Reflexion sind und nicht als Gewissensgründe dargestellt werden können. [...].» Als Motive anerkannt werden neu neben religiösen Überzeugungen u.a. auch ethisch-humanitäre und moralische Gründe (z.B. die strikte Ablehnung der Erbringung eines Beitrages in einem Umfeld, das zur Tötung anderer Menschen führen kann, die generelle Ablehnung von Gewalt) und vernunfts- und verstandesgemässe, politische und gesellschaftliche Überlegungen (S. 1638).

272 Allgemeine Bemerkung 22/48, Ziff. 11, hinten S. 384.

273 Art. 81 Abs. 3 des Militärstrafgesetzes in der Fassung vom 6. Oktober 1995 lautet: «Wer als Angehöriger einer religiösen Gemeinschaft aus religiösen Gründen den Militärdienst verweigert und kein Gesuch um Zulassung zum Zivildienst stellt, wird schuldig erklärt und zu einer Arbeitsleistung im öffentlichen Interesse verpflichtet, deren Dauer sich in der Regel nach Art. 8 des Zivildienstgesetzes vom 6. Oktober 1995 richtet. Die Arbeitsleistung wird im Rahmen und nach den Vorschriften des Zivildienstes vollzogen. Der Richter kann den Täter aus der Armee ausschliessen.»

274 Die Botschaft (Anm. 260), S. 1714, führt dazu aus: «Die Angehörigen der Glaubensgemeinschaft der Zeugen Jehovas leisten keinen Militärdienst. Auch haben sie bisher in keinem Staat die Leistung eines Zivildienstes akzeptiert, weil er mit seinem Ersatzcharakter in einem zu engen Bezug zum Militärdienst steht. Für die Angehörigen der Zeugen Jehovas hätte die Gutheissung des Zivildienstes als Ersatz für den Militärdienst im Prinzip die Anerkennung eines militärischen Dienstes zur Folge. Es ist deshalb davon auszugehen, dass sie künftig nicht nur den Militärdienst, sondern auch den Zivildienst verweigern und keine Gesuche um Zulassung zum Zivildienst stellen werden. Damit müssten bei einer vorbehaltlosen Aufhebung der Bestimmungen der «Loi Barras» die Zeugen Jehovas künftig wie Militärdienstverweigerer, welche die Zulassungsvoraussetzungen zum Zivildienst nicht erfüllen, wegen Militärdienstverweigerung zu Gefängnisstrafen verurteilt werden. Sie würden also im Vergleich zur Lösung, wie sie heute für privilegierte Militärdienstverweigerer besteht, krass benachteiligt. Um dies zu vermeiden soll die «Loi Barras» [Arbeitsleistung im öffentlichen Dienst gemäss alt Art. 81 Abs. 2 Militärstrafgesetz] bezüglich Personen, die aus religiösen (und nur diesen!) Gründen kein Gesuch um Zulassung zum Zivildienst einreichen, beibehalten und den Militärgerichten die Möglichkeit eingeräumt werden, in solchen Fällen eine Arbeitsleistung im öffentlichen Interesse als Strafe zu verhängen.

Fall *Brinkhof*[275] aus dem Jahre 1993 hat der Ausschuss in Hinblick auf das holländische Recht, welches Zeugen Jehovas nicht nur vom Militärdienst, sondern auch von dem von ihnen aus Gewissensgründen abgelehnten zivilen Ersatzdienst befreit, festgestellt, dass die Befreiung bloss einer Gruppe von der Ersatzdienstpflicht diskriminierend und damit paktwidrig sei, wenn auch andere die Leistung des Ersatzdienstes aus Gewissensgründen verweigern[276]; im konkreten Fall konnte der Beschwerdeführer allerdings nicht zeigen, dass für ihn als Pazifisten auch der zivile Ersatzdienst unzumutbar sei. Für die Auslegung des neuen Art. 81 MStG ist diese Rechtsprechung dann von Bedeutung, wenn ein Angeklagter zwar nicht Mitglied einer religiösen Gemeinschaft ist, welche aus religiösen Gründen Militär- und Ersatzdienst verweigert, aber aus anderen Motiven wegen eines echten Gewissenskonfliktes keinen Ersatzdienst leisten kann. In solchen Fällen verlangt Art. 18 Pakt II eine grosszügige Auslegung zugunsten des Angeklagten, um eine Verletzung des Paktes, die vom Gesetzgeber nicht gewollt war, zu vermeiden.

IX. Meinungs- und Informationsfreiheit (Art. 19)

1. Allgemeines

Art. 19 Pakt II garantiert in Abs. 1 ein nicht beschränkbares, absolutes[277] «Recht auf unbehinderte Meinungsfreiheit»; dieses verbietet «Gehirnwäsche» oder Beeinflussungen des Bewusstseins oder des Unterbewusstseins durch Psychopharmaka und ähnliche Eingriffe in das Recht, eine private Meinung zu haben[278]. Abs. 2 schützt «das Recht auf freie Meinungsäusserung», welches die Freiheit einschliesst, «ohne Rücksicht auf Staatsgrenzen Informationen und Gedanken-

Abs. 3 bezieht sich somit nicht nur auf Zeugen Jehovas, sondern auch auf die Mitglieder vergleichbarer religiöser Gemeinschaften. In den Genuss dieser Ausnahmebestimmungen sollen nur «Angehörige» einer Glaubensgemeinschaft kommen, also Personen, die beispielsweise durch eine Taufe ausdrücklich in die religiöse Gemeinschaft aufgenommen worden sind. Eine Gewissensprüfung im eigentlichen Sinne wird durch dieses Kriterium überflüssig. Das Gericht wird sich vielmehr in der Regel darauf beschränken können, allfällige Missbräuche festzustellen».

275 Communication 402/1990, *Henricus Antonius Godefriedus Maria Brinkhof v. the Netherlands*.

276 Vgl. Ziff. 9.2–9.4 des Entscheides, abgedruckt hinten S. 632 ff.

277 Allgemeine Bemerkung 10/19, Ziff. 1, hinten S. 384 sowie aus der Doktrin z.B. *Partsch* (Anm. 249), S. 217; *Nowak*, Commentary (Anm. 1), S. 340; *McGoldrick* (Anm. 1), S. 460. Anders die entsprechende Garantie von Art. 10 EMRK, deren Wortlaut die Meinungsfreiheit und die Meinungsäusserungsfreiheit nicht unterschiedlichen Regelungen unterwirft; eine restriktivere Anwendung der Rechtfertigungsmöglichkeiten bzgl. Einschränkungen der Meinungsfreiheit postuliert jedoch *Villiger* (Anm. 99), S. 346 Rz. 589.

278 *Nowak*, Commentary (Anm. 1), S. 340.

gut jeder Art in Wort, Schrift oder Druck, durch Kunstwerke oder andere Mittel eigener Wahl sich zu beschaffen, zu empfangen und weiterzugeben.» Dieses Recht unterliegt den in Abs. 3 aufgeführten Möglichkeiten der Einschränkung. Die Garantien von Abs. 1 und Abs. 2 entfalten nach Auffassung des Ausschusses eine gewisse Horizontalwirkung, indem sie die Vertragsstaaten verpflichten, Meinungsfreiheit sowie Meinungsäusserungs- und Informationsfreiheit auch vor Eingriffen durch Private zu schützen[279].

In den Schutzbereich von Art. 19 Abs. 2 Pakt II fallen «Informationen und Gedankengut *jeder Art*», die frei beschafft, empfangen und weitergegeben werden dürfen[280]. Geschützt wird grundsätzlich *jeder Inhalt* einer Meinung oder Information, unabhängig davon ob er ideeller oder kommerzieller Art, wertend oder wertneutral, kritisch, anstössig oder schockierend ist[281]. In *McIntyre et al. v. Canada* hat der Menschenrechtsausschuss diesbezüglich festgehalten:

> «[...] Le paragraphe 2 de l'article 19 du Pacte doit être interprété comme s'appliquant à toute idée ou opinion subjective, n'allant pas à l'encontre de l'article 20, susceptible d'être communiquée à autrui, à toute nouvelle ou information, à toute forme d'expression ou annonce publicitaire, à toute oeuvre d'art, etc.; il ne devrait pas être considéré comme s'appliquant uniquement aux moyens d'expression politique, culturelle ou artistique. Selon le Comité, l'élément commercial d'une forme d'expression telle que l'affichage extérieur ne peut avoir pour effet de faire sortir celle-ci du champ des libertés protégées»[282].

Die möglichen *Mittel* des Empfangs, der Beschaffung und Verbreitung von Meinungen und Informationen werden durch Art. 19 Abs. 2 Pakt II nicht abschliessend aufgezählt; vielmehr begnügt sich die Bestimmung mit einer Aufzählung der «klassischen» Kommunikationsmittel Wort, Schrift, Druck und Kunst und verweist im übrigen mittels einer Generalklausel («andere Mittel eigener Wahl») auf sämtliche anderen Kommunikationsmittel. Diese Formulierung gestattet es, neue Formen der Kommunikation (z.B. Kommunikation über Fax, Teletext, Internet, etc.) ebenfalls problemlos unter Art. 19 Abs. 2 Pakt II zu

279 *Ders.*, Commentary (Anm. 1), S. 339 f. und 344.

280 Allgemeine Bemerkung 10/19, Ziff. 2, hinten S. 384 f.

281 Vgl. hierzu die Standardformel des Europäischen Gerichtshofes für Menschenrechte bezüglich des Inhaltes von Meinungen und Informationen: «[...] freedom of expression constitutes one of the essential foundations of a democratic society, one of the basic conditions for its progress and for the development of everyone. Subject to paragraph 2 of Article 10, it is applicable not only to «information» or «ideas» that are favourably received or regarded as inoffensive or as a matter of indifference, but also to those that shock, offend or disturb the State or any sector of the population. Such are the demands of that pluralism, tolerance and broadmindedness without which there is no ‹democratic society.› [...]» (*Otto-Preminger-Institut v. Austria*, Serie A Nr. 295–A, Ziff. 49).

282 Communications 359/1989 and 385/1989, *McIntyre et al. v. Canada*, Ziff. 11.3; hinten S. 627 ff.

subsumieren[283]. Das Recht auf *aktive Informationsbeschaffung*[284] gewährt Zugang zu sämtlichen allgemein zugänglichen Informationsquellen[285].

Einschränkungen der Meinungsäusserungs- und Informationsfreiheit gemäss Art. 19 Abs. 3[286] sind somit zulässig, wenn sie auf einer *gesetzlichen Grundlage* beruhen und zur Erreichung eines der in Art. 19 Abs. 3 Pakt II ausdrücklich aufgezählten *Zwecke notwendig* und *verhältnismässig* sind. Ferner dürfen die Einschränkungen nicht so weit gehen, dass sie das Meinungsäusserungs- und Informationsrecht seines Gehaltes völlig entleeren würden. Eingriffszwecke, welche eine Beschränkung zu rechtfertigen vermögen, sind die Achtung der Rechte bzw. des Rufes Dritter, der Schutz der nationalen Sicherheit, der öffentlichen Ordnung und Sittlichkeit sowie der Volksgesundheit. Insofern ist Pakt II bezüglich der Einschränkungszwecke restriktiver als die Formulierung der EMRK[287]. Bei der Bestimmung der Erforderlichkeit eines Eingriffes in die Meinungsäusserungs- und Informationsfreiheit kommt den innerstaatlichen Organen der Vertragsstaaten ein gewisser Spielraum zu, dessen Anwendung jedoch durch den Menschenrechtsausschuss überprüft wird[288].

Zur Beschränkung der Meinungsäusserungsfreiheit verpflichtet – und nicht lediglich ermächtigt – werden die Vertragsstaaten durch das in Art. 20 Pakt II enthaltene Verbot der Kriegspropaganda[289] und der Aufhetzung zum Rassenhass[290].

283 Im Unterschied zu Art. 10 Abs. 1 EMRK verzichtet Art. 19 Abs. 2 Pakt II zudem auf den Hinweis, dass «die Staaten Rundfunk-, Lichtspiel- oder Fernsehunternehmen einem Genehmigungsverfahren unterwerfen» dürfen, wohl aus der Überlegung heraus, dass die Einführung einer Lizenzierungspflicht dieser Medien aus technischen Gründen unter Abs. 3 gerechtfertigt werden kann (so *Partsch* [Anm. 249], S. 218).

284 Ein solches Recht ist von der Praxis auch aus Art. 10 Abs. 1 EMRK abgeleitet worden; siehe *Nowak*, Commentary (Anm. 1), S. 343; *Villiger* (Anm. 99), S. 353 Rz. 599; noch zweifelnd *Peter van Dijk/G.J.H. van Hoof*, Theory and Practice of the European Convention on Human Rights, 2. Aufl., Deventer 1990, S. 417 f.

285 *Nowak*, Commentary (Anm. 1), S. 343.

286 Siehe dazu Allgemeine Bemerkung 10/19, Ziff. 4, hinten S. 385.

287 Art. 10 Abs. 2 EMRK führt neben der Notwendigkeit in einer demokratischen Gesellschaft als weitere Eingriffszwecke die territoriale Sicherheit und Unversehrtheit, die Verbrechensverhütung, die Verhinderung der Verbreitung vertraulicher Nachrichten sowie die Unparteilichkeit und das Ansehen der Rechtsprechung an; *Nowak* (Anm. 1), S. 350 ff.

288 *Partsch* (Anm. 249), S. 220.

289 Die Schweiz hat hierzu einen Vorbehalt erklärt; vgl. dazu *Malinverni*, vorne S. 99, sowie den Text des Vorbehaltes hinten S. 287. Der Vorbehalt ist problematisch, da er auf dem angesichts verwandter Tatbestände (13. und 16. Titel des StGB betr. Verbrechen und Vergehen gegen den Staat und die Landesverteidigung bzw. Störung der Beziehungen zum Ausland) wenig überzeugenden Argument beruht, dieser Tatbestand lasse sich kaum strafrechtlich fassen. Für die Argumentation des Bundesrates siehe Botschaft (Anm. 2), S. 1200. Vgl. auch die Kritik bei *Claude Rouiller*, Le pacte international relatif aux droits civils et politiques, Zeitschrift für Schweizerisches Recht (ZSR) 111 (1992), S. 114 f.

290 Die Schweiz hat mit den Rassendiskriminierungsartikeln von Art. 261bis StGB bzw. Art. 171c MStG die Verpflichtung zum Erlass eines Verbotes zur Aufhetzung zum Rassenhass erfüllt.

2. Meinungsäusserungsfreiheit für Ausländerinnen und Ausländer

Art. 2 Abs. 1 Pakt II verpflichtet die Vertragsstaaten, sämtliche im Pakt garantierten Rechte «allen in seinem Gebiet befindlichen und seiner Herrschaftsgewalt unterstehenden Personen [...]» zu gewähren. Im Gegensatz zu Art. 16 EMRK[291], welcher die Beschränkung der politischen Betätigung von Ausländern umfassend erlaubt, sieht Pakt II – abgesehen von der Garantie der politischen Rechte gemäss Art. 25, welche ausdrücklich nur für Staatsbürger gilt – keine Beschränkungen für Ausländer vor[292]. Dies führt dazu, dass die Pakt-Garantien für Ausländerinnen und Ausländer in bestimmten Bereichen weiter gehen als die EMRK oder nationale Garantien. Vor allem im Bereich der Meinungsfreiheit kann dies eine gewisse Rolle spielen. Zwar wird in Art. 19 Abs. 3 von Pakt II anerkannt, dass die Meinungsfreiheit eingeschränkt werden kann, doch ist dies nur dann zulässig, wenn die Einschränkungen gesetzlich vorgesehen und zur Erreichung eines der in Abs. 3 genannten Ziele notwendig sind[293].

Die schweizerische Gesetzgebung sieht gewisse generelle Beschränkungen der Rechte von Ausländerinnen und Ausländern vor. So dürfen gemäss dem *Bundesratsbeschluss betreffend die politischen Reden von Ausländern*[294] in Art. 2 Abs. 1 «Ausländer, die keine Niederlassungsbewilligung besitzen, [...] an öffentlichen oder geschlossenen Versammlungen nur mit besonderer Bewilligung über ein politisches Thema reden». Neben den verfassungsrechtlichen

291 Art. 16 EMRK: «Keine der Bestimmungen der Art. 10, 11 und 14 darf so ausgelegt werden, dass sie den Hohen Vertragschliessenden Parteien verbietet, die politische Tätigkeit von Ausländern Beschränkungen zu unterwerfen».

292 Der Menschenrechtsausschuss hat diesen Grundsatz in seiner Allgemeinen Bemerkung 15/27 ausdrücklich betont:
«1. [...] Im allgemeinen gelten die im Pakt erklärten Rechte für jedermann, ohne Rücksicht auf Gegenseitigkeit und ohne Rücksicht auf Staatsangehörigkeit oder eine allfällige Staatenlosigkeit. [...]
6. Die Genehmigung der Einreise kann Bedingungen, z.B. bezüglich Bewegungsfreiheit, Aufenthaltsort und Arbeit unterworfen sein. Ein Staat kann auch für durchreisende Ausländer allgemeine Bedingungen vorschreiben. Wurde jedoch die Einreise in das Hoheitsgebiet eines Vertragsstaates einmal bewilligt, kommen die Ausländer in den Genuss der im Pakt garantierten Rechte».

293 Allgemeine Bemerkung 10/19, Ziff. 4: «[...] Unterwirft jedoch ein Vertragsstaat die Ausübung der Meinungsäusserungsfreiheit gewissen Einschränkungen, dürfen diese in keinem Fall das Recht als solches beeinträchtigen. Abs. 3 zählt einige Voraussetzungen auf, und Einschränkungen können nur unter diesen Voraussetzungen auferlegt werden: 1) sie müssen gesetzlich vorgesehen sein; 2) sie dürfen nur zu den in Abs. 3 lit. a und b präzisierten Zwecken angeordnet werden; 3) der Vertragsstaat muss rechtfertigen, dass sie für die Verwirklichung dieser Zwecke erforderlich sind.»

294 Bundesratsbeschluss betreffend politische Reden von Ausländern vom 24. Februar 1948, SR 126.

Bedenken, die dieser Bundesratsbeschluss aufwirft, ergeben sich auch Probleme in bezug auf die durch Pakt II garantierten Rechte. Zwar können Personen, die über keine Anwesenheitsbewilligung in der Schweiz verfügen, keine Ansprüche aus Art. 19 Pakt II ableiten[295]. Es erscheint aber fraglich, ob die Bewilligungspflicht etwa für Personen mit Aufenthaltsbewilligung eine verhältnismässige Beschränkung der Meinungsfreiheit gemäss Art. 19 Pakt II darstellt, da in den heutigen Zeiten offenkundig mildere Mittel – z.B. nachträgliche Sanktionen bei Missbräuchen – genügen, um die tangierten öffentlichen Interessen zu schützen. In seinen abschliessenden Bemerkungen zum Staatenbericht der Schweiz (UN.Doc. CCPR/C/79/Add.70, vom 8. November 1996) hat der Menschenrechtsausschuss denn auch betont, dass der Bundesratsbeschluss betreffend die politischen Reden von Ausländern «soumet la liberté d'expression des étrangers qui ne sont pas au bénéfice d'un permis d'établissement à des restrictions contraires à l'article 19 du Pacte» und empfohlen, diesen Beschluss entweder aufzuheben oder paktkonform zu revidieren.

X. Versammlungsfreiheit (Art. 21)

1. Allgemeines

Art. 21 Pakt II verpflichtet die Vertragsstaaten zur Gewährleistung der Versammlungsfreiheit. Die Tatsache, dass der Wortlaut lediglich von einer Anerkennung des Rechtes spricht, vermag an dieser Einschätzung nichts zu ändern. Vielmehr ist unbestritten, dass Art. 21 Pakt II die Vertragsstaaten gleichermassen verpflichtet wie die übrigen Garantien[296].

Geschützt wird durch Art. 21 Pakt II das «Recht, sich *friedlich* zu versammeln». Als Versammlungen gelten alle Formen des vorübergehenden Zusammenkommens mehrerer Menschen, das bewusst und in Hinblick auf einen bestimmten Zweck erfolgt[297], insbesondere auch Demonstrationen. Geschützt werden Versammlungen jedoch nur, wenn sie friedlich, d.h. «*without uproar, disturbance, or the use of arms*»[298] verlaufen. Die Bedingung der Friedlichkeit der Versammlung bezieht sich somit eindeutig auf die Art bzw. den Verlauf der betreffenden Versammlung und nicht auf ihren Inhalt[299].

295 Vgl. Allgemeine Bemerkung 15/27, Ziff. 6, oben zitiert in Anm. 292.

296 *Partsch* (Anm. 249), S. 231 f.; *Nowak*, Commentary (Anm. 1), S. 372 f.; *van Dijk/van Hoof* (Anm. 284), S. 439.

297 *Nowak*, Commentary (Anm. 1), S. 373.

298 *Partsch* (Anm. 249), S. 233; vgl. auch *Nowak*, Commentary (Anm. 1), S. 374.

299 *Partsch* (Anm. 249), S. 231; *Nowak*, Commentary (Anm. 1), S. 374 f.

Einschränkungen der Versammlungsfreiheit sind nur aufgrund einer Massnahme möglich, welche in Übereinstimmung mit dem Gesetz («*in conformity with the law*»/«*conformément à la loi*»)[300] und in einer demokratischen Gesellschaft zum Zwecke der «nationalen oder der öffentlichen Sicherheit, der öffentlichen Ordnung (ordre public), zum Schutz der Volksgesundheit, der öffentlichen Sittlichkeit oder zum Schutz der Rechte und Freiheiten anderer» notwendig ist. Die Anforderungen an die gesetzliche Verankerung von Eingriffen in die Versammlungsfreiheit sind somit niedriger als bei den übrigen Garantien des Paktes, denn statt einer ausdrücklichen gesetzlichen Verankerung des entsprechenden Eingriffes genügt auch eine generelle gesetzliche Ermächtigung, welche den Behörden einen relativ grossen Spielraum belässt[301]. Generalklauseln, welche z.B. den Polizeibehörden Beschränkungen der Versammlungsfreiheit im Interesse der öffentlichen Ordnung gestatten, genügen somit grundsätzlich zur Rechtfertigung eines Eingriffs[302].

Während Art. 21 Pakt II sich auf die Gewährung der Versammlungsfreiheit beschränkt, umfasst die entsprechende Garantie von Art. 11 EMRK neben der Versammlungs- auch die Vereinigungsfreiheit[303]. Die nach Art. 11 Abs. 2 EMRK bestehende Möglichkeit, «dass die Ausübung dieser Rechte durch Mitglieder der Streitkräfte, der Polizei oder der Staatsverwaltung gesetzlichen Einschränkungen unterworfen» werden kann, fehlt in Art. 21 Pakt II gänzlich und ist auch in Art. 22 Pakt II nur in abgeschwächter Form (Angehörige der Streitkräfte und der Polizei) enthalten. Somit ist nach Art. 21 Pakt II eine Einschränkung der Versammlungsfreiheit von Beamten sowie Angehörigen des Militärs und der Polizei nur aufgrund eines der ausdrücklich in Abs. 2 genannten Zwecke möglich[304].

300 Die deutsche Übersetzung des Wortlautes von Art. 21 Pakt II ist insofern irreführend, als sie die Wendung «in conformity with the law» mit «gesetzlich vorgesehenen Einschränkungen» wiedergibt, anstatt z.B. mit «in Übereinstimmung mit dem Gesetz»; vgl. dazu ausführlich *Nowak*, CCPR-Kommentar (Anm. 1), S. 402 f.

301 *Nowak*, Commentary (Anm. 1), S. 377 f.; *Partsch* (Anm. 249), S. 232 f.; *Thérèse Murphy*, Freedom of Assembly, in: *Harris/Joseph* (Anm. 5), S. 443.

302 *Partsch* (Anm. 249), S. 233; *Nowak*, Commentary (Anm. 1), S. 378.

303 Vgl. die Erörterungen zur gemeinsamen Regelung von Versammlungs- und Vereinsfreiheit bei *Partsch* (Anm. 249), S. 230 f.

304 *Van Dijk/van Hoof* (Anm. 234), S. 440; *Nowak*, Commentary (Anm. 1), S. 377.

2. Bedeutung für die Schweiz im Bereich der Demonstrationsfreiheit

Das schweizerische Verfassungsrecht anerkennt die Versammlungsfreiheit als *ungeschriebenes Grundrecht*[305]. Die Demonstrationsfreiheit wird hingegen nicht als eigenständiges Grundrecht anerkannt, sondern vielmehr als Ausfluss der Meinungsäusserungs- und Versammlungsfreiheit[306] geschützt.

Versammlungen und Demonstrationen auf öffentlichem Boden stellen meist einen *gesteigerten Gemeingebrauch* des öffentlichen Grundes dar und können somit nach herrschender Lehre und Rechtsprechung einer *Bewilligungspflicht* unterworfen werden[307]; in konstanter Rechtsprechung vertritt das Bundesgericht zudem die Auffassung, dass die Einführung einer Bewilligungspflicht auch ohne Bestehen einer entsprechenden gesetzlichen Grundlage zulässig sei[308].

Mit der Frage der Vereinbarkeit einer Bewilligungspflicht für Demonstrationen auf öffentlichem Grund hatte sich der Menschenrechtsausschuss bis anhin noch nicht zu befassen. Hingegen führte der Ausschuss in einer Mitteilung gegen Finnland aus:

> «Le Comité considère que l'obligation d'avertir la police six heures à l'avance qu'une manifestation doit avoir lieu dans un endroit public peut effectivement faire partie des restrictions tolérées par l'article 21 du Pacte. [...] le Comité note que toute restriction placée à leur droit de libre assemblée aurait dû être conforme aux dispositions de l'article 21. Une manifestation doit normalement être notifiée dans l'intérêt de la sécurité nationale, de la sûreté publique, de l'ordre public ou pour protéger la santé publique et la moralité publique ou les droits et libertés d'autrui. [...]»[309]

Ein Notifikationssystem, wonach die Organisatoren einer Demonstration den zuständigen Behörden die Demonstration eine gewisse Zeit vor deren Durchführung anzuzeigen haben, kann («*may*») folglich mit Art. 21 Pakt II vereinbar sein[310]. Fraglich und weiterhin ungeklärt ist jedoch die Haltung des Aus-

305 *J.P. Müller* (Anm. 79), S. 157; *Giorgio Malinverni*, in BV-Kommentar, Versammlungsfreiheit, Rz. 3.

306 BGE 100 Ia 400 ff.; *J.P. Müller* (Anm. 79), S. 162.

307 BGE 119 Ia 449; *J.P. Müller* (Anm. 79), S. 163; *Malinverni* (Anm. 305), Rz. 71 f.; vgl. ferner Art. 16 Abs. 3 des Verfassungsentwurfes 1995.

308 BGE 119 Ia 449 E. 2.a: «Nach der Rechtsprechung ist die zur Aufsicht über die öffentlichen Sachen zuständige Behörde auch ohne besondere gesetzliche Grundlage befugt, die über den Gemeingebrauch hinausgehende Benutzung von einer Bewilligung abhängig zu machen [...] Wo es um die Ausübung von Freiheitsrechten auf öffentlichem Grund geht, ist freilich im Interesse der Rechtssicherheit und einer möglichst rechtsgleichen Behandlung der Bewerber wünschbar, dass die Kriterien für die Bewilligung einer gesteigerten Inanspruchnahme öffentlichen Grundes wenn nicht formellgesetzlich, so wenigstens rechtssatzmässig normiert sind»; kritisch dazu z.B. *J.P. Müller* (Anm. 79), S. 192 ff.; *Malinverni* (Anm. 305), Rz. 72.

309 Communication 412/1990, *Auli Kivenmaa v. Finland*, hinten S. 636.

310 Vgl. zu den Interpretationsschwierigkeiten der Entscheidung des Menschenrechtsausschusses *Murphy* (Anm. 301), S. 443 f.

schusses gegenüber eigentlichen Bewilligungssystemen für Demonstrationen und Versammlungen auf öffentlichem Grund. Wegen des andersartigen Charakters dieses Systems ist eine Übertragung des Grundsatzes der prinzipiellen Vereinbarkeit des Notifikationssystems mit Art. 21 Pakt II auf Bewilligungssysteme nicht bedenkenlos möglich. Zu beachten ist in diesem Zusammenhang v.a. die Tatsache, dass unter einem Bewilligungssystem die Durchführung einer Demonstration grundsätzlich von der Bewilligungserteilung der zuständigen Behörden abhängt, während das Notifikationssystem lediglich vorsieht, dass die Behörden über die Durchführung der Demonstration gewisse Zeit im voraus informiert werden, damit sie z.B. die nötigen Verkehrsumleitungsmassnahmen ergreifen können[311].

Ein bedingter Anspruch auf Benützung des öffentlichen Grundes wird in der schweizerischen Rechtsprechung anerkannt, doch kann hierfür eine Bewilligungspflicht eingeführt werden. Dies ist nach konstanter Rechtsprechung des Bundesgerichts zudem auch ohne entsprechende gesetzliche Grundlage möglich. Im Lichte der Ausführungen zu Art. 21 Pakt II erscheint diese Praxis als nicht ganz unproblematisch. Einerseits kann nicht mit Sicherheit davon ausgegangen werden, dass das Bewilligungssystem wirklich völlig mit Art. 21 Pakt II vereinbar ist[312]. So wäre z.B. überlegenswert, ob nicht mit einer milderen Massnahme – wie z.B. einem Notifikationssystem – die gleichen Ziele erreicht werden könnten. Im Vordergrund steht aber sicher das Problem des Verzichts auf das Erfordernis einer entsprechenden gesetzlichen Grundlage. Nimmt man die Aussage des Menschenrechtsausschusses, dass «*any restriction upon the right to assemble must fall within the limitation provisions of Article 21*»[313], ernst, so heisst das wohl nichts anderes, als dass auch jegliches System der Regulierung von Demonstrationen in Übereinstimmung mit den Gesetzen und in einer demokratischen Gesellschaft zur Erreichung eines der in Art. 21 Pakt II aufgezählten Zwecke notwendig sein muss. In diesem Sinne verlangt Art. 21 Pakt II wohl mindestens eine allgemein gehaltene Verankerung der Bewilligungspflicht in einem Gesetz.

311 Vgl. z.B. Communication 412/1990 (Anm. 309), Ziff. 7.6: «[...] The State party submits that the prior notification requirement enables the police to take the necessary measures to make it possible for the meeting to take place, for instance by regulating the flow of traffic, and further to protect the group in their exercise of the right to freedom of assembly».

312 Für die Vereinbarkeit eines Bewilligungssystems, wenn dieses nicht zur willkürlichen Einschränkung der Versammlungsfreiheit diene, tritt *Partsch* (Anm. 249), S. 234 ein; zurückhaltender *Nowak*, Commentary (Anm. 1), S. 381.

313 Communication No. 412/1990 (Anm. 309), Ziff. 9.2.

XI. Vereinigungs- und Koalitionsfreiheit (Art. 22)

Art. 22 Pakt II garantiert die Vereinigungs- und Koalitionsfreiheit in ähnlicher Weise wie Art. 11 EMRK. Nach Abs. 1 sind die Vertragsstaaten verpflichtet, das «*Recht, sich frei mit anderen zusammenzuschliessen*» sowie das Recht, Gewerkschaften zum Schutz der eigenen Interessen zu bilden, grundsätzlich allen Personen zu gewähren. Anders als bei der EMRK (vgl. Art. 16[314]) gilt die Paktgarantie allerdings auch für Ausländerinnen und Ausländer. Diese Garantien können freilich nach Abs. 2 unter Beachtung bestimmter Voraussetzungen oder für bestimmte Personengruppen eingeschränkt werden.

Der Schutzbereich des Rechtes, sich frei mit anderen Personen zusammenzuschliessen, wird durch Art. 22 Abs. 1 Pakt II nicht näher umschrieben. Zunächst garantiert Art. 22 Abs. 1 das Recht, eine Vereinigung zu gründen oder einer bereits bestehenden Vereinigung beizutreten. Ferner schützt diese Bestimmung auch die negative Vereinigungsfreiheit, d.h. niemand darf gezwungen werden, einer bestimmten Vereinigung beizutreten oder aus einer solchen auszutreten. Insofern kommt dem Pakt II kaum eine Bedeutung zu, die über die Garantien von BV und EMRK hinausgeht[315]. Die Vereinigungsfreiheit erschöpft sich allerdings nicht in ihrer Abwehrfunktion. Vielmehr auferlegt Art. 22 Abs. 1 den Vertragsstaaten eine positive Verpflichtung, auf innerstaatlicher Ebene sämtliche Massnahmen zu treffen, um die Ausübung der garantierten Rechte auch tatsächlich zu ermöglichen. Dies erstreckt sich v.a. auf den Erlass entsprechender gesetzlicher Regelungen zur Gründung von Vereinigungen sowie auf den Schutz vor Eingriffen in die Vereinigungsfreiheit seitens Privater[316]: Hier könnte Pakt II u.U. auch für die Schweiz gewisse Impulse geben.

Art. 22 Abs. 1 Pakt II erwähnt als Sonderfall der Vereinigungsfreiheit das Recht einer jeden Person, *zum Schutze ihrer Interessen*[317] eine Gewerkschaft zu bilden oder einer solchen beizutreten. Bislang weitgehend ungeklärt ist, ob diese Bestimmung lediglich die Koalitionsfreiheit im Sinne des Rechts, einer Gewerkschaft beizutreten oder eine solche zu bilden, schützt, oder ob darüber hinaus auch das Recht geschützt wird, gemeinsam mit anderen Personen auf die

314 Danach ist es den Vertragsstaaten der EMRK unbenommen, die politische Tätigkeit von Ausländern weitergehenden Beschränkungen zu unterwerfen, die Art. 10, 11 und 14 EMRK verletzen.

315 Zur weitgehenden Identität der Garantien von Pakt II und der EMRK siehe *van Dijk/van Hoof* (Anm. 284), S. 439; vgl. zur EMRK z.B. *Villiger* (Anm. 99), S. 364 ff. Rz. 614 ff.

316 *Nowak*, Commentary (Anm. 1), S. 386 ff.

317 Im Gegensatz zu Art. 22 Abs. 1 Pakt II spricht Art. 8 Abs. 1 lit. a Pakt I vom «*Recht eines jeden, zur Förderung und zum Schutz seiner wirtschaftlichen und sozialen Interessen Gewerkschaften zu bilden [...]*».

Erreichung der Gewerkschaftsziele hinzuwirken[318]. Der Menschenrechtsausschuss hatte sich bis heute erst mit der Frage zu befassen, ob aus Art. 22 Abs. 1 Pakt II ein *Streikrecht* folge. Er verneinte dies, im wesentlichen mit dem Argument, aus der Systematik von Art. 22 Pakt II im Verhältnis zu Art. 8 Pakt I[319] gehe hervor, dass das Streikrecht nur durch den Pakt über die wirtschaftlichen, sozialen und kulturellen Rechte geschützt werde[320].

Nach Art. 22 Abs. 2 Pakt II darf die Vereinigungs- und Koalitionsfreiheit grundsätzlich nur aufgrund einer genügend bestimmten gesetzlichen Grundlage beschränkt werden, wenn die Einschränkung in einer demokratischen Gesellschaft zum Erreichen eines der in Abs. 2 aufgezählten Eingriffszwecke notwendig und verhältnismässig ist[321]. Als spezielle Beschränkungsmöglichkeit sieht jedoch der zweite Satz von Art. 22 Abs. 2 vor, dass die Vereinigungs- und Koalitionsfreiheit von «*Angehörigen der Streitkräfte und der Polizei*» auch lediglich aufgrund einer gesetzlich vorgesehenen Einschränkung beschränkt werden kann, ohne dass die weiteren Voraussetzungen erfüllt sein müssen[322]. Art. 22 Abs. 3 schliesslich bestimmt ausdrücklich, dass die im Übereinkommen

318 *Keith Ewing*, Freedom of Association and Trade Union Rights, in: *Harris/Joseph* (Anm. 5), S. 466.

319 Hierzu vorne *Künzli/Kälin*, S. 122 ff.

320 Communication 118/1982, *J.B et al. (represented by the Alberta Union of Provincial Employees) v. Canada*: «6.4 The conclusions to be drawn from the drafting history are corroborated by a comparative analysis of the International Covenant on Civil and Political Rights and the International Covenant on Economic, Social and Cultural Rights. Article 8, paragraph 1 (d), of the International Covenant on Economic, Social and Cultural Rights recognizes the right to strike, in addition to the right of everyone to form and join trade unions for the promotion and protection of his economic and social interests, thereby making it clear that the right to strike cannot be considered as an implicit component of the right to form and join trade unions. Consequently the fact that the International Covenant on Civil and Political Rights does not similarly provide expressly for the right to strike in article 22, paragraph 1, shows that this right is not included in the scope of this article, [...]».
Eine Minderheit des Ausschusses wandte gegen diese restriktive Sichtweise ein, dass die Vereinigungsfreiheit von Art. 22 Pakt II einen weiten Schutzbereich aufweise und dass die Ausübung dieses Rechtes «*requires that some measure of concerted activities be allowed*»; vgl. Individual Opinion submitted by Mrs. Higgins and Messrs. Lallah, Mavrommatis, Opsahl and Wako concerning the admissibility of Communication No. 118/1982, *J.B. et al. v. Canada*, Ziff. 4; Vgl. auch die eingehenden Darstellungen der zwei Standpunkte bei *Nowak*, Commentary (Anm. 1), S. 391 ff. sowie bei *Ewing* (Anm. 318), S. 467 ff. Vgl. zum Streikrecht gemäss Pakt I *Künzli/Kälin*, vorne S. 123 ff.

321 *Nowak*, Commentary (Anm. 1), S. 394.

322 Hier liegt ein Unterschied zur EMRK vor: Im Gegensatz zu Art. 11 Abs. 2 EMRK (danach kann die Ausübung der Versammlungs-, Vereinigungs- und Koalitionsfreiheit «*durch Mitglieder der Streitkräfte, der Polizei oder der Staatsverwaltung gesetzlichen Einschränkungen unterworfen*» werden) kann nach Art. 22 Abs. 2 Pakt II die Vereinigungs- und Koalitionsfreiheit von *Angehörigen der Staatsverwaltung* nur aufgrund der im ersten Satz von Abs. 2 enthaltenen Voraussetzungen eingeschränkt werden. Vgl. *van Dijk/van Hoof* (Anm. 284), S. 440; *Nowak*, Commentary (Anm. 1), S. 396 f.; *Ewing* (Anm. 318), S. 475.

über die Vereinigungsfreiheit und den Schutz des Vereinigungsrechtes vom 9. Juli 1948 (ILO-Übereinkommen 87) enthaltenen Rechte nicht durch die in Art. 22 Pakt II enthaltenen Garantien eingeschränkt werden können. Diese Bestimmung stellt einen Anwendungsfall des in Art. 5 Abs. 4 Pakt II enthalten Günstigkeitsprinzips dar.

XII. Schutz von Ehe und Familie (Art. 23)

Art. 23 stellt die einzige Bestimmung von Pakt II dar, welche eine *Institutsgarantie* enthält. Während Art. 17 Pakt II die Familie vor willkürlichen und rechtswidrigen Eingriffen schützen will, verpflichtet Art. 23 die Vertragsstaaten zum Schutz der privatrechtlichen Institute von Ehe und Familie. Bemerkenswert ist ferner, dass die Bestimmung von Art. 23 Abs. 4 einen *programmatischen Gehalt* aufweist, ist doch die Gleichheit der Ehegatten «*durch geeignete Massnahmen sicherzustellen*». Diese Bestimmung ist somit nicht self-executing, sondern verlangt die Ergreifung innerstaatlicher Massnahmen zu ihrer Verwirklichung[323].

1. Schutz der Familie (Abs. 1)

Nach Art. 23 Abs. 1 untersteht die Familie als «*natürliche Kernzelle der Gemeinschaft*» dem Schutz durch Gesellschaft und Staat. Der Begriff der Familie wird weder durch den Pakt II noch in der *Allgemeinen Bemerkung* des Menschenrechtsausschusses umschrieben. Vielmehr führt der Ausschuss aus, das Konzept der Familie variiere von Staat zu Staat und manchmal sogar innerhalb eines Landes von Region zu Region, weshalb eine Standarddefinition nicht möglich sei[324]. Welche familiären Beziehungen somit als Familie i.S. von Art. 23 Abs. 1 geschützt werden, muss vor dem gesellschaftlichen und kulturellen Hintergrund des jeweiligen Staates bestimmt werden[325]. Unbestritten ist jedoch, dass nichteheliche Lebensgemeinschaften ebenso wie eheliche als Familie Anspruch auf Schutz durch Staat und Gesellschaft haben[326]. Kürzlich hat der Ausschuss entschieden, der Begriff «Familie» müsse weit verstanden werden. Darunter falle nicht nur der gemeinsame Haushalt während einer Ehe oder des Zusammenlebens, sondern auch die Beziehungen zwischen Eltern und Kind im allgemeinen. Gewisse Minimalbedingungen wie das Zusammenleben, öko-

323 *Palm-Risse* (Anm. 221), S. 58.
324 Allgemeine Bemerkung 19/39, Ziff. 2, hinten S. 386 f.
325 *Palm-Risse* (Anm. 221). S. 225 f.; *Nowak*, Commentary (Anm. 1), S. 405.
326 *Palm-Risse* (Anm. 221), S. 237 f.; *Nowak*, Commentary (Anm. 1), S. 405.

nomische Verbindungen oder eine regelmässige und intensive Beziehung seien allerdings notwendig[327].

Art. 23 Abs. 1 auferlegt den Vertragsstaaten die Verpflichtung, die Familie als natürliche Kernzelle der Gemeinschaft zu schützen. Dies verlangt von den Staaten die Ergreifung positiver familienfreundlicher bzw. familienbegünstigender Massnahmen. So dürfen die Staaten die Familiengründung nicht beeinträchtigen, sondern sie müssen ein gesellschaftliches Umfeld schaffen, welches der Gründung und Entwicklung familiärer Lebensgemeinschaften günstig ist. In diesem Sinne drängen sich vielfältige Massnahmen auf, z.B. rechtlicher (Regelung des Familiennachzuges, aufenthaltsrechtliche Bestimmungen, etc.), finanzieller (Unterstützungsbeiträge, Steuererleichterungen, etc.), baulicher (Förderung des Wohnungsbaus, Erstellung kinderfreundlicher Wohnungen, etc.) oder gesellschaftlicher Art (Einrichtung von Kinderkrippen und Tagesschulen, etc.), welche jedoch aufgrund der in den verschiedenen Vertragsstaaten bestehenden Unterschiede der gesellschaftlichen und kulturellen Werte sowie der verfügbaren finanziellen Mittel divergieren[328]. Es ist v.a. diese programmatische (nicht justiziable) Dimension, welche der Paktgarantie für das schweizerische Recht eine besondere Bedeutung gibt.

2. Recht auf Ehe (Abs. 2)

Das in Art. 23 Abs. 2 garantierte Recht, eine Ehe einzugehen, auferlegt den Vertragsstaaten die Verpflichtung, bereits den Akt der Eheschliessung als Rechtsinstitut anzuerkennen. Im Gegensatz zu Art. 12 EMRK, welcher das Recht zur Ehe ausdrücklich und direkt gewährleistet, verpflichtet die Bestimmung von Art. 23 Abs. 2 Pakt II die Staaten lediglich, dieses Recht anzuerkennen. Inhaltlich unterscheiden sich diese Bestimmungen jedoch nicht, räumen sie doch beide ein subjektives Recht auf Eheschliessung ein[329]. Das Recht auf Ehe steht allen zu, welche das *heiratsfähige Alter* erreicht haben. Die Bestimmung dieses Mindestalters obliegt den Vertragsstaaten[330].

327 Communication 417/1990, *Manuel Balaguer Santacana v. Spain,* Ziff. 10.3.

328 In diesem Sinne hat der Menschenrechtsausschuss denn auch in seiner Entscheidung betr. Communication 35/1978, *Shirin Aumeeruddy-Cziffra und 19 andere mauritische Frauen v. Mauritius*, festgehalten: «9.2 (b) 2 (ii) 1. [...] Der Ausschuss ist der Meinung, dass der rechtliche Schutz oder die Massnahmen, welche eine Gesellschaft oder ein Staat der Familie zugute kommen lassen können, von Land zu Land verschieden und von unterschiedlichen sozialen, wirtschaftlichen, politischen und kulturellen Voraussetzungen und Traditionen abhängig sein können.» (deutsche Übersetzung in EuGRZ 1981, S. 393; Vgl. dazu auch *Palm-Risse* (Anm. 221), S. 320 ff.; *Nowak*, Commentary (Anm. 1), S. 406 f.

329 *Palm-Risse* (Anm. 221), S. 115 f.; *van Dijk/van Hoof* (Anm. 284), S. 453.

330 Vgl. Allgemeine Bemerkung 19/39, Ziff. 4, hinten S. 387.

Der Schutz von Art. 23 Abs. 2 erschöpft sich im Recht auf die Eheschliessung. Beeinträchtigungen des ehelichen Zusammenlebens nach dem Eheschluss fallen in den Schutzbereich von Art. 17 bzw. Art. 23 Abs. 1 Pakt II[331]. Ferner kann, obwohl Art. 23 Abs. 4 bestimmt, dass die Ehegatten u.a. bei Auflösung der Ehe gleichberechtigt sein müssen, aus Art. 23 Abs. 2 Pakt II ebensowenig wie aus Art. 12 EMRK ein *Recht auf Scheidung* abgeleitet werden[332].

3. Recht, eine Familie zu gründen (Abs. 2)

Das Recht, eine Familie zu gründen, ist eng mit dem Recht auf Eheschliessung verbunden. Geschützt werden sämtliche Handlungen, welche in Hinblick auf die Gründung oder Entwicklung einer Familie unternommen werden. Im Vordergrund steht zunächst das Recht auf partnerschaftliches Zusammenleben – unabhängig davon ob es sich um eheliches oder aussereheliches Zusammenleben handelt[333]. Im weiteren sind die Staaten verpflichtet, geeignete Massnahmen zu ergreifen, um die Vereinigung von Familien zu erleichtern, welche aus politischen, wirtschaftlichen und ähnlichen Gründen getrennt wurden[334].

Geschützt ist ferner auch das Recht auf Nachkommen. Dieses erfasst nicht nur die natürliche Fortpflanzung sowie Adoptionen[335], sondern auch die Verfahren der künstlichen Fortpflanzung[336], soweit diese im betreffenden Staat verfügbar sind. Ein generelles Verbot sämtlicher Methoden der modernen Fortpflanzungstechnologie würde wohl das Recht auf Familiengründung verletzen. Der Menschenrechtsausschuss hat in diesem Zusammenhang auch betont, Abs. 2 verbiete eine diskriminierende Familienplanungspolitik bzw. Zwangsmassnahmen in diesem Bereich[337].

4. Freiheit der Eheschliessung (Abs. 3)

Im Gegensatz zu Art. 12 EMRK garantiert Pakt II in Art. 23 Abs. 3 ausdrücklich, dass eine Ehe nur geschlossen werden darf, wenn dies dem freien und vollen Willen der Ehegatten entspricht. Aus der Verbindung von Art. 23 Abs. 2 und 3 folgt, dass ein Eheschluss nur dann mit den Pakt-Garantien in Einklang steht,

331 *Palm-Risse* (Anm. 221), S. 119.
332 *Dieselbe*, S. 188 f.; *Nowak*, Commentary (Anm. 1), S. 411 f.
333 *Nowak*, Commentary (Anm. 1), S. 413.
334 Allgemeine Bemerkung 19/39, Ziff. 5, hinten S. 388.
335 *Nowak*, Commentary (Anm. 1), S. 413; a.M. *Palm-Risse* (Anm. 221), S. 147 f.
336 *Nowak*, Commentary (Anm. 1), S. 413 f.; a.M. *Palm-Risse* (Anm. 221), S. 148 ff.
337 Allgemeine Bemerkung 19/39, Ziff. 5, hinten S. 388.

wenn die Ehegatten das heiratsfähige Alter erreicht haben, im vollen Besitz ihrer geistigen Kräfte sind, frei von Zwang, List und Furcht handeln und ihren Willen, einander heiraten zu wollen, vor dem zuständigen staatlichen Organ ausdrücklich erklären[338].

5. Gleichheit der Ehegatten (Abs. 4)

Mit der Ratifikation des Paktes II verpflichten sich die Vertragsstaaten, geeignete Massnahmen zur Gleichstellung der Ehegatten «*bei der Eheschliessung, während der Ehe und bei Auflösung der Ehe*» zu ergreifen. Im Gegensatz zur Bestimmung von Art. 5 des Siebten Zusatzprotokolls zur EMRK[339] beschränkt sich der nicht-justiziable Art. 23 Abs. 4 Pakt II nicht auf die privatrechtlichen Regelungen, sondern erfasst vielmehr sämtliche für Ehe und Familie relevanten Rechtsbereiche, was auch vom schweizerischen Gesetzgeber zu beachten ist. Verdeutlicht wird dieser weite Anwendungsbereich auch durch die *Allgemeine Bemerkung* des Ausschusses, welcher die Gleichbehandlung u.a. für die Bereiche Bürgerrecht, Wahl des Familiennamens, Wohnsitzwahl, Kindererziehung und Verwaltung des Einkommens nennt; verboten sind überdies Diskriminierungen im Scheidungsverfahren, bezüglich elterlicher Gewalt, Alimente oder Besuchsrechte[340]. Im Lichte dieser Ausführungen erscheint z.B. die Bestimmung von Art. 161 ZGB, wonach zwar die Ehefrau aufgrund des Eheschlusses zusätzlich zu ihrem eigenen Kantons- und Gemeindebürgerrecht auch dasjenige ihres Ehemannes erhält, dies umgekehrt jedoch nicht möglich ist, als problematisch.

XIII. Politische Rechte (Art. 25)

1. Allgemeines

Nach Art. 25 sind die politischen Rechte ausdrücklich Rechte der *Staatsbürger*. Diese Bestimmung unterscheidet sich insofern von den übrigen durch den Pakt II garantierten Rechten, als sie Ausländerinnen und Ausländer ausdrücklich

338 *Nowak*, Commentary (Anm. 1), S. 415.

339 «Ehegatten haben untereinander, in Bezug auf ihre Kinder, bei der Eheschliessung, während der Ehe und bei deren Auflösung die gleichen Rechte und Pflichten privatrechtlicher Art. Dieser Artikel hindert die Staaten nicht, die im Interesse der Kinder notwendigen Massnahmen zu ergreifen.»

340 Allgemeine Bemerkung 19/39, Ziff. 6; hinten S. 388.

vom Schutzbereich der politischen Rechte ausnimmt[341]. Den Vertragsstaaten obliegt nicht nur die Pflicht, den Staatsbürgern politische Rechte einzuräumen, sondern es wird von ihnen auch verlangt, dass den Staatsbürgern die Wahrnehmung dieser Rechte tatsächlich ermöglicht wird[342]. Beschränkungen der durch Art. 25 garantierten politischen Rechte sind zulässig, wenn diese weder unangemessen sind noch das allgemeine Diskriminierungsverbot von Art. 2 Abs. 1 Pakt II verletzen. Ob Einschränkungen politischer Rechte zulässig und verhältnismässig sind, muss in jedem Einzelfall gesondert untersucht werden.

Im Gegensatz zum Pakt II garantiert die EMRK in Art. 3 des Ersten Zusatzprotokolls die politischen Rechte nur minimal[343]. Danach werden die Vertragsstaaten verpflichtet, «in angemessenen Zeitabständen freie und geheime Wahlen unter Bedingungen abzuhalten, welche die freie Äusserung der Meinung des Volkes bei der Wahl der gesetzgebenden Körperschaften» gewährleistet. Da die Schweiz jedoch bis anhin das Erste Zusatzprotokoll zur EMRK nicht ratifiziert hat, stellt Art. 25 Pakt II die erste internationale Bestimmung dar, welche die Schweiz zur Einhaltung gewisser Minimalgarantien der politischen Rechte verpflichtet.

Im folgenden sollen die wichtigsten Teilgehalte von Art. 25 kurz erläutert werden.

a) Recht auf politische Partizipation

Art. 25 lit. a gewährt das Recht auf *politische Teilnahme*, wonach jedem Staatsbürger das Recht zukommt, «an der Gestaltung der öffentlichen Angelegenheiten unmittelbar oder durch frei gewählte Vertreter teilzunehmen». Der bewusst vage gehaltene Wortlaut von Art. 25 lit. a verdeutlicht, dass nicht ein bestimmtes demokratisches System vorausgesetzt wird. Verlangt wird vielmehr, dass das jeweilige politische System eine indirekte und/oder direkte Teilnahme der Bürger an der Gestaltung der öffentlichen Angelegenheiten ermöglicht und dass dem Einzelnen dieses Recht nicht genommen wird. Das Recht der Staatsbürger auf politische Teilnahme beschränkt sich somit in einer repräsentativen Demokratie auf das Wahlrecht anlässlich der wiederkehrenden Wahlen i.S. von Art. 25 lit. b Pakt II. Demgegenüber erfasst in einer direkten Demokratie das Teilnahmerecht der Staatsbürger ebenfalls die Referenden und Initiativen[344]. Wie der

341 *Nowak*, Commentary (Anm. 1), S. 439; *Sarah Joseph*, Rights of Political Participation, in: *Harris/Joseph* (Anm. 5), S. 536; Allgemeine Bemerkung 25/57, Ziff. 3, hinten S. 392.

342 *Nowak*, Commentary (Anm. 1), S. 439; Allgemeine Bemerkung 25/57, Ziff. 1, hinten S. 392.

343 Vgl. die Gegenüberstellung der Pakt II- bzw. EMRK-Bestimmung bei *Schmidt* (Anm. 5), S. 639 f.

344 *Joseph* (Anm. 341), S. 537; *Nowak*, Commentary (Anm. 1), S. 441 f.; Allgemeine Bemerkung 25/57, Ziff. 5 f., hinten S. 393.

Ausschuss im Fall der *Mikmaq People v. Canada*[345] klarstellte, ergibt sich der konkrete Umfang der Mitwirkungsrechte nicht aus dem Pakt, sondern aus dem Landesrecht, soweit er über das Wahlrecht bei Parlamentswahlen hinausgeht und etwa die Mitwirkung in Kommissionen und dergleichen betrifft; immerhin haben die Bürgerinnen und Bürger einen durch den Pakt II geschützten Anspruch darauf, dass ihre *gesetzlichen* Rechte nicht missachtet werden.

b) Aktives und passives Wahlrecht

Nach Art. 25 lit. b hat jeder Staatsbürger das Recht, «bei echten, wiederkehrenden, allgemeinen, gleichen und geheimen Wahlen, bei denen die freie Äusserung des Wählerwillens gewährleistet ist, zu wählen und gewählt zu werden». Im Gegensatz zu Art. 3 des Ersten Zusatzprotokolls zur EMRK beschränkt sich die Pakt-Garantie nicht auf die Gewährleistung des aktiven und passiven Wahlrechtes bei Parlamentswahlen[346], sondern erfasst sämtliche Staatsorgane, welche im Rahmen des jeweiligen politischen Modells durch Wahlen bestellt werden[347].

Als Ganzes gesehen muss das Wahlverfahren in einer Weise ausgestaltet sein, welche die freie und unbeeinflusste Äusserung des Wählerwillens gewährleistet. Diese Garantie erstreckt sich nicht nur auf die eigentliche Willensäusserung anlässlich der Wahlen, sondern erfasst bereits die Phase der Willensbildung. Somit ist jede staatliche Einflussnahme auf die Willensbildung verboten, und Beeinflussungsversuche Privater sind durch geeignete Massnahmen zu verhindern[348]. Das eigentliche Wahlverfahren muss, damit es den Anforderungen von Art. 25 lit. b genügt, bestimmte Merkmale aufweisen. Notwendig ist einerseits, dass es sich um *echte Wahlen* handelt; der Wählerschaft muss minimales politisches Gewicht zukommen, d.h. es müssen insbesondere verschiedene Kandidaten zur Auswahl stehen[349]. Wahlen unterliegen andererseits auch einer gewissen *Periodizität*, d.h. es müssen in möglichst regelmässigen Abständen jeweils neue Wahlen durchgeführt werden[350]. Weiter hat das Wahlrecht nach Art. 25 lit. b ein *geheimes* zu sein, denn ohne Gewährung des Wahlgeheimnisses sind die Wähler nicht in der Lage, ihren Willen frei und ohne äussere Beeinflussung kundzugeben. Dies ist vielmehr nur möglich, wenn die Wähler nicht befürchten müssen, anlässlich der Willenskundgabe beobachtet zu werden[351].

345 Communication 205/1986, *Mikmaq people v. Canada*.

346 *Villiger* (Anm. 99), S. 389 Rz. 650; *van Dijk/van Hoof* (Anm. 284), S. 485 ff.

347 *Nowak*, Commentary (Anm. 1), S. 443.

348 *Nowak*, Commentary (Anm. 1), S. 449 f.; eine entsprechende Praxis des Ausschusses fehlt allerdings noch.

349 *Nowak*, Commentary (Anm. 1), S. 443 f.; *Partsch* (Anm. 249), S. 240.

350 *Nowak*, Commentary (Anm. 1), S. 443.

351 Angemessene Eingriffe in das Wahlgeheimnis sind zulässig, um z.B. Blinden die Teilnahme an Wahlen zu ermöglichen; *Nowak*, Commentary (Anm. 1), S. 448 f.; *Joseph* (Anm. 341), S. 555.

Besonders wichtig sind die Grundsätze der Allgemeinheit und Gleichheit von Wahlen: Art. 25 lit. b verlangt, dass die Wahlen *allgemein* sind, d.h. das Wahlrecht nicht auf bestimmte Personengruppen beschränkt ist. Dieses Prinzip unterliegt jedoch gewissen Einschränkungen, wobei diese weder das Diskriminierungsverbot von Art. 2 verletzen noch sonstwie unangemessen sein dürfen. So ist es zwar zulässig, Kindern und Jugendlichen kein Wahlrecht zuzuerkennen. Andererseits wäre ein Ausschluss von Frauen nicht mit Art. 25 lit. b vereinbar, da dies eine Verletzung der Garantien von Art. 2 und 3 Pakt II darstellen würde. Der Ausschluss von Ausländern vom Wahlrecht ist hingegen mit der Bestimmung von Art. 25 Pakt II vereinbar, da diese ja nur «Staatsbürgern» Rechte einräumt[352]. Verglichen mit den zulässigen Einschränkungen des aktiven Wahlrechtes, kann das passive Wahlrecht weitergehenden Beschränkungen unterworfen werden. Zu beachten ist dabei, dass auch diese Beschränkungen nicht unangemessen und unverhältnismässig sein sowie das Diskriminierungsverbot nicht verletzen dürfen. Zulässig ist aber z.B. ein höheres Minimalalter für die Wählbarkeit oder der Ausschluss extremistischer Parteien von den Wahlen[353]. Zulässig ist etwa auch der Ausschluss eines Polizisten von der Wahl in einen Gemeinderat[354]. Nach dem Gebot der *Gleichheit* müssen die Stimmen sämtlicher Wählerinnen und Wähler das gleiche Gewicht haben. Da der Pakt II kein bestimmtes Wahlsystem (Majorz- oder Proporzsystem) vorschreibt, bedeutet das Gebot des gleichen Gewichts jeder Stimme, dass die einzelnen Stimmen das gleiche numerische Gewicht haben, d.h. gleich viel zählen müssen[355].

352 *Joseph* (Anm. 341), S. 542; *Nowak*, Commentary (Anm. 1), S. 444 ff.; *Partsch* (Anm. 249), S. 240.

353 Vgl. hierzu die Entscheidung des Menschenrechtsausschusses in Communication 117/1981, *M.A. v. Italy*; *Joseph* (Anm. 341), S. 550; *Nowak*, Commentary (Anm. 1), S. 446 f.; Allgemeine Bemerkung 25/57, Ziff. 15 ff., hinten S. 395 f.

354 Communication 500/1992, *Debreczeny v. The Netherlands,* Ziff. 9.3: «The Committee notes that the restrictions on the right to be elected to a municipal council are regulated by law and that they are based on objective criteria, namely the electee's professional appointment by or subordination to the municipal authority. Noting the reasons invoked by the State party for these restrictions, in particular, to guarantee the democratic decision-making process by avoiding conflicts of interest, the Committee considers that the said restrictions are reasonable and compatible with the purpose of the law. [...] The Committee observes that the author was at the time of his election to the council of Dantumadeel serving as a police officer in the national police force, based at Dantumadeel and as such for matters of public order subordinated to the mayor of Dantumadeel, who was himself accountable to the council for measures taken in that regard. In these circumstances, the Committee considers that a conflict of interests could indeed arise and that the application of the restrictions to the author does not constitute a violation of article 25 of the Covenant».

355 *Nowak*, Commentary (Anm. 1), S. 447 f.; *Joseph* (Anm. 341), S. 543; Allgemeine Bemerkung 25/57, Ziff. 21, hinten S. 397.

c) Gleicher Zugang zu öffentlichen Ämtern

Nach Art. 25 lit. c muss allen Staatsbürgern das Recht und die Möglichkeit offenstehen, «unter allgemeinen Gesichtspunkten der Gleichheit» *Zugang zu öffentlichen Ämtern* zu haben. Erfasst werden sämtliche Ämter der Exekutive, Judikative sowie der öffentlichen Verwaltung, deren Inhaber nicht mittels Wahl bestimmt, sondern ernannt werden[356].

Das Recht auf Zugang zu öffentlichen Ämtern ist nach Art. 25 lit. c nur unter allgemeinen Gesichtspunkten der Gleichheit gewährleistet. Klar ist, dass der Zugang nicht aufgrund von Unterscheidungen nach Art. 2 Abs. 1 Pakt II eingeschränkt werden kann. Stellen die von den Vertragsstaaten aufgestellten Anforderungen an den Zugang zu einem öffentlichen Amt keine solche diskriminierende Unterscheidung dar, so sind sie nur dann unzulässig, wenn sie nach allgemeinen Gesichtspunkten der Gleichheit unzulässig erscheinen. Zugangsvoraussetzungen wie z.B. Mindestalter oder besondere Ausbildung sind somit mit Art. 25 lit. c Pakt II durchaus vereinbar[357].

Interessant ist die Frage, ob Art. 25 lit. c beim Zugang zu öffentlichen Ämtern Quoten oder andere Formen der Privilegierung benachteiligter Gruppen (sog. positive Diskriminierung) erlaubt. Im Fall *Raoul Stalla Costa v. Uruguay* ging es um ein Gesetz, wonach alle Inhaber eines öffentlichen Amtes, welche dieses während der Militärdiktatur aus ideologischen oder politischen Gründen, wegen ihrer Zugehörigkeit zu einer Gewerkschaft oder aus Willkür verloren hatten, möglichst wieder in ihre Ämter eingesetzt werden sollten. Der Beschwerdeführer hatte geltend gemacht, dass ihm wegen dieses Gesetzes der Zugang zu öffentlichen Ämtern in einer mit Art. 25 lit. c unvereinbaren Art verwehrt worden sei. Der Menschenrechtsausschuss führte dazu aus:

> «10. Die Hauptfrage vor dem Ausschuss geht dahin, ob der Bf. ein Opfer einer Verletzung von Art. 25 c des Paktes ist, weil ihm, wie er vorträgt, kein Zugang zum öffentlichen Dienst nach Grundsätzen der Gleichheit gewährt worden ist. Unter Berücksichtigung der sozialen und politischen Situation in Uruguay während der Jahre militärischer Herrschaft, insbesondere der Entlassung vieler öffentlicher Bediensteter gemäss dem institutionellen Akt Nr. 7, versteht der Ausschuss den Erlass des Gesetzes Nr. 15.737 vom 22. März 1985 durch die neue demokratische Regierung von Uruguay als eine Massnahme der Wiedergutmachung. Der Ausschuss bemerkt, dass öffentliche Bedienstete Uruguays, die aus ideologischen oder politischen Gründen oder wegen ihrer Zugehörigkeit zu einer Gewerkschaft entlassen worden waren, Opfer einer Verletzung des Art. 25 des Pakts waren und demzufolge Anspruch auf effektive Abhilfe (remedy) nach Art. 2 Abs. 3 Buchst. a des Paktes haben. Das Gesetz sollte als eine solche Abhilfemassnahme betrachtet werden. Die Vollziehung des Gesetzes kann daher nicht als unvereinbar mit dem Hinweis auf allgemeine Gesichtspunkte der Gleichheit in Art. 25 Buchst. c des Paktes betrachtet werden. Ebensowenig kann die Durchführung des Gesetzes als eine sachwidrige Unterscheidung nach

356 *Joseph* (Anm. 340), S. 556; *Nowak*, Commentary (Anm. 1), S. 451.

357 *Nowak*, Commentary (Anm. 1), S. 450 f.; Allgemeine Bemerkung 25/57, Ziff. 23 f., hinten S. 398.

> Art. 2 Abs. 1 oder als eine verbotene Diskriminierung im Sinne von Art. 26 des Paktes angesehen werden.»[358]

Solange Massnahmen zur Gleichstellung benachteiligter Bevölkerungsschichten angemessen sind und lediglich vorübergehend Geltung haben, sind positive Diskriminierungen bei der Regelung des Zugangs zu öffentlichen Ämtern somit durchaus mit Art. 25 lit. c vereinbar[359]. Art. 25 Pakt II könnte deshalb u.E. nicht als Argument gegen verhältnismässig ausgestaltete Frauenquoten für öffentliche Ämter angerufen werden.

Obwohl Art. 25 lit. c dem Einzelnen keinen Rechtsanspruch auf Zugang zu einem öffentlichen Amt verleiht, sind die Staaten verpflichtet, einen gewissen institutionellen Rahmen zu schaffen, welcher das Recht auf Zugang zu öffentlichen Ämtern regelt. Die Doktrin vertritt die Meinung, regelungsbedürftig seien insbesondere die Ausschreibung vakanter Stellen, die Festlegung objektiver Kriterien für die Auswahl und allenfalls ein gewisser Rechtsschutz für unterlegene Bewerber, etc.[360].

2. Bedeutung für die Schweiz

a) Der Vorbehalt zu Art. 25 lit. b Pakt II

Anlässlich der Ratifikation des Paktes II hat die Schweiz bezüglich Art. 25 lit. b festgehalten, dass «die Bestimmungen des kantonalen und kommunalen Rechts, welche vorsehen oder zulassen, dass Wahlen an Versammlungen nicht geheim durchgeführt werden», vorbehalten bleiben[361]. In zahlreichen Kantonen und Gemeinden erfolgen sowohl Wahlen in die Exekutive, Legislative und Judikative als auch Sachabstimmungen durch Handaufheben anlässlich einer Landsgemeinde bzw. Gemeindeversammlung. Unbestritten ist, dass diese traditionellen Verfahren nicht den Bedingungen einer geheimen Wahl entsprechen.

Von den in Art. 25 lit. b aufgezählten Bedingungen sind nach dem Wortlaut dieser Bestimmung nur *Wahlen* in die Exekutive, Judikative und Legislative, nicht aber Sachabstimmungen erfasst. Dies stimmt mit dem Wortlaut von Art. 25 lit. b von Pakt II überein, der sich nur auf Wahlen bezieht. Der Ausschuss vertritt

358 Communication 198/1985, *Ruben Stalla Costa v. Uruguay*, deutsch in EuGRZ 1989, S. 123.

359 *Nowak*, Commentary (Anm. 1), S. 452; Allgemeine Bemerkung 25/57, Ziff. 23: «Förderungsmassnahmen können in gewissen Fällen, in denen dies angemessen erscheint, ergriffen werden, um sicherzustellen, dass alle Staatsbürger in gleicher Weise Zugang zu öffentlichen Ämtern haben».

360 So die Meinung von *Nowak*, Commentary (Anm. 1), S. 452 f. Eine entsprechende Praxis des Ausschusses ist allerdings nicht ersichtlich.

361 Vgl. dazu *Malinverni*, vorne S. 99 f.

seit kurzem die Auffassung, dass der Begriff «Wahlen» weit zu verstehen ist und auch Sachabstimmungen erfasst[362]. Der Vorbehalt der Schweiz kann ebenfalls in diesem weiten Sinn interpretiert werden.

b) Vereinbarkeit von Art. 75 BV mit Art. 25 lit. b Pakt II?

Das durch Art. 25 lit. b gewährte passive Wahlrecht kann zwar eingeschränkt werden, doch dürfen die Beschränkungen weder unangemessen sein noch das Diskriminierungsverbot von Art. 2 Abs. 1 verletzen.

Art. 75 BV bestimmt, dass «*wahlfähig als Mitglied des Nationalrates jeder stimmberechtigte Schweizer Bürger weltlichen Standes*» ist. Somit wird Inhabern eines geistlichen Amtes das Recht, in den Nationalrat gewählt zu werden, abgesprochen. Da der Begriff des geistlichen Standes in der römisch-katholischen und in der protestantischen Religion je unterschiedlich verstanden wird[363], trifft der Ausschluss vom passiven Wahlrecht grundsätzlich nur römisch-katholische Priester, denn nur diese können nicht einseitig auf ihr geistliches Amt verzichten[364]. In ihrem Bericht über eine Revision der Verfassungsbestimmungen über die Bundesversammlung hält die Staatspolitische Kommission des Nationalrates zu Art. 75 BV denn auch fest:

> «Beim Ausschluss der Personen geistlichen Standes von der Wählbarkeit in den Nationalrat handelt es sich um ein heute sinnentleertes Relikt aus dem letzten Jahrhundert. Diese Verfassungsbestimmung widerspricht dem Grundsatz des allgemeinen Wahlrechtes. Besondere Gründe, die eine Abweichung von diesem zentralen Grundsatz eines demokratischen Staates rechtfertigen würden, liegen nicht vor. Eine derartige Diskriminierung einer bestimmten Gruppe von Bürgerinnen und Bürgern ist eines demokratischen Staates unwürdig und muss daher aufgehoben werden.»[365]

Obwohl das passive Wahlrecht weitergehenden Einschränkungen als das aktive Wahlrecht unterworfen werden kann, erscheint es im Lichte dieser Erwägungen äusserst fraglich, ob der Ausschluss von Inhabern geistlicher Ämter vom passiven Wahlrecht i.S. von Art. 25 noch als angemessene Einschränkung der Rechte gemäss Art. 25 lit. b angesehen werden kann. Dass Zweifel berechtigt sind, zeigt

362 Allgemeine Bemerkung 25/57, Ziff. 6, hinten S. 393.

363 Während der geistliche Stand in der römisch-katholischen Kirche durch die Weihe und das Gelübde charakterisiert ist, zeichnet er sich für die protestantische Kirche durch die Ausübung einer seelsorgerischen Tätigkeit aus; vgl. *Etienne Grisel*, in BV-Kommentar, Art. 75 Rz. 29.

364 *Jean-François Aubert*, Traité de Droit Constitutionnel Suisse, Neuchâtel 1967, S. 465 Rz. 1265; Bericht der Staatspolitischen Kommission des Nationalrates vom 21. Oktober 1994, BBl 1995 I 1141.

365 Bericht der Staatspolitischen Kommission des Nationalrates (Anm. 364), S. 1142 f.

auch der Umstand, dass Mexiko es nötig fand, bezüglich des Ausschlusses von Geistlichen einen Vorbehalt zu Art. 25 lit. b Pakt II zu erklären[366].

Nachtrag

Anlässlich seiner 57. Sitzung hat der Menschenrechtsausschuss am 24. und 25. Oktober 1996 in Genf den ersten Staatenbericht der Schweiz gemäss Art. 40 Pakt II behandelt und am 7. November 1996 seine «abschliessenden Bemerkungen» («concluding observations», «observations finales») angenommen (UN.Doc. CCPR/C/79/Add. 70, vom 8. November 1996). Als Punkte, die hauptsächlich zur Besorgnis Anlass geben («principaux sujets de préoccupation»), hat der Ausschuss, neben der bereits oben[367] erwähnten Kritik am sogenannten Rednerbeschluss, namentlich die folgenden Bereiche erwähnt: den Vorbehalt der Schweiz zu Art. 26 des Paktes; die Gleichheit zwischen Mann und Frau, die noch nicht in allen Bereichen, insbesondere im privaten Sektor, erfüllt ist; die zahlreichen Behauptungen von Misshandlungen bei der Festnahme oder im Polizeigewahrsam, besonders gegenüber ausländischen Staatsangehörigen und Schweizern ausländischer Herkunft und der Vorwurf mangelnder Verfolgung von Übergriffen; die in vielen Kantonen fehlende Möglichkeit, sofort nach der Festnahme einen Anwalt zu kontaktieren; die Haftbedingungen im Polizeigewahrsam; die Länge der möglichen Haftdauer beim Bundesgesetz über Zwangsmassnahmen im Ausländerrecht; die Bereitstellung eines Dolmetschers im Strafverfahren, die nicht in allen kantonalen Gesetzgebungen geregelt ist; die Restriktionen beim Familiennachzug bei ausländischen Arbeitskräften; das Adoptionsverfahren bei ausländischen Kindern; das Fehlen einer verfassungsrechtlichen Verankerung des Minderheitenschutzes.

Zu diesen Punkten hat der Ausschuss folgende Vorschläge und Empfehlungen gemacht:

– Die Schweiz solle ernsthaft den Rückzug des Vorbehaltes zu Art. 26 des Paktes (Rechtsgleichheit) erwägen[368]. Der Ausschuss verweist dabei ausdrücklich auf seine Allgemeinen Bemerkungen Nr. 18[369] und 24[370].

366 Dieser lautet: «Die Regierung von Mexiko bringt ferner einen Vorbehalt zu dieser Bestimmung an, da Art. 130 der Verfassung der Vereinigten Mexikanischen Staaten bestimmt, dass Geistliche weder ein aktives noch ein passives Wahlrecht besitzen, noch das Recht haben, sich zu politischen Zwecken zusammenzuschliessen»; vgl. dazu m.w.Hinw. *Nowak,* Commentary (Anm. 1), S. 447.

367 Vgl. vorne S. 214 f.

368 Vgl. dazu den Beitrag von *Malinverni,* vorne S. 100 f.

369 Abgedruckt hinten S. 399 ff.

370 Abgedruckt hinten S. 347 ff.

- Der Ausschuss drückt seinen Wunsch aus, dass die Schweiz dem Fakultativprotokoll zum Pakt II (Individualbeschwerderecht) beitritt.
- Er empfiehlt, Massnahmen zur Bekämpfung der Diskriminierung von Frauen in der Praxis zu treffen und entsprechende Aufklärungskampagnen zu organisieren, die Arbeitsmöglichkeiten von Frauen ausserhalb des Hauses zu erleichtern und grössere Anstrengungen zu unternehmen, um die Verfassungs- und Gesetzesbestimmungen zur Lohngleichheit zwischen Mann und Frau für gleichwertige Arbeit umzusetzen, insbesondere im privaten Sektor.
- Der Ausschuss empfiehlt weiter, dass die Harmonisierung der kantonalen Strafprozessgesetze weitergetrieben wird, insbesondere was den Polizeigewahrsam und die Einzelhaft betrifft. Er unterstreicht dabei speziell, dass Verdächtigte bereits ab dem Zeitpunkt ihrer Verhaftung und nach jeder Einvernahme die Möglichkeit haben sollten, mit einem Anwalt und mit seiner Familie oder seinen nahen Angehörigen in Kontakt zu treten und sich durch einen unabhängigen Arzt untersuchen zu lassen. Zusätzlich sollten in allen Kantonen unabhängige Organe eingesetzt werden, welche Beschwerden wegen allfälliger Misshandlungen durch Polizeikräfte zu untersuchen haben. Es sollten schliesslich alle notwendigen Massnahmen ergriffen werden um zu verhindern, dass Angeschuldigte mehrere Tage in Polizeilokalen festgehalten werden.
- Der Ausschuss empfiehlt ferner, dass das Bundesgesetz über Zwangsmassnahmen im Ausländerrecht restriktiv und im Sinn und Geist des Paktes angewendet, die Haftzeit möglichst kurz gehalten und eine gerichtliche Überprüfung der Haftanordnung oder -verlängerung innert weniger als der gesetzlich vorgeschriebenen 96 Stunden durchgeführt wird. Alles notwendige sei vorzukehren, damit die betroffenen Ausländer in einer für sie verständlichen Sprache über ihre Verfahrensrechte informiert würden; empfohlen wird schliesslich auch, dass die Betroffenen durch einen Anwalt verbeiständet werden.
- Der Ausschuss empfiehlt im übrigen den Erlass der notwendigen gesetzgeberischen Massnahmen, damit ein im Ausland adoptiertes Kind bereits nach der Einreise die schweizerische Staatsangehörigkeit erhält, falls die Eltern Schweizer sind, oder eine dem Status der ausländischen Eltern entsprechende Aufenthaltsbewilligung; bei ausländischen Kindern soll in jedem Fall auf die gesetzlich vorgeschriebene vorgesehene zweijährige Probezeit für die Zustimmung zur Adoption verzichtet werden.
- Weitere Empfehlungen des Ausschusses betreffen das Recht auf die unentgeltliche Beiziehung eines Dolmetschers gemäss Art. 14 Abs. 3 lit. f Pakt II und die Möglichkeit des Familiennachzuges durch ausländische Arbeitnehmer bereits kurze Zeit nach der Erteilung der Aufenthaltsbewilligung.

La Suisse et la protection des minorités (art. 27 Pacte II)

par Giorgio MALINVERNI[1]

I. Généralités

L'art. 27 Pacte II reconnaît aux personnes appartenant à des minorités ethniques, religieuses ou linguistiques «le droit d'avoir, en commun avec les autres membres de leur groupe, leur propre vie culturelle, de professer et de pratiquer leur propre religion et d'employer leur propre langue».

Notre propos n'est pas, dans le cadre de ces quelques pages, de rédiger un commentaire exhaustif de cette disposition, mais bien plutôt d'examiner dans quelle mesure l'interprétation qu'en a donnée le Comité des droits de l'homme peut revêtir un certain intérêt pour l'ordre juridique suisse. Pour le reste, on s'en tiendra à quelques remarques de caractère général.

Si l'on fait abstraction de l'art. 1er commun aux deux Pactes, relatif au droit des peuples à l'autodétermination[2], l'art. 27 Pacte II est la seule disposition internationale de valeur universelle spécifiquement consacrée à la protection des minorités[3].

Depuis 1966, date de la signature du Pacte II, il a fallu attendre plus de vingt-cinq ans pour que les Nations Unies produisent un nouveau texte sur la protection des minorités: la Déclaration relative aux droits des personnes appar-

1 Professeur à l'Université de Genève.

2 Sur la question – délicate – des liens entre le droit des minorités et le droit des peuples à l'autodétermination, voir *Danilo Türk*, Protection of Minorities in Europe, in: Collected Courses of the Academy of European Law 1992, vol. III-2, p. 174. Alors que le droit à l'autodétermination est reconnu uniquement aux peuples se trouvant sur des territoires non soumis à la souveraineté d'un Etat, les droits contenus à l'art. 27 Pacte II le sont à des individus appartenant à des minorités. Par ailleurs, le droit des peuples à l'autodétermination ne peut pas faire l'objet d'une communication individuelle en vertu du Protocole facultatif au Pacte II (communication N° 197/1985, *Ivan Kitok c. Suède*, par. 6.3, *infra* pp. 609 ss). Pour cette raison, certains groupes qui ne se considèrent pourtant pas comme des minorités ethniques, comme les Indiens du Canada, ont été obligés d'invoquer l'art. 27 devant le Comité (voir, par exemple, les communications N° 167/1984, *Bernard Ominayak et la bande du Lac Lubicon c. Canada*, *infra* pp. 590 ss et N° 358/1989, *R. L. et al. c. Canada)*.

3 En plus de cette disposition, il y a toutefois lieu de mentionner, outre des traités bilatéraux, certains traités multilatéraux qui ont un lien évident avec la protection des minorités. On mentionnera notamment la Convention pour la prévention et la répression du crime de génocide, de 1948; la Convention sur l'élimination de toutes les formes de discrimination raciale, de 1965; la Convention de l'UNESCO contre la discrimination dans le domaine de l'enseignement, de 1960 et la Convention N° 169 de l'OIT sur les populations indigènes.

tenant à des minorités nationales ou ethniques, religieuses et linguistiques, adoptée par l'Assemblée générale des Nations Unies le 18 décembre 1992[4].

Sur le plan régional, ce n'est qu'en 1994 qu'a pu être conclue, au sein du Conseil de l'Europe, une convention-cadre pour la protection des minorités nationales[5].

La faiblesse de la réglementation internationale dans ce domaine, et son apparition tardive, qui ne peuvent manquer de surprendre si on la compare au foisonnement d'instruments internationaux dans le domaine des droits de l'homme, est la conséquence directe des divergences de vues qui, après les expériences plutôt négatives faites avec la protection des minorités dans le cadre de la Société des Nations[6], ont séparé les membres de la Communauté internationale au lendemain de la Seconde guerre mondiale. La conception onusienne[7] de la protection des minorités a en effet été inspirée par une philosophie très différente de celle qui prévalait avant la guerre. Elle repose sur deux grands piliers: le respect des droits de l'homme et du principe de non-discrimination. Leur observation devait suffire à assurer la protection des minorités.

En conséquence, ni la Charte des Nations Unies ni la Déclaration universelle des droits de l'homme de 1948 ne contiennent de disposition spécifique sur la protection des minorités, en dépit des nombreuses tentatives faites dans ce sens. C'est également en raison de l'hostilité de plusieurs Etats que la Sous-commis-

4 Sur cette déclaration, voir *Isse Omanga Bokatola*, La Déclaration des Nations Unies sur les droits des personnes appartenant à des minorités nationales ou ethniques, religieuses et linguistiques, Revue générale de droit international public (RGDIP) 1993, pp. 745 ss; *Peter Hilpold*, Minderheitenschutz im Rahmen der Vereinten Nationen: die Deklaration vom 18. Dezember 1992, Revue suisse de droit international et droit européen (RSDIE) 1994, pp. 31 ss; *Alan Phillips/Allan Rosas*, The UN Minority Rights Declaration, Turku/Abo/London 1993 et *Klaus Dicke*, Die UN-Deklaration zum Minderheitenschutz, Europa-Archiv 1993, pp. 107 ss.

5 Sur cette convention, voir *Philippe Boillat*, Quelques observations sur la Convention-cadre pour la protection des minorités nationales, Aktuelle Juristische Praxis/Pratique Juridique Actuelle (AJP/PJA) 1995, p. 1283; *Giorgio Malinverni*, La Convention-cadre du Conseil de l'Europe pour la protection des minorités nationales, SZIER/RSDIE 1995, p. 521; *Paul Tavernier*, A propos de la Convention-cadre du Conseil de l'Europe pour la protection des minorités nationales, RGDIP 1995, p. 385.

6 Pour une analyse détaillée du système de protection des minorités institué par la Société des Nations, voir *Pablo de Azcarate*, League of Nations and National Minorities; an Experiment, Washington 1945; *idem*, La Société des Nations et la protection des minorités, Genève, 1969; *Nathan Feinberg*, La juridiction de la Cour permanente de justice internationale dans le système de la protection internationale des minorités, Paris 1931.

7 Sur la protection des minorités dans le cadre des Nations Unies, voir *Isse Omanga Bokatola*, L'Organisation des Nations Unies et la protection des minorités, Bruxelles 1992; *idem*, Le statut des minorités au sein de l'ONU, in: *Linos-Alexandre Sicilianos* (éd.), Nouvelles formes de discrimination, Paris 1995, p. 245; *Gudmundur Alfredsson/Alfred De Zayas*, Minority Rights: Protection by the United Nations, Human Rights Law Journal (HRLJ) 1993, p. 1; *Felix Ermacora*, The Protection of Minorities Before the United Nations, Recueil des Cours de l'Académie de droit international 1983 IV, p. 247.

sion des Nations Unies pour la lutte contre la discrimination et la protection des minorités a été, dans l'ensemble, beaucoup plus active dans le domaine de la protection des droits de l'homme en général que dans celui de la protection des minorités.

L'une des raisons principales avancées à cette époque contre toute tentative de réglementation des droits des minorités était que le problème ne se posait pas dans les mêmes termes dans les différents continents. Les Etats d'immigration, notamment les Etats américains, pour lesquels la protection des minorités était perçue comme une menace à leur homogénéité, étaient plutôt favorables à une politique d'assimilation (*melting pot*). Il ne s'imposait donc pas de trouver des solutions au plan universel[8]. A une réglementation multilatérale, on préféra des solutions *ad hoc*, bilatérales[9].

Ces différences de conception se sont manifestées également au cours des travaux préparatoires[10] qui ont abouti à l'art. 27 Pacte II et ont influencé son libellé même. Comme on le verra, comparé aux autres dispositions du Pacte, celui-ci se caractérise en effet par une rédaction extrêmement prudente, restrictive et limitative.

II. La définition de la notion de minorité

L'une des raisons du retard pris dans la réglementation du droit des minorités doit être recherchée dans le problème de la définition de la notion de minorité. Toutes les tentatives entreprises jusqu'à ce jour en vue de donner une telle définition se sont en effet heurtées à des difficultés presque insurmontables. Pour cette raison, même les textes les plus récents n'en contiennent pas. Il en va ainsi en particulier de la Déclaration des Nations Unies du 18 décembre 1992 et de la Convention-cadre susmentionnée du Conseil de l'Europe pour la protection des minorités nationales.

8 Voir *Patrick Thornberry*, International Law and the Rights of Minorities, Oxford 1991, p. 133; *Manfred Nowak*, U.N. Covenant on Civil and Political Rights, CCPR Commentary, Kehl/Strasbourg/Arlington 1993, p. 481.

9 Voir par exemple les dispositions annexées au traité de paix avec l'Italie relatives à Trieste et au Tyrol du Sud.

10 Sur ces travaux préparatoires, notamment sur l'opposition entre les Etats d'immigration et les Etats du vieux continent, voir *Nowak* (note 8), pp. 484/485.

Des différentes définitions qui ont été données par la doctrine et par la jurisprudence, et qui sont somme toute assez proches les unes des autres[11], il est possible de dégager les éléments suivants de la notion de minorité.

D'abord, les minorités doivent présenter des caractéristiques ethniques, culturelles, religieuses ou linguistiques spécifiques, différentes de celles de la majorité; ensuite, elles doivent être moins nombreuses que le reste de la population de l'Etat; enfin, les personnes appartenant à des minorités doivent résider sur le territoire de cet Etat et en avoir la nationalité. Sont ainsi exclus les étrangers, les réfugiés et les travailleurs immigrés[12].

En avril 1994, le Comité des droits de l'homme des Nations Unies a cependant publié une Observation générale sur l'art. 27, qui ne fait ni de la nationalité, ni, même, de la résidence permanente sur le territoire d'un Etat des conditions de la définition de la notion de minorité: «les individus que l'on entend protéger ne doivent pas être forcément des ressortissants de l'Etat partie» ni «des résidents permanents»[13]. Ainsi, pour le Comité des droits de l'homme, des travailleurs

11 Pour une étude récente du problème de la définition de la notion de minorité, voir *John Paker*, On the Definition of Minorities, in: *Packer/Myntti*, The Protection of Ethnic and Linguistic Minorities in Europe, 1993, p. 23. Les définitions les plus célèbres sont celles données par les deux rapporteurs spéciaux de la Sous-commission des Nations Unies pour la lutte contre la discrimination et la protection des minorités, *Francesco Capotorti et Jules Deschênes*. Voir *Francesco Capotorti*, Study on the Rights of Persons Belonging to Ethnic, Religious and Linguistic Minorities, UN Publication, Sales N° E. 78.XIV.1 1979. Celle de *Deschênes* se trouve dans le document Doc. E/CN.4/Sub.2/1985/31, par. 181. Dans son avis consultatif du 31 juillet 1930, la Cour permanente de justice internationale avait quant à elle donné la définition suivante de la notion de minorité: «Collectivité de personnes vivant dans un pays ou une localité donnés, ayant une race, une religion, une langue et des traditions qui leur sont propres, et unies par l'identité de cette race, de cette religion, de cette langue et de ces traditions dans un sentiment de solidarité, à l'effet de conserver leurs traditions, de maintenir leur culte, d'assurer l'instruction et l'éducation de leurs enfants conformément au génie de leur race et de s'assister mutuellement (CPJI, Avis consultatif du 31 juillet 1930, Question des «communautés» gréco-bulgares, Série B, N° 17, p. 21). Une définition a également été donnée par le Secrétaire général des Nations Unies dans son mémorandum du 27 décembre 1949 intitulé Définition et classification des minorités (Nations Unies, doc.E/CN.4/Sub. 2/85, pp. 9 et 10).

12 Ce sont ces éléments que l'on retrouve dans la dernière en date des définitions proposées, celle de l'Assemblée parlementaire du Conseil de l'Europe. Dans sa recommandation 1255 (1995), confirmant les principes énumérés dans la recommandation 1201 (1993), celle-ci donne la définition suivante de la notion de minorité nationale: «Un groupe de personnes dans un Etat qui a) résident sur le territoire de cet Etat et en sont citoyennes; b) entretiennent des liens anciens, solides et durables avec cet Etat; c) présentent des caractéristiques ethniques, culturelles, religieuses ou linguistiques spécifiques; d) sont suffisamment représentatives, tout en étant moins nombreuses que le reste de la population de cet Etat ou d'une région de cet Etat et e) sont animées de la volonté de préserver ensemble ce qui fait leur identité commune, notamment leur culture, leurs traditions, leur religion ou leur langue». Le texte de cette recommandation est reproduit dans la Revue universelle des droits de l'homme 1995, p. 187.

13 Observation générale du Comité des droits de l'homme sur l'art. 27 Pacte II, N° 23 (50), par. 5.1 et 5.2, *infra* p. 552.

migrants, voire des personnes de passage, pourraient se prévaloir des droits consacrés à l'art. 27 Pacte II. Cette disposition aurait fait d'un droit traditionnellement compris comme un droit du citoyen un véritable droit de l'homme, invocable aussi par les étrangers[14].

Il est vrai que l'art. 27 Pacte II ne mentionne pas la condition de la nationalité, comme le font d'autres dispositions de ce traité. Une interprétation littérale conduit donc à la solution adoptée par le Comité. L'interprétation systématique de l'art. 27 conduit au même résultat. L'art. 2 par. 1 Pacte II prévoit en effet que les Etats doivent garantir les droits et libertés contenus dans le Pacte à toute personne se trouvant dans leur juridiction sans distinction aucune fondée, entre autres, sur la nationalité. Des exceptions ne peuvent être faites à ce principe que si elles sont expressément prévues, comme c'est par exemple le cas aux art. 13 (qui ne vise que les étrangers) ou 25 (qui ne vise que les citoyens)[15].

Un autre argument plaide cependant pour la thèse contraire. C'est l'élément de stabilité qui doit caractériser les minorités, et qui trouve son expression, à l'art. 27, dans le verbe «existe». Les travaux préparatoires révèlent que les auteurs de cette disposition voulaient par là protéger uniquement des minorités stables et établies depuis longtemps sur le territoire de l'Etat, ce qui exclurait les étrangers du champ de protection de l'art. 27[16].

Il est en outre permis de se demander si, pour des raisons pratiques, le Comité des droits de l'homme n'est pas allé trop loin. Peut-on vraiment exiger d'un Etat qu'il adopte des mesures spéciales en faveur des étrangers, voire de personnes qui ne résident pas de manière permanente sur son territoire? Traditionnellement, les étrangers sont en effet protégés par d'autres dispositions, relevant de conventions spéciales ou de conventions visant certaines catégories particulières d'étrangers, comme les réfugiés ou les apatrides. C'est à cette conception que

14 Le Comité avait pour la première fois avancé cette thèse déjà en 1986, dans son Observation générale N° 15 relative à la situation des étrangers au regard du Pacte. Il avait notamment relevé que dans les cas où les étrangers constituent une minorité au sens de l'art. 27, ils peuvent se prévaloir des droits consacrés par cette disposition (par. 7, *infra* pp. 496 s.).

15 *Nowak* (note 8), p. 489.

16 *Christian Tomuschat*, Protection of Minorities under Article 27 of the International Covenant on Civil and Political Rights, in: Völkerrecht als Rechtsordnung, Internationale Gerichtsbarkeit, Menschenrechte, Festschrift für Hermann Mosler, Berlin 1983, p. 955; *Renate Oxenknecht*, Der Schutz ethnischer, religiöser und sprachlicher Minderheiten in Art. 27 des Internationalen Paktes über die bürgerlichen und politischen Rechte, Berne 1988, pp. 98 ss.

s'en tiennent les différentes définitions proposées dans le cadre du Conseil de l'Europe[17].

Même conçue largement, comme englobant également les étrangers, la définition de la notion de minorité donnée par le Comité des droits de l'homme ne devrait en principe pas poser de problèmes majeurs pour notre ordre juridique. Le Tribunal fédéral n'a en effet pas hésité à mettre également les étrangers au bénéfice des dispositions constitutionnelles et conventionnelles assurant une protection aux minorités, notamment religieuses[18].

Outre les éléments qui sont basés sur des faits objectifs, comme la langue ou la religion commune, la définition de la minorité doit également comprendre un élément subjectif, à savoir un sentiment de solidarité entre les membres du groupe minoritaire, qui doivent être animés par la volonté de préserver ensemble leurs traditions et leur patrimoine culturel[19].

Par ailleurs, pour précis qu'ils soient, les critères contenus dans une définition peuvent dans certains cas se révéler insuffisants pour déterminer si une personne appartient ou non à une minorité: la langue peut par exemple être celle du groupe où vit cette personne mais pas celle du groupe auquel elle a le sentiment d'appartenir; de même, le nom peut ne pas être toujours indicatif du groupe ethnique auquel elle souhaite être rattachée. En cas de doute, ou de difficulté, il convient donc d'admettre que l'appartenance à une minorité relève d'un choix personnel[20]. Ce choix ne saurait toutefois être effectué de manière totalement discrétionnaire. Le choix subjectif des individus ne peut intervenir

17 Outre la définition contenue dans la recommandation 1255 (1995) de l'Assemblée parlementaire du Conseil de l'Europe (*supra*, note 12), voir également l'art. 2 de la proposition de Convention pour la protection des minorités préparée par la Commission européenne pour la démocratie par le droit (Commission de Venise). Sur ce projet, voir *Giorgio Malinverni*, Le projet de Convention pour la protection des minorités élaboré par la Commission européenne pour la démocratie par le droit, Revue universelle des droits de l'homme (RUDH) 1991, pp. 157 ss. Le texte du projet est publié dans le même numéro de cette revue, à la page 189. La Charte européenne des langues régionales ou minoritaires, du 5 novembre 1992, indique elle aussi que les langues protégées sont celles pratiquées traditionnellement sur le territoire de l'Etat partie «par des ressortissants de cet Etat» (art. 1 a i-ii).

18 Voir notamment ATF 113 Ia 304, *Nehal Ahmed Syed* et ATF 119 Ia 178, *A. und M.*

19 Dans l'affaire *Sandra Lovelace c. Canada* (communication N° 24/1977), le Comité a insisté sur le fait que la requérante faisait partie des personnes «nées et élevées dans une réserve (indienne), qui ont gardé des liens avec leur communauté et souhaitent conserver ces liens» (par. 14, *infra* p. 558).

20 Voir l'art. 3 par. 1er de la Convention-cadre du Conseil de l'Europe, qui garantit à toute personne appartenant à une minorité nationale le droit de choisir librement d'être traitée ou de ne pas être traitée comme telle.

que sur la base de critères objectifs. La jurisprudence du Comité est à cet égard illustrative de la variété des solutions qui peuvent être retenues[21].

La détermination de l'appartenance d'une personne à une minorité n'est pas toujours aisée. L'appartenance à une minorité religieuse est normalement basée sur une décision librement prise par la personne concernée de devenir ou de rester membre d'une Eglise ou d'une association religieuse. Ce choix est protégé par l'art. 18 Pacte II. L'appartenance à une minorité religieuse peut donc être prouvée de manière objective, par la qualité de membre d'une telle Eglise ou association.

S'agissant des minorités linguistiques, le critère décisif sera la connaissance effective de la langue du groupe minoritaire. L'appartenance à une minorité ethnique est en revanche beaucoup plus difficile à établir. Outre que sur des critères biologiques et génétiques ou raciaux, on peut se fonder sur le nom ou l'origine de la personne concernée, ses liens familiaux, l'usage d'une langue, la résidence, les traditions, etc.[22].

Une autre question qui se pose, en rapport avec la définition, est celle de savoir si, pour bénéficier d'une protection particulière, les minorités doivent être reconnues par l'Etat où elles se trouvent. L'exigence de la reconnaissance est en fait à double tranchant. Les Etats peuvent en effet faire bénéficier d'une protection spéciale uniquement les minorités qu'ils auront reconnues et la refuser aux autres. Pour éviter ce genre d'abus, l'Observation générale sur l'art. 27 ne prévoit pas l'obligation d'une reconnaissance des minorités pour que celles-ci ou leurs membres puissent jouir des droits qui sont garantis à l'art. 27. La question de savoir si une minorité existe ne dépend donc pas de sa reconnaissance, mais de facteurs objectifs[23].

III. Les titulaires des droits garantis par l'art. 27 Pacte II

Aux termes de l'art. 27, les titulaires des droits qu'il garantit sont les personnes appartenant à des minorités et non les minorités comme telles. Le Comité l'a explicitement affirmé dans son Observation générale sur l'art. 27: «Cet article consacre un droit qui est conféré à des individus appartenant à des groupes

21 Voir notamment la communication N° 197/1985, *Ivan Kitok c. Suède*. Dans cette affaire, le Comité a émis des doutes sérieux sur la compatibilité de certaines dispositions de la législation suédoise avec l'art. 27 Pacte II, notamment sur le fait que les crières retenus par la loi pour la participation à la vie de la communauté sami pouvaient avoir pour résultat qu'«une personne ethniquement sami peut ne pas être considérée comme un sami aux fins de la loi» (par. 9.7, *infra* pp. 615 s.).

22 *Nowak* (note 8), pp. 495–496.

23 Observation générale (note 13), par. 5.2, *infra* p. 552; dans le même sens, *Capotorti* (note 11), p. 96, par. 570 et *Nowak* (note 8), pp. 490–491.

minoritaires»[24]. L'art. 27 précise toutefois que ceux-ci peuvent exercer leurs droits en commun avec les autres membres de leur groupe. Si, à l'instar d'autres instruments internationaux[25], l'art. 27 s'en tient à une approche individualiste des droits des minorités[26], l'idée de droits collectifs[27] n'est cependant pas totalement absente de cette disposition.

Les raisons de la préférence donnée à l'approche individualiste doivent probablement être recherchées dans le fait que, hormis le droit des peuples à disposer d'eux-mêmes (art. 1er Pacte II), le Pacte ne contient que des droits individuels. Par ailleurs, d'un point de vue politique, la reconnaissance de droits collectifs aux minorités pourrait favoriser les tendances sécessionnistes[28].

La philosophie sous-jacente à cette approche est que seuls les individus, à l'exclusion des groupes, sont titulaires des droits garantis[29]. Comme telles, les minorités sont donc dépourvues de droits subjectifs. En renonçant à reconnaître aux minorités des droits collectifs, on a probablement voulu éviter de leur conférer la personnalité juridique, qui leur aurait notamment permis de faire valoir collectivement leurs droits devant le Comité. Une minorité ne doit pas être une sorte d'Etat dans l'Etat, susceptible de menacer son unité et son intégrité.

Sur le plan procédural, les minorités se voient ainsi refuser le droit de déposer des requêtes, d'avoir le *locus standi* et d'être parties à une procédure face à un Etat. Dans l'affaire de la *Bande du Lac Lubicon*, le Comité a clairement rejeté la prétention d'un groupe de déposer une communication individuelle au titre du protocole facultatif[30].

Pour tenir compte du fait que les droits des minorités ne peuvent que difficilement être exercés par des individus pris isolément, l'art. 27 a précisé que ceux-ci peuvent être exercés en commun avec d'autres membres de leur groupe.

24 Observation générale (note 13), par. 1.

25 La Déclaration des Nations Unies du 18 décembre 1992 reconnaît quelques droits aux minorités comme telles; voir l'art. 1er de la déclaration, qui exige des Etats qu'ils protègent l'existence et l'identité des minorités, et *Eokatola* (note 4), pp. 745 ss. La plupart des articles de la Convention-cadre du Conseil de l'Europe, en particulier ceux qui garantissent des droits et des libertés, se réfèrent aux personnes appartenant aux minorités.

26 *Türk* (note 2), p. 170; *Tomuschat* (note 16), pp. 954 et 960. Voir également *Michel Levinet*, Le droit des minorités, in: *Frédéric Sudre* (éd.), La protection des droits de l'homme par le Comité des droits de l'homme des Nations Unies; les communications individuelles, Montpellier 1995, p. 82.

27 Sur cette notion, voir *Douglas Sanders*, Collective Rights, Human Rights Quartely (HRQ) 1991, p. 368; *Philip Vuciri Ramaga*, The Group Concept in Minority Protection, HRQ 1993, p. 575; *Yoram Dinstein*, Collective Human Rights of Peoples and Minorities, International and Comparative Law Quarterly (ICLQ) 1976, pp. 102 ss; *Eibe Riedel*, Gruppenrechte und kollektive Aspekte individueller Menschenrechte, Berichte der Deutschen Gesellschaft für Völkerrecht 1994, pp. 49 ss.

28 *Capotorti* (note 11), p. 35; *Nowak* (note 8), p. 485.

29 *Capotorti* (note 11), p. 32.

30 Communication No 167/1984, par. 32.1, *infra* p. 595.

Le contexte dans lequel s'exercent les droits des minorités est en effet presque inévitablement collectif[31]; les droits individuels dont l'exercice est collectif ne doivent cependant pas être confondus avec des droits collectifs[32].

IV. Protection des minorités et prestations positives

L'art. 27 commence par les termes suivants: «Dans les pays où existent des minorités [...]». Comme nous l'avons déjà relevé, ce premier membre de phrase est une concession faite à certains Etats, surtout ceux d'immigration, pour souligner le fait que la question des minorités ne se pose pas dans tous les pays.

La rédaction restrictive de l'art. 27 est doublée d'une formulation négative des droits des minorités: «Les minorités ne peuvent pas être privées du droit [...]», dispose en effet l'art. 27. Une telle formulation est inhabituelle, aussi bien dans le Pacte lui-même que dans les autres instruments internationaux de sauvegarde des droits de l'homme, qui se servent le plus souvent d'une tournure positive.

Elle pourrait trouver une explication dans le fait que, pour les rédacteurs du Pacte, les minorités ne devraient pas être véritablement protégées, mais simplement tolérées. En d'autres termes, cette formulation aurait été choisie intentionnellement, pour éviter que la conscience minoritaire ne soit artificiellement renforcée ou affaiblie[33].

Selon une autre explication, l'art. 27 n'obligerait pas les Etats à prendre des mesures positives en faveur des minorités: un comportement d'abstention serait suffisant. Selon cette interprétation, les Etats n'auraient par exemple pas l'obligation de créer des écoles publiques pour les minorités, mais devraient simplement accepter des écoles privées[34].

Si cette interprétation était correcte, la protection offerte par l'art. 27 serait singulièrement faible. A notre avis, cet article ne peut pas avoir une portée aussi étroite, car elle ne serait alors pas différente de celle octroyée par les principes d'égalité et de non-discrimination, déjà garantis par les art. 2 par. 1 et 26 Pacte II. Les droits reconnus à l'art. 27 doivent en effet être différents de ceux qui sont consacrés par d'autres articles du Pacte si l'on veut que cette disposition ait une portée propre. Ainsi le veut l'interprétation systématique de l'art. 27: «Cet

31 *Levinet* (note 26), p. 88.
32 *Idem.*
33 *Tomuschat* (note 16), p. 968.
34 *Thornberry* (note 8), p. 179.

article consacre un droit [...] qui est distinct et complémentaire de tous les autres droits»[35].

Les droits reconnus à l'art. 27 ne créent donc pas à la charge des Etats de simples obligations d'abstention. Ceux-ci sont tenus par des devoirs qui vont au-delà de ceux découlant déjà d'autres dispositions du Pacte.

C'est dans ce sens que s'est prononcé le Comité des droits de l'homme dans son Observation générale sur l'art. 27. Celui-ci a en effet relevé que, quand bien même cette disposition est rédigée de manière négative, les Etats ont l'obligation de veiller à ce que les droits qui y sont garantis puissent être exercés de manière effective, ce qui peut requérir l'adoption de mesures positives. De telles mesures sont donc conformes au Pacte, dans la mesure où elles visent à assurer une égalité de fait entre les personnes appartenant à une minorité et le reste de la population[36].

Cette interprétation de l'art. 27 peut également se fonder sur l'art. 2 Pacte II, relatif à l'application du Pacte dans l'ordre juridique national. Dans son Observation générale sur cet article, le Comité des droits de l'homme a en effet relevé que pour assurer la jouissance effective des droits de l'homme à toutes les personnes relevant de leur juridiction, les Etats doivent prendre «des mesures spécifiques pour permettre aux particuliers de jouir de leurs droits»[37].

Francesco Capotorti avait d'ailleurs déjà relevé que la réalisation des droits consacrés à l'art. 27 «exige une intervention active et soutenue de la part des Etats» et qu'une attitude passive de ces derniers «les rendrait inopérants»[38].

Les obligations pesant sur les Etats en vertu de l'art. 27 ne sont donc pas réductibles à une attitude de non-intervention. Elles doivent viser à favoriser l'épanouissement de l'identité minoritaire. Les Etats sont tenus par des «obligations spécifiques» devant permettre d'assurer «la survie et le développement permanent de l'identité [...] des minorités concernées»[39].

Si l'on admet que les Etats peuvent être tenus, en vertu de l'art. 27, de fournir des prestations positives en faveur des minorités, la jurisprudence actuelle du Tribunal fédéral, qui refuse de déduire des libertés individuelles un droit quelconque à de telles prestations, pourrait soulever des problèmes. On se rappelle en effet que, selon notre Cour suprême, on ne saurait déduire de la liberté de la langue un droit de recevoir un enseignement dans une langue autre que celle du

35 Observation générale sur l'art. 27 (note 13), par. 1er. Voir également, dans le même sens, *Syméon Karagiannis*, La protection des langues minoritaires au titre de l'art. 27 du Pacte international relatif aux droits civils et politiques, Revue trimestrielle des droits de l'homme (RTDH) 1994, pp. 197 ss.

36 Observation générale sur l'art. 27 (note 13), par. 6.1 et 6.2, *infra* p. 553. Voir, à ce propos, *Levinet* (note 26), p. 91.

37 Observation générale sur l'art. 2, par. 1.

38 *Capotorti* (note 11), par. 217, cité par *Levinet* (note 26), p. 92.

39 Observation générale sur l'art. 27 (note 13), par. 9.

lieu de domicile. Les parents ne peuvent dès lors pas invoquer sa violation si les autorités leur refusent une indemnité leur permettant d'envoyer leur enfant dans l'école d'un village voisin où il pourrait recevoir un enseignement dans leur propre langue[40].

V. Protection des minorités et mesures tendant à leur assimilation

Les politiques et les mesures tendant à l'assimilation des minorités doivent en principe être considérées comme contraires à l'art. 27[41]. Ici aussi, la place privilégiée qu'occupe le principe de territorialité dans la jurisprudence du Tribunal fédéral a abouti à des résultats dont on peut douter qu'ils soient en tous points compatibles avec les exigences de l'art. 27. Peut-on en effet véritablement soutenir que l'intérêt d'un canton à la conservation de sa propre langue et de son homogénéité linguistique justifie que les enfants francophones ne soient autorisés à fréquenter une école privée de langue française que pendant deux ans et que, en cas de séjour plus long, ils doivent s'assimiler[42]?

VI. Le champ de protection de l'art. 27 Pacte II

L'art. 27 ne protège que les minorités ethniques, religieuses et linguistiques, à l'exclusion d'autres groupes souvent qualifiés, dans le langage courant, de minoritaires, comme les homosexuels, les végétariens ou les handicapés[43]. Les adjectifs «religieux» et «linguistique» n'appellent pas de commentaire particulier. Quant au qualificatif «ethnique», il a été introduit en 1950 par la Sous-commission pour remplacer l'adjectif racial[44]. Alors que l'adjectif «racial» se réfère principalement à des caractéristiques biologiques, physiques et génétiques, le mot «ethnique» comprend aussi des éléments culturels et historiques. Souvent, une minorité ethnique sera en même temps une minorité linguistique, mais tel n'est pas nécessairement le cas.

Contrairement à la Déclaration des Nations Unies de 1992 et à la récente Convention-cadre du Conseil de l'Europe, du 10 novembre 1994, l'art. 27 ne

40 ATF 100 Ia 470, *Derungs*.
41 *Nowak* (note 8), p. 502; *Tomuschat* (note 16), p. 965; *Ermacora* (note 7), p. 309; *Dinstein* (note 27), p. 118.
42 ATF 91 I 486, *Association de l'Ecole française*. La rigueur du principe de territorialité semble cependant avoir été quelque peu adoucie dans la jurisprudence récente du TF. Voir notamment l'ATF 122 I 236, *Althaus*.
43 *Oxenknecht* (note 16), p. 109; *Thornberry* (note 8), p. 158.
44 *Capotorti* (note 11), p. 34; *Ermacora* (note 7), p. 293.

fait en revanche aucune référence à la notion de minorités nationales. Il n'y a pas, en Suisse, de minorités nationales dans le sens que revêt traditionnellement cet adjectif. Les minorités qui y existent ne se réclament en effet pas d'une nation ayant ses assises dans un autre Etat, comme tel est le cas de la plupart des minorités en Europe centrale ou orientale.

VII. La protection des minorités ethniques

Il n'existe pas non plus, en Suisse, de minorités ethniques au sens strict du terme. Le seul groupe susceptible d'être concerné à ce titre par l'art. 27 est celui des nomades, qui compte environ 25000 personnes. Dans une pétition lancée le 23 novembre 1993 au Conseil fédéral, ceux-ci revendiquent une reconnaissance officielle de leur peuple, des emplacements spécialement aménagés pour les accueillir et la conclusion d'un accord intercantonal leur permettant d'exercer leurs activités au-delà des frontières cantonales[45].

L'exercice de certains droits des nomades, particulièrement de nature sociale, économique et culturelle, leur est rendu difficile du fait que leur mode de vie n'est pas adapté à l'infrastructure publique (écoles, assurances sociales, accès aux infrastructures publiques communales). Dans son rapport de 1983 intitulé «Les nomades en Suisse», la Commission d'étude désignée par le Département fédéral de justice et police analyse cette situation, dresse un inventaire des problèmes qu'elle soulève et formule une série de propositions en vue d'améliorer leur situation[46].

VIII. La protection des minorités religieuses

Dans notre pays, la protection des minorités religieuses semble satisfaire pleinement aux exigences de l'art. 27 qui n'a pas, sous cet aspect, donné lieu à ce jour à une jurisprudence spécifique du Comité.

Ainsi, le Tribunal fédéral a-t-il jugé que l'art. 27 al. 3 Cst. accorde une protection également aux minorités confessionnelles non reconnues, de même qu'aux personnes qui professent l'athéisme, l'agnosticisme ou l'indifférence en matière religieuse. Les mesures restrictives qui peuvent être imposées aux adhérents de confessions minoritaires doivent être les mêmes que celles auxquelles sont soumises les religions traditionnelles dominantes en Suisse. L'Etat

45 Rapport initial présenté par la Suisse en vertu de l'art. 40 du Pacte, Doc. CCPR/C/81/Add. 8, du 26 mai 1995, par. 488.

46 *Idem*, p. 489.

doit éviter de s'identifier à une religion, en préjugeant ainsi des convictions des adhérents des diverses confessions. En conséquence, la présence de crucifix dans les salles de classe où est dispensé l'enseignement primaire public à des élèves qui n'ont pas encore atteint la majorité en matière religieuse ne satisfait pas à l'exigence de neutralité confessionnelle voulue par l'art. 27 al. 3 Cst.[47].

Notre Cour suprême a également affirmé que l'autorisation d'organiser un culte dans un pénitencier doit être accordée aussi aux détenus professant des confessions minoritaires et ne dépend pas de ce qu'une communauté religieuse soit ou non reconnue comme Eglise dite nationale[48].

Elle a condamné la réglementation du canton de Glaris en matière de dispenses scolaires en affirmant qu'elle manifestait peu de compréhension pour les minorités religieuses. Les autorités de ce canton avaient refusé de donner suite à une demande de parents appartenant à une telle minorité que leur fils soit dispensé de l'obligation de fréquenter l'école le samedi, pour des motifs d'ordre religieux. Ce refus a été jugé contraire au principe de proportionnalité[49].

Notre Cour suprême a enfin jugé que, même si elle n'est observée que par une minorité d'adeptes de l'Islam, la prohibition faite aux enfants de sexes différents de nager ensemble dans une même piscine tombe dans le champ de protection de la liberté religieuse garantie par l'art. 49 Cst. Le refus d'accorder une dispense des cours de natation est donc contraire à cette disposition[50].

IX. La protection des minorités linguistiques

Les minorités linguistiques[51] sont protégées en Suisse par la liberté de la langue. Comme nous l'avons déjà relevé, un problème sous l'angle de l'art. 27 pourrait être constitué par l'importance que donnent au principe de territorialité certaines décisions judiciaires, qui articulent la liberté de la langue avec le principe de territorialité d'une façon défavorable aux minorités linguistiques. Cette jurisprudence ne coïncide en effet pas en tous points avec celle du Comité des droits de l'homme.

47 ATF 116 Ia 252, *Comune di Cadro*.
48 ATF 113 Ia 304, *Nehal Ahmed Syed*.
49 ATF 117 Ia 311, *W. et H.S.*
50 ATF 119 Ia 178, *A. und M.* Voir, à ce propos, *Martin Philip Wyss*, Glaubens- und Religionsfreiheit zwischen Integration und Isolation, ZBl 1994 p. 385 ss.
51 Sur cet aspect de l'art. 27, voir *Karagiannis* (note 35), p. 208.

1. La jurisprudence du Comité des droits de l'homme

Dans l'affaire *Ballantyne, Davidson et McIntyre*[52], des commerçants appartenant à la minorité anglophone du Québec se plaignaient de ce que la législation en vigueur leur interdisait d'utiliser l'anglais pour la publicité commerciale à l'extérieur de leurs magasins. Les dispositions en cause étaient celles de la Charte de la langue française relatives à l'interdiction de l'affichage commercial public à l'extérieur dans une langue autre que le français. Devant le Comité, les requérants alléguaient une violation des art. 2, 19, 26 et 27 Pacte II.

A l'appui de sa réglementation, le Gouvernement provincial du Québec faisait valoir la nécessité, pour les francophones, de protéger leur langue et leur culture[53].

Assez curieusement, le Comité n'a pas retenu le grief de violation de l'art. 27, au motif que, s'ils sont minoritaires au niveau de la Province du Québec, les anglophones ne le sont pas au niveau de l'Etat. Or, selon le Comité, l'art. 27 viserait exclusivement les minorités à l'intérieur des Etats, et non pas à l'intérieur des subdivisions qui le constituent. Pour lui, les citoyens canadiens anglophones ne peuvent donc pas être considérés comme une minorité linguistique et se prévaloir de l'art. 27[54].

Une interprétation aussi restrictive de cette disposition doit naturellement être critiquée, ce que n'ont d'ailleurs pas manqué de faire quatre membres du Comité qui ont exprimé, à ce propos, une opinion individuelle commune[55]. La protection des minorités doit en effet s'effectuer au niveau de la circonscription pertinente, celle-ci pouvant être bien entendu l'Etat tout entier, mais également, selon les cas, une province, un district, voire une commune. Les données sont en effet faussées si, comme l'a fait le Comité, l'on noie la communauté inférieure plus petite dans une collectivité plus grande[56].

Ayant écarté l'art. 27 Pacte II, le Comité n'en a pas moins examiné la communication sous l'angle de la liberté d'expression garantie par l'art. 19 de

52 Communications N°s 359/1989 et 385/1989, *infra* pp. 627 ss.

53 *Idem*, par. 8.5.

54 *Idem*, par. 11.2, *infra* p. 628.

55 *Idem*, opinion individuelle commune de Madame *Evatt* et de Messieurs *Ando*, *Bruni Celli* et *Dimitrijevic*.

56 *Charles-Albert Morand*, La liberté de la langue et le principe de territorialité; variations sur un thème encore méconnu, Revue de droit suisse (RDS) 1993 I, p. 29. L'art. 20 de la Convention-cadre du Conseil de l'Europe prévoit que «les personnes appartenant à des minorités nationales respectent la législation nationale et les droits d'autrui, en particulier ceux des personnes appartenant à la majorité ou aux autres minorités nationales». La situation visée par cette disposition est précisément celle dans laquelle un groupe minoritaire au plan national est majoritaire dans une partie du territoire de l'Etat (voir le rapport explicatif de cette convention, Strasbourg 1995, par. 89).

ce même traité. Après avoir affirmé que cette disposition protège également les différentes formes de publicité commerciale, il a estimé que les restrictions incriminées n'étaient pas nécessaires à la sauvegarde des droits de la minorité francophone. Selon lui, ces droits ne sont en effet aucunement menacés par la publicité faite en anglais par des commerçants anglophones[57].

L'affichage commercial extérieur dans une langue autre que le français n'était pas non plus de nature à menacer l'ordre public. De l'avis du Comité, il n'était donc pas nécessaire, pour protéger les francophones, même si ceux-ci sont en position vulnérable au Canada, d'interdire la publicité en anglais[58]. La protection de la minorité francophone peut en effet être assurée par d'autres moyens, qui ne portent pas atteinte à la liberté des commerçants de s'exprimer dans leur propre langue. Pour le Comité, la loi contestée aurait par exemple pu exiger que la publicité soit bilingue: «S'il est légitime qu'un Etat choisisse une ou plusieurs langues officielles, il ne l'est pas qu'il supprime, en dehors de la vie publique, la liberté de s'exprimer dans une langue de son choix». Le Comité a donc conclu que la réglementation litigieuse constituait une violation de la liberté d'expression[59].

2. Les incidences de cette jurisprudence sur le principe de territorialité

Au vu de cette jurisprudence, confirmée récemment dans une affaire *Singer*[60], il est permis de se demander si les conséquences que le Tribunal fédéral tire du principe de territorialité sont encore compatibles avec les obligations qui découlent désormais pour la Suisse du Pacte II. Notre Cour suprême n'a-t-elle pas affirmé encore tout récemment qu'en vertu de ce principe les cantons sont habilités à adopter diverses mesures afin de préserver les frontières des régions linguistiques et leur homogénéité, même si ces mesures ont pour conséquence de limiter la liberté des individus de s'exprimer dans leur propre langue[61]?

57 Communications N°s 359/1989 et 385/1989 (note 52), par. 11.3 et 11.4, *infra* pp. 628 s.

58 *Idem*, par. 11.4, *infra* p. 628.

59 *Idem*.

60 Communication 455/1991, *infra* p. 646.

61 ATF 121 I 198, *Noth*; «[...] Die Kantone sind aufgrund dieser Bestimmung (= art. 116 Cst.) befugt, Massnahmen zu ergreifen, um die überlieferten Grenzen der Sprachgebiete und deren Homogenität zu erhalten, *selbst wenn dadurch die Freiheit des einzelnen, seine Muttersprache zu gebrauchen, beschränkt wird*» (les italiques sont de nous).

En dépit des critiques répétées de la doctrine dont il a fait l'objet[62], voilà donc que le principe de territorialité est réaffirmé avec force par le Tribunal fédéral.

Rappelons d'abord que la nature juridique de ce principe est incertaine. S'agit-il d'un droit constitutionnel, d'un principe constitutionnel, d'un mandat ou d'une simple compétence constitutionnelle[63]? Il est symptomatique de relever à cet égard que, contrairement aux premiers projets présentés, la version finale de l'art. 116 Cst. (nouveau), adoptée par le peuple et les cantons le 10 mars 1996, ne fait aucune référence à ce principe. Les incertitudes qui planent sur sa portée réelle, et la difficulté de le faire coexister avec la liberté de la langue ne sont certainement pas étrangères à cette omission. Ensuite et surtout, l'utilisation qui a été faite du principe de territorialité a permis de justifier des mesures peu protectrices des minorités linguistiques. Une affaire récente, dont les faits ne sont pas sans rappeler l'affaire canadienne soumise au Comité des droits de l'homme, permet de s'en convaincre. Dans l'arrêt *Bar Amici*[64], statuant sous l'angle de l'art. 31 Cst., le Tribunal fédéral a en effet jugé que le refus d'autoriser une enseigne commerciale en italien dans une commune des Grisons à majorité romanche n'est pas inconstitutionnelle[65].

3. Vers une nouvelle lecture du principe de territorialité à la lumière de la jurisprudence du Comité des droits de l'homme?

Ces jurisprudences contradictoires conduisent à s'interroger sur la portée de la liberté de la langue et du principe de territorialité dans leur fonction de protection des minorités linguistiques.

Tout comme la liberté de la langue, le principe de territorialité devrait avoir un contenu et une portée différents selon qu'il s'applique aux relations entre

62 Voir par exemple *Morand* (note 56), p. 11 et les auteurs qu'il cite à la note 1; voir également *Andreas Auer*, D'une liberté non écrite qui n'aurait pas dû l'être: «La liberté de la langue», AJP/PJA, 1992, pp. 955 ss.

63 *Morand* (note 56), p. 19; voir également, Le quadrilinguisme en Suisse – Présent et futur, Chancellerie fédérale, août 1989, p. 251. Sur la nature controversée du principe de territorialité, voir encore *Giovanni Biaggini,* Sprachenfreiheit und Territorialitätsprinzip, recht 1997, pp. 117 ss et *Martin Philipp Wyss,* Das Sprachenrecht der Schweiz nach der Revision von Art. 116 BV, RDS 1997 II p. 159.

64 ATF 116 Ia 345. Voir également, dans le même sens, un arrêt du TF du 12.12.1992, publié dans ZBl 1993 p. 133.

65 Des dispositions semblables à celle qui était en cause dans cet arrêt existent également au Tessin (voir l'art. 5 de la loi cantonale sur les enseignes et les inscriptions en public, du 29 mars 1954).

particuliers ou aux rapports avec les autorités étatiques[66]. C'est donc avec raison que le Comité a opéré cette distinction en affirmant que «s'il est légitime qu'un Etat choisisse une ou plusieurs langues officielles, il ne l'est pas qu'il supprime, *en dehors de la vie publique*, la liberté de s'exprimer dans une langue de son choix»[67]. Les conditions de restriction de la liberté de la langue varient en effet en fonction de la sphère dans laquelle la langue est utilisée.

Dans un premier cercle, celui des relations strictement privées, l'Etat n'est tout simplement pas en droit d'adopter une réglementation quelconque. Ces relations forment le noyau essentiel de la liberté qui est protégé contre toute intervention étatique[68].

Les individus n'ont en revanche pas la liberté de communiquer avec les autorités étatiques dans la langue de leur choix ou de recevoir des informations dans une telle langue. Ce droit est d'emblée limité par le principe des langues officielles. La rédaction même de l'art. 27 Pacte II semble d'ailleurs exclure l'usage des langues minoritaires dans les relations avec l'Etat, dès lors qu'il se réfère simplement au droit d'employer ces langues «en commun avec les autres membres» du groupe minoritaire[69]. Cette interprétation est d'ailleurs confirmée par la jurisprudence du Comité relative à l'usage de la langue minoritaire devant les tribunaux: «L'obligation de respecter le droit à un procès équitable n'oblige pas [...] les Etats parties à mettre les services d'un interprète à la disposition d'un citoyen dont la langue maternelle n'est pas la même que la langue officielle du tribunal, si l'intéressé peut s'exprimer convenablement dans cette langue»[70].

Entre ces deux cas extrêmes, on peut rencontrer des situations intermédiaires, celles des relations privées se déroulant dans la sphère publique: médias privés, enseignement, publicité, enseignes, rapports liés à la consommation, etc.[71].

Contrairement à celui des relations strictement privées, une réglementation ne paraît pas devoir être d'emblée exclue dans ce cercle, si elle répond à un intérêt public. Or la préservation d'une langue menacée représente sans conteste un tel intérêt. Celui-ci est même à ce point important que le Conseil de l'Europe a adopté, le 5 novembre 1992, une Charte européenne des langues régionales ou

66 *Morand* (note 56), p. 20; *Auer* (note 62), pp. 957–58. Voir également, pour une critique très pertinente du principe de territorialité, *Biaggini* (note 63), p. 120, qui plaide de manière très convaincante pour une «Verabschiedung des bundesrechtlichen Territorialitätsprinzips».

67 Communications N°s 359/1989 et 385/1989 (note 52), par. 11.4.

68 *Morand* (note 56), p. 21.

69 *Karagiannis* (note 35), p. 206.

70 Communication N° 219/1986, *Dominique Guesdon c. France*, par. 7.3 et 10.2.

71 *Morand* (note 56), p. 21

minoritaires[72]. Dans notre pays, la nécessité de protéger les langues menacées a été récemment inscrite dans la Constitution. L'art. 116 al. 3 (nouveau) Cst. dispose en effet que «la Confédération soutient les mesures prises par les cantons des Grisons et du Tessin pour la sauvegarde et la promotion des langues romanche et italienne». Le soutien apporté par la Confédération à ces deux langues sur une base volontaire est ainsi devenu obligatoire.

Une fois admis le principe selon lequel la préservation d'une langue menacée correspond à un intérêt public, il reste encore à examiner, sous l'angle du principe de proportionnalité, si les mesures restrictives adoptées sont aptes à atteindre le but poursuivi. En principe, l'imposition d'une seule langue devrait permettre d'atteindre l'objectif visé, à savoir le maintien de la langue en voie de disparition. Il paraît toutefois difficile de se prononcer avec certitude sur l'impact que peut avoir une telle mesure. L'efficacité du droit dans ce domaine dépend en effet largement du contexte dans lequel il est appelé à déployer ses effets. Les meilleures lois ont peu de chances de succès si les collectivités concernées ne sont pas animées par la volonté de sauvegarder leur identité linguistique et culturelle. Il paraît difficile d'arrêter le déplacement des frontières linguistiques uniquement par l'établissement de normes juridiques[73].

Il reste ensuite à examiner, sous l'angle du principe de la nécessité, si une mesure également adéquate, mais portant moins gravement atteinte à la liberté de la langue, suffirait à atteindre le but poursuivi. Le Comité des droits de l'homme a préconisé à cet égard une politique de bilinguisme: «La loi aurait pu exiger que la publicité soit bilingue, français-anglais»[74].

C'est à cette solution qu'a fini par se rallier le Québec lorsque, ayant pris connaissance des constatations du Comité, il a modifié, en juin 1993, la législation incriminée[75].

S'il n'est pas douteux que la situation du romanche est beaucoup plus fragile et précaire que ne l'est celle du français au Canada, il est tout de même permis

72 Sur cette convention, voir *Peter Kovacs*, La protection des langues des minorités ou la nouvelle approche de la protection des minorités?, RGDIP 1993, p. 411 et *Philip Blair,* The Protection of Regional or Minority Languages in Europe, Fribourg, 1994. Le texte de cette convention est reproduit dans RUDH 1995, pp. 189 ss. Aux termes du préambule de cette Charte, «la protection des langues régionales ou minoritaires historiques de l'Europe, dont certaines risquent, au fil du temps, de disparaître, contribue à maintenir et à développer les traditions et la richesse culturelles de l'Europe». Par ailleurs, ces langues, «représentent une contribution importante à la construction d'une Europe fondée sur les principes de la démocratie et de la diversité culturelle».

73 Cette vérité a été récemment reconnue également par le Tribunal fédéral. Voir ATF 122 I 236, *Althaus* (cons. 4 e): «Insofern ist anzuerkennen, dass dem Recht nur eine begrenzte Steuerungskraft gegenüber gesellschaftlichen Entwicklungen zukommen kann».

74 Communications N°s 359/1989 et 385/1989 (note 52), par. 11.4.

75 Voir communication N° 455/1991, *Allan Singer c. Canada*, par. 11.3 et 14.

de se demander si, aux Grisons aussi, le bilinguisme ne permettrait pas d'atteindre le but recherché tout en assurant un meilleur respect de la liberté de la langue.

Sous l'angle de la pesée des intérêts en présence, l'on doit enfin se demander si l'obligation imposée à des particuliers de ne pas se servir de leur propre langue dans des rapports privés se déroulant dans la sphère publique ne constitue pas un sacrifice excessif par rapport au but d'intérêt public poursuivi.

Il n'est pas inutile de rappeler à cet égard que la récente Convention-cadre du Conseil de l'Europe pour la protection des minorités nationales dispose, à son art. 11 al. 2, que «les Parties s'engagent à reconnaître à toute personne appartenant à une minorité nationale le droit de présenter dans sa langue minoritaire des enseignes, inscriptions et autres informations de caractère privé exposées à la vue du public».

Dans un arrêt récent, le Tribunal fédéral s'est d'ailleurs posé la question de savoir si la préservation des langues menacées et la paix linguistique sont mieux assurées par le maintien de zones linguistiquement homogènes ou par une politique de plurilinguisme[76]. Il semble désormais accorder plus d'importance au principe de proportionnalité, au détriment de celui de territorialité. Cette jurisprudence est bienvenue. Il n'y a en effet pas de raisons d'examiner les restrictions à la liberté de la langue selon des critères différents de ceux qui sont appliqués aux autres libertés (base légale, intérêt public, proportionnalité).

En raison de ses contours imprécis, de ses ambiguïtés, voire de ses contradictions internes, le principe de territorialité se révèle être de plus en plus un instrument inadéquat pour apprécier la validité des restrictions à la liberté de la langue. Il n'est du reste pas consacré par les instruments internationaux auxquels notre pays est partie. Le moment semble donc venu de ne le considérer que comme un simple intérêt public, parmi d'autres, à prendre en compte dans la pesée des intérêts en présence.

76 ATF 122 I 242, *Althaus:* «Ob dem Ziel der Bewahrung bedrohter Sprachen und des Sprachenfriedens eher mit der Erhaltung homogener Sprachgebiete oder eher mit einer bewussten Förderung der Mehrsprachigkeit gedient sei.»

Dritter Teil: Dokumente in Deutsch

Texte der Pakte und Zusatzprotokolle

I. Internationaler Pakt über wirtschaftliche, soziale und kulturelle Rechte[1]

Vom 16. Dezember 1966

Präambel

Die Vertragsstaaten dieses Paktes,

in der Erwägung, dass nach den in der Charta der Vereinten Nationen verkündeten Grundsätzen die Anerkennung der allen Mitgliedern der menschlichen Gesellschaft innewohnenden Würde und der Gleichheit und Unveräusserlichkeit ihrer Rechte die Grundlage von Freiheit, Gerechtigkeit und Frieden in der Welt bildet,

in der Erkenntnis, dass sich diese Rechte aus der dem Menschen innewohnenden Würde herleiten,

in der Erkenntnis, dass nach der Allgemeinen Erklärung der Menschenrechte das Ideal vom freien Menschen, der frei von Furcht und Not lebt, nur verwirklicht werden kann, wenn Verhältnisse geschaffen werden, in denen jeder seine wirtschaftlichen, sozialen und kulturellen Rechte ebenso wie seine bürgerlichen und politischen Rechte geniessen kann,

in der Erwägung, dass die Charta der Vereinten Nationen die Staaten verpflichtet, die allgemeine und wirksame Achtung der Rechte und Freiheiten des Menschen zu fördern,

im Hinblick darauf, dass der einzelne gegenüber seinen Mitmenschen und der Gemeinschaft, der er angehört, Pflichten hat und gehalten ist, für die Förderung und Achtung der in diesem Pakt anerkannten Rechte einzutreten,

vereinbaren folgende Artikel:

Teil I

Art. 1. (1) Alle Völker haben das Recht auf Selbstbestimmung. Kraft dieses Rechts entscheiden sie frei über ihren politischen Status und gestalten in Freiheit ihre wirtschaftliche, soziale und kulturelle Entwicklung.

1 Quelle: United Nations-Treaty Series, Vol. 993, S. 3; deutsche Übersetzung aus: SR 0.103.1.

(2) Alle Völker können für ihre eigenen Zwecke frei über ihre natürlichen Reichtümer und Mittel verfügen, unbeschadet aller Verpflichtungen, die aus der internationalen wirtschaftlichen Zusammenarbeit auf der Grundlage des gegenseitigen Wohles sowie aus dem Völkerrecht erwachsen. In keinem Fall darf ein Volk seiner eigenen Existenzmittel beraubt werden.

(3) Die Vertragsstaaten, einschliesslich der Staaten, die für die Verwaltung von Gebieten ohne Selbstregierung und von Treuhandgebieten verantwortlich sind, haben entsprechend der Charta der Vereinten Nationen die Verwirklichung des Rechts auf Selbstbestimmung zu fördern und dieses Recht zu achten.

Teil II

Art. 2. (1) Jeder Vertragsstaat verpflichtet sich, einzeln und durch internationale Hilfe und Zusammenarbeit, insbesondere wirtschaftlicher und technischer Art, unter Ausschöpfung aller seiner Möglichkeiten Massnahmen zu treffen, um nach und nach mit allen geeigneten Mitteln, vor allem durch gesetzgeberische Massnahmen, die volle Verwirklichung der in diesem Pakt anerkannten Rechte zu erreichen.

(2) Die Vertragsstaaten verpflichten sich, zu gewährleisten, dass die in diesem Pakt verkündeten Rechte ohne Diskriminierung hinsichtlich der Rasse, der Hautfarbe, des Geschlechts, der Sprache, der Religion, der politischen oder sonstigen Anschauung, der nationalen oder sozialen Herkunft, des Vermögens, der Geburt oder des sonstigen Status ausgeübt werden.

(3) Entwicklungsländer können unter gebührender Berücksichtigung der Menschenrechte und der Erfordernisse ihrer Volkswirtschaft entscheiden, inwieweit sie Personen, die nicht ihre Staatsangehörigkeit besitzen, die in diesem Pakt anerkannten wirtschaftlichen Rechte gewährleisten wollen.

Art. 3. Die Vertragsstaaten verpflichten sich, die Gleichberechtigung von Mann und Frau bei der Ausübung aller in diesem Pakt festgelegten wirtschaftlichen, sozialen und kulturellen Rechte sicherzustellen.

Art. 4. Die Vertragsstaaten erkennen an, dass ein Staat die Ausübung der von ihm gemäss diesem Pakt gewährleisteten Rechte nur solchen Einschränkungen unterwerfen darf, die gesetzlich vorgesehen und mit der Natur dieser Rechte vereinbar sind und deren ausschliesslicher Zweck es ist, das allgemeine Wohl in einer demokratischen Gesellschaft zu fördern.

Art. 5. (1) Keine Bestimmung dieses Paktes darf dahin ausgelegt werden, dass sie für einen Staat, eine Gruppe oder eine Person das Recht begründet, eine

Tätigkeit auszuüben oder eine Handlung zu begehen, die auf die Abschaffung der in diesem Pakt anerkannten Rechte und Freiheiten oder auf weitergehende Beschränkungen dieser Rechte und Freiheiten, als in dem Pakt vorgesehen, hinzielt.

(2) Die in einem Land durch Gesetze, Übereinkommen, Verordnungen oder durch Gewohnheitsrecht anerkannten oder bestehenden grundlegenden Menschenrechte dürfen nicht unter dem Vorwand beschränkt oder ausser Kraft gesetzt werden, dass dieser Pakt derartige Rechte nicht oder nur in einem geringen Ausmass anerkenne.

Teil III

Art. 6. (1) Die Vertragsstaaten erkennen das Recht auf Arbeit an, welches das Recht jedes einzelnen auf die Möglichkeit, seinen Lebensunterhalt durch frei gewählte oder angenommene Arbeit zu verdienen, umfasst und unternehmen geeignete Schritte zum Schutz dieses Rechts.

(2) Die von einem Vertragsstaat zur vollen Verwirklichung dieses Rechts zu unternehmenden Schritte umfassen fachliche und berufliche Beratung und Ausbildungsprogramme sowie die Festlegung von Grundsätzen und Verfahren zur Erzielung einer stetigen wirtschaftlichen, sozialen und kulturellen Entwicklung und einer produktiven Vollbeschäftigung unter Bedingungen, welche die politischen und wirtschaftlichen Grundfreiheiten des einzelnen schützen.

Art. 7. Die Vertragsstaaten erkennen das Recht eines jeden auf gerechte und günstige Arbeitsbedingungen an, durch die insbesondere gewährleistet wird

a) ein Arbeitsentgelt, das allen Arbeitnehmern mindestens sichert

i) angemessenen Lohn und gleiches Entgelt für gleichwertige Arbeit ohne Unterschied; insbesondere wird gewährleistet, dass Frauen keine ungünstigeren Arbeitsbedingungen als Männer haben und dass sie für gleiche Arbeit gleiches Entgelt erhalten,

ii) einen angemessenen Lebensunterhalt für sie und ihre Familien in Übereinstimmung mit diesem Pakt;

b) sichere und gesunde Arbeitsbedingungen;

c) gleiche Möglichkeiten für jedermann, in seiner beruflichen Tätigkeit entsprechend aufzusteigen, wobei keine anderen Gesichtspunkte als Beschäftigungsdauer und Befähigung ausschlaggebend sein dürfen;

d) Arbeitspausen, Freizeit, eine angemessene Begrenzung der Arbeitszeit, regelmässiger bezahlter Urlaub sowie Vergütung gesetzlicher Feiertage.

Art. 8. (1) Die Vertragsstaaten verpflichten sich, folgende Rechte zu gewährleisten:

a) das Recht eines jeden, zur Förderung und zum Schutz seiner wirtschaftlichen und sozialen Interessen Gewerkschaften zu bilden oder einer Gewerkschaft eigener Wahl allein nach Massgabe ihrer Vorschriften beizutreten. Die Ausübung dieses Rechts darf nur solchen Einschränkungen unterworfen werden, die gesetzlich vorgesehen und in einer demokratischen Gesellschaft im Interesse der nationalen Sicherheit oder der öffentlichen Ordnung oder zum Schutz der Rechte und Freiheiten anderer erforderlich sind;

b) das Recht der Gewerkschaften, nationale Vereinigungen oder Verbände zu gründen, sowie deren Recht, internationale Gewerkschaftsorganisationen zu bilden oder solchen beizutreten;

c) das Recht der Gewerkschaften, sich frei zu betätigen, wobei nur solche Einschränkungen zulässig sind, die gesetzlich vorgesehen und in einer demokratischen Gesellschaft im Interesse der nationalen Sicherheit oder der öffentlichen Ordnung oder zum Schutz der Rechte und Freiheiten anderer erforderlich sind;

d) das Streikrecht, soweit es in Übereinstimmung mit der innerstaatlichen Rechtsordnung ausgeübt wird.

(2) Dieser Artikel schliesst nicht aus, dass die Ausübung dieser Rechte durch Angehörige der Streitkräfte, der Polizei oder der öffentlichen Verwaltung rechtlichen Einschränkungen unterworfen wird.

(3) Keine Bestimmung dieses Artikels ermächtigt die Vertragsstaaten des Übereinkommens der Internationalen Arbeitsorganisation von 1948 über die Vereinigungsfreiheit und den Schutz des Vereinigungsrechts, gesetzgeberische Massnahmen zu treffen oder Gesetze so anzuwenden, dass die Garantien des oben genannten Übereinkommens beeinträchtigt werden.

Art. 9. Die Vertragsstaaten erkennen das Recht eines jeden auf Soziale Sicherheit an; diese schliesst die Sozialversicherung ein.

Art. 10. Die Vertragsstaaten erkennen an,

1. dass die Familie als die natürliche Kernzelle der Gesellschaft grösstmöglichen Schutz und Beistand geniessen soll, insbesondere im Hinblick auf ihre Gründung und solange sie für die Betreuung und Erziehung unterhaltsberechtigter Kinder verantwortlich ist. Eine Ehe darf nur im freien Einverständnis der künftigen Ehegatten geschlossen werden;

2. dass Mütter während einer angemessenen Zeit vor und nach der Niederkunft besonderen Schutz geniessen sollen. Während dieser Zeit sollen berufstätige Mütter bezahlten Urlaub oder Urlaub mit angemessenen Leistungen aus der sozialen Sicherheit erhalten;

3. dass Sondermassnahmen zum Schutz und Beistand für alle Kinder und Jugendlichen ohne Diskriminierung aufgrund der Abstammung oder aus sonstigen Gründen getroffen werden sollen. Kinder und Jugendliche sollen vor wirtschaftlicher und sozialer Ausbeutung geschützt werden. Ihre Beschäftigung mit Arbeiten, die ihrer Moral oder Gesundheit schaden, ihr Leben gefährden oder voraussichtlich ihre normale Entwicklung behindern, soll gesetzlich strafbar sein. Die Staaten sollen ferner Altersgrenzen festsetzen, unterhalb derer die entgeltliche Beschäftigung von Kindern gesetzlich verboten und strafbar ist.

Art. 11. (1) Die Vertragsstaaten erkennen das Recht eines jeden auf einen angemessenen Lebensstandard für sich und seine Familie an, einschliesslich ausreichender Ernährung, Bekleidung und Unterbringung sowie auf eine stetige Verbesserung der Lebensbedingungen. Die Vertragsstaaten unternehmen geeignete Schritte, um die Verwirklichung dieses Rechts zu gewährleisten, und erkennen zu diesem Zweck die entscheidende Bedeutung einer internationalen, auf freier Zustimmung beruhenden Zusammenarbeit an.

(2) In Anerkennung des grundlegenden Rechts eines jeden, vor Hunger geschützt zu sein, werden die Vertragsstaaten einzeln und im Wege internationaler Zusammenarbeit die erforderlichen Massnahmen, einschliesslich besonderer Programme, durchführen

a) zur Verbesserung der Methoden der Erzeugung, Haltbarmachung und Verteilung von Nahrungsmitteln durch volle Nutzung der technischen und wissenschaftlichen Erkenntnisse, durch Verbreitung der ernährungswissenschaftlichen Grundsätze sowie durch die Entwicklung oder Reform landwirtschaftlicher Systeme mit dem Ziel einer möglichst wirksamen Erschliessung und Nutzung der natürlichen Hilfsquellen;

b) zur Sicherung einer dem Bedarf entsprechenden gerechten Verteilung der Nahrungsmittelvorräte der Welt unter Berücksichtigung der Probleme der Nahrungsmittel einführenden und ausführenden Länder.

Art. 12. (1) Die Vertragsstaaten erkennen das Recht eines jeden auf das für ihn erreichbare Höchstmass an körperlicher und geistiger Gesundheit an.

(2) Die von den Vertragsstaaten zu unternehmenden Schritte zur vollen Verwirklichung dieses Rechts umfassen die erforderlichen Massnahmen

a) zur Senkung der Zahl der Totgeburten und der Kindersterblichkeit sowie zur gesunden Entwicklung des Kindes;

b) zur Verbesserung aller Aspekte der Umwelt- und der Arbeitshygiene;

c) zur Vorbeugung, Behandlung und Bekämpfung epidemischer, endemischer, Berufs- und sonstiger Krankheiten;

d) zur Schaffung der Voraussetzungen, die für jedermann im Krankheitsfall den Genuss medizinischer Einrichtungen und ärztlicher Betreuung sicherstellen.

Art. 13. (1) Die Vertragsstaaten erkennen das Recht eines jeden auf Bildung an. Sie stimmen überein, dass die Bildung auf die volle Entfaltung der menschlichen Persönlichkeit und des Bewusstseins ihrer Würde gerichtet sein und die Achtung vor den Menschenrechten und Grundfreiheiten stärken muss. Sie stimmen ferner überein, dass die Bildung es jedermann ermöglichen muss, eine nützliche Rolle in einer freien Gesellschaft zu spielen, dass sie Verständnis, Toleranz und Freundschaft unter allen Völkern und allen rassischen, ethnischen und religiösen Gruppen fördern sowie die Tätigkeit der Vereinten Nationen zur Erhaltung des Friedens unterstützen muss.

(2) Die Vertragsstaaten erkennen an, dass im Hinblick auf die volle Verwirklichung dieses Rechts

a) der Grundschulunterricht für jedermann Pflicht und allen unentgeltlich zugänglich sein muss;

b) die verschiedenen Formen des höheren Schulwesens einschliesslich des höheren Fach- und Berufsschulwesens auf jede geeignete Weise, insbesondere durch allmähliche Einführung der Unentgeltlichkeit, allgemein verfügbar und jedermann zugänglich gemacht werden müssen;

c) der Hochschulunterricht auf jede geeignete Weise, insbesondere durch allmähliche Einführung der Unentgeltlichkeit, jedermann gleichermassen entsprechend seinen Fähigkeiten zugänglich gemacht werden muss;

d) eine grundlegende Bildung für Personen, die eine Grundschule nicht besucht oder nicht beendet haben, so weit wie möglich zu fördern oder zu vertiefen ist;

e) die Entwicklung eines Schulsystems auf allen Stufen aktiv voranzutreiben, ein angemessenes Stipendiensystem einzurichten und die wirtschaftliche Lage der Lehrerschaft fortlaufend zu verbessern ist.

(3) Die Vertragsstaaten verpflichten sich, die Freiheit der Eltern und gegebenenfalls des Vormunds oder Pflegers zu achten, für ihre Kinder andere als öffentliche Schulen zu wählen, die den vom Staat gegebenenfalls festgesetzten oder gebilligten bildungspolitischen Mindestnormen entsprechen, sowie die religiöse und sittliche Erziehung ihrer Kinder in Übereinstimmung mit ihren eigenen Überzeugungen sicherzustellen.

(4) Keine Bestimmung dieses Artikels darf dahin ausgelegt werden, dass sie die Freiheit natürlicher oder juristischer Personen beeinträchtigt, Bildungseinrichtungen zu schaffen und zu leiten, sofern die in Absatz 1 niedergelegten Grundsätze beachtet werden und die in solchen Einrichtungen vermittelte Bildung den vom Staat gegebenenfalls festgesetzten Mindestnormen entspricht.

Art. 14. Jeder Vertragsstaat, der zu dem Zeitpunkt, da er Vertragspartei wird, im Mutterland oder in sonstigen seiner Hoheitsgewalt unterstehenden Gebieten noch nicht die Grundschulpflicht auf der Grundlage der Unentgeltlichkeit einführen konnte, verpflichtet sich, binnen zwei Jahren einen ausführlichen Aktionsplan auszuarbeiten und anzunehmen, der die schrittweise Verwirklichung des Grundsatzes der unentgeltlichen allgemeinen Schulpflicht innerhalb einer angemessenen, in dem Plan festzulegenden Zahl von Jahren vorsieht.

Art. 15. (1) Die Vertragsstaaten erkennen das Recht eines jeden an,

a) am kulturellen Leben teilzunehmen;

b) an den Errungenschaften des wissenschaftlichen Fortschritts und seiner Anwendung teilzuhaben;

c) den Schutz der geistigen und materiellen Interessen zu geniessen, die ihm als Urheber von Werken der Wissenschaft, Literatur oder Kunst erwachsen.

(2) Die von den Vertragsstaaten zu unternehmenden Schritte zur vollen Verwirklichung dieses Rechts umfassen die zur Erhaltung, Entwicklung und Verbreitung von Wissenschaft und Kultur erforderlichen Massnahmen.

(3) Die Vertragsstaaten verpflichten sich, die zu wissenschaftlicher Forschung und schöpferischer Tätigkeit unerlässliche Freiheit zu achten.

(4) Die Vertragsstaaten erkennen die Vorteile an, die sich aus der Förderung und Entwicklung internationaler Kontakte und Zusammenarbeit auf wissenschaftlichem und kulturellem Gebiet ergeben.

Teil IV

Art. 16. (1) Die Vertragsstaaten verpflichten sich, nach Massgabe dieses Teiles Berichte über die von ihnen getroffenen Massnahmen und über die Fortschritte vorzulegen, die hinsichtlich der Beachtung der in dem Pakt anerkannten Rechte erzielt wurden.

(2) a) Alle Berichte werden dem Generalsekretär der Vereinten Nationen vorgelegt, der sie abschriftlich dem Wirtschafts- und Sozialrat übermittelt, damit dieser sie nach Massgabe dieses Paktes prüft.

b) Sind Vertragsstaaten gleichzeitig Mitglieder von Sonderorganisationen, so übermittelt der Generalsekretär der Vereinten Nationen ihre Berichte oder einschlägige Teile solcher Berichte abschriftlich auch den Sonderorganisationen, soweit diese Berichte oder Teile sich auf Angelegenheiten beziehen, die nach den Satzungen dieser Organisationen in deren Aufgabenbereich fallen.

Art. 17. (1) Die Vertragsstaaten legen ihre Berichte abschnittsweise nach Massgabe eines Programms vor, das vom Wirtschafts- und Sozialrat binnen eines Jahres nach Inkrafttreten dieses Paktes nach Konsultation der Vertragsstaaten und der betroffenen Sonderorganisationen aufzustellen ist.

(2) Die Berichte können Hinweise auf Umstände und Schwierigkeiten enthalten, die das Ausmass der Erfüllung der Verpflichtungen aus diesem Pakt beeinflussen.

(3) Hat ein Vertragsstaat den Vereinten Nationen oder einer Sonderorganisation bereits sachdienliche Angaben gemacht, so brauchen diese nicht wiederholt zu werden, vielmehr genügt eine genaue Bezugnahme auf diese Angaben.

Art. 18. Im Rahmen des ihm durch die Charta der Vereinten Nationen auf dem Gebiet der Menschenrechte und Grundfreiheiten zugewiesenen Aufgabenbereichs kann der Wirtschafts- und Sozialrat mit den Sonderorganisationen Vereinbarungen bezüglich ihrer Berichterstattung über die Fortschritte treffen, die bei der Beachtung der in ihren Tätigkeitsbereich fallenden Bestimmungen dieses Paktes erzielt wurden. Diese Berichte können Einzelheiten der von ihren zuständigen Organen angenommenen Beschlüsse und Empfehlungen über Massnahmen zur Erfüllung dieser Bestimmungen enthalten.

Art. 19. Der Wirtschafts- und Sozialrat kann die von Staaten nach den Artikeln 16 und 17 und die von Sonderorganisationen nach Artikel 18 vorgelegten Berichte über Menschenrechte der Menschenrechtskommission zur Prüfung und allgemeinen Empfehlung oder gegebenenfalls zur Kenntnisnahme übermitteln.

Art. 20. Die Vertragsstaaten und die betroffenen Sonderorganisationen können dem Wirtschafts- und Sozialrat Bemerkungen zu jeder allgemeinen Empfehlung nach Artikel 19 oder zu jeder Bezugnahme auf eine solche Empfehlung vorlegen, die in einem Bericht der Menschenrechtskommission oder einem darin erwähnten Schriftstück enthalten ist.

Art. 21. Der Wirtschafts- und Sozialrat kann der Generalversammlung von Zeit zu Zeit Berichte mit Empfehlungen allgemeiner Art und einer Zusammenfassung der Angaben vorlegen, die er von den Vertragsstaaten und den Sonderorganisationen über Massnahmen und Fortschritte hinsichtlich der allgemeinen Beachtung der in diesem Pakt anerkannten Rechte erhalten hat.

Art. 22. Der Wirtschafts- und Sozialrat kann anderen Organen der Vereinten Nationen, ihren Unterorganen und denjenigen Sonderorganisationen, die sich mit technischer Hilfe befassen, alles aus den in diesem Teil erwähnten Berichten mitteilen, was diesen Stellen helfen kann, in ihrem jeweiligen Zuständigkeitsbereich über die Zweckmässigkeit internationaler Massnahmen zur wirksamen schrittweisen Durchführung dieses Paktes zu entscheiden.

Art. 23. Die Vertragsstaaten stimmen überein, dass internationale Massnahmen zur Verwirklichung der in diesem Pakt anerkannten Rechte u.a. folgendes einschliessen: den Abschluss von Übereinkommen, die Annahme von Empfehlungen, die Gewährung technischer Hilfe sowie die Abhaltung von regionalen und Fachtagungen zu Konsultations- und Studienzwecken in Verbindung mit den betroffenen Regierungen.

Art. 24. Keine Bestimmung dieses Paktes ist so auszulegen, dass sie die Bestimmungen der Charta der Vereinten Nationen und der Satzungen der Sonderorganisationen beschränkt, in denen die jeweiligen Aufgaben der verschiedenen Organe der Vereinten Nationen und der Sonderorganisationen hinsichtlich der in diesem Pakt behandelten Fragen geregelt sind.

Art. 25. Keine Bestimmung dieses Paktes ist so auszulegen, dass sie das allen Völkern innewohnende Recht auf den Genuss und die volle und freie Nutzung ihrer natürlichen Reichtümer und Mittel beeinträchtigt.

Teil V

Art. 26. (1) Dieser Pakt liegt für alle Mitgliedstaaten der Vereinten Nationen, für alle Mitglieder einer ihrer Sonderorganisationen, für alle Vertragsstaaten der Satzung des Internationalen Gerichtshofs und für jeden anderen Staat, den die Generalversammlung der Vereinten Nationen einlädt, Vertragspartei dieses Paktes zu werden, zur Unterzeichnung auf.

(2) Dieser Pakt bedarf der Ratifikation. Die Ratifikationsurkunden sind beim Generalsekretär der Vereinten Nationen zu hinterlegen.

(3) Dieser Pakt liegt für jeden in Absatz 1 bezeichneten Staat zum Beitritt auf.

(4) Der Beitritt erfolgt durch Hinterlegung einer Beitrittsurkunde beim Generalsekretär der Vereinten Nationen.

(5) Der Generalsekretär der Vereinten Nationen unterrichtet alle Staaten, die diesen Pakt unterzeichnet haben oder ihm beigetreten sind, von der Hinterlegung jeder Ratifikations- oder Beitrittsurkunde.

Art. 27. (1) Dieser Pakt tritt drei Monate nach Hinterlegung der fünfunddreissigsten Ratifikations- oder Beitrittsurkunde beim Generalsekretär der Vereinten Nationen in Kraft.

(2) Für jeden Staat, der nach Hinterlegung der fünfunddreissigsten Ratifikations- oder Beitrittsurkunde diesen Pakt ratifiziert oder ihm beitritt, tritt er drei

Monate nach Hinterlegung seiner eigenen Ratifikations- oder Beitrittsurkunde in Kraft.

Art. 28. Die Bestimmungen dieses Paktes gelten ohne Einschränkung oder Ausnahme für alle Teile eines Bundesstaates.

Art. 29. (1) Jeder Vertragsstaat kann eine Änderung des Paktes vorschlagen und ihren Wortlaut beim Generalsekretär der Vereinten Nationen einreichen. Der Generalsekretär übermittelt sodann alle Änderungsvorschläge den Vertragsstaaten mit der Aufforderung, ihm mitzuteilen, ob sie eine Konferenz der Vertragsstaaten zur Beratung und Abstimmung über die Vorschläge befürworten. Befürwortet wenigstens ein Drittel der Vertragsstaaten eine solche Konferenz, so beruft der Generalsekretär die Konferenz unter der Schirmherrschaft der Vereinten Nationen ein. Jede Änderung, die von der Mehrheit der auf der Konferenz anwesenden und abstimmenden Vertragsstaaten angenommen wird, ist der Generalversammlung der Vereinten Nationen zur Genehmigung vorzulegen.

(2) Die Änderungen treten in Kraft, wenn sie von der Generalversammlung der Vereinten Nationen genehmigt und von einer Zweidrittelmehrheit der Vertragsstaaten nach Massgabe der in ihrer Verfassung vorgesehenen Verfahren angenommen worden sind.

(3) Treten die Änderungen in Kraft, so sind sie für die Vertragsstaaten, die sie angenommen haben, verbindlich, während für die anderen Vertragsstaaten weiterhin die Bestimmungen dieses Paktes und alle früher von ihnen angenommenen Änderungen gelten.

Art. 30. Unabhängig von den Notifikationen nach Artikel 26 Absatz 5 unterrichtet der Generalsekretär der Vereinten Nationen alle in Absatz 1 jenes Artikels bezeichneten Staaten

a) von den Unterzeichnungen, Ratifikationen und Beitritten nach Artikel 26;

b) vom Zeitpunkt des Inkrafttretens dieses Paktes nach Artikel 27 und vom Zeitpunkt des Inkrafttretens von Änderungen nach Artikel 29.

Art. 31. (1) Dieser Pakt, dessen chinesischer, englischer, französischer, russischer und spanischer Wortlaut gleichermassen verbindlich ist, wird im Archiv der Vereinten Nationen hinterlegt.

(2) Der Generalsekretär der Vereinten Nationen übermittelt allen in Artikel 26 bezeichneten Staaten beglaubigte Abschriften dieses Paktes.

Resolution des Wirtschafts- und Sozialrates zur Verwirklichung des internationalen Paktes über wirtschaftliche, soziale und kulturelle Rechte[2]

Überprüfung der Zusammensetzung, der Organisation und der verwaltungstechnischen Vorkehrungen der Tagungsgebundenen Arbeitsgruppe von Regierungssachverständigen für die Verwirklichung des Internationalen Paktes über wirtschaftliche, soziale und kulturelle Rechte.

Der Wirtschafts- und Sozialrat,

- unter Hinweis auf seine Resolution 1988(LX) vom 11. Mai 1976, mit der er auf die bedeutende Verantwortung verwies, die dem Wirtschafts- und Sozialrat durch den Internationalen Pakt über wirtschaftliche, soziale und kulturelle Rechte übertragen wird, insbesondere die Verantwortung auf Grund der Artikel 21 und 22 des Paktes, und in der er sich bereit erklärte, dieser Verantwortung nachzukommen,
- unter Hinweis auf seinen Beschluss 1978/10 vom 3. Mai 1978, mit dem er beschloss, zur Unterstützung des Rates bei der Behandlung der von den Vertragsstaaten des Paktes gemäss Resolution 1988(LX) des Wirtschafts- und Sozialrats vorgelegten Berichte eine Tagungsgebundene Arbeitsgruppe für die Verwirklichung des Internationalen Paktes über wirtschaftliche, soziale und kulturelle Rechte einzusetzen, und in dem er die Zusammensetzung der Arbeitsgruppe festlegte,

[...]

beschliesst folgendes:

a) Die mit Beschluss 1978/10 des Wirtschafts- und Sozialrats eingesetzte und mit Ratsbeschluss 1981/158 und Resolution 1982/33 modifizierte Arbeitsgruppe wird in «Ausschuss für wirtschaftliche, soziale und kulturelle Rechte» (im folgenden als «der Ausschuss» bezeichnet) umbenannt.

b) Der Ausschuss setzt sich aus achtzehn Mitgliedern zusammen, die in persönlicher Eigenschaft tätige Sachverständige von anerkanntem Ruf auf dem Gebiet der Menschenrechte sind, wobei die ausgewogene geographische Verteilung und die Vertretung verschiedener Gesellschafts- und Rechtssysteme gebührend berücksichtigt wird; zu diesem Zweck werden fünfzehn Sitze gleichmässig auf die Regionalgruppen verteilt, während die zusätzlichen drei Sitze entsprechend der Zunahme der Gesamtzahl der Vertragsstaaten pro Regionalgruppe zugewiesen werden.

2 Quelle: Resolution 1985/17 des Wirtschafts- und Sozialrates vom 28. Mai 1985; deutsche Übersetzung aus: Vereinte Nationen 3/1987, S. 112 f.

c) Die Mitglieder des Ausschusses werden vom Rat in geheimer Wahl auf Grund einer Liste von Personen gewählt, die von den Vertragsstaaten des Internationalen Paktes über wirtschaftliche, soziale und kulturelle Rechte vorgeschlagen worden sind, wobei folgende Bedingungen gelten:

i) Die Mitglieder des Ausschusses werden für eine Amtszeit von vier Jahren gewählt und können am Ende ihrer Amtszeit wiedergewählt werden, wenn sie erneut vorgeschlagen werden.

ii) Alle zwei Jahre wird eine Hälfte der Mitglieder des Ausschusses ersetzt, wobei die Notwendigkeit zu berücksichtigen ist, dass die in Buchstabe b) erwähnte ausgewogene geographische Verteilung gewahrt bleibt.

iii) Die ersten Wahlen finden während der ersten ordentlichen Tagung des Rates im Jahre 1986 statt; unmittelbar nach diesen Wahlen bestimmt der Ratspräsident durch das Los die Namen von neun Mitgliedern, deren Amtszeit nach Ablauf von zwei Jahren endet.

iv) Die Amtszeit der in den Ausschuss gewählten Mitglieder beginnt am 1. Januar des auf ihre Wahl folgenden Jahres und endet am 31. Dezember des Jahres, in dem ihre Nachfolger gewählt werden.

v) Die darauffolgenden Wahlen finden alle zwei Jahre während der ersten ordentlichen Tagung des Rates statt.

vi) Spätestens vier Monate vor jeder Wahl in den Ausschuss richtet der Generalsekretär eine schriftliche Aufforderung an die Vertragsstaaten des Paktes, binnen drei Monaten ihre Wahlvorschläge für die Mitgliedschaft im Ausschuss abzugeben; der Generalsekretär erstellt eine Liste der auf diese Weise vorgeschlagenen Personen unter Angabe der Vertragsstaaten, die sie vorgeschlagen haben, und unterbreitet diese Liste dem Rat spätestens einen Monat vor dem Tag der Wahl.

d) Der Ausschuss tritt jährlich nach Massgabe der Zahl der von ihm zu prüfenden Berichte für eine Dauer von bis zu drei Wochen abwechselnd in Genf und New York zusammen.

e) Die Mitglieder des Ausschusses erhalten eine Reisekostenentschädigung und Taggeld aus Mitteln der Vereinten Nationen.

f) Der Ausschuss unterbreitet dem Rat einen Tätigkeitsbericht mit einer Zusammenfassung seiner Behandlung der von den Vertragsstaaten des Paktes vorgelegten Berichte und macht auf der Grundlage seiner Behandlung dieser Berichte sowie der von den Sonderorganisationen vorgelegten Berichte Vorschläge und Empfehlungen allgemeiner Art, um den Rat insbesondere bei der Wahrnehmung seiner Verantwortung nach Artikel 21 und 22 des Paktes zu unterstützen.

g) Der Generalsekretär trägt dafür Sorge, dass für die Beratungen des Ausschusses Kurzprotokolle erstellt werden, die dem Rat gleichzeitig mit dem Bericht des Ausschusses zur Verfügung gestellt werden; der Generalsekretär stellt dem Ausschuss darüber hinaus das Personal und die Einrichtungen zur Verfügung, die für die wirksame Wahrnehmung seiner Aufgaben erforderlich sind, wobei die Notwendigkeit zu berücksichtigen ist, dass die Tätigkeit des Ausschusses eine angemessene Publizität erfährt.

h) Die mit Resolution 1979/43 des Wirtschafts- und Sozialrats und den anderen in der Präambel zu dieser Resolution genannten Resolutionen und Beschlüssen festgelegten Verfahren und Arbeitsmethoden bleiben in Kraft, soweit sie durch diese Resolution nicht aufgehoben oder modifiziert werden.

i) Der Rat überprüft die Zusammensetzung, die Organisation und die verwaltungstechnischen Vorkehrungen des Ausschusses auf seiner ersten ordentlichen Tagung im Jahre 1990 und danach alle fünf Jahre unter Berücksichtigung des Grundsatzes der ausgewogenen geographischen Verteilung seiner Mitgliedschaft.

II. Internationaler Pakt über bürgerliche und politische Rechte[3]

Vom 16. Dezember 1966

Präambel

Die Vertragsstaaten dieses Paktes,

in der Erwägung, dass nach den in der Charta der Vereinten Nationen verkündeten Grundsätzen die Anerkennung der allen Mitgliedern der menschlichen Gesellschaft innewohnenden Würde und der Gleichheit und Unveräusserlichkeit ihrer Rechte die Grundlage von Freiheit, Gerechtigkeit und Frieden in der Welt bildet,

in der Erkenntnis, dass sich diese Rechte aus der dem Menschen innewohnenden Würde herleiten,

in der Erkenntnis, dass nach der Allgemeinen Erklärung der Menschenrechte das Ideal vom freien Menschen, der bürgerliche und politische Freiheit geniesst und frei von Furcht und Not lebt, nur verwirklicht werden kann, wenn Verhältnisse geschaffen werden, in denen jeder seine bürgerlichen und politischen Rechte ebenso wie seine wirtschaftlichen, sozialen und kulturellen Rechte geniessen kann,

in der Erwägung, dass die Charta der Vereinten Nationen die Staaten verpflichtet, die allgemeine und wirksame Achtung der Rechte und Freiheit des Menschen zu fördern,

3 Quelle: United Nations-Treaty Series Vol. 999, S. 171; deutsche Übersetzung aus: SR 0.103.2.

im Hinblick darauf, dass der einzelne gegenüber seinen Mitmenschen und der Gemeinschaft, der er angehört, Pflichten hat und gehalten ist, für die Förderung und Achtung der in diesem Pakt anerkannten Rechte einzutreten,

vereinbaren folgende Artikel:

Teil I

Art. 1. (1) Alle Völker haben das Recht auf Selbstbestimmung. Kraft dieses Rechts entscheiden sie frei über ihren politischen Status und gestalten in Freiheit ihre wirtschaftliche, soziale und kulturelle Entwicklung.

(2) Alle Völker können für ihre eigenen Zwecke frei über ihre natürlichen Reichtümer und Mittel verfügen, unbeschadet aller Verpflichtungen, die aus der internationalen wirtschaftlichen Zusammenarbeit auf der Grundlage des gegenseitigen Wohles sowie aus dem Völkerrecht erwachsen. In keinem Falle darf ein Volk seiner eigenen Existenzmittel beraubt werden.

(3) Die Vertragsstaaten, einschliesslich der Staaten, die für die Verwaltung von Gebieten ohne Selbstregierung und von Treuhandgebieten verantwortlich sind, haben entsprechend den Bestimmungen der Charta der Vereinten Nationen die Verwirklichung des Rechts auf Selbstbestimmung zu fördern und dieses Recht zu achten.

Teil II

Art. 2. (1) Jeder Vertragsstaat verpflichtet sich, die in diesem Pakt anerkannten Rechte zu achten und sie allen in seinem Gebiet befindlichen und seiner Herrschaftsgewalt unterstehenden Personen ohne Unterschied wie insbesondere der Rasse, der Hautfarbe, des Geschlechts, der Sprache, der Religion, der politischen oder sonstigen Anschauung, der nationalen oder sozialen Herkunft, des Vermögens, der Geburt oder des sonstigen Status zu gewährleisten.

(2) Jeder Vertragsstaat verpflichtet sich, im Einklang mit seinem verfassungsmässigen Verfahren und mit den Bestimmungen dieses Paktes die erforderlichen Schritte zu unternehmen, um die gesetzgeberischen oder sonstigen Vorkehrungen zu treffen, die notwendig sind, um den in diesem Pakt anerkannten Rechten Wirksamkeit zu verleihen, soweit solche Vorkehrungen nicht bereits getroffen worden sind.

(3) Jeder Vertragsstaat verpflichtet sich,

a) dafür Sorge zu tragen, dass jeder, der in seinen in diesem Pakt anerkannten Rechten oder Freiheiten verletzt worden ist, das Recht hat, eine wirksame

Beschwerde einzulegen, selbst wenn die Verletzung von Personen begangen worden ist, die in amtlicher Eigenschaft gehandelt haben;

b) dafür Sorge zu tragen, dass jeder, der eine solche Beschwerde erhebt, sein Recht durch das zuständige Gerichts-, Verwaltungs- oder Gesetzgebungsorgan oder durch eine andere, nach den Rechtsvorschriften des Staates zuständige Stelle feststellen lassen kann, und den gerichtlichen Rechtsschutz auszubauen;

c) dafür Sorge zu tragen, dass die zuständigen Stellen Beschwerden, denen stattgegeben wurde, Geltung verschaffen.

Art. 3. Die Vertragsstaaten verpflichten sich, die Gleichberechtigung von Mann und Frau bei der Ausübung aller in diesem Pakt festgelegten bürgerlichen und politischen Rechte sicherzustellen.

Art. 4. (1) Im Falle eines öffentlichen Notstandes, der das Leben der Nation bedroht und der amtlich verkündet ist, können die Vertragsstaaten Massnahmen ergreifen, die ihre Verpflichtungen aus diesem Pakt in dem Umfang, den die Lage unbedingt erfordert, ausser Kraft setzen, vorausgesetzt, dass diese Massnahmen ihren sonstigen völkerrechtlichen Verpflichtungen nicht zuwiderlaufen und keine Diskriminierung allein wegen der Rasse, der Hautfarbe, des Geschlechts, der Sprache, der Religion oder der sozialen Herkunft enthalten.

(2) Auf Grund der vorstehenden Bestimmung dürfen die Artikel 6, 7, 8 (Absätze 1 und 2), 11, 15, 16 und 18 nicht ausser Kraft gesetzt werden.

(3) Jeder Vertragsstaat, der das Recht, Verpflichtungen ausser Kraft zu setzen, ausübt, hat den übrigen Vertragsstaaten durch Vermittlung des Generalsekretärs der Vereinten Nationen unverzüglich mitzuteilen, welche Bestimmungen er ausser Kraft gesetzt hat und welche Gründe ihn dazu veranlasst haben. Auf demselben Wege ist durch eine weitere Mitteilung der Zeitpunkt anzugeben, in dem eine solche Massnahme endet.

Art. 5. (1) Keine Bestimmung dieses Paktes darf dahin ausgelegt werden, dass sie für einen Staat, eine Gruppe oder eine Person das Recht begründet, eine Tätigkeit auszuüben oder eine Handlung zu begehen, die auf die Abschaffung der in diesem Pakt anerkannten Rechte und Freiheiten oder auf weitergehende Beschränkungen dieser Rechte und Freiheiten, als in dem Pakt vorgesehen, hinzielt.

(2) Die in einem Vertragsstaat durch Gesetze, Übereinkommen, Verordnungen oder durch Gewohnheitsrecht anerkannten oder bestehenden grundlegenden Menschenrechte dürfen nicht unter dem Vorwand beschränkt oder ausser Kraft gesetzt werden, dass dieser Pakt derartige Rechte nicht oder nur in einem geringeren Ausmasse anerkenne.

Teil III

Art. 6. (1) Jeder Mensch hat ein angeborenes Recht auf Leben. Dieses Recht ist gesetzlich zu schützen. Niemand darf willkürlich seines Lebens beraubt werden.

(2) In Staaten, in denen die Todesstrafe nicht abgeschafft worden ist, darf ein Todesurteil nur für schwerste Verbrechen auf Grund von Gesetzen verhängt werden, die zur Zeit der Begehung der Tat in Kraft waren und die den Bestimmungen dieses Paktes und der Konvention über die Verhütung und Bestrafung des Völkermordes nicht widersprechen. Diese Strafe darf nur auf Grund eines von einem zuständigen Gericht erlassenen rechtskräftigen Urteils vollstreckt werden.

(3) Erfüllt die Tötung den Tatbestand des Völkermordes, so ermächtigt dieser Artikel die Vertragsstaaten nicht, sich in irgendeiner Weise einer Verpflichtung zu entziehen, die sie nach den Bestimmungen der Konvention über die Verhütung und Bestrafung des Völkermordes übernommen haben.

(4) Jeder zum Tode Verurteilte hat das Recht, um Begnadigung oder Umwandlung der Strafe zu bitten. Amnestie, Begnadigung oder Umwandlung der Todesstrafe kann in allen Fällen gewährt werden.

(5) Die Todesstrafe darf für strafbare Handlungen, die von Jugendlichen unter 18 Jahren begangen worden sind, nicht verhängt und an schwangeren Frauen nicht vollstreckt werden.

(6) Keine Bestimmung dieses Artikels darf herangezogen werden, um die Abschaffung der Todesstrafe durch einen Vertragsstaat zu verzögern oder zu verhindern.

Art. 7. Niemand darf der Folter oder grausamer, unmenschlicher oder erniedrigender Behandlung oder Strafe unterworfen werden. Insbesondere darf niemand ohne seine freiwillige Zustimmung medizinischen oder wissenschaftlichen Versuchen unterworfen werden.

Art. 8. (1) Niemand darf in Sklaverei gehalten werden; Sklaverei und Sklavenhandel in allen ihren Formen sind verboten.

(2) Niemand darf in Leibeigenschaft gehalten werden.

(3) a) Niemand darf gezwungen werden, Zwangs- oder Pflichtarbeit zu verrichten;

b) Buchstabe a ist nicht so auszulegen, dass er in Staaten, in denen bestimmte Straftaten mit einem mit Zwangsarbeit verbundenen Freiheitsentzug geahndet werden können, die Leistung von Zwangsarbeit auf Grund einer Verurteilung durch ein zuständiges Gericht ausschliesst;

c) als «Zwangs- oder Pflichtarbeit» im Sinne dieses Absatzes gilt nicht

i) jede nicht unter Buchstabe b genannte Arbeit oder Dienstleistung, die normalerweise von einer Person verlangt wird, der auf Grund einer recht-

mässigen Gerichtsentscheidung die Freiheit entzogen oder die aus einem solchen Freiheitsentzug bedingt entlassen worden ist;
ii) jede Dienstleistung militärischer Art sowie in Staaten, in denen die Wehrdienstverweigerung aus Gewissensgründen anerkannt wird, jede für Wehrdienstverweigerer gesetzlich vorgeschriebene nationale Dienstleistung;
iii) jede Dienstleistung im Falle von Notständen oder Katastrophen, die das Leben oder das Wohl der Gemeinschaft bedrohen;
iv) jede Arbeit oder Dienstleistung, die zu den normalen Bürgerpflichten gehört.

Art. 9. (1) Jedermann hat ein Recht auf persönliche Freiheit und Sicherheit. Niemand darf willkürlich festgenommen oder in Haft gehalten werden. Niemand darf seine Freiheit entzogen werden, es sei denn aus gesetzlich bestimmten Gründen und unter Beachtung des im Gesetz vorgeschriebenen Verfahrens.

(2) Jeder Festgenommene ist bei seiner Festnahme über die Gründe der Festnahme zu unterrichten, und die gegen ihn erhobenen Beschuldigungen sind ihm unverzüglich mitzuteilen.

(3) Jeder, der unter dem Vorwurf einer strafbaren Handlung festgenommen worden ist oder in Haft gehalten wird, muss unverzüglich einem Richter oder einer anderen gesetzlich zur Ausübung richterlicher Funktionen ermächtigten Amtsperson vorgeführt werden und hat Anspruch auf ein Gerichtsverfahren innerhalb angemessener Frist oder auf Entlassung aus der Haft. Es darf nicht die allgemeine Regel sein, dass Personen, die eine gerichtliche Aburteilung erwarten, in Haft gehalten werden, doch kann die Freilassung davon abhängig gemacht werden, dass für das Erscheinen zur Hauptverhandlung oder zu jeder anderen Verfahrenshandlung und gegebenenfalls zur Vollstreckung des Urteils Sicherheit geleistet wird.

(4) Jeder, dem seine Freiheit durch Festnahme oder Haft entzogen ist, hat das Recht, ein Verfahren vor einem Gericht zu beantragen, damit dieses un verzüglich über die Rechtmässigkeit der Freiheitsentziehung entscheiden und seine Entlassung anordnen kann, falls die Freiheitsentziehung nicht rechtmässig ist.

(5) Jeder, der unrechtmässig festgenommen oder in Haft gehalten worden ist, hat einen Anspruch auf Entschädigung.

Art. 10. (1) Jeder, dem seine Freiheit entzogen ist, muss menschlich und mit Achtung vor der dem Menschen innewohnenden Würde behandelt werden.

(2) a) Beschuldigte sind, abgesehen von aussergewöhnlichen Umständen, von Verurteilten getrennt unterzubringen und so zu behandeln, wie es ihrer Stellung als Nichtverurteilte entspricht;

b) jugendliche Beschuldigte sind von Erwachsenen zu trennen, und es hat so schnell wie möglich ein Urteil zu ergehen.

(3) Der Strafvollzug schliesst eine Behandlung der Gefangenen ein, die vornehmlich auf ihre Besserung und gesellschaftliche Wiedereingliederung hinzielt. Jugendliche Straffällige sind von Erwachsenen zu trennen und ihrem Alter und ihrer Rechtsstellung entsprechend zu behandeln.

Art. 11. Niemand darf nur deswegen in Haft genommen werden, weil er nicht in der Lage ist, eine vertragliche Verpflichtung zu erfüllen.

Art. 12. (1) Jedermann, der sich rechtmässig im Hoheitsgebiet eines Staates aufhält, hat das Recht, sich dort frei zu bewegen und seinen Wohnsitz frei zu wählen.

(2) Jedermann steht es frei, jedes Land einschliesslich seines eigenen zu verlassen.

(3) Die oben erwähnten Rechte dürfen nur eingeschränkt werden, wenn dies gesetzlich vorgesehen und zum Schutz der nationalen Sicherheit, der öffentlichen Ordnung (ordre public), der Volksgesundheit, der öffentlichen Sittlichkeit oder der Rechte und Freiheiten anderer notwendig ist und die Einschränkungen mit den übrigen in diesem Pakt anerkannten Rechten vereinbar sind.

(4) Niemand darf willkürlich das Recht entzogen werden, in sein eigenes Land einzureisen.

Art. 13. Ein Ausländer, der sich rechtmässig im Hoheitsgebiet eines Vertragsstaates aufhält, kann aus diesem nur auf Grund einer rechtmässig ergangenen Entscheidung ausgewiesen werden, und es ist ihm, sofern nicht zwingende Gründe der nationalen Sicherheit entgegenstehen, Gelegenheit zu geben, die gegen seine Ausweisung sprechenden Gründe vorzubringen und diese Entscheidung durch die zuständige Behörde oder durch eine oder mehrere von dieser Behörde besonders bestimmte Personen nachprüfen und sich dabei vertreten zu lassen.

Art. 14. (1) Alle Menschen sind vor Gericht gleich. Jedermann hat Anspruch darauf, dass über eine gegen ihn erhobene strafrechtliche Anklage oder seine zivilrechtlichen Ansprüche und Verpflichtungen durch ein zuständiges, unabhängiges, unparteiisches und auf Gesetz beruhendes Gericht in billiger Weise und öffentlich verhandelt wird. Aus Gründen der Sittlichkeit, der öffentlichen Ordnung (ordre public) oder der nationalen Sicherheit in einer demokratischen Gesellschaft oder wenn es im Interesse des Privatlebens der Parteien erforderlich ist oder – soweit dies nach Auffassung des Gerichts unbedingt erforderlich ist – unter besonderen Umständen, in denen die Öffentlichkeit des Verfahrens die Interessen der Gerechtigkeit beeinträchtigen würde, können Presse und Öffentlichkeit während der ganzen oder eines Teils der Verhandlung ausgeschlossen werden; jedes Urteil in einer Straf- oder Zivilsache ist jedoch öffentlich zu verkünden, sofern nicht die Interessen Jugendlicher dem entgegenstehen oder das Verfahren Ehestreitigkeiten oder die Vormundschaft über Kinder betrifft.

(2) Jeder wegen einer strafbaren Handlung Angeklagte hat Anspruch darauf, bis zu dem im gesetzlichen Verfahren erbrachten Nachweis seiner Schuld als unschuldig zu gelten.

(3) Jeder wegen einer strafbaren Handlung Angeklagte hat in gleicher Weise im Verfahren Anspruch auf folgende Mindestgarantien:

a) Er ist unverzüglich und im einzelnen in einer ihm verständlichen Sprache über Art und Grund der gegen ihn erhobenen Anklage zu unterrichten;

b) er muss hinreichend Zeit und Gelegenheit zur Vorbereitung seiner Verteidigung und zum Verkehr mit einem Verteidiger seiner Wahl haben;

c) es muss ohne unangemessene Verzögerung ein Urteil gegen ihn ergehen;

d) er hat das Recht, bei der Verhandlung anwesend zu sein und sich selbst zu verteidigen oder durch einen Verteidiger seiner Wahl verteidigen zu lassen; falls er keinen Verteidiger hat, ist er über das Recht, einen Verteidiger in Anspruch zu nehmen, zu unterrichten; fehlen ihm die Mittel zur Bezahlung eines Verteidigers, so ist ihm ein Verteidiger unentgeltlich zu bestellen, wenn dies im Interesse der Rechtspflege erforderlich ist;

e) er darf Fragen an die Belastungszeugen stellen oder stellen lassen und das Erscheinen und die Vernehmung der Entlastungszeugen unter den für die Belastungszeugen geltenden Bedingungen erwirken;

f) er kann die unentgeltliche Beiziehung eines Dolmetschers verlangen, wenn er die Verhandlungssprache des Gerichts nicht versteht oder spricht;

g) er darf nicht gezwungen werden, gegen sich selbst als Zeuge auszusagen oder sich schuldig zu bekennen.

(4) Gegen Jugendliche ist das Verfahren in einer Weise zu führen, die ihrem Alter entspricht und ihre Wiedereingliederung in die Gesellschaft fördert.

(5) Jeder, der wegen einer strafbaren Handlung verurteilt worden ist, hat das Recht, das Urteil entsprechend dem Gesetz durch ein höheres Gericht nachprüfen zu lassen.

(6) Ist jemand wegen einer strafbaren Handlung rechtskräftig verurteilt und ist das Urteil später aufgehoben oder der Verurteilte begnadigt worden, weil eine neue oder eine neu bekannt gewordene Tatsache schlüssig beweist, dass ein Fehlurteil vorlag, so ist derjenige, der auf Grund eines solchen Urteils eine Strafe verbüsst hat, entsprechend dem Gesetz zu entschädigen, sofern nicht nachgewiesen wird, dass das nicht rechtzeitige Bekanntwerden der betreffenden Tatsache ganz oder teilweise ihm zuzuschreiben ist.

(7) Niemand darf wegen einer strafbaren Handlung, wegen der er bereits nach dem Gesetz und dem Strafverfahrensrecht des jeweiligen Landes rechts-

kräftig verurteilt oder freigesprochen worden ist, erneut verfolgt oder bestraft werden.

Art. 15. (1) Niemand darf wegen einer Handlung oder Unterlassung verurteilt werden, die zur Zeit ihrer Begehung nach inländischem oder nach internationalem Recht nicht strafbar war. Ebenso darf keine schwerere Strafe als die im Zeitpunkt der Begehung der strafbaren Handlung angedrohte Strafe verhängt werden. Wird nach Begehung einer strafbaren Handlung durch Gesetz eine mildere Strafe eingeführt, so ist das mildere Gesetz anzuwenden.

(2) Dieser Artikel schliesst die Verurteilung oder Bestrafung einer Person wegen einer Handlung oder Unterlassung nicht aus, die im Zeitpunkt ihrer Begehung nach den von der Völkergemeinschaft anerkannten allgemeinen Rechtsgrundsätzen strafbar war.

Art. 16. Jedermann hat das Recht, überall als rechtsfähig anerkannt zu werden.

Art. 17. (1) Niemand darf willkürlichen oder rechtswidrigen Eingriffen in sein Privatleben, seine Familie, seine Wohnung und seinen Schriftverkehr oder rechtswidrigen Beeinträchtigungen seiner Ehre und seines Rufes ausgesetzt werden.

(2) Jedermann hat Anspruch auf rechtlichen Schutz gegen solche Eingriffe oder Beeinträchtigungen.

Art. 18. (1) Jedermann hat das Recht auf Gedanken-, Gewissens- und Religionsfreiheit. Dieses Recht umfasst die Freiheit, eine Religion oder eine Weltanschauung eigener Wahl zu haben oder anzunehmen, und die Freiheit, seine Religion oder Weltanschauung allein oder in Gemeinschaft mit anderen, öffentlich oder privat durch Gottesdienst, Beachtung religiöser Bräuche, Ausübung und Unterricht zu bekunden.

(2) Niemand darf einem Zwang ausgesetzt werden, der seine Freiheit, eine Religion oder eine Weltanschauung seiner Wahl zu haben oder anzunehmen, beeinträchtigen würde.

(3) Die Freiheit, seine Religion oder Weltanschauung zu bekunden, darf nur den gesetzlich vorgesehenen Einschränkungen unterworfen werden, die zum Schutz der öffentlichen Sicherheit, Ordnung, Gesundheit, Sittlichkeit oder der Grundrechte und -freiheiten anderer erforderlich sind.

(4) Die Vertragsstaaten verpflichten sich, die Freiheit der Eltern und gegebenenfalls des Vormunds oder Pflegers zu achten, die religiöse und sittliche Erziehung ihrer Kinder in Übereinstimmung mit ihren eigenen Überzeugungen sicherzustellen.

Art. 19. (1) Jedermann hat das Recht auf unbehinderte Meinungsfreiheit.

(2) Jedermann hat das Recht auf freie Meinungsäusserung; dieses Recht schliesst die Freiheit ein, ohne Rücksicht auf Staatsgrenzen Informationen und Gedankengut jeder Art in Wort, Schrift oder Druck, durch Kunstwerke oder andere Mittel eigener Wahl sich zu beschaffen, zu empfangen und weiterzugeben.

(3) Die Ausübung der in Absatz 2 vorgesehenen Rechte ist mit besonderen Pflichten und einer besonderen Verantwortung verbunden. Sie kann daher bestimmten, gesetzlich vorgesehenen Einschränkungen unterworfen werden, die erforderlich sind

a) für die Achtung der Rechte oder des Rufs anderer;

b) für den Schutz der nationalen Sicherheit, der öffentlichen Ordnung (ordre public), der Volksgesundheit oder der öffentlichen Sittlichkeit.

Art. 20. (1) Jede Kriegspropaganda wird durch Gesetz verboten.

(2) Jedes Eintreten für nationalen, rassischen oder religiösen Hass, durch das zu Diskriminierung, Feindseligkeit oder Gewalt aufgestachelt wird, wird durch Gesetz verboten.

Art. 21. Das Recht, sich friedlich zu versammeln, wird anerkannt. Die Ausübung dieses Rechts darf keinen anderen als den gesetzlich vorgesehenen Einschränkungen unterworfen werden, die in einer demokratischen Gesellschaft im Interesse der nationalen oder der öffentlichen Sicherheit, der öffentlichen Ordnung (ordre public), zum Schutz der Volksgesundheit, der öffentlichen Sittlichkeit oder zum Schutz der Rechte und Freiheiten anderer notwendig sind.

Art. 22. (1) Jedermann hat das Recht, sich frei mit anderen zusammenzuschliessen sowie zum Schutz seiner Interessen Gewerkschaften zu bilden und ihnen beizutreten.

(2) Die Ausübung dieses Rechts darf keinen anderen als den gesetzlich vorgesehenen Einschränkungen unterworfen werden, die in einer demokratischen Gesellschaft im Interesse der nationalen oder der öffentlichen Sicherheit, der öffentlichen Ordnung (ordre public), zum Schutz der Volksgesundheit, der öffentlichen Sittlichkeit oder zum Schutz der Rechte und Freiheiten anderer notwendig sind. Dieser Artikel steht gesetzlichen Einschränkungen der Ausübung dieses Rechts für Angehörige der Streitkräfte oder der Polizei nicht entgegen.

(3) Keine Bestimmung dieses Artikels ermächtigt die Vertragsstaaten des Übereinkommens der Internationalen Arbeitsorganisation von 1948 über die Vereinigungsfreiheit und den Schutz des Vereinigungsrechts, gesetzgeberische Massnahmen zu treffen oder Gesetze so anzuwenden, dass die Garantien des oben genannten Übereinkommens beeinträchtigt werden.

Art. 23. (1) Die Familie ist die natürliche Kernzelle der Gesellschaft und hat Anspruch auf Schutz durch Gesellschaft und Staat.

(2) Das Recht von Mann und Frau, im heiratsfähigen Alter eine Ehe einzugehen und eine Familie zu gründen, wird anerkannt.

(3) Eine Ehe darf nur im freien und vollen Einverständnis der künftigen Ehegatten geschlossen werden.

(4) Die Vertragsstaaten werden durch geeignete Massnahmen sicherstellen, dass die Ehegatten gleiche Rechte und Pflichten bei der Eheschliessung, während der Ehe und bei Auflösung der Ehe haben. Für den nötigen Schutz der Kinder im Falle einer Auflösung der Ehe ist Sorge zu tragen.

Art. 24. (1) Jedes Kind hat ohne Diskriminierung hinsichtlich der Rasse, der Hautfarbe, des Geschlechts, der Sprache, der Religion, der nationalen und sozialen Herkunft, des Vermögens oder der Geburt das Recht auf diejenigen Schutzmassnahmen durch seine Familie, die Gesellschaft und den Staat, die seine Rechtsstellung als Minderjähriger erfordert.

(2) Jedes Kind muss unverzüglich nach seiner Geburt in ein Register eingetragen werden und einen Namen erhalten.

(3) Jedes Kind hat das Recht, eine Staatsangehörigkeit zu erwerben.

Art. 25. Jeder Staatsbürger hat das Recht und die Möglichkeit, ohne Unterschied nach den in Artikel 2 genannten Merkmalen und ohne unangemessene Einschränkungen

a) an der Gestaltung der öffentlichen Angelegenheiten unmittelbar oder durch frei gewählte Vertreter teilzunehmen;

b) bei echten, wiederkehrenden, allgemeinen, gleichen und geheimen Wahlen, bei denen die freie Äusserung des Wählerwillens gewährleistet ist, zu wählen und gewählt zu werden;

c) unter allgemeinen Gesichtspunkten der Gleichheit zu öffentlichen Ämtern seines Landes Zugang zu haben.

Art. 26. Alle Menschen sind vor dem Gesetz gleich und haben ohne Diskriminierung Anspruch auf gleichen Schutz durch das Gesetz. In dieser Hinsicht hat das Gesetz jede Diskriminierung zu verbieten und allen Menschen gegen jede Diskriminierung, wie insbesondere wegen der Rasse, der Hautfarbe, des Geschlechts, der Sprache, der Religion, der politischen oder sonstigen Anschauung, der nationalen oder sozialen Herkunft, des Vermögens, der Geburt oder des sonstigen Status, gleichen und wirksamen Schutz zu gewährleisten.

Art. 27. In Staaten mit ethnischen, religiösen oder sprachlichen Minderheiten darf Angehörigen solcher Minderheiten nicht das Recht vorenthalten werden, gemeinsam mit anderen Angehörigen ihrer Gruppe ihr eigenes kulturelles Leben zu pflegen, ihre eigene Religion zu bekennen und auszuüben oder sich ihrer eigenen Sprache zu bedienen.

Teil IV

Art. 28. (1) Es wird ein Ausschuss für Menschenrechte (im folgenden als «Ausschuss» bezeichnet) errichtet. Er besteht aus achtzehn Mitgliedern und nimmt die nachstehend festgelegten Aufgaben wahr.

(2) Der Ausschuss setzt sich aus Staatsangehörigen der Vertragsstaaten zusammen, die Persönlichkeiten von hohem sittlichen Ansehen und anerkannter Sachkenntnis auf dem Gebiet der Menschenrechte sind, wobei die Zweckmässigkeit der Beteiligung von Personen mit juristischer Erfahrung zu berücksichtigen ist.

(3) Die Mitglieder des Ausschusses werden in ihrer persönlichen Eigenschaft gewählt und sind in dieser Eigenschaft tätig.

Art. 29. (1) Die Mitglieder des Ausschusses werden in geheimer Wahl aus einer Liste von Personen gewählt, die die in Artikel 28 vorgeschriebenen Anforderungen erfüllen und von den Vertragsstaaten dafür vorgeschlagen worden sind.

(2) Jeder Vertragsstaat darf höchstens zwei Personen vorschlagen. Diese müssen Staatsangehörige des sie vorschlagenden Staates sein.

(3) Eine Person kann wieder vorgeschlagen werden.

Art. 30. (1) Die erste Wahl findet spätestens sechs Monate nach Inkrafttreten dieses Paktes statt.

(2) Spätestens vier Monate vor jeder Wahl zum Ausschuss – ausser bei einer Wahl zur Besetzung eines gemäss Artikel 34 für frei geworden erklärten Sitzes – fordert der Generalsekretär der Vereinten Nationen die Vertragsstaaten schriftlich auf, ihre Kandidaten für den Ausschuss innerhalb von drei Monaten vorzuschlagen.

(3) Der Generalsekretär der Vereinten Nationen fertigt eine alphabetische Liste aller auf diese Weise vorgeschlagenen Personen unter Angabe der Vertragsstaaten, die sie vorgeschlagen haben, an und übermittelt sie den Vertragsstaaten spätestens einen Monat vor jeder Wahl.

(4) Die Wahl der Ausschussmitglieder findet in einer vom Generalsekretär der Vereinten Nationen am Sitz dieser Organisation einberufenen Versammlung der Vertragsstaaten statt. In dieser Versammlung, die beschlussfähig ist, wenn zwei Drittel der Vertragsstaaten vertreten sind, gelten diejenigen Kandidaten als in den Ausschuss gewählt, die die höchste Stimmenzahl und die absolute

Stimmenmehrheit der anwesenden und abstimmenden Vertreter der Vertragsstaaten auf sich vereinigen.

Art. 31. (1) Dem Ausschuss darf nicht mehr als ein Angehöriger desselben Staates angehören.

(2) Bei den Wahlen zum Ausschuss ist auf eine gerechte geographische Verteilung der Sitze und auf die Vertretung der verschiedenen Zivilisationsformen sowie der hauptsächlichen Rechtssysteme zu achten.

Art. 32. (1) Die Ausschussmitglieder werden für vier Jahre gewählt. Auf erneuten Vorschlag können sie wiedergewählt werden. Die Amtszeit von neun der bei der ersten Wahl gewählten Mitglieder läuft jedoch nach zwei Jahren ab; unmittelbar nach der ersten Wahl werden die Namen dieser neun Mitglieder vom Vorsitzenden der in Artikel 30 Absatz 4 genannten Versammlung durch das Los bestimmt.

(2) Für Wahlen nach Ablauf einer Amtszeit gelten die vorstehenden Artikel dieses Teils des Paktes.

Art. 33. (1) Nimmt ein Ausschussmitglied nach einstimmiger Feststellung der anderen Mitglieder seine Aufgabe aus einem anderen Grund als wegen vorübergehender Abwesenheit nicht mehr wahr, so teilt der Vorsitzende des Ausschusses dies dem Generalsekretär der Vereinten Nationen mit, der daraufhin den Sitz des betreffenden Mitglieds für frei geworden erklärt.

(2) Der Vorsitzende teilt den Tod oder Rücktritt eines Ausschussmitglieds unverzüglich dem Generalsekretär der Vereinten Nationen mit, der den Sitz vom Tag des Todes oder vom Wirksamwerden des Rücktritts an für frei geworden erklärt.

Art. 34. (1) Wird ein Sitz nach Artikel 33 für frei geworden erklärt und läuft die Amtszeit des zu ersetzenden Mitglieds nicht innerhalb von sechs Monaten nach dieser Erklärung ab, so teilt der Generalsekretär der Vereinten Nationen dies allen Vertragsstaaten mit, die innerhalb von zwei Monaten nach Massgabe des Artikels 29 Kandidaten zur Besetzung des frei gewordenen Sitzes vorschlagen können.

(2) Der Generalsekretär der Vereinten Nationen fertigt eine alphabetische Liste der auf diese Weise vorgeschlagenen Personen an und übermittelt sie den Vertragsstaaten. Sodann findet die Wahl zur Besetzung des frei gewordenen Sitzes entsprechend den einschlägigen Bestimmungen dieses Teils des Paktes statt.

(3) Die Amtszeit eines Ausschussmitglieds, das auf einen nach Artikel 33 für frei geworden erklärten Sitz gewählt worden ist, dauert bis zum Ende der

Amtszeit des Mitglieds, dessen Sitz im Ausschuss nach Massgabe des genannten Artikels frei geworden ist.

Art. 35. Die Ausschussmitglieder erhalten mit Zustimmung der Generalversammlung der Vereinten Nationen aus Mitteln der Vereinten Nationen Bezüge, wobei die Einzelheiten von der Generalversammlung unter Berücksichtigung der Bedeutung der Aufgaben des Ausschusses festgesetzt werden.

Art. 36. Der Generalsekretär der Vereinten Nationen stellt dem Ausschuss das Personal und die Einrichtungen zur Verfügung, die dieser zur wirksamen Durchführung der ihm nach diesem Pakt obliegenden Aufgaben benötigt.

Art. 37. (1) Der Generalsekretär der Vereinten Nationen beruft die erste Sitzung des Ausschusses am Sitz der Vereinten Nationen ein.

(2) Nach seiner ersten Sitzung tritt der Ausschuss zu den in seiner Geschäftsordnung vorgesehenen Zeiten zusammen.

(3) Die Sitzungen des Ausschusses finden in der Regel am Sitz der Vereinten Nationen oder beim Büro der Vereinten Nationen in Genf statt.

Art. 38. Jedes Ausschussmitglied hat vor Aufnahme seiner Amtstätigkeit in öffentlicher Sitzung des Ausschusses feierlich zu erklären, dass es sein Amt unparteiisch und gewissenhaft ausüben werde.

Art. 39. (1) Der Ausschuss wählt seinen Vorstand für zwei Jahre. Eine Wiederwahl der Mitglieder des Vorstands ist zulässig.

(2) Der Ausschuss gibt sich eine Geschäftsordnung, die unter anderem folgende Bestimmungen enthalten muss:

a) Der Ausschuss ist bei Anwesenheit von zwölf Mitgliedern beschlussfähig;

b) der Ausschuss fasst seine Beschlüsse mit der Mehrheit der anwesenden Mitglieder.

Art. 40. (1) Die Vertragsstaaten verpflichten sich, über die Massnahmen, die sie zur Verwirklichung der in diesem Pakt anerkannten Rechte getroffen haben, und über die dabei erzielten Fortschritte Berichte vorzulegen, und zwar,

a) innerhalb eines Jahres nach Inkrafttreten dieses Paktes für den betreffenden Vertragsstaat,

b) danach jeweils auf Anforderung des Ausschusses.

(2) Alle Berichte sind dem Generalsekretär der Vereinten Nationen zu übermitteln, der sie dem Ausschuss zur Prüfung zuleitet. In den Berichten ist auf etwa bestehende Umstände und Schwierigkeiten hinzuweisen, die die Durchführung dieses Paktes behindern.

(3) Der Generalsekretär der Vereinten Nationen kann nach Beratung mit dem Ausschuss den Sonderorganisationen Abschriften der in ihren Zuständigkeitsbereich fallenden Teile der Berichte zuleiten.

(4) Der Ausschuss prüft die von den Vertragsstaaten eingereichten Berichte. Er übersendet den Vertragsstaaten seine eigenen Berichte sowie ihm geeignet erscheinende allgemeine Bemerkungen. Der Ausschuss kann diese Bemerkungen zusammen mit Abschriften der von den Vertragsstaaten empfangenen Berichte auch dem Wirtschafts- und Sozialrat zuleiten.

(5) Die Vertragsstaaten können dem Ausschuss Stellungnahmen zu den nach Absatz 4 abgegebenen Bemerkungen übermitteln.

Art. 41. (1) Ein Vertragsstaat kann auf Grund dieses Artikels jederzeit erklären, dass er die Zuständigkeit des Ausschusses zur Entgegennahme und Prüfung von Mitteilungen anerkennt, in denen ein Vertragsstaat geltend macht, ein anderer Vertragsstaat komme seinen Verpflichtungen aus diesem Pakt nicht nach. Mitteilungen auf Grund dieses Artikels können nur entgegengenommen und geprüft werden, wenn sie von einem Vertragsstaat eingereicht werden, der für sich selbst die Zuständigkeit des Ausschusses durch eine Erklärung anerkannt hat. Der Ausschuss darf keine Mitteilung entgegennehmen, die einen Vertragsstaat betrifft, der keine derartige Erklärung abgegeben hat. Auf Mitteilungen, die auf Grund dieses Artikels eingehen, ist folgendes Verfahren anzuwenden:

a) Ist ein Vertragsstaat der Auffassung, dass ein anderer Vertragsstaat die Bestimmungen dieses Paktes nicht durchführt, so kann er den anderen Staat durch eine schriftliche Mitteilung darauf hinweisen. Innerhalb von drei Monaten nach Zugang der Mitteilung hat der Empfangsstaat dem Staat, der die Mitteilung übersandt hat, in bezug auf die Sache eine schriftliche Erklärung oder sonstige Stellungnahme zukommen zu lassen, die, soweit es möglich und angebracht ist, einen Hinweis auf die in der Sache durchgeführten, anhängigen oder zur Verfügung stehenden innerstaatlichen Verfahren und Rechtsbehelfe enthalten soll.

b) Wird die Sache nicht innerhalb von sechs Monaten nach Eingang der einleitenden Mitteilung bei dem Empfangsstaat zur Zufriedenheit der beiden beteiligten Vertragsstaaten geregelt, so hat jeder der beiden Staaten das Recht, die Sache dem Ausschuss zu unterbreiten, indem er diesem und dem anderen Staat eine entsprechende Mitteilung macht.

c) Der Ausschuss befasst sich mit einer ihm unterbreiteten Sache erst dann, wenn er sich Gewissheit verschafft hat, dass alle in der Sache zur Verfügung stehenden innerstaatlichen Rechtsbehelfe in Übereinstimmung mit den allgemein anerkannten Grundsätzen des Völkerrechts eingelegt und erschöpft worden sind. Dies gilt nicht, wenn das Verfahren bei der Anwendung der Rechtsbehelfe unangemessen lange gedauert hat.

d) Der Ausschuss berät über Mitteilungen auf Grund dieses Artikels in nichtöffentlicher Sitzung.

e) Sofern die Voraussetzungen des Buchstaben c erfüllt sind, stellt der Ausschuss den beteiligten Vertragsstaaten seine guten Dienste zur Verfügung, um eine gütliche Regelung der Sache auf der Grundlage der Achtung der in diesem Pakt anerkannten Menschenrechte und Grundfreiheiten herbeizuführen.

f) Der Ausschuss kann in jeder ihm unterbreiteten Sache die unter Buchstabe b genannten beteiligten Vertragsstaaten auffordern, alle erheblichen Angaben beizubringen.

g) Die unter Buchstabe b genannten beteiligten Vertragsstaaten haben das Recht, sich vertreten zu lassen sowie mündlich und/oder schriftlich Stellung zu nehmen, wenn die Sache vom Ausschuss verhandelt wird.

h) Der Ausschuss legt innerhalb von zwölf Monaten nach Eingang der unter Buchstabe b vorgesehenen Mitteilung einen Bericht vor:

i) wenn eine Regelung im Sinne von Buchstabe e zustandegekommen ist, beschränkt der Ausschuss seinen Bericht auf eine kurze Darstellung des Sachverhalts und der erzielten Regelung;

ii) wenn eine Regelung im Sinne von Buchstabe e nicht zustandegekommen ist, beschränkt der Ausschuss seinen Bericht auf eine kurze Darstellung des Sachverhalts; die schriftlichen Stellungnahmen und das Protokoll über die mündlichen Stellungnahmen der beteiligten Vertragsparteien sind dem Bericht beizufügen.

In jedem Falle wird der Bericht den beteiligten Vertragsstaaten übermittelt.

(2) Die Bestimmungen dieses Artikels treten in Kraft, wenn zehn Vertragsstaaten Erklärungen nach Absatz 1 abgegeben haben. Diese Erklärungen werden von den Vertragsstaaten beim Generalsekretär der Vereinten Nationen hinterlegt, der den anderen Vertragsstaaten Abschriften davon übermittelt. Eine Erklärung kann jederzeit durch eine an den Generalsekretär gerichtete Notifikation zurückgenommen werden. Eine solche Zurücknahme berührt nicht die Prüfung einer Sache, die Gegenstand einer auf Grund dieses Artikels bereits vorgenommenen Mitteilung ist; nach Eingang der Notifikation über die Zurücknahme der Erklärung beim Generalsekretär wird keine weitere Mitteilung eines Vertragsstaates entgegengenommen, es sei denn, dass der betroffene Vertragsstaat eine neue Erklärung abgegeben hat.

Art. 42. (1) a) Wird eine nach Artikel 41 dem Ausschuss unterbreitete Sache nicht zur Zufriedenheit der beteiligten Vertragsstaaten geregelt, so kann der Ausschuss mit vorheriger Zustimmung der beteiligten Vertragsstaaten eine ad hoc-Vergleichskommission (im folgenden als «Kommission» bezeichnet) einsetzen. Die Kommission stellt den beteiligten Vertragsstaaten ihre guten Dienste zur Verfügung, um auf der Grundlage der Achtung dieses Paktes eine gütliche Regelung der Sache herbeizuführen.

b) Die Kommission besteht aus fünf mit Einverständnis der beteiligten Vertragsstaaten ernannten Personen. Können sich die beteiligten Vertragsstaaten nicht innerhalb von drei Monaten über die vollständige oder teilweise Zusammensetzung der Kommission einigen, so wählt der Ausschuss aus seiner Mitte die Kommissionsmitglieder, über die keine Einigung erzielt worden ist, in geheimer Abstimmung mit einer Mehrheit von zwei Dritteln seiner Mitglieder.

(2) Die Mitglieder der Kommission sind in ihrer persönlichen Eigenschaft tätig. Sie dürfen nicht Staatsangehörige der beteiligten Vertragsstaaten, eines Nichtvertragsstaates oder eines Vertragsstaates sein, der eine Erklärung gemäss Artikel 41 nicht abgegeben hat.

(3) Die Kommission wählt ihren Vorsitzenden und gibt sich eine Geschäftsordnung.

(4) Die Sitzungen der Kommission finden in der Regel am Sitz der Vereinten Nationen oder beim Büro der Vereinten Nationen in Genf statt. Sie können jedoch auch an jedem anderen geeigneten Ort stattfinden, den die Kommission im Benehmen mit dem Generalsekretär der Vereinten Nationen und den beteiligten Vertragsstaaten bestimmt.

(5) Das in Artikel 36 vorgesehene Sekretariat steht auch den auf Grund dieses Artikels eingesetzten Kommissionen zur Verfügung.

(6) Die dem Ausschuss zugegangenen und von ihm zusammengestellten Angaben sind der Kommission zugänglich zu machen, und die Kommission kann die beteiligten Vertragsstaaten um weitere erhebliche Angaben ersuchen.

(7) Die Kommission legt, sobald sie die Sache vollständig geprüft hat, keinesfalls jedoch später als zwölf Monate, nachdem sie damit befasst worden ist, dem Vorsitzenden des Ausschusses einen Bericht zur Übermittlung an die beteiligten Vertragsstaaten vor:

a) Wenn die Kommission die Prüfung der Sache nicht innerhalb von zwölf Monaten abschliessen kann, beschränkt sie ihren Bericht auf eine kurze Darstellung des Standes ihrer Prüfung;

b) wenn die Sache auf der Grundlage der Achtung der in diesem Pakt anerkannten Menschenrechte gütlich geregelt worden ist, beschränkt die Kommission ihren Bericht auf eine kurze Darstellung des Sachverhalts und der erzielten Regelung;

c) wenn eine Regelung im Sinne von Buchstabe b nicht erzielt worden ist, nimmt die Kommission in ihren Bericht ihre Feststellungen zu allen für den Streit zwischen den beteiligten Vertragsstaaten erheblichen Sachfragen sowie ihre Ansichten über Möglichkeiten einer gütlichen Regelung auf. Der Bericht enthält auch die schriftlichen Stellungnahmen der beteiligten Vertragsstaaten und ein Protokoll über ihre mündlichen Stellungnahmen;

d) wenn der Bericht der Kommission gemäss Buchstabe c vorgelegt wird, teilen die beteiligten Vertragsstaaten dem Vorsitzenden des Ausschusses innerhalb von drei Monaten nach Erhalt des Berichts mit, ob sie mit dem Inhalt des Kommissionsberichts einverstanden sind.

(8) Die Bestimmungen dieses Artikels lassen die in Artikel 41 vorgesehenen Aufgaben des Ausschusses unberührt.

(9) Die beteiligten Vertragsstaaten tragen gleichermassen alle Ausgaben der Kommissionsmitglieder auf der Grundlage von Voranschlägen, die der Generalsekretär der Vereinten Nationen erstellt.

(10) Der Generalsekretär der Vereinten Nationen ist befugt, erforderlichenfalls für die Ausgaben der Kommissionsmitglieder aufzukommen, bevor die beteiligten Vertragsstaaten sie nach Absatz 9 erstattet haben.

Art. 43. Die Mitglieder des Ausschusses und der ad hoc-Vergleichskommissionen, die nach Artikel 42 bestimmt werden können, haben Anspruch auf die Erleichterungen, Vorrechte und Befreiungen, die in den einschlägigen Abschnitten des Übereinkommens über die Vorrechte und Befreiungen der Vereinten Nationen für die im Auftrag der Vereinten Nationen tätigen Sachverständigen vorgesehen sind.

Art. 44. Die Bestimmungen über die Durchführung dieses Paktes sind unbeschadet der Verfahren anzuwenden, die auf dem Gebiet der Menschenrechte durch oder auf Grund der Satzungen und Übereinkommen der Vereinten Nationen und der Sonderorganisationen vorgeschrieben sind und hindern die Vertragsstaaten nicht, in Übereinstimmung mit den zwischen ihnen in Kraft befindlichen allgemeinen oder besonderen internationalen Übereinkünften andere Verfahren zur Beilegung von Streitigkeiten anzuwenden.

Art. 45. Der Ausschuss legt der Generalversammlung der Vereinten Nationen auf dem Wege über den Wirtschafts- und Sozialrat einen Jahresbericht über seine Tätigkeit vor.

Teil V

Art. 46. Keine Bestimmung dieses Paktes ist so auszulegen, dass sie die Bestimmungen der Charta der Vereinten Nationen und der Satzungen der Sonderorganisationen beschränkt, in denen die jeweiligen Aufgaben der verschiedenen Organe der Vereinten Nationen und der Sonderorganisationen hinsichtlich der in diesem Pakt behandelten Fragen geregelt sind.

Art. 47. Keine Bestimmung dieses Paktes ist so auszulegen, dass sie das allen Völkern innewohnende Recht auf den Genuss und die volle und freie Nutzung ihrer natürlichen Reichtümer und Mittel beeinträchtigt.

Teil VI

Art. 48. (1) Dieser Pakt liegt für alle Mitgliedstaaten der Vereinten Nationen, für alle Mitglieder einer ihrer Sonderorganisationen, für alle Vertragsstaaten der Satzung des Internationalen Gerichtshofs und für jeden anderen Staat, den die Generalversammlung der Vereinten Nationen einlädt, Vertragspartei dieses Paktes zu werden, zur Unterzeichnung auf.

(2) Dieser Pakt bedarf der Ratifikation. Die Ratifikationsurkunden sind beim Generalsekretär der Vereinten Nationen zu hinterlegen.

(3) Dieser Pakt liegt für jeden in Absatz 1 bezeichneten Staat zum Beitritt auf.

(4) Der Beitritt erfolgt durch Hinterlegung einer Beitrittsurkunde beim Generalsekretär der Vereinten Nationen.

(5) Der Generalsekretär der Vereinten Nationen unterrichtet alle Staaten, die diesen Pakt unterzeichnet haben oder ihm beigetreten sind, von der Hinterlegung jeder Ratifikations- oder Beitrittsurkunde.

Art. 49. (1) Dieser Pakt tritt drei Monate nach Hinterlegung der fünfunddreissigsten Ratifikations- und Beitrittsurkunde beim Generalsekretär der Vereinten Nationen in Kraft.

(2) Für jeden Staat, der nach Hinterlegung der fünfunddreissigsten Ratifikations- oder Beitrittsurkunde diesen Pakt ratifiziert oder ihm beitritt, tritt er drei Monate nach Hinterlegung seiner eigenen Ratifikations- oder Beitrittsurkunde in Kraft.

Art. 50. Die Bestimmungen dieses Paktes gelten ohne Einschränkung oder Ausnahme für alle Teile eines Bundesstaates.

Art. 51. (1) Jeder Vertragsstaat kann eine Änderung des Paktes vorschlagen und ihren Wortlaut beim Generalsekretär der Vereinten Nationen einreichen. Der Generalsekretär übermittelt sodann alle Änderungsvorschläge den Vertragsstaaten mit der Aufforderung, ihm mitzuteilen, ob sie eine Konferenz der Vertragsstaaten zur Beratung und Abstimmung über die Vorschläge befürworten. Befürwortet wenigstens ein Drittel der Vertragsstaaten eine solche Konferenz, so beruft der Generalsekretär die Konferenz unter der Schirmherrschaft der Vereinten Nationen ein. Jede Änderung, die von der Mehrheit der auf der Konferenz anwesenden und abstimmenden Vertragsstaaten angenommen wird, ist der Generalversammlung der Vereinten Nationen zur Billigung vorzulegen.

(2) Die Änderungen treten in Kraft, wenn sie von der Generalversammlung der Vereinten Nationen gebilligt und von einer Zweidrittelmehrheit der Vertragsstaaten nach Massgabe der in ihrer Verfassung vorgesehenen Verfahren angenommen worden sind.

(3) Treten die Änderungen in Kraft, so sind sie für die Vertragsstaaten, die sie angenommen haben, verbindlich, während für die anderen Vertragsstaaten weiterhin die Bestimmungen dieses Paktes und alle früher von ihnen angenommenen Änderungen gelten.

Art. 52. Unabhängig von den Notifikationen nach Artikel 48 Absatz 5 unterrichtet der Generalsekretär der Vereinten Nationen alle in Absatz 1 jenes Artikels bezeichneten Staaten:

a) von den Unterzeichnungen, Ratifikationen und Beitritten nach Artikel 48;

b) vom Zeitpunkt des Inkrafttretens dieses Paktes nach Artikel 49 und vom Zeitpunkt des Inkrafttretens von Änderungen nach Artikel 51.

Art. 53. (1) Dieser Pakt, dessen chinesischer, englischer, französischer, russischer und spanischer Wortlaut gleichermassen verbindlich ist, wird im Archiv der Vereinten Nationen hinterlegt.

(2) Der Generalsekretär der Vereinten Nationen übermittelt allen in Artikel 48 bezeichneten Staaten beglaubigte Abschriften dieses Paktes.

Vorbehalte der Schweiz zum Pakt über bürgerliche und politische Rechte

Artikel 10 Absatz 2 Buchstabe b:
Die Trennung zwischen jugendlichen Beschuldigten und Erwachsenen wird nicht ausnahmslos gewährleistet.

Artikel 12 Absatz 1:
Das Recht, sich frei zu bewegen und seinen Wohnsitz frei zu wählen, steht unter dem Vorbehalt der Bundesgesetzgebung über die Ausländer, wonach Aufenthalts- und Niederlassungsbewilligungen nur für den Kanton gelten, der sie ausgestellt hat.

Artikel 14 Absatz 1:
Der Grundsatz der Öffentlichkeit der Verhandlungen ist nicht anwendbar auf Verfahren, die sich auf Streitigkeiten über zivilrechtliche Rechte und Pflichten oder auf die Stichhaltigkeit einer strafrechtlichen Anklage beziehen und die nach kantonalen Gesetzen vor einer Verwaltungsbehörde stattfinden. Der Grundsatz der Öffentlichkeit der Urteilsverkündung ist anwendbar unter Vorbehalt der Bestimmungen der kantonalen Gesetze über den Zivil- und Strafprozess, die vorsehen, dass das Urteil nicht an einer öffentlichen Verhandlung eröffnet, sondern den Parteien schriftlich mitgeteilt wird.

Die Garantie eines gerechten Prozesses bezweckt in bezug auf Streitigkeiten über zivilrechtliche Rechte und Pflichten nur, dass eine letztinstanzliche richterliche Prüfung der Akte oder Entscheidungen der öffentlichen Gewalt über solche Rechte oder Pflichten stattfindet. Unter dem Begriff «letztinstanzliche richterliche Prüfung» ist eine auf die Rechtsanwendung beschränkte richterliche Prüfung, die kassatorischer Natur ist, zu verstehen.

Artikel 14 Absatz 3 Buchstaben d und f:
Die Garantie der Unentgeltlichkeit des Beistandes eines amtlichen Verteidigers und eines Dolmetschers befreit die begünstigte Person nicht endgültig von der Zahlung der entsprechenden Kosten.

Artikel 14 Absatz 5:
Vorbehalten bleibt die Bundesgesetzgebung über die Organisation der Rechtspflege im Gebiete des Strafrechts, wenn sie im Fall der erstinstanzlichen Beurteilung durch das höchste Gericht eine Ausnahme vom Recht vorsieht, einen Schuldspruch oder eine Verurteilung von einer höheren Instanz überprüfen zu lassen.

Artikel 20:
Die Schweiz behält sich vor, keine neuen Vorkehren zum Verbot der Kriegspropaganda zu ergreifen, wie es von Artikel 20 Paragraph 1 vorgeschrieben ist.

Die Schweiz behält sich vor, anlässlich ihres bevorstehenden Beitritts zum Übereinkommen von 1965 zur Beseitigung jeder Form von Rassendiskriminierung eine strafrechtliche Bestimmung einzuführen, die den Erfordernissen von Artikel 20 Paragraph 2 Rechnung trägt.

Artikel 25 Buchstabe b:
Die Bestimmungen des kantonalen und kommunalen Rechts, welche vorsehen oder zulassen, dass Wahlen an Versammlungen nicht geheim durchgeführt werden, bleiben vorbehalten.

Artikel 26:
Die Gleichheit aller Menschen vor dem Gesetz und ihr Anspruch ohne Diskriminierung auf gleichen Schutz durch das Gesetz werden nur in Verbindung mit anderen in diesem Pakt enthaltenen Rechten gewährleistet.

Fakultativprotokoll zu dem Internationalen Pakt über bürgerliche und politische Rechte[4]

Vom 16. Dezember 1966

Die Vertragsstaaten dieses Protokolls,

in der Erwägung, dass es zur weiteren Verwirklichung der Ziele des Paktes über bürgerliche und politische Rechte (im folgenden als «Pakt» bezeichnet) und zur Durchführung seiner Bestimmungen angebracht wäre, den nach Teil IV des Paktes errichteten Ausschuss für Menschenrechte (im folgenden als «Ausschuss» bezeichnet) zu ermächtigen, nach Massgabe dieses Protokolls Mitteilungen von Einzelpersonen, die behaupten, Opfer einer Verletzung eines in dem Pakt niedergelegten Rechts zu sein, entgegenzunehmen und zu prüfen,

haben folgendes vereinbart:

Art. 1. Jeder Vertragsstaat des Paktes, der Vertragspartei dieses Protokolls wird, erkennt die Zuständigkeit des Ausschusses für die Entgegennahme und Prüfung von Mitteilungen seiner Herrschaftsgewalt unterstehender Einzelpersonen an, die behaupten, Opfer einer Verletzung eines in dem Pakt niedergelegten Rechts durch diesen Vertragsstaat zu sein. Der Ausschuss nimmt keine Mitteilung entgegen, die einen Vertragsstaat des Paktes betrifft, der nicht Vertragspartei dieses Protokolls ist.

Art. 2. Vorbehaltlich des Artikels 1 können Einzelpersonen, die behaupten, in einem ihrer im Pakt niedergelegten Rechte verletzt zu sein und die alle zur Verfügung stehenden innerstaatlichen Rechtsbehelfe erschöpft haben, dem Ausschuss eine schriftliche Mitteilung zur Prüfung einreichen.

Art. 3. Der Ausschuss erklärt jede nach diesem Protokoll eingereichte Mitteilung für unzulässig, die anonym ist oder die er für einen Missbrauch des Rechts auf Einreichung solcher Mitteilungen oder für unvereinbar mit den Bestimmungen des Paktes hält.

Art. 4. (1) Vorbehaltlich des Artikels 3 bringt der Ausschuss jede ihm nach diesem Protokoll eingereichte Mitteilung dem Vertragsstaat dieses Protokolls zur Kenntnis, dem vorgeworfen wird, eine Bestimmung des Paktes verletzt zu haben.

4 Quelle: United Nations-Treaty Series Vol. 999, S. 302; deutsche Übersetzung aus: Vereinte Nationen 1974, S. 20 f.

(2) Der betroffene Staat hat dem Ausschuss innerhalb von sechs Monaten schriftliche Erläuterungen oder Stellungnahmen zur Klärung der Sache zu übermitteln und die gegebenenfalls von ihm getroffenen Abhilfemassnahmen mitzuteilen.

Art. 5. (1) Der Ausschuss prüft die ihm nach diesem Protokoll zugegangenen Mitteilungen unter Berücksichtigung aller ihm von der Einzelperson und dem betroffenen Vertragsstaat unterbreiteten schriftlichen Angaben.

(2) Der Ausschuss prüft die Mitteilung einer Einzelperson nur, wenn er sich vergewissert hat,

a) dass dieselbe Sache nicht bereits in einem anderen internationalen Untersuchungs- oder Streitregelungsverfahren geprüft wird;

b) dass die Einzelperson alle zur Verfügung stehenden innerstaatlichen Rechtsbehelfe erschöpft hat. Dies gilt jedoch nicht, wenn das Verfahren bei der Anwendung der Rechtsbehelfe unangemessen lange gedauert hat.

(3) Der Ausschuss berät über Mitteilungen auf Grund dieses Protokolls in nichtöffentlicher Sitzung.

(4) Der Ausschuss teilt seine Auffassungen dem betroffenen Vertragsstaat und der Einzelperson mit.

Art. 6. Der Ausschuss nimmt in seinen Jahresbericht nach Artikel 45 des Paktes eine Übersicht über seine Tätigkeit auf Grund dieses Protokolls auf.

Art. 7. Bis zur Verwirklichung der Ziele der Entschliessung 1514(XV) der Generalversammlung der Vereinten Nationen vom 14. Dezember 1960 betreffend die Erklärung über die Gewährung der Unabhängigkeit an Kolonialgebiete und Kolonialvölker wird das diesen Völkern durch die Charta der Vereinten Nationen und andere internationale Übereinkommen und Vereinbarungen im Rahmen der Vereinten Nationen und ihrer Sonderorganisationen gewährte Petitionsrecht durch dieses Protokoll in keiner Weise eingeschränkt.

Art. 8. (1) Dieses Protokoll liegt für jeden Staat, der den Pakt unterzeichnet hat, zur Unterzeichnung auf.

(2) Dieses Protokoll bedarf der Ratifikation, die von allen Staaten vorgenommen werden kann, die den Pakt ratifiziert haben oder ihm beigetreten sind. Die Ratifikationsurkunden sind beim Generalsekretär der Vereinten Nationen zu hinterlegen.

(3) Dieses Protokoll liegt für jeden Staat, der den Pakt ratifiziert hat oder ihm beigetreten ist, zum Beitritt auf.

(4) Der Beitritt erfolgt durch Hinterlegung einer Beitrittsurkunde beim Generalsekretär der Vereinten Nationen.

(5) Der Generalsekretär der Vereinten Nationen unterrichtet alle Staaten, die dieses Protokoll unterzeichnet haben oder ihm beigetreten sind, von der Hinterlegung jeder Ratifikations- oder Beitrittsurkunde.

Art. 9. (1) Vorbehaltlich des Inkrafttretens des Paktes tritt dieses Protokoll drei Monate nach Hinterlegung der zehnten Ratifikations- oder Beitrittsurkunde beim Generalsekretär der Vereinten Nationen in Kraft.

(2) Für jeden Staat, der nach Hinterlegung der zehnten Ratifikations- oder Beitrittsurkunde dieses Protokoll ratifiziert oder ihm beitritt, tritt es drei Monate nach Hinterlegung seiner eigenen Ratifikations- oder Beitrittsurkunde in Kraft.

Art. 10. Die Bestimmungen dieses Protokolls gelten ohne Einschränkung oder Ausnahme für alle Teile eines Bundesstaates.

Art. 11. (1) Jeder Vertragsstaat dieses Protokolls kann eine Änderung vorschlagen und ihren Wortlaut beim Generalsekretär der Vereinten Nationen einreichen. Der Generalsekretär übermittelt sodann alle Änderungsvorschläge den Vertragsstaaten dieses Protokolls mit der Aufforderung, ihm mitzuteilen, ob sie eine Konferenz der Vertragsstaaten zur Beratung und Abstimmung über die Vorschläge befürworten. Befürwortet wenigstens ein Drittel der Vertragsstaaten eine solche Konferenz, so beruft der Generalsekretär die Konferenz unter der Schirmherrschaft der Vereinten Nationen ein. Jede Änderung, die von der Mehrheit der auf der Konferenz anwesenden und abstimmenden Vertragsstaaten angenommen wird, ist der Generalversammlung der Vereinten Nationen zur Billigung vorzulegen.

(2) Die Änderungen treten in Kraft, wenn sie von der Generalversammlung der Vereinten Nationen gebilligt und von einer Zweidrittelmehrheit der Vertragsstaaten dieses Protokolls nach Massgabe der in ihrer Verfassung vorgesehenen Verfahren angenommen worden sind.

(3) Treten die Änderungen in Kraft, so sind sie für die Vertragsstaaten, die sie angenommen haben, verbindlich, während für die anderen Vertragsstaaten weiterhin die Bestimmungen dieses Protokolls und alle früher von ihnen angenommenen Änderungen gelten.

Art. 12. (1) Jeder Vertragsstaat kann dieses Protokoll jederzeit durch schriftliche Notifikation an den Generalsekretär der Vereinten Nationen kündigen. Die Kündigung wird drei Monate nach Eingang der Notifikation beim Generalsekretär wirksam.

(2) Die Kündigung berührt nicht die weitere Anwendung dieses Protokolls auf Mitteilungen nach Artikel 2, die vor dem Wirksamwerden der Kündigung eingegangen sind.

Art. 13. Unabhängig von den Notifikationen nach Artikel 8 Absatz 5 dieses Protokolls unterrichtet der Generalsekretär der Vereinten Nationen alle in Artikel 48 Absatz 1 des Paktes bezeichneten Staaten

a) von den Unterzeichnungen, Ratifikationen und Beitritten nach Artikel 8;

b) vom Zeitpunkt des Inkrafttretens dieses Protokolls nach Artikel 9 und vom Zeitpunkt des Inkrafttretens von Änderungen nach Artikel 11;

c) von Kündigungen nach Artikel 12.

Art. 14. (1) Dieses Protokoll, dessen chinesischer, englischer, französischer, russischer und spanischer Wortlaut gleichermassen verbindlich ist, wird im Archiv der Vereinten Nationen hinterlegt.

(2) Der Generalsekretär der Vereinten Nationen übermittelt allen in Artikel 48 des Paktes bezeichneten Staaten beglaubigte Abschriften dieses Protokolls.

Zweites Fakultativprotokoll zu dem Internationalen Pakt über bürgerliche und politische Rechte zur Abschaffung der Todesstrafe[5]

Vom 15. Dezember 1989

Die Vertragsstaaten dieses Protokolls,

im Vertrauen darauf, dass die Abschaffung der Todesstrafe zur Förderung der Menschenwürde und zur fortschreitenden Entwicklung der Menschenrechte beiträgt,

unter Hinweis auf Artikel 3 der am 10. Dezember 1948 angenommenen Allgemeinen Erklärung der Menschenrechte und auf Artikel 6 des am 16. Dezember 1966 angenommenen Internationalen Paktes über bürgerliche und politische Rechte,

in Anbetracht dessen, dass Artikel 6 des Internationalen Paktes über bürgerliche und politische Rechte auf die Abschaffung der Todesstrafe in einer Weise Bezug nimmt, die eindeutig zu verstehen gibt, dass die Abschaffung wünschenswert ist,

überzeugt, dass alle Massnahmen zur Abschaffung der Todesstrafe im Hinblick auf die Wahrung des Rechtes auf Leben einen Fortschritt bedeuten,

in dem Wunsch, hiermit eine internationale Verpflichtung zur Abschaffung der Todesstrafe einzugehen,

5 Quelle: Resolution 44/128 der Generalversammlung vom 15.12.1989; deutsche Übersetzung aus: SR 0.103.22.

haben folgendes vereinbart:

Art. 1. (1) Niemand, der der Hoheitsgewalt eines Vertragsstaats dieses Fakultativprotokolls untersteht, darf hingerichtet werden.

(2) Jeder Vertragsstaat ergreift alle erforderlichen Massnahmen, um die Todesstrafe in seinem Hoheitsbereich abzuschaffen.

Art. 2. (1) Vorbehalte zu diesem Protokoll sind nicht zulässig, ausgenommen ein im Zeitpunkt der Ratifikation oder des Beitritts angebrachter Vorbehalt, der die Anwendung der Todesstrafe in Kriegszeiten aufgrund einer Verurteilung wegen eines in Kriegszeiten begangenen besonders schweren Verbrechens militärischer Art vorsieht.

(2) Ein Vertragsstaat, der einen solchen Vorbehalt anbringt, wird dem Generalsekretär der Vereinten Nationen im Zeitpunkt der Ratifikation oder des Beitritts die in Kriegszeiten anzuwendenden einschlägigen Bestimmungen seiner innerstaatlichen Rechtsvorschriften mitteilen.

(3) Ein Vertragsstaat, der einen solchen Vorbehalt angebracht hat, wird dem Generalsekretär der Vereinten Nationen Beginn und Ende eines für sein Hoheitsgebiet geltenden Kriegszustands notifizieren.

Art. 3. Die Vertragsstaaten dieses Protokolls nehmen in die Berichte, die sie nach Artikel 40 des Paktes dem Ausschuss für Menschenrechte vorlegen, Angaben über die von ihnen zur Verwirklichung dieses Protokolls getroffenen Massnahmen auf.

Art. 4. Für die Vertragsstaaten des Paktes, die eine Erklärung nach Artikel 41 abgegeben haben, erstreckt sich die Zuständigkeit des Ausschusses für Menschenrechte zur Entgegennahme und Prüfung von Mitteilungen, in denen ein Vertragsstaat geltend macht, ein anderer Vertragsstaat komme seinen Verpflichtungen nicht nach, auf dieses Protokoll, sofern nicht der betreffende Vertragsstaat im Zeitpunkt der Ratifikation oder des Beitritts eine gegenteilige Erklärung abgegeben hat.

Art. 5. Für die Vertragsstaaten des am 16. Dezember 1966 angenommenen (Ersten) Fakultativprotokolls zu dem Internationalen Pakt über bürgerliche und politische Rechte erstreckt sich die Zuständigkeit des Ausschusses für Menschenrechte zur Entgegennahme und Prüfung von Mitteilungen ihrer Hoheitsgewalt unterstehender Personen auf dieses Protokoll, sofern nicht der betreffende Vertragsstaat im Zeitpunkt der Ratifikation oder des Beitritts eine gegenteilige Erklärung abgegeben hat.

Art. 6. (1) Die Bestimmungen dieses Protokolls werden als Zusatzbestimmungen zu dem Pakt angewendet.

(2) Unbeschadet der Möglichkeit eines Vorbehalts nach Artikel 2 dieses Protokolls darf das in Artikel 1 Absatz 1 des Protokolls gewährleistete Recht nicht nach Artikel 4 des Paktes ausser Kraft gesetzt werden.

Art. 7. (1) Dieses Protokoll liegt für jeden Staat, der den Pakt unterzeichnet hat, zur Unterzeichnung auf.

(2) Dieses Protokoll bedarf der Ratifikation, die von allen Staaten vorgenommen werden kann, die den Pakt ratifiziert haben oder ihm beigetreten sind. Die Ratifikationsurkunden werden beim Generalsekretär der Vereinten Nationen hinterlegt.

(3) Dieses Protokoll steht jedem Staat, der den Pakt ratifiziert hat oder ihm beigetreten ist, zum Beitritt offen.

(4) Der Beitritt erfolgt durch Hinterlegung einer Beitrittsurkunde beim Generalsekretär der Vereinten Nationen.

(5) Der Generalsekretär der Vereinten Nationen unterrichtet alle Staaten, die dieses Protokoll unterzeichnet haben oder ihm beigetreten sind, von der Hinterlegung jeder Ratifikations- oder Beitrittsurkunde.

Art. 8. (1) Dieses Protokoll tritt drei Monate nach Hinterlegung der zehnten Ratifikations- oder Beitrittsurkunde beim Generalsekretär der Vereinten Nationen in Kraft.

(2) Für jeden Staat, der nach Hinterlegung der zehnten Ratifikations- oder Beitrittsurkunde dieses Protokoll ratifiziert oder ihm beitritt, tritt es drei Monate nach Hinterlegung seiner eigenen Ratifikations- oder Beitrittsurkunde in Kraft.

Art. 9. Die Bestimmungen dieses Protokolls gelten ohne Einschränkung oder Ausnahme für alle Teile eines Bundesstaates.

Art. 10. Der Generalsekretär der Vereinten Nationen unterrichtet alle in Artikel 48 Absatz 1 des Paktes bezeichneten Staaten:

a) von Vorbehalten, Mitteilungen und Notifikationen nach Artikel 2 dieses Protokolls;

b) von Erklärungen nach Artikel 4 oder 5 dieses Protokolls;

c) von Unterzeichnungen, Ratifikationen und Beitritten nach Artikel 7 dieses Protokolls;

d) vom Zeitpunkt des Inkrafttretens dieses Protokolls nach seinem Artikel 8.

Art. 11. (1) Dieses Protokoll, dessen arabischer, chinesischer, englischer, französischer, russischer und spanischer Wortlaut gleichermassen verbindlich ist, wird im Archiv der Vereinten Nationen hinterlegt.

(2) Der Generalsekretär der Vereinten Nationen übermittelt allen in Artikel 48 des Paktes bezeichneten Staaten beglaubigte Abschriften dieses Protokolls.

Allgemeine Bemerkungen

I. Allgemeine Bemerkungen des Ausschusses für wirtschaftliche, soziale und kulturelle Rechte zum Pakt I*

Einleitung: Zweck der Allgemeinen Bemerkungen

1. In Übereinstimmung mit der von der Generalversammlung in Resolution 42/102 übernommenen Empfehlung des Wirtschafts- und Sozialrates (Resolution 1987/5) beschloss der Ausschuss an seiner zweiten Tagung im Jahre 1988 (E/1988/14, Ziff. 366 und 367), ab seiner dritten Sitzung Allgemeine Bemerkungen zu verschiedenen Artikeln und Bestimmungen des Internationalen Paktes über wirtschaftliche, soziale und kulturelle Rechte auszuarbeiten, als Hilfeleistung für die Vertragsstaaten bei der Abfassung der Berichte, zu deren Vorlage sie verpflichtet sind.

2. Am Ende seiner dritten Sitzung hatten der Ausschuss und die Arbeitsgruppe der Regierungsexperten, welche zuvor bestanden hatte, 138 Erstberichte und 44 periodische Zweitberichte über die Rechte gemäss Art. 6–9, 10–12 und 13–15 des Paktes geprüft. Diese Erfahrung erfasst zahlreiche der gegenwärtig insgesamt 92 Vertragsstaaten aus allen Regionen der Welt, mit den verschiedensten Gesellschafts-, Wirtschafts-, Kultur-, Politik- und Rechtssystemen. Die bisher vorgelegten Berichte beleuchten zahlreiche Probleme, die bei der Anwendung des Paktes auftreten; es ist allerdings noch zu früh, um sich ein Gesamtbild über die Beachtung der wirtschaftlichen, sozialen und kulturellen Rechte zu machen. Der Ausschuss umschreibt in der Einleitung zum Anhang III (Allgemeine Bemerkungen) seines Berichtes von 1989 an den Wirtschafts- und Sozialrat (E/1989/22) den Zweck der Allgemeinen Bemerkungen folgendermassen:

3. «Mit seinen Allgemeinen Bemerkungen möchte der Ausschuss allen Vertragsstaaten die Erfahrungen zukommen lassen, welche im Rahmen der Prüfung der vorgelegten Berichte gewonnen wurden; dadurch sollen die Vertragsstaaten zur weiteren Anwendung des Paktes ermutigt und in ihren diesbezüglichen Anstrengungen unterstützt werden; sie sollen auf die in zahlreichen Berichten auftretenden Unzulänglichkeiten und auf verbesserte Methoden bei

* Récapitulation des observations générales ou recommandations générales adoptées par les organes crées en vertu d'instruments internationaux relatifs aux droits de l'homme, UN.Doc. HRI/GEN/1/Rev. 2 du 29 mars 1996, S. 55–97. Inoffizielle Übersetzung. Bei Abweichungen zwischen der französischen und der englischen Fassung folgt die Übersetzung der Fassung mit dem klareren Wortlaut. Die einzelnen Bemerkungen sind nicht chronologisch, sondern in der Reihenfolge der Paktgarantien wiedergegeben.

der Vorlage der Berichte aufmerksam gemacht werden; schliesslich sollen die Vertragsstaaten, internationalen Organisationen und interessierten Sonderorganisationen zu Aktivitäten im Dienste der schrittweisen und wirksamen Verwirklichung der im Pakt anerkannten Rechte angeregt werden. Wenn immer nötig, wird der Ausschuss die Allgemeinen Bemerkungen im Lichte der Erfahrungen der Vertragsstaaten und der Folgerungen, die er daraus zieht, überprüfen und aktualisieren können.»

1. Berichte der Vertragsstaaten: Allgemeine Bemerkung 1 [3] (1989)

1. Die im vierten Teil des Paktes vorgesehenen Pflichten bezüglich der Vorlage von Berichten sollen erstens jedem Vertragsstaat bei der Erfüllung der materiellen Verpflichtungen aus dem Pakt helfen und zweitens dem Rat, unterstützt durch den Ausschuss, die Grundlage zur Wahrnehmung seiner doppelten Verantwortung verschaffen: die Art und Weise zu kontrollieren, wie die Vertragsstaaten ihre Pflichten erfüllen, und die Verwirklichung der im Pakt anerkannten wirtschaftlichen, sozialen und kulturellen Rechte erleichtern. Nach Auffassung des Ausschusses wäre es verfehlt, in der Berichterstattung im wesentlichen bloss eine Verfahrensangelegenheit zu sehen, welche lediglich die formelle Pflicht jedes Vertragsstaates, dem zuständigen internationalen Überwachungsorgan zu berichten, zu befriedigen hätte. Vielmehr können – und müssen –, gemäss Wortlaut und Geist des Paktes, die Erstellung und die Vorlage der Berichte durch die Staaten mehrere Ziele verfolgen.

2. Das *erste Ziel* ist besonders bedeutungsvoll für den Erstbericht, welcher innert zwei Jahren nach Inkrafttreten des Paktes für den betreffenden Vertragsstaat vorgelegt werden muss, und besteht in der Bestandesaufnahme der Gesetze, Reglemente, Verfahren und der Praxis durch jeden Vertragsstaat, um diese möglichst mit dem Pakt in Übereinstimmung zu bringen. Diese Untersuchung kann beispielsweise unter Mitarbeit der einzelnen Ministerien oder anderer Behörden, die mit der Festlegung der nationalen Zielsetzungen und deren Verwirklichung in den verschiedenen vom Pakt umfassten Bereichen beauftragt sind, erfolgen.

3. Das *zweite Ziel* ist sicherzustellen, dass jeder Vertragsstaat regelmässig seine Situation bezüglich der einzelnen Rechte realistisch einschätzt und so feststellen kann, inwieweit diese Rechte durch alle in seinem Staatsgebiet lebenden oder ihm unterstellten Individuen ausgeübt oder nicht ausgeübt werden können. Die vom Ausschuss bis heute gemachten Erfahrungen zeigen, dass Statistiken oder Schätzungen nicht genügen, um dieses Ziel zu erreichen, und dass jeder Vertragsstaat seine besondere Aufmerksamkeit auf benachteiligte

Regionen oder Sektoren und auf besonders verletzliche oder benachteiligte Bevölkerungsgruppen oder -untergruppen richten muss. Der erste Schritt zur Verwirklichung der wirtschaftlichen, sozialen und kulturellen Rechte besteht somit darin, sich der faktischen Situation darüber bewusst zu werden und diese zu beurteilen. Der Ausschuss ist sich darüber im klaren, dass das Sammeln und Prüfen der Informationen möglicherweise langwierig und aufwendig ist und die Vertragsstaaten hierzu unter Umständen der internationalen Unterstützung und Mitwirkung bedürfen, wie sie in Art. 2 Abs. 1 und in den Art. 22 und 23 des Paktes vorgesehen sind. Kommt ein Vertragsstaat zum Schluss, dass ihm die nötigen Mittel für Massnahmen fehlen, die für die Verfolgung der anerkannten allgemeinen politischen Ziele und wirksame Anwendung des Paktes unentbehrlich sind, so kann er dies in seinem Bericht an den Ausschuss darlegen, unter Angabe von Art und Umfang der erforderlichen internationalen Hilfe.

4. Mit dem beschriebenen Vorgehen kann eine detaillierte Bestandesaufnahme der faktischen Situation erstellt werden, welche ihrerseits als Grundlage für die Formulierung einer klaren und zielgerichteten Politik mit Setzung von Prioritäten im Sinne des Paktes dient. Als *drittes Ziel* ermöglichen somit die Berichte der Vertragsstaaten den Regierungen, unter Beweis zu stellen, dass die Neudefinition der Politik tatsächlich an die Hand genommen wurde. Obgleich der Pakt dies ausdrücklich nur in Art. 14 fordert, falls «die Grundschulpflicht auf der Grundlage der Unentgeltlichkeit» noch nicht in allen Gebieten eingeführt ist, verpflichtet Art. 2 Abs. 1 jeden Vertragsstaat, «Massnahmen zu treffen, um nach und nach mit allen geeigneten Mitteln [...] die volle Verwirklichung der in diesem Pakt anerkannten Rechte» zu erreichen, und zwar «unter Ausschöpfung aller seiner Möglichkeiten».

5. Das *vierte Ziel* der Berichte der Vertragsstaaten besteht darin, die Überwachung der nationalen Politik im Bereich der wirtschaftlichen, sozialen und kulturellen Rechte durch die Öffentlichkeit zu erleichtern und die Mitwirkung verschiedener wirtschaftlicher, sozialer und kultureller Kreise bei der Formulierung, Durchführung und Überprüfung dieser Politik zu ermöglichen. Der Ausschuss entnimmt den ihm vorliegenden Berichten mit Genugtuung, dass mehrere Vertragsstaaten mit unterschiedlichen politischen und wirtschaftlichen Systemen solche regierungsunabhängigen Gruppen zur Mitwirkung an der Erarbeitung der im Pakt vorgesehenen Berichte ermutigen. Andere Staaten sorgen für eine breite Verteilung der Berichte, um den verschiedensten Bevölkerungskreisen die Gelegenheit zur Stellungnahme zu geben. In diesem Sinne sind die Erarbeitung der Berichte und ihr Studium auf nationaler Ebene mindestens ebenso nützlich wie der konstruktive Dialog auf internationaler Ebene zwischen dem Ausschuss und den Vertretern der berichtenden Staaten.

6. Das *fünfte Ziel* besteht im Schaffen einer Grundlage, anhand derer jeder Vertragsstaat und der Ausschuss den Umfang der Fortschritte bei der Erfüllung

der im Pakt vorgesehenen Pflichten messen können. Zu diesem Zweck wäre es vielleicht sinnvoll, dass die Staaten gewisse Kriterien und Ziele als Massstab für die erzielten Fortschritte definieren. So ist beispielsweise allgemein anerkannt, dass die Festlegung von festen Zielsetzungen für die Bekämpfung der Kindersterblichkeit, die Impfung der Kinder, den Kalorienverbrauch pro Person, die Personenzahl pro Mitglied des Gesundheitspersonals usw. wichtig ist. In vielen dieser Bereiche können nationale oder noch spezifischere Kriterien ausserordentlich wertvolle Hinweise auf die tatsächlich erzielten Fortschritte liefern, wohingegen internationale Kriterien von beschränktem Interesse sind.

7. Der Ausschuss weist in diesem Zusammenhang darauf hin, dass der Pakt besonderes Gewicht darauf legt, dass die in ihm anerkannten Rechte «nach und nach», d.h. schrittweise zu verwirklichen sind. Er fordert zudem die Vertragsstaaten auf, in ihren Berichten auf den zeitlichen Verlauf der bei der Verwirklichung dieser Rechte erzielten Fortschritte hinzuweisen. Aus dem gleichen Grund und zur sinnvollen Beurteilung der Lage sind selbstverständlich nicht nur quantitative, sondern auch qualitative Angaben erforderlich.

8. Als *sechstes Ziel* soll den Vertragsstaaten ein besseres Verständnis für die Probleme und Misserfolge im Zusammenhang mit ihren Anstrengungen zur schrittweisen Verwirklichung aller wirtschaftlichen, sozialen und kulturellen Rechte vermittelt werden. Zu diesem Zweck ist es unumgänglich, dass die Vertragsstaaten detailliert über Faktoren und Schwierigkeiten berichten, die sich dieser Verwirklichung entgegenstellen. Mit der Erfassung und Anerkennung solcher Schwierigkeiten können die Staaten den Rahmen für eine neue, wirksamere Politik schaffen.

9. Das *siebte Ziel* liegt darin, dem Ausschuss, wie auch der Gesamtheit der Vertragsstaaten, dabei zu helfen, den Informationsaustausch zwischen den Staaten zu erleichtern, die den Staaten gemeinsamen Probleme besser zu verstehen und sich ein genaueres Bild über die Massnahmen zu machen, die man zur effektiven Verwirklichung jedes der im Pakt anerkannten Rechte treffen könnte. Der Ausschuss kann in diesem Rahmen auch die geeigneten Mittel festlegen, mit denen die internationale Gemeinschaft den betreffenden Staaten gemäss Art. 22 und 23 des Paktes helfen kann. Der Ausschuss misst diesem Ziel grosse Bedeutung bei und will deshalb in seiner vierten Sitzung eine Allgemeine Bemerkung zu diesen Artikeln erarbeiten.

2. Internationale Massnahmen der technischen Hilfe (Art. 22 des Paktes): Allgemeine Bemerkung 2 [4] (1990)

1. Art. 22 des Paktes führt ein Instrument ein, mit welchem der Wirtschafts- und Sozialrat anderen zuständigen Organen der Vereinten Nationen alle in den vorgelegten Berichten aufgeworfenen Fragen vorlegen kann, welche «diesen Stellen helfen [...], in ihrem jeweiligen Zuständigkeitsbereich über die Zweckmässigkeit internationaler Massnahmen zur wirksamen und schrittweisen Durchführung dieses Paktes zu entscheiden». Auch wenn diese Verantwortung gemäss Art. 22 in erster Linie dem Wirtschafts- und Sozialrat obliegt, spielt der Ausschuss für wirtschaftliche, soziale und kulturelle Rechte eine aktive Rolle bei der Beratung und Unterstützung des Wirtschafts- und Sozialrates.

2. Die Mitteilungen gemäss Art. 22 gehen an die «Organe der Vereinten Nationen», an «ihre Unterorgane» und an «diejenigen Sonderorganisationen, die sich mit technischer Hilfe befassen». Nach Ansicht des Ausschusses sind darunter beinahe alle Organe und Organisationen der UNO zu verstehen, welche auf irgendeine Weise an der internationalen Entwicklungszusammenarbeit beteiligt sind. Die Mitteilungen gemäss Art. 22 gehen somit insbesondere an den Generalsekretär, die Unterorgane des Wirtschafts- und Sozialrates wie die Menschenrechtskommission, die Kommission für soziale Entwicklung, die Frauenrechtskommission, an weitere Organe wie UNDP, UNICEF und den Ausschuss für Entwicklungsplanung (CDP), an Organisationen wie die Weltbank und den IWF, an Sonderorganisationen wie die ILO, FAO, UNESCO und WHO.

3. Die Anwendung des Art. 22 kann zu Empfehlungen allgemeinpolitischer Art oder solchen mit genaueren Angaben zu einer bestimmten Situation führen. Im ersten Fall hat der Ausschuss vor allem auf verstärkte Anstrengungen zur Förderung der wirtschaftlichen, sozialen und kulturellen Rechte im Rahmen der internationalen Entwicklungszusammenarbeit durch die Vereinten Nationen und ihre Organe und Organisationen oder mit deren Hilfe hinzuwirken. In diesem Zusammenhang weist der Ausschuss darauf hin, dass er von der Menschenrechtskommission in ihrer Resolution 1989/13 vom 2. März 1989 aufgefordert wurde, «den Mitteln Beachtung zu schenken, durch welche die verschiedenen Entwicklungsorgane der Vereinten Nationen am besten Massnahmen zur Förderung der uneingeschränkten Beachtung der wirtschaftlichen, sozialen und kulturellen Rechte einschliessen könnten».

4. Vorgängig und konkret weist der Ausschuss darauf hin, dass ein vermehrtes Interesse der zuständigen Organe und Organisationen für seine Arbeit einerseits seine eigenen Anstrengungen unterstützen und andererseits den Organisationen einen verbesserten Informationsstand verschaffen würde. Auch wenn

der Ausschuss anerkennt, dass ein solches Interesse in verschiedenen Formen zum Ausdruck kommen kann, weist er dennoch darauf hin, dass, mit den löblichen Ausnahmen der ILO, UNESCO und WHO, die zuständigen Organe der Vereinten Nationen an seinen vier ersten Tagungen kaum vertreten waren. Zudem erhielt der Ausschuss nur von sehr wenigen Organisationen Unterlagen und schriftliche Auskünfte. Nach Ansicht des Ausschusses würde die verstärkte Zusammenarbeit zwischen ihm und den zuständigen Organen und Organisationen das Verständnis für die Bedeutung der wirtschaftlichen, sozialen und kulturellen Rechte im Rahmen der internationalen Entwicklungszusammenarbeit beträchtlich fördern. Zumindest bietet die allgemeine Diskussion einer besonderen Frage, welcher der Ausschuss an jeder Tagung einen Tag widmet, die ideale Gelegenheit für einen fruchtbaren Gedankenaustausch.

5. Bezüglich der allgemeineren Frage der Förderung der Beachtung der Menschenrechte im Rahmen der Entwicklungszusammenarbeit halten sich die dem Ausschuss bis heute bekannten besonderen Bemühungen der Organe der UNO in einem sehr beschränkten Rahmen. Er nimmt diesbezüglich mit Genugtuung von der gleichzeitigen Initiative des Zentrums für Menschenrechte und UNDP Kenntnis, sich an die ständigen Vertreter der Vereinten Nationen und anderen Beamten vor Ort zu wenden und sie um ihre «Anregungen und Ansichten, insbesondere über eine allfällige Mitwirkung an laufenden Projekten mit einer menschenrechtlichen Dimension oder an neuen ausdrücklich von einer Regierung verlangten Projekten» zu bitten. Der Ausschuss kennt zudem die langjährigen Anstrengungen der ILO, im Rahmen ihrer technischen Zusammenarbeit den von ihr selbst entwickelten internationalen Menschenrechtsbestimmungen und völkerrechtlichen Arbeitsvorschriften Rechnung zu tragen.

6. Bei solchen Aktivitäten sind zwei allgemeine Grundsätze zu beachten. Erstens sind die beiden Kategorien der Menschenrechte untrennbar miteinander verbunden und voneinander abhängig. Alle Anstrengungen zur Förderung des einen Bereichs müssen den anderen Bereich vollumfänglich berücksichtigen. Die mit der Förderung der wirtschaftlichen, sozialen und kulturellen Rechte betrauten Organe der Vereinten Nationen müssen unbedingt darauf achten, dass ihre Aktivitäten vollständig mit der Beachtung der bürgerlichen und politischen Rechte vereinbar sind. Negativ ausgedrückt bedeutet der Grundsatz, dass die internationalen Organisationen die Unterstützung von Projekten sorgfältig vermeiden müssen, wenn diese beispielsweise völkerrechtlich verbotene Zwangsarbeit mit sich bringen oder, unter Verletzungen der Bestimmungen des Paktes, die Ungleichbehandlung von Personen oder Gruppen fördern und verstärken, oder massenhafte Zwangsräumungen oder Vertreibungen von Personen ohne angemessenen Schutz und Entschädigung nach sich ziehen. Positiv ausgedrückt bedeutet der Grundsatz, dass die Organe nach Möglichkeit Projekte und Ansätze unterstützen sollen, soweit diese nicht nur zum Wirtschaftswachstum beitragen

oder der Verwirklichung umfassenderer Ziele dienen, sondern auch die uneingeschränkte Ausübung aller Menschenrechte fördern.

7. Als zweiter Grundsatz von allgemeiner Bedeutung gilt, dass die Bemühungen im Rahmen der Entwicklungszusammenarbeit nicht automatisch zur Förderung der Beachtung der wirtschaftlichen, sozialen und kulturellen Rechte beitragen. Zahlreiche Aktivitäten im Namen von «Entwicklung» haben sich in der Folge als unzureichend durchdacht oder sogar als für die Menschenrechte unheilvoll erwiesen. Damit solche Probleme seltener auftreten, sollten nach Möglichkeit und Bedarf alle vom Pakt behandelten Fragen sorgfältig und im einzelnen geprüft werden.

8. Auch wenn versucht wird, die Anstrengungen um die Menschenrechte in die Entwicklungsarbeit einzubeziehen, bleiben solche Vorschläge allzu oft im allgemeinen stecken. Deshalb will der Ausschuss, im Dienste der Verwirklichung des Art. 22 des Paktes, auf die folgenden besonderen Massnahmen aufmerksam machen, welche Beachtung durch die betroffenen Organe verdienen.

a) Die betroffenen Organe und Organisationen der Vereinten Nationen sollten grundsätzlich und ausdrücklich die engen Verbindungen anerkennen, die zwischen Entwicklungsaktivitäten und den Anstrengungen zur Förderung der Menschenrechte im allgemeinen und der wirtschaftlichen, sozialen und kulturellen Rechte im besonderen geknüpft werden müssen. Der Ausschuss weist darauf hin, dass diese Verbindungen in den Strategien der ersten drei Entwicklungsdekaden der Vereinten Nationen nicht berücksichtigt wurden, und er verlangt nachdrücklich, dass diese Unterlassung im Rahmen der vierten Strategie, welche 1990 angenommen werden soll, beseitigt wird.

b) Die Organisationen der Vereinten Nationen sollten dem Vorschlag des Generalsekretärs in einem Bericht von 1979[1] folgen, wonach im Zusammenhang mit allen grösseren Aktivitäten im Rahmen der Entwicklungszusammenarbeit «eine Studie über die Verträglichkeit mit den Menschenrechten» gemacht werden sollte.

c) Die im Bereich der Menschenrechte geltenden Bestimmungen und Grundsätze sollten Bestandteil der Ausbildung und der Informationszusammenkünfte für Projektmitarbeiter oder andere von den Organisationen der Vereinten Nationen angestellte Personen sein.

d) Es sollte alles daran gesetzt werden, dass in jedem Stadium der Ausführung von Entwicklungsprojekten die in den Pakten anerkannten Rechte

1 «Les dimensions internationales du droit au développement comme droit de l'homme, en relation avec d'autres droits de l'homme fondés sur la coopération internationale, y compris le droit à la paix, et ce, en tenant compte des exigences du nouvel ordre économique international et des besoins humains fondamentaux» (E/CN.4/1334, Ziff. 314).

gebührend berücksichtigt werden, insbesondere bei der anfänglichen Ermittlung der vordringlichen Bedürfnisse des betroffenen Landes, bei der Bezeichnung des Projekts und bei seiner Ausarbeitung, Ausführung und Schlussbeurteilung.

9. Bei der Prüfung der Berichte der Vertragsstaaten hat sich der Ausschuss besonders mit den unheilvollen Auswirkungen der Überschuldung und von Anpassungsmassnahmen auf die Ausübung der wirtschaftlichen, sozialen und kulturellen Rechte in zahlreichen Ländern befasst. Auch wenn der Ausschuss weiss, dass Anpassungsprogramme häufig unvermeidlich sind und sich meistens in einschneidenden Härtemassnahmen äussern, hält er es für umso dringlicher, die Anstrengungen zum Schutz der elementarsten wirtschaftlichen, sozialen und kulturellen Rechte zu verstärken. Die Vertragsstaaten und die zuständigen Organe der Vereinten Nationen sollten deshalb ganz besonders darauf achten, dass in die Anpassungsmassnahmen und -politiken soweit als möglich Schutzmassnahmen integriert werden. Ein solches, bisweilen als «Anpassung mit menschlichem Gesicht» bezeichnetes Vorgehen setzt voraus, dass der Schutz der armen und verletzlichen Bevölkerungsschichten ein grundsätzliches Ziel der wirtschaftlichen Anpassung bildet. Zudem sollten die internationalen Massnahmen zur Bewältigung der Schuldenkrise dem notwendigen Schutz der wirtschaftlichen, sozialen und kulturellen Rechte insbesondere im Rahmen der internationalen Zusammenarbeit vollumfänglich Rechnung tragen. In vielen Fällen könnten sich umfangreiche Schuldenerleichterungen als notwendig erweisen.

10. Schliesslich macht der Ausschuss darauf aufmerksam, dass Art. 22 des Paktes den Vertragsstaaten die ausgezeichnete Gelegenheit bietet, in ihren Berichten alle besonderen Bedürfnisse anzumelden, welche sie allenfalls im Bereich der technischen Hilfe und der Entwicklungszusammenarbeit haben.

3. Art der Verpflichtungen der Vertragsstaaten (Art. 2 Abs. 1 des Paktes): Allgemeine Bemerkung 3 [5] (1990)

1. Art. 2 ist für das volle Verständnis des Paktes von besonderer Bedeutung; er steht in einer dynamischen Beziehung zu allen anderen Bestimmungen des Paktes. Er beschreibt die Art der allgemeinen rechtlichen Verpflichtungen der Vertragsstaaten.

Diese Verpflichtungen beinhalten gleichzeitig das, was man (im Sinne der Völkerrechtskommission) Verhaltens- und Ergebnisverpflichtungen nennen kann. Es wurde manchmal nachdrücklich auf die unterschiedlichen Formulierungen in den hier behandelten Bestimmungen des Internationalen Pakts über wirtschaftliche, soziale und kulturelle Rechte einerseits und in Art. 2 des Internationalen Paktes über bürgerliche und politische Rechte andererseits hingewiesen, häufig aber ohne auch die diesbezüglichen wichtigen Analogien zu betonen. Der Pakt sieht zwar insbesondere vor, dass die volle Verwirklichung der Rechte erst nach und nach zu erreichen ist, und er anerkennt die Zwänge, welche durch die Knappheit der zur Verfügung stehenden Mittel entstehen; dennoch auferlegt er den Vertragsstaaten auch Verpflichtungen mit unmittelbarer Wirkung. Zwei dieser letzteren Verpflichtungen tragen ganz besonders zum genauen Verständnis der Natur der Verpflichtungen der Vertragsstaaten bei. Die eine dieser Verpflichtungen, die Gegenstand einer gesonderten Allgemeinen Bemerkung sein und anlässlich der sechsten Tagung des Ausschusses behandelt werden wird, besteht darin, dass die Vertragsstaaten «sich verpflichten zu gewährleisten», dass die betreffenden Rechte «ohne Diskriminierung [...] ausgeübt werden».

2. Die andere Verpflichtung besteht darin, dass sich die Vertragsstaaten nach dem Wortlaut des Art. 2 Abs. 1 zum «Treffen von Massnahmen» verpflichten; diese Pflicht wird durch keine weiteren Erwägungen qualifiziert oder eingeschränkt. Der Sinn des Wortlauts dieser Bestimmung kann auch durch die Betrachtung seiner verschiedenen Fassungen erschlossen werden. In der englischen Fassung besteht die Verpflichtung «to take steps» (Schritte zu unternehmen); im französischen Text verpflichten sich die Vertragsstaaten «à agir» (zu handeln), in der spanischen Fassung «a adoptar medidas» (Massnahmen anzunehmen). Während somit die volle Verwirklichung der betreffenden Rechte nur schrittweise erreicht werden kann, müssen die zur Erreichung dieses Ziels notwendigen Massnahmen in einer angemessenen kurzen Zeitspanne nach Inkrafttreten des Paktes von den einzelnen Vertragsstaaten getroffen werden. Die Massnahmen müssen durchdacht und konkret sein und möglichst eindeutig die Verwirklichung der im Pakt anerkannten Rechte anstreben.

3. Die Erfüllung dieser Handlungspflicht ist gemäss dem Wortlaut des Art. 2 Abs. 1 mit «allen geeigneten Mitteln, vor allem durch gesetzgeberische Massnahmen» zu erreichen. Der Ausschuss geht davon aus, dass der Rückgriff auf die Gesetzgebung in zahlreichen Fällen äusserst wünschenswert ist und bisweilen sogar unerlässlich sein kann. Es kann sich beispielsweise als schwierig erweisen, die Diskriminierung wirksam zu bekämpfen, wenn für die erforderlichen Massnahmen keine solide gesetzliche Grundlage besteht. In den Bereichen Gesundheit, Kinder- und Mutterschutz und Erziehung und in den von Art. 6–9 behandelten Bereichen kann die Gesetzgebung für die Erreichung zahlreicher Ziele ebenfalls unentbehrlich sein.

4. Der Ausschuss nimmt zur Kenntnis, dass die Vertragsstaaten im allgemeinen einige der diesbezüglich von ihnen erlassenen gesetzlichen Massnahmen zwar gewissenhaft und ausführlich beschreiben. Er weist aber darauf hin, dass sich die Verpflichtungen der Vertragsstaaten keineswegs im vom Pakt ausdrücklich vorgesehenen Erlass gesetzgeberischer Massnahmen erschöpfen.

Dem Ausdruck «mit allen geeigneten Mitteln» ist im Gegenteil sein voller und natürlicher Sinn beizumessen. Auch wenn jeder Vertragsstaat selbst entscheiden muss, welche Mittel angesichts der Umstände bezüglich der einzelnen Rechte für ihn am geeignetsten sind, liegt der «geeignete» Charakter der gewählten Mittel nicht immer auf der Hand. Es ist deshalb wünschenswert, dass die Berichte der Vertragsstaaten nicht nur die getroffenen Massnahmen beschreiben, sondern auch die Gründe angeben, warum diese unter den gegebenen Umständen als «am geeignetsten» beurteilt wurden. Allerdings ist es der Ausschuss, welcher am Schluss entscheidet, ob alle geeigneten Massnahmen ergriffen worden sind.

5. Neben den gesetzgeberischen Massnahmen sind als weitere geeignete Massnahmen solche zu nennen, welche die Einführung von Rechtsmitteln für diejenigen Rechte vorsehen, die gemäss dem nationalen Rechtssystem gerichtlich geltend gemacht werden können. Der Ausschuss hält beispielsweise fest, dass der diskriminierungsfreie Genuss der anerkannten Rechte oft durch die Existenz gerichtlicher oder anderer wirksamer Rechtsmittel wenigstens teilweise verwirklicht wird. Vertragsstaaten, welche auch Parteien des Internationalen Paktes über bürgerliche und politische Rechte sind, haben sich schon (aufgrund der Art. 2 Abs. 1 und 3, Art. 3 und 26 des Paktes) verpflichtet, dafür zu sorgen, dass jede Person, welche in ihren in diesem Pakt anerkannten Rechten und Freiheiten (einschliesslich des Rechtes auf Gleichbehandlung und des Diskriminierungsverbotes) verletzt worden ist, das Recht hat, «eine wirksame Beschwerde einzulegen» (Art. 2 Abs. 3 lit. a). Zudem enthält der Internationale Pakt über wirtschaftliche, soziale und kulturelle Rechte eine Anzahl Bestimmungen, u.a. die Art. 3, 7 lit. a i), 8, 10 Abs. 3, 13 Abs. 2 lit. a und Abs. 3 und 4, 15 Abs. 3, welche in vielen nationalen Rechtsordnungen für die direkte Anwendung durch gerichtliche und andere Organe geeignet erscheinen. Die Auffassung, wonach die aufgeführten Bestimmungen wegen ihrer Natur nicht direkt anwendbar sind, liesse sich nur schwerlich aufrechterhalten.

6. Falls ausdrückliche Massnahmen, die unmittelbar die Ausübung der im Pakt anerkannten Rechte gewährleisten, in Gesetzesform erlassen wurden, möchte der Ausschuss insbesondere wissen, ob diese Gesetze Einzelnen oder Gruppen, die ihre Rechte nicht uneingeschränkt verwirklicht sehen, eine Klageberechtigung einräumen oder nicht. Sind spezifische wirtschaftliche, soziale oder kulturelle Rechte durch die Verfassung garantiert oder wurden die Bestimmungen des Paktes direkt in das nationale Gesetz aufgenommen, möchte der Ausschuss darüber informiert werden, inwieweit diese Rechte auch gerichtlich geltend gemacht werden können. Zudem möchte der Ausschuss genaue Informationen erhalten, falls der Inhalt der Verfassungsbestimmungen über wirtschaftliche, soziale oder kulturelle Rechte abgeschwächt oder merklich verändert wurde.

7. Die anderen Massnahmen, welche als «geeignet» im Sinne des Art. 2 Abs. 1 betrachtet werden können, umfassen auch, aber nicht ausschliesslich, administrative, finanzielle, erzieherische und soziale Massnahmen.

8. Der Ausschuss weist darauf hin, dass die Bestimmung, wonach sich die Vertragsstaaten verpflichten, «mit allen geeigneten Mitteln, vor allem durch gesetzgeberische Massnahmen» vorzugehen, ein besonderes Regierungs- oder Wirtschaftssystem für den Erlass dieser Massnahmen weder fordert noch ausschliesst, unter der einzigen Voraussetzung, dass dieses demokratisch ist und dass alle Menschenrechte beachtet werden. Der Pakt ist somit hinsichtlich der politischen und wirtschaftlichen Systeme neutral, und seine Grundsätze setzen keineswegs ausschliesslich ein sozialistisches, kapitalistisches, gemischtwirtschaftliches, planwirtschaftliches, marktwirtschaftliches oder ein anderes System voraus. Der Ausschuss bestätigt diesbezüglich, dass die Verwirklichung der im Pakt anerkannten Rechte im Rahmen ganz unterschiedlicher wirtschaftlicher oder politischer Systeme erreicht werden kann, allein mit der Massgabe, die Interdependenz und den unteilbaren Charakter der beiden Menschenrechtskategorien, der insbesondere in der Präambel des Paktes bejaht wird, anzuerkennen und im betreffenden System zum Ausdruck zu bringen. Der Ausschuss stellt fest, dass auch weitere Menschenrechte, insbesondere das Recht auf Entwicklung, in diesem Zusammenhang von Relevanz sind.

9. Die grundsätzliche Ergebnisverpflichtung gemäss Art. 2 Abs. 1 ist es, «nach und nach die volle Verwirklichung der in diesem Pakt anerkannten Rechte zu erreichen». Häufig wird die darin formulierte Absicht durch den Begriff der schrittweisen Verwirklichung näher umschrieben. Er will die Tatsache zum Ausdruck bringen, dass die volle Verwirklichung aller wirtschaftlichen, kulturellen und sozialen Rechte im allgemeinen nicht in einer kurzen Zeitspanne erreicht werden kann. In diesem Sinne unterscheidet sich diese Verpflichtung deutlich von derjenigen des Art. 2 des Internationalen Paktes über bürgerliche und politische Rechte, welche eine unmittelbare Verpflichtung zur Achtung und Gewährleistung aller betreffenden Rechte darstellt. Dennoch darf die Tatsache, dass der Internationale Pakt über wirtschaftliche, soziale und kulturelle Rechte ein nach und nach zu erfolgendes, d.h. schrittweises Vorgehen vorsieht, nicht in einer Weise ausgelegt werden, dass diese Verpflichtung völlig ihrer Wirksamkeit beraubt würde. Einerseits erlaubt diese Bestimmung, die angesichts der globalen Gegebenheiten und der Schwierigkeiten, welchen jedes Land bei seinen Anstrengungen zur Erreichung der vollen Verwirklichung der wirtschaftlichen, sozialen und kulturellen Rechte begegnet, die nötige Flexibilität zu bewahren; andererseits muss die Bestimmung im Lichte des Gesamtziels und der eigentlichen Daseinsberechtigung des Paktes ausgelegt werden, welche darin bestehen, den Vertragsstaaten klare Verpflichtungen bezüglich der vollen Verwirklichung der betreffenden Rechte zu setzen. Diese Formulierung verpflichtet deshalb zu

einem möglichst raschen und gleichzeitig möglichst wirksamen Vorgehen zur Erreichung dieses Ziels. Zudem muss jede bewusst regressive Massnahme in diesem Bereich zwingend mit grösster Sorgfalt geprüft werden und im Hinblick auf alle im Pakt anerkannten Rechte und unter Verwendung aller zur Verfügung stehenden Mittel vollumfänglich gerechtfertigt sein.

10. Aufgrund der beträchtlichen Erfahrung, die der Ausschuss – und das Organ, welches vorher bestanden hat – seit über zehn Jahren bei der Prüfung der Berichte der Vertragsstaaten erworben haben, gelangt er zu der Ansicht, dass jeder Vertragsstaat die grundlegende Mindestverpflichtung hat, wenigstens die Verwirklichung des Kernbereichs jedes Rechtes zu gewährleisten. Ein Vertragsstaat, in welchem beispielsweise zahlreichen Personen das Wesentliche bezüglich Nahrung, gesundheitlicher Erstversorgung, Unterkunft oder Unterricht fehlt, ist ein Staat, welcher prima facie die ihm aufgrund des Paktes obliegenden Verpflichtungen vernachlässigt. Der Pakt würde weitgehend die Daseinsberechtigung verlieren, wenn diese grundlegende Mindestverpflichtung aus seinem Inhalt nicht eindeutig herausgelesen würde. Zur Ermittlung der grundlegenden Mindestverpflichtungen jedes Staates muss aber auch den Zwängen Rechnung getragen werden, denen ein Land aufgrund begrenzter Mittel unterliegt. Gemäss Art. 2 Abs. 1 muss jeder Vertragsstaat «unter Ausschöpfung aller seiner Möglichkeiten [«ressources»]» tätig werden. Will ein Vertragsstaat als Grund für die mangelnde Verwirklichung seiner grundlegenden Mindestverpflichtungen fehlende Ressourcen geltend machen, so muss er nachweisen, dass alles unternommen wurde, um die verfügbaren Mittel zur vorrangigen Erfüllung dieser Mindestverpflichtungen zu nutzen.

11. Der Ausschuss unterstreicht jedoch, dass der Vertragsstaat auch bei nachgewiesenermassen ungenügend verfügbaren Mitteln verpflichtet bleibt, alle Anstrengungen zu unternehmen, um unter den herrschenden Umständen die Verwirklichung der betreffenden Rechte so weitgehend wie möglich zu erreichen. Der Mangel an Ressourcen befreit keineswegs von der Pflicht, den Umfang der Verwirklichung und mehr noch der fehlenden Verwirklichung der wirtschaftlichen, sozialen und kulturellen Rechte zu kontrollieren und Strategien und Programme zur Förderung dieser Rechte zu entwickeln. Der Ausschuss ist schon in seiner Allgemeinen Bemerkung 1 (1989) auf diese Fragen eingegangen.

12. Im weiteren weist der Ausschuss darauf hin, dass auch in Zeiten schweren Mangels an Ressourcen – wegen eines [wirtschaftlichen] Anpassungsprogramms, wegen wirtschaftlicher Rezession oder aus anderen Gründen – die verletzlichen Mitglieder der Gesellschaft mittels besonderer und verhältnismässig kostengünstiger Programme geschützt werden können und müssen. Zur Unterstützung dieser These verweist der Ausschuss auf die vom UNICEF ausgearbeitete Analyse mit dem Titel *L'ajustement à visage humain: protéger*

les groupes vulnérables et favoriser la croissance[1]; diejenige des UNDP in seinem *Rapport mondial sur le développement humain 1990*[2] und diejenige der Weltbank in ihrem *Rapport sur le développement dans le monde 1990*[3].

13. Schliesslich muss auf einen letzten Punkt in Art. 2 Abs. 1 aufmerksam gemacht werden, nämlich die Verpflichtung jedes Vertragsstaates, «einzeln und durch internationale Hilfe und Zusammenarbeit, insbesondere wirtschaftlicher und technischer Art», tätig zu werden. Der Ausschuss weist darauf hin, dass der Ausdruck «unter Ausschöpfung aller seiner Möglichkeiten» für die Verfasser des Paktes sowohl die eigenen Ressourcen als auch die über die internationale Hilfe und Zusammenarbeit verfügbaren Mittel der internationalen Gemeinschaft bedeutete. Zudem legen auch die ausdrücklichen Bestimmungen der Art. 11, 15, 22 und 23 des Paktes Gewicht auf die entscheidende Bedeutung dieser Zusammenarbeit zur Erleichterung der vollen Verwirklichung der betreffenden Rechte. Bezüglich Art. 22 hat der Ausschuss schon in der Allgemeinen Bemerkung 2 (1990) auf einzelne Möglichkeiten und Verantwortlichkeiten im Rahmen der internationalen Zusammenarbeit hingewiesen. In Art. 23 wird ausdrücklich gesagt, dass die «Gewährung technischer Hilfe» und andere Tätigkeiten zu den «internationalen Massnahmen zur Verwirklichung der in diesem Pakt anerkannten Rechte» zählen.

14. Der Ausschuss unterstreicht, dass aufgrund der Art. 55 und 56 der Charta der Vereinten Nationen, anerkannter Grundsätze des internationalen Rechts und der Bestimmungen des Paktes selbst, die internationale Zusammenarbeit für die Entwicklung und somit auch für die Verwirklichung der wirtschaftlichen, sozialen und kulturellen Rechte eine Verpflichtung ist, welche allen Staaten obliegt. Diese Verpflichtung betrifft ganz besonders diejenigen Staaten, welche in der Lage sind, den anderen Staaten in diesem Bereich zu helfen. Der Ausschuss verweist insbesondere auf die Bedeutung der Deklaration der Generalversammlung über das Recht auf Entwicklung, angenommen mit Resolution 41/128 vom 4. Dezember 1986, und auf die Notwendigkeit, dass die Vertragsstaaten allen hierin verkündeten Grundsätzen vollumfänglich Rechnung tragen. Wenn die dazu fähigen Staaten ein Programm für internationale Zusammenarbeit und Hilfe nicht durchführen, wird die volle Verwirklichung der wirtschaftlichen, sozialen und kulturellen Rechte ein unerfülltes Bestreben bleiben. Der Ausschuss verweist diesbezüglich auf den Wortlaut seiner Allgemeinen Bemerkung 2 (1990).

1 L'ajustement à visage humain: protéger les groupes vulnérables et favoriser la croissance, G. A. Cornia, R. Jolly und F. Stewart (éds.), Economica, Paris 1987.

2 Rapport mondial sur le développement humain 1990, Economica, Paris 1990.

3 Rapport sur le développement dans le monde 1990, Economica, Paris 1990.

4. Recht auf ausreichende Unterkunft (Art. 11 Abs. 1 des Paktes): Allgemeine Bemerkung 4 [6] (1991)

1. Gemäss Art. 11 Abs. 1 des Paktes erkennen die Vertragsstaaten «das Recht eines jeden auf einen angemessenen Lebensstandard für sich und seine Familie an, einschliesslich ausreichender Ernährung, Bekleidung und Unterkunft, sowie auf eine stetige Verbesserung der Lebensbedingungen». Das Menschenrecht auf ausreichende Unterkunft, welches aus dem Recht auf einen angemessenen Lebensstandard abgeleitet wird, ist von entscheidender Bedeutung für den Genuss der wirtschaftlichen, sozialen und kulturellen Rechte.

2. Dem Ausschuss stehen zu diesem Recht sehr viele Auskünfte zur Verfügung. Seit 1979 haben der Ausschuss und das Organ, welches vorher bestanden hat, 75 Berichte über das Recht auf ausreichende Unterkunft geprüft. Der Ausschuss widmete diesem Thema eine Generaldebatte anlässlich seiner dritten (siehe E/1989/22, Ziff. 312) und vierten Tagung (E/1990/23, Ziff. 281–285). Zudem nahm er aufmerksam Kenntnis von den Informationen, die er im Rahmen des Internationalen Jahres zur Beseitigung der Obdachlosigkeit (1987) erhielt, insbesondere von der Globalen Strategie zur Gewährleistung der Unterkunft bis zum Jahr 2000, welche die Generalversammlung mit Resolution 42/191 vom 11. Dezember 1987 angenommen hat[1]. Im weiteren prüfte er die Berichte und anderen Unterlagen der Menschenrechtskommission und der Unterkommission für Diskriminierungsverhütung und Minderheitenschutz[2].

3. Obgleich sich die unterschiedlichsten internationalen Instrumente mit den verschiedenen Dimensionen des Rechts auf ausreichende Unterkunft befassen[3], ist Art. 11 Abs. 1 des Paktes die umfassendste und vielleicht die wichtigste Bestimmung in diesem Bereich.

4. Zwar hat die internationale Gemeinschaft häufig die Bedeutung der vollen Beachtung des Rechtes auf ausreichende Unterkunft betont; dennoch bleibt die

1 Documents officiels de l'Assemblée générale, quarante-troisième session, Supplément N° 8, additif (A/43/8/Add. 1).

2 Resolutionen 1986/36 und 1987/22 der Menschenrechtskommission; Berichte von *Danilo Türk*, Sonderberichterstatter der Subkommission (E/CN.4/Sub.2/1990/19, Ziff. 108–120; E/CN.4/Sub.2/1991/17, Ziff. 137–139); siehe auch die Resolution 1991/26 der Subkommission.

3 Siehe beispielsweise Art. 25 Abs. 1 der UNO-Menschenrechtserklärung; Art. 5 Abs. iii) der internationalen Konvention zur Beseitigung jeder Form der Rassendiskriminierung; Art. 14 Abs. 2 der Konvention zur Beseitigung jeder Form der Diskriminierung der Frau; Art. 27 Abs. 3 der Konvention über die Rechte des Kindes; Art. 10 der Erklärung über den Fortschritt und die Entwicklung im sozialen Bereich; Sekt. III Ziff. 8 der Erklärung von Vancouver über die menschliche Unterkunft, 1976 (Rapport d'Habitat: Conférence des Nations Unies sur les établissements humains, Veröffentlichung der Vereinten Nationen, Verkaufsnummer F. 76.IV/7, und Berichtigung, 1. Kapitel); Art. 8 Abs. 1 der Erklärung über das Recht auf Entwicklung und die Empfehlung der ILO über die Unterkunft der Arbeitnehmer, 1961 (Nr. 115).

Abweichung zwischen den Bestimmungen des Art. 11 Abs. 1 des Paktes und der tatsächlichen Lage in zahlreichen Teilen der Welt beunruhigend. Zweifellos sind die Probleme der Obdachlosigkeit und der unzureichenden Unterkunft häufig besonders gravierend in Entwicklungsländern, die mit grossen Schwierigkeiten und anderen Zwängen, insbesondere wegen fehlender Ressourcen, zu kämpfen haben; der Ausschuss stellt aber fest, dass solche Probleme auch in Gesellschaften mit hohem wirtschaftlichen Niveau auftreten. Nach den Schätzungen der Organisation der Vereinten Nationen gibt es in der Welt über 100 Millionen obdachlose und über eine Milliarde unzureichend untergebrachte Menschen[4]. Nichts weist auf eine Verringerung dieser Zahl hin. Ganz offensichtlich ist kein Vertragsstaat vor schwerwiegenden Problemen geschützt, welche sich im Zusammenhang mit dem Recht auf Unterkunft stellen.

5. Bisweilen gestehen die Vertragsstaaten in den vom Ausschuss geprüften Berichten ihre Schwierigkeiten bei der Verwirklichung des Rechtes auf ausreichende Unterkunft ein und beschreiben sie. In den meisten Fällen sind aber die Angaben ungenügend und erlauben dem Ausschuss nicht, sich ein genaues Bild von der Situation im betreffenden Land zu machen. Die vorliegende Allgemeine Bemerkung soll deshalb einige der grundlegenden Fragen herausschälen, welche sich auf dieses Recht beziehen und welche, nach Ansicht des Ausschusses, wichtig sind.

6. Das Recht auf ausreichende Unterkunft gilt für alle. Der Ausdruck «für sich und seine Familie» bringt Forderungen hinsichtlich der Geschlechterrolle und dem Schema der Erwerbstätigkeit zum Ausdruck, welche 1966, bei Erlass des Paktes, allgemein anerkannt waren; er darf heute aber nicht als Beschränkung des Rechtes von Personen oder Familien, deren Oberhaupt eine Frau ist, oder von anderen derartigen Gruppen ausgelegt werden. Der Begriff «Familie» ist vielmehr in einem weiten Sinn zu verstehen. Einzelpersonen wie auch Familien haben Anspruch auf angemessene Unterkunft, ohne Unterscheidung nach Alter, wirtschaftlicher Lage, Zugehörigkeit zu Gruppen oder anderen Einheiten oder sozialen Bedingungen und weiteren ähnlichen Faktoren. Insbesondere muss dieses Recht gemäss Art. 2 Abs. 2 des Paktes ohne irgendeine Form der Diskriminierung ausgeübt werden können.

7. Nach Ansicht des Ausschusses darf das Recht auf Unterkunft nicht in einem engen oder beschränkten Sinn, beispielsweise lediglich als Anspruch auf ein Dach über dem Kopf oder ausschliesslich als Ware verstanden werden. Es ist vielmehr als Recht auf einen Ort auszulegen, wo man in Sicherheit, Frieden und Würde leben kann. Dafür gibt es mindestens zwei Gründe: Erstens ist das Recht auf Unterbringung unlösbar mit anderen Menschenrechten und mit den Grundprinzipien verbunden, auf die sich der Pakt stützt. Die «allen Menschen

4 Siehe Anm. 1.

innewohnende Würde», aus welcher die im Pakt anerkannten Rechte abgeleitet werden, verlangt, dass der Ausdruck «Unterkunft» unter Berücksichtigung weiterer Erwägungen ausgelegt werden muss, und vor allem, dass das Recht auf Unterbringung ohne Unterscheidung nach Einkommen oder sonstigen wirtschaftlichen Ressourcen für alle zu gewährleisten ist. Zweitens spricht Art. 11 Abs. 1 nicht einfach von Unterbringung, sondern von ausreichender Unterbringung. Laut der Kommission für Wohn- und Siedlungswesen und der Globalen Strategie zur Gewährleistung der Unterkunft bis zum Jahr 2000 bedeutet «eine angemessene Unterkunft [...] ausreichende Intimität, genügend Raum, echte Sicherheit, angemessene Beleuchtung und Belüftung, angemessene Infrastrukturen und eine gute Lage bezüglich Arbeitsort und der wesentlichen Dienstleistungen – das alles zu einem vernünftigen Preis».

8. Somit ist die Angemessenheit ein besonders wichtiger Begriff im Bereich des Rechtes auf Unterkunft, weil er gewisse Faktoren hervorhebt, welche bei der Beurteilung der Frage berücksichtigt werden müssen, ob eine bestimmte Form der Unterkunft als «ausreichend» im Sinne des Paktes betrachtet werden kann. Es handelt sich teilweise um soziale, wirtschaftliche, kulturelle, klimatische, ökologische und andere Faktoren; nach Ansicht des Ausschusses können trotzdem Aspekte dieses Rechtes herausgeschält werden, welche zu diesem Zweck unter allen Umständen zu berücksichtigen sind:

a) *Gesetzliche Sicherheit des Wohnens.* Es gibt verschiedene rechtliche Wohnformen – die Vermietung (durch den öffentlichen oder den privaten Sektor), das Miteigentum, die Verpachtung, das Eigentum, die Notunterbringung und die informelle Benutzung von Boden oder Räumlichkeiten. Unabhängig von der Wohnform hat jede Person Anspruch auf ein gewisses Mass an Sicherheit, welches den gesetzlichen Schutz vor Vertreibung, Belästigung oder anderen Bedrohungen gewährleistet. Deshalb müssen die Vertragsstaaten, unter eingehenden Beratungen mit den betroffenen Personen und Gruppen, unverzüglich Massnahmen zur Gewährleistung der gesetzlichen Sicherheit des Wohnens für Personen und Familien, welche noch keinen solchen Schutz geniessen, treffen;

b) *Verfügbarkeit von Dienstleistungen, Material, Einrichtungen und Infrastrukturen.* Zur ausreichenden Unterkunft gehören gewisse für die Gesundheit, die Sicherheit, den Komfort und die Ernährung wesentliche Einrichtungen. Alle Träger des Rechts auf ausreichende Unterkunft sollen ständigen Zugang haben zu den natürlichen und alltäglichen Ressourcen: Trinkwasser, Kochenergie, Heizung und Beleuchtung, sanitäre Einrichtungen und Waschanlagen, Mittel für die Lebensmittelkonservierung, Abfallbeseitigungssystem, Entwässerung und Notfalldienste;

c) *Bezahlbarkeit.* Die Unterkunftskosten für Individuen oder Haushalte sollten so angesetzt sein, dass sie die anderen Grundbedürfnisse nicht gefährden oder beeinträchtigen. Die Vertragsstaaten sollten dafür sorgen, dass im allgemeinen der Prozentsatz der Kosten für die Unterkunft im Vergleich zum Einkommen nicht unverhältnismässig ist. Die Vertragsstaaten sollten Wohnungszulagen für Personen vorsehen, welche die Unterkunft nicht bezahlen können, und Modalitäten und Abstufungen von Wohnbeiträgen einführen, welche den diesbezüglichen Bedürfnissen angemessen entsprechen. In Übereinstimmung mit dem Grundsatz der Beachtung der Bezahlbarkeit sollten die Mieter durch geeignete Massnahmen vor übersetzten Mieten oder Mieterhöhungen geschützt werden. In Gesellschaften, in welchen die Baumaterialien hauptsächlich natürliche Materialien sind, sollten die Vertragsstaaten dafür sorgen, dass die Verfügbarkeit dieser Materialien gewährleistet ist.

d) *Bewohnbarkeit.* Eine ausreichende Unterkunft muss bewohnbar in dem Sinne sein, dass sie ausreichenden Raum und Schutz vor Kälte, Feuchtigkeit, Hitze, Regen, Wind, anderen Gefahren für die Gesundheit, vor Gefährdung durch Baumängel und vor Krankheitsträgern bietet. Zudem muss die physische Sicherheit der Bewohner gewährleistet sein. Der Ausschuss fordert die Vertragsstaaten auf, die Prinzipien anzuwenden, welche die WHO in «*Santé et logement – Principes directeurs*[5]» erarbeitet hat; diese gehen davon aus, dass in den epidemiologischen Analysen die Unterkunft als der am häufigsten mit der Entstehung von Krankheiten verbundene Umweltfaktor erscheint; somit gehen unzureichende und unangemessene Unterkunft und ebensolche Lebensbedingungen unausweichlich mit erhöhten Sterblichkeits- und Krankheitsraten einher.

e) *Zugänglichkeit.* Eine ausreichende Unterkunft muss für diejenigen Personen zugänglich sein, welche Anspruch darauf haben. Den benachteiligten Gruppen müssen ständig angemessene Unterkunftsmöglichkeiten offenstehen. Benachteiligte Gruppen wie Betagte, Kinder, körperlich Behinderte, unheilbar Kranke, HIV-Positive, chronisch Kranke, Geisteskranke, Opfer von Naturkatastrophen, in katastrophengefährdeten Regionen Lebende und weitere Gruppen sollten im Bereich der Unterkunft einen gewissen Vorrang geniessen. Sowohl die Gesetzgebung über die Unterkunft als auch deren Anwendung sollten die speziellen Bedürfnisse solcher Gruppen vollumfänglich berücksichtigen. In zahlreichen Vertragsstaaten sollte eines der Hauptziele der Wohnungspolitik darin liegen, den besitzlosen oder verarmten Bevölkerungsgruppen den Zugang zum Grundeigentum zu eröffnen. Es ist nötig, diesbezügliche Pflichten der Regierungen zu definieren, um dem Recht jeder Person auf einen sicheren Ort, an welchem sie in Frieden und Würde leben kann, einschliesslich des Zugangs zu Boden, einen konkreten Sinn zu geben.

f) *Lage.* Eine ausreichende Unterkunft muss an einem Ort gelegen sein, wo Beschäftigungsmöglichkeiten, Gesundheitsdienste, Schulen, Zentren für Kin-

5 Santé et logement – Principes directeurs, Genf, Weltgesundheitsorganisation, 1990.

derpflege und weitere soziale Dienstleistungen existieren. Dies gilt insbesondere für Grossstädte und ländliche Gebiete, in welchen der Aufwand (an Zeit und Geld) für den Transport zum und vom Arbeitsplatz die Budgets der armen Haushalte zu sehr zu belasten droht. Zudem sollten Unterkünfte nicht in umweltverschmutzten Gegenden oder in der Nähe von Verschmutzungsquellen erstellt werden, um das Recht auf Gesundheit der Bewohner nicht zu gefährden.

g) *Beachtung des kulturellen Umfeldes.* Durch Bauweise, Baumaterialien und Baupolitik sollen kulturelle Identität und Verschiedenheit in der Unterkunft angemessen zum Ausdruck gebracht werden können. Im Rahmen der Bautätigkeit und der Modernisierung der Wohnungen soll darauf geachtet werden, dass die kulturellen Dimensionen des Wohnens nicht geopfert werden und dass unter anderem moderne Ausrüstungen, soweit angemessen, gewährleistet sind.

9. Wie oben erwähnt, kann das Recht auf ausreichende Unterkunft nicht unabhängig von den anderen in den beiden Internationalen Pakten und in weiteren anwendbaren internationalen Instrumenten anerkannten Rechten betrachtet werden. Es wurde diesbezüglich schon auf den Begriff der Würde des Menschen und auf den Grundsatz des Diskriminierungsverbotes verwiesen. Zudem ist die uneingeschränkte Verwirklichung der übrigen Rechte – insbesondere der Meinungsäusserungs- und Vereinigungsfreiheit (beispielsweise für Mieter und andere gemeinschaftlich organisierte Gruppen), des Rechts auf freie Wohnsitzwahl und des Rechts auf Mitwirkung am Entscheidungsprozess – unerlässlich, damit alle Bevölkerungsgruppen ihr Recht auf ausreichende Unterkunft verwirklichen und wahren können. Im weiteren bildet das Recht jeder Person auf Schutz vor willkürlichen und widerrechtlichen Einmischungen in ihr Privatleben, ihr Familienleben, ihre Wohnung oder ihren Schriftverkehr einen sehr wichtigen Aspekt des Rechts auf ausreichende Unterbringung.

10. Unabhängig vom Entwicklungszustand eines Landes müssen einzelne Massnahmen unverzüglich getroffen werden. Gemäss der Globalen Strategie zur Gewährleistung der Unterkunft und anderen internationalen Analysen setzen zahlreiche Massnahmen zur Förderung des Rechtes auf Unterkunft einzig voraus, dass die Regierungen von gewissen Praktiken absehen und die Selbsthilfe der betroffenen Gruppen erleichtern. Übersteigt die Anwendung dieser Massnahmen die Mittel, über welche ein Vertragsstaat verfügt, so ist es angebracht, baldmöglichst um internationale Zusammenarbeit gemäss Art. 11 Abs. 1 und Art. 22 und 23 des Paktes nachzusuchen und den Ausschuss dementsprechend zu orientieren.

11. Die Vertragsstaaten müssen soziale Gruppen, welche unter benachteiligenden Bedingungen leben, vorrangig behandeln, indem sie diesen besondere Aufmerksamkeit schenken. Politik und Gesetzgebung sollten nicht so geartet sein, dass sie die ohnehin privilegierten sozialen Gruppen auf Kosten der anderen sozialen Schichten bevorzugen. Der Ausschuss ist sich bewusst, dass

äussere Faktoren das Recht auf eine dauernde Verbesserung der Lebensbedingungen beeinflussen können und dass sich die allgemeine Lage für viele Vertragsstaaten in den achtziger Jahren verschlechtert hat. Trotz der durch äussere Faktoren bedingten Probleme behalten aber, wie der Ausschuss in seiner Allgemeinen Bemerkung 2 (1990) (E/1990/23, Annex III) unterstreicht, die auf dem Pakt beruhenden Verpflichtungen ihre unveränderte Geltung und sind in wirtschaftlich schwierigen Zeiten vielleicht sogar noch wichtiger. Deshalb ist der Ausschuss der Meinung, dass eine allgemeine Verschlechterung der Lebensbedingungen und der Unterkunft, welche unmittelbar auf politischen Grundsatzentscheidungen und auf gesetzgeberischen Massnahmen der Vertragsstaaten beruhen würde, ohne parallele Ausgleichsmassnahmen mit den Verpflichtungen des Paktes unvereinbar wäre.

12. Selbstverständlich unterscheiden sich die Mittel zur Gewährleistung der vollen Verwirklichung des Rechtes auf ausreichende Unterkunft von einem Vertragsstaat zum anderen stark; dennoch verpflichtet der Pakt jeden Vertragsstaat klar, alle für dieses Ziel erforderlichen Massnahmen zu treffen. In den meisten Fällen wird es sich dabei um den Erlass einer nationalen Strategie für die Unterkunft handeln, welche, gemäss Art. 32 der Globalen Strategie für die Gewährleistung der Unterkunft, «die Ziele der zur Verbesserung der Wohnbedingungen geplanten Tätigkeiten festlegt, die für die Erreichung dieser Ziele verfügbaren Mittel und die günstigsten Möglichkeiten zu deren Verwendung nennt und die mit der Ausführung der Massnahmen betrauten Beamten und den Zeitplan bezeichnet». Aus Gründen der Rationalität und der Wirksamkeit und zur Gewährleistung der übrigen Menschenrechte sollte eine solche Strategie nach eingehender Beratung und unter Mitwirkung aller Beteiligten, insbesondere der Obdachlosen, der mangelhaft untergebrachten Personen und ihrer Vertreter, erarbeitet werden. Zudem sollten Massnahmen zur Gewährleistung der Koordination zwischen den Ministerien und den regionalen und lokalen Behörden getroffen werden, um die verwandten Politikbereiche (Wirtschaft, Landwirtschaft, Umwelt, Energie usw.) mit den Verpflichtungen in Übereinstimmung zu bringen, welche sich aus Art. 11 des Paktes ergeben.

13. Die regelmässige Überprüfung der Unterkunftssituation bildet eine weitere Verpflichtung mit sofortiger Wirkung. Zur Erfüllung ihrer Verpflichtungen aus Art. 11 Abs. 1 müssen die Vertragsstaaten insbesondere nachweisen, dass sie sowohl auf der nationalen Ebene als auch im Rahmen der internationalen Zusammenarbeit alle erforderlichen Massnahmen getroffen haben, um den Umfang des Phänomens der Obdachlosigkeit und der ungenügenden Unterkunft in ihrem Staatsgebiet zu erfassen. Diesbezüglich unterstreicht der Ausschuss in seinen revidierten Allgemeinen Richtlinien über die Form und den Inhalt der Berichte (E/C.12/1991/1) die Notwendigkeit, «ausführliche Angaben über die Gruppen zu machen, welche innerhalb der Gesellschaft bezüglich Unterkunft

verletzlich und benachteiligt sind». Es handelt sich bei diesen Gruppen insbesondere um obdachlose Einzelpersonen und Familien, um Personen, welche schlecht untergebracht sind und nicht über einen Mindestkomfort verfügen, um Personen, welche in «illegalen» Siedlungszonen leben, um Opfer von Zwangsräumungen und um einkommensschwache Gruppen.

14. Die Massnahmen, welche von den Vertragsstaaten zur Erfüllung ihrer Verpflichtungen aus dem Recht auf ausreichende Unterkunft getroffen werden müssen, können sich in geeigneter Weise auf den öffentlichen und den privaten Sektor verteilen. Im allgemeinen erweist sich die Finanzierung der Unterkunft mit öffentlichen Geldern als wirksamer, wenn diese direkt für den Bau neuer Wohnungen verwendet werden; in den meisten Fällen hat aber die Erfahrung gezeigt, dass die Regierungen durch den vom Staat finanzierten Wohnungsbau die Wohnungsnot nicht völlig beheben konnten. Deshalb sollten die Vertragsstaaten dazu angeregt werden, Selbsthilfestrategien zu unterstützen, ohne ihre Verpflichtungen bezüglich des Rechtes auf Unterkunft auf irgendeine Weise zu vernachlässigen. Diese Verpflichtungen bestehen im wesentlichen darin, unter Berücksichtigung der verfügbaren Ressourcen gesamthaft für ausreichende Massnahmen zu sorgen, um möglichst bald die Beachtung der Rechte jedes einzelnen zu gewährleisten.

15. Die meisten zu treffenden Massnahmen werden in der Zuweisung finanzieller Mittel und im Treffen von allgemeinen Politikentscheiden bestehen. Dennoch sollte in diesem Zusammenhang die Bedeutung der eigentlichen gesetzgeberischen und administrativen Massnahmen nicht unterschätzt werden. Die Globale Strategie für die Gewährung der Unterkunft weist in Art. 66 und 67 auf die Typen der diesbezüglich möglichen Massnahmen und auf deren Bedeutung hin.

16. In einzelnen Staaten wurde das Recht auf ausreichende Unterkunft in die Verfassung aufgenommen. In solchen Fällen interessiert sich der Ausschuss vor allem für die rechtlichen Aspekte und die konkreten Auswirkungen der Anwendung der geltenden Bestimmungen. Er wünscht deshalb ausführliche Angaben über konkrete Fälle und andere Umstände, in welchen sich die Anwendung solcher Verfassungsbestimmungen als nützlich erwiesen hat.

17. Nach Ansicht des Ausschusses eignen sich zahlreiche Elemente des Rechtes auf ausreichende Unterkunft zumindest als Gegenstand innerstaatlicher Rechtsmittel. Je nach Rechtssystem kann es sich dabei – nicht abschliessend – um folgende Rechtsmittel handeln: a) gerichtliche Beschwerden zur Beantragung eines Räumungs- oder Abbruchverbotes; b) gerichtliche Verfahren zur Geltendmachung eines Entschädigungsanspruchs nach gesetzwidriger Räumung; c) Klagen gegen gesetzwidrige Massnahmen, die der (staatliche oder private) Eigentümer getroffen hatte oder von ihm unterstützt wurden, bezüglich Höhe der Miete, Unterhalt der Wohnung, Rassen- oder anderer Diskriminierun-

gen; d) Anzeige jeder Form der Diskriminierung bei der Zuweisung von Wohnungen oder beim Zugang zu Wohnungen; e) Klagen gegen Eigentümer betreffend gesundheitsschädigende oder unzulängliche Wohnungen. In einzelnen Rechtssystemen kann auch die Möglichkeit der Erleichterung von Verbandsbeschwerden erwogen werden, wenn eine beträchtliche Erhöhung der Zahl der Obdachlosen Probleme schafft.

18. Diesbezüglich geht der Ausschuss davon aus, dass Zwangsräumungen *prima facie* gegen die Bestimmungen des Paktes verstossen und nur unter ganz ausserordentlichen Umständen und unter Beachtung der internationalen Grundsätze gerechtfertigt sein können.

19. Die Vertragsstaaten anerkennen gemäss Art. 11 Abs. 1 «die entscheidende Bedeutung einer internationalen, auf freier Zustimmung beruhenden Zusammenarbeit». Bis heute wurden weniger als 5% der gesamten internationalen Hilfe für die Unterbringung eingesetzt, und die Art des Einsatzes dieser Mittel hat oft kaum zur Befriedigung der Bedürfnisse der am meisten benachteiligten Gruppen beigetragen. Sowohl die empfangenden als auch die bezahlenden Vertragsstaaten sollten dafür sorgen, dass ein wesentlicher Teil der Gelder für die Schaffung von Bedingungen verwendet wird, welche einer grösseren Anzahl Personen zu einer angemessenen Unterkunft verhelfen. Die internationalen Finanzinstitutionen, welche strukturelle Anpassungsmassnahmen empfehlen, sollten darüber wachen, dass die Ergreifung solcher Massnahmen die Ausübung des Rechtes auf ausreichende Unterbringung nicht beeinträchtigt. Wenn die Vertragsstaaten eine internationale Zusammenarbeit erbitten wollen, müssen sie die Bereiche des Rechtes auf ausreichende Unterbringung angeben, in welchen ein externer Finanzierungsbeitrag am wünschenswertesten wäre. In ihren Gesuchen müssen sie den Bedürfnissen und Stellungnahmen der betroffenen Gruppen vollumfänglich Rechnung tragen.

5. An einer Behinderung leidende Personen: Allgemeine Bemerkung 5 [11] (1994)

1. Die internationale Gemeinschaft hat häufig die grundlegende Bedeutung betont, welche dem Internationalen Pakt über wirtschaftliche, soziale und kulturelle Rechte im Hinblick auf die Grundrechte der an einer Behinderung leidenden Personen zukommt[1]. In einer Studie von 1992 mit dem Titel «Anwendung des Weltaktionsprogramms für behinderte Personen und Dekade der Vereinten Nationen für die Behinderten» kam der Generalsekretär zu dem

1 Zu einer ausführlichen Behandlung dieses Themas siehe den Bericht von *Leandro Despouy*, Sonderberichterstatter, über Menschenrechte und Invalidität (E/CN.4/Sub.2/1991/31).

Schluss, dass «Invalidität eng mit wirtschaftlichen und sozialen Faktoren zusammenhängt» und dass «die Lebensbedingungen in vielen Regionen der Welt so schwierig sind, dass die Befriedigung der Grundbedürfnisse für alle – Ernährung, Wasser, Unterkunft, Schutz der Gesundheit und Schulung – Eckpfeiler jedes nationalen Programms sein sollte»[2]. Auch in den Ländern mit einem verhältnismässig hohen Lebensstandard ist den an einer Behinderung leidenden Personen häufig die Möglichkeit verwehrt, die ganze Skala der wirtschaftlichen, sozialen und kulturellen Rechte auszuüben, welche im Pakt anerkannt sind.

2. Der Ausschuss für wirtschaftliche, soziale und kulturelle Rechte und die Arbeitsgruppe, welche vorher bestanden hat, wurden sowohl von der Generalversammlung[3] als auch von der Menschenrechtskommission[4] ausdrücklich aufgefordert, sich zu vergewissern, dass die Vertragsstaaten des Paktes dafür sorgen, dass die an einer Behinderung leidenden Personen in den vollen Genuss der relevanten Rechte kommen. Der Ausschuss stellt allerdings fest, dass bis heute die Vertragsstaaten dieser Frage in ihren Berichten nur sehr wenig Aufmerksamkeit geschenkt haben. Diese Feststellung scheint mit der Schlussfolgerung des Generalsekretärs übereinzustimmen, dass «die meisten Regierungen die entscheidenden Massnahmen zur tatsächlichen Verbesserung der Lage [der an einer Behinderung leidenden Personen] immer noch nicht getroffen haben»[5]. Zudem müssen einzelne Fragen, welche sich in diesem Bereich stellen, unter dem Gesichtspunkt der im Pakt vorgesehenen Verpflichtungen geprüft und unterstrichen werden.

3. Es gibt immer noch keine international anerkannte Definition des Ausdruckes «Invalidität». In unserem Zusammenhang genügt es, sich an die Umschreibung in den Grundsätzen von 1993 zu halten:

«Der Ausdruck ‹Invalidität› deckt zahlreiche unterschiedliche funktionelle Einschränkungen, welche alle Einwohner treffen können [...]. Invalidität kann körperlich, geistig oder seelisch sein, auf einem pathologischen Zustand oder einer Geisteskrankheit beruhen. Solche Einschränkungen, pathologische Zustände oder Krankheiten können dauernd bestehen oder vorübergehend auftreten»[6] .

2 A/47/415, Ziff. 5.

3 Siehe Ziff. 165 des Weltaktionsprogramms für behinderte Personen, erlassen von der Generalversammlung in ihrer Resolution 37/52 vom 3. Dezember 1982 (Ziff. 1).

4 Siehe Ziff. 4 der Resolution 1992/48 und Ziff. 7 der Resolution 1993/29 der Menschenrechtskommission.

5 A/47/415, Ziff. 6.

6 Grundsätze für die Gleichstellung Behinderter, Annex zur Resolution 48/96 der Generalversammlung, vom 20. Dezember 1993 (Einführung, Ziff. 17).

4. Gemäss der Umschreibung in diesen Grundsätzen verwendet die vorliegende Allgemeine Bemerkung den Begriff «an einer Behinderung leidende Personen» und nicht mehr den früher üblichen Ausdruck «behinderte Personen». Dieser letztere Ausdruck könnte offenbar fälschlicherweise dahingehend ausgelegt werden, dass die Funktionsfähigkeit des Individuums als Person herabgesetzt sei.

5. Der Pakt verweist nicht ausdrücklich auf die an einer Behinderung leidenden Personen. Die UNO-Menschenrechtserklärung stellt jedoch fest, dass alle Menschen frei und gleich an Würde und Rechten geboren sind, und da die Bestimmungen des Paktes vollumfänglich für alle Mitglieder der Gesellschaft gelten, können sich die an einer Behinderung leidenden Personen zweifellos auf die ganze Skala der Rechte berufen, welche darin anerkannt werden. Zudem sind die Vertragsstaaten, soweit sich eine besondere Regelung aufdrängt, gehalten, unter Ausschöpfung aller ihrer Mittel die geeigneten Massnahmen zu treffen, um solchen Personen bei der Überwindung der Nachteile – bezüglich der Verwirklichung der im Pakt aufgezählten Rechte – zu helfen, welche ihnen aus der Behinderung entstehen. Zudem gilt die in Art. 2 Abs. 2 des Paktes formulierte Bedingung, wonach die «in diesem Pakt aufgezählten Rechte ohne Diskriminierung [...] ausgeübt werden», und zwar hinsichtlich der aufgezählten Gründe «oder des sonstigen Status'», ganz selbstverständlich auch für die Diskriminierung wegen Invalidität.

6. Das Fehlen einer ausdrücklichen Bestimmung über die Invalidität im Pakt kann darauf zurückgeführt werden, dass man sich bei dessen Abfassung vor mehr als 25 Jahren der Notwendigkeit zu wenig bewusst war, dieses Problem ausdrücklich und nicht nur stillschweigend anzugehen. Neuere internationale Menschenrechtsinstrumente gehen allerdings ausdrücklich auf diese Frage ein. Dies gilt insbesondere für die Konvention über die Rechte des Kindes (Art. 23), die Afrikanische Charta der Rechte der Menschen und Völker (Art. 18 Abs. 4) und das Zusatzprotokoll zur amerikanischen Menschenrechtskonvention über die wirtschaftlichen, sozialen und kulturellen Rechte (Art. 18). Es ist zudem heute allgemein anerkannt, dass die Grundrechte der an einer Behinderung leidenden Personen durch allgemeine oder ausdrücklich zu diesem Zweck geschaffene Gesetze, Politiken und Programme geschützt und gestärkt werden müssen.

7. Dementsprechend hat sich die internationale Gemeinschaft in den folgenden Instrumenten verpflichtet, den an einer Behinderung leidenden Personen die ganze Skala der Menschenrechte zu gewährleisten: a) das Weltaktionsprogramm für behinderte Personen, welches einen politischen Rahmen zur Förderung «der Massnahmen zur Gewährleistung der Verhütung der Invalidität, der Wiedereingliederung und der Verfolgung des Zieles der vollumfänglichen Beteiligung der Behinderten am gesellschaftlichen Leben, am Fortschritt und an der Gleich-

heit»[7] vorsieht; b) die Leitsätze für die Schaffung oder Förderung nationaler Koordinationsausschüsse für Invalidität oder ähnlicher Organe, von 1990[8]; c) die Prinzipien für den Schutz geisteskranker Personen und für die Verbesserung der Behandlung geistiger Erkrankungen, von 1991[9]; d) die Grundsätze für die Gleichstellung der Behinderten (im folgenden als «Grundsätze» bezeichnet), von 1993, welche allen an einer Behinderung leidenden Personen «[...] die gleichen Rechte und Pflichten wie ihren Mitbürgern» gewährleisten wollen[10]. Diese Grundsätze sind von wesentlicher Bedeutung und eine besonders wertvolle Quelle von Anregungen, indem sie die Verpflichtungen, welche den Vertragsstaaten aufgrund des Paktes obliegen, mit grösserer Genauigkeit umschreiben.

I. Allgemeine Verpflichtungen der Vertragsstaaten

8. Die UNO hat die Zahl der Personen, welche heute an einer Behinderung leiden, auf weltweit über 500 Millionen geschätzt. Davon leben achtzig Prozent in ländlichen Gebieten der Entwicklungsländer. Siebzig Prozent der Gesamtzahl kommen nur in beschränktem Masse oder überhaupt nicht in den Genuss der Dienstleistungen, derer sie bedürfen. Es obliegt direkt den Vertragsstaaten, die Situation dieser Personen zu verbessern. Die zur Erreichung der vollen Verwirklichung ihrer wirtschaftlichen, sozialen und kulturellen Rechte gewählten Massnahmen werden sich zwangsläufig von einem Land zum anderen beträchtlich unterscheiden; doch gibt es kein Land, in welchem nicht gewichtige politische und programmatische Anstrengungen geboten sind[11].

9. Die Verpflichtung der Vertragsstaaten des Paktes, unter Ausschöpfung aller ihrer Mittel die schrittweise Verwirklichung der anerkannten Rechte zu fördern, verlangt selbstverständlich, dass sich die Regierungen nicht damit begnügen, vom Erlass von Bestimmungen abzusehen, welche sich auf die an einer Behinderung leidenden Personen nachteilig auswirken könnten. Für eine derart verletzliche und benachteiligte Gruppe besteht diese Verpflichtung darin, konkrete Massnahmen zur Verminderung struktureller Nachteile zu treffen und den an einer Behinderung leidenden Personen eine geeignete bevorzugte Behandlung angedeihen zu lassen, um zu erreichen, dass allen diesen Personen die

7 Weltaktionsprogramm für behinderte Personen (siehe vorne, Anm. 3), Ziff. 1.

8 A/C.3/46/4, Annex I. Siehe auch den Bericht der Internationalen Konferenz über die Rolle und die Aufgaben der nationalen Koordinationsausschüsse für Invalidität in den Entwicklungsländern, in Peking, vom 5.–11. November 1990 (CSDHA/DDP/NDC/4). Siehe auch die Resolution 1991/8 des Wirtschafts- und Sozialrates und die Resolution 46/96 der Generalversammlung, vom 16. Dezember 1991.

9 Resolution 45/119 der Generalversammlung, vom 17. Dezember 1991, Annex.

10 Grundsätze (siehe vorne, Anm. 6), Einführung, Ziff. 15.

11 A/47/415, passim.

volle, uneingeschränkte Teilnahme und die Gleichbehandlung im Rahmen der Gesellschaft gewährleistet wird. Daraus ergibt sich fast zwangsläufig die Notwendigkeit, zur Erreichung dieses Zieles zusätzliche Mittel zu mobilisieren und eine breite Skala punktueller Massnahmen zu treffen.

10. Laut einem Bericht des Generalsekretärs hat sich die Entwicklung der letzten zehn Jahre, sowohl in den entwickelten Ländern als auch in den Entwicklungsländern, auf die an einer Behinderung leidenden Personen besonders nachteilig ausgewirkt:

«Die Verschlechterung der wirtschaftlichen und sozialen Lage, welche sich in schwachen Wachstumsraten, hohen Arbeitslosenquoten, Kürzungen der Staatsausgaben, der Durchführung von Anpassungs- und Privatisierungsprogrammen äussert, hat sich negativ auf die Programme und Dienstleistungen ausgewirkt [...]. Sollte diese negative Entwicklung andauern, besteht die Gefahr, dass die [an einer Behinderung leidenden Personen] mehr und mehr marginalisiert werden und nur noch auf punktuelle Hilfe zählen können»[12].

Wie der Ausschuss früher bemerkt hat (Allgemeine Bemerkung 3, fünfte Tagung, 1990, Ziff. 12), nimmt die Bedeutung der Verpflichtung der Vertragsstaaten, die verletzlichen Elemente der Gesellschaft zu schützen, in Zeiten schweren Mangels an Ressourcen eher zu als ab.

11. Da sich die Regierungen in der ganzen Welt zunehmend auf die Marktkräfte verlassen, müssen einzelne Aspekte der Verpflichtungen unterstrichen werden, welche den Vertragsstaaten obliegen. Einer dieser Aspekte ist die Notwendigkeit, darüber zu wachen, dass nicht nur der öffentliche Sektor, sondern auch der private Sektor in geeignetem Umfang einer Regelung unterstellt ist, welche die Gleichbehandlung der an einer Behinderung leidenden Personen garantieren soll. In einem Umfeld, in welchem die öffentlichen Dienstleistungen mehr und mehr privatisiert werden und zunehmend die Regeln des freien Marktes gelten, ist es wichtig, dass die privaten Arbeitgeber, die privaten Anbieter von Waren und Dienstleistungen und die übrigen nicht öffentlichen Einheiten sowohl den Vorschriften des Diskriminierungsverbotes als auch denjenigen des Gleichbehandlungsgebotes bezüglich der an einer Behinderung leidenden Personen unterstellt sind. In Situationen, in welchen ein solcher Schutz nicht über den öffentlichen Sektor hinausreicht, wird die Möglichkeit der an einer Behinderung leidenden Personen, an den gemeinschaftlichen Aktivitäten teilzunehmen und ein vollwertiges Mitglied der Gesellschaft zu werden, schwerwiegend und oft willkürlich beschränkt werden. Dies bedeutet nicht, dass gesetzgeberische Massnahmen immer das wirksamste Mittel zur Erreichung der Beseitigung der Diskriminierung im privaten Sektor darstellen. Die Grundsätze

12 Ibid., Ziff. 5.

legen ein besonderes Gewicht auf die Notwendigkeit, dass die Staaten «die geeigneten Massnahmen treffen, um ein gesteigertes Bewusstsein für die Probleme der Behinderten, ihre Rechte, ihre Bedürfnisse, ihre Möglichkeiten und ihre Beiträge an die Gesellschaft zu wecken»[13].

12. Ohne jedes Einschreiten der Regierung wird es immer Fälle geben, in welchen die Marktwirtschaft für die an einer Behinderung leidenden Personen unbefriedigende Auswirkungen sowohl auf der persönlichen als auch auf der kollektiven Ebene zeitigt; in solchen Fällen obliegt es der Regierung, einzugreifen und die geeigneten Massnahmen zu treffen, um die Auswirkungen des freien Marktes zu mildern, zu ergänzen, auszugleichen oder zu neutralisieren. Und wo die Regierungen sinnvollerweise auf private Gruppen von Freiwilligen zurückgreifen, welche zu verschiedenartigen Hilfeleistungen für an einer Behinderung leidende Personen herangezogen werden, entbinden solche Abmachungen die Regierungen niemals von ihrer Pflicht, darauf zu achten, dass sie ihre Verpflichtungen aufgrund des Paktes vollumfänglich erfüllen. Laut dem Weltaktionsprogramm für behinderte Personen «liegt die letzte Verantwortung für die Verbesserung der benachteiligenden Umstände und die Bewältigung der Folgen der Invalidität überall bei den Regierungen»[14].

II. Durchführung

13. Die Methoden, welche die Vertragsstaaten zur Erfüllung der aufgrund des Paktes eingegangenen Verpflichtungen hinsichtlich der an einer Behinderung leidenden Personen anzuwenden haben, sind im wesentlichen die gleichen, wie sie ihnen für die Erfüllung anderer Verpflichtungen zur Verfügung stehen (siehe Allgemeine Bemerkung 1, dritte Tagung, 1989). Diese Methoden umfassen zwangsläufig die aufgrund einer regelmässigen Kontrolle vorzunehmende Bewertung der Art und des Umfangs der Probleme, welche sich dem Staat diesbezüglich stellen; die Annahme von Strategien und Programmen, welche geeignet sind, den auf diese Weise ermittelten Bedürfnissen zu genügen; allenfalls die Ausarbeitung von Gesetzen und die Abschaffung aller diskriminierenden Gesetze; die Zusprache angemessener Kredite oder nötigenfalls die Anrufung internationaler Zusammenarbeit und Hilfe. Wahrscheinlich wird die internationale Zusammenarbeit, in Übereinstimmung mit Art. 22 und 23 des Paktes, für einzelne Entwicklungsländer besonders bedeutungsvoll sein, welchen dadurch die Erfüllung der Verpflichtungen ermöglicht wird, die sie aufgrund dieses Instruments eingegangen sind.

13 Grundsätze (siehe vorne, Anm. 6), Grundsatz 1.
14 Weltaktionsprogramm für behinderte Personen (siehe vorne, Anm. 3), Ziff. 3.

14. Die internationale Gemeinschaft ist andererseits auch immer davon ausgegangen, dass die Erarbeitung von Strategien und die Durchführung von Programmen in diesem Bereich eine eingehende Beratung voraussetzen und unter Mitwirkung repräsentativer Gruppen der betroffenen Personen erfolgen sollten. Deshalb wird in den Grundsätzen empfohlen, alles daran zu setzen, um die Schaffung nationaler Koordinationsausschüsse oder analoger Organe zu erleichtern, welche als zentrale Verbindungsstellen für die Fragen im Zusammenhang mit der Invalidität dienen. Dabei sollten sich die Regierungen an die Leitsätze halten, nach welchen sich die Schaffung oder die Stärkung nationaler Koordinationsausschüsse im Bereich der Invalidität richten sollte[15].

III. Verpflichtung zur Behebung der Diskriminierung wegen Invalidität

15. Sowohl de jure als auch de facto waren die an einer Behinderung leidenden Personen immer schon Gegenstand der Diskriminierung, welche sich in verschiedenen Formen manifestiert: Diese reichen von verabscheuenswerten Diskriminierungsversuchen wie der Verweigerung der Möglichkeit für die an einer Behinderung leidenden Kinder, eine Ausbildung zu erhalten, bis zu subtileren Formen der Diskriminierung wie der aufgezwungenen materiellen oder sozialen Aussonderung oder Isolierung. Im Sinne des Paktes beinhaltet die «Diskriminierung wegen Invalidität» jede auf einer Invalidität beruhende Unterscheidung, Ausschliessung, Beschränkung oder Bevorzugung und die Verweigerung angemessener Einrichtungen, wodurch die Anerkennung, der Genuss oder die Verwirklichung der wirtschaftlichen, sozialen und kulturellen Rechte verhindert oder beeinträchtigt wird. Sowohl durch Nachlässigkeit, Unkenntnis, Vorurteile und falsche Vorstellungen als auch schlechterdings durch Ausschliessung, Ausgrenzung oder Absonderung werden sehr häufig die an einer Behinderung leidenden Personen am Genuss ihrer wirtschaftlichen, sozialen und kulturellen Rechte auf gleicher Stufe wie die übrigen Menschen gehindert. In den Bereichen Erziehung, Anstellung, Unterkunft, Verkehr, kulturelles Leben und Zugänglichkeit öffentlicher Örtlichkeiten und Einrichtungen sind solche Diskriminierungen besonders spürbar.

16. Trotz einiger Fortschritte, welche auf der Ebene der Gesetzgebung in den letzten zehn Jahren verwirklicht wurden[16], ist die rechtliche Situation der an einer Behinderung leidenden Personen immer noch prekär. Zur Behebung der Diskriminierung, deren Opfer sie früher waren und immer noch sind, und zur Verhütung jeder Diskriminierung in der Zukunft sollten praktisch alle Vertragsstaaten eine vollständige Antidiskriminierungs-Gesetzgebung in diesem Bereich

15 Siehe vorne, Anm. 8.

16 A/47/415, Ziff. 37 und 38.

haben. Diese sollte zugunsten der an einer Behinderung leidenden Personen nicht nur vollumfänglich die nötigen und möglichen Rechtsmittel, sondern auch sozialpolitische Programme vorsehen, welche ihnen die Führung eines erfüllten, selbstbestimmten und unabhängigen Lebens erlauben.

17. Die antidiskriminatorischen Massnahmen sollten vom Grundsatz der gleichen Rechte für die an einer Behinderung leidenden Personen im Vergleich zu den übrigen Menschen ausgehen, einem Grundsatz, welcher gemäss dem Wortlaut des Weltaktionsprogrammes beinhaltet, «dass die Bedürfnisse jedes Menschen gleich wichtig sind, dass diese Bedürfnisse in der Planung unserer Gesellschaften berücksichtigt werden müssen und dass alle Möglichkeiten auszuschöpfen sind, um allen Menschen eine gleiche Beteiligung zu gewährleisten. Die im Bereich der Invalidität verfolgte Politik muss den Zugang (der an einer Behinderung leidenden Personen) zu allen gemeinschaftlichen Einrichtungen gewährleisten»[17].

18. Die Massnahmen, die zu treffen sind, um die Diskriminierung, welche heute hinsichtlich der an einer Behinderung leidenden Personen ausgeübt wird, zu beseitigen und um ihnen gleiche Chancen zu geben, sind keinesfalls diskriminatorisch im Sinne des Art. 2 Abs. 2 des Internationalen Paktes über wirtschaftliche, soziale und kulturelle Rechte, wenn sie auf dem Grundsatz der Gleichheit beruhen und nur soweit zur Anwendung kommen, als dies zur Erreichung dieses Zieles nötig ist.

IV. Besondere Bestimmungen des Paktes

A) Art. 3 – Gleichberechtigung von Mann und Frau

19. Die an einer Behinderung leidenden Personen werden bisweilen als geschlechtslose menschliche Wesen behandelt. Deshalb tritt die doppelte Diskriminierung der an einer Behinderung leidenden Frauen häufig nicht zu Tage[18]. Ungeachtet häufiger Appelle der internationalen Gemeinschaft, sich ihrer Situation besonders anzunehmen, geschah diesbezüglich in den letzten zehn Jahren nur sehr wenig. Die Gleichgültigkeit gegenüber diesen Frauen wird im Bericht des Generalsekretärs über die Anwendung des Weltaktionsprogramms wiederholt erwähnt[19]. Der Ausschuss bittet deshalb die Vertragsstaaten dringend, sich in den künftigen Programmen zur Anwendung der wirtschaftlichen, sozialen und kulturellen Rechte um ihre Situation vorrangig zu kümmern.

17 Weltaktionsprogramm für behinderte Personen (siehe vorne, Anm. 3), Ziff. 25.
18 E/CN.4/Sub.2/1991/31 (siehe vorne, Anm. 1), Ziff. 140.
19 A/47/415, Ziff. 35, 46, 74 und 77.

B) Art. 6–8 – Rechte im Arbeitsleben

20. Im Bereich der Beschäftigung wird vor allem und dauernd Diskriminierung praktiziert. In den meisten Ländern ist die Arbeitslosenquote unter den an einer Behinderung leidenden Personen zwei bis drei Mal höher als diejenige unter der übrigen aktiven Bevölkerung. Werden solche Personen angestellt, so werden ihnen meistens schlecht bezahlte Arbeiten zugewiesen; sie kommen nur in geringem Umfang in den Genuss der sozialen und rechtlichen Sicherheit, und sie werden häufig vom Arbeitsmarkt verdrängt. Ihre Integrierung in den normalen Arbeitsmarkt sollte von den Staaten aktiv unterstützt werden.

21. Das «Recht jedes einzelnen auf die Möglichkeit, seinen Lebensunterhalt durch frei gewählte oder angenommene Arbeit zu verdienen» (Art. 6 Abs. 1), ist nicht verwirklicht, wenn die einzige den an einer Behinderung leidenden Personen angebotene Möglichkeit die Arbeit in einer sogenannten «geschützten» Umgebung und unter unterdurchschnittlichen Bedingungen ist. Anordnungen, welche den von einem bestimmten Typ der Invalidität betroffenen Personen ausschliesslich bestimmte Beschäftigungen oder die Herstellung bestimmter Waren zuweisen, können eine Verletzung dieses Rechtes darstellen. Desgleichen, im Lichte des Grundsatzes 13.3 der Prinzipien für den Schutz geisteskranker Personen und zur Verbesserung der Behandlung geistiger Erkrankungen[20], ist die «therapeutische Behandlung» in Institutionen, welche Zwangsarbeit darstellt, ebenfalls unvereinbar mit dem Pakt. Diesbezüglich kann auch das Verbot der Zwangsarbeit gemäss dem Internationalen Pakt über bürgerliche und politische Rechte geltend gemacht werden.

22. Gemäss den Grundsätzen müssen den an einer Behinderung leidenden Personen in ländlichen und in städtischen Gebieten die gleichen Möglichkeiten einer produktiven und entlöhnten Arbeit auf dem Arbeitsmarkt offenstehen[21]. Damit dies zutrifft, müssen zuerst die Hindernisse beseitigt werden, welche ihre Integrierung im allgemeinen und den Zugang zu einer Arbeitsstelle im besonderen verhindern. Wie die Internationale Arbeitsorganisation festgehalten hat, sind es sehr häufig durch die Gesellschaft erstellte physische Hindernisse im Bereich des Verkehrs, der Unterkunft und am Arbeitsplatz, welche zur Rechtfertigung der Tatsache angerufen werden, dass die an einer Behinderung leidenden Personen nicht arbeiten können[22]. Solange beispielsweise die Arbeitsplätze nicht rollstuhlgängig sind, können die Arbeitgeber diese Tatsache vorschützen,

20 Siehe vorne, Anm. 9.

21 Grundsätze (siehe vorne, Anm. 6), Grundsatz 7.

22 Siehe das Dokument A/CONF.157/PC/61/Add.10, S. 13.

um ihre Weigerung zu «rechtfertigen», an den Rollstuhl gebundene Personen einzustellen. Zudem müssen die Regierungen Politiken erarbeiten, welche flexible und vielfältige Beschäftigungen ermöglichen, die den Bedürfnissen der an einer Behinderung leidenden Arbeitnehmer genügend entsprechen.

23. Wenn zudem die Regierungen nicht darauf achten, dass die Transportmittel den an einer Behinderung leidenden Personen zugänglich sind, werden diese viel weniger Chancen haben, eine angemessene, in der Gesellschaft integrierte Arbeitsstelle zu finden, von den Möglichkeiten der Weiterbildung und der beruflichen Ausbildung zu profitieren oder regelmässig zu den verschiedensten Dienstleistungen Zugang zu haben. Der Zugang zu geeigneten und allenfalls den individuellen Bedürfnissen speziell angepassten Transportmitteln ist für an einer Behinderung leidende Personen zur Verwirklichung praktisch aller im Pakt anerkannten Rechte unerlässlich.

24. Die fachliche und berufliche Beratung und die Ausbildungsprogramme, welche Art. 6 Abs. 2 fordert, müssen den Bedürfnissen aller an einer Behinderung leidenden Personen Rechnung tragen, in einer integrierten Umgebung stattfinden und unter der uneingeschränkten Mitwirkung der Vertreter der Behinderten geschaffen und verwirklicht werden.

25. Das Recht «auf gerechte und günstige Arbeitsbedingungen» (Art. 7) gilt für alle Personen, unabhängig davon, ob sie in einer geschützten Umgebung oder auf dem freien Arbeitsmarkt arbeiten. Die an einer Behinderung leidenden Arbeitnehmer dürfen in keiner Weise diskriminiert werden, weder bezüglich des Lohnes noch bezüglich der anderen Arbeitsbedingungen, wenn sie eine gleiche Arbeit ausführen wie die übrigen Arbeitnehmer. Die Vertragsstaaten haben darauf zu achten, dass die Invalidität nicht als Vorwand gebraucht wird, um die Normen bezüglich des Arbeitsschutzes zu senken oder um unter den Mindestlöhnen liegende Löhne zu bezahlen.

26. Die gewerkschaftlichen Rechte (Art. 8) gelten gleichermassen für die an einer Behinderung leidenden Arbeitnehmer, unabhängig davon, ob sie in einer speziellen Umgebung oder auf dem freien Arbeitsmarkt arbeiten. Zudem unterstreicht Art. 8, interpretiert im Lichte anderer Rechte wie der Vereinigungsfreiheit, die Bedeutung des Rechtes der an einer Behinderung leidenden Personen, ihre eigenen Organisationen zu bilden. Damit solche Organisationen zur «Förderung und zum Schutz (der) wirtschaftlichen und sozialen Interessen» (Art. 8) dieser Personen geeignet sind, müssen die Regierungsorgane und andere Organe diese regelmässig bezüglich aller sie interessierenden Fragen zu Rate ziehen und ihnen vielleicht auch finanzielle und andere Unterstützung gewähren, um ihre Lebensfähigkeit zu gewährleisten.

27. Die Internationale Arbeitsorganisation hat wertvolle und sehr vollständige Instrumente geschaffen bezüglich der Rechte der Behinderten im Bereich der Arbeit, insbesondere die Konvention Nr. 159 (1983) über die berufliche

Wiedereingliederung und die Arbeitsstelle behinderter Personen[23]. Der Ausschuss empfiehlt den Vertragsstaaten des Paktes, die Ratifikation dieser Konvention in Betracht zu ziehen.

C) Art. 9 – Recht auf soziale Sicherheit

28. Programmen für die soziale Sicherheit und für die Erhaltung des Einkommens kommt für die an einer Behinderung leidenden Personen eine besondere Bedeutung zu. Wie in den Grundsätzen erwähnt, sollten «die Staaten den Behinderten, welche wegen ihrer Invalidität oder aus damit verbundenen Gründen vorübergehend ihr Einkommen verloren haben oder welchen der Lohn gekürzt oder eine Arbeitsstelle verweigert wurde, eine ausreichende finanzielle Unterstützung gewährleisten»[24]. Diese Unterstützung sollte den speziellen Hilfsbedürfnissen und den aus der Invalidität erwachsenden Kosten angepasst sein. Zudem sollte nach Möglichkeit auch den Personen (hauptsächlich Frauen) Unterstützung gewährt werden, welche die an einer Behinderung leidenden Personen betreuen. Solche Personen, wie auch die Familienmitglieder der an einer Behinderung leidenden Personen, haben wegen ihrer Helferrolle oft einen dringenden Bedarf an finanzieller Unterstützung[25].

29. Ausser beim Vorliegen besonderer Gründe kann die Plazierung der an einer Behinderung leidenden Personen in einer Institution nicht als eine Lösung betrachtet werden, welche zur Nichtbeachtung des Rechtes solcher Personen auf soziale Sicherheit und auf Einkommensunterstützung berechtigt.

D) Art. 10 – Schutz der Familie, der Mütter und der Kinder

30. Im Falle der an einer Behinderung leidenden Personen bedeuten die Bestimmungen des Paktes über die Gewährung von Schutz und Unterstützung der Familie, dass mit allen geeigneten Mitteln erreicht werden soll, dass diese Personen, falls sie dies wünschen, in ihrem Familienkreis leben können. Art. 10 verlangt zudem, dass diese Personen, in Übereinstimmung mit den Grundsätzen der internationalen Menschenrechtsnormen, das Recht haben, zu heiraten und eine Familie zu gründen. Diese Rechte werden häufig vernachlässigt oder verweigert, insbesondere im Falle der an einer geistigen Behinderung leidenden Personen[26]. In diesem und in anderen Zusammenhängen muss der Ausdruck «Familie» weit und in Übereinstimmung mit dem Ortsgebrauch ausgelegt

23 Siehe auch die Empfehlung Nr. 99 (1955) über die berufliche Eingliederung und Wiedereingliederung der Invaliden und die Empfehlung Nr. 168 (1983) über die berufliche Wiedereingliederung und die Arbeitsstelle der behinderten Personen.

24 Grundsätze (siehe vorne, Anm. 6), Grundsatz 8 Abs. 1.

25 Siehe das Dokument A/47/415, Ziff. 78.

26 Siehe das Dokument E/CN.4/Sub.2/1991/31 (siehe vorne, Anm. 1), Ziff. 190 und 193.

werden. Die Vertragsstaaten müssen dafür besorgt sein, dass die Gesetzgebung sowie die Politiken und Praktiken im sozialen Bereich der Verwirklichung dieser Rechte nicht entgegenstehen. Die an einer Behinderung leidenden Menschen müssen zu den erforderlichen Beratungsdiensten Zugang haben, um ihre Rechte verwirklichen und ihre Pflichten in der Familie erfüllen zu können[27].

31. Die an einer Behinderung leidenden Frauen haben ebenfalls Anspruch auf Schutz und Unterstützung während der Schwangerschaft und der Mutterschaft. Die Grundsätze erklären diesbezüglich: «Den Behinderten darf die Möglichkeit, sexuelle Beziehungen zu haben und Kinder zu zeugen, nicht verweigert werden»[28]. Die Bedürfnisse und Wünsche der an einer Behinderung leidenden Personen, zu ihrem Vergnügen oder für die Zeugung, müssen anerkannt und berücksichtigt werden. In allen Ländern der Welt werden den an einer Behinderung leidenden Männern und Frauen im allgemeinen diese Rechte entzogen[29]. Die Sterilisation einer an einer Behinderung leidenden Frau oder die ohne ihre vorgängige Zustimmung vorgenommene Schwangerschaftsunterbrechung stellen schwerwiegende Verletzungen des Art. 10 Ziff. 2 dar.

32. Die an einer Behinderung leidenden Kinder sind besonders der Ausbeutung, der Misshandlung und der Vernachlässigung ausgesetzt und haben Anspruch auf speziellen Schutz gemäss den Bestimmungen des Art. 10 Ziff. 3 des Paktes, verstärkt durch die entsprechenden Bestimmungen der Konvention über die Rechte des Kindes.

E) Art. 11 – Recht auf einen angemessenen Lebensstandard

33. Neben der Notwendigkeit, den an einer Behinderung leidenden Personen das Recht auf ausreichende Ernährung und eine zugängliche Unterkunft zu gewährleisten und ihre anderen Grundbedürfnisse zu erfüllen, ist es unerlässlich, darauf zu achten, dass solche Personen über «Unterstützungsdienste, einschliesslich technischer Hilfen, verfügen, um ihnen zu helfen, eine grössere Unabhängigkeit im täglichen Leben zu erlangen und ihre Rechte zu verwirklichen»[30]. Dem Recht auf ausreichende Bekleidung kommt für die an einer Behinderung leidenden Personen eine besondere Bedeutung zu. Ihre besonderen Bedürfnisse in diesem Bereich müssen befriedigt werden, damit sie ein erfülltes und zufriedenstellendes soziales Leben führen können. Im Rahmen des Möglichen soll ihnen diesbezüglich eine angemessene persönliche Unterstützung gewährt werden. Diese Unterstützung muss, in ihrer Form wie in ihrem Sinn und Geist, die Menschenrechte der betroffenen Personen beachten. Wie dies schon in Par. 8

27 Weltaktionsprogramm für behinderte Personen (siehe vorne, Anm. 3), Ziff. 74.
28 Grundsätze (siehe vorne, Anm. 6), Grundsatz 9, Abs. 2.
29 Siehe das Dokument E/CN.6/1991/2, Ziff. 14 und 59–68.
30 Grundsätze (siehe vorne, Anm. 6), Grundsatz 4.

der Allgemeinen Bemerkung Nr. 4 (sechste Tagung, 1991) des Ausschusses erwähnt wurde, setzt zudem das Recht auf eine ausreichende Unterkunft das Recht der an einer Behinderung leidenden Personen auf eine zugängliche Unterkunft voraus.

F) Art. 12 – Recht auf körperliche und geistige Gesundheit

34. Gemäss den Grundsätzen «sollten die Staaten darauf achten, dass die Behinderten, insbesondere die Neugeborenen und die Kinder, in den Genuss einer Gesundheitspflege in der gleichen Qualität kommen, wie sie die anderen Mitglieder der Gesellschaft erhalten, und zwar im Rahmen des gleichen Leistungssystems»[31]. Das Recht auf körperliche und geistige Gesundheit umfasst zudem das Recht auf die medizinischen und sozialen Dienste – insbesondere auf orthopädische Apparate –, die es den an einer Behinderung leidenden Personen erlauben, selbständig zu sein, weitere Behinderungen zu vermeiden und sich in die Gesellschaft zu integrieren[32]. Zudem sollten solche Personen in den Genuss von Wiedereingliederungsprogrammen kommen, welche ihnen «einen optimalen Stand der Selbständigkeit und der Aktivität zu erreichen und zu bewahren»[33] ermöglichen. Alle diese Dienste sollen so erbracht werden, dass den Betroffenen die uneingeschränkte Beachtung ihrer Rechte und ihrer Würde garantiert wird.

G) Art. 13 und 14 – Recht auf Bildung

35. Die Verantwortlichen für die Schulprogramme in einer grossen Zahl von Ländern anerkennen heute, dass die beste Bildungsmethode darin besteht, an einer Behinderung leidende Personen im allgemeinen Unterrichtssystem zu integrieren[34]. Die Grundsätze fordern diesbezüglich, dass «die Staaten das Prinzip anerkennen sollten, wonach den behinderten Kindern, Jugendlichen und Erwachsenen in einem integrierten Rahmen gleiche Chancen im Bereich des Grundschulunterrichts, des höheren Schulwesens und des Hochschulunterrichts geboten werden sollen»[35]. Zwecks Anwendung dieses Prinzips sollten die Staaten besorgt sein, dass die Unterrichtenden für die Erziehung der an einer Behinderung leidenden Kinder in den ordentlichen Unterrichtsinstitutionen ausgebildet sind und dass sie über das erforderliche Material und die erforderliche Hilfe verfügen, um den an einer Behinderung leidenden Personen zu ermöglichen, den gleichen Bildungsstand zu erreichen wie die übrigen Unter-

31 Ibid., Grundsatz 2 Abs. 3.

32 Siehe die Deklaration der Rechte der behinderten Personen (Resolution 3447 [XXX] der Generalversammlung, vom 9. Dezember 1975), Ziff. 6; und das Weltaktionsprogramm für behinderte Personen (siehe vorne, Anm. 3), Ziff. 95–107.

33 Grundsätze (siehe vorne, Anm. 6), Grundsatz 3.

34 Siehe das Dokument A/47/415, Ziff. 73.

35 Grundsätze (siehe vorne, Anm. 6), Grundsatz 6.

richteten. Im Falle der hörbehinderten Kinder beispielsweise muss die Zeichensprache als eine besondere Sprache anerkannt sein, zu welcher die Kinder Zugang haben müssen und deren Bedeutung in ihrem allgemeinen sozialen Umfeld anerkannt sein muss.

H) Art. 15 – Recht auf Teilnahme am kulturellen Leben und auf Teilhabe am wissenschaftlichen Fortschritt

36. Die Grundsätze sehen vor, dass «die Staaten dafür besorgt sein sollten, dass die Behinderten die Möglichkeit haben, ihr schöpferisches, künstlerisches und intellektuelles Potential zur Geltung zu bringen, nicht nur in ihrem eigenen Interesse, sondern auch im Interesse der Gemeinschaft, sowohl in städtischer als auch in ländlicher Umgebung [...]. Die Staaten müssen darauf achten, dass die Behinderten Zugang zu den kulturellen Aktivitäten haben [...]»[36]. Das gleiche gilt für Freizeit-, Sport- und touristische Anlagen.

37. Das Recht der an einer Behinderung leidenden Personen, uneingeschränkt am kulturellen und freizeitlichen Leben teilzunehmen, setzt im weiteren voraus, dass die Kommunikationsbarrieren weitgehend beseitigt werden. Nützlich wäre diesbezüglich die Einführung der Verwendung «von gesprochenen Büchern, von einfach verfassten Texten, von klaren Darstellungen und Farben für die an einer geistigen Behinderung leidenden Menschen, und [die Anpassung] von Fernsehprogrammen und Theaterstücken an die Bedürfnisse der Hörbehinderten»[37].

38. Um die gleiche Beteiligung der an einer Behinderung leidenden Personen am kulturellen Leben zu erleichtern, müssen die Regierungen die Bevölkerung über die Behinderten informieren und aufklären. Insbesondere müssen Massnahmen getroffen werden, um Vorurteile, Aberglauben und gewisse Anschauungen über die an einer Behinderung leidenden Personen auszuräumen, wenn beispielsweise die Epilepsie als eine Form der geistigen Besessenheit oder ein an einer Behinderung leidendes Kind als eine der Familie auferlegte Strafe betrachtet wird. Zudem muss die Bevölkerung allgemein darauf aufmerksam gemacht werden, dass die an einer Behinderung leidenden Personen dieselben Rechte wie alle anderen haben, Restaurants, Hotels, Freizeitanlagen und kulturelle Stätten aufzusuchen.

36 Ibid., Grundsatz 10, Abs. 1 und 2.
37 A/47/415, Ziff. 79.

6. Über die wirtschaftlichen, sozialen und kulturellen Rechte der betagten Personen: Allgemeine Bemerkung 6 [13] (1995)

I. Einleitung

1. Die Weltbevölkerung altert zunehmend in einem ziemlich aufsehenerregenden Rhythmus. Die Gesamtzahl der 60- und über 60-jährigen Personen ist von 200 Millionen im Jahr 1950 auf 400 Millionen im Jahr 1982 angewachsen und dürfte 600 Millionen im Jahr 2001, dann 1 Milliarde 200 Millionen im Jahr 2025 erreichen; 70% dieser Personen werden in den Ländern leben, welche gegenwärtig Entwicklungsländer sind. Die Zahl der 80- und über 80-jährigen Personen nahm und nimmt in einem noch schnelleren Rhythmus zu: sie erhöhte sich von 13 Millionen im Jahr 1950 auf über 50 Millionen heute und dürfte 137 Millionen im Jahr 2025 erreichen. Es handelt sich um diejenige Bevölkerungsgruppe, deren Wachstumsrate die weltweit höchste ist, und gemäss Voraussagen wird sich die Zahl dieser Personen zwischen 1950 und 2025 mit 10 multiplizieren, während sich in der gleichen Periode die Zahl der 60- und über 60-jährigen Personen mit sechs und die Gesamtzahl der Weltbevölkerung mit etwas mehr als drei multiplizieren wird[1].

2. Diese Zahlen beweisen, dass sich eine stille Revolution abspielt, deren Folgen von beträchtlicher Bedeutung und nicht absehbar sind und welche die wirtschaftlichen und sozialen Strukturen schon jetzt beeinflusst und in Zukunft noch mehr beeinflussen wird, sowohl weltweit als auch auf der nationalen Ebene.

3. Die Mehrzahl der Vertragsstaaten des Paktes, insbesondere die Industrieländer, müssen die Herausforderung annehmen, welche die Anpassung ihrer Wirtschafts- und Sozialpolitik an das Altern ihrer Bevölkerung, insbesondere im Bereich der sozialen Sicherheit, bedeutet. In den Entwicklungsländern werden das Fehlen der sozialen Sicherheit oder deren Mängel durch die Abwanderung der jungen Generationen verschlimmert, wodurch die traditionelle Rolle der Familie als die hauptsächliche Stütze der betagten Personen geschwächt wird.

II. International unterstützte Politiken betreffend betagter Personen

4. Im Jahre 1982 nahm die Weltversammlung über das Altern den Internationalen Aktionsplan von Wien über das Altern an. Dieses massgebende Dokument, welches von der Generalversammlung genehmigt wurde, bietet den Mitglied-

1 Weltziele betreffend das Altern für das Jahr 2001: praktische Strategie, Bericht des Generalsekretärs (A/47/339, Ziff. 5).

staaten eine wichtige Orientierung bezüglich der Massnahmen, welche zu treffen sind, um im Rahmen der in den Internationalen Pakten über die Menschenrechte proklamierten Garantien die Rechte der betagten Personen zu gewährleisten. Er enthält 62 Empfehlungen, wovon eine grosse Zahl in einem direkten Zusammenhang mit dem Pakt steht[2].

5. Im Jahre 1991 hat die Generalversammlung die Grundsätze der Vereinten Nationen für die betagten Personen angenommen, die wegen der darin vorgesehenen Massnahmen im vorliegenden Kontext ebenfalls ein wichtiges Instrument darstellen[3]. Die Grundsätze sind in fünf Abschnitte unterteilt, die in einem engen Zusammenhang mit den im Pakt anerkannten Rechten stehen. «Selbständigkeit» beinhaltet den ausreichenden Zugang zu Lebensmitteln, Wasser, Unterkunft, Bekleidung und Gesundheitspflege. Zu diesen grundlegenden Rechten ist die Möglichkeit hinzuzufügen, entlöhnte Arbeiten auszuführen und Zugang zu Bildung und Ausbildung zu haben. «Mitwirkung» bedeutet, dass die betagten Personen aktiv an der Definition und an der Ausführung von Politiken mitwirken sollten, welche ihr Wohlergehen betreffen, und dass sie ihre Kenntnisse und ihr Können mit den jungen Generationen teilen und sich in Bewegungen und Vereinigungen organisieren können sollten. Im Abschnitt «Pflege» ist vorgesehen, dass die betagten Personen vom Schutz der Familien und von Gesundheitspflege profitieren und auch dann in den Genuss der Menschen- und Grundrechte kommen sollten, wenn sie sich in einem Heim oder in einer Pflege- oder Behandlungsinstitution aufhalten. Bezüglich der «Persönlichen Entfaltung» sollten die betagten Personen die Möglichkeit haben, ihre Fähigkeiten voll entfalten zu können, indem sie Zugang zu den Bildungs-, Kultur-, Geistes- und Freizeitressourcen der Gesellschaft haben. Im Abschnitt «Würde» wird schliesslich ausgeführt, dass die betagten Personen die Möglichkeit haben sollten, in Würde und Sicherheit zu leben, ohne ausgenützt und körperlich oder geistig missbraucht zu werden, dass sie gerecht behandelt werden sollten, unabhängig von ihrem Alter, ihrem Geschlecht, ihrer Rasse oder ihrer ethnischen Herkunft, ihren Behinderungen, ihrer finanziellen Situation oder anderen Merkmalen, und dass ihnen unabhängig von ihrem wirtschaftlichen Beitrag Anerkennung zukommen soll.

6. Im Jahre 1992 hat die Generalversammlung acht Weltziele zum Altern für das Jahr 2001 und Weisungen für die nationalen Zielsetzungen angenommen.

2 Rapport de l'Assemblée générale sur le vieillissement, Wien 26. Juli–6. August 1982 (Publikationen der Vereinten Nationen, Verkaufsnummer: F. 82.I.16).

3 Resolution 49/91 der Generalversammlung der Vereinten Nationen, vom 16. Dezember 1991, über die Anwendung des Internationalen Aktionsplans über das Altern und die damit zusammenhängenden Aktivitäten, Anhang.

Unter verschiedenen wichtigen Gesichtspunkten tragen diese Weltziele dazu bei, die Verpflichtungen der Vertragsstaaten des Paktes zu verstärken[4].

7. Ebenfalls im Jahre 1992, anlässlich der Feier des zehnten Jahrestages der Annahme des Internationalen Aktionsplanes von Wien über das Altern durch die Weltversammlung, hat die Generalversammlung die «Proklamation über das Altern» angenommen, in welcher sie begann, die entsprechenden nationalen Initiativen zu unterstützen, damit betagte Frauen die Unterstützung erhalten, derer sie bedürfen, unter Berücksichtigung ihrer reichlich unterschätzten Beiträge an die Gesellschaft, und damit betagte Männer ermutigt werden, die sozialen, kulturellen und gemütsmässigen Fähigkeiten zu entwickeln, welche sie vielleicht während der Jahre der Sorge für die Familie nicht entwickeln konnten; damit Familien eine Unterstützung erhalten, um betagte Personen zu pflegen, indem alle Familienmitglieder ermutigt werden, zur Erbringung dieser Pflege beizutragen; und damit die internationale Zusammenarbeit im Rahmen von Strategien erweitert wird, welche es ermöglichen, im Jahre 2001 die Weltziele zum Altern zu erreichen. Zudem wurde in Anbetracht der demographischen Reife der Menschheit das Jahr 1999 zum internationalen Jahr der betagten Personen erklärt[5].

8. Die spezialisierten Institutionen der Vereinten Nationen, insbesondere die ILO, haben ihre Aufmerksamkeit ebenfalls auf das Problem des Alterns in ihren jeweiligen Aktivitätsbereichen gerichtet.

III. Rechte der betagten Personen in Bezug auf den internationalen Pakt über wirtschaftliche, soziale und kulturelle Rechte

9. Die zur Bezeichnung der betagten Personen verwendeten Ausdrücke sind sehr unterschiedlich, auch in den internationalen Dokumenten. Man spricht von betagten Personen, Alten, alternder Bevölkerung, Greisen, Personen des dritten Lebensalters und Personen des vierten Lebensalters (um die über 80-jährigen Personen zu bezeichnen). Der Ausschuss spricht sich für den Ausdruck «betagte Personen» aus («personnes agées» in Französisch, «older persons» in Englisch, «personas mayores» in Spanisch), welcher in den Resolutionen 47/5 und 48/98 der Generalversammlung verwendet wird. Gemäss den Modellen der statistischen Dienste der UNO versteht er darunter alle 60- und über 60-jährigen Personen (Eurostat, der statistische Dienst der Europäischen Union, bezeichnet

4 Weltziele betreffend das Altern für das Jahr 2001: praktische Strategie (A/47/339, Kap. III und IV).

5 Resolution 47/5 der Generalversammlung, vom 16. Oktober 1992, «Proklamation über das Altern».

die 65- und über 65-jährigen Personen als betagt, da 65 das am häufigsten gewählte Rentenalter ist, und zudem die Tendenz besteht, dieses nach oben zu verschieben).

10. Der Internationale Pakt über wirtschaftliche, soziale und kulturelle Rechte enthält keinen ausdrücklichen Verweis auf die Rechte der betagten Personen, obgleich Art. 9 über das «Recht eines jeden auf soziale Sicherheit», einschliesslich der Sozialversicherung, stillschweigend die Anerkennung des Rechts auf Leistungen für Betagte voraussetzt. Da sich die Bestimmungen des Paktes aber ausnahmslos auf alle Mitglieder der Gesellschaft beziehen, ist es selbstverständlich, dass die betagten Personen in den Genuss der gesamten im Pakt anerkannten Rechte kommen können müssen. Dieser Grundsatz wird ebenfalls uneingeschränkt im Internationalen Aktionsplan von Wien über das Altern verkündet. Da zudem die Beachtung der Rechte der betagten Personen spezielle Massnahmen erfordert, sind die Staaten aufgrund des Paktes gehalten, diese Pflicht unter Ausschöpfung aller ihrer Möglichkeiten zu erfüllen.

11. Eine relevante wichtige Frage ist, ob die Diskriminierung aufgrund des Alters vom Pakt untersagt wird. Weder der Pakt noch die UNO-Menschenrechtserklärung nennen ausdrücklich das Alter unter den Verboten der Diskriminierung. Diese Unterlassung darf nicht so sehr als absichtlich betrachtet werden, sondern ist vielmehr damit zu erklären, dass im Zeitpunkt der Annahme dieser Instrumente das Problem des Alterns der Bevölkerung weder so offensichtlich noch so dringlich war, wie es heute ist.

12. Die Frage bleibt dennoch offen, ob davon auszugehen ist, dass die Diskriminierung aufgrund «des sonstigen Status» auf das Alter anwendbar ist. Der Ausschuss hält fest, dass es zwar vielleicht noch nicht möglich ist, den Schluss zu ziehen, dass die Diskriminierung aufgrund des Alters vom Pakt insgesamt untersagt wird, dass aber die Bereiche, in welchen solche Diskriminierungen akzeptiert werden können, sehr beschränkt sind. Zudem muss unterstrichen werden, dass eine grosse Zahl von allgemeinpolitischen internationalen Instrumenten den unannehmbaren Charakter der Diskriminierung betagter Personen unterstreicht und dass dieser Grundsatz von der Gesetzgebung der grossen Mehrheit der Staaten bestätigt wird. In der kleinen Zahl von Bereichen, in welchen die Diskriminierung weiterhin toleriert wird, beispielsweise bezüglich des obligatorischen Rentenalters oder des Zutritts zum Hochschulunterricht, besteht offensichtlich die Tendenz zur Beseitigung solcher Beschränkungen. Der Ausschuss ist der Ansicht, dass sich die Vertragsstaaten bemühen sollten, diese Tendenz nach Möglichkeit zu verstärken.

13. Deshalb ist der Ausschuss für wirtschaftliche, soziale und kulturelle Rechte der Ansicht, dass die Vertragsstaaten des Paktes verpflichtet sind, der Förderung und dem Schutz der wirtschaftlichen, sozialen und kulturellen Rechte der betagten Personen besondere Aufmerksamkeit zu schenken. Seine eigene

Rolle in dieser Hinsicht ist umso wichtiger, als, im Unterschied zu den Rechten anderer Gruppen wie der Frauen und der Kinder, die Rechte der betagten Personen noch nicht in einem umfassenden internationalen Instrument festgelegt sind und auch kein obligatorischer Aufsichtsmechanismus über die Anwendung der verschiedenen Komplexe von Grundsätzen der Vereinten Nationen in diesem Bereich existiert.

14. Am Schluss der dreizehnten Tagung hatten der Auschuss, bzw. vorher die Tagungsarbeitsgruppe der Regierungsexperten, 144 Erstberichte, 70 periodische Zweitberichte und 20 Berichte, in welchen Erstberichte und periodische Berichte kombiniert waren, über die Anwendung der Art. 1–15 geprüft. Diese Prüfung hat es ermöglicht, eine grosse Zahl von Problemen zu erkennen, welche sich bei der Ausführung des Paktes in einer beträchtlichen Zahl von Vertragsstaaten aus allen Regionen der Welt und mit unterschiedlichen politischen, sozio-ökonomischen und kulturellen System stellen können. Die bis jetzt geprüften Berichte enthielten keine systematischen Angaben über die Situation der betagten Personen im Hinblick auf die Anwendung der Bestimmungen des Paktes, mit Ausnahme von mehr oder weniger vollständigen Angaben über die Durchführung des Art. 9 über das Recht auf soziale Sicherheit.

15. Im Jahre 1993 widmete der Ausschuss dieser Frage einen Tag der Generaldebatte, um seine künftige Aktivität in diesem Bereich sinnvoll auszurichten. Zudem begann er in seinen letzten Tagungen, den Angaben über die Rechte der betagten Personen erheblich mehr Aufmerksamkeit zu schenken, und die Fragen, die er gestellt hat, erlaubten ihm, in einzelnen Fällen sehr nützliche Auskünfte zu erhalten. Er hält dennoch fest, dass die Vertragsstaaten in der grossen Mehrzahl diese wichtige Frage in ihren Berichten weiterhin nur am Rande erwähnen. Er weist deshalb darauf hin, dass er in Zukunft darauf drängen wird, dass die Situation der betagten Personen bezüglich jedes der im Pakt anerkannten Rechte in allen Berichten genau beschrieben wird. Er legt in der Fortsetzung der vorliegenden Allgemeinen Bemerkung die besonderen Fragen dar, welche sich diesbezüglich stellen.

IV. Allgemeine Verpflichtungen der Vertragsstaaten

16. Die Bevölkerungsgruppe der betagten Personen ist ebenso heterogen und vielfältig wie der Rest der Bevölkerung, und ihre Lebensbedingungen hängen ab von der wirtschaftlichen und sozialen Situation des Landes, von demographischen, umweltbedingten und kulturellen Faktoren, von der Arbeitslage und, auf der individuellen Ebene, von der familiären Situation, vom Bildungsstand, von der städtischen oder ländlichen Umgebung und vom Beruf der Arbeitnehmer und der Rentner.

17. Neben den betagten Personen, welche sich einer guten Gesundheit erfreuen und sich in einer annehmbaren finanziellen Lage befinden, sind diejenigen zahlreich – auch in den entwickelten Ländern – welche nicht über genügend Mittel verfügen und welche den Hauptteil der verletzlichsten, randständigsten und ungeschütztesten Bevölkerungsgruppen ausmachen. In Perioden der Rezession und der wirtschaftlichen Umstrukturierung sind die betagten Personen besonders bedroht. Wie der Ausschuss früher unterstrichen hat (Allgemeine Bemerkung Nr. 3, 1990, par. 12), sind die Vertragsstaaten verpflichtet, die verletzlichen Mitglieder der Gesellschaft auch in Zeiten des schweren Mangels an Ressourcen zu schützen.

18. Die Methoden, welche die Vertragsstaaten anwenden müssen, um die Verpflichtungen zu erfüllen, die sie aufgrund des Paktes bezüglich der betagten Personen eingegangen sind, sind grundsätzlich die gleichen wie diejenigen, welche zur Durchführung anderer Verpflichtungen vorgesehen sind (siehe Allgemeine Bemerkung Nr. 1, 1989). Sie bestehen vor allem darin, durch eine regelmässige Aufsicht die Natur und das Ausmass der Probleme zu ermitteln, welche innerhalb des Staates existieren, speziell den Bedürfnissen angepasste Politiken und Programme anzunehmen, bei Bedarf neue Gesetze zu erlassen und jegliche diskriminierende Gesetzgebung zu beseitigen und schliesslich entsprechende budgetmässige Massnahmen zu treffen oder gegebenenfalls die internationale Zusammenarbeit zu verlangen. Diesbezüglich kann die internationale Zusammenarbeit, wie sie in den Art. 22 und 23 des Paktes vorgesehen ist, einzelnen Entwicklungsländern besonders wichtige Mittel anbieten, um ihren Verpflichtungen aufgrund des Paktes nachzukommen.

19. In diesem Zusammenhang ist die Aufmerksamkeit auf das von der Generalversammlung 1992 angenomme Weltziel Nr. 1 zu richten, in welchem vorgeschlagen wird, nationale Unterstützungsinfrastrukturen zu schaffen, um die Politiken und die Programme, die sich auf das Altern beziehen, in den nationalen und internationalen Entwicklungsplänen und -programmen zu fördern. Diesbezüglich hält der Ausschuss fest, dass einer der Grundsätze der Vereinten Nationen für die betagten Personen, zu dessen Aufnahme in ihre nationalen Programme die Regierungen angehalten wurden, will, dass sich die betagten Personen in Bewegungen und Vereinigungen für betagte Personen organisieren können.

V. Besondere Bestimmungen des Paktes

Art. 3: Gleichberechtigung von Mann und Frau

20. Gemäss Art. 3 des Paktes, wonach sich die Vertragsstaaten verpflichten, «die Gleichberechtigung von Mann und Frau bei der Ausübung aller in diesem Pakt festgelegten wirtschaftlichen, sozialen und kulturellen Rechte sicherzustellen»,

geht der Ausschuss davon aus, dass die Vertragsstaaten ihre besondere Aufmerksamkeit auf die betagten Frauen richten sollten, welche ihr ganzes Leben oder einen Teil desselben dazu verwandt haben, sich um ihre Familie zu kümmern, ohne eine entlöhnte Tätigkeit auszuüben, die ihnen den Anspruch auf eine Altersrente gäbe, oder welche auch keinen Anspruch auf eine Witwenrente erworben haben und sich deshalb häufig in einer kritischen Situation befinden.

21. Um solchen Situationen gerecht zu werden und die Bestimmungen des Art. 9 des Paktes und der Ziff. 2 (h) der Proklamation über das Altern vollumfänglich zu erfüllen, sollten die Vertragsstaaten beitragsunabhängige Altersleistungen oder andere Unterstützungen ohne Unterscheidung nach Geschlecht an alle Personen ausrichten, welche in einem bestimmten, von der nationalen Gesetzgebung festgelegten Alter bedürftig sind. Angesichts der erhöhten Lebenserwartung der Frauen und angesichts der Tatsache, dass sie es sind, welche meistens keinen Anspruch auf eine Rente haben, da sie keine Beiträge an ein Rentensystem geleistet haben, werden sie in erster Linie davon profitieren.

Art. 6–8: Rechte im Arbeitsleben

22. In Art. 6 des Paktes werden die Vertragsstaaten aufgefordert, geeignete Schritte zu unternehmen, um das Recht jedes einzelnen zu gewährleisten, die Möglichkeit zu erhalten, seinen Lebensunterhalt durch frei gewählte oder angenommene Arbeit zu verdienen. Angesichts der Tatsache, dass es für die betagten Arbeitnehmer, welche das Rentenalter nicht erreicht haben, häufig schwierig ist, eine Arbeitsstelle zu finden und zu behalten, betont der Ausschuss deshalb die Notwendigkeit, geeignete Massnahmen zu treffen, um jegliche Diskriminierung aufgrund des Alters im Bereich von Arbeit und Beruf zu vermeiden[6].

23. Das in Art. 7 garantierte Recht eines jeden «auf gerechte und günstige Arbeitsbedingungen» ist von besonderer Bedeutung für das berufliche Umfeld der betagten Arbeitnehmer, welche gefahrlos bis zu ihrer Pensionierung arbeiten können sollten. Es wird im besonderen empfohlen, die Erfahrung und die Kenntnisse dieser Arbeitnehmer aufzuwerten[7].

24. In den Jahren vor dem Ende des Berufslebens sollten, unter Mitwirkung von Organisationen der Arbeitgeber und der Arbeitnehmer und weiterer betroffener Organisationen, Programme zur Vorbereitung des Ruhestandes durchgeführt werden, um die betagten Arbeitnehmer darauf vorzubereiten, ihr neues Leben zu bewältigen. Solche Programme sollten insbesondere über die Rechte und Pflichten der Rentner informieren, über die Möglichkeiten und Vorausset-

6 Siehe die Empfehlung Nr. 162, 1980, der ILO, betreffend die betagten Arbeitnehmer (Ziff. 3–10).

7 Ibid. (Ziff. 11–19).

zungen für eine weitere berufliche Tätigkeit und über die Möglichkeiten ehrenamtlicher Arbeit, über die Mittel zur Bekämpfung unheilvoller Auswirkungen des Alterns, über Erleichterungen der Teilnahme an bildenden und kulturellen Aktivitäten und über die Gestaltung der Freizeit[8].

25. Die durch Art. 8 des Paktes geschützten Rechte, d.h. die gewerkschaftlichen Rechte, müssen auf die betagten Arbeitnehmer, auch nach Erreichung des Rentenalters, angewandt werden.

Art. 9: Recht auf soziale Sicherheit

26. Art. 9 des Paktes fordert allgemein, dass die Vertragsstaaten «das Recht eines jeden auf soziale Sicherheit» anerkennen, ohne die Natur oder das Niveau des Schutzes zu präzisieren, welcher gewährleistet werden muss. Der Ausdruck «soziale Sicherheit» deckt allerdings stillschweigend alle Gefahren im Zusammenhang mit dem Verlust des Lebensunterhalts als Folge von Umständen, welche vom Willen der betroffenen Personen unabhängig sind.

27. Gemäss Art. 9 des Paktes und den Ausführungsbestimmungen der ILO-Konventionen über die soziale Sicherheit – die Konvention Nr. 102 (1925) über die soziale Sicherheit (Mindestnormen) und die Konvention Nr. 128 (1967) über die Invaliditäts-, Alters- und Hinterlassenenleistungen – müssen die Vertragsstaaten geeignete Massnahmen treffen, um allgemein obligatorische Altersversicherungsleistungen einzuführen, welche von einem bestimmten Alter an, das von der nationalen Gesetzgebung vorgeschrieben wird, bezogen werden können.

28. Gemäss den Empfehlungen in den erwähnten beiden Konventionen der ILO und in der schon zitierten Empfehlung Nr. 162 fordert der Ausschuss die Vertragsstaaten auf, das Rentenalter flexibel festzusetzen, nach Massgabe der ausgeübten Tätigkeiten und der Arbeitsfähigkeit der betagten Personen und auch unter Berücksichtigung der demographischen, wirtschaftlichen und sozialen Faktoren.

29. Zur Durchführung der Bestimmungen des Art. 9 des Paktes müssen die Vertragsstaaten die Ausrichtung von Hinterlassenen- und Waisenleistungen beim Tod des Ernährers der Familie gewährleisten, welcher einer Sozialversicherung angehört oder eine Altersrente bezieht.

30. Um schliesslich die Bestimmungen des Art. 9 des Paktes vollumfänglich durchzuführen, wie dies der Ausschuss schon in den Ziff. 20 und 21 erwähnt hat, sollten die Staaten im Rahmen der verfügbaren Möglichkeiten beitragsunabhängige Altersleistungen oder andere Unterstützungen zugunsten der betagten Personen einführen, welche das von der nationalen Gesetzgebung vorgeschriebene Alter erreicht haben, aber keine Arbeitsstelle besetzt oder keine

8 Ibid. (Ziff. 30).

Beiträge während der geforderten Mindestperioden entrichtet haben und deshalb keinen Anspruch auf die Ausrichtung einer Altersrente oder anderer Leistungen der sozialen Sicherheit haben und über keine anderen Einkommensquellen verfügen.

Art. 10: Schutz der Familie
31. Gemäss Art. 10 Ziff. 1 des Paktes und den Empfehlungen Nr. 25 und Nr. 29 des Internationalen Aktionsplanes von Wien über das Altern müssen die Vertragsstaaten alle notwendigen Anstrengungen unternehmen, um die Familie zu unterstützen, zu schützen und zu stärken und ihr zu helfen, in Übereinstimmung mit den kulturellen Werten der jeweiligen Gesellschaft den Bedürfnissen der betagten Familienglieder, für welche sie zu sorgen hat, gerecht zu werden. In der Empfehlung Nr. 29 werden die Regierungen und die nichtstaatlichen Organisationen ermutigt, Sozialhilfedienste für Familien mit betagten Personen im Haushalt zu errichten und spezielle Massnahmen zugunsten von einkommensschwachen Familien zu treffen, welche betagten Personen in ihrem Haushalt den Verbleib ermöglichen wollen. Alleinlebende Personen und betagte Ehepaare, welche zu Hause bleiben wollen, sollten ebenfalls in den Genuss dieser Unterstützung kommen.

Art. 11: Recht auf einen angemessenen Lebensstandard
32. Prinzip 1 der Grundsätze der Vereinten Nationen für die betagten Personen über die Selbständigkeit der betagten Personen fordert an erster Stelle: «Die betagten Personen sollten durch ihr Einkommen, die Unterstützung der Familien und der Gemeinschaft oder durch Selbsthilfe ausreichenden Zugang zu Lebensmitteln, Wasser, Unterkunft, Kleidung und Gesundheitspflege haben». Der Ausschuss misst diesem Grundsatz, welcher für die betagten Personen die in Art. 11 des Paktes erklärten Rechte anerkennt, grosse Bedeutung bei.

33. Die Empfehlungen Nr. 19–24 des Internationalen Aktionsplanes von Wien über das Altern heben hervor, dass die Unterkunft für betagte Personen nicht als blosses Obdach zu verstehen ist, da sie, neben ihren physischen Merkmalen, eine psychologische und soziale Bedeutung hat, welcher Rechnung getragen werden muss. Deshalb sollten die nationalen Politiken durch Renovation, Ausstattung und Verbesserung der Wohnungen und ihrer Anpassung an die Zugangs- und Benutzungsmöglichkeiten den betagten Personen helfen, so lange wie möglich weiterhin in ihrer Wohnung zu leben (Empfehlung Nr. 19). Die Empfehlung Nr. 20 legt den Schwerpunkt auf die Notwendigkeit, darüber zu wachen, dass die Regelung und Planung der Entwicklung und Renovation städtischer Gebiete den Problemen der betagten Personen einen besonderen Platz einräumt, um ihre soziale Integration zu erleichtern, und die Empfehlung Nr. 22 fordert dazu auf, der funktionellen Fähigkeit der betagten Personen

Rechnung zu tragen, um ihnen eine Umgebung zu verschaffen, die ihre Mobilität erleichtert und ihnen erlaubt, Kontakte zu pflegen, indem angemessene Transportmittel vorgesehen werden.

Art. 12: Recht auf körperliche und geistige Gesundheit
34. Um sicherzustellen, dass die betagten Personen tatsächlich in den Genuss des Rechtes auf das für sie erreichbare Höchstmass an körperlicher und geistiger Gesundheit gemäss den Bestimmungen des Art. 11 Abs. 1 des Paktes kommen, müssen die Vertragsstaaten den Empfehlungen Nr. 1–17 Rechnung tragen, welche insgesamt bezwecken, den betagten Personen eine umfassende Beratung im Bereich der Gesundheitspolitik anzubieten, die von der Prävention und der Wiedereingliederung bis zur Pflege der Kranken im Endstadium geht.

35. Selbstverständlich können die immer zahlreicheren Fälle von chronischen und degenerativen Krankheiten und die erhöhten Spitalkosten nicht einzig mittels der kurativen Medizin bewältigt werden. Die Vertragsstaaten müssen der Tatsache Rechnung tragen, dass die Aufrechterhaltung des guten Gesundheitszustandes im Alter eigene Investitionen der Bürger während des ganzen Lebens erfordert, im wesentlichen durch das Befolgen eines gesunden Lebensstils (Ernährung, Bewegung, Vermeidung von Tabak- und Alkoholkonsum usw.). Die Prävention, in Form von periodischen Untersuchungen, die den Bedürfnissen der betagten Frauen und Männer angepasst sind, spielt eine entscheidende Rolle, und ebenso die Wiedereingliederung, um die organischen Funktionen der betagten Personen aufrechtzuerhalten und dadurch die Kosten für die Gesundheitspflege und die sozialen Dienste zu verringern.

Art. 13–15: Recht auf Bildung und Kultur
36. Art. 13 Abs. 1 anerkennt das Recht eines jeden auf Bildung. Im Fall der betagten Personen muss dieses Recht unter zwei verschiedenen, sich ergänzenden Blickwinkeln betrachtet werden: a) dem Recht der betagten Personen, in den Genuss der Bildungsprogramme zu kommen, und b) der Verwertung der Kenntnisse und der Erfahrung der betagten Personen zugunsten der jungen Generationen.

37. Im ersten Bereich sollten die Vertragsstaaten folgendes berücksichtigen: a) die im Prinzip 16 der Grundsätze der Vereinten Nationen für die betagten Personen formulierten Empfehlungen, wonach letztere Zugang zu geeigneten Bildungs- und Ausbildungsprogrammen und damit, nach Massgabe ihres Wissensstandes, ihrer Fähigkeiten und ihrer Beweggründe, zugleich Zugang zu den verschiedenen Stufen des Bildungszyklus' haben sollten, durch spezielle Massnahmen der Alphabetisierung, der Weiterbildung, durch Zugang zum Hochschulunterricht usw., und b) die Empfehlung Nr. 47 des Internationalen Aktionsplanes von Wien über das Altern, wonach, entsprechend dem von der

Organisation der Vereinten Nationen für Bildung, Wissenschaft und Kultur (UNESCO) verbreiteten Begriff der Weiterbildung, informelle gemeinschafts- und freizeitbezogene Programme für die betagten Personen geschaffen werden sollten, um bei diesen ein Gefühl der Autonomie und der gemeinschaftlichen Verantwortung zu erhalten. Die Regierungen und die internationalen Organisationen sollten diesen Programmen ihre Unterstützung gewähren.

38. Zur Verwertung der Kenntnisse und der Erfahrung der betagten Personen, welche in den Empfehlungen des Internationalen Aktionsplans von Wien über das Altern betreffend die Bildung (Ziff. 74–76) erwähnt wird, ist die Aufmerksamkeit der Vertragsstaaten auf die wichtige Rolle zu lenken, welche betagte und alte Personen in vielen Gesellschaften noch spielen, da sie die Aufgabe haben, die Information, die Kenntnisse, die Traditionen und die geistigen Werte weiterzugeben. Dies ist eine sehr bedeutungsvolle Rolle, welche nicht verschwinden sollte. Deshalb misst der Ausschuss der in der Empfehlung Nr. 44 des Planes enthaltenen Botschaft eine besondere Bedeutung zu: «Es sollten Bildungsprogramme geschaffen werden, welche den betagten Personen erlauben, ihre Rolle als Lehrende und als Übermittler der Kenntnis, der Kultur und der geistigen Werte zu erfüllen».

39. Gemäss Art. 15 Abs. 1 lit. a und b des Paktes anerkennen die Vertragsstaaten das Recht eines jeden, am kulturellen Leben teilzunehmen und an den Errungenschaften des wissenschaftlichen Fortschritts und seiner Anwendung teilzuhaben. Diesbezüglich fordert der Ausschuss die Vertragsstaaten auf, den Empfehlungen Rechnung zu tragen, welche in den Grundsätzen der Vereinten Nationen für die betagten Personen enthalten sind, insbesondere im Prinzip 7: «Die betagten Personen sollten in der Gesellschaft integriert bleiben, aktiv an der Definition und der Anwendung der Politiken mitwirken, welche direkt ihr Wohlbefinden betreffen, und ihre Kenntnisse und ihr Können mit den jungen Generationen teilen», und im Grundsatz 16: «Die betagten Personen sollten Zugang haben zu den gesellschaftlichen Ressourcen auf der Ebene der Bildung, auf der kulturellen und der geistigen Ebene und im Bereich der Freizeit».

40. Gemäss der Empfehlung Nr. 48 des Internationalen Aktionsplans von Wien über das Altern sind die Regierungen und die internationalen Organisationen aufgefordert, Programme zu unterstützen, welche den physischen Zugang der betagten Personen zu den kulturellen Einrichtungen (Museen, Theater, Konzertsäle, Kinos usw.) zu erleichtern bezwecken.

41. Die Empfehlung Nr. 50 legt den Schwerpunkt auf die Notwendigkeit, dass die Regierungen, die nichtstaatlichen Organisationen und die betagten Personen selbst Anstrengungen unternehmen, um schablonenhaften Vorstellungen über die betagte Person als eines unter physischen und psychischen Behinderung leidenden Menschen, welcher nicht autonom funktionieren kann und in der Gesellschaft weder eine Rolle spielt noch einen Platz hat, zu beseitigen.

Diese Anstrengungen, an denen sich die Medien und die Bildungsinstitutionen beteiligen müssen, sind unentbehrlich für den Aufbau einer Gesellschaft, die sich für die volle Integration der betagten Personen einsetzt.

42. Bezüglich des Rechts auf die Teilhabe an den Errungenschaften des wissenschaftlichen Fortschritts und seiner Anwendung sollten die Vertragsstaaten schliesslich den Empfehlungen Nr. 60, 61 und 62 des Internationalen Aktionsplanes von Wien über das Altern Rechnung tragen und Anstrengungen unternehmen zur Förderung der Erforschung der biologischen, psychologischen und sozialen Aspekte des Alterns sowie von Mitteln, um die funktionelle Fähigkeit aufrechtzuerhalten und das Auftreten von chronischen Krankheiten und Invaliditäten zu verhindern und zu verzögern. Diesbezüglich ist zu empfehlen, dass die Staaten und die zwischenstaatlichen und nichtstaatlichen Organisationen in den Ländern, in denen keine derartigen Institutionen bestehen, Institutionen gründen, welche im Unterricht der Gerontologie, der Geriatrie und der Psychogeriatrie spezialisiert sind.

[Bibliographie générale...]

II. Allgemeine Bemerkungen des Ausschusses für Menschenrechte zum Pakt II

Einleitung (1989)

Der Ausschuss wiederholt seinen Wunsch, den Vertragsstaaten bei der ihnen auferlegten Verpflichtung, Berichte vorzulegen, behilflich zu sein. Die folgenden Allgemeinen Bemerkungen heben gewisse Aspekte dieser Frage hervor, ohne jedoch den Anspruch zu stellen, vollständig zu sein oder Prioritäten unter den verschiedenen Aspekten der Erfüllung des Paktes zu setzen. Wenn die Zeit, welche dem Ausschuss zur Verfügung steht, dies erlaubt, werden später weitere Bemerkungen, unter Berücksichtigung der neuen Erfahrungen, formuliert werden.

[...]

Der Zweck der vorliegenden Allgemeinen Bemerkungen liegt darin, die [...] gewonnenen Erfahrungen allen Vertragsstaaten zugänglich zu machen, um sie zu ermutigen, den Pakt weiterhin zu erfüllen, um ihre Aufmerksamkeit auf die Unzulänglichkeiten einer grossen Anzahl von Berichten zu lenken, um ihnen gewisse Verbesserungen im Berichtsverfahren vorzuschlagen und um die Aktivitäten dieser Staaten und internationalen Organisationen anzuspornen, die sich der Förderung und dem Schutz der Menschenrechte widmen. Diese Bemerkungen sollten auch weitere Staaten ansprechen, insbesondere diejenigen, welche einen Beitritt zum Pakt in Betracht ziehen, und dadurch die Zusammenarbeit aller Staaten im Hinblick auf die Förderung und den universellen Schutz der Menschenrechte stärken.

1. Bemerkungen zu allgemeinen Fragen

a) Verpflichtung zur Vorlage von Berichten: Allgemeine Bemerkung 1 [13] (1981)

Die Vertragsstaaten haben sich verpflichtet, gemäss Art. 40 des Paktes Berichte vorzulegen, dies erstmals innerhalb eines Jahres nach Inkrafttreten des Paktes für den betreffenden Vertragsstaat und danach jeweils auf Aufforderung des Ausschusses hin. Bis heute wurde nur der erste Teil dieser Bestimmung über die Vorlage der Erstberichte regelmässig befolgt. Der Ausschuss hält fest, dass, wie in seinen Jahresberichten angegeben, nur eine kleine Zahl von Staaten die von ihnen verlangten Berichte fristgerecht vorgelegt hat. Die meisten Berichte wurden mit Verspätungen von einigen Monaten bis zu mehreren Jahren vorgelegt, und einzelne Staaten kommen ihrer Verpflichtung trotz wiederholter Aufforderungen des Ausschusses und anderer diesbezüglich getroffener Massnahmen weiterhin nicht nach. Die Tatsache, dass dennoch die Mehrzahl der Staaten, wenn auch in einzelnen Fällen verspätet, in einen konstruktiven Dialog mit dem Ausschuss getreten ist, berechtigt zur Annahme, dass die Vertragsstaaten normalerweise in der Lage sein sollten, ihrer Verpflichtung nachzukommen, Berichte innert der in Art. 40 Abs. 1 vorgeschriebenen Fristen vorzulegen, und dass es in ihrem Interesse wäre, dies künftig zu tun. Anlässlich der Ratifizierung des Paktes sollten die Staaten sogleich der ihnen auferlegten Verpflichtung zur Vorlage von Berichten Aufmerksamkeit schenken, da die ordnungsgemässe Erstellung eines Berichtes, welcher eine so grosse Zahl von bürgerlichen und politischen Rechten betrifft, notwendigerweise eine gewisse Zeit beansprucht.

b) Richtlinien für die Vorlage der Berichte: Allgemeine Bemerkung 2 [13] (1981)

1. Der Ausschuss hat festgestellt, dass einzelne Erstberichte so knapp waren und einen so allgemeinen Charakter aufwiesen, dass es nötig wurde, allgemeine Richtlinien über die Form und den Inhalt der Berichte auszuarbeiten. Mit diesen Richtlinien sollte erreicht werden, dass die Berichte eine einheitliche Darstellung haben und sowohl dem Ausschuss als auch den Vertragsstaaten erlauben, sich ein vollständiges Bild von der Situation bezüglich der Verwirklichung der im Pakt anerkannten Rechte in jedem Staate zu machen. Trotz dieser Richtlinien sind einzelne Berichte immer noch so knapp und allgemein, dass sie den in Art. 40 vorgesehenen Anforderungen an Berichte nicht genügen.

2. Art. 2 des Paktes verlangt von den Vertragsstaaten, jene gesetzgeberischen oder sonstigen Vorkehrungen zu treffen und diejenigen Rechtsmittel zu schaffen, welche notwendig sind, um dem Pakt Wirksamkeit zu verleihen. Art. 40 bestimmt, dass die Vertragsstaaten dem Ausschuss Berichte vorlegen müssen über die Massnahmen, die sie getroffen haben, über die bei der Verwirklichung der in diesem Pakt anerkannten Rechte erzielten Fortschritte und über allfällig bestehende Umstände und Schwierigkeiten, welche die Durchführung dieses Paktes beeinträchtigen. Sogar die Berichte, deren Form im allgemeinen mit den Richtlinien übereinstimmte, erwiesen sich inhaltlich als unvollständig. Es erwies sich als schwierig, aufgrund einiger Berichte festzustellen, ob die Bestimmungen des Paktes als Bestandteile der nationalen Gesetzgebung verwirklicht worden waren, und viele Berichte enthielten offensichtlich unvollständige Angaben über die diesbezüglich geltende Gesetzgebung. In einzelnen Berichten wurde die Rolle der nationalen Körperschaften und Organe bei der Überwachung der Beachtung der Rechte und der Gewährleistung ihrer Verwirklichung nicht klar dargelegt. Zudem beschrieben nur sehr wenige Berichte

die Umstände und Schwierigkeiten, welche die Durchführung des Paktes beeinträchtigen.

3. Der Ausschuss ist der Auffassung, die Verpflichtung zur Berichterstattung beinhalte nicht nur, dass über Gesetze und andere Vorschriften betreffend die aufgrund des Paktes eingegangenen Verpflichtungen Auskunft gegeben werde, sondern auch über die Praxis und Entscheidungen der Gerichte und anderer Organe des Vertragsstaates und über alle weiteren Tatsachen, welche geeignet sind, den tatsächlichen Grad der Verwirklichung und des Genusses der im Pakt anerkannten Rechte, die erzielten Fortschritte und die Umstände und Schwierigkeiten, welche die Durchführung des Paktes beeinträchtigen, aufzuzeigen.

4. Gemäss Art. 68 seiner provisorischen Verfahrensordnung prüft der Ausschuss die Berichte in Gegenwart von Vertretern des berichtenden Staates. Sämtliche Staaten, deren Berichte geprüft wurden, haben mit dem Ausschuss auf diese Weise zusammengearbeitet, aber der Rang, die Erfahrung und die Zahl der Vertreter waren unterschiedlich. Der Ausschuss unterstreicht, dass es, damit er die ihm aufgrund des Art. 40 übertragenen Aufgaben möglichst wirksam erfüllen kann und die berichtenden Staaten den grössten Vorteil aus diesem Dialog ziehen, wünschbar ist, dass die Vertreter der Staaten die nötige Stellung und Erfahrung aufweisen (und vorzugsweise genügend zahlreich sind), um die gestellten Fragen und die vom Ausschuss angebrachten Bemerkungen zu allen im Pakt behandelten Fragen zu beantworten.

c) Situation der Ausländer im Hinblick auf den Pakt: Allgemeine Bemerkung 15 [27] (1986)

1. Häufig tragen die Berichte der Vertragsstaaten der Tatsache keine Rechnung, dass jeder Vertragsstaat die vom Pakt anerkannten Rechte «allen in seinem Gebiet befindlichen und seiner Herrschaftsgewalt unterstehenden Personen [...] zu gewährleisten» hat (Art. 2 Abs. 1). Im allgemeinen gelten die im Pakt erklärten Rechte für jedermann, ohne Rücksicht auf Gegenseitigkeit und ohne Rücksicht auf Staatsangehörigkeit oder eine allfällige Staatenlosigkeit.

2. Somit gilt die allgemeine Regel, dass jedes der im Pakt garantierten Rechte ohne Unterscheidung zwischen Staatsbürgern und Ausländern gewährleistet werden muss. Ausländer kommen bezüglich der durch den Pakt garantierten Rechte in den Genuss des allgemeinen Diskriminierungsverbotes, wie es in Art. 2 vorgesehen ist. Diese Garantie gilt gleichermassen für Ausländer und Staatsbürger. Ausnahmsweise gelten einzelne der im Pakt anerkannten Rechte ausdrücklich nur für Staatsbürger (Art. 25), während Art. 13 nur Ausländer betrifft. Der Ausschuss hat jedoch bei der Prüfung der Berichte festgestellt, dass in einer gewissen Zahl von Staaten andere Rechte, welche aufgrund des Paktes

für Ausländer gewährleistet werden sollten, diesen verweigert werden oder Gegenstand von Einschränkungen sind, welche aufgrund des Paktes nicht immer gerechtfertigt werden können.

3. Einige wenige Verfassungen sehen die Gleichberechtigung von Ausländern und Staatsbürgern vor. Andere, neuere Verfassungen unterscheiden sorgfältig zwischen den allen zuerkannten Grundrechten und denjenigen, welche nur Staatsbürgern zukommen, und befassen sich eingehend mit beiden Kategorien. In zahlreichen Staaten bezieht sich die Verfassung jedoch nur auf Staatsbürger, wenn sie relevante Rechte vorsieht. Gesetzgebung und Rechtsprechung können ebenfalls eine wichtige Rolle in der Anerkennung der Rechte der Ausländer spielen. Der Ausschuss wurde dahingehend unterrichtet, dass in gewissen Staaten die Grundrechte, obgleich sie Ausländern weder durch Verfassung noch durch Gesetzgebung gewährleistet werden, diesen dennoch gewährt werden, wie dies der Pakt fordert. In einzelnen Fällen stellte sich jedoch heraus, dass die vom Pakt gewährten Rechte nicht ohne Diskriminierung gegenüber Ausländern anerkannt wurden.

4. Der Ausschuss ist der Ansicht, dass die Vertragsstaaten der Situation der Ausländer in ihren Berichten Aufmerksamkeit schenken sollten, sowohl bezüglich der Gesetzgebung als auch bezüglich der gegenwärtigen Praxis. Der Pakt gewährt Ausländern einen uneingeschränkten Schutz bezüglich der garantierten Rechte, und die Vertragsstaaten sollten diese Vorschriften in ihrer Gesetzgebung und in ihrer Praxis befolgen. Die Situation der Ausländer würde dadurch beträchtlich verbessert. Die Vertragsstaaten sollen sicherstellen, dass die Bestimmungen des Paktes und die garantierten Rechte den ihrer Herrschaftsgewalt unterstehenden Ausländern zur Kenntnis gebracht werden.

5. Der Pakt gewährt Ausländern kein Recht, in das Hoheitsgebiet eines Staates einzureisen oder sich darin aufzuhalten. Grundsätzlich ist es Sache des Staates, zu entscheiden, wen er zu seinem Hoheitsgebiet zulässt. In gewissen Situationen kann sich jedoch ein Ausländer auch bezüglich Einreise und Aufenthalt auf den Schutz des Paktes berufen: Dies trifft beispielsweise zu, wenn Fragen hinsichtlich des Diskriminierungsverbotes, des Verbotes der unmenschlichen Behandlung oder der Achtung des Familienlebens auftauchen.

6. Die Genehmigung der Einreise kann Bedingungen, z.B. bezüglich Bewegungsfreiheit, Aufenthaltsort und Arbeit unterworfen sein. Ein Staat kann auch für durchreisende Ausländer allgemeine Bedingungen vorschreiben. Wurde jedoch die Einreise in das Hoheitsgebiet eines Vertragsstaates einmal bewilligt, kommen die Ausländer in den Genuss der im Pakt garantierten Rechte.

7. Ausländer haben daher ein angeborenes Recht auf Leben, welches gesetzlich geschützt ist, und dürfen nicht willkürlich des Lebens beraubt werden. Sie dürfen nicht der Folter oder grausamer, unmenschlicher oder erniedrigender Behandlung oder Strafe unterworfen werden; sie dürfen auch nicht in Sklaverei

oder in Leibeigenschaft gehalten werden. Ausländer haben ein vorbehaltloses Recht auf persönliche Freiheit und Sicherheit. Wird ihnen ihre Freiheit entzogen, müssen sie menschlich und mit Achtung der ihnen angeborenen Würde behandelt werden. Ein Ausländer darf nicht nur deswegen in Haft genommen werden, weil er nicht in der Lage ist, eine vertragliche Verpflichtung zu erfüllen. Ausländer haben das Recht, sich frei zu bewegen und ihren Wohnsitz frei zu wählen; es steht ihnen frei, das Land zu verlassen. Sie sind vor Gericht gleich und haben Anspruch darauf, dass über eine gegen sie erhobene strafrechtliche Anklage oder über ihre zivilrechtlichen Ansprüche und Verpflichtungen durch ein zuständiges, unabhängiges, unparteiisches und auf Gesetz beruhendes Gericht in billiger Weise und öffentlich verhandelt wird. Ausländer unterstehen keiner rückwirkenden Strafgesetzgebung, und sie haben das Recht auf Anerkennung ihrer Rechtsfähigkeit. Sie dürfen keinen willkürlichen oder rechtswidrigen Eingriffen in ihr Privatleben, ihre Familie, ihre Wohnung und ihren Schriftverkehr ausgesetzt werden. Sie haben das Recht auf Gedanken-, Gewissens- und Religionsfreiheit, und sie haben das Recht auf Meinungsfreiheit und Meinungsäusserungsfreiheit. Sie haben das Recht, sich friedlich zu versammeln und sich frei mit anderen zusammenzuschliessen. Sie dürfen bei Erreichen des heiratsfähigen Alters eine Ehe eingehen. Ihre Kinder kommen in den Genuss der Schutzmassnahmen, die ihre Rechtsstellung als Minderjährige erfordert. Bilden Ausländer eine Minderheit im Sinne des Art. 27, darf ihnen das Recht nicht vorenthalten werden, gemeinsam mit anderen Angehörigen ihrer Gruppe ihr eigenes kulturelles Leben zu pflegen, ihre eigene Religion zu bekennen und auszuüben oder sich ihrer eigenen Sprache zu bedienen. Ausländer haben Anspruch auf gleichen Schutz durch das Gesetz. Es gibt keine Unterscheidung zwischen Ausländern und Bürgern in der Verwirklichung dieser Rechte. Diese Rechte von Ausländern dürfen nur Einschränkungen unterworfen werden, welche nach dem Pakt rechtmässig auferlegt werden können.

8. Hält sich ein Ausländer einmal rechtmässig in einem Hoheitsgebiet auf, dürfen sein Recht, sich dort frei zu bewegen, und sein Recht, das Hoheitsgebiet zu verlassen, nur gemäss Art. 12 Abs. 3 eingeschränkt werden. Diesbezügliche Ungleichbehandlungen von Ausländern und Staatsbürgern oder von verschiedenen Kategorien von Ausländern müssen im Hinblick auf Art. 12 Abs. 3 gerechtfertigt sein. Da die Einschränkungen insbesondere mit den übrigen im Pakt anerkannten Rechten vereinbar sein müssen, darf ein Vertragsstaat nicht, indem er die Rechte eines Ausländers beschränkt oder ihn in ein Drittland ausweist, diesen willkürlich daran hindern, in sein eigenes Land einzureisen (Art. 12 Abs. 4).

9. Viele Berichte geben ungenügende Auskünfte bezüglich Art. 13. Dieser Artikel gilt für alle Verfahren, welche bezwecken, einen Ausländer zu zwingen, ein Land zu verlassen, unabhängig davon, ob die nationale Gesetzgebung diese

Ausreise als Ausweisung qualifiziert oder einen anderen Ausdruck verwendet. Umfasst dieses Verfahren eine Festnahme, so können auch die im Pakt vorgesehenen Garantien für den Fall des Freiheitsentzugs (Art. 9 und 10) anwendbar sein. Erfolgt die Festnahme zum Zwecke der Auslieferung, kommen unter Umständen weitere Bestimmungen des nationalen und des internationalen Rechtes zur Anwendung. Normalerweise muss einem Ausländer, welcher ausgewiesen wird, gestattet werden, sich in jedes Land zu begeben, welches bereit ist, ihn aufzunehmen. Die spezifisch in Art. 13 vorgesehenen Rechte schützen nur die Ausländer, welche sich rechtmässig im Hoheitsgebiet eines Vertragsstaates aufhalten. Deshalb müssen, um den Umfang dieses Schutzes zu bestimmen, die Bestimmungen des nationalen Rechtes betreffend die Voraussetzungen für die Einreise und den Aufenthalt berücksichtigt werden; vor allem die illegal eingewanderten und diejenigen Ausländer, welche die durch das Gesetz oder die ihnen erteilte Bewilligung vorgesehene Aufenthaltsdauer überschritten haben, werden durch diesen Artikel nicht geschützt. Ist jedoch die Rechtmässigkeit der Einreise oder des Aufenthalts umstritten, muss jede Entscheidung, welche zur Ausweisung des Ausländers führen kann, unter Beachtung des Art. 13 getroffen werden. Es ist Sache der zuständigen Organe des Vertragsstaates, bei der Ausübung ihrer Befugnisse das nationale Recht nach Treu und Glauben anzuwenden und auszulegen, allerdings unter Beachtung der durch den Pakt vorgesehenen Erfordernisse wie insbesondere des Grundsatzes der Gleichheit vor dem Gesetz (Art. 26).

10. Art. 13 bezieht sich unmittelbar nur auf das Verfahren, nicht auf die inhaltlichen Gründe der Ausweisung. Da er jedoch nur die aufgrund einer «rechtmässig ergangenen Entscheidung» getroffenen Massnahmen zulässt, liegt sein offensichtliches Ziel darin, willkürliche Ausweisungen zu verhindern. Andererseits garantiert er jedem Ausländer das Recht auf eine individuelle Entscheidung; daraus folgt, dass Gesetze oder Entscheidungen, welche kollektive oder Massenausweisungen vorsehen, nicht mit den Bestimmungen des Art. 13 vereinbar sind. Der Ausschuss ist der Ansicht, diese Auslegung werde durch die Bestimmungen bestätigt, die das Recht vorsehen, gegen eine Ausweisung sprechende Gründe vorzubringen und die Entscheidung durch die zuständige Behörde oder eine durch diese bestimmte Person nachprüfen und sich dabei vertreten zu lassen. Der Ausländer muss alle Mittel erhalten, um seine Beschwerde gegen die Ausweisung zu erheben, damit dieses Recht unter allen Umständen seines Falles wirksam ist. Von den in Art. 13 festgelegten Grundsätzen über die Beschwerde gegen die Ausweisungsentscheidung oder über das Recht auf eine Nachprüfung durch eine zuständige Behörde kann nur abgewichen werden, wenn «zwingende Gründe der nationalen Sicherheit» es erfordern. Bei der Anwendung des Art. 13 ist eine Ungleichbehandlung zwischen verschiedenen Kategorien von Ausländern nicht zulässig.

d) Fragen betreffend die im Zeitpunkt der Ratifizierung des Paktes oder der Fakultativprotokolle formulierten Vorbehalte: Allgemeine Bemerkung 24 [52] (1994)

1. Am 1. November 1994 hatten 46 der 127 Vertragsstaaten des Internationalen Paktes über bürgerliche und politische Rechte insgesamt 150 Vorbehalte von unterschiedlicher Bedeutung zur Annahme der Verpflichtungen aus dem Pakt formuliert. Einige dieser Vorbehalte schliessen die Verpflichtung aus, ein bestimmtes im Pakt erklärtes Recht zu verwirklichen und zu garantieren. Andere, allgemeiner formulierte wollen häufig gewährleisten, dass gewisse Bestimmungen des innerstaatlichen Rechts weiterhin vorgehen. Wieder andere betreffen die Zuständigkeit des Ausschusses. Die Zahl der Vorbehalte, ihr Inhalt und ihre Tragweite können die wirksame Anwendung des Paktes beeinträchtigen und zur Schwächung der Beachtung ihrer Verpflichtungen durch die Vertragsstaaten führen. Es ist für die Vertragsstaaten wichtig, genau zu wissen, welche Verpflichtungen sie selbst und die anderen Vertragsstaaten übernommen haben. Der Ausschuss seinerseits muss, um die ihm aufgrund des Art. 40 des Paktes oder der Fakultativprotokolle auferlegten Pflichten zu erfüllen, wissen, ob und in welchem Umfang ein Staat an eine bestimmte Verpflichtung gebunden ist. Er muss deshalb ermitteln, ob eine einseitige Erklärung einen Vorbehalt oder eine auslegende Erklärung darstellt, und ihre Zulässigkeit und Auswirkungen bestimmen.

2. Aus diesen Gründen hielt es der Ausschuss für nützlich, im Rahmen einer Allgemeinen Bemerkung die sich aus dem internationalen Recht und der Menschenrechtspolitik ergebenden Fragen zu prüfen. Die Allgemeine Bemerkung identifiziert die Grundsätze des internationalen Rechts, welche auf die Formulierung von Vorbehalten anwendbar sind und welche die Feststellung ihrer Zulässigkeit sowie die Auslegung ihres Gegenstandes erlauben. Sie behandelt die Rolle der Vertragsstaaten hinsichtlich der von anderen Vertragsstaaten formulierten Vorbehalte. Sie behandelt ferner die Rolle des Ausschusses selbst im Zusammenhang mit diesen Vorbehalten. Schliesslich enthält die Allgemeine Bemerkung gewisse Empfehlungen an die heutigen Vertragsstaaten, ihre Vorbehalte zu überprüfen, sowie auch an diejenigen Staaten, welche noch nicht Partei des Paktes sind, damit sie sich der rechtlichen und menschenrechtspolitischen Erwägungen bewusst sind, die sie berücksichtigen müssen, wenn sie die Ratifizierung dieses Instruments oder den Beitritt unter Erklärung besonderer Vorbehalte in Betracht ziehen.

3. Es ist nicht immer leicht, einen Vorbehalt von einer Erklärung, welche die Art und Weise wiedergibt, wie ein Staat eine Bestimmung auslegt, oder auch von einer politischen Aussage zu unterscheiden. Es muss eher die Absicht des Staates als die Form des Instruments berücksichtigt werden. Zielt eine Erklä-

rung, unabhängig von ihrer Bezeichnung oder ihrer Überschrift, darauf ab, die Rechtswirksamkeit eines Vertrages in seiner Anwendung auf den Staat auszuschliessen oder zu ändern, stellt sie einen Vorbehalt dar[1]. Wenn umgekehrt ein sogenannter Vorbehalt nur die Auffassung über den Inhalt einer Bestimmung wiedergibt, ohne diese Bestimmung in ihrer Anwendung auf diesen Staat auszuschliessen oder zu ändern, handelt es sich in Wirklichkeit nicht um einen Vorbehalt.

4. Die Möglichkeit, Vorbehalte anzubringen, kann Staaten, welche der Ansicht sind, dass sie nur unter Schwierigkeiten alle im Pakt erklärten Rechte garantieren können, ermutigen, dennoch die Mehrzahl der sich aus dem Pakt ergebenden Verpflichtungen anzunehmen. Vorbehalte können eine nützliche Rolle spielen, indem sie den Staaten ermöglichen, spezifische Bestandteile ihrer Gesetzgebung den im Pakt festgehaltenen, jedem Menschen zustehenden Rechten anzupassen. Dennoch ist es wünschenswert, dass die Staaten die Gesamtheit der Verpflichtungen annehmen, da menschenrechtliche Bestimmungen der juristische Ausdruck der jeder Person als menschlichem Wesen zukommenden wesentlichen Rechte sind.

5. Weder verbietet der Pakt Vorbehalte noch erwähnt er irgendeine Art von erlaubten Vorbehalten. Das gleiche gilt für das Erste Fakultativprotokoll. Nach dem Wortlaut des Art. 2 Abs. 1 des Zweiten Fakultativprotokolls sind «Vorbehalte zu diesem Protokoll [...] nicht zulässig, mit Ausnahme eines Vorbehalts, der zum Zeitpunkt der Ratifikation oder des Beitrittes angebracht wird und der die Verhängung der Todesstrafe in Kriegszeiten auf Grund einer Verurteilung wegen eines während des Krieges begangenen Schwerstverbrechens militärischer Art vorsieht». Die Abs. 2 und 3 sehen gewisse Verfahrensverpflichtungen vor.

6. Die Tatsache, dass Vorbehalte nicht verboten sind, bedeutet nicht, dass die Staaten einen beliebigen Vorbehalt anbringen können. Die Frage von Vorbehalten zum Pakt und zum Ersten Fakultativprotokoll wird durch das Völkerrecht geregelt. Art. 19 Abs. 3 des Wiener Übereinkommens über das Recht der Verträge gibt nützliche Hinweise[2]. Nach dieser Bestimmung kann ein Staat, wenn ein Vorbehalt durch den betreffenden Vertrag nicht verboten wird oder in die Kategorie der erlaubten Vorbehalte fällt, einen Vorbehalt anbringen, sofern dieser nicht mit Gegenstand und Zweck des Vertrages unvereinbar ist. Obgleich der Pakt, im Gegensatz zu anderen Menschenrechtsverträgen, nicht ausdrück-

1 Art. 2 Abs. 1 lit. d des Wiener Übereinkommens über das Recht der Verträge von 1969.

2 Obgleich das Wiener Übereinkommen über das Recht der Verträge 1969 abgeschlossen wurde und 1980, d.h. nach dem Pakt, in Kraft trat, geben seine Bestimmungen in diesem Bereich das allgemeine internationale Recht wieder, welches bereits 1951 durch den Internationalen Gerichtshof in seinem Gutachten über die *Vorbehalte zur Konvention über den Völkermord* bestätigt worden war.

lich auf das Kriterium der Vereinbarkeit mit seinem Gegenstand und seinem Ziel verweist, untersteht die Frage der Auslegung und Zulässigkeit von Vorbehalten diesem Kriterium.

7. In einem Instrument, welches eine sehr grosse Zahl von bürgerlichen und politischen Rechten festsetzt, will jeder der zahlreichen Artikel, und in der Tat auch ihr Zusammenspiel, die Verwirklichung der vom Pakt angestrebten Ziele gewährleisten. Gegenstand und Zweck des Paktes bestehen darin, mittels Festlegung gewisser bürgerlicher und politischer Rechte rechtlich verbindliche Normen über die Menschenrechte zu schaffen und sie in ein Gefüge von Verpflichtungen zu stellen, welche für Staaten, die den Pakt ratifizieren, rechtlich verbindlich sind, sowie einen Mechanismus bereitzustellen, welcher die wirksame Überwachung der übernommenen Verpflichtungen ermöglicht.

8. Vorbehalte, welche zwingenden Normen widersprechen, wären nicht mit Gegenstand und Zweck des Paktes vereinbar. Verträge, die einen einfachen Austausch von Verpflichtungen zwischen Staaten begründen, gestatten es diesen zweifellos, untereinander Vorbehalte zur Anwendung der Bestimmungen des allgemeinen internationalen Rechts zu formulieren; im Fall von Menschenrechtsinstrumenten, welche den Schutz von Personen, die der Gerichtsbarkeit der Staaten unterstellt sind, bezwecken, verhält es sich anders. Deshalb können diejenigen Bestimmungen des Paktes, welche Regeln des internationalen Gewohnheitsrechtes wiedergeben (*a fortiori* wenn sie den Charakter zwingender Normen haben), nicht Gegenstand von Vorbehalten sein. In diesem Sinne kann sich ein Staat nicht das Recht vorbehalten, Sklaverei oder Folter zu praktizieren, Personen grausamer, unmenschlicher oder erniedrigender Behandlung oder Strafe zu unterwerfen, sie willkürlich ihres Lebens zu berauben, sie willkürlich festzunehmen und in Haft zu halten, ihnen das Recht auf Meinungs-, Gewissens- oder Religionsfreiheit abzusprechen, eine Person für schuldig zu halten, solange der Nachweis ihrer Unschuld nicht erbracht ist, an schwangeren Frauen oder Jugendlichen die Todesstrafe zu vollstrecken, das Eintreten für nationalen, rassischen oder religiösen Hass zu erlauben, Personen im ehefähigen Alter das Recht auf das Eingehen einer Ehe abzusprechen oder Minderheiten das Recht zu verweigern, ihr eigenes kulturelles Leben zu pflegen, ihre eigene Religion zu bekennen oder sich ihrer eigenen Sprache zu bedienen. Während Vorbehalte zu einzelnen Bestimmungen des Art. 14 zwar zulässig sein können, wäre dies ein allgemeiner Vorbehalt zum Recht auf ein billiges Verfahren nicht.

9. Indem er das Kriterium der Vereinbarkeit mit Gegenstand und Zweck allgemeiner auf den Pakt anwendet, hält der Ausschuss fest, dass beispielsweise ein Vorbehalt zu Art. 1, welcher den Völkern das Recht auf Bestimmung ihres eigenen politischen Status' und die Gestaltung ihrer wirtschaftlichen, sozialen und kulturellen Entwicklung abspräche, mit Gegenstand und Zweck des Paktes unvereinbar wäre. Desgleichen wäre ein Vorbehalt zur Verpflichtung, die in

diesem Instrument anerkannten Rechte zu achten und sie ohne Unterschied zu gewährleisten (Art. 2 Abs. 1), nicht annehmbar. Ebensowenig kann sich ein Staat das Recht vorbehalten, auf der innerstaatlichen Ebene die notwendigen Vorkehrungen nicht zu treffen, um den im Pakt anerkannten Rechten Wirksamkeit zu verleihen (Art. 2 Abs. 2).

10. Der Ausschuss hat sich im weiteren gefragt, ob gewisse Arten von Vorbehalten mit Gegenstand und Zweck unvereinbar sein können. Es muss insbesondere untersucht werden, ob Vorbehalte zu Bestimmungen des Paktes, die nicht ausser Kraft gesetzt werden dürfen, mit seinem Gegenstand und Zweck vereinbar sind. Obschon unter den im Pakt garantierten Rechten keine Hierarchie besteht, darf die Geltung einzelner Rechte nicht aufgehoben werden, auch nicht im Falle eines nationalen Notstandes. Dies unterstreicht die grundlegende Bedeutung derjenigen Rechte, von welchen nicht abgewichen werden darf. Tatsächlich gehören aber nicht alle Rechte von grundlegender Bedeutung, so wie diejenigen in den Art. 9 und 27 des Paktes, zu den Rechten, die nicht ausser Kraft gesetzt werden dürfen. Einer der Gründe, weshalb von gewissen Rechten nicht abgewichen werden darf, liegt darin, dass ihre Ausserkraftsetzung ohne Zusammenhang mit der rechtmässigen Kontrolle des Staates über den nationalen Notstand ist (beispielsweise das Verbot der Schuldhaft in Art. 11). Ein weiterer Grund liegt darin, dass eine solche Aufhebung konkret unmöglich sein kann (wie beispielsweise im Falle der Gewissensfreiheit). Gleichzeitig ist die Abweichung von gewissen Bestimmungen gerade deswegen unmöglich, weil ohne diese der Vorrang des Rechtes nicht gewährleistet werden könnte. Dies geschähe im Falle eines Vorbehaltes zu den Bestimmungen des Art. 4, welcher eben gerade zwischen den Interessen des Staates und den Rechten jedes einzelnen in Zeiten eines Notstandes abwägt. Das gleiche gilt für gewisse Rechte, von welchen nicht abgewichen werden darf – Verbot der Folter und der willkürlichen Beraubung des Lebens beispielsweise –[3] und welche unter keinen Umständen Gegenstand eines Vorbehaltes sein können, da sie zwingende Normen sind. Obgleich kein automatischer Zusammenhang besteht zwischen den Vorbehalten bezüglich Bestimmungen, von welchen nicht abgewichen werden darf, und denjenigen, welche gegen Gegenstand und Zweck des Paktes verstossen, obliegt es dem Staat, einen solchen Vorbehalt zu rechtfertigen.

11. Der Pakt verkündet nicht nur spezifische Rechte, sondern versieht diese auch mit bedeutenden Garantien. Diese Garantien schaffen den notwendigen Rahmen, um die im Pakt erklärten Rechte zu gewährleisten, und sie sind deshalb wesentlich für die Achtung seines Gegenstandes und Zwecks. Einige wirken auf der nationalen, andere auf der internationalen Ebene. Vorbehalte, die ihrer

3 Vorbehalte sind zu Art. 6 und zu Art. 7 angebracht worden; diese wurden jedoch nicht derart formuliert, dass sie ein Recht auf Folter oder auf willkürliche Beraubung des Lebens vorbehalten.

Beseitigung dienen, sind deshalb unannehmbar. Ein Staat kann somit keinen Vorbehalt zu Art. 2 Abs. 3 anbringen und angeben, dass er nicht beabsichtigt, im Falle von Menschenrechtsverletzungen Rechtsmittel zu schaffen. Garantien dieser Art stellen einen integrierenden Bestandteil des Paktes dar und beeinflussen entscheidend dessen Wirksamkeit. Der Pakt verleiht im übrigen dem Ausschuss eine Kontrollfunktion, um die Verwirklichung dieser Ziele zu erleichtern. Vorbehalte, welche angebracht werden, um sich diesem wesentlichen Aspekt des Paktes, der ebenfalls die Verwirklichung der Rechte garantieren soll, zu entziehen, sind mit seinem Gegenstand und Zweck ebenfalls unvereinbar. Ein Staat kann sich nicht das Recht vorbehalten, keine Berichte vorzulegen und seine Berichte nicht vom Ausschuss prüfen zu lassen. Die Rolle des Ausschusses nach dem Pakt, sei es aufgrund des Art. 40 oder der Fakultativprotokolle, setzt notwendigerweise die Auslegung der Bestimmungen des Paktes sowie die Entwicklung einer Rechtsprechung voraus. Deshalb verstiesse ein Vorbehalt, welcher die Zuständigkeit des Ausschusses ablehnt, die in den Bestimmungen des Paktes vorgesehenen Verpflichtungen auszulegen, ebenfalls gegen Gegenstand und Zweck dieses Instrumentes.

12. Die Verfasser des Paktes verfolgten die Absicht, allen Personen, welche der Gerichtsbarkeit eines Staates unterstellt sind, die in diesem Instrument erklärten Rechte zu gewährleisten. Zu diesem Zweck können sich einige begleitende Verpflichtungen als nötig erweisen. Es ist möglich, dass das innerstaatliche Recht geändert werden muss, um den Vorschriften des Paktes Rechnung zu tragen, sowie dass Mechanismen auf der nationalen Ebene eingeführt werden müssen, um die im Pakt garantierten Rechte auf lokaler Ebene durchsetzbar zu machen. Vorbehalte lassen oft eine Neigung der Staaten erkennen, ein bestimmtes Gesetz nicht ändern zu wollen, und diese Neigung wird bisweilen zur allgemeinen Politik erhoben. Besorgniserregend sind besonders die allgemein formulierten Vorbehalte, welche im wesentlichen bewirken, alle im Pakt erklärten Rechte, deren Umsetzung eine Änderung des innerstaatlichen Rechtes erfordern, wirkungslos werden zu lassen. Es besteht somit keine tatsächliche Annahme der in einem internationalen Instrument erklärten Rechte und Verpflichtungen. Wenn zudem noch Bestimmungen fehlen, welche die Möglichkeit der Geltendmachung der im Pakt bekräftigten Rechte vor nationalen Gerichten erlauben, und wenn ferner für den einzelnen keine Möglichkeit besteht, den Ausschuss aufgrund des Ersten Fakultativprotokolls zu befassen, sind alle wesentlichen Elemente der im Pakt vorgesehenen Garantien aufgehoben.

13. Man kann sich fragen, ob das Erste Fakultativprotokoll Vorbehalte zulässt, und ob, sollte dies bejaht werden, ein solcher Vorbehalt dem Gegenstand und Zweck des Paktes oder des Ersten Fakultativprotokolls selbst zuwiderlaufen könnte. Es ist klar, dass das Erste Fakultativprotokoll ein vom Pakt getrenntes, obschon eng mit diesem verbundenes, internationales Instrument ist. Sein Ge-

genstand und Zweck ist die Anerkennung der Zuständigkeit des Ausschusses für die Entgegennahme und Prüfung von Mitteilungen von Einzelpersonen, die behaupten, Opfer einer Verletzung eines im Pakt niedergelegten Rechtes durch einen Vertragsstaat zu sein. Staaten anerkennen die dem Einzelnen gewährleisteten Rechte durch Bezugnahme auf den Pakt und nicht auf das Erste Fakultativprotokoll; dessen Aufgabe besteht darin zu ermöglichen, dass die Beschwerden bezüglich dieser Rechte dem Ausschuss vorgelegt werden können. Deshalb schränkt ein Vorbehalt zur Verpflichtung eines Staates, ein im Pakt erklärtes Recht zu achten und zu garantieren, wenn er zum Ersten Fakultativprotokoll formuliert wird, ohne jedoch vorher zu den entsprechenden Bestimmungen des Paktes angebracht worden zu sein, die Pflicht dieses Staates nicht ein, seinen materiellen Verpflichtungen nachzukommen. Ein Vorbehalt zum Pakt kann nicht auf dem Umweg über das Fakultativprotokoll angebracht werden; ein solcher Vorbehalt würde dazu führen, dass der Ausschuss aufgrund des Ersten Fakultativprotokolls die Art und Weise, wie der Staat die betreffende Verpflichtung erfüllt, nicht prüfen könnte. Und da Gegenstand und Zweck des Ersten Fakultativprotokolls darin liegen, dem Ausschuss die Prüfung zu erlauben, ob die für die Staaten zwingenden Bestimmungen richtig angewandt werden, verstiesse ein Vorbehalt, welcher darauf abzielt, den Ausschuss daran zu hindern, gegen Gegenstand und Zweck des Ersten Protokolls, wenn nicht sogar gegen den Pakt. Ein Vorbehalt bezüglich einer materiellen Verpflichtung, welcher erstmals zum Ersten Fakultativprotokoll gemacht wird, könnte als Absicht des betreffenden Staates aufgefasst werden, den Ausschuss daran hindern zu wollen, seine Auffassung zu einem bestimmten Artikel des Paktes im Rahmen einer Individualbeschwerde abzugeben.

14. Der Ausschuss ist der Ansicht, dass Vorbehalte bezüglich der nach dem Ersten Fakultativprotokoll erforderlichen Verfahren nicht mit Gegenstand und Zweck dieses Instrumentes vereinbar sind. Der Ausschuss muss Herr seines eigenen Verfahrens bleiben, wie es durch das Erste Fakultativprotokoll und durch die Verfahrensordnung festgelegt wird. Es wurden allerdings Vorbehalte mit dem Ziel gemacht, die Zuständigkeit des Ausschusses auf Tatsachen und Ereignisse zu beschränken, welche nach dem Inkrafttreten des Ersten Fakultativprotokolls für die betroffenen Staaten eingetreten sind. Nach Ansicht des Ausschusses handelt es sich dabei nicht um einen Vorbehalt, sondern meistens um eine Erklärung bezüglich seiner normalen Zuständigkeit *ratione temporis*. Gleichzeitig hat der Ausschuss die Ansicht vertreten, er sei trotz derartiger Erklärungen und Bemerkungen zuständig, wenn Ereignisse oder Handlungen, welche vor dem Datum des Inkrafttretens des Ersten Fakultativprotokolls erfolgt sind, über dieses Datum hinaus weiterhin Auswirkungen auf die Rechte eines Opfers haben. Einzelne Vorbehalte wurden formuliert, welche eigentlich ein zusätzliches Kriterium der Unzulässigkeit zu den in Art. 5 Abs. 2 vorgesehenen

Gründen hinzufügen, indem sie die Prüfung einer Mitteilung verhindern, wenn dieselbe Sache schon im Rahmen eines anderen, vergleichbaren Verfahrens geprüft worden ist. Soweit die grundlegendste Verpflichtung darin besteht zu gewährleisten, dass die Achtung der Rechte jedes einzelnen Gegenstandes einer unabhängigen Prüfung durch eine dritte Partei bildet, ist der Ausschuss der Ansicht, dass dort, wo das betroffene Recht und der betroffene Bereich nach dem Pakt und nach einem anderen internationalen Instrument identisch sind, ein solcher Vorbehalt nicht gegen Gegenstand und Zweck des Ersten Fakultativprotokolls verstösst.

15. Der Zweck des Zweiten Fakultativprotokolls liegt in erster Linie darin, den Umfang der aufgrund des Paktes eingegangenen materiellen, das Recht auf Leben betreffenden Verpflichtungen zu erweitern, indem es die Vollstreckung von Todesurteilen verbietet und die Todesstrafe abschafft[4]. Es enthält eine spezifische Bestimmung bezüglich der Vorbehalte, welche bestimmt, was erlaubt ist. Aufgrund des Art. 2 Abs. 1 ist eine einzige Art von Vorbehalt zulässig, nämlich diejenige, mit welcher sich ein Vertragsstaat das Recht vorbehält, die Todesstrafe in Kriegszeiten aufgrund einer Verurteilung wegen eines in Kriegszeiten begangenen Kapitalverbrechens militärischer Art anzuwenden. Vertragsstaaten, die einen derartigen Vorbehalt anbringen wollen, müssen zwei verfahrensrechtliche Verpflichtungen erfüllen. Nach dem Wortlaut des Art. 2 Abs. 1 muss der Staat, welcher sich in dieser Situation befindet, dem Generalsekretär der Vereinten Nationen im Zeitpunkt der Ratifikation oder des Beitritts die in Kriegszeiten anzuwendenden einschlägigen Bestimmungen seiner innerstaatlichen Rechtsvorschriften mitteilen. Mit dieser Vorgabe sollen Bestimmtheit und Transparenz erreicht werden, und nach Ansicht des Ausschusses wäre ein Vorbehalt, welcher nicht von derartigen Informationen begleitet wäre, nicht rechtswirksam. Nach dem Wortlaut des Art. 2 Abs. 3 muss der Staat, welcher einen solchen Vorbehalt formuliert hat, dem Generalsekretär Beginn und Ende eines für sein Hoheitsgebiet geltenden Kriegszustandes notifizieren. Nach Ansicht des Ausschusses kann kein Staat versuchen, sich auf seinen Vorbehalt zu berufen (d.h. die Vollstreckung eines Todesurteils in Kriegszeiten als rechtmässig erscheinen zu lassen), wenn er nicht seiner Verpflichtung gemäss Art. 2 Abs. 3 nachgekommen ist.

16. Nach Ansicht des Ausschusses ist es wichtig zu wissen, welches Organ befugt ist zu entscheiden, ob gewisse spezifische Vorbehalte mit Gegenstand und

4 Die Zuständigkeit des Ausschusses bezüglich dieser erweiterten Verpflichtung wird in Art. 5 anerkannt, welcher seinerseits einer gewissen Form eines Vorbehaltes insofern unterliegt, als gegen die automatische Zuweisung dieser Zuständigkeit an den Ausschuss ein Vorbehalt angebracht werden kann, da die Möglichkeit besteht, eine gegenteilige Erklärung anlässlich der Ratifizierung oder des Beitritts abzugeben.

Zweck des Paktes vereinbar sind. Bezüglich Staatsverträgen im allgemeinen hat der Internationale Gerichtshof in seinem Gutachten betreffend *Vorbehalte zur Konvention über den Völkermord* (1951) entschieden, dass ein Staat, welcher Einsprache gegen einen Vorbehalt wegen Unvereinbarkeit mit Gegenstand und Zweck des Vertrages erhebt, aufgrund seiner Einsprache davon ausgehen kann, dass der Vertrag zwischen ihm selbst und dem Staat, welcher den Vorbehalt angebracht hat, nicht in Kraft ist. Art. 20 Abs. 4 des Wiener Übereinkommens über das Recht der Verträge von 1969, in dem für einen Staat die Möglichkeit vorgesehen ist, gegen den durch einen anderen Staat formulierten Vorbehalt Einsprache zu erheben, enthält sehr interessante Bestimmungen für die Annahme eines Vorbehaltes und die Einsprüche gegen Vorbehalte. Er gestattet einem Staat, Einspruch gegen den von einem anderen Staat formulierten Vorbehalt zu erheben. Art. 21 behandelt die Rechtswirkungen von Einsprüchen von Staaten gegen von anderen Staaten gemachte Vorbehalte. Grundsätzlich hindert ein Vorbehalt die Anwendung der Vertragsbestimmungen, auf die sich der Vorbehalt bezieht, zwischen dem den Vorbehalt anbringenden Staat und den anderen Staaten. Jeder Einspruch bewirkt, dass der Vorbehalt im Verhältnis zwischen dem den Vorbehalt anbringenden Staat und dem Staat, der Einspruch erhoben hat, nur insoweit anwendbar ist, als er durch den Einspruch nicht betroffen ist.

17. Wie oben erwähnt wurde, enthält das Wiener Übereinkommen über das Recht der Verträge die Definition von Vorbehalten und sieht, bei Fehlen anderer spezifischer Bestimmungen, die Anwendung des Kriteriums der Vereinbarkeit mit Gegenstand und Zweck vor. Der Ausschuss ist jedoch der Ansicht, dass die Bestimmungen des Übereinkommens über die Rolle der Einsprüche von Staaten gegen Vorbehalte es nicht erlauben, das Problem von Vorbehalten zu Menschenrechtsinstrumenten zu lösen. Diese Instrumente, und ganz besonders der Pakt, schaffen kein Netz des Austausches zwischenstaatlicher Verpflichtungen. Sie bezwecken die Ausstattung jedes einzelnen mit Rechten. Der Grundsatz der zwischenstaatlichen Reziprozität ist nicht anwendbar, ausser vielleicht im beschränkten Zusammenhang von Vorbehalten zu den Erklärungen, welche aufgrund des Art. 41 über die Zuständigkeit des Ausschusses gemacht werden. Da die klassischen Regeln über die Vorbehalte für den Pakt völlig ungeeignet sind, haben die Staaten häufig weder ein rechtliches Interesse gehabt noch die Notwendigkeit gesehen, Einsprache gegen Vorbehalte zu erheben. Aus dem Fehlen von Protesten von Staaten kann nicht geschlossen werden, ob ein Vorbehalt mit dem Gegenstand und Zweck des Pakts vereinbar oder unvereinbar ist. Gelegentlich sind aus nicht immer ersichtlichen Gründen von einigen Staaten Einsprüche erhoben worden und von anderen nicht; wird eine Einsprache erhoben, präzisiert die einsprechende Partei häufig die rechtlichen Folgen nicht oder weist manchmal sogar darauf hin, dass sie nicht davon ausgehe, dass der Pakt zwischen den betroffenen Parteien nicht in Kraft sei. Kurz gesagt ist der

Charakter dieser Einsprachen so wenig klar, dass man nur schwerlich aus dem Fehlen einer Einsprache eines Staates schliessen kann, dass dieser einen bestimmten Vorbehalt für annehmbar hält. Nach Ansicht des Ausschusses kann man sich angesichts der besonderen Eigenschaften des Paktes als Menschenrechtsinstrument fragen, welches die Auswirkungen einer Einsprache auf die Beziehungen zwischen den betroffenen Staaten sind. Immerhin kann die von Staaten gegen einen Vorbehalt erhobene Einsprache dem Ausschuss ein Beurteilungselement für seine Entscheidung geben, ob ein Vorbehalt mit Gegenstand und Zweck des Paktes vereinbar ist.

18. Es ist notwendigerweise Sache des Ausschusses zu entscheiden, ob ein angebrachter Vorbehalt mit Gegenstand und Zweck des Paktes vereinbar ist; dies zum einen, weil diese Aufgabe, wie oben erwähnt, nicht in den Zuständigkeitsbereich der Vertragsstaaten fällt, da es sich um Menschenrechtsinstrumente handelt, und zum anderen, weil sich der Ausschuss bei der Ausübung seiner Funktionen dieser Aufgabe nicht entziehen kann. Um zu wissen, wieweit seine Pflicht geht zu untersuchen, ob ein Staat seinen Verpflichtungen nach Art. 40 nachkommt, oder eine Mitteilung gemäss dem Ersten Fakultativprotokoll zu prüfen, muss sich der Ausschuss notwendigerweise eine Vorstellung von der Vereinbarkeit eines Vorbehaltes mit Gegenstand und Zweck des Paktes und mit dem internationalen Recht machen. Wegen des besonderen Charakters eines Menschenrechtsinstrumentes muss die Vereinbarkeit eines Vorbehaltes mit dem Gegenstand und Zweck des Paktes objektiv, unter Berufung auf rechtliche Grundsätze, ermittelt werden. Der Ausschuss ist besonders gut für die Erfüllung dieser Aufgabe geeignet. Die normale Folge eines unzulässigen Vorbehaltes ist nicht, dass der Pakt für den Staat, welcher den Vorbehalt angebracht hat, vollständig toter Buchstabe ist. Ein solcher Vorbehalt ist auflösbar in dem Sinne, dass der Pakt für den Staat, welcher den Vorbehalt gemacht hat, vorbehaltlos gilt.

19. Die Vorbehalte müssen bestimmt und transparent sein, so dass der Ausschuss, die im Hoheitsgebiet des den Vorbehalt erklärenden Staates lebenden Personen und die übrigen Vertragsstaaten genau wissen, welches die Menschenrechtsverpflichtungen sind, die der betreffende Staat übernommen oder nicht übernommen hat. Vorbehalte dürfen somit nicht einen allgemeinen Charakter aufweisen, sondern müssen eine bestimmte Regel des Paktes betreffen und ihren Geltungsbereich genau angeben. Bei der Prüfung der Vereinbarkeit allfälliger Vorbehalte mit dem Gegenstand und Zweck des Paktes müssen die Staaten sowohl die allgemeine Wirkung einer Gruppe von Vorbehalten als auch die Wirkung jedes einzelnen Vorbehaltes auf die Integrität des Paktes, die von vorrangiger Bedeutung bleibt, in Betracht ziehen. Staaten sollten nicht derart viele Vorbehalte anbringen, dass sie in Wirklichkeit nur noch eine begrenzte Zahl menschenrechtlicher Verpflichtungen und nicht mehr den Pakt als solchen

annehmen. Um die internationalen Menschenrechtsstandards nicht dauernd in Frage zu stellen, sollten die Vorbehalte nicht systematisch die eingegangenen Verpflichtungen einzig auf die gegenwärtig bestehenden, weniger verbindlichen Normen des innerstaatlichen Rechts zurückbinden. Ebensowenig sollten auslegende Erklärungen oder Vorbehalte darauf abzielen, die selbständige Bedeutung der im Pakt enthaltenen Verpflichtungen aufzuheben, indem sie diese als mit Bestimmungen des innerstaatlichen Rechtes identisch – oder als nur insoweit annehmbar als identisch – erklären. Staaten sollten nicht mittels Vorbehalten oder auslegenden Erklärungen aufzuzeigen versuchen, dass der Sinn einer Bestimmung des Paktes demjenigen entspricht, welcher ihr durch das zuständige Organ eines anderen internationalen Vertragswerkes gegeben wurde.

20. Die Staaten sollten Verfahren einführen, welche gewährleisten, dass jeder beabsichtigte Vorbehalt mit dem Gegenstand und Zweck des Paktes vereinbar ist. Es ist wünschenswert, dass ein Staat, welcher einen Vorbehalt anbringt, die innerstaatlichen Gesetzesbestimmungen oder Praktiken genau angibt, welche seines Erachtens mit der vorbehaltenen Verpflichtung des Paktes unvereinbar sind, dass er die Fristen rechtfertigt, welche er benötigt, um seine Gesetze und Praktiken mit dem Pakt in Einklang zu bringen, oder dass er erklärt, warum er dazu nicht in der Lage ist. Die Staaten sollten zudem darauf achten, dass die Notwendigkeit, einen Vorbehalt aufrechtzuerhalten, unter Berücksichtigung aller Bemerkungen und Empfehlungen des Ausschusses anlässlich der Prüfung ihrer Berichte, periodisch geprüft wird. Die Vorbehalte sollten sobald wie möglich zurückgezogen werden. In den Berichten, welche sie dem Ausschuss vorlegen, sollten die Staaten diejenigen Massnahmen angeben, welche sie getroffen haben, um ihre Vorbehalte zu überprüfen, wiederzuerwägen oder zurückzuziehen.

2. Bemerkungen zu besonderen Artikeln

a) Art. 1: Recht der Völker auf Selbstbestimmung: Allgemeine Bemerkung 12 [21] (1984)

1. Dem Zweck und den Grundsätzen der Charta der Vereinten Nationen entsprechend anerkennt Art. 1 des Internationalen Paktes über bürgerliche und politische Rechte das Recht aller Völker auf Selbstbestimmung. Dieses Recht ist von besonderer Bedeutung, weil seine Verwirklichung eine wesentliche Voraussetzung für die Garantie und die tatsächliche Achtung der Individualrechte des Menschen und für die Förderung und Stärkung dieser Rechte ist. Aus diesem Grunde haben die Staaten das Selbstbestimmungsrecht der Völker in beiden Pakten in einer positivrechtlichen Bestimmung verankert, welche sie diesen getrennt von den übrigen Rechten als Art. 1 vorangestellt haben.

2. Art. 1 verankert ein unveräusserliches Recht aller Völker, welches in den Abs. 1 und 2 dieses Artikels umschrieben wird. Aufgrund dieses Rechtes entscheiden die Völker «frei über ihren politischen Status und gestalten in Freiheit ihre wirtschaftliche, soziale und kulturelle Entwicklung». Der Artikel auferlegt allen Staaten die Verpflichtungen, welche diesem Recht entsprechen. Dieses Recht und die Verpflichtungen, die dessen Durchführung betreffen, sind mit den übrigen Bestimmungen des Paktes und den Bestimmungen des internationalen Rechtes untrennbar verbunden.

3. Obwohl die Berichte, zu deren Erarbeitung alle Vertragsstaaten verpflichtet sind, auch auf Art. 1 Bezug nehmen müssen, enthalten nur einige wenige detaillierte Auskünfte über jeden Absatz dieser Bestimmung. Der Ausschuss hat festgestellt, dass viele Staaten sich in ihren Berichten über diesen Artikel vollständig ausschweigen, ungenügende Angaben machen oder sich darauf beschränken, lediglich die Wahlgesetzgebung darzustellen. Der Ausschuss hält es für höchst wünschenswert, dass die Berichte der Vertragsstaaten Informationen über jeden Absatz von Art. 1 enthalten.

4. Bezüglich Art. 1 Abs. 1 sollten die Vertragsstaaten die verfassungsrechtlichen und politischen Verfahren beschreiben, welche die tatsächliche Verwirklichung dieses Rechtes gestatten.

5. Abs. 2 verankert einen besonderen Aspekt des wirtschaftlichen Gehaltes des Rechtes auf Selbstbestimmung, nämlich das Recht der Völker, für ihre eigenen Zwecke «frei über ihre natürlichen Reichtümer und Mittel (zu verfügen), unbeschadet aller Verpflichtungen, die aus der internationalen wirtschaftlichen Zusammenarbeit auf der Grundlage des gegenseitigen Wohles sowie aus dem Völkerrecht erwachsen. In keinem Fall darf ein Volk seiner eigenen Existenzmittel beraubt werden». Dieses Recht auferlegt allen Staaten und der internationalen Gemeinschaft entsprechende Verpflichtungen. Die Staaten sollten alle Faktoren oder Schwierigkeiten aufzeigen, welche sie, unter Verletzung der Bestimmungen dieses Absatzes, daran hindern, frei über ihre natürlichen Reichtümer und Mittel zu verfügen, und darlegen, inwieweit sich dies auf die Verwirklichung anderer im Pakt anerkannter Rechte auswirkt.

6. Nach Ansicht des Ausschusses kommt Abs. 3 eine besondere Bedeutung zu, indem er den Vertragsstaaten nicht nur bezüglich ihrer eigenen Völker, sondern auch bezüglich aller Völker, welche ihr Recht auf Selbstbestimmung nicht verwirklichen konnten oder welche dieser Möglichkeit beraubt wurden, genau bestimmte Verpflichtungen auferlegt. Der allgemeine Charakter dieses Absatzes wird durch die Materialien zu diesem Text bestätigt. Nach dem Wortlaut dieses Absatzes haben «die Vertragsstaaten, einschliesslich der Staaten, die für die Verwaltung von Gebieten ohne Selbstregierung und von Treuhandgebieten verantwortlich sind, [...] entsprechend den Bestimmungen der Charta der Vereinten Nationen die Verwirklichung des Rechtes auf Selbst-

bestimmung zu fördern und dieses Recht zu achten». Diese Verpflichtungen bleiben sich gleich, unabhängig davon, ob das zur Selbstbestimmung berechtigte Volk von einem Vertragsstaat des Paktes abhängig ist oder nicht. Somit müssen alle Vertragsstaaten positive Massnahmen treffen, um die Verwirklichung und die Achtung des Rechtes der Völker auf Selbstbestimmung zu erleichtern. Diese positiven Massnahmen müssen mit den Verpflichtungen der Staaten, welche ihnen aufgrund der Charta der Vereinten Nationen und des internationalen Rechts obliegen, vereinbar sein; insbesondere haben die Staaten von jeder Einmischung in die inneren Angelegenheiten anderer Staaten und der dadurch bewirkten Beeinträchtigung der Verwirklichung des Rechtes auf Selbstbestimmung abzusehen. Die Berichte sollten Angaben über die Erfüllung dieser Verpflichtungen und die diesbezüglich getroffenen Massnahmen enthalten.

7. Im Zusammenhang mit Art. 1 des Paktes verweist der Ausschuss auf weitere völkerrechtliche Instrumente bezüglich des Rechtes aller Völker auf Selbstbestimmung, und insbesondere auf die Erklärung über die Grundsätze des Völkerrechts betreffend die freundschaftlichen Beziehungen und die Zusammenarbeit unter den Staaten in Übereinstimmung mit der Charta der Vereinten Nationen, angenommen von der Generalversammlung am 24. Oktober 1970 mit Resolution 2625(XXV).

8. Nach Ansicht des Ausschusses beweist die Geschichte, dass die Verwirklichung und die Achtung des Rechtes der Völker auf Selbstbestimmung zur Entstehung freundschaftlicher Beziehungen und einer freundschaftlichen Zusammenarbeit zwischen den Staaten und zur Festigung des Friedens und der internationalen Verständigung beitragen.

b) Art. 2: Durchführung des Paktes auf innerstaatlicher Ebene: Allgemeine Bemerkung 3 [13] (1981)

1. Der Ausschuss hält fest, dass Art. 2 des Paktes im allgemeinen den Vertragsstaaten die Entscheidung überlässt, wie sie im Rahmen dieses Artikels die Bestimmungen des Paktes in ihrem Hoheitsgebiet durchführen. Er anerkennt insbesondere, dass diese Durchführung nicht allein von der Annahme von Verfassungs- oder Gesetzesbestimmungen abhängt, welche häufig als solche nicht genügen. Der Ausschuss hält es für nötig, die Aufmerksamkeit der Vertragsstaaten auf die Tatsache zu lenken, dass sich die ihnen vom Pakt auferlegten Verpflichtungen nicht auf die Achtung der Menschenrechte beschränken, sondern dass sie sich ebenso verpflichtet haben, allen ihrer Herrschaftsgewalt unterstehenden Personen den Genuss dieser Rechte zu gewährleisten. Dies verlangt von den Vertragsstaaten, dass sie spezifische Massnahmen treffen, um den einzelnen den Genuss ihrer Rechte zu ermöglichen. Bezüglich einiger

Artikel ist dies selbstverständlich (beispielsweise Art. 3, welcher hinten in der Allgemeinen Bemerkung 4 (13) behandelt wird); doch gilt diese Verpflichtung grundsätzlich für alle im Pakt anerkannten Rechte.

2. In diesem Zusammenhang ist es sehr wichtig, dass die einzelnen ihre aufgrund des Paktes (und allenfalls des Fakultativprotokolls) bestehenden Rechte kennen und dass sich ferner auch alle Verwaltungs- und Gerichtsbehörden der Verpflichtungen bewusst sind, welche der Vertragsstaat aufgrund des Paktes eingegangen ist. Zu diesem Zweck sollte der Pakt in allen Amtssprachen des Staates publiziert werden, und es sollten Massnahmen getroffen werden, um alle zuständigen Behörden im Rahmen ihrer Ausbildung mit seinem Inhalt bekannt zu machen. Es ist zudem wünschenswert, dass die Zusammenarbeit des Staates mit dem Ausschuss Gegenstand einer gewissen Publizität ist.

c) Diskriminierungsverbot

Siehe Allgemeine Bemerkung 18 (37), hinten S. 399 ff.

d) Art. 3: Gleichberechtigung von Mann und Frau: Allgemeine Bemerkung 4 [13] (1981)

1. Art. 3 des Paktes, wonach sich die Vertragsstaaten verpflichten, die Gleichberechtigung von Mann und Frau bei der Ausübung aller im Pakt festgelegten bürgerlichen und politischen Rechte sicherzustellen, wird in einer beträchtlichen Zahl von Staatenberichten nicht genügend Aufmerksamkeit geschenkt und gibt zu verschiedenen Bedenken Anlass, wovon zwei erwähnt werden sollen.

2. Wie auch Art. 2 Abs. 1 und Art. 26, insoweit sie hauptsächlich die Verminderung der Diskriminierung wegen gewisser Gründe und insbesondere die Diskriminierung auf Grund des Geschlechts zum Gegenstand haben, verlangt dieser Artikel erstens nicht nur Schutzmassnahmen, sondern auch ein konstruktives Vorgehen [«affirmative action»] mit dem Zweck, die positive Ausübung dieser Rechte zu gewährleisten. Dies kann nicht lediglich durch den Erlass von Gesetzen erreicht werden. Deshalb wurden im allgemeinen zusätzliche Informationen bezüglich der Rolle verlangt, welche die Frauen praktisch spielen, um zu erfahren, welche Massnahmen, zusätzlich zu rein gesetzlichen Schutzmassnahmen, getroffen wurden oder werden, um die durch Art. 3 auferlegten präzisen und positiven Verpflichtungen zu erfüllen und um sich Klarheit über die dabei erzielten Fortschritte oder die dabei aufgetretenen Schwierigkeiten zu verschaffen.

3. Zweitens kann die positive Verpflichtung, welche die Vertragsstaaten aufgrund dieses Artikels übernommen haben, ihrerseits unvermeidbare Auswirkungen auf Gesetzgebung oder Verwaltungsmassnahmen haben, welche besonders geschaffen wurden, um andere als die im Pakt behandelten Bereiche zu regeln,

sich aber negativ auf die im Pakt anerkannten Rechte auswirken können. Ein Beispiel unter anderen ist der Umfang, in welchem Einwanderungsgesetze, die zwischen männlichen und weiblichen Staatsangehörigen unterscheiden, das Recht der Frauen, einen Ausländer zu heiraten oder ein öffentliches Amt zu bekleiden, beeinträchtigen können.

4. Der Ausschuss ist deshalb der Auffassung, dass die Aufgabe der Vertragsstaaten erleichtert werden könnte, zögen sie in Betracht, besonders dafür bestellte Institutionen oder Organe zu beauftragen, diejenigen Gesetze und Massnahmen, welche von ihrem Wesen her einen Unterschied zwischen Mann und Frau machen, zu überprüfen, soweit diese Gesetze oder Massnahmen gegen die vom Pakt anerkannten Rechte verstossen; er ist ferner der Ansicht, dass die Vertragsstaaten in ihren Berichten genaue Angaben über alle gesetzlichen oder anderen Massnahmen machen sollten, welche ergriffen wurden, um die ihnen durch diesen Artikel auferlegte Verpflichtung zu erfüllen.

5. Der Ausschuss ist der Meinung, dass die Vertragsstaaten dieser Verpflichtung vielleicht leichter nachkommen könnten, wenn von den bestehenden Mitteln der internationalen Zusammenarbeit grösserer Gebrauch gemacht werden könnte, um Erfahrungen auszutauschen und sich gegenseitig bei der Lösung praktischer Probleme im Zusammenhang mit der Gewährleistung der Gleichberechtigung von Mann und Frau zu helfen.

e) Art. 4: Notstand: Allgemeine Bemerkung 5 [13] (1981)

1. Art. 4 des Paktes hat dem Ausschuss im Laufe der Prüfung der Berichte einzelner Staaten eine Anzahl von Problemen gestellt. Im Falle eines Notstands, der das Leben der Nation bedroht und der amtlich verkündet ist, kann ein Vertragsstaat von seinen Verpflichtungen bezüglich einer Anzahl von Rechten in dem Umfang, den die Lage unbedingt erfordert, abweichen. Allerdings darf die Ausserkraftsetzung gewisse, klar umschriebene Rechte nicht betreffen, und der Vertragsstaat darf keine auf bestimmten Gründen basierenden diskriminatorischen Massnahmen treffen. Zudem hat der Vertragsstaat den übrigen Vertragsstaaten durch Vermittlung des Generalsekretärs unverzüglich mitzuteilen, welche Bestimmungen er ausser Kraft gesetzt hat, welche Gründe ihn dazu veranlasst haben sowie zu welchem Zeitpunkt eine solche Massnahme beendet wurde.

2. Die Vertragsstaaten haben im allgemeinen das im innerstaatlichen Recht vorgesehene Verfahren zur Ausrufung eines Notstandes sowie die geltenden Bestimmungen angegeben, welche das Ausserkraftsetzen [von Menschenrechten] regeln. Dennoch hat es sich im Fall einiger Staaten, welche offensichtlich ihre Verpflichtungen ausser Kraft gesetzt haben, nicht nur als schwierig erwie-

sen, festzustellen, ob ein Notstand amtlich verkündet worden war, sondern auch, ob die Rechte, deren Aufhebung der Pakt nicht zulässt, nicht faktisch ausser Kraft gesetzt worden waren und schliesslich, ob die übrigen Vertragsstaaten über die Ausserkraftsetzung und deren Gründe informiert worden waren.

3. Der Ausschuss ist der Ansicht, dass die aufgrund des Art. 4 getroffenen Massnahmen einen ausserordentlichen und befristeten Charakter haben und nur solange aufrechterhalten werden dürfen, als das Leben der betreffenden Nation bedroht ist. Er ist der Auffassung, dass in Notstandssituationen der Schutz der Menschenrechte und insbesondere derjenigen Rechte, welche nicht ausser Kraft gesetzt werden dürfen, besonders wichtig ist. Der Ausschuss hält es zudem für höchst bedeutungsvoll, dass Vertragsstaaten im Fall eines öffentlichen Notstandes den übrigen Vertragsstaaten die Art und den Umfang der Ausserkraftsetzungen, die sie vorgenommen haben, sowie die Gründe, welche sie dazu bewogen haben, mitteilen und dass sie zudem die ihnen durch Art. 40 des Paktes auferlegte Verpflichtung erfüllen, in ihren Berichten die Art und den Umfang jeder Ausserkraftsetzung unter Beilage der entsprechenden Unterlagen anzugeben.

f) Art. 6: Recht auf Leben

aa) Allgemeine Bemerkung 6 [16] (1982)

1. Die Frage des Rechtes auf Leben, welches in Art. 6 des Paktes anerkannt wird, wurde in allen Berichten behandelt. Es ist das höchste Recht, welches keine Ausserkraftsetzung zulässt, auch nicht im Falle eines die Existenz der Nation bedrohenden öffentlichen Notstandes (Art. 4). Der Auschuss hält jedoch fest, dass in vielen Fällen die zu Art. 6 gemachten Angaben nur einzelne Aspekte dieses Rechtes betrafen. Es handelt sich um ein Recht, welches nicht restriktiv ausgelegt werden darf.

2. Der Ausschuss stellt fest, dass Krieg und andere kollektive Gewalthandlungen immer noch eine Geissel der Menschheit darstellen und jährlich Tausende unschuldiger Menschen ihres Lebens berauben. Schon die Charta der Vereinten Nationen verbietet den Rückgriff auf Androhung oder Anwendung von Gewalt durch einen Staat gegen einen anderen, unter Vorbehalt der Ausübung des natürlichen Rechts auf legitime Selbstverteidigung. Der Ausschuss ist der Ansicht, dass es die höchste Pflicht der Staaten ist, Kriege, Völkermord und andere kollektive Gewalttaten, welche den willkürlichen Verlust menschlichen Lebens verursachen, zu verhüten. Sämtliche Anstrengungen, welche sie zur Abwendung der Gefahr von Kriegen, insbesondere thermonuklearen Kriegen, sowie zur Stärkung des internationalen Friedens und der internationalen Sicherheit unternehmen, stellen die wichtigste Voraussetzung und Garantie der Wah-

rung des Rechtes auf Leben dar. In diesem Zusammenhang hält der Ausschuss insbesondere fest, dass ein Zusammenhang zwischen Art. 6 und Art. 20 besteht, welcher bestimmt, dass jede Kriegspropaganda (Abs. 1) oder jedes Eintreten für Gewalt (Abs. 2), wie sie in diesem Artikel beschrieben wird, durch Gesetz zu verbieten ist.

3. Der Schutz vor willkürlicher Beraubung des Lebens, welcher im dritten Satz des Art. 6 Abs. 1 ausdrücklich verlangt wird, ist von höchster Bedeutung. Der Ausschuss ist der Ansicht, dass die Vertragsstaaten nicht nur Massnahmen treffen müssen, um kriminelle Handlungen, die zur Beraubung des Lebens führen, zu verhüten und zu bekämpfen, sondern auch um zu verhindern, dass ihre eigenen Sicherheitskräfte einzelne willkürlich töten. Die Beraubung des Lebens durch Behörden des Staates ist eine äusserst schwerwiegende Angelegenheit. Die Gesetzgebung muss deshalb genauestens die Fälle regeln und begrenzen, in welchen eine Person durch solche Behörden des Lebens beraubt werden kann.

4. Die Vertragsstaaten sollten zudem spezifische und wirksame Massnahmen treffen, um das Verschwindenlassen von einzelnen zu verhüten, was leider zu häufig geworden ist und allzu oft zur willkürlichen Beraubung des Lebens führt. Zudem müssen die Staaten wirksame Mittel und Verfahren bereitstellen, um gründliche Ermittlungen in Fällen von vermissten und verschwundenen Personen durchzuführen, die eine Verletzung des Rechtes auf Leben nahelegen.

5. Der Ausschuss hat zudem festgestellt, dass das Recht auf Leben allzu oft eng ausgelegt wird. Der Ausdruck «angeborenes Recht auf Leben» darf nicht restriktiv verstanden werden, und der Schutz dieses Rechtes verlangt, dass die Staaten positive Massnahmen treffen. In diesem Zusammenhang ist der Ausschuss der Ansicht, dass es wünschenswert wäre, wenn die Vertragsstaaten alle möglichen Massnahmen treffen würden, um die Kindersterblichkeit zu verringern und die Lebenserwartung zu erhöhen, insbesondere durch das Ergreifen von Massnahmen, welche die Ausmerzung von Unterernährung und Epidemien ermöglichen.

6. Auch wenn aus Art. 6 Abs. 2–6 hervorgeht, dass die Vertragsstaaten nicht gehalten sind, die Todesstrafe vollständig abzuschaffen, so müssen sie doch deren Anwendung beschränken und sie insbesondere für sämtliche Delikte, die nicht in die Kategorie der «schwersten Verbrechen» fallen, abschaffen. Sie sollten somit vorsehen, ihre Strafgesetzgebung unter Berücksichtigung dieser Verpflichtung zu überprüfen und sind in jedem Fall gehalten, die Anwendung der Todesstrafe auf die «schwersten Verbrechen» zu beschränken. Allgemein wird in diesem Artikel von der Abschaffung in einer Weise gesprochen, welche klar nahelegt (Abs. 2–6), dass die Abschaffung erwünscht ist. Der Ausschuss kommt zum Schluss, dass alle zur Abschaffung der Todesstrafe getroffenen Massnahmen als Fortschritt in Richtung der Achtung des Rechts auf Leben im

Sinne des Art. 40 zu betrachten und als solche dem Ausschuss mitzuteilen sind. Er hält fest, dass mehrere Staaten die Todesstrafe bereits abgeschafft oder deren Anwendung ausgesetzt haben. Allerdings sind, nach den Berichten der Staaten zu urteilen, die im Hinblick auf die Abschaffung oder Beschränkung der Todesstrafe erreichten Fortschritte noch ungenügend.

7. Der Ausschuss ist der Auffassung, dass der Ausdruck «schwerste Verbrechen» restriktiv ausgelegt werden muss in dem Sinne, dass die Todesstrafe eine Massnahme ist, welche nur ganz ausnahmsweise ausgesprochen wird. Im übrigen wird in Art. 6 ausdrücklich gesagt, dass die Todesstrafe nur auf Grund von Gesetzen verhängt werden darf, die zur Zeit der Begehung der Tat in Kraft waren und die den Bestimmungen dieses Paktes nicht widersprechen. Die im Pakt vorgeschriebenen Verfahrensgarantien müssen eingehalten werden, einschliesslich des Rechtes auf ein faires Verfahren vor einem unabhängigen Gericht, der Unschuldsvermutung, der Mindestgarantien der Verteidigung und des Rechts auf Nachprüfung des Urteils durch ein höheres Gericht. Zu diesen Rechten kommt noch das Recht, um Begnadigung oder Umwandlung der Strafe zu bitten.

bb) Allgemeine Bemerkung 14 [23] (1984)

1. In der Allgemeinen Bemerkung 6 (16), angenommen in seiner 378. Sitzung am 27. Juli 1982, hat der Ausschuss für Menschenrechte festgehalten, dass das in Art. 6 Abs. 1 des Internationalen Paktes über bürgerliche und politische Rechte erklärte Recht auf Leben das höchste Recht ist, welches keine Ausserkraftsetzung, auch nicht in Zeiten eines öffentlichen Notstandes, zulässt. Das gleiche Recht auf Leben wird in Art. 3 der Allgemeinen Erklärung der Menschenrechte, welche die Generalversammlung der Vereinten Nationen am 10. Dezember 1948 angenommen hat, verkündet. Es ist die Grundlage aller Menschenrechte.

2. In seiner früheren Allgemeinen Bemerkung hat der Ausschuss auch festgehalten, dass die Staaten die oberste Pflicht haben, Kriege zu verhüten. Kriege und andere kollektive Gewalthandlungen stellen noch immer eine Geissel der Menschheit dar und berauben immer noch jährlich Tausende unschuldiger Menschen ihres Lebens.

3. Unverändert tief besorgt über die durch klassische Waffen in bewaffneten Konflikten verursachten Verluste menschlichen Lebens hält der Ausschuss fest, dass Vertreter aus allen geographischen Regionen anlässlich mehrerer aufeinanderfolgender Tagungen der Generalversammlung ihrer wachsenden Besorgnis über die Bereitstellung und die Verbreitung zunehmend furchteinflössender Massenvernichtungswaffen Ausdruck verliehen haben, welche nicht nur menschliches Leben bedrohen, sondern auch Ressourcen aufzehren, die statt-

dessen für lebenswichtige wirtschaftliche und soziale Zwecke, insbesondere zugunsten der Entwicklungsländer, verwendet werden könnten und dadurch den Genuss der Menschenrechte für alle fördern und gewährleisten könnten.

4. Der Ausschuss teilt diese Besorgnis. Es ist offenkundig, dass die Konstruktion, das Testen, die Herstellung, der Besitz und die Verbreitung von Kernwaffen eine der schwersten Bedrohungen des Rechtes auf Leben darstellt, welche heute auf der Menschheit lasten. Diese Bedrohung wird erhöht durch die Gefahr einer tatsächlichen Verwendung dieser Waffen, und zwar nicht nur im Kriegsfall, sondern auch als Folge eines Irrtums oder eines menschlichen oder technischen Versagens.

5. Es kommt hinzu, dass allein schon die Existenz und die Schwere dieser Bedrohung ein Klima des Misstrauens und der Furcht zwischen den Staaten schaffen, welches als solches im Widerspruch steht zur Förderung der universellen und tatsächlichen Achtung der Menschenrechte und der Grundfreiheiten, entsprechend der Charta der Vereinten Nationen und den Internationalen Pakten über die Menschenrechte.

6. Die Herstellung, das Testen, der Besitz, die Verbreitung und die Verwendung von Kernwaffen sollten verboten und als Verbrechen gegen die Menschlichkeit qualifiziert werden.

7. Deshalb richtet der Ausschuss, im Interesse der Menschheit, einen Aufruf an alle Staaten, seien sie Partei des Paktes oder nicht, einseitig und durch Vereinbarung Notmassnahmen zu treffen, um die Welt von dieser Bedrohung zu befreien.

g) Art. 7: Folterverbot: Allgemeine Bemerkung 20 [44] (1992)

1. Diese Allgemeine Bemerkung ersetzt die Allgemeine Bemerkung 7 (16), deren Inhalt sie wiedergibt und weiterentwickelt.

2. Art. 7 des Internationalen Paktes über bürgerliche und politische Rechte soll sowohl die Würde wie auch die körperliche und geistige Unversehrtheit des Individuums schützen. Jeder Vertragsstaat ist verpflichtet, dem einzelnen durch gesetzgeberische oder andere Massnahmen Schutz vor den durch Art. 7 verbotenen Handlungen zu gewährleisten, unabhängig davon, ob diese von Personen begangen werden, die im Rahmen ihrer offiziellen Kompetenz, ausserhalb dieser oder privat handeln. Das Verbot des Art. 7 wird ergänzt durch die positiven Bestimmungen des Art. 10 Abs. 1, welcher fordert, dass «jeder, dem seine Freiheit entzogen wird, [...] menschlich und mit Achtung vor der dem Menschen innewohnenden Würde behandelt» wird.

3. Der Wortlaut des Art. 7 erlaubt keine Einschränkung. Der Ausschuss bestätigt erneut, dass auch im Falle eines öffentlichen Notstandes, wie ihn Art. 4

des Paktes beschreibt, keine Derogation von den Bestimmungen des Art. 7 zulässig ist und dass dessen Bestimmungen in Kraft bleiben müssen. Der Ausschuss weist zudem darauf hin, dass kein Grund, einschliesslich des Befehls eines Vorgesetzten oder einer öffentlichen Behörde, als Rechtfertigung oder mildernder Umstand zur Entschuldigung einer Verletzung des Art. 7 geltend gemacht werden kann.

4. Der Pakt gibt keine Definition der in Art. 7 verwendeten Begriffe, und auch der Ausschuss hält es nicht für nötig, eine Liste der verbotenen Handlungen zu erstellen oder klare Unterscheidungen zwischen den verschiedenen Formen der verbotenen Strafen oder Handlungen festzusetzen; diese Unterscheidungen hängen von der Art, dem Zweck und der Schwere der auferlegten Behandlung ab.

5. Das in Art. 7 enthaltene Verbot betrifft nicht nur Handlungen, welche beim Opfer einen körperlichen Schmerz auslösen, sondern auch Handlungen, welche ein seelisches Leiden verursachen. Zudem muss sich nach Ansicht des Ausschusses das Verbot auch auf Körperstrafen erstrecken, einschliesslich der als strafrechtliche Sanktion oder als Erziehungs- oder Disziplinarmassnahme angeordneten übermässigen Züchtigung. Diesbezüglich muss unterstrichen werden, dass Art. 7 insbesondere Kinder, Schüler in Unterrichtsinstitutionen und Patienten in medizinischen Institutionen schützt.

6. Der Ausschuss hält fest, dass eine langzeitige Einzelhaft einer inhaftierten oder gefangengehaltenen Person eine nach Art. 7 verbotene Handlung darstellen kann. Wie der Ausschuss in seiner Allgemeinen Bemerkung 6 (16) festgehalten hat, wird in Art. 6 des Paktes in einer Weise von der Abschaffung der Todesstrafe gesprochen, welche unzweideutig nahelegt, dass die Abschaffung erwünscht ist. Ausserdem muss die Todesstrafe, falls sie durch einen Vertragsstaat für schwerste Verbrechen angewandt wird, nicht nur gemäss Art. 6 genauestens beschränkt, sondern auch in einer Weise ausgeführt werden, welche die kleinstmöglichen körperlichen und seelischen Leiden verursacht.

7. Art. 7 verbietet ausdrücklich medizinische oder wissenschaftliche Versuche, welche ohne die freiwillige Zustimmung des Betroffenen durchgeführt werden. Der Ausschuss stellt fest, dass die Berichte der Vertragsstaaten im allgemeinen wenig Auskünfte zu diesem Punkt enthalten. Der Notwendigkeit und den Mitteln zur Gewährleistung der Beachtung dieser Bestimmung sollte mehr Aufmerksamkeit geschenkt werden. Der Ausschuss stellt zudem fest, dass ein besonderer Schutz vor solchen Versuchen bei Personen notwendig ist, welche nicht in der Lage sind, gültig einzuwilligen, insbesondere Personen, die sich in irgendeiner Form von Haft oder Gefängnis befinden. Solche Personen dürfen nicht medizinischen oder wissenschaftlichen Versuchen unterzogen werden, die ihrer Gesundheit schaden könnten.

8. Der Ausschuss hält fest, dass es zur Beachtung des Art. 7 weder genügt, solche Strafen und Behandlungen zu verbieten, noch zu erklären, dass ihre Vornahme ein Delikt darstelle. Die Vertragsstaaten müssen den Ausschuss über die gesetzgeberischen, administrativen, gerichtlichen und weiteren Massnahmen in Kenntnis setzen, welche sie treffen, um Folter und grausame, unmenschliche oder erniedrigende Behandlungen in allen ihrer Gerichtsbarkeit unterstellten Hoheitsgebieten zu verhüten und unter Strafe zu stellen.

9. Nach Ansicht des Ausschusses dürfen die Vertragsstaaten Einzelpersonen nicht der Gefahr der Folter oder der grausamen, unmenschlichen oder erniedrigenden Behandlung aussetzen, indem sie diese mittels einer Auslieferungs-, Ausweisungs- oder Ausschaffungsmassnahme in ein anderes Land zurückschikken. Die Vertragsstaaten sollten in ihren Berichten aufzeigen, welche Massnahmen sie diesbezüglich ergriffen haben.

10. Der Ausschuss sollte informiert werden, wie die Vertragsstaaten einschlägige Informationen über das Verbot der Folter und die durch Art. 7 verbotenen Behandlungen unter ihrer gesamten Bevölkerung verbreiten. Die für die Anwendung der Gesetze verantwortlichen Personen, das medizinische Personal sowie die Bediensteten der öffentlichen Gewalt und alle anderen Personen, welche sich auf irgendeine Weise mit der Bewachung oder Behandlung einer festgenommenen, inhaftierten oder gefangengehaltenen Person befassen, müssen eine angemessene Schulung und Ausbildung erhalten. Die Vertragsstaaten sollten den Ausschuss über die erteilte Schulung und Ausbildung informieren und ihm darlegen, auf welche Weise das in Art. 7 ausgesprochene Verbot integrierender Bestandteil der organisatorischen Vorschriften und berufsethischen Normen ist, an welche sich solche Personen zu halten haben.

11. Zusätzlich zur Beschreibung der Massnahmen zur Gewährleistung des allgemeinen Schutzes vor den in Art. 7 verbotenen Handlungen, der jeder Person geschuldet ist, sollte der Vertragsstaat ausführliche Angaben über diejenigen Massnahmen machen, welche vor allem den Schutz besonders verletzlicher Personen bezwecken. Es ist festzuhalten, dass die systematische Überprüfung von Vorschriften, Anweisungen, Methoden und Praktiken für Verhöre sowie der Bestimmungen über Bewachung und Behandlung festgenommener, inhaftierter oder gefangengehaltener Personen ein wirksames Mittel darstellt, um Fälle von Folter oder schlechter Behandlung zu verhindern. Um den Schutz inhaftierter Personen tatsächlich zu garantieren, muss dafür gesorgt werden, dass die Gefangenen in offiziell als solche anerkannten Gefängnissen festgehalten werden und dass ihr Name und der Ort ihrer Gefangenhaltung sowie die Namen der für ihre Inhaftierung verantwortlichen Personen in einem für Betroffene, insbesondere Familienmitglieder und Freunde, leicht zugänglichen Register aufgeführt sind. Zudem müssen Datum und Ort der Verhöre sowie die Namen aller teilnehmenden Personen festgehalten werden und auch für gerichtliche und administrative Ver-

fahren verfügbar sein. Es sind ferner Bestimmungen zu erlassen, welche die Gefangenhaltung an einem geheimen Ort verbieten. In diesem Zusammenhang sollten die Vertragsstaaten dafür sorgen, dass alle Hafträumlichkeiten frei von Geräten sind, welche zur Folter oder schlechten Behandlung geeignet sein könnten. Der Schutz des Gefangenen verlangt zudem, dass dieser raschen und regelmässigen Zugang zu Ärzten und Anwälten sowie – unter geeigneter Überwachung, falls die Untersuchung dies erfordert – zu seinen Familienmitgliedern hat.

12. Zur Vermeidung von Verstössen gegen Art. 7 ist es wichtig, die Verwendung oder Zulässigkeit von Erklärungen und Geständnissen, welche durch Folter oder andere verbotene Behandlung erlangt wurden, in Gerichtsverfahren gesetzlich zu verbieten.

13. Die Vertragsstaaten sollten, wenn sie ihre Berichte vorlegen, diejenigen Bestimmungen ihres Strafrechts aufzeigen, welche die Folter und die grausamen, unmenschlichen oder erniedrigenden Sanktionen oder Behandlungen unter Strafe stellen, unter näherer Angabe der auf solche Handlungen anwendbaren Sanktionen, je nachdem, ob sie von öffentlich Bediensteten oder anderen für den Staat handelnden Personen oder von Privaten begangen werden. Wer gegen Art. 7 verstösst, sei es durch Anstiftung, Anordnung, Duldung oder Verübung der verbotenen Handlungen, muss zur Verantwortung gezogen werden. Diejenigen, welche Befehle verweigert haben, dürfen folglich nicht bestraft oder einer nachteiligen Behandlung ausgesetzt werden.

14. Art. 7 sollte in Verbindung mit Art. 2 Abs. 3 gelesen werden. In ihren Berichten sollten die Vertragsstaaten angeben, wie in ihrem Rechtssystem wirksam gewährleistet wird, dass unverzüglich allen durch Art. 7 verbotenen Handlungen ein Ende gesetzt wird, sowie die geeigneten Wiedergutmachungsmassnahmen nennen. Das Recht, Beschwerde gegen durch Art. 7 verbotene Handlungen einzulegen, muss im innerstaatlichen Recht anerkannt sein. Um die Beschwerden wirksam zu machen, müssen sie Gegenstand rascher und unparteiischer Untersuchungen durch die zuständigen Behörden sein. Die Berichte der Vertragsstaaten sollten genaue Informationen über die den Opfern schlechter Behandlung offenstehenden Rechtsmittel, die von den Beschwerdeführern zu befolgenden Verfahren sowie statistische Angaben über die Zahl der Beschwerden und deren Ausgang enthalten.

15. Der Ausschuss hat festgestellt, dass einzelne Staaten eine Amnestie für Folterhandlungen gewährt haben. Amnestien sind allgemein unvereinbar mit der Pflicht der Staaten, solche Handlungen zu untersuchen, Schutz vor solchen Handlungen innerhalb ihrer gerichtlichen Zuständigkeit zu gewährleisten sowie darüber zu wachen, dass sie sich in Zukunft nicht wiederholen. Die Staaten dürfen nicht einzelne ihres Rechtes auf eine wirksame Beschwerde, einschliesslich des Rechtes auf Schadenersatz und möglichst vollständige Rehabilitierung, berauben.

h) Art. 9: Recht auf persönliche Freiheit und Sicherheit: Allgemeine Bemerkung 8 [16] (1982)

1. Art. 9, der sich mit dem Recht auf persönliche Freiheit und Sicherheit der Person befasst, ist in den Berichten der Vertragsstaaten oft recht eng ausgelegt worden, und die Berichte enthalten demzufolge unvollständige Informationen. Der Ausschuss betont, dass Abs. 1 für alle Fälle einer Freiheitsentziehung gilt, sei es aufgrund strafbarer Handlungen oder in anderen Fällen wie beispielsweise Geisteskrankheiten, Landstreicherei, Drogensucht, Erziehungsmassnahmen, Einwanderungskontrolle usw. Allerdings trifft es zu, dass einzelne Vorschriften des Art. 9 (ein Teil des Abs. 2 und der ganze Abs. 3) einzig für Personen gelten, welche der Begehung von Straftaten beschuldigt werden. Aber die übrigen Bestimmungen und insbesondere die wichtige in Abs. 4 niedergelegte Garantie, d.h. das Recht, ein Verfahren vor einem Gericht zu beantragen, damit dieses über die Rechtmässigkeit der Freiheitsentziehung entscheidet, gelten für alle Personen, welche durch Festnahme oder Inhaftierung ihrer Freiheit beraubt sind. Die Vertragsstaaten müssen zudem auch gemäss Art. 2 Abs. 3 dafür Sorge tragen, dass wirksame Beschwerdemöglichkeiten auch für die Fälle vorgesehen sind, wo eine Person geltend machen möchte, unter Verletzung des Pakts ihrer Freiheit beraubt worden zu sein.
2. Art. 9 Abs. 3 sieht vor, dass jeder, der unter dem Vorwurf einer strafbaren Handlung festgenommen worden ist oder in Haft gehalten wird, «unverzüglich» einem Richter oder einer anderen gesetzlich zur Ausübung richterlicher Funktionen ermächtigten Amtsperson vorgeführt werden muss. Genauere Fristen werden in den meisten Vertragsstaaten durch die Gesetzgebung festgelegt, und nach Ansicht des Ausschusses dürfen diese Fristen einige wenige Tage nicht überschreiten. Viele Staaten haben ungenügende Angaben über die diesbezügliche Praxis gemacht.

3. Eine andere Frage ist die Gesamtdauer der Untersuchungshaft. Die bestehende Praxis einzelner Länder bei bestimmten Straftaten gibt dem Ausschuss Anlass zur Besorgnis, und dessen Mitglieder haben die Frage gestellt, ob diese Praxis mit dem Anspruch nach Abs. 3 «auf ein Gerichtsverfahren innerhalb angemessener Frist oder auf Entlassung aus der Haft» vereinbar sei. Untersuchungshaft soll die Ausnahme bilden und so kurz wie möglich sein. Der Ausschuss ist für alle Angaben über bestehende Mechanismen und die im Hinblick auf die Verkürzung solcher Haft getroffenen Massnahmen dankbar.

4. Falls sogenannte Sicherheitsverwahrung aus Gründen der öffentlichen Sicherheit Anwendung findet, muss sie den gleichen Bestimmungen unterstellt werden, d.h. sie darf nicht willkürlich sein, sie muss aus gesetzlich bestimmten Gründen und unter Beachtung des im Gesetz vorgeschrieben Verfahrens erfolgen (Abs. 1), der Betroffene ist über die Gründe der Festnahme zu unterrichten

(Abs. 2), ein Gericht muss über die Rechtmässigkeit der Freiheitsentziehung entscheiden können (Abs. 4) und bei Unrechtmässigkeit muss ein Anspruch auf Entschädigung bestehen (Abs. 5). Falls in solchen Fällen zusätzlich strafrechtliche Anschuldigungen erhoben werden, muss zudem ein vollumfänglicher Schutz aufgrund des Art. 9 Abs. 2 und 3 und des Art. 14 gewährt werden.

i) Art. 10: Recht auf menschenwürdige Behandlung während des Freiheitsentzuges: Allgemeine Bemerkung 21 [44] (1992)

1. Die folgende Allgemeine Bemerkung ersetzt die Allgemeine Bemerkung Nr. 9 (16), gibt diese wieder und entwickelt sie weiter.

2. Art. 10 Abs. 1 des Internationalen Paktes über bürgerliche und politische Rechte gilt für jeden, dessen Freiheit aufgrund der Gesetze und im Auftrag des Staates entzogen wurde und der in einem Gefängnis, einem Spital – insbesondere einer psychiatrischen Klinik – einem Gefangenenlager, einer Besserungsanstalt oder an einem anderen Ort festgehalten wird. Die Vertragsstaaten sollten sicherstellen, dass der in dieser Bestimmung niedergelegte Grundsatz in allen ihrer Gerichtsbarkeit unterstehenden Institutionen und Anstalten, in denen Personen festgehalten werden, beachtet wird.

3. Art. 10 Abs. 1 auferlegt den Vertragsstaaten eine positive Verpflichtung zugunsten von Personen, welche besonders verletzlich sind, da ihnen die Freiheit entzogen worden ist, und er ergänzt das in Art. 7 des Paktes niedergelegte Verbot der Folter und anderer grausamer, unmenschlicher oder erniedrigender Strafen oder Behandlungen. Personen, denen ihre Freiheit entzogen wurde, dürfen somit nicht nur keiner gegen Art. 7 verstossenden Behandlung, insbesondere medizinischen oder wissenschaftlichen Versuchen, unterzogen werden, sie dürfen vielmehr auch keiner Härte oder keinem Zwang ausgesetzt werden, der sich nicht unmittelbar aus dem Freiheitsentzug ergibt; die Achtung der Würde dieser Personen muss gleichermassen wie bei Personen in Freiheit gewährleistet sein. Personen, denen die Freiheit entzogen wurde, geniessen alle im Pakt erklärten Rechte, unter Vorbehalt der Beschränkungen, welche in einer geschlossenen Umgebung unausweichlich sind.

4. Dass alle Personen, denen die Freiheit entzogen wurde, mit Menschlichkeit und Respekt für ihre Würde zu behandeln sind, ist eine universelle Grundregel; ihre Anwendung darf deshalb nicht von den im Vertragsstaat verfügbaren materiellen Ressourcen abhängen. Diese Regel muss zwingend angewandt werden, ohne jegliche Unterscheidung insbesondere hinsichtlich der Rasse, der Hautfarbe, des Geschlechts, der Sprache, der Religion, der politischen oder sonstigen Anschauung, der nationalen oder sozialen Herkunft, des Vermögens, der Geburt oder des sonstigen Status'.

5. Die Vertragsstaaten sind eingeladen, in ihren Berichten anzugeben, inwieweit sie die Normen der Vereinten Nationen für die Behandlung von Gefangenen erfüllen: die Mindestgrundsätze für die Behandlung von Gefangenen (1975), den Grundsatzkatalog für den Schutz aller irgendeiner Form von Haft oder Strafgefangenschaft unterworfenen Personen (1988), den Verhaltenskodex für Beamte mit Polizeibefugnissen (1978) und die Grundsätze ärztlicher Ethik im Zusammenhang mit der Rolle von medizinischem Personal, insbesondere von Ärzten, beim Schutze von Strafgefangenen und Inhaftierten vor Folter und anderer grausamer, unmenschlicher oder erniedrigender Behandlung oder Strafe (1982).

6. Der Ausschuss erinnert daran, dass die Berichte detaillierte Angaben über die nationalen Gesetzes- und Verwaltungsbestimmungen enthalten müssen, die sich auf das in Art. 10 Abs. 1 vorgesehene Recht auswirken. Er hält es ferner für erforderlich, dass dabei die von den zuständigen Behörden getroffenen konkreten Massnahmen präzisiert werden, durch welche die tatsächliche Anwendung der Regeln über die Behandlung von Personen, denen ihre Freiheit entzogen wurde, überprüft werden kann. Die Vertragsstaaten sollten zudem in ihren Berichten Auskunft über ihr System für die Beaufsichtigung der Gefängnisse geben sowie auch über die genauen Massnahmen, welche zur Verhinderung von Folter und grausamer, unmenschlicher und erniedrigender Behandlung und zur Gewährleistung der Unparteilichkeit der Aufsicht getroffen wurden.

7. Der Ausschuss erinnert zudem daran, dass die Berichte angeben sollten, ob die verschiedenen anwendbaren Bestimmungen integrierender Bestandteil der Schulung und Ausbildung des Personals sind, welches Kompetenzen gegenüber Personen hat, denen ihre Freiheit entzogen wurde, und ob diese Personen diese Bestimmungen bei der Ausübung ihrer Pflichten strikte befolgen. Desgleichen sollte präzisiert werden, ob die festgenommenen oder inhaftierten Personen Informationen über diese Bestimmungen erhalten können, ob sie über wirksame Rechtsmittel zu deren Durchsetzung und über Beschwerdemöglichkeiten verfügen, wenn diese Vorschriften nicht berücksichtigt werden, und ob sie bei Verstössen einen angemessenen Schadenersatz erwirken können.

8. Der Ausschuss erinnert daran, dass der in Art. 10 Abs. 1 ausgesprochene Grundsatz die Basis für die spezifischen Verpflichtungen bildet, welche Art. 10 Abs. 2 und 3 den Vertragsstaaten im Bereich der Strafgerichtsbarkeit auferlegen.

9. Art. 10 Abs. 2 sieht in lit. a vor, dass Beschuldigte, ausser bei aussergewöhnlichen Umständen, von Verurteilten getrennt unterzubringen sind. Diese Trennung ist nötig, um zu unterstreichen, dass ein Beschuldigter keine verurteilte Person ist und Anspruch darauf hat, als unschuldig zu gelten, wie dies Art. 14 Abs. 2 fordert. Die Berichte der Vertragsstaaten sollten angeben, auf welche Weise die Trennung von Beschuldigten und Verurteilten gewährleistet

wird, und präzisieren, inwiefern sich die Behandlung Beschuldigter von derjenigen Verurteilter unterscheidet.

10. Bezüglich Art. 10 Abs. 3, welcher Verurteilte betrifft, möchte der Ausschuss detaillierte Auskunft über das Strafvollzugssystem der Vertragsstaaten erhalten. Kein Strafvollzugssystem sollte ausschliesslich der Vergeltung dienen; es sollte vor allem die Besserung und die soziale Wiedereingliederung des Gefangenen anstreben. Die Staaten sind eingeladen, anzuführen, ob sie über ein System der Entlassenenhilfe verfügen, sowie Angaben über dessen Wirksamkeit zu machen.

11. In mehreren Fällen enthalten die Auskünfte der Vertragsstaaten weder genaue Hinweise auf die Gesetzes- und Verwaltungsbestimmungen noch auf die praktischen Massnahmen, welche die Wiedereingliederung Verurteilter gewährleisten sollten. Der Ausschuss wünscht eingehend über die getroffenen Massnahmen informiert zu werden, welche die Schulung, Erziehung und Wiedereingliederung, die Berufsberatung und berufliche Ausbildung gewährleisten, sowie über Arbeitsprogramme für die Gefangenen innerhalb und ausserhalb des Gefängnisses.

12. Um beurteilen zu können, ob der in Art. 10 Abs. 3 erklärte Grundsatz vollumfänglich beachtet wird, möchte der Ausschuss zudem über die besonderen, während der Haft angewandten Massnahmen in Kenntnis gesetzt werden, beispielsweise wie Verurteilte individuell behandelt und wie sie klassifiziert werden, die Disziplinarordnung, die Einzelhaft, die verschärfte Sicherheitshaft sowie die Bedingungen, unter welchen die Kontakte des Verurteilten zur Aussenwelt (Familie, Anwalt, soziale und medizinische Dienste, nichtstaatliche Organisationen) gewährleistet werden.

13. Der Ausschuss hat im übrigen Lücken in den Berichten einzelner Vertragsstaaten über die Behandlung jugendlicher Beschuldigter oder Straffälliger festgestellt. Art. 10 Abs. 2 lit. b bestimmt, dass jugendliche Beschuldigte von Erwachsenen zu trennen sind; aus den in den Berichten gemachten Angaben geht jedoch hervor, dass einzelne Vertragsstaaten der Tatsache, dass es sich hierbei um eine zwingende Bestimmung des Paktes handelt, nicht die erforderliche Aufmerksamkeit schenken. Der Wortlaut erfordert zudem, dass in Fällen, die Jugendliche betreffen, so schnell wie möglich ein Urteil zu ergehen hat. Die Berichte sollten genaue Angaben über die von den Vertragsstaaten zur Verwirklichung dieser Bestimmung getroffenen Massnahmen enthalten. Gemäss Art. 10 Abs. 3 sind schliesslich jugendliche Straffällige von Erwachsenen zu trennen und ihrem Alter und ihrer Rechtsstellung entsprechend zu behandeln, beispielsweise mit reduzierter Arbeitszeit und der Möglichkeit, Besuch von Familienmitgliedern zu erhalten, um ihre Besserung und Wiedereingliederung zu fördern. Der Pakt enthält keine Angaben über den Beginn der strafrechtlichen Verantwortlichkeit. Es ist Sache jedes Vertragsstaates, unter Berücksichtigung des

sozialen und kulturellen Umfeldes und der anderen Voraussetzungen dieses Alter festzulegen; nach Ansicht des Ausschusses impliziert Art. 6 Abs. 5 jedoch stillschweigend, dass alle Personen unter 18 Jahren, zumindest im Zusammenhang mit Fragen der Strafgerichtsbarkeit, als Minderjährige behandelt werden sollten. Die Vertragsstaaten sollten Angaben machen über die Altersgruppe, welcher eine Person angehören muss, um als minderjährig behandelt zu werden, und sie sind eingeladen anzugeben, ob sie die Rahmenbestimmungen der Vereinten Nationen für die Jugendgerichtsbarkeit, bekannt als Peking-Regeln (1987), anwenden.

k) Art. 14: Prozessgarantien: Allgemeine Bemerkung 13 [21] (1984)

1. Der Ausschuss hält fest, dass Art. 14 des Paktes einen komplexen Charakter hat und dass verschiedene Aspekte seiner Bestimmungen besondere Bemerkungen erfordern. Alle diese Bestimmungen bezwecken die Gewährleistung der richtigen Ausübung der Rechtspflege und schützen somit eine Reihe von Individualrechten, wie die Gleichheit vor Gerichten und den anderen gerichtlichen Organen oder das Recht jedes einzelnen auf billige und öffentliche Verhandlung seiner Sache durch ein zuständiges, unabhängiges, unparteiisches und auf Gesetz beruhendes Gericht. Nicht alle Berichte gehen näher auf die gesetzgeberischen oder anderen Massnahmen ein, welche mit dem ausdrücklichen Zweck angenommen wurden, jede Bestimmung des Art. 14 anzuwenden.

2. Im allgemeinen verkennen die Vertragsstaaten in ihren Berichten, dass Art. 14 nicht nur für Verfahren zur Ermittlung der Stichhaltigkeit strafrechtlicher Anklagen gegen Individuen, sondern auch für zivilrechtliche Ansprüche und Verpflichtungen gilt. Das Recht und die Praxis bezüglich dieser Fragen sind in den verschiedenen Staaten sehr unterschiedlich. Diese Vielfalt hat zur Folge, dass es noch unerlässlicher ist, dass die Vertragsstaaten alle nützlichen Angaben liefern und detaillierter erklären, wie die Begriffe «strafrechtliche Anklage» und «zivilrechtliche Ansprüche und Verpflichtungen» in ihrem Rechtssystem ausgelegt werden.

3. Der Ausschuss würde es als nützlich erachten, wenn die Vertragsstaaten in ihren künftigen Berichten genauere Angaben machen könnten über die Massnahmen, welche getroffen wurden, um zu gewährleisten, dass die Gleichheit vor Gericht, einschliesslich der Gleichheit des Zugangs zu den Gerichten, der billige und öffentliche Charakter der Verhandlungen und die Zuständigkeit, Unabhängigkeit und Unparteilichkeit der Gerichtsbarkeit gesetzlich begründet und in der Praxis garantiert sind. Die Vertragsstaaten sollten insbesondere genau die Verfassungs- und Gesetzestexte angeben, welche die Einsetzung der Gerichte vorsehen und deren Unabhängigkeit, Unparteilichkeit und Zuständigkeit garan-

tieren, vor allem betreffend die Art und Weise, wie die Richter ernannt werden, die von ihnen verlangten Qualifikationen, die Dauer ihres Mandates, die Voraussetzungen für ihre Beförderung, ihre Versetzung und die Beendigung ihrer Funktionen sowie betreffend die tatsächliche Unabhängigkeit der Judikative von der Exekutive und der Legislative.

4. Die Bestimmungen des Art. 14 gelten für alle Gerichte und anderen ordentlichen oder ausserordentlichen gerichtlichen Organe innerhalb seines Geltungsbereichs. Der Ausschuss hält fest, dass in zahlreichen Ländern Militär- oder Sondergerichte existieren, welche über Zivilpersonen urteilen, was zu ernsthaften Problemen bezüglich der billigen, unparteiischen und unabhängigen Ausübung der Rechtspflege führen kann. Solche Gerichte werden sehr häufig eingesetzt, um die Anwendung von Ausnahmeverfahren zu ermöglichen, die nicht den ordentlichen Rechtspflegenormen entsprechen. Auch wenn der Pakt die Einsetzung solcher Gerichte nicht verbietet, weisen die von ihm verlangten Voraussetzungen dennoch eindeutig darauf hin, dass die Beurteilung von Zivilpersonen durch solche Gerichte nur ganz ausnahmsweise erfolgen darf und sich unter Voraussetzungen abspielen muss, welche tatsächlich alle in Art. 14 geforderten Garantien beachten. Der Ausschuss stellt diesbezüglich einen schweren Informationsmangel in den Berichten einzelner Vertragsstaaten fest, deren Rechtsprechungseinrichtungen solche Gerichte zur Beurteilung von Zivilpersonen miteinschliessen. In einzelnen Ländern gewährleisten solche Militär- und Sondergerichte die strengen Garantien einer richtigen Ausübung der Rechtspflege gemäss den Vorschriften des Art. 14 nicht, die für einen wirksamen Schutz der Menschenrechte unentbehrlich sind. Beschliessen die Staaten während eines öffentlichen Notstandes, wie er in Art. 4 vorgesehen ist, von den normalen, in Art. 14 vorgesehenen Verfahren abzuweichen, müssen sie darüber wachen, dass solche Derogationen nicht weiter gehen, als dies durch die Gegebenheiten der tatsächlichen Lage zwingend erforderlich ist, und dass sie die übrigen Voraussetzungen des Art. 14 Abs. 1 achten.

5. Der Schluss des ersten Satzes des Art. 14 Abs. 1 fordert, dass jedermann Anspruch darauf hat, dass seine Sache «in billiger Weise und öffentlich verhandelt wird». Abs. 3 des Artikels führt näher aus, was unter «billiger Verhandlung» zu verstehen ist, wenn es sich um die Ermittlung der Stichhaltigkeit einer strafrechtlichen Anklage handelt. Die Anforderungen des Abs. 3 sind jedoch Mindestgarantien, deren Einhaltung nicht immer genügt, um zu gewährleisten, dass eine Sache in billiger Weise verhandelt wird, wie dies Abs. 1 vorsieht.

6. Der öffentliche Charakter der Verhandlungen ist ein wichtiger Schutz im Interesse des einzelnen und der ganzen Gesellschaft. Gleichzeitig anerkennt Art. 14 Abs. 1, dass die Gerichte befugt sind, aus den im selben Absatz aufgezählten Gründen die Öffentlichkeit während der ganzen oder eines Teils der Verhandlung auszuschliessen. Hierzu ist festzuhalten, dass der Ausschuss unter

Vorbehalt solcher ausserordentlichen Umstände davon ausgeht, dass ein Verfahren im allgemeinen der Öffentlichkeit zugänglich sein muss, einschliesslich der Mitglieder der Presse, und nicht beispielsweise nur einem besonderen Personenkreis offenstehen darf. Es ist festzuhalten, dass das Urteil auch in Angelegenheiten, welche unter Ausschluss der Öffentlichkeit verhandelt wurden, unter Vorbehalt einiger streng definierter Ausnahmen öffentlich gemacht werden muss.

7. Der Ausschuss hat einen gewissen Informationsmangel bezüglich des Art. 14 Abs. 2 bemerkt und in einzelnen Fällen sogar festgestellt, dass die für den Schutz der Menschenrechte unentbehrliche Unschuldsvermutung mit sehr zweideutigen Ausdrücken umschrieben oder mit Bedingungen verbunden wird, die sie wirkungslos machen. Aufgrund der Unschuldsvermutung obliegt die Beweislast der Anklage, und der Beschuldigte kommt in den Genuss des Grundsatzes «im Zweifel für den Angeklagten». Niemand darf als schuldig gelten, solange der Nachweis seiner Schuld nicht über jeden vernünftigen Zweifel hinaus erbracht ist. Zudem verleiht die Unschuldsvermutung den Anspruch, gemäss diesem Grundsatz behandelt zu werden. Somit sind alle öffentlichen Behörden verpflichtet, sich einer Vorverurteilung zu enthalten.

8. Von den Mindestgarantien, welche Abs. 3 für Strafverfahren vorschreibt, betrifft die erste den Anspruch jedes einzelnen, in einer ihm verständlichen Sprache über Art und Grund der gegen ihn erhobenen Anklage unterrichtet zu werden (lit. a). Der Ausschuss hält fest, dass die Berichte der Staaten häufig nicht erklären, wie dieser Anspruch beachtet und garantiert wird. Art. 14 Abs. 3 lit. a gilt für alle Fälle von Anklagen wegen einer strafbaren Handlung, einschliesslich derjenigen gegenüber nicht inhaftierten Personen. Der Ausschuss hält zudem fest, dass der Anspruch jedes einzelnen, über die gegen ihn erhobene Anklage «unverzüglich» unterrichtet zu werden, verlangt, dass die Mitteilung in der beschriebenen Art erfolgt, sobald die Anklage erstmals durch eine zuständige Behörde erhoben wird. Seines Erachtens entsteht dieser Anspruch, wenn das Gericht oder eine Strafverfolgungsbehörde im Laufe eines Untersuchungsverfahrens beschliesst, Massnahmen bezüglich der einer Straftat verdächtigten Person zu treffen, oder diese öffentlich einer solchen bezichtigt. Den genauen Anforderungen des Abs. 3 lit. a kann durch eine mündliche oder schriftliche Unterrichtung über die Anklage genügt werden, wenn diese das anwendbare Recht und die der Anklage zugrunde liegenden Tatsachen erläutert.

9. Abs. 3 lit. b garantiert, dass der Angeklagte hinreichend Zeit und Gelegenheit zur Vorbereitung seiner Verteidigung und zum Verkehr mit einem Verteidiger seiner Wahl haben muss. Wieviel Zeit «hinreichend» ist, hängt vom konkreten Fall ab, aber «Gelegenheit» muss den Zugang zu den Unterlagen und anderen Beweismitteln beinhalten, deren der Angeklagte zur Vorbereitung seiner

Verteidigung bedarf, sowie die Möglichkeit, über einen Verteidiger zu verfügen und mit ihm verkehren zu können. Will sich der Angeklagte nicht selbst verteidigen oder auf eine Person oder Vereinigung seiner Wahl zurückgreifen, sollte er in der Lage sein können, einen Anwalt zu rufen. Zudem verlangt lit. b, dass der Verteidiger mit dem Angeklagten unter Bedingungen verkehren kann, welche den vertraulichen Charakter ihres Verkehrs uneingeschränkt berücksichtigen. Die Anwälte müssen in der Lage sein, ihre Klienten gemäss ihren berufseigenen Vorschriften und Kriterien zu beraten und zu vertreten, ohne Gegenstand von Einschränkungen, Beeinflussung, Druckausübung oder ungerechtfertigten Eingriffen von irgendeiner Seite zu sein.

10. Abs. 3 lit. c sieht vor, dass gegen den Angeklagten ein Urteil ohne unangemessene Verzögerung ergehen muss. Diese Garantie betrifft nicht nur den Zeitpunkt, in welchem der Prozess beginnen muss, sondern auch denjenigen, in welchem er enden und in welchem das Urteil ergehen muss: Alle Stadien müssen «ohne unangemessene Verzögerung» vor sich gehen. Damit dieser Anspruch wirksam ist, muss ein Verfahren vorhanden sein, um zu gewährleisten, dass der Prozess «ohne unangemessene Verzögerung» abläuft, sei es vor der ersten Instanz oder in Berufungsverfahren.

11. Nicht alle Berichte behandeln alle Aspekte des Rechts auf Verteidigung, wie es in Abs. 3 lit. d definiert ist. Der Ausschuss hat nicht immer genügend Angaben erhalten, weder über den Schutz des Rechtes des Angeklagten, anwesend zu sein, wenn über die Stichhaltigkeit der gegen ihn erhobenen Anklage entschieden wird, noch über die Art und Weise, wie das Rechtssystem ihm das Recht gewährleistet, sich selbst zu verteidigen oder durch einen Verteidiger seiner Wahl verteidigen zu lassen, noch über die Vorkehrungen, welche getroffen werden, wenn ihm die Mittel zur Bezahlung eines Verteidigers fehlen. Der Angeklagte oder sein Verteidiger müssen das Recht haben, bei der Verwendung aller existierender Verteidigungsmittel sorgfältig und ohne Furcht vorzugehen, sowie auch das Recht, den Verlauf des Prozesses anzufechten, wenn er ihnen ungerecht erscheint. Wenn ausnahmsweise und aus gerechtfertigten Gründen ein Abwesenheitsverfahren stattfindet, ist die strenge Beachtung der Verteidigungsrechte noch unentbehrlicher.

12. Abs. 3 lit. e garantiert, dass der Angeklagte Fragen an die Belastungszeugen stellen oder stellen lassen darf und das Erscheinen und die Vernehmung von Entlastungszeugen unter den für die Belastungszeugen geltenden Bedingungen erwirken darf. Diese Bestimmung will dem Angeklagten die gleichen rechtlichen Mittel wie der Anklage gewährleisten, um die Zeugen zum Erscheinen zu verpflichten und um alle Zeugen der Anklage zu vernehmen oder ihnen Gegenfragen zu stellen.

13. Abs. 3 lit. f garantiert, dass der Angeklagte die unentgeltliche Beiziehung eines Dolmetschers verlangen kann, wenn er die Verhandlungssprache des

Gerichts nicht versteht oder nicht spricht. Dieses Recht besteht unabhängig vom Ausgang des Prozesses und gilt gleichermassen für Ausländer und Staatsbürger. Es ist in denjenigen Fällen von entscheidender Bedeutung, in welchen die Unkenntnis der vom Gericht verwendeten Sprache oder die Schwierigkeiten, diese zu verstehen, ein gewichtiges Hindernis bei der Ausübung der Verteidigungsrechte darstellen können.

14. Abs. 3 lit. g garantiert, dass der Angeklagte nicht gezwungen werden darf, gegen sich selbst als Zeuge auszusagen oder sich schuldig zu bekennen. Im Rahmen dieser Garantie muss man sich die Bestimmungen des Art. 7 und des Art. 10 Abs. 1 in Erinnerung rufen. Um den Angeklagten zu zwingen, sich schuldig zu bekennen oder gegen sich als Zeuge auszusagen, werden häufig Methoden verwendet, welche gegen diese Bestimmungen verstossen. Das Gesetz sollte vorsehen, dass die mit solchen Methoden oder jeder anderen Form von Zwang erwirkten Beweise absolut unzulässig sind.

15. Zum Schutz der in Art. 14 Abs. 1 und 3 enthaltenen Rechte des Angeklagten sollten die Richter die Befugnis haben, jede Behauptung einer Verletzung dieser Rechte in jedem Stadium des Verfahrens zu prüfen.

16. Art. 14 Abs. 4 garantiert, dass das Verfahren gegen Jugendliche in einer Weise zu führen ist, die ihrem Alter entspricht und ihre Wiedereingliederung in die Gesellschaft fördert. Wenige Berichte enthalten genügende Angaben über so wesentliche Fragen wie das Mindestalter, in welchem gegen einen Jugendlichen Anklage wegen einer Straftat erhoben werden darf, das Alter der Strafmündigkeit, die Existenz spezieller Gerichte und Verfahren, die Gesetzgebung, welche das Vorgehen gegenüber Jugendlichen regelt und die Art und Weise, wie die Gesamtheit dieser Spezialbestimmungen über die Jugendlichen «ihre Wiedereingliederung in die Gesellschaft fördert». Die Jugendlichen müssen mindestens in den Genuss der gleichen Garantien und des gleichen Schutzes kommen, wie sie Art. 14 den Erwachsenen gewährt.

17. Art. 14 Abs. 5 bestimmt, dass jeder, der wegen einer strafbaren Handlung rechtskräftig verurteilt worden ist, das Recht hat, das Urteil entsprechend dem Gesetz durch ein höheres Gericht überprüfen zu lassen. Der Ausschuss lenkt die Aufmerksamkeit besonders auf die Begriffe, welche dem englischen Ausdruck «crime» [«strafbare Handlung»] in den anderen Sprachen entsprechen («infraction», «delito», «prestuplenie»), die darauf hinweisen, dass der Anspruch nicht nur die schwersten Verstösse betrifft. Er hat diesbezüglich nicht genügend Angaben erhalten über die Berufungsverfahren, insbesondere über den Zugang zu den zweitinstanzlichen Gerichten und die Befugnisse dieser Gerichte, die Voraussetzungen für die Weiterziehung eines Urteils und die Art und Weise, wie die Berufungsverfahren den in Art. 14 Abs. 1 geforderten Voraussetzungen über den Anspruch des Angeklagten auf eine billige und öffentliche Verhandlung Rechnung tragen.

18. Art. 14 Abs. 6 sieht eine Entschädigung entsprechend dem Gesetz vor für die Fälle von Justizirrtum, wie er sie beschreibt. Gemäss den Berichten vieler Staaten scheint dieses Recht oft nicht geachtet oder durch die nationale Gesetzgebung nur ungenügend garantiert zu werden. Die Staaten sollten gegebenenfalls ihre Gesetzgebung in diesem Bereich vervollständigen, um sie mit den Bestimmungen des Paktes in Einklang zu bringen.

19. Bei der Prüfung der Berichte der Staaten wurden oft unterschiedliche Meinungen über die Tragweite von Art. 14 Abs. 7 geäussert. Einzelne Staaten hielten es sogar für nötig, Vorbehalte bezüglich der für die Wiederaufnahme von Straffällen vorgesehenen Verfahren anzubringen. Der Ausschuss meint, dass die meisten Vertragsstaaten klar unterscheiden zwischen der durch ausserordentliche Umstände gerechtfertigten Wiederaufnahme eines Falles und einem neuen Prozess, welcher durch den in Abs. 7 ausgesprochenen Grundsatz *ne bis in idem* verboten wird. Diese Art der Auslegungen der Regel *ne bis in idem* kann die Vertragsstaaten ermutigen, ihre Vorbehalte bezüglich des Art. 14 Abs. 7 nochmals in Erwägung zu ziehen.

l) Art. 17: Recht auf Schutz des Privatlebens: Allgemeine Bemerkung 16 [32] (1988)

1. Art. 17 sieht das Recht jedes einzelnen auf Schutz gegen willkürliche oder rechtswidrige Eingriffe in sein Privatleben, seine Familie, seine Wohnung und seinen Schriftverkehr oder gegen rechtswidrige Beeinträchtigungen seiner Ehre und seines Rufes vor. Nach Ansicht des Ausschusses muss der Schutz dieses Rechtes gegen alle diese Eingriffe und Beeinträchtigungen gewährleistet sein, unabhängig davon, ob sie von der öffentlichen Gewalt oder von natürlichen oder juristischen Personen ausgehen. Die von diesem Artikel auferlegten Verpflichtungen verlangen, dass der Staat gesetzgeberische oder andere Massnahmen ergreift, welche das Verbot solcher Eingriffe und Beeinträchtigungen zum Schutz dieses Rechtes wirksam machen.

2. Diesbezüglich will der Ausschuss darauf aufmerksam machen, dass die Berichte der Vertragsstaaten des Paktes den Angaben über die Art und Weise, wie die Achtung dieses Rechtes durch die Gesetzgebungs-, Verwaltungs- und Gerichtsbehörden und allgemein durch die vom Staat eingesetzten zuständigen Organe gewährleistet wird, nicht genügend Aufmerksamkeit schenken. Insbesondere wird die Tatsache zuwenig beachtet, dass Art. 17 des Paktes vom Schutz gegen rechtswidrige und willkürliche Eingriffe spricht. Dies bedeutet, dass gerade und vor allem in der Gesetzgebung der Staaten der Schutz des in diesem Artikel erklärten Rechtes vorgesehen werden muss. Gegenwärtig erwähnen die Staaten eine solche Gesetzgebung entweder nicht, oder dann machen sie diesbezüglich ungenügende Angaben.

3. Das Adjektiv «rechtswidrig» bedeutet, dass kein Eingriff stattfinden darf unter Vorbehalt der vom Gesetz vorgesehenen Fälle. Die von den Staaten erlaubten Eingriffe dürfen nur aufgrund eines Gesetzes erfolgen, welches seinerseits mit den Bestimmungen, Zwecken und Zielen des Paktes vereinbar sein muss.

4. Der Ausdruck «willkürliche Eingriffe» ist für den Schutz des in Art. 17 vorgesehenen Rechtes ebenfalls von Bedeutung. Nach Ansicht des Ausschusses kann sich dieser Ausdruck auch auf vom Gesetz vorgesehene Eingriffe erstrekken. Mit der Einführung des Begriffs der Willkür soll gewährleistet werden, dass auch ein vom Gesetz vorgesehener Eingriff mit den Bestimmungen, Zwecken und Zielen des Paktes übereinstimmen und in jedem Fall angesichts der besonderen Umstände sinnvoll sein muss.

5. Bezüglich des Ausdruckes «Familie» verlangen die Ziele des Paktes, dass dieser Begriff im Hinblick auf Art. 17 im weiten Sinne ausgelegt wird, so dass er alle Personen umfasst, welche nach dem Verständnis der Gesellschaftsordnung im betreffenden Vertragsstaat eine Familie bilden. Der Ausdruck «*home*» in der englischen Fassung, «*manzel*» in der arabischen Fassung, «*zhùzhái*» in der chinesischen Fassung, «*domicilio*» in der spanischen Fassung, «*domicile*» in der französischen Fassung und «*zhilishche*» in der russischen Fassung ist so zu verstehen, dass er den Ort bezeichnet, wo eine Person wohnt oder ihren gewohnten Beruf ausübt. In diesem Zusammenhang lädt der Ausschuss die Staaten ein, in ihren Berichten anzugeben, was in ihrer Gesellschaft die Ausdrücke «Familie» und «Wohnort» bedeuten.

6. Der Ausschuss ist der Auffassung, dass die Berichte Angaben über die vom Rechtssystem des Landes vorgesehenen Behörden und Organe enthalten müssen, welche für die Bewilligung von gesetzlich zugelassenen Eingriffen zuständig sind. Ebenso unerlässlich sind Angaben über die Behörden, welche ermächtigt sind, eine Kontrolle über solche Eingriffe unter strenger Achtung des Gesetzes auszuüben, und darüber, wie und bei welchen Organen die betroffenen Personen eine Verletzung des in Art. 17 des Paktes vorgesehenen Rechtes geltend machen können. Die Staaten müssen in ihren Berichten deutlich angeben, inwieweit die tatsächliche Praxis dem Recht entspricht. Die Berichte der Vertragsstaaten müssen zudem Angaben enthalten über die wegen willkürlichen oder rechtswidrigen Eingriffen erhobenen Beschwerden und über die Zahl der diesbezüglich allenfalls ergangenen Entscheide sowie über die für solche Fälle vorgesehenen Rechtsmittel.

7. Da alle Menschen in einer Gesellschaft leben, ist der Schutz des Privatlebens notgedrungen relativ. Trotzdem sollen die zuständigen öffentlichen Behörden nur diejenigen Angaben über das Privatleben jedes einzelnen verlangen können, deren Kenntnis für die Gesellschaft unentbehrlich im Sinne des Paktes ist. Deshalb empfiehlt der Ausschuss den Staaten, in ihren Berichten die

Gesetze und Regelungen anzugeben, welche die Eingriffe in das Privatleben regeln.

8. Auch für Eingriffe, die mit dem Pakt vereinbar sind, muss das einschlägige Gesetz detailliert die genauen Voraussetzungen nennen, unter welchen solche Eingriffe erlaubt sind. Der Entscheid zur Vornahme solcher erlaubter Eingriffe muss durch die vom Gesetz bezeichnete Behörde und von Fall zu Fall getroffen werden. Die Einhaltung von Art. 17 verlangt, dass die Unversehrtheit und der vertrauliche Charakter des Schriftverkehrs rechtlich und faktisch gewährleistet sind. Die Korrespondenz muss dem Adressaten, ohne abgefangen zu werden, ungeöffnet und ohne andere Art der Kenntnisnahme ihres Inhaltes ausgehändigt werden. Die Überwachung mit elektronischen oder anderen Mitteln, das Abfangen telephonischer, telegraphischer oder anderer Mitteilungen, das Abhören und die Aufnahme von Gesprächen sollten verboten sein. Hausdurchsuchungen müssen auf die Suche nach notwendigen Beweismitteln beschränkt werden und dürfen nicht Anlass zu Belästigungen sein. Für Personendurchsuchungen und Leibesvisitationen müssen wirksame Massnahmen gewährleisten, dass diese in einer Weise durchgeführt werden, die mit der Würde der ihnen unterworfenen Personen vereinbar ist. Wird an Personen durch Bedienstete des Staates oder im Auftrag des Staates handelndes medizinisches Personal eine Leibesvisitation vorgenommen, sollte dies nur durch Personen ihres Geschlechtes erfolgen.

9. Die Vertragsstaaten selbst sind gehalten, mit Art. 17 des Paktes unvereinbare Handlungen zu unterlassen und den nötigen gesetzlichen Rahmen zu schaffen, um zu verhindern, dass natürliche oder juristische Personen solche Handlungen vornehmen.

10. Das Sammeln oder Aufbewahren von persönlichen Angaben über das Privatleben in Computern, Datenbanken oder durch andere Verfahren, durch öffentliche Behörden, Einzelpersonen oder private Körperschaften, muss gesetzlich geregelt sein. Der Staat muss wirksame Massnahmen treffen, um zu gewährleisten, dass solche Angaben nicht in die Hände von Personen geraten, welche zu deren Empfang, Bearbeitung und Auswertung nicht gesetzlich ermächtigt sind, und dass sie niemals zu Zwecken verwendet werden, die mit dem Pakt unvereinbar sind. Zur Gewährleistung des wirksamsten Schutzes des Privatlebens sollte jedermann das Recht haben, in verständlicher Form zu erfahren, ob und gegebenenfalls welche persönlichen Daten und zu welchem Zweck in automatisierten Datenbanken gespeichert werden. Jedermann soll zudem erfahren können, welche öffentlichen Behörden oder Einzelpersonen oder privaten Körperschaften die ihn betreffende Datensammlung kontrollieren oder kontrollieren dürften. Enthalten solche Dateien Angaben, welche unrichtig sind oder unter Missachtung der gesetzlichen Bestimmungen gesammelt oder bearbeitet wurden, sollte jedermann berechtigt sein, deren Berichtigung oder Entfernung zu verlangen.

11. Art. 17 garantiert den Schutz der Ehre und des Rufes, und die Staaten sind gehalten, zu diesem Zweck entsprechende Gesetze bereitzustellen. Zudem müssen Vorkehrungen getroffen werden, die es jedermann ermöglichen, vor rechtswidrigen Angriffen geschützt zu werden, die gegen ihn gerichtet sind, und welche ihm Rechtsmittel gegen die Verantwortlichen zur Verfügung stellen. Die Vertragsstaaten sollten in ihren Berichten angeben, inwieweit die Ehre und der Ruf der Einzelpersonen gesetzlich geschützt sind und wie dieser Schutz in ihrem Rechtssystem gewährleistet wird.

m) Art. 18: Gedanken-, Gewissens- und Religionsfreiheit: Allgemeine Bemerkung 22 [48] (1993)

1. Das Recht auf Gedanken-, Gewissens- und Religionsfreiheit gemäss Art. 18 Abs. 1 (das die Weltanschauungsfreiheit einschliesst) hat einen weiten Geltungsbereich; es umfasst die Gedankenfreiheit in allen Bereichen, die persönlichen Weltanschauungen und die allein oder in Gemeinschaft mit anderen bekundete Zugehörigkeit zu einer Religion oder einem Glauben. Der Ausschuss lenkt die Aufmerksamkeit der Vertragsstaaten auf die Tatsache, dass die Gedankenfreiheit und die Gewissensfreiheit im gleichen Umfang wie die Religions- oder Weltanschauungsfreiheit geschützt sind. Der grundlegende Charakter dieser Freiheiten kommt zudem in der Tatsache zum Ausdruck, dass nach dem Wortlaut des Art. 4 Abs. 2 des Paktes Art. 18 auch im Falle eines öffentlichen Notstandes nicht ausser Kraft gesetzt werden darf.

2. Art. 18 schützt die theistischen, nicht theistischen und atheistischen Anschauungen sowie das Recht, sich zu keiner Religion oder Weltanschauung zu bekennen. Die Ausdrücke «Weltanschauung» und «Religion» müssen im weiten Sinn ausgelegt werden. Art. 18 beschränkt sich in seiner Anwendung nicht auf die traditionellen Religionen und auf Religionen und Anschauungen, welche ähnliche institutionelle Merkmale und Praktiken haben wie die traditionellen Religionen. Der Ausschuss ist deshalb durch jede Tendenz beunruhigt, eine Religion oder Weltanschauung aus irgendeinem Grund zu diskriminieren, inklusive wegen der Tatsache, dass sie neu ist oder religiöse Minderheiten vertritt, welche der Feindseligkeit einer vorherrschenden religiösen Gemeinschaft ausgesetzt sein könnten.

3. Art. 18 unterscheidet zwischen der Gedanken-, Gewissens- und Religionsfreiheit und der Freiheit, seine Religion oder Weltanschauung zu bekunden. Er lässt keine Einschränkung zu, weder der Gedanken- und Gewissensfreiheit noch der Freiheit, eine Religion oder Weltanschauung eigener Wahl zu haben oder anzunehmen. Diese Freiheiten sind vorbehaltlos geschützt, wie das Recht auf unbehinderte Meinungsfreiheit gemäss Art. 19 Abs. 1. In Übereinstimmung mit Art. 17 und Art. 18 Abs. 2 darf niemand gezwungen werden, seine

Gedanken oder seine Zugehörigkeit zu einer Religion oder Weltanschauung zu offenbaren.

4. Die Freiheit, eine Religion oder Weltanschauung zu bekunden, kann «allein oder in Gemeinschaft mit anderen, öffentlich oder privat» ausgeübt werden. Die Freiheit, seine Religion oder Weltanschauung durch Gottesdienst, Beachtung religiöser Bräuche, Ausübung und Unterricht zu bekunden, umfasst sehr unterschiedliche Handlungen. Das Konzept des Gottesdienstes beinhaltet rituelle und zeremonielle Handlungen, welche eine Weltanschauung unmittelbar ausdrücken, sowie verschiedene Praktiken, welche zu diesen Handlungen gehören, einschliesslich der Errichtung von Kultusörtlichkeiten, der Verwendung von Formeln und rituellen Gegenständen, der Darstellung von Symbolen und der Einhaltung von Feier- und Ruhetagen. Die Beachtung religiöser Bräuche und die Ausübung der Religion oder der Weltanschauung beinhalten unter Umständen nicht nur zeremonielle Handlungen, sondern auch Gewohnheiten wie die Befolgung von Ernährungsvorschriften, das Tragen besonderer Kleider oder Kopfbedeckungen, die Beteiligung an Ritualen in Verbindung mit bestimmten Lebensabschnitten und die Verwendung einer besonderen, von einer Gruppe gemeinsam benutzten Sprache. Zudem umfassen die Ausübung und der Unterricht der Religion oder der Weltanschauung Handlungen, welche für religiöse Gruppen zur Durchführung ihrer wesentlichen Tätigkeiten unentbehrlich sind, wie die Freiheit der Wahl ihrer religiösen Verantwortlichen, ihrer Priester und Unterrichtenden, die Freiheit, Seminare oder religiöse Schulen zu gründen, und die Freiheit, religiöse Texte oder Publikationen herzustellen und zu verbreiten.

5. Der Ausschuss weist darauf hin, dass die Freiheit, eine Religion oder Weltanschauung «zu haben oder anzunehmen», notwendigerweise die Freiheit einschliesst, eine Religion oder Weltanschauung zu wählen, einschliesslich insbesondere des Rechtes, seine gegenwärtige Religion oder Weltanschauung durch eine andere Religion oder Weltanschauung zu ersetzen oder einen atheistischen Standpunkt einzunehmen, sowie des Rechtes, seine Religion oder Weltanschauung zu behalten. Art. 18 Abs. 2 untersagt jeden Zwang, der die Freiheit, eine Religion oder Weltanschauung seiner Wahl zu haben oder anzunehmen, beeinträchtigen könnte, einschliesslich der Anwendung oder der Androhung der Anwendung von körperlicher Gewalt oder strafrechtlichen Sanktionen, um Gläubige oder Nichtgläubige zur Annahme von Weltanschauungen oder zur Zugehörigkeit zu Religionsgemeinschaften, zum Verzicht auf ihre Weltanschauung oder Religion oder zum Übertritt zu zwingen. Politiken und Praktiken mit dem gleichen Zweck oder der gleichen Wirkung, wie beispielsweise der beschränkte Zugang zu Erziehung, ärztlicher Versorgung, Arbeit oder zu den durch Art. 25 und andere Bestimmungen des Paktes garantierten Rechten sind ebensowenig mit Art. 18 Abs. 2 vereinbar. Die Verfechter aller nicht religiösen Weltanschauungen geniessen den gleichen Schutz.

6. Der Ausschuss ist der Ansicht, dass Art. 18 Abs. 4 den Unterricht über Gegenstände wie die allgemeine Geschichte der Religionen und Ideen in den öffentlichen Schulen unter der Voraussetzung erlaubt, dass dieser Unterricht neutral und objektiv erteilt wird. Die in Art. 18 Abs. 4 vorgesehene Freiheit der Eltern oder des Vormundes, die religiöse und sittliche Erziehung ihrer Kinder in Übereinstimmung mit ihren eigenen Überzeugungen sicherzustellen, ist mit der in Abs. 1 des gleichen Artikels garantierten Freiheit verbunden, eine Religion oder Weltanschauung zu unterrichten. Der Ausschuss hält fest, dass die öffentliche Erziehung, welche die Unterweisung einer Religion oder besonderen Weltanschauung einschliesst, mit Art. 18 Abs. 4 unvereinbar ist, es sei denn, sie sehe, im Einklang mit den Wünschen der Eltern oder des Vormundes oder Pflegers, Befreiungen oder nicht-diskriminierende Wahlmöglichkeiten vor.

7. In Übereinstimmung mit Art. 20 darf das Bekunden einer Religion oder einer Weltanschauung nicht zu einer Form der Kriegspropaganda oder des Eintretens für nationalen, rassischen oder religiösen Hass werden, durch welche zu Diskriminierung, Feindseligkeit oder Gewalt aufgestachelt wird. Wie der Ausschuss für Menschenrechte in der Allgemeinen Bemerkung Nr. 11 (19) schon erwähnt hat, sind die Vertragsstaaten gehalten, die geeigneten Gesetzesmassnahmen anzunehmen, um solche Handlungen zu verbieten.

8. Art. 18 Abs. 3 bewilligt Einschränkungen in der Ausübung der Religion oder Weltanschauung nur, wenn solche Einschränkungen gesetzlich vorgesehen und zum Schutz der öffentlichen Sicherheit, Ordnung, Gesundheit, Sittlichkeit oder der Grundrechte und -freiheiten anderer erforderlich sind. Keine Einschränkungen ertragen die Freiheit, eine Religion oder Weltanschauung zu haben oder anzunehmen, und die Freiheit der Eltern oder des Vormundes, die religiöse und sittliche Erziehung ihrer Kinder sicherzustellen. Bei der Auslegung des Umfangs der Bestimmungen über die bewilligten Einschränkungen sollten sich die Vertragsstaaten von der Notwendigkeit leiten lassen, die im Pakt garantierten Rechte zu schützen, einschliesslich des Rechtes auf Gleichheit und des Rechtes, nicht aus den in Art. 2, 3 und 26 angegebenen Gründen diskriminiert zu werden. Die vorgeschriebenen Einschränkungen müssen gesetzlich vorgesehen sein und dürfen nicht auf eine Weise angewandt werden, welche geeignet ist, die durch Art. 18 garantierten Rechte ihres Gehaltes zu entleeren. Der Ausschuss weist darauf hin, dass Art. 18 Abs. 3 im engen Sinn ausgelegt werden muss: Darin nicht angegebene Einschränkungsgründe sind unzulässig, auch wenn sie als Einschränkungen anderer vom Pakt geschützter Rechte zulässig wären, wie beispielsweise nationale Sicherheit. Einschränkungen dürfen nur zu dem Zweck angewandt werden, für den sie vorgeschrieben wurden, und müssen in direktem Zusammenhang mit den ihnen zugrundeliegenden Zielen stehen und verhältnismässig sein. Es dürfen keine Einschränkungen mit diskriminierendem Zweck oder in diskriminierender Weise auferlegt werden. Der Ausschuss weist darauf

hin, dass sich die Auffassung von Sittlichkeit aus zahlreichen sozialen, philosophischen und religiösen Traditionen ergibt; deshalb müssen sich Einschränkungen der Freiheit, eine Religion oder Weltanschauung zu bekunden, zum Schutz der Sittlichkeit auf Grundsätze stützen, welche nicht aus einer einzigen Tradition abgeleitet werden. Personen, welche schon gewissen rechtmässigen Zwängen unterworfen sind, wie etwa Gefangene, geniessen trotzdem weiterhin das uneingeschränkte Recht, ihre Religion oder Weltanschauungen zu bekunden, im grösstmöglichen Umfang, der sich mit den ihnen auferlegten Zwängen vereinbaren lässt. Die Vertragsstaaten sollten in ihren Berichten detaillierte Angaben über den Umfang und die Auswirkungen der in Art. 18 Abs. 3 vorgesehenen und sowohl im Rahmen des Gesetzes wie auch unter besonderen Umständen angewandten Einschränkungen machen.

9. Die Tatsache, dass eine Religion als staatliche Religion anerkannt oder als offizielle oder herkömmliche Religion eingebürgert ist oder dass ihre Anhänger die Mehrheit der Bevölkerung ausmachen, darf in keiner Weise den Genuss eines der durch den Pakt, insbesondere durch Art. 18 und 27, garantierten Rechte beeinträchtigen oder zu irgendeiner Diskriminierung der Anhänger anderer Religionen oder von Nichtgläubigen führen. Insbesondere sind Massnahmen, welche die letzteren diskriminieren, indem sie beispielsweise den Zugang zum öffentlichen Dienst auf die Angehörigen der vorherrschenden Religion beschränken, diesen wirtschaftliche Vorteile gewähren oder die Ausübung anderer Religionen mit besonderen Einschränkungen belegen, mit dem Verbot der Diskriminierung wegen Religion oder Weltanschauung und mit dem in Art. 26 garantierten Anspruch auf gleichen Schutz unvereinbar. Unter dem Gesichtspunkt der Ausübung der durch Art. 18 und 27 geschützten Rechte bilden die in Art. 20 Abs. 2 vorgesehenen Massnahmen einen wichtigen Schutz vor Beeinträchtigungen der Rechte der religiösen Minderheiten und anderer religiöser Gruppen und vor Gewalt- oder Verfolgungshandlungen gegen solche Gruppen. Der Ausschuss möchte über die Massnahmen informiert werden, welche von den Vertragsstaaten zum Schutz des Praktizierens aller Religionen oder Weltanschauungen vor jeder Beeinträchtigung und zum Schutz ihrer Anhänger vor Diskriminierung getroffen wurden. Zudem braucht der Ausschuss Angaben über die Achtung der Rechte der religiösen Minderheiten gemäss Art. 27, um den Umfang abzuschätzen, in welchem die Gedanken-, Gewissens,- Religions- und Anschauungsfreiheit durch die Vertragsstaaten geschützt wurde. Die betreffenden Vertragsstaaten sollten in ihre Berichte auch Angaben über die Praktiken aufnehmen, welche gemäss ihrer Gesetzgebung und Rechtsprechung als blasphemisch gelten und demzufolge strafbar sind.

10. Wird in Verfassungen, Gesetzen, Erklärungen der herrschenden Parteien usw. oder in der Praxis eine Gesamtheit von Weltanschauungen als offizielle Ideologie behandelt, so darf dies zu keiner Beeinträchtigung der durch Art. 18

garantierten Rechte oder eines anderen im Pakt anerkannten Rechtes und zu keiner Diskriminierung derjenigen Personen führen, welche diese offizielle Ideologie nicht annehmen oder sich ihr widersetzen.

11. Viele Personen haben sich auf ein Recht zur Verweigerung des Militärdienstes (Dienstverweigerung aus Gewissensgründen) berufen, indem sie geltend machten, dieses Recht leite sich aus den ihnen durch Art. 18 garantierten Freiheiten ab. Um ihren Begehren Rechnung zu tragen, hat eine wachsende Anzahl Vertragsstaaten in ihren Gesetzgebungen diejenigen ihrer Bürger vom obligatorischen Militärdienst befreit, die sich aufrichtig zu religiösen oder anderen Weltanschauungen bekennen, welche die Leistung dieses Dienstes untersagen, und sie haben statt dessen einen nationalen Ersatzdienst eingeführt. Der Pakt erwähnt ein Recht auf Verweigerung aus Gewissensgründen nicht ausdrücklich; der Ausschuss ist jedoch der Auffassung, dass ein solches Recht insoweit aus Art. 18 abgeleitet werden kann, als die Verpflichtung zur Anwendung von tödlicher Gewalt in einen schweren Konflikt mit der Gewissensfreiheit und dem Recht auf Bekundung seiner Religion oder Weltanschauung treten kann. Ist dieses Recht in Gesetzgebung und Praxis einmal anerkannt, soll es keine Unterscheidung der Verweigerer aus Gewissensgründen nach der Art ihrer besonderen Anschauungen mehr geben, und ebenso soll es keine Diskriminierung von Verweigerern aus Gewissensgründen mehr geben, weil sie ihren Militärdienst nicht geleistet haben. Der Ausschuss lädt die Vertragsstaaten ein, über die Bedingungen, unter welchen Personen aufgrund der Rechte gemäss Art. 18 vom Militärdienst befreit werden können, und über Art und Dauer des nationalen Ersatzdienstes zu berichten.

n) Art. 19: Meinungsfreiheit: Allgemeine Bemerkung 10 [19] (1983)

1. Abs. 1 sieht den Schutz der «unbehinderten Meinungsfreiheit» vor. Für dieses Recht erlaubt der Pakt weder Ausnahmen noch Einschränkungen. Der Ausschuss wäre froh, von den Vertragsstaaten Angaben über die Anwendung des Abs. 1 zu erhalten.

2. Abs. 2 sieht den Schutz des Rechtes auf freie Meinungsäusserung vor, welches nicht nur die Freiheit, «Informationen und Gedankengut jeder Art weiterzugeben» umfasst, sondern auch die Freiheit, solche Informationen und solches Gedankengut «ohne Rücksicht auf Staatsgrenzen» und mit jedem Mittel «in Wort, Schrift oder Druck, durch Kunstwerk oder andere Mittel eigener Wahl sich zu beschaffen» und «zu empfangen». Nicht alle Vertragsstaaten haben Angaben über alle Aspekte der Meinungsäusserungsfreiheit gemacht. Man hat beispielsweise bis anhin der Tatsache wenig Aufmerksamkeit geschenkt, dass

wegen der Entwicklung moderner Massenmedien wirksame Massnahmen erforderlich sind, um eine Kontrolle dieser Medien zu verhindern, welche die Ausübung des Rechtes jedes einzelnen auf Meinungsäusserungsfreiheit in einem in Abs. 3 nicht vorgesehenen Sinne beeinträchtigen würde.

3. Die Berichte zahlreicher Staaten geben lediglich an, dass die Meinungsäusserungsfreiheit durch die Verfassung oder das Gesetz gewährleistet ist. Um jedoch die rechtliche und praktisch geltende Ordnung im Bereich der Meinungsäusserungsfreiheit genau zu kennen, benötigt der Ausschuss einschlägige Angaben über die Vorschriften, welche den Umfang dieses Freiheitsrechtes definieren oder gewisse Einschränkungen anbringen, und über alle anderen Faktoren, welche praktisch die Ausübung dieses Rechtes beeinflussen. Das Zusammenwirken des Grundsatzes der freien Meinungsäusserung und seiner Grenzen und Einschränkungen bestimmen den tatsächlichen Umfang des Rechtes jedes einzelnen.

4. Abs. 3 sieht ausdrücklich vor, dass die Ausübung der Meinungsäusserungsfreiheit mit besonderen Pflichten und einer besonderen Verantwortung verbunden ist und dass sie daher bestimmten, gesetzlich vorgesehenen Einschränkungen im Interesse anderer oder der ganzen Gemeinschaft unterworfen werden kann. Unterwirft jedoch ein Vertragsstaat die Ausübung der Meinungsäusserungsfreiheit gewissen Einschränkungen, dürfen diese in keinem Fall das Recht als solches beeinträchtigen. Abs. 3 zählt einige Voraussetzungen auf, und Einschränkungen können nur unter diesen Voraussetzungen auferlegt werden: 1) sie müssen «gesetzlich vorgesehen» sein; 2) sie dürfen nur zu den in Abs. 3 lit. a und b präzisierten Zwecken angeordnet werden; 3) der Vertragsstaat muss rechtfertigen, dass sie für die Verwirklichung dieser Zwecke erforderlich sind.

o) Art. 20: Verbot der Kriegspropaganda und des Eintretens für Rassenhass: Allgemeine Bemerkung 11 [19] (1983)

1. Nicht alle von den Vertragsstaaten vorgelegten Berichte enthalten ausreichende Angaben über die Anwendung des Art. 20 des Paktes. Aufgrund der Natur des Art. 20 sind die Vertragsstaaten gehalten, die nötigen gesetzgeberischen Massnahmen zu ergreifen, um die darin erwähnten Handlungen zu verbieten. Die Berichte zeigen jedoch, dass in einzelnen Staaten solche Handlungen nicht gesetzlich verboten sind und dass die zu deren Verbot erforderlichen Anstrengungen weder beabsichtigt noch unternommen werden. Zudem enthalten zahlreiche Berichte nicht genügend Angaben über die entsprechenden nationalen Gesetze und Praktiken.

2. Art. 20 des Paktes bestimmt, dass jede Kriegspropaganda und jedes Eintreten für nationalen, rassischen oder religiösen Hass, das eine Aufstachelung zu Diskriminierung, Feindseligkeit oder Gewalt darstellt, durch Gesetz verboten

werden. Nach Ansicht des Ausschusses sind diese Verbote durchaus mit dem in Art. 19 vorgesehenen Recht auf freie Meinungsäusserung vereinbar, dessen Ausübung mit besonderen Pflichten und einer besonderen Verantwortung verbunden ist. Das in Abs. 1 vorgesehene Verbot erstreckt sich auf alle Formen von Propaganda, die unter Verletzung der Charta der Vereinten Nationen eine Angriffshandlung oder einen Friedensbruch zu bewirken drohen oder bewirken, während Abs. 2 jedes Eintreten für nationalen, rassischen oder religiösen Hass betrifft, das zu Diskriminierung, Feindseligkeit oder Gewalt aufstachelt, unabhängig davon, ob diese Propaganda oder dieses Eintreten innen- oder aussenpolitische Ziele des betroffenen Staates verfolgt. Die Bestimmungen des Art. 20 Abs. 1 verbieten weder das Eintreten für das souveräne Recht auf legitime Selbstverteidigung noch das Eintreten für das Recht der Völker auf Selbstbestimmung und Unabhängigkeit gemäss der Charta der Vereinten Nationen. Damit Art. 20 alle seine Wirkungen entfalten kann, müsste ein Gesetz deutlich erklären, dass die Propaganda und das Eintreten für Hass, wie sie darin beschrieben sind, gegen die öffentliche Ordnung verstossen, und eine angemessene Sanktion für den Fall einer Verletzung vorsehen. Der Ausschuss ist daher der Auffassung, dass die Vertragsstaaten, welche dies noch nicht getan haben, Massnahmen treffen sollten, um die Verpflichtungen gemäss Art. 20 zu erfüllen, und dass sie selbst jede derartige Propaganda und jedes derartige Eintreten unterlassen müssen.

p) Art. 23: Recht auf Eheschliessung und auf Schutz der Familie: Allgemeine Bemerkung 19 [39] (1990)

1. Art. 23 des Internationalen Paktes über bürgerliche und politische Rechte anerkennt, dass die Familie die natürliche Keimzelle der Gesellschaft ist und Anspruch auf Schutz durch Gesellschaft und Staat hat. Der Schutz der Familie und ihrer Mitglieder wird, direkt oder indirekt, auch von anderen Bestimmungen des Paktes garantiert. So garantiert Art. 17 das Verbot der willkürlichen oder rechtswidrigen Eingriffe in die Familie. Zudem betrifft Art. 24 des Paktes ausdrücklich den Schutz der Rechte des Kindes als solches oder als Mitglied einer Familie. Die Vertragsstaaten machen in ihren Berichten oft nicht genügend Angaben über die Art und Weise, wie der Staat und die Gesellschaft ihrer Verpflichtung nachkommen, die Familie und deren Mitglieder zu schützen.

2. Der Ausschuss weist darauf hin, dass sich der Begriff der Familie in verschiedener Hinsicht von einem Staat zum anderen und sogar von einer Region zur anderen innerhalb des gleichen Staates unterscheiden kann, so dass es nicht möglich ist, ihn einheitlich zu definieren. Immerhin unterstreicht der Ausschuss, dass dort, wo Gesetzgebung und Praxis eines Staates eine Personengruppe als Familie betrachten, diese Gegenstand des in Art. 23 vorgesehenen

Schutzes sein muss. Deshalb sollten die Vertragsstaaten in ihren Berichten die Auslegung oder die Definition darlegen, welche in ihrer Gesellschaft und in ihrem Rechtssystem dem Begriff und dem Umfang der Familie zukommt. Die Existenz mehrerer Familienbegriffe in einem Staat – die «Kernfamilie» und die «erweiterte» Familie – müsste angegeben werden, mit der Erklärung des Umfangs des Schutzes für jede dieser Formen. Da es verschiedene Formen von Familien gibt, beispielsweise die unverheirateten Paare mit Kindern oder den alleinstehenden Elternteil mit Kindern, müssten die Vertragsstaaten zudem angeben, ob und inwieweit die nationale Gesetzgebung und Praxis diese Familienformen und deren Mitglieder anerkennen und schützen.

3. Die Gewährleistung des in Art. 23 des Paktes vorgesehenen Schutzes verlangt von den Vertragsstaaten die Annahme verschiedener, insbesondere gesetzgeberischer oder administrativer Massnahmen. Die Vertragsstaaten sollten detaillierte Angaben über die Natur solcher Massnahmen und die Mittel machen, welche ihre tatsächliche Anwendung sicherstellen. Da der Pakt der Familie auch den Anspruch auf Schutz durch die Gesellschaft gewährt, müssten im übrigen die Vertragsstaaten in ihren Berichten angeben, wie der Staat und andere soziale Institutionen der Familie den nötigen Schutz gewähren, ob und inwieweit der Staat die Tätigkeit solcher Institutionen durch finanzielle und andere Mittel fördert und wie er sicherstellt, dass diese Tätigkeit mit dem Pakt vereinbar ist.

4. Art. 23 Abs. 2 des Paktes bestätigt, dass das Recht, eine Ehe einzugehen und eine Familie zu gründen, für Mann und Frau im heiratsfähigen Alter anerkannt wird. Abs. 3 sieht vor, dass eine Ehe nur im freien und vollen Einverständnis der künftigen Ehegatten geschlossen werden darf. Die Vertragsstaaten sollten in ihren Berichten angeben, ob bei der Ausübung des Rechtes auf Eheschliessung Einschränkungen oder Hindernisse aufgrund besonderer Faktoren, wie etwa des Verwandtschaftsgrades oder geistiger Behinderung, bestehen. Der Pakt legt weder für den Mann noch für die Frau das ehefähige Alter ausdrücklich fest; dieses Alter sollte nach Massgabe der Fähigkeit der künftigen Ehegatten festgesetzt werden, ihr freies und volles persönliches Einverständnis unter den gesetzlich vorgeschriebenen Formen und Voraussetzungen zu geben. Diesbezüglich ruft der Ausschuss in Erinnerung, dass solche Gesetzesbestimmungen mit der uneingeschränkten Ausübung der übrigen vom Pakt garantierten Rechte vereinbar sein müssen; beispielsweise setzt das Recht auf Gedanken-, Gewissens- und Religionsfreiheit voraus, dass die Gesetzgebung jedes Staates die Möglichkeit sowohl der zivilen als auch der religiösen Eheschliessung vorsieht. Nach Ansicht des Ausschusses ist allerdings die Tatsache, dass ein Staat verlangt, dass eine nach religiösen Riten geschlossene Ehe auch durch zivile Behörden geschlossen, ausgesprochen oder eingetragen werden muss, mit dem Pakt nicht unvereinbar. Die Staaten sind auch gebeten, Angaben zu diesem Thema in ihre Berichte einzubeziehen.

5. Das Recht, eine Familie zu gründen, schliesst grundsätzlich die Möglichkeit zu Zeugung und Zusammenleben ein. Verfolgen die Staaten eine Politik der Familienplanung, so muss diese mit den Bestimmungen des Paktes im Einklang sein und darf insbesondere weder diskriminierend noch zwingend sein. Desgleichen schliesst die Möglichkeit zum Zusammenleben ein, dass geeignete Massnahmen angenommen werden, um sowohl innerstaatlich als gegebenenfalls auch in Zusammenarbeit mit anderen Staaten die Einheit oder die Wiedervereinigung der Familie zu gewährleisten, insbesondere wenn die Trennung ihrer Mitglieder auf politischen, wirtschaftlichen oder vergleichbaren Gründen beruht.

6. Art. 23 Abs. 4 bestimmt, dass die Vertragsstaaten durch geeignete Massnahmen sicherstellen, dass die Ehegatten gleiche Rechte und Pflichten bei der Eheschliessung, während der Ehe und bei Auflösung der Ehe haben.

Bezüglich der Gleichheit in der Ehe unterstreicht der Ausschuss insbesondere, dass der Erwerb oder der Verlust der Staatsangehörigkeit durch Heirat in keiner Weise Anlass zur Ungleichbehandlung aufgrund des Geschlechtes sein darf. Desgleichen sollte das Recht jedes Ehegatten, den ursprünglichen Familiennamen weiterzuführen oder sich gleichberechtigt an der Wahl eines neuen Familiennamens zu beteiligen, geschützt sein.

Während der Dauer der Ehe sollten die Ehegatten die gleichen Rechte und Pflichten in der Familie haben. Diese Gleichheit erstreckt sich auf alle Fragen, welche sich aus ihrer Verbindung ergeben, wie die Wahl des Wohnortes, die Führung des Haushaltes, die Erziehung der Kinder und die Verwaltung des Vermögens. Diese Gleichheit gilt ebenso für die Bestimmungen über die Trennung oder die Auflösung der Ehe.

Jede Ungleichbehandlung in bezug auf die Gründe und die Verfahren der Trennung und Scheidung, das Sorgerecht für die Kinder, die Alimente für die Kinder oder den Ehegatten, das Besuchsrecht, den Verlust oder die Wiedererlangung der elterlichen Gewalt muss verboten sein, unter Berücksichtigung des vorrangigen Interesses der Kinder. Die Vertragsstaaten sollten in ihre Berichte insbesondere Angaben über die Vorkehrungen einbeziehen, welche sie getroffen haben, um den Kindern bei der Auflösung der Ehe oder der Trennung der Ehegatten den nötigen Schutz zu gewährleisten.

q) Art. 24: Rechte des Kindes: Allgemeine Bemerkung 17 [35] (1989)

1. Art. 24 des Paktes stellt fest, dass jedes Kind ohne Diskriminierung das Recht auf diejenigen Schutzmassnahmen durch seine Familie, die Gesellschaft und den Staat hat, die seine Rechtsstellung als Minderjähriger erfordert. Die Anwendung dieser Bestimmung verlangt besondere Massnahmen, die zu denjenigen

hinzukommen, welche die Staaten schon aufgrund des Art. 2 zu treffen verpflichtet sind, damit alle Einzelpersonen die im Pakt vorgesehenen Rechte ausüben können. Oft scheinen die Staaten in den von ihnen vorgelegten Berichten diese Verpflichtung zu unterschätzen, und sie machen ungenügende Angaben über die Art und Weise, wie das Recht des Kindes auf einen besonderen Schutz verwirklicht wird.

2. Der Ausschuss weist diesbezüglich darauf hin, dass die in Art. 24 vorgesehenen Rechte nicht die einzigen sind, welche der Pakt für das Kind anerkennt, das als Einzelperson auch in den Genuss aller anderen in diesem Instrument garantierten bürgerlichen Rechte kommt. Einzelne Bestimmungen des Paktes geben bei der Festsetzung eines Rechtes den Staaten ausdrücklich an, welche Massnahmen sie annehmen müssen, damit die Minderjährigen besser geschützt sind als die Erwachsenen. So darf bezüglich des Rechtes auf Leben die Todesstrafe für Verbrechen nicht verhängt werden, welche Jugendliche unter 18 Jahren verübt haben. Ebenso müssen jugendliche Beschuldigte, deren Freiheit rechtmässig entzogen wird, von den Erwachsenen getrennt werden, und es hat in ihrer Sache so schnell wie möglich ein Urteil zu ergehen; jugendliche Straffällige müssen einer Haftordnung unterstellt werden, in welcher sie von Erwachsenen getrennt und ihrem Alter und ihrer Rechtsstellung entsprechend behandelt werden, mit dem Ziel ihrer Besserung und der Förderung ihrer sozialen Wiedereingliederung. Zudem ist vorgesehen, dass ein durch den Pakt garantiertes Recht zum Schutze des Kindes eingeschränkt werden darf, falls eine solche Einschränkung gerechtfertigt ist; so kann, wenn es das Interesse eines Minderjährigen erfordert, eine Ausnahme von der Regel gemacht werden, dass jedes Zivil- oder Strafurteil öffentlich verkündet werden muss.

3. In den meisten Fällen werden jedoch die zu ergreifenden Massnahmen im Pakt nicht präzisiert, und es obliegt jedem Staat, diese nach Massgabe der Erfordernisse des Schutzes der Kinder, welche sich in seinem Hoheitsgebiet befinden oder in seine Kompetenz fallen, festzulegen. Der Ausschuss erinnert diesbezüglich daran, dass solche Massnahmen, obgleich sie in erster Linie dem Kind die uneingeschränkte Ausübung der im Pakt anerkannten Rechte zu gewährleisten haben, auch wirtschaftlicher, sozialer oder kultureller Natur sein können. Beispielsweise sollten im wirtschaftlichen und sozialen Bereich alle möglichen Massnahmen getroffen werden, um die Kindersterblichkeit herabzusetzen, um die Unterernährung der Kinder auszumerzen und um zu vermeiden, dass diese Opfer von Gewalttaten oder grausamen und unmenschlichen Behandlungen werden oder dass man sie ausbeutet, indem sie zu Zwangsarbeit oder Prostitution gezwungen oder für den illegalen Drogenhandel benutzt werden, oder auf irgendeine andere Weise. Im kulturellen Bereich muss alles unternommen werden, um die Entfaltung der Persönlichkeit des Kindes zu fördern und ihm einen Bildungsstand zu gewährleisten, welcher ihm die Ausübung der im

Pakt anerkannten Rechte, insbesondere der Meinungs- und Meinungsäusserungsfreiheit, ermöglicht. Zudem lenkt der Ausschuss die Aufmerksamkeit der Vertragsstaaten auf die Notwendigkeit, in ihre Berichte Angaben über die getroffenen Massnahmen einzubeziehen, die gewährleisten sollen, dass kein Kind direkt an einem bewaffneten Konflikt teilnimmt.

4. Jedes Kind hat aufgrund seiner Minderjährigkeit Anspruch auf besondere Schutzmassnahmen. Das Alter, in welchem ein Kind volljährig wird, ist im Pakt nicht angegeben, und es obliegt jedem Vertragsstaat, dieses unter Berücksichtigung der sozialen und kulturellen Gegebenheiten festzusetzen. Diesbezüglich sollten die Staaten in ihren Berichten das Alter angeben, ab welchem ein Kind zivilrechtlich volljährig und strafrechtlich verantwortlich wird. Die Staaten sollten zudem das Alter angeben, ab welchem das Kind rechtmässig arbeiten darf und ab welchem es im Bereich des Arbeitsrechts dem Erwachsenen gleichgestellt wird. Zudem sollten die Staaten das Alter angeben, ab welchem das Kind im Sinne des Art. 10 Abs. 2 und 3 als erwachsen behandelt wird. Der Ausschuss hält allerdings fest, dass das Volljährigkeitsalter nicht zu tief angesetzt werden sollte und dass sich der Vertragsstaat in keinem Fall seiner Verpflichtungen aufgrund des Paktes bezüglich der Jugendlichen unter 18 Jahren entziehen kann, auch wenn diese gemäss dem innerstaatlichen Recht die Volljährigkeit schon erlangt haben.

5. Der Pakt bestimmt, dass das Kind vor Diskriminierung jeder Art geschützt werden muss, so wegen Rasse, Hautfarbe, Geschlecht, Sprache, Religion, nationaler oder sozialer Herkunft, Vermögen oder Geburt. Der Ausschuss weist diesbezüglich darauf hin, dass sich zwar das Diskriminierungsverbot gegenüber Kindern für die Gesamtheit der im Pakt vorgesehenen Rechte aus Art. 2 und für die Gleichheit vor dem Gesetz aus Art. 26 ableitet, dass jedoch das Diskriminierungsverbot in Art. 24 im besonderen die Schutzmassnahmen für das Kind betrifft, welche in dieser Bestimmung vorgesehen sind. Die Staaten sollten in ihren Berichten angeben, wie ihre Gesetzgebung und Praxis gewährleisten, dass die Schutzmassnahmen darauf hinzielen, jede Diskriminierung in allen Bereichen, einschliesslich des Erbrechtes, und insbesondere jede Diskriminierung zwischen Kindern, welche Staatsbürger sind, und ausländischen Kindern sowie zwischen ehelichen und ausserehelichen Kindern abzuschaffen.

6. Die Verpflichtung, dem Kind den erforderlichen Schutz zu gewährleisten, obliegt der Familie, der Gesellschaft und dem Staat. Obgleich der Pakt nicht angibt, wie diese Verpflichtung aufgeteilt werden muss, obliegt es in erster Linie der Familie im weiten Sinne, welche alle Personen umfasst, die nach der Gesellschaftsordnung des Staates dazu gehören, und ganz besonders den Eltern, die Voraussetzungen zu schaffen, welche die harmonische Entfaltung der Persönlichkeit des Kindes fördern und ihm den Genuss aller im Pakt vorgesehenen Rechte ermöglichen. Da es allerdings häufig vorkommt, dass Vater und Mutter

eine Berufstätigkeit ausser Haus ausüben, sollten die Vertragsstaaten in ihren Berichten präzisieren, wie die Gesellschaft, ihre Institutionen und der Staat ihre Verantwortung wahrnehmen und der Familie helfen, den Schutz des Kindes zu gewährleisten. In denjenigen Fällen andererseits, in welchen die Eltern und die Familie ihre Pflichten schwerwiegend versäumen, das Kind misshandeln und vernachlässigen, muss der Staat einschreiten, um die elterliche Gewalt zu beschränken, und das Kind kann, wenn die Umstände dies erfordern, von seinen Eltern getrennt werden. Im Falle der Ehescheidung müssen Vorkehrungen getroffen werden, in deren Rahmen das Interesse des Kindes von vorrangiger Bedeutung ist, um diesem den erforderlichen Schutz zu gewährleisten und ihm zudem soweit wie möglich den persönlichen Kontakt zu beiden Elternteilen zu garantieren. Der Ausschuss ist der Ansicht, dass es nützlich wäre, wenn die Staaten in ihren Berichten Angaben machen über die Massnahmen, welche speziell angenommen wurden, um verlassene oder von ihren Familien getrennte Kinder zu schützen und ihnen zu ermöglichen, sich unter Bedingungen zu entwickeln, welche dem Leben in der Familie entsprechen.

7. Art. 24 Abs. 2 garantiert, dass jedes Kind unverzüglich nach seiner Geburt in ein Register eingetragen werden und einen Namen erhalten muss. Nach Ansicht des Ausschusses muss diese Bestimmung in enger Verbindung mit derjenigen ausgelegt werden, welche bestimmt, dass das Kind das Recht auf besondere Schutzmassnahmen hat, und sie bezweckt die Anerkennung seiner Rechtspersönlichkeit. Es ist besonders wichtig, das Recht auf einen Namen im Falle der ausserehelich geborenen Kinder zu gewährleisten. Die Verpflichtung, das Kind nach seiner Geburt in ein Register einzutragen, wurde hauptsächlich geschaffen, um die Gefahr der Entführung, des Verkaufs oder des Kinderhandels oder anderer gegen die im Pakt vorgesehenen Rechte verstossende Behandlungen zu verringern. Die Vertragsstaaten sollten in ihren Berichten die Massnahmen genau angeben, welche getroffen wurden, damit die in ihrem Hoheitsgebiet geborenen Kinder bei der Geburt in ein Register eingetragen werden.

8. Zudem muss im Rahmen des dem Kind zu gewährleistenden Schutzes eine besondere Aufmerksamkeit auf das in Art. 24 Abs. 3 vorgesehene Recht des Kindes auf den Erwerb einer Staatsangehörigkeit gerichtet werden. Diese Bestimmung, welche verhindern soll, dass ein Kind durch die Gesellschaft und den Staat weniger geschützt wird, wenn es staatenlos ist, verlangt jedoch von den Vertragsstaaten nicht, dass sie unter allen Umständen jedem in ihrem Hoheitsgebiet geborenen Kind ihre Staatsangehörigkeit geben müssen. Die Staaten sind jedoch gehalten, auf der innerstaatlichen Ebene und in Zusammenarbeit mit den anderen Staaten alle geeigneten Massnahmen zu ergreifen, damit jedes Kind bei seiner Geburt eine Staatsangehörigkeit besitzt. Sie sollten in der innerstaatlichen Gesetzgebung im Bereich des Erwerbs der Staatsangehörigkeit keine Diskriminierung dulden, welche zwischen ehelich und ausserehelich geborenen Kindern

oder Kindern von staatenlosen Eltern unterscheidet oder welche auf der Staatsangehörigkeit der Eltern oder eines Elternteils beruht. Die vorgelegten Berichte sollten immer die Massnahmen erwähnen, welche angenommen wurden, um den Kindern eine Staatsangehörigkeit zu gewährleisten.

r) Art. 25: Politische Rechte: Allgemeine Bemerkung 25 [57] (1996)

1. Art. 25 des Paktes anerkennt und schützt das Recht jedes Staatsbürgers, an der Gestaltung der öffentlichen Angelegenheiten teilzunehmen, das Recht zu wählen und gewählt zu werden sowie das Recht auf Zugang zu öffentlichen Ämtern. Unabhängig von der Verfassungs- oder Regierungsform verlangt der Pakt von den Staaten die Ergreifung jener gesetzgeberischen und anderen Massnahmen, welche notwendig sind, damit die Bürger eine tatsächliche Möglichkeit haben, die von ihm geschützten Rechte wahrzunehmen. Art. 25 stellt das Kernstück einer demokratischen Regierungsform dar, die auf der Zustimmung des Volkes beruht und mit den Grundsätzen des Paktes übereinstimmt.

2. Die den Staatsbürgern in Art. 25 eingeräumten Rechte hängen mit dem Recht der Völker auf Selbstbestimmung zusammen, sind jedoch davon verschieden. Das in Art. 1 Abs. 1 enthaltene Recht auf Selbstbestimmung und freie Entscheidung über den politischen Status wird den Völkern als solchen eingeräumt. Demgegenüber befasst sich Art. 25 mit dem Recht der einzelnen Staatsbürger, an den Verfahren der Gestaltung der öffentlichen Angelegenheiten teilzunehmen. Als Individualrechte können diese Rechte im Rahmen des ersten Fakultativprotokolls geltend gemacht werden.

3. Im Gegensatz zu anderen im Pakt anerkannten Rechten und Freiheiten (welche allen sich auf dem Gebiet eines Staates befindlichen und seiner Herrschaftsgewalt unterstehenden Personen gewährleistet sind) schützt Art. 25 die Rechte «jedes Staatsbürgers». Die Staaten sollten in ihren Berichten diejenigen gesetzlichen Bestimmungen umreissen, welche die Staatsbürgerschaft in bezug auf die in Art. 25 geschützten Rechte definieren. Jeder Staatsbürger muss ohne Unterschied wie insbesondere der Rasse, der Hautfarbe, des Geschlechts, der Sprache, der Religion, der politischen oder sonstigen Anschauung, der nationalen oder sozialen Herkunft, des Vermögens, der Geburt oder des sonstigen Status in den Genuss dieser Rechte kommen. Unterscheidungen zwischen Staatsbürgern, welche die Staatsbürgerschaft durch Geburt, und solchen, welche sie durch Einbürgerung erhalten haben, sind grundsätzlich mit Art. 25 unvereinbar. In ihren Berichten sollten die Staaten angeben, ob Gruppen existieren, wie zum Beispiel dauernd Niedergelassene, welche diese Rechte nur in beschränktem Umfang geniessen, indem sie beispielsweise das Recht haben, an lokalen Wahlen teilzunehmen oder gewisse öffentliche Stellen zu besetzen.

4. Alle Bedingungen, die sich auf die Wahrnehmung der in Art. 25 garantierten Rechte beziehen, sollten auf objektiven und sachgerechten Kriterien beruhen. So mag es beispielsweise sachgerecht sein, ein höheres Mindestalter für die Wählbarkeit oder für die Ernennung in gewisse öffentliche Ämter zu verlangen als für die Ausübung des Wahlrechts, das allen erwachsenen Staatsbürgern zukommen sollte. Die Ausübung dieser Rechte durch Staatsbürger darf nur aus gesetzlich vorgesehenen sowie objektiven und sachgerechten Gründen ausgesetzt oder ausgeschlossen werden. So kann es beispielsweise gerechtfertigt sein, das Wahlrecht oder das Recht, ein öffentliches Amt zu bekleiden, einer Person zu verweigern, deren Unzurechnungsfähigkeit feststeht.

5. Die in lit. a genannte Gestaltung der öffentlichen Angelegenheiten ist ein weiter Begriff, welcher sich auf die Ausübung politischer und insbesondere legislativer, exekutiver und administrativer Macht bezieht. Er umfasst sowohl sämtliche Aspekte der öffentlichen Verwaltung als auch die Formulierung und Umsetzung politischer Grundsätze auf internationaler, nationaler, regionaler und lokaler Ebene. Die Zuweisung der Befugnisse sowie die Art und Weise, in welcher die einzelnen Staatsbürger das in Art. 25 enthaltene Recht auf Teilnahme an der Gestaltung der öffentlichen Angelegenheiten wahrnehmen, sollte durch Verfassung und andere Gesetze bestimmt werden.

6. Staatsbürger nehmen unmittelbar an der Gestaltung der öffentlichen Angelegenheiten teil, wenn sie als Mitglieder gesetzgeberischer Organe oder als Inhaber exekutiver Ämter Macht ausüben. Dieses Recht auf unmittelbare Teilnahme wird durch lit. b unterstützt. Staatsbürger nehmen ferner unmittelbar an der Gestaltung der öffentlichen Angelegenheiten teil, wenn sie mittels eines Referendums oder eines anderen Wahlverfahrens nach lit. b die Verfassung annehmen oder ändern oder über öffentliche Fragen entscheiden. Staatsbürger können durch die Teilnahme an Volksversammlungen, welche die Befugnis haben, über lokale Angelegenheiten oder über Angelegenheiten einer bestimmten Gemeinschaft zu entscheiden, oder durch ihre Beteiligung in Gremien, welche zur Vertretung der Staatsbürger in Verhandlungen mit der Regierung geschaffen wurden, unmittelbar teilnehmen. Wo eine direkte Teilnahme der Staatsbürger geschaffen wurde, sollten zwischen diesen in bezug auf die Teilnahme keine Unterscheidung nach den in Art. 2 Abs. 1 genannten Merkmalen gemacht und keine unsachlichen Einschränkungen auferlegt werden.

7. Wenn Staatsbürger an der Gestaltung der öffentlichen Angelegenheiten durch frei gewählte Vertreter teilnehmen, ergibt sich stillschweigend aus Art. 25, dass diese Vertreter Regierungsmacht ausüben und durch das Wahlverfahren den Stimmbürgern gegenüber für die Art und Weise der Ausübung dieser Macht verantwortlich sind. Es ergibt sich ferner, dass die Vertreter nur diejenigen Befugnisse ausüben, welche ihnen nach den Verfassungsbestimmungen zukom-

men. Die Teilnahme durch frei gewählte Vertreter erfolgt durch Wahlverfahren, welche durch mit lit. b vereinbare Gesetze geschaffen werden müssen.

8. Staatsbürger nehmen ferner an der Gestaltung der öffentlichen Angelegenheiten teil durch Einflussnahme mittels öffentlicher Diskussionen und Dialog mit ihren Vertretern oder durch ihre Befugnis, sich zu organisieren. Diese Art der Teilnahme wird durch die Garantie der Meinungsäusserungsfreiheit, der Versammlungsfreiheit sowie der Vereinigungsfreiheit unterstützt.

9. Art. 25 lit. b stellt besondere Bestimmungen über das Recht der Staatsbürger auf Teilnahme an der Gestaltung der öffentlichen Angelegenheit als Wähler oder als Wahlkandidaten auf. Echte, wiederkehrende Wahlen sind unerlässlich, um sicherzustellen, dass die Vertreter den Staatsbürgern gegenüber für die Art und Weise, wie sie die ihnen übertragenen gesetzgeberischen oder ausführenden Befugnisse ausüben, verantwortlich sind. Solche Wahlen müssen in zeitlichen Abständen abgehalten werden, welche nicht übermässig gross sind und die sicherstellen, dass die Regierungsbefugnisse weiterhin auf der freien Äusserung des Wählerwillens beruhen. Die in lit. b vorgesehenen Rechte und Pflichten sollten gesetzlich garantiert sein.

10. Das Recht, an Wahlen und Referenden teilzunehmen, muss gesetzlich vorgesehen sein und darf nur sachgerechten Einschränkungen unterliegen, wie beispielsweise die Festsetzung eines Mindestalters zur Ausübung des Wahlrechts. Es ist nicht sachgerecht, das Wahlrecht aufgrund einer körperlichen Behinderung auszuschliessen oder Kriterien wie Alphabetisierung, Schulbildung oder Vermögen vorauszusetzen. Die Mitgliedschaft in einer Partei sollte weder eine Voraussetzung noch ein Ausschlussgrund für die Ausübung des Wahlrechts darstellen.

11. Die Vertragsstaaten müssen wirksame Massnahmen treffen, um sicherzustellen, dass alle Personen, welche wahlberechtigt sind, dieses Recht wahrnehmen können. Wo die Registrierung der Wähler verlangt wird, sollte diese erleichtert werden, und Hindernisse sollten solcher Registrierung nicht in den Weg gelegt werden. Wenn für die Registrierung Anforderungen an den Wohnsitz gestellt werden, so müssen diese sachgerecht sein und sollten nicht dergestalt sein, dass Obdachlose vom Wahlrecht ausgeschlossen werden. Jeglicher missbräuchliche Eingriff in die Registrierung oder Stimmabgabe wie auch die Einschüchterung oder Nötigung von Wählern sollten strafrechtlich verboten werden, und diese Gesetze sollten strikte durchgesetzt werden. Aufklärungs- und Registrierungskampagnen sind nötig, um die wirksame Ausübung der in Art. 25 vorgesehenen Rechte durch eine informierte Gemeinschaft sicherzustellen.

12. Meinungsäusserungs-, Versammlungs- und Vereinigungsfreiheit sind notwendige Voraussetzungen zur wirksamen Ausübung des Wahlrechts und müssen vollumfänglich geschützt werden. Positive Massnahmen sollten ergrif-

fen werden, um die Verhinderung der wirksamen Ausübung des Wahlrechts durch Hindernisse wie Analphabetismus, Sprachbarrieren, Armut oder Einschränkungen der Bewegungsfreiheit zu überwinden. Die Wahl betreffende Informationen und Unterlagen sollten in Minderheitensprachen verfügbar sein. Besondere Methoden, wie beispielsweise Photographien oder Symbole, sollten verwendet werden, um sicherzustellen, dass analphabetische Wähler über angemessene Informationen verfügen, auf deren Grundlage sie ihre Wahl treffen können. In ihren Berichten sollten die Vertragsstaaten angeben, in welcher Art und Weise die in dieser Ziffer dargestellten Hindernisse angegangen werden.

13. In ihren Berichten sollten die Vertragsstaaten diejenigen Bestimmungen, welche auf die Ausübung des Wahlrechts anwendbar sind, sowie deren Anwendung in der vom Bericht abgedeckten Periode beschreiben. Die Staatenberichte sollten ferner diejenigen Faktoren, welche die Staatsbürger an der Ausübung ihres Wahlrechts hindern, sowie die zur Überwindung dieser Faktoren ergriffenen Massnahmen darstellen.

14. Die Vertragsstaaten sollten in ihren Berichten diejenigen gesetzlichen Bestimmungen, nach welchen Staatsbürgern das Wahlrecht entzogen würde, angeben und erklären. Die Gründe für einen solchen Entzug sollten objektiv und sachgerecht sein. Falls die Verurteilung wegen der Begehung eines Deliktes einen Grund für die Aussetzung des Wahlrechtes darstellt, so sollte die Dauer dieser Aussetzung zum Delikt und zur Strafe verhältnismässig sein. Personen, denen ihre Freiheit entzogen wurde, die aber nicht verurteilt worden sind, sollten nicht vom Wahlrecht ausgeschlossen werden.

15. Die wirkungsvolle Umsetzung des Rechts und der Möglichkeit, sich als Kandidat für die Wahl in ein Amt aufstellen zu lassen, sichert den wahlberechtigten Personen die freie Wahl unter den Kandidaten. Jede Beschränkung des Rechts, sich als Kandidat aufstellen zu lassen, wie etwa ein Mindestalter, sollte auf objektiven und sachgerechten Kriterien beruhen. Personen, welche unter allen anderen Gesichtspunkten wählbar wären, sollten nicht aus unsachlichen oder diskriminatorischen Gründen, beispielsweise wegen der Schulbildung, des Wohnortes, der Herkunft oder der politischen Zugehörigkeit, von der Möglichkeit, gewählt zu werden, ausgeschlossen werden. Niemand sollte wegen seiner Kandidatur in irgendeiner Weise diskriminiert oder benachteiligt werden. Die Vertragsstaaten sollten diejenigen gesetzlichen Bestimmungen aufzeigen und erläutern, welche eine bestimmte Gruppe oder Kategorie von Personen von der Möglichkeit, gewählt zu werden, ausschliessen.

16. Bedingungen hinsichtlich des Zeitpunktes der Anmeldung der Kandidatur, der Gebühren und Sicherheiten sollten sachgerecht und nicht diskriminatorisch sein. Bestehen sachliche Gründe, gewisse Ämter als unvereinbar mit anderen Positionen (beispielsweise Personen mit richterlichen Aufgaben, hohe

Offiziere, Beamte) zu betrachten, so sollten die Massnahmen zur Verhinderung von Interessenkonflikten die durch lit. b geschützten Rechte nicht unnötig beschneiden. Die Gründe für die Entlassung von Funktionsträgern, die in ein Amt gewählt wurden, sollten in Gesetzen festgelegt sein, welche auf objektiven und sachgerechten Kriterien beruhen und ein faires Verfahren vorsehen.

17. Das Recht, sich zur Wahl zu stellen, sollte nicht in unsachlicher Weise beschränkt werden durch das Erfordernis, dass Kandidaten Parteien oder einer bestimmten Partei angehören müssen. Wird von einem Kandidaten verlangt, eine Mindestzahl von Personen, welche seine Aufstellung unterstützen, vorzuweisen, dann sollte dieses Erfordernis sachgerecht sein und nicht der Verhinderung der Kandidatur dienen. Art. 5 Abs. 1 des Paktes vorbehalten, darf die politische Meinung nicht als Begründung dienen, um einer Person das Recht zu nehmen, sich zur Wahl zu stellen.

18. In ihren Berichten sollten die Vertragsstaaten die gesetzlichen Bestimmungen angeben, in denen die Voraussetzungen festgehalten sind, die erfüllt sein müssen, um ein öffentliches Amt bekleiden zu können, sowie alle Beschränkungen und Voraussetzungen nennen, welche für besondere Ämter gelten. Sie sollten die Wählbarkeitsvoraussetzungen, etwa Altersgrenzen, und alle anderen Bedingungen und Einschränkungen nennen. Sie sollten auch Auskunft darüber geben, ob Einschränkungen bestehen, welche Personen, die im öffentlichen Dienst stehen (einschliesslich der Polizei und der Armee), daran hindern, in bestimmte öffentliche Ämter gewählt zu werden. Die rechtlichen Voraussetzungen und das Verfahren der Entlassung von Funktionsträgern, die in ein öffentliches Amt gewählt wurden, sollten dargelegt werden.

19. Gemäss lit. b sollten periodisch faire und freie Wahlen im Rahmen von Gesetzen, die eine wirkungsvolle Ausübung der Wahlrechte garantieren, durchgeführt werden. Die Wahlberechtigten sollten frei sein, jeden Kandidaten zu wählen und für oder gegen jeden einem Referendum oder einer Volksbefragung unterstellten Vorschlag zu stimmen, und sie sollten frei sein, für oder gegen die Regierung Stellung zu beziehen, ohne dabei unzulässigen Beeinflussungen oder irgendeiner Art von Zwang ausgesetzt zu sein, welche die freie Kundgabe des Wählerwillens verfälschen oder behindern könnten. Wähler sollten ihre Meinung unabhängig bilden können, ohne Gewalt oder Gewaltandrohung, Zwang, Versprechen von Vergünstigungen oder anderen manipulativen Massnahmen ausgesetzt zu sein. Eine sachgerechte Beschränkung der Mittel, die für Wahlkampagnen aufgewendet werden dürfen, kann angebracht sein, falls dies notwendig ist, um sicherzustellen, dass die freie Auswahl der Wähler nicht beeinträchtigt wird oder dass der demokratische Prozess nicht durch unverhältnismässige Aufwendungen zugunsten eines Kandidaten oder einer Partei verfälscht wird. Die Ergebnisse regulärer Wahlen sollten respektiert und umgesetzt werden.

20. Es sollte eine unabhängige Wahlbehörde geschaffen werden, um das Wahlverfahren zu überwachen und sicherzustellen, dass es fair, unparteiisch und in Übereinstimmung mit den geltenden, dem Pakt entsprechen Gesetzen durchgeführt wird. Die Staaten sollten Massnahmen treffen, um das Wahlgeheimnis zu gewährleisten, auch im Fall schriftlicher oder vertretungsweiser Stimmabgabe, sofern diese Möglichkeiten bestehen. Das setzt voraus, dass die Wähler vor jeder Form von Zwang oder Nötigung zur Offenlegung ihrer beabsichtigten oder getroffenen Wahl sowie vor jeder ungesetzlichen oder willkürlichen Einmischung in den Wahlvorgang geschützt werden. Der Verzicht auf diese Rechte ist mit Art. 25 des Paktes unvereinbar. Die Sicherheit der Wahlurnen sollte garantiert sein, und die Stimmen sollten in Gegenwart der Kandidaten oder ihrer Vertreter ausgezählt werden. Es sollte eine unabhängige Kontrolle der Wahl und der Auszählung geben und die Möglichkeit bestehen, eine gerichtliche Überprüfung oder ein gleichwertiges Verfahren zu verlangen, damit die Wähler Vertrauen in die Sicherheit der Stimmabgabe und die Auszählung der abgegebenen Stimmen haben können. Die Hilfe für behinderte, blinde oder schreibunkundige Personen sollte unabhängig sein. Die Wähler sollten über diese Garantien vollumfänglich informiert werden.

21. Obwohl der Pakt kein bestimmtes Wahlsystem vorschreibt, sollte jedes von einem Vertragsstaat angewandte Verfahren mit den durch Art. 25 geschützten Rechten vereinbar sein und die freie Äusserung des Wählerwillens tatsächlich garantieren. Der Grundsatz «ein Mensch, eine Stimme» sollte gelten, und im Rahmen des Wahlsystems jedes Staates sollte die Stimme jedes Wählers gleich viel zählen wie diejenige jedes anderen Wählers. Die Einteilung der Wahlkreise und die Methode der Zuteilung der Stimmen sollten die Verteilung der Wähler nicht in eine Richtung beeinflussen, welche zur Benachteiligung einer Gruppe führt, und sie sollten das Recht der Staatsbürger, ihre Vertreter frei zu wählen, weder aufheben noch in unsachlicher Weise beeinträchtigen.

22. In ihren Berichten sollten die Vertragsstaaten diejenigen Massnahmen angeben, die sie getroffen haben, um die Abhaltung wiederkehrender, echter und freier Wahlen zu garantieren, und sie sollten darüber Auskunft geben, wie ihr Wahlsystem die freie Äusserung des Wählerwillens garantiert. Die Berichte sollten das Wahlsystem beschreiben und erläutern, wie die verschiedenen politischen Ansichten der Gemeinschaft in den gewählten Organen vertreten sind. Sie sollten ferner die Gesetze und Verfahren beschreiben, die gewährleisten, dass das Wahlrecht von allen Staatsbürgern tatsächlich frei ausgeübt werden kann, und angeben, wie das Wahlgeheimnis, die Sicherheit und die Gültigkeit des Wahlverfahrens durch das Gesetz garantiert sind. Die konkrete Umsetzung dieser Garantien im Verlauf des durch den Bericht abgedeckten Zeitraums sollte erläutert werden.

23. Art. 25 lit. c befasst sich mit dem Recht und der Möglichkeit der Staatsbürger, unter allgemeinen Gesichtspunkten der Gleichheit Zugang zu öffentlichen Ämtern zu haben. Um den Zugang unter allgemeinen Gesichtspunkten der Gleichheit sicherzustellen, sollten die Kriterien und Verfahren der Ernennung, Beförderung, Entlassung und Abberufung objektiv und sachgerecht sein. Förderungsmassnahmen können in gewissen Fällen, in denen dies angemessen erscheint, ergriffen werden, um sicherzustellen, das alle Staatsbürger in gleicher Weise Zugang zu öffentlichen Ämtern haben. Die Anwendung der Grundsätze der Chancengleichheit und der Berücksichtigung von Verdiensten sowie der Sicherung einer festen Amtszeit gewährleistet, dass Personen, welche öffentliche Ämter bekleiden, frei sind von politischer Einmischung und politischem Druck. Es ist besonders wichtig, darauf zu achten, dass niemand bei der Wahrnehmung seiner Rechte gemäss Art. 25 lit. c auf Grund der in Art. 2 Abs. 1 genannten Gründe diskriminiert wird.

24. In ihren Berichten sollten die Vertragsstaaten die Voraussetzungen für den Zugang zu öffentlichen Ämtern, die möglichen Einschränkungen und die Ernennungs-, Beförderungs-, Entlassungs-, Abberufungs- oder Enthebungsverfahren sowie die Möglichkeiten der gerichtlichen oder sonstigen Überprüfung solcher Verfahren beschreiben. Sie sollten ferner Auskunft darüber geben, wie das Kriterium der Gleichheit des Zugangs gehandhabt wird sowie ob und in welchem Umfang Förderungsmassnahmen ergriffen wurden.

25. Der freie Austausch von Informationen und Anschauungen über öffentliche und politische Fragen zwischen Staatsbürgern, Kandidaten und gewählten Vertretern ist für die uneingeschränkte Ausübung der in Art. 25 garantierten Rechte von entscheidender Bedeutung. Dies bedingt eine freie Presse und andere freie Informationsorgane, welche in der Lage sind, alle politischen Fragen ohne Zensur und Einschränkungen zu kommentieren und die Öffentlichkeit zu informieren. Dies erfordert, dass die in Art. 19, 21 und 22 des Paktes garantierten Rechte vollumfänglich gewährleistet werden, insbesondere die Freiheit, sich einzeln oder im Rahmen politischer Parteien oder anderer Organisationen politisch zu betätigen, die Freiheit, öffentliche Angelegenheiten zu diskutieren, friedlich zu demonstrieren und sich zu versammeln, zu kritisieren und seine Opposition kundzutun, politische Texte zu publizieren, Wahlkampagnen zu führen und politische Anschauungen zu verbreiten.

26. Das Recht auf Vereinigungsfreiheit, einschliesslich des Rechts, Organisationen und Vereinigungen zu gründen, die sich mit politischen und öffentlichen Angelegenheiten befassen, stellt ein ergänzendes wesentliches Element für die durch Art. 25 geschützten Rechte dar. Die politischen Parteien und die Mitgliedschaft in Parteien spielen eine wichtige Rolle bei der Gestaltung der öffentlichen Angelegenheiten und im Wahlverfahren. Die Vertragsstaaten sollten dafür sorgen, dass die politischen Parteien in ihren internen Angelegenheiten die

anwendbaren Bestimmungen des Art. 25 befolgen, um so den Staatsbürgern die Ausübung der Rechte zu gewährleisten, die ihnen in diesem Artikel zuerkannt werden.

27. Aus Art. 5 Abs. 1 ergibt sich, dass alle durch Art. 25 anerkannten und geschützten Rechte nicht so ausgelegt werden dürfen, dass sie ein Recht begründen, Tätigkeiten auszuüben oder Handlungen zu begehen, welche darauf abzielen, die in diesem Pakt anerkannten Rechte und Freiheiten aufzuheben oder über das im Pakt vorgesehene Mass hinaus einzuschränken.

s) Art. 26: Gleichheitsprinzip: Allgemeine Bemerkung 18 [37] (1989)

1. Das Diskriminierungsverbot ist ein grundlegendes und allgemeines Prinzip im Bereich des Schutzes der Menschenrechte, ebenso wie die Gleichheit vor dem Gesetz und der gleiche Schutz durch das Gesetz. Gemäss Art. 2 Abs. 1 des Internationalen Paktes über die bürgerlichen und politischen Rechte sind die Vertragsstaaten gehalten, für alle sich in ihrem Gebiet aufhaltenden oder ihrer Herrschaftsgewalt unterstellten Personen die im Pakt anerkannten Rechte zu achten und zu gewährleisten, ohne Unterscheidung insbesondere wegen der Rasse, der Hautfarbe, des Geschlechts, der Sprache, der Religion, der politischen oder sonstigen Anschauung, der nationalen oder sozialen Herkunft, des Vermögens, der Geburt oder des sonstigen Status. Gemäss Art. 26 sind alle Menschen vor dem Gesetz gleich und haben Anspruch auf den gleichen Schutz durch das Gesetz. Zudem muss das Gesetz jede Diskriminierung verbieten und allen Menschen gegen jede Diskriminierung, insbesondere wegen der Rasse, der Hautfarbe, des Geschlechts, der Sprache, der Religion, der politischen oder sonstigen Anschauung, der nationalen oder sozialen Herkunft, des Vermögens, der Geburt oder des sonstigen Status, gleichen und wirksamen Schutz gewähren.

2. Das Prinzip der Nichtdiskriminierung ist denn auch so grundlegend, dass sich die Vertragsstaaten gemäss Art. 3 verpflichten, die Gleichberechtigung von Mann und Frau bei der Ausübung aller in diesem Pakt festgelegten Rechte sicherzustellen. Auch wenn Art. 4 Abs. 1 die Vertragsstaaten ermächtigt, im Falle eines öffentlichen Notstandes Massnahmen zu ergreifen, die gewisse Verpflichtungen aus diesem Pakt ausser Kraft setzen, sieht der gleiche Absatz unter anderem vor, dass diese Massnahmen keine Diskriminierung allein wegen der Rasse, der Hautfarbe, des Geschlechts, der Sprache, der Religion oder der sozialen Herkunft beinhalten dürfen. Zudem sind die Vertragsstaaten gemäss Art. 20 Abs. 2 verpflichtet, jedes Eintreten für nationalen, rassischen oder religiösen Hass, durch das zu Diskriminierung aufgestachelt wird, durch das Gesetz zu verbieten.

3. Wegen ihres grundlegenden und allgemeinen Charakters werden das Prinzip der Nichtdiskriminierung und die Prinzipien der Gleichheit vor dem Gesetz und des gleichen Schutzes durch das Gesetz bisweilen ausdrücklich in Artikeln über besondere Kategorien von Menschenrechten erwähnt. Art. 14 Abs. 1 sieht vor, dass alle Menschen vor Gericht gleich sind, und Abs. 3 des gleichen Artikels bestimmt, dass jeder wegen einer strafbaren Handlung Angeklagte im Verfahren in gleicher Weise Anspruch auf die in Abs. 3 lit. a–g aufgezählten Mindestgarantien hat. Desgleichen sieht Art. 25 das Recht jedes Staatsbürgers auf die Teilnahme an den öffentlichen Angelegenheiten, ohne Unterscheidung nach den in Art. 2 genannten Merkmalen, vor.

4. Es obliegt den Vertragsstaaten zu entscheiden, welche Massnahmen geeignet sind, um die einschlägigen Bestimmungen umzusetzen. Der Ausschuss wünscht allerdings, über die Natur dieser Massnahmen und ihre Vereinbarkeit mit den Prinzipien des Diskriminierungsverbotes, der Gleichheit vor dem Gesetz und des gleichen Schutzes durch das Gesetz informiert zu werden.

5. Der Ausschuss lenkt die Aufmerksamkeit der Vertragsstaaten auf die Tatsache, dass der Pakt sie bisweilen ausdrücklich auffordert, Massnahmen zu treffen, um die Gleichheit der Rechte der Betroffenen zu garantieren. Er setzt beispielsweise in Art. 23 Abs. 4 fest, dass die Vertragsstaaten durch geeignete Massnahmen sicherzustellen haben, dass die Gleichheit der Rechte und Pflichten der Ehegatten bei der Eheschliessung, während der Ehe und bei Auflösung der Ehe gewährleistet ist. Es kann sich dabei um gesetzgeberische, administrative oder andere Massnahmen handeln; die Vertragsstaaten haben jedoch die positive Verpflichtung, dafür zu sorgen, dass die Ehegatten, wie vom Pakt verlangt, die gleichen Rechte geniessen. Bezüglich der Kinder garantiert Art. 24, dass jedes Kind, ohne Diskriminierung hinsichtlich der Rasse, der Hautfarbe, des Geschlechts, der Sprache, der Religion, der nationalen oder sozialen Herkunft, des Vermögens oder der Geburt das Recht auf diejenigen Schutzmassnahmen durch seine Familie, die Gesellschaft und den Staat hat, die seine Rechtsstellung als Minderjähriger erfordert.

6. Der Ausschuss hält fest, dass der Pakt keine Definition des Ausdrucks «Diskriminierung» enthält, und dass auch nicht angegeben wird, was Diskriminierung darstellt. Allerdings bestimmt Art. 1 des Übereinkommens zur Beseitigung jeder Form der Rassendiskriminierung, dass der Ausdruck «Rassendiskriminierung» jede Unterscheidung, Ausschliessung, Beschränkung oder Bevorzugung aufgrund der Rasse, der Hautfarbe, der Abstammung, des nationalen oder ethnischen Ursprungs bezeichnet, die zum Ziel oder zur Folge haben, dass dadurch ein gleichberechtigtes Anerkennen, Geniessen oder Ausüben von Menschenrechten und Grundfreiheiten im politischen, wirtschaftlichen, sozialen, kulturellen oder jedem sonstigen Bereich des Lebens vereitelt oder beeinträchtigt wird. Desgleichen bestimmt das Übereinkommen zur Beseitigung jeder

Form von Diskriminierung der Frau, dass der Ausdruck «Diskriminierung der Frau» jede mit dem Geschlecht begründete Unterscheidung, Ausschliessung oder Beschränkung bezeichnet, die zur Folge oder zum Ziel hat, dass die auf die Gleichberechtigung von Mann und Frau gegründete Anerkennung, Inanspruchnahme oder Ausübung der Menschenrechte und Grundfreiheiten durch die Frau – ungeachtet ihres Zivilstandes – im politischen, wirtschaftlichen, sozialen, kulturellen, staatsbürgerlichen oder jedem sonstigen Bereich beeinträchtigt oder vereitelt wird.

7. Diese Instrumente betreffen zwar nur einzelne Fälle von Diskriminierung, die auf genau bestimmten Gründen beruhen; der Ausschuss ist jedoch der Auffassung, dass der Ausdruck «Diskriminierung», wie er im Pakt verwendet wird, so verstanden werden muss, dass er sich auf jede Unterscheidung, Ausschliessung, Beschränkung oder Bevorzugung aufgrund insbesondere der Rasse, der Hautfarbe, des Geschlechts, der Sprache, der Religion, der politischen oder sonstigen Anschauungen, der nationalen oder sozialen Herkunft, des Vermögens, der Geburt oder des sonstigen Status' erstreckt, welche die Beeinträchtigung oder Vereitelung der Anerkennung, der Inanspruchnahme oder der Ausübung der Gesamtheit der Menschenrechte und Grundfreiheiten durch alle unter gleichen Bedingungen zur Folge oder zum Ziel haben.

8. Die Inanspruchnahme der Rechte und Freiheiten unter gleichen Bedingungen schliesst jedoch nicht in allen Fällen eine identische Behandlung ein. Diesbezüglich drücken sich die Bestimmungen des Paktes deutlich aus. Nach dem Wortlaut des Art. 6 Abs. 5 beispielsweise darf die Todesstrafe über Jugendliche unter 18 Jahren nicht verhängt und an schwangeren Frauen nicht vollstreckt werden. Laut Art. 10 Abs. 3 müssen jugendliche Straffällige von Erwachsenen getrennt werden. Zudem garantiert Art. 25 gewisse politische Rechte, sieht jedoch auf der Staatsbürgerschaft und dem Alter beruhende Unterscheidungen vor.

9. Die Berichte zahlreicher Vertragsstaaten enthalten Angaben über gesetzgeberische und administrative Massnahmen und Gerichtsentscheide bezüglich der rechtlichen Diskriminierung, machen jedoch sehr häufig keine Angaben über die faktische Diskriminierung. In ihrer Berichterstattung über Art. 2 Abs. 1, Art. 3 und 26 des Paktes zitieren die Vertragsstaaten bezüglich der Gleichheit der Personen im allgemeinen die Bestimmungen ihrer Verfassungen oder ihrer Gleichstellungsgesetze. Diese Angaben sind natürlich nützlich, doch wünscht der Ausschuss zu wissen, ob Probleme im Zusammenhang mit faktischer Diskriminierung bleiben, sei es von seiten der öffentlichen Gewalt oder der Gemeinschaft, sei es durch Individuen oder private Körperschaften. Der Ausschuss möchte über die Gesetzesbestimmungen und Verwaltungsmassnahmen informiert werden, welche die Verringerung oder Beseitigung solcher Diskriminierung bezwecken.

10. Der Ausschuss weist zudem darauf hin, dass die Anwendung des Gleichheitsprinzips bisweilen von seiten des Vertragsstaates die Annahme von Massnahmen zugunsten benachteiligter Gruppen verlangt, die eine Milderung oder Beseitigung der Bedingungen bezwecken, welche die vom Pakt untersagte Diskriminierung begründen oder zu deren Fortbestand beitragen. In Staaten beispielsweise, in welchen die allgemeine Lage einzelner Bevölkerungsgruppen deren Genuss der Menschenrechte verhindert oder beeinträchtigt, muss der Staat besondere Massnahmen treffen, um diese Lage zu verbessern. Solche Massnahmen dürfen in bestimmten Bereichen den betreffenden Gruppen im Vergleich zur übrigen Bevölkerung vorübergehend eine Vorzugsbehandlung zukommen lassen. Solange solche Massnahmen nötig sind, um eine faktische Diskriminierung zu beheben, handelt es sich dabei nämlich um eine im Hinblick auf den Pakt rechtmässige Ungleichbehandlung.

11. Art. 2 Abs. 1 und Art. 26 enthalten beide eine Aufzählung der Diskriminierungsgründe, nämlich die Rasse, die Hautfarbe, das Geschlecht, die Sprache, die Religion, politische oder sonstige Anschauungen, die nationale oder soziale Herkunft, das Vermögen, die Geburt oder der sonstige Status. Der Ausschuss hat festgestellt, dass in einzelnen Verfassungen und Gesetzgebungen nicht alle Diskriminierungsgründe erwähnt werden, welche im Pakt, so in Art. 2 Abs. 1, Gegenstand eines Verbotes sind. Er hält es deshalb für erstrebenswert, dass die Vertragsstaaten ihn wissen lassen, wie solche Unterlassungen zu interpretieren sind.

12. Während nach dem Wortlaut des Art. 2 die vor einer Diskriminierung zu schützenden Rechte auf die in diesem Pakt anerkannten beschränkt sind, enthält Art. 26 keine solche Begrenzung. Dieser Artikel bestimmt nämlich das Prinzip der Gleichheit vor dem Gesetz und des gleichen Schutzes durch das Gesetz und fordert, dass das Gesetz allen Menschen gegen Diskriminierung aus jedem der aufgezählten Gründe gleichen und wirksamen Schutz gewährt. Nach Ansicht des Ausschusses übernimmt Art. 26 nicht einfach die schon in Art. 2 gewährte Garantie, sondern sieht selbst ein autonomes Recht vor. Er untersagt jede rechtliche und faktische Diskriminierung in jedem durch die öffentliche Gewalt geregelten und geschützten Bereich. Art. 26 betrifft deshalb die Verpflichtungen, welche den Vertragsstaaten bezüglich ihrer Gesetzgebung und deren Anwendung obliegen. Wenn somit ein Staat einen Gesetzestext annimmt, muss er gemäss Art. 26 sicherstellen, dass sein Inhalt nicht diskriminierend ist. Mit anderen Worten beschränkt sich die Anwendung des in Art. 26 garantierten Diskrimierungsverbotes nicht auf die im Pakt anerkannten Rechte.

13. Der Ausschuss weist schliesslich darauf hin, dass nicht jede Ungleichbehandlung eine Diskriminierung darstellt, wenn sie sich auf sinnvolle und objektive Kriterien stützt und der verfolgte Zweck im Hinblick auf den Pakt rechtmässig ist.

t) Art. 27: Schutz der Minderheiten: Allgemeine Bemerkung 23 [50] (1994)

1. Art. 27 des Paktes garantiert, dass in Staaten mit ethnischen, religiösen oder sprachlichen Minderheiten Angehörigen solcher Minderheiten das Recht nicht vorenthalten werden darf, gemeinsam mit anderen Angehörigen ihrer Gruppe ihr eigenes kulturelles Leben zu pflegen, ihre eigene Religion zu bekennen und auszuüben oder sich ihrer eigenen Sprache zu bedienen. Der Ausschuss stellt fest, dass dieser Artikel ein Recht garantiert, welches den Angehörigen von Minderheiten gewährt wird und welches sich von allen anderen Rechten unterscheidet oder Rechte ergänzt, die sie in Übereinstimmung mit dem Pakt als Einzelpersonen zusammen mit allen anderen Personen bereits geniessen.

2. In einzelnen dem Ausschuss in Anwendung des Fakultativprotokolls vorgelegten Mitteilungen wurde das in Art. 27 garantierte Recht mit dem in Art. 1 des Paktes garantierten Recht der Völker auf Selbstbestimmung verwechselt. Zudem wurde in den von den Vertragsstaaten gemäss Art. 40 vorgelegten Berichten die den Staaten durch Art. 27 auferlegte Pflicht bisweilen mit der Pflicht von Art. 2 Abs. 1, die im Pakt anerkannten Rechte ohne Unterschiede zu gewährleisten, sowie mit dem in Art. 26 garantierten Recht auf Gleichheit vor dem Gesetz und auf gleichen Schutz durch das Gesetz verwechselt.

3.1. Im Pakt wird ein Unterschied gemacht zwischen dem Recht der Völker auf Selbstbestimmung und den in Art. 27 anerkannten Rechten. Das erste Recht wird als Recht der Völker betrachtet und ist Gegenstand eines anderen Teils des Pakts (Teil I). Das Recht der Völker auf Selbstbestimmung kann nicht aufgrund des Fakultativprotokolls geltend gemacht werden. Art. 27 dagegen verleiht Individuen Rechte und findet sich demzufolge, wie die Artikel über die anderen dem einzelnen verliehenen Individualrechte, im dritten Teil des Paktes und kann Gegenstand einer Mitteilung aufgrund des Fakultativprotokolls sein[1].

3.2. Der Genuss der in Art. 27 garantierten Rechte beeinträchtigt die Souveränität und die territoriale Integrität eines Vertragsstaates nicht. Allerdings kann sich das eine oder andere der in diesem Artikel garantierten Rechte – beispielsweise das Recht auf das eigene kulturelle Leben – in einer Lebensweise ausdrücken, welche eng mit dem Hoheitsgebiet und der Verwendung von dessen

1 Siehe *Documents officiels de l'Assemblée générale, trente-neuvième session, Supplément N° 40* (A/39/40), Anhang VI, Allgemeine Bemerkung Nr. 12 (21) (Art. 1), zudem veröffentlicht im Dokument CCPR/C/21/Rev. 1; ibid., *quarante-cinquième session, Supplément N° 40* (A45/40), Bd. II, Anhang IX, section A, Mitteilung Nr. 167/1984 (*Bernard Ominayak, chef de la bande du lac Lubikon, c. Canada*), am 26. März 1990 angenommene Feststellungen.

Ressourcen zusammenhängt[2]. Dies kann insbesondere für die Mitglieder autochthoner Gemeinschaften, welche eine Minderheit darstellen, zutreffen.

4. Der Pakt unterscheidet zudem zwischen den in Art. 27 garantierten Rechten und den Garantien von Art. 2 Abs. 1 und Art. 26. Der in Art. 2 Abs. 1 garantierte unterschiedslose Genuss der im Pakt anerkannten Rechte kommt allen im Gebiet eines Staates befindlichen oder seiner Herrschaftsgewalt unterstehenden Personen zu, unabhängig davon, ob sie einer Minderheit angehören oder nicht. Zudem garantiert Art. 26 ein besonderes Recht auf Gleichheit vor dem Gesetz, auf gleichen Schutz durch das Gesetz und auf Schutz vor jeglicher Diskriminierung bezüglich der von den Staaten anerkannten Rechte und der von ihnen auferlegten Pflichten. Er regelt die Ausübung aller Rechte, ob sie im Pakt garantiert werden oder nicht, welche der Vertragsstaat gesetzlich allen Personen gewährleistet, die sich in seinem Gebiet befinden oder seiner Herrschaftsgewalt unterstehen, unabhängig davon, ob sie den in Art. 27 erwähnten Minderheiten angehören oder nicht[3]. Einzelne Vertragsstaaten, welche behaupten, keinerlei Unterscheidungen nach Rasse, Sprache oder Religion zu praktizieren, machen zu unrecht geltend, einzig gestützt darauf hätten sie keine Minderheiten.

5.1. Aus dem Wortlaut des Art. 27 geht hervor, dass die Personen, welche geschützt werden, einer Gruppe angehören und eine gemeinsame Kultur, Religion und/oder Sprache haben. Aus dem Wortlaut geht ebenfalls hervor, dass die Einzelpersonen, welche zu schützen sind, nicht unbedingt Staatsbürger des Vertragsstaates sein müssen. Diesbezüglich gelten ebenfalls die sich aus Art. 2 Abs. 1 ergebenden Verpflichtungen; denn in Übereinstimmung mit diesem Artikel müssen die Vertragsstaaten sicherstellen, dass alle im Pakt anerkannten Rechte durch alle in seinem Gebiet befindlichen oder seiner Herrschaftsgewalt unterstehenden Personen ausgeübt werden können, mit Ausnahme der ausdrücklich den Staatsbürgern vorbehaltenen Rechte, wie sie beispielsweise in Art. 25 garantiert werden. Deshalb dürfen die Vertragsstaaten die Ausübung der in Art. 27 garantierten Rechte nicht einzig ihren Staatsbürgern vorbehalten.

5.2. Art. 27 gewährt Personen Rechte, welche Minderheiten angehören, die in einem Vertragsstaat «existieren». Angesichts der Natur und des Umfangs der in diesem Artikel garantierten Rechte ist es nicht gerechtfertigt, das Ausmass der Stetigkeit festzusetzen, welches der Begriff «existiert» nahelegt. Es geht einfach darum, dass den Angehörigen solcher Minderheiten das Recht nicht vorenthalten werden darf, gemeinsam mit anderen Angehörigen ihrer Gruppe

2 Ibid., *quarante-troisième session, Supplément N° 40* (A/43/40), Anhang VII, section G, Mitteilung Nr. 197/1985 (*Kitok c. Suède*), am 27. Juli 1988 angenommene Feststellungen.

3 Ibid., *quarante-deuxième session, Supplément N° 40* (A/42/40), Anhang VIII, section D, Mitteilung Nr. 182/1984 (*F. H. Zwaan-de Vries c. Pays-Bas*), am 9. April 1987 angenommene Feststellungen; ibid., section C, Mitteilung Nr. 180/1984 (*L.G. Danning c. Pays-Bas*), am 9. April 1987 angenommene Feststellungen.

ihr eigenes kulturelles Leben zu pflegen, ihre eigene Religion zu bekennen und auszuüben oder sich ihrer eigenen Sprache zu bedienen. Solche Personen müssen nicht notwendigerweise Bürger oder Einheimische und auch nicht Personen mit ständigem Aufenthalt sein. Wanderarbeit oder Personen auf der Reise in einem Vertragsstaat, welche solche Minderheiten bilden, haben den Anspruch, dass ihnen die Ausübung dieser Rechte nicht vorenthalten wird. Wie alle anderen im Gebiet des Vertragsstaates befindlichen Personen müssen sie zu diesem Zweck die Vereinigungs-, Versammlungs- und Meinungsäusserungsfreiheit normal ausüben können. Die Existenz einer ethnischen, religiösen oder sprachlichen Minderheit in einem Vertragsstaat hängt nicht von einer Entscheidung desselben ab, sondern ergibt sich aufgrund objektiver Kriterien.

5.3. Das Recht der Angehörigen einer sprachlichen Minderheit, sich untereinander, privat oder in der Öffentlichkeit ihrer eigenen Sprache zu bedienen, darf nicht mit anderen im Zusammenhang mit der sprachlichen Äusserung im Pakt garantierten Rechten verwechselt werden. Es muss insbesondere vom in Art. 19 garantierten allgemeinen Recht auf freie Meinungsäusserung unterschieden werden. Dieses wird jedermann unabhängig davon gewährleistet, ob er einer Minderheit angehört oder nicht. Desgleichen muss das in Art. 27 garantierte Recht vom besonderen, in Art. 14 Abs. 3 lit. f garantierten Recht des Angeklagten auf die Beiziehung eines Dolmetschers, wenn der Angeklagte die Verhandlungssprache des Gerichtes nicht versteht oder nicht spricht, unterschieden werden. Art. 14 Abs. 3 lit. f verleiht in keinem anderen Fall den Angeklagten das Recht, in den Gerichtsverhandlungen die Sprache ihrer Wahl zu verwenden oder zu sprechen[4].

6.1. Obgleich Art. 27 negativ formuliert ist, anerkennt er ein «Recht» und verbietet dessen Vorenthaltung. Die Vertragsstaaten sind deshalb gehalten sicherzustellen, dass der Bestand und die Ausübung dieses Rechtes weder verweigert noch verletzt werden. Somit müssen positive Schutzmassnahmen nicht nur gegen Handlungen getroffen werden, die vom Vertragsstaat selbst, durch seine Gesetzgebungs-, Gerichts- oder Verwaltungsbehörden vorgenommen werden, sondern auch gegen Handlungen durch andere im Gebiet des Vertragsstaates befindliche Personen.

6.2. Auch wenn die in Art. 27 garantierten Rechte Individualrechte sind, hängt ihre Achtung dennoch vom Ausmass ab, in welchem die Minderheitsgruppe ihre Kultur, ihre Sprache oder ihre Religion aufrechterhält. Deshalb können bisweilen auch positive Massnahmen der Staaten notwendig werden, um die Identität der Minderheiten und das Recht ihrer Angehörigen zu schützen, ihre

4 Siehe ibid., *quarante-cinquième session, Supplément N° 40* (A/45/40), Bd. II, Anhang X, section A, Mitteilung Nr. 220/1987 (*T.K. c. France*), Entscheid vom 8. November 1989; ibid. section B, Mitteilung Nr. 222/1987 (*M.K. c. France*), Entscheid vom 8. November 1989.

Kultur und Sprache zu bewahren und ihre Religion gemeinsam mit anderen Angehörigen ihrer Gruppe zu praktizieren. Diesbezüglich muss unterstrichen werden, dass solche positiven Massnahmen unter Berücksichtigung der Bestimmungen des Art. 2 Abs. 1 und des Art. 26 des Paktes bezüglich der Behandlung sowohl der verschiedenen Minderheiten unter sich als auch derjenigen der Angehörigen von Minderheiten im Vergleich zur übrigen Bevölkerung getroffen werden müssen. Dienen aber solche Massnahmen dazu, eine Situation zu beseitigen, welche die Ausübung der in Art. 27 garantierten Rechte verhindert oder beeinträchtigt, dürfen die Vertragsstaaten im Einklang mit dem Pakt rechtmässig eine Unterscheidung vornehmen, wenn sie sich dabei auf sinnvolle und objektive Kriterien stützen.

7. Bezüglich der Ausübung der in Art. 27 garantierten kulturellen Rechte weist der Ausschuss darauf hin, dass die Kultur verschiedene Erscheinungsformen hat und sich insbesondere in einer bestimmten Lebensweise in Verbindung mit dem Gebrauch der natürlichen Ressourcen äussern kann; dies gilt insbesondere im Fall autochthoner Bevölkerungsgruppen. Diese Rechte können traditionelle Aktivitäten wie Fischerei oder Jagd und das Leben in gesetzlich geschützten Reservaten betreffen[5] . Die Ausübung dieser Rechte kann positive, gesetzlich vorgeschriebene Schutzmassnahmen sowie Massnahmen erfordern, welche die faktische Mitwirkung der Angehörigen von Minderheitsgruppen an den sie betreffenden Entscheidungen garantieren.

8. Der Ausschuss weist darauf hin, dass keines der in Art. 27 garantierten Rechte in einer Weise und in einem Ausmass rechtmässig ausgeübt werden kann, das mit den anderen Bestimmungen des Paktes nicht in Einklang steht.

9. Der Ausschuss kommt zum Schluss, dass Art. 27 Rechte garantiert, deren Schutz den Vertragsstaaten besondere Verpflichtungen auferlegt. Der Schutz dieser Rechte bezweckt, das Überleben und die ständige Entwicklung der kulturellen, religiösen und sozialen Identität solcher Minderheiten zu gewährleisten und dadurch zur Bereicherung des sozialen Gefüges als Ganzes beizutragen. Deshalb weist der Ausschuss darauf hin, dass diese Rechte als solche zu schützen und nicht mit anderen, gemäss dem Pakt jedem einzelnen übertragenen Individualrechten zu verwechseln sind. Die Vertragsstaaten sind somit verpflichtet sicherzustellen, dass die Ausübung dieser Rechte vollständig garantiert ist, und sie müssen in ihren Berichten die Massnahmen angeben, die sie zu diesem Zweck angenommen haben.

5 Siehe vorne, Anm. 60 und 61, Mitteilung Nr. 167/1984 (*Bernard Ominayak, chef de la bande du lac Lubikon, c. Canada*), am 26. März 1990 angenommene Feststellungen, und Mitteilung Nr. 197/1985 (*Kitok c. Suède*), am 27. Juli 1988 angenommene Feststellungen.

Quatrième partie: Documents en français

Textes des Pactes et des protocoles facultatifs

I. Pacte international relatif aux droits économiques, sociaux et culturels[1]

du 16 décembre 1966

Préambule

Les Etats parties au présent Pacte,

considérant que, conformément aux principes énoncés dans la Charte des Nations Unies, la reconnaissance de la dignité inhérente à tous les membres de la famille humaine et de leurs droits égaux et inaliénables constitue le fondement de la liberté, de la justice et de la paix dans le monde,

reconnaissant que ces droits découlent de la dignité inhérente à la personne humaine,

reconnaissant que, conformément à la Déclaration universelle des droits de l'homme, l'idéal de l'être humain libre, libéré de la crainte et de la misère, ne peut être réalisé que si des conditions permettant à chacun de jouir de ses droits économiques, sociaux et culturels, aussi bien que de ses droits civils et politiques, sont créées,

considérant que la Charte des Nations Unies impose aux Etats l'obligation de promouvoir le respect universel et effectif des droits et des libertés de l'homme,

prenant en considération le fait que l'individu a des devoirs envers autrui et envers la collectivité à laquelle il appartient et est tenu de s'efforcer de promouvoir et de respecter les droits reconnus dans le présent Pacte,

sont convenus des articles suivants:

1 Nations Unies, Recueil des Traités, Vol. 993, p. 13.

Première partie

Article premier. (1) Tous les peuples ont le droit de disposer d'eux-mêmes. En vertu de ce droit, ils déterminent librement leur statut politique et assurent librement leur développement économique, social et culturel.

(2) Pour atteindre leurs fins, tous les peuples peuvent disposer librement de leurs richesses et de leurs ressources naturelles, sans préjudice des obligations qui découlent de la coopération économique internationale, fondée sur le principe de l'intérêt mutuel, et du droit international. En aucun cas, un peuple ne pourra être privé de ses propres moyens de subsistance.

(3) Les Etats parties au présent Pacte, y compris ceux qui ont la responsabilité d'administrer des territoires non autonomes et des territoires sous tutelle, sont tenus de faciliter la réalisation du droit des peuples à disposer d'eux-mêmes, et de respecter ce droit, conformément aux dispositions de la Charte des Nations Unies.

Deuxième partie

Art. 2. (1) Chacun des Etats parties au présent Pacte s'engage à agir, tant par son effort propre que par l'assistance et la coopération internationales, notamment sur les plans économique et technique, au maximum de ses ressources disponibles, en vue d'assurer progressivement le plein exercice des droits reconnus dans le présent Pacte par tous les moyens appropriés, y compris en particulier l'adoption de mesures législatives.

(2) Les Etats parties au présent Pacte s'engagent à garantir que les droits qui y sont énoncés seront exercés sans discrimination aucune fondée sur la race, la couleur, le sexe, la langue, la religion, l'opinion politique ou toute autre opinion, l'origine nationale ou sociale, la fortune, la naissance ou toute autre situation.

(3) Les pays en voie de développement, compte dûment tenu des droits de l'homme et de leur économie nationale, peuvent déterminer dans quelle mesure ils garantiront les droits économiques reconnus dans le présent Pacte à des non-ressortissants.

Art. 3. Les Etats parties au présent Pacte s'engagent à assurer le droit égal qu'ont l'homme et la femme au bénéfice de tous les droits économiques, sociaux et culturels qui sont énumérés dans le présent Pacte.

Art. 4. Les Etats parties au présent Pacte reconnaissent que, dans la jouissance des droits assurés par l'Etat conformément au présent Pacte, l'Etat ne peut soumettre ces droits qu'aux limitations établies par la loi, dans la seule mesure compatible avec la nature de ces droits et exclusivement en vue de favoriser le bien-être général dans une société démocratique.

Art. 5. (1) Aucune disposition du présent Pacte ne peut être interprétée comme impliquant pour un Etat, un groupement ou un individu un droit quelconque de se livrer à une activité ou d'accomplir un acte visant à la destruction des droits ou libertés reconnus dans le présent Pacte ou à des limitations plus amples que celles prévues dans ledit Pacte.

(2) Il ne peut être admis aucune restriction ou dérogation aux droits fondamentaux de l'homme reconnus ou en vigueur dans tout pays en vertu de lois, de conventions, de règlements ou de coutumes, sous prétexte que le présent Pacte ne les reconnaît pas ou les reconnaît à un moindre degré.

Troisième partie

Art. 6. (1) Les Etats parties au présent Pacte reconnaissent le droit au travail, qui comprend le droit qu'a toute personne d'obtenir la possibilité de gagner sa vie par un travail librement choisi ou accepté, et prendront des mesures appropriées pour sauvegarder ce droit.

(2) Les mesures que chacun des Etats parties au présent Pacte prendra en vue d'assurer le plein exercice de ce droit doivent inclure l'orientation et la formation techniques et professionnelles, l'élaboration de programmes, de politiques et de techniques propres à assurer un développement économique, social et culturel constant et un plein emploi productif dans des conditions qui sauvegardent aux individus la jouissance des libertés politiques et économiques fondamentales.

Art. 7. Les Etats parties au présent Pacte reconnaissent le droit qu'a toute personne de jouir de conditions de travail justes et favorables, qui assurent notamment:

a) La rémunération qui procure, au minimum, à tous les travailleurs:

i) Un salaire équitable et une rémunération égale pour un travail de valeur égale sans distinction aucune; en particulier, les femmes doivent avoir la garantie que les conditions de travail qui leur sont accordées ne sont pas inférieures à celles dont bénéficient les hommes et recevoir la même rémunération qu'eux pour un même travail;

ii) Une existence décente pour eux et leur famille conformément aux dispositions du présent Pacte;

b) La sécurité et l'hygiène du travail;

c) La même possibilité pour tous d'être promus, dans leur travail, à la catégorie supérieure appropriée, sans autre considération que la durée des services accomplis et les aptitudes;

d) Le repos, les loisirs, la limitation raisonnable de la durée du travail et les congés payés périodiques, ainsi que la rémunération des jours fériés.

Art. 8. (1) Les Etats parties au présent Pacte s'engagent à assurer:

a) Le droit qu'a toute personne de former avec d'autres des syndicats et de s'affilier au syndicat de son choix, sous la seule réserve des règles fixées par l'organisation intéressée, en vue de favoriser et de protéger ses intérêts économiques et sociaux. L'exercice de ce droit ne peut faire l'objet que des seules restrictions prévues par la loi et qui constituent des mesures nécessaires, dans une société démocratique, dans l'intérêt de la sécurité nationale ou de l'ordre public, ou pour protéger les droits et les libertés d'autrui.

b) Le droit qu'ont les syndicats de former des fédérations ou des confédérations nationales et le droit qu'ont celles-ci de former des organisations syndicales internationales ou de s'y affilier.

c) Le droit qu'ont les syndicats d'exercer librement leur activité, sans limitations autres que celles qui sont prévues par la loi et qui constituent des mesures nécessaires, dans une société démocratique, dans l'intérêt de la sécurité nationale ou de l'ordre public, ou pour protéger les droits et les libertés d'autrui.

d) Le droit de grève, exercé conformément aux lois de chaque pays.

(2) Le présent article n'empêche pas de soumettre à des restrictions légales l'exercice de ces droits par les membres des forces armées, de la police ou de la fonction publique.

(3) Aucune disposition du présent article ne permet aux Etats parties à la Convention de 1948 de l'Organisation internationale du Travail concernant la liberté syndicale et la protection du droit syndical de prendre des mesures législatives portant atteinte – ou d'appliquer la loi de façon à porter atteinte – aux garanties prévues dans ladite convention.

Art. 9. Les Etats parties au présent Pacte reconnaissent le droit de toute personne à la sécurité sociale, y compris les assurances sociales.

Art. 10. Les Etats parties au présent Pacte reconnaissent que:

(1) Une protection et une assistance aussi larges que possible doivent être accordées à la famille, qui est l'élément naturel et fondamental de la société, en particulier pour sa formation et aussi longtemps qu'elle a la responsabilité de l'entretien et de l'éducation d'enfants à charge. Le mariage doit être librement consenti par les futurs époux.

(2) Une protection spéciale doit être accordée aux mères pendant une période de temps raisonnable avant et après la naissance des enfants. Les mères salariées doivent bénéficier, pendant cette même période, d'un congé payé ou d'un congé accompagné de prestations de sécurité sociale adéquates.

(3) Des mesures spéciales de protection et d'assistance doivent être prises en faveur de tous les enfants et adolescents, sans discrimination aucune pour des raisons de filiation ou autres. Les enfants et adolescents doivent être protégés contre l'exploitation économique et sociale. Le fait de les employer à des travaux de nature à compromettre leur moralité ou leur santé, à mettre leur vie en danger ou à nuire à leur développement normal doit être sanctionné par la loi. Les Etats doivent aussi fixer des limites d'âge au-dessous desquelles l'emploi salarié de la main-d'oeuvre enfantine sera interdit et sanctionné par la loi.

Art. 11. (1) Les Etats parties au présent Pacte reconnaissent le droit de toute personne à un niveau de vie suffisant pour elle-même et sa famille, y compris une nourriture, un vêtement et un logement suffisants, ainsi qu'à une amélioration constante de ses conditions d'existence. Les Etats parties prendront des mesures appropriées pour assurer la réalisation de ce droit et ils reconnaissent à cet effet l'importance essentielle d'une coopération internationale librement consentie.

(2) Les Etats parties au présent Pacte reconnaissant le droit fondamental qu'a toute personne d'être à l'abri de la faim, adopteront, individuellement et au moyen de la coopération internationale, les mesures nécessaires, y compris des programmes concrets:

a) Pour améliorer les méthodes de production, de conservation et de distribution des denrées alimentaires par la pleine utilisation des connaissances techniques et scientifiques, par la diffusion de principes d'éducation nutritionnelle et par le développement ou la réforme des régimes agraires de manière à assurer au mieux la mise en valeur et l'utilisation des ressources naturelles;

b) Pour assurer une répartition équitable des ressources alimentaires mondiales par rapport aux besoins, compte tenu des problèmes qui se posent tant aux pays importateurs qu'aux pays exportateurs de denrées alimentaires.

Art. 12. (1) Les Etats parties au présent Pacte reconnaissent le droit qu'a toute personne de jouir du meilleur état de santé physique et mentale qu'elle soit capable d'atteindre.

(2) Les mesures que les Etats parties au présent Pacte prendront en vue d'assurer le plein exercice de ce droit devront comprendre les mesures nécessaires pour assurer:

a) La diminution de la mortinatalité et de la mortalité infantile, ainsi que le développement sain de l'enfant:

b) L'amélioration de tous les aspects de l'hygiène du milieu et de l'hygiène industrielle;

c) La prophylaxie et le traitement des maladies épidémiques, endémiques, professionnelles et autres, ainsi que la lutte contre ces maladies;

d) La création de conditions propres à assurer à tous des services médicaux et une aide médicale en cas de maladie.

Art. 13. (1) Les Etats parties au présent Pacte reconnaissent le droit de toute personne à l'éducation. Ils conviennent que l'éducation doit viser au plein épanouissement de la personnalité humaine et du sens de sa dignité et renforcer le respect des droits de l'homme et des libertés fondamentales. Ils conviennent en outre que l'éducation doit mettre toute personne en mesure de jouer un rôle utile dans une société libre, favoriser la compréhension, la tolérance et l'amitié entre toutes les nations et tous les groupes raciaux, ethniques ou religieux et encourager le développement des activités des Nations Unies pour le maintien de la paix.

(2) Les Etats parties au présent Pacte reconnaissent qu'en vue d'assurer le plein exercice de ce droit:

a) L'enseignement primaire doit être obligatoire et accessible gratuitement à tous;

b) L'enseignement secondaire, sous ses différentes formes, y compris l'enseignement secondaire technique et professionnel, doit être généralisé et rendu accessible à tous par tous les moyens appropriés et notamment par l'instauration progressive de la gratuité;

c) L'enseignement supérieur doit être rendu accessible à tous en pleine égalité, en fonction des capacités de chacun, par tous les moyens appropriés et notamment par l'instauration progressive de la gratuité;

d) L'éducation de base doit être encouragée ou intensifiée, dans toute la mesure possible, pour les personnes qui n'ont pas reçu d'instruction primaire ou qui ne l'ont pas reçue jusqu'à son terme;

e) Il faut poursuivre activement le développement d'un réseau scolaire à tous les échelons, établir un système adéquat de bourses et améliorer de façon continue les conditions matérielles du personnel enseignant.

(3) Les Etats parties au présent Pacte s'engagent à respecter la liberté des parents et, le cas échéant, des tuteurs légaux, de choisir pour leurs enfants des établissements autres que ceux des pouvoirs publics, mais conformes aux normes minimales qui peuvent être prescrites ou approuvées par l'Etat en matière d'éducation, et de faire assurer l'éducation religieuse et morale de leurs enfants conformément à leurs propres convictions.

(4) Aucune disposition du présent article ne doit être interprétée comme portant atteinte à la liberté des individus et des personnes morales de créer et de

diriger des établissements d'enseignement, sous réserve que les principes énoncés au paragraphe 1 du présent article soient observés et que l'éducation donnée dans ces établissements soit conforme aux normes minimales qui peuvent être prescrites par l'Etat.

Art. 14. Tout Etat partie au présent Pacte qui, au moment où il devient partie, n'a pas encore pu assurer dans sa métropole ou dans les territoires placés sous sa juridiction le caractère obligatoire et la gratuité de l'enseignement primaire s'engage à établir et à adopter, dans un délai de deux ans, un plan détaillé des mesures nécessaires pour réaliser progressivement, dans un nombre raisonnable d'années fixé par ce plan, la pleine application du principe de l'enseignement primaire obligatoire et gratuit pour tous.

Art. 15. (1) Les Etats parties au présent Pacte reconnaissent à chacun le droit:

a) de participer à la vie culturelle;

b) de bénéficier du progrès scientifique et de ses applications;

c) de bénéficier de la protection des intérêts moraux et matériels découlant de toute production scientifique, littéraire ou artistique dont il est l'auteur.

(2) Les mesures que les Etats parties au présent Pacte prendront en vue d'assurer le plein exercice de ce droit devront comprendre celles qui sont nécessaires pour assurer le maintien, le développement et la diffusion de la science et de la culture.

(3) Les Etats parties au présent Pacte s'engagent à respecter la liberté indispensable à la recherche scientifique et aux activités créatrices.

(4) Les Etats parties au présent Pacte reconnaissent les bienfaits qui doivent résulter de l'encouragement et du développement de la coopération et des contacts internationaux dans le domaine de la science et de la culture.

Quatrième partie

Art. 16. (1) Les Etats parties au présent Pacte s'engagent à présenter, conformément aux dispositions de la présente partie du Pacte, des rapports sur les mesures qu'ils auront adoptées et sur les progrès accomplis en vue d'assurer le respect des droits reconnus dans le Pacte.

(2) a) Tous les rapports sont adressés au Secrétaire général de l'Organisation des Nations Unies, qui en transmet copie au Conseil économique et social, pour examen, conformément aux dispositions du présent Pacte.

b) Le Secrétaire général de l'Organisation des Nations Unies transmet également aux institutions spécialisées copie des rapports, ou de toutes parties pertinentes des rapports, envoyés par les Etats parties au présent Pacte qui sont également membres desdites institutions spécialisées, pour autant que ces rapports, ou parties de rapports, ont trait à des questions relevant de la compétence desdites institutions aux termes de leurs actes constitutifs respectifs.

Art. 17. (1) Les Etats parties au présent Pacte présentent leurs rapports par étapes, selon un programme qu'établira le Conseil économique et social dans un délai d'un an à compter de la date d'entrée en vigueur du présent Pacte, après avoir consulté les Etats parties et les institutions spécialisées intéressées.

(2) Les rapports peuvent faire connaître les facteurs et les difficultés empêchant ces Etats de s'acquitter pleinement des obligations prévues au présent Pacte.

(3) Dans le cas où des renseignements à ce sujet ont déjà été adressés à l'Organisation des Nations Unies ou à une institution spécialisée par un Etat partie au Pacte, il ne sera pas nécessaire de reproduire lesdits renseignements et une référence précise à ces renseignements suffira.

Art. 18. En vertu des responsabilités qui lui sont conférées par la Charte des Nations Unies dans le domaine des droits de l'homme et des libertés fondamentales, le Conseil économique et social pourra conclure des arrangements avec les institutions spécialisées, en vue de la présentation par celles-ci de rapports relatifs aux progrès accomplis quant à l'observation des dispositions du présent Pacte qui entrent dans le cadre de leurs activités. Ces rapports pourront comprendre des données sur les décisions et recommandations adoptées par les organes compétents des institutions spécialisées au sujet de cette mise en oeuvre.

Art. 19. Le Conseil économique et social peut renvoyer à la Commission des droits de l'homme aux fins d'étude et de recommandations d'ordre général ou pour information, s'il y a lieu, les rapports concernant les droits de l'homme que communiquent les Etats conformément aux articles 16 et 17 et les rapports concernant les droits de l'homme que communiquent les institutions spécialisées conformément à l'article 18.

Art. 20. Les Etats parties au présent Pacte et les institutions spécialisées intéressées peuvent présenter au Conseil économique et social des observations sur toute recommandation d'ordre général faite en vertu de l'article 19 ou sur toute mention d'une recommandation d'ordre général figurant dans un rapport de la Commission des droits de l'homme ou dans tout document mentionné dans ledit rapport.

Art. 21. Le Conseil économique et social peut présenter de temps en temps à l'Assemblée générale des rapports contenant des recommandations de caractère général et un résumé des renseignements reçus des Etats parties au présent Pacte et des institutions spécialisées sur les mesures prises et les progrès accomplis en vue d'assurer le respect général des droits reconnus dans le présent Pacte.

Art. 22. Le Conseil économique et social peut porter à l'attention des autres organes de l'Organisation des Nations Unies, de leurs organes subsidiaires et des institutions spécialisées intéressées qui s'occupent de fournir une assistance technique toute question que soulèvent les rapports mentionnés dans la présente partie du présent Pacte et qui peut aider ces organismes à se prononcer, chacun dans sa propre sphère de compétence, sur l'opportunité de mesures internationales propres à contribuer à la mise en oeuvre effective et progressive du présent Pacte.

Art. 23. Les Etats parties au présent Pacte conviennent que les mesures d'ordre international destinées à assurer la réalisation des droits reconnus dans ledit Pacte comprennent notamment la conclusion de conventions, l'adoption de recommandations, la fourniture d'une assistance technique et l'organisation, en liaison avec les gouvernements intéressés, de réunions régionales et de réunions techniques aux fins de consultations et d'études.

Art. 24. Aucune disposition du présent Pacte ne doit être interprétée comme portant atteinte aux dispositions de la Charte des Nations Unies et des constitutions des institutions spécialisées qui définissent les responsabilités respectives des divers organes de l'Organisation des Nations Unies et des institutions spécialisées en ce qui concerne les questions traitées dans le présent Pacte.

Art. 25. Aucune disposition du présent Pacte ne sera interprétée comme portant atteinte au droit inhérent de tous les peuples à profiter et à user pleinement et librement de leurs richesses et ressources naturelles.

Cinquième partie

Art. 26. (1) Le présent Pacte est ouvert à la signature de tout Etat membre de l'Organisation des Nations Unies ou membre de l'une quelconque de ses institutions spécialisées, de tout Etat partie au Statut de la Cour internationale de Justice, ainsi que tout autre Etat invité par l'Assemblée générale des Nations Unies à devenir partie au présent Pacte.

(2) Le présent Pacte est sujet à ratification et les instruments de ratification seront déposés auprès du Secrétaire général de l'Organisation des Nations Unies.

(3) Le présent Pacte sera ouvert à l'adhésion de tout Etat visé au paragraphe 1 du présent article.

(4) L'adhésion se fera par le dépôt d'un instrument d'adhésion auprès du Secrétaire général de l'Organisation des Nations Unies.

(5) Le Secrétaire général de l'Organisation des Nations Unies informe tous les Etats qui ont signé le présent Pacte ou qui y ont adhéré du dépôt de chaque instrument de ratification ou d'adhésion.

Art. 27. (1) Le présent Pacte entrera en vigueur trois mois après la date du dépôt auprès du Secrétaire général de l'Organisation des Nations Unies du trente-cinquième instrument de ratification ou d'adhésion.

(2) Pour chacun des Etats qui ratifieront le présent Pacte ou y adhéreront après le dépôt du trente-cinquième instrument de ratification ou d'adhésion, ledit Pacte entrera en vigueur trois mois après la date du dépôt par cet Etat de son instrument de ratification ou d'adhésion.

Art. 28. Les dispositions du présent Pacte s'appliquent, sans limitation ni exception aucune, à toutes les unités constitutives des Etats fédératifs.

Art. 29. (1) Tout Etat partie au présent Pacte peut proposer un amendement et en déposer le texte auprès du Secrétaire général de l'Organisation des Nations Unies. Le Secrétaire général transmet alors tous projets d'amendements aux Etats parties au présent Pacte en leur demandant de lui indiquer s'ils désirent voir convoquer une conférence d'Etats parties pour examiner ces projets et les mettre aux voix. Si un tiers au moins des Etats se déclarent en faveur de cette convocation, le Secrétaire général convoque la conférence sous les auspices de l'Organisation des Nations Unies. Tout amendement adopté par la majorité des Etats présents et votants à la conférence est soumis pour approbation à l'Assemblée générale des Nations Unies.

(2) Ces amendements entrent en vigueur lorsqu'ils ont été approuvés par l'Assemblée générale des Nations Unies et acceptés, conformément à leurs règles constitutionnelles respectives, par une majorité des deux tiers des Etats parties au présent Pacte.

(3) Lorsque ces amendements entrent en vigueur, ils sont obligatoires pour les Etats parties qui les ont acceptés, les autres Etats parties restant liés par les dispositions du présent Pacte et par tout amendement antérieur qu'ils ont accepté.

Art. 30. Indépendamment des notifications prévues au paragraphe 5 de l'article 26, le Secrétaire général de l'Organisation des Nations Unies informera tous les Etats visés au paragraphe 1 dudit article:

a) Des signatures apposées au présent Pacte et des instruments de ratification et d'adhésion déposés conformément à l'article 26;

b) De la date à laquelle le présent Pacte entrera en vigueur conformément à l'article 27 et de la date à laquelle entreront en vigueur les amendements prévus à l'article 29.

Art. 31. (1) Le présent Pacte, dont les textes anglais, chinois, espagnol, français et russe font également foi, sera déposé aux archives de l'Organisation des Nations Unies.

(2) Le Secrétaire général de l'Organisation des Nations Unies transmettra une copie certifiée conforme du présent Pacte à tous les Etats visés à l'article 26.

Résolution du Conseil économique et social sur l'application du Pacte international relatif aux droits économiques, sociaux et culturels[2]

Examen de la composition, de l'organisation et des arrangements administratifs du Groupe de travail de session d'experts gouvernementaux chargé d'étudier l'application du Pacte international relatif aux droits économiques, sociaux et culturels.

Le Conseil économique et social,

- Rappelant sa résolution 1988 (LX) du 11 mai 1976, dans laquelle il a noté les responsabilités importantes que le Pacte international relatif aux droits économiques, sociaux et culturels confère au Conseil économique et social, notamment celles qui découlent des articles 21 et 22 du Pacte, et s'est déclaré disposé à s'acquitter de ces responsabilités,
- Rappelant sa décision 1978/10 du 3 mai 1978, par laquelle il a décidé de créer un groupe de travail de session chargé d'étudier l'application du Pacte international relatif aux droits économiques, sociaux et culturels, pour l'assister dans l'examen des rapports présentés par les Etats parties au Pacte conformément à sa résolution 1988 (LX), et fixé la composition du Groupe de travail.

[...]

Décide que:

a) Le Groupe de travail que le Conseil économique et social a établi par sa décision 1978/10 et auquel il a apporté des modifications dans sa décision 1981/158 et dans sa résolution 1982/33 s'appellera désormais «Comité des droits économiques, sociaux et culturels» (ci-après dénommé «le Comité»);

2 Résolution 1985/17 du Conseil économique et social, du 28 mai 1985.

b) Le Comité sera composé de dix-huit membres, qui seront des experts dont la compétence dans le domaine des droits de l'homme est reconnue et qui siégeront à titre individuel; il sera dûment tenu compte d'une répartition géographique équitable et de la représentation des diverses formes de systèmes sociaux et juridiques; à cette fin, quinze sièges seront répartis équitablement entre les groupes régionaux, tandis que les trois autres sièges seront attribués en fonction de l'accroissement du nombre total des Etats parties par groupe régional;

c) Les membres du Comité seront élus par le Conseil, au scrutin secret, sur une liste de candidats désignés par les Etats parties au Pacte international relatif aux droits économiques, sociaux et culturels, dans les conditions suivantes:

i) Les membres du Comité seront élus pour un mandat de quatre ans et pourront être réélus à la fin de leur mandat;

ii) La moitié des membres du Comité sera renouvelée tous les deux ans, compte tenu de la nécessité de maintenir la répartition géographique équitable mentionnée à l'alinéa b) ci-dessus;

iii) Les premières élections auront lieu lors de la première session ordinaire de 1986 du Conseil; immédiatement après les premières élections, le Président du Conseil choisira par tirage au sort le nom des neuf membres dont le mandat viendra à expiration à la fin des deux années.

iv) Le mandat des membres élus au Comité commencera à courir le 1er janvier de l'année suivant leur élection et viendra à expiration le 31 décembre suivant l'élection des membres qui doivent les remplacer au Comité;

v) Les élections ultérieures auront lieu tous les deux ans pendant la première session ordinaire du Conseil;

vi) Quatre mois au moins avant la date de toute élection au Comité, le Secrétaire général invitera par écrit les Etats parties au Pacte à désigner, dans un délai de trois mois, les candidats qu'ils proposent comme membres du Comité; le Secrétaire général dressera la liste des personnes ainsi présentées, en mentionnant les Etats parties qui les ont désignées, et la communiquera au Conseil au plus tard un mois avant la date de chaque élection;

d) Le Comité se réunira chaque année, en alternance à Genève et à New York, pendant une période ne dépassant pas trois semaines et compte tenu du nombre de rapports que le Comité aura à examiner;

e) Les membres du Comité recevront une indemnité correspondant aux frais de voyage et une indemnité de subsistance, qui seront imputées sur les ressources de l'Organisation des Nations Unies;

f) Le Comité présentera au Conseil un rapport sur ses activités, y compris un résumé de son examen des rapports présentés par les Etats parties au Pacte, et fera des suggestions et des recommandations générales fondées sur son examen de ces rapports et des rapports présentés par les institutions spécialisées, afin d'aider le Conseil à s'acquitter de ses responsabilités, notamment celles qui découlent des articles 21 et 22 du Pacte;

g) Le Secrétaire général fera établir des comptes rendus analytiques des débats du Comité, qui seront communiqués au Conseil en même temps que le rapport du Comité; le Secrétaire général veillera également à ce que le Comité dispose du personnel et des installations nécessaires à l'exécution efficace des tâches qui lui incombent, compte tenu de la nécessité d'assurer une publicité suffisante à ses travaux;

h) Les règles et les méthodes de travail établies en vertu de la résolution 1979/43 du Conseil et des autres résolutions et décisions mentionnées dans le préambule de la présente résolution demeureront en vigueur dans la mesure où elles ne sont pas remplacées ou modifiées par la présente résolution;

i) Le Conseil examinera la question de la composition, de l'organisation et des arrangements administratifs du Comité à sa première session ordinaire de 1990, et tous les cinq ans par la suite, compte tenu du principe de la répartition géographique équitable de ses membres.

II. Pacte international relatif aux droits civils et politiques[3]

du 16 décembre 1966

Préambule

Les Etats parties au présent pacte,

considérant que, conformément aux principes énoncés dans la Charte des Nations Unies, la reconnaissance de la dignité inhérente à tous les membres de la famille humaine et de leurs droits égaux et inaliénables constitue le fondement de la liberté, de la justice et de la paix dans le monde,

reconnaissant que ces droits découlent de la dignité inhérente à la personne humaine,

reconnaissant que, conformément à la Déclaration universelle des droits de l'homme, l'idéal de l'être humain libre, jouissant des libertés civiles et politiques et libéré de la crainte et de la misère, ne peut être réalisé que si des conditions permettant à chacun de jouir de ses droits civils et politiques, aussi bien que de ses droits économiques, sociaux et culturels, sont créées,

considérant que la Charte des Nations Unies impose aux Etats l'obligation de promouvoir le respect universel et effectif des droits et des libertés de l'homme,

prenant en considération le fait que l'individu a des devoirs envers autrui et envers la collectivité à laquelle il appartient et est tenu de s'efforcer de promouvoir et de respecter les droits reconnus dans le présent Pacte,

sont convenus des articles suivants:

Première partie

Article premier. (1) Tous les peuples ont le droit de disposer d'eux-mêmes. En vertu de ce droit, ils déterminent librement leur statut politique et assurent librement leur développement économique, social et culturel.

(2) Pour atteindre leurs fins, tous les peuples peuvent disposer librement de leurs richesses et de leurs ressources naturelles, sans préjudice des obligations qui découlent de la coopération économique internationale, fondée sur le principe de l'intérêt mutuel, et du droit international. En aucun cas, un peuple ne pourra être privé de ses propres moyens de subsistance.

3 Nations Unies, Recueil des Traités, Vol. 999, p. 187.

(3) Les Etats parties au présent Pacte, y compris ceux qui ont la responsabilité d'administrer des territoires non autonomes et des territoires sous tutelle, sont tenus de faciliter la réalisation du droit des peuples à disposer d'eux-mêmes, et de respecter ce droit, conformément aux dispositions de la Charte des Nations Unies.

Deuxième partie

Art. 2. (1) Les Etats parties au présent Pacte s'engagent à respecter et à garantir à tous les individus se trouvant sur leur territoire et relevant de leur compétence les droits reconnus dans le présent Pacte, sans distinction aucune, notamment de race, de couleur, de sexe, de langue, de religion, d'opinion politique ou de toute autre opinion, d'origine nationale ou sociale, de fortune, de naissance ou de toute autre situation.

(2) Les Etats parties au présent Pacte s'engagent à prendre, en accord avec leurs procédures constitutionnelles et avec les dispositions du présent Pacte, les arrangements devant permettre l'adoption de telles mesures d'ordre législatif ou autre, propres à donner effet aux droits reconnus dans le présent Pacte qui ne seraient pas déjà en vigueur.

(3) Les Etats parties au présent Pacte s'engagent à:

a) Garantir que toute personne dont les droits et libertés reconnus dans le présent Pacte auront été violés disposera d'un recours utile, alors même que la violation aurait été commise par des personnes agissant dans l'exercice de leurs fonctions officielles;

b) Garantir que l'autorité compétente, judiciaire, administrative ou législative, ou toute autre autorité compétente selon la législation de l'Etat, statuera sur les droits de la personne qui forme le recours et développer les possibilités de recours juridictionnel;

c) Garantir la bonne suite donnée par les autorités compétentes à tout recours qui aura été reconnu justifié.

Art. 3. Les Etats parties au présent Pacte s'engagent à assurer le droit égal des hommes et des femmes de jouir de tous les droits civils et politiques énoncés dans le présent Pacte.

Art. 4. (1) Dans le cas où un danger public exceptionnel menace l'existence de la nation et est proclamé par un acte officiel, les Etats parties au présent Pacte peuvent prendre, dans la stricte mesure où la situation l'exige, des mesures dérogeant aux obligations prévues dans le présent Pacte, sous réserve que ces mesures ne soient pas incompatibles avec les autres obligations que leur impose le droit international et qu'elles n'entraînent pas une discrimination fondée uniquement sur la race, la couleur, le sexe, la langue, la religion ou l'origine sociale.

(2) La disposition précédente n'autorise aucune dérogation aux articles 6, 7, 8 (par. 1 et 2), 11, 15, 16 et 18.

(3) Les Etats parties au présent Pacte qui usent du droit de dérogation doivent, par l'entremise du Secrétaire général de l'Organisation des Nations Unies, signaler aussitôt aux autres Etats parties les dispositions auxquelles ils ont dérogé ainsi que les motifs qui ont provoqué cette dérogation. Une nouvelle communication sera faite par la même entremise, à la date à laquelle ils ont mis fin à ces dérogations.

Art. 5. (1) Aucune disposition du présent Pacte ne peut être interprétée comme impliquant pour un Etat, un groupement ou un individu un droit quelconque de se livrer à une activité ou d'accomplir un acte visant à la destruction des droits et des libertés reconnus dans le présent Pacte ou à des limitations plus amples que celles prévues audit Pacte.

(2) Il ne peut être admis aucune restriction ou dérogation aux droits fondamentaux de l'homme reconnus ou en vigueur dans tout Etat partie au présent Pacte en application de lois, de conventions, de règlements ou de coutumes, sous prétexte que le présent Pacte ne les reconnaît pas ou les reconnaît à un moindre degré.

Troisième partie

Art. 6. (1) Le droit à la vie est inhérent à la personne humaine. Ce droit doit être protégé par la loi. Nul ne peut être arbitrairement privé de la vie.

(2) Dans les pays où la peine de mort n'a pas été abolie, une sentence de mort ne peut être prononcée que pour les crimes les plus graves, conformément à la législation en vigueur au moment où le crime a été commis et qui ne doit pas être en contradiction avec les dispositions du présent Pacte ni avec la Convention pour la prévention et la répression du crime de génocide. Cette peine ne peut être appliquée qu'en vertu d'un jugement définitif rendu par un tribunal compétent.

(3) Lorsque la privation de la vie constitue le crime de génocide, il est entendu qu'aucune disposition du présent article n'autorise un Etat partie au présent Pacte à déroger d'aucune manière à une obligation quelconque assumée en vertu des dispositions de la Convention pour la prévention et la répression du crime de génocide.

(4) Tout condamné à mort a le droit de solliciter la grâce ou la commutation de la peine. L'amnistie, la grâce ou la commutation de la peine de mort peuvent dans tous les cas être accordées.

(5) Une sentence de mort ne peut être imposée pour des crimes commis par des personnes âgées de moins de 18 ans et ne peut être exécutée contre des femmes enceintes.

(6) Aucune disposition du présent article ne peut être invoquée pour retarder ou empêcher l'abolition de la peine capitale par un Etat partie au présent Pacte.

Art. 7. Nul ne sera soumis à la torture ni à des peines ou traitements cruels, inhumains ou dégradants. En particulier, il est interdit de soumettre une personne sans son libre consentement à une expérience médicale ou scientifique.

Art. 8. (1) Nul ne sera tenu en esclavage; l'esclavage et la traite des esclaves, sous toutes leurs formes, sont interdits.

(2) Nul ne sera tenu en servitude.

(3) a) Nul ne sera astreint à accomplir un travail forcé ou obligatoire;

b) L'alinéa a du présent paragraphe ne saurait être interprété comme interdisant, dans les pays où certains crimes peuvent être punis de détention accompagnée de travaux forcés, l'accomplissement d'une peine de travaux forcés, infligée par un tribunal compétent;

c) N'est pas considéré comme «travail forcé ou obligatoire» au sens du présent paragraphe:

> i) Tout travail ou service, non visé à l'alinéa b, normalement requis d'un individu qui est détenu en vertu d'une décision de justice régulière ou qui, ayant fait l'objet d'une telle décision, est libéré conditionnellement;
>
> ii) Tout service de caractère militaire et, dans les pays où l'objection de conscience est admise, tout service national exigé des objecteurs de conscience en vertu de la loi;
>
> iii) Tout service exigé dans les cas de force majeure ou de sinistres qui menacent la vie ou le bien-être de la communauté;
>
> iv) Tout travail ou tout service formant partie des obligations civiques normales.

Art. 9. (1) Tout individu a droit à la liberté et à la sécurité de sa personne. Nul ne peut faire l'objet d'une arrestation ou d'une détention arbitraires. Nul ne peut être privé de sa liberté, si ce n'est pour des motifs et conformément à la procédure prévus par la loi.

(2) Tout individu arrêté sera informé, au moment de son arrestation, des raisons de cette arrestation et recevra notification, dans le plus court délai, de toute accusation portée contre lui.

(3) Tout individu arrêté ou détenu du chef d'une infraction pénale sera traduit dans le plus court délai devant un juge ou une autre autorité habilitée par la loi à exercer des fonctions judiciaires, et devra être jugé dans un délai raisonnable ou libéré. La détention de personnes qui attendent de passer en jugement ne doit pas être de règle, mais la mise en liberté peut être subordonnée à des garanties assurant la comparution de l'intéressé à l'audience, à tous les autres actes de la procédure et, le cas échéant, pour l'exécution du jugement.

(4) Quiconque se trouve privé de sa liberté par arrestation ou détention a le droit d'introduire un recours devant un tribunal afin que celui-ci statue sans délai sur la légalité de sa détention et ordonne sa libération si la détention est illégale.

(5) Tout individu victime d'arrestation ou de détention illégale a droit à réparation.

Art. 10. (1) Toute personne privée de sa liberté est traitée avec humanité et avec le respect de la dignité inhérente à la personne humaine.

(2) a) Les prévenus sont, sauf dans des circonstances exceptionnelles, séparés des condamnés et sont soumis à un régime distinct, approprié à leur condition de personnes non condamnées;

b) Les jeunes prévenus sont séparés des adultes et il est décidé de leur cas aussi rapidement que possible.

(3) Le régime pénitentiaire comporte un traitement des condamnés dont le but essentiel est leur amendement et leur reclassement social. Les jeunes délinquants sont séparés des adultes et soumis à un régime approprié à leur âge et à leur statut légal.

Art. 11. Nul ne peut être emprisonné pour la seule raison qu'il n'est pas en mesure d'exécuter une obligation contractuelle.

Art. 12. (1) Quiconque se trouve légalement sur le territoire d'un Etat a le droit d'y circuler librement et d'y choisir librement sa résidence.

(2) Toute personne est libre de quitter n'importe quel pays, y compris le sien.

(3) Les droits mentionnés ci-dessus ne peuvent être l'objet de restrictions que si celles-ci sont prévues par la loi, nécessaires pour protéger la sécurité nationale, l'ordre public, la santé ou la moralité publiques, ou les droits et libertés d'autrui, et compatibles avec les autres droits reconnus par le présent Pacte.

(4) Nul ne peut être arbitrairement privé du droit d'entrer dans son propre pays.

Art. 13. Un étranger qui se trouve légalement sur le territoire d'un Etat partie au présent Pacte ne peut en être expulsé qu'en exécution d'une décision prise conformément à la loi et, à moins que des raisons impérieuses de sécurité nationale ne s'y opposent, il doit avoir la possibilité de faire valoir les raisons qui militent contre son expulsion et de faire examiner son cas par l'autorité compétente, ou par une ou plusieurs personnes spécialement désignées par ladite autorité, en se faisant représenter à cette fin.

Art. 14. (1) Tous sont égaux devant les tribunaux et les cours de justice. Toute personne a droit à ce que sa cause soit entendue équitablement et publiquement par un tribunal compétent, indépendant et impartial, établi par la loi, qui décidera soit du bien-fondé de toute accusation en matière pénale dirigée contre elle, soit des contestations sur ses droits et obligations de caractère civil. Le huis clos peut être prononcé pendant la totalité ou une partie du procès soit dans l'intérêt des bonnes moeurs, de l'ordre public ou de la sécurité nationale dans une société démocratique, soit lorsque l'intérêt de la vie privée des parties en cause l'exige, soit encore dans la mesure où le tribunal l'estimera absolument nécessaire lorsqu'en raison des circonstances particulières de l'affaire la publicité nuirait aux intérêts de la justice; cependant, tout jugement rendu en matière pénale ou civile sera public, sauf si l'intérêt de mineurs exige qu'il en soit autrement ou si le procès porte sur des différends matrimoniaux ou sur la tutelle des enfants.

(2) Toute personne accusée d'une infraction pénale est présumée innocente jusqu'à ce que sa culpabilité ait été légalement établie.

(3) Toute personne accusée d'une infraction pénale a droit, en pleine égalité, au moins aux garanties suivantes:

a) à être informée, dans le plus court délai, dans une langue qu'elle comprend et de façon détaillée, de la nature et des motifs de l'accusation portée contre elle;

b) à disposer du temps et des facilités nécessaires à la préparation de sa défense et à communiquer avec le conseil de son choix;

c) à être jugée sans retard excessif;

d) à être présente au procès et à se défendre elle-même ou à avoir l'assistance d'un défenseur de son choix; si elle n'a pas de défenseur, à être informée de son droit d'en avoir un, et, chaque fois que l'intérêt de la justice l'exige, à se voir attribuer d'office un défenseur, sans frais, si elle n'a pas les moyens de le rémunérer;

e) à interroger ou faire interroger les témoins à charge et à obtenir la comparution et l'interrogatoire des témoins à décharge dans les mêmes conditions que les témoins à charge;

f) à se faire assister gratuitement d'un interprète si elle ne comprend pas ou ne parle pas la langue employée à l'audience;

g) à ne pas être forcée de témoigner contre elle-même ou de s'avouer coupable.

(4) La procédure applicable aux jeunes gens qui ne sont pas encore majeurs au regard de la loi pénale tiendra compte de leur âge et de l'intérêt que présente leur rééducation.

(5) Toute personne déclarée coupable d'une infraction a le droit de faire examiner par une juridiction supérieure la déclaration de culpabilité et la condamnation, conformément à la loi.

(6) Lorsqu'une condamnation pénale définitive est ultérieurement annulée ou lorsque la grâce est accordée parce qu'un fait nouveau ou nouvellement révélé prouve qu'il s'est produit une erreur judiciaire, la personne qui a subi une peine à raison de cette condamnation sera indemnisée, conformément à la loi, à moins qu'il ne soit prouvé que la non-révélation en temps utile du fait inconnu lui est imputable en tout ou partie.

(7) Nul ne peut être poursuivi ou puni en raison d'une infraction pour laquelle il a déjà été acquitté ou condamné par un jugement définitif conformément à la loi et à la procédure pénale de chaque pays.

Art. 15. (1) Nul ne sera condamné pour des actions ou omissions qui ne constituaient pas un acte délictueux d'après le droit national ou international au moment où elles ont été commises. De même, il ne sera infligé aucune peine plus forte que celle qui était applicable au moment où l'infraction a été commise. Si, postérieurement à cette infraction, la loi prévoit l'application d'une peine plus légère, le délinquant doit en bénéficier.

(2) Rien dans le présent article ne s'oppose au jugement ou à la condamnation de tout individu en raison d'actes ou omissions qui, au moment où ils ont été commis, étaient tenus pour criminels, d'après les principes généraux de droit reconnus par l'ensemble des nations.

Art. 16. Chacun a droit à la reconnaissance en tous lieux de sa personnalité juridique.

Art. 17. (1) Nul ne sera l'objet d'immixtions arbitraires ou illégales dans sa vie privée, sa famille, son domicile ou sa correspondance, ni d'atteintes illégales à son honneur et à sa réputation.

(2) Toute personne a droit à la protection de la loi contre de telles immixtions ou de telles atteintes.

Art. 18. (1) Toute personne a droit à la liberté de pensée, de conscience et de religion; ce droit implique la liberté d'avoir ou d'adopter une religion ou une conviction de son choix, ainsi que la liberté de manifester sa religion ou sa conviction, individuellement ou en commun, tant en public qu'en privé, par le culte et l'accomplissement des rites, les pratiques et l'enseignement.

(2) Nul ne subira de contrainte pouvant porter atteinte à sa liberté d'avoir ou d'adopter une religion ou une conviction de son choix.

(3) La liberté de manifester sa religion ou ses convictions ne peut faire l'objet que des seules restrictions prévues par la loi et qui sont nécessaires à la protection de la sécurité, de l'ordre et de la santé publique, ou de la morale ou des libertés et droits fondamentaux d'autrui.

(4) Les Etats parties au présent Pacte s'engagent à respecter la liberté des parents et, le cas échéant, des tuteurs légaux de faire assurer l'éducation religieuse et morale de leurs enfants conformément à leurs propres convictions.

Art. 19. (1) Nul ne peut être inquiété pour ses opinions.

(2) Toute personne a droit à la liberté d'expression; ce droit comprend la liberté de rechercher, de recevoir et de répandre des informations et des idées de toute espèce, sans considération de frontières, sous une forme orale, écrite, imprimée ou artistique, ou par tout autre moyen de son choix.

(3) L'exercice des libertés prévues au paragraphe 2 du présent article comporte des devoirs spéciaux et des responsabilités spéciales. Il peut en conséquence être soumis à certaines restrictions qui doivent toutefois être expressément fixées par la loi et qui sont nécessaires:

a) au respect des droits ou de la réputation d'autrui;

b) à la sauvegarde de la sécurité nationale, de l'ordre public, de la santé ou de la moralité publiques.

Art. 20. (1) Toute propagande en faveur de la guerre est interdite par la loi.

(2) Tout appel à la haine nationale, raciale ou religieuse qui constitue une incitation à la discrimination, à l'hostilité ou à la violence est interdit par la loi.

Art. 21. Le droit de réunion pacifique est reconnu. L'exercice de ce droit ne peut faire l'objet que des seules restrictions imposées conformément à la loi et qui sont nécessaires dans une société démocratique, dans l'intérêt de la sécurité nationale, de la sûreté publique, de l'ordre public ou pour protéger la santé ou la moralité publiques, ou les droits et les libertés d'autrui.

Art. 22. (1) Toute personne a le droit de s'associer librement avec d'autres, y compris le droit de constituer des syndicats et d'y adhérer pour la protection de ses intérêts.

(2) L'exercice de ce droit ne peut faire l'objet que des seules restrictions prévues par la loi et qui sont nécessaires dans une société démocratique, dans l'intérêt de la sécurité nationale, de la sûreté publique, de l'ordre public, ou pour protéger la santé ou la moralité publiques ou les droits et les libertés d'autrui.

Le présent article n'empêche pas de soumettre à des restrictions légales l'exercice de ce droit par les membres des forces armées et de la police.

(3) Aucune disposition du présent article ne permet aux Etats parties à la Convention de 1948 de l'Organisation internationale du Travail concernant la liberté syndicale et la protection du droit syndical de prendre des mesures législatives portant atteinte – ou d'appliquer la loi de façon à porter atteinte – aux garanties prévues dans ladite convention.

Art. 23. (1) La famille est l'élément naturel et fondamental de la société et a droit à la protection de la société et de l'Etat.

(2) Le droit de se marier et de fonder une famille est reconnu à l'homme et à la femme à partir de l'âge nubile.

(3) Nul mariage ne peut être conclu sans le libre et plein consentement des futurs époux.

(4) Les Etats parties au présent Pacte prendront les mesures appropriées pour assurer l'égalité de droits et de responsabilités des époux au regard du mariage, durant le mariage et lors de sa dissolution. En cas de dissolution, des dispositions seront prises afin d'assurer aux enfants la protection nécessaire.

Art. 24. (1) Tout enfant, sans discrimination aucune fondée sur la race, la couleur, le sexe, la langue, la religion, l'origine nationale ou sociale, la fortune ou la naissance, a droit, de la part de sa famille, de la société et de l'Etat, aux mesures de protection qu'exige sa condition de mineur.

(2) Tout enfant doit être enregistré immédiatement après sa naissance et avoir un nom.

(3) Tout enfant a le droit d'acquérir une nationalité.

Art. 25. Tout citoyen a le droit et la possibilité, sans aucune des discriminations visées à l'article 2 et sans restrictions déraisonnables:

a) De prendre part à la direction des affaires publiques, soit directement, soit par l'intermédiaire de représentants librements choisis;

b) De voter et d'être élu, au cours d'élections périodiques, honnêtes, au suffrage universel et égal et au scrutin secret, assurant l'expression libre de la volonté des électeurs;

c) D'accéder, dans des conditions générales d'égalité, aux fonctions publiques de son pays.

Art. 26. Toutes les personnes sont égales devant la loi et ont droit sans discrimination à une égale protection de la loi. A cet égard, la loi doit interdire toute discrimination et garantir à toutes les personnes une protection égale et efficace contre toute discrimination, notamment de race, de couleur, de sexe, de langue, de religion, d'opinion politique et de toute autre opinion, d'origine nationale ou sociale, de fortune, de naissance ou de toute autre situation.

Art. 27. Dans les Etats où il existe des minorités ethniques, religieuses ou linguistiques, les personnes appartenant à ces minorités ne peuvent être privées du droit d'avoir, en commun avec les autres membres de leur groupe, leur propre vie culturelle, de professer et de pratiquer leur propre religion, ou d'employer leur propre langue.

Quatrième partie

Art. 28. (1) Il est institué un comité des droits de l'homme (ci-après dénommé le Comité dans le présent Pacte). Ce comité est composé de dix-huit membres et a les fonctions définies ci-après.

(2) Le Comité est composé de ressortissants des Etats parties au présent Pacte, qui doivent être des personnalités de haute moralité et possédant une compétence reconnue dans le domaine des droits de l'homme. Il sera tenu compte de l'intérêt que présente la participation aux travaux du Comité de quelques personnes ayant une expérience juridique.

(3) Les membres du Comité son élus et siègent à titre individuel.

Art. 29. (1) Les membres du Comité sont élus au scrutin secret sur une liste de personnes réunissant les conditions prévues à l'article 28, et présentées à cet effet par les Etats parties au présent Pacte.

(2) Chaque Etat partie au présent Pacte peut présenter deux personnes au plus. Ces personnes doivent être des ressortissants de l'Etat qui les présente.

(3) La même personne peut être présentée à nouveau.

Art. 30. (1) La première élection aura lieu au plus tard six mois après la date d'entrée en vigueur du présent Pacte.

(2) Quatre mois au moins avant la date de toute élection au Comité, autre qu'une élection en vue de pourvoir à une vacance déclarée conformément à l'article 34, le Secrétaire général de l'Organisation des Nations Unies invite par écrit les Etats parties au présent Pacte à désigner, dans un délai de trois mois, les candidats qu'ils proposent comme membres du Comité.

(3) Le Secrétaire général de l'Organisation des Nations Unies dresse la liste alphabétique de toutes les personnes ainsi présentées en mentionnant les Etats parties qui les ont présentées et la communique aux Etats parties au présent Pacte au plus tard un mois avant la date de chaque élection.

(4) Les membres du Comité sont élus au cours d'une réunion des Etats parties au présent Pacte convoquée par le Secrétaire général de l'Organisation des Nations Unies au siège de l'Organisation. A cette réunion, où le quorum est constitué par les deux tiers des Etats parties au présent Pacte, sont élus membres du Comité les candidats qui obtiennent le plus grand nombre de voix et la majorité absolue des votes des représentants des Etats parties présents et votants.

Art. 31. (1) Le Comité ne peut comprendre plus d'un ressortissant d'un même Etat.

(2) Pour les élections au Comité, il est tenu compte d'une répartition géographique équitable et de la représentation des diverses formes de civilisation ainsi que des principaux systèmes juridiques.

Art. 32. (1) Les membres du Comité sont élus pour quatre ans. Ils sont rééligibles s'ils sont présentés à nouveau. Toutefois, le mandat de neuf des membres élus lors de la première élection prend fin au bout de deux ans; immédiatement après la première élection, les noms de ces neuf membres sont tirés au sort par le Président de la réunion visée au paragraphe 4 de l'article 30.

(2) A l'expiration du mandat, les élections ont lieu conformément aux dispositions des articles précédents de la présente partie du Pacte.

Art. 33. (1) Si, de l'avis unanime des autres membres, un membre du Comité a cessé de remplir ses fonctions pour toute cause autre qu'une absence de caractère temporaire, le Président du Comité en informe le Secrétaire général de l'Organisation des Nations Unies, qui déclare alors vacant le siège qu'occupait ledit membre.

(2) En cas de décès ou de démission d'un membre du Comité, le Président en informe immédiatement le Secrétaire général de l'Organisation des Nations Unies, qui déclare le siège vacant à compter de la date du décès ou de celle à laquelle la démission prend effet.

Art. 34. (1) Lorsqu'une vacance est déclarée conformément à l'article 33 et si le mandat du membre à remplacer n'expire pas dans les six mois qui suivent la date à laquelle la vacance a été déclarée, le Secrétaire général de l'Organisation des Nations Unies en avise les Etats parties au présent Pacte qui peuvent, dans un délai de deux mois, désigner des candidats conformément aux dispositions de l'article 29 en vue de pourvoir à la vacance.

(2) Le Secrétaire général de l'Organisation des Nations Unies dresse la liste alphabétique des personnes ainsi présentées et la communique aux Etats parties au présent Pacte. L'élection en vue de pourvoir à la vacance a lieu ensuite conformément aux dispositions pertinentes de la présente partie du Pacte.

(3) Tout membre du Comité élu à un siège déclaré vacant conformément à l'article 33 fait partie du Comité jusqu'à la date normale d'expiration du mandat du membre dont le siège est devenu vacant au Comité conformément aux dispositions dudit article.

Art. 35. Les membres du Comité reçoivent, avec l'approbation de l'Assemblée générale des Nations Unies, des émoluments prélevés sur les ressources de l'Organisation des Nations Unies dans les conditions fixées par l'Assemblée générale, eu égard à l'importance des fonctions du Comité.

Art. 36. Le Secrétaire général de l'Organisation des Nations Unies met à la disposition du Comité le personnel et les moyens matériels qui lui sont nécessaires pour s'acquitter efficacement des fonctions qui lui sont confiées en vertu du présent Pacte.

Art. 37. (1) Le Secrétaire général de l'Organisation des Nations Unies convoque les membres du Comité, pour la première réunion, au siège de l'Organisation.

(2) Après sa première réunion, le Comité se réunit à toute occasion prévue par son règlement intérieur.

(3) Les réunions du Comité ont normalement lieu au siège de l'Organisation des Nations Unies ou à l'Office des Nations Unies à Genève.

Art. 38. Tout membre du Comité doit, avant d'entrer en fonctions, prendre en séance publique l'engagement solennel de s'acquitter de ses fonctions en toute impartialité et en toute conscience.

Art. 39. (1) Le Comité élit son bureau pour une période de deux ans. Les membres du bureau sont rééligibles.

(2) Le Comité établit lui-même son règlement intérieur; celui-ci doit, toutefois, contenir entre autres les dispositions suivantes:

a) Le quorum est de douze membres;

b) Les décisions du Comité sont prises à la majorité des membres présents.

Art. 40. (1) Les Etats parties au présent Pacte s'engagent à présenter des rapports sur les mesures qu'ils auront arrêtées et qui donnent effet aux droits reconnus dans le présent Pacte et sur les progrès réalisés dans la jouissance de ces droits:

a) Dans un délai d'un an à compter de l'entrée en vigueur du présent Pacte, pour chaque Etat partie intéressé en ce qui le concerne;

b) Par la suite, chaque fois que le Comité en fera la demande.

(2) Tous les rapports seront adressés au Secrétaire général de l'Organisation des Nations Unies qui les transmettra au Comité pour examen. Les rapports

devront indiquer, le cas échéant, les facteurs et les difficultés qui affectent la mise en oeuvre des dispositions du présent Pacte.

(3) Le Secrétaire général de l'Organisation des Nations Unies peut, après consultation du Comité, communiquer aux institutions spécialisées intéressées copie de toutes parties des rapports pouvant avoir trait à leur domaine de compétence.

(4) Le Comité étudie les rapports présentés par les Etats parties au présent Pacte. Il adresse aux Etats parties ses propres rapports, ainsi que toutes observations générales qu'il jugerait appropriées. Le Comité peut également transmettre au Conseil économique et social ces observations accompagnées de copies des rapports qu'il a reçus d'Etats parties au présent Pacte.

(5) Les Etats parties au présent Pacte peuvent présenter au Comité des commentaires sur toute observation qui serait faite en vertu du paragraphe 4 du présent article.

Art. 41. (1) Tout Etat partie au présent Pacte peut, en vertu du présent article, déclarer à tout moment qu'il reconnaît la compétence du Comité pour recevoir et examiner des communications dans lesquelles un Etat partie prétend qu'un autre Etat partie ne s'acquitte pas de ses obligations au titre du présent Pacte. Les communications présentées en vertu du présent article ne peuvent être reçues et examinées que si elles émanent d'un Etat partie qui a fait une déclaration reconnaissant, en ce qui le concerne, la compétence du Comité. Le Comité ne reçoit aucune communication intéressant un Etat partie qui n'a pas fait une telle déclaration. La procédure ci-après s'applique à l'égard des communications reçues conformément au présent article:

a) Si un Etat partie au présent Pacte estime qu'un autre Etat également partie à ce pacte n'en applique pas les dispositions, il peut appeler, par communication écrite, l'attention de cet Etat sur la question. Dans un délai de trois mois à compter de la réception de la communication, l'Etat destinataire fera tenir à l'Etat qui a adressé la communication des explications ou toutes autres déclarations écrites élucidant la question, qui devront comprendre, dans toute la mesure possible et utile, des indications sur ses règles de procédure et sur les moyens de recours soit déjà utilisés, soit en instance, soit encore ouverts.

b) Si, dans un délai de six mois à compter de la date de réception de la communication originale par l'Etat destinataire, la question n'est pas réglée à la satisfaction des deux Etats parties intéressés, l'un comme l'autre auront le droit de la soumettre au Comité, en adressant une notification au Comité ainsi qu'à l'autre Etat intéressé.

c) Le Comité ne peut connaître d'une affaire qui lui est soumise qu'après s'être assuré que tous les recours internes disponibles ont été utilisés et épuisés, conformément aux principes de droit international généralement reconnus. Cette règle ne s'applique pas dans les cas où les procédures de recours excèdent les délais raisonnables.

d) Le Comité tient ses séances à huis clos lorsqu'il examine les communications prévues au présent article.

e) Sous réserve des dispositions de l'alinéa c, le Comité met ses bons offices à la disposition des Etats parties intéressés, afin de parvenir à une solution amiable de la question fondée sur le respect des droits de l'homme et des libertés fondamentales, tels que les reconnaît le présent Pacte.

f) Dans toute affaire qui lui est soumise, le Comité peut demander aux Etats parties intéressés visés à l'alinéa b de lui fournir tout renseignement pertinent.

g) Les Etats parties intéressés, visés à l'alinéa b, ont le droit de se faire représenter lors de l'examen de l'affaire par le Comité et de présenter des observations oralement ou par écrit, ou sous l'une et l'autre forme.

h) Le Comité doit présenter un rapport dans un délai de douze mois à compter du jour où il a reçu la notification visée à l'alinéa b:

i) Si une solution a pu être trouvée conformément aux dispositions de l'alinéa e, le Comité se borne, dans son rapport, à un bref exposé des faits et de la solution intervenue;

ii) Si une solution n'a pu être trouvée conformément aux dispositions de l'alinéa e, le Comité se borne, dans son rapport, à un bref exposé des faits; le texte des observations écrites et le procès-verbal des observations orales présentées par les Etats parties intéressés sont joints au rapport.

Pour chaque affaire, le rapport est communiqué aux Etats parties intéressés.

(2) Les dispositions du présent article entreront en vigueur lorsque dix Etats parties au présent Pacte auront fait la déclaration prévue au paragraphe 1 du présent article. Ladite déclaration est déposée par l'Etat partie auprès du Secrétaire général de l'Organisation des Nations Unies, qui en communique copie aux autres Etats parties. Une déclaration peut être retirée à tout moment au moyen d'une notification adressée au Secrétaire général. Ce retrait est sans préjudice de l'examen de toute question qui fait l'objet d'une communication déjà transmise en vertu du présent article; aucune autre communication d'un Etat partie ne sera reçue après que le Secrétaire général aura reçu notification du retrait de la déclaration, à moins que l'Etat partie intéressé n'ait fait une nouvelle déclaration.

Art. 42. (1) a) Si une question soumise au Comité conformément à l'article 41 n'est pas réglée à la satisfaction des Etats parties intéressés, le Comité peut, avec l'assentiment préalable des Etats parties intéressés, désigner une commission de conciliation *ad hoc* (ci-après dénommée la Commission). La Commission met ses bons offices à la disposition des Etats parties intéressés, afin de parvenir à une solution amiable de la question, fondée sur le respect du présent Pacte;

b) La Commission est composée de cinq membres nommés avec l'accord des Etats parties intéressés. Si les Etats parties intéressés ne parviennent pas à une entente sur tout ou partie de la composition de la Commission dans un délai de trois mois, les membres de la Commission au sujet desquels l'accord ne s'est pas fait sont élus au scrutin secret parmi les membres du Comité, à la majorité des deux tiers des membres du Comité.

(2) Les membres de la Commission siègent à titre individuel. Ils ne doivent être ressortissants ni des Etats parties intéressés, ni d'un Etat qui n'est pas partie au présent Pacte, ni d'un Etat partie qui n'a pas fait la déclaration prévue à l'article 41.

(3) La Commission élit son président et adopte son règlement intérieur.

(4) La Commission tient normalement ses réunions au Siège de l'Organisation des Nations Unies ou à l'Office des Nations Unies à Genève. Toutefois, elle peut se réunir en tout autre lieu approprié que peut déterminer la Commission en consultation avec le Secrétaire général de l'Organisation des Nations Unies et les Etats parties intéressés.

(5) Le secrétariat prévu à l'article 36 prête également ses services aux commissions désignées en vertu du présent article.

(6) Les renseignements obtenus et dépouillés par le Comité sont mis à la disposition de la Commission, et la Commission peut demander aux Etats parties intéressés de lui fournir tout renseignement complémentaire pertinent.

(7) Après avoir étudié la question sous tous ses aspects, mais en tout cas dans un délai maximum de douze mois après qu'elle en aura été saisie, la Commission soumet un rapport au Président du Comité qui le communique aux Etats parties intéressés:

a) Si la Commission ne peut achever l'examen de la question dans les douze mois, elle se borne à indiquer brièvement dans son rapport où elle en est de l'examen de la question;

b) Si l'on est parvenu à un règlement amiable de la question, fondé sur le respect des droits de l'homme reconnus dans le présent Pacte, la Commission se borne à indiquer brièvement dans son rapport les faits et le règlement auquel on est parvenu;

c) Si l'on n'est pas parvenu à un règlement au sens de l'alinéa b, la Commission fait figurer dans son rapport ses conclusions sur tous les points de fait relatifs à la question débattue entre les Etats parties intéressés ainsi que ses constatations sur les possibilités de règlement amiable de l'affaire; le rapport renferme également les observations écrites et un procès-verbal des observations orales présentées par les Etats parties intéressés;

d) Si le rapport de la Commission est soumis conformément à l'alinéa c, les Etats parties intéressés font savoir au Président du Comité, dans un délai de trois mois après la réception du rapport, s'ils acceptent ou non les termes du rapport de la Commission.

(8) Les dispositions du présent article s'entendent sans préjudice des attributions du Comité prévues à l'article 41.

(9) Toutes les dépenses des membres de la Commission sont réparties également entre les Etats parties intéressés, sur la base d'un état estimatif établi par le Secrétaire général de l'Organisation des Nations Unies.

(10) Le Secrétaire général de l'Organisation des Nations Unies est habilité, si besoin est, à défrayer les membres de la Commission de leurs dépenses, avant que le remboursement en ait été effectué par les Etats parties intéressés, conformément au paragraphe 9 du présent article.

Art. 43. Les membres du Comité et les membres des commissions de conciliation ad hoc qui pourraient être désignées conformément à l'article 42 ont droit aux facilités, privilèges et immunités reconnus aux experts en mission pour l'Organisation des Nations Unies, tels qu'ils sont énoncés dans les sections pertinentes de la Convention sur les privilèges et immunités des Nations Unies.

Art. 44. Les dispositions de mise en oeuvre du présent Pacte s'appliquent sans préjudice des procédures instituées en matière de droits de l'homme aux termes ou en vertu des instruments constitutifs et des conventions de l'Organisation des Nations Unies et des institutions spécialisées, et n'empêchent pas les Etats parties de recourir à d'autres procédures pour le règlement d'un différend conformément aux accords internationaux généraux ou spéciaux qui les lient.

Art. 45. Le Comité adresse chaque année à l'Assemblée générale des Nations Unies, par l'intermédiaire du Conseil économique et social, un rapport sur ses travaux.

Cinquième partie

Art. 46. Aucune disposition du présent Pacte ne doit être interprétée comme portant atteinte aux dispositions de la Charte des Nations Unies et des constitutions des institutions spécialisées qui définissent les responsabilités respectives des divers organes de l'Organisation des Nations Unies et des institutions spécialisées en ce qui concerne les questions traitées dans le présent Pacte.

Art. 47. Aucune disposition du présent Pacte ne sera interprétée comme portant atteinte au droit inhérent de tous les peuples à profiter et à user pleinement et librement de leurs richesses et ressources naturelles.

Sixième partie

Art. 48. (1) Le présent Pacte est ouvert à la signature de tout Etat membre de l'Organisation des Nations Unies ou membre de l'une quelconque de ses institutions spécialisées, de tout Etat partie au Statut de la Cour internationale de Justice, ainsi que de tout autre Etat invité par l'Assemblée générale des Nations Unies à devenir partie au présent Pacte.

(2) Le présent Pacte est sujet à ratification et les instruments de ratification seront déposés auprès du Secrétaire général de l'Organisation des Nations Unies.

(3) Le présent Pacte sera ouvert à l'adhésion de tout Etat visé au paragraphe 1 du présent article.

(4) L'adhésion se fera par le dépôt d'un instrument d'adhésion auprès du Secrétaire général de l'Organisation des Nations Unies.

(5) Le Secrétaire général de l'Organisation des Nations Unies informe tous les Etats qui ont signé le présent Pacte ou qui y ont adhéré du dépôt de chaque instrument de ratification ou d'adhésion.

Art. 49. (1) Le présent Pacte entrera en vigueur trois mois après la date du dépôt auprès du Secrétaire général de l'Organisation des Nations Unies du trente-cinquième instrument de ratification ou d'adhésion.

(2) Pour chacun des Etats qui ratifieront le présent Pacte ou y adhéreront après le dépôt du trente-cinquième instrument de ratification ou d'adhésion, ledit Pacte entrera en vigueur trois mois après la date du dépôt par cet Etat de son instrument de ratification ou d'adhésion.

Art. 50. Les dispositions du présent Pacte s'appliquent, sans limitation ni exception aucune, à toutes les unités constitutives des Etats fédératifs.

Art. 51. (1) Tout Etat partie au présent Pacte peut proposer un amendement et en déposer le texte auprès du Secrétaire général de l'Organisation des Nations Unies. Le Secrétaire général transmet alors tous projets d'amendements aux Etats parties au présent Pacte en leur demandant de lui indiquer s'ils désirent voir convoquer une conférence d'Etats parties pour examiner ces projets et les mettre aux voix. Si un tiers au moins des Etats se déclarent en faveur de cette convocation, le Secrétaire général convoque la conférence sous les auspices de l'Organisation des Nations Unies. Tout amendement adopté par la majorité des

Etats présents et votants à la conférence est soumis pour approbation à l'Assemblée générale des Nations Unies.

(2) Ces amendements entrent en vigueur lorsqu'ils ont été approuvés par l'Assemblée générale des Nations Unies et acceptés, conformément à leurs règles constitutionnelles respectives, par une majorité des deux tiers des Etats parties au présent Pacte.

(3) Lorsque ces amendements entrent en vigueur, ils sont obligatoires pour les Etats parties qui les ont acceptés, les autres Etats parties restant liés par les dispositions du présent Pacte et par tout amendement antérieur qu'ils ont accepté.

Art. 52. Indépendamment des notifications prévues au paragraphe 5 de l'article 48, le Secrétaire général de l'Organisation des Nations Unies informera tous les Etats visés au paragraphe 1 dudit article:

a) Des signatures apposées au présent Pacte et des instruments de ratification et d'adhésion déposés conformément à l'article 48;

b) De la date à laquelle le présent Pacte entrera en vigueur conformément à l'article 49 et de la date à laquelle entreront en vigueur les amendements prévus à l'article 51.

Art. 53. (1) Le présent Pacte, dont les textes anglais, chinois, espagnol, français et russe font également foi, sera déposé aux archives de l'Organisation des Nations Unies.

(2) Le Secrétaire général de l'Organisation des Nations Unies transmettra une copie certifiée conforme du présent Pacte à tous les Etats visés à l'article 48.

Réserves de la Suisse au Pacte international relatif aux droits civils et politiques[4]

Article 10, paragraphe 2, lettre b:
La séparation entre jeunes prévenus et adultes n'est pas garantie sans exception.

Article 12, paragraphe 1:
Le droit de circuler et de choisir librement sa résidence est applicable sous réserve des dispositions de la législation fédérale sur les étrangers, selon lesquelles les autorisations de séjour et d'établissement ne sont valables que pour le canton qui les a délivrées.

Article 14, paragraphe 1:
Le principe de la publicité des audiences n'est pas applicable aux procédures qui ont trait à une contestation relative à des droits et obligations de caractère civil ou au bien-fondé d'une accusation en matière pénale et qui, conformément à des lois cantonales, se déroulent devant une autorité administrative. Le principe de la publicité du prononcé du jugement est appliqué sans préjudice des dispositions des lois cantonales de procédure civile et pénale prévoyant que le jugement n'est pas rendu en séance publique, mais est communiqué aux parties par écrit.

La garantie d'un procès équitable, en ce qui concerne les contestations portant sur des droits et obligations de caractère civil, vise uniquement à assurer un contrôle judiciaire final des actes ou décisions de l'autorité publique qui touchent à de tels droits ou obligations. Par «contrôle judiciaire final», on entend un contrôle judiciaire limité à l'application de la loi, tel un contrôle de type cassatoire.

Article 14, paragraphe 3, lettres d et f:
La garantie de la gratuité de l'assistance d'un avocat d'office et d'un interprète ne libère pas définitivement le bénéficiaire du paiement des frais qui en résultent.

Article 14, paragraphe 5:
Est réservée la législation fédérale en matière d'organisation judiciaire sur le plan pénal, qui prévoit une exception au droit de faire examiner par une juridiction supérieure la déclaration de culpabilité ou la condamnation, lorsque l'intéressé a été jugé en première instance par la plus haute juridiction.

4 RS 0.103.2.2

Article 20:
La Suisse se réserve le droit de ne pas adopter de nouvelles mesures visant à interdire la propagande en faveur de la guerre, qui est proscrite par l'article 20, paragraphe 1.

La Suisse se réserve le droit d'adopter une disposition pénale tenant compte des exigences de l'article 20, paragraphe 2, à l'occasion de l'adhésion prochaine à la Convention de 1966 sur l'élimination de toutes les formes de discrimination raciale.

Article 25, lettre b:
La présente disposition sera appliquée sans préjudice des dispositions du droit cantonal et communal qui prévoient ou admettent que les élections au sein des assemblées ne se déroulent pas au scrutin secret.

Article 26:
L'égalité de toutes les personnes devant la loi et leur droit à une égale protection de la loi sans discrimination ne seront garantis qu'en liaison avec d'autres droits contenus dans le présent Pacte.

Protocole facultatif se rapportant au Pacte international relatif aux droits civils et politiques[5]

du 16 décembre 1966

Les Etats parties au présent protocole,

considérant que, pour mieux assurer l'accomplissement des fins du Pacte international relatif aux droits civils et politiques (ci-après dénommé le Pacte) et l'application de ses dispositions, il conviendrait d'habiliter le Comité des droits de l'homme, constitué aux termes de la quatrième partie du Pacte (ci-après dénommé le Comité), à recevoir et à examiner, ainsi qu'il est prévu dans le présent Protocole, des communications émanant de particuliers qui prétendent être victimes d'une violation d'un des droits énoncés dans le Pacte,

sont convenus de ce qui suit:

Article premier. Tout Etat partie au Pacte qui devient partie au présent Protocole reconnaît que le Comité a compétence pour recevoir et examiner des communications émanant de particuliers relevant de sa juridiction qui prétendent être victimes d'une violation, par cet Etat partie, de l'un quelconque des droits énoncés dans le Pacte. Le Comité ne reçoit aucune communication intéressant un Etat partie au Pacte qui n'est pas partie au présent Protocole.

Art. 2. Sous réserve des dispositions de l'article premier, tout particulier qui prétend être victime d'une violation de l'un quelconque des droits énoncés dans le Pacte et qui a épuisé tous les recours internes disponibles peut présenter une communication écrite au Comité pour qu'il l'examine.

Art. 3. Le Comité déclare irrecevable toute communication présentée en vertu du présent Protocole qui est anonyme ou qu'il considère être un abus du droit de présenter de telles communications ou être incompatible avec les dispositions du Pacte.

Art. 4. (1) Sous réserve des dispositions de l'article 3, le Comité porte toute communication qui lui est présentée en vertu du présent Protocole à l'attention de l'Etat partie audit Protocole qui a prétendument violé l'une quelconque des dispositions du Pacte.

(2) Dans les six mois qui suivent, ledit Etat soumet par écrit au Comité des explications ou déclarations éclaircissant la question et indiquant, le cas échéant, les mesures qu'il pourrait avoir prises pour remédier à la situation.

5 Nations Unies, Recueil des Traités, Vol. 999, p. 306.

Art. 5. (1) Le Comité examine les communications reçues en vertu du présent Protocole en tenant compte de toutes les informations écrites qui lui sont soumises par le particulier et par l'Etat partie intéressé.

(2) Le Comité n'examinera aucune communication d'un particulier sans s'être assuré que:

a) La même question n'est pas déjà en cours d'examen devant une autre instance internationale d'enquête ou de règlement;

b) Le particulier a épuisé tous les recours internes disponibles. Cette règle ne s'applique pas si les procédures de recours excèdent des délais raisonnables.

(3) Le Comité tient ses séances à huis clos lorsqu'il examine les communications prévues dans le présent Protocole.

(4) Le Comité fait part de ses constatations à l'Etat partie intéressé et au particulier.

Art. 6. Le Comité inclut dans le rapport annuel qu'il établit conformément à l'article 45 du Pacte un résumé de ses activités au titre du présent Protocole.

Art. 7. En attendant la réalisation des objectifs de la résolution 1514 (XV) adoptée par l'Assemblée générale des Nations Unies le 14 décembre 1960, concernant la Déclaration sur l'octroi de l'indépendance aux pays et aux peuples coloniaux, les dispositions du présent Protocole ne restreignent en rien le droit de pétition accordé à ces peuples par la Charte des Nations Unies et d'autres conventions et instruments internationaux conclus sous les auspices de l'Organisation des Nations Unies ou de ses institutions spécialisées.

Art. 8. (1) Le présent Protocole est ouvert à la signature de tout Etat qui a signé le Pacte.

(2) Le présent Protocole est soumis à la ratification de tout Etat qui a ratifié le Pacte ou qui y a adhéré. Les instruments de ratification seront déposés auprès du Secrétaire général de l'Organisation des Nations Unies.

(3) Le présent Protocole sera ouvert à l'adhésion de tout Etat qui a ratifié le Pacte ou qui y a adhéré.

(4) L'adhésion se fera par le dépôt d'un instrument d'adhésion de tout Etat qui a ratifié le Pacte ou qui y a adhéré, auprès du Secrétaire général des Nations Unies.

(5) Le Secrétaire général de l'Organisation des Nations Unies informe tous les Etats qui ont signé le présent Protocole ou qui y ont adhéré du dépôt de chaque instrument de ratification ou d'adhésion.

Art. 9. (1) Sous réserve de l'entrée en vigueur du Pacte, le présent Protocole entrera en vigueur trois mois après la date du dépôt auprès du Secrétaire général de l'Organisation des Nations Unies du dixième instrument de ratification ou d'adhésion.

(2) Pour chacun des Etats qui ratifieront le présent Protocole ou y adhéreront après le dépôt du dixième instrument de ratification ou d'adhésion, ledit Protocole entrera en vigueur trois mois après la date du dépôt par cet Etat de son instrument de ratification ou d'adhésion.

Art. 10. Les dispositions du présent Protocole s'appliquent, sans limitation ni exception aucune, à toutes les unités constitutives des Etats fédératifs.

Art. 11. (1) Tout Etat partie au présent Protocole peut proposer un amendement et en déposer le texte auprès du Secrétaire général de l'Organisation des Nations Unies. Le Secrétaire général transmet alors tous projets d'amendements aux Etats parties audit Protocole en leur demandant de lui indiquer s'ils désirent voir convoquer une conférence d'Etats parties pour examiner ces projets et les mettre aux voix. Si le tiers au moins des Etats se déclarent en faveur de cette convocation, le Secrétaire général convoque la conférence sous les auspices de l'Organisation des Nations Unies. Tout amendement adopté par la majorité des Etats présents et votants à la conférence est soumis pour approbation à l'Assemblée générale des Nations Unies.

(2) Ces amendements entrent en vigueur lorsqu'ils ont été approuvés par l'Assemblée générale des Nations Unies et acceptés, conformément à leurs règles constitutionnelles respectives, par une majorité des deux tiers des Etats parties au présent Protocole.

(3) Lorsque ces amendements entrent en vigueur, ils sont obligatoires pour les Etats parties qui les ont acceptés, les autres Etats parties restant liés par les dispositions du présent Protocole et par tout amendement antérieur qu'ils ont accepté.

Art. 12. (1) Tout Etat partie peut, à tout moment, dénoncer le présent Protocole par voie de notification écrite adressée au Secrétaire général de l'Organisation des Nations Unies. La dénonciation portera effet trois mois après la date à laquelle le Secrétaire général en aura reçu notification.

(2) La dénonciation n'entravera pas l'application des dispositions du présent Protocole à toute communication présentée en vertu de l'article 2 avant la date à laquelle la dénonciation prend effet.

Art. 13. Indépendamment des notifications prévues au paragraphe 5 de l'article 8 du présent Protocole, le Secrétaire général de l'Organisation des Nations Unies informera tous les Etats visés au paragraphe 1 de l'article 48 du Pacte:

a) Des signatures apposées au présent Protocole et des instruments de ratification et d'adhésion déposés conformément à l'article 8;

b) De la date à laquelle le présent Protocole entrera en vigueur conformément à l'article 9 et de la date à laquelle entreront en vigueur les amendements prévus à l'article 11;

c) Des dénonciations faites conformément à l'article 12.

Art. 14. (1) Le présent Protocole, dont les textes anglais, chinois, espagnol, français et russe font également foi, sera déposé aux archives de l'Organisation des Nations Unies.

(2) Le Secrétaire général de l'Organisation des Nations Unies transmettra une copie certifiée conforme du présent Protocole à tous les Etats visés à l'article 48 du Pacte.

Deuxième protocole facultatif se rapportant au Pacte international relatif aux droits civils et politiques, visant à abolir la peine de mort[6]

du 15 décembre 1989

les Etats parties au présent protocole,

convaincus que l'abolition de la peine de mort contribue à promouvoir la dignité humaine et le développement progressif des droits de l'homme,

rappelant l'article 3 de la Déclaration universelle des droits de l'homme adoptée le 10 décembre 1948 ainsi que l'article 6 du Pacte international relatif aux droits civils et politiques adopté le 16 décembre 1966,

notant que l'article 6 du Pacte international relatif aux droits civils et politiques se réfère à l'abolition de la peine de mort en des termes qui suggèrent sans ambiguïté que l'abolition de cette peine est souhaitable,

convaincus que toutes les mesures prises touchant l'abolition de la peine de mort doivent être considérées comme un progrès quant à la jouissance du droit à la vie,

désireux de prendre, par le présent Protocole, l'engagement international d'abolir la peine de mort,

sont convenus de ce qui suit:

Article premier. (1) Aucune personne relevant de la juridiction d'un Etat partie au présent Protocole facultatif ne sera exécutée.

6 Résolution 44/128 de l'Assemblée générale, du 15 décembre 1989.

(2) Chaque Etat partie prendra toutes les mesures voulues pour abolir la peine de mort dans sa juridiction.

Art. 2. (1) Il ne sera admis aucune réserve au présent Protocole, en dehors de la réserve formulée lors de la ratification ou de l'adhésion prévoyant l'application de la peine de mort en temps de guerre à la suite d'une condamnation pour un crime, de caractère militaire, d'une gravité extrême commis en temps de guerre.

(2) L'Etat partie formulant une telle réserve communiquera au Secrétaire général de l'Organisation des Nations Unies, lors de la ratification ou de l'adhésion, les dispositions pertinentes de sa législation interne qui s'appliquent en temps de guerre.

(3) L'Etat partie ayant formulé une telle réserve notifiera au Secrétaire général de l'Organisation des Nations Unies la proclamation ou la levée de l'état de guerre sur son territoire.

Art. 3. Les Etats parties au présent Protocole feront état, dans les rapports qu'ils présentent au Comité des droits de l'homme en vertu de l'article 40 du Pacte, des mesures qu'ils auront adoptées pour donner effet au présent Protocole.

Art. 4. En ce qui concerne les Etats parties au Pacte qui ont fait la déclaration prévue à l'article 41, la compétence reconnue au Comité des droits de l'homme pour recevoir et examiner des communications dans lesquelles un Etat partie prétend qu'un autre Etat partie ne s'acquitte pas de ses obligations s'étend aux dispositions du présent Protocole, à moins que l'Etat partie en cause n'ait fait une déclaration en sens contraire lors de la ratification ou de l'adhésion.

Art. 5. En ce qui concerne les Etats parties au premier Protocole facultatif se rapportant au Pacte international relatif aux droits civils et politiques adopté le 16 décembre 1966, la compétence reconnue au Comité des droits de l'homme pour recevoir et examiner des communications émanant de particuliers relevant de leur juridiction s'étend aussi aux dispositions du présent Protocole, à moins que l'Etat partie en cause n'ait fait une déclaration en sens contraire lors de la ratification ou de l'adhésion.

Art. 6. (1) Les dispositions du présent Protocole s'appliquent en tant que dispositions additionnelles du Pacte.

(2) Sans préjudice de la possibilité de formuler la réserve prévue à l'article 2 du présent Protocole, le droit garanti au paragraphe 1 de l'article premier du présent Protocole ne peut faire l'objet d'aucune dérogation en vertu de l'article 4 du Pacte.

Art. 7. (1) Le présent Protocole est ouvert à la signature de tout Etat qui a signé le Pacte.

(2) Le présent Protocole est soumis à la ratification de tout Etat qui a ratifié le Pacte ou qui y a adhéré. Les instruments de ratification seront déposés auprès du Secrétaire général de l'Organisation des Nations Unies.

(3) Le présent Protocole sera ouvert à l'adhésion de tout Etat qui a ratifié le Pacte ou qui y a adhéré.

(4) L'adhésion se fera par le dépôt d'un instrument d'adhésion auprès du Secrétaire général de l'Organisation des Nations Unies.

(5) Le Secrétaire général de l'Organisation des Nations Unies informera tous les Etats qui ont signé le présent Protocole ou qui y ont adhéré du dépôt de chaque instrument de ratification ou d'adhésion.

Art. 8. (1) Le présent Protocole entrera en vigueur trois mois après la date du dépôt auprès du Secrétaire général de l'Organisation des Nations Unies du dixième instrument de ratification ou d'adhésion.

(2) Pour chacun des Etats qui ratifieront le présent Protocole ou y adhéreront après le dépôt du dixième instrument de ratification ou d'adhésion, ledit Protocole entrera en vigueur trois mois après la date du dépôt par cet Etat de son instrument de ratification ou d'adhésion.

Art. 9. Les dispositions du présent Protocole s'appliquent, sans limitation ni exception aucune, à toutes les unités constitutives des Etats fédératifs.

Art. 10. Le Secrétaire général de l'Organisation des Nations Unies informera tous les Etats visés au paragraphe 1 de l'article 48 du Pacte:

a) des réserves, communications et notifications reçues au titre de l'article 2 du présent Protocole;

b) des déclarations faites en vertu de l'article 4 ou 5 du présent Protocole;

c) des signatures apposées au présent Protocole et des instruments de ratification et d'adhésion déposés conformément à l'article 7;

d) de la date à laquelle le présent Protocole entrera en vigueur conformément à l'article 8.

Art. 11. (1) Le présent Protocole, dont les textes anglais, arabe, chinois, espagnol, français et russe font également foi, sera déposé aux archives de l'Organisation des Nations Unies.

(2) Le Secrétaire général de l'Organisation des Nations Unies transmettra une copie certifiée conforme du présent Protocole à tous les Etats visés à l'article 48 du Pacte.

Observations générales

I. Observations générales du Comité des droits économiques, sociaux et culturels se rapportant au Pacte I*

Introduction: but des Observations générales

1. A sa deuxième session, en 1988, le Comité a décidé (E/1988/14, par. 366 et 367), conformément à l'invitation que le Conseil économique et social lui avait adressée (résolution 1987/5) et que l'Assemblée générale avait fait sienne (résolution 42/102), d'entreprendre à partir de sa troisième session l'élaboration d'observations générales se rapportant à divers articles et dispositions du Pacte international relatif aux droits économiques, sociaux et culturels, en vue d'aider les Etats parties à s'acquitter de leurs obligations en matière de présentation de rapports.

2. A la fin de sa troisième session, le Comité et le groupe de travail de session d'experts gouvernementaux qui avait été créé avant lui ont examiné 138 rapports initiaux et 44 deuxièmes rapports périodiques couvrant les droits visés aux articles 6 à 9, 10 à 12 et 13 à 15 du Pacte. L'expérience intéresse de nombreux Etats parties au Pacte, lesquels sont actuellement au nombre de 92 et représentent toutes les régions du monde ainsi que des systèmes socio-économiques, culturels, politiques et juridiques différents. Les rapports présentés jusqu'à présent illustrent un grand nombre des problèmes que risque de poser l'application du Pacte, bien qu'ils ne permettent pas encore de se faire une idée d'ensemble de la situation globale en ce qui concerne la jouissance des droits économiques, sociaux et culturels. Dans l'introduction de l'annexe III (observations générales) de son rapport de 1989 au Conseil économique et social (E/1989/22), le Comité explique le but des observations générales comme suit:

3. «Par ses observations générales, le Comité s'efforce de faire bénéficier tous les Etats parties de l'expérience acquise dans le cadre de l'examen des rapports présentés, pour les aider et les encourager à continuer d'appliquer le Pacte, pour appeler leur attention sur les insuffisances que font apparaître un grand nombre de rapports, pour proposer des améliorations dans la méthode de présentation des rapports et pour stimuler les activités des Etats parties, des organisations internationales et des institutions spécialisées intéressées qui ont

* Récapitulation des observations générales ou recommandations générales adoptées par les organes créés en vertu d'instruments internationaux relatifs aux droits de l'homme, UN.Doc. HRI/GEN/1/Rev.2 du 29 mars 1996, pp. 55-97.

pour objet de favoriser la réalisation progressive et effective des droits reconnus dans le Pacte. Chaque fois que nécessaire, le Comité pourra, à la lumière de l'expérience des Etats parties et des conclusions qu'il en tire, réexaminer ses observations générales et les mettre à jour.»

1. Rapports des Etats parties: Observation générale 1 [3] (1989)

1. Les obligations en matière de présentation de rapports qui sont prévues dans la quatrième partie du Pacte ont d'abord pour but d'aider chaque Etat partie à s'acquitter des obligations de fond que lui donne cet instrument et, ensuite, de fournir au Conseil, assisté du Comité, une base lui permettant de s'acquitter de ses responsabilités dans les deux domaines suivants: contrôler la façon dont les Etats parties donnent suite à ces obligations et faciliter la réalisation des droits économiques, sociaux et culturels, conformément aux dispositions du Pacte. De l'avis du Comité, il serait erroné de ne voir dans les rapports des Etats parties qu'une simple procédure, qui n'aurait pour but que de satisfaire l'obligation formelle de chaque Etat partie de faire rapport à l'organe international compétent. Au contraire, compte tenu de la lettre et de l'esprit du Pacte, l'établissement et la présentation des rapports des Etats peuvent – et doivent – répondre à plusieurs objectifs.

2. Le *premier objectif* – d'une importance particulière dans le cas du rapport initial, qui doit être présenté dans un délai de deux ans à partir de l'entrée en vigueur du Pacte pour l'Etat partie intéressé – est de faire en sorte que chaque Etat partie procède à une étude d'ensemble de ses lois, règlements, procédures et pratiques en vue de les rendre aussi conformes que possible avec le Pacte. Cette étude peut se faire par exemple avec la collaboration de chacun des ministères ou autres autorités chargées de définir les orientations nationales et de mettre celles-ci en oeuvre dans les différents domaines visés par le Pacte.

3. Le *deuxième objectif* est de veiller à ce que chaque Etat partie apprécie de façon régulière la réalité de la situation en ce qui concerne chacun des droits en question, et puisse ainsi déterminer dans quelle mesure ces divers droits peuvent – ou ne peuvent pas – être exercés par tous les individus vivant sur son territoire ou relevant de son autorité. L'expérience acquise à ce jour par le Comité démontre que des statistiques ou des évaluations d'ensemble ne sauraient suffire à atteindre cet objectif, et qu'il importe que chaque Etat partie accorde une attention particulière aux régions ou secteurs défavorisés et aux groupes ou sous-groupes de population qui paraissent être particulièrement vulnérables ou désavantagés. Le premier pas vers la concrétisation des droits économiques, sociaux et culturels consiste donc à prendre conscience de la situation réelle et

à porter un diagnostic sur cette situation. Le Comité n'ignore pas que la collecte et l'étude de l'information nécessaire à cette fin constituent une opération qui peut être gourmande en temps et en ressources, ni qu'il se peut que les Etats parties aient besoin, pour s'acquitter de leurs obligations, de l'assistance et de la coopération internationales qui sont prévues au paragraphe 1 de l'article 2 et aux articles 22 et 23 du Pacte. Dans un tel cas, si un Etat partie conclut qu'il n'a pas les moyens de procéder à cette opération, qui fait partie intégrante de tout effort sur la voie des buts reconnus de politique générale et qui est indispensable à l'application effective du Pacte, il pourra l'indiquer dans son rapport au Comité, en précisant la nature et l'importance de l'assistance internationale qui lui serait nécessaire.

4. Ce qui précède doit permettre de dresser un tableau détaillé de la situation réelle, qui servira à son tour de base à l'élaboration de politiques formulées et ciblées avec précision, avec définition de priorités correspondant aux dispositions du Pacte. Le *troisième objectif* des rapports des Etats parties est donc de permettre aux gouvernements de ces pays de démontrer que cette redéfinition des politiques a effectivement été entreprise. S'il est vrai que le Pacte ne rend cette obligation explicite qu'à l'article 14, dans les cas où «le caractère obligatoire et la gratuité de l'enseignement primaire» ne sont pas encore établis pour tous, il existe une obligation comparable, astreignant chaque Etat partie «à établir et à adopter [...] un plan détaillé des mesures nécessaires pour réaliser progressivement» chacun des droits inscrits dans le Pacte au paragraphe 1 de l'article 2, où il est dit que chacun des Etats parties «s'engage à agir [...] par tous les moyens appropriés [...]».

5. Le *quatrième objectif* auquel répondent les rapports des Etats parties est de faciliter l'évaluation, par l'opinion publique, des politiques nationales en matière de droits économiques, sociaux et culturels, et d'encourager la participation des divers secteurs économiques, sociaux et culturels de la société à la formulation de ces politiques, à leur mise en oeuvre et à leur réexamen. En étudiant les rapports présentés jusqu'à ce jour, le Comité a constaté avec satisfaction que plusieurs Etats parties, dotés de systèmes politiques et économiques différents, encouragent ces groupes non gouvernementaux à apporter leur contribution à l'élaboration des rapports prévus dans le Pacte. D'autres veillent à ce que leurs rapports soient largement diffusés, afin que les divers secteurs de la population puissent y apporter les commentaires nécessaires. Considérées ainsi, l'élaboration des rapports et leur étude au niveau national peuvent être d'une utilité au moins égale à celle du dialogue constructif qui a lieu sur le plan international entre le Comité et les représentants des Etats auteurs des rapports.

6. Le *cinquième objectif* est de dégager une base à partir de laquelle chaque Etat partie, ainsi que le Comité, peut effectivement évaluer l'importance des

progrès réalisés vers l'exécution des obligations prévues dans le Pacte. Peut-être sera-t-il utile pour cela que les Etats définissent certains critères ou certains buts, à la lumière desquels ils apprécieront les résultats obtenus. Par exemple, il est généralement admis qu'il importe de s'assigner des buts précis en ce qui concerne la lutte contre la mortalité infantile, la généralisation de la vaccination des enfants, la consommation de calories par personne, le nombre d'individus par membre du personnel de santé, etc. Dans beaucoup de ces domaines, les critères mondiaux sont d'un intérêt limité, alors que des critères nationaux ou plus particularisés peuvent fournir une indication extrêmement précieuse sur les progrès accomplis.

7. Le Comité tient à noter à ce propos que le Pacte donne une importance particulière à la «réalisation progressive» des droits qui y sont proclamés. Aussi invite-t-il instamment les Etats parties à faire figurer dans leurs rapports des indications montrant les progrès dans le temps qu'ils enregistrent vers cette réalisation de ces droits. Pour la même raison, et pour permettre une évaluation satisfaisante de la situation, il est évident que des indications de caractère qualitatif sont aussi nécessaires, outre les indications quantitatives.

8. Le *sixième objectif* est de mettre les Etats parties en mesure de mieux comprendre les problèmes et les échecs rencontrés dans leurs efforts pour mettre progressivement en oeuvre tous les droits économiques, sociaux et culturels. Pour cela, il est indispensable que les Etats parties fassent rapport en détail sur les facteurs et les difficultés qui s'opposent à cette mise en oeuvre effective. C'est en définissant et en reconnaissant ces difficultés qu'ils pourront établir le cadre où s'inscrivent de nouvelles politiques, plus efficaces.

9. Le *septième objectif* est d'aider le Comité, ainsi que les Etats parties dans leur ensemble, à faciliter les échanges d'informations entre Etats, à mieux comprendre les problèmes communs à ces Etats et à se faire une meilleure idée des mesures que l'on pourrait prendre en vue de la réalisation effective de chacun des droits proclamés dans le Pacte. Le Comité peut aussi, de cette façon, déterminer les moyens par lesquels la communauté internationale peut aider les Etats intéressés, conformément aux articles 22 et 23 du Pacte. En vue de bien montrer l'importance qu'il attache à cet objectif, le Comité examinera à sa quatrième session une observation générale consacrée à ces articles.

2. Mesures internationales d'assistance technique (art. 22 du Pacte): Observation générale 2 [4] (1990)

1. En vertu de l'article 22 du Pacte, il est institué un mécanisme par lequel le Conseil économique et social peut porter à l'attention des autres organes de l'Organisation des Nations Unies compétents toute question que soulèvent les

rapports soumis conformément au Pacte «qui peut aider ces organismes à se prononcer, chacun dans sa propre sphère de compétence, sur l'opportunité de mesures internationales propres à contribuer à la mise en oeuvre effective et progressive du [...] Pacte». Certes, la responsabilité visée à l'article 22 incombe au premier chef au Conseil économique et social, mais à l'évidence il appartient au Comité des droits économiques, sociaux et culturels de jouer un rôle actif dans ce domaine, en conseillant et en assistant le Conseil économique et social.

2. Les recommandations visées à l'article 22 peuvent être faites aux «organes de l'Organisation des Nations Unies», à «leurs organes subsidiaires» et aux «institutions spécialisées intéressées qui s'occupent de fournir une assistance technique». Le Comité estime que cette disposition doit être interprétée de façon à inclure quasiment tous les organes et institutions de l'ONU qui, d'une manière ou d'une autre, participent aux activités de coopération internationale pour le développement. Il conviendrait donc d'adresser les recommandations visées à l'article 22 notamment au Secrétaire général, aux organes subsidiaires du Conseil économique et social comme la Commission des droits de l'homme, la Commission du développement social et la Commission de la condition de la femme, à d'autres organes comme le PNUD, l'UNICEF et le Comité de la planification du développement, à des institutions comme la Banque mondiale et le FMI, et à des institutions spécialisées comme l'OIT, la FAO, l'UNESCO et l'OMS.

3. L'application de l'article 22 pourrait donner lieu soit à des recommandations portant sur des considérations de politique générale soit à des recommandations plus précises concernant une situation spécifique. Dans le premier cas, le rôle principal du Comité devrait être d'engager à faire davantage porter l'effort sur la promotion des droits économiques, sociaux et culturels dans le cadre des activités internationales de coopération en faveur du développement entreprises par l'Organisation des Nations Unies et ses organismes et institutions ou avec leur aide. A cet égard, le Comité note que, par sa résolution 1989/13 du 2 mars 1989, la Commission des droits de l'homme l'a invité «à accorder de l'attention aux moyens par lesquels les divers organismes des Nations Unies s'occupant de développement pourraient le mieux inclure dans leurs activités des mesures destinées à favoriser le plein respect des droits économiques, sociaux et culturels».

4. A titre préliminaire, et d'un point de vue concret, le Comité note que si les divers organismes et institutions compétents s'intéressaient davantage à ses travaux, d'une part il serait lui-même aidé dans ses efforts et d'autre part les organismes seraient mieux informés. Tout en reconnaissant que cet intérêt peut prendre diverses formes, le Comité observe qu'à l'exception notable de l'OIT, de l'UNESCO et de l'OMS, les organismes des Nations Unies compétents n'étaient guère représentés à ses quatre premières sessions. En outre, le Comité

n'a reçu des documents et des renseignements écrits que d'un très petit nombre d'organisations. A son avis, une meilleure compréhension de l'importance des droits économiques, sociaux et culturels dans le contexte des activités de coopération internationale en vue du développement serait considérablement facilitée si l'interaction entre le Comité et les organes et organisations compétents était renforcée. A tout le moins, le débat général autour d'une question spécifique auquel le Comité consacre une journée à chacune de ses sessions est l'occasion idéale d'un échange de vues potentiellement fructueux.

5. A propos de la question plus générale de la promotion du respect des droits de l'homme dans le contexte des activités de développement, les actions spécifiques entreprises par des organes de l'ONU dont le Comité a eu connaissance à ce jour restent très limitées. Il note avec satisfaction à cet égard l'initiative conjointe du Centre pour les droits de l'homme et du PNUD qui ont écrit aux représentants résidents des Nations Unies et à d'autres fonctionnaires sur le terrain pour les inviter à faire part de leurs suggestions et de leur avis, en particulier au sujet des modalités possibles d'une coopération à des projets en cours considérés comme touchant aux droits de l'homme ou à des projets nouveaux qui seraient menés à la demande expresse d'un gouvernement. Le Comité a également été informé des efforts que l'OIT déploie depuis longtemps pour tenir compte, dans ses activités de coopération technique, des normes en matière de droits de l'homme et des normes internationales en matière de travail qu'elle a elle-même établies.

6. Pour ce qui est de ces activités, il importe de tenir compte de deux principes généraux. Tout d'abord, les deux groupes de droits sont indivisibles et interdépendants. Tout effort visant à promouvoir l'un doit tenir pleinement compte de l'autre. Les organismes des Nations Unies chargés de la promotion des droits économiques, sociaux et culturels doivent faire tout leur possible pour veiller à ce que leurs activités soient pleinement compatibles avec le respect des droits civils et politiques. Dans un sens négatif, ce principe signifie que les organismes internationaux doivent éviter soigneusement d'appuyer des projets qui supposent, par exemple, le recours au travail forcé, en violation des normes internationales, encouragent ou renforcent la discrimination à l'encontre d'individus ou de groupes, en violation des dispositions du Pacte, ou entraînent des expulsions ou déplacements massifs, sans mesures appropriées de protection et d'indemnisation. Dans un sens positif, il signifie que les organismes doivent, dans toute la mesure du possible, appuyer les projets et les méthodes qui contribuent non seulement à la croissance économique ou à la réalisation d'objectifs plus larges, mais également au plein exercice de la totalité des droits de l'homme.

7. Le deuxième principe général est que les activités de coopération pour le développement ne contribuent pas automatiquement à promouvoir le respect des

droits économiques, sociaux et culturels. Un grand nombre d'activités entreprises au nom du «développement» se sont révélées par la suite mal conçues ou même néfastes du point de vue des droits de l'homme. Pour que ces problèmes se posent moins souvent, il faudrait, dans la mesure du possible et selon les besoins, examiner en détail et soigneusement toute la série des questions faisant l'objet du Pacte.

8. Bien qu'il importe de chercher à intégrer les préoccupations relatives aux droits de l'homme aux activités de développement, il reste que les propositions faites dans ce sens risquent trop souvent d'en rester au stade des généralités. C'est pourquoi, afin d'encourager la mise en oeuvre effective du principe énoncé à l'article 22 du Pacte, le Comité souhaite attirer l'attention sur les mesures spécifiques ci-après qui méritent d'être étudiées par les organismes intéressés:

a) Les organismes et institutions concernés des Nations Unies devraient avoir pour principe de reconnaître expressément les rapports étroits qui doivent être établis entre les activités de développement et les efforts visant à promouvoir le respect des droits de l'homme en général et des droits économiques, sociaux et culturels en particulier. Le Comité note à cet égard qu'il n'a pas été tenu compte de ces rapports dans les trois premières Stratégies internationales du développement adoptées par les Nations Unies et demande instamment que cette omission soit réparée dans le cadre de la quatrième stratégie, qui doit être adoptée en 1990.

b) Les institutions des Nations Unies devraient donner suite à la proposition faite par le Secrétaire général dans un rapport de 1979[1], selon laquelle une «étude d'impact sur les droits de l'homme» devrait être réalisée dans le cadre de toutes les grandes activités de coopération pour le développement.

c) La formation ou les réunions d'information générale à l'intention des agents engagés au titre de projets ou d'autres catégories de personnel employé par les institutions des Nations Unies devraient comporter un élément portant sur les normes et les principes applicables dans le domaine des droits de l'homme.

d) Il faudrait tout mettre en oeuvre, à chaque étape de l'exécution des projets de développement, pour que les droits énoncés dans les Pactes soient dûment pris en compte, notamment lors de l'évaluation initiale des besoins prioritaires du pays concerné, de l'identification des projets, de leur conception, de leur exécution et de leur évaluation finale.

9. Lorsqu'il a examiné les rapports des Etats parties, le Comité s'est préoccupé en particulier des incidences néfastes du fardeau de la dette et des mesures

1 «Les dimensions internationales du droit au développement comme droit de l'homme, en relation avec d'autres droits de l'homme fondés sur la coopération internationale, y compris le droit à la paix, et ce, en tenant compte des exigences du nouvel ordre économique international et des besoins humains fondamentaux» (E/CN.4/1334, par. 314).

d'ajustement sur l'exercice des droits économiques, sociaux et culturels dans un grand nombre de pays. S'il reconnaît que les programmes d'ajustement sont souvent inévitables et se traduisent dans la plupart des cas par d'importantes mesures d'austérité, il est convaincu qu'il est alors encore plus urgent d'intensifier les efforts visant à protéger les droits économiques, sociaux et culturels les plus élémentaires. Les Etats parties au Pacte, ainsi que les institutions compétentes des Nations Unies, devraient donc veiller tout particulièrement à ce que des mesures de protection soient, dans toute la mesure possible, intégrées aux programmes et aux politiques destinés à encourager les ajustements. Une telle démarche, parfois appelée «l'ajustement à visage humain» suppose que la protection des couches pauvres et vulnérables de la population devienne un objectif fondamental de l'ajustement économique. De même, les mesures prises au niveau international pour faire face à la crise de la dette devraient tenir pleinement compte de la nécessité de protéger les droits économiques, sociaux et culturels, notamment dans le cadre de la coopération internationale. Dans un grand nombre de cas, d'importantes mesures d'allégement de la dette pourraient s'avérer nécessaires.

10. Enfin, le Comité souhaite appeler l'attention sur l'excellente occasion qu'ont les Etats parties, conformément à l'article 22 du Pacte, d'indiquer dans leurs rapports tous besoins particuliers qu'ils pourraient avoir en matière d'assistance technique ou de coopération pour le développement.

3. La nature des obligations des Etats parties (art. 2, par. 1 du Pacte): Observation générale 3 [5] (1990)

1. L'article 2 a une importance particulière pour bien comprendre le Pacte et il faut bien voir qu'il entretient une relation dynamique avec toutes les autres dispositions de cet instrument. On y trouve exposée la nature des obligations juridiques générales assumées par les Etats parties au Pacte.

Ces obligations comprennent à la fois ce qu'on peut appeler (en s'inspirant des travaux de la Commission du droit international) des obligations de comportement et des obligations de résultat. L'accent a parfois été mis très fortement sur la distinction qui existe entre les formules employées dans le passage en question du Pacte international relatif aux droits économiques, sociaux et culturels et celle qui figure dans l'article 2 équivalent du Pacte international relatif aux droits civils et politiques, mais on ne dit pas toujours qu'il existe aussi sur ce point d'importantes analogies. En particulier, si le Pacte prévoit effectivement que l'exercice des droits devra être assuré progressivement et reconnaît les contraintes découlant du caractère limité des ressources disponibles, il impose aussi diverses obligations ayant un effet immédiat, dont deux sont particulièrement importantes pour comprendre la nature précise des obligations des Etats parties. Une obligation dont il est question dans une observation générale distincte, que le Comité étudiera à sa sixième session, est que les Etats parties «s'engagent à garantir» que les droits considérés «seront exercés sans discrimination».

2. L'autre obligation réside dans le fait que, aux termes du paragraphe 1 de l'article 2, les Etats s'engagent à prendre des mesures, obligation qui, en elle-même, n'est pas nuancée ou limitée par d'autres considérations. On peut aussi apprécier tout le sens de l'expression qui figure dans le texte en considérant certaines de ses versions. Dans le texte anglais, l'obligation est «to take steps» (prendre des mesures); en français, les Etats s'engagent «à agir» et, dans le texte espagnol, «a adoptar medidas» (à adopter des mesures). Ainsi, alors que le plein exercice des droits considérés peut n'être assuré que progressivement, les mesures à prendre à cette fin doivent l'être dans un délai raisonnablement bref à compter de l'entrée en vigueur du Pacte pour les Etats concernés. Ces mesures doivent avoir un caractère délibéré, concret et viser aussi clairement que possible à la réalisation des obligations reconnues dans le Pacte.

3. Les moyens qui doivent être utilisés pour satisfaire à l'obligation d'agir sont, pour citer le paragraphe 1 de l'article 2, «tous les moyens appropriés, y compris en particulier l'adoption de mesures législatives». Le Comité estime que, dans de nombreux cas, le recours à la législation est hautement souhaitable et que, dans certains cas, il peut même être indispensable. Par exemple, il peut être difficile de lutter efficacement contre la discrimination s'il n'existe pas, pour les mesures qui s'imposent, une base législative solide. Dans des domaines tels que la santé, la protection des enfants et des mères, et l'éducation, ainsi que dans les domaines dont il est question dans les articles 6 à 9, la législation peut aussi être un élément indispensable pour nombre d'objectifs visés.

4. Le Comité note qu'en général les Etats parties exposent, consciencieusement et de manière détaillée tout au moins, certaines des mesures législatives qu'ils ont prises à cet égard. Il tient à souligner toutefois que l'adoption de mesures législatives, qui est expressément prévue par le Pacte, n'épuise nullement les obligations des Etats parties. Au contraire, il faut donner à l'expression «par tous les moyens appropriés» tout le sens qu'elle a naturellement. Certes, chaque Etat partie doit décider pour lui-même des moyens qui sont le plus appropriés, vu les circonstances en ce qui concerne chacun des droits, mais le caractère «approprié» des moyens choisis n'est pas toujours évident. Il est donc souhaitable que les rapports des Etats parties indiquent non seulement quelles sont les mesures qui ont été prises mais aussi les raisons pour lesquelles elles sont jugées le plus «appropriées» compte tenu des circonstances. Toutefois, c'est le Comité qui, en fin de compte, doit déterminer si toutes les mesures appropriées ont été prises.

5. Parmi les mesures qui pourraient être considérées comme appropriées figurent, outre les mesures législatives, celles qui prévoient des recours judiciaires au sujet de droits qui, selon le système juridique national, sont considérés comme pouvant être invoqués devant les tribunaux. Le Comité note, par exemple, que la jouissance des droits reconnus, sans discrimination, est souvent réalisée de manière appropriée, en partie grâce au fait qu'il existe des recours judiciaires ou d'autres recours utiles. En fait, les Etats parties qui sont également parties au Pacte international relatif aux droits civils et politiques sont déjà tenus (en vertu des paragraphes 1 et 3 de l'article 2 et des articles 3 et 26 du Pacte) de garantir que toute personne dont les droits et libertés (y compris le droit à l'égalité et à la non-discrimination) sont reconnus dans cet instrument auront été violés «disposera d'un recours utile» [art. 2, par. 3), al. a)]. En outre, il y a dans le Pacte international relatif aux droits économiques, sociaux et culturels un certain nombre d'autres dispositions, y compris celles des articles 3, 7 [al. a), i)], 8, 10 (par. 3), 13 [par. 2, al. a) et par. 3 et 4] et 15 (par. 3) qui, semble-t-il, sont susceptibles d'être immédiatement appliquées par des organes de caractère judiciaire et autre dans le cadre de nombreux systèmes juridiques nationaux. Il serait difficile de suggérer que les dispositions indiquées ne sont pas, étant donné leur nature, applicables en elles-mêmes et par elles-mêmes.

6. Dans les cas où des mesures expresses visant directement à assurer l'exercice des droits reconnus dans le Pacte ont été adoptées sous forme législative, le Comité souhaitera qu'on lui fasse savoir, notamment, si les lois en question créent ou non, pour les individus ou les groupes qui estiment que leurs droits ne sont pas pleinement respectés, le droit d'intenter une action. Dans les cas où des droits économiques, sociaux ou culturels spécifiques sont reconnus par la constitution, ou lorsque les dispositions du Pacte ont été incorporées directement à la loi nationale, le Comité souhaitera qu'on lui dise dans quelle mesure ces droits sont considérés comme pouvant être invoqués devant les tribunaux. Il souhaitera aussi avoir des renseignements précis sur tout cas où la teneur des dispositions de la constitution relatives aux droits économiques, sociaux et culturels aura été édulcorée ou sensiblement modifiée.

7. Les autres mesures qui peuvent être considérées comme «appropriées» aux fins du paragraphe 1 de l'article 2 comprennent, mais non pas exclusivement, les mesures administratives, financières, éducatives et sociales.

8. Le Comité note que la disposition selon laquelle les Etats parties s'engagent «à agir [...] par tous les moyens appropriés, y compris en particulier l'adoption de mesures législatives» n'exige ni n'empêche qu'une forme particulière de gouvernement ou de système économique serve de véhicule aux mesures en question, à la seule condition qu'elle soit démocratique et que tous les droits de l'homme soient respectés. Ainsi, du point de vue des systèmes politiques ou économiques, le Pacte est neutre et l'on ne saurait valablement dire

que ses principes reposent exclusivement sur la nécessité ou sur l'opportunité d'un système socialiste ou capitaliste, d'une économie mixte, planifiée ou libérale, ou d'une quelque autre conception. A cet égard, le Comité réaffirme que l'exercice des droits reconnus dans le Pacte est susceptible d'être assuré dans le cadre de systèmes économiques ou politiques très divers, à la seule condition que l'interdépendance et le caractère indivisible des deux séries de droits de l'homme, affirmés notamment dans le préambule du Pacte, soient reconnus et reflétés dans le système en question. Il constate par ailleurs que d'autres droits de l'homme, en particulier le droit au développement, ont également leur place ici.

9. La principale obligation de résultat dont il est fait état au paragraphe 1 de l'article 2, c'est d'«agir [...] en vue d'assurer progressivement le plein exercice des droits reconnus (dans le Pacte)». On emploie souvent la notion de réalisation progressive pour définir l'intention sous-jacente à ce membre de phrase. C'est une façon de reconnaître le fait que le plein exercice de tous les droits économiques, sociaux et culturels ne peut généralement pas être assuré en un court laps de temps. En ce sens, cette obligation est nettement différente de celle qui est énoncée à l'article 2 du Pacte international relatif aux droits civils et politiques, qui est une obligation immédiate de respecter et de garantir tous les droits pertinents. Néanmoins, le fait que le Pacte international relatif aux droits économiques, sociaux et culturels prévoit une démarche qui s'inscrit dans le temps, autrement dit progressive, ne saurait être interprété d'une manière qui priverait l'obligation en question de tout contenu effectif. D'une part, cette clause permet de sauvegarder la souplesse nécessaire, compte tenu des réalités du monde et des difficultés que rencontre tout pays qui s'efforce d'assurer le plein exercice des droits économiques, sociaux et culturels; d'autre part, elle doit être interprétée à la lumière de l'objectif global, et à vrai dire de la raison d'être du Pacte, qui est de fixer aux Etats parties des obligations claires en ce qui concerne le plein exercice des droits en question. Ainsi, cette clause impose l'obligation d'oeuvrer aussi rapidement et aussi efficacement que possible pour atteindre cet objectif. En outre, toute mesure délibérément régressive dans ce domaine doit impérativement être examinée avec le plus grand soin, et pleinement justifiée par référence à la totalité des droits sur lesquels porte le Pacte, et ce en faisant usage de toutes les ressources disponibles.

10. Fort de l'expérience considérable que le Comité – comme l'organe qui l'a précédé – a acquise depuis plus de dix ans que les rapports des Etats parties sont examinés, il est d'avis que chaque Etat partie a l'obligation fondamentale minimum d'assurer, au moins, la satisfaction de l'essentiel de chacun des droits. Ainsi, un Etat partie dans lequel, par exemple, nombreuses sont les personnes qui manquent de l'essentiel, qu'il s'agisse de nourriture, de soins de santé primaires, de logement ou d'enseignement, est un Etat qui, à première vue,

néglige les obligations qui lui incombent en vertu du Pacte. Le Pacte serait largement dépourvu de sa raison d'être si de sa lecture ne ressortait pas cette obligation fondamentale minimum. De la même façon, il convient de noter que, pour déterminer si un Etat s'acquitte de ses obligations fondamentales minimum, il faut tenir compte des contraintes qui pèsent sur le pays considéré en matière de ressources. En vertu du paragraphe 1 de l'article 2, chacun des Etats parties est tenu d'agir «au maximum de ses ressources disponibles». Pour qu'un Etat partie puisse invoquer le manque de ressources lorsqu'il ne s'acquitte même pas de ses obligations fondamentales minimum, il doit démontrer qu'aucun effort n'a été épargné pour utiliser toutes les ressources qui sont à sa disposition en vue de remplir, à titre prioritaire, ces obligations minimum.

11. Le Comité tient à souligner cependant que, même s'il est démontré que les ressources disponibles sont insuffisantes, l'obligation demeure, pour un Etat partie, de s'efforcer d'assurer la jouissance la plus large possible des droits pertinents dans les circonstances qui lui sont propres. En outre, le manque de ressources n'élimine nullement l'obligation de contrôler l'ampleur de la réalisation, et plus encore de la non-réalisation, des droits économiques, sociaux et culturels, et d'élaborer des stratégies et des programmes visant à promouvoir ces droits. Le Comité a déjà traité ces questions dans son Observation générale 1 (1989).

12. De même, le Comité souligne que, même en temps de grave pénurie de ressources, en raison d'un processus d'ajustement, de la récession économique ou d'autres facteurs, les éléments vulnérables de la société peuvent et doivent être protégés grâce à la mise en oeuvre de programmes spécifiques relativement peu coûteux. A l'appui de cette thèse, le Comité citera l'analyse faite par l'UNICEF, intitulée *L'ajustement à visage humain: protéger les groupes vulnérables et favoriser la croissance*[1], celle qui a été faite par le PNUD dans le *Rapport mondial sur le développement humain 1990*[2] et celle de la Banque mondiale dans le *Rapport sur le développement dans le monde 1990*[3].

13. Un dernier point du paragraphe 1 de l'article 2 sur lequel il convient d'appeler l'attention est que chacun des Etats parties s'engage à «agir, tant par son effort propre que par l'assistance et la coopération internationales, notamment sur les plans économique et technique». Le Comité fait observer que, pour les auteurs du Pacte, l'expression «au maximum de ses ressources disponibles» visait à la fois les ressources propres d'un Etat et celles de la communauté internationale, disponibles par le biais de l'assistance et de la coopération internationales. En outre, les dispositions expresses des articles 11, 15, 22 et 23

1 *G.A. Cornia, R. Jolly* et *F. Stewart,* (éds), Paris, Economica, 1987.
2 Economica, Paris, 1990.
3 Economica, Paris, 1990.

mettent elles aussi l'accent sur le rôle essentiel de cette coopération lorsqu'il s'agit de faciliter le plein exercice des droits en question. Pour ce qui est de l'article 22, le Comité a déjà insisté, dans l'Observation générale 2 (1990), sur un certain nombre de possibilités et de responsabilités en ce qui concerne la coopération internationale. Quant à l'article 23, il y est expressément dit que «la fourniture d'une assistance technique», ainsi que d'autres activités, figurent au nombre des «mesures d'ordre international destinées à assurer la réalisation des droits reconnus dans le Pacte».

14. Le Comité tient à souligner que, en vertu des articles 55 et 56 de la Charte des Nations Unies, des principes confirmés du droit international et des dispositions du Pacte lui-même, la coopération internationale pour le développement et, partant, pour l'exercice des droits économiques, sociaux et culturels est une obligation qui incombe à tous les Etats. Elle incombe tout particulièrement aux Etats qui sont en mesure d'aider les autres Etats à cet égard. Le Comité attire notamment l'attention sur l'importance de la Déclaration sur le droit au développement, adoptée par l'Assemblée générale dans sa résolution 41/128 du 4 décembre 1986, et sur la nécessité pour les Etats parties de tenir pleinement compte de tous les principes qui y sont énoncés. Si les Etats qui le peuvent ne mettent pas activement en oeuvre un programme de coopération et d'assistance internationales, la pleine jouissance des droits économiques, sociaux et culturels restera une aspiration insatisfaite. Le Comité rappelle, à ce propos, le texte de son Observation générale 2 (1990).

4. Le droit à un logement suffisant (art. 11, par. 1 du Pacte): Observation générale 4 [6] (1991)

1. Conformément au paragraphe 1 de l'article 11 du Pacte, les Etats parties «reconnaissent le droit de toute personne à un niveau de vie suffisant pour elle-même et sa famille, y compris une nourriture, un vêtement et un logement suffisants, ainsi qu'à une amélioration constante de ses conditions d'existence». Le droit de l'homme à un logement suffisant, qui découle ainsi du droit à un niveau de vie suffisant, est d'une importance capitale pour la jouissance des droits économiques, sociaux et culturels.

2. Le Comité a pu réunir une grande quantité de renseignements relatifs à ce droit. Depuis 1979, le Comité et les organes qui l'ont précédé ont examiné 75 rapports sur le droit à un logement suffisant. Le Comité a également consacré à la question une journée de débat général lors de ses troisième (voir E/1989/22, par. 312) et quatrième sessions (E/1990/23, par. 281 à 285). En outre, il a soigneusement pris note des renseignements obtenus dans le cadre de l'Année internationale du logement des sans-abri (1987), notamment de la Stratégie

mondiale du logement jusqu'à l'an 2000, adoptée par l'Assemblée générale dans sa résolution 42/191 du 11 décembre 1987[1]. Il a aussi examiné les rapports et autres documents pertinents de la Commission des droits de l'homme et de la Sous-Commission de la lutte contre les mesures discriminatoires et de la protection des minorités[2].

3. Bien que des instruments internationaux extrêmement divers traitent des différentes dimensions du droit à un logement suffisant[3], le paragraphe 1 de l'article 11 du Pacte est la disposition la plus complète et peut-être la plus importante en la matière.

4. Certes, la communauté internationale a fréquemment réitéré l'importance du respect intégral du droit à un logement suffisant, mais, entre les normes énoncées au paragraphe 1 de l'article 11 du Pacte et la situation qui règne dans de nombreuses régions du monde, l'écart reste préoccupant. A n'en pas douter, les problèmes de sans-abri et de logements insuffisants se posent souvent de manière particulièrement grave dans certains pays en développement qui se heurtent à d'importantes difficultés et autres contraintes, notamment en matière de ressources, mais le Comité constate que ces problèmes touchent également certaines des sociétés les plus avancées sur le plan économique. Selon les estimations de l'Organisation des Nations Unies, on compte plus de 100 millions de sans-abri et plus d'un milliard de mal-logés dans le monde[4]. Rien n'indique que le nombre de ces cas diminue. Il apparaît clairement qu'aucun Etat partie n'est à l'abri des graves problèmes d'ordre divers que pose le droit au logement.

5. Il arrive que, dans les rapports qu'a examinés le Comité, les Etats parties admettent et décrivent les difficultés qui s'opposent à la réalisation du droit à un logement suffisant. Mais, dans la plupart des cas, les renseignements fournis

1 Documents officiels de l'Assemblée générale, quarante-troisième session, Supplément N° 8, additif (A/43/8/Add.1).

2 Résolutions 1986/36 et 1987/22 de la Commission des droits de l'homme; rapports de M. *Danilo Türk,* rapporteur spécial de la Sous-Commission (E/CN.4/Sub.2/1990/19, par. 108 à 120; E/CN.4/Sub.2/1991/17, par. 137 à 139); voir également la résolution 1991/26 de la Sous-Commission.

3 Voir, par exemple, le paragraphe 1 de l'article 25 de la Déclaration universelle des droits de l'homme, l'alinéa iii), de l'article 5 de la Convention internationale sur l'élimination de toutes les formes de discrimination raciale, le paragraphe 2 de l'article 14 de la Convention sur l'élimination de toutes les formes de discrimination à l'égard des femmes, le paragraphe 3 de l'article 27 de la Convention relative aux droits de l'enfant, l'article 10 de la Déclaration sur le progrès et le développement dans le domaine social, le paragraphe 8 de la section III de la Déclaration de Vancouver sur les établissements humains, 1976 [Rapport d'Habitat: Conférence des Nations Unies sur les établissements humains (publication des Nations Unies, numéro de vente: F.76.IV.7, et rectificatif), chapitre premier], le paragraphe 1 de l'article 8 de la Déclaration sur le droit au développement et la recommandation sur le logement des travailleurs, 1961 (N° 115), de l'OIT.

4 Voir la note 1.

sont insuffisants et ne permettent pas au Comité de dresser un tableau précis de la situation qui prévaut dans l'Etat concerné. La présente Observation générale vise donc à cerner certaines des principales questions qui se rapportent à ce droit et qui, de l'avis du Comité, sont importantes.

6. Le droit à un logement suffisant s'applique à tous. L'expression «elle-même et sa famille» traduit des postulats concernant les rôles fondés sur le sexe et le schéma de l'activité économique qui étaient communément acceptés en 1966, année où le Pacte a été adopté, mais de nos jours, elle ne saurait être interprétée comme impliquant une restriction quelconque à l'applicabilité du droit à des individus ou à des familles dont le chef est une femme ou à d'autres groupes de ce type. Ainsi, la notion de «famille» doit être prise dans un sens large. En outre, les individus, comme les familles, ont droit à un logement convenable sans distinction d'âge, de situation économique, d'appartenance à des groupes ou autres entités ou de condition sociale et d'autres facteurs de cette nature. Notamment, la jouissance de ce droit ne doit pas, en vertu du paragraphe 2 de l'article 2 du Pacte, être soumise à une forme quelconque de discrimination.

7. Le Comité est d'avis qu'il ne faut pas entendre le droit au logement dans un sens étroit ou restreint, qui l'égale, par exemple à l'abri fourni en ayant simplement un toit au-dessus de sa tête, ou qui le prend exclusivement comme un bien. Il convient au contraire de l'interpréter comme le droit à un lieu où l'on puisse vivre en sécurité, dans la paix et la dignité. Et cela, pour deux raisons au moins. Premièrement, le droit au logement est intégralement lié à d'autres droits de l'homme et aux principes fondamentaux qui forment les prémisses du Pacte. Ainsi, «la dignité inhérente à la personne humaine» d'où découleraient les droits énoncés dans le Pacte implique que le mot «logement» soit interprété de manière à tenir compte de diverses autres considérations, et principalement que le droit au logement devrait être assuré à tous sans distinction de revenus ou de toutes autres ressources économiques. Deuxièmement, le paragraphe 1 de l'article 11 ne doit pas être compris comme visant un logement tout court mais un logement suffisant. Ainsi que l'a déclaré la Commission des établissements humains, et conformément à la Stratégie mondiale du logement jusqu'à l'an 2000, «Un logement adéquat c'est [...] suffisamment d'intimité, suffisamment d'espace, une bonne sécurité, un éclairage et une aération convenables, des infrastructures de base adéquates et un endroit bien situé par rapport au lieu de travail et aux services essentiels – tout cela pour un coût raisonnable».

8. Ainsi, l'adéquation aux besoins est une notion particulièrement importante en matière de droit au logement car elle met en évidence un certain nombre de facteurs dont il faut tenir compte pour déterminer si telle ou telle forme de logement peut être considérée comme un «logement suffisant» aux fins du Pacte. Il s'agit en partie de facteurs sociaux, économiques, culturels, climatiques, écologiques et autres, mais le Comité est d'avis qu'en tout état de cause on peut

identifier certains aspects du droit qui doivent être pris en considération à cette fin dans n'importe quel contexte. Ce sont notamment:

a) *La sécurité légale de l'occupation.* Il existe diverses formes d'occupation – la location (par le secteur public ou privé), la copropriété, le bail, la propriété, l'hébergement d'urgence et l'occupation précaire, qu'il s'agisse de terres ou de locaux. Quel que soit le régime d'occupation, chaque personne a droit à un certain degré de sécurité qui garantit la protection légale contre l'expulsion, le harcèlement ou autres menaces. Les Etats parties doivent par conséquent prendre immédiatement des mesures en vue d'assurer la sécurité légale de l'occupation aux individus et aux familles qui ne bénéficient pas encore de cette protection, en procédant à de véritables consultations avec les personnes et les groupes concernés;

b) *L'existence de services, matériaux, équipements et infrastructures.* Un logement convenable doit comprendre certains équipements essentiels à la santé, à la sécurité, au confort et à la nutrition. Tous les bénéficiaires du droit à un logement convenable doivent avoir un accès permanent à des ressources naturelles et communes: de l'eau potable, de l'énergie pour cuisiner, le chauffage et l'éclairage, des installations sanitaires et de lavage, des moyens de conservation des denrées alimentaires, d'un système d'évacuation des déchets, de drainage et des services d'urgence;

c) *La capacité de paiement.* Le coût financier du logement pour les individus ou les ménages devrait se situer à un niveau qui ne menace ni ne compromette la satisfaction d'autres besoins fondamentaux. Les Etats parties devraient faire en sorte que, d'une manière générale, le pourcentage des coûts afférents au logement ne soit pas disproportionné aux revenus. Les Etats parties devraient prévoir des allocations de logement en faveur de ceux qui n'ont pas les moyens de payer un logement, et des modalités et niveaux de financement du logement qui reflètent fidèlement les besoins en la matière. Conformément au principe du respect de la capacité de paiement, les locataires devraient être protégés par des mesures appropriées contre des loyers excessifs ou des augmentations de loyer excessives. Dans les sociétés où les matériaux de construction sont essentiellement des matériaux naturels, les Etats parties devraient faire le nécessaire pour assurer la disponibilité de ces matériaux;

d) *L'habitabilité.* Un logement convenable doit être habitable, en ce sens qu'il doit offrir l'espace convenable et la protection contre le froid, l'humidité, la chaleur, la pluie, le vent ou d'autres dangers pour la santé, les risques dus à des défauts structurels et les vecteurs de maladies. La sécurité physique des occupants doit également être garantie. Le Comité encourage les Etats parties à appliquer les principes énoncés dans *Santé et logement – Principes directeurs*[5],

5 Genève, Organisation mondiale de la santé, 1990.

établis par l'OMS, qui considère que le logement est le facteur environnemental le plus fréquemment associé aux conditions génératrices de maladies dans les analyses épidémiologiques, à savoir qu'un logement et des conditions de vie inadéquats et insuffisants vont invariablement de pair avec des taux élevés de mortalité et de morbidité;

e) *La facilité d'accès*. Un logement convenable doit être accessible à ceux qui y ont droit. Les groupes défavorisés doivent avoir pleinement accès, en permanence, à des ressources adéquates en matière de logement. Ainsi, les groupes défavorisés tels que les personnes âgées, les enfants, les handicapés physiques, les incurables, les séropositifs, les personnes ayant des problèmes médicaux chroniques, les malades mentaux, les victimes de catastrophes naturelles, les personnes qui vivent dans des régions à risques naturels et d'autres groupes devraient bénéficier d'une certaine priorité en matière de logement. Tant la législation en matière de logement que son application devraient prendre pleinement en considération les besoins spéciaux de ces groupes. Dans de nombreux Etats parties, un des principaux objectifs de la politique en matière de logement devrait consister à permettre aux secteurs sans terre ou appauvris de la société d'accéder à la propriété foncière. Il faut définir les obligations des gouvernements à cet égard afin de donner un sens concret au droit de toute personne à un lieu sûr où elle puisse vivre dans la paix et la dignité, y compris l'accès à la terre;

f) *L'emplacement*. Un logement convenable doit se situer en un lieu où existent des possibilités d'emploi, des services de santé, des établissements scolaires, des centres de soins pour enfants et d'autres services sociaux. Cela est notamment vrai dans les grandes villes et les zones rurales où le coût (en temps et en argent) des déplacements pendulaires risque de peser trop lourdement sur les budgets des ménages pauvres. De même, les logements ne doivent pas être construits sur des emplacements pollués ni à proximité immédiate de sources de pollution qui menacent le droit à la santé des occupants;

g) *Le respect du milieu culturel*. L'architecture, les matériaux de construction utilisés et les politiques en la matière doivent permettre d'exprimer convenablement l'identité culturelle et la diversité dans le logement. Dans les activités de construction ou de modernisation de logements, il faut veiller à ce que les dimensions culturelles du logement ne soient pas sacrifiées et que, si besoin est, les équipements techniques modernes, entre autres, soient assurés.

9. Comme il est indiqué plus haut, le droit à un logement suffisant ne peut pas être considéré indépendamment des autres droits de l'homme énoncés dans les deux Pactes internationaux et dans d'autres instruments internationaux applicables. Il a déjà été fait référence à cet égard à la notion de dignité de l'homme et au principe de la non-discrimination. En outre, le plein exercice des autres droits – notamment du droit à la liberté d'expression et d'association (par

exemple pour les locataires et autres groupes constitués au niveau de la collectivité), du droit qu'a toute personne de choisir librement sa résidence et de participer au processus de prise de décisions – est indispensable pour que tous les groupes de la société puissent exercer et préserver leur droit à un logement suffisant. De même, le droit de toute personne de ne pas être soumise à une ingérence arbitraire et illégale dans sa vie privée, sa vie familiale, son domicile ou sa correspondance constitue un aspect très important du droit à un logement suffisant.

10. Indépendamment de l'état de développement de tel ou tel pays, certaines mesures devront être prises immédiatement. Comme il est indiqué dans la Stratégie mondiale du logement et dans d'autres analyses internationales, un grand nombre des mesures nécessaires à la promotion du droit au logement supposent uniquement que les gouvernements s'abstiennent de certaines pratiques et s'engagent à faciliter l'auto-assistance parmi les groupes touchés. Si l'application de ces mesures exige des ressources dépassant les moyens dont dispose un Etat partie, il convient de formuler dès que possible une demande de coopération internationale, conformément au paragraphe 1 de l'article 11 et aux articles 22 et 23 du Pacte et d'informer le Comité en conséquence.

11. Les Etats parties doivent donner la priorité voulue aux groupes sociaux vivant dans des conditions défavorables en leur accordant une attention particulière. Les politiques et la législation ne devraient pas, en l'occurrence, être conçues de façon à bénéficier aux groupes sociaux déjà favorisés, au détriment des autres couches sociales. Le Comité n'ignore pas que des facteurs extérieurs peuvent influer sur le droit à une amélioration constante des conditions de vie et que la situation générale dans ce domaine s'est détériorée dans un grand nombre d'Etats parties au cours des années 80. Toutefois, comme le Comité l'a souligné dans son Observation générale 2 (1990) [E/1990/23, annexe III], malgré les problèmes dus à des facteurs extérieurs, les obligations découlant du Pacte gardent la même force et sont peut-être encore plus pertinentes en période de difficultés économiques. Le Comité estime donc qu'une détérioration générale des conditions de vie et de logement, qui serait directement imputable aux décisions de politique générale et aux mesures législatives prises par des Etats parties, en l'absence de toute mesure parallèle de compensation, serait en contradiction avec les obligations découlant du Pacte.

12. Certes, les moyens à mettre en oeuvre pour garantir la pleine réalisation du droit à un logement suffisant varieront largement d'un Etat partie à l'autre, mais il reste que le Pacte fait clairement obligation à chaque Etat partie de prendre toutes les mesures nécessaires à cette fin. Il s'agira, dans la plupart des cas, d'adopter une stratégie nationale en matière de logement qui, comme il est indiqué au paragraphe 32 de la Stratégie mondiale du logement, «définit les objectifs des activités à entreprendre pour améliorer les conditions d'habitation,

identifie les ressources disponibles pour atteindre ces objectifs et les moyens les plus rentables de les utiliser et définit les agents chargés de l'exécution des mesures nécessaires ainsi que le calendrier dans lequel elles s'inscrivent». Pour des raisons à la fois de rationalité et d'efficacité, ainsi que pour assurer le respect des autres droits de l'homme, cette stratégie devrait être élaborée après des consultations approfondies et avec la participation de tous les intéressés, notamment des sans-abri, des personnes mal logées et de leurs représentants. En outre, des mesures doivent être prises pour assurer une coordination entre les ministères et les autorités régionales et locales, afin de concilier les politiques connexes (économie, agriculture, environnement, énergie, etc.) avec les obligations découlant de l'article 11 du Pacte.

13. La surveillance régulière de la situation du logement est une autre obligation à effet immédiat. Pour que les Etats parties s'acquittent de leurs obligations en vertu du paragraphe 1 de l'article 11, ils doivent prouver, notamment, qu'ils ont pris toutes les mesures nécessaires, soit sur le plan national, soit dans le cadre de la coopération internationale, pour évaluer l'ampleur du phénomène des sans-abri et de l'insuffisance du logement sur leur propre territoire. A cet égard, le Comité, dans ses Directives générales révisées concernant la forme et le contenu des rapports (E/C.12/1991/1), souligne la nécessité de «donner des renseignements détaillés sur les groupes qui, dans (la) société, sont vulnérables et désavantagés en ce qui concerne le logement». Ces groupes sont notamment les particuliers et les familles sans abri, les personnes qui sont mal logées et ne disposent pas des éléments de confort minimum, les personnes vivant dans des zones de peuplement «illégales», les personnes expulsées de force et les groupes à faible revenu.

14. Les mesures que les Etats parties doivent prendre pour s'acquitter de leurs obligations en ce qui concerne le droit à un logement suffisant peuvent consister en un dosage approprié de mesures émanant du secteur public et du secteur privé. En général, le financement du logement à l'aide de fonds publics s'avère plus efficace s'il est consacré directement à la construction de nouveaux logements, mais, dans la plupart des cas, l'expérience a prouvé que les gouvernements étaient dans l'incapacité de remédier intégralement à la pénurie de logements au moyen de la construction de logements financés par l'Etat. C'est pourquoi les Etats parties devraient être incités à appuyer les stratégies d'autosuffisance, tout en respectant pleinement leurs obligations en vertu du droit à un logement suffisant. Pour l'essentiel, ces obligations consistent à faire en sorte que, dans l'ensemble, les mesures prises soient suffisantes pour garantir le respect des droits de chaque individu, dans les plus brefs délais, compte tenu des ressources disponibles.

15. La plupart des mesures à prendre consisteront à allouer des ressources et à prendre des décisions d'ordre général. Toutefois, il convient de ne pas sous-

estimer dans ce contexte le rôle des mesures législatives et administratives proprement dites. La Stratégie mondiale du logement, dans ses paragraphes 66 et 67, donne une indication du type de mesures qui pourraient être prises à cet égard et de leur importance.

16. Dans certains Etats, le droit à un logement suffisant est consacré dans la Constitution nationale. Dans ce cas, le Comité s'attache tout particulièrement aux aspects juridiques et aux effets concrets de l'application des dispositions en vigueur. Il souhaite en conséquence être informé en détail des cas particuliers et des autres circonstances dans lesquels l'application de ces dispositions constitutionnelles s'est révélée utile.

17. Le Comité estime qu'un grand nombre d'éléments constitutifs du droit à un logement suffisant doivent pouvoir pour le moins faire l'objet de recours internes. Selon le système juridique, il peut s'agir notamment – sans y être limité – des recours suivants: a) recours formés devant les tribunaux pour leur demander d'interdire par voie d'ordonnance des mesures d'éviction ou de démolition; b) procédures juridiques pour demandes d'indemnisation à la suite d'éviction illégale; c) plaintes contre des mesures illégales prises par des propriétaires (l'Etat ou des particuliers) ou avec leur appui, s'agissant du montant du loyer, de l'entretien du logement ou de discrimination raciale ou autre; d) allégations relatives à toute forme de discrimination dans l'attribution des logements et l'accès au logement; e) et plaintes déposées contre des propriétaires concernant l'insalubrité ou l'insuffisance du logement. Dans certains systèmes juridiques, il peut également être utile d'envisager la possibilité de faciliter des actions collectives lorsque le problème est dû à l'augmentation sensible du nombre des sans-abri.

18. A ce sujet, le Comité estime que les décisions d'éviction forcée sont *prima facie* contraires aux dispositions du Pacte et ne peuvent être justifiées que dans les situations les plus exceptionnelles et conformément aux principes applicables du droit international.

19. Enfin, conformément au paragraphe 1 de l'article 11, les Etats parties reconnaissent «l'importance essentielle d'une coopération internationale librement consentie». Jusqu'à présent, moins de 5% de l'ensemble de l'aide internationale a été consacré au logement et aux établissements humains, et souvent le financement ainsi consenti n'a guère contribué à répondre aux besoins des groupes les plus défavorisés. Les Etats parties, tant bénéficiaires que contribuants, devraient veiller à ce qu'une part substantielle du financement soit consacrée à l'instauration de conditions permettant à un plus grand nombre de personnes d'être convenablement logées. Les institutions internationales de financement qui préconisent des mesures d'ajustement structurel devraient veiller à ce que l'application de ces mesures n'entrave pas l'exercice du droit à un logement suffisant. Lorsqu'ils envisagent de faire appel à la coopération

internationale, les Etats parties devraient indiquer les domaines concernant le droit à un logement suffisant dans lesquels un apport financier extérieur serait le plus souhaitable. Ils devraient tenir pleinement compte, dans leurs demandes, des besoins et des opinions des groupes concernés.

5. Personnes souffrant d'un handicap: Observation générale 5 [11] (1994)

1. La communauté internationale a fréquemment souligné l'importance capitale que le Pacte international relatif aux droits économiques, sociaux et culturels revêt au regard des droits fondamentaux des personnes souffrant d'un handicap[1]. Ainsi, dans une étude de 1992, intitulée «Application du Programme d'action mondial concernant les personnes handicapées et Décennie des Nations Unies pour les personnes handicapées», le Secrétaire général a conclu qu'«il existait des liens étroits entre l'incapacité et les facteurs économiques et sociaux» et que «dans de nombreuses régions du monde, les conditions de vie étaient si difficiles que la satisfaction des besoins essentiels pour tous – alimentation, eau, logement, protection sanitaire et éducation – devait constituer la pierre angulaire de tout programme national»[2]. Même dans les pays où le niveau de vie est relativement élevé, les personnes souffrant d'un handicap se voient très souvent refuser la possibilité d'exercer tout l'éventail des droits économiques, sociaux et culturels reconnus dans le Pacte.

2. Le Comité des droits économiques, sociaux et culturels et le groupe de travail qui l'a précédé ont été expressément invités et par l'Assemblée générale[3] et par la Commission des droits de l'homme[4] à s'assurer que les Etats parties au Pacte s'acquittent de leur obligation de veiller à ce que les personnes souffrant d'un handicap jouissent pleinement des droits appropriés. Le Comité constate toutefois qu'à ce jour, les Etats parties ont consacré très peu d'attention à cette question dans leurs rapports. Cette constatation semble concorder avec la conclusion du Secrétaire général selon laquelle «la plupart des gouvernements n'ont toujours pas pris les mesures concertées décisives qui permettraient d'améliorer effectivement la situation» des personnes souffrant d'un handicap[5].

1 Pour un examen complet de la question, voir le rapport final établi par M. *Leandro Despouy*, Rapporteur spécial, sur les droits de l'homme et l'invalidité (E/CN.4/Sub.2/1991/31).

2 A/47/415, par. 5.

3 Voir le paragraphe 165 du Programme d'action mondial concernant les personnes handicapées, adopté par l'Assemblée générale dans sa résolution 37/52 du 3 décembre 1982 (par. 1).

4 Voir le paragraphe 4 de la résolution 1992/48 et le paragraphe 7 de la résolution 1993/29 de la Commission des droits de l'homme.

5 A/47/415, par. 6.

Aussi convient-il d'examiner et de souligner certains aspects des problèmes qui se posent dans ce domaine, du point de vue des obligations énoncées dans le Pacte.

3. Il n'existe toujours aucune définition, admise sur le plan international, du terme «incapacité». Pour ce qui nous occupe, il suffit toutefois de s'en remettre à l'approche adoptée dans les Règles de 1993, aux termes desquelles:

«Le mot ‹incapacité› recouvre à lui seul nombre de limitations fonctionnelles différentes qui peuvent frapper chacun des habitants [...]. L'incapacité peut être d'ordre physique, intellectuel ou sensoriel ou tenir à un état pathologique ou à une maladie mentale. Ces déficiences, états pathologiques ou maladies peuvent être permanents ou temporaires.»[6]

4. Conformément à l'approche adoptée dans les Règles, la présente Observation générale emploie l'expression «personnes souffrant d'un handicap» plutôt que l'ancienne expression «personnes handicapées». On a dit que cette dernière expression pourrait être mal interprétée au point de laisser supposer que la capacité de l'individu de fonctionner en tant que personne était diminuée.

5. Le Pacte ne fait pas expressément référence aux personnes souffrant d'un handicap. Mais la Déclaration universelle des droits de l'homme affirme que tous les êtres humains naissent libres et égaux en dignité et en droits, et vu que les dispositions du Pacte s'appliquent pleinement à tous les membres de la société, les personnes souffrant d'un handicap peuvent manifestement se prévaloir de la gamme tout entière des droits qui y sont reconnus. De plus, pour autant qu'un régime particulier s'impose, les Etats parties sont tenus de prendre des mesures appropriées, dans toute la mesure de leurs moyens, pour aider ces personnes à surmonter les désavantages – du point de vue de l'exercice des droits énumérés dans le Pacte – découlant de leur handicap. En outre, la condition formulée au paragraphe 2 de l'article 2 du Pacte, à savoir que les droits «qui y sont énoncés seront exercés sans discrimination aucune» fondée sur certaines considérations énumérées «ou toute autre situation», s'applique de toute évidence à la discrimination pour des motifs d'invalidité.

6. L'absence, dans le Pacte, de toute disposition expresse relative à l'invalidité peut être attribuée à une prise de conscience insuffisante, lors de la rédaction du Pacte, il y a plus d'un quart de siècle, de la nécessité d'aborder cette question explicitement et non pas tacitement. Des instruments internationaux plus récents, relatifs aux droits de l'homme, l'ont toutefois abordée expressément. Ces instruments sont notamment: la Convention relative aux droits de l'enfant (art. 23), la Charte africaine des droits de l'homme et des peuples (art. 18, par. 4), ainsi que le Protocole additionnel à la Convention américaine

6 Règles pour l'égalisation des chances des handicapés, annexées à la résolution 48/96 de l'Assemblée générale, en date du 20 décembre 1993 (Introduction, par. 17).

relative aux droits de l'homme traitant des droits économiques, sociaux et culturels (art. 18). Aussi est-il à présent très largement admis qu'il faut protéger et renforcer les droits fondamentaux des personnes souffrant d'un handicap en adoptant des lois, des politiques et des programmes tant généraux qu'expressément conçus à cette fin.

7. Conformément à cette approche, la communauté internationale s'est engagée à garantir toute la gamme des droits de l'homme aux personnes souffrant d'un handicap, et cela dans les instruments suivants: a) le Programme d'action mondial concernant les personnes handicapées, qui prévoit un cadre politique visant à promouvoir «des mesures propres à assurer la prévention de l'incapacité, la réadaptation et la poursuite des objectifs qui sont la ‹participation pleine et entière› des handicapés à la vie sociale et au développement et l'‹égalité›»[7]; b) les Principes directeurs devant régir la création ou le renforcement de comités nationaux de coordination dans le domaine de l'invalidité ou d'organes analogues, adoptés en 1990[8]; c) les Principes pour la protection des personnes atteintes de maladie mentale et pour l'amélioration des soins de santé mentale, adoptés en 1991[9]; et d) les Règles pour l'égalisation des chances des handicapés (ci-après dénommées les «Règles»), adoptées en 1993, et dont l'objet est de garantir à toutes les personnes souffrant d'un handicap «[...] les mêmes droits et obligations qu'à leurs concitoyens»[10]. Les Règles sont d'une importance fondamentale et constituent une source d'inspiration particulièrement précieuse en ce sens qu'elles déterminent avec plus de précision les obligations qui incombent aux Etats parties en vertu du Pacte.

I. Obligations générales des Etats parties

8. L'ONU a estimé à plus de 500 millions le nombre des personnes qui souffrent d'un handicap aujourd'hui dans le monde. Quatre-vingt pour cent d'entre elles vivent dans des zones rurales de pays en développement. Soixante-dix pour cent du nombre total ne bénéficieraient que dans une mesure limitée, ou aucunement, des services dont elles ont besoin. Aussi incombe-t-il directement à chaque Etat partie au Pacte d'améliorer la situation de ces personnes. Les moyens retenus

7 Programme d'action mondial concernant les personnes handicapées (voir plus haut, note 3), par. 1.

8 A/C.3/46/4, annexe I. Voir également le rapport de la Réunion internationale sur le rôle et les fonctions des comités nationaux de coordination dans le domaine de l'invalidité dans les pays en développement, tenue à Beijing du 5 au 11 novembre 1990 (CSDHA/DDP/NDC/4). Voir aussi la résolution 1991/8 du Conseil économique et social et la résolution 46/96 de l'Assemblée générale, en date du 16 décembre 1991.

9 Résolution 46/119 de l'Assemblée générale, en date du 17 décembre 1991, annexe.

10 Règles (voir plus haut, note 6), Introduction, par. 15.

pour promouvoir la pleine réalisation de leurs droits économiques, sociaux et culturels différeront inéluctablement de façon sensible d'un pays à l'autre, mais il n'est aucun pays où un effort politique et de programmation très important ne s'impose pas[11].

9. L'obligation qui incombe aux Etats parties au Pacte de promouvoir la réalisation progressive des droits pertinents, dans toute la mesure de leurs moyens, exige à l'évidence que les gouvernements ne se contentent pas de s'abstenir de prendre des dispositions qui pourraient avoir une incidence défavorable sur les personnes souffrant d'un handicap. S'agissant d'un groupe aussi vulnérable et aussi désavantagé, cette obligation consiste à prendre des mesures concrètes pour réduire les désavantages structurels et accorder un traitement préférentiel approprié aux personnes souffrant d'un handicap, afin d'arriver à assurer la participation pleine et entière et l'égalité, au sein de la société, de toutes ces personnes. D'où la nécessité presque inéluctable de mobiliser des ressources supplémentaires à ces fins et d'adopter un large éventail de mesures ponctuelles.

10. Selon un rapport du Secrétaire général, l'évolution au cours de la dernière décennie, tant dans les pays développés que dans les pays en développement, a été particulièrement défavorable aux personnes souffrant d'un handicap:

«La dégradation de la situation économique et sociale, marquée par des taux de croissance faibles, des taux de chômage élevés, la compression des dépenses publiques, la mise en oeuvre de programmes d'ajustement et la privatisation, a eu une incidence négative sur les programmes et les services [...]. Si les tendances négatives se poursuivent, les personnes souffrant d'un handicap risquent d'être de plus en plus marginalisées, ne pouvant compter que sur des aides ponctuelles.»[12]

Comme le Comité l'a précédemment fait observer (Observation générale N° 3 [Cinquième session, 1990], par. 12), l'obligation qu'ont les Etats parties de protéger les éléments vulnérables de la société prend plutôt plus, et non moins d'importance en période de grave pénurie de ressources.

11. Vu que, dans le monde entier, les gouvernements s'en remettent de plus en plus aux forces du marché, il convient de souligner certains aspects des obligations qui incombent aux Etats parties. L'un de ces aspects est la nécessité de veiller à ce que non seulement le secteur public, mais aussi le secteur privé, soient, dans des limites appropriées, soumis à une réglementation destinée à garantir un traitement équitable aux personnes souffrant d'un handicap. Dans un contexte où la prestation de services publics est de plus en plus

11 A/47/415, *passim*.
12 *Ibid.*, par. 5.

privatisée et où l'on a de plus en plus recours au marché libre, il est essentiel que les employeurs privés, les fournisseurs privés de biens et de services ainsi que les autres entités non publiques soient assujettis aussi bien à des normes de non-discrimination qu'à des normes d'égalité à l'égard des personnes souffrant d'un handicap. Dans des situations où une telle protection ne s'étend pas au-delà du domaine public, la capacité des personnes souffrant d'un handicap de participer aux activités communautaires et de devenir membres à part entière de la société sera gravement et souvent arbitrairement entravée. Cela ne veut pas dire que des mesures législatives constitueront toujours le moyen le plus efficace de chercher à éliminer la discrimination dans le secteur privé. Ainsi les Règles mettent tout particulièrement l'accent sur la nécessité, pour les Etats, de «prendre les mesures voulues pour susciter une prise de conscience accrue des problèmes des handicapés, de leurs droits, de leurs besoins, de leur potentiel et de leur contribution à la société»[13].

12. En l'absence de toute intervention gouvernementale, on relèvera toujours des cas où le fonctionnement du marché libre aura, pour les personnes qui souffrent d'un handicap, des effets peu satisfaisants soit sur le plan individuel, soit sur le plan collectif, et en pareil cas il incombera aux gouvernements d'intervenir et de prendre les mesures appropriées pour atténuer, compléter, compenser ou neutraliser les effets produits par les forces du marché. De même, s'il convient que les gouvernements fassent appel à des groupes bénévoles privés afin qu'ils aident de diverses manières les personnes qui souffrent d'un handicap, de tels arrangements ne sauraient jamais dispenser les gouvernements de leur devoir de veiller à s'acquitter pleinement de leurs obligations en vertu du Pacte. Comme il est précisé dans le Programme d'action mondial concernant les personnes handicapées, «la responsabilité finale de remédier aux conditions qui mènent aux déficiences et de faire front aux conséquences de l'incapacité incombe partout aux gouvernements»[14].

II. Mise en oeuvre

13. Les méthodes auxquelles auront recours les Etats parties pour s'acquitter des obligations qu'ils ont contractées en vertu du Pacte à l'égard des personnes souffrant d'un handicap sont pour l'essentiel les mêmes que celles qui s'offrent à eux s'agissant d'autres obligations (voir Observation générale N° 1 [Troisième session, 1989]). Ces méthodes comportent nécessairement l'évaluation, grâce à un contrôle régulier, de la nature et de l'ampleur des problèmes qui se posent à

13 Règles (voir plus haut, note 6), Règle 1.

14 Programme d'action mondial concernant les personnes handicapées (voir plus haut, note 3), par. 3.

cet égard à l'Etat; l'adoption de politiques et programmes bien conçus pour répondre aux besoins que l'on aura ainsi définis; l'élaboration, le cas échéant, de lois et l'élimination de toute loi discriminatoire; ainsi que les allocations budgétaires appropriées ou, en cas de besoin, l'appel à la coopération et à l'assistance internationales. Il est vraisemblable que la coopération internationale, en conformité avec les articles 22 et 23 du Pacte, revêtira une importance particulière pour certains pays en développement auxquels elle permettra de remplir les obligations contractées en vertu de cet instrument.

14. D'autre part, il a toujours été admis par la communauté internationale que l'élaboration des politiques et la mise en oeuvre des programmes dans le domaine considéré devraient se faire après consultation approfondie et avec la participation de groupes représentatifs des personnes concernées. Pour cette raison, les Règles recommandent que tout soit mis en oeuvre pour faciliter la création de comités nationaux de coordination ou d'organes analogues qui servent de centres nationaux de liaison pour les questions se rapportant à l'invalidité. Ce faisant, les gouvernements devront tenir compte des Principes directeurs devant régir la création, ou le renforcement, de comités nationaux de coordination dans le domaine de l'invalidité[15].

III. Obligation d'éliminer la discrimination pour raison d'invalidité

15. Aussi bien *de jure* que *de facto*, les personnes souffrant d'un handicap font depuis toujours l'objet d'une discrimination qui se manifeste sous diverses formes – qu'il s'agisse des tentatives de discrimination odieuse telles que le déni aux enfants souffrant de handicap de la possibilité de suivre un enseignement ou des formes plus subtiles de discrimination que constituent la ségrégation et l'isolement imposés matériellement ou socialement. Aux fins du Pacte, la «discrimination fondée sur l'invalidité» s'entend de toute distinction, exclusion, restriction ou préférence motivée par une invalidité ou la privation d'aménagements adéquats ayant pour effet de réduire à néant ou de restreindre la reconnaissance, la jouissance ou l'exercice des droits économiques, sociaux ou culturels. Ce sont aussi bien la négligence, l'ignorance, les préjugés et les idées fausses que l'exclusion, la différenciation ou la ségrégation pures et simples, qui bien souvent empêchent les personnes souffrant d'un handicap de jouir de leurs droits économiques, sociaux ou culturels sur un pied d'égalité avec le reste des êtres humains. C'est dans les domaines de l'éducation, de l'emploi, du logement, des transports, de la vie culturelle et en ce qui concerne l'accessi-

15 Voir plus haut, note 8.

bilité des lieux et services publics que les effets de cette discrimination se font particulièrement sentir.

16. En dépit des quelques progrès qui ont été réalisés sur le plan de la législation ces dix dernières années[16], la situation juridique des personnes souffrant d'un handicap demeure précaire. Pour remédier à la discrimination dont elles ont fait et dont elles font encore l'objet, et pour prévenir toute discrimination à l'avenir, il faudrait qu'il y ait dans pratiquement tous les Etats parties une législation antidiscrimination complète en la matière. Celle-ci devrait prévoir au bénéfice des personnes souffrant d'un handicap non seulement des recours juridiques dans toute la mesure nécessaire et possible, mais également des programmes de politique sociale leur permettant de mener dans l'indépendance une vie pleine et qui soit celle de leur choix.

17. Les mesures antidiscrimination devraient être fondées sur le principe de l'égalité de droits des personnes souffrant d'un handicap par rapport au reste des êtres humains, principe qui, selon les propres termes du Programme d'action mondial, «implique que les besoins de chaque individu sont d'égale importance, que ces besoins devraient être pris en considération dans la planification de nos sociétés et que toutes les ressources doivent être mises en oeuvre pour assurer à tous les individus une participation égale. La politique suivie en matière d'invalidité doit garantir l'accès (des personnes souffrant d'un handicap) à tous les services collectifs»[17].

18. Les mesures à prendre pour remédier à la discrimination qui s'exerce aujourd'hui à l'égard des personnes souffrant d'un handicap et leur donner des chances égales ne sauraient en aucun cas être considérées comme discriminatoires au sens du paragraphe 2 de l'article 2 du Pacte international relatif aux droits économiques, sociaux et culturels, du moment qu'elles sont fondées sur le principe de l'égalité et que l'on n'y a recours que dans la mesure nécessaire pour atteindre cet objectif.

IV. Dispositions particulières du Pacte

A) Article 3 – Egalité de droits des hommes et des femmes

19. Les personnes souffrant d'un handicap sont parfois traitées comme des êtres humains asexués. Il s'ensuit que la double discrimination dont font l'objet les femmes souffrant d'un handicap est bien souvent occultée[18]. En dépit du fait que

16 A/47/415, par. 37 et 38.

17 Programme d'action mondial concernant les personnes handicapées (voir plus haut, note 3), par. 25.

18 E/CN.4/Sub.2/1991/31 (voir plus haut, note 1), par. 140.

des voix s'élèvent fréquemment dans la communauté internationale pour demander que l'on prenne spécialement en considération leur situation, il n'a été fait que peu de choses en ce sens pendant la décennie. L'indifférence à l'égard de ces femmes est mentionnée à plusieurs reprises dans le rapport du Secrétaire général sur l'application du Programme d'action mondial[19]. Le Comité invite donc instamment les Etats parties à se préoccuper de leur situation en priorité dans les futurs programmes concernant l'application des droits économiques, sociaux et culturels.

B) Articles 6 à 8 – Droits concernant le travail

20. C'est dans le domaine de l'emploi que s'exerce avant tout et en permanence la discrimination. Dans la plupart des pays, le taux de chômage parmi les personnes souffrant d'un handicap est de deux à trois fois supérieur à celui du reste de la population active. Lorsque l'on emploie ces personnes, celles-ci se voient la plupart du temps attribuer des emplois peu payés, elles ne bénéficient que dans une faible mesure de la sécurité sociale et juridique et sont bien souvent tenues à l'écart du marché du travail. Il conviendrait que leur intégration dans le marché normal du travail soit activement appuyée par les Etats.

21. Le «droit qu'a toute personne d'obtenir la possibilité de gagner sa vie par un travail librement choisi ou accepté» (art. 6.1) n'est pas réalisé lorsque la seule véritable possibilité offerte aux personnes souffrant d'un handicap est de travailler dans un environnement dit «protégé» et dans des conditions ne répondant pas aux normes. Les arrangements en vertu desquels des personnes frappées d'un certain type d'invalidité sont en effet affectées exclusivement à certaines occupations ou à la production de certaines marchandises peuvent constituer une violation de ce droit. Pareillement, à la lumière du principe 13.3 des Principes pour la protection des personnes atteintes de maladie mentale et pour l'amélioration des soins de santé mentale[20], le «traitement thérapeutique» en institutions qui relève du travail forcé est également incompatible avec le Pacte. A cet égard, peut être invoquée également l'interdiction du travail forcé énoncée dans le Pacte international relatif aux droits civils et politiques.

22. Conformément aux Règles, les personnes souffrant d'un handicap, en zones aussi bien rurales qu'urbaines, doivent se voir offrir des possibilités égales d'emploi productif et rémunéré sur le marché du travail[21]. Pour qu'il en soit ainsi, il importe tout d'abord que soient supprimés les obstacles qui s'opposent à leur intégration en général et à l'accès à un emploi en particulier. Comme l'a noté l'Organisation internationale du Travail, ce sont très souvent des obstacles

19 A/47/415, par. 35, 46, 74 et 77.

20 Voir plus haut, note 9.

21 Règles (voir plus haut, note 6), Règle 7.

physiques érigés par la société dans les secteurs du transport, du logement et sur les lieux de travail qui sont invoqués pour justifier le fait que les personnes souffrant d'un handicap ne peuvent pas travailler[22]. C'est ainsi qu'aussi longtemps que les lieux de travail seront conçus et aménagés de telle sorte qu'ils ne soient pas accessibles aux fauteuils roulants, les employeurs pourront prétexter de ce fait pour «justifier» leur refus d'engager des personnes condamnées au fauteuil roulant. Il faudrait également que les gouvernements élaborent des politiques destinées à promouvoir et réglementer des arrangements permettant souplesse et variété dans l'emploi qui répondent de façon satisfaisante aux besoins des travailleurs souffrant d'un handicap.

23. De même, si les gouvernements ne veillent pas à ce que les modes de transport soient accessibles aux personnes souffrant d'un handicap, celles-ci auront beaucoup moins de chances de trouver un emploi approprié intégré à la société, de tirer parti des possibilités d'éducation et de formation professionnelle ou d'avoir régulièrement accès à des services de toutes sortes. En fait, l'accès à des modes de transport appropriés et, le cas échéant, spécialement adaptés aux besoins individuels, est indispensable à l'exercice, par les personnes souffrant d'un handicap, de pratiquement tous les droits reconnus dans le Pacte.

24. Les programmes d'orientation et de formation techniques et professionnelles exigés en vertu du paragraphe 2 de l'article 6 du Pacte doivent tenir compte des besoins de toutes les personnes souffrant d'un handicap, se dérouler dans un environnement intégré et être conçus et exécutés avec la pleine participation de représentants des handicapés.

25. Le droit de «jouir de conditions de travail justes et favorables» (art. 7) s'applique à toutes ces personnes, qu'elles travaillent dans un environnement protégé ou sur le marché libre du travail. Les travailleurs souffrant d'un handicap ne doivent faire l'objet d'aucune discrimination en ce qui concerne le salaire ni les autres conditions d'emploi s'ils font un travail égal à celui du reste des travailleurs. Il incombe aux Etats parties de veiller à ce que l'invalidité ne soit pas utilisée comme prétexte pour abaisser les normes en ce qui concerne la protection de l'emploi ou pour payer des salaires inférieurs au salaire minimum.

26. Les droits relatifs aux syndicats (art. 8) valent également pour les travailleurs souffrant d'un handicap, qu'ils travaillent dans un environnement spécial ou sur le marché libre du travail. En outre, l'article 8, considéré à la lumière d'autres droits comme le droit à la liberté d'association, met en évidence l'importance du droit des personnes handicapées de former leurs propres organisations. Pour que des organisations soient à même «de favoriser et de protéger (les) intérêts économiques et sociaux» (art. 8.1 a) de ces personnes, il faut que

22 Voir le document A/CONF.157/PC/61/Add.10, p. 13.

les organes gouvernementaux et autres les consultent régulièrement au sujet de toutes les questions qui les intéressent, et peut-être aussi qu'ils leur accordent un appui financier et autres pour assurer leur viabilité.

27. L'Organisation internationale du Travail a élaboré des instruments précieux et très complets concernant les droits des handicapés dans le domaine du travail, en particulier la Convention N° 159 (1983) concernant la réadaptation professionnelle et l'emploi des personnes handicapées[23]. Le Comité encourage les Etats parties au Pacte à envisager de ratifier cette convention.

C) Article 9 – Droit à la sécurité sociale

28. Les plans de sécurité sociale et de maintien des revenus revêtent une importance particulière pour les personnes souffrant d'un handicap. Comme il est indiqué dans les Règles, «Les Etats devraient assurer un soutien financier suffisant aux handicapés qui, du fait de leur incapacité ou pour des raisons qui y sont liées, ont perdu temporairement leur revenu ou l'ont vu diminuer ou se sont vu refuser un emploi»[24]. Ce soutien devrait être adapté aux besoins spéciaux d'assistance et aux frais encourus en raison de l'invalidité. En outre, un soutien devrait également être accordé dans la mesure du possible aux personnes (essentiellement des femmes) qui prennent soin des personnes souffrant d'un handicap. Ces personnes, ainsi que les membres des familles de personnes souffrant d'un handicap, ont souvent un besoin urgent de soutien financier du fait de leur rôle d'assistance[25].

29. A moins qu'il ne soit rendu nécessaire pour des raisons spéciales, le placement des personnes souffrant d'un handicap en institution ne peut pas être considéré comme une solution autorisant le non-respect du droit de ces personnes à la sécurité sociale et au soutien des revenus.

D) Article 10 – Protection de la famille, ainsi que des mères et des enfants

30. Dans le cas des personnes souffrant d'un handicap, les dispositions du Pacte selon lesquelles des mesures de protection et d'assistance doivent être prises en faveur de la famille signifient que tous les moyens doivent être employés pour que ces personnes puissent, si elles le souhaitent, vivre dans leur milieu familial. L'article 10 signifie également que, conformément aux principes généraux des normes internationales relatives aux droits de l'homme, ces personnes ont le droit de se marier et de fonder une famille. Souvent, ces droits sont négligés ou

23 Voir également la Recommandation N° 99 (1955) concernant l'adaptation et la réadaptation professionnelles des invalides et la Recommandation N° 168 (1983) concernant la réadaptation professionnelle et l'emploi des personnes handicapées.

24 Règles (voir plus haut, note 6), Règle 8, par. 1.

25 Voir le document A/47/415, par. 78.

refusés, en particulier dans le cas des personnes souffrant d'un handicap mental[26]. Dans ce contexte et dans d'autres, le terme «famille» doit être interprété de façon large et conformément à l'usage local. Les Etats parties doivent veiller à ce que la législation, ainsi que les politiques et les pratiques dans le domaine social, n'entravent pas la réalisation de ces droits. Les personnes souffrant d'un handicap doivent avoir accès aux services de conseil nécessaires pour pouvoir exercer leurs droits et s'acquitter de leurs obligations au sein de la famille[27].

31. Les femmes souffrant d'un handicap ont également droit à une protection et à un soutien au cours de la grossesse et de la maternité. Comme il est établi dans les Règles, «il ne faut pas refuser aux handicapés la possibilité d'avoir des relations sexuelles et de procréer»[28]. Les besoins et désirs des personnes souffrant d'un handicap, qu'il s'agisse de plaisir ou de procréation, doivent être reconnus et pris en considération. Dans tous les pays du monde, les hommes et les femmes souffrant d'un handicap sont généralement privés de ces droits[29]. La stérilisation d'une femme souffrant d'un handicap ou l'avortement pratiqué sur elle sans son consentement préalable constituent de graves violations du paragraphe 2 de l'article 10.

32. Les enfants souffrant d'un handicap sont particulièrement exposés à l'exploitation, aux sévices et à l'abandon et ont droit à une protection spéciale, conformément aux dispositions du paragraphe 3 de l'article 10 du Pacte, renforcées par les dispositions correspondantes de la Convention relative aux droits de l'enfant.

E) Article 11 – Droit à un niveau de vie suffisant

33. Outre la nécessité de garantir aux personnes souffrant d'un handicap le droit à une alimentation suffisante et à un logement accessible et de répondre à leurs autres besoins fondamentaux, il est indispensable de veiller à ce que ces personnes disposent de «services d'appui, aides techniques comprises, pour les aider à acquérir une plus grande indépendance dans la vie quotidienne et à exercer leurs droits»[30]. Le droit à un habillement suffisant revêt une importance particulière pour les personnes souffrant d'un handicap dont les besoins spéciaux dans ce domaine doivent être satisfaits afin qu'elles puissent mener une vie sociale pleine et satisfaisante. Dans la mesure du possible, une assistance personnelle appropriée doit leur être fournie à cet égard. Cette assistance doit

26 Voir le document E/CN.4/Sub.2/1991/31 (voir plus haut, note 1), par. 190 et 193.
27 Programme d'action mondial concernant les personnes handicapées (voir plus haut, note 3), par. 74.
28 Règles, (voir plus haut, note 6), Règle 9, par. 2.
29 Voir le document E/CN.6/1991/2, par. 14 et 59 à 68.
30 Règles, (voir plus haut, note 6), Règle 4.

respecter, dans sa forme et dans son esprit, les droits de l'homme des personnes concernées. De même, comme il est déjà indiqué au paragraphe 8 de l'Observation générale No 4 (Sixième session, 1991) du Comité, le droit à un logement suffisant suppose le droit des personnes souffrant d'un handicap à un logement accessible.

F) Article 12 – Droit à la santé physique et mentale

34. Selon les Règles, «les Etats devraient veiller à ce que les handicapés, surtout les nouveau-nés et les enfants, bénéficient de soins de santé de qualité égale à ceux dont bénéficient les autres membres de la société, et ce dans le cadre du même système de prestations»[31]. Le droit à la santé physique et mentale englobe également le droit aux services médicaux et sociaux – notamment aux appareils orthopédiques – qui permettent aux personnes souffrant d'un handicap d'être indépendantes, d'éviter d'autres handicaps et de s'intégrer dans la société[32]. De même, ces personnes devraient bénéficier de services de réadaptation leur permettant «d'atteindre et de conserver un niveau optimal d'indépendance et d'activité»[33]. Tous ces services devraient être fournis de façon que les intéressés puissent avoir la garantie du plein respect de leurs droits et de leur dignité.

G) Articles 13 et 14 – Droit à l'éducation

35. Les responsables des programmes scolaires dans un grand nombre de pays reconnaissent actuellement que la meilleure méthode d'éducation consiste à intégrer les personnes souffrant d'un handicap dans le système général d'enseignement[34]. Ainsi, les Règles stipulent que «les Etats devraient reconnaître le principe selon lequel il faut offrir aux enfants, aux jeunes et aux adultes handicapés des chances égales en matière d'enseignement primaire, secondaire et supérieur, dans un cadre intégré»[35]. Pour appliquer ce principe, les Etats devraient faire en sorte que les enseignants soient formés à l'éducation des enfants souffrant d'un handicap dans les établissements d'enseignement ordinaire et qu'ils disposent du matériel et de l'aide nécessaires pour permettre aux personnes souffrant d'un handicap d'atteindre le même niveau d'éducation que les autres élèves. Dans le cas des enfants sourds, par exemple, le langage par signes doit être reconnu comme un langage distinct auquel les enfants doivent

31 *Ibid.*, Règle 2, par. 3.

32 Voir la Déclaration des droits des personnes handicapées (résolution 3447 [XXX] de l'Assemblée générale, en date du 9 décembre 1975), par. 6; et le Programme d'action mondial concernant les personnes handicapées (voir plus haut, note 3), par. 95 à 107.

33 Règles, (voir plus haut, note 6), Règle 3.

34 Voir le document A/47/415, par. 73.

35 Règles, (voir plus haut, note 6), Règle 6.

avoir accès et dont l'importance doit être admise dans leur environnement social général.

H) Article 15 – Droit de participer à la vie culturelle et de bénéficier du progrès scientifique

36. Les Règles prévoient que «les Etats devraient faire en sorte que les handicapés aient la possibilité de mettre en valeur leur potentiel créatif, artistique et intellectuel, non seulement dans leur propre intérêt, mais aussi dans celui de la collectivité, que ce soit en milieu urbain ou en milieu rural. [...] Les Etats devraient veiller à ce que les handicapés aient accès aux lieux d'activité culturelle [...]»[36]. Il en va de même pour les lieux de loisirs, de sports et de tourisme.

37. Le droit des personnes souffrant d'un handicap de participer pleinement à la vie culturelle et aux loisirs suppose en outre que les barrières de communication soient éliminées dans toute la mesure possible. A cet égard, il serait utile d'introduire l'usage «de livres parlés, de textes rédigés simplement, de présentation et de couleurs claires, pour les personnes souffrant d'incapacité mentale, [et d'adapter] des programmes de télévision et des pièces de théâtre aux besoins des sourds»[37].

38. Pour faciliter l'égale participation des personnes souffrant d'un handicap à la vie culturelle, les gouvernements doivent informer et éduquer la population sur les handicaps. Des mesures doivent être prises en particulier pour éliminer les préjugés, les superstitions ou les croyances concernant les personnes souffrant d'un handicap, par exemple lorsque l'épilepsie est considérée comme une forme de possession de l'esprit ou lorsqu'un enfant souffrant d'un handicap est considéré comme un châtiment infligé à la famille. De même, la population en général doit être informée afin qu'elle sache que les personnes souffrant d'un handicap ont autant le droit que les autres personnes de fréquenter les restaurants, les hôtels, les centres de loisirs et les lieux culturels.

6. Des droits économiques, sociaux et culturels des personnes âgées: Observation générale 6 [13] (1995)

I. Introduction

1. La population mondiale vieillit progressivement à un rythme assez spectaculaire. Le nombre total de personnes de 60 ans et plus est passé de 200 millions

36 *Ibid.*, Règle 10, par. 1 et 2.

37 A/47/415, par. 79.

en 1950 à 400 millions en 1982 et devrait atteindre les 600 millions en l'an 2001, puis 1 milliard 200 millions en l'an 2025, où plus de 70% d'entre elles vivront dans les pays qui sont actuellement en développement. Le nombre de personnes âgées de 80 ans et plus a augmenté et augmente à un rythme encore plus rapide: il est passé de 13 millions en 1950 à plus de 50 millions à l'heure actuelle, et devrait atteindre les 137 millions en l'an 2025. Il s'agit du groupe de population dont le taux d'accroissement est le plus rapide du monde et, selon les prévisions, le nombre de ces personnes se sera multiplié par 10 entre 1950 et l'an 2025 alors que, dans la même période, le nombre de personnes âgées de 60 ans et plus se sera multiplié par six et le nombre total d'habitants de la planète par un peu plus de trois[1].

2. Ces chiffres prouvent qu'il se produit une révolution silencieuse, dont les conséquences, de portée considérable, sont imprévisibles, et qui influe déjà et influera encore davantage à l'avenir sur les structures économiques et sociales, tant à l'échelle mondiale qu'au niveau national.

3. La majorité des Etats parties au Pacte, les pays industrialisés en particulier, ont à relever le défi que représente l'adaptation de leur politique économique et sociale au vieillissement de leur population, tout spécialement en matière de sécurité sociale. Dans les pays en développement, l'absence de sécurité sociale ou les déficiences de celle-ci sont aggravées par l'émigration des jeunes générations, qui affaiblit le rôle traditionnel de la famille, principal soutien des personnes âgées.

II. Politiques approuvées au niveau international concernant les personnes âgées

4. En 1982, l'Assemblée mondiale sur le vieillissement a adopté le Plan d'action international de Vienne sur le vieillissement. Cet important document, approuvé par l'Assemblée générale, offre aux Etats membres une orientation essentielle quant aux mesures à prendre pour garantir les droits des personnes âgées, dans le cadre des droits proclamés dans les Pactes internationaux relatifs aux droits de l'homme. Il contient 62 recommandations, dont un grand nombre ont un lien direct avec le Pacte[2].

5. En 1991, l'Assemblée générale a approuvé les Principes des Nations Unies pour les personnes âgées qui, en raison des mesures qui y sont envisagées,

1 Objectifs mondiaux relatifs au vieillissement pour l'an 2001: stratégie pratique. Rapport du Secrétaire général (A/47/339, par. 5).

2 Rapport de l'Assemblée mondiale sur le vieillissement, Vienne, 26 juillet–6 août 1982 (publication des Nations Unies, numéro de vente: F.82.I.16).

constituent également un instrument important dans le présent contexte[3]. Les Principes sont divisés en cinq sections ayant un rapport étroit avec les droits énoncés dans le Pacte. «L'indépendance» s'entend notamment de l'accès, en suffisance, aux vivres, à l'eau, au logement, aux vêtements et aux soins de santé. A ces droits fondamentaux s'ajoute la possibilité d'exercer des emplois rétribués et d'accéder à l'éducation et à la formation. «Participation» signifie que les personnes âgées devraient participer activement à la définition et à l'application des politiques qui touchent leur bien-être, partager leurs connaissances et leur savoir-faire avec les jeunes générations et pouvoir se constituer en mouvements ou en associations. Dans la section intitulée «soins», il est prévu que les personnes âgées devraient bénéficier de la protection des familles et de soins de santé et jouir des droits de l'homme et des libertés fondamentales lorsqu'elles sont en résidence dans un foyer ou dans un établissement de soins ou de traitement. S'agissant «d'épanouissement personnel», les personnes âgées devraient avoir la possibilité d'assurer le plein épanouissement de leurs possibilités en ayant accès aux ressources de la société sur les plans éducatif, culturel, spirituel et en matière de loisirs. Enfin, dans la section intitulée «dignité», il est dit que les personnes âgées devraient avoir la possibilité de vivre dans la dignité et la sécurité sans être exploitées ni soumises à des sévices physiques ou mentaux, devraient être traitées avec justice, quels que soient leur âge, leur sexe, leur race ou leur origine ethnique, leurs handicaps, leur situation financière ou autres caractéristiques, et être appréciées indépendamment de leur contribution économique.

6. En 1992, l'Assemblée générale a approuvé huit objectifs mondiaux concernant le vieillissement pour l'an 2001 et des directives pour la fixation des objectifs nationaux. A divers points de vue importants, ces objectifs mondiaux contribuent à renforcer les obligations des Etats parties au Pacte[4].

7. En 1992 également, à l'occasion de la célébration du dixième anniversaire de l'adoption du Plan d'action international de Vienne par l'Assemblée mondiale sur le vieillissement, l'Assemblée générale a adopté la «Proclamation sur le vieillissement», dans laquelle elle a engagé à appuyer les initiatives nationales relatives au vieillissement, de sorte que les femmes âgées reçoivent l'appui dont elles ont besoin, eu égard aux contributions largement méconnues qu'elles apportent à la société et que les hommes âgés soient encouragés à développer les aptitudes sociales, culturelles et affectives qu'ils peuvent ne pas avoir pu

3 Résolution 46/91 de l'Assemblée générale des Nations Unies, du 16 décembre 1991, relative à l'application du Plan d'action international sur le vieillissement et aux activités connexes, annexe.

4 Objectifs mondiaux relatifs au vieillissement pour l'an 2001: stratégie pratique (A/47/339, chap. III et IV).

développer pendant leurs années de soutien de famille, que les familles reçoivent un appui pour fournir des soins aux personnes âgées, tous les membres de la famille étant encouragés à coopérer à la fourniture de ces soins et que la coopération internationale soit élargie dans le cadre des stratégies permettant d'atteindre pour l'an 2001 les objectifs mondiaux concernant le vieillissement. En outre, l'année 1999 était proclamée Année internationale des personnes âgées eu égard à la maturité démographique de l'humanité[5].

8. Les institutions spécialisées des Nations Unies, en particulier l'OIT, ont elles aussi consacré leur attention au problème du vieillissement dans leurs domaines d'activité respectifs.

III. Droits des personnes âgées au regard du Pacte international relatif aux droits économiques, sociaux et culturels

9. Les termes employés pour désigner les personnes âgées varient considérablement, y compris dans les documents internationaux. On parle de personnes âgées, d'anciens, de populations vieillissantes, de vieillards, de personnes du troisième âge et de personnes du quatrième âge (pour désigner les personnes âgées de plus de 80 ans). Le Comité opte pour l'expression «personnes âgées» («older persons» en anglais, «personas mayores» en espagnol), utilisée dans les résolutions 47/5 et 48/98 de l'Assemblée générale, par laquelle il entend toutes les personnes âgées de 60 ans et plus, conformément aux modèles des services statistiques de l'ONU. (Eurostat, le Service statistique de l'Union européenne, appelle personnes âgées celles âgées de 65 ans et plus, 65 ans étant l'âge de départ à la retraite le plus couramment retenu, lequel tend d'ailleurs à être repoussé.)

10. Le Pacte international relatif aux droits économiques, sociaux et culturels ne contient pas de référence explicite aux droits des personnes âgées, bien que l'article 9 relatif au «droit de toute personne à la sécurité sociale, y compris les assurances sociales», suppose implicitement la reconnaissance du droit aux prestations de vieillesse. Toutefois, étant donné que les dispositions du Pacte s'appliquent pleinement à tous les membres de la société, il est évident que les personnes âgées doivent pouvoir jouir de la totalité des droits reconnus dans le Pacte. Ce principe est également pleinement consacré dans le Plan d'action international de Vienne sur le vieillissement. De plus, considérant que le respect des droits des personnes âgées exige des mesures spéciales, les Etats parties sont

5 Résolution 47/5 de l'Assemblée générale, du 16 octobre 1992, «Proclamation sur le vieillissement».

tenus, en vertu du Pacte, de s'acquitter de cette obligation dans toute la mesure des ressources disponibles.

11. L'autre question importante est de savoir si la discrimination en raison de l'âge est interdite par le Pacte. Ni le Pacte ni la Déclaration universelle des droits de l'homme ne font explicitement mention de l'âge parmi les motifs interdits. Cette omission, plutôt que d'être considérée comme intentionnelle, doit s'expliquer par le fait que, lorsque ces instruments ont été adoptés, le problème du vieillissement de la population n'était pas aussi évident ni aussi urgent qu'il l'est à l'heure actuelle.

12. La question reste néanmoins ouverte, si l'on considère que la discrimination en raison de «toute autre situation» peut s'appliquer à l'âge. Le Comité note que s'il n'est peut-être pas encore possible de conclure que la discrimination en raison de l'âge est globalement interdite par le Pacte, les domaines dans lesquels cette discrimination peut être acceptée sont très limités. En outre, il convient de souligner qu'un grand nombre d'instruments internationaux de politique générale soulignent le caractère inacceptable de la discrimination à l'égard des personnes âgées et que ce principe est confirmé dans la législation de la grande majorité des Etats. Dans le petit nombre de domaines où la discrimination continue à être tolérée, par exemple en ce qui concerne l'âge obligatoire de la retraite ou l'accès à l'enseignement supérieur, la tendance est manifestement à l'élimination des restrictions. Le Comité estime que les Etats parties devraient s'efforcer d'intensifier cette tendance dans toute la mesure possible.

13. En conséquence, le Comité des droits économiques, sociaux et culturels considère que les Etats parties au Pacte ont l'obligation d'accorder une attention particulière à la promotion et à la protection des droits économiques, sociaux et culturels des personnes âgées. Son propre rôle à cet égard est d'autant plus important qu'à la différence des droits d'autres groupes tels que les femmes et les enfants les droits des personnes âgées n'ont pas encore été consacrés dans un instrument international global et qu'il n'existe pas non plus de mécanisme de surveillance obligatoire de l'application des divers ensembles de principes des Nations Unies dans ce domaine.

14. A la fin de sa treizième session, le Comité et, précédemment, le Groupe de travail de session d'experts gouvernementaux, avait examiné 144 rapports initiaux, 70 deuxièmes rapports périodiques et 20 rapports combinant rapports initiaux et périodiques, sur l'application des articles premier à 15. Ces examens ont permis d'identifier un grand nombre des problèmes que la mise en oeuvre du Pacte peut poser dans un nombre considérable d'Etats parties représentant toutes les régions du monde et dotés de systèmes politiques, socio-économiques et culturels différents. Les rapports examinés jusqu'à présent ne contenaient pas systématiquement de renseignements sur la situation des personnes âgées au

regard de l'application des dispositions du Pacte, à l'exception de renseignements plus ou moins complets sur la mise en oeuvre de l'article 9 concernant le droit à la sécurité sociale.

15. En 1993, le Comité a consacré à cette question une journée de débat général afin d'orienter judicieusement son activité future en la matière. En outre, il a commencé, à ses dernières sessions, à attacher considérablement plus d'importance aux renseignements sur les droits des personnes âgées et les questions qu'il a posées lui ont permis d'obtenir dans certains cas des renseignements très utiles. Il note néanmoins que les Etats parties, dans leur grande majorité, continuent à ne faire que très peu mention dans leurs rapports de cette question importante. Il indique en conséquence qu'il insistera à l'avenir pour que la situation des personnes âgées en ce qui concerne chacun des droits énoncés dans le Pacte soit décrite avec précision dans tous les rapports. Il expose dans la suite de la présente Observation générale les questions spécifiques qui se posent à cet égard.

IV. Obligations générales des Etats parties

16. Le groupe de population que constituent les personnes âgées est aussi hétérogène et varié que le reste de la population et ses conditions de vie dépendent de la situation économique et sociale du pays, de facteurs démographiques, environnementaux et culturels, de la situation de l'emploi et, au niveau individuel, de la situation familiale, du niveau d'éducation, de l'environnement urbain et rural et de la profession des travailleurs et des retraités.

17. A côté des personnes âgées qui jouissent d'une bonne santé et d'une situation financière acceptable, nombreuses sont celles qui, même dans les pays développés, ne disposent pas de ressources suffisantes et qui constituent l'essentiel des groupes de population les plus vulnérables, marginaux et non protégés. En période de récession et de restructuration de l'économie, les personnes âgées sont particulièrement menacées. Comme le Comité l'a souligné précédemment (Observation générale N° 3, 1990, par. 12), les Etats parties ont le devoir de protéger les membres vulnérables de la société même en temps de grave pénurie de ressources.

18. Les méthodes que les Etats parties doivent utiliser pour s'acquitter des obligations qu'ils ont contractées en vertu du Pacte à l'égard des personnes âgées sont fondamentalement les mêmes que celles qui sont prévues pour assurer la mise en oeuvre d'autres obligations (voir l'Observation générale N° 1, 1989). Elles consistent notamment à déterminer, par une surveillance régulière, la nature et l'ampleur des problèmes existant au sein de l'Etat, à adopter des politiques et des programmes spécialement conçus pour répondre aux besoins,

à adopter de nouvelles lois en cas de besoin et à éliminer toute législation discriminatoire et, enfin, à prendre les mesures budgétaires correspondantes ou, le cas échéant, à solliciter la coopération internationale. A cet égard, la coopération internationale, telle qu'elle est prévue aux articles 22 et 23 du Pacte, peut offrir à certains pays en développement des moyens particulièrement importants de s'acquitter de leurs obligations en vertu du Pacte.

19. A ce sujet, l'attention est appelée sur l'objectif mondial N° 1, approuvé par l'Assemblée générale en 1992, dans lequel il est proposé de créer des infrastructures nationales d'appui pour promouvoir les politiques et les programmes se rapportant au vieillissement dans les plans et programmes nationaux et internationaux de développement. A cet égard, le Comité note que l'un des Principes des Nations Unies pour les personnes âgées que les gouvernements ont été encouragés à incorporer dans leurs programmes nationaux veut que les personnes âgées puissent se constituer en mouvements ou en associations de personnes âgées.

V. Dispositions spécifiques du Pacte

Article 3: Egalité des droits des hommes et des femmes

20. Conformément à l'article 3 du Pacte, qui stipule que les Etats parties «s'engagent à assurer le droit égal pour l'homme et la femme au bénéfice de tous les droits économiques, sociaux et culturels», le Comité considère que les Etats parties devraient accorder une attention particulière aux femmes âgées qui ont consacré toute leur vie ou une partie de celle-ci à s'occuper de leur famille sans exercer d'activité rémunérée leur donnant droit à une pension de vieillesse ou qui n'ont pas non plus acquis de droit à une pension de veuve et qui se trouvent souvent de ce fait dans une situation critique.

21. Pour faire face à de telles situations et s'acquitter pleinement des dispositions de l'article 9 du Pacte et du paragraphe 2 h) de la Proclamation sur le vieillissement, les Etats parties devraient établir des prestations de vieillesse non contributives, ou d'autres aides, en faveur de toutes les personnes, sans distinction de sexe, qui, à un âge déterminé, fixé par la législation nationale, manquent de ressources. Vu l'espérance de vie élevée des femmes et ces dernières étant celles qui, le plus souvent, ne peuvent prétendre à une pension, faute d'avoir cotisé à un régime de retraite, ce sont elles qui s'en trouveraient les principales bénéficiaires.

Articles 6 à 8: Droits liés au travail

22. A l'article 6 du Pacte, les Etats parties sont incités à prendre des mesures appropriées pour garantir le droit qu'a toute personne d'obtenir la possibilité de

gagner sa vie par un travail librement choisi ou accepté. C'est pourquoi le Comité, tenant compte du fait que les travailleurs âgés n'ayant pas atteint l'âge de la retraite rencontrent souvent des difficultés pour trouver et conserver un emploi, insiste sur la nécessité d'adopter des mesures propres à éviter toute discrimination fondée sur l'âge en matière d'emploi et de profession[6].

23. Le droit qu'a toute personne de «jouir de conditions de travail justes et favorables», proclamé à l'article 7 du Pacte, revêt une importance particulière pour l'environnement professionnel des travailleurs âgés qui devraient pouvoir travailler sans risque jusqu'à leur départ à la retraite. Il est conseillé en particulier de valoriser l'expérience et les connaissances de ces travailleurs[7].

24. Des programmes de préparation à la retraite devraient être mis en oeuvre au cours des années précédant la fin de la vie professionnelle, avec la participation des organisations représentatives des employeurs et des travailleurs et des autres organismes intéressés pour préparer les travailleurs âgés à faire face à leur nouvelle vie. De tels programmes devraient, en particulier, fournir des informations sur les droits et obligations des retraités, les possibilités et conditions de la poursuite d'une activité professionnelle, ainsi que sur les possibilités de bénévolat, les moyens de lutter contre les effets néfastes du vieillissement, les facilités pour participer à des activités éducatives et culturelles et l'utilisation des loisirs[8].

25. Les droits protégés par l'article 8 du Pacte, c'est-à-dire les droits syndicaux, doivent être appliqués aux travailleurs âgés, y compris après l'âge de la retraite.

Article 9: Droit à la sécurité sociale

26. L'article 9 du Pacte stipule, de façon générale, que les Etats parties «reconnaissent le droit de toute personne à la sécurité sociale», sans préciser la nature ou le niveau de la protection qui doit être garanti. Toutefois, les termes «sécurité sociale» couvrent implicitement tous les risques liés à la perte des moyens de subsistance par suite de circonstances indépendantes de la volonté des personnes concernées.

27. Conformément à l'article 9 du Pacte et aux dispositions d'application des Conventions de l'OIT sur la sécurité sociale – la Convention N° 102 (1952) relative à la sécurité sociale (normes minimum) et la Convention N° 128 (1967) concernant les prestations d'invalidité, de vieillesse et de survivants – les Etats parties doivent prendre des mesures appropriées pour instituer, de façon générale, des prestations d'assurance vieillesse obligatoires qui doivent être perçues à partir d'un âge déterminé, prescrit par la législation nationale.

6 Voir Recommandation N° 162, 1980, de l'OIT, concernant les travailleurs âgés (par. 3 à 10).
7 *Ibid.* (par. 11 à 19).
8 *Ibid.* (par. 30).

28. Conformément aux recommandations contenues dans les deux Conventions de l'OIT susmentionnées et dans la Recommandation N° 162 précitée, le Comité invite les Etats parties à fixer l'âge de la retraite de façon souple, en fonction des activités exercées et de la capacité de travail des personnes âgées et compte tenu également des facteurs démographiques, économiques et sociaux.

29. Pour mettre en oeuvre les dispositions de l'article 9 du Pacte, les Etats parties doivent garantir l'attribution de prestations de survivants et d'orphelins au décès du soutien de famille inscrit à la sécurité sociale ou bénéficiaire d'une pension de retraite.

30. Enfin, pour mettre pleinement en oeuvre les dispositions de l'article 9 du Pacte, et comme le Comité l'a déjà indiqué aux paragraphes 20 et 21, les Etats parties devraient instituer, dans la limite des ressources disponibles, des prestations de vieillesse non contributives ou d'autres aides en faveur des personnes âgées qui, ayant atteint l'âge prescrit dans la législation nationale mais n'ayant pas occupé d'emploi ou versé de cotisations pendant les périodes minimales exigées, n'ont pas droit au versement d'une pension de vieillesse ou à d'autres prestations au titre de la sécurité sociale et ne bénéficient pas d'autres sources de revenus.

Article 10: Protection de la famille

31. Conformément au paragraphe 1 de l'article 10 du Pacte et aux Recommandations Nos 25 et 29 du Plan d'action international de Vienne sur le vieillissement, les Etats parties devraient faire tous les efforts nécessaires pour soutenir, protéger et renforcer la famille et l'aider, conformément aux valeurs culturelles de chaque société, à subvenir aux besoins des membres âgés à sa charge. Dans la Recommandation N° 29, les gouvernements et les organisations non gouvernementales sont engagés à mettre en place des services d'aide sociale à l'intention des familles qui comptent dans leur foyer des personnes âgées et à prendre des mesures spéciales en faveur des familles à faible revenu qui veulent garder les personnes âgées dans leur foyer. Les personnes qui vivent seules et les couples de personnes âgées qui souhaitent demeurer chez eux devraient également bénéficier de cette aide.

Article 11: Droit à un niveau de vie suffisant

32. Le Principe 1 des Nations Unies pour les personnes âgées, relatif à l'indépendance des personnes âgées, stipule en premier lieu: «Les personnes âgées devraient avoir accès, en suffisance, aux vivres, à l'eau, au logement, aux vêtements et aux soins de santé grâce à leurs revenus, au soutien des familles et de la communauté et à l'auto-assistance». Le Comité juge que ce Principe, qui reconnaît aux personnes âgées les droits énoncés à l'article 11 du Pacte, est d'une grande importance.

33. Il est dit clairement dans les Recommandations Nos 19 à 24 du Plan d'action international de Vienne sur le vieillissement que le logement pour les personnes âgées ne doit pas être envisagé comme un simple abri car, outre ses caractéristiques physiques, il a une signification psychologique et sociale dont il faut tenir compte. C'est pourquoi les politiques nationales devraient aider les personnes âgées à continuer de vivre à leur domicile le plus longtemps possible moyennant la restauration, l'aménagement et l'amélioration des logements et leur adaptation aux capacités d'accès et d'usage des personnes âgées (Recommandation No 19). La Recommandation No 20 met l'accent sur la nécessité de veiller à ce que la réglementation et la planification du développement et de la rénovation du milieu urbain fassent une place particulière aux problèmes des personnes âgées en vue de faciliter leur intégration sociale et la Recommandation No 22 invite à tenir compte de la capacité fonctionnelle des personnes âgées pour leur fournir un environnement facilitant leur mobilité et leur permettant d'avoir des contacts, en prévoyant des moyens de transport adéquats.

Article 12: Droit à la santé physique et mentale

34. Pour veiller à ce que les personnes âgées jouissent effectivement du droit à un niveau satisfaisant de santé physique et mentale, conformément aux dispositions du paragraphe 1 de l'article 12 du Pacte, les Etats parties devraient tenir compte des Recommandations Nos 1 à 17 du Plan d'action international de Vienne sur le vieillissement, qui visent dans leur ensemble à offrir des orientations en matière de politique sanitaire en faveur des personnes âgées et sont fondées sur une optique globale, allant de la prévention et de la réadaptation aux soins dispensés aux malades en phase terminale.

35. Il est évident qu'il est impossible de faire face aux cas toujours plus nombreux de maladies chroniques et dégénératives et aux coûts élevés de l'hospitalisation uniquement grâce à la médecine curative. Les Etats parties devraient tenir compte du fait que le maintien du bon état de santé pendant la vieillesse exige des investissements pendant toute la vie des citoyens, essentiellement grâce à l'adoption de styles de vie sains (alimentation, exercice, suppression du tabac et de l'alcool, etc.). La prévention, sous forme de contrôles périodiques adaptés aux besoins des femmes et des hommes âgés, joue un rôle décisif, de même que la réadaptation qui permet de maintenir les fonctions des personnes âgées et de réduire ainsi les frais de soins médicaux et de services sociaux.

Articles 13 à 15: Droit à l'éducation et à la culture

36. Le paragraphe 1 de l'article 13 du Pacte reconnaît le droit de toute personne à l'éducation. Dans le cas des personnes âgées, ce droit doit être considéré sous deux angles distincts et complémentaires: a) le droit des personnes âgées à

bénéficier des programmes d'éducation et b) la mise à profit des connaissances et de l'expérience des personnes âgées en faveur des jeunes générations.

37. Dans le premier domaine, les Etats parties devraient tenir compte a) des recommandations formulées dans le Principe 16 des Nations Unies pour les personnes âgées, selon lequel les personnes âgées devraient avoir accès à des programmes appropriés d'enseignement et de formation et, en conséquence, selon leur niveau de préparation, leurs aptitudes et leurs motivations, avoir accès aux différents stades du cycle d'éducation, grâce à des mesures spéciales d'alphabétisation, d'éducation permanente, d'accès à l'enseignement universitaire, etc.; et b) de la Recommandation N° 47 du Plan d'action international de Vienne sur le vieillissement, selon laquelle, conformément à la notion d'éducation permanente promulguée par l'Organisation des Nations Unies pour l'éducation, la science et la culture (UNESCO), il faudrait concevoir des programmes informels, basés sur la collectivité et orientés vers les loisirs, à l'intention des personnes âgées, afin de nourrir chez elles un sentiment d'autonomie et de responsabilité communautaire. Les gouvernements et les organisations internationales devraient accorder leur appui à ces programmes.

38. Pour ce qui est de la mise à profit des connaissances et de l'expérience des personnes âgées évoquée dans les recommandations du Plan d'action international de Vienne sur le vieillissement concernant l'éducation (par. 74 à 76), l'attention des Etats parties est appelée sur le rôle important que les personnes âgées et les vieillards jouent encore dans beaucoup de sociétés, car ils sont chargés de transmettre l'information, les connaissances, les traditions et les valeurs spirituelles, rôle majeur qui ne devrait pas disparaître. C'est pourquoi le Comité attache une importance particulière au message contenu dans la Recommandation N° 44 du Plan, selon laquelle: «Il conviendrait de concevoir des programmes d'enseignement qui permettent aux personnes âgées de jouer leur rôle d'enseignants et de relais de la connaissance, de la culture et des valeurs spirituelles».

39. Conformément aux alinéas a) et b) du paragraphe 1 de l'article 15 du Pacte, les Etats parties reconnaissent à chacun le droit de participer à la vie culturelle et de bénéficier du progrès scientifique et de ses applications. A cet égard, le Comité engage les Etats parties à tenir compte des recommandations contenues dans les Principes des Nations Unies pour les personnes âgées et en particulier du Principe 7, selon lequel: «Les personnes âgées devraient rester intégrées dans la société, participer activement à la définition et à l'application des politiques qui touchent directement leur bien-être et partager leurs connaissances et leur savoir-faire avec les jeunes générations», ainsi que du Principe 16, selon lequel: «Les personnes âgées devraient avoir accès aux ressources de la société sur les plans éducatif, culturel, spirituel et en matière de loisirs».

40. Conformément à la Recommandation N° 48 du Plan d'action international de Vienne sur le vieillissement, les gouvernements et les organisations internationales sont engagés à soutenir les programmes qui visent à faciliter l'accès physique des personnes âgées aux installations culturelles (musées, théâtres, salles de concert, cinémas, etc.).

41. La Recommandation N° 50 met l'accent sur la nécessité pour les gouvernements, les organisations non gouvernementales et les personnes âgées elles-mêmes de faire porter leurs efforts sur la suppression du stéréotype de la personne âgée en tant que personne souffrant d'incapacités physiques et psychologiques, incapable de fonctionner de manière autonome et n'ayant ni rôle ni place dans la société. Ces efforts, auxquels doivent participer les moyens de communication et les établissements d'enseignement, sont indispensables à l'édification d'une société qui défend la pleine intégration des personnes âgées.

42. Enfin, en ce qui concerne le droit de bénéficier du progrès scientifique et de ses applications, les Etats parties devraient tenir compte des Recommandations N°s 60, 61 et 62 du Plan d'action international de Vienne et déployer des efforts pour encourager la recherche dans les domaines biologique, psychologique et social, et sur les moyens de maintenir la capacité fonctionnelle et d'éviter et de retarder l'apparition des maladies chroniques et des invalidités. A cet égard, il est recommandé que les Etats et les organisations intergouvernementales et non gouvernementales créent des établissements spécialisés dans l'enseignement de la gérontologie, de la gériatrie et de la psychogériatrie dans les pays où il n'existe pas d'établissements de ce genre.

II. Observations générales du Comité des droits de l'homme se rapportant au Pacte II*

Introduction (1989)

Le Comité tient à réaffirmer son désir d'aider les Etats parties à s'acquitter de l'obligation qui leur incombe de présenter des rapports. Les observations générales qui suivent soulignent certains aspects de la question, sans toutefois prétendre l'embrasser complètement ni établir une priorité entre les différents aspects de l'application du Pacte. Si le temps dont dispose le Comité le permet, d'autres observations seront formulées par la suite compte tenu des nouveaux enseignements de l'expérience.

[...]

Le but des présentes observations générales est de faire bénéficier tous les Etats parties de l'expérience ainsi acquise, pour les inciter à continuer à appliquer le Pacte, d'appeler leur attention sur des insuffisances que font apparaître un grand nombre de rapports, de suggérer certaines améliorations dans la procédure de présentation des rapports, et de stimuler les activités de ces Etats et des organisations internationales qui ont pour objet de promouvoir et de protéger les droits de l'homme. Ces observations devraient aussi intéresser d'autres Etats, en particulier ceux qui envisagent d'adhérer au Pacte et de renforcer ainsi la coopération de tous les Etats en vue de la promotion et de la protection universelle des droits de l'homme.

1. Observations se rapportant aux questions générales

a) Obligation de faire rapport: Observation générale 1 [13] (1981)

Les Etats parties se sont engagés à présenter des rapports, conformément à l'article 40 du Pacte, dans un délai d'un an à compter de l'entrée en vigueur du Pacte pour chaque Etat partie en ce qui le concerne et, par la suite, chaque fois que le Comité en fait la demande. Jusqu'ici, seule la première partie de cette disposition, relative à la présentation des rapports initiaux, a été régulièrement observée. Le Comité note que, comme indiqué dans ses rapports annuels, un

* Récapitulation des observations générales ou recommandations générales adoptées par les organes créés en vertu d'instruments internationaux relatifs aux droits de l'homme; UN.Doc. HRI/GEN/1/Rev. 2 du 29 mars 1996, pp. 3–54.

petit nombre seulement d'Etats ont présenté en temps voulu les rapports qui leur étaient demandés. La plupart des rapports ont été soumis avec des retards allant de quelques mois à plusieurs années, et certains Etats parties continuent de manquer à leurs engagements malgré les rappels réitérés du Comité et les autres mesures qu'il a prises à cet égard. Le fait que la plupart des Etats parties ont cependant engagé, bien que tardivement dans certains cas, un dialogue constructif avec le Comité, donne à penser que les Etats parties devraient normalement pouvoir s'acquitter de leur obligation de présenter des rapports dans les délais prescrits au paragraphe 1 de l'article 40, et qu'il serait dans leur intérêt de le faire à l'avenir. A l'occasion de la ratification du Pacte, les Etats devraient se préoccuper immédiatement de l'obligation qui leur est faite de présenter des rapports, étant donné que l'établissement d'un rapport dans les conditions requises portant sur un grand nombre de droits civils et politiques demande forcément du temps.

b) Directives pour la présentation des rapports: Observation générale 2 [13] (1981)

1. Le Comité a constaté que certains des rapports initiaux étaient si succincts et avaient un caractère si général qu'il était nécessaire de formuler des directives générales sur la forme et le contenu des rapports. Ces directives avaient pour but d'obtenir que les rapports aient une présentation uniforme et permettent au Comité et aux Etats parties de se faire une idée complète de la situation dans chaque Etat pour ce qui est de l'exercice des droits énoncés dans le Pacte. Toutefois, malgré ces directives, certains rapports restent si succincts et si généraux qu'ils ne satisfont pas aux exigences en matière de rapports prévues à l'article 40.

2. L'article 2 du Pacte dispose que les Etats parties doivent prendre les mesures législatives ou autres et prévoir les recours qui peuvent être nécessaires pour appliquer le Pacte. L'article 40 dispose que les Etats parties doivent présenter au Comité des rapports sur les mesures qu'ils auront arrêtées, sur les progrès réalisés dans la jouissance des droits énumérés dans le Pacte et, le cas échéant, sur les facteurs et les difficultés qui affectent la mise en oeuvre des dispositions du Pacte. Or, même les rapports dont la forme était d'une manière générale conforme aux directives se sont révélés incomplets sur le fond. Il s'est révélé difficile de juger, d'après le contenu de certains rapports, si les dispositions du Pacte étaient appliquées en tant qu'éléments de la législation nationale, et un grand nombre de ces rapports donnaient manifestement des indications incomplètes sur la législation pertinente. Dans certains rapports, le rôle joué par les organes ou organismes nationaux pour surveiller le respect des droits et en

assurer l'application n'était pas clairement exposé. En outre, très peu de rapports faisaient état des facteurs et des difficultés qui affectaient la mise en oeuvre du Pacte.

3. Le Comité considère que l'obligation de présenter des rapports requiert que ceux-ci renseignent, non seulement sur les lois et autres règles se rapportant aux obligations contractées en vertu du Pacte, mais aussi sur les pratiques et les décisions des tribunaux et autres organes de l'Etat partie et sur tous les autres faits de nature à indiquer le degré véritable de mise en oeuvre et de jouissance des droits reconnus dans le Pacte, les progrès accomplis, et les facteurs et les difficultés qui affectent la mise en oeuvre des dispositions du Pacte.

4. Le Comité a pour pratique, conformément à l'article 68 de son règlement intérieur provisoire, d'examiner les rapports en présence des représentants des Etats auteurs desdits rapports. Tous les Etats dont les rapports ont été examinés ont coopéré avec le Comité de cette façon, mais le niveau, l'expérience et le nombre des représentants n'étaient pas toujours comparables. Le Comité tient à souligner que, pour qu'il puisse s'acquitter aussi efficacement que possible des tâches qui lui incombent en vertu de l'article 40, et pour que les Etats auteurs des rapports tirent le meilleur parti possible de ce dialogue, il est souhaitable que les représentants des Etats aient l'autorité et l'expérience nécessaires (et soient de préférence en nombre suffisant) pour répondre aux questions posées et aux observations faites par le Comité sur tous les sujets traités dans le Pacte.

c) Situation des étrangers au regard du Pacte: Observation générale 15 [27] (1986)

1. Souvent, les rapports des Etats parties ne tiennent pas compte du fait que chaque Etat partie doit garantir les droits visés par le Pacte à «tous les individus se trouvant dans leur territoire et relevant de leur compétence» (art. 2, par. 1). En général, les droits énoncés dans le Pacte s'appliquent à toute personne, sans considération de réciprocité, quelle que soit sa nationalité ou même si elle est apatride.

2. Ainsi, la règle générale est que chacun des droits énoncés dans le Pacte doit être garanti, sans discrimination entre les citoyens et les étrangers. Les étrangers bénéficient de l'obligation générale de non-discrimination à l'égard des droits garantis par le Pacte, ainsi que prévu à l'article 2. Cette garantie s'applique de la même manière aux étrangers et aux citoyens. Exceptionnellement, certains des droits reconnus dans le Pacte ne sont expressément applicables qu'aux citoyens (art. 25), tandis que l'article 13 ne vise que les étrangers. Cependant, le Comité a constaté en examinant les rapports que, dans un certain nombre de pays, les autres droits qui devraient être reconnus aux étrangers en

vertu du Pacte leur sont refusés, ou font l'objet de restrictions qui ne peuvent pas toujours être justifiées en vertu du Pacte.

3. Quelques constitutions proclament l'égalité des étrangers et des citoyens. D'autres, plus récentes, distinguent soigneusement les droits fondamentaux reconnus à tous et ceux qui ne sont reconnus qu'aux citoyens, et définissent les uns et les autres en détail. Cependant, dans de nombreux Etats, la constitution ne vise que les citoyens lorsqu'elle prévoit des droits déterminés. La législation et la jurisprudence peuvent aussi jouer un rôle important dans la reconnaissance des droits des étrangers. Le Comité a été informé que dans certains Etats les droits fondamentaux, bien qu'ils ne soient pas garantis aux étrangers par la constitution ou par la loi, leur sont néanmoins reconnus comme le Pacte l'exige. Dans certains cas, toutefois, il est apparu que les droits prévus par le Pacte n'étaient pas reconnus sans discrimination à l'égard des étrangers.

4. Le Comité estime que les Etats parties devraient, dans leurs rapports, prêter attention à la situation des étrangers à la fois au regard de leur droit et dans la pratique concrète. Le Pacte accorde aux étrangers une protection totale quant aux droits qu'il garantit, et les Etats parties devraient observer ces prescriptions dans leur législation et dans leur pratique. La situation des étrangers en serait sensiblement améliorée. Les Etats parties devraient veiller à ce que les dispositions du Pacte et les droits qu'il prévoit soient portés à la connaissance des étrangers relevant de leur compétence.

5. Le Pacte ne reconnaît pas aux étrangers le droit d'entrer sur le territoire d'un Etat partie ou d'y séjourner. En principe, il appartient à l'Etat de décider qui il admet sur son territoire. Toutefois, dans certaines situations, un étranger peut bénéficier de la protection du Pacte même en ce qui concerne l'entrée ou le séjour: tel est le cas si des considérations relatives à la non-discrimination, à l'interdiction des traitements inhumains et au respect de la vie familiale entrent en jeu.

6. L'autorisation d'entrée peut être soumise à des conditions relatives aux déplacements, au lieu de séjour et à l'emploi. Un Etat peut aussi imposer des conditions générales aux étrangers en transit. Cependant, une fois autorisés à entrer sur le territoire d'un Etat partie, les étrangers bénéficient des droits énoncés par le Pacte.

7. Les étrangers ont ainsi un droit inhérent à la vie qui est juridiquement protégé, et ne peuvent être privés arbitrairement de la vie. Ils ne doivent pas être soumis à la torture, ni à des traitements ou peines inhumains ou dégradants; ils ne peuvent pas non plus être réduits en esclavage ou en servitude. Les étrangers ont droit sans réserve à la liberté et à la sécurité de la personne. S'ils sont légalement privés de leur liberté, ils doivent être traités avec humanité et avec le respect de la dignité inhérente à leur personne. Un étranger ne peut être détenu pour inexécution d'une obligation contractuelle. Les étrangers ont droit à la

liberté de mouvement et au libre choix de leur lieu de résidence; ils sont libres de quitter le pays. Ils jouissent de l'égalité devant les tribunaux, et ont droit à ce que leur cause soit entendue équitablement et publiquement par un tribunal compétent, indépendant et impartial établi par la loi, et qui décidera du bien-fondé de toute accusation en matière pénale et des contestations portant sur leurs droits et obligations de caractère civil. Les étrangers ne sont pas soumis à une législation pénale rétroactive, et ils ont droit à la reconnaissance de leur personnalité juridique. Ils ne peuvent être soumis à aucune immixtion arbitraire ou illégale dans leur vie privée, leur famille, leur résidence ni leur correspondance. Ils ont droit à la liberté de pensée, de conscience et de religion, et ont le droit d'avoir des opinions et de les exprimer. Les étrangers bénéficient du droit de réunion pacifique et de libre association. Ils peuvent se marier lorsqu'ils ont atteint l'âge légal du mariage. Leurs enfants bénéficient des mesures de protection nécessitées par leur état de mineur. Dans les cas où les étrangers constituent une minorité au sens de l'article 27, il ne peut leur être refusé le droit, en commun avec les autres membres de leur groupe, d'avoir leur propre vie culturelle, de professer et de pratiquer leur propre religion et d'employer leur propre langue. Les étrangers ont droit à une égale protection de la loi. Il n'y a pas de discrimination entre étrangers et citoyens dans l'application de ces droits. Ces droits des étrangers ne peuvent faire l'objet que des limitations qui peuvent être légalement imposées conformément au Pacte.

8. Une fois qu'un étranger se trouve légalement sur un territoire, sa liberté de déplacement à l'intérieur du territoire et son droit de quitter le territoire ne peuvent être limités que conformément à l'article 12, paragraphe 3. Les différences de traitement sur ce point entre étrangers et nationaux, ou entre différentes catégories d'étrangers, doivent être justifiées au regard de l'article 12, paragraphe 3. Comme les restrictions doivent notamment être compatibles avec les autres droits reconnus dans le Pacte, un Etat partie ne peut, en limitant les droits d'un étranger ou en l'expulsant vers un pays tiers, empêcher arbitrairement son retour dans son propre pays (art. 12, par. 4).

9. Beaucoup de rapports donnent des renseignements insuffisants au sujet de l'article 13. Cet article est applicable à toutes les procédures tendant à contraindre un étranger à quitter un pays, que la législation nationale qualifie ce départ d'expulsion ou qu'elle emploie un autre terme. Si la procédure comporte l'arrestation, les garanties prévues par le Pacte en cas de privation de liberté (art. 9 et 10) peuvent aussi être applicables. Si l'arrestation a pour objet l'extradition, d'autres dispositions du droit national et du droit international peuvent s'appliquer. Normalement, un étranger qui est expulsé doit être autorisé à se rendre dans tout pays qui accepte de l'accueillir. Les droits spécifiquement prévus par l'article 13 ne protègent que les étrangers qui se trouvent légalement sur le territoire d'un Etat partie. Il s'ensuit que les dispositions du droit national

concernant les conditions d'entrée et de séjour doivent être prises en considération pour déterminer l'étendue de cette protection, et qu'en particulier les immigrés clandestins et les étrangers qui ont dépassé la durée de séjour prévue par la loi ou par l'autorisation qui leur a été délivrée ne sont pas protégés par l'article dont il s'agit. Toutefois, si la légalité de l'entrée ou du séjour d'un étranger fait l'objet d'un litige, toute décision pouvant entraîner l'expulsion de l'étranger doit être prise dans le respect de l'article 13. Il appartient aux autorités compétentes de l'Etat partie d'appliquer et d'interpréter le droit national de bonne foi, dans l'exercice de leurs pouvoirs, tout en respectant les obligations prévues par le Pacte, et notamment le principe de l'égalité devant la loi (art. 26).

10. L'article 13 ne porte directement que sur la procédure, et non sur les motifs de fond de l'expulsion. Cependant, pour autant qu'il n'autorise que les mesures exécutées à la suite d'une «décision prise conformément à la loi», son objectif évident est d'éviter les expulsions arbitraires. D'autre part, il reconnaît à chaque étranger le droit à une décision individuelle; il s'ensuit que les lois ou décisions qui prévoiraient des mesures d'expulsion collective ou massive ne répondraient pas aux dispositions de l'article 13. Le Comité estime que cette interprétation est confirmée par les dispositions qui prévoient le droit de faire valoir les raisons qui peuvent militer contre une mesure d'expulsion et de soumettre la décision à l'examen de l'autorité compétente ou d'une personne désignée par elle, en se faisant représenter à cette fin devant cette autorité ou cette personne. L'étranger doit recevoir tous les moyens d'exercer son recours contre l'expulsion, de manière à être en toutes circonstances à même d'exercer effectivement son droit. Les principes énoncés par l'article 13 au sujet du recours contre la décision d'expulsion ou du droit à un nouvel examen par une autorité compétente ne peuvent souffrir d'exception que si «des raisons impérieuses de sécurité nationale l'exigent». Aucune discrimination ne peut être opérée entre différentes catégories d'étrangers dans l'application de l'article 13.

d) Questions touchant les réserves formulées au moment de la ratification du Pacte ou des protocoles facultatifs: Observation générale 24 [52] (1994)

1. Au 1er novembre 1994, 46 des 127 Etats parties au Pacte international relatif aux droits civils et politiques avaient, à eux tous, formulé 150 réserves d'importance variable concernant l'acceptation des obligations découlant du Pacte. Certaines de ces réserves excluent l'obligation d'assurer et de garantir tel ou tel droit énoncé dans le Pacte. D'autres, couchées en termes plus généraux, visent souvent à assurer que certaines dispositions du droit interne continuent de primer. D'autres encore concernent la compétence du Comité. Le nombre de

réserves, leur teneur et leur portée peuvent compromettre l'application effective du Pacte et tendre à affaiblir le respect de leurs obligations par les Etats parties. Il importe que les Etats parties sachent exactement à quelles obligations eux-mêmes, et les autres Etats parties, ont en fait souscrit. Quant au Comité, pour s'acquitter des devoirs qui lui incombent en vertu de l'article 40 du Pacte ou des Protocoles facultatifs, il doit savoir si un Etat est lié par une obligation donnée ou dans quelle mesure. Il lui faut pour cela déterminer si une déclaration unilatérale est une réserve ou une déclaration interprétative et déterminer sa recevabilité et ses effets.

2. Pour toutes ces raisons, le Comité a jugé utile d'examiner dans le cadre d'une Observation générale les questions qui relèvent du droit international et de celles qui relèvent de la politique en matière de droits de l'homme («Human rights policy»). L'Observation générale identifie les principes du droit international applicables à la formulation de réserves et qui permettent d'en déterminer l'acceptabilité et d'en interpréter l'objet. Elle traite du rôle des Etats parties par rapport aux réserves formulées par d'autres Etats parties. Elle traite en outre du rôle du Comité lui-même par rapport à ces réserves. Enfin, l'Observation générale contient certaines recommandations à l'intention des Etats parties actuels afin qu'ils revoient leurs réserves, ainsi qu'à l'intention des Etats qui ne sont pas encore parties au Pacte afin qu'ils aient conscience des considérations juridiques et de celles qui relèvent de la politique en matière de droits de l'homme (Human rights policy) dont ils doivent tenir compte s'ils envisagent de ratifier l'instrument ou d'y adhérer en émettant des réserves particulières.

3. Il n'est pas toujours aisé de distinguer une réserve d'une déclaration traduisant la manière dont un Etat interprète une disposition, ou encore d'une déclaration d'ordre politique. Il faut prendre en compte l'intention de l'Etat plutôt que la forme de l'instrument. Si une déclaration, quels qu'en soient l'appellation ou l'intitulé, vise à exclure ou à modifier l'effet juridique d'un traité dans son application à l'Etat, elle constitue une réserve[1]. Inversement, si ce qu'un Etat appelle une réserve ne fait que traduire l'interprétation qu'il a d'une disposition donnée, sans exclure ni modifier cette disposition dans son application audit Etat, il ne s'agit pas en réalité d'une réserve.

4. La possibilité d'émettre des réserves peut encourager les Etats qui estiment avoir des difficultés à garantir tous les droits énoncés dans le Pacte à accepter néanmoins la plupart des obligations en découlant. Les réserves peuvent jouer un rôle utile en permettant aux Etats de rendre des éléments spécifiques de leur législation compatibles avec les droits inhérents à l'individu tels qu'ils sont énoncés dans le Pacte. Toutefois, il est souhaitable, en principe, que les Etats

1 Article 2 1) d) de la Convention de Vienne sur le droit des traités de 1969.

acceptent la totalité des obligations, car les normes relatives aux droits de l'homme sont l'expression juridique des droits essentiels que chacun doit pouvoir exercer en tant qu'être humain.

5. Le Pacte n'interdit pas les réserves ni ne mentionne aucun type de réserves autorisées. Il en va de même du premier Protocole facultatif. Aux termes du paragraphe 1 de l'article 2 du deuxième Protocole facultatif, «il ne sera admis aucune réserve au présent Protocole, en dehors de la réserve formulée lors de la ratification ou de l'adhésion et prévoyant l'application de la peine de mort en temps de guerre à la suite d'une condamnation pour un crime de caractère militaire, d'une gravité extrême, commis en temps de guerre». Les paragraphes 2 et 3 prévoient certaines obligations de procédure.

6. Le fait que les réserves ne soient pas interdites ne signifie pas qu'un Etat peut émettre n'importe quelle réserve. La question des réserves au titre du Pacte et du premier Protocole facultatif est régie par le droit international. Le paragraphe 3 de l'article 19 de la Convention de Vienne sur le droit des traités donne des orientations utiles[2]. En vertu de cet article, si une réserve n'est pas interdite par le traité considéré ou relève bien de la catégorie des réserves autorisées, un Etat peut émettre sa réserve pour autant qu'elle ne soit pas incompatible avec l'objet et le but du traité. Bien que, contrairement à d'autres instruments relatifs aux droits de l'homme, le Pacte ne fasse pas expressément référence au critère de la compatibilité avec son objet et son but, la question de l'interprétation et l'acceptabilité des réserves est régie par ce critère.

7. Dans un instrument énonçant un très grand nombre de droits civils et politiques, chacun des nombreux articles, et en fait leur conjugaison, tend à assurer la réalisation des objectifs visés par le Pacte. L'objet et le but du Pacte sont de créer des normes relatives aux droits de l'homme juridiquement contraignantes en définissant certains droits civils et politiques et en les plaçant dans un cadre d'obligations juridiquement contraignantes pour les Etats qui le ratifient, ainsi que de fournir un mécanisme permettant de surveiller efficacement les obligations souscrites.

8. Des réserves contraires à des normes impératives ne seraient pas compatibles avec l'objet et le but du Pacte. Les traités qui constituent un simple échange d'obligations entre Etats autorisent certes ceux-ci à formuler entre eux des réserves à l'application de règles du droit international général, mais il en est autrement dans le cas des instruments relatifs aux droits de l'homme qui visent à protéger les personnes relevant de la juridiction des Etats. En conséquence, les

2 Bien que la Convention de Vienne sur le droit des traités ait été conclue en 1969 et soit entrée en vigueur en 1980, c'est-à-dire après le Pacte, ses dispositions reflètent dans ce domaine le droit international général qui avait déjà été affirmé par la Cour internationale de Justice dans l'avis rendu en 1951 sur les *Réserves à la Convention sur le génocide.*

dispositions du Pacte qui représentent des règles de droit international coutumier (*a fortiori* lorsqu'elles ont le caractère de normes impératives) ne peuvent pas faire l'objet de réserves. Ainsi, un Etat ne peut se réserver le droit de pratiquer l'esclavage ou la torture, de soumettre des personnes à des traitements ou peines cruels, inhumains ou dégradants, de les priver arbitrairement de la vie, de les arrêter et de les détenir arbitrairement, de dénier le droit à la liberté de pensée, de conscience et de religion, de présumer une personne coupable tant que son innocence n'a pas été établie, d'exécuter des femmes enceintes ou des enfants, d'autoriser l'incitation à la haine nationale, raciale ou religieuse, de dénier à des personnes nubiles le droit de se marier, ou de dénier aux minorités le droit d'avoir leur propre vie culturelle, de professer leur propre religion ou d'employer leur propre langue. Et si des réserves à des dispositions particulières de l'article 14 peuvent être acceptables, une réserve générale au droit à un procès équitable ne le serait pas.

9. Appliquant plus généralement au Pacte le critère de la compatibilité avec l'objet et le but, le Comité note que, à titre d'exemple, une réserve à l'article premier déniant aux peuples le droit de déterminer leur propre statut politique et d'assurer leur développement économique, social et culturel, serait incompatible avec l'objet et le but du Pacte. De même, une réserve touchant l'obligation de respecter et de garantir les droits reconnus dans cet instrument, sans distinction aucune (art. 2, par. 1), ne serait pas acceptable. Un Etat ne peut pas non plus se réserver le droit de ne pas prendre les mesures nécessaires au plan interne pour donner effet aux droits reconnus dans le Pacte (art. 2, par. 2).

10. Le Comité s'est en outre demandé si certains types de réserves pouvaient être incompatibles avec l'objet et le but. Il faut étudier en particulier si des réserves à des dispositions du Pacte auxquelles il n'est pas permis de déroger sont compatibles avec son objet et son but. Bien qu'il n'y ait pas de hiérarchie entre les droits consacrés dans le Pacte, l'exercice de certains droits ne peut être suspendu, même en période d'urgence nationale, ce qui souligne l'importance capitale des droits non susceptibles de dérogation. Mais en fait ce ne sont pas tous les droits d'une importance capitale, tels que ceux énoncés aux articles 9 et 27 du Pacte, auxquels il est interdit de déroger. L'une des raisons pour lesquelles certains droits ne sont pas susceptibles de dérogation est que leur suspension est sans rapport avec le contrôle légitime de l'état d'urgence national (par exemple, l'interdiction de l'emprisonnement pour dettes faite à l'article 11). Une autre raison est que cette dérogation peut concrètement être impossible (comme, par exemple, dans le cas de la liberté de conscience). En même temps, il est impossible de déroger à certaines dispositions précisément parce que la primauté du droit ne saurait être assurée en leur absence. C'est ce qui se passerait dans le cas d'une réserve aux dispositions de l'article 4, qui vise justement à contrebalancer les intérêts de l'Etat et les droits de l'individu en période d'exception. Il

en va de même de certains droits auxquels il n'est pas permis de déroger – interdiction de la torture et de la privation arbitraire de la vie, par exemple[3] – et qui, en tout état de cause, ne peuvent faire l'objet d'une réserve puisque ce sont des normes impératives. Bien qu'il n'existe pas de corrélation automatique entre les réserves émises à l'égard de dispositions auxquelles il ne peut être dérogé et celles qui portent atteinte à l'objet et au but du Pacte, il incombe à un Etat de justifier pareille réserve.

11. Le Pacte non seulement consacre des droits spécifiques, mais les assortit de sérieuses garanties. Ces garanties fournissent le cadre nécessaire pour que les droits énoncés dans le Pacte soient assurés et elles sont donc essentielles au respect de son objet et de son but. Certaines s'appliquent au niveau national et d'autres au niveau international. Des réserves visant à les éliminer sont donc inacceptables. Ainsi, un Etat ne pourrait pas faire de réserve au paragraphe 3 de l'article 2 du Pacte en indiquant qu'il n'a pas l'intention d'offrir des recours en cas de violation des droits de l'homme. Ce type de garanties fait partie intégrante du Pacte et en conditionne l'efficacité. Pour faciliter la réalisation de ses objectifs, le Pacte investit par ailleurs le Comité d'une fonction de contrôle. Les réserves émises afin de se soustraire à cet aspect essentiel du Pacte, qui vise également à garantir l'exercice des droits, sont elles aussi incompatibles avec son objet et son but. Un Etat ne peut pas se réserver le droit de ne pas présenter de rapports et de ne pas voir ses rapports étudiés par le Comité. Le rôle du Comité au titre du Pacte, que ce soit en vertu de l'article 40 ou en vertu des Protocoles facultatifs, suppose nécessairement l'interprétation des dispositions du Pacte et l'élaboration d'une jurisprudence. C'est pourquoi une réserve qui rejette la compétence qu'a le Comité d'interpréter les obligations prévues dans une disposition du Pacte serait aussi contraire à l'objet et au but de cet instrument.

12. L'intention des auteurs du Pacte était d'assurer, à toutes les personnes relevant de la juridiction d'un Etat partie, les droits énoncés dans cet instrument. A cette fin, un certain nombre d'obligations connexes peuvent se révéler nécessaires. Il faut peut-être modifier le droit interne pour tenir compte des prescriptions du Pacte et mettre en place des mécanismes au niveau national pour rendre les droits consacrés dans le Pacte applicables au niveau local. Les réserves font souvent apparaître une tendance des Etats à ne pas vouloir modifier telle ou telle loi, et cette tendance est parfois érigée en politique générale. Ce qui est particulièrement préoccupant, ce sont les réserves formulées en termes généraux qui ont essentiellement pour effet de rendre inopérants tous les droits énoncés dans le Pacte dont le respect exigerait une modification du droit interne. Il n'y

3 Des réserves ont été émises au sujet de l'article 6 et de l'article 7, mais elles n'ont pas été formulées en des termes qui réservent un droit de pratiquer la torture ou de priver quiconque arbitrairement de la vie.

a donc aucune acceptation réelle des droits ou obligations énoncés dans un instrument international. Lorsque à cela s'ajoutent l'absence de dispositions donnant la possibilité d'invoquer les droits consacrés dans le Pacte devant les tribunaux nationaux et, de plus, l'impossibilité pour les particuliers de saisir le Comité en vertu du premier Protocole facultatif, tous les éléments essentiels des garanties prévues par le Pacte sont supprimés.

13. On peut se demander si le premier Protocole facultatif autorise des réserves et, dans l'affirmative, si une réserve à cet instrument pourrait être contraire à l'objet et au but du Pacte, ou du premier Protocole facultatif lui-même. Il est évident que le premier Protocole facultatif est un instrument international distinct du Pacte tout en lui étant étroitement lié. Son objet et son but sont de reconnaître que le Comité a compétence pour recevoir et examiner des communications émanant de particuliers qui prétendent être victimes d'une violation, par un Etat partie, de l'un quelconque des droits énoncés dans le Pacte. Les Etats acceptent les droits reconnus aux particuliers en se référant au Pacte, et non au premier Protocole facultatif, dont la fonction est de permettre que les réclamations dont ces droits peuvent faire l'objet soient présentées au Comité. En conséquence, une réserve touchant l'obligation d'un Etat de respecter et de garantir un droit énoncé dans le Pacte, formulée au titre du premier Protocole facultatif, alors qu'elle n'a pas été émise auparavant au titre du Pacte, ne porte pas atteinte au devoir de l'Etat de respecter ses obligations de fond. Une réserve ne peut être émise au Pacte par le biais du Protocole facultatif; ce type de réserve aurait pour effet d'obtenir que le Comité ne contrôlerait pas, en vertu du premier Protocole facultatif la façon dont l'Etat remplit l'obligation considérée. Et comme l'objet et le but du premier Protocole facultatif sont de permettre au Comité de vérifier que les dispositions ayant force obligatoire pour les Etats sont bien appliquées, une réserve tendant à l'en empêcher serait contraire à l'objet et au but du premier Protocole, si ce n'est au Pacte. Une réserve portant sur une obligation de fond émise pour la première fois au titre du premier Protocole facultatif semblerait refléter l'intention de l'Etat concerné d'empêcher le Comité de donner son avis sur un article donné du Pacte, dans le cadre d'un recours individuel.

14. Le Comité considère que les réserves touchant les procédures requises au titre du premier Protocole facultatif ne seraient pas compatibles avec l'objet et le but de cet instrument. Le Comité doit rester maître de sa propre procédure, telle qu'elle est définie par le Protocole facultatif et par le règlement intérieur. Toutefois des réserves ont été faites dans le but de limiter la compétence du Comité aux faits et événements survenus après l'entrée en vigueur du premier Protocole facultatif pour les Etats intéressés. De l'avis du Comité, il s'agit là non pas d'une réserve, mais le plus souvent d'une déclaration conforme à sa compétence normale *ratione temporis*. Dans le même temps, le Comité a soutenu

qu'il était compétent, même en cas de déclarations ou observations de cette nature, lorsque des événements ou actes intervenus avant la date de l'entrée en vigueur du premier Protocole facultatif, ont continué, au-delà de cette date, d'avoir un effet sur les droits d'une victime. Certaines réserves ont été formulées, qui ajoutent en fait un critère supplémentaire d'irrecevabilité aux motifs prévus au paragraphe 2 de l'article 5, en empêchant l'examen d'une communication lorsque la même question a déjà été examinée dans le cadre d'une autre procédure comparable. Dans la mesure où l'obligation la plus fondamentale était d'assurer que le respect des droits d'un individu fasse l'objet d'un examen indépendant par une tierce partie, le Comité, lorsque le droit et le domaine concernés étaient identiques au regard du Pacte et d'un autre instrument international, a considéré qu'une telle réserve ne portait pas atteinte à l'objet et au but du premier Protocole facultatif.

15. Le but du deuxième Protocole facultatif est avant tout d'étendre la portée des obligations de fond contractées en vertu du Pacte qui touchent au droit à la vie, en interdisant l'exécution et en abolissant la peine de mort[4]. Il contient une disposition spécifique qui détermine ce qui est permis. En vertu du paragraphe 1 de l'article 2, un seul type de réserve est autorisé, à savoir celle par laquelle un Etat partie se réserve le droit d'appliquer la peine de mort en temps de guerre à la suite d'une condamnation pour un crime de caractère militaire, d'une gravité extrême, commis en temps de guerre. Les Etats parties qui souhaitent se prévaloir du droit de formuler une réserve de cet ordre doivent s'acquitter de deux obligations de procédure. Aux termes du paragraphe 1 de l'article 2, l'Etat qui se trouve dans cette situation doit informer le Secrétaire général, lors de la ratification ou de l'adhésion, des dispositions pertinentes de sa législation interne qui s'appliquent en temps de guerre. Cette disposition vise clairement à servir les objectifs de spécificité et de transparence et, de l'avis du Comité, une réserve qui ne serait pas accompagnée de ce type de précisions serait sans effet juridique. Aux termes du paragraphe 3 de l'article 2, l'Etat qui a formulé une telle réserve doit notifier au Secrétaire général la proclamation et la levée de l'état de guerre sur son territoire. Pour le Comité, aucun Etat ne peut chercher à se prévaloir de sa réserve (c'est-à-dire faire considérer l'exécution comme légale en temps de guerre) s'il ne s'est pas acquitté de l'obligation visée au paragraphe 3 de l'article 2.

16. De l'avis du Comité, il importe de savoir quel organe est investi du pouvoir de déterminer si certaines réserves spécifiques sont compatibles avec

4 La compétence du Comité à l'égard de cette obligation élargie est reconnue à l'article 5, soumis lui-même à une certaine forme de réserve dans la mesure où l'attribution automatique de cette compétence au Comité est susceptible de réserve puisqu'il est possible de faire une déclaration en sens contraire lors de la ratification ou de l'adhésion.

l'objet et le but du Pacte. Pour ce qui est des traités internationaux en général, dans l'affaire des *Réserves à la Convention sur le génocide* (1951) la Cour internationale de Justice a estimé qu'un Etat faisant objection à une réserve au motif d'incompatibilité avec l'objet et le but d'un traité pouvait, par son objection, considérer le traité comme n'étant pas en vigueur entre lui-même et l'Etat auteur de la réserve. Le paragraphe 4 de l'article 20 de la Convention de Vienne sur le droit des traités de 1969, qui prévoit la possibilité pour un Etat de faire objection à une réserve formulée par un autre Etat, contient des dispositions très intéressantes concernant l'acceptation des réserves et les objections aux réserves. Il permet à un Etat de faire objection à une réserve formulée par un autre Etat. L'article 21 traite des effets juridiques des objections élevées par les Etats aux réserves émises par d'autres Etats. Fondamentalement, une réserve empêche l'application, entre l'Etat auteur de la réserve et les autres Etats, de la disposition qui a fait l'objet de la réserve. Toute objection fait que, dans les rapports entre l'Etat auteur de la réserve et l'Etat qui a formulé l'objection, la réserve ne s'applique que dans la mesure où elle n'est pas touchée par l'objection.

17. Comme on l'a indiqué ci-dessus, c'est la Convention de Vienne sur le droit des traités qui donne la définition des réserves et prévoit l'application du critère de la compatibilité avec l'objet et le but en l'absence d'autres dispositions spécifiques. Mais le Comité est d'avis que les dispositions de la Convention concernant le rôle des objections des Etats aux réserves ne permettent pas de régler le problème des réserves émises à l'égard des instruments relatifs aux droits de l'homme. Ces instruments, et le Pacte tout particulièrement, ne constituent pas un réseau d'échanges d'obligations interétatiques. Ils visent à reconnaître des droits aux individus. Le principe de la réciprocité interétatique ne s'applique pas, sauf peut-être dans le contexte limité des réserves aux déclarations touchant la compétence du Comité faites au titre de l'article 41. Etant donné que les règles classiques sur les réserves sont tout à fait inadaptées, souvent les Etats n'ont pas vu l'intérêt juridique s'agissant du Pacte, ni la nécessité d'élever une objection aux réserves. L'absence de protestation de la part d'un Etat ne peut pas laisser supposer qu'une réserve est compatible ou incompatible avec l'objet et le but du Pacte. Les objections formulées ont été occasionnelles, elles ont été émises par certains Etats et non par d'autres, pour des raisons qui n'ont pas toujours été précisées; souvent, quand une objection est élevée, la Partie qui la formule ne précise pas ses conséquences juridiques ou, parfois même indique qu'elle ne considère pas pour autant que le Pacte n'est pas en vigueur entre les parties concernées. En bref, le profil de ces objections est si peu clair qu'on peut difficilement déduire de l'absence d'objection de la part d'un Etat qu'il juge une réserve particulière acceptable. De l'avis du Comité, en raison des caractéristiques particulières du Pacte en tant qu'instrument relatif

aux droits de l'homme, on peut se demander quels sont les effets d'une objection pour les relations entre les Etats intéressés. Cela étant, une objection élevée par les Etats à une réserve peut donner au Comité un élément d'appréciation pour déterminer si la réserve est compatible avec l'objet et le but du Pacte.

18. Il incombe nécessairement au Comité de déterminer si une réserve donnée est compatible avec l'objet et le but du Pacte, en partie parce que, comme on l'a vu plus haut, cette tâche n'est pas du ressort des Etats parties s'agissant d'instruments relatifs aux droits de l'homme, et en partie parce que le Comité ne peut se soustraire à cette tâche dans l'exercice de ses fonctions. Afin de savoir jusqu'où va son devoir d'examiner dans quelle mesure un Etat s'acquitte de ses obligations au titre de l'article 40 ou d'examiner une communication soumise en vertu du premier Protocole facultatif, il doit nécessairement se faire une idée de la compatibilité d'une réserve avec l'objet et le but du Pacte et avec le droit international général. En raison du caractère particulier d'un instrument relatif aux droits de l'homme, la compatibilité d'une réserve avec l'objet et le but du Pacte doit être établie objectivement, en se référant à des principes juridiques. Le Comité est particulièrement bien placé pour s'acquitter de cette tâche. La conséquence normale d'une réserve inacceptable n'est pas que le Pacte restera totalement lettre morte pour l'Etat auteur de la réserve. Une telle réserve est dissociable, c'est-à-dire que le Pacte s'appliquera à l'Etat qui en est l'auteur, sans bénéficier de la réserve.

19. Les réserves doivent être spécifiques et transparentes, de façon que le Comité, les personnes qui vivent sur le territoire de l'Etat auteur de la réserve et les autres Etats parties sachent bien quelles sont les obligations en matière de droits de l'homme que l'Etat intéressé s'est ou non engagé à remplir. Les réserves ne sauraient donc être de caractère général, mais doivent viser une disposition particulière du Pacte et indiquer précisément son champ d'application. Lorsqu'ils examinent la compatibilité de réserves éventuelles avec l'objet et le but du Pacte, les Etats devraient prendre en considération l'effet général d'un groupe de réserves ainsi que l'effet de chacune d'elles sur l'intégrité du Pacte qui demeure une considération primordiale. Ils ne devraient pas formuler un si grand nombre de réserves qu'ils n'acceptent en fait qu'un nombre limité d'obligations touchant aux droits de l'homme et non plus le Pacte en tant que tel. Pour ne pas aboutir à une perpétuelle mise en échec des normes internationales relatives aux droits de l'homme, les réserves ne devraient pas systématiquement réduire les obligations contractées uniquement aux normes moins contraignantes qui existent dans le droit interne. Il ne faudrait pas non plus que les déclarations interprétatives ou les réserves visent à supprimer l'autonomie d'obligations énoncées dans le Pacte, en les proclamant identiques – ou acceptables uniquement dans la mesure où elles sont identiques – à des dispositions du droit interne. Les Etats ne devraient pas s'employer, à travers des réserves ou des déclarations

interprétatives, à indiquer que le sens de telle ou telle disposition du Pacte est similaire à celui qui lui a été donné par le mécanisme compétent de tout autre organe conventionnel international.

20. Les Etats devraient instituer des procédures garantissant que chaque réserve envisagée est compatible avec l'objet et le but du Pacte. Il est souhaitable qu'un Etat qui formule une réserve indique précisément les dispositions législatives ou les pratiques internes qu'il juge incompatibles avec l'obligation énoncée dans le Pacte qui fait l'objet de sa réserve, justifie les délais dont il a besoin pour aligner ses lois et pratiques sur le Pacte, ou explique pourquoi il n'est pas en mesure de le faire. Les Etats devraient en outre veiller à ce que la nécessité de maintenir les réserves soit examinée périodiquement en tenant compte de toute observation ou recommandation faite par le Comité pendant l'examen des rapports les concernant. Les réserves devraient être retirées dès que possible. Dans les rapports qu'ils présentent au Comité, les Etats devraient indiquer les mesures qu'ils ont prises pour réexaminer, reconsidérer ou retirer leurs réserves.

2. Observations se rapportant aux différents articles

a) Article premier: Droit des peuples de disposer d'eux-mêmes: Observation générale 12 [21] (1984)

1. Conformément aux but et aux principes de la Charte des Nations Unies, l'article premier du Pacte international relatif aux droits civils et politiques reconnaît à tous les peuples le droit de disposer d'eux-mêmes. Ce droit revêt une importance particulière, parce que sa réalisation est une condition essentielle de la garantie et du respect effectif des droits individuels de l'homme ainsi que de la promotion et du renforcement de ces droits. C'est pour cette raison que les Etats ont fait du droit des peuples de disposer d'eux-mêmes, dans les deux Pactes, une disposition de droit positif, qu'ils ont placée, en tant qu'article premier, séparément et en tête de tous les autres droits énoncés dans ces Pactes.

2. L'article premier consacre un droit inaliénable de tous les peuples, défini aux paragraphes 1 et 2 de cet article. En vertu de ce droit, les peuples «déterminent librement leur statut politique et assurent librement leur développement économique, social et culturel». L'article impose à tous les Etats les obligations qui correspondent à ce droit. Ce droit, et les obligations correspondantes qui ont trait à sa mise en oeuvre, sont indissociables des autres dispositions du Pacte et des règles de droit international.

3. Les rapports que tous les Etats parties ont l'obligation d'établir doivent porter aussi sur l'article premier, mais seuls quelques-uns fournissent des ren-

seignements détaillés sur chacun des paragraphes de cet article. Le Comité a noté à cet égard que, dans leurs rapports, beaucoup d'Etats passent cet article complètement sous silence, donnent à son sujet des renseignements insuffisants ou se bornent à faire état de la législation électorale. Le Comité juge très souhaitable que les rapports des Etats parties contiennent des renseignements sur chacun des paragraphes de l'article premier.

4. En ce qui concerne le paragraphe 1 de l'article premier, les Etats parties devraient décrire les procédures constitutionnelles et politiques qui permettent d'exercer ce droit dans les faits.

5. Le paragraphe 2 définit un aspect particulier du contenu économique du droit à disposer de soi-même, à savoir le droit qu'ont les peuples, pour atteindre leurs fins, de «disposer librement de leurs richesses et de leurs ressources naturelles, sans préjudice des obligations qui découlent de la coopération économique internationale, fondée sur le principe de l'intérêt mutuel, et du droit international». Ce droit impose des devoirs correspondants à tous les Etats et à la communauté internationale. Les Etats devraient indiquer tous les facteurs ou les difficultés qui les empêchent de disposer librement de leurs richesses et de leurs ressources naturelles, en violation des dispositions de ce paragraphe, et la mesure dans laquelle cet empêchement a des conséquences sur l'exercice d'autres droits énoncés dans le Pacte.

6. De l'avis du Comité, le paragraphe 3 revêt une importance particulière en ce sens qu'il impose des obligations précises aux Etats parties, non seulement à l'égard de leurs peuples, mais aussi à l'égard de tous les peuples qui n'ont pas pu exercer leur droit à l'autodétermination, ou qui ont été privés de cette possibilité. Le caractère général de ce paragraphe se trouve confirmé par les travaux préparatoires de son texte. Aux termes de ce paragraphe, «les Etats parties au présent Pacte, y compris ceux qui ont la responsabilité d'administrer des territoires non autonomes et des territoires sous tutelle, sont tenus de faciliter la réalisation du droit des peuples à disposer d'eux-mêmes, et de respecter ce droit, conformément aux dispositions de la Charte des Nations Unies». Ces obligations sont les mêmes, que le peuple ayant droit à disposer de lui-même dépende ou non d'un Etat partie au Pacte. Il s'ensuit que tous les Etats parties doivent prendre des mesures positives pour faciliter la réalisation et le respect du droit des peuples de disposer d'eux-mêmes. Ces mesures positives doivent être conformes aux obligations qui incombent aux Etats en vertu de la Charte des Nations Unies et du droit international: en particulier, les Etats doivent s'abstenir de toute ingérence dans les affaires intérieures d'autres Etats et, ainsi, de compromettre l'exercice du droit à l'autodétermination. Les rapports doivent contenir des renseignements sur l'exécution de ces obligations et les mesures prises à cette fin.

7. A propos de l'article premier du Pacte, le Comité renvoie à d'autres instruments internationaux concernant le droit de tous les peuples de disposer d'eux-mêmes, et en particulier à la Déclaration relative aux principes du droit international touchant les relations amicales et la coopération entre les Etats conformément à la Charte des Nations Unies, que l'Assemblée générale a adoptée le 24 octobre 1970 dans sa résolution 2625 (XXV).

8. De l'avis du Comité, l'histoire montre que la réalisation et le respect du droit des peuples de disposer d'eux-mêmes contribuent à l'établissement de relations et d'une coopération amicales entre les Etats et à la consolidation de la paix et de la compréhension internationales.

b) Article 2: Mise en oeuvre du Pacte dans le cadre national: Observation générale 3 [13] (1981)

1. Le Comité note que, d'une manière générale, l'article 2 du Pacte laisse les Etats parties libres de décider comment mettre en oeuvre sur leur territoire, dans le cadre fixé par ledit article, les dispositions du Pacte. Il reconnaît en particulier que cette mise en oeuvre ne dépend pas uniquement de l'adoption de dispositions constitutionnelles ou législatives, qui souvent ne sont pas en elles-mêmes suffisantes. Le Comité estime nécessaire d'appeler l'attention des Etats parties sur le fait que les obligations que leur impose le Pacte ne se limitent pas au respect des droits de l'homme, et qu'ils se sont également engagés à assurer la jouissance de ces droits à toutes les personnes relevant de leur juridiction. Cela exige des Etats parties qu'ils prennent des mesures spécifiques pour permettre aux particuliers de jouir de leurs droits. La chose est évidente dans le cas de plusieurs articles (l'article 3, par exemple, examiné plus loin à propos de l'observation générale 4 [13]) mais, en principe, cette obligation vaut pour tous les droits énoncés dans le Pacte.

2. A cet égard, il est très important que les individus sachent quels sont leurs droits en vertu du Pacte (et, le cas échéant, du Protocole facultatif), et aussi que toutes les autorités administratives et judiciaires aient conscience des obligations que l'Etat partie a contractées en vertu du Pacte. A cet effet, le Pacte devrait être publié dans toutes les langues officielles de l'Etat, et des mesures devraient être prises pour en faire connaître la teneur aux autorités compétentes dans le cadre de leur formation. Il est souhaitable aussi que la coopération de l'Etat partie avec le Comité fasse l'objet d'une certaine publicité.

c) Non-discrimination

voir Observation générale 18 [37], ci-après, pp. 547 ss.

d) Article 3: Egalité des sexes: Observation générale 4 [13] (1981)

1. L'article 3 du Pacte, aux termes duquel les Etats parties doivent assurer le droit égal des hommes et des femmes de jouir de tous les droits civils et politiques énoncés dans le Pacte, ne reçoit pas une attention suffisante dans un grand nombre de rapports émanant des Etats et suscite diverses préoccupations, dont deux peuvent être mentionnées.

2. En premier lieu, cet article, ainsi que le paragraphe 1 de l'article 2 et l'article 26, dans la mesure où ils ont essentiellement pour objet la prévention de la discrimination sous un certain nombre de formes, et notamment de la discrimination fondée sur le sexe, n'exigent pas seulement des mesures de protection, mais aussi une action constructive visant à assurer la jouissance positive des droits, ce qui ne peut être réalisé par la simple adoption de lois. C'est ce qui explique que des compléments d'information ont généralement été demandés au sujet du rôle que les femmes jouent dans la pratique, pour savoir quelles mesures, en sus des dispositions de protection purement législatives, ont été prises ou vont être prises pour donner effet aux obligations précises et positives imposées par l'article 3 et pour se rendre compte des progrès réalisés ou des difficultés rencontrées à cet égard.

3. En second lieu, l'engagement positif pris par les Etats parties en vertu de cet article peut lui-même avoir un effet certain sur les textes législatifs ou les mesures administratives qui ont été spécifiquement conçus pour réglementer des domaines autres que ceux envisagés dans le Pacte, mais qui peuvent avoir un effet négatif sur les droits reconnus par le Pacte. Un exemple, parmi d'autres, est la mesure dans laquelle les lois sur l'immigration qui établissent une distinction parmi les citoyens entre les hommes et les femmes peuvent affecter le droit des femmes à épouser un étranger ou à remplir un office public.

4. Par conséquent, le Comité pense que la tâche des Etats parties pourrait être facilitée s'ils envisageaient de confier à des organes ou à des institutions spécialement désignés à cet effet le soin de passer en revue les lois ou les mesures qui établissent par leur nature une distinction entre les hommes et les femmes, dans la mesure où ces lois ou ces mesures portent atteinte aux droits visés par le Pacte; il estime également que les Etats parties devraient fournir dans leurs rapports des renseignements précis sur toutes les mesures, législatives ou autres, conçues pour donner effet à l'obligation que cet article leur impose.

5. Le Comité estime que les Etats parties s'acquitteraient peut-être plus facilement de cette obligation s'ils pouvaient faire plus largement usage des moyens existants de coopération internationale en vue d'échanger des données d'expérience et de s'entraider pour résoudre les problèmes pratiques qu'ils peuvent rencontrer quand ils s'emploient à assurer l'égalité des droits entre les hommes et les femmes.

e) Article 4: Etat de nécessité: Observation générale 5 [13] (1981)

1. L'article 4 du Pacte a posé un certain nombre de problèmes au Comité au cours de l'examen des rapports de certains Etats parties. Dans le cas où une situation d'urgence menace l'existence de la nation et est proclamée par un acte officiel, un Etat partie peut déroger à ses obligations en ce qui concerne un certain nombre de droits dans la stricte mesure où la situation l'exige. Toutefois, la dérogation ne peut s'appliquer à certains droits bien déterminés, et l'Etat partie ne peut pas prendre de mesures discriminatoires sous certains prétextes. En outre, l'Etat partie est tenu de signaler aussitôt aux autres Etats parties, par l'entremise du Secrétaire général, les dispositions auxquelles il a dérogé, ainsi que les motifs qui ont provoqué cette dérogation et la date à laquelle il y a mis fin.

2. En général, les Etats parties indiquent la procédure prévue en droit interne pour déclarer l'existence d'une situation exceptionnelle, ainsi que les dispositions pertinentes des lois prévoyant des dérogations. Néanmoins, dans le cas de quelques Etats qui avaient apparemment dérogé à leurs obligations, il s'est révélé difficile de déterminer non seulement si une situation de danger exceptionnel avait été officiellement déclarée, mais également si les droits pour lesquels le Pacte n'autorise pas de dérogation n'avaient pas été en fait suspendus, et enfin si les autres Etats parties avaient été informés des dérogations et de leurs motifs.

3. Le Comité est d'avis que les mesures prises en vertu de l'article 4 ont un caractère exceptionnel et temporaire, et ne peuvent être maintenues que tant que l'existence de la nation intéressée est menacée. Il estime qu'en période d'exception, la protection des droits de l'homme, et notamment des droits pour lesquels des dérogations ne sont pas autorisées, est une question particulièrement importante. Il considère également de la plus haute importance que les Etats parties qui se trouvent dans une situation de danger public exceptionnel signalent aux autres Etats parties la nature et l'étendue des dérogations qu'ils ont faites et les raisons motivant ces dérogations, et qu'ils s'acquittent en outre de l'obligation qui leur incombe en vertu de l'article 40 du Pacte d'indiquer dans leurs rapports la nature et l'étendue de chaque dérogation, en joignant la documentation pertinente.

f) Article 6: Droit à la vie

aa) Observation générale 6 [16] (1982)

1. La question du droit à la vie, droit énoncé à l'article 6 du Pacte, a été traitée dans tous les rapports. C'est le droit suprême pour lequel aucune dérogation n'est autorisée, même dans le cas où un danger public exceptionnel menace l'existence de la nation (article 4). Le Comité a néanmoins noté que, dans bien des cas, les renseignements fournis à propos de l'article 6 ne concernaient qu'un aspect de ce droit. C'est un droit qui ne doit pas être interprété dans un sens restrictif.

2. Le Comité constate que la guerre et les autres actes de violence collective continuent à être un fléau de l'humanité et à priver de la vie des milliers d'êtres humains innocents chaque année. La Charte des Nations Unies interdit déjà le recours à la menace ou à l'emploi de la force par un Etat contre un autre Etat, sauf dans l'exercice du droit naturel de légitime défense. Le Comité estime que les Etats ont le devoir suprême de prévenir les guerres, les actes de génocide et les autres actes de violence collective qui entraînent la perte arbitraire de vies humaines. Tous les efforts qu'ils déploient pour écarter le danger de guerre, en particulier de guerre thermonucléaire, et pour renforcer la paix et la sécurité internationales, constituent la condition et la garantie majeures de la sauvegarde du droit à la vie. A cet égard, le Comité note en particulier qu'il existe un lien entre l'article 6 et l'article 20, qui dispose que la loi doit interdire toute propagande en faveur de la guerre (par. 1) ou toute incitation à la violence (par. 2) telle qu'elle est décrite dans ledit article.

3. La protection contre la privation arbitraire de la vie, qui est expressément requise dans la troisième phrase du paragraphe 1 de l'article 6, est d'une importance capitale. Le Comité considère que les Etats parties doivent prendre des mesures, non seulement pour prévenir et réprimer les actes criminels qui entraînent la privation de la vie, mais également pour empêcher que leurs propres forces de sécurité ne tuent des individus de façon arbitraire. La privation de la vie par les autorités de l'Etat est une question extrêmement grave. La législation doit donc réglementer et limiter strictement les cas dans lesquels une personne peut être privée de la vie par ces autorités.

4. Les Etats parties doivent aussi prendre des mesures spécifiques et efficaces pour empêcher la disparition des individus, ce qui malheureusement est devenu trop fréquent et entraîne trop souvent la privation arbitraire de la vie. En outre, les Etats doivent mettre en place des moyens et des procédures efficaces pour mener des enquêtes approfondies sur les cas de personnes disparues dans des circonstances pouvant impliquer une violation du droit à la vie.

5. De plus, le Comité a noté que le droit à la vie était trop souvent interprété de façon étroite. L'expression «le droit à la vie [...] inhérent à la personne humaine» ne peut pas être entendue de façon restrictive, et la protection de ce droit exige que les Etats adoptent des mesures positives. A cet égard, le Comité estime qu'il serait souhaitable que les Etats parties prennent toutes les mesures possibles pour diminuer la mortalité infantile et pour accroître l'espérance de vie, et en particulier des mesures permettant d'éliminer la malnutrition et les épidémies.

6. S'il ressort des paragraphes 2 à 6 de l'article 6 que les Etats parties ne sont pas tenus d'abolir totalement la peine capitale, ils doivent en limiter l'application et, en particulier, l'abolir pour tout ce qui n'entre pas dans la catégorie des «crimes les plus graves». Ils devraient donc envisager de revoir leur législation pénale en tenant compte de cette obligation et, dans tous les cas, ils sont tenus de limiter l'application de la peine de mort aux «crimes les plus graves». D'une manière générale, l'abolition est évoquée dans cet article en des termes qui suggèrent sans ambiguïté (par. 2 et 6) que l'abolition est souhaitable. Le Comité en conclut que toutes les mesures prises pour abolir la peine de mort doivent être considérées comme un progrès vers la jouissance du droit à la vie au sens de l'article 40 et doivent, à ce titre, être signalées au Comité. Il note qu'un certain nombre d'Etats ont déjà aboli la peine de mort ou suspendu son application. Toutefois, à en juger d'après les rapports des Etats, les progrès accomplis en vue d'abolir la peine de mort ou d'en limiter l'application sont insuffisants.

7. Le Comité estime que l'expression «les crimes les plus graves» doit être interprétée d'une manière restrictive, comme signifiant que la peine capitale doit être une mesure tout à fait exceptionnelle. Par ailleurs, il est dit expressément à l'article 6 que la peine de mort ne peut être prononcée que conformément à la législation en vigueur au moment où le crime a été commis, et ne doit pas être en contradiction avec les dispositions du Pacte. Les garanties d'ordre procédural prescrites dans le Pacte doivent être observées, y compris le droit à un jugement équitable rendu par un tribunal indépendant, la présomption d'innocence, les garanties minima de la défense et le droit de recourir à une instance supérieure. Ces droits s'ajoutent au droit particulier de solliciter la grâce ou la commutation de la peine.

bb) Observation générale 14 [23] (1984)

1. Dans l'observation générale 6 [16], adoptée à sa 378e séance, le 27 juillet 1982, le Comité des droits de l'homme a noté que le droit à la vie énoncé au paragraphe 1 de l'article 6 du Pacte international relatif aux droits civils et politiques est le droit suprême pour lequel aucune dérogation n'est autorisée, même en cas de danger public exceptionnel. Ce même droit à la vie est proclamé

à l'article 3 de la Déclaration universelle des droits de l'homme que l'Assemblée générale des Nations Unies a adoptée le 10 décembre 1948. Il est à la base de tous les droits de l'homme.

2. Dans son observation générale précédente, le Comité a aussi noté que les Etats ont le devoir suprême de prévenir les guerres. La guerre et les autres actes de violence collective continuent à être un fléau pour l'humanité et à priver de leur vie des milliers d'êtres humains innocents chaque année.

3. Tout en restant profondément soucieux des pertes en vies humaines causées par les armes classiques dans les conflits armés, le Comité a noté que, pendant plusieurs sessions successives de l'Assemblée générale, des représentants appartenant à toutes les régions géographiques ont exprimé leur préoccupation croissante devant la mise au point et la prolifération d'armes de plus en plus terrifiantes de destruction massive, qui, outre qu'elles menacent la vie humaine, absorbent des ressources qui pourraient être utilisées à des fins économiques et sociales d'importance vitale, en particulier au bénéfice des pays en développement, et ainsi servir à promouvoir et à assurer à tous la jouissance des droits de l'homme.

4. Le Comité partage cette préoccupation. Il est évident que la conception, la mise à l'essai, la fabrication, la possession et le déploiement d'armes nucléaires constituent l'une des plus graves menaces contre le droit à la vie qui pèsent aujourd'hui sur l'humanité. Cette menace est aggravée par le risque d'une utilisation effective de ces armes, non pas seulement en cas de guerre, mais aussi par suite d'une erreur ou d'une défaillance humaine ou mécanique.

5. Qui plus est, l'existence même et la gravité de cette menace engendrent un climat de suspicion et de crainte entre les Etats qui, en soi, s'oppose à la promotion du respect universel et effectif des droits de l'homme et des libertés fondamentales, conformément à la Charte des Nations Unies et aux Pactes internationaux relatifs aux droits de l'homme.

6. La fabrication, la mise à l'essai, la possession, le déploiement et l'utilisation d'armes nucléaires devraient être interdits et qualifiés de crimes contre l'humanité.

7. En conséquence, dans l'intérêt de l'humanité, le Comité adresse un appel à tous les Etats, qu'ils soient ou non parties au Pacte, afin qu'ils prennent des mesures d'urgence, unilatéralement et par voie d'accord, pour délivrer le monde de cette menace.

g) Article 7: Interdiction de la torture: Observation générale 20 [44] (1992)

1. La présente observation générale remplace l'observation générale N° 7 (16) dont elle reflète et développe la teneur.

2. L'article 7 du Pacte international relatif aux droits civils et politiques a pour but de protéger la dignité et l'intégrité physique et mentale de l'individu. L'Etat partie a le devoir d'assurer à toute personne, par des mesures législatives ou autres, une protection contre les actes prohibés par l'article 7, que ceux-ci soient le fait de personnes agissant dans le cadre de leurs fonctions officielles, en dehors de celles-ci ou à titre privé. L'interdiction faite à l'article 7 est complétée par les dispositions positives du paragraphe 1 de l'article 10 du Pacte qui stipule que «toute personne privée de sa liberté est traitée avec humanité et avec le respect de la dignité inhérente à la personne humaine».

3. Le texte de l'article 7 ne souffre aucune limitation. Le Comité réaffirme que, même dans le cas d'un danger public exceptionnel tel qu'envisagé à l'article 4 du Pacte, aucune dérogation aux dispositions de l'article 7 n'est autorisée et ses dispositions doivent rester en vigueur. Le Comité fait observer également qu'aucune raison, y compris l'ordre d'un supérieur hiérarchique ou d'une autorité publique, ne saurait être invoquée en tant que justification ou circonstance atténuante pour excuser une violation de l'article 7.

4. Le Pacte ne donne pas de définition des termes employés à l'article 7, et le Comité n'estime pas non plus nécessaire d'établir une liste des actes interdits ni de fixer des distinctions très nettes entre les différentes formes de peines ou traitements interdits; ces distinctions dépendent de la nature, du but et de la gravité du traitement infligé.

5. L'interdiction énoncée à l'article 7 concerne non seulement des actes qui provoquent chez la victime une douleur physique, mais aussi des actes qui infligent une souffrance mentale. En outre, de l'avis du Comité, l'interdiction doit s'étendre aux peines corporelles, y compris les châtiments excessifs infligés à titre de sanction pénale ou de mesure éducative ou disciplinaire. A cet égard, il convient de souligner que l'article 7 protège notamment les enfants, les élèves des établissements d'enseignement et les patients des institutions médicales.

6. Le Comité note que l'emprisonnement cellulaire prolongé d'une personne détenue ou incarcérée peut être assimilé aux actes prohibés par l'article 7. Comme le Comité l'a noté dans son observation générale N° 6 (16), l'abolition de la peine capitale est évoquée d'une manière générale à l'article 6 du Pacte en des termes qui suggèrent sans ambiguïté que l'abolition est souhaitable. En outre, lorsque la peine de mort est appliquée par un Etat partie pour les crimes les plus graves, elle doit non seulement être strictement limitée conformément

à l'article 6, mais aussi être exécutée de manière à causer le moins de souffrances possible, physiques ou mentales.

7. L'article 7 interdit expressément les expériences médicales ou scientifiques réalisées sans le libre consentement de la personne concernée. Le Comité note qu'en général les rapports des Etats parties fournissent peu de précisions sur ce point. Il conviendrait d'accorder plus d'attention à la nécessité et aux moyens d'assurer le respect de cette disposition. Le Comité observe également qu'une protection spéciale contre de telles expériences est nécessaire dans le cas des personnes qui sont dans l'incapacité de donner valablement leur consentement, en particulier celles qui sont soumises à une forme quelconque de détention ou d'emprisonnement. Ces personnes ne doivent pas faire l'objet d'expériences médicales ou scientifiques de nature à nuire à leur santé.

8. Le Comité note qu'il ne suffit pas, pour respecter l'article 7, d'interdire ces peines ou traitements, ni de déclarer que leur application constitue un délit. Les Etats parties doivent faire connaître au Comité les mesures législatives, administratives, judiciaires et autres qu'ils prennent pour prévenir et réprimer les actes de torture ainsi que les traitements cruels, inhumains ou dégradants dans tout territoire placé sous leur juridiction.

9. De l'avis du Comité, les Etats parties ne doivent pas exposer des individus à un risque de torture ou de peines ou traitements cruels, inhumains ou dégradants en les renvoyant dans un autre pays en vertu d'une mesure d'extradition, d'expulsion ou de refoulement. Les Etats parties devraient indiquer dans leurs rapports les mesures qu'ils ont adoptées à cette fin.

10. Le Comité devrait être informé des moyens par lesquels les Etats parties diffusent dans l'ensemble de la population les informations pertinentes concernant l'interdiction de la torture et des traitements prohibés par l'article 7. Le personnel responsable de l'application des lois, le personnel médical ainsi que les agents de la force publique et toutes les personnes intervenant dans la garde ou le traitement de tout individu arrêté, détenu ou emprisonné de quelque façon que ce soit, doivent recevoir un enseignement et une formation appropriés. Les Etats parties devraient informer le Comité de l'enseignement et de la formation dispensés et lui expliquer de quelle manière l'interdiction énoncée à l'article 7 fait partie intégrante des règles et normes déontologiques auxquelles ces personnes doivent se conformer.

11. Outre la description des dispositions assurant la protection générale due à toute personne contre les actes prohibés par l'article 7, l'Etat partie doit fournir des indications détaillées sur les mesures qui visent spécialement à protéger les personnes particulièrement vulnérables. Il convient de noter que la surveillance systématique des règles, instructions, méthodes et pratiques en matière d'interrogatoire ainsi que des dispositions concernant la garde et le traitement des personnes arrêtées, détenues ou emprisonnées de quelque façon que ce soit,

constitue un moyen efficace d'éviter les cas de torture et de mauvais traitements. Pour garantir effectivement la protection des personnes détenues, il faut faire en sorte que les prisonniers soient détenus dans des lieux de détention officiellement reconnus comme tels et que leur nom et le lieu de leur détention ainsi que le nom des personnes responsables de leur détention figurent dans un registre aisément accessible aux intéressés, notamment aux membres de la famille et aux amis. De même, la date et le lieu des interrogatoires, ainsi que les noms de toutes les personnes y assistant doivent être disponibles aux fins de la procédure judiciaire ou administrative. Des dispositions interdisant la détention au secret doivent également être prises. A cet égard, les Etats parties devraient veiller à ce que tous les lieux de détention soient exempts de tout matériel susceptible d'être utilisé pour infliger des tortures ou mauvais traitements. La protection du détenu exige en outre qu'il ait rapidement et régulièrement accès à des médecins et des avocats et, sous surveillance appropriée lorsque l'enquête l'exige, aux membres de sa famille.

12. Il importe, pour dissuader de commettre des violations de l'article 7, que la loi interdise d'utiliser ou déclare irrecevables dans une procédure judiciaire des déclarations et aveux obtenus par la torture ou tout autre traitement interdit.

13. Les Etats parties devraient indiquer, lorsqu'ils présentent leurs rapports, les dispositions de leur droit pénal qui répriment la torture et les peines ou traitements cruels, inhumains ou dégradants, en précisant les sanctions applicables à de tels actes, qu'ils soient commis par des agents publics ou d'autres personnes agissant comme tels ou par des particuliers. Ceux qui violent l'article 7, que ce soit en encourageant, en ordonnant, en tolérant ou en perpétrant des actes prohibés, doivent être tenus pour responsables. En conséquence, ceux qui ont refusé d'obéir aux ordres ne doivent pas être punis ou soumis à un traitement préjudiciable.

14. L'article 7 devrait être lu conjointement avec le paragraphe 3 de l'article 2 du Pacte. Dans leurs rapports, les Etats parties devraient indiquer comment leur système juridique garantit efficacement qu'il soit mis fin immédiatement à tous les actes prohibés par l'article 7, ainsi que les réparations appropriées. Le droit de porter plainte contre des actes prohibés par l'article 7 doit être reconnu dans le droit interne. Les plaintes doivent faire l'objet d'enquêtes rapides et impartiales des autorités compétentes pour rendre les recours efficaces. Les rapports des Etats parties devraient fournir des renseignements précis sur les voies de recours disponibles pour les victimes de mauvais traitements, les procédures à suivre par les plaignants ainsi que des données statistiques sur le nombre de plaintes et le sort qui leur a été réservé.

15. Le Comité a noté que certains Etats avaient octroyé l'amnistie pour des actes de torture. L'amnistie est généralement incompatible avec le devoir qu'ont les Etats d'enquêter sur de tels actes; de garantir la protection contre de tels actes

dans leur juridiction; et de veiller à ce qu'ils ne se reproduisent pas à l'avenir. Les Etats ne peuvent priver les particuliers du droit à un recours utile, y compris le droit à une indemnisation et à la réadaptation la plus complète possible.

h) Article 9: Droit à la liberté et à la sûreté: Observation générale 8 [16] (1982)

1. L'article 9, qui traite du droit à la liberté et à la sécurité de la personne, fait souvent l'objet d'une interprétation assez étroite dans les rapports des Etats parties, qui, de ce fait, fournissent des informations incomplètes. Le Comité fait observer que le paragraphe 1 s'applique à tous les cas de privation de liberté, qu'il s'agisse d'infractions pénales ou d'autres cas tels que, par exemple, les maladies mentales, le vagabondage, la toxicomanie, les mesures d'éducation, le contrôle de l'immigration, etc. Il est vrai que certaines dispositions de l'article 9 (une partie du paragraphe 2 et l'ensemble du paragraphe 3) s'appliquent uniquement aux personnes qui sont inculpées pour infraction pénale. Mais les autres dispositions, et en particulier l'importante garantie énoncée au paragraphe 4, c'est-à-dire le droit de demander à un tribunal de statuer sur la légalité de la détention, s'appliquent à toutes les personnes qui se trouvent privées de leur liberté par arrestation ou détention. En outre, les Etats parties doivent également, conformément au paragraphe 3 de l'article 2, veiller à ce que des voies de recours utiles soient prévues dans les autres cas où un individu se plaint d'être privé de sa liberté en violation du Pacte.

2. Le paragraphe 3 de l'article 9 prévoit que toute personne arrêtée ou détenue du fait d'une infraction pénale sera traduite «dans le plus court délai» devant le juge ou une autre autorité habilitée par la loi à exercer les fonctions judiciaires. Des délais plus précis sont fixés par la législation dans la plupart des Etats parties et, de l'avis du Comité, ces délais ne doivent pas dépasser quelques jours. Beaucoup d'Etats ont fourni des informations insuffisantes au sujet des pratiques à cet égard.

3. Une autre question est la durée totale de la détention provisoire. Pour certaines catégories d'infractions pénales et dans certains pays, cette question a suscité des préoccupations au sein du Comité, dont les membres se sont demandés si la pratique était conforme au droit d'«être jugé dans un délai raisonnable ou libéré» en vertu du paragraphe 3. Cette détention doit être exceptionnelle et aussi brève que possible. Le Comité accueillera avec satisfaction tous les renseignements concernant les mécanismes existants et les mesures prises en vue de réduire la durée de la détention provisoire.

4. Même si l'on a recours à l'internement dit de sûreté, pour des raisons tenant à la sécurité publique, cet internement doit être soumis aux mêmes

dispositions, c'est-à-dire qu'il ne doit pas être arbitraire, qu'il doit être fondé sur des motifs et conforme à des procédures prévues par la loi (par. 1), que l'intéressé doit être informé des raisons de l'arrestation (par. 2) et qu'un tribunal doit pouvoir statuer sur la légalité de la détention (par. 4) et qu'il doit être possible d'obtenir réparation en cas de manquement (par. 5). Et si, en outre, il s'agit d'une inculpation pénale, il faut également accorder une protection totale en vertu des paragraphes 2 et 3 de l'article 9 ainsi que de l'article 14.

i) Article 10: Droit des personnes privées de leur liberté d'être traitées avec humanité: Observation générale 21 [44] (1992)

1. L'observation générale ci-après remplace l'observation générale N° 9 (16), qu'elle reprend et développe.

2. Le paragraphe 1 de l'article 10 du Pacte international relatif aux droits civils et politiques s'applique à toute personne privée de sa liberté en vertu des lois et de l'autorité de l'Etat et qui est détenue dans une prison, un hôpital – un hôpital psychiatrique en particulier –, un camp de détention, un centre de redressement ou un autre lieu. Les Etats parties devraient veiller à ce que le principe énoncé dans cette disposition soit respecté dans toutes les institutions et tous les établissements placés sous leur juridiction et où des personnes sont retenues.

3. Le paragraphe 1 de l'article 10 impose aux Etats parties une obligation positive en faveur des personnes particulièrement vulnérables du fait qu'elles sont privées de liberté et complète d'interdiction de la torture et des autres peines ou traitements cruels, inhumains ou dégradants prévue à l'article 7 du Pacte. Ainsi, les personnes privées de leur liberté non seulement ne peuvent être soumises à un traitement contraire à l'article 7, notamment à des expériences médicales ou scientifiques, mais encore ne doivent pas subir de privation ou de contrainte autre que celles qui sont inhérentes à la privation de liberté; le respect de leur dignité doit être garanti à ces personnes de la même manière qu'aux personnes libres. Les personnes privées de leur liberté jouissent de tous les droits énoncés dans le Pacte, sous réserve des restrictions inhérentes à un milieu fermé.

4. Traiter toute personne privée de liberté avec humanité et en respectant sa dignité est une règle fondamentale d'application universelle, application qui, dès lors, ne saurait dépendre des ressources matérielles disponibles dans l'Etat partie. Cette règle doit impérativement être appliquée sans distinction aucune, notamment de race, de couleur, de sexe, de langue, de religion, d'opinions politiques ou autres, d'origine nationale ou sociale, de fortune, de naissance ou de toute autre situation.

5. Les Etats parties sont invités à indiquer dans leurs rapports dans quelle mesure ils se conforment aux normes des Nations Unies applicables au traitement des détenus: l'Ensemble de règles minima pour le traitement des détenus (1957), l'Ensemble de principes pour la protection des personnes soumises à une forme quelconque d'emprisonnement (1988), le Code de conduite pour les responsables de l'application des lois (1978) et les Principes d'éthique médicale applicables au rôle du personnel de santé, en particulier des médecins, dans la protection des prisonniers et des détenus contre la torture et les autres peines ou traitements cruels, inhumains ou dégradants (1982).

6. Le Comité rappelle que les rapports doivent comporter des informations détaillées sur les dispositions législatives et administratives nationales qui ont des incidences sur le droit prévu au paragraphe 1 de l'article 10. Il estime également nécessaire qu'y soient précisées les mesures concrètes prises par les autorités compétentes pour contrôler l'application effective des règles relatives au traitement des personnes privées de leur liberté. Les Etats parties devraient aussi renseigner dans leurs rapports sur les structures de supervision des établissements pénitentiaires, de même que sur les mesures précises prises pour empêcher la torture et les traitements cruels, inhumains ou dégradants et pour assurer l'impartialité de la supervision.

7. Le Comité rappelle en outre que les rapports devraient indiquer si les diverses dispositions applicables font partie intégrante de l'enseignement et de la formation qui sont dispensés aux personnels ayant autorité sur des personnes privées de leur liberté et si ces personnels respectent strictement ces dispositions dans l'accomplissement de leurs devoirs. De même, il conviendrait de préciser si les personnes arrêtées ou détenues peuvent s'informer de ces dispositions et disposent des recours utiles leur permettant d'obtenir que ces règles soient respectées, de se plaindre lorsqu'il n'est pas tenu compte de celles-ci et d'obtenir juste réparation en cas de violation.

8. Le Comité rappelle que le principe énoncé au paragraphe 1 de l'article 10 constitue le fondement des obligations plus précises que les paragraphes 2 et 3 du même article 10 imposent aux Etats parties en matière de justice pénale.

9. Le paragraphe 2 de l'article 10 prévoit en son alinéa a) que les prévenus doivent, sauf circonstances exceptionnelles, être séparés des condamnés. Cette séparation est nécessaire pour faire ressortir qu'un prévenu n'est pas une personne condamnée et qu'il a le droit d'être présumé innocent, comme le dispose le paragraphe 2 de l'article 14. Les rapports des Etats parties devraient indiquer comment est assurée la séparation entre les prévenus et les condamnés et préciser en quoi le régime des prévenus diffère de celui des condamnés.

10. En ce qui concerne le paragraphe 3 de l'article 10, relatif aux condamnés, le Comité souhaite recevoir des informations détaillées sur le système pénitentiaire des Etats parties. Aucun système pénitentiaire ne saurait être

uniquement répressif; il devrait essentiellement viser le redressement et la réadaptation sociale du prisonnier. Ceux-ci sont invités à préciser s'ils disposent d'un système d'assistance postpénitentiaire et à donner des renseignements sur son efficacité.

11. Dans un certain nombre de cas, les renseignements fournis par l'Etat partie ne comportent de référence précise ni aux dispositions législatives ou administratives ni aux mesures pratiques qui visent à assurer la rééducation du condamné. Le Comité souhaite être précisément informé des mesures prises pour assurer l'instruction, l'éducation et la rééducation, l'orientation et la formation professionnelle, ainsi que des programmes de travail destinés aux détenus à l'intérieur de l'établissement pénitentiaire et à l'extérieur.

12. Pour pouvoir apprécier si le principe énoncé au paragraphe 3 de l'article 10 est pleinement respecté, le Comité souhaite en outre connaître les mesures spécifiques appliquées durant la détention, par exemple l'individualisation et la classification des condamnés, le régime disciplinaire, l'isolement cellulaire et la détention sous le régime de haute sécurité ainsi que les conditions dans lesquelles sont assurés les contacts du condamné avec le monde extérieur (famille, avocat, services sociaux et médicaux, organisations non gouvernementales).

13. Le Comité a par ailleurs constaté dans les rapports de certains Etats parties des lacunes en ce qui concerne le régime applicable aux mineurs prévenus ou délinquants. L'alinéa b) du paragraphe 2 de l'article 10 dispose que les jeunes prévenus doivent être séparés des adultes, mais il ressort des renseignements présentés dans les rapports que certains Etats parties n'accordent pas toute l'attention nécessaire au fait qu'il s'agit là d'une disposition impérative du Pacte. En outre, le texte ajoute que les affaires mettant en cause des mineurs doivent être examinées aussi rapidement que possible. Les rapports devraient préciser les mesures prises par les Etats parties pour donner effet à cette disposition. Enfin, selon le paragraphe 3 de l'article 10, les jeunes délinquants doivent être séparés des adultes et soumis à un régime de détention approprié à leur âge et à leur statut légal, par exemple des horaires de travail réduits et la possibilité de recevoir la visite de membres de leur famille, afin de favoriser leur amendement et leur rééducation. Le Pacte n'indique pas quel doit être l'âge de la responsabilité pénale. Il appartient donc à chaque Etat partie de déterminer cet âge compte tenu du contexte social et culturel et des autres conditions, mais, selon le Comité, le paragraphe 5 de l'article 6 implique que toute personne âgée de moins de 18 ans devrait être traitée comme un mineur, du moins pour ce qui est des questions relatives à la justice pénale. Les Etats parties devraient fournir des renseignements sur le groupe d'âge auquel les personnes doivent appartenir pour être traitées comme des mineurs, et sont invitées à indiquer s'ils appliquent l'Ensemble de règles minima des Nations Unies concernant l'administration de la justice pour mineurs, dites Règles de Beijing (1987).

k) Article 14: Garanties judiciaires: Observation générale 13 [21] (1984)

1. Le Comité note que l'article 14 du Pacte est de caractère complexe, et que différents aspects de ses dispositions appellent des observations spécifiques. Toutes ces dispositions visent à assurer la bonne administration de la justice et, à cette fin, protègent une série de droits individuels, tels que l'égalité devant les tribunaux et les autres organismes juridictionnels, ou le droit de chacun à ce que sa cause soit équitablement et publiquement entendue par un tribunal compétent, indépendant et impartial, établi par la loi. Les rapports ne fournissent pas tous des précisions sur les mesures législatives ou les autres mesures adoptées dans le but exprès d'appliquer chacune des dispositions de l'article 14.

2. En général, les Etats parties ne reconnaissent pas dans leurs rapports que l'article 14 s'applique non seulement aux procédures de détermination du bien-fondé des accusations en matière pénale portées contre des individus, mais aussi aux contestations relatives aux droits et obligations de caractère civil. Le droit et la pratique concernant ces questions varient beaucoup d'un Etat à l'autre. Cette diversité fait qu'il est encore plus indispensable que les Etats parties fournissent tous les renseignements utiles et expliquent plus en détail comment les notions «d'accusation en matière pénale» et de «contestations relatives aux droits et obligations de caractère civil» sont interprétées dans leur système juridique.

3. Le Comité jugerait utile que, dans leurs futurs rapports, les Etats parties puissent fournir des renseignements plus détaillés sur les mesures prises pour assurer que l'égalité devant les tribunaux, y compris l'égalité d'accès à ces derniers, le caractère équitable et public des audiences et la compétence, l'impartialité et l'indépendance des juridictions, soient établis par la loi et garantis dans la pratique. En particulier, les Etats parties devraient indiquer avec précision les textes constitutionnels et législatifs qui prévoient la constitution des tribunaux et en garantissent l'indépendance, l'impartialité et la compétence, pour ce qui est en particulier de la manière dont les juges sont nommés, des qualifications qui leur sont demandées, de la durée de leur mandat, des conditions régissant l'avancement, les mutations et la cessation de fonctions ainsi que de l'indépendance effective des juridictions par rapport à l'exécutif et au législatif.

4. Les dispositions de l'article 14 s'appliquent à tous les tribunaux et autres organes juridictionnels de droit commun ou d'exception inclus dans son champ d'application. Le Comité note l'existence, dans de nombreux pays, de tribunaux militaires ou d'exception qui jugent des civils, ce qui risque de poser de sérieux problèmes en ce qui concerne l'administration équitable, impartiale et indépendante de la justice. Très souvent, lorsque de tels tribunaux sont constitués, c'est

pour permettre l'application de procédures exceptionnelles qui ne sont pas conformes aux normes ordinaires de la justice. S'il est vrai que le Pacte n'interdit pas la constitution de tribunaux de ce genre, les conditions qu'il énonce n'en indiquent pas moins clairement que le jugement de civils par ces tribunaux devrait être très exceptionnel et se dérouler dans des conditions qui respectent véritablement toutes les garanties stipulées à l'article 14. Le Comité a noté un grave manque d'informations à cet égard dans les rapports de certains Etats parties dont les institutions judiciaires comprennent des tribunaux de cette nature pour le jugement de civils. Dans certains pays, ces tribunaux militaires et d'exception n'offrent pas les strictes garanties d'une bonne administration de la justice conformément aux prescriptions de l'article 14, qui sont indispensables à la protection effective des droits de l'homme. Si les Etats décident dans des situations de danger public, comme il est envisagé à l'article 4, de déroger aux procédures normales prévues par l'article 14, ils doivent veiller à ce que pareilles dérogations n'aillent pas au-delà de celles qui sont rigoureusement requises par les exigences de la situation réelle, et qu'elles respectent les autres conditions du paragraphe 1 de l'article 14.

5. La deuxième phrase du paragraphe 1 de l'article 14 stipule que chacun «a droit à ce que sa cause soit entendue équitablement et publiquement». Le paragraphe 3 de l'article précise ce qu'il faut entendre par «audition équitable» quand il s'agit de déterminer le bien-fondé d'accusations en matière pénale. Cependant, les exigences du paragraphe 3 sont des garanties minimales, dont le respect ne suffit pas toujours à assurer qu'une cause soit équitablement entendue comme le prévoit le paragraphe 1.

6. Le caractère public des audiences est une sauvegarde importante, dans l'intérêt de l'individu et de toute la société. En même temps, le paragraphe 1 de l'article 14 reconnaît que les tribunaux ont le pouvoir de prononcer le huis clos pendant la totalité ou une partie du procès pour les raisons énoncées dans ce paragraphe. Il y a lieu de noter que, hormis ces circonstances exceptionnelles, le Comité considère qu'un procès doit être ouvert au public en général, y compris les membres de la presse et ne doit pas, par exemple, n'être accessible qu'à une catégorie particulière de personnes. Il est à noter que, même dans les affaires où le huis clos a été prononcé, le jugement doit, à certaines exceptions près qui sont rigoureusement définies, être rendu public.

7. Le Comité a constaté un certain manque d'information touchant le paragraphe 2 de l'article 14 et, dans certains cas, a même observé que la présomption d'innocence, qui est indispensable à la protection des droits de l'homme, est exprimée en termes très ambigus ou assortie de conditions qui la rendent inopérante. Du fait de la présomption d'innocence, la preuve incombe à l'accusation, et l'accusé a le bénéfice du doute. Nul ne peut être présumé coupable tant que l'accusation n'a pas été établie au-delà de tout doute raison-

nable. En outre, la présomption d'innocence entraîne le droit d'être traité conformément à ce principe. C'est donc un devoir pour toutes les autorités publiques de s'abstenir de préjuger de l'issue d'un procès.

8. Parmi les garanties minimales que le paragraphe 3 prescrit en matière pénale, la première concerne le droit de chacun d'être informé, dans une langue qu'il comprend, de l'accusation portée contre lui [alinéa a)]. Le Comité note que souvent les rapports des Etats n'expliquent pas comment ce droit est respecté et garanti. L'alinéa a) du paragraphe 3 de l'article 14 s'applique à tous les cas d'accusations en matière pénale, y compris ceux des personnes non détenues. Le Comité note en outre que le droit d'être informé de l'accusation «dans le plus court délai» exige que l'information soit donnée de la manière décrite dès que l'accusation est formulée pour la première fois par une autorité compétente. A son avis, ce droit surgit lorsque, au cours d'une enquête, un tribunal ou le ministère public décide de prendre des mesures à l'égard d'une personne soupçonnée d'une infraction pénale ou la désigne publiquement comme telle. On peut satisfaire aux conditions précises de l'alinéa a) du paragraphe 3 en énonçant l'accusation soit verbalement soit par écrit, à condition de préciser aussi bien le droit applicable que les faits allégués sur lesquels l'accusation est fondée.

9. L'alinéa b) du paragraphe 3 stipule que l'accusé doit disposer du temps et des facilités nécessaires à la préparation de sa défense, et communiquer avec le conseil de son choix. Le «temps nécessaire» dépend des cas d'espèce, mais les facilités doivent comprendre l'accès aux documents et autres éléments de preuve dont l'accusé a besoin pour préparer sa défense, ainsi que la possibilité de disposer d'un conseil et de communiquer avec lui. Lorsque l'accusé ne veut pas se défendre lui-même en personne ou recourir à une personne ou une association de son choix, il doit être en mesure de faire appel à un avocat. En outre, cet alinéa exige que le conseil communique avec l'accusé dans des conditions qui respectent intégralement le caractère confidentiel de leurs communications. Les avocats doivent être à même de conseiller et de représenter leurs clients conformément aux normes et critères établis de la profession, sans être l'objet de restrictions, d'influences, de pressions ou d'interventions injustifiées de la part de qui que ce soit.

10. L'alinéa c) du paragraphe 3 stipule que l'accusé doit être jugé sans retard excessif. Cette garantie concerne non seulement le moment où le procès doit commencer, mais aussi le moment où il doit s'achever et où le jugement doit être rendu: toutes les étapes doivent se dérouler «sans retard excessif». Pour que ce droit soit effectif, il doit exister une procédure qui garantisse que le procès se déroulera «sans retard excessif», que ce soit en première instance ou en appel.

11. Les rapports ne traitent pas tous de tous les aspects du droit de défense tel qu'il est défini à l'alinéa d) du paragraphe 3. Le Comité n'a pas toujours reçu

assez de renseignements, ni sur la protection du droit de l'accusé d'être présent lorsque l'on se prononce sur le bien-fondé d'une accusation portée contre lui, ni sur la façon dont le système juridique lui assure le droit soit de se défendre lui-même en personne soit de bénéficier de l'assistance d'un défenseur de son choix, non plus que sur les dispositions qui sont prises dans le cas de quelqu'un qui n'a pas les moyens de rémunérer un défenseur. L'accusé ou son avocat doit avoir le droit d'agir avec diligence et sans crainte, en employant tous les moyens de défense existants, de même que le droit de contester le déroulement du procès s'il le juge inéquitable. Quand, exceptionnellement et pour des raisons justifiées, il y a procès par contumace, le strict respect des droits de la défense est encore plus indispensable.

12. L'alinéa e) du paragraphe 3 stipule que l'accusé a le droit d'interroger ou de faire interroger les témoins à charge et d'obtenir la comparution et l'interrogatoire des témoins à décharge dans les mêmes conditions que les témoins à charge. Cette disposition vise à garantir à l'accusé les mêmes moyens juridiques qu'à l'accusation pour obliger les témoins à être présents et pour interroger tous les témoins ou les soumettre à un contre-interrogatoire.

13. L'alinéa f) du paragraphe 3 stipule que, si l'accusé ne comprend pas ou ne parle pas la langue employée à l'audience, il a le droit de se faire assister gratuitement d'un interprète. Ce droit est indépendant de l'issue du procès, et vaut également pour les étrangers et pour les nationaux. Il présente une importance capitale dans les affaires où l'ignorance de la langue utilisée par le tribunal ou la difficulté éprouvée à la comprendre peut constituer un obstacle majeur à l'exercice des droits de la défense.

14. L'alinéa g) du paragraphe 3 stipule que l'accusé ne peut être forcé à témoigner contre lui-même ou à s'avouer coupable. En examinant cette garantie, il faut se rappeler les dispositions de l'article 7 et du paragraphe 1 de l'article 10. Pour obliger l'accusé à avouer ou à témoigner contre lui-même, on emploie fréquemment des méthodes qui violent ces dispositions. La loi devrait stipuler que les éléments de preuve obtenus au moyen de pareilles méthodes ou de toute autre forme de contrainte sont absolument irrecevables.

15. Pour sauvegarder les droits de l'accusé visés aux paragraphes 1 et 3 de l'article 14, il convient que les juges aient le pouvoir d'examiner toute allégation de violation de ses droits à tout stade de la procédure.

16. Le paragraphe 4 de l'article 14 stipule que la procédure applicable aux jeunes gens tiendra compte de leur âge et de l'intérêt que présente leur rééducation. Peu de rapports fournissent des renseignements suffisants sur les questions pertinentes, telles que l'âge minimum auquel un jeune peut être accusé d'une infraction, l'âge de la majorité pénale, l'existence de tribunaux et de procédures spéciaux, la législation définissant les procédures à l'encontre des jeunes et la façon dont l'ensemble de ces dispositions spéciales concernant les jeunes

tiennent compte de «l'intérêt que présente leur rééducation». Les jeunes doivent bénéficier au moins des mêmes garanties et de la même protection que celles accordées aux adultes en vertu de l'article 14.

17. Le paragraphe 5 de l'article 14 dispose que toute personne déclarée coupable d'une infraction a le droit de faire examiner par une juridiction supérieure la déclaration de culpabilité et la condamnation, conformément à la loi. Le Comité attire particulièrement l'attention sur les équivalents donnés du mot anglais «crime» dans les autres langues («*infraction*», «*delito*», «*prestuplenie*»), qui montrent que la garantie ne concerne pas seulement les infractions les plus graves. A cet égard, il n'a pas reçu assez d'informations concernant les juridictions d'appel, en particulier l'accès aux tribunaux de seconde instance et les pouvoirs de ces tribunaux, les conditions à remplir pour faire appel d'un jugement et la façon dont les procédures en appel tiennent compte des conditions exigées au paragraphe 1 de l'article 14 quant au droit de l'accusé à ce que sa cause soit entendue équitablement et publiquement.

18. Le paragraphe 6 de l'article 14 prévoit une indemnisation conforme à la loi dans les cas d'erreur judiciaire qu'il décrit. D'après les rapports de beaucoup d'Etats, il semble que souvent ce droit ne soit pas respecté, ou qu'il ne soit qu'insuffisamment garanti par la législation nationale. Les Etats devraient, lorsqu'il y a lieu, compléter leur législation dans ce domaine pour la mettre en conformité avec les dispositions du Pacte.

19. Lors de l'examen des rapports des Etats, des opinions divergentes ont souvent été exprimées quant à la portée du paragraphe 7 de l'article 14. Certains Etats ont même jugé nécessaire de faire des réserves touchant les procédures prévues pour la réouverture des affaires pénales. Il semble au Comité que la plupart des Etats parties établissent une nette distinction entre la réouverture d'une affaire, justifiée par des circonstances exceptionnelles, et un nouveau procès, qu'interdit le principe *non bis in idem* énoncé au paragraphe 7. Cette façon d'interpréter la règle *non bis in idem* peut encourager les Etats parties à reconsidérer leurs réserves concernant le paragraphe 7 de l'article 14.

l) Article 17: Droit au respect de la vie privée: Observation générale 16 [32] (1988)

1. L'article 17 prévoit le droit de toute personne à être protégée contre les immixtions arbitraires ou illégales dans sa vie privée, sa famille, son domicile et sa correspondance, ainsi que contre les atteintes illégales à son honneur et à sa réputation. De l'avis du Comité, la protection de ce droit doit être garantie contre toutes ces immixtions et atteintes, qu'elles émanent des pouvoirs publics ou de personnes physiques ou morales. Les obligations imposées par cet

article exigent de l'Etat l'adoption de mesures, d'ordre législatif ou autres, destinées à rendre effective l'interdiction de telles immixtions et atteintes à la protection de ce droit.

2. A cet égard, le Comité tient à faire observer que les rapports des Etats parties au Pacte n'accordent pas l'attention nécessaire aux renseignements sur la façon dont le respect de ce droit est garanti par les autorités législatives, administratives ou judiciaires, et en général par les organes compétents institués par l'Etat. En particulier, on n'accorde pas une attention suffisante au fait que l'article 17 du Pacte traite de la protection contre les immixtions illégales et arbitraires. Cela signifie que c'est précisément dans la législation des Etats qu'il faut avant tout prévoir la protection du droit énoncé dans cet article. Pour l'instant, les rapports, soit ne disent rien d'une telle législation, soit fournissent à ce sujet des renseignements insuffisants.

3. L'adjectif «illégal» signifie qu'aucune immixtion ne peut avoir lieu, sauf dans les cas envisagés par la loi. Les immixtions autorisées par les Etats ne peuvent avoir lieu qu'en vertu d'une loi, qui doit elle-même être conforme aux dispositions, aux buts et aux objectifs du Pacte.

4. L'expression «immixtions arbitraires» se rapporte également à la protection du droit prévu à l'article 17. De l'avis du Comité, cette expression peut s'étendre aux immixtions prévues par la loi. L'introduction de la notion d'arbitraire a pour objet de garantir que même une immixtion prévue par la loi soit conforme aux dispositions, aux buts et aux objectifs du Pacte et soit, dans tous les cas, raisonnable eu égard aux circonstances particulières.

5. En ce qui concerne le terme «famille», les objectifs du Pacte exigent qu'aux fins de l'article 17 ce terme soit interprété au sens large, de manière à comprendre toutes les personnes qui composent la famille telle qu'elle est perçue dans la société de l'Etat partie concerné. Le terme «*home*» dans la version anglaise, «*manzel*» dans la version arabe, «*zhùzhái*» dans la version chinoise, «*domicilio*» dans la version espagnole, «*domicile*» dans la version française et «*zhilishche*» dans la version russe, doit s'entendre du lieu où une personne réside ou exerce sa profession habituelle. A ce propos, le Comité invite les Etats à indiquer dans leurs rapports l'acception donnée dans leur société aux termes «famille» et «domicile».

6. Le Comité estime que doivent figurer dans les rapports des renseignements sur les autorités et organes prévus par le système juridique du pays qui ont compétence pour autoriser les immixtions admises par la loi. Il est également indispensable d'avoir des renseignements sur les autorités qui sont habilitées à exercer un contrôle sur de telles immixtions dans le strict respect de la loi, et de savoir de quelle façon et auprès de quels organes les personnes concernées peuvent se plaindre d'une violation du droit prévu à l'article 17 du Pacte. Les Etats doivent clairement indiquer dans leurs rapports jusqu'à quel point la

pratique effective s'accorde au droit. Les rapports des Etats parties doivent également contenir des renseignements relatifs aux plaintes déposées pour immixtions arbitraires ou illégales et au nombre de décisions rendues à cet égard le cas échéant, ainsi qu'aux recours prévus en tels cas.

7. Etant donné que toutes les personnes vivent en société, la protection de la vie privée est nécessairement relative. Toutefois, les autorités publiques compétentes ne doivent pouvoir réclamer que celles des informations touchant la vie privée de l'individu dont la connaissance est indispensable à la société, au sens du Pacte. Par conséquent, le Comité recommande aux Etats d'indiquer dans leurs rapports les lois et règlements régissant les immixtions dans la vie privée.

8. Même pour ce qui est des immixtions qui sont conformes au Pacte, une loi pertinente doit préciser dans le détail les cas précis dans lesquels elles peuvent être autorisées. La décision de procéder à ces immixtions autorisées doit être prise par l'autorité désignée par la loi, et cas par cas. Le respect de l'article 17 exige que l'intégrité et le caractère confidentiel de la correspondance soient garantis en droit et en fait. La correspondance doit être remise au destinataire, sans interception, sans être ouverte, et sans qu'il en soit pris autrement connaissance. La surveillance, par des moyens électroniques ou autres, l'interception des communications téléphoniques, télégraphiques ou autres, l'écoute et l'enregistrement des conversations devraient être interdits. Les perquisitions domiciliaires doivent être limitées à la recherche des éléments de preuve nécessaires, et ne doivent pas pouvoir donner lieu à des vexations. En ce qui concerne la fouille des personnes et la fouille corporelle, des mesures efficaces doivent assurer qu'il y est procédé d'une manière compatible avec la dignité de la personne qui en est l'objet. Les personnes soumises à une fouille corporelle par des agents de l'Etat ou du personnel médical agissant à la demande de l'Etat ne devraient être fouillées que par des personnes du même sexe.

9. Les Etats parties sont eux-mêmes tenus de s'abstenir d'agissements non conformes à l'article 17 du Pacte, et de créer le cadre législatif nécessaire pour empêcher que des personnes physiques ou morales ne s'y livrent.

10. Le rassemblement et la conservation, par des autorités publiques, des particuliers ou des organismes privés, de renseignements concernant la vie privée d'individus sur des ordinateurs, dans des banques de données et selon d'autres procédés, doivent être réglementés par la loi. L'Etat doit prendre des mesures efficaces afin d'assurer que ces renseignements ne tombent pas entre les mains de personnes non autorisées par la loi à les recevoir, les traiter et les exploiter, et ne soient jamais utilisés à des fins incompatibles avec le Pacte. Il serait souhaitable, pour assurer la protection la plus efficace de sa vie privée, que chaque individu ait le droit de déterminer, sous une forme intelligible, si des données personnelles le concernant et, dans l'affirmative, lesquelles, sont stockées dans des fichiers automatiques de données, et à quelles fins. Chaque

individu doit également pouvoir déterminer les autorités publiques ou les particuliers ou les organismes privés qui ont ou peuvent avoir le contrôle des fichiers le concernant. Si ces fichiers contiennent des données personnelles incorrectes ou qui ont été recueillies ou traitées en violation des dispositions de la loi, chaque individu doit avoir le droit de réclamer leur rectification ou leur suppression.

11. L'article 17 garantit la protection de l'honneur et de la réputation, et les Etats sont tenus d'avoir des lois appropriées à cet effet. Des dispositions doivent également être prises pour permettre à chacun de se protéger contre toute attaque illégale dont il peut être l'objet et d'avoir un moyen de recours contre les responsables. Les Etats parties devraient indiquer dans leurs rapports dans quelle mesure l'honneur et la réputation des individus sont protégés par la loi, et comment cette protection est assurée dans leur système juridique.

m) Article 18: Liberté de pensée, de conscience et de religion: Observation générale 22 [48] (1993)

1. Le droit à la liberté de pensée, de conscience et de religion (qui implique la liberté d'avoir des convictions) visé au paragraphe 1 de l'article 18 a une large portée; il englobe la liberté de pensée dans tous les domaines, les convictions personnelles et l'adhésion à une religion ou une croyance, manifestée individuellement ou en commun. Le Comité appelle l'attention des Etats parties sur le fait que la liberté de pensée et la liberté de conscience sont protégées à égalité avec la liberté de religion et de conviction. Le caractère fondamental de ces libertés est également reflété dans le fait qu'aux termes du paragraphe 2 de l'article 4 du Pacte, il ne peut être dérogé à l'article 18, même en cas de danger public exceptionnel.

2. L'article 18 protège les convictions théistes, non théistes et athées, ainsi que le droit de ne professer aucune religion ou conviction. Les termes «conviction» et «religion» doivent être interprétés au sens large. L'article 18 n'est pas limité, dans son application, aux religions traditionnelles ou aux religions et croyances comportant des caractéristiques ou des pratiques institutionnelles analogues à celles des religions traditionnelles. Le Comité est donc préoccupé par toute tendance visant à faire preuve de discrimination à l'encontre d'une religion ou d'une conviction quelconque pour quelque raison que ce soit, notamment parce qu'elle est nouvellement établie ou qu'elle représente des minorités religieuses susceptibles d'être en butte à l'hostilité d'une communauté religieuse dominante.

3. L'article 18 distingue la liberté de pensée, de conscience, de religion ou de conviction, et la liberté de manifester sa religion ou sa conviction. Il n'autorise

aucune restriction quelle qu'elle soit à la liberté de pensée et de conscience ou à la liberté d'avoir ou d'adopter la religion ou la conviction de son choix. Ces libertés sont protégées sans réserve au même titre que le droit de chacun de ne pas être inquiété pour ses opinions, énoncé au paragraphe 1 de l'article 19. Conformément à l'article 17 et au paragraphe 2 de l'article 18, nul ne peut être contraint de révéler ses pensées ou son adhésion à une religion ou une conviction.

4. La liberté de manifester une religion ou une conviction peut être exercée «individuellement ou en commun, tant en public qu'en privé». La liberté de manifester sa religion ou sa conviction par le culte, l'accomplissement des rites, les pratiques et l'enseignement englobe des actes très variés. Le concept de rite comprend les actes rituels et cérémoniels exprimant directement une conviction, ainsi que différentes pratiques propres à ces actes, y compris la construction de lieux de culte, l'emploi de formules et d'objets rituels, la présentation de symboles et l'observation des jours de fête et des jours de repos. L'accomplissement des rites et la pratique de la religion ou de la conviction peuvent comprendre non seulement des actes cérémoniels, mais aussi des coutumes telles que l'observation de prescriptions alimentaires, le port de vêtements ou de couvre-chefs distinctifs, la participation à des rites associés à certaines étapes de la vie et l'utilisation d'une langue particulière communément parlée par un groupe. En outre, la pratique et l'enseignement de la religion ou de la conviction comprennent les actes indispensables aux groupes religieux pour mener leurs activités essentielles, tels que la liberté de choisir leurs responsables religieux, leurs prêtres et leurs enseignants, celle de fonder des séminaires ou des écoles religieuses, et celle de préparer et de distribuer des textes ou des publications de caractère religieux.

5. Le Comité fait observer que la liberté «d'avoir ou d'adopter» une religion ou une conviction implique nécessairement la liberté de choisir une religion ou une conviction, y compris, notamment, le droit de substituer à sa religion ou sa conviction actuelle une autre religion ou conviction ou d'adopter une position athée, ainsi que le droit de conserver sa religion ou sa conviction. Le paragraphe 2 de l'article 18 interdit la contrainte pouvant porter atteinte au droit d'avoir ou d'adopter une religion ou une conviction, y compris le recours ou la menace de recours à la force physique ou à des sanctions pénales pour obliger des croyants ou des non-croyants à adhérer à des convictions et à des congrégations religieuses, à abjurer leur conviction ou leur religion ou à se convertir. Les politiques ou les pratiques ayant le même but ou le même effet, telles que, par exemple, celles restreignant l'accès à l'éducation, aux soins médicaux et à l'emploi ou les droits garantis par l'article 25 et par d'autres dispositions du Pacte, sont également incompatibles avec le paragraphe 2 de l'article 18. Les tenants de toutes les convictions de nature non religieuse bénéficient d'une protection identique.

6. Le Comité est d'avis que le paragraphe 4 de l'article 18 permet d'enseigner des sujets tels que l'histoire générale des religions et des idées dans les établissements publics, à condition que cet enseignement soit dispensé de façon neutre et objective. La liberté des parents ou des tuteurs légaux de faire assurer l'éducation religieuse et morale de leurs enfants conformément à leurs propres convictions, prévue au paragraphe 4 de l'article 18, est liée à la garantie de la liberté d'enseigner une religion ou une conviction proclamée au paragraphe 1 du même article. Le Comité note que l'éducation publique incluant l'enseignement d'une religion ou d'une conviction particulière est incompatible avec le paragraphe 4 de l'article 18, à moins qu'elle ne prévoie des exemptions ou des possibilités de choix non discriminatoires correspondant aux voeux des parents et des tuteurs.

7. Conformément à l'article 20, la manifestation d'une religion ou d'une conviction ne peut correspondre à une forme de propagande en faveur de la guerre ou à un appel à la haine nationale, raciale ou religieuse qui constitue une incitation à la discrimination, à l'hostilité ou à la violence. Comme l'a indiqué le Comité des droits de l'homme dans l'observation générale N° 11 (19), les Etats parties sont tenus d'adopter les mesures législatives voulues pour interdire ces actions.

8. Le paragraphe 3 de l'article 18 n'autorise les restrictions apportées aux manifestations de la religion ou des convictions que si lesdites restrictions sont prévues par la loi et sont nécessaires pour protéger la sécurité, l'ordre et la santé publics, ou la morale ou les libertés et droits fondamentaux d'autrui. Aucune restriction ne peut être apportée à la liberté d'avoir ou d'adopter une religion ou une conviction en l'absence de toute contrainte ni à la liberté des parents et des tuteurs d'assurer à leurs enfants une éducation religieuse et morale. En interprétant la portée des clauses relatives aux restrictions autorisées, les Etats parties devraient s'inspirer de la nécessité de protéger les droits garantis en vertu du Pacte, y compris le droit à l'égalité et le droit de ne faire l'objet d'aucune discrimination fondée sur les motifs spécifiés aux articles 2, 3 et 26. Les restrictions imposées doivent être prévues par la loi et ne doivent pas être appliquées d'une manière propre à vicier les droits garantis par l'article 18. Le Comité fait observer que le paragraphe 3 de l'article 18 doit être interprété au sens strict: les motifs de restriction qui n'y sont pas spécifiés ne sont pas recevables, même au cas où ils le seraient, au titre d'autres droits protégés par le Pacte, s'agissant de la sécurité nationale, par exemple. Les restrictions ne doivent être appliquées qu'aux fins pour lesquelles elles ont été prescrites et doivent être en rapport direct avec l'objectif spécifique qui les inspire et proportionnelles à celui-ci. Il ne peut être imposé de restrictions à des fins discriminatoires ni de façon discriminatoire. Le Comité fait observer que la conception de la morale découle de nombreuses traditions sociales, philosophi-

ques et religieuses; en conséquence, les restrictions apportées à la liberté de manifester une religion ou une conviction pour protéger la morale doivent être fondées sur des principes qui ne procèdent pas d'une tradition unique. Les personnes déjà soumises à certaines contraintes légitimes, telles que les prisonniers, continuent de jouir de leur droit de manifester leur religion ou leurs convictions dans toute la mesure compatible avec la nature de ces contraintes. Dans leurs rapports, les Etats parties devraient donner des informations détaillées sur la portée et les effets des restrictions prévues au paragraphe 3 de l'article 18 et appliquées tant dans le cadre de la loi que dans des circonstances particulières.

9. Le fait qu'une religion est reconnue en tant que religion d'Etat ou qu'elle est établie en tant que religion officielle ou traditionnelle, ou que ses adeptes représentent la majorité de la population, ne doit porter en rien atteinte à la jouissance de l'un quelconque des droits garantis par le Pacte, notamment les article 18 et 27, ni entraîner une discrimination quelconque contre les adeptes d'autres religions ou les non-croyants. En particulier certaines mesures de caractère discriminatoire pour ces derniers, par exemple des mesures restreignant l'accès au service de l'Etat aux membres de la religion prédominante, leur accordant des privilèges économiques ou imposant des restrictions spéciales à la pratique d'autres religions, ne sont pas conformes à l'interdiction de la discrimination fondée sur la religion ou la conviction, ni à la garantie d'une protection égale énoncées à l'article 26. Les mesures envisagées au paragraphe 2 de l'article 20 du Pacte constituent d'importantes protections contre les atteintes aux droits des minorités religieuses et d'autres groupes religieux du point de vue de l'exercice des droits protégés par les articles 18 et 27, et contre les actes de violence ou de persécution dirigés contre ces groupes. Le Comité souhaite être informé des mesures prises par les Etats parties concernés pour protéger la pratique de toutes les religions ou convictions contre toute atteinte, et pour protéger leurs adeptes contre la discrimination. De même, des renseignements sur le respect des droits des minorités religieuses en vertu de l'article 27 sont nécessaires au Comité pour pouvoir évaluer la mesure dans laquelle la liberté de pensée, de conscience, de religion et de conviction a été protégée par les Etats parties. Les Etats parties concernés devraient également inclure dans leurs rapports des renseignements sur les pratiques qui selon leur législation et leur jurisprudence sont blasphématoires et punissables à ce titre.

10. Si un ensemble de convictions est traité comme une idéologie officielle dans des constitutions, les lois, des proclamations des partis au pouvoir, etc., ou dans la pratique, il ne doit en découler aucune atteinte aux libertés garanties par l'article 18 ni à aucun autre droit reconnu par le Pacte, ni aucune discrimination à l'égard des personnes qui n'acceptent pas l'idéologie officielle ou s'y opposent.

11. De nombreux individus ont invoqué le droit de refuser le service militaire (objection de conscience) en se fondant sur le fait que ce droit découle des libertés que leur attribue l'article 18. Pour répondre à leurs demandes, un nombre croissant d'Etats ont, dans leur législation, exempté du service militaire obligatoire leurs citoyens qui professent sincèrement des convictions religieuses ou autres interdisant l'accomplissement de ce service, et ils lui ont substitué un service national de remplacement. Le Pacte ne mentionne pas explicitement un droit à l'objection de conscience, mais le Comité estime qu'un tel droit peut être déduit de l'article 18, dans la mesure où l'obligation d'employer la force au prix de vies humaines peut être gravement en conflit avec la liberté de conscience et le droit de manifester sa religion ou ses convictions. Lorsque ce droit sera reconnu dans la législation ou la pratique, il n'y aura plus de différenciation entre objecteurs de conscience sur la base de la nature de leurs convictions particulières, de même qu'il ne s'exercera pas de discrimination contre les objecteurs de conscience parce qu'ils n'ont pas accompli leur service militaire. Le Comité invite les Etats parties à faire rapport sur les conditions dans lesquelles des personnes peuvent être exemptées du service militaire sur la base des droits qui leur sont reconnus par l'article 18 et sur la nature et la durée du service national de remplacement.

n) Article 19: Liberté d'expression: Observation générale 10 [19] (1983)

1. Le paragraphe 1 prévoit la protection du «droit de ne pas être inquiété pour ses opinions». C'est un droit pour lequel le Pacte n'autorise ni exception ni limitation. Le Comité serait heureux de recevoir des Etats parties des renseignements sur l'application du paragraphe 1.

2. Le paragraphe 2 prévoit la protection du droit à la liberté d'expression, qui comprend non seulement la liberté de «répandre des informations ou des idées de toute espèce», mais encore la liberté de «rechercher» et de «recevoir» ces informations et ces idées «sans considération de frontières» et quel que soit le moyen utilisé par l'intéressé, «sous une forme orale, écrite, imprimée ou artistique, ou par tout autre moyen de son choix». Les Etats parties n'ont pas tous communiqué des informations sur tous les aspects de la liberté d'expression. Par exemple, on a prêté peu d'attention jusqu'ici à ce que, du fait des progrès des moyens d'information modernes, des mesures efficaces seraient nécessaires pour empêcher une mainmise sur ces moyens qui entraverait l'exercice du droit de toute personne à la liberté d'expression dans un sens qui n'est pas prévu au paragraphe 3.

3. Les rapports de nombreux Etats se bornent à indiquer que la liberté d'expression est garantie par la constitution ou par la loi. Cependant, pour connaître avec précision le régime institué en matière de liberté d'expression, en droit comme dans la pratique, le Comité a besoin en outre de renseignements pertinents sur les règles qui définissent l'étendue de cette liberté ou qui énoncent certaines restrictions, ainsi que sur tout autre facteur qui influe en pratique sur l'exercice de ce droit. C'est l'interaction du principe de la liberté d'expression et de ses limitations et restrictions qui détermine la portée réelle du droit de l'individu.

4. Le paragraphe 3 prévoit expressément que l'exercice de la liberté d'expression comporte des devoirs spéciaux et des responsabilités spéciales, et c'est pour cette raison que certaines restrictions à ce droit sont permises, eu égard aux intérêts d'autrui ou de la communauté dans son ensemble. Cependant, lorsqu'un Etat partie impose certaines restrictions à l'exercice de la liberté d'expression, celles-ci ne peuvent en aucun cas porter atteinte au droit lui-même. Le paragraphe 3 énonce certaines conditions, et c'est seulement à ces conditions que des restrictions peuvent être imposées: 1) elles doivent être «fixées par la loi»; 2) elles ne peuvent être ordonnées qu'à l'une des fins précisées aux alinéas a) et b) du paragraphe 3; 3) l'Etat partie doit justifier qu'elles sont nécessaires à la réalisation d'une de ces fins.

o) Article 20: Interdiction de la propagande de guerre et de l'incitation à la haine raciale: Observation générale 11 [19] (1983)

1. Les rapports présentés par les Etats parties ne fournissent pas tous des informations suffisantes sur l'application de l'article 20 du Pacte. Etant donné la nature de l'article 20, les Etats parties sont tenus d'adopter les mesures législatives voulues pour interdire les actions qui y sont mentionnées. Or les rapports montrent que, dans certains Etats, ces actions ne sont pas interdites par la loi et que les efforts qui conviendraient pour les interdire ne sont ni envisagés ni faits. De plus, de nombreux rapports ne donnent pas suffisamment d'informations sur les lois et pratiques nationales pertinentes.

2. L'article 20 du Pacte dispose que toute propagande en faveur de la guerre et tout appel à la haine nationale, raciale ou religieuse qui constitue une incitation à la discrimination, à l'hostilité ou à la violence sont interdits par la loi. De l'avis du Comité, ces interdictions sont tout à fait compatibles avec le droit à la liberté d'expression prévu à l'article 19, dont l'exercice entraîne des responsabilités et des devoirs spéciaux. L'interdiction prévue au paragraphe 1 s'étend à toutes les formes de propagande menaçant d'entraîner ou entraînant un acte d'agression

ou une rupture de la paix, en violation de la Charte des Nations Unies, tandis que le paragraphe 2 vise tout appel à la haine nationale, raciale ou religieuse qui constitue une incitation à la discrimination, à l'hostilité ou à la violence, que cette propagande ou cet appel ait des objectifs d'ordre intérieur ou extérieur par rapport à l'Etat intéressé. Les dispositions du paragraphe 1 de l'article 20 n'interdisent pas l'appel au droit souverain à la légitime défense ni au droit des peuples à l'autodétermination et à l'indépendance conformément à la Charte des Nations Unies. Pour que l'article 20 produise tous ses effets, il faudrait qu'une loi indique clairement que la propagande et l'appel qui y sont décrits sont contraires à l'ordre public, et prescrive une sanction appropriée en cas de violation. Le Comité estime donc que les Etats parties qui ne l'ont pas encore fait devraient prendre des mesures pour s'acquitter des obligations énoncées à l'article 20, et qu'ils devraient eux-mêmes s'abstenir de toute propagande ou de tout appel de ce genre.

p) Article 23: Droit au mariage et au respect de la vie familiale: Observation générale 19 [39] (1990)

1. L'article 23 du Pacte international relatif aux droits civils et politiques reconnaît que la famille est l'élément naturel et fondamental de la société et a droit à la protection de la société et de l'Etat. La protection de la famille et de ses membres est également garantie, directement ou indirectement, par d'autres dispositions du Pacte. Ainsi, l'article 17 stipule l'interdiction d'immixtions arbitraires ou illégales dans la famille. De plus, l'article 24 du Pacte porte expressément sur la protection des droits de l'enfant en tant que tel ou en tant que membre d'une famille. Dans leurs rapports, les Etats parties ne donnent souvent pas assez d'informations sur la manière dont l'Etat et la société mettent en oeuvre leur obligation de fournir une protection à la famille et aux personnes qui la composent.

2. Le Comité observe que la notion de famille peut différer à certains égards d'un Etat à l'autre, et même d'une région à l'autre à l'intérieur d'un même Etat, de sorte qu'il n'est pas possible d'en donner une définition uniforme. Toutefois, le Comité souligne que, lorsque la législation et la pratique d'un Etat considèrent un groupe de personnes comme une famille, celle-ci doit y faire l'objet de la protection visée à l'article 23.

Par conséquent, les Etats parties devraient exposer dans leurs rapports l'interprétation ou la définition qui sont données de la notion et de l'étendue de famille dans leur société et leur système juridique. L'existence dans un Etat d'une pluralité de notions de famille, famille «nucléaire» et famille «élargie», devrait être indiquée, avec l'explication du degré de protection de l'une et de l'autre.

Etant donné qu'il existe divers types de famille, les couples non mariés et leurs enfants ou les parents seuls et leurs enfants, par exemple, les Etats parties devraient également indiquer si et dans quelle mesure la législation et les pratiques nationales reconnaissent et protègent ces types de famille et leurs membres.

3. La mise en oeuvre de la protection visée à l'article 23 du Pacte demande, de la part des Etats parties, l'adoption de mesures diverses, notamment d'ordre législatif ou administratif. Les Etats parties devraient fournir des informations détaillées quant à la nature de ces mesures et aux moyens employés pour en assurer l'application effective. Par ailleurs, puisque le Pacte reconnaît aussi à la famille le droit d'être protégée par la société, les Etats parties devraient indiquer, dans leurs rapports, comment l'Etat et d'autres institutions sociales accordent la protection nécessaire à la famille, si et dans quelle mesure l'Etat encourage l'activité desdites institutions par des moyens financiers ou autres, et comment il veille à ce que ladite activité soit compatible avec le Pacte.

4. Le paragraphe 2 de l'article 23 du Pacte réaffirme que le droit de se marier et de fonder une famille est reconnu à l'homme et à la femme à partir de l'âge nubile. Le paragraphe 3 du même article énonce que nul mariage ne peut être conclu sans le libre et plein consentement des futurs époux. Les Etats parties devraient indiquer dans leurs rapports s'il existe des restrictions ou obstacles à l'exercice du droit de contracter mariage qui procèdent de facteurs spéciaux tels que le degré de parenté ou l'incapacité mentale. Le Pacte ne fixe expressément l'âge nubile ni pour l'homme, ni pour la femme; cet âge devrait être fixé en fonction de la capacité des futurs époux de donner leur libre et plein consentement personnel dans les formes et les conditions prescrites par la loi. A cet égard, le Comité tient à rappeler que ces dispositions légales doivent être compatibles avec le plein exercice des autres droits garantis par le Pacte; ainsi, par exemple, le droit à la liberté de pensée, de conscience et de religion implique que la législation de chaque Etat prévoie la possibilité à la fois du mariage civil et du mariage religieux. De l'avis du Comité, toutefois, le fait qu'un Etat exige qu'un mariage célébré conformément à des rites religieux soit également célébré ou prononcé ou enregistré par des autorités civiles n'est pas incompatible avec le Pacte. Les Etats sont également priés d'inclure des informations à ce sujet dans leurs rapports.

5. Le droit de fonder une famille implique, en principe, la possibilité de procréer et de vivre ensemble. Les politiques de planification de la famille, lorsque les Etats en adoptent, doivent être compatibles avec les dispositions du Pacte et n'être, en particulier, ni discriminatoires ni contraignantes. De même, la possibilité de vivre ensemble implique l'adoption de mesures appropriées, tant sur le plan interne que, le cas échéant, en coopération avec d'autres Etats, pour assurer l'unité ou la réunification des familles, notamment lorsque la

séparation de leurs membres tient à des raisons politiques, économiques, ou du même ordre.

6. Le paragraphe 4 de l'article 23 du Pacte dispose que les Etats parties prendront les mesures appropriées pour assurer l'égalité de droits et de responsabilités des époux au regard du mariage, durant le mariage et lors de sa dissolution.

En ce qui concerne l'égalité au regard du mariage, le Comité tient à noter en particulier que l'acquisition ou la perte de la nationalité pour cause de mariage ne doit donner lieu à aucune discrimination fondée sur le sexe. De même, le droit pour chaque conjoint de continuer d'utiliser son nom de famille d'origine, ou de participer sur un pied d'égalité au choix d'un nouveau nom de famille devrait être sauvegardé.

Durant le mariage, les conjoints devraient avoir des droits et responsabilités égaux au sein de la famille. Cette égalité s'étend à toutes les questions qui découlent de leur lien, telles que le choix de la résidence, la gestion des affaires du ménage, l'éducation des enfants et l'administration des biens. Cette égalité continue d'être applicable aux dispositions concernant la séparation de corps ou la dissolution du mariage.

Ainsi, tout traitement discriminatoire en ce qui concerne les motifs et les procédures de séparation ou de divorce, la garde des enfants, la pension alimentaire en faveur des enfants ou du conjoint, le droit de visite, ou la perte ou le recouvrement de l'autorité parentale doit être interdit, compte tenu de l'intérêt dominant des enfants à cet égard. Les Etats parties devraient, en particulier, inclure dans leurs rapports des informations sur les dispositions qu'ils ont prises pour assurer aux enfants la protection nécessaire lors de la dissolution du mariage ou lors de la séparation des époux.

q) Article 24: Droits de l'enfant: Observation générale 17 [35] (1989)

1. L'article 24 du Pacte établit que tous les enfants, sans aucune discrimination, ont le droit de recevoir de leur famille, de la société et de l'Etat la protection qu'exige leur état de mineur. L'application de cette disposition nécessite l'adoption par les Etats de mesures spéciales en ce sens, qui s'ajoutent à celles qu'ils sont par ailleurs tenus de prendre en vertu de l'article 2 pour que tous les individus puissent exercer les droits prévus dans le Pacte. Souvent, dans les rapports qu'ils présentent, les Etats semblent sous-estimer cette obligation et fournissent des renseignements insuffisants sur la façon dont s'exerce le droit des enfants à une protection spéciale.

2. Le Comité fait observer à ce sujet que les droits prévus à l'article 24 ne sont pas les seuls que le Pacte reconnaît aux enfants, qui bénéficient aussi, en tant qu'individus, de tous les autres droits civils énoncés dans cet instrument. Certaines des dispositions du Pacte, en établissant un droit, indiquent expressément aux Etats les mesures qu'ils doivent adopter pour que les mineurs soient mieux protégés que les adultes. C'est ainsi qu'en ce qui concerne le droit à la vie, la sentence de mort ne peut être prononcée contre les mineurs de 18 ans. De même, s'ils sont légalement privés de la liberté, les jeunes prévenus doivent être séparés des adultes, et leur cas doit être décidé aussi rapidement que possible; les jeunes délinquants condamnés doivent être soumis à un régime pénitentiaire où ils sont séparés des adultes et qui est approprié à leur âge et à leur statut légal, le but étant de les amener à se réformer et de favoriser leur réinsertion sociale. Il est aussi prévu qu'un droit garanti par le Pacte peut être restreint lorsqu'il s'agit de protéger des enfants, pourvu que cette restriction soit justifiée: ainsi, lorsque l'intérêt d'un mineur l'exige, il est permis de faire exception à la règle qui commande que tout jugement civil ou pénal soit public.

3. Dans la plupart des cas, toutefois, les mesures à adopter ne sont pas précisées dans le Pacte, et il appartient à chaque Etat de les déterminer, en fonction des exigences de la protection des enfants qui se trouvent sur son territoire ou relèvent de sa compétence. Le Comité rappelle à cet égard que ces mesures, bien que destinées en premier lieu à assurer aux enfants le plein exercice des droits sur lesquels porte le Pacte, peuvent également être d'ordre économique, social ou culturel. Ainsi, par exemple, toutes les mesures possibles devraient être prises dans les domaines économique et social pour réduire la mortalité infantile, faire disparaître la malnutrition chez les enfants et éviter que ceux-ci ne soient victimes d'actes de violence ou de traitements cruels et inhumains, ou qu'on ne les exploite en les obligeant à exécuter un travail forcé ou à se livrer à la prostitution, ou en les utilisant pour le trafic illicite de stupéfiants, ou de toute autre façon. Dans le domaine culturel, tout devrait être fait pour favoriser l'épanouissement de la personnalité des enfants et leur assurer un degré d'instruction qui leur permette d'exercer les droits visés par le Pacte, notamment la liberté d'opinion et d'expression. En outre, le Comité attire l'attention des Etats parties sur la nécessité d'inclure dans leurs rapports des informations sur les mesures adoptées pour assurer qu'aucun enfant ne participe directement à un conflit armé.

4. Tout enfant, en raison de son état de mineur, a droit à des mesures spéciales de protection. L'âge auquel l'enfant devient majeur n'est pas indiqué par le Pacte, et il revient à chaque Etat partie de le fixer, compte tenu des conditions sociales et culturelles. A cet égard, les Etats devraient préciser dans leurs rapports l'âge de la majorité civile et l'âge à partir duquel un enfant devient pénalement responsable. Les Etats devraient également préciser l'âge à partir duquel l'enfant

est légalement autorisé à travailler, et l'âge à partir duquel l'enfant est assimilé aux adultes en matière de droit du travail. En outre, les Etats devraient préciser l'âge à partir duquel l'enfant est considéré adulte aux fins de l'application des paragraphes 2 et 3 de l'article 10. Toutefois, le Comité observe que l'âge de la majorité ne devrait pas être trop bas et que, dans tous les cas, un Etat partie ne peut pas se dégager de ses obligations au titre du Pacte concernant les personnes de moins de 18 ans, même si elles ont atteint l'âge de la majorité selon le droit interne.

5. Le Pacte stipule que les enfants doivent être protégés contre toute discrimination, quelle que soit la raison sur laquelle celle-ci se fonde: race, couleur, sexe, langue, religion, origine nationale ou sociale, fortune ou naissance. Le Comité observe à cet égard que, tandis que l'obligation de non-discrimination à leur égard découle de l'article 2 en ce qui concerne l'ensemble des droits prévus par le Pacte, et de l'article 26 en ce qui concerne l'égalité devant la loi, la clause de non-discrimination que renferme l'article 24 porte très précisément sur les mesures de protection les concernant spécifiquement, telles qu'elles sont prévues dans cette même disposition. Les Etats devraient indiquer dans leurs rapports comment leur législation et leur pratique assurent que les mesures de protection tendent à abolir toute discrimination dans tous les domaines, y compris en matière successorale, et notamment toute discrimination entre les enfants qui sont des nationaux de l'Etat et les enfants étrangers, et entre enfants légitimes et enfants nés hors mariage.

6. L'obligation d'assurer aux enfants la protection nécessaire incombe à la famille, à la société et à l'Etat. Bien que le Pacte n'indique pas comment doit être partagée cette obligation, c'est en premier lieu à la famille, interprétée au sens large de manière à comprendre toutes les personnes qui s'y rattachent dans la société de l'Etat, et tout particulièrement aux parents qu'il incombe de créer des conditions qui favorisent l'épanouissement harmonieux de la personnalité de l'enfant et le fassent jouir des droits prévus par le Pacte. Toutefois, puisqu'il est courant que le père et la mère aient une activité professionnelle hors du foyer, les Etats parties devraient préciser dans leurs rapports comment la société, ses institutions et l'Etat font face à leurs responsabilités et aident la famille à assurer la protection de l'enfant. D'autre part, dans le cas où les parents et la famille manquent gravement à leurs devoirs, maltraitent l'enfant et le négligent, l'Etat doit intervenir pour restreindre l'autorité parentale, et, lorsque les circonstances l'exigent, l'enfant peut être séparé des siens. En cas de dissolution du mariage, des dispositions dans lesquelles la considération dominante est l'intérêt de l'enfant doivent être prises afin d'assurer à ce dernier la protection nécessaire et de lui garantir autant que possible des relations personnelles avec ses deux parents. Le Comité pense qu'il serait utile que, dans leurs rapports, les Etats fournissent des renseignements sur les mesures spécialement adoptées pour

protéger les enfants abandonnés ou séparés de leur milieu familial et pour leur permettre de se développer dans des conditions analogues à celles qu'offre le milieu familial.

7. Le paragraphe 2 de l'article 24 stipule que tout enfant a le droit d'être enregistré immédiatement après sa naissance et de recevoir un nom. Selon le Comité, cette disposition doit être interprétée comme étroitement liée à celle qui établit que l'enfant a droit à des mesures spéciales de protection et qui vise à faire reconnaître sa personnalité juridique. Il est particulièrement important de garantir le droit à un nom dans le cas des enfants nés hors mariage. L'obligation d'enregistrer les enfants à la naissance est conçue principalement pour réduire les risques d'enlèvement, de vente ou de traite d'enfants ou les autres traitements contraires aux droits prévus dans le Pacte. Les Etats parties devraient indiquer avec précision dans leurs rapports les mesures conçues pour que soient enregistrés dès la naissance des enfants nés sur leur territoire.

8. De même, dans le cadre de la protection à accorder aux enfants, il convient d'accorder une attention particulière au droit de tout enfant à la nationalité, énoncé au paragraphe 3 de l'article 24. Cette disposition, qui a pour but d'éviter qu'un enfant ne soit moins protégé par la société et l'Etat s'il est apatride, n'impose pas pour autant aux Etats parties de donner en toutes circonstances leur nationalité à tout enfant né sur leur territoire. Cependant, les Etats sont tenus d'adopter toutes les mesures appropriées, sur le plan interne et en coopération avec les autres Etats, pour que tout enfant ait une nationalité dès sa naissance. Ils ne devraient tolérer dans la législation interne en matière d'acquisition de la nationalité aucune discrimination qui distingue entre enfants légitimes et enfants nés hors mariage ou de parents apatrides, ou qui soit motivée par la nationalité des parents ou de l'un d'entre eux. Les rapports présentés devraient toujours mentionner les mesures adoptées pour assurer aux enfants une nationalité.

r) Article 25: Droits politiques: Observation générale 25 [57] (1996)

1. L'article 25 du Pacte reconnaît et protège le droit de tout citoyen de prendre part à la direction des affaires publiques, de voter et d'être élu, et le droit d'accéder aux fonctions publiques. Quel que soit le type de constitution ou de gouvernement adopté par un Etat, l'article 25 fait obligation aux Etats d'adopter les mesures d'ordre législatif ou autres qui peuvent être nécessaires pour que les citoyens aient la possibilité effective d'exercer les droits qu'il protège. L'article 25 appuie le régime démocratique fondé sur l'approbation du peuple et en conformité avec les principes du Pacte.

2. Les droits reconnus aux citoyens par l'article 25 sont liés au droit des peuples de disposer d'eux-mêmes et de déterminer librement leur statut politique, mais ils en sont distincts. Le droit de choisir la forme de constitution ou de gouvernement prévu au paragraphe 1 de l'article premier est conféré aux peuples en tant que tels. L'article 25 en revanche traite du droit des citoyens à titre individuel de participer aux processus qui représentent la direction des affaires publiques. En tant que droits individuels, ils peuvent être invoqués au titre du premier Protocole facultatif se rapportant au Pacte.

3. Contrairement aux autres droits et libertés reconnus par le Pacte (qui sont garantis à tous les individus se trouvant sur le territoire d'un Etat et relevant de sa compétence), les droits protégés par l'article 25 sont ceux de «tout citoyen». Dans leurs rapports, les Etats devraient décrire les dispositions législatives définissant la citoyenneté aux fins de l'exercice des droits protégés par l'article 25. Tout citoyen doit jouir de ces droits sans distinction aucune, notamment de race, de couleur, de sexe, de langue, de religion, d'opinion politique ou de toute autre opinion, d'origine nationale ou sociale, de fortune, de naissance ou de toute autre situation. En principe, toute distinction entre les citoyens de naissance et les citoyens par naturalisation est incompatible avec l'article 25. Dans leurs rapports, les Etats devraient préciser s'il existe des groupes, tels que les résidents permanents, qui ne jouissent que de certains droits connexes, par exemple celui de voter lors d'élections locales ou d'occuper certains postes dans la fonction publique.

4. Toutes les conditions s'appliquant à l'exercice des droits protégés par l'article 25 devraient être fondées sur des critères objectifs et raisonnables. Ainsi, il peut être raisonnable d'exiger un âge minimum plus élevé pour être éligible ou nommé à des postes particuliers dans la fonction publique que pour exercer le droit de vote, dont tout citoyen adulte devrait jouir. L'exercice de ces droits par les citoyens ne peut être suspendu ou supprimé que pour des motifs consacrés par la loi, et qui soient raisonnables et objectifs. Ainsi, il peut être justifié de refuser le droit de voter ou d'occuper une fonction publique à une personne dont l'incapacité mentale est établie.

5. La direction des affaires publiques, mentionnée à l'alinéa a), est une notion vaste qui a trait à l'exercice du pouvoir politique. Elle comprend l'exercice des pouvoirs législatif, exécutif et administratif. Elle couvre tous les aspects de l'administration publique ainsi que la formulation et l'application de mesures de politique générale aux niveaux international, national, régional et local. L'attribution des pouvoirs et les moyens par lesquels les citoyens exercent les droits protégés par l'article 25 devraient être déterminés par des lois constitutionnelles ou autres.

6. Les citoyens participent directement à la direction des affaires publiques en tant que membres des organes législatifs ou détenteurs de fonctions publi-

ques. Ce droit de participation directe est appuyé par l'alinéa b). Les citoyens participent aussi directement à la direction des affaires publiques lorsqu'ils choisissent ou modifient la forme de leur constitution, ou décident de questions publiques par voie de référendum ou tout autre processus électoral effectué conformément à l'alinéa b). Les citoyens peuvent participer directement en prenant part à des assemblées populaires qui sont habilitées à prendre des décisions sur des questions d'intérêt local ou sur des affaires intéressant une communauté particulière et au sein d'organes créés pour représenter les citoyens en consultation avec l'administration. Dans les cas où un mode de participation directe des citoyens est prévu, aucune distinction ne devrait être établie pour les motifs mentionnés au paragraphe 1 de l'article 2 entre les citoyens en ce qui concerne la possibilité de participer et aucune restriction déraisonnable ne devrait être imposée.

7. Lorsque les citoyens participent à la direction des affaires publiques par l'intermédiaire de représentants librement choisis, il ressort implicitement de l'article 25 que ces représentants exercent un pouvoir réel de gouvernement et qu'ils sont responsables à l'égard des citoyens, par le biais du processus électoral, de la façon dont ils exercent ce pouvoir. Il est également implicite que ces représentants n'exercent que les pouvoirs qui leur sont conférés conformément aux dispositions de la constitution. La participation par l'intermédiaire de représentants librement choisis s'exerce au moyen de processus électoraux qui doivent être établis par voie législative conforme à l'alinéa b).

8. Les citoyens participent aussi en influant sur la direction des affaires publiques par le débat public et le dialogue avec leurs représentants ou par leur capacité de s'organiser. Cette participation est favorisée en garantissant le droit à la liberté d'expression, de réunion et d'association.

9. L'alinéa b) de l'article 25 énonce des dispositions spécifiques traitant du droit des citoyens de prendre part à la direction des affaires publiques en tant qu'électeurs ou en tant que candidats à des élections. Il est essentiel que des élections honnêtes soient organisées périodiquement conformément à l'alinéa b) pour garantir que les représentants soient responsables devant les citoyens de la façon dont ils s'acquittent des pouvoirs législatifs ou exécutifs qui leur sont dévolus. Ces élections doivent être organisées périodiquement, à des intervalles suffisamment rapprochés pour que l'autorité du gouvernement continue de reposer sur l'expression libre de la volonté du peuple. Les droits et obligations prévus à l'alinéa b) devraient être garantis par la loi.

10. Le droit de voter lors d'élections et de référendums devrait être prévu par la loi et ne peut faire l'objet que de restrictions raisonnables, telle la fixation d'un âge minimum pour l'exercice du droit de vote. Il serait déraisonnable de restreindre le droit de vote sur la base d'une invalidité physique ou d'imposer des critères d'alphabétisation, d'instruction ou de fortune. L'appartenance à un

parti ne devrait pas être une condition ni un empêchement à l'exercice du droit de vote.

11. Les Etats doivent prendre des mesures efficaces pour faire en sorte que toutes les personnes qui remplissent les conditions pour être électeurs aient la possibilité d'exercer ce droit quand l'inscription des électeurs est nécessaire, elle devrait être facilitée et il ne devrait pas y avoir d'obstacle déraisonnable à l'inscription. Si des conditions de résidence sont appliquées pour l'inscription, il convient que ces conditions soient raisonnables et n'entraînent pas l'exclusion des sans-abri. Toute immixtion dans le processus d'inscription ou le scrutin ainsi que toute intimidation ou coercition des électeurs devraient être interdites par les lois pénales, et ces lois devraient être strictement appliquées. Des campagnes d'éducation et d'inscription des électeurs sont nécessaires pour garantir l'exercice effectif des droits prévus à l'article 25 par une communauté avertie.

12. Le droit à la liberté d'expression, de réunion et d'association est une condition essentielle à l'exercice effectif du droit de vote et doit être pleinement protégé. Des mesures positives devraient être prises pour surmonter certaines difficultés telles que l'analphabétisme, les obstacles linguistiques, la pauvreté ou les entraves à la liberté de circulation, qui empêchent les détenteurs du droit de vote de se prévaloir effectivement de leurs droits. Des informations et tous les documents requis devraient être disponibles dans les langues des minorités. Des moyens spécifiques, par exemple un système de photographies ou de symboles, devraient être adoptés afin que les électeurs analphabètes soient suffisamment informés pour faire leur choix. Les Etats parties devraient indiquer dans leurs rapports la manière dont sont réglées les difficultés soulignées dans le présent paragraphe.

13. Dans leurs rapports, les Etats devraient décrire les règles qui s'appliquent à l'exercice du droit de vote, et expliquer quelle a été l'application de ces règles au cours de la période couverte par le rapport. Ils devraient aussi décrire les facteurs qui empêchent les citoyens d'exercer le droit de vote et les mesures palliatives qui ont été adoptées.

14. Dans leurs rapports, les Etats parties devraient préciser les motifs de privation du droit de vote et les expliquer. Ces motifs devraient être objectifs et raisonnables. Si le fait d'avoir été condamné pour une infraction est un motif de privation du droit de vote, la période pendant laquelle l'interdiction s'applique devrait être en rapport avec l'infraction et la sentence. Les personnes privées de liberté qui n'ont pas été condamnées ne devraient pas être déchues du droit de vote.

15. L'application effective du droit et de la possibilité de se porter candidat à une charge élective garantit aux personnes ayant le droit de vote un libre choix de candidats. Toute restriction au droit de se porter candidat, par exemple un âge minimum, doit reposer sur des critères objectifs et raisonnables. Les personnes

qui à tous autres égards seraient éligibles ne devraient pas se voir privées de la possibilité d'être élues par des conditions déraisonnables ou discriminatoires, par exemple le niveau d'instruction, le lieu de résidence ou l'ascendance, ou encore l'affiliation politique. Nul ne devrait subir de discrimination ni être désavantagé en aucune façon pour s'être porté candidat. Les Etats parties devraient exposer les dispositions législatives privant un groupe ou une catégorie de personnes de la possibilité d'être élu et les expliquer.

16. Les conditions relatives aux dates de présentation des candidatures, redevances ou dépôts devraient être raisonnables et non discriminatoires. S'il existe des motifs raisonnables de considérer certaines charges électives comme incompatibles avec certains autres postes (par exemple personnel judiciaire, officiers de haut rang, fonctionnaires), les mesures tendant à empêcher des conflits d'intérêts ne devraient pas limiter indûment les droits protégés à l'alinéa b). Les motifs de destitution de personnes élues à une charge officielle devraient être établis par des lois fondées sur des critères objectifs et raisonnables et prévoyant des procédures équitables.

17. Le droit de se présenter à des élections ne devrait pas être limité de manière déraisonnable en obligeant les candidats à appartenir à des partis ou à un parti déterminé. Toute condition exigeant un nombre minimum de partisans de la présentation de candidature devrait être raisonnable et ne devrait pas servir à faire obstacle à la candidature. Sans préjudice du paragraphe 1 de l'article 5 du Pacte, l'opinion politique ne peut pas servir de motif pour priver une personne du droit de se présenter à une élection.

18. Dans leurs rapports, les Etats devraient exposer les dispositions législatives fixant les conditions à remplir pour occuper une charge publique élective, ainsi que toutes les restrictions et conditions qui s'appliquent à des charges particulières. Ils devraient indiquer les conditions d'éligibilité, par exemple les conditions d'âge ou toute autre réserve ou restriction. Ils devraient aussi préciser s'il existe des restrictions qui empêchent les personnes occupant des postes dans la fonction publique (y compris dans la police ou dans l'armée) d'être élues à des charges publiques particulières. Les motifs et procédures de destitution de personnes élues à une charge officielle devraient être exposés.

19. Conformément à l'alinéa b), des élections honnêtes et libres doivent être organisées périodiquement dans le cadre de lois garantissant l'exercice effectif du droit de vote. Les personnes ayant le droit de vote doivent être libres de voter pour tout candidat à une élection et pour ou contre toute proposition soumise à référendum ou à plébiscite, et doivent être libres d'apporter leur appui ou de s'opposer au gouvernement sans être soumises à des influences indues ou à une coercition de quelque nature que ce soit, qui pourraient fausser ou entraver la libre expression de la volonté des électeurs. Ces derniers devraient pouvoir se forger leur opinion en toute indépendance, sans être exposés à des violences ou

à des menaces de violence, à la contrainte, à des offres de gratification ou à toute intervention manipulatrice. Il peut être justifié d'imposer des limites raisonnables aux dépenses consacrées aux campagnes électorales si cela est nécessaire pour garantir que le libre choix des électeurs ne soit pas subverti ni le processus démocratique faussé par des dépenses disproportionnées en faveur de tout candidat ou parti. Les résultats d'élections honnêtes devraient être respectés et appliqués.

20. Une autorité électorale indépendante devrait être créée afin de superviser le processus électoral et de veiller à ce qu'il soit conduit dans des conditions d'équité et d'impartialité, conformément à des lois établies qui soient compatibles avec le Pacte. Les Etats devraient prendre des mesures pour assurer le secret du processus électoral, y compris dans le cas du vote par correspondance ou par procuration lorsque cette possibilité existe. Cela suppose que les citoyens soient protégés contre toute forme de coercition ou de contrainte les obligeant à révéler leurs intentions de vote ou dans quel sens ils ont voté, et contre toute immixtion illégale ou arbitraire dans le processus électoral. Toute renonciation à ces droits est incompatible avec l'article 25 du Pacte. La sécurité des urnes doit être garantie et le dépouillement des votes devrait avoir lieu en présence des candidats ou de leurs agents. Il devrait y avoir un contrôle indépendant du vote et du dépouillement et une possibilité de recourir à un examen par les tribunaux ou à une autre procédure équivalente, afin que les électeurs aient confiance dans la sûreté du scrutin et du dépouillement des votes. L'aide apportée aux handicapés, aux aveugles et aux analphabètes devrait être indépendante. Les électeurs devraient être pleinement informés de ces garanties.

21. Bien que le Pacte n'impose aucun système électoral particulier, tout système adopté par un Etat partie doit être compatible avec les droits protégés par l'article 25 et doit garantir effectivement la libre expression du choix des électeurs. Le principe «à chacun une voix» doit s'appliquer, et dans le cadre du système électoral de chaque Etat, le vote d'un électeur doit compter autant que celui d'un autre. Le découpage des circonscriptions électorales et le mode de scrutin ne devraient pas orienter la répartition des électeurs dans un sens qui entraîne une discrimination à l'encontre d'un groupe quelconque et ne devraient pas supprimer ni restreindre de manière déraisonnable le droit qu'ont les citoyens de choisir librement leurs représentants.

22. Dans leurs rapports, les Etats parties devraient indiquer les mesures qu'ils ont adoptées pour garantir l'organisation d'élections honnêtes, libres et périodiques et comment leur système électoral garantit effectivement la libre expression de la volonté des électeurs. Ils devraient décrire le système électoral et expliquer de quelle manière les différentes opinions politiques de la communauté sont représentées dans les organes élus. Ils devraient aussi décrire les lois et procédures qui garantissent que le droit de vote peut en fait être exercé librement par

tous les citoyens et indiquer comment le secret, la sécurité et la validité du processus électoral sont garantis par la loi. La mise en oeuvre concrète de ces garanties au cours de la période couverte par le rapport devrait être exposée.

23. L'alinéa c) de l'article 25 traite du droit et de la possibilité des citoyens d'accéder, dans des conditions générales d'égalité, aux fonctions publiques. Pour garantir l'accès à ces charges publiques dans des conditions générales d'égalité, les critères et les procédures de nomination, de promotion, de suspension et de révocation doivent être objectifs et raisonnables. Des mesures palliatives peuvent être prises dans certains cas appropriés pour veiller à ce que tous les citoyens aient accès dans des conditions d'égalité aux fonctions publiques. L'application des principes du mérite et de l'égalité des chances et de la sécurité d'emploi pour accéder à la fonction publique protège les personnes ayant des responsabilités publiques de toute immixtion ou de toute pression d'ordre politique. Il est particulièrement important de veiller à ce qu'aucune discrimination ne soit exercée contre ces personnes dans l'exercice des droits que leur reconnaît l'alinéa c) de l'article 25, pour l'un quelconque des motifs visés au paragraphe 1 de l'article 2.

24. Dans leurs rapports, les Etats devraient décrire les conditions d'accès à la fonction publique, les restrictions prévues et les procédures de nomination, de promotion, de suspension et de révocation ou de destitution ainsi que les mécanismes judiciaires et autres mécanismes de révision qui s'appliquent à ces procédures. Ils devraient aussi indiquer de quelle manière le critère de l'égalité d'accès est rempli, si des mesures palliatives ont été introduites et, dans l'affirmative, quelle en est l'ampleur.

25. La communication libre des informations et des idées concernant des questions publiques et politiques entre les citoyens, les candidats et les représentants élus est essentielle au plein exercice des droits garantis à l'article 25. Cela exige une presse et d'autres organes d'information libres, en mesure de commenter toute question publique sans censure ni restriction, et capable d'informer l'opinion publique. Il faut que les droits garantis aux articles 19, 21 et 22 du Pacte soient pleinement respectés, notamment la liberté de se livrer à une activité politique, à titre individuel ou par l'intermédiaire de partis politiques et autres organisations, la liberté de débattre des affaires publiques, de tenir des manifestations et des réunions pacifiques, de critiquer et de manifester son opposition, de publier des textes politiques, de mener campagne en vue d'une élection et de diffuser des idées politiques.

26. Le droit à la liberté d'association, qui comprend le droit de constituer des organisations et des associations s'intéressant aux affaires politiques et publiques est un élément accessoire essentiel pour les droits protégés par l'article 25. Les partis politiques et l'appartenance à des partis jouent un rôle important dans la direction des affaires publiques et dans le processus électoral. Les Etats

devraient veiller à ce que, dans leur gestion interne, les partis politiques respectent les dispositions applicables de l'article 25 pour permettre aux citoyens d'exercer les droits qui leur sont reconnus dans cet article.

27. Eu égard au paragraphe 1 de l'article 5, tous droits reconnus et protégés par l'article 25 ne sauraient être interprétés comme supposant le droit de commettre ou de cautionner tout acte visant à supprimer ou à limiter les droits et libertés protégés par le Pacte en outrepassant les limites de ce que prévoit le Pacte.

s) Article 26: Principe d'égalité: Observation générale 18 [37] (1989)

1. La non-discrimination est un principe fondamental et général en matière de protection des droits de l'homme, au même titre que l'égalité devant la loi et l'égale protection de la loi. Ainsi, conformément au paragraphe 1 de l'article 2 du Pacte international relatif aux droits civils et politiques, les Etats parties sont tenus de respecter et de garantir à tous les individus se trouvant sur leur territoire et relevant de leur compétence les droits reconnus dans le Pacte, sans distinction aucune, notamment de race, de couleur, de sexe, de langue, de religion, d'opinion politique ou de toute autre opinion, d'origine nationale ou sociale, de fortune, de naissance ou de toute autre situation. Conformément à l'article 26, toutes les personnes sont égales devant la loi et ont droit à une égale protection de la loi, et, de plus, la loi doit interdire toute discrimination et garantir à toutes les personnes une protection égale et efficace contre toute discrimination, notamment de race, de couleur, de sexe, de langue, de religion, d'opinion politique et de toute autre opinion, d'origine nationale ou sociale, de fortune, de naissance ou de toute autre situation.

2. En effet, le principe de non-discrimination est si fondamental que, conformément à l'article 3, les Etats parties s'engagent à assurer le droit égal des hommes et des femmes de jouir de tous les droits énoncés dans le Pacte. Même si le paragraphe 1 de l'article 4 autorise les Etats parties en cas de danger public exceptionnel à prendre des mesures dérogeant à certaines obligations prévues dans le Pacte, ce même paragraphe prévoit, entre autres, que ces mesures ne doivent pas entraîner une discrimination fondée uniquement sur la race, la couleur, le sexe, la langue, la religion ou l'origine sociale. En outre, conformément au paragraphe 2 de l'article 20, les Etats parties ont l'obligation d'interdire par la loi tout appel à la haine nationale, raciale ou religieuse qui constitue une incitation à la discrimination.

3. En raison de leur caractère fondamental et général, le principe de non-discrimination, tout comme ceux de l'égalité devant la loi et de l'égale protection

de la loi sont parfois expressément énoncés dans des articles relatifs à des catégories particulières de droits de l'homme. Le paragraphe 1 de l'article 14 prévoit que tous sont égaux devant les tribunaux et les cours de justice, et le paragraphe 3 du même article dispose que toute personne accusée d'une infraction pénale a droit, en pleine égalité, au moins aux garanties qui sont énumérées aux alinéas a) à g) du paragraphe 3. De même, l'article 25 prévoit la participation égale de tous les citoyens aux affaires publiques sans aucune des discriminations visées à l'article 2.

4. Il appartient aux Etats parties de décider quelles mesures sont appropriées pour appliquer les dispositions pertinentes. Le Comité souhaite toutefois être informé de la nature de ces mesures et de leur conformité avec les principes de non-discrimination, d'égalité devant la loi et d'égale protection de la loi.

5. Le Comité appelle l'attention des Etats parties sur le fait que le Pacte leur demande parfois expressément de prendre des mesures pour garantir l'égalité des droits des personnes en cause. Par exemple, il est stipulé au paragraphe 4 de l'article 23 que les Etats parties prendront les mesures appropriées pour assurer l'égalité de droits et de responsabilités des époux au regard du mariage, durant le mariage et lors de sa dissolution. Ces mesures peuvent être d'ordre législatif, administratif ou autre, mais les Etats parties ont l'obligation positive de faire en sorte que les époux jouissent de l'égalité des droits conformément au Pacte. En ce qui concerne les enfants, l'article 24 stipule que tout enfant, sans discrimination aucune fondée sur la race, la couleur, le sexe, la langue, la religion, l'origine nationale ou sociale, la fortune ou la naissance, a droit, de la part de la famille, de la société et de l'Etat, aux mesures de protection qu'exige sa condition de mineur.

6. Le Comité note que le Pacte ne contient pas de définition du terme «discrimination», et qu'il n'y est pas indiqué non plus ce qui constitue la discrimination. Toutefois, l'article premier de la Convention internationale sur l'élimination de toutes les formes de discrimination raciale dispose que l'expression «discrimination raciale» vise toute distinction, exclusion, restriction ou préférence fondée sur la race, la couleur, l'ascendance ou l'origine nationale ou ethnique, qui a pour but ou pour effet de détruire ou de compromettre la reconnaissance, la jouissance ou l'exercice, dans des conditions d'égalité, des droits de l'homme et des libertés fondamentales dans les domaines politique, économique, social et culturel ou dans tout autre domaine de la vie publique. De même, l'article premier de la Convention sur l'élimination de toutes les formes de discrimination à l'égard des femmes dispose que l'expression «discrimination à l'égard des femmes» vise toute distinction, exclusion ou restriction fondée sur le sexe qui a pour effet ou pour but de compromettre ou de détruire la reconnaissance, la jouissance ou l'exercice par les femmes, quel que soit leur état matrimonial, sur la base de l'égalité de l'homme et de la femme, des droits

de l'homme et des libertés fondamentales dans les domaines politique, économique, social, culturel et civil ou dans tout autre domaine.

7. Ces instruments ne concernent, bien sûr, que certains cas de discrimination fondés sur des motifs précis, mais le Comité considère que le terme «discrimination», tel qu'il est utilisé dans le Pacte, doit être compris comme s'entendant de toute distinction, exclusion, restriction ou préférence fondée notamment sur la race, la couleur, le sexe, la langue, la religion, les opinions politiques ou autres, l'origine nationale ou sociale, la fortune, la naissance ou toute autre situation, et ayant pour effet ou pour but de compromettre ou de détruire la reconnaissance, la jouissance ou l'exercice par tous, dans des conditions d'égalité, de l'ensemble des droits de l'homme et des libertés fondamentales.

8. Cependant, la jouissance des droits et des libertés dans des conditions d'égalité n'implique pas dans tous les cas un traitement identique. A cet égard, les dispositions du Pacte sont explicites. Par exemple, aux termes du paragraphe 5 de l'article 6, la peine de mort ne peut pas être imposée à des personnes âgées de moins de 18 ans et ne peut être exécutée contre des femmes enceintes. De même, conformément au paragraphe 3 de l'article 10, les jeunes délinquants doivent être séparés des adultes. En outre, l'article 25 garantit certains droits politiques, en prévoyant une différenciation fondée sur la citoyenneté et l'âge.

9. Les rapports de nombreux Etats parties contiennent des renseignements sur les mesures législatives et administratives et sur les décisions judiciaires relatives à la discrimination en droit, mais manquent très souvent de renseignements sur la discrimination dans les faits. Lorsqu'ils font rapport sur les articles 2, paragraphe 1, 3 et 26 du Pacte, les Etats parties citent généralement les dispositions de leur Constitution ou de leur législation sur l'égalité des chances à propos de l'égalité des personnes. Ces renseignements sont évidemment utiles, mais le Comité souhaiterait savoir s'il se pose encore des problèmes liés à une discrimination de fait, de la part, soit de pouvoirs publics ou de la communauté, soit des particuliers ou des organismes privés. Le Comité voudrait être informé des dispositions législatives et des mesures administratives qui visent à réduire ou à éliminer cette discrimination.

10. Le Comité fait également observer que l'application du principe d'égalité suppose parfois de la part des Etats parties l'adoption de mesures en faveur de groupes désavantagés, visant à atténuer ou à supprimer les conditions qui font naître ou contribuent à perpétuer la discrimination interdite par le Pacte. Par exemple, dans les Etats où la situation générale de certains groupes de population empêche ou compromet leur jouissance des droits de l'homme, l'Etat doit prendre des mesures spéciales pour corriger cette situation. Ces mesures peuvent consister à accorder temporairement un traitement préférentiel dans des domaines spécifiques aux groupes en question par rapport au reste de la population.

Cependant, tant que ces mesures sont nécessaires pour remédier à une discrimination de fait, il s'agit d'une différenciation légitime au regard du Pacte.

11. Le paragraphe 1 de l'article 2 et de l'article 26 contiennent l'un et l'autre une énumération des motifs de discrimination, tels que la race, la couleur, le sexe, la langue, la religion, les opinions politiques ou autres, l'origine nationale ou sociale, la fortune, la naissance ou toute autre situation. Le Comité a constaté que les motifs de discrimination faisant l'objet d'une interdiction dans le Pacte, tels qu'ils figurent au paragraphe 1 de l'article 2, ne sont pas tous mentionnés dans certaines constitutions et législations. Il souhaiterait donc que les Etats parties lui fassent savoir comment il convient d'interpréter de telles omissions.

12. Alors qu'aux termes de l'article 2, les droits qui doivent être protégés contre la discrimination sont limités aux droits énoncés dans le Pacte, l'article 26 ne précise pas une telle limite. Cet article consacre en effet le principe de l'égalité devant la loi et de l'égale protection de la loi, et stipule que la loi doit garantir à toutes les personnes une protection égale et efficace contre la discrimination pour chacun des motifs énumérés. De l'avis du Comité, l'article 26 ne reprend pas simplement la garantie déjà énoncée à l'article 2, mais prévoit par lui-même un droit autonome. Il interdit toute discrimination en droit ou en fait dans tout domaine réglementé et protégé par les pouvoirs publics. L'article 26 est par conséquent lié aux obligations qui sont imposées aux Etats parties en ce qui concerne leur législation et l'application de celle-ci. Ainsi, lorsqu'un Etat partie adopte un texte législatif, il doit, conformément à l'article 26, faire en sorte que son contenu ne soit pas discriminatoire. En d'autres termes, l'application du principe de non-discrimination énoncé à l'article 26 n'est pas limitée aux droits stipulés dans le Pacte.

13. Enfin, le Comité fait observer que toute différenciation ne constitue pas une discrimination, si elle est fondée sur des critères raisonnables et objectifs et si le but visé est légitime au regard du Pacte.

t) Article 27: Protection des minorités: Observation générale 23 [50] (1994)

1. L'article 27 du Pacte stipule que, dans les Etats où il existe des minorités ethniques, religieuses ou linguistiques, les personnes appartenant à ces minorités ne peuvent être privées du droit d'avoir, en commun avec les autres membres de leur groupe, leur propre vie culturelle, de professer et de pratiquer leur propre religion, ou d'employer leur propre langue. Le Comité constate que cet article consacre un droit qui est conféré à des individus appartenant à des groupes minoritaires et qui est distinct ou complémentaire de tous les autres droits dont

ils peuvent déjà jouir, conformément au Pacte, en tant qu'individus, en commun avec toutes les autres personnes.

2. Dans certaines communications présentées au Comité en application du Protocole facultatif, le droit consacré à l'article 27 a été confondu avec le droit des peuples à disposer d'eux-mêmes, énoncé à l'article premier du Pacte. En outre, dans les rapports présentés par les Etats parties conformément à l'article 40 du Pacte, les obligations imposées aux Etats parties par l'article 27 ont parfois été confondues avec le devoir qu'ils ont en application du paragraphe 1 de l'article 2 de garantir les droits reconnus dans le Pacte, sans distinction aucune, ainsi qu'avec les droits à l'égalité devant la loi et à une égale protection de la loi énoncés à l'article 26.

3.1 Une distinction est faite dans le Pacte entre le droit des peuples à disposer d'eux-mêmes et les droits consacrés à l'article 27. Le premier droit est considéré comme un droit appartenant aux peuples et fait l'objet d'une partie distincte du Pacte (première partie). Le droit des peuples à disposer d'eux-mêmes n'est pas susceptible d'être invoqué en vertu du Protocole facultatif. Par ailleurs, l'article 27 confère des droits à des particuliers et, à ce titre, il figure, comme les articles concernant les autres droits individuels conférés à des particuliers, dans la troisième partie du Pacte et peut faire l'objet d'une communication en vertu du Protocole facultatif[1].

3.2 La jouissance des droits énoncés à l'article 27 ne porte pas atteinte à la souveraineté et à l'intégrité territoriale d'un Etat partie. Toutefois, l'un ou l'autre des droits consacrés dans cet article – par exemple, le droit d'avoir sa propre vie culturelle – peut consister en un mode de vie étroitement associé au territoire et à l'utilisation de ses ressources[2]. Cela peut être vrai en particulier des membres de communautés autochtones constituant une minorité.

4. Le Pacte établit également une distinction entre les droits consacrés à l'article 27 et les garanties énoncées au paragraphe 1 de l'article 2 et à l'article 26. La faculté consacrée au paragraphe 1 de l'article 2 de jouir des droits reconnus dans le Pacte sans distinction aucune appartient à tous les individus se trouvant sur le territoire ou relevant de la compétence de l'Etat, que ceux-ci appartiennent ou non à une minorité. En outre, l'article 26 consacre un droit distinct à l'égalité devant la loi et à l'égale protection de la loi et garantit une protection contre toute discrimination en ce qui concerne les droits reconnus et

1 Voir Documents officiels de l'Assemblée générale, trente-neuvième session, Supplément N° 40 (A/39/40), annexe VI, Observation générale No 12 (21) (article premier), également publiée dans le document CCPR/C/21/Rev. 1; *ibid.*, quarante-cinquième session, Supplément N° 40 (A/45/40), vol. II, annexe IX, section A., communication N° 167/1984 (*Bernard Ominayak, chef de la bande du lac Lubikon,* c. *Canada*), constatations adoptées le 26 mars 1990.

2 *Ibid.*, quarante-troisième session, Supplément N° 40 (A/43/40), annexe VII, section G, communication N° 197/1985 (*Kitok* c. *Suède*), constatations adoptées le 27 juillet 1988.

les obligations imposées par les Etats. Il régit l'exercice de tous les droits, énoncés ou non dans le Pacte, que l'Etat partie reconnaît de par la loi à tous les individus se trouvant sur son territoire ou relevant de sa compétence, qu'ils appartiennent ou non aux minorités visées à l'article 27[3]. Certains Etats parties qui prétendent qu'ils ne pratiquent aucune distinction de race, de langue ou de religion font valoir à tort, sur cette seule base, qu'ils n'ont aucune minorité.

5.1. Il ressort des termes employés à l'article 27 que les personnes que l'on entend protéger appartiennent à un groupe et ont en commun une culture, une religion et/ou une langue. Il ressort également de ces termes que les individus que l'on entend protéger ne doivent pas être forcément des ressortissants de l'Etat partie. A cet égard, les obligations découlant du paragraphe 1 de l'article 2 sont également pertinentes, car, conformément à cet article, les Etats parties sont tenus de veiller à ce que tous les droits énoncés dans le Pacte puissent être exercés par tous les individus se trouvant sur leur territoire et relevant de leur compétence, à l'exception des droits qui sont expressément réservés aux citoyens, par exemple les droits politiques énoncés à l'article 25. En conséquence, les Etats parties ne peuvent pas réserver l'exercice des droits énoncés à l'article 27 à leurs seuls ressortissants.

5.2 L'article 27 confère des droits aux personnes appartenant aux minorités qui «existent» dans l'Etat partie. Etant donné la nature et la portée des droits énoncés dans cet article, il n'est pas justifié de déterminer le degré de permanence que suppose le terme «exister». Il s'agit simplement du fait que les individus appartenant à ces minorités ne doivent pas être privés du droit d'avoir, en commun avec les autres membres de leur groupe, leur propre vie culturelle, de pratiquer leur religion et de parler leur langue. De même que ces individus ne doivent pas nécessairement être des nationaux ou des ressortissants, ils ne doivent pas non plus nécessairement être des résidents permanents. Ainsi, les travailleurs migrants ou même les personnes de passage dans un Etat partie qui constituent pareilles minorités ont le droit de ne pas être privés de l'exercice de ces droits. Comme tous les autres individus se trouvant sur le territoire de l'Etat partie, ils devraient également, à cette fin, pouvoir jouir normalement de la liberté d'association, de réunion et d'expression. L'existence dans un Etat partie donné d'une minorité ethnique, religieuse ou linguistique ne doit pas être tributaire d'une décision de celui-ci, mais doit être établie à l'aide de critères objectifs.

3 *Ibid.*, quarante-deuxième session, Supplément N° 40 (A/42/40), annexe VIII, section D, communication N° 182/1984 (*F. H. Zwaan-de Vries* c. *Pays-Bas*), constatations adoptées le 9 avril 1987; *ibid.*, sect. C, Communication N° 180/1984 (*L. G. Danning* c. *Pays-Bas*), constatations adoptées le 9 avril 1987.

5.3 Le droit des personnes appartenant à une minorité linguistique d'employer leur propre langue entre elles, en privé ou en public, ne doit pas être confondu avec d'autres droits en relation avec l'expression au moyen de la langue consacrés dans le Pacte. Il doit être distingué en particulier du droit général à la liberté d'expression, consacré à l'article 19. Ce dernier droit est reconnu à toutes les personnes, qu'elles appartiennent ou non à des minorités. De même, le droit consacré à l'article 27 doit être distingué du droit particulier des personnes accusées de bénéficier de services d'interprétation si elles ne comprennent pas la langue employée à l'audience, tel qu'il est garanti au paragraphe 3 f) de l'article 14 du Pacte. Le paragraphe 3 f) de l'article 14 ne confère en aucun autre cas aux personnes accusées le droit d'employer ou de parler la langue de leur choix lors des audiences des tribunaux[4].

6.1 L'article 27, même s'il est formulé en termes négatifs, reconnaît l'existence d'un «droit» et interdit de dénier celui-ci. En conséquence, les Etats parties sont tenus de veiller à ce que l'existence et l'exercice de ce droit soient protégés et à ce que ce droit ne soit ni refusé ni violé. C'est pourquoi, il faut prendre des mesures positives de protection, non seulement contre les actes commis par l'Etat partie lui-même, par l'entremise de ses autorités législatives, judiciaires ou administratives, mais également contre les actes commis par d'autres personnes se trouvant sur le territoire de l'Etat partie.

6.2 Bien que les droits consacrés à l'article 27 soient des droits individuels, leur respect dépend néanmoins de la mesure dans laquelle le groupe minoritaire maintient sa culture, sa langue ou sa religion. En conséquence, les Etats devront également parfois prendre des mesures positives pour protéger l'identité des minorités et les droits des membres des minorités de préserver leur culture et leur langue et de pratiquer leur religion, en commun avec les autres membres de leur groupe. A cet égard, il convient de souligner que ces mesures positives doivent être prises compte tenu des dispositions du paragraphe 1 de l'article 2 et de l'article 26 du Pacte, en ce qui concerne tant le traitement réservé aux différentes minorités que le traitement réservé aux personnes appartenant à des minorités par rapport au reste de la population. Toutefois, si ces mesures visent à remédier à une situation empêchant ou entravant l'exercice des droits garantis à l'article 27, les Etats peuvent légitimement établir une distinction conformément au Pacte, à condition de se fonder sur des critères raisonnables et objectifs.

7. Pour ce qui est de l'exercice des droits culturels consacrés à l'article 27, le Comité fait observer que la culture peut revêtir de nombreuses formes et s'exprimer notamment par un certain mode de vie associé à l'utilisation des

4 Voir *ibid.*, quarante-cinquième session, supplément N° 40, (A/45/40), vol. II, annexe X, section A, communication N° 220/1987 (*T.K. c. France)*, décision du 8 novembre 1989; *ibid.*, section B, communication N° 222/1987 (*M.K. c. France)*, décision du 8 novembre 1989.

ressources naturelles, en particulier dans le cas des populations autochtones. Ces droits peuvent porter sur l'exercice d'activités traditionnelles telles que la pêche ou la chasse et sur la vie dans des réserves protégées par la loi[5]. L'exercice de ces droits peut exiger des mesures positives de protection prescrites par la loi et des mesures garantissant la participation effective des membres des communautés minoritaires à la prise des décisions les concernant.

8. Le Comité fait observer qu'aucun des droits consacrés à l'article 27 du Pacte ne peut être légitimement exercé d'une façon ou dans une mesure qui serait incompatible avec les autres dispositions du Pacte.

9. Le Comité conclut que l'article 27 énonce des droits dont la protection impose aux Etats parties des obligations spécifiques. La protection de ces droits vise à assurer la survie et le développement permanent de l'identité culturelle, religieuse et sociale des minorités concernées, contribuant ainsi à enrichir l'édifice social dans son ensemble. En conséquence, le Comité fait observer que ces droits doivent être protégés en tant que tels et ne doivent pas être confondus avec d'autres droits individuels conférés conformément au Pacte à tous et à chacun. Les Etats parties ont donc l'obligation de veiller à ce que l'exercice de ces droits soit pleinement garanti et ils doivent indiquer dans leurs rapports les mesures qu'ils ont adoptées à cette fin.

5 Voir les notes 60 et 61 ci-dessus, communication N° 167/1984 (*Bernard Ominayak, chef de la bande du lac Lubicon* c. *Canada*), constatations adoptées le 26 mars 1990, et communication N° 197/1985 (*Kitok* c. *Suède*), constatations adoptées le 27 juillet 1988.

Communications individuelles sélectionnées*

1. Communication N° 24/1977, Sandra Lovelace c. Canada

Constatations adoptées le 30 juillet 1981

1. L'auteur de la communication [...] est une femme âgée de 32 ans qui vit au Canada. Elle est née «Indienne Maliseet» et a été enregistrée comme telle, mais elle a perdu ses droits et son statut d'Indienne en application des dispositions de l'article 12, paragraphe 1, alinéa b) de la *Loi sur les Indiens* (Indian Act) après avoir épousé un non-Indien le 23 mai 1970. Faisant observer qu'un Indien qui épouse une femme non indienne ne perd pas son statut d'Indien, elle affirme que la loi précitée établit une discrimination fondée sur le sexe et est donc contraire aux dispositions des articles 2 (par. 1), 3, 23 (par. 1 et 4), 26 et 27 du Pacte. En ce qui concerne la question de la recevabilité de la communication, l'auteur soutient qu'elle n'était pas tenue d'épuiser les recours internes puisque la Cour suprême du Canada, dans les affaires *Procureur général du Canada contre Jeanette Lavalle, Richard Isaac et consorts contre Ivonne Bédard* (1974) (S.C.R. 1349), a affirmé que les dispositions de l'alinéa b) du paragraphe 1 de l'article 12 avaient pleinement effet, même si elles étaient contraires à la Déclaration canadienne des droits de l'homme du fait qu'elles établissaient une discrimination fondée sur le sexe.

[...]

5. [...] Le gouvernement s'est ensuite référé à une déclaration publique antérieure selon laquelle il avait l'intention de déposer un projet de réforme devant le Parlement canadien. Il a néanmoins souligné que la *Loi sur les Indiens* était un instrument nécessaire pour assurer la protection de la minorité indienne conformément à l'article 27 du Pacte. Il était indispensable de définir les Indiens en raison des privilèges spéciaux accordés aux communautés indiennes, en particulier le droit qui leur était reconnu d'occuper les terres des réserves. Traditionnellement, c'était sur la base de la filiation patrilinéaire qu'étaient déterminés les droits accordés par la loi aux Indiens.

[...]

8. Le Comité des droits de l'homme a invité les parties à présenter leurs observations sur les considérations qui précèdent et leur a demandé de répondre, le cas échéant, aux questions ci-après:

[...]

* Sources: voir communications individuelles selon le protocole facultatif.

e) Quel était le lieu de résidence de Mme Lovelace avant son mariage? Vivait-elle alors avec d'autres membres de sa famille? Lui a-t-on refusé le droit de résider dans une réserve à la suite de son mariage?

f) Quels autres effets persistants la perte du statut d'Indienne de Mme Lovelace a-t-elle eus qui peuvent intéresser l'un quelconque des droits protégés par le Pacte?

[...]

9.7 A ce propos, les observations supplémentaires ci-après ont été présentées au nom de Mme Lovelace:

A l'heure actuelle, Sandra Lovelace vit dans la réserve indienne Tobique, bien qu'elle n'ait pas le droit d'y demeurer. Elle est retournée dans la réserve avec ses enfants parce qu'elle s'est séparée de son mari et qu'elle n'a pas d'autre endroit où résider. Elle peut demeurer dans la réserve en violation de la loi du Conseil de bande local parce que des membres dissidents de la tribu qui défendent sa cause ont menacé de recourir à la violence physique pour la défendre si les autorités essayaient de la faire partir.

9.8 Quant aux autres effets persistants résultant de la perte du statut de Mme Lovelace, l'Etat partie fournit les informations ci-après:

Lorsque Mme Lovelace a perdu son statut d'Indienne par suite de son mariage avec un non-Indien, elle a aussi perdu la possibilité de bénéficier des programmes du gouvernement fédéral à l'intention des Indiens dans des domaines tels que l'éducation, le logement, l'assistance sociale, etc. Toutefois, concurremment, elle-même et ses enfants ont acquis le droit de profiter d'avantages similaires qui découlent des programmes que le gouvernement provincial met en oeuvre pour tous les résidents de la province.

[...]

10. En examinant la communication dont il est saisi, le Comité des droits de l'homme doit partir du fait essentiel que Sandra Lovelace ayant épousé un non-Indien le 23 mai 1970 a, de ce fait, perdu son statut d'Indienne Maliseet en vertu de la section 12, article 1), paragraphe b) de la *Loi sur les Indiens*. Cette disposition établissait une distinction *de jure* fondée sur le sexe – distinction qui subsiste toujours. Toutefois, son application à l'occasion du mariage de l'intéressée, qui a entraîné pour elle la perte de son statut d'Indienne, pas plus que ses effets ne pouvaient, au moment considéré, équivaloir à une violation du Pacte, cet instrument n'étant entré en vigueur eu égard au Canada que le 19 août 1976. En outre, le Comité n'a pas compétence, en règle générale, pour connaître des allégations concernant des événements survenus avant l'entrée en vigueur du Pacte et du Protocole facultatif. Aussi, en ce qui concerne le Canada, ne peut-il examiner que les allégations de violations des droits de l'homme qui seraient survenues depuis cette date. Dans le cas d'un particulier qui allègue une violation à son préjudice, il ne peut exprimer son point de vue sur cette loi, *in abstracto*,

sans considérer la date à laquelle celle-ci a été appliquée à la victime présumée. Dans le cas de Sandra Lovelace, il s'ensuit que le Comité n'a pas compétence pour exprimer quelque point de vue que ce soit sur la cause originale de la perte de son statut d'Indienne, à savoir la *Loi sur les Indiens*, sous le coup de laquelle elle tombait au moment de son mariage en 1970.

11. Le Comité reconnaît toutefois que les clauses peuvent être vues différemment si les violations alléguées, quoique se rapportant à des événements antérieurs au 19 août 1976, se perpétuent, ou ont eu depuis cette date des conséquences équivalant en elles-mêmes à des violations. En examinant la situation de Sandra Lovelace à cet égard, le Comité doit prendre en compte toutes les dispositions pertinentes du Pacte. Aussi a-t-il considéré, en particulier, dans quelle mesure les dispositions générales des articles 2 et 3, ainsi que les droits visés aux articles 12, paragraphe 1), 17, paragraphe 1), 23, paragraphe 1), 24, 26 et 27 s'appliquent dans la situation actuelle de l'intéressée.

12. Le Comité note tout d'abord que, depuis le 19 août 1976, le Canada s'est engagé en vertu des paragraphes 1 et 2 de l'article 2 du Pacte à respecter et à garantir à tous les individus se trouvant sur son territoire et relevant de sa compétence les droits reconnus dans le Pacte, sans distinction aucune, notamment de sexe, et à prendre les mesures propres à donner effet à ces droits. En outre, en vertu de l'article 3, le Canada s'est engagé à assurer le droit égal des hommes et des femmes de jouir de ces droits. Ces engagements valent également dans le cas de Sandra Lovelace. Le Comité considère, toutefois, qu'il n'est pas nécessaire, aux fins de la communication de cette dernière, de déterminer l'étendue de ces engagements sous tous leurs aspects. Il n'est pas utile, en l'espèce, pour les raisons qui sont exposées ci-après, de déterminer l'entière portée de l'obligation qui incombe au Canada d'éliminer les conséquences ou les inégalités découlant de l'application de lois en vigueur à des événements passés, en particulier en ce qui concerne des questions de statut civil ou personnel.

13.1 Le Comité estime qu'en substance la plainte considérée découle de l'effet persistant de la *Loi sur les Indiens*, en vertu de laquelle Sandra Lovelace se voit dénier le statut légal d'Indienne, et de ce fait ne peut revendiquer le droit de résider là où elle le désire, c'est-à-dire dans la réserve Tobique. C'est là un fait constant depuis que le Pacte est entré en vigueur et dont il convient d'examiner les conséquences, indépendamment de sa cause initiale. Le plus grand nombre des effets mentionnés au nom de l'auteur de la communication découlent de la *Loi sur les Indiens* et d'autres règlements canadiens concernant des domaines dans lesquels la jouissance des droits que garantit le Pacte ne s'en trouve pas nécessairement affectée. Ce qui est important, à cet égard, c'est le dernier grief énoncé, à savoir que «une personne qui perd son statut d'Indien perd les avantages culturels que comporte la vie dans une communauté indienne, les liens affectifs avec le foyer, la famille, les amis et les voisins, et elle perd son identité».

13.2 Un certain nombre des dispositions du Pacte ont été invoquées par Sandra Lovelace, mais le Comité considère que celle qui s'applique le plus directement dans le cas considéré est l'article 27 qui se lit. comme suit:

«Dans les Etats où il existe des minorités ethniques, religieuses ou linguistiques, les personnes appartenant à ces minorités ne peuvent être privées du droit d'avoir, en commun avec les autres membres de leur groupe, leur propre vie culturelle, de professer et de pratiquer leur propre religion, d'employer leur propre langue.»

Il faut donc considérer dans quelle mesure Sandra Lovelace, du fait qu'elle s'est vu dénier le droit de résider dans la réserve Tobique, s'est vu en fait dénier celui garanti par l'article 27 aux personnes appartenant à des minorités d'avoir leur propre vie culturelle et d'employer leur propre langue en commun avec les autres membres de leur groupe.

14. Les droits visés à l'article 27 du Pacte doivent être garantis aux «personnes appartenant» à une minorité. A l'heure actuelle, Sandra Lovelace n'a pas qualité d'Indienne au regard de la législation canadienne. Toutefois, la *Loi sur les Indiens* traite surtout d'un certain nombre de privilèges qui, comme on l'a noté plus haut, ne sont pas, en tant que tels, du ressort du Pacte. Il faut donc distinguer entre la protection garantie en vertu de la *Loi sur les Indiens* et la protection garantie en vertu de l'article 27 du Pacte. Les personnes nées et élevées dans une réserve, qui ont gardé des liens avec leur communauté et souhaitent conserver ces liens, doivent normalement être considérées comme appartenant à une minorité, au sens où l'entend le Pacte. Puisque Sandra Lovelace appartient à l'ethnie des Indiens Maliseet et qu'elle n'a quitté sa réserve natale que pendant les quelques années qu'a duré son mariage, elle peut, de l'avis du Comité, être considérée comme «appartenant» à cette minorité et se prévaloir du bénéfice de l'article 27 du Pacte. Quant à savoir si ce bénéfice lui a bien été dénié, il faut pour cela en déterminer toute la portée.

15. Le droit de vivre dans une réserve n'est pas en tant que tel garanti par l'article 27 du Pacte. En outre, la *Loi sur les Indiens* n'affecte pas directement les activités qui sont expressément mentionnées dans cet article. Toutefois, de l'avis du Comité, Sandra Lovelace s'est trouvée en fait empêchée, et continue de l'être, d'exercer le droit de vivre dans son milieu culturel et d'employer sa propre langue en commun avec les autres membres de son groupe car il n'existe un tel groupe nulle part ailleurs que dans la réserve Tobique. D'autre part, on ne saurait non plus considérer qu'il y a systématiquement déni de droits au sens de l'article 27. Le Pacte n'exclut pas, en vertu de cet article, toute restriction au droit de résidence prévue par la législation nationale. Ce que confirment les restrictions au paragraphe premier de l'article 12 qui sont spécifiées au para-

graphe 3 du même article. Le Comité reconnaît la nécessité de définir la catégorie de personnes habilitées à vivre dans une réserve, aux fins exposées par le gouvernement eu égard à la protection de ses ressources et à la préservation de l'identité des populations. Toutefois, il doit également être tenu compte des obligations auxquelles est désormais tenu celui-ci en vertu du Pacte.

16. A cet égard, le Comité est d'avis que les restrictions réglementaires affectant le droit qu'a une personne appartenant à la minorité considérée de résider dans une réserve doivent être raisonnablement et objectivement justifiées et être compatibles avec les autres dispositions du Pacte, pris dans son ensemble. L'article 27 doit être interprété et appliqué à la lumière des autres dispositions mentionnées précédemment, notamment les articles 2, 3 et 26, selon le cas. Il n'est pas nécessaire, toutefois, de déterminer d'une manière générale quelles sont les restrictions qui peuvent se justifier eu égard au Pacte, notamment par suite de mariage, les circonstances, en l'espèce, étant particulières.

17. Dans le cas de Sandra Lovelace, il faut prendre en considération le fait que son mariage avec un non-Indien a été rompu. Il est naturel que, dans une telle situation, elle désire retourner vivre dans le milieu dont elle est issue, d'autant plus que depuis la dissolution de son mariage elle se trouve de nouveau culturellement liée surtout à la bande des Indiens Maliseet. Quels que puissent être les mérites de la *Loi sur les Indiens* à d'autres égards, il ne semble pas au Comité qu'il soit raisonnable, ni même nécessaire, pour préserver l'identité de la tribu, de dénier à Sandra Lovelace le droit de résider dans la réserve. Le Comité conclut par conséquent que refuser de reconnaître son appartenance à la bande constitue un déni injustifiable des droits que lui garantit l'article 27 du Pacte, considéré dans le contexte des autres dispositions précédemment mentionnées.

18. Cela étant, le Comité n'estime pas nécessaire d'examiner si les mêmes faits déterminent également des violations distinctes des autres droits invoqués. Les droits les plus directement concernés en l'espèce sont ceux visés à l'article 27 du Pacte. Le droit de choisir sa propre résidence (art. 12), les droits visant à protéger sa vie privée, sa famille et ses enfants (art. 17, 23 et 24) ne sont qu'indirectement concernés dans le cas considéré. Il ne semble pas qu'il y ait lieu d'examiner les éléments de la communication en relation avec ces articles. Le Comité ayant conclu qu'il n'était pas raisonnablement justifié d'empêcher Sandra Lovelace d'exercer les droits qui sont les siens en vertu de l'article 27 du Pacte, il n'est pas non plus nécessaire, comme on l'a indiqué plus haut (par. 12), d'examiner à son propos les dispositions générales contre la discrimination (art. 2, 3 et 26) ni de déterminer en particulier l'incidence qu'elles pourraient avoir sur des cas d'inégalité antérieurs à l'entrée en vigueur du Pacte au Canada.

19. En conséquence, le Comité des droits de l'homme, agissant en application des dispositions du paragraphe 4 de l'article 5 du Protocole facultatif se rapportant au Pacte international relatif aux droits civils et politiques, constate

qu'en l'espèce les faits établissant que Sandra Lovelace s'est vu dénier le droit de résider dans la réserve Tobique attestent qu'il y a eu violation de l'article 27 du Pacte de la part du Canada.

[Le 6 juin 1983, le Gouvernement canadien a communiqué au Comité des droits de l'homme qu'il a modifié la *Loi sur les Indiens* et adopté une Charte canadienne des droits et libertés pour se conformer plus strictement à ses obligations internationales. (Voir le rapport du Comité des droits de l'homme [UN.Doc. N° 40 (A/38/40)] p. 264.)]

2. Communication N° 35/1978, Shirin Aumeeruddy-Cziffra et 19 autres Mauriciennes c. Maurice

Constatations adoptées le 9 avril 1981

[...]

7.1 Le Comité des droits de l'homme fonde ses constatations sur les faits ci-après, qui ne sont pas contestés:

7.2 Jusqu'en 1977, les conjoints (époux et épouse) de citoyens mauriciens avaient le droit d'entrer librement à Maurice et jouissaient de l'immunité d'expulsion. Ils avaient le droit d'être considérés de ce fait comme des résidents de Maurice. L'entrée en vigueur de la loi de 1977 modifiant la loi sur l'immigration et de la loi de 1977 modifiant la loi sur l'expulsion a limité ces droits aux seules conjointes de citoyens mauriciens. Les conjoints étrangers doivent demander au Ministre de l'intérieur un permis de résidence et, si ce permis leur est refusé, ils n'ont aucune possibilité de faire appel de cette décision devant un tribunal.

7.3 Parmi les coauteurs de la communication, 17 sont célibataires. Les trois autres auteurs étaient mariées à des étrangers, lorsqu'après l'entrée en vigueur de la loi de 1977 modifiant la loi sur l'immigration, leurs conjoints ont perdu le droit de résidence à Maurice dont ils bénéficiaient auparavant. Les conjoints étrangers ont continué de vivre avec leur épouse à Maurice grâce à un permis de résidence temporaire, limité, délivré conformément à la section 9 de la loi de 1977 modifiant la loi sur l'immigration. Ce permis de résidence est soumis à des conditions précises qui peuvent être modifiées ou annulées à tout moment par une décision du Ministre de l'intérieur contre laquelle il n'existe aucun recours. De plus, la loi de 1977 modifiant la loi sur les expulsions soumet les conjoints étrangers au risque permanent d'être expulsés de Maurice.

7.4 Dans le cas de Mme Aumeeruddy-Cziffra, l'une des trois auteurs mariées, plus de trois ans se sont écoulés depuis que son mari a demandé un permis de résidence aux autorités mauriciennes, mais aucune décision officielle n'a été prise jusqu'à présent. Au cas où la demande de son mari ferait l'objet d'une décision négative, elle sera obligée de choisir entre deux solutions: soit vivre avec son mari à l'étranger et renoncer à sa carrière politique, soit vivre séparée de son mari à Maurice et y rester pour participer à la direction des affaires publiques de ce pays.

8.1 Compte tenu de ces faits, le Comité doit examiner si, dans le cas des auteurs de la communication, l'un quelconque des droits énoncés dans le Pacte relatif aux droits civils et politiques a été violé par Maurice lorsque les deux lois incriminées ont été promulguées et appliquées. Il doit décider si ces deux lois, en obligeant uniquement l'époux étranger d'une Mauricienne – mais non l'épouse étrangère d'un Mauricien – à demander un permis de résidence pour jouir des mêmes droits que ceux dont il bénéficiait avant l'adoption de ces lois, et en soumettant uniquement l'époux étranger à une mesure éventuelle d'expulsion, violent l'un quelconque des droits énoncés dans le Pacte, et si les auteurs de la communication peuvent prétendre être victimes d'une telle violation.

8.2 Conformément à l'article premier du Protocole facultatif se rapportant au Pacte international relatif aux droits civils et politiques, le Comité a uniquement pour mandat d'examiner les communications concernant des individus qui auraient, selon eux, été victimes d'une violation de l'un quelconque des droits énoncés dans le Pacte.

9.1 Le Comité des droits de l'homme fonde ses constatations sur les considérations suivantes:

9.2 En premier lieu, il faut établir une distinction entre les différents groupes auxquels appartiennent les auteurs de la présente communication. Une personne, homme ou femme, ne peut se prétendre victime au sens de l'article premier du Protocole facultatif que s'il est effectivement porté atteinte à ses droits. L'application concrète de cette condition est une question de degré. Néanmoins aucun individu ne peut, dans l'abstrait et par voie d'*actio popularis*, contester une loi ou une pratique en déclarant celle-ci contraire au Pacte. Si ladite loi ou pratique n'a pas encore été appliquée concrètement au détriment de la personne en question, son applicabilité doit en tout état de cause être telle que le risque encouru par la victime présumée dépasse le cadre des possibilités théoriques.

9.2. a) A cet égard, le Comité note que dans le cas des 17 coauteurs célibataires, la question d'une immixtion de fait dans les affaires d'une famille ou d'un manquement à l'obligation d'assurer la protection de la loi à laquelle toute famille a droit dans des conditions d'égalité ne se pose pas. En outre, rien ne prouve que l'une de ces auteurs court personnellement et effectivement le risque de voir l'exercice de ce droit ou de tout autre droit énoncé dans le Pacte compromis par les lois qui font l'objet de la plainte. On ne peut pas dire, en particulier, que lesdites lois portent atteinte à leur droit de se marier conformément aux dispositions du paragraphe 2 de l'article 23 ni à l'égalité de droits des époux énoncée au paragraphe 4 de l'article 23.

9.2. b) 1. Le Comité doit examiner ensuite la partie de la communication qui concerne les effets des lois de 1977 sur la vie de famille des trois femmes mariées.

9.2. b) 2. Le Comité note que plusieurs dispositions du Pacte sont applicables à cet égard. Pour les raisons qui sont exposées ci-après, il ne fait aucun doute que ces lois portent effectivement préjudice aux trois plaignantes, et ce en l'absence même de toute mesure exécutoire particulière – refus du permis de résidence ou ordre d'expulsion – prise à l'encontre de l'un des maris. La déclaration des plaignantes selon laquelle elles seraient des «victimes» au sens de l'article premier du Protocole doit être examinée.

9.2.b) 2.i) 1. En premier lieu, la relation qui existe entre ces trois personnes et leurs maris ressortit clairement au domaine de la «famille», entendu dans le contexte du paragraphe 1 de l'article 17 du Pacte. Celles-ci ont donc droit à la protection contre ce que l'article qualifie «d'immixtions arbitraires ou illégales» dans ce domaine.

9.2.b) 2.i). 2. Le Comité estime que la vie en commun du mari et de la femme doit être considérée comme la situation d'une famille normale. De ce fait, ainsi que l'Etat partie l'a d'ailleurs reconnu, l'exclusion d'une personne d'un pays où vivent des membres de sa famille proche peut représenter une immixtion au sens de l'article 17. En principe, le paragraphe 1 de l'article 17 s'applique également lorsque l'un des conjoints est étranger. Pour déterminer si l'existence et l'application des lois d'immigration affectant la résidence d'un membre d'une famille est compatible avec le Pacte, il faut d'abord savoir si ladite immixtion est «arbitraire ou illégale» au sens du paragraphe 1 de l'article 17 ou incompatible de quelque autre manière avec les obligations assumées par l'Etat partie en vertu du Pacte.

9.2.b) 2.i) 3. Dans les cas présents, non seulement la possibilité d'une expulsion future mais aussi la situation précaire actuelle des maris étrangers à Maurice en matière de résidence, implique, de l'avis du Comité, une immixtion par les autorités de l'Etat partie dans la vie de famille des femmes mauriciennes et de leurs époux. Du fait des lois en question, les familles intéressées ne savent pas s'il leur sera possible de continuer à vivre ensemble à Maurice ni pour combien de temps. De surcroît, le fait même – décrit ci-dessus (par. 7.4) à propos de l'un de ces cas – de différer pendant des années l'octroi du permis de résidence et l'absence d'une décision positive à cet égard doivent être considérés comme une source de difficultés considérables, notamment parce que l'octroi d'un permis de travail et, partant, la possibilité pour le mari de contribuer à l'entretien de la famille dépendent de l'octroi du permis de résidence, et parce que l'expulsion sans recours aux voies judiciaires est possible à tout moment.

9.2.b) 2.i) 4. Néanmoins, comme la présente situation résulte de la législation elle-même, cette immixtion ne peut pas être considérée, dans les cas présents, comme «illégale» au sens du paragraphe 1 de l'article 17. Il reste à examiner si elle est «arbitraire» ou incompatible de quelque autre manière avec le Pacte.

9.2.b) 2.i) 5. Le principe de l'égalité de traitement des sexes qui découle de plusieurs dispositions du Pacte s'applique à la protection à laquelle ont droit les particuliers dans ce domaine. En vertu du paragraphe 1 de l'article 2, les Etats parties sont tenus de façon générale de respecter et de garantir les droits reconnus dans le Pacte «sans distinction aucune, notamment [...] de sexe» et plus précisément en vertu de l'article 3 «d'assurer le droit égal des hommes et des femmes de jouir» de tous ces droits; en outre, en vertu de l'article 26, les Etats parties doivent garantir «sans discrimination l'égale protection de la loi».

9.2.b) 2.i) 6. Les auteurs qui sont mariées à des étrangers subissent les conséquences fâcheuses des lois mentionnées ci-dessus uniquement parce qu'elles sont de sexe féminin. La précarité du statut de résident de leurs conjoints, qui perturbe leur vie de famille comme on l'a vu plus haut, est due à l'entrée en vigueur des lois de 1977 qui n'appliquent pas les mêmes mesures de contrôle aux épouses étrangères. A cet égard le Comité a noté que, selon l'article 16 de la Constitution mauricienne, le sexe ne fait pas partie des motifs interdits de discrimination.

9.2.b) 2.i) 7. Dans ces conditions, le Comité n'a pas dans la présente affaire à décider dans quelle mesure ces restrictions ou d'autres restrictions apportées au droit de résidence du conjoint étranger seraient incompatibles avec le Pacte si elles étaient appliquées sans discrimination aucune.

9.2.b) 2.i) 8. Le Comité considère qu'il est inutile d'établir si l'acte de discrimination en question devrait être considéré comme une immixtion «arbitraire» dans la famille au sens de l'article 17. La question de savoir si cette immixtion pourrait se justifier si elle était appliquée sans discrimination est en l'occurrence sans intérêt. Chaque fois que des restrictions sont apportées à un droit garanti par le Pacte, elles doivent l'être sans discrimination fondée sur le sexe. Le fait de savoir si la restriction constituerait en soi une violation de ce droit pris isolément n'est pas un élément déterminant à cet égard. C'est l'exercice des droits qui doit être garanti sans discrimination. Il suffit donc de noter ici que, dans la situation qui nous occupe, une distinction fondée sur le sexe est opérée empêchant les victimes présumées d'exercer l'un de leurs droits. Aucune raison valable n'a été donnée pour justifier cette distinction. Le Comité se voit donc obligé de conclure qu'il y a violation du paragraphe 1 de l'article 2 et de l'article 3 du Pacte en liaison avec le paragraphe 1 de l'article 17.

9.2.b) 2.ii) 1. Par ailleurs, chacun des couples concernés forme également une «famille» au sens du paragraphe 1 de l'article 23 du Pacte, famille dotée en outre au moins dans un cas – celui de Mme Aumeeruddy-Cziffra – d'un enfant.

Ils ont donc à ce titre «droit à la protection de la société et de l'Etat» ainsi que le prévoit cet article qui ne contient aucune autre précision à ce sujet. Le Comité est d'avis que la protection juridique et les mesures qu'une société ou un Etat peuvent accorder à la famille peuvent varier d'un pays à l'autre et dépendre des diverses situations et traditions sociales, économiques, politiques et culturelles.

9.2.b) 2.ii) 2. Cependant, là encore, le principe de l'égalité de traitement des sexes s'applique en vertu du paragraphe 1 de l'article 2 et des articles 3 et 26, ce dernier article étant également important puisqu'il se réfère expressément à une «égale protection de la loi». Quand le Pacte prévoit une protection touchant des domaines essentiels, comme dans son article 23, il découle des dispositions considérées que cette protection doit être égale, c'est-à-dire sans discrimination, de sexe par exemple.

9.2.b) 2.ii) 3. Il s'ensuit que, toujours selon ce même raisonnement, en vertu du Pacte, la protection de la famille ne peut varier selon le sexe de l'un ou l'autre des conjoints. Si Maurice peut être fondé à restreindre l'entrée des étrangers dans son territoire et à les en expulser pour des raisons de sécurité, le Comité est d'avis que la législation qui ne soumet à ces restrictions que les conjoints étrangers des femmes mauriciennes et non les épouses étrangères de Mauriciens est discriminatoire à l'égard des femmes mauriciennes et ne peut être justifiée par des impératifs de sécurité.

9.2.b) 2.ii) 4. En conséquence, le Comité conclut qu'il y a également violation du paragraphe 1 de l'article 2, et des articles 3 et 26 du Pacte en ce qui concerne le droit des trois plaignantes énoncé au paragraphe 1 de l'article 23.

9.2.c) 1. Il reste à examiner l'affirmation selon laquelle il y a eu violation de l'article 25 du Pacte qui prévoit que tout citoyen a le droit et la possibilité, sans aucune des discriminations visées à l'article 2 (notamment de sexe) et sans restrictions déraisonnables, de prendre part à la direction des affaires publiques dans les conditions décrites dans cet article. Le Comité n'est pas appelé, dans la présente affaire, à examiner l'une quelconque des restrictions apportées au *droit* d'un citoyen énoncé à l'article 25. Il s'agit plutôt d'établir si la *possibilité* également mentionnée dans cet article, à savoir la possibilité *de facto* d'exercer ce droit, est restreinte en contravention du Pacte.

9.2.c) 2. Le Comité estime que les restrictions imposées par la législation dans divers domaines risquent dans la pratique d'empêcher les citoyens d'exercer leurs droits politiques – c'est-à-dire de les priver de la possibilité de le faire – d'une façon qui pourrait dans certains cas être contraire aux fins de l'article 25 ou aux dispositions du Pacte en matière de discrimination, par exemple dans le cas où la restriction de cette faculté constituerait une atteinte au principe de l'égalité des sexes.

9.2.c) 3. Toutefois, le Comité n'a reçu aucun renseignement indiquant que ce type de restriction a effectivement été appliqué aux auteurs de la communication dont il est saisi. En ce qui concerne Mme Aumeeruddy-Cziffra, qui participe activement à la vie politique en sa qualité de membre élu de l'Assemblée législative de Maurice, elle n'a été, ni dans les faits ni par la loi, privée de l'exercice de ce droit. Il est vrai que dans l'hypothèse où elle quitterait le pays du fait d'une immixtion dans sa situation de famille, elle risquerait de perdre cette possibilité ainsi que d'autres droits qui sont en fait liés à la résidence dans le pays. Les aspects pertinents d'une telle immixtion dans la situation de famille ont déjà été examinés dans le cadre de l'article 17 et des dispositions connexes. Les conséquences hypothétiques qui viennent d'être évoquées ne permettent pas de conclure à une violation spécifique de l'article 25 à l'heure actuelle, et il ne semble exister aucun élément particulier nécessitant un examen plus approfondi dans le cadre de cet article.

10.1 En conséquence, le Comité des droits de l'homme, agissant en vertu du paragraphe 4 de l'article 5 du Protocole facultatif se rapportant au Pacte international relatif aux droits civils et politiques, est d'avis que les faits mentionnés au paragraphe 7 ci-dessus révèlent des violations du Pacte, en particulier du paragraphe 1 de l'article 2 et des articles 3 et 26 en liaison avec les paragraphes 1 de l'article 17 et 1 de l'article 23 dans le cas des trois plaignantes qui sont mariées à des étrangers parce que l'entrée en vigueur de la loi de 1977 modifiant la loi sur l'immigration et de la loi de 1977 modifiant la loi sur les expulsions a entraîné pour elles une discrimination fondée sur le sexe.

[...]

11. En conséquence, le Comité estime que l'Etat partie devrait adapter les dispositions de la loi de 1977 modifiant la loi sur l'émigration et de la loi de 1977 modifiant la loi sur les expulsions aux obligations qui lui incombent en vertu du Pacte, et qu'il devrait prendre immédiatement des mesures de réparation en faveur des victimes des violations constatées ci-dessus.

[Le 15 juin 1983, le Gouvernement de Maurice a communiqué au Comité des droits de l'homme qu'il a modifié les deux lois incriminées. (Voir le rapport du Comité des droits de l'homme [UN.Doc. N° 40 (A/38/40)] p. 269.)]

3. Communication N° 40/1978, Erkki Juhani Hartikainen en son nom propre et au nom d'autres personnes c. Finlande

Constatations adoptées le 9 avril 1981

1. L'auteur de la communication (première lettre datée du 30 septembre 1978 et plusieurs autres lettres reçues entre décembre 1978 et janvier 1981) est Erkki

Juhani Hartikainen, instituteur finlandais résidant en Finlande. Il a présenté la communication en son propre nom ainsi qu'en sa qualité de Secrétaire général de l'Union des libres penseurs de Finlande et au nom d'autres victimes présumées, membres de l'Union.

2.1 L'auteur prétend que la loi finlandaise du 26 juillet 1968 sur le système scolaire (par. 6) est contraire aux dispositions du paragraphe 4 de l'article 18 du Pacte dans la mesure où il y est stipulé que, dans les écoles finlandaises, les enfants dont les parents sont athées doivent obligatoirement suivre des cours d'histoire des religions et de morale. Il prétend que, les manuels utilisés pour ces cours étant rédigés par des chrétiens, cet enseignement a nécessairement un caractère religieux. Il soutient d'autre part que la législation en vigueur ne laisse aucune possibilité de remédier à cette situation et déclare que des lettres de protestation ont été adressées, mais en vain, au Premier Ministre, au Ministre de l'éducation et à des membres du Parlement. Il déclare enfin qu'il ne servirait à rien de porter l'affaire devant les tribunaux car le sujet de la plainte est précisément une loi qui crée la situation dont lui-même et d'autres personnes sont victimes.

2.2 Copie de ladite loi (en finnois) est jointe à la communication. En voici la traduction:

«Le programme d'une école à enseignement multiple comprend, comme il est prévu par décret, l'instruction religieuse, les études sociales, l'enseignement de la langue maternelle et d'une langue étrangère, l'étude de la deuxième langue du pays, l'histoire, l'instruction civique, les mathématiques, la physique, la chimie, les sciences naturelles, la géographie, l'éducation physique, l'art, la musique, les travaux manuels, l'enseignement ménager, ainsi que des études et des exercices pratiques étroitement liés à l'économie et facilitant le choix d'un métier.

Quand cinq élèves au moins ont, en vertu de la Loi sur la liberté religieuse, été exemptés des cours d'instruction religieuse et n'en suivent pas d'autres en dehors de l'école, ils sont tenus d'assister à des cours d'histoire des religions et de morale. Quand cinq élèves au moins, appartenant à la même confession religieuse, ont en vertu de la Loi sur la liberté religieuse, été dispensés des cours d'instruction religieuse donnés dans une école et que les tuteurs de ces élèves veulent qu'ils suivent des cours d'instruction religieuse correspondant à leur confession, ces cours doivent être assurés dans cette école.»

2.3 L'auteur souhaite que la loi soit modifiée de façon que l'enseignement qui fait l'objet de la plainte soit neutre ou facultatif dans les écoles finlandaises.

[...]

7.1 Dans sa réponse en date du 7 mars 1980, communiquée conformément au paragraphe de l'article 4 du Protocole facultatif, l'Etat partie rejette les allégations selon lesquelles il y aurait eu violation du Pacte relatif aux droits civils et politiques en Finlande. Il affirme que les dispositions de la législation finlandaise en matière de liberté religieuse, notamment le paragraphe 6 de la Loi sur le système scolaire, ont été examinées de façon approfondie lors de la ratification du Pacte et ont été déclarées conformes à celui-ci. L'Etat partie souligne que non seulement la Constitution finlandaise garantit la liberté de religion mais que, de plus, la Loi sur la liberté religieuse (dont il est fait mention au paragraphe 6 de la Loi sur le système scolaire) stipule, au paragraphe 8, ce qui suit:

«Si l'instruction religieuse correspondant à une confession quelconque est assurée dans une école primaire ou tout autre établissement scolaire subventionné par l'Etat, un élève qui appartient à une autre confession ou qui n'adhère à aucune confession peut, sur la demande de son tuteur, être dispensé de ces cours.»

7.2 L'Etat partie ajoute qu'eu égard à la législation pertinente, on peut dire que l'instruction religieuse n'est pas obligatoire en Finlande mais qu'il est cependant possible aux élèves qui, en vertu de la Loi sur la liberté religieuse, ont été dispensés d'instruction religieuse, de suivre des cours d'histoire des religions et de morale. Cet enseignement a pour but de donner aux élèves des connaissances de nature générale jugées utiles à leur éducation de base dans une société où la très grande majorité de la population embrasse une religion. L'Etat partie affirme que les directives données par le Conseil national de l'éducation quant aux objectifs principaux de ces cours font apparaître que ceux-ci n'ont pas de caractère religieux. Cependant, explique l'Etat partie, dans certains cas, des difficultés sont apparues dans l'application de ce plan et en janvier 1979 le Conseil national de l'éducation a créé un groupe de travail composé de membres représentant le point de vue religieux et le point de vue non religieux pour examiner ces problèmes et revoir le programme.

8.1 Le 13 avril 1980, l'auteur a présenté des renseignements et observations complémentaires en réponse à la communication présentée par l'Etat partie conformément au paragraphe 2 de l'article 4 du Protocole facultatif. Une copie de la lettre de l'auteur a été communiquée à l'Etat partie à titre d'information.

8.2 Dans sa lettre, l'auteur soutient que la demande qu'il avait faite pour être exempt des manifestations religieuses dans l'école où il enseignait n'avait toujours pas été acceptée. Il rappelle que pour les libres penseurs les lois constitutionnelles finlandaises ne garantissent pas suffisamment la liberté de religion et de croyance et il affirme que le paragraphe 6 de la Loi sur le système scolaire et le paragraphe 16 du Statut de l'école polyvalente ont pour effet d'instituer l'enseignement obligatoire de la morale et de l'histoire des religions pour les athées. Pour corroborer sa thèse, il cite un extrait du programme de ces cours[1] et fait état de plusieurs cas qui se seraient produits. Quant au Groupe de travail créé par le Conseil national de l'éducation (voir par. 7.2 ci-dessus), l'auteur soutient que seul un membre de ce Groupe de travail était effectivement athée et qu'étant en minorité il ne pouvait avoir aucune influence sur les travaux du Groupe. D'autres lettres, datées des 25 septembre, 28 octobre et 7 novembre 1980, ont été reçues de l'auteur.

9.1 Dans une note datée du 2 décembre 1980, l'Etat partie a présenté des observations complémentaires conformément au paragraphe 2 de l'article 4 du Protocole facultatif.

[...]

9.2 Dans sa note, l'Etat partie faisait observer que la lettre de M. Erkki Juhani Hartikainen, en date du 13 avril 1980 (voir par. 8 ci-dessus), renfermait des éléments qui sortaient du cadre de la communication initiale au Comité des droits de l'homme. Il expliquait que, faute de renseignements précis sur les cas concrets qui étaient évoqués dans cette lettre, il se trouvait dans l'impossibilité de vérifier le bien-fondé de ces allégations. Il soulignait toutefois que le système juridique finlandais prévoyait tout un ensemble de voies de recours internes en cas de violation concrète d'un droit.

1 «Deuxième année
Trimestre de printemps
Récits de l'enfance de Jésus. Jésus est conduit au temple.
Les mages. La fuite en Egypte, le retour d'Egypte à Nazareth. Description de la région où vivait Jésus. Maisons et coutumes juives. L'éducation d'un enfant juif.
L'enseignement de Jésus. Le bon Samaritain. Les enseignements qu'un enfant d'aujourd'hui peut en tirer.
Portrait de Jésus. L'attitude de Jésus à l'égard de ceux qui sont rejetés par la communauté, mal-aimés et réprouvés (les malades, les aveugles, les invalides, les pauvres, les affamés, les illettrés, les femmes et les enfants).
Récits sur les faits et gestes de Jésus. Jésus guérit le fils de l'officier royal. Jésus guérit la fille de Jaïre [...] Il nourrit 5 000 personnes. Le sens des récits de la vie de Jésus: leur valeur ne dépend pas de la véracité des détails.
Jésus comme idéal. Jésus était bon et a secouru ceux qui avaient besoin d'aide. L'idéal de Jésus dans le monde moderne: mettre ses connaissances et ses compétences au service de ceux qui ont besoin d'aide. Jésus ne rejetait personne. Jésus voyait ce qu'il y avait de bon dans chaque être humain.
Edifice et service religieux. L'édifice et le service dans les églises luthérienne, orthodoxe et catholique.
L'aide au développement. L'aide fournie dans différentes situations d'urgence. L'aide permanente aux pays en développement. L'oeuvre missionnaire: première forme d'aide au développement.
François d'Assise et son cantique au soleil. François: l'homme qui a si profondément ressenti la présence de Dieu qu'il en a persuadé les autres. Légendes concernant St François. Le cantique au soleil.»

9.3 En vue d'illustrer les efforts faits en Finlande pour améliorer l'enseignement de l'histoire des religions et de la morale, l'Etat partie présentait en annexe à sa note un rapport du Groupe de travail créé par le Conseil national de l'éducation qui avait été remis à ce dernier le 16 octobre 1980. Dans ce rapport, le contenu de l'enseignement de ces matières est classé d'après les objectifs suivants:

1. Education en vue d'établir des relations humaines fondées sur des principes moraux;

2. Education en vue de favoriser l'épanouissement complet de la personnalité de l'individu;

3. Education en vue de comprendre l'héritage culturel de notre nation ainsi que notre culture moderne, eu égard en particulier aux différentes convictions;

4. Education en vue de comprendre l'héritage culturel d'autres nations, eu égard en particulier aux différentes convictions qui existent dans le monde contemporain[2].

L'Etat partie fait observer que M. Hartikainen est l'un des experts que le Groupe de travail a consultés, et que le Conseil national de l'éducation a l'intention de demander à l'Union des libres penseurs de Finlande, entre autres associations, son avis sur le programme proposé par le Groupe de travail avant que celui-ci ne rédige un guide pédagogique. Cependant, le Gouvernement finlandais estime que l'étude du contenu des programmes ne peut pas relever de la compétence du Comité des droits de l'homme et il réitère sa conclusion selon laquelle aucune incompatibilité n'a été établie entre la législation et le Pacte.

10.1 Le Comité a examiné la présente communication à la lumière de toutes les informations qui lui avaient été soumises par l'auteur et par l'Etat partie conformément au paragraphe 1 de l'article 5 du Protocole facultatif. Il constate ce qui suit:

[...]

10.3 Le Comité note que les informations qui lui sont soumises ne précisent pas assez clairement dans quelle mesure on peut considérer que l'auteur et les autres victimes présumées sont personnellement affectés, en qualité de parents

2 Dans les observations qu'il a présentées le 5 janvier 1981, l'auteur propose une autre traduction de ces objectifs, à savoir:
1. Education en vue d'établir des relations humaines satisfaisantes d'un point de vue moral;
2. Education favorisant la prise de conscience individuelle, communautaire et sociale, le sens des responsabilités et l'action;
3. Education en vue de comprendre l'héritage culturel de notre nation et notre culture moderne, en particulier la vision matérielle du monde;
4. Education permettant de comprendre l'héritage culturel d'autres nations, en particulier les différentes visions du monde dans le monde contemporain.

ou de tuteurs, au sens de l'article premier du Protocole facultatif. Ceci est une condition de recevabilité des communications. Le concept de la «victime» a fait l'objet d'un examen plus poussé dans d'autres cas, par exemple dans les constatations finales concernant le cas N° R.9/35. Toutefois, ce cas ayant été déclaré recevable sans objection sur ce point, le Comité ne juge pas nécessaire de revenir sur la question pour les raisons suivantes:

10.4 Le Comité ne considère pas que les dispositions pertinentes de la législation finlandaise, selon lesquelles les élèves dont les parents ou les tuteurs légaux s'opposent à ce qu'ils reçoivent une instruction religieuse sont tenus de suivre des cours d'histoire des religions et de morale, sont en soi incompatibles avec le paragraphe 4 de l'article 18 si ces cours sont dispensés de façon neutre et objective et ménagent les convictions des parents et des tuteurs qui ne sont adeptes d'aucune religion. En tout état de cause, le paragraphe 6 de la Loi sur le système scolaire autorise expressément les parents ou les tuteurs qui ne souhaitent pas que leurs enfants reçoivent une instruction religieuse ou suivent des cours d'histoire des religions et de morale à obtenir que ceux-ci soient dispensés de cette instruction ou de ces cours à condition de prendre des dispositions pour leur permettre de recevoir un enseignement comparable en dehors de l'école.

10.5 L'Etat partie admet que des difficultés sont apparues en ce qui concerne le plan d'enseignement actuel qui donne effet à ces dispositions (plan d'enseignement qui ne semble pas être, en partie du moins, de caractère religieux), mais le Comité pense que les mesures voulues sont prises pour résoudre ces difficultés et il ne voit pas de raison de conclure qu'on ne pourra pas y parvenir, d'une façon qui soit compatible avec le paragraphe 4 de l'article 18 du Pacte, dans le cadre de la législation en vigueur.

[Le 20 juin 1983, le Gouvernement finlandais a communiqué au Comité des droits de l'homme qu'il a pris des mesures appropriées pour résoudre les problèmes mentionnés au paragraphe 10.5 de la décision du Comité. (Voir le rapport du Comité des droits de l'homme [UN.Doc. N° 40 (A/38/40)] p. 270.)]

4. Communication N° 45/1979, Pedro Pablo Camargo au nom de l'époux de María Fanny Suárez de Guerrero c. Colombie

Constatations adoptées le 31 mars 1982

[...]
11.1 Le Comité des droits de l'homme a procédé à l'examen de la communication considérée compte tenu de tous les renseignements dont il avait été saisi par les parties conformément au paragraphe 1 de l'article 5 du Protocole facultatif.

Le Comité des droits de l'homme fonde ses constatations sur les faits suivants, qui ne sont ni contestés ni rejetés par l'Etat partie.

11.2 Le décret législatif N° 0070 du 20 janvier 1978 modifie l'article 25 du Code pénal «tant que l'ordre public sera troublé et que l'état de siège sera en vigueur sur tout le territoire national» (voir le texte du décret dans l'appendice ci-après). Le décret prévoit une nouvelle circonstance absolutoire pouvant être invoquée par les membres de la force publique si l'acte (qui serait autrement punissable) est commis «lorsqu'ils prennent part à des opérations organisées pour prévenir et réprimer les délits d'extorsions et d'enlèvement, ainsi que les délits de production, traitement et trafic de stupéfiants».

11.3 Le 13 avril 1978, le juge du tribunal d'instruction pénale militaire N° 77, lui-même membre de la police, a ordonné une perquisition dans un immeuble situé au N° 136-67 de la 31e rue dans le quartier «Contador» à Bogota. L'ordre de perquisition avait été donné au commandant Carlos Julio Castaño Rozo, chef du SIPEC de la section F-2 du Département de la police de Bogota parce que l'on croyait que l'ancien ambassadeur de Colombie en France, Miguel de Germán Ribón, qui avait été enlevé quelques jours auparavant par une organisation de guérilleros, était détenu dans cet immeuble.

11.4 Bien qu'elle n'ait pas trouvé Miguel de Germán Ribón, la patrouille de police a décidé de s'embusquer dans l'immeuble pour attendre «les auteurs présumés de l'enlèvement». Sept personnes ayant pénétré dans l'immeuble pendant cette embuscade sont tombées sous les balles de la police. Il s'agissait de: María Fanny Suárez de Guerrero, Alvado Enrique Vallejo, Eduardo Sabino Lloredo, Blanca Flórez Vanegas, Juan Bautista Ortiz Ruiz, Omar Flórez et Jorge Enrique Salcedo.

11.5 La police avait commencé par déclarer qu'elle avait tiré parce que les personnes en question résistaient et qu'elles avaient sorti des armes à feu et s'en étaient même servies, mais le rapport de l'Institut médico-légal (rapport N° 8683 du 17 avril 1978) ainsi que les rapports de balistique et les résultats des tests de paraffine ont prouvé qu'aucune des victimes n'avait tiré et qu'elles avaient toutes été tuées à bout portant, certaines d'une balle dans le dos ou la tête. De même, il a été établi que les victimes avaient été abattues non pas simultanément mais à mesure de leur arrivée dans l'immeuble et que la plupart étaient tombées alors que, surprises par cette attaque, elles essayaient de se mettre à l'abri. Dans le cas de Mme María Fanny Suárez de Guerrero, le rapport de l'Institut médico-légal a établi que l'on avait tiré plusieurs fois sur elle alors qu'elle avait déjà succombé à une crise cardiaque.

11.6 La *Procuroduría Delegada para la Policía Nacional* a ouvert une enquête sur cette affaire. L'enquête administrative achevée, la *Procuroduría* a demandé la révocation de tous les membres de la patrouille ayant participé à l'opération, révocation qui a été ordonnée le 16 juin 1980.

11.7 En outre, le juge du tribunal d'instruction pénale militaire N° 77 a reçu l'ordre d'effectuer une enquête criminelle sur cette affaire. L'enquête préliminaire menée par le commandant Carlos Julio Castaño Rozo n'a pas permis d'établir que les victimes étaient responsables de l'enlèvement. En juillet 1980, l'Inspecteur général de la police, agissant en qualité de juge de première instance, a ordonné l'arrêt des poursuites pénales contre les responsables présumés de la mort violente de sept personnes pendant une descente de police, le 13 avril 1978, dans le quartier «Contador» à Bogota. L'Inspecteur se réclamait de l'article 7 du décret N° 0070. Le tribunal supérieur militaire, après un réexamen *ex-officio*, a annulé la décision de l'Inspecteur général de la police. Le 31 décembre 1980, un tribunal militaire (Consejo de Guerra Verbal), auquel l'affaire avait été renvoyée, a de nouveau acquitté les 11 membres de la force de police de Bogota ayant participé à l'opération. Cette décision était, elle aussi, fondée sur le décret-loi N° 0070 de 1978.

11.8 A aucun moment une procédure civile en dommages-intérêts n'a pu être entamée parallèlement à l'action pénale militaire. Une action en réparation des dommages et préjudices subis par les personnes blessées lors de l'opération de police dans le quartier «Contador» dépend tout d'abord de l'établissement de la responsabilité pénale des accusés. Les accusés ayant été acquittés, aucune action civile ou administrative n'a pu être entamée pour permettre aux victimes d'obtenir une indemnisation.

12.1 Le Comité des droits de l'homme tient compte aussi des considérations suivantes:

12.2 Le Comité prend note du fait que le décret N° 0070 de 1978 fait état de troubles de l'ordre public en Colombie. Le Comité note aussi que le Gouvenement colombien dans sa note du 10 juillet 1980, adressée au Secrétaire général de l'Organisation des Nations Unies (reproduite dans le document CCPR/C/2/ Add.4) conformément aux dispositions du paragraphe 3 de l'article 4 du Pacte, faisait état de l'existence de l'état de siège sur tout le territoire national depuis 1976 et de la nécessité d'adopter des mesures d'exception dans le cadre du régime légal prévu dans la Constitution nationale pour ce genre de situation. En ce qui concerne les droits garantis par le Pacte, le Gouvernement colombien déclarait que «des mesures temporaires avaient été adoptées qui avaient pour effet de limiter l'application du paragraphe 2 de l'article 19 et de l'article 21 du Pacte». Le Comité fait observer que le cas considéré n'entre pas dans le cadre des dispositions des articles 19 et 21 du Pacte. Il fait en outre remarquer que, conformément au paragraphe 2 de l'article 4 du Pacte, aucune dérogation n'est admise de la part des Etats parties en ce qui concerne plusieurs droits reconnus par le Pacte, notamment les droits visés aux articles 6 et 7, qui ont été invoqués dans le cas à l'étude.

13.1 Le paragraphe 1 de l'article 6 du Pacte stipule que:
«Le droit à la vie est inhérent à la personne humaine. Ce droit doit être protégé par la loi. Nul ne peut être arbitrairement privé de la vie.»

Le droit consacré dans cet article est le droit suprême de l'être humain. Il s'ensuit que la violation de ce droit par les autorités de l'Etat est une question extrêmement grave. C'est ce qui ressort de l'article dans son ensemble et c'est pourquoi notamment au paragraphe 2 de cet article on stipule que la peine de mort ne peut être prononcée que pour les crimes les plus graves. La stipulation selon laquelle le droit à la vie doit être protégé par la loi et que nul ne peut être arbitrairement privé de la vie signifie que la législation doit contrôler et limiter strictement les circonstances dans lesquelles une personne peut être privée de la vie par les autorités de l'Etat.

13.2 Dans le cas à l'étude, il est évident, du fait que sept personnes ont trouvé la mort à la suite d'une action délibérée de la police, que la privation de la vie était intentionnelle. En outre, l'action de la police a été déclenchée apparemment sans sommation, sans qu'il soit donné aux victimes la possibilité de se rendre à la patrouille de police ou de donner une explication quelconque sur leur présence ou leurs intentions. Rien ne vient prouver que la police a été obligée d'agir ainsi pour se défendre ou défendre des tiers, ni que cette action était nécessaire pour procéder à l'arrestation ou empêcher la fuite des personnes concernées. Qui plus est, les victimes étaient seulement soupçonnées de l'enlèvement qui avait été perpétré quelques jours auparavant et le fait qu'elles aient été tuées par la police les a toutes privées des garanties d'une procédure régulière énoncées dans le Pacte. Dans le cas de Mme María Fanny Suárez de Guerrero, le rapport médico-légal montre qu'elle avait reçu plusieurs balles après avoir déjà succombé à une crise cardiaque. On peut raisonnablement conclure que la patrouille de police est responsable de sa mort.

13.3 Pour ces raisons, le Comité estime que l'action de la police qui a eu pour résultat le décès de Mme María Fanny Suárez de Guerrero était hors de proportion avec les exigences du maintien de l'ordre dans les circonstances de l'affaire et que cette personne a été arbitrairement privée de la vie en violation du paragraphe 1 de l'article 6 du Pacte international relatif aux droits civils et politiques. Dans la mesure où l'action de la police est justifiée en droit colombien par le décret législatif N° 0070 du 20 janvier 1978, le droit à la vie n'est pas convenablement protégé par la législation colombienne ainsi que l'exigent les dispositions du paragraphe 1 de l'article 6.

14. Il n'est pas nécessaire d'examiner plus avant les violations d'autres articles du Pacte auxquelles ces mêmes faits auraient pu donner lieu car elles sont éclipsées par les violations encore plus graves de l'article 6.

15. En conséquence, le Comité est d'avis que l'Etat partie devrait prendre les mesures nécessaires pour indemniser l'époux de Mme María Fanny Suárez

de Guerrero pour le décès de sa femme et pour assurer que le droit à la vie soit dûment protégé en modifiant la loi.

Appendice

Décret Nº 0070 du 20 janvier 1978
Article premier. Tant que l'ordre public sera troublé et que l'état de siège sera en vigueur sur tout le territoire national, l'article 25 du Code pénal sera remplacé par le texte suivant:

«*Article 25.* L'acte est justifié lorsqu'il est commis:

1) Conformément à une disposition de la loi ou sur ordre obligatoire émanant de l'autorité compétente;

2) Par nécessité de se défendre ou de défendre autrui contre un acte de violence effectif et injuste dont une personne, son honneur ou ses biens sont victimes, et à condition que la défense soit proportionnelle à l'agression;

Est présumé visé par le présent alinéa celui qui, de nuit, repousse celui qui escalade ou fracture les clôtures, murs, portes ou fenêtres de sa maison ou de ses dépendances, quels que soient les dommages causés à l'agresseur, ou celui qui découvre dans son foyer un étranger, à condition que la présence de ce dernier ne soit pas justifiée et qu'il oppose une résistance;

3) Par nécessité de se sauvegarder ou de sauvegarder autrui d'un péril grave et imminent contre la personne, qu'il n'est pas possible d'éviter d'une autre manière, qui ne soit pas son propre fait et qui ne soit pas inhérent à une obligation professionnelle;

4) Par les membres de la force publique, lorsqu'ils prennent part à des opérations organisées pour prévenir et réprimer les délits d'extorsion et d'enlèvement, ainsi que les délits de production, traitement et trafic de stupéfiants.»

5. Communication Nº 74/1980, Miguel Angel Estrella c. Uruguay

Constatations adoptées le 29 mars 1983

[...]
8.1 Le Comité des droits de l'homme a examiné cette communication à la lumière de tous les renseignements qui lui ont été communiqués par les parties, ainsi qu'il est prévu à l'article 5 du Protocole facultatif. Les constatations du Comité se fondent sur les faits ci-après qui, à défaut d'éclaircissements de la part de l'Etat partie, n'ont pas été réfutés.

8.2 En 1977, Miguel Angel Estrella a décidé de travailler à Montevideo (Uruguay) et il a résidé dans ce pays avec ses deux fils et trois amis argentins (Raquel Odasso, Luisana Olivera et Luis Bracony) dans une maison qu'il a louée.

8.3 Le 15 décembre 1977, alors que l'auteur était sur le point de quitter l'Uruguay, une quinzaine d'individus en civil, fortement armés, l'ont arrêté à son domicile à Montevideo, ainsi que son ami Luis Bracony. Les yeux bandés, ils ont été conduits tous deux en un lieu où l'auteur a reconnu les voix de Raquel Odasso et de Luisana Olivera. Là, il a été soumis à de dures tortures physiques et psychologiques, et on l'a notamment menacé de lui couper les mains à la scie électrique pour tenter de lui faire avouer des activités subversives. Ce traitement lui a laissé des séquelles permanentes, notamment aux bras et aux jambes.

8.4 Le 23 décembre 1977, l'auteur a été transféré dans une caserne, probablement celle du Bataillon 13 où il a continué à faire l'objet de mauvais traitements. Il a notamment été menacé de mort et on lui a refusé tous soins médicaux. Le 20 janvier 1978, il a été emmené au pénitencier de Libertad. Il a passé les dix premiers jours de sa détention au secret, dans une cellule qui était une sorte de cage située dans une section connue sous le nom de «La Isla». Il a été détenu au pénitencier de Libertad jusqu'au 13 février 1980.

8.5 Au pénitencier de Libertad, l'auteur a continué à faire l'objet de sévices constants et de punitions arbitraires, telles que mise au régime cellulaire pendant 30 jours, privation de courrier et de récréations pendant sept mois, harcèlement et fouilles. Sa correspondance a été sévèrement censurée.

8.6 A trois reprises, l'auteur a été traduit devant un tribunal militaire (les 2 et 26 décembre 1977 et le 15 mars 1978). Le 23 décembre 1977, il a reconnu plusieurs des personnes qui l'avaient arrêté et qui avaient pris part aux tortures qui lui avaient été infligées. A la même date, on lui a donné la possibilité de choisir comme avocat commis d'office M. Severino Barbé ou le colonel Alfredo Ramírez. Il a choisi M. Barbé, qu'il a rencontré le jour même et ensuite le 31 mai 1978, le 14 novembre 1978 et le 12 février 1980. Le 29 août 1979, un fonctionnaire du pénitencier de Libertad a informé l'auteur qu'il avait été condamné à quatre ans et demi de réclusion, à l'issue d'un procès tenu à huis clos, pour «association subversive, attentat à la Constitution et préparatifs criminels». Le 12 février 1980, il a été traduit devant le Tribunal militaire suprême. Le juge militaire lui a fait savoir que l'inculpation d'attentat à la Constitution ne pouvait pas être confirmée, qu'il avait purgé sa peine et qu'il serait expulsé d'Uruguay. Le 15 février 1980, Miguel Angel Estrella a été conduit à l'aéroport d'où il a quitté l'Uruguay.

9.1 Les renseignements détaillés fournis par l'auteur permettent au Comité de conclure que les conditions de détention auxquelles Miguel Angel Estrella a été soumis au pénitencier de Libertad étaient inhumaines. A ce propos, le Comité rappelle que d'autres communications qu'il a examinées (voir par exemple les constatations qu'il a adoptées à sa dix-septième session à propos de la communication N° 66/1980) confirment qu'à la Libertad les détenus sont systématiquement soumis à de mauvais traitements.

9.2 En ce qui concerne la censure exercée sur la correspondance de Miguel Angel Estrella, le Comité admet qu'il est normal que les autorités d'une prison exercent des mesures de contrôle et de censure sur la correspondance des prisonniers. Néanmoins, l'article 17 du Pacte stipule que «nul ne sera l'objet d'immixtions arbitraires ou illégales dans [...] sa correspondance». De ce fait, les mesures de contrôle ou de censure doivent donc être soumises à des garanties juridiques satisfaisantes pour éviter toute application arbitraire (voir le paragraphe 21 des constatations du Comité, en date du 29 octobre 1981, concernant la communication N° R. 14/63). En outre, la restriction doit être appliquée d'une façon qui respecte les normes de traitement humain des détenus, ainsi que le stipule le paragraphe 1 de l'article 10 du Pacte. En particulier, les prisonniers devraient être autorisés à communiquer régulièrement avec des membres de leur famille ou des amis honorablement connus, par correspondance et en recevant des visites, sous la supervision voulue. Sur la base des informations dont il est saisi, le Comité conclut que la correspondance de Miguel Angel Estrella a été censurée et restreinte au pénitencier de Libertad d'une façon que l'Etat partie n'a pas justifiée comme étant compatible avec l'article 17, lu en conjonction avec le paragraphe 1 de l'article 10 du Pacte.

10. Le Comité des droits de l'homme, agissant en application du paragraphe 4 de l'article 5 du Protocole facultatif, est d'avis que les faits constatés par lui font apparaître des violations des dispositions ci-après du Pacte international relatif aux droits civils et politiques:

L'article 7, vu que Miguel Angel Estrella a été soumis à la torture au cours des premiers jours de sa détention (du 15 au 23 décembre 1977);

Le paragraphe 1 de l'article 10, vu qu'il a été détenu dans des conditions inhumaines;

Le paragraphe 1 de l'article 14, vu qu'il n'a pas été jugé en audience publique et l'Etat partie n'a donné aucune raison pour justifier ce fait conformément aux dispositions du Pacte;

Le paragraphe 3 de l'article 14, vu qu'il n'a pas pu choisir lui-même un avocat pour le représenter et préparer et présenter sa défense;

Le paragraphe 3 g) de l'article 14, vu qu'on a essayé de le forcer à témoigner contre lui-même et à avouer sa culpabilité;

L'article 17, lu en conjonction avec le paragraphe 1 de l'article 10, vu que sa correspondance a fait l'objet d'une censure et de restrictions au pénitencier de Libertad.

11. En conséquence, le Comité est d'avis que l'Etat partie est dans l'obligation de fournir à la victime des recours utiles, y compris en lui accordant réparation, pour les violations dont elle a souffert, et de prendre des mesures pour veiller à ce que des violations analogues ne se reproduisent pas à l'avenir.

6. Communication N° 78/1980, A. D. [nom supprimé] au nom de Mikmaq Tribal Society c. Canada

Constatations adoptées le 20 juillet 1984

Décision sur l'irrecevabilité
1. L'auteur de la communication (lettre initiale datée du 30 septembre 1980; renseignements complémentaires du 9 décembre 1980; et nouvelles communications datées des 26 juin, 3 octobre et 11 novembre 1981, du 15 juillet 1982, du 23 août 1983, des 6 janvier et 6 février 1984) est A. D., «Jigap'ten du Santeoi Mawa'iomi» – Grand Capitaine – de la Mikmaq Tribal Society. Il présente la communication au nom «du peuple Mikmaq» qui revendique comme son territoire les terres qu'il possédait et gouvernait à l'époque où il s'est placé sous la protection de la Grande-Bretagne en vertu d'un traité conclu en 1752, terres connues aujourd'hui sous les noms de Nouvelle-Ecosse, île du Prince-Edouard, et certaines parties de Terre-Neuve, du Nouveau-Brunswick et de la péninsule de Gaspésie au Québec.

2.1 L'auteur soutient que le Gouvernement canadien a refusé et continue à refuser au peuple Mikmaq, société tribale, le droit à l'autodétermination, en violation de l'article premier du Pacte international relatif aux droits civils et politiques. Il ajoute que le Canada a privé les victimes présumées de leurs moyens de subsistance et a promulgué et fait appliquer des lois et des politiques qui détruisent la vie de famille des Mikmaq et nuisent à la bonne éducation de leurs enfants.

2.2 Il est dit que la communication a pour objet d'obtenir que le Gouvernement traditionnel de la société tribale Mikmaq soit reconnu en tant que tel et que la nation Mikmaq soit reconnue en tant qu'Etat.

3. Répondant au Comité qui lui demandait des précisions (décision du 29 octobre 1980) A. D., dans une lettre datée du 9 décembre 1980, réaffirme que l'essentiel de la communication a trait à la violation de l'article premier du Pacte ([...] c'est l'article premier qui incarne notre objet, notre espérance» [...]) et rejette catégoriquement l'applicabilité de l'article 27 (concernant les droits des personnes appartenant à des minorités). L'auteur affirme également avoir été

autorisé par le Grand Conseil des Mikmaq à représenter la population à laquelle il appartient devant le Comité[1].

4. Par sa décision du 9 avril 1981, le Comité des droits de l'homme a transmis la communication, en application de l'article 91 du règlement intérieur provisoire, à l'Etat partie concerné, qui a été prié de soumettre des renseignements et observations se rapportant à la question de la recevabilité de la communication.

5.1 Dans ses observations datées du 21 juillet 1981 et du 17 mai 1982, l'Etat partie a estimé que la communication n'est pas recevable, *ratione materiae*, du fait que l'article premier du Pacte ne saurait affecter l'unité nationale et l'intégrité territoriale d'un Etat, principe consacré dans des déclarations de l'Organisation des Nations Unies comme la «Déclaration sur l'octroi de l'indépendance aux pays et aux peuples coloniaux» (résolution 1514 [XV] de l'Assemblée générale en date du 14 décembre 1960), la «Déclaration relative aux principes du droit international touchant les relations amicales et la coopération entre les Etats conformément à la Charte des Nations Unies» (résolution 2625 [XXV] de l'Assemblée générale en date du 24 octobre 1970) et énoncé dans un grand nombre d'avis juridiques.

5.2 L'Etat partie ajoute que la communication n'est pas compatible avec les dispositions de l'article premier et de l'article 2 du Protocole facultatif. Il fait valoir que, dans le cas présent, A. D. ne peut pas prétendre que ses propres droits ont été violés, étant donné que, en vertu du paragraphe 1 de l'article premier du Pacte, le droit à l'autodétermination est un droit collectif, pas plus qu'il n'est dûment habilité, conformément aux dispositions pertinentes du Protocole facultatif, à agir au nom de la nation Mikmaq.

5.3 L'Etat partie soutient également que la révision demandée dans cette affaire, qui consiste dans la reconnaissance de la qualité d'Etat, dépasse la compétence du Comité.

5.4 Se référant aux allégations avancées par A. D. au sujet de l'autonomie, de l'éducation, de l'affranchissement des populations autochtones, des droits de propriété et de la subsistance, l'Etat partie les rejette, à une exception près, comme irrecevables, et fait valoir que ces questions sont liées à la question principale faisant l'objet de la communication, le droit à l'autodétermination. L'exception a trait à la situation des femmes indiennes qui épousent des non-Indiens et qui de ce fait perdent leur statut d'Indiennes. L'Etat partie se réfère à la loi sur les Indiens de 1970, qui prévoit une autonomie limitée des populations autochtones; aux lois et procédures régissant leurs revendications sur des terres et à la Constitution canadienne récemment modifiée, devenue la loi constitutionnelle de 1982 qui, dans sa Charte des droits et libertés, stipule que les droits de

1 L'auteur déclare que le Grand Conseil, composé du Grand Chef, du Grand Capitaine et du Grand Chef adjoint, constitue «le Gouvernement traditionnel de la Société tribale Mikmaq».

tous jouiront d'une égale protection et contient, dans la section 25, des dispositions visant expressément la protection des droits et libertés des peuples autochtones du Canada.

5.5 L'Etat partie ne considère pas que les questions soulevées par l'auteur au sujet des aspects juridiques des relations entre le Royaume-Uni, la tribu Mikmaq et le Canada soient en rapport avec la communication, celle-ci étant irrecevable en ce qui concerne la question de l'autodétermination.

6.1 Par des lettres datées du 3 octobre 1981, du 11 novembre 1981 et du 15 juillet 1982, A. D. a répondu aux observations présentées par l'Etat partie en application de l'article 91 du règlement intérieur provisoire. Il réfute l'assertion de l'Etat partie selon laquelle la communication est irrecevable. Quant à l'argument de l'Etat partie fondé sur l'intégrité territoriale, il prétend qu'il n'est pas valable au regard de l'affaire en cause «car il admet comme postulat un fait litigieux, la question de savoir si le territoire de la ‹Mikmaq Nationimouw› a jamais légalement fait partie du territoire du Canada. L'auteur affirme à cet égard que le territoire n'a jamais été cédé ou remis à la Grande-Bretagne ni, par voie de conséquence, au Canada.

6.2 A. D. rejette l'argument de l'Etat partie selon lequel le droit à l'autodétermination ne constitue qu'un droit collectif et cite à l'appui de ses assertions l'étude des Nations Unies sur le droit à l'autodétermination effectuée en 1980[2] par M. Héctor Gros Espiell, Rapporteur spécial de la Sous-Commission de la lutte contre les mesures discriminatoires et de la protection des minorités. A. D. soutient que cette étude montre que la Commission des droits de l'homme a maintes fois invoqué l'autodétermination aussi bien comme un droit de la personne humaine que comme un droit collectif des peuples.

6.3 L'auteur met également en doute la validité des observations présentées par l'Etat partie sur le fond des «violations subsidiaires des droits de l'homme», et s'étend longuement sur les questions de l'autonomie, de l'affranchissement involontaire, du droit à l'éducation, des droits de propriété et des droits de l'homme découlant de l'Acte constitutionnel de 1982; il souhaite néanmoins qu'avant la présentation d'autres éléments de preuve à ce sujet une décision soit prise sur la recevabilité de la communication.

6.4 Enfin, A. D. propose que si le Comité estime que la présente communication ne relève pas de sa compétence, il porte les revendications du peuple Mikmaq à l'attention du Conseil économique et social en recommandant qu'un avis consultatif soit demandé à la Cour internationale de Justice.

2 Document E/CN.4/Sub.2/405/Rev.1.

7.1 Avant d'examiner le bien-fondé d'une communication, le Comité doit s'assurer qu'elle satisfait à toutes les conditions relatives à sa recevabilité en vertu du Protocole facultatif.

7.2 L'article premier et l'article 2 du Protocole facultatif stipulent que le Comité a compétence pour recevoir et examiner des communications émanant de particuliers qui prétendent être victimes d'une violation des droits énoncés dans le Pacte.

7.3 La communication pose notamment la question de savoir si le Canada a violé l'article premier du Pacte international relatif aux droits civils et politiques. A. D. fait valoir qu'il représente non pas une minorité au sens de l'article 27 mais un peuple au sens de l'article premier du Pacte. Dans ce contexte, il affirme également que le droit des parents et des familles prévu à l'article 23 eu égard à l'article 18 a été violé, plus particulièrement en ce qui concerne l'éducation religieuse des enfants.

7.4 Le Comité a convenu de se prononcer d'abord sur la position de l'auteur dans la mesure où il prétend représenter la Société tribale Mikmaq.

7.5 Alors qu'il essayait de préciser la position de l'auteur, le Comité a reçu un «communiqué» daté du 1er octobre 1982, émanant du Grand Chef du Grand Conseil de la Société tribale Mikmaq, D. M., qui déclarait que nul n'était autorisé à parler au nom de la Nation Mikmaq, ni au nom du Grand Conseil ni au nom du Grand Chef, à moins que ce dernier ne «donne cette autorité par écrit à la personne ou aux personnes en cause, et ce pour chaque communication». Le Comité a en conséquence prié le Grand Conseil des Mikmaq de formuler des observations et de donner des précisions au sujet de l'autorité qu'aurait A. D. d'agir au nom de la tribu Mikmaq et de communiquer au Comité les renseignements pertinents le 1er février 1983 au plus tard. Comme suite à cette demande, R. B. conseiller juridique d'A. D. a informé le Comité, par un télégramme daté du 31 janvier 1983, que le Grand Conseil Mikmaq avait réaffirmé que A. D. avait qualité pour suivre l'affaire faisant l'objet de la communication N° 78/1980 devant le Comité et qu'un document signé à cet effet par le Grand Conseil serait envoyé par pli recommandé.

7.6 Six mois plus tard, le 3 août 1983, le Comité a reçu une lettre habilitant M.R.B., conseiller juridique d'A.D., à représenter le Grand Conseil. Ce «mandat» était signé par l'auteur de la communication lui-même et par le Grand Chef adjoint. Il ressort clairement de la teneur dudit «mandat» que ce n'est pas le Grand Conseil à titre d'entité juridique qui autorise A. D. à agir, mais que c'est l'auteur lui-même qui confirme l'autorisation qu'il a conférée à sa propre personne.

7.7 Des communications ultérieures de l'auteur datées du 6 janvier et du 6 février 1984 portaient sur le fond de ses plaintes sans prouver dans quelle mesure il avait compétence pour présenter le cas du peuple Mikmaq.

8.1 Avant d'examiner les plaintes exposées dans une communication, le Comité des droits de l'homme doit, conformément à l'article 87 de son règlement intérieur provisoire, décider si la communication est ou non recevable aux termes du Protocole facultatif du Pacte.

8.2 Le Comité des droits de l'homme fait observer que l'auteur n'a pas prouvé qu'il est autorisé à parler au nom de la Société tribale Mikmaq. En outre, l'auteur n'a pas été en mesure de prouver qu'il est personnellement victime d'une violation des droits stipulés dans le Pacte.

9. Le Comité des droits de l'homme *décide* en conséquence:

La communication est irrecevable.

7. Communication Nº 124/1982, Nina Muteba, agissant pour le compte de son mari, Tshitenge Muteba, c. Zaïre

Constatations adoptées le 24 juillet 1984

[...]

10.1 Le Comité des droits de l'homme, ayant examiné la présente communication à la lumière de toutes les informations qui lui ont été fournies par les auteurs conformément aux dispositions du paragraphe 1 de l'article 5 du Protocole facultatif, décide par les présentes de fonder ses constatations sur les faits ci-après qui, en l'absence de toute déclaration de l'Etat partie, ne sont pas contestés.

10.2 M. Tshitenge Muteba a été arrêté le 31 octobre 1981 par des membres de la Sûreté militaire du Zaïre à Ngobila Beach, au Zaïre, alors qu'il arrivait de Paris, via Brazzaville (Congo). Entre la date de son arrestation et le mois de mars 1982, approximativement, il a été détenu à la prison «OUA II». Au cours des neuf premiers jours de sa détention, il a été interrogé et a subi différentes sortes de tortures – coups, décharges électriques, simulacres d'exécution, notamment. Il a été maintenu au secret pendant plusieurs mois et n'a pas pu prendre contact avec un avocat. Après neuf mois de détention, des membres de sa famille, qui n'ont pas pu le voir personnellement, ont été autorisés à déposer de la nourriture à son intention à la prison. Bien qu'il ait été accusé, sur le registre d'écrou, d'avoir attenté à la sécurité interne et externe de l'Etat et d'avoir fondé un parti politique clandestin, il n'a jamais été traduit devant un juge et n'a jamais comparu en justice. Après plus d'une année et demie de détention, il a été amnistié en vertu d'un décret pris le 19 mai 1983 et autorisé à retourner en France. C'est pour des raisons politiques que M. Muteba, considéré comme un opposant au Gouvernement zaïrois, a été arrêté et incarcéré et qu'il a subi les sévices décrits ci-dessus.

11. En formulant ses constatations, le Comité des droits de l'homme tient compte aussi du fait que l'Etat partie ne lui a fourni aucun des renseignements et éclaircissements dont il aurait eu besoin pour mener sa tâche à bien. Dans ces conditions, il doit donner l'importance voulue aux allégations des auteurs. Il découle implicitement du paragraphe 2 de l'article 4 du Protocole facultatif que l'Etat partie est tenu d'enquêter de bonne foi sur toutes les allégations de violation du Pacte portées contre lui et ses représentants, et de transmettre au Comité l'information qu'il détient. L'Etat partie ne devrait en aucun cas manquer à son obligation d'enquêter avec diligence et d'informer convenablement le Comité des résultats des enquêtes menées à propos d'allégations de mauvais traitements lorsque la ou les personnes qui se seraient rendues coupables de ces mauvais traitements sont désignées par l'auteur d'une communication. Le Comité note avec inquiétude que, malgré ses demandes et ses rappels répétés, et en dépit de l'obligation découlant pour l'Etat partie du paragraphe 2 de l'article 4 du Protocole facultatif, aucune observation n'a été reçue de cet Etat dans le cas considéré.

12. Le Comité des droits de l'homme, agissant en vertu du paragraphe 4 de l'article 5 du Protocole facultatif se rapportant au Pacte international relatif aux droits civils et politiques, estime que ces faits révèlent des violations du Pacte, en particulier:

- De l'article 7 et du paragraphe 1 de l'article 10, du fait que M. Tshitenge Muteba a été torturé et qu'il n'a pas été traité en prison avec humanité et avec le respect dû à la dignité inhérente à la personne humaine, ayant notamment été maintenu au secret pendant plusieurs mois;
- Du paragraphe 3 de l'article 9, du fait que, malgré les accusations portées contre lui, il n'a pas été traduit dans le plus court délai devant un juge et n'a pas été jugé dans un délai raisonnable;
- Du paragraphe 4 de l'article 9, du fait qu'il a été maintenu au secret et empêché effectivement de contester son arrestation et sa détention;
- Du paragraphe 3, alinéas b), c) et d), de l'article 14, du fait qu'il n'a pu avoir de contacts avec un avocat et qu'il n'a pas été jugé sans délai;
- De l'article 19, parce qu'il a été persécuté à cause de ses opinions politiques.

13. Le Comité estime en conséquence que l'Etat partie est tenu d'offrir à M. Muteba des moyens de droit efficaces, notamment sous forme d'indemnisation, pour les violations qu'il a subies, de mener une enquête sur les circonstances dans lesquelles il a été torturé et de prendre des mesures pour garantir que de telles violations ne se reproduiront pas à l'avenir.

8. Communications N° 146/1983 et N° 148 à 154/1983, Kanta Baboeram-Adhin, agissant pour le compte de son mari décédé, ainsi que sept autres recours de proches parents agissant pour le compte des membres de leur famille tués c. Suriname

Constatations adoptées le 4 avril 1985

[...]

13.1 Le Comité des droits de l'homme a procédé à l'examen des communications considérées, compte tenu de tous les renseignements dont il avait été saisi par les parties conformément au paragraphe 1 de l'article 5 du Protocole facultatif. Le Comité des droits de l'homme fonde ses constatations sur les faits suivants, qui ne sont ni contestés ni rejetés par l'Etat partie.

[...]

13.2 Dans les premières heures de la matinée du 8 décembre 1982, 15 personnalités en vue de Paramaribo (Suriname), parmi lesquelles des journalistes, des avocats, des professeurs et des hommes d'affaires, ont été arrêtées à leur domicile par la police militaire surinamaise et ont fait l'objet de violences. Les corps de ces 15 personnes – des proches parents de huit d'entre elles sont les auteurs des présentes communications – ont été transportés à la morgue de l'hôpital universitaire, après une déclaration des autorités surinamaises annonçant qu'une tentative de coup d'Etat avait été déjouée et que plusieurs des personnes arrêtées avaient été tuées alors qu'elles tentaient de s'évader. Les corps ont été vus par des membres de leurs familles et d'autres personnes, qui ont témoigné qu'ils portaient de nombreuses blessures. Les meurtres n'ont donné lieu à aucune autopsie, ni aucune enquête officielle.

14.1 En formulant ses constatations, le Comité des droits de l'homme tient compte aussi des considérations suivantes, d'où il ressort que l'Etat partie n'a pas communiqué les renseignements et éclaircissements demandés par le Comité. Le Comité note que le certificat de décès présenté par l'Etat partie, postérieur de près de deux ans aux exécutions, n'indique pas si les médecins qui ont signé le certificat ont procédé à des autopsies ou s'ils ont effectivement vu les corps; le certificat de décès confirme simplement que «les personnes dont le nom suit sont décédées le 9 décembre 1982, probablement par suite de blessures par balles [...]».

14.2 Au paragraphe 2 de sa décision sur la recevabilité en date du 10 avril 1984, le Comité a prié l'Etat partie d'envoyer des copies des rapports médicaux et des rapports sur toute enquête qui aurait pu être faite au sujet du décès des huit victimes dont les noms sont cités. Aucun de ces rapports n'est parvenu au Comité. Le Comité souligne à cet égard, ainsi qu'il l'a fait dans plusieurs autres cas (par exemple dans le cas des communications N° 30/1978 et N° 84/1981) qu'il découle implicitement du paragraphe 2 de l'article 4 du Protocole facultatif que l'Etat partie est tenu d'enquêter de bonne foi sur toutes les allégations de violation du Pacte portées contre lui et ses représentants et de transmettre au Comité l'information qu'il détient. Dans les cas où les allégations sont étayées par des preuves émanant des auteurs et où toute précision supplémentaire sur les affaires dépend de renseignements que l'Etat partie est seul à détenir, le Comité peut estimer ses allégations fondées si l'Etat partie ne les réfute pas en fournissant des preuves et des explications satisfaisantes.

14.3 Le paragraphe 1 de l'article 6 du Pacte stipule:

«Le droit à la vie est inhérent à la personne humaine. Ce droit doit être protégé par la loi. Nul ne peut être arbitrairement privé de la vie.»

Le droit consacré dans cet article est le droit suprême de l'être humain. Il s'ensuit que la violation de ce droit par les autorités de l'Etat est une question extrêmement grave. C'est ce qui ressort de l'article dans son ensemble et c'est pourquoi, notamment au paragraphe 2 de cet article, on stipule que la peine de mort ne peut être prononcée que pour les crimes les plus graves. La stipulation selon laquelle le droit à la vie doit être protégé par la loi et que nul ne peut être arbitrairement privé de la vie signifie que la législation doit contrôler et limiter strictement les circonstances dans lesquelles une personne peut être privée de la vie par les autorités de l'Etat. Dans le cas à l'étude, il est évident, du fait que 15 personnes ont trouvé la mort à la suite d'une action délibérée de la police militaire, que la privation de la vie était intentionnelle. L'Etat partie n'a pas produit de preuve établissant que ces personnes avaient été tuées alors qu'elles tentaient de s'échapper.

15. Le Comité des droits de l'homme, agissant conformément au paragraphe 4 de l'article 5 du Protocole facultatif se rapportant au Pacte international relatif aux droits civils et politiques, estime que les victimes ont été arbitrairement privées de la vie en violation du paragraphe 1 de l'article 6 du Pacte. Dans ces conditions, le Comité estime qu'il n'est pas nécessaire d'examiner les affirmations selon lesquelles d'autres dispositions du Pacte auraient été violées.

16. En conséquence, le Comité demande instamment à l'Etat partie de prendre des mesures efficaces: i) pour enquêter sur les exécutions de décembre 1982; ii) pour traduire en justice toutes les personnes dont on aurait reconnu la responsabilité dans la mort des victimes; iii) de verser une indemnité aux familles survivantes; et iv) de faire en sorte que le droit à la vie soit protégé comme il convient au Suriname.

9. Communication N° 155/1983, Eric Hammel c. Madagascar

Constatations adoptées le 3 avril 1987

1. L'auteur de la communication (première lettre datée du 1er août 1983 et lettres suivantes datées du 12 décembre 1983, des 18 septembre et 17 octobre 1985, des 30 mai et 18 août 1986 et du 25 février 1987) est Me Eric Hammel, ressortissant français, résidant en France, ancien avocat au barreau de Madagascar jusqu'à son expulsion en février 1982. Il affirme que, dans son cas, il y a violation, par l'Etat partie, des articles 9, 13 et 14 du Pacte international relatif aux droits civils et politiques ainsi que du paragraphe 3 b) de l'article 2 du Pacte.

2.1 Me Hammel déclare qu'il a été admis au barreau de Madagascar en mai 1963 et qu'il exerçait à Tananarive. Il se serait constitué en 19 ans l'une des meilleures clientèles de Madagascar, et aurait défendu les principaux dirigeants de l'opposition politique malgache ainsi que d'autres prisonniers politiques.

[...]

8.3 En ce qui concerne la condition prévue à l'article 13, à savoir que l'étranger expulsé doit avoir la possibilité de faire valoir les raisons qui militent contre son expulsion et de faire examiner son cas par l'autorité compétente en se faisant représenter à cette fin, l'Etat partie se réfère aux articles 15 et 16 de la loi N° 62–006, en vertu desquels Me Hammel aurait pu demander que son cas fût examiné:

«Or, Me Eric Hammel n'a, à aucun moment, présenté une telle demande. Il a préféré utiliser la voie du recours administratif en s'adressant au Ministre de l'intérieur. A la suite du silence de cette autorité, il a saisi directement la Chambre administrative de la Cour suprême. Il a pu présenter librement ses moyens de défense devant cette juridiction. La jurisprudence administrative malgache admet, en effet, la compétence de la Chambre administrative de la Cour suprême pour censurer la légalité d'une mesure d'expulsion, non seulement sur le plan du droit, mais également sur le plan de l'existence matérielle des faits sur lesquels s'est basée l'administration pour prendre la mesure.»

[...]

9.1 Dans ses observations en date du 17 octobre 1985, l'auteur réfute l'affirmation de l'Etat partie selon laquelle il aurait eu la possibilité de contester son expulsion devant une commission spéciale prévue par la loi N° 62–006. Après avoir rappelé les circonstances de son arrestation et de sa détention, l'auteur indique qu'au début de l'après-midi du 11 février 1982, il a été amené de sa cellule aux bureaux de la police politique, où on lui a notifié son expulsion. Et il ajoute:

«J'ai ensuite été ramené en cellule, puis extrait vers 18 heures, ramené à la maison sous la surveillance de deux inspecteurs de la police politique pour faire mes bagages, puis ramené à l'aéroport par ces mêmes inspecteurs, assistés par quatre soldats armés de mitraillettes, et embarqué directement dans l'avion en partance pour Paris. De plus, l'arrêté d'expulsion signifié le jeudi 11 février 1982 à 14 heures prévoyait un délai de 24 heures, expirant donc le vendredi 12 février à 14 heures. Il y a un avion pour la France le jeudi à 20 heures, et un autre le samedi à 20 heures. J'ai été embarqué *manu militari* dans l'avion du jeudi 11 février, mais il m'était évidemment impossible de prendre l'avion du samedi, puisque le délai de l'expulsion expirait le vendredi à 14 heures. Il m'était donc matériellement impossible, par suite des dispositions prises par la police politique, d'user des voies de recours prévues par la loi 62–006, puisque le délai de huit jours prévu par cette loi expirait le 19 février 1982 à 14 heures, alors que le délai de l'expulsion expirait le 12 février 1982 à 14 heures et que j'avais été embarqué d'office par la police politique dans l'avion du 11 février 1982 au soir et empêché de communiquer avec qui que ce soit depuis le moment où l'expulsion m'avait été notifiée jusqu'à mon départ. Les dispositions prises par la police politique malgache avaient justement eu pour but de m'empêcher d'user des voies de recours contre l'expulsion.»

[...]

11. Dans une décision provisoire datée du 2 avril 1986, le Comité des droits de l'homme, notant l'observation de l'Etat partie selon laquelle l'auteur aurait pu demander une révision de l'arrêté d'expulsion, conformément à la loi N° 62–006, a prié l'auteur de préciser les raisons pour lesquelles il n'avait pas, durant la semaine du 12 au 19 février 1982, cherché à utiliser cette voie de recours dans le délai imparti par la loi.

12. Dans une réponse datée du 30 mai 1986, Me Hammel explique que l'article 15 de la loi N° 62–006 prévoit la possibilité d'un recours administratif ou gracieux contre la décision contestée. Il s'agit, déclare-t-il, d'un recours gracieux adressé à l'administration, lui demandant un nouvel examen administratif de la décision en question; en droit malgache, ce recours est suspensif d'exécution, puisque le but du recours est de permettre, après un nouvel examen, d'annuler la décision avant toute exécution. Le recours administratif prévoit donc la comparution de l'intéressé devant une commission spéciale par laquelle il est entendu, la commission donnant simplement un avis, puisque c'est le Ministre de l'intérieur qui statue. Une fois que l'expulsion a eu lieu, la possibilité d'être entendu par la commission n'existe plus. En raison des conditions de sa détention et de la rapidité de son expulsion, l'auteur déclare avoir été dans l'incapacité de former un recours en application de la loi N° 62–006 avant d'être expulsé, le 11 février 1982. A son arrivée en France, le 12 février 1982, ajoute-t-il, la formation d'un recours en application de la loi N° 62–006 était devenue sans objet, car il ne pouvait plus comparaître devant la commission ni être entendu par elle. Il a en conséquence choisi le recours contentieux devant la

Chambre administrative de la Cour suprême en annulation de l'arrêté d'expulsion.

13.1 Dans sa décision provisoire, le Comité a également demandé à l'Etat partie «d'indiquer à quelle date on [pouvait] prévoir que les procédures engagées par Me Eric Hammel devant la Chambre administrative de la Cour suprême aboutiraient, à supposer qu'elles [fussent] menées diligemment par les parties» et «d'informer en outre le Comité des raisons pour lesquelles Me Hammel [avait] été expulsé à si bref délai, sans que possibilité lui [fût] donnée de contester l'arrêté d'expulsion avant sa mise à exécution».

13.2 Par une note du 5 juillet 1986, l'Etat partie a informé le Comité qu'une décision sur la requête en annulation de l'arrêté d'expulsion présentée par Me Eric Hammel devait être prise en juillet 1986. Pour ce qui est de l'urgence de l'exécution de l'arrêté d'expulsion, l'Etat partie soutient que, selon la législation malgache, l'arrêté d'expulsion d'un étranger peut être mis à exécution à bref délai, que le délai d'exécution est soumis à l'appréciation souveraine du Ministre de l'intérieur, qu'une décision unilatérale de l'administration est exécutoire dès sa signature, et que l'expulsion de Me Hammel était liée à une affaire de complot contre la sûreté de l'Etat instruite en janvier 1982.

[...]

15. Dans une nouvelle communication datée du 13 janvier 1987, l'Etat partie, faisant part de ses observations sur les allégations de l'auteur, constate que «Me Hammel continue à avancer des observations mensongères et tendancieuses, tendant à jeter le discrédit sur le Gouvernement et sur les autorités judiciaires malgaches». L'Etat partie joint aussi à sa communication une copie du texte de la décision de la Chambre administrative de la Cour suprême de Madagascar, datée du 13 août 1986. Quant aux motifs de l'expulsion de Me Hammel, la Cour fait observer notamment ce qui suit:

«Considérant qu'il résulte de l'instruction que le sieur Eric Hammel, se prévalant tant de ses qualités de membre correspondant d'Amnesty International et du Comité des droits de l'homme [sic] de Genève, que de celle d'avocat, prenait volontiers la liberté de jeter le discrédit sur Madagascar en formulant des assertions si graves qu'elles auraient dû être étayées de preuves irréfutables, que tel n'a pas toujours été le cas; qu'ainsi en est-il de l'affirmation, reprise en son dernier mémoire, selon laquelle le camp de Tsiafaha, situé à une vingtaine de kilomètres au sud d'Antananarivo sur la route d'Antsirabe, constituerait, à l'évidence, l'emplacement destiné à recevoir des prisonniers politiques, sans que pour autant l'intéressé ait été à même d'apporter la moindre preuve à ses allégations quant à l'effectivité des internements; qu'en outre, il ressort des pièces versées au dossier que le requérant ne se faisait pas faute d'alerter ses connaissances à l'extérieur sur la situation à Madagascar en la noircissant comme à plaisir, sans égard aucun à l'environnement difficile dans lequel était plongé le pays, quelle que soit, par ailleurs, l'appréciation qui puisse être portée sur la nature du régime lui-même;

Considérant qu'un tel comportement, incompatible en soi avec la condition d'étranger, faisait peser les pires soupçons sur les intentions réelles de l'actuel demandeur au pourvoi; que, par voie de conséquence, c'est à bon droit que le Ministre de l'intérieur a cru devoir procéder à l'expulsion du sieur Eric Hammel dans la mesure où la continuation de sa présence à Madagascar aurait perturbé l'ordre et la sécurité publics;».

La Cour a donc rejeté la requête de Me Hammel en annulation de l'arrêté d'expulsion du 11 février 1982, et lui a ordonné de payer les dépens.

[...]

17. Le Comité des droits de l'homme a procédé à l'examen de la présente communication, compte tenu de tous les renseignements dont il avait été saisi par les parties, conformément au paragraphe 1 de l'article 5 du Protocole facultatif. Avant d'adopter ses constatations, le Comité a examiné l'objection opposée tardivement par l'Etat partie à la recevabilité de la communication, mais ne voit pas de raison de revoir sa décision sur la base de l'affirmation de l'Etat partie suivant laquelle l'auteur n'aurait pas épuisé les recours internes. Il est évident que l'auteur a été expulsé dans des circonstances qui excluaient un recours efficace en application de la loi No 62–006. L'examen des requêtes adressées ultérieurement de France par l'auteur par courrier recommandé afin d'obtenir l'annulation de l'arrêté d'expulsion a été ajourné pendant plus de quatre ans, et a donc excédé les délais raisonnables au sens de l'alinéa b) du paragraphe 2 de l'article 5 du Protocole facultatif.

18.1 Le Comité décide donc de fonder ses constatations sur les faits suivants, qui ne sont pas contestés ou n'ont pas été réfutés par l'Etat partie:

18.2 Me Hammel, ressortissant français résidant en France, a été avocat au barreau de Madagascar pendant 19 ans, jusqu'à son expulsion le 11 février 1982. En février 1980, il a été menacé d'expulsion en raison de ses activités dans le domaine des droits de l'homme, et a été arrêté et interrogé à ce sujet le 1er mars et de nouveau le 4 novembre 1980. Le 8 février 1982, il a été conduit à son cabinet de Tananarive par la police politique malgache, qui l'a conduit dans une cellule du sous-sol de la prison de la police politique et l'a gardé au secret jusqu'au 11 février 1982, date à laquelle l'arrêté d'expulsion, daté du même jour, lui a été signifié par le Ministère de l'intérieur. Il a alors été ramené sous escorte à son domicile, où on lui a accordé deux heures pour faire ses bagages. Il a été expulsé le soir même vers la France, où il est arrivé le 12 février 1982. Il n'a été ni inculpé ni traduit devant un magistrat pour quelque motif que ce soit; la possibilité ne lui a pas été donnée de contester l'arrêté d'expulsion avant son exécution. La procédure relative à sa requête ultérieure en annulation de l'arrêté d'expulsion a pris fin avec la décision de la Chambre administrative de la Cour suprême de

Madagascar, en date du 13 août 1986, par laquelle la Cour a rejeté la requête de Me Hammel et a estimé l'arrêté d'expulsion justifié pour les motifs que Me Hammel se serait prévalu «de ses qualités de membre correspondant d'Amnesty International et du Comité des droits de l'homme de Genève [sic], que de celle d'avocat» pour jeter le discrédit sur Madagascar.

19.1 Dans ce contexte, le Comité constate que l'article 13 du Pacte dispose, en tout état de cause, qu'un étranger qui se trouve légalement sur le territoire d'un Etat partie «ne peut être expulsé qu'en exécution d'une décision prise conformément à la loi et, à moins que des raisons impérieuses de sécurité nationale ne s'y opposent, il doit avoir la possibilité de faire valoir les raisons qui militent contre son expulsion et de faire examiner son cas par l'autorité compétente, ou par une ou plusieurs personnes spécialement désignées par ladite autorité, en se faisant représenter à cette fin».

19.2 Le Comité note qu'en l'espèce il n'a pas été donné à l'auteur de recours efficace pour contester son expulsion, et que l'Etat partie n'a pas montré qu'il existât des raisons impérieuses de sécurité nationale pour le priver de ce recours. En formulant ses constatations, le Comité des droits de l'homme tient compte aussi de ses observations générales[1]) sur la situation des étrangers telle qu'elle découle du Pacte, et notamment du fait que «l'étranger doit recevoir tous les moyens d'exercer son recours contre l'expulsion de manière à être en toutes circonstances à même d'exercer effectivement son droit».

19.3 Le Comité note en outre avec inquiétude, sur la base des renseignements communiqués par l'Etat partie (par. 15 ci-dessus), que la décision d'expulser Eric Hammel semblerait avoir été liée au fait qu'il avait représenté des personnes devant le Comité des droits de l'homme. A supposer que tel ait été le cas, le Comité fait observer qu'il serait à la fois insoutenable et contraire à l'esprit du Pacte international relatif aux droits civils et politiques et au Protocole facultatif se rapportant au Pacte, que des Etats parties à ces instruments opposent une fin de non-recevoir à quiconque agit en qualité de conseil juridique de personnes soumettant des communications à l'examen du Comité en application du Protocole facultatif.

19.4 Les questions soulevées dans la présente affaire touchent également le paragraphe 4 de l'article 9 du Pacte, en ce sens qu'au cours de la détention qui a précédé son expulsion, Eric Hammel n'a pas été en mesure de contester son arrestation.

19.5 Le Comité n'émet pas de conclusion concernant les autres allégations formulées par l'auteur.

1 Documents officiels de l'Assemblée générale, quarante et unième session, Supplément No 40 (A/41/40), annexe VI.

20. Le Comité des droits de l'homme, agissant en application du paragraphe 4 de l'article 5 du Protocole facultatif se rapportant au Pacte international relatif aux droits civils et politiques, est d'avis que les faits constatés par le Comité font apparaître des violations du Pacte international relatif aux droits civils et politiques en ce qui concerne:

L'article 9, au motif qu'Eric Hammel n'a pas été en mesure d'engager une action devant un tribunal pour statuer sur la légalité de son arrestation;

L'article 13, au motif que, pour des raisons qui n'étaient pas des raisons impérieuses de sécurité nationale, il n'a pas été autorisé à faire valoir les raisons qui militaient contre son expulsion et à faire examiner son cas par une autorité compétente dans un délai raisonnable.

21. En conséquence, le Comité conclut que l'Etat partie est tenu, en vertu des dispositions de l'article 2 du Pacte, de prendre des mesures effectives pour remédier aux violations dont Eric Hammel a fait l'objet et de faire en sorte que de telles violations ne se reproduisent pas à l'avenir.

10. Communication N° 167/1984, Bernard Ominayak et la bande du lac Lubicon c. Canada

Constatations adoptées le 14 février 1984

1. L'auteur de la communication (première lettre datée du 14 février 1984, et lettres postérieures) est le chef Bernard Ominayak (ci-après appelé l'auteur), de la bande du lac Lubicon (Canada). Il est représenté par un avocat.

2.1 L'auteur fait état de violations, par le Gouvernement canadien, du droit que possède la bande du lac Lubicon de disposer d'elle-même et, en vertu de ce droit, de déterminer librement son statut politique et poursuivre son développement économique, social et culturel, ainsi que de son droit de disposer de ses richesses et ressources naturelles et de ne pas être privée de ses propres moyens de subsistance. Ces violations seraient contraires aux obligations contractées par le Canada aux termes des paragraphes 1, 2 et 3 de l'article premier du Pacte international relatif aux droits civils et politiques.

2.2 Le chef Ominayak dirige et représente la bande du lac Lubicon, qui regroupe des Indiens «crée» vivant à l'intérieur des frontières du Canada, dans la province de l'Alberta. Ceux-ci sont soumis à la juridiction du Gouvernement fédéral du Canada, prétendument en vertu de la tutelle exercée par le Gouvernement canadien sur les nations indiennes et leurs terres situées en territoire canadien. La bande du lac Lubicon, qui a conscience de son identité, constitue un groupe économique et socio-culturel relativement autonome. Depuis des temps immémoriaux, ses membres habitent, chassent, pêchent et pratiquent le commerce des fourrures sur un territoire de 10 000 kilomètres carrés en Alberta du Nord. Comme son territoire est difficile d'accès, jusqu'à une date récente elle a eu peu de contacts avec des non-Indiens. Les membres de la bande parlent essentiellement le crée. Nombreux sont ceux qui ne savent ni parler, ni lire, ni écrire l'anglais. La bande conserve sa culture, sa religion, sa structure politique traditionnelles et son économie de subsistance.

2.3 Par la loi sur les Indiens de 1970 et le Traité N° 8 du 21 juin 1899 (concernant les droits fonciers des aborigènes en Alberta du Nord), le Gouvernement canadien aurait reconnu le droit des habitants originels de cette région à poursuivre leur mode de vie traditionnel. Malgré ces lois et accords, le Gouvernement canadien a autorisé le Gouvernement de la province de l'Alberta à exproprier le territoire de la bande du lac Lubicon au profit d'intérêts de sociétés privées (octroi de concessions pour la prospection de pétrole et de gaz). Le Canada est accusé d'avoir ainsi violé le droit de la bande à déterminer librement son statut politique et à poursuivre son développement économique, social et culturel comme le garantit le paragraphe 1 de l'article premier du Pacte. Qui plus est, les activités de prospection de ressources énergétiques sur le territoire de la bande violeraient le paragraphe 2 de l'article premier du Pacte, qui accorde à tous les peuples le droit de disposer de leurs richesses et ressources naturelles. En détruisant l'environnement et en sapant l'assise économique de la bande, elles priveraient la bande de ses moyens de subsistance et de la jouissance du droit à l'autodétermination garantie par l'article premier du Pacte.

[...]

6.1 Le Gouvernement canadien soutient que la communication, dans la mesure où elle vise le droit à l'autodétermination, est irrecevable pour deux motifs. Premièrement, le droit à l'autodétermination s'applique à un «peuple», et le Gouvernement canadien considère que la bande du lac Lubicon n'est pas un peuple au sens de l'article premier du Pacte. Le Gouvernement canadien estime donc que la communication est incompatible avec les dispositions du Pacte et devrait, en tant que telle, être jugée irrecevable en vertu de l'article 3 du Protocole. Deuxièmement, les communications soumises au titre du Protocole facultatif ne peuvent émaner que de particuliers et doivent concerner la violation d'un droit conféré à des particuliers. La présente communication, estime l'Etat partie, concerne un droit collectif, et son auteur n'a par conséquent pas qualité pour présenter une communication en application des articles premier et 2 du Protocole facultatif.

6.2 Le Gouvernement canadien soutient que la bande du lac Lubicon ne constitue pas un peuple aux fins de l'article premier du Pacte et qu'elle n'est par conséquent pas en droit de revendiquer, en vertu du Protocole, le droit de disposer d'elle-même. Il fait observer que la bande du lac Lubicon n'est qu'une seule des 582 bandes indiennes du Canada et qu'une faible fraction d'un groupe plus important d'Indiens crée, résidant dans la partie septentrionale de la province de l'Alberta. Le Gouvernement canadien considère par conséquent que les Indiens du lac Lubicon ne constituent pas un «peuple» au sens de l'article premier du Pacte.

6.3 Le Gouvernement canadien soutient que le droit à l'autodétermination, tel qu'il est défini à l'article premier du Pacte, n'est pas un droit individuel; il offre plutôt le cadre nécessaire à l'exercice de droits individuels. Cet avis, affirme-t-il, est étayé par un membre de phrase extrait des Observations générales formulées sur l'article premier par le Comité (document CCPR/C/21/Add. 3, du 5 octobre 1984), et aux termes duquel la réalisation du droit de tous les peuples de disposer d'eux-mêmes est «une condition essentielle de la garantie et du respect effectif des droits individuels de l'homme ainsi que de la promotion et du renforcement de ces droits». Le Comité, ajoute l'Etat partie, reconnaît par là que les droits consacrés par l'article premier sont placés séparément, au-dessus de tous les autres droits énoncés dans le Pacte international relatif aux droits sociaux et culturels. De l'avis du Canada, les droits qui sont énoncés à l'article premier, et donc dans la première partie du Pacte relatif aux droits civils et politiques, sont d'une autre nature et d'une autre espèce que ceux qui sont énoncés dans la troisième partie. Les premiers sont collectifs, les deuxièmes individuels. Ainsi la structure du Pacte, considéré dans son ensemble, corrobore à son tour l'argument selon lequel le droit à l'autodétermination est un droit collectif reconnu aux peuples. En tant que tel, affirme l'Etat partie, il ne saurait être invoqué par un particulier en vertu du Protocole facultatif.

6.4 Le Gouvernement canadien affirme que la juridiction du Comité, telle qu'elle est définie dans le Protocole facultatif, ne saurait être invoquée par un particulier dès lors que la violation présumée concerne un droit collectif. Il soutient, en conséquence, que la communication considérée, qui concerne l'autodétermination de la bande du lac Lubicon, devrait être déclarée irrecevable.

7. Dans une réponse détaillée, datée du 8 juillet 1985, à la communication de l'Etat partie, l'auteur récapitule ses arguments comme suit: dans sa réponse, le Gouvernement canadien avance trois arguments principaux. Il affirme tout d'abord que la bande du lac Lubicon n'a pas épuisé les recours internes disponibles. Or, la bande a en fait épuisé ces recours dans la mesure où ceux-ci lui permettraient effectivement d'obtenir justice et d'empêcher la destruction de ses moyens de subsistance. Deuxièmement, le Gouvernement canadien prétend que le droit à l'autodétermination ne peut pas être revendiqué par la bande du lac Lubicon. Or, il s'agit d'un peuple autochtone qui a conservé son économie et son style de vie traditionnel et qui occupe ses propres terres depuis des temps immémoriaux. Il doit pour le moins être en mesure d'exercer son droit à l'autodétermination puisqu'il s'agit du droit d'un peuple à ses propres moyens d'existence. Enfin, le Gouvernement canadien formule certaines allégations au

sujet de l'identité et de la qualité de l'auteur. [...] Or, «l'auteur» est identifié dans la première communication de la bande. Les «victimes» sont les membres de la bande du lac Lubicon, qui sont représentés par Bernard Ominayak, leur chef élu à l'unanimité.

[...]

13.3 En ce qui concerne l'affirmation de l'Etat partie selon laquelle la communication de l'auteur, qui concerne l'autodétermination, devrait être déclarée irrecevable car «la juridiction du Comité, telle qu'elle est définie dans le Protocole facultatif, ne saurait être invoquée par un particulier dès lors que la violation présumée concerne un droit collectif», le Comité a réaffirmé que le Pacte reconnaît et protège dans les termes les plus nets le droit d'un peuple à l'autodétermination et son droit de disposer de ses ressources naturelles en tant que condition essentielle de la garantie et du respect effectif des droits individuels de l'homme ainsi que de la promotion et du renforcement de ces droits. Cependant, le Comité a fait observer que l'auteur, en tant que particulier, ne peut se prétendre, en vertu du Protocole facultatif, victime d'une violation du droit à l'autodétermination consacré par l'article premier du Pacte, qui traite des droits conférés aux peuples en tant que tels.

13.4 Le Comité a noté cependant que les faits présentés peuvent soulever des questions au regard d'autres articles du Pacte, y compris l'article 27. Ainsi, dans la mesure où les événements que l'auteur a décrits portent préjudice à l'auteur et aux autres membres de la bande du lac Lubicon, ces questions pourraient être examinées quant au fond afin de déterminer si elles révèlent des violations de l'article 27 ou d'autres articles du Pacte.

14. En conséquence, le Comité des droits de l'homme a décidé le 22 juillet 1987 que la communication était recevable dans la mesure où elle pouvait soulever des questions au regard de l'article 27 ou d'autres articles du Pacte. Il a prié l'Etat partie, conformément à l'article 86 du règlement intérieur, de prendre des mesures provisoires pour éviter qu'un préjudice irréparable ne soit causé au chef Ominayak et aux autres membres de la bande du lac Lubicon.

[...]

27.6 L'auteur conclut que l'Etat partie n'a pas été en mesure de réfuter ses allégations de violation des articles 2, 6, paragraphes 1, 7, 14, paragraphes 1, 17, 18, paragraphes 1, 23, paragraphes 1, 26 et 27, formulées dans ses communications des 12 janvier 1988 et 30 mai 1989, et prie le Comité de se prononcer contre l'Etat partie en ce qui concerne ces articles. Quant à la violation de l'article premier qu'on lui reproche, il fait observer que s'il a signé, en tant que représentant de la bande, toutes les communications adressées au Comité, il a agi uniquement en sa qualité de représentant dûment élu de la bande et non en son propre nom. A ce propos, il note que si l'article 2 du Protocole facultatif dispose que seuls les particuliers peuvent présenter une communication au

Comité, l'article premier du Pacte garantit «à tous les *peuples* [...] le droit de disposer d'eux-mêmes». Il ajoute: «En décidant qu'un particulier qui soumet une communication au nom d'un groupe, conformément aux dispositions de l'article 2 du Protocole facultatif, ne peut exposer une réclamation au nom de ce même groupe en vertu de l'article premier du Pacte, le Comité déciderait en fait que les droits énoncés à l'article premier du Pacte n'ont pas force de loi.» L'auteur ajoute encore qu'«il est évident que telle n'est pas l'intention du Comité et qu'en conséquence la bande estime [...] respectueusement qu'en tant que peuple, représenté par son chef dûment élu, M. Bernard Ominayak, la bande du lac Lubicon est victime, de la part du Gouvernement fédéral du Canada, de violations [...] des droits énoncés à l'article premier du Pacte international relatif aux droits civils et politiques».

[...]

29.1 Au début, dans sa réclamation, située dans un ensemble de faits complexes, l'auteur alléguait principalement que la bande du lac Lubicon avait été privée du droit de disposer d'elle-même ainsi que du droit de disposer librement de ses richesses et ressources naturelles. Bien que le Gouvernement canadien ait, par la loi sur les Indiens de 1970 et le Traité N° 8 de 1899, reconnu le droit de la bande du lac Lubicon à poursuivre son mode de vie traditionnel, ses terres (10 000 kilomètres carrés environ) avaient été expropriées à des fins commerciales (prospection de pétrole et de gaz) et détruites, ce qui avait privé la bande du lac Lubicon de ses moyens de subsistance et de la jouissance de son droit à l'autodétermination. La destruction rapide de l'assise économique et du mode de vie aborigène de la bande avait déjà causé un dommage irréparable. L'auteur alléguait en outre que le Gouvernement canadien s'était délibérément servi des moyens politiques et juridiques disponibles au Canada pour empêcher et retarder les actions en justice de la bande de manière qu'avec le développement industriel de la région, s'accompagnant de la destruction du milieu écologique et de l'assise économique de la bande, celle-ci ne puisse survivre en tant que nation. L'auteur déclarait que la bande du lac Lubicon ne demandait pas au Comité une décision sur des droits territoriaux mais seulement que le Comité l'aide à tenter de convaincre le Gouvernement: a) que l'existence de la bande était gravement menacée et b) que le Canada était responsable de la situation actuelle.

29.2 Dès le début, l'Etat partie a repoussé les allégations selon lesquelles l'existence de la bande du lac Lubicon était menacée et affirmé que la poursuite de la mise en valeur de la région ne causerait pas de dommage irréparable au mode de vie traditionnel de la bande. Il estimait que la revendication, par la bande du lac Lubicon, de certaines terres situées dans la partie septentrionale de l'Alberta n'était qu'un élément d'une situation qui était extrêmement complexe du fait des revendications concurrentes de plusieurs autres communautés autochtones de la région, que la bande disposait encore de recours effectifs pour faire valoir ses revendications tant par la voie judiciaire que par la négociation, que le Gouvernement avait fait à la bande un versement à titre gracieux de 1,5 million de dollars canadiens pour couvrir ses frais de justice et que, de toute façon, l'article premier du Pacte, ayant trait aux droits d'un peuple, ne pouvait être invoqué en vertu du Protocole facultatif, qui prévoit l'examen de prétendues violations de droits individuels mais non de droits collectifs conférés à des peuples.

29.3 Telle était la situation lorsque le Comité a décidé, en juillet 1987, que la communication était recevable «dans la mesure où elle pouvait soulever des questions au regard de l'article 27 ou d'autres articles du Pacte». Etant donné la gravité des allégations de l'auteur selon lesquelles la bande du lac Lubicon était au bord de l'extinction, le Comité a prié l'Etat partie, conformément à l'article 86 du règlement intérieur, «de prendre des mesures provisoires pour éviter qu'un préjudice irréparable ne soit causé (à l'auteur de la communication) et aux autres membres de la bande du lac Lubicon».

[...]

32.1 La question s'est posée de savoir si tout grief présenté au titre de l'article premier du Pacte pouvait être maintenu malgré la décision prise par le Comité concernant la recevabilité. Tous les peuples ont le droit de disposer d'eux-mêmes, de déterminer librement leur statut politique et d'assurer leur développement économique, social et culturel, comme le stipule l'article premier du Pacte, mais la question de savoir si la bande du lac Lubicon constitue un «peuple» n'est pas de celles que le Comité puisse traiter dans le cadre du Protocole facultatif concernant le Pacte. Ce Protocole offre à des particuliers le moyen de se faire entendre lorsqu'ils estiment que leurs droits individuels ont été violés. Ces droits sont énoncés dans la troisième partie du Pacte, aux articles 6 à 27. Cela dit, rien ne s'oppose à ce qu'un groupe de personnes, s'estimant victimes d'un même préjudice, présentent ensemble une communication alléguant une atteinte à leurs droits.

32.2 Bien qu'ils aient été initialement présentés comme relevant de l'article premier du Pacte, il ne fait pas de doute que bon nombre des griefs formulés soulèvent des questions qui relèvent de l'article 27. Le Comité constate qu'au nombre des droits protégés par l'article 27 figure le droit pour des personnes d'avoir, en commun avec d'autres, des activités économiques et sociales qui s'inscrivent dans la culture de leur communauté. Les allégations très générales d'atteintes particulièrement graves à d'autres articles du Pacte (les articles 6, 7, 14, par. 1, et 26), présentées après que la communication eut été déclarée recevable, n'ont pas été suffisamment étayées pour mériter un examen sérieux. De même, les allégations de violation des articles 17 et 23, paragraphe 1, sont elles aussi très générales et il n'en sera pas tenu compte si ce n'est dans la mesure où elles peuvent être considérées comme englobées dans les allégations qui relèvent essentiellement de l'article 27.

32.3 Les dernières en date des allégations, selon lesquelles l'Etat partie aurait suscité de toutes pièces une bande des Crée des forêts qui aurait des revendications concurrentes sur les terres traditionnelles de la communauté du Lubicon, sont rejetées comme constituant un abus du droit de saisir le Comité, au sens de l'article 3 du Protocole facultatif.

33. Les inégalités historiques mentionnées par l'Etat partie et certains faits plus récents menacent le mode de vie et la culture de la bande du lac Lubicon et constituent une violation de l'article 27 tant qu'ils n'auront pas été éliminés. L'Etat partie propose de remédier à la situation en offrant une réparation que le Comité juge appropriée au sens de l'article 2 du Pacte.

11. Communication N° 182/1984, F. H. Zwaan-de Vries c. Pays-Bas

Constatations adoptées le 9 avril 1987

[...]

2.1 L'auteur est née en 1943; elle est mariée avec M. C. Zwaan. Elle a été employée comme opératrice sur ordinateur du début de 1977 au 9 février 1979. Elle est au chômage depuis cette date. En vertu de la loi sur le chômage, elle a reçu des prestations de chômage jusqu'au 10 octobre 1979. Elle a ensuite demandé une prorogation des prestations en invoquant les dispositions de la loi sur les prestations de chômage (WWV). Mais la municipalité d'Amsterdam a rejeté sa demande au motif qu'elle ne répondait pas aux conditions requises parce qu'elle était mariée; ce refus se fondait sur le paragraphe 1 de l'article 13 de la loi sur les prestations de chômage (WWV), qui ne s'appliquait pas aux hommes mariés.

[...]

8.2 Examinant le fond de l'affaire, l'Etat partie a tout d'abord précisé les faits comme suit:

«Lorsque Mme Zwaan a demandé des prestations en vertu de la WWV en octobre 1979, la sous-section 1 1) de la section 13 était encore applicable. Cette section prévoyait que les femmes mariées qui n'étaient ni soutiens de famille ni séparées définitivement de leur mari ne pouvaient pas prétendre aux prestations. La notion de «soutien de famille» visée à la sous-section 1 1) de la section 13 de la loi WWV était particulièrement importante et a été développée dans des textes réglementaires fondés sur la loi (le dernier texte pertinent étant le décret ministériel du 5 avril 1976, Journal officiel des Pays-Bas 1976, 72). La question de savoir si une femme mariée était réputée soutien de famille dépendait entre autres du montant total du revenu de la famille et de la proportion de ce revenu qui était apportée par la femme. Si les conditions d'octroi des prestations énoncées à la sous-section 1 1) de la section 13 de la loi WWV s'appliquaient uniquement aux femmes mariées et non aux hommes mariés, c'est parce que la disposition en question correspondait aux vues qui dominaient à l'époque dans la société en général au sujet du rôle des hommes et des femmes dans le mariage et la société. Pratiquement tous les hommes mariés ayant un emploi pouvaient être considérés comme les soutiens de leur famille, si bien qu'il n'était pas nécessaire de vérifier s'ils remplissaient cette condition pour l'octroi de prestations une fois frappés par le chômage. Ces vues ont graduellement évolué par la suite. Cet aspect de la question sera examiné ci-dessous.

Les Pays-Bas sont membres de la Communauté économique européenne (CEE). Le 19 décembre 1978, le Conseil de la Communauté a arrêté une directive relative à la mise en oeuvre progressive du principe de l'égalité de traitement entre hommes et femmes en matière de sécurité sociale (79/7/CEE); les Etats membres avaient un délai de six ans, jusqu'au 23 décembre 1984, pour adopter tout amendement qui pourrait être nécessaire afin de rendre leur législation conforme à la directive. En application de cette directive, le Gouvernement néerlandais a examiné les critères d'octroi des prestations énoncés à la sous-section 1 1) de la section 13 de la loi WWV à la lumière du principe de l'égalité de traitement entre hommes et femmes et à la lumière de l'évolution intervenue dans le rôle respectif des hommes et des femmes à partir de 1960 environ.

Comme il n'allait plus de soi, au début des années 1980, que les hommes mariés ayant un emploi devaient toujours être considérés comme des «soutiens de famille», les Pays-Bas ont modifié la sous-section 1 1) de la section 13 de la loi WWV de manière à remplir les obligations que leur imposait la directive de la Communauté. L'amendement consistait à supprimer la sous-section 1 1) de la section 13 de sorte qu'il devenait possible aux femmes mariées qui n'étaient pas soutiens de famille de prétendre aux prestations prévues par la loi WWV, cependant que la durée des prestations, précédemment fixée à deux ans, était réduite pour les personnes âgées de moins de 35 ans.

Eu égard à l'évolution de la condition de la femme – et notamment de la femme mariée – au cours des dernières décennies, le refus d'accorder les prestations de chômage à Mme Zwaan en 1979 peut s'expliquer sur le plan historique. Si elle demandait ces prestations maintenant, le résultat serait différent.»

8.3 En ce qui concerne la portée de l'article 26 du Pacte, l'Etat partie fait valoir, entre autres choses, ce qui suit:

«Le Gouvernement néerlandais estime que l'article 26 du Pacte international relatif aux droits civils et politiques impose bien l'obligation d'éviter toute discrimination, mais que cet article ne peut être invoqué qu'en vertu du Protocole facultatif se rapportant au Pacte international relatif aux droits civils et politiques, dans le domaine des droits civils et politiques. Les droits civils et politiques sont à distinguer des droits économiques, sociaux et culturels, qui font l'objet d'un pacte distinct, à savoir le Pacte international relatif aux droits économiques, sociaux et culturels.

La plainte présentée en l'espèce se rapporte à des obligations relatives à la sécurité sociale, lesquelles relèvent du Pacte international relatif aux droits économiques, sociaux et culturels. Les articles 2, 3 et 9 de ce Pacte sont ici particulièrement pertinents. Le Pacte international relatif aux droits économiques, sociaux et culturels comporte son propre système et son propre organe de contrôle international visant à s'assurer de la manière dont les Etats parties s'acquittent de leurs obligations. Le Pacte s'abstient à dessein de prévoir une procédure pour la présentation de plaintes individuelles.

[...]

Si l'article 26 du Pacte international relatif aux droits civils et politiques devait être jugé applicable aux plaintes alléguant des éléments discriminatoires dans la législation nationale relative aux questions traitées dans ces conventions, cela ne signifierait certes pas qu'un Etat partie devrait avoir éliminé de sa législation dans ces domaines tous les éléments possibles de discrimination *au moment de la ratification* du Pacte international relatif aux droits civils et politiques. Il faut des années de travail pour examiner l'ensemble complexe d'une législation nationale en essayant d'y déceler les éléments discriminatoires. Une telle recherche ne peut d'ailleurs jamais être menée à terme puisque, dans une législation, des distinctions qui peuvent se justifier à la lumière des croyances et des conditions sociales qui régnaient lorsque ces distinctions ont été faites pour la première fois peuvent devenir contestables lorsque changent les opinions qui ont cours dans la société considérée. [...]».

[...]

10. Le Comité des droits de l'homme a examiné la présente communication en tenant compte de toutes les informations soumises par les parties, ainsi qu'il est prévu au paragraphe 1 de l'article 5 du Protocole facultatif. Les faits de la cause ne sont pas contestés.

[...]

12.1 L'Etat partie fait valoir que les dispositions de l'article 26 du Pacte relatif aux droits civils et politiques et les dispositions de l'article 2 du Pacte relatif aux droits économiques, sociaux et culturels, se recoupent en grande partie. De l'avis du Comité, le Pacte international relatif aux droits civils et politiques s'applique même si telle ou telle des questions qui y sont visées est mentionnée ou englobée dans les dispositions des autres instruments internationaux, tels que la Convention internationale sur l'élimination de toutes les formes de discrimination raciale, la Convention sur l'élimination de toutes les formes de discrimination à l'égard des femmes ou, comme en l'espèce, le Pacte international relatif aux droits économiques, sociaux et culturels. Quels que puissent être les liens entre les deux Pactes que fait apparaître l'étude de leurs travaux préparatoires, il incombe au Comité de veiller à la pleine application des termes du Pacte international relatif aux droits civils et politiques. Le Comité note à ce sujet que les dispositions de l'article 2 du Pacte international relatif aux droits économiques, sociaux et culturels n'entravent en rien la pleine application de l'article 26 du Pacte international relatif aux droits civils et politiques.

12.2 Le Comité s'est aussi penché sur l'argument de l'Etat partie selon lequel l'article 26 du Pacte international relatif aux droits civils et politiques ne saurait être invoqué au sujet d'un droit qui est expressément prévu à l'article 9 du Pacte international relatif aux droits économiques, sociaux et culturels (droit à la sécurité sociale, y compris les assurances sociales). Ce faisant, le Comité a examiné les travaux préparatoires pertinents du Pacte relatif aux droits civils et politiques, et plus précisément les comptes rendus analytiques des débats qui ont eu lieu à la Commission des droits de l'homme en 1948, 1949, 1950 et 1952 et à la Troisième Commission de l'Assemblée générale en 1961, qui constituent un «moyen complémentaire d'interprétation» (art. 32 de la Convention de Vienne sur le droit des traités[1]). Les discussions qui ont eu lieu, lors de la rédaction, sur la question de savoir si l'article 26 s'étendait ou non aux droits qui n'étaient pas autrement garantis par le Pacte se sont révélées peu concluantes, et ne permettent pas de modifier la conclusion à laquelle le Comité est parvenu par les moyens ordinaires d'interprétation indiqués au paragraphe 12.3 ci-dessous.

12.3 Pour déterminer la portée de l'article 26, le Comité a tenu compte du «sens ordinaire» à attribuer à chaque élément de l'article dans son contexte et à la lumière de l'objet et du but de l'article (art. 31 de la Convention de Vienne sur le droit des traités). A cet égard, le Comité note tout d'abord que l'article 26 ne se borne pas à réitérer les garanties déjà prévues à l'article 2: il a pour origine le principe de l'égalité devant la loi sans distinction, proclamé à l'article 7 de la Déclaration universelle des droits de l'homme, qui interdit toute discrimination de droit ou de fait dans tous les domaines relevant de l'autorité et de la protection des pouvoirs publics. C'est donc des obligations imposées aux Etats concernant leur législation et sa mise en oeuvre que se préoccupe l'article 26.

12.4 Tout en affirmant que la loi doit interdire toute discrimination, l'article 26 ne contient pas en soi d'obligations quant au contenu même qui peut être

1 Nations Unies, Annuaire juridique, 1969 (publication des Nations Unies, numéro de vente: F.71.V.4), p. 146.

celui de la loi. Par exemple, il n'oblige pas les Etats à adopter des lois prévoyant un système de sécurité sociale. En revanche, si un Etat adopte une loi à cette fin dans l'exercice de sa souveraineté, cette loi doit être conforme à l'article 26 du Pacte.

12.5 Le Comité note à ce propos qu'en l'occurrence la question n'est pas de savoir s'il convient ou non qu'un système de sécurité sociale soit progressivement établi aux Pays-Bas, mais si la loi de ce pays prévoyant la sécurité sociale viole l'interdiction de discrimination qui est formulée à l'article 26 du Pacte international relatif aux droits civils et politiques, ainsi que les garanties de protection égale et efficace contre la discrimination que le même article donne à tout un chacun.

13. Le droit à l'égalité devant la loi et à une égale protection de la loi, sans discrimination, ne donne pas un caractère discriminatoire à toutes les différences de traitement. Une différence fondée sur les critères raisonnables et objectifs n'équivaut pas à un acte discriminatoire, tel qu'interdit au sens de l'article 26.

14. Il reste donc au Comité à déterminer si la différence existant dans le droit néerlandais à la date considérée, et telle qu'appliquée à Mme Zwaan-de Vries, constituait un acte discriminatoire au sens de l'article 26. A cet égard, le Comité constate que les dispositions des articles 84 et 85 du Code civil néerlandais prévoient des droits égaux et des obligations égales pour les deux conjoints en ce qui concerne leurs revenus communs. Or, aux termes du paragraphe 1 1) de l'article 13 de la loi sur les prestations de chômage (WWV), pour toucher les prestations de chômage une femme mariée devait apporter la preuve qu'elle était «soutien de famille» – ce que les hommes mariés n'étaient pas tenus de faire. Ainsi, une différence de traitement qui peut apparaître à première vue comme n'étant qu'une question de statut juridique se trouve en fait être une question de sexe, puisqu'elle place les femmes mariées dans une position désavantageuse par rapport aux hommes mariés. Une telle différence n'est pas raisonnable, et c'est bien ce que l'Etat partie lui-même semble avoir reconnu en adoptant un amendement à la loi du 29 avril 1985 avec effet rétroactif à partir du 23 décembre 1984.

15. Du fait des circonstances dans lesquelles elle se trouvait au moment considéré et de l'application de la loi néerlandaise alors en vigueur, Mme Zwaan-de Vries a été victime, en raison de son sexe, d'une violation de l'article 26 du Pacte international relatif aux droits civils et politiques, parce qu'en refusant de lui accorder une prestation de sécurité sociale on ne l'a pas traitée sur un pied d'égalité avec les hommes.

16. Le Comité note que l'Etat partie n'avait pas l'intention d'exercer une discrimination à l'encontre des femmes et note en outre avec satisfaction que les dispositions discriminatoires contenues dans la loi qui a été appliquée à

Mme Zwaan-de Vries ont été ultérieurement supprimées. Bien que l'Etat partie ait ainsi pris les mesures nécessaires pour mettre fin à la forme de discrimination dont Mme Zwaan-de Vries avait eu à pâtir à l'époque considérée, le Comité considère que l'Etat partie devrait offrir à Mme Zwaan-de Vries une réparation appropriée.

12. Communication N° 187/1985, J. H. c. Canada

Constatations adoptées le 12 avril 1985

Décision concernant la recevabilité

1. La communication datée du 1er février 1985 émane de J. H., citoyen canadien, membre retraité des forces armées canadiennes et résidant en Ontario (Canada). L'auteur affirme que la politique des forces armées canadiennes en matière de promotion est discriminatoire et constitue une violation par le Canada du paragraphe 1 de l'article 2 du Pacte international relatif aux droits civils et politiques.

2.1 L'auteur affirme que l'application du règlement 11–6 (1972) des forces armées canadiennes, qui prévoit le recrutement d'un nombre accru de militaires de langue maternelle française, a donné lieu à une discrimination fondée sur la langue, qui équivaut à une forme de discrimination raciale, étant donné que les citoyens canadiens de langue anglaise et de langue française sont d'origines ethniques différentes. L'auteur prétend qu'à tous les grades de la hiérarchie militaire les promotions sont accordées de préférence aux militaires de langue française, au détriment des personnes de langue maternelle anglaise.

2.2 A la fin de 1978, peu avant son départ à la retraite en avril 1979, l'auteur, qui est de langue maternelle anglaise, a commencé à s'élever contre la politique appliquée par les forces armées canadiennes en matière de promotion, qu'il considérait comme entachée d'une discrimination fondée sur la langue et la race. Il a écrit à plusieurs députés de l'opposition et à deux ministres successifs de la défense nationale. En juin 1980, il a déposé une plainte devant la Commission canadienne des droits de la personne (organe officiel créé en vertu de la législation fédérale pour assurer l'application de la loi canadienne sur les droits de la personne).

2.3 En 1984, un nouveau règlement a été introduit (2–15 du 29 juin 1984), en vertu duquel la «langue maternelle» ne devait plus être utilisée pour déterminer la part des membres des forces armées canadiennes de langue anglaise et de langue française. L'expression «langue maternelle» devait être remplacée par l'expression «première langue officielle». L'auteur déclare que cette modification a été apportée en réponse aux critiques formulées à l'égard de la politique suivie en matière de promotion. Il affirme toutefois que la modification n'est que de forme et que la même politique continue à être appliquée, la seule différence portant sur la façon dont la langue et l'origine anglaises et françaises sont définies.

2.4 Compte tenu de la nouvelle formulation adoptée, la Commission canadienne des droits de la personne a estimé qu'il n'existait plus de risques de discrimination ethnique ou raciale et a informé l'auteur qu'elle ne prendrait pas de décision au sujet de la plainte qu'il avait déposée. J. H. fait observer à cet égard qu'aucune disposition de la législation canadienne n'interdit la discrimination fondée sur la langue (ni la Charte des droits et des libertés, qui fait partie de la Constitution canadienne, ni la loi canadienne sur les droits de la personne n'interdisent la discrimination fondée sur la langue). Il affirme en outre que la conclusion de la Commission canadienne des droits de la personne, selon laquelle il n'existe pas de discrimination, n'est pas une «décision» contre laquelle on peut former un recours devant les tribunaux. Enfin, il signale que les lettres qu'il a adressées à des députés et à d'autres personnes haut placées sont restées sans réponse.

2.5 Rien dans la communication ne permet de penser que l'auteur ait personnellement subi un préjudice du fait de la politique dont il se plaint. Il demande que sa plainte soit examinée et que le Gouvernement canadien soit informé qu'«en appliquant ses programmes en faveur des Canadiens de langue française, il pratique en fait une politique discriminatoire contre les Canadiens de langue anglaise».

3. Avant d'examiner les prétentions contenues dans une communication, le Comité des droits de l'homme doit, selon l'article 87 de son règlement intérieur provisoire, décider si la communication est recevable conformément au Protocole facultatif se rapportant au Pacte.

4.1 Le Comité note que, suivant les conditions énoncées aux articles 1 et 2 du Protocole facultatif, l'auteur d'une communication doit lui-même pouvoir prétendre, avec preuves à l'appui, qu'il est, ou a été, victime d'une violation de l'un quelconque des droits énoncés dans le Pacte par l'Etat partie intéressé. Ce n'est pas au Comité des droits de l'homme, agissant en vertu du Protocole facultatif, qu'il appartient d'examiner *in abstracto* des textes législatifs nationaux ou des pratiques nationales pour vérifier s'ils cadrent avec les obligations énoncées dans le Pacte.

4.2 L'auteur de la présente communication n'a avancé aucun fait indiquant qu'il a été personnellement victime de discrimination en violation des dispositions du Pacte. Il ne suffit pas pour cela d'affirmer que la politique, actuelle ou passée, des forces canadiennes en matière de promotion est, de manière générale, défavorable aux membres anglophones des forces armées canadiennes. Par conséquent, le Comité ne peut pas, aux termes de l'article 2 du Protocole facultatif, examiner sa plainte.

5. En conséquence, le Comité des droits de l'homme *décide* que: La communication est irrecevable.

13. Communication N° 195/1985, William Eduardo Delgado Páez c. Colombie

Constatations adoptées le 12 juillet 1990

2.1 En mars 1983, le Ministère de l'éducation a nommé l'auteur professeur d'instruction religieuse et de morale à l'école secondaire de Leticia (Colombie). Il a par la suite été élu vice-président du syndicat des enseignants. En tant qu'adepte de la «théologie de la libération», ses vues sociales étaient différentes de celles du préfet apostolique de Leticia.

2.2 En octobre 1983, le préfet apostolique a adressé une lettre à la Commission de l'éducation, retirant l'appui que l'Eglise avait accordé à M. Delgado. Le 10 décembre 1983, il a écrit à l'inspecteur de la police, accusant M. Delgado d'avoir volé de l'argent à un élève.

2.3 Ayant établi que l'accusation de vol n'était pas fondée, le tribunal de district a rendu le 25 août 1984 une ordonnance de non-lieu.

2.4 Le 5 février 1984, l'auteur a été informé qu'il ne donnerait plus de cours d'instruction religieuse. On l'a chargé à la place d'un cours de travaux manuels et d'artisanat (manualidades y artesanías), discipline pour laquelle il n'avait aucune formation ni expérience. Pour ne pas perdre son emploi, il s'est efforcé d'enseigner ces matières.

[...]

2.7 Convaincu d'être victime d'actes de persécution de la part des représentants de l'Eglise et des autorités responsables de l'enseignement à Leticia, l'auteur a fait les démarches suivantes:

a) Le 17 mai 1985, il a déposé plainte auprès du parquet régional au sujet d'irrégularités que le Fondo Educativo Regional (Fonds régional de l'éducation) aurait commises dans l'affaire le concernant;

b) Le 18 mai 1985, il a déposé plainte devant la juridiction pénale de Leticia, accusant le préfet apostolique de propos injurieux et de diffamation (injuria y calumnia).

[...]

2.8 Alors qu'il se trouvait à sa résidence de Bogota, l'auteur a reçu des appels téléphoniques anonymes de personnes le menaçant de mort s'il retournait à

Leticia et s'il ne retirait pas sa plainte contre le préfet apostolique et les autorités scolaires. Il a aussi reçu des menaces de mort à la résidence des enseignants à Leticia, ce dont il a informé les autorités militaires de Leticia, le syndicat des enseignants, le Ministère de l'éducation et le Président de la Colombie.

2.9 Le 2 mai 1986, l'une de ses collègues, Mme Rubiela Valencia, a été tuée par balle à l'extérieur de la résidence des professeurs, à Leticia, par des criminels non identifiés. Le 7 mai 1986, il a fait lui-même l'objet d'un attentat à Bogota et, craignant pour ses jours, a quitté le pays et obtenu l'asile politique en France en juin 1986.

[...]

5.4 Bien que l'auteur n'ait pas invoqué expressément l'article 9 du Pacte, le Comité note que ses observations du 14 septembre 1987, qui ont été transmises à l'Etat partie avant que le Comité n'adopte sa décision sur la recevabilité, ont soulevé d'importantes questions se rapportant à cet article. Le Comité rappelle que lorsqu'il a déclaré que la communication était recevable, il a prié l'Etat partie de traiter de ces questions. L'Etat partie ne l'a pas fait.

5.5 La première phrase de l'article 9 ne fait pas l'objet d'un paragraphe distinct de cet article. Le fait même qu'elle soit insérée dans le paragraphe 1 pourrait donner à penser que le droit à la sécurité ne peut être invoqué que dans le contexte d'une arrestation ou d'une détention. Il ressort des travaux préparatoires que les débats sur cette première phrase ont bien porté sur des questions traitées dans les autres dispositions de l'article 9. La Déclaration universelle des droits de l'homme, en son article 3, énonce d'autre part le droit de tout individu à la vie, à la liberté et à la sûreté de sa personne. Ces éléments ont fait l'objet de dispositions distinctes du Pacte. Le fait que seul l'article 9 fasse état du droit de tout individu à la sécurité de sa personne ne prouve nullement qu'on ait voulu ainsi limiter la portée de ce droit aux cas de privation formelle de liberté. Par ailleurs, les Etats parties se sont engagés à garantir les droits énoncés par le Pacte. Or, les Etats ne sauraient s'acquitter de leurs obligations s'il leur est juridiquement possible d'ignorer les menaces qui pèsent sur la vie des personnes relevant de leur juridiction, uniquement parce qu'elles ne sont pas en état d'arrestation ou soumises à une autre forme de détention. Les Etats parties sont tenus de prendre toutes les mesures de protection raisonnables et appropriées, et les garanties prévues par le Pacte seraient entièrement inefficaces si l'on pouvait interpréter l'article 9 comme autorisant un Etat partie à ignorer les menaces qui pèsent sur la sécurité d'un individu sous prétexte qu'il n'est pas détenu.

5.6 Encore faudrait-il savoir si cette observation s'applique en l'occurrence. Il semble que M. Delgado aurait dû objectivement faire l'objet, de la part de l'Etat, de mesures de protection tendant à assurer sa sécurité, eu égard aux menaces pesant sur lui, et notamment les attaques contre sa personne et le meurtre d'une proche collègue. Certes, on peut arguer que M. Delgado ne s'est peut-être pas adressé aux autorités compétentes en déposant plainte auprès des autorités militaires de Leticia, du Syndicat des enseignants, du Ministère de l'éducation et du Président de la Colombie, au lieu de saisir le Procureur général ou les autorités judiciaires. Le Comité ne voit pas clairement si la police a été informée et si le gouvernement a pris des mesures quelconques. Le Comité ne peut cependant manquer de relever que M. Delgado prétend n'avoir reçu aucune réponse à la demande d'enquête qu'il a formulée à la suite des menaces proférées à son encontre, ni aucune protection et que ces allégations n'ont pas été réfutées par l'Etat partie. De fait, l'Etat partie n'a pas fourni les informations que le Comité lui a demandées sur les questions relevant de l'article 9 du Pacte. Si le Comité répugne à constater qu'il y a eu violation en l'absence de preuves matérielles irréfutables, il appartient à l'Etat partie de faire savoir au Comité si les faits invoqués sont inexacts ou ne sauraient en tout cas porter atteinte aux dispositions du Pacte. Le Comité a déjà précisé, dans les décisions qu'il a rendues par le passé, qu'il peut être conduit à tenir pour vrais des faits favorables à l'auteur d'une communication lorsque l'Etat partie mis en cause refuse d'y répondre ou des les commenter. Les faits à retenir sont, dans le cas présent, que M. Delgado a dû longuement affronter les autorités au sujet de son enseignement et de son emploi. Il a fait l'objet de charges criminelles, déclarées par la suite sans fondement, et il a été suspendu de ses fonctions et privé d'augmentation de salaire, dans les circonstances exposées aux paragraphes 2.2 à 2.6 ci-dessus. On sait qu'il a ultérieurement déposé plusieurs plaintes contre les autorités ecclésiastiques et éducatives de Leticia (voir par 2.7 ci-dessus). A ces faits, viennent s'ajouter les menaces de mort proférées contre lui. Si l'Etat partie s'abstient à la fois de nier ces menaces et d'éclairer le Comité en lui indiquant notamment si les autorités compétentes ont eu connaissance de ces faits et, dans l'affirmative, quelle suite y a été donnée, le Comité doit en conclure que les allégations formulées contre l'Etat partie sont exactes et que les autorités compétentes ont été informées de ces menaces sans y donner suite. Tout en ayant pleinement conscience de la situation en Colombie, le Comité estime néanmoins que l'Etat partie n'a pas pris ou n'a pas été en mesure de prendre les mesures appropriées pour assurer à M. Delgado son droit à la sécurité de sa personne, conformément au paragraphe 1 de l'article 9 du Pacte.

14. Communication N° 196/1985, Ibrahima Gueye et al. c. France

Constatations adoptées le 3 avril 1989

1.1 Les auteurs de la communication (première lettre du 12 octobre 1985 et lettres ultérieures des 22 décembre 1986, 6 juin 1987 et 21 juillet 1988) sont

Ibrahima Gueye et 742 autres anciens militaires de carrière retraités de l'armée française, qui résident au Sénégal. Ils sont représentés par un conseil.

1.2 Les auteurs prétendent être victimes d'une violation par la France de l'article 26 du Pacte, en raison d'une discrimination raciale qui serait faite par la législation française; cette législation prévoit un mode de calcul des pensions différent pour les militaires de carrière retraités de nationalité sénégalaise, qui ont servi dans l'armée française avant l'indépendance du Sénégal en 1960 et qui reçoivent des pensions inférieures à celles dont bénéficient les militaires de carrière retraités français de nationalité française.

1.3 Ils font valoir qu'en vertu de la loi N° 51–561 du 18 mai 1951 et du décret N° 51–590 du 23 mai 1951, les militaires de carrière retraités de l'armée française, qu'ils fussent français ou sénégalais, étaient traités sur un pied d'égalité. Après l'indépendance, en 1960, les droits acquis des militaires de carrière sénégalais retraités ont été respectés jusqu'à ce que la loi de finances (N° 74.1129) de décembre 1974 prévoie un traitement différent pour les Sénégalais. L'article 63 de cette loi dispose que les pensions des militaires sénégalais ne relèveraient plus des dispositions générales du Code des pensions militaires de 1951. La législation française ultérieure a gelé le montant des pensions des Sénégalais à partir du 1er janvier 1975.

[...]

5.3 Le Comité a pris note de l'argument de l'Etat partie selon lequel l'origine des violations alléguées résidant dans une loi adoptée en 1979, la communication devrait être déclarée irrecevable au motif que, selon la déclaration interprétative faite par la France lors de la ratification du Protocole facultatif, le Comité ne pouvait examiner des allégations de violations dont l'origine résidait dans des actes ou des événements antérieurs au 17 mai 1984, date à laquelle le Protocole facultatif était entré en vigueur à l'égard de la France. Le Comité a fait observer à ce propos que dans un certain nombre d'autres affaires (N° 6/1977 et N° 24/1977), il avait déclaré ne pas pouvoir examiner une communication alléguant une violation de droits de l'homme, qui se serait produite avant que le Protocole facultatif n'entre en vigueur à l'égard de l'Etat partie concerné, à moins que cette violation ne se poursuive après cette date ou ne produise des effets qui constituent *eux-mêmes* une violation du Pacte après cette date. Enfin, la déclaration interprétative de la France prétendait limiter la compétence *ratione temporis* du Comité aux violations des droits énoncés dans le Pacte, résultant «d'actes, omissions, faits ou événements postérieurs à la date d'entrée en vigueur du Protocole à l'égard de la France». Le Comité a estimé ne pas avoir compétence pour examiner la question de savoir si les auteurs avaient été victimes d'une discrimination à un moment quelconque avant le 17 mai 1984. Mais restait à savoir si, après cette date, il n'y avait pas eu violation du Pacte, du fait d'actes ou d'omissions liés au maintien en vigueur de lois et décisions relatives aux droits des auteurs de la communication.

6. En conséquence, le Comité a décidé le 5 novembre 1987 que la communication était recevable.

[...]

9.1 Le Comité des droits de l'homme, ayant examiné la présente communication à la lumière de tous les renseignements qui ont été fournis par les parties, comme prévu au paragraphe 1 de l'article 5 du Protocole facultatif, fonde ses constatations sur les faits ci-après, qui ne semblent pas contestés.

9.2 Les auteurs sont des militaires retraités de nationalité sénégalaise qui ont servi dans l'armée française avant l'indépendance du Sénégal en 1960. En vertu du Code des pensions militaires de 1951, les militaires retraités de l'armée française, qu'ils fussent français ou sénégalais, étaient traités sur un pied d'égalité. Les droits à pension des soldats sénégalais étaient les mêmes que ceux des soldats français jusqu'à ce qu'une nouvelle loi, promulguée en décembre 1974, prévoie un traitement différent pour les Sénégalais. En outre, la loi N° 79.1102 du 21 décembre 1979 a étendu aux ressortissants de quatre Etats ayant appartenu à l'Union française, dont le Sénégal, le régime dit de «cristallisation» des pensions militaires, qui s'appliquait déjà depuis le 1er janvier 1961 aux ressortissants des autres Etats concernés. D'autres militaires retraités sénégalais ont tenté de contester les lois en question, mais la loi de finances française (N° 81.1179) du 31 décembre 1981, avec effet rétroactif au 1er janvier 1975, a voué à l'échec tout autre recours devant les tribunaux français.

9.3 La principale question soumise au Comité est de savoir si les auteurs sont victimes d'une discrimination au sens de l'article 26 du Pacte ou si la différence de traitement en matière de pensions, fondée sur la nationalité française, entre les anciens membres étrangers et français de l'armée française devrait être considérée comme compatible avec le Pacte. Pour trancher cette question, le Comité a tenu compte des considérations qui suivent.

9.4 Le Comité a noté l'affirmation des auteurs selon laquelle ils ont fait l'objet d'une discrimination fondée sur des motifs raciaux, c'est-à-dire sur l'un des motifs expressément énumérés à l'article 26. Il constate qu'il n'y a pas de preuve à l'appui de l'affirmation selon laquelle l'Etat partie s'est livré à des pratiques discriminatoires sur le plan racial à l'égard des auteurs. Il reste toutefois à déterminer si la situation rencontrée par les auteurs relève du champ d'application de l'article 26. Le Comité rappelle que les auteurs ne relèvent pas, d'une manière générale, de la juridiction française, sauf pour ce qui concerne le montant de leurs droits à pension. Il note que la nationalité ne figure pas en tant que telle parmi les motifs de discrimination interdits, qui sont énumérés à l'article 26, et que le Pacte ne protège pas le droit à pension en tant que tel. L'article 26 interdit, en ce qui concerne la protection égale de la loi, toute discrimination, notamment de race, de couleur, de sexe, de langue, de religion, d'opinion politique et de toute autre opinion, d'origine nationale ou sociale, de fortune, de naissance ou de toute autre situation. De l'avis du Comité, le cas des auteurs relève des mots «de toute autre situation» dans la deuxième phrase de l'article 26. Le Comité tient compte, comme il l'a fait dans la communication N° 182/1984, du fait que «le droit à l'égalité devant la loi et à une protection égale de la loi sans discrimination ne rend pas toutes les différences de traitement discriminatoires. Une différence fondée sur des critères raisonnables et objectifs n'équivaut pas à une discrimination interdite au sens de l'article 26».

9.5 Pour établir si le traitement des auteurs est fondé sur des critères raisonnables et objectifs, le Comité note que ce n'était pas la question de la nationalité qui avait déterminé l'octroi de pensions aux auteurs, mais les services rendus dans le passé par les intéressés. Ils avaient servi dans les forces armées françaises dans les mêmes conditions que les citoyens français; pendant les 14 ans qui ont suivi l'indépendance du Sénégal, ils ont bénéficié du même traitement que leurs homologues français aux fins des droits à pension, malgré leur nationalité sénégalaise et non française. Un changement ultérieur de nationalité ne peut en soi être considéré comme une raison suffisante pour justifier une différence de traitement, vu que la base retenue pour l'octroi de la pension était les services identiques qu'avaient rendus les auteurs et les militaires qui étaient demeurés français. Les différences de situation économique, financière et sociale entre la France et le Sénégal ne peuvent pas non plus être invoquées comme justification légitime. Si l'on comparaît le cas des militaires de nationalité sénégalaise à la retraite, vivant au Sénégal, et celui des militaires de nationalité française à la retraite vivant au Sénégal, il apparaîtrait qu'ils jouissent des mêmes conditions économiques et sociales. Toutefois, un régime différent leur serait appliqué aux fins des droits à pension. Enfin, le fait que l'Etat partie prétend qu'il ne peut plus effectuer les contrôles d'identité et de la situation de famille, requis pour prévenir les abus dans l'administration du régime des pensions, ne peut justifier une différence de traitement. De l'avis du Comité, de simples difficultés administratives ou la possibilité de certains abus en matière de droits à pension ne sauraient être invoquées pour justifier une inégalité de traitement. Le Comité parvient à la conclusion que la différence de traitement dont les auteurs font l'objet n'est pas fondée sur des critères raisonnables et objectifs et constitue une discrimination interdite par le Pacte.

10. Le Comité des droits de l'homme, agissant en application du paragraphe 4 de l'article 5 du Protocole facultatif se rapportant au Pacte international relatif aux droits civils et politiques, est d'avis que les faits de la cause, dans la mesure où ils ont eu des effets après le 17 mai 1984 (date d'entrée en vigueur

du Protocole facultatif à l'égard de la France), font apparaître une violation de l'article 26 du Pacte.

11. En conséquence, le Comité est d'avis qu'en vertu des dispositions de l'article 2 du Pacte, l'Etat partie est tenu de prendre des mesures effectives pour remédier aux violations dont les intéressés ont été victimes.

15. Communication N° 197/1985, Ivan Kitok c. Suède

Constatations adoptées le 27 juillet 1988

1. L'auteur de la communication (lettre initiale du 2 décembre 1985 et lettres subséquentes des 5 et 12 novembre 1986) est Ivan Kitok, citoyen suédois d'origine ethnique sami, né en 1926 et représenté par un avocat, qui prétend être victime de violations des articles premier et 27 du Pacte, du fait du Gouvernement suédois.

2.1 Ivan Kitok appartient à une famille sami qui se livre à l'élevage du renne depuis plus d'un siècle, et se fonde là-dessus pour affirmer avoir hérité de ses ancêtres le «droit civil» à pratiquer cet élevage, ainsi que les droits correspondants sur l'eau et les terres du village sami de Sörkaitum. Apparemment, l'exercice de ces droits lui a été refusé au motif qu'il aurait perdu la qualité de membre du village sami (*«sameby», anciennement «lappby»*, ou village lapon), lequel, en vertu d'une loi suédoise de 1971, fonctionne comme un syndicat soumis à la règle excluant les non-membres: aux termes de cette loi, un non-membre ne peut exercer les droits des Sami sur les terres et sur l'eau.

2.2 La Couronne suédoise et le bailli des Lapons, désireux de réduire le nombre d'éleveurs de rennes, ont décidé que si un Sami se livre à une autre occupation pendant trois ans, il perd son statut particulier et son nom est rayé du rôle du *lappby*, sur lequel il ne peut être réinscrit qu'avec une autorisation spéciale. De ce fait, la Couronne violerait arbitrairement les droits immémoriaux de la minorité sami, et Ivan Kitok serait victime de ce déni de droits.

[...]

4.2 Sur la question de la violation présumée de l'article 27, l'Etat partie:

«admet que les Sami constituent une minorité ethnique dans le pays, et que les individus appartenant à cette minorité ont droit à la protection des droits énoncés à l'article 27 du Pacte. D'ailleurs, la Constitution suédoise va encore plus loin, que ce soit au quatrième paragraphe de l'article 2 du chapitre premier (‹Les moyens des minorités ethniques, linguistiques ou religieuses de préserver et de développer une vie culturelle et sociale particulière doivent être développés›) ou à l'article 15 du chapitre 2 (‹Nul texte de loi ou de décret ne peut comporter de discrimination à l'égard d'un citoyen quelconque en raison de son appartenance à une minorité par la race, la couleur ou l'origine ethnique›).

La question à examiner au sujet de l'article 27 est donc de savoir si la législation suédoise et les décisions des tribunaux suédois ont eu pour résultat de priver Ivan Kitok de son droit à l'élevage du renne, et, dans l'affirmative, si cela signifie qu'il y a eu violation de l'article 27 du Pacte. A cet égard, le Gouvernement suédois fera remarquer qu'Ivan Kitok lui-même a déclaré devant la justice suédoise que le seul problème qui se posait dans son cas était de savoir s'il existe, pour les autorités, des raisons spéciales de lui reconnaître le statut de membre du village sami de Sörkaitum en dépit du refus des membres de cette communauté. [...]

Les lois adoptées au sujet de l'élevage du renne ont eu pour effet de diviser la population sami de la Suède en Sami éleveurs de rennes et Sami non éleveurs de rennes, distinction qui garde aujourd'hui toute son importance. L'élevage du renne est réservé aux Sami qui sont membres d'un village sami (*sameby*), entité à laquelle la loi suédoise reconnaît la qualité de personne morale. L'expression ‹village sami› sera utilisée ci-après pour traduire le terme ‹*sameby*›. Ces Sami, qui représentent aujourd'hui une population d'environ 2 500 personnes, jouissent aussi de certains autres droits, par exemple en matière de chasse et de pêche. Par contre, les textes en vigueur ne reconnaissent aucun droit spécial aux autres Sami (c'est-à-dire à la grande majorité de la population sami vivant en Suède, qui compte aujourd'hui entre 15 000 et 20 000 personnes). Pour ces autres Sami, la préservation de la culture sami a été beaucoup plus difficile: la plupart d'entre eux sont aujourd'hui assimilés à la société suédoise, et ne vivent d'ailleurs pas dans la même région que les Sami éleveurs de rennes.

Les règles applicables à l'élevage du renne sont contenues dans la loi de 1971 sur l'élevage du renne, qui avait pour but d'améliorer les conditions de vie des Sami vivant principalement de cet élevage, et de protéger à l'avenir leur activité. Les familles se livrant à l'élevage du renne avaient en effet du mal à en vivre, et les travaux préparatoires de cette loi montrent que la rentabilité de cette activité était considérée comme une question d'importance générale, l'élevage du renne étant jugé nécessaire pour protéger et préserver la culture sami dans son ensemble. [...]

Il convient de souligner que les membres des villages sami ont le droit de se servir, pour eux-mêmes et pour leurs rennes, des terres et des eaux appartenant à autrui, que ce droit s'applique de la même façon aux biens de l'Etat et aux biens des particuliers, et qu'il entraîne avec lui le droit de chasser et de pêcher dans une grande partie de la région en cause. Par rapport aux autres Suédois, les Sami jouissent donc d'avantages considérables. Cependant, la région qui se prête à l'élevage limite le nombre total de rennes à quelques 300 000 têtes, et empêche de faire vivre plus de 2 500 Sami du revenu de cette activité et de leurs revenus complémentaires.

La loi de 1971 a eu pour effet de réorganiser les anciens villages sami, en les rassemblant au sein d'unités plus vastes. Les villages sami sont issus du *siida*, base initiale de la société, qui se composait d'une communauté de familles qui avaient longtemps vécu en passant selon les saisons d'un terrain de chasse et de pêche à un autre, avant d'apprendre à suivre et à exploiter les troupeaux de rennes selon leurs migrations.

Avant la loi de 1971, les Sami étaient organisés en communautés sami (*lappbyar*), et c'est le *länsstyrelsen* (commission administrative du comté) qui accordait aux intéressés le statut de membre de ces communautés. Aux termes de la loi de 1971, ce sont maintenant les membres des villages sami qui prennent eux-mêmes cette décision.

Tout individu qui s'est vu refuser la qualité de membre d'un village sami peut en appeler devant la commission administrative du comté et, si celle-ci lui donne tort, s'adresser ensuite au *kammarrätten* (cour d'appel administrative), puis au *regeringsrätten* (le Conseil d'Etat suédois).

Cependant, le refus opposé par les membres d'un village sami à une demande de ce genre ne peut être annulé que s'il existe des raisons spéciales de reconnaître à l'intéressé la qualité de membre du village (voir art. 12, par. 2, de la loi de 1971). De plus, l'étude des travaux préparatoires de la loi de 1971 montre que le droit des commissions administratives de comté de revenir sur la décision rendue par les membres d'un village sami doit être exercé de façon très restrictive. Il faut, par exemple, que l'élevage auquel le demandeur souhaite se livrer dans le cadre du village soit d'une utilité essentielle pour celui-ci et ne présente pas d'inconvénient pour ses autres membres, une considération importante à cet égard étant que la surface des pâturages reste constante et que l'apparition de nouveaux membres dans un village signifie un plus grand nombre de rennes.

[...]

L'affaire portée en justice par Ivan Kitok porte sur les matières prévues à l'article 12, paragraphe 2, de la loi sur l'élevage du renne. Le länsstyrelsen, puis les tribunaux, n'ont donc eu à se prononcer que sur la question de savoir s'il existait des raisons spéciales, au sens donné à ces mots dans la loi de 1971, de reconnaître au demandeur la qualité de membre du village sami en question. Le länsstyrelsen a conclu par la négative, ainsi que le kammarrätten et le regeringsrätten dans la majorité de ses membres. [...]

Sur la question de la violation de l'article 27 du Pacte, il convient de tenir compte de ce qui suit. Il est vrai qu'Ivan Kitok s'est vu refuser le statut de membre du village sami de Sörkaitum, ce qui, normalement, l'aurait également privé de tout moyen de se livrer à l'élevage du renne. En l'occurrence, cependant, le conseil du village a décidé qu'Ivan Kitok, étant propriétaire de rennes domestiques, pourrait assister au marquage des jeunes rennes, à l'abattage des bêtes, au rassemblement des troupeaux et à la restitution des bêtes à leurs propriétaires, tout cela afin de sauvegarder ses intérêts en tant que propriétaire de rennes faisant partie de la société sami, sinon en tant que membre du village sami en question. De même, Ivan Kitok est autorisé à chasser et à pêcher librement sur les terres réservées à ce village. Ces faits ont également joué un rôle décisif dans les motifs sur lesquels est fondé l'arrêt du regeringsrätten.

Le Gouvernement suédois estime que, pratiquement, Ivan Kitok peut continuer à se livrer à l'élevage des rennes, même s'il ne peut exercer ce droit dans des conditions aussi favorables que les membres du village sami en question, et qu'on ne saurait dire par conséquent qu'il est empêché d'avoir sa ‹propre vie culturelle›. Pour cette raison, le Gouvernement maintient que la plainte d'Ivan Kitok doit être déclarée irrecevable pour incompatibilité avec les dispositions de l'article 27 du Pacte.»

4.3 Au cas où le Comité ne se prononcerait pas dans ce sens, l'Etat partie soutient ce qui suit:

«Ainsi qu'il ressort manifestement de son texte, la loi sur l'élevage du renne a pour but de protéger et de préserver la culture sami et l'élevage du renne en tant que tel. Le présent différend oppose moins Ivan Kitok en tant que Sami et l'Etat, que Kitok et d'autres Sami. Or, comme dans toute société où se produisent des différends, il importe de faire un choix entre, d'une part, l'intérêt général et, de l'autre, les intérêts particuliers, le problème étant ici que l'élevage du renne a des liens si étroits avec la culture sami qu'il faut y voir un élément de cette culture même.

En l'occurrence, on peut dire que la législation suédoise favorise la communauté sami afin de rendre l'élevage du renne économiquement possible aujourd'hui et dans les années à venir. Cependant, les pâturages utilisables pour cet élevage sont limités, et il n'est tout simplement pas possible de laisser tous les Sami s'y livrer sans compromettre cet objectif et sans risquer de mettre en danger l'élevage du renne en tant que tel.

On remarquera aussi que c'est au village sami qu'il incombe de décider d'admettre ou non tel ou tel individu en son sein: c'est seulement en cas de décision négative du village que la question peut être portée en justice.

L'article 27 du Pacte garantit le droit des personnes appartenant à une minorité d'avoir leur propre vie culturelle. Cependant, et sans que cela soit dit explicitement dans le texte, certaines restrictions à l'exercice de ce droit [...] doivent être considérées justifiées, dans la mesure où elles sont nécessaires, dans une société démocratique, pour préserver des intérêts publics d'importance vitale ou pour protéger les droits et libertés d'autrui. De l'avis du Gouvernement suédois, compte tenu des intérêts qui sont à la base de la loi sur l'élevage du renne et des conséquences très limitées qu'a l'application de cette loi sur les moyens qu'a Ivan Kitok d'avoir sa ‹propre vie culturelle›, la présente affaire, considérée dans toutes ces circonstances, ne fait apparaître aucune indication de violation de l'article 27 du Pacte. [...]».

[...]

5.3 Au sujet de l'article 27 du Pacte, Ivan Kitok déclare ce qui suit:

«[...] Le résultat est qu'il existe sur les terres d'origine des Sami, situées dans le nord de la Suède entre la ligne de végétation de 1973 et la frontière norvégienne, deux catégories de Sami. La première se compose de Sami à part entière, c'est-à-dire des individus faisant partie des villages sami. La seconde est celle des demi-Sami, c'est-à-dire des individus qui ne font pas partie des villages sami, bien que vivant dans cette région, et qui, quoique ayant des droits sur les terres et les eaux, sont empêchés par la loi d'exercer ces droits.

[...]

Pour le peuple sami, c'est la solidarité humaine (*folksolidaritet*) qui compte et non pas la solidarité professionnelle (*näringssolidaritet*), comme l'affirmaient les grands dirigeants sami tels que Gustaf Park ou Israel Ruong. Cependant, la Suède a fait tout ce qu'elle pouvait pour faire prédominer la solidarité professionnelle entre les Sami suédois, en les divisant entre Sami à part entière et demi-Sami [...]. Il est significatif que la Commission royale de 1964 ait voulu faire du village lapon un village de rennes (*renby*) et faire de celui-ci une association purement économique où les grands éleveurs auraient des droits de vote spéciaux. C'est d'ailleurs ce qui se passe dans le *sameby* actuel, où la possession de 100 rennes donne droit à une voix supplémentaire, la possession de 200 rennes à 2 voix, etc. C'est à cause de ce mode de scrutin qu'Ivan Kitok n'a pas été admis dans son *lappby* ancestral de Sörkaitum.

Parmi les 3 000 Sami environ qui vivent en Suède sur leurs terres d'origine et qui ont le droit d'élever des rennes bien que n'étant pas membres d'un *sameby*, quelques-uns seulement sont aujourd'hui intéressés par cet élevage. Mais il est très important, pour la préservation de la minorité ethno-linguistique sami, que ces Sami soient encouragés à se joindre aux *sameby*.»

[...]

6.3 En ce qui concerne la conclusion de l'Etat partie d'après quoi la communication devrait être déclarée irrecevable pour incompatibilité avec l'article 3 du Protocole facultatif, ou pour être «manifestement dénuée de fondement», le Comité a observé que l'auteur ne pouvait, en tant qu'individu, prétendre être victime d'une violation du droit des peuples à disposer d'eux-mêmes, tel que ce droit est proclamé à l'article premier du Pacte. Si, en effet, le Protocole facultatif prévoit une procédure de recours pour les individus dénonçant une violation de leurs droits, l'article premier du Pacte ne vise que les droits que possèdent les peuples en tant que tels. Cependant, pour ce qui a trait à l'article 27 du pacte, le Comité a observé que l'auteur de la communication avait fait un effort raisonnable pour étayer les allégations selon lesquelles il serait victime d'une violation de son droit à bénéficier des mêmes droits que les autres membres de la communauté sami. Cela étant, les questions dont était saisi le Comité, et en particulier la question de la portée de l'article 27, devaient être jointes au fond.

[...]

8. Le Comité des droits de l'homme a examiné la communication quant au fond compte tenu de toutes les informations dont il avait été saisi par les parties, conformément au paragraphe 1 de l'article 5 du Protocole facultatif. Les faits ne sont pas contestés.

9.1 Pour le Comité, il s'agit essentiellement de savoir si l'auteur de la communication est victime d'une violation de l'article 27 du Pacte parce que, comme il le prétend, il s'est vu arbitrairement refuser des droits immémoriaux accordés à la communauté sami et, en particulier, le statut de membre de la communauté sami et le droit de se livrer à l'élevage du renne. En décidant si l'auteur de la communication s'est vu ou non refuser le droit «d'avoir sa propre vie culturelle», comme il est stipulé dans l'article 27 du Pacte, et si le paragraphe 2 de l'article 12 de la loi de 1971 sur l'élevage du renne, en vertu de laquelle le refus opposé par une communauté sami d'accorder le statut de membre de la communauté ne peut être annulé que s'il existe des raisons spéciales de reconnaître à l'intéressé cette qualité de membre, viole ou non l'article 27 du Pacte, le Comité fonde ses conclusions sur les considérations suivantes.

9.2 La réglementation d'une activité économique est normalement du ressort de l'Etat et de lui seul. Toutefois si cette activité est un élément essentiel de la culture d'une communauté ethnique, son application à l'égard d'un individu peut relever de l'article 27 du Pacte. [...]

9.3 Le Comité fait observer à cet égard que le droit d'avoir sa propre vie culturelle en commun avec les autres membres du groupe ne peut être défini dans l'abstrait mais doit être placé dans son contexte. Le Comité est donc appelé à examiner les restrictions légales au droit d'une personne ethniquement sami à être membre d'un village sami.

9.4 En ce qui concerne l'argument de l'Etat partie, selon lequel le conflit en l'espèce se situe moins entre le demandeur en tant que Sami et l'Etat partie qu'entre celui-là et la communauté sami (voir le paragraphe 4.3 ci-dessus), le Comité fait observer que l'Etat partie a engagé sa responsabilité en adoptant la loi sur l'élevage du renne de 1971, et c'est donc une mesure de l'Etat qui a été contestée. Comme l'indique lui-même l'Etat partie, l'appel de la décision de la communauté sami de refuser le statut de membre n'est recevable que s'il existe des raisons spéciales pour octroyer ce statut; l'Etat reconnaît en outre que le droit du Länsstyrelsen d'autoriser l'appel doit être exercé d'une manière très restrictive.

9.5 D'après l'Etat partie, le but de la loi sur l'élevage du renne est de restreindre pour des raisons économiques et écologiques le nombre des éleveurs de rennes et d'assurer la protection et le bien-être de la minorité sami. Les deux parties reconnaissent la nécessité de prendre des mesures efficaces pour assurer l'avenir de l'élevage du renne et des moyens d'existence à ceux qui tirent l'essentiel de leurs revenus de cet élevage. La méthode choisie par l'Etat partie pour assurer ces objectifs est de limiter aux membres des villages sami le droit de pratiquer l'élevage du renne. Le Comité considère que tous ces objectifs et que toutes ces mesures sont raisonnables et en conformité avec l'article 27 du Pacte.

9.6 Le Comité a néanmoins émis des doutes sérieux sur la question de savoir si certaines dispositions de la loi sur l'élevage du renne et leur application au demandeur sont compatibles avec l'article 27 du Pacte.

L'article 11 de la loi de 1971 stipule que:

«Est membre d'une communauté sami:

1. Toute personne habilitée à se livrer à l'élevage du renne et participant à cet élevage dans les limites des pâturages communaux;

2. Toute personne habilitée à se livrer à l'élevage du renne, ayant participé à cet élevage dans les limites des pâturages du village, à titre d'occupation permanente et n'ayant pas eu d'autres activités économiques principales;

3. Toute personne habilitée à se livrer à l'élevage du renne qui est le mari ou l'enfant d'un membre réunissant les conditions visées au paragraphe 1 et 2 ci-dessus et qui vit avec ce membre, ou qui est le mari ou l'enfant survivant d'un membre décédé.»

L'article 12 de ladite loi stipule que:

«Toute communauté sami peut accepter comme membre une personne habilitée à se livrer à l'élevage du renne autre que les personnes visées à l'article 11, si cette personne se propose de se livrer à cet élevage avec ses propres rennes dans les limites des pâturages communaux.

Si la qualité de membre est refusée à une personne qui en fait la demande, le Länsstyrelsen peut, pour des raisons spéciales, lui accorder cette qualité de membre.»

9.7 On peut donc constater que la loi prévoit pour la participation à la vie d'une minorité ethnique certains critères, aux termes desquels une personne ethniquement sami peut ne pas être considérée comme un Sami aux fins de la loi. Le Comité s'est demandé si le fait de ne pas tenir compte des critères objectifs pour définir l'appartenance à une minorité et l'application à M. Kitok des règles correspondantes ne sont pas abusifs par rapport aux fins légitimes recherchées par la loi. Il a noté en outre que M. Kitok avait toujours conservé certains liens avec la communauté sami, ayant toujours vécu sur des terres sami et désirant s'adonner à nouveau à plein temps à l'élevage du renne dès qu'il sera, pour ce qui le concerne, en mesure de le faire sur le plan financier.

9.8 Pour résoudre ce problème, qui comporte un conflit apparent entre une législation qui semble protéger les droits d'une minorité dans son ensemble et son application à un membre individuel de cette minorité, le Comité s'est inspiré de l'argumentation qui a présidé à la décision prise dans l'affaire Lovelace (N° 24/1977, *Lovelace c. Canada*), à savoir qu'une limitation des droits d'un individu appartenant à une minorité doit reposer sur une justification raisonnable et objective et faire la preuve de sa nécessité pour la survie et le bien-être de la minorité dans son ensemble.

Après avoir soigneusement examiné tous les éléments de l'affaire, le Comité estime qu'il n'y a pas eu de violation par l'Etat partie de l'article 27.

En l'occurrence, le Comité note que M. Kitok est autorisé, sans que ce soit considéré comme un droit, à élever et à faire paître ses rennes, à chasser et à pêcher.

16. Communication N° 205/1986, Société tribale micmaque c. Canada

Constatations adoptées le 4 novembre 1991

1. Les auteurs de la communication (lettre initiale datée du 30 janvier 1986 et correspondance ultérieure) sont le Grand Chef Donald Marshall, le Grand Capitaine Alexander Denny et le Conseiller Simon Marshall, membres du Grand Conseil de la société tribale micmaque du Canada. Ils présentent cette communication tant en qualité de victimes des violations présumées qu'en qualité de défenseurs du bien-être et des droits de l'ensemble du peuple micmac. Le Grand Chef Donald Marshall est décédé en août 1991. La communication est toutefois maintenue par les autres auteurs qui restent responsables de la conduite des affaires du Grand Conseil des Micmacs. Les auteurs sont représentés par un avocat.

2.1 Les auteurs déclarent que les Micmacs sont un peuple qui vit à Mikmakik, leur territoire traditionnel en Amérique du Nord, depuis des temps immémoriaux et en qualité de nation libre et indépendante, [...]. Ils déclarent en outre que, pendant plus d'un siècle, les droits territoriaux et politiques du peuple micmac ont fait l'objet d'un litige avec le Gouvernement canadien qui revendiquait la souveraineté absolue sur Mikmakik, du fait de son indépendance, depuis 1867, par rapport au Royaume-Uni. [...]

2.2 Par la loi constitutionnelle de 1982, le Gouvernement canadien a «reconnu et confirmé» les «droits existants – ancestraux ou issus de traités – des peuples autochtones du Canada» (art. 35 1), qui s'entendent des Indiens, des Inuits et des Métis (art. 35 2). Afin d'identifier et de définir clairement ces droits, il est prévu dans la loi constitutionnelle un processus selon lequel, notamment, le Premier Ministre du Canada convoque une conférence constitutionnelle réunissant les premiers ministres provinciaux et à laquelle «les représentants des peuples autochtones» sont invités. [...] le Premier Ministre du Canada a convoqué au cours des années qui ont suivi plusieurs conférences constitutionnelles auxquelles il a invité quatre associations nationales à représenter les intérêts de quelque 600 groupes autochtones. [...]

[...]

3.1 Les auteurs ont demandé en vain l'autorisation de participer aux conférences constitutionnelles à titre de représentants du peuple micmac. Le fait que l'Etat partie ait refusé d'autoriser les Micmacs à être spécifiquement représentés aux conférences constitutionnelles est à l'origine de la plainte.

3.2 A l'origine, les auteurs ont affirmé qu'en refusant aux représentants de la société tribale micmaque le droit de participer aux conférences constitutionnelles, l'Etat partie avait refusé au peuple micmac le droit à l'autodétermination, en violation de l'article premier du Pacte international relatif aux droits civils et politiques. Ils ont ensuite modifié leur allégation et ont déclaré que ce refus constituait aussi une violation de leur droit de prendre part à la direction des affaires publiques, énoncé au paragraphe a) de l'article 25 du Pacte.

[...]

5.2 [...]

La question qui se pose dans le cas à l'étude est de savoir si les conférences constitutionnelles constituent des occasions de «prendre part à la direction des affaires publiques» et, dans l'affirmative, si les auteurs ou d'autres représentants choisis à cette fin par la Société tribale micmaque étaient en droit, en vertu de l'article 25 a), d'y participer.

5.3 L'Etat partie a informé le Comité qu'en règle générale les conférences constitutionnelles au Canada ne réunissaient que les dirigeants élus du gouvernement fédéral et des gouvernements des 10 provinces. Compte tenu de leur composition, de la nature et de l'importance des activités qui y sont traitées, comme l'a expliqué l'Etat partie, le Comité ne peut que conclure que la participation à ces conférences est effectivement une façon de prendre part à la direction des affaires publiques. Le fait qu'une exception a été faite lorsque les représentants des peuples autochtones ont été invités à participer avec les représentants élus aux délibérations des conférences constitutionnelles sur les questions intéressant les autochtones ne modifie en rien cette conclusion.

5.4 Il reste à savoir quelle est la portée du droit de tout citoyen, sans restrictions déraisonnables, de prendre part à la direction des affaires publiques, soit directement, soit par l'intermédiaire de représentants librement choisis. L'article 25 a) du Pacte ne peut sûrement pas signifier que tout citoyen peut décider soit de participer directement à la direction des affaires publiques, soit d'en laisser la responsabilité à des représentants librement choisis. Le système juridique et constitutionnel de l'Etat partie doit fixer les modalités de cette participation.

5.5 Il ne peut faire aucun doute que la direction des affaires publiques dans les Etats démocratiques est la responsabilité des représentants du peuple, élus à cette fin, et des fonctionnaires de l'Etat désignés conformément à la loi. Invariablement, la direction des affaires publiques touche les intérêts de grands secteurs de la population, ou même de la population tout entière, alors qu'elle peut parfois toucher plus directement les intérêts de certains secteurs précis de la société. Bien que des consultations préalables, par exemple sous forme d'auditions publiques, ou des consultations avec les groupes les plus directement touchés soient souvent prévues par la loi ou soient devenues habituelles dans la direction des affaires publiques, l'article 25 a) du Pacte ne peut pas être interprété comme signifiant que tout groupe directement touché, quelle que soit son importance, a le droit absolu de fixer lui-même les modalités de participation à la direction des affaires publiques. Il s'agirait en réalité d'une extrapolation du droit de participation directe des citoyens, dépassant largement la portée de l'article 25 a).

6. Nonobstant le droit qu'a tout citoyen de prendre part à la direction des affaires publiques sans aucune discrimination et sans restrictions déraisonnables, le Comité conclut que, dans les circonstances de l'espèce, le fait que l'Etat partie n'ait pas invité des représentants de la Société tribale micmaque aux conférences constitutionnelles, sur les questions intéressant les autochtones, qui relèvent de la conduite des affaires publiques, ne viole pas ce droit des auteurs ou d'autres membres de la Société tribale micmaque. En outre, de l'avis du Comité, ni la participation, ni la représentation à ces conférences n'ont fait l'objet de restrictions déraisonnables. En conséquence, il estime que la communication ne fait pas apparaître de violation de l'article 25 ni de toute autre disposition du Pacte.

17. Communication N° 265/1987, Antti Vuolanne c. Finlande

Constatations adoptées le 7 avril 1989

1. L'auteur de la communication (lettre initiale datée du 31 octobre 1987, puis nouvelle communication datée du 25 février 1989) est un citoyen finlandais, Antti Vuolanne, âgé de 21 ans, qui réside à Pori (Finlande). M. Vuolanne affirme que le Gouvernement finlandais a enfreint en ce qui le concerne les dispositions des articles 2, paragraphes 1 à 3, 7 et 9, paragraphe 4, du Pacte international relatif aux droits civils et politiques. M. Vuolanne est représenté par un avocat.

2.1 L'auteur déclare avoir commencé son service militaire le 9 juin 1987. Les obligations militaires lui ont causé une grave dépression nerveuse. A son retour d'un hôpital militaire, en juillet 1987, il s'est rendu compte qu'il ne pouvait rester dans l'infanterie. Devant l'impossibilité de s'entretenir de ses problèmes avec le commandant de son unité, il a décidé, le 3 juillet, de quitter sa garnison sans permission, hanté par le souvenir de son frère qui, environ un an plus tôt, s'était suicidé dans des circonstances analogues. Sa permission de fin de semaine devait commencer le 4 juillet à midi pour se terminer le 5 juillet à minuit. Le 5 juillet, il est retourné à l'hôpital militaire et a demandé à parler à un médecin, mais il lui a été conseillé de rejoindre sa compagnie, où il s'est présenté pour repartir immédiatement sans permission. Sur les conseils d'un aumônier militaire, il a réintégré son unité le 7 juillet et, après un entretien avec un médecin, il a de nouveau été hospitalisé. Il a décidé plus tard de demander une affectation au service non armé et a obtenu un transfert.

2.2 Le 14 juillet, à l'issue d'une action disciplinaire, l'auteur a été condamné à 10 jours d'emprisonnement «de rigueur» (réclusion au poste de garde sans service à accomplir). Il prétend qu'il n'a pas été entendu avant le prononcé de la sanction, rendue immédiatement exécutoire. Il ne savait pas alors qu'il pouvait se prévaloir d'un recours. Au poste de garde, il a appris que la loi sur la procédure disciplinaire militaire permettait de déposer une «requête en révision» auprès d'un officier supérieur. L'auteur a déposé cette requête le jour même (il affirme avoir des éléments attestant que celle-ci n'a été enregistrée que le lendemain, 15 juillet), en faisant valoir que la sanction était excessive (à savoir que l'auteur avait été puni pour être parti sans autorisation pendant plus de quatre jours alors qu'il fallait tenir compte de sa permission de fin de semaine de 36 heures, que sa brève apparition à la garnison avait été considérée comme une circonstance aggravante, que le motif pour lequel il était parti n'avait absolument pas été pris en considération).

2.3 L'auteur déclare qu'après le dépôt de sa requête écrite auprès de l'officier supérieur, la sanction a été maintenue par une décision du 17 juillet 1987, sans qu'il ait été entendu. D'après lui, la loi finlandaise ne lui offre plus aucun recours interne, la loi sur la procédure disciplinaire militaire interdisant expressément, en son article 34, de faire appel d'une décision de l'officier supérieur.

2.4 L'auteur décrit en détail ce qu'est, selon la loi finlandaise, la procédure disciplinaire militaire, qui est régie par le chapitre 45 du Code pénal de 1983. Le fait d'abandonner son unité sans permission peut entraîner, en tant qu'absence non autorisée, une sanction de nature disciplinaire ou une peine d'emprisonnement pouvant aller jusqu'à six mois. L'emprisonnement de rigueur entre dans la catégorie des sanctions disciplinaires les plus graves. Dans le cadre d'une procédure disciplinaire, sa durée ne peut dépasser 15 jours et 15 nuits. Seul le chef d'une compagnie ou un officier de rang supérieur est habilité à prononcer cette sanction et seul le commandant d'un régiment peut l'imposer pendant une période supérieure à 10 jours et 10 nuits.

2.5 Lorsque l'emprisonnement de rigueur est imposé dans le cadre d'une procédure disciplinaire, il n'existe pas de possibilité de recours autre que devant les instances militaires. [...]

[...]

6.3 Sur la question de l'applicabilité du paragraphe 4 de l'article 9 du Pacte au cas examiné, l'Etat partie allègue ce qui suit:

«Il n'appartient pas à une personne détenue à l'issue d'une action disciplinaire militaire (voir plus haut) de saisir un tribunal de l'affaire. Le seul recours disponible est la requête en révision. En d'autres termes, les autorités finlandaises considèrent que le paragraphe 4 de l'article 9 du Pacte relatif aux droits civils et politiques ne s'applique pas à la détention à l'issue d'une procédure militaire. [...]

Dans son Observation générale 8 (16) du 27 juillet 1982, concernant l'article 9, le Comité a eu l'occasion de préciser quels étaient les cas de détention visés au paragraphe 4 de l'article 9. Il a mentionné, à titre d'exemple, les maladies mentales, le vagabondage, la toxicomanie, les mesures d'éducation, le contrôle de l'immigration, etc. La privation de liberté à l'issue d'une action disciplinaire militaire est notoirement absente de cette liste. Le point commun des cas de détention énumérés est la possibilité d'une détention prolongée, illimitée. En outre, dans la plupart de ces cas, la détention n'est pas rigoureusement réglementée mais plutôt adaptée au but recherché (guérison, par exemple), une plus grande discrétion étant laissée aux autorités en cause. Toutefois, la situation est entièrement différente si la détention fait suite à une action disciplinaire militaire: la loi prévoit alors clairement les motifs, la durée et les modalités de la détention. Dans les cas où les autorités militaires outrepassent les limites fixées par la loi, une procédure normale de recours peut être engagée. En d'autres termes, il est possible que le Comité n'ait pas inclus l'action disciplinaire militaire dans sa liste des différents cas de ‹détention› parce qu'il s'est rendu compte de la différence importante qui existait entre ce type de détention et les autres sous l'angle de la nécessité de protéger un individu.

Il est clair qu'un officier – un commandant – agit de manière judiciaire ou quasi judiciaire lorsqu'il ordonne une détention dans le cadre d'une action disciplinaire militaire. De même, l'examen d'une requête en révision est comparable à l'examen judiciaire d'un appel. Comme on l'a expliqué, les conditions et modalités d'une détention militaire disciplinaire sont clairement énoncées par la loi. La discrétion laissée aux autorités est considérablement moindre que la discrétion observée dans certaines des affaires énumérées par le Comité. Là aussi, la nécessité d'un contrôle judiciaire est, sinon totalement superflue, en tout cas bien moindre pour une action disciplinaire militaire que pour une détention ordonnée par exemple pour cause de maladie mentale.»

[...]

8. Conformément au paragraphe 1 de l'article 5 du Protocole facultatif, le Comité des droits de l'homme a examiné cette communication en tenant compte de toutes les informations écrites qui lui ont été soumises par les parties. Les faits ne sont pas contestés.

9.1 L'auteur de la communication affirme qu'il y a eu des infractions aux paragraphes 1 et 3 de l'article 2, de l'article 7, du paragraphe 4 de l'article 9 et de l'article 10 du Pacte.

9.2 Le Comité rappelle que l'article 7 interdit la torture et les autres traitements cruels, inhumains ou dégradants. Il constate que la détermination de ce qui constitue un traitement inhumain ou dégradant au sens de l'article 7 dépend de toutes les circonstances, par exemple la durée et les modalités du traitement considéré, ses conséquences physiques et mentales ainsi que le sexe, l'âge et l'état de santé de la victime. Un examen approfondi de la communication n'a révélé aucun fait à l'appui des plaintes de l'auteur concernant la violation de ses droits en vertu de l'article 7. Jamais des peines ou souffrances graves, physiques ou mentales n'ont été infligées à M. Vuolanne par les pouvoirs publics ou à leur instigation; il ne semble pas non plus que la détention cellulaire qui a été imposée à l'auteur ait eu sur lui des effets physiques ou mentaux négatifs de par sa rigueur, sa durée et le but recherché. Il n'a pas été établi non plus que M. Vuolanne ait été humilié ou qu'il y ait eu atteinte à sa dignité, indépendamment du fait que la mesure disciplinaire qui lui a été imposée était embarrassante en soi. A cet égard, le Comité considère qu'une peine n'est dégradante que si l'humiliation ou l'abaissement qui en résulte dépasse un certain seuil et, en tout état de cause, si elle comporte des éléments qui dépassent le simple fait d'être privé de liberté. De plus, il considère que les faits qui lui ont été soumis ne permettent pas de dire que pendant sa détention, M. Vuolanne n'a pas été traité avec l'humanité et le respect de la dignité inhérente à la personne humaine exigés au paragraphe 1 de l'article 10 du Pacte.

9.3 Le Comité note que, d'après l'Etat partie, le cas de M. Vuolanne ne relève pas du champ d'application du paragraphe 4 de l'article 9 du Pacte. Il estime que, pour répondre à cette question, il faut se référer aux termes exacts du Pacte ainsi qu'à l'objectif recherché par celui-ci. Il note, à titre de remarque générale, que le Pacte ne contient aucune disposition exemptant certaines catégories de personnes de son application. Aux termes du paragraphe 1 de l'article 2, «les Etats parties au présent Pacte s'engagent à respecter et à garantir à tous les individus se trouvant sur leur territoire et relevant de leur compétence les droits reconnus dans le présent Pacte, sans distinction aucune, notamment de race, de couleur, de sexe, de langue, de religion, d'opinion politique ou de toute autre opinion, d'origine nationale ou sociale, de fortune, de naissance ou de toute autre situation». Le caractère global de cette disposition ne permet pas de distinguer entre différentes catégories de personnes, par exemple les civils et les membres des forces armées, et ainsi de considérer que le Pacte serait applicable dans un cas mais non dans l'autre. Qui plus est, il ressort des travaux préparatoires ainsi que des observations générales du Comité, que le Pacte avait pour objectif de proclamer et de définir certains droits de l'homme appartenant à tous et de garantir la jouissance de ces droits. Il est donc clair que l'objet du Pacte n'est pas et ne doit pas être de définir les personnes dont les droits doivent être protégés mais de définir les droits qui doivent être garantis et la mesure dans laquelle ils doivent l'être. En conséquence, l'application du paragraphe 4 de l'article 9 ne peut être exclue dans le cas présent.

9.4 Le Comité reconnaît qu'il est normal que la liberté de mouvement des personnes faisant leur service militaire soit soumise à certaines restrictions. Il est évident que ces restrictions ne relèvent pas du paragraphe 4 de l'article 9. Qui plus est, le Comité reconnaît qu'une sanction ou une mesure disciplinaire qui, si elle était appliquée à un civil, serait considérée comme le privant de sa liberté par détention, peut être perçue différemment si elle est imposée à un militaire. Néanmoins, une sanction ou une mesure de cet ordre peut relever du champ d'application du paragraphe 4 de l'article 9 si elle prend la forme de restrictions allant au-delà des impératifs militaires normaux et si elle place l'intéressé dans une situation qui s'écarte des conditions de vie normales dans les forces armées de l'Etat partie intéressé. Pour déterminer s'il en est ainsi, il faut tenir compte de toute une série de facteurs, tels que la nature, la durée, les effets et le mode d'exécution de la sanction ou de la mesure en question.

9.5 L'exécution de la mesure disciplinaire prise contre M. Vuolanne a consisté à l'empêcher de s'acquitter de ses activités normales et à le forcer à rester nuit et jour pendant une période de 10 jours dans une cellule de 2 mètres sur 3. Il n'était autorisé à quitter sa cellule que pour prendre ses repas, aller aux toilettes et prendre l'air une demi-heure par jour. Il lui était interdit de parler aux autres détenus ou de faire du bruit dans sa cellule. Sa correspondance et ses notes personnelles avaient été subtilisées. Il a purgé une peine comme le ferait un prisonnier. Cette peine était d'une durée non négligeable, presque aussi longue que la plus légère des peines d'emprisonnement prévues en droit pénal finlandais. Vu les circonstances, le Comité estime que cette détention cellulaire pendant 10 jours et 10 nuits se situe hors des conditions ordinaires de la vie militaire et dépasse les restrictions normalement pratiquées dans ce cadre. Cette sanction disciplinaire précise a abouti à un degré d'isolement social normalement associé à l'arrestation et à la détention au sens du paragraphe 4 de l'article 9. Elle doit donc être considérée comme une mesure privant une personne de sa liberté par détention au sens du paragraphe 4 de l'article 9. A ce propos, le Comité rappelle son Observation générale N° 8 (16) selon laquelle la plupart des dispositions de l'article 9 s'appliquent à tous les cas de privation de liberté, qu'il s'agisse d'infractions pénales ou d'autres cas de détention liés par exemple à des maladies mentales, au vagabondage, à la toxicomanie, à des mesures d'éducation, au contrôle de l'immigration, etc. Le Comité ne peut accepter l'argumentation de l'Etat partie selon laquelle la détention prescrite dans le cadre d'une procédure disciplinaire militaire est soumise à des règles de droit rigoureuses, les garanties de forme et de fond énoncées au paragraphe 4 de l'article 9 étant donc inutiles.

9.6 Le Comité note en outre que lorsqu'un organe ou une autorité administrative prend une décision privant une personne de sa liberté, le paragraphe 4 de l'article 9 oblige incontestablement l'Etat partie intéressé à permettre au détenu d'introduire un recours devant un tribunal. En l'espèce, peu importe que ce tribunal soit civil ou militaire; mais le Comité n'accepte pas l'argument de l'Etat partie suivant lequel la demande de révision par un officier de rang supérieur en vertu de la loi sur la procédure disciplinaire militaire, actuellement en vigueur en Finlande, équivaut à l'examen judiciaire d'un pourvoi en appel et suivant lequel les autorités ordonnant la détention exercent des fonctions judiciaires ou quasi judiciaires. La procédure suivie dans le cas de M. Vuolanne n'avait pas un caractère judiciaire, l'officier de rang supérieur qui a maintenu la décision rendue le 17 juillet 1987 contre M. Vuolanne ne peut être considéré comme étant un «tribunal» au sens du paragraphe 4 de l'article 9; par conséquent, les autorités de l'Etat partie n'ont pas rempli les obligations énoncées dans ce paragraphe.

9.7 Le Comité note que le paragraphe 1 de l'article 2 représente un engagement d'ordre général souscrit par les Etats parties, sur lequel une constatation concernant l'auteur de cette communication a été faite en ce qui concerne l'obligation visée par le paragraphe 4 de l'article 9. En conséquence, aucune autre constatation n'est requise au titre du paragraphe 1 de l'article 2.

10. Le Comité des droits de l'homme, se référant au paragraphe 4 de l'article 5 du Protocole facultatif se rapportant au Pacte relatif aux droits civils et politiques, estime que la communication révèle une violation du paragraphe 4

de l'article 9 du Pacte, du fait que M. Vuolanne n'a pas été en mesure d'introduire un recours devant un tribunal.

11. En conséquence, le Comité estime que l'Etat partie est tenu de prendre des mesures efficaces pour remédier, conformément au paragraphe 3 a) de l'article 2, à la violation dont M. Vuolanne a été victime et de prendre des dispositions pour éviter toute répétition de violations de ce genre.

18. Communication Nº 295/1988, Aapo Järvinen c. Finlande

Constatations adoptées le 25 juillet 1990

[...]

2.1 En Finlande, jusqu'à la fin de 1986, les demandes d'exemption de service militaire ressortissaient à la loi sur le service militaire non armé et le service civil de substitution, suivant laquelle les recrues dont les convictions religieuses ou éthiques ne leur permettaient pas d'effectuer le service militaire obligatoire dans les forces armées conformément à la loi sur la conscription, pouvaient être exemptées du service armé en temps de paix et affectées à un service non armé ou à un service civil. La durée du service militaire était de huit mois. Le service non armé, d'une durée de 11 mois, devait être effectué dans les forces de défense où les recrues devaient s'acquitter de tâches n'impliquant pas l'emploi des armes. Le service civil, d'une durée de 12 mois, devait être effectué dans l'administration publique, dans les services municipaux ou dans les hôpitaux.

2.2 D'après cette loi en vigueur jusqu'à la fin de 1986, une commission spéciale d'enquête était chargée d'examiner les demandes écrites ainsi que la sincérité des convictions des intéressés. A la fin de 1986, cette procédure a été rapportée par la loi portant provisoirement amendement à la loi sur le service militaire non armé et le service civil de substitution (loi Nº 647/85), et il suffit maintenant de la demander pour être affecté à un service civil. L'amendement en question a été adopté à l'époque pour les raisons suivantes:

«Attendu que l'on ne se penchera plus sur les convictions des recrues qui demandent à effectuer un service civil, il faudra s'assurer de l'existence de leurs convictions d'une autre façon, pour que la nouvelle procédure n'encourage pas les recrues à être exemptées du service armé uniquement pour des raisons de commodité et d'intérêt personnels. C'est pourquoi on a jugé que, pour tester les convictions de l'intéressé, il faudrait prolonger suffisamment la durée du service.»

[...]

6.1 Il ressort clairement de l'article 8 du Pacte qu'un «service de caractère militaire» ou «service national exigé des objecteurs de conscience en vertu de la loi» ne doit pas être considéré comme un travail forcé ou obligatoire. Le Comité note que les nouvelles dispositions en vertu desquelles les demandeurs sont maintenant affectés au service civil uniquement sur la base de leurs propres déclarations offrent effectivement un choix quant au service à accomplir et s'écartent du système précédent qui prévoyait un service civil de substitution à l'intention des objecteurs de conscience dont les convictions étaient établies. En conséquence, toute affaire de prétendue discrimination relève de l'article 26 et non du paragraphe 1 de l'article 2 lu conjointement avec l'article 8.

6.2 Pour le Comité, il s'agit donc essentiellement de savoir si les conditions spécifiques qui mettent l'auteur dans l'obligation d'effectuer un service de substitution constituent une violation de l'article 26 du Pacte. Le fait que le Pacte lui-même ne prévoie pas le droit à l'objection de conscience ne modifie pas cette situation. L'interdiction de la discrimination énoncée à l'article 26 ne couvre pas uniquement les droits expressément garantis par le Pacte.

6.3 L'article 26 du Pacte, tout en interdisant la discrimination et en garantissant à toutes les personnes le droit à une égale protection de la loi, n'interdit pas les différences de traitement. Toute différence de traitement, ainsi que le Comité a eu l'occasion de le dire à plusieurs reprises, doit toutefois reposer sur des critères raisonnables et objectifs[1].

6.4 Pour déterminer si la prolongation de 12 à 16 mois par la loi 647/85 de la durée du service de substitution, qui a été appliquée à M. Järvinen, reposait sur des critères raisonnables et objectifs, le Comité a examiné en particulier les attendus de la loi (voir par. 2.2 ci-dessus) et constaté que les nouvelles dispositions visaient à faciliter l'administration d'un service de substitution. Cette législation se fondait sur des considérations pratiques et n'avait pas de but discriminatoire.

6.5 Le Comité était cependant conscient que l'effet de la différenciation introduite par la loi est au détriment des objecteurs de conscience sincères, dont la philosophie exige l'acceptation d'un service civil. Cependant, les nouvelles dispositions n'étaient pas conçues pour la seule commodité de l'Etat. Elles libéraient les objecteurs de conscience de l'obligation souvent difficile de convaincre la commission spéciale d'enquête de la sincérité de leurs convictions; elles permettaient à un éventail plus large d'individus de bénéficier potentiellement de la possibilité d'un service de substitution.

6.6 Dans le cas d'espèce, la durée prolongée du service de substitution n'était ni déraisonnable ni répressive.

[...]

1 Communication N° 196/1985 (*Gueye et consorts c. France*), constatations finales, adoptée le 3 avril 1989, par. 9.4.

7. Le Comité des droits de l'homme, agissant en vertu du paragraphe 4 de l'article 5 du Protocole facultatif se rapportant au Pacte international relatif aux droits civils et politiques, a été d'avis que la durée du service de substitution imposée à M. Järvinen par la loi N° 647/85 ne révélait pas une violation de l'article 26 du Pacte.

[...]

Appendice II

Opinion individuelle présentée par M. Bertil Wennergren conformément au paragraphe 3 de l'article 94 du règlement intérieur du Comité, concernant les constatations du Comité sur la communication N° 295/1988 (Järvinen c. Finlande)

A l'article 6 du Pacte international relatif aux droits économiques, sociaux et culturels est reconnu le droit qu'a toute personne d'obtenir la possibilité de gagner sa vie par un travail librement choisi ou accepté. L'objectif de l'article 8 du Pacte international relatif aux droits civils et politiques est d'empêcher que quiconque soit astreint à accomplir un travail qu'il n'a pas librement choisi. Cependant, une exception est faite pour tout service de caractère militaire, et conjointement pour tout service national auquel les objecteurs de conscience sont astreints par la loi. Le service national en question étant destiné à remplacer le service militaire, la question de l'égalité devant la loi se pose, comme cela est expliqué aux paragraphes 6.1 à 6.3 des constatations du Comité. Je partage les opinions exprimées dans ces paragraphes. Dans l'examen de la question de l'égalité devant la loi, les prémisses naturelles sont à mon avis le droit de toute personne à choisir librement son travail et le temps qu'elle lui consacre, et le fait que le service national est destiné à remplacer le service militaire.

Selon les attendus de la loi N° 647/85 (voir par. 2.2 des constatations), une prolongation du service pouvant atteindre 240 jours aurait pour effet de décourager les requérants dont les convictions ne sont pas sincères et authentiques. Si l'on se place exclusivement du point de vue d'une dissuasion des objecteurs dont les convictions ne sont pas authentiques, cette méthode peut paraître à la fois objective et raisonnable. Cependant, du point de vue de ceux pour qui le service national a été établi à la place du service militaire, la méthode est inappropriée et va contre son but. Comme le Comité le constate au paragraphe 6.5, l'effet de cette différenciation introduite par la loi est au détriment des objecteurs de conscience sincères, dont la philosophie exige l'acceptation d'un service civil, quelle qu'en soit la longueur par rapport au service militaire. De cette constatation, je tire la conclusion, contrairement au Comité, que la méthode est inappropriée à son but même, qui est d'offrir à ceux qui, pour des raisons de conscience, ne sont pas en mesure d'accomplir le service militaire la possibilité d'accomplir à la place un service civil. L'effet de cette pratique est qu'ils seront contraints à sacrifier deux fois plus de leur liberté par rapport à ceux qui peuvent accomplir le service militaire eu égard à leurs convictions.

A mon avis, cela est injuste et va à l'encontre de l'exigence de l'égalité devant la loi énoncée à l'article 26 du Pacte. La différenciation en question se fonde, à mon avis, sur des motifs qui ne sont ni objectifs ni raisonnables. Je ne pense pas non plus qu'elle soit compatible avec les dispositions du paragraphe 2 de l'article 18, où il est affirmé que nul ne subira de contrainte pouvant porter atteinte à sa liberté d'avoir ou d'adopter une religion ou une conviction de son choix. Astreindre les objecteurs de conscience à accomplir un service national plus long de 240 jours en raison de leurs convictions porte atteinte à leur liberté religieuse ou à la liberté de professer les convictions de leur choix.

Je suis donc d'avis que les conditions d'accomplissement d'un service national, à la place du service militaire, qui sont imposées à M. Järvinen par la loi N° 647/85, révèlent des violations des articles 18 et 26 du Pacte, lus conjointement avec l'article 8.

19. Communications Nos 359/1989 et 385/1989, John Ballantyne et Elizabeth Davidson, et Gordon McIntyre c. Canada

Constatations adoptées le 31 mars 1993

1. Les auteurs des communications (lettres initiales datées du 10 avril 1989 et du 21 novembre 1989 et correspondance ultérieure) sont John Ballantyne, Elizabeth Davidson et Gordon McIntyre, citoyens canadiens résidant dans la province de Québec. Les auteurs, respectivement artiste-peintre, dessinatrice et entrepreneur des pompes funèbres, exercent leur profession à Sutton et à Huntingdon (Québec). L'anglais est leur langue maternelle, ainsi que celle d'un grand nombre de leurs clients. Ils prétendent être victimes de violations des articles 2, 19, 26 et 27 du Pacte international relatif aux droits civils et politiques [...] parce qu'il leur est interdit d'utiliser l'anglais dans la publicité, par exemple dans les enseignes qui se trouvent à l'extérieur de leur lieu de travail, ou dans la raison sociale de l'entreprise.

2.1 Les auteurs de la première communication (N° 359/1989), M. Ballantyne et Mme Davidson, vendent des vêtements et des tableaux à une clientèle principalement anglophone, et ont toujours utilisé des enseignes et des affiches en anglais pour attirer les clients.

2.2 L'auteur de la deuxième communication (N° 385/1989), M. McIntyre, déclare qu'en juillet 1988, il avait reçu du commissaire-inspecteur de la Commission de protection de la langue française une note l'avertissant qu'à la suite d'une vérification il avait été constaté qu'il avait installé dans l'enceinte de son établissement une enseigne portant la raison sociale «Kelly Funeral Home», ce qui constituait une infraction à la Charte de la langue française. Il était prié d'informer par écrit le commissaire dans un délai de 15 jours des mesures prises pour remédier à la situation et empêcher qu'un incident analogue se reproduise. L'auteur a depuis enlevé l'enseigne de son entreprise.

[...]

3.1 Les auteurs contestent les articles premier, 6 et 10 de la loi N° 178 adoptée par le Gouvernement provincial du Québec le 22 décembre 1988 dans le but de modifier la loi N° 101, appelée Charte de la langue française. [...] Le texte de la Charte est précédé d'une note explicative officielle affirmant que seul le français peut être utilisé dans l'affichage public et la publicité commerciale à l'extérieur. [...]

[...]

11.2 En ce qui concerne l'article 27 du Pacte, le Comité fait observer que cette disposition vise les minorités à l'intérieur d'Etats, c'est-à-dire, comme chaque fois que le Pacte emploie le terme «Etat» ou «Etats», des Etats qui le ratifient. En outre, l'article 50 du Pacte précise que ses dispositions s'appliquent, sans limitation ni exception aucune, à toutes les unités constitutives des Etats fédératifs. Par conséquent, les minorités visées à l'article 27 sont les groupes minoritaires à l'échelle de l'Etat, qui est ainsi défini, et non pas des minorités dans une province. Un groupe peut être majoritaire dans une province mais néanmoins constituer une minorité dans l'Etat, et par conséquent être protégé par l'article 27. Les citoyens canadiens anglophones ne peuvent être considérés comme une minorité linguistique. Les auteurs ne peuvent donc se prévaloir de l'article 27 du Pacte.

11.3 En vertu de l'article 19 du Pacte, toute personne a droit à la liberté d'expression; ce droit peut être soumis à certaines restrictions dans les conditions énoncées au paragraphe 3 du même article. Le Gouvernement québécois a affirmé que les activités commerciales telles que l'affichage commercial à l'extérieur ne relevaient pas de l'article 19. Le Comité ne partage pas cet avis. Le paragraphe 2 de l'article 19 du Pacte doit être interprété comme s'appliquant à toute idée ou opinion subjective, n'allant pas à l'encontre de l'article 20, susceptible d'être communiquée à autrui, à toute nouvelle ou information, à toute forme d'expression ou annonce publicitaire, à toute oeuvre d'art, etc.; il ne devrait pas être considéré comme s'appliquant uniquement aux moyens d'expression politique, culturelle ou artistique. Selon le Comité, l'élément commercial d'une forme d'expression telle que l'affichage extérieur ne peut avoir pour effet de faire sortir celle-ci du champ des libertés protégées. Le Comité rejette aussi l'idée que l'une quelconque des formes d'expression susmentionnées puisse faire l'objet de restrictions à des degrés divers, de sorte que certaines formes d'expression pourraient être plus limitées que d'autres.

11.4 Toute restriction de la liberté d'expression doit répondre à l'ensemble des conditions suivantes: elle doit être fixée par la loi, viser l'un des objectifs énumérés aux alinéas a) et b) du paragraphe 3 de l'article 19 et être nécessaire pour atteindre l'objectif légitime. Les restrictions portant sur la publicité commerciale à l'extérieur sont certes fixées par la loi mais la question est de savoir si elles sont nécessaires pour sauvegarder les droits d'autrui. Ceux-ci ne pouvaient être que les droits de la minorité francophone au sein du Canada, garantis par l'article 27, dont le droit d'utiliser sa propre langue. Or ce droit n'est pas menacé par la liberté d'autrui de faire de la publicité dans une langue autre que le français. Le Comité n'a pas non plus de raison de penser que l'ordre public serait menacé par un affichage commercial extérieur dans une langue autre que le français. Il note que l'Etat partie n'invoque aucun de ces arguments pour défendre la loi N° 178. La nécessité de toute restriction reposant sur l'alinéa a) ou l'alinéa b) du paragraphe 3 de l'article 19 devrait, en tout état de cause, être prouvée. Le Comité ne pense pas qu'il soit nécessaire, pour protéger les francophones en position vulnérable au Canada, d'interdire la publicité en anglais. Cette protection peut être assurée par d'autres moyens qui ne portent pas atteinte à la liberté des commerçants de s'exprimer dans une langue de leur choix. Par exemple, la loi aurait pu exiger que la publicité soit bilingue, français-anglais. S'il est légitime qu'un Etat choisisse une ou plusieurs langues officielles, il ne l'est pas qu'il supprime, en dehors de la vie publique, la liberté de s'exprimer dans une langue de son choix. Le Comité conclut donc qu'il y a eu violation du paragraphe 2 de l'article 19.

11.5 Les auteurs se sont plaints d'une violation de leur droit, au titre de l'article 26, à l'égalité devant la loi; le Gouvernement québécois a soutenu que les articles premier et 6 de la loi N° 178 correspondent à des mesures de portée générale applicables à tous les commerçants, quelle que soit leur langue. Le Comité note que les articles premier et 6 de la loi N° 178 interdisent l'affichage commercial extérieur dans une langue autre que le français. Cette interdiction s'applique aux francophones aussi bien qu'aux anglophones, de telle sorte qu'un francophone qui souhaiterait afficher en anglais afin d'atteindre une clientèle anglophone ne serait pas non plus autorisé à le faire. Le Comité conclut donc que les auteurs n'ont fait l'objet d'aucune discrimination fondée sur leur langue, et qu'en conséquence il n'y a pas eu violation de l'article 26 du Pacte.

12. Le Comité des droits de l'homme, agissant en vertu du paragraphe 4 de l'article 5 du Protocole facultatif se rapportant au Pacte international relatif aux droits civils et politiques, est d'avis que les faits qui lui sont soumis font apparaître une violation du paragraphe 2 de l'article 19 du Pacte.

13. Le Comité invite l'Etat partie à mettre fin à la violation de l'article 19 du Pacte en modifiant la loi comme il convient.

20. Communication N° 400/1990, Darwina Rosa Mónaco de Gallicchio et Ximena Vicario c. Argentine

Constatations adoptées le 3 avril 1995

1. L'auteur de la communication est Darwinia Rosa Mónaco de Gallicchio, citoyenne argentine née en 1925, résidant actuellement à Buenos Aires. Elle présente la communication en son nom propre et au nom de sa petite-fille, Ximena Vicario, née en Argentine le 12 mai 1976, qui avait 14 ans au moment où la communication a été présentée. [...]

2.1 Le 5 février 1977, la mère de Ximena Vicario a été emmenée, avec l'enfant qui était alors âgée de neuf mois, au siège de la police fédérale (Departamento Central de la Policía Federal) de Buenos Aires. Son père a été appréhendé dans la ville de Rosario le lendemain. Les parents ont par la suite disparu, et bien que la Commission nationale d'enquête sur la disparition de personnes ait entrepris des recherches à leur sujet après décembre 1983, nul n'a jamais su où ils se trouvaient. Les recherches faites par l'auteur elle-même lui ont finalement permis, en 1984, de retrouver Ximena Vicario, qui habitait alors chez une infirmière, S.S., laquelle affirmait s'être occupée de l'enfant après sa naissance. Les analyses de compatibilité tissulaire, (histocompatibilité) ont révélé que l'enfant était, avec une probabilité de 99,82%, la petite-fille de l'auteur.

[...]

2.3 Le 2 janvier 1989, la tutelle «provisoire» de l'enfant a été accordée à l'auteur, mais S.S. a immédiatement demandé un droit de visite qui lui a été accordé par une décision de la Cour suprême le 5 septembre 1989. Dans la même décision, la Cour suprême concluait aussi que l'auteur n'avait pas qualité pour intervenir dans la procédure relative à l'attribution de la tutelle de l'enfant [...] seuls les père et mère et le tuteur légal ont qualité pour agir et peuvent participer directement à la procédure.

2.4 Le 23 septembre 1989, l'auteur, se fondant sur des rapports psychiatriques concernant les effets qu'avaient les visites de S.S. sur Ximena Vicario, a demandé au tribunal d'interdire ces visites. Sa demande a été rejetée au motif de l'absence de qualité pour agir. [...]

3.1 L'auteur affirme que les décisions judiciaires prises en l'espèce violent [...] les articles 23 et 24 du Pacte. Le fait que l'auteur se voit refuser qualité pour agir dans la procédure relative à l'attribution de la tutelle est jugé constituer une violation du principe d'égalité devant la loi garanti [...] par les articles 14 et 26 du Pacte.

3.2 [...] Elle fait également valoir qu'une autre disposition du Pacte a été violée, l'article 16, aux termes duquel chacun a droit à la reconnaissance de sa personnalité juridique, ce qui implique le droit à une identité, à un nom et à une famille: le fait que Ximena Vicario doit porter le nom que lui a donné S.S. jusqu'à l'achèvement de la procédure judiciaire constituerait une violation de son droit à une identité. L'incertitude concernant son identité a en outre empêché l'enfant d'obtenir un passeport à son vrai nom.

[...]

10.2 Pour ce qui est de l'allégation de violation de l'article 16 du Pacte, le Comité estime que les faits dont il est saisi ne permettent pas de conclure que l'Etat partie a dénié à Ximena Vicario la reconnaissance de sa personnalité juridique. En fait, les tribunaux de l'Etat partie se sont efforcés d'établir son identité et lui ont délivré des papiers d'identité.

10.3 S'agissant de l'allégation de violation de son droit à la reconnaissance de sa personnalité juridique, formulée par Darwinia Rosa Mónaco de Gallicchio, le Comité note que si l'intéressée s'est vu refuser qualité pour agir dans la procédure relative à l'attribution de la tutelle en 1989, les tribunaux lui ont toutefois reconnu qualité pour représenter sa petite-fille dans un certain nombre d'actions en justice, notamment l'action en déclaration de nullité de l'adoption, et qu'elle a obtenu la tutelle de Ximena Vicario. Bien que ces faits ne soulèvent pas de question au titre de l'article 16 du Pacte, dans la mesure où Mme Mónaco s'est vu initialement refuser qualité pour agir au nom de Ximena Vicario, celle-ci n'a effectivement pas été représentée de manière appropriée, ce qui l'a privée de la protection à laquelle elle avait droit en sa qualité de mineure. Compte tenu des circonstances dont il est fait mention au paragraphe 10.5 ci-dessous, le refus opposé à Mme Mónaco constitue une violation de l'article 24 du Pacte.

10.4 Quant au droit à la protection de la vie privée de Ximena Vicario et de sa grand-mère, il est évident que l'enlèvement de Ximena Vicario, la falsification de son certificat de naissance et son adoption par S.S. ont entraîné de nombreux actes d'immixtion arbitraire et illégale dans la vie privée et la vie de famille, en violation de l'article 17 du Pacte. Ces mêmes actes ont représenté également des violations du paragraphe 1 de l'article 23 et des paragraphes 1 et 2 de l'article 24 du Pacte. Toutefois, ces actes se sont produits avant l'entrée en vigueur du Pacte et du Protocole facultatif pour l'Argentine, le 8 novembre 1986, et le Comité n'est pas en mesure, *ratione temporis*, de prendre une décision à cet égard. Il pourrait toutefois constater une violation du Pacte si la persistance des effets de telles violations représentait en elle-même une violation du Pacte. Le Comité note que les violations graves du Pacte commises par le régime militaire argentin dans cette affaire ont fait l'objet de nombreuses actions devant les tribunaux de l'Etat partie, qui ont en fin de compte fait valoir le droit à la vie privée et à la vie de famille de Ximena Vicario et de sa grand-mère. [...]

10.5 Bien qu'il se rende compte du sérieux avec lequel les tribunaux argentins se sont efforcés de réparer les torts causés à Mlle Vicario et à sa grand-mère, le Comité constate qu'il y a plus de 10 ans déjà que la procédure judiciaire a été entamée, et qu'elle demeure partiellement en cours. Il note que Mlle Vicario, qui était âgée de 7 ans lorsqu'elle a été retrouvée, a atteint sa majorité (18 ans) en 1994, et que le nom de Ximena Vicario ne lui a officiellement été reconnu qu'en 1993. Le Comité estime en l'espèce que le droit à protection reconnu aux enfants par l'article 24 du Pacte créait pour l'Etat partie l'obligation de faire le nécessaire afin de réparer rapidement le préjudice causé à Mlle Vicario. Il rappelle à cet égard son observation générale sur l'article 24, dans laquelle il souligne que tout enfant, en raison de sa condition de mineur, a droit à des mesures spéciales de protection. Ces mesures s'ajoutent à celles que les Etats sont tenus de prendre en vertu de l'article 2 afin d'assurer à chacun l'exercice des droits reconnus dans le Pacte. Compte tenu des souffrances déjà endurées par Mlle Vicario, qui a perdu ses deux parents dans des circonstances tragiques dont l'Etat partie porte la responsabilité, le Comité estime que l'Argentine n'a pas pris les mesures spéciales prévues au paragraphe 1 de l'article 24 du Pacte avec la célérité voulue, et qu'elle a également contrevenu au paragraphe 2 de cet article, qui vise à faire reconnaître la personnalité juridique de l'enfant, d'une part en ne reconnaissant pas à Mme Mónaco qualité pour agir dans la procédure relative à l'attribution de la tutelle et du droit de visite, d'autre part en tardant à établir le vrai nom de Mlle Vicario et à lui délivrer des papiers d'identité.

[...]

11.1 Le Comité des droits de l'homme, agissant en vertu du paragraphe 4 de l'article 5 du Protocole facultatif se rapportant au Pacte international relatif aux droits civils et politiques, constate que les faits qui lui ont été soumis font apparaître une violation par l'Argentine des paragraphes 1 et 2 de l'article 24 du Pacte.

21. Communication N° 402/1990, Henricus Antonius Godefriedus Maria Brinkhof c. Pays-Bas

Constatations adoptées le 27 juillet 1993

1. L'auteur de la communication est Henricus A.G.M. Brinkhof, citoyen néerlandais, né le 1er janvier 1962 et résidant à Erichem (Pays-Bas). Il est objecteur de conscience à la fois au service militaire et au service civil de remplacement,

et affirme être victime de violations, par l'Etat partie, des articles 6, 7, 8, 14, 18 et 26 du Pacte international relatif aux droits civils et politiques. Il est représenté par un conseil.

2.1 L'auteur ne s'est pas présenté pour faire son service militaire au jour fixé pour son incorporation. Il a été arrêté et conduit dans une caserne, où il a refusé d'accepter l'uniforme et l'équipement militaires, faisant valoir qu'il était objecteur de conscience au service militaire et au service civil de remplacement en raison de ses convictions pacifistes. Le 21 mai 1987, il a été reconnu coupable [...] condamné à six mois de prison et relevé de ses obligations militaires.

[...]

3.1 Selon l'auteur, l'article 114 du Code pénal militaire, qui a été invoqué pour justifier sa condamnation, ne s'applique qu'aux soldats désobéissant aux ordres et ne vise pas les objecteurs de conscience, ces derniers ne pouvant pas être considérés comme des soldats. Il soutient, de ce fait, que son refus d'obéir aux ordres militaires ne constituait pas un délit punissable par la loi.

[...]

3.3 L'auteur prétend aussi qu'il y a eu violation de l'article 26 du Pacte, au motif que, si les objecteurs peuvent être poursuivis en application du Code pénal militaire, tel n'est pas le cas des Témoins de Jéhovah.

3.4 La Haute Cour militaire a rejeté cet argument au motif que les Témoins de Jéhovah, à la différence des objecteurs de conscience, ne sont pas astreints au service national et ne peuvent donc commettre d'infraction au Code pénal militaire. La Haute Cour militaire a ensuite jugé qu'elle n'était pas compétente pour examiner la politique du Gouvernement néerlandais en matière de conscription.

[...]

4.2 L'Etat partie affirme que les Témoins de Jéhovah sont exemptés du service militaire depuis 1974. Les amendements à la loi sur la conscription, qui sont en cours d'élaboration en vue de permettre l'audition des objecteurs catégoriques, maintiennent la mesure d'exemption prise en faveur des Témoins de Jéhovah. Pour le Gouvernement, le fait d'appartenir à cette secte prouve en soi que les objections au service militaire sont fondées sur des convictions religieuses authentiques. C'est pour cette raison que les Témoins de Jéhovah bénéficient automatiquement de l'exemption, mais cela n'exclut pas la possibilité pour d'autres personnes de se prévaloir des dispositions de la loi sur l'objection de conscience au service militaire.

9.2 Le Comité doit trancher le point de savoir si le traitement différent réservé, en ce qui concerne l'exemption du service militaire, aux Témoins de Jéhovah et aux autres objecteurs de conscience constitue une discrimination interdite en vertu de l'article 26 du Pacte. Le Comité a noté que, selon l'Etat partie, cette différence de traitement se fonde sur des critères raisonnables et objectifs, vu que les Témoins de Jéhovah forment un groupe social très uni et régi par des règles de comportement très strictes, et que le fait d'appartenir à ce groupe établit à suffisance que les objections formulées à l'encontre du service militaire et du service civil de remplacement sont fondées sur des convictions religieuses authentiques. Le Comité note qu'il n'existe aucune possibilité en droit pour les autres objecteurs de conscience d'être exemptés du service militaire sans plus; ils sont tenus de faire un service civil de remplacement; s'ils s'y refusent pour des raisons de conscience, ils peuvent être poursuivis et, s'ils sont reconnus coupables, ils sont condamnés à une peine d'emprisonnement.

9.3 Le Comité estime que le fait de n'accorder l'exemption qu'à une seule catégorie d'objecteurs de conscience et de la refuser à toutes les autres ne peut être considéré comme raisonnable. Dans ce contexte, le Comité se réfère à ses observations générales sur l'article 18 et souligne que, lorsqu'un Etat partie reconnaît le droit à l'objection de conscience au service militaire, il ne doit pas faire de différence entre les objecteurs de conscience en fonction de la nature de leurs convictions respectives. Cependant, en l'espèce, le Comité considère que l'auteur n'a pas démontré que ses convictions pacifistes étaient incompatibles avec le système de service de remplacement des Pays-Bas ni que le traitement spécial réservé aux Témoins de Jéhovah constituait une atteinte à ses droits en tant qu'objecteur de conscience au service militaire. Le Comité estime donc que M. Brinkhof n'est pas victime d'une violation de l'article 26 du Pacte.

9.4 Le Comité est néanmoins d'avis que l'Etat partie devrait accorder le même traitement à toutes les personnes qui formulent des objections de même nature à l'encontre du service militaire et du service de remplacement, et il recommande à l'Etat partie de revoir les règlements et la pratique en vigueur afin d'éliminer toute discrimination dans ce domaine.

22. Communication N° 410/1990, Csaba Párkányi c. Hongrie

Constatations adoptées le 27 juillet 1992

1. L'auteur de la communication, datée du 15 janvier 1990, est Csaba Párkányi, citoyen hongrois, qui a son domicile dans la ville de Siófok. A l'époque où l'auteur a présenté sa communication, il purgeait une peine d'emprisonnement à la prison d'Etat de Budapest; il a été libéré depuis en vertu d'une amnistie. Il se dit victime de violations par la Hongrie des articles 9, 10 et 11 du Pacte international relatif aux droits civils et politiques. [...]

[...]

3.1 L'auteur se plaint d'une arrestation et d'une détention arbitraires par la police du comté de Somogy, les accusations portées contre lui n'ayant pu être étayées par des preuves suffisantes; de plus, les conditions dans lesquelles il a subi sa détention provisoire auraient été déplorables. A cet égard, il note que les détenus qui se trouvaient dans les locaux de détention provisoire de la police, y compris lui-même, étaient vêtus de haillons, et qu'il a dû attendre une semaine entière avant de rentrer en possession de ses vêtements. Les détenus n'avaient que cinq minutes pour une toilette élémentaire le matin, et ne pouvaient prendre une douche qu'une fois par semaine; en outre, ils ne disposaient chaque jour que de cinq minutes pour une récréation qui consistait à marcher dans un espace ouvert d'une vingtaine de mètres carrés, entouré de murs contre lesquels les gardiens venaient uriner fréquemment. Ils n'avaient pas assez à manger; bien que l'auteur ait pu recevoir des vivres apportés par les siens en fin de semaine, il a perdu plus de 10 kilogrammes au cours de sa détention préventive. Il déclare que les gardiens ont cherché à l'intimider, lui faisant comprendre que s'il ne passait pas aux aveux, ils inventeraient sans cesse des chefs d'accusation différents de manière à justifier la prolongation de sa détention. Cela, ajoute l'auteur, était pour lui une source de tension nerveuse continuelle.

[...]

6.1 Dans ses observations en date du 22 octobre 1991, l'Etat partie indique qu'il a enquêté sur les allégations de l'auteur concernant les circonstances de sa détention. Il reconnaît que les vêtements de l'auteur, sitôt après sa détention, ont été remplacés par des vêtements fournis par la prison; il fait valoir que cela était nécessaire pour des raisons de sécurité: en effet, l'auteur portait un jean ayant une fermeture éclair, qui aurait pu entraîner une blessure. Il affirme que le fonctionnaire chargé de l'instruction a invité l'épouse de l'auteur à apporter des vêtements adaptés; il fait valoir que le paquet est arrivé au bout d'une semaine, ce qui ne peut être considéré comme un délai excessif.

6.2 En ce qui concerne la plainte de l'auteur, selon laquelle les détenus n'avaient que cinq minutes par jour pour leur hygiène personnelle, l'Etat partie concède que les détenus avaient relativement peu de temps pour leur hygiène personnelle et leur promenade. Il explique que le règlement prévoit une heure et demie pour la toilette, mais qu'il y a 12 cellules, contenant 40 personnes. En ce qui concerne la cour de promenade, sa superficie est de 35 mètres carrés, non de 20 mètres carrés, comme l'auteur l'affirme.

6.3 L'Etat partie soutient par ailleurs qu'il ressort du dossier de l'enquête que l'auteur s'est plaint de la nourriture une seule fois, et que cette plainte ne portait pas sur la quantité mais sur la qualité de la nourriture, qu'il trouvait trop grasse. L'Etat partie affirme en outre que l'auteur a été examiné par un médecin de la police, qui a conclu qu'aucun obstacle d'ordre médical n'empêchait de maintenir l'auteur en détention.

6.4 L'Etat partie souligne que des améliorations ont récemment été apportées aux règlements pénitentiaires. Il soutient toutefois que le règlement en vigueur à l'époque de la détention de l'auteur est pleinement conforme au Pacte.

[...]

8.3 Pour ce qui est de la plainte quant au fond, le Comité estime que, compte tenu des renseignements donnés par l'Etat partie, rien ne permet de conclure que la nourriture était insuffisante et que l'auteur était contraint de porter des haillons. Il note toutefois que l'Etat partie ne conteste pas l'affirmation de l'auteur selon laquelle il ne lui était alloué que cinq minutes par jour pour son hygiène personnelle et cinq minutes pour des exercices en plein air. Il considère qu'une telle restriction du temps accordé pour l'hygiène et l'exercice physique est contraire aux dispositions de l'article 10 du Pacte.

[...]

10. Le Comité estime que l'Etat partie devrait accorder à M. Párkányi une réparation appropriée. En outre, tout en se félicitant des améliorations apportées de façon générale aux conditions de détention en vertu d'amendements récents de la loi, il fait observer que des dispositions devraient aussi être prises pour prévoir, conformément à la loi, un temps suffisant pour l'hygiène personnelle et l'exercice physique.

11. Le Comité souhaiterait recevoir, dans un délai de 90 jours, des informations sur toutes mesures pertinentes que l'Etat partie aurait prises en rapport avec ses constatations.

23. Communication Nº 412/1990, Auli Kivenmaa c. Finlande

Constatations adoptées le 31 mars 1994

1. L'auteur de la communication est Mme Auli Kivenmaa, citoyenne finlandaise et Secrétaire générale de l'Organisation des jeunes sociaux démocrates. Elle affirme être victime d'une violation, par le Gouvernement finlandais, des articles 15 et 19 ou 21 du Pacte international relatif aux droits civils et politiques.

[...]

2.1 Le 3 septembre 1987, à l'occasion de l'accueil par le Président de la République de Finlande d'un chef d'Etat étranger en visite officielle, l'auteur et quelque 25 membres de son organisation, qui se trouvaient au milieu d'autres personnes rassemblées en face du Palais présidentiel où les deux dirigeants étaient réunis, ont distribué des tracts en arborant un calicot qui critiquait le bilan du chef d'Etat en visite en matière de droits de l'homme. La police a immédiatement fait abaisser le calicot et a demandé qui était le responsable. L'auteur s'est fait connaître, ce qui lui a valu d'être accusée d'avoir enfreint la loi sur les rassemblements publics en tenant une «réunion publique» sans avoir déposé de préavis.

2.2 La loi sur les rassemblements publics précitée n'a pas été modifiée depuis 1921, pas même lors de l'entrée en vigueur du Pacte. Aux termes du paragraphe 1 de son article 12, le fait d'organiser une réunion publique sans en avertir la police au moins six heures à l'avance constitue un délit. La notification préalable est requise uniquement pour les rassemblements publics en plein air (art. 3). [...] Le paragraphe 1 de l'article premier dispose que l'objet d'un «rassemblement» est de discuter de choses publiques et de prendre des décisions à ce sujet. L'article 10 de la loi dispose qu'une notification préalable est également requise pour les «processions cérémonielles et défilés publics».

2.3 Bien que l'auteur ait soutenu qu'elle n'avait pas organisé de rassemblement public, mais seulement critiqué les violations des droits de l'homme qu'aurait commises le chef d'Etat en visite, le tribunal d'Helsinki, le 27 janvier 1988, l'a jugée coupable de l'infraction qui lui était reprochée et l'a condamnée à une amende de 438 markkaa, estimant que, par son comportement, le groupe de 25 personnes incriminé s'était distingué de la foule et pouvait donc être considéré comme un rassemblement public.

[...]

3. L'auteur nie qu'il y ait eu rassemblement public au sens de la loi sur les rassemblements publics. Elle soutient qu'elle n'a fait qu'exercer sa liberté d'expression, qui est régie en Finlande par la loi sur la liberté de la presse et pour laquelle aucune notification préalable n'est exigée. Elle affirme que sa condamnation constitue par conséquent une violation de l'article 19 du Pacte. [...]

[...]

9.2 Le Comité considère que l'obligation d'avertir la police six heures à l'avance qu'une manifestation doit avoir lieu dans un endroit public peut effectivement faire partie des restrictions tolérées par l'article 21 du Pacte. Au cas d'espèce, il résulte des informations communiquées aussi bien par l'auteur de la communication que par l'Etat partie que les circonstances de la participation de plusieurs personnes venues assister à la cérémonie d'accueil d'un chef d'Etat étranger en visite officielle annoncée publiquement à l'avance par le gouvernement ne permettent pas de considérer leur présence sur les lieux de la cérémonie comme une manifestation. Mais dans la mesure où l'Etat partie soutient que le fait de déployer une bannière a fait d'eux des manifestants, le Comité note que toute restriction placée à leur droit de libre assemblée aurait dû être conforme aux dispositions de l'article 21. Une manifestation doit normalement être notifiée dans l'intérêt de la sécurité nationale, de la sûreté publique, de l'ordre public ou pour protéger la santé publique et la moralité publique ou les droits et libertés d'autrui. Dès lors, l'application de la législation finlandaise sur les manifestations à un tel rassemblement ne peut être considérée comme la mise en oeuvre d'une restriction tolérée par l'article 21 du Pacte.

9.3 Le droit pour un individu d'exprimer ses opinions politiques, y compris évidemment sur la question des droits de l'homme, fait partie de la liberté d'expression garantie par l'article 19 du Pacte. En l'espèce, l'auteur de la communication a exercé ce droit en brandissant un calicot. Il est vrai que l'article 19 autorise la limitation par la loi de la liberté d'expression dans certaines circonstances. Toutefois, au cas particulier, l'Etat partie n'a pas fait état d'une loi permettant de restreindre cette liberté ni établi en quoi la restriction appliquée à Mme Kivenmaa était nécessaire à la sauvegarde des droits et des impératifs nationaux énoncés aux alinéas a) et b) de l'article 19.3 du Pacte.

[...]

10. Le Comité des droits de l'homme conclut, aux fins du paragraphe 4 de l'article 5 du Protocole facultatif se rapportant au Pacte international relatif aux droits civils et politiques, que les faits qui lui ont été exposés font apparaître une violation des articles 19 et 21 du Pacte.

24. Communication N° 441/1990, Robert Casanovas c. France

Constatations adoptées le 19 juillet 1994

1. L'auteur de la communication est Robert Casanovas, citoyen français vivant à Nancy. Il accuse les autorités françaises d'une violation des dispositions du paragraphe 3 a) et b) de l'article 2 et du paragraphe 1 de l'article 14 du Pacte international relatif aux droits civils et politiques.

2.1 L'auteur, ex-sapeur-pompier de la ville de Nancy, avait été nommé le 1er septembre 1987 chef du Centre de secours principal de Nancy et a été démis de ses fonctions le 20 juillet 1988 pour prétendue incompétence par décision des autorités régionales et départementales. L'auteur a fait appel auprès du tribunal administratif de Nancy, qui a cassé cette décision le 20 décembre 1988. M. Casanovas a été réintégré dans ses fonctions par décision du 25 janvier 1989.

2.2 L'administration de la ville de Nancy a entamé contre l'auteur une nouvelle procédure qui a débouché le 23 mars 1989 sur une deuxième décision de révocation. L'auteur a contesté cette décision devant le tribunal administratif le 30 mars 1989. Le 19 octobre 1989, le président du tribunal a ordonné la clôture de l'instruction préliminaire. Le 20 novembre 1989, M. Casanovas a écrit au président du tribunal pour lui demander d'inscrire son affaire au rôle du tribunal à une date aussi rapprochée que possible. Il a réitéré sa demande le 28 décembre 1989. Par une lettre datée du 11 janvier 1990, le président l'a informé que son affaire ne justifiait pas un traitement urgent ou spécial, et qu'en conséquence elle suivrait l'ordre chronologique de mise au rôle, ce qui signifiait qu'elle ne serait jugée ni en 1990 ni en 1991.

[...]

2.5 Le 20 juillet 1990, M. Casanovas a saisi la Commission européenne des droits de l'homme en invoquant l'article 6 de la Convention européenne de sauvegarde des droits de l'homme et des libertés fondamentales. Le 3 octobre 1990, la Commission a déclaré sa communication irrecevable au motif que la Convention ne s'appliquait pas aux procédures de révocation des fonctionnaires.

[...]

3.2 L'auteur soutient en outre que les Etats parties au Pacte ont l'obligation de donner aux tribunaux les moyens de rendre la justice efficacement et rapidement. Selon l'auteur, ce n'est pas le cas, dès lors que trois ans au moins s'écoulent avant qu'une affaire soit jugée en première instance. [...]

[...]

4.1 L'Etat partie fait valoir que la communication est irrecevable en raison de la réserve formulée par le Gouvernement français lors du dépôt de l'instrument de ratification du Protocole facultatif se rapportant au Pacte international relatif aux droits civils et politiques, au sujet du paragraphe 2 a) de l'article 5, à savoir que le Comité des droits de l'homme «n'a pas compétence pour examiner une communication d'un particulier si la même question est examinée ou a déjà été examinée par d'autres instances internationales d'enquête ou de règlement».

[...]

4.3 L'Etat partie fait observer en outre que la communication est irrecevable car elle est incompatible *ratione materiae* avec le Pacte. Il soutient que le paragraphe 1 de l'article 14 du Pacte ne s'applique pas, étant donné que la procédure devant le tribunal administratif ne concerne pas les «droits et obligations de caractère civil». Dans ce contexte, l'Etat partie renvoie à la décision de la Commission européenne qui a estimé que la Convention européenne de sauvegarde des droits de l'homme et des libertés fondamentales ne couvre pas la procédure de révocation des fonctionnaires, et il fait valoir que le texte sur lequel la Commission européenne a fondé sa décision est identique au texte du paragraphe 1 de l'article 14 du Pacte. De plus, contrairement au paragraphe 1 de l'article 6 de la Convention européenne, le paragraphe 1 de l'article 14 du Pacte ne contient aucune disposition sur le droit à une décision judiciaire dans un délai raisonnable.

[...]

5.1 A sa quarante-huitième session, le Comité a examiné la question de la recevabilité de la communication. Il a noté que selon l'Etat partie la communication était irrecevable en raison de la réserve qu'il avait émise au sujet du paragraphe 2 de l'article 5 du Protocole facultatif. Le Comité a observé que la Commission européenne avait déclaré la demande de l'auteur irrecevable au motif qu'elle était incompatible *ratione materiae* avec la Convention européenne. Cependant le Comité a considéré que, comme les droits que proclame la Convention européenne différaient, sur le fond comme au regard des procédures d'application, des droits proclamés par le Pacte, une affaire qui avait été déclarée irrecevable *ratione materiae* n'avait pas, au sens de la réserve, été «examinée» d'une façon qui excluait que le Comité l'examine à son tour.

5.2 Le Comité a rappelé que la notion de «droits et obligations de caractère civil», au sens du paragraphe 1 de l'article 14, est fondée sur la nature du droit en question plutôt que sur le statut de l'une des parties. Le Comité a considéré qu'une procédure de révocation constituait bien une contestation sur les droits et obligations de caractère civil, au sens du paragraphe 1 de l'article 14 du Pacte. En conséquence, le 7 juillet 1993, le Comité a déclaré la communication recevable.

6.1 Par une lettre datée du 17 juin 1994, l'auteur informe le Comité que le tribunal administratif de Nancy a prononcé un jugement en sa faveur le 20 décembre 1991 et qu'il a été réintégré. [...]

[...]

7.2 Le Comité note que la question dont il est saisi est de savoir si la durée de la procédure devant le tribunal administratif de Nancy, en ce qui concerne sa seconde révocation, le 23 mars 1989, violait le droit de l'auteur à un procès équitable au sens du paragraphe 1 de l'article 14 du Pacte.

7.3 Le Comité rappelle que le droit à un procès équitable au sens du paragraphe 1 de l'article 14 comporte un certain nombre de conditions, y compris la condition que la procédure devant les tribunaux soit conduite avec la célérité voulue. Le Comité note que, dans l'affaire considérée, l'auteur a intenté une action contre sa révocation devant le tribunal administratif de Nancy le 30 mars 1989, et que ce tribunal, après avoir clos l'instruction préliminaire le 19 octobre 1989, a rendu son jugement dans l'affaire le 20 décembre 1991.

7.4 Le Comité note que l'auteur a obtenu un jugement favorable du tribunal administratif de Nancy, et qu'il a été réintégré. Compte tenu du fait que le tribunal a bien examiné la question de savoir si l'affaire de l'auteur méritait un traitement prioritaire, le Comité estime que la période écoulée entre le dépôt de la plainte pour révocation irrégulière et la décision de réintégration ne constitue pas une violation du paragraphe 1 de l'article 14 du Pacte.

8. Le Comité des droits de l'homme, agissant en vertu du paragraphe 4 de l'article 5 du Protocole facultatif se rapportant au Pacte international relatif aux droits civils et politiques, est d'avis que les faits dont il est saisi ne font pas apparaître de violation de l'une quelconque des dispositions du Pacte.

25. Communication N° 449/1991, Barbarín Mojica et son fils, Rafael Mojica c. République dominicaine

Constatations adoptées le 15 juillet 1994

1. L'auteur de la communication est Barbarín Mojica, citoyen dominicain et dirigeant syndical résidant à Saint-Domingue (République dominicaine). Il soumet la communication au nom de son fils, Rafael Mojica, citoyen dominicain né en 1959, disparu en mai 1990. Il se plaint de violations par l'Etat partie des articles 6, 7, 9 (par. 1) et 10 (par. 1) du Pacte à l'égard de son fils.

2.1 L'auteur est un dirigeant syndical bien connu. Son fils, Rafael Mojica, docker au port de Saint-Domingue a été vu pour la dernière fois par sa famille le 5 mai 1990 au soir. Entre 20 heures et 1 heure du matin, il a été vu par d'autres personnes au restaurant «El Aplauso», situé non loin du syndicat d'Arrimo Portuario, dont il était membre. Des témoins affirment qu'il est ensuite monté dans un taxi où se trouvaient déjà d'autres hommes qui n'ont pas été identifiés.

2.2 L'auteur affirme qu'au cours des semaines ayant précédé sa disparition, Rafael Mojica avait reçu des menaces de mort de certains militaires gradés de la Dirección de Bienes Nacionales, en particulier du capitaine Manuel de Jesús Morel et de deux auxiliaires de celui-ci surnommés «Martin» et «Brinquito». Ces derniers l'auraient menacé pour ses prétendues sympathies communistes.

[...]

2.4 Le 16 juillet 1990, l'auteur, par l'intermédiaire d'un avocat, a demandé au ministère public de Saint-Domingue d'ouvrir une enquête sur l'implication présumée du capitaine Morel et de ses auxiliaires dans la disparition de son fils. Il ne précise pas si une suite a été donnée à sa demande entre le 23 juillet 1990, date à laquelle il a présenté sa communication au Comité des droits de l'homme, et le début de 1994.

[...]

5.1 Le délai fixé à l'Etat partie conformément au paragraphe 2 de l'article 4 du Protocole facultatif a expiré le 10 novembre 1993. Aucune communication quant au fond n'a été reçue de l'Etat partie, malgré le rappel qui lui a été adressé le 2 mai 1994.

5.2 Le Comité a noté avec regret et préoccupation l'absence de coopération de la part de l'Etat partie, tant au stade de la décision concernant la recevabilité qu'à celui de l'examen quant au fond de la communication. Il ressort implicitement du paragraphe 2 de l'article 4 du Protocole facultatif et de l'article 91 du règlement intérieur que tout Etat partie concerné doit enquêter de manière approfondie, en toute bonne foi et dans les délais fixés, sur toutes les allégations de violation du Pacte le mettant en cause et de communiquer au Comité tous les renseignements dont il dispose. L'Etat partie ne s'est pas acquitté de cette obligation. En conséquence, toute l'importance voulue doit être accordée aux allégations de l'auteur, dans la mesure où elles ont été étayées.

5.3 L'auteur a affirmé qu'il y avait eu violation du paragraphe 1 de l'article 9 du Pacte. Bien que rien ne prouve que Rafael Mojica ait été effectivement arrêté ou détenu le 5 mai 1990 ou après cette date, le Comité rappelle que, dans sa décision concernant la recevabilité, il a prié l'Etat partie de donner des précisions à ce sujet, ce que ce dernier a négligé de faire. Le Comité note en outre l'allégation selon laquelle Rafael Mojica aurait reçu des menaces de mort de la part de certains militaires de la Dirección de Bienes Nacionales dans les semaines qui ont précédé sa disparition; là encore, l'Etat partie n'a pas démenti cette information.

5.4 Il est stipulé à la première phrase du paragraphe 1 de l'article 9 que tout individu a droit à la liberté et à la sécurité de sa personne. Dans sa jurisprudence, le Comité a déclaré que ce droit pouvait être invoqué dans des contextes autres que celui de l'arrestation et de la détention et qu'une interprétation selon laquelle les Etats parties pourraient ne pas tenir compte des menaces émanant de représentants de l'autorité et pesant sur la liberté et la sécurité personnelle d'individus non détenus relevant de leur juridiction, les tolérer ou les passer sous silence, rendrait inefficaces les garanties énoncées dans le Pacte. Le Comité conclut en l'espèce que l'Etat partie n'a pas garanti le droit de Rafael Mojica à la liberté et à la sécurité de sa personne, en violation du paragraphe 1 de l'article 9 du Pacte.

5.5 A propos de l'allégation de violation du paragraphe 1 de l'article 6, le Comité rappelle son observation générale 6 [16] concernant l'article 6, dans laquelle il a déclaré, notamment, que les Etats parties devaient prendre des mesures spécifiques et efficaces pour empêcher la disparition des individus et mettre en place des moyens et des procédures efficaces pour faire en sorte que des organismes impartiaux appropriés mènent des enquêtes approfondies sur les cas de personnes disparues dans des circonstances pouvant impliquer une violation du droit à la vie.

5.6 Le Comité note que l'Etat partie n'a pas nié a) que Rafael Mojica ait effectivement disparu et n'ait pas été retrouvé depuis le soir du 5 mai 1990 et b) que sa disparition ait été le fait d'individus appartenant aux forces de sécurité. Il constate en l'espèce que la République dominicaine n'a pas assuré la protection du droit à la vie consacré à l'article 6 d'autant plus qu'il s'agit d'un cas où la vie de la victime avait déjà été menacée par des militaires.

5.7 Les circonstances entourant la disparition de Rafael Mojica, y compris les menaces dont il a été l'objet, donnent fortement à penser qu'il a été torturé ou soumis à un traitement cruel et inhumain. L'Etat partie n'a rien opposé qui permette de conclure le contraire. Conscient de la nature des disparitions forcées ou involontaires dans de nombreux pays, le Comité s'estime fondé à conclure que la disparition de personnes est inséparablement liée à un traitement qui équivaut à une violation de l'article 7.

6. Le Comité des droits de l'homme, agissant en vertu du paragraphe 4 de l'article 5 du Protocole facultatif se rapportant au Pacte international relatif aux droits civils et politiques, est d'avis que les faits dont il est saisi font apparaître une violation par l'Etat partie de l'article 6 (par. 1), de l'article 7 et de l'article 9 (par. 1) du Pacte.

7. Conformément au paragraphe 3 de l'article 2 du Pacte, l'Etat partie est tenu de mettre à la disposition de l'auteur un recours utile. Le Comité prie instamment l'Etat partie d'enquêter de manière approfondie sur la disparition de Rafael Mojica, de traduire en justice les responsables de la disparition de la victime et de verser une indemnisation appropriée à la famille de celle-ci.

8. Le Comité souhaite recevoir, dans un délai de 90 jours, des observations de l'Etat partie sur le mesures prises comme suite à ses constatations.

26. Communication N° 453/1991, R. A. Coeriel et M. A. R. Aurik c. Pays-Bas

Constatations adoptées le 8 juillet 1993

1. Les auteurs de la communication sont A.R. Coeriel et M.A.R. Aurik, tous deux citoyens néerlandais résidant à Roermond (Pays-Bas). Ils se disent victimes d'une violation par les Pays-Bas des articles 17 et 18 du Pacte international relatif aux droits civils et politiques.

2.1 Les auteurs ont adopté la religion hindoue et disent vouloir étudier pour se faire prêtres hindous («pandits») en Inde. Ils ont demandé au tribunal de district de Roermond (*Arrondissements Rechtbank*) l'autorisation de prendre des prénoms hindous à la place des leurs comme l'exige leur religion. Le tribunal a accédé à leur requête le 6 novembre 1986.

2.2 Par la suite, les auteurs ont demandé au Ministre de la justice l'autorisation de changer leurs noms patronymiques en des noms hindous. Pour étudier et pratiquer la religion hindoue et se faire prêtres hindous, il est obligatoire, d'après eux, de prendre un nom hindou. Par des décisions rendues respectivement les 2 août et 14 décembre 1988, le Ministre de la justice a rejeté la requête des auteurs, au motif qu'elle ne répondait pas aux conditions requises d'après les «Directives pour les changements de nom» (*Richtlinien voor geslachtsnaamwijziging* de 1976). Il était aussi stipulé dans ces décisions que seules des circonstances exceptionnelles pouvaient justifier une réponse positive, ce qui n'était pas le cas en l'espèce. Le Ministre a considéré que les noms que portaient actuellement les auteurs ne les empêchaient pas d'étudier pour se faire prêtres hindous, puisque, s'ils le souhaitaient, les intéressés pourraient prendre les noms religieux que leur donnerait leur gourou une fois leurs études terminées.

2.3 Les auteurs ont présenté un recours contre la décision rendue par le Ministre devant le Conseil d'Etat (*Raad van State*), la plus haute juridiction administrative des Pays-Bas, et déclaré entre autres que le refus de les autoriser à changer de nom allait à l'encontre de leur liberté de religion. Le 17 octobre 1990, le Conseil a rejeté leur recours. Il estimait que les auteurs n'avaient pas démontré que leur intérêt était tel qu'il justifiait un changement de nom en dehors des conditions prévues par la loi. De l'avis du Conseil, il n'était pas prouvé que les auteurs aient à changer officiellement de nom pour pouvoir se faire prêtres hindous; à cet égard, il a noté que les auteurs étaient libres d'utiliser leur nom hindou dans la vie publique.

2.4 Le 6 février 1991, les auteurs ont introduit une requête devant la Commission européenne des droits de l'homme. Le 2 juillet 1992, la Commission européenne a déclaré irrecevable la requête des auteurs parce que manifestement mal fondée, car ils n'avaient pas démontré qu'ils seraient empêchés de faire leurs études religieuses si le changement de nom leur était refusé.

[...]

9.1 [...] Dans sa réponse datée du 3 octobre 1994, l'Etat partie explique que le Code civil néerlandais stipule que quiconque souhaite changer de nom patronymique peut déposer une requête auprès du Ministère de la justice. Le Code ne précise pas les cas dans lesquels il est fait droit à la requête. La politique du ministère a été d'autoriser le changement de nom seulement dans des cas exceptionnels. En principe, les individus doivent conserver le nom qu'ils ou elles ont reçu à la naissance, dans l'intérêt de la stabilité légale et sociale.

9.2 Pour empêcher tout arbitraire, la politique suivie en matière de changement de nom a été portée à la connaissance du public avec la publication des «Directives pour les changements de nom». L'Etat partie rappelle que, d'après ces directives, le changement de nom est autorisé quand le nom porté par le requérant est indécent ou ridicule, si courant qu'il a perdu son caractère distinctif ou encore quand il n'a pas une consonance néerlandaise. A titre exceptionnel, le changement de nom pourrait être autorisé, hors ces catégories, par exemple dans le cas où le rejet de la requête menacerait la santé mentale ou physique du requérant. Il pourrait aussi être accédé à la demande si le refus était déraisonnable au regard de l'intérêt du requérant ainsi que de l'Etat. L'Etat partie souligne qu'une politique restrictive concernant les changements de nom est nécessaire dans l'intérêt de la stabilité de la société.

[...]

10.2 Le Comité doit déterminer en premier lieu si l'article 17 du Pacte protège le droit de choisir son nom et d'en changer. Il fait observer que l'article 17 prévoit notamment que nul ne sera l'objet d'immixtion arbitraire ou illégale dans sa vie privée, sa famille, son domicile ou sa correspondance. Le Comité considère que la notion de vie privée renvoie au domaine de la vie de l'individu où il peut exprimer librement son identité, que ce soit dans ses relations avec les autres ou seul. Il estime que le nom d'une personne constitue un élément important de son identité et que la protection contre les immixtions arbitraires ou illégales dans la vie privée comprend la protection contre les immixtions arbitraires ou illégales dans l'exercice du droit de choisir son nom et d'en changer. Ainsi, un Etat qui contraindrait tous les étrangers à changer de nom procéderait à une immixtion au sens de l'article 17 du Pacte. La question se pose de savoir si le refus des autorités d'autoriser un changement de nom dépasse le seuil d'immixtion tolérable au sens de l'article 17.

10.3 Le Comité doit donc se demander si, en l'occurrence, le rejet par l'Etat partie de la demande de changement de nom constitue une immixtion arbitraire ou illégale dans la vie privée des auteurs. Il note que, la décision de l'Etat partie reposant sur les lois et règlements en vigueur aux Pays-Bas, l'immixtion ne peut pas être considérée comme illégale. Il reste à déterminer si elle est arbitraire.

10.4 Le Comité note que les circonstances dans lesquelles le changement de nom est autorisé sont définies de façon étroite dans les Directives et que l'exercice d'un pouvoir discrétionnaire en dehors de ces circonstances est réservé aux cas exceptionnels. Il rappelle son Observation générale sur l'article 17, dans laquelle il fait observer que la notion d'arbitraire «a pour objet de garantir que même une immixtion prévue par la loi soit conforme aux dispositions, aux buts et aux objectifs du Pacte et soit, dans tous les cas, raisonnable eu égard aux circonstances particulières». Ainsi, le changement de nom demandé ne peut être refusé que pour des motifs qui sont raisonnables dans les circonstances précises de l'affaire.

10.5 En l'espèce, les autorités avaient fait droit en 1986 à la demande de changement de prénom pour des prénoms hindous faite par les auteurs. Pour justifier le refus de changer aussi de nom patronymique, l'Etat partie avance que «les auteurs n'avaient pas montré que le changement demandé était essentiel pour poursuivre leurs études, que les noms choisis avaient des connotations religieuses et n'avaient pas une consonance néerlandaise». Le Comité estime que les motifs invoqués pour limiter ainsi les droits des auteurs au titre de l'article 17 ne sont pas raisonnables. Dans les circonstances de l'affaire, le refus opposé aux auteurs était donc arbitraire au sens du paragraphe 1 de l'article 17 du Pacte.

11. Le Comité des droits de l'homme, agissant en vertu du paragraphe 4 de l'article 5 du Protocole facultatif se rapportant au Pacte international relatif aux droits civils et politiques, estime que les faits à lui soumis font apparaître une violation de l'article 17 du Pacte.

27. Communication N° 455/1991, Allan Singer c. Canada

Constatations adoptées le 26 juillet 1994

1. L'auteur de la communication est Allan Singer, citoyen canadien né en 1913, résidant à Montréal (Canada). Il prétend être victime d'une «discrimination de langue» de la part du Canada, en violation du Pacte international relatif aux droits civils et politiques, dont il n'invoque cependant pas expressément l'article 26.

2.1 L'auteur gère une entreprise de papeterie et d'imprimerie à Montréal. Sa clientèle est en majorité, mais pas exclusivement, anglophone. A partir de 1978, l'auteur a été sommé à plusieurs reprises par les autorités du Québec de remplacer les inscriptions commerciales en anglais placées à l'extérieur de son magasin par des inscriptions en français. A chaque fois, il a plaidé sa cause devant des juridictions locales, en faisant valoir que la Charte de la langue française (loi N° 101) était discriminatoire, en ce qu'elle limitait l'utilisation de la langue anglaise à des fins commerciales. En particulier, l'article 58 de la loi N° 101 lui interdisait de placer des inscriptions commerciales en anglais à l'extérieur de son magasin. [...]

[...]

12.1 Pour ce qui est du fond, le Comité fait observer que ses observations concernant les communications N°s 359/1989 (*Ballantyne/Davidson* c. *Canada*) et 385/1989 (*McIntyre* c. *Canada*), valent, *mutatis mutandis*, dans le cas de M. Singer.

12.2 S'agissant de savoir si l'article 58 de la loi N° 101, tel qu'amendé par l'article premier de la loi N° 178, portait atteinte au droit de M. Singer à la liberté d'expression, consacré à l'article 19 du Pacte, le Comité, après avoir conclu qu'un Etat partie au Pacte peut choisir une ou plusieurs langues officielles mais qu'il ne peut exclure, en dehors du domaine de la vie publique, la liberté de s'exprimer dans une langue de son choix, en déduit qu'il y a eu violation du paragraphe 2 de l'article 19. [...]

28. Communication N° 456/1991, Ismet Celepli c. Suède

Constatations adoptées le 18 juillet 1994

1. L'auteur de la communication (en date du 17 février 1991) est Ismet Celepli, citoyen turc d'origine kurde résidant en Suède, qui se dit victime de violations de ses droits de l'homme de la part de la Suède. Il est représenté par un conseil.

2.1 En 1975 l'auteur, victime de persécutions politiques en Turquie, est arrivé en Suède. Il a été autorisé à résider dans le pays, mais n'a pas obtenu le statut de réfugié. A la suite du meurtre d'un ancien membre du Parti ouvrier du Kurdistan (PKK) survenu en juin 1984 à Uppsala, il a été soupçonné d'avoir participé à des activités terroristes. Le 18 septembre 1984, il a été arrêté et mis en garde à vue en vertu de la loi sur les étrangers; il n'a été accusé d'aucun délit. Le 10 décembre 1984, une ordonnance d'expulsion a été rendue contre lui et huit autres Kurdes, en vertu des articles 30 et 47 de la même loi. Les autorités, toutefois, n'ont pas mis l'ordonnance d'expulsion à exécution, considérant que les Kurdes risquaient de faire l'objet de persécutions politiques à leur retour en Turquie. Mais elles leur ont imposé des limitations et des conditions en ce qui concerne leur lieu de résidence.

2.2 En vertu de ces restrictions, l'auteur s'est trouvé assigné à résidence dans l'agglomération où il résidait (Västerhaninge, ville de 10 000 habitants située à 25 kilomètres au sud de Stockholm) et tenu de se présenter à la police trois fois par semaine; il ne pouvait pas sortir de la ville où il résidait, aller s'installer ailleurs, ni changer d'emploi sans l'autorisation de la police.

2.3 La loi suédoise ne prévoit pas la possibilité de faire appel d'une décision d'expulser une personne soupçonnée de terrorisme ou de restreindre sa liberté de circulation. Les restrictions à la liberté de circulation de l'auteur de la communication ont été réduites en août 1989, de même que la fréquence des visites obligatoires à la police, qui sont devenues hebdomadaires. Le 5 septembre 1991, l'ordonnance d'expulsion a été annulée et les restrictions à la liberté de circulation de l'auteur ainsi que l'obligation qui lui était faite de se présenter régulièrement à la police ont été levées.

[...]

6.2 Le 19 mars 1993, le Comité a déclaré la communication recevable dans la mesure où elle semble soulever des questions relevant de l'article 12 du Pacte.

[...]

7.1 Dans une communication datée du 9 novembre 1993, l'Etat partie fait valoir que M. Celepli ne se trouvait pas légalement sur le territoire suédois après qu'une décision d'expulsion eut été prise à son endroit, le 10 décembre 1984. L'Etat partie considère que c'est à la lumière du droit interne qu'il convient de déterminer si une personne se trouve légalement sur le territoire national. Il explique que la décision d'expulsion n'a pas été appliquée pour des raisons humanitaires mais qu'en principe la décision avait été prise de ne pas autoriser l'auteur à rester en Suède. L'Etat partie se réfère à ses observations concernant la recevabilité et réaffirme que la présence en Suède de l'auteur après le 10 décembre 1984 n'était légale qu'à l'intérieur des limites de la commune de Haninge et, ultérieurement du comté de Stockholm.

7.2 L'Etat partie souligne en outre que si l'auteur avait quitté la Suède à une date quelconque postérieure au 10 décembre 1984, il n'aurait pas été autorisé à y revenir. Il fait valoir que l'auteur se trouvait illégalement en Suède dès lors qu'il faisait l'objet d'une ordonnance d'expulsion, même si celle-ci n'a pas été appliquée; il souligne à cet égard que si cette ordonnance avait été appliquée, l'auteur se serait trouvé à l'extérieur du pays et que, de ce fait, aucun problème ne se serait posé sous l'angle de l'article 12.

[...]

9.2 Le Comité note que, le 10 décembre 1984, l'auteur a fait l'objet d'une ordonnance d'expulsion, laquelle n'a cependant pas été appliquée, et qu'il a été autorisé à séjourner en Suède, sa liberté de circulation étant toutefois soumise à des restrictions. Le Comité estime que, après que l'ordonnance susmentionnée eut été prise, l'auteur ne se trouvait légalement sur le territoire suédois, au sens du paragraphe 1 de l'article 12 du Pacte, qu'en vertu des restrictions qui lui avaient été imposées par l'Etat partie. En outre, tenant compte du fait que l'Etat partie a invoqué des raisons de sécurité nationale pour justifier les restrictions à la liberté de circulation de l'auteur, le Comité estime que les restrictions dont l'auteur a fait l'objet étaient compatibles avec celles qu'autorise le paragraphe 3 de l'article 12 du Pacte. A cet égard, le Comité note aussi que l'Etat partie a réexaminé *motu proprio* les restrictions dont l'auteur avait fait l'objet et les a finalement levées.

10. Le Comité des droits de l'homme [...] estime que les faits dont il est saisi ne font apparaître aucune violation par l'Etat partie de l'un quelconque des articles du Pacte.

29. Communication N° 469/1991, Charles Chitat Ng c. Canada

Constatations adoptées le 5 novembre 1993

1. L'auteur de la communication est un sujet britannique, Charles Chitat Ng né à Hong Kong et résidant aux Etats-Unis d'Amérique. Détenu dans un pénitencier d'Alberta (Canada) à la date de la communication, il a été extradé vers les Etats-Unis le 26 septembre 1991. Il affirme être victime d'une violation des droits de l'homme de la part du Canada en raison de son extradition. Il est représenté par un conseil.

[...]

3. L'auteur soutient que la décision de l'extrader viole les articles 6, 7, 9, 10, 14 et 26 du Pacte. Il fait valoir que l'exécution par gaz asphyxiant, prévue par la législation dans l'Etat de Californie, constitue en soi un traitement ou un châtiment cruel et inhumain et que les conditions de détention dans le «quartier des condamnés à mort» sont cruelles, inhumaines et dégradantes. Il fait égale-

ment valoir que la procédure pénale en Californie, pour ce qui a trait spécifiquement à la peine capitale, ne satisfait pas aux principes fondamentaux de la justice. A cet égard, l'auteur dénonce en général le préjugé racial qui prévaut aux Etats-Unis lorsqu'il s'agit d'infliger la peine capitale.

[...]

13.5 Il reste au Comité à examiner si l'auteur, comme il le prétend, est une «victime» au sens du Protocole facultatif en raison de ce qu'il a été extradé en Californie *pour y répondre d'accusations pouvant entraîner la peine de mort, en attendant que s'ouvre son procès,* sans qu'aient été obtenues les assurances prévues à l'article 5 du Traité d'extradition entre le Canada et les Etats-Unis. Il convient à cet égard de rappeler que a) la Californie a demandé que l'auteur soit extradé pour répondre d'accusations qui, si elles sont vérifiées, le rendront passible de la peine de mort; b) les Etats-Unis ont demandé l'extradition de Ng *sur la base des mêmes accusations*; c) l'ordonnance d'extradition établit l'existence d'une forte présomption contre l'auteur; d) les procureurs qui se sont occupés de l'affaire aux Etats-Unis ont déclaré qu'ils réclameraient la peine de mort; et e) l'Etat de Californie, lorsqu'il s'est adressé à la Cour suprême du Canada, n'a pas désavoué la prise de position de l'accusation. Le Comité estime que ces faits soulèvent des questions quant au champ d'application des articles 6 et 7, au sujet desquels, ne serait-ce qu'en ce qui concerne la question de la recevabilité, ses précédentes décisions ne font pas jurisprudence. Comme il l'a déjà dit dans l'affaire *Kindler c. Canada*, seul l'examen de la communication quant au fond lui permettra de se prononcer sur la portée de ces articles et de déterminer clairement si le Pacte et le Protocole facultatif sont applicables aux affaires d'extradition dans le cas où l'intéressé est passible de la peine de mort.

14.1 Avant de passer à l'examen de la communication quant au fond, le Comité note que la question ne consiste pas à déterminer si les droits de M. Ng ont été ou seront, selon toutes probabilités, violés par les Etats-Unis, qui ne sont pas partie au Protocole facultatif, mais si en extradant M. Ng aux Etats-Unis, le Canada a exposé celui-ci à un risque réel de violation des droits que lui reconnaît le Pacte. Il arrive fréquemment que les Etats parties au Pacte soient aussi liés par des obligations qu'ils auront assumées en vertu de traités bilatéraux, tels les traités d'extradition. Un Etat partie au Pacte doit veiller à s'acquitter de toutes les autres obligations qu'il a contractées de manière qui soit compatible avec les obligations assumées en vertu du Pacte. Il faut donc prendre pour point de départ, lorsque l'on examine cette question, l'obligation incombant à l'Etat partie en vertu du premier paragraphe de l'article 2 du Pacte, à savoir, garantir à tous les individus se trouvant sur son territoire et relevant de sa compétence les droits qui lui sont reconnus par cet instrument. Le droit à la vie est le premier de ces droits.

14.2 Si un Etat partie procède à l'extradition d'une personne relevant de sa juridiction dans des circonstances telles qu'il en résulte un risque réel que les droits de l'intéressé au regard du Pacte ne soient violés dans une autre juridiction, l'Etat partie lui-même peut être coupable d'une violation du Pacte.

[...]

15.3 Le Comité fait observer que le paragraphe 1 de l'article 6 doit être lu conjointement avec le paragraphe 2 de ce même article qui n'interdit pas l'imposition de la peine de mort pour les crimes les plus graves. Le Canada n'a pas lui-même accusé M. Ng de crimes entraînant la peine de mort, mais l'a extradé aux Etats-Unis, où il devra répondre d'accusations pouvant entraîner cette peine et où il est prévisible qu'il risque de se la voir infliger. Si M. Ng avait été exposé, du fait de l'extradition à partir du Canada, à un risque réel de violation aux Etats-Unis du paragraphe 2 de l'article 6, cela aurait comporté une violation par le Canada des obligations assumées par ce pays au titre du paragraphe 1 de ce même article. Celui-ci exige, entre autres choses, que la peine capitale ne puisse être imposée que pour les crimes les plus graves, dans des circonstances qui ne soient pas en contradiction avec le Pacte ni d'autres instruments, et que cette peine ne puisse être appliquée qu'en vertu d'un jugement définitif rendu par un tribunal compétent. Le Comité note que M. Ng a été extradé pour répondre de 19 accusations criminelles, dont 12 chefs d'accusation de meurtre. S'il est condamné à mort, cette sentence se fondera, selon les éléments d'information dont dispose le Comité, sur une conviction de culpabilité de crimes très graves. M. Ng était âgé de plus de 18 ans lorsque les crimes dont il est accusé ont été commis. Enfin, M. Ng a fait valoir devant la Cour suprême du Canada et devant le Comité que son droit à un procès équitable ne serait pas garanti lors de son procès en Californie où des préjugés raciaux interviendraient dans la sélection des membres du jury ainsi que dans l'application de la peine de mort. Toutefois il s'agit là d'affirmations purement hypothétiques et rien dans le dossier ne permet de soutenir que le procès de l'auteur devant le tribunal provincial de Calaveras ne se déroulera pas conformément aux exigences de l'article 14 du Pacte.

[...]

15.6 Les Etats doivent prendre en considération les différents moyens possibles de protéger la vie lorsqu'ils exercent la faculté prévue dans un traité d'extradition; toutefois, le Comité ne considère pas qu'aux termes de l'article 6 du Pacte, le Canada soit nécessairement tenu de refuser l'extradition ou de demander des assurances. Le Comité note que l'extradition de M. Ng aurait violé les obligations contractées par le Canada en vertu de l'article 6 du Pacte si la décision d'extrader sans avoir obtenu des assurances avait été prise arbitrairement ou sommairement. [...]

15.7 Compte tenu de ce qui précède, le Comité conclut que M. Ng n'est pas victime d'une violation de l'article 6 du Pacte de la part du Canada.

16.1 Pour déterminer si, dans un cas donné, le fait d'imposer la peine de mort constitue une violation de l'article 7, le Comité considérera les facteurs personnels pertinents concernant l'auteur de la communication, les conditions particulières de sa détention dans le quartier des condamnés à mort et la question de savoir si le mode d'exécution est particulièrement horrible. Dans le cas présent, on fait valoir que l'exécution par gaz asphyxiant est contraire aux normes internationalement acceptées d'un traitement humain et qu'elle constitue par conséquent une violation de l'article 7 du Pacte. Le Comité note tout d'abord que, si l'article 6, en son paragraphe 2, autorise l'imposition de la peine de mort dans des circonstances bien déterminées, le mode d'exécution, quel qu'il soit prévu par la loi, doit donc être conçu de manière à ne pas être en contradiction avec l'article 7.

16.2 Le Comité est conscient de ce que, par définition, toute exécution d'une sentence de mort peut être considérée comme constituant un traitement cruel et inhumain au sens de l'article 7 du Pacte; néanmoins, le paragraphe 2 de l'article 6 permet l'imposition de la peine capitale pour les crimes les plus graves. Cela étant, le Comité réaffirme, comme il l'a dit dans son observation générale 20 [44] relative à l'article 7 du Pacte (CCPR/C/21/Add.3. par. 6) que, lorsque la peine de mort est prononcée, la sentence doit «être exécutée de manière à causer le moins de souffrances possible, physiques ou mentales».

16.3 En l'espèce, l'auteur a fourni des renseignements d'où il ressort que l'exécution par gaz asphyxiant peut provoquer des souffrances et une agonie prolongées et n'entraîne pas la mort aussi rapidement que possible, puisque l'asphyxie par le gaz de cyanure peut prendre plus de 10 minutes. L'Etat partie avait la possibilité de contester la réalité de ces allégations, mais il ne l'a pas fait. Il s'est limité à faire valoir qu'en l'absence d'une règle de droit international qui interdise expressément l'exécution par gaz de cyanure, «ce serait interférer de façon injustifiée dans les lois et pratiques internes des Etats-Unis que de refuser d'extrader un fugitif qui risque d'être exécuté par gaz asphyxiant».

16.4 En l'espèce, et sur la foi des renseignements dont il dispose, le Comité conclut que l'asphyxie par le gaz de cyanure, si la peine capitale était appliquée à l'auteur, ne répondrait pas au critère selon lequel l'exécution doit se faire de manière «à causer le moins de souffrances possible, physiques ou mentales» et qu'elle constitue un traitement cruel et inhumain, en violation de l'article 7 du Pacte. Par conséquent, le Canada, qui pouvait raisonnablement prévoir que M. Ng, s'il était condamné à mort, serait exécuté par un moyen qui représente une violation de l'article 7 du Pacte, a manqué à ses obligations en vertu du Pacte en extradant M. Ng sans avoir demandé et reçu l'assurance qu'il ne serait pas exécuté.

[...]

17. Le Comité des droits de l'homme, agissant en vertu du paragraphe 4 de l'article 5 du Protocole facultatif se rapportant au Pacte international relatif aux droits civils et politiques, estime que les faits dont il est saisi font apparaître une violation par le Canada de l'article 7 du Pacte.

18. Le Comité des droits de l'homme demande à l'Etat partie de faire les démarches qui pourraient encore être entreprises pour éviter l'application de la peine de mort et l'exhorte à veiller à ce qu'une situation analogue ne se reproduise pas à l'avenir.

30. Communication Nº 516/1992, Alina Simunek et al. et au nom de Jaroslav Simunek (mari de Mme Alina Simunek) c. République tchèque

Constatations adoptées le 19 juillet 1995

[...]

2.1 Alina Simunek, citoyenne polonaise née en 1960, et Jaroslav Simunek, citoyen tchèque, résident actuellement dans la province de l'Ontario au Canada. Ils affirment qu'ils ont été contraints de quitter la Tchécoslovaquie en 1987, sous la pression des forces de sécurité du régime communiste. En vertu de la législation alors en vigueur, leurs biens ont été confisqués. Après la chute du gouvernement communiste, le 17 novembre 1989, les autorités tchèques ont publié des avis d'où il ressortait qu'en ce qui concernait les condamnations pénales, les citoyens tchèques expatriés seraient réhabilités et que leurs biens leur seraient restitués.

2.2 En juillet 1990, M. et Mme Simunek sont retournés en Tchécoslovaquie afin de demander la restitution de leurs biens, qui avaient été confisqués par le Comité national de district, un organe de l'Etat, à Jablonec. Or entre septembre 1989 et février 1990, tous leurs biens et leurs effets personnels avaient été estimés et vendus aux enchères par le Comité national de district. Les articles invendables avaient été détruits. Le 13 février 1990, le patrimoine immobilier des auteurs a été transféré à l'usine Sklarny de Jablonec où Jaroslav Simunek avait travaillé pendant 20 ans.

[...]

2.4 Le 2 février 1991, le Gouvernement de la République fédérative tchèque et slovaque a adopté la loi Nº 87/1991 qui est entrée en vigueur le 1er avril 1991. Cette loi prévoit la réhabilitation des citoyens tchèques qui avaient quitté le pays sous la pression du régime communiste et fixe les modalités régissant la restitution des biens ou l'indemnisation pour les pertes encourues. Aux termes du paragraphe 1 de l'article 3 de la loi, les particuliers dont les biens sont devenus propriété de l'Etat dans les cas précisés à l'article 6 de la loi ont droit à la restitution de leurs biens, à condition toutefois qu'ils soient citoyens de la République fédérative tchèque et slovaque *et* résident de façon permanente sur le territoire de ce pays.

2.5 Selon le paragraphe 1 de l'article 5 de la loi, toute personne se trouvant en possession (illégale) de tels biens doit les restituer à leur propriétaire légitime, sur demande écrite de ce dernier, qui doit également prouver son bon droit et établir la manière dont les biens sont devenus propriété de l'Etat. En vertu du paragraphe 2 du même article, la demande de restitution doit être adressée dans un délai de six mois à compter de la date d'entrée en vigueur de la loi à la personne se trouvant en possession du bien. Si celle-ci refuse de satisfaire à la demande, l'ayant droit peut engager une action devant le tribunal compétent dans un délai d'un an à compter de la date d'entrée en vigueur de la loi (par. 4).

[...]

2.7 Dagmar Hastings Tuzilova, citoyenne américaine par mariage et résidant actuellement en Suisse, a émigré de Tchécoslovaquie en 1968. Le 21 mai 1984, elle a été condamnée par contumace à une peine de prison ainsi qu'à la confiscation de ses biens pour avoir «émigré illégalement» de Tchécoslovaquie. Ses biens, soit cinq dix-huitièmes du patrimoine immobilier de sa famille à Pilsen, sont actuellement propriété de l'Administration du logement de cette ville.

2.8 Par décision du tribunal de district de Pilsen en date du 4 octobre 1990, Dagmar Hastings Tuzilova a été réhabilitée; les décisions antérieures rendues par cette juridiction et par toutes les autres instances qui sont intervenues dans cette affaire ont été déclarées nulles et non avenues. Par la suite, toutes les demandes qu'elle a adressées aux autorités compétentes, et en particulier une demande de négociation adressée à l'Administration du logement de Pilsen en vue d'un accord portant sur la restitution de ses biens, n'ont cependant donné aucun résultat concret.

2.9 Apparemment, l'Administration du logement a accepté, au printemps de 1992, de lui restituer les cinq dix-huitièmes de la maison à condition que le notaire de Pilsen accepte d'enregistrer la transaction. Mais celui-ci a jusqu'à présent refusé de le faire. Au début de 1993, le tribunal de district de Pilsen a confirmé le bien-fondé du refus du notaire (affaire N° 11 Co. 409/92). L'auteur affirme qu'elle a été informée du fait qu'elle pouvait faire appel de cette décision par l'intermédiaire du tribunal de district de Pilsen devant la Cour suprême. Elle a apparemment formé un recours devant la Cour suprême le 7 mai 1993, mais celle-ci n'avait toujours pas rendu sa décision le 20 janvier 1994.

[...]

2.11 Josef Prochazka est un citoyen tchèque né en 1920 qui réside actuellement en Suisse. En août 1968, en compagnie de sa femme et de ses deux fils, il a fui la Tchécoslovaquie où il possédait une maison comportant deux appartements de trois pièces et un jardin, ainsi qu'une autre parcelle de terrain. Vers le début de 1969, il a fait don de ses biens à son père, en bonne et due forme et avec l'accord des autorités. Par décisions d'un tribunal de district en date de juillet et septembre 1971, il a été condamné ainsi que sa femme et ses fils à des peines de prison pour «émigration illégale» de Tchécoslovaquie. En 1973, le père de Josef Prochazka est décédé; d'après son testament, dont la validité a été reconnue par les autorités, les fils de l'auteur héritaient de la maison et d'autres biens immobiliers.

2.12 En 1974, le tribunal a décrété la confiscation des biens de l'auteur en raison de son «émigration illégale» avec sa famille, en dépit du fait que les autorités avaient, plusieurs années auparavant, reconnu la légalité du transfert de propriété. En décembre 1974, la maison et le jardin ont été vendus, pour un prix dérisoire selon l'auteur, à un haut fonctionnaire du parti.

2.13 Par décisions en date du 26 septembre 1990 et du 31 janvier 1991, respectivement, le tribunal de district d'Ustí a réhabilité l'auteur et ses fils pour ce qui est de leur condamnation pénale, avec effet rétroactif. Cela signifie que les décisions judiciaires de 1971 et 1974 (voir par. 2.11 et 2.12 ci-dessus) ont été invalidées.

3.1 Alina et Jaroslav Simunek soutiennent que les critères énoncés dans la loi N° 87/1991 ont un caractère discriminatoire illégal dans la mesure où cette loi ne s'applique qu'aux «purs Tchèques vivant dans la République fédérative tchèque et slovaque». Les Tchèques qui ont fui le pays ou été contraints à l'exil par l'ex-régime communiste sont dans l'obligation de redevenir résidents permanents en Tchécoslovaquie pour avoir droit à la restitution de leurs biens ou à une indemnisation pour les pertes encourues. Alina Simunek, qui a vécu et a travaillé pendant huit ans en Tchécoslovaquie, ne pourrait en aucune façon prétendre à la restitution de ses biens du fait qu'elle est citoyenne polonaise. Les auteurs affirment que la loi légalise en réalité les anciennes pratiques communistes, plus de 80% des biens confisqués appartenant à des personnes qui ne remplissent pas ces conditions.

3.2 Alina Simunek affirme que les conditions prévues par la loi pour obtenir la restitution de ses biens constituent une discrimination fondée sur les opinions politiques et la religion mais elle n'étaye pas ses affirmations.

3.3 Dagmar Hastings Tuzilova soutient que les conditions énoncées dans la loi N° 87/1991 ont un caractère discriminatoire illicite et sont donc contraires à l'article 26 du Pacte.

3.4 Josef Prochazka affirme également être victime des dispositions discriminatoires de la loi N° 87/1991; il ajoute que le tribunal ayant décidé, avec effet rétroactif, que la confiscation de ses biens était nulle et non avenue, la loi ne devrait pas lui être appliquée puisqu'il n'a jamais perdu son titre de propriété et qu'il ne peut donc être question de lui «restituer» ses biens.

[...]

4.3 Le Comité a noté que la confiscation et la vente des biens en question par les autorités de la Tchécoslovaquie avaient eu lieu dans les années 70. Indépendamment du fait que tous ces événements s'étaient produits avant la date d'entrée en vigueur du Protocole facultatif pour la République tchèque, le Comité a rappelé que le droit à la propriété, en tant que tel, n'était pas protégé par le Pacte.

4.4 Le Comité a cependant relevé que les auteurs s'étaient plaints du caractère discriminatoire des dispositions de la loi N° 87/1991 dans la mesure où celles-ci ne s'appliquaient qu'aux citoyens tchèques illégalement dépouillés de leurs biens sous l'ancien régime qui résidaient de façon permanente en République tchèque. La question devait donc déterminer si la loi pouvait être considérée comme discriminatoire au sens de l'article 26 du Pacte.

4.5 Le Comité a noté que les obligations auxquelles l'Etat partie avait souscrit en vertu du Pacte le liaient à compter de la date où celui-ci entrait en vigueur à son égard. Il se posait cependant une autre question, à savoir la date à laquelle le Comité a compétence pour examiner, en vertu du Protocole facultatif, des allégations de violation du Pacte. Dans ses décisions antérieures prises en application du Protocole facultatif, le Comité a toujours estimé qu'il ne pouvait connaître de violations qui se seraient produites avant l'entrée en vigueur du Protocole facultatif pour l'Etat partie à moins que lesdites violations ne persistent après l'entrée en vigueur du Protocole facultatif. Une violation persistante s'entend de la perpétuation, par des actes ou de manière implicite, après l'entrée en vigueur du Protocole facultatif, de violations commises antérieurement par l'Etat partie.

4.6 En l'espèce, la condamnation pénale des auteurs a été cassée par les tribunaux, mais les auteurs continuent de soutenir que la loi N° 87/1991 établit une discrimination contre eux en ce sens que deux des requérants (M. et Mme Simunek; Mme Hastings Tuzilova) ne sont pas des citoyens tchèques et n'ont pas leur résidence dans la République tchèque et que, s'agissant du troisième requérant (M. Prochazka), la loi n'aurait pas dû être jugée applicable à sa situation.

5. Le Comité a donc *décidé*, le 22 juillet 1994, que la communication était recevable dans la mesure où elle pouvait soulever des questions au titre du paragraphe 6 de l'article 14 et de l'article 26 du Pacte.

[...]

11.2 Le Comité a déclaré la présente communication recevable uniquement dans la mesure où elle pouvait soulever des questions au titre du paragraphe 6 de l'article 14 et de l'article 26 du Pacte. Pour ce qui est du paragraphe 6 de l'article 14, le Comité estime que les auteurs n'ont pas suffisamment étayé leurs allégations et que les informations dont il dispose ne permettent pas de conclure à une violation.

11.3 Comme le Comité l'a déjà indiqué dans sa décision concernant la recevabilité (par. 4.3 ci-dessus), le droit à la propriété n'est pas protégé par le Pacte. Cependant, la confiscation d'un bien privé ou l'absence d'indemnisation pour sa perte par un Etat partie au Pacte pourrait encore entraîner une violation du Pacte si l'action ou l'omission en question était fondée sur des motifs discriminatoires interdits par l'article 26.

11.4 Le Comité doit déterminer si l'application de la loi N° 87/1991 aux auteurs a entraîné une violation de leur droit à l'égalité devant la loi et à l'égale protection de la loi. Les auteurs soutiennent que cette loi entérine en fait les confiscations discriminatoires opérées antérieurement. Le Comité fait observer que ce ne sont pas les confiscations proprement dites qui sont en cause mais le refus d'accorder réparation aux auteurs alors que d'autres plaignants ont récupéré leurs biens ou ont été indemnisés.

11.5 En l'espèce, les auteurs ont été lésés par les mesures d'exclusion découlant des dispositions de la loi N° 87/1991 qui imposent à la fois d'être citoyens tchèques et de résider dans la République tchèque. Le Comité doit donc se demander si ces conditions préalables à la restitution des biens ou à l'indemnisation sont compatibles avec l'interdiction de la discrimination faite à l'article 26 du Pacte. A ce sujet, le Comité rappelle sa jurisprudence et réaffirme que toute différence de traitement n'est pas considérée comme discriminatoire au regard de l'article 26 du Pacte. Une différence de traitement compatible avec les dispositions du Pacte et fondée sur des motifs raisonnables ne représente pas une discrimination prohibée au sens de l'article 26.

11.6 Pour se prononcer sur la compatibilité avec le Pacte des conditions imposées pour obtenir la restitution des biens ou une indemnisation, le Comité doit prendre en considération tous les facteurs, notamment le droit de propriété initial des auteurs sur les biens en question et la nature des confiscations. L'Etat partie reconnaît lui-même que les confiscations ont été discriminatoires et que c'est précisément pour cette raison qu'une législation spécifique a été promulguée, en vue d'assurer une forme de restitution. Le Comité fait observer que cette législation ne doit pas faire de discrimination entre les victimes des confiscations effectuées dans le passé, étant donné que toutes les victimes ont droit à réparation, sans aucune distinction arbitraire. Comme le droit de propriété initial des auteurs sur leurs biens ne dépendait ni de la citoyenneté ni de la résidence, le Comité estime que les conditions imposées dans la loi N° 87/1991 relatives à la citoyenneté et à la résidence sont déraisonnables. A cet égard, il note que l'Etat partie n'a avancé aucun motif pour justifier ces restrictions. De plus, on sait que les auteurs et de nombreuses autres personnes dans leur situation ont quitté la Tchécoslovaquie en raison de leurs opinions politiques et que leurs biens avaient été confisqués soit pour cette raison soit parce qu'ils avaient émigré. Ces victimes de persécutions politiques se sont installées dans d'autres pays et y ont demandé la citoyenneté. Etant donné que l'Etat partie lui-même est responsable du départ des auteurs, exiger qu'ils retournent définitivement dans le pays à titre de condition pour obtenir la restitution de leurs biens ou une indemnisation appropriée serait incompatible avec le Pacte.

11.7 L'Etat partie fait valoir qu'il n'y a pas violation du Pacte parce que les législateurs tchèques et slovaques n'avaient pas l'intention d'exercer une discrimination quand la loi N° 87/1991 a été adoptée. Le Comité est toutefois d'avis que l'intention du législateur n'est pas le seul facteur déterminant pour établir une violation de l'article 26 du Pacte. Une différence de traitement motivée par des raisons politiques ne saurait guère être considérée comme compatible avec l'article 26. Sans être inspirée par des motivations politiques, une loi peut néanmoins être en infraction avec l'article 26 si elle a des effets discriminatoires.

11.8 Etant donné les considérations qui précèdent, le Comité conclut que la loi N° 87/1991 a eu pour les auteurs des effets qui entraînent une violation de leurs droits au regard de l'article 26 du Pacte.

12.1 Le Comité des droits de l'homme, agissant en vertu du paragraphe 4 de l'article 5 du Protocole facultatif, est d'avis que le refus de restituer leurs biens aux auteurs ou de les indemniser constitue une violation de l'article 26 du Pacte international relatif aux droits civils et politiques.

12.2 En vertu du paragraphe 3.1 de l'article 2 du Pacte, l'Etat partie est tenu d'assurer aux auteurs un recours utile, qui peut prendre la forme d'une indemnisation si les biens en question ne peuvent pas être restitués. Notant qu'une restitution partielle des biens de M. Prochazka semble avoir été effectuée ou être sur le point d'être effectuée (par. 10.2), le Comité se félicite de cette mesure et considère que l'Etat partie a ainsi donné partiellement suite à ses constatations. Il engage l'Etat partie à revoir sa législation de façon à garantir que la loi ne soit pas discriminatoire dans ses dispositions ni dans son application.

12.3 Etant donné qu'en adhérant au Protocole facultatif l'Etat partie a reconnu que le Comité avait compétence pour déterminer s'il y avait eu ou non violation du Pacte et que, conformément à l'article 2 du Pacte, l'Etat partie s'est engagé à garantir à tous les individus se trouvant sur son territoire et relevant de sa juridiction les droits reconnus dans le Pacte et à assurer un recours utile et exécutoire lorsqu'une violation a été établie, le Comité souhaite recevoir de l'Etat partie, dans un délai de 90 jours, des renseignements sur les mesures prises pour donner effet à ces constatations.

Anhang I: Fallverzeichnis
Annexe I: Table des communications

Nummer[1]	Beschwerde-führer[2]	Vertrags-staat	Jahres-bericht[3]	S.D.[4]	EuGRZ[5]	RUDH[6]
1/1976	A. et al.	S.[7]	–	I,3;I,17; I,35		
2/1976	L.P.	Kanada		I,21		
4/1977	William Torres Ramirez	Uruguay	80,123	I,3;I,4; I,49	80,226	
5/1977	Bazzano Ambrosini, Massera et al.	Uruguay	79,124	I,37; I,40	79,498	
6/1977	Miguel A. Millán Sequeira	Uruguay	80,127	I,52	80,231	
8/1977	Beatriz Weismann, Alcides Lanza Perdomo	Uruguay	80,111	I,45	80,314	
9/1977	Edgardo Dante Santullo Valcada	Uruguay	80,107	I,43	80,2	
10/1977	Alberto Altesor	Uruguay	82,122	I,6 I,105	83,13*	
11/1977	Alberto Grille Motta et al.	Uruguay	80,132	I,54	80,237	
13/1977	C.E.	Kanada		I,16		
15/1977	D.B.	Kanada		I,20		
16/1977	Daniel Monguya Mbenge et al.	Zaire	83,134	II,76	83,406	1989,78

1 Alle Beschwerden werden chronologisch numeriert, wobei seit der 18. Tagung (1983) auch das Jahr der Beschwerdeerhebung angegeben wird. Davor wurde neben der chronologischen Nummer auch die Serien-Nummer des jeweiligen Registers zitiert (z.B. R19/78=78/1980). In dieser Übersicht wurde die Zitierung rückwirkend vereinheitlicht.

2 Falls jemand im Namen einer anderen Person eine Beschwerde einbringt, wird als Beschwerdeführer ausschliesslich das behauptete Opfer der Beschwerde angegeben. Falls nur Initialen aufscheinen, bedeutet das i.d.R., dass die Beschwerde nicht als zulässig erklärt wurde.

3 Die Jahresberichte des Ausschusses an die UN-Generalversammlung werden mit dem Jahr der Veröffentlichung angegeben, beziehen sich aber immer auf die Periode August bis Juli. Danach folgen die entsprechenden Seitenangaben. Die Jahresberichte haben folgende UN.Doc. Nr.: A/33/40 bis A/52/40 (1978 ff.).

4 Selected Decisions under the Optional Protocol, Bd. I, New York 1985, UN. Dok. CCPR/C/OP/1; Bd. II New York 1990, UN.Doc. CCPR/C/OP/2.

5 EuGRZ = Europäische Grundrechte Zeitschrift. Ein * bedeutet Rechtsprechungsbericht.

6 RUDH = Revue Universelle des Droits de l'Homme.

7 Vertragsstaat vom Ausschuss nicht angegeben.

Nummer[1]	Beschwerdeführer[2]	Vertragsstaat	Jahresbericht[3]	S.D.[4]	EuGRZ[5]	RUDH[6]
17/1977	Z.Z.	Kanada		I,19		
19/1977	C.J.	Kanada		I,23		
20/1977	M.A.	S.[7]		I,5; I,20		
21/1977	I.	S.[7]		I,35		
22/1977	O.E.	S.[7]		I,5;I,6; I,35		
24/1977	Sandra Lovelace	Kanada	81,166 83,249	I,10; I,37; I,83	81,522	1989,89
25/1978	Carmen Améndola Massiotti, Graciela Baritussio	Uruguay	82,187	I,136	83,14*	
26/1978	N.S.	Kanada	82,212	I,19	83,14*	
27/1978	Larry James Pinkney	Kanada	82,101	I,12; I,95	82,13	
28/1978	Ismael Weinberger	Uruguay	81,114	I,57	81,428*	
29/1978	E.B.	S.[7]		I,11; I,39		
30/1978	Eduardo Bleier	Uruguay	82,130	I,109	83,13*	
31/1978	Guillermo Waksman	Uruguay	80,120	I,9; I,36	80,314	
32/1978	Luis Tourón	Uruguay	81,120	I,61	81,428*	
33/1978	Leopoldo Buffo Carballal	Uruguay	81,125	I,63	81,428*	
34/1978	Jorge Landinelli Silva et al.	Uruguay	81,130	I,65	81,388	
35/1978	Shirin Aumeeruddy-Cziffra et al. (20 Mauritische Frauen)	Mauritius	81,134 83,254	I,67	81,391	1989,96
37/1978	Esther Soriano de Bouton	Uruguay	81,143	I,72	81,428*	
40/1978	Erkki Juhani Hartikainen et al.	Finnland	81,147 83,255	I,74	81,389	

Nummer[1]	Beschwerde-führer[2]	Vertrags-staat	Jahres-bericht[3]	S.D.[4]	EuGRZ[5]	RUDH[6]
43/1979	Adolfo Drescher Caldas	Uruguay	83,192	II,80	84,425*	
44/1979	Rosaria Pietraroia	Uruguay	81,153	I,76	81,429*	
45/1979	Maria Fanny Suárez de Guerrero	Kolumbien	82,137	I,112	82,340	
46/1979	Orlando Fals Borda et al.	Kolumbien	82,193	I,139	82,202	
49/1979	Dave Marais Jr.	Madagas-kar	83,141	II,82	84,423*	1989,70
50/1979	Gordon C. van Duzen	Kanada	82,150	I,118	83,14*	
52/1979	Sergio Rubén López Burgos	Uruguay	81,176	I,88	81,522*	
53/1979	K.B.	Norwegen		I,24		
55/1979	Alexander MacIsaac	Kanada	83,111	II,87	83,15*	
56/1979	Lilian Celiberti de Casariego	Uruguay	81,185	I,92	81,520	
57/1979	Sophie Vidal Martins	Uruguay	82,157	I,122	82,338	
58/1979	Anna Maroufidou	Schweden	81,160	I,80	81,394	
59/1979	K.L.	Dänemark		I,24		
60/1979	J.J.	Dänemark		I,26		
61/1979	Leo R. Hertz-berg et al.	Finnland	82,161	I,124	82,342	
63/1979	Raúl Sendic Antonaccio	Uruguay	82,114	I,101	82,11	
64/1979	Consuelo Salgar de Montejo	Kolumbien	82,168	I,127	82,339	
66/1979	David Alberto Cám-pora Schweizer	Uruguay	83,117	II,90	83,15*	
67/1980	E.H.P.	Kanada		II,20		
68/1980	A.S., ihre Tochter und ihr Enkel	Kanada		I,27		

Nummer[1]	Beschwerdeführer[2]	Vertragsstaat	Jahresbericht[3]	S.D.[4]	EuGRZ[5]	RUDH[6]
70/1980	Mirta Cubas Simones	Uruguay	82,174	I,130	83,14*	
72/1980	K.L.	Dänemark		I,26		
73/1980	Mario Alberto Teti Izquierdo	Uruguay	82,179	I,7; I,132	83,13*	
74/1980	Miguel Angel Estrella	Uruguay	83,150	II,93	84,423*	
75/1980	Duilio Fanali	Italien	83,160	II,99	83,407	
77/1980	Samuel Lichtensztein	Uruguay	83,166	II,102	84,424*	
78/1980	Die Mikmaq Stammesgesellschaft	Kanada	84,200	II,23	84,388	
79/1980	S.S.	Norwegen		I,30		
80/1980	Elena Beatriz Vasilskis	Uruguay	83,173	II,105	84,425*	
81/1980	K.L.	Dänemark		I,28		
83/1980	Rául Noel Martinez Machado	Uruguay	84,148	II,108	84,427*	
84/1981	Guillermo Ignacio Dermit Barbato, Hugo Haroldo Dermit Barbato	Uruguay	83,124	II,112	83,15*	
85/1981	Héctor Alfredo Romero	Uruguay	84,159	II,116	84,427*	
88/1981	Gustavo Raúl Larrosa Bequio	Uruguay	83,180	II,118	84,424*	
89/1981	Paavo Muhonen	Finnland	85,164	II,121	85,565	
90/1981	Luyeye Magana ex-Philibert	Zaire	83,197	II,124	84,425*	1989,81
91/1980	A.R.S.	Kanada		I,29	82,528	
92/1981	Juan Almirati Nieto	Uruguay	83,201	II,126	84,426*	
94/1981	L.S.N.	Kanada		II,6		
103/1981	Batlle Oxandabarat Scarrone	Uruguay	84,154	II,130	84,427*	

Nummer[1]	Beschwerdeführer[2]	Vertragsstaat	Jahresbericht[3]	S.D.[4]	EuGRZ[5]	RUDH[6]
104/1981	J.R.T. and the W.G. Party	Kanada	83,231	II,25	83,409	
105/1981	Luis Alberto Estradet Cabreira	Uruguay	83,209	II,133	84,425*	
106/1981	Mabel Pereira Montero	Uruguay	83,186	II,136	84,425*	
107/1981	Elena Quinteros Almeida und ihre Mutter	Uruguay	83,216	II,11 II,138	84,426*	
108/1981	Carlos Varela Núñez	Uruguay	83,225	II,143	84,426*	
109/1981	Teresa Gómez de Voituret	Uruguay	84,164	II,146	84,428*	
110/1981	Antonio Viana Acosta	Uruguay	84,169	II,148	84,427*	
112/1981	Y.L.	Kanada	86,145	II,28	86,453	
113/1981	C.F. et al.	Kanada	85,217	II,13	86,611*	
115/1982	John Wight	Madagaskar	85,171	II,151	86,608*	
117/1982	M.A.	Italien	84,190	II,31	84,293	
118/1982	J.B. et al.	Kanada	86,151 87,47	II,34	86,612*	
121/1982	A.M.	Dänemark	82,212	I,32	82,529 83,14*	
123/1982	Jorge Manera Lluberas	Uruguay	84,175	II,155	84,428*	
124/1982	Tshitenge Muteba	Zaire	84,182	II,158	84,429*	
125/1982	M.M.Q.	Uruguay		II,8		
127/1982	C.A.	Italien	83,237	II,30	84,429*	
128/1982	U.R.	Uruguay	83,239	II,40	84,429*	
129/1982	I.M.	Norwegen	83,241	II,41	84,430*	
130/1982	J.S.	Kanada	83,243	II,42	84,430*	
131/1982	N.G.	Uruguay		II,9		

Nummer[1]	Beschwerdeführer[2]	Vertragsstaat	Jahresbericht[3]	S.D.[4]	EuGRZ[5]	RUDH[6]
132/1982	Monja Jaona	Madagaskar	85,179	II,161	85,533	
136/1983	S.G.F.	Uruguay	83,245	II,43	84,430*	
137/1983	J.F.	Uruguay	83,247	II,43	84,430*	
138/1983	Ngalula Mpandanjila et al.	Zaire	86,121	II,164	86,529	
139/1983	Hiber Conteris	Uruguay	85,196	II,168	86,609*	
146/1983; 148 bis 154/1983	Baboeram et al.	Surinam	85,187	II,5 II,172	85,563	
147/1983	Lucía Arzuaga Gilboa	Uruguay	86,128	II,176	86,609*	
155/1983	Eric Hammel	Madagaskar	87,130	II,11 II,179	89,33	1989,74
156/1983	Luis Alberto Solórzano	Venezuela	86,134	II,183	86,480	
157/1983	André Alphonse Mpaka-Nsusu	Zaire	86,142	II,187	86,531	
158/1983	O.F.	Norwegen	85,204	II,44	86,610*	
159/1983	Raúl Cariboni	Uruguay	88,184	II,189	89,433*	
161/1983	Joaquín Herrera Rubio und seine verstorbenen Eltern	Kolumbien	88,190	II,192	90,16 89,433*	
162/1983	Omar Berterretche Acosta	Uruguay	89,183		89,435*	
163/1984	Gruppe behinderter Personen	Italien	84,197	II,47	84,294	
164/1984	G.F. Croes	Niederlande	89,259		89,437*	
165/1984	J.M.	Jamaika	86,164	II,17	86,478	
167/1984	Bernard Ominayak u. Lubicon Lake Band	Kanada	90,1		91,69	
168/1984	V.	Norwegen	85,232	II,48	86,4	
170/1984	E.H.	Finnland	86,168	II,50	86,611*	

Nummer[1]	Beschwerdeführer[2]	Vertragsstaat	Jahresbericht[3]	S.D.[4]	EuGRZ[5]	RUDH[6]
172/1984	S.W.M. Broeks	Niederlande	87,139	II,196	89,433*	
173/1984	M.F.	Niederlande	85,213	II,51	86,611*	
174/1984	J.K.	Kanada	85,215	II,52	86,610*	
175/1984	N.B. et al.	Schweden	85,236	II,53	86,611*	
176/1984	Walter Lafuente Pearrieta et al.	Bolivien	88,199	II,201	89,434*	
178/1984	J.D.B.	Niederlande	85,226	II,55	85,532	
180/1984	Ludwig Gustaav Danning	Niederlande	87,151	II,205	89,39	
181/1984	Alfredo Rafael u. Samuel Humberto Sanjuán Arévalo	Kolumbien	90,31			
182/1984	F.H. Zwaan-de Vries	Niederlande	87,160	II,209	89,35	1989,95
183/1984	D.F. et al.	Schweden	85,228	II,55	85,533	
184/1984	H.S.	Frankreich	86,169	II,56	86,612*	
185/1984	L.T.K.	Finnland	85,240	II,61	86,3	
187/1985	J.H.	Kanada	85,230	II,63	85,566	
188/1984	Ramón B. Martinez Portorreal	Dominik. Republik	88,207	II,214	90,20 89,434*	
191/1985	Carl Henrik Blom	Schweden	88,211	II,216	90,22 89,434*	
192/1985	S.H.B.	Kanada	87,174	II,64	89,437*	
193/1985	Pierre Giry	Dominik. Republik	90, 38			
194/1985	Jean Miango Muiyo	Zaire	88,218	II,219	90,14 89,433*	
195/1985	William Eduardo Delgado Páez	Kolumbien	90,43		90,448	
196/1985	Ibrahim Gueye et al.	Frankreich	89,189		89,435*	1989,62

Nummer[1]	Beschwerde-führer[2]	Vertrags-staat	Jahres-bericht[3]	S.D.[4]	EuGRZ[5]	RUDH[6]
197/1985	Ivan Kitok	Schweden	88,221		89,434*	1989,84
198/1985	Ruben Stalla Costa	Uruguay	87,170	II,221	89,123	
201/1985	Wim Hendriks Sr. und Sohn	Nieder-lande	88,230		89,434*	1989,93
202/1986	Graciela Ato del Avellanal	Peru	89,196		89,124	
203/1986	Rubén Toribio Muñoz Hermoza	Peru	89,200		89,435*	
204/1986	A.P.	Italien	88,242	II,67	90,15	
205/1986	Mikmaq People	Kanada	92,213			
207/1986	Yves Morael	Frankreich	89,210		89,436*	1989,64
208/1986	Karnel Singh Bhinder	Kanada	90,50			
209/1986	F.G.G.	Nieder-lande	87,180	II,68	89,436*	
210/1986	Earl Pratt	Jamaika	89,222	II,3	89,435*	1989,67
212/1986	P.P.C.	Nieder-lande	88,244	II,70	90,21	
213/1986	H.C.M.A.	Nieder-lande	89,267		89,437*	
215/1986	G.A. van Meurs	Nieder-lande	90,55			
217/1986	H.v.d.P.	Nieder-lande	87,185	II,71	89,122 89,436*	
218/1986	Hendrika S. Vos	Nieder-lande	89,232		89,435*	
219/1986	Dominique Guesdon	Frankreich	90,61			
220/1987	T.K.	Frankreich	90,118			91,167
221/1987	Yves Cadoret	Frankreich	91,219			
222/1987	M.K.	Frankreich	90,127			
223/1987	Frank Robinson	Jamaika	89,241		89,435*	1989,66
224/1987	A. and S.N.	Norwegen	88,246		89,438*	

Nummer[1]	Beschwerde-führer[2]	Vertrags-staat	Jahres-bericht[3]	S.D.[4]	EuGRZ[5]	RUDH[6]
225/1987	Ivan Morgan	Jamaika	89,222		89,435*	1989,67
226/1987	Michael Sawyers	Jamaika	91,226			
227/1987	O.W.	Jamaika	88,250		89,437*	
228/1987	C.L.D.	Frankreich	88,252		89,437*	
229/1987	Irvine Reynolds	Jamaika	91,235			
230/1987	Raphael Henry	Jamaika	92,218			
231/1987	A.S.	Jamaika	89,274		89,437*	
232/1987	Daniel Pinto	Trinidad u. Tobago	90,69			
233/1987	M.F.	Jamaika	92,338			
234/1987	D.S.	Jamaika	91,267			
236/1987	V.M.R.B.	Kanada	88,258		89,437*	
237/1987	Denroy Gordon	Jamaika	93,5			
238/1987	Floresmilo Bolaños	Ecuador	89,246		89,436*	
240/1987	Villard Collins	Jamaika	92,227			
241/1987	Faustin Birindwa ci Birhashwirwa	Zaire	90,77			
242/1987	Etienne Tshisekedi wa Mulumba	Zaire	90,77			
243/1987	S.R.	Frankreich	88,263	II,72	89,437*	
244/1987	A.Z.	Kolumbien	90,135			
245/1987	R.T.Z.	Nieder-lande	88,265	II,73	90,20	
246/1987	N.A.J.	Jamaika	90,137			
248/1987	Glenford Campell	Jamaika	92,240			
250/1987	Carlton Reid	Jamaika	90,85		91,17	
251/1987	A.A.	Jamaika	90,141			
252/1987	C.J.	Jamaika	88,267	II,4	89,437*	
253/1987	Paul Kelly	Jamaika	91,241			
254/1987	W.W.	Jamaika	91,271			

Nummer[1]	Beschwerde-führer[2]	Vertrags-staat	Jahres-bericht[3]	S.D.[4]	EuGRZ[5]	RUDH[6]
255/1987	Carlton Linton	Jamaika	93,12			
256/1987	Michael u. Desmond MacLean	Jamaika	90,226			
257/1987	L.C. et al.	Jamaika	88,269		89,437*	
258/1987	L.R., T.W.	Jamaika	90,145			
259/1987	D.B.	Jamaika	90,149			
260/1987	C.B.	Jamaika	90,153			
262/1987	R.T.	Frankreich	89,277		89,437*	1989,82
263/1987	Miguel González del Rio	Peru	93,17			
265/1987	Antti Vuolanne	Finnland	89,249		89,436*	
266/1987	I.M.	Italien	89,282		89,438*	
267/1987	M.J.G.	Nieder-lande	88,271	II,74	89,436*	
268/1987	M.G.B., S.P.	Trinidad u. Tobago	90,157			
269/1987	Delroy Prince	Jamaika	92,250			
270-271/1988	Randolph Barrett u. Clyde Sutcliffe	Jamaika	92,254			
272/1988	Alrick Thomas	Jamaika	92,261			
273/1988	B.d.B. et al.	Nieder-lande	89,286		89,437*	
274/1988	Loxley Griffiths	Jamaika	93,22			
275/1988	S.E.	Argentinien	90,159			
276/1988	Trevor Ellis	Jamaika	92,265			
277/1988	Juan Terán Jijón	Equador	92,269			
278/1988	N.C.	Jamaika	90,166			
281/1988	C.G.	Jamaika	90,169			
282/1988	Leaford Smith	Jamaika	93,28			
283/1988	Aston Little	Jamaika	92,276			
285/1988	L.G.	Jamaika	88,272		89,437*	

Nummer[1]	Beschwerde-führer[2]	Vertrags-staat	Jahres-bericht[3]	S.D.[4]	EuGRZ[5]	RUDH[6]
286/1988	L.S.	Jamaika	88,274		89,437*	
287/1988	O.H.C.	Kolumbien	92,342			
289/1988	Dieter Wolf	Panama	92,285			
290/1988	A.W.	Jamaika	90,172			
291/1988	Mario Inés Torres	Finnland	90,96			
292/1988	Delroy Quelch	Jamaika	93,37			
293/1988	Horace Hibbert	Jamaika	92,292			
295/1988	Aapo Järvinen	Finnland	90,101			90,452
296/1988	J.R.C.	Costa Rica	89,293		89,438*	
297/1988	H.A.E. d.J.	Nieder-lande	90,176			
298 u. 299/ 1988	A. u. B. Hjord, G. u. L. Lindgren	Schweden	91,253			
300/1988	J.H.	Finnland	89,298		89,438*	
301/1988	R.M.	Finnland	89,300		89,438*	
302/1988	A.H.	Trinidad u. Tobago	91,274			
303/1988	E.B.	Jamaika	91,278			
304/1988	D.S.	Jamaika	91,281			
305/1988	Hugo van Alphen	Nieder-lande	90,108			91,74
306/1988	J.G.	Nieder-lande	90,180			
307/1988	John Campbell	Jamaika	93,41			
309/1988	Carlos Orihuela Valenzuela	Peru	93,48			
310/1988	M.T.	Spanien	91,284			
313/1988	D.D.	Jamaika	91,287			
314/1988	Peter Chiko Bwalya	Sambia	93,52			
315/1988	R.M.	Jamaika	91,290			

Nummer[1]	Beschwerde-führer[2]	Vertrags-staat	Jahres-bericht[3]	S.D.[4]	EuGRZ[5]	RUDH[6]
316/1988	C.E.A.	Finnland	91,293			
317/1988	Howard Martin	Jamaika	93,57			
318/1988	E.P. et al.	Kolumbien	90,184			
319/1988	Edgar A. Cañon Garciá	Ecuador	92,298			
320/1988	Victor Francis	Jamaika	93,62			
321/1988	Maurice Thomas	Jamaika	94,1			
322/1988	Hugo Rodriguez	Uruguay	94,5			
323/1988	Hervé Le Bihan	Frankreich	91,219			
324/1988	J.B.	Frankreich	89,303		89,437*	
325/1988	H.K.	Frankreich	89,303		89,437*	
326/1988	Henry Kalenga	Sambia	93,68			
327/1988	Hervé Barzhig	Frankreich	91,262			
328/1988	Roberto Zelaya Blanco	Nicaragua	94,12			
329/1988	D.F.	Jamaika	90,189			
330/1988	Albert Berry	Jamaika	94,20			
331/1988	G.J.	Trinidad u. Tobago	92,345			
332/1988	Devon Allen	Jamaika	94,31			
333/1988	Lenford Hamilton	Jamaika	94,37			
334/1988	Michael Bailey	Jamaika	93,72			
335/1988	M.F.	Jamaika	92,348			
336/1988	Nicole Fillastre et al.	Bolivien	92,302			
337/1988	E.E.	Jamaika	93,178			
338/1988	Leroy Simmonds	Jamaika	93,78			
340/1988	R.W.	Jamaika	92,351			
341/1988	Z.P.	Kanada	91,297			
342/1988	R.L.	Kanada	89,305		89,437*	

Nummer[1]	Beschwerdeführer[2]	Vertragsstaat	Jahresbericht[3]	S.D.[4]	EuGRZ[5]	RUDH[6]
343-345/1988	R.A.V.N. et al.	Argentinien	90,191			
347/1988	S.G.	Frankreich	92,354			
348/1989	G.B.	Frankreich	92,359			
349/1989	Clifton Wright	Jamaika	92,308			
351/1989	N.A.J.	Jamaika	92,363			
352/1989	Dennis Douglas, Errol Gentles, Lorenzo Kerr	Jamaika	94,42			94,8
353/1989	Lloyd Grant	Jamaika	94,50			
354/1989	L.G.	Mauritius	91,303			
355/1989	George Winston Reid	Jamaika	94,59			
356/1989	Trever Collins	Jamaika	93,85			
358/1989	R.L. et.al. (Whispering Pines Indian Bd.)	Kanada	92,366			
359/1989	John Ballantyne and Elizabeth Davidson	Kanada	93,91			93,156
360/1989	A Neswpaper Publishing Company	Trinidad u. Tobago	89,307			
361/1989	A Publishing and Printing Company	Trinidad u. Tobago	89,309			
362/1989	Balkissoon Soogrim	Trinidad u. Tobago	93,110			
363/1989	R.L.M.	Frankreich	92,375			
366/1989	Isidore Kanana Tshiongo a Minanga	Zaire	94,65		94,182	
367/1989	J.J.C.	Kanada	92,380			
369/1989	G.S.	Jamaika	90,198			
370/1989	G.H.	Jamaika	93,181			
372/1989	R.L.A.W.	Niederlande	91,311			

Nummer[1]	Beschwerdeführer[2]	Vertragsstaat	Jahresbericht[3]	S.D.[4]	EuGRZ[5]	RUDH[6]
373/1989	Lennon Stephens	Jamaika	96,			
375/1989	Glenmore Compass	Jamaika	94,68			
377/1989	Anthony Currie	Jamaika	94,73			
378/1989	E.E.	Italien	90,201			
379/1989	C.W.	Finnland	90,203			
380/1989	R.L.M.	Trinidad u. Tobago	93,184			
381/1989	L.E.S.K.	Niederlande	92,382			
382/1989	C.F.	Jamaika	92,386			
383/1989	H.C.	Jamaika	92,389			
384/1989	R.M.	Trinidad u. Tobago	94,246			
385/1989	Gordon McIntyre	Kanada	93,91			93,156
386/1989	Famara Koné	Senegal	95,			95,26
387/1989	Arvo O. Karttunen	Finnland	93,116			
389/1989	I.S.	Ungarn	91,316			
390/1990	Bernard Lubutu	Sambia	96,			
393/1990	A.C.	Frankreich	92,392			
394/1990	C.B.D.	Niederlande	92,396			
395/1990	M. Th. Sprenger	Niederlande	92,311			
396/1990	M.S.	Niederlande	92,400			
397/1990	P.S.	Dänemark	92,403			
398/1990	A.M.	Finnland	92,411			
400/1990	Darwinia Rosa Monaco de Gallicchio und ihre Enkelin Ximena Vicario	Argentinien	95,			
401/1990	J.P.K.	Niederlande	92,413			

Nummer[1]	Beschwerde-führer[2]	Vertrags-staat	Jahres-bericht[3]	S.D.[4]	EuGRZ[5]	RUDH[6]
402/1990	Henricus Antonius Godefriedus Maria Brinkhof	Nieder-lande	93,124			
403/1990	T.W.M.B.	Nieder-lande	92,419			
404/1990	N.P.	Jamaika	93,187			
405/1990	M.R.	Jamaika	92,424			
406/1990	Laheen B.M. Oulajin	Nieder-lande	93,131			
407/1990	Dwayne Hilton	Jamaika	94,79			
408/1990	W.J.H.	Nieder-lande	92,428			
409/1990	E.M.E.H.	Frankreich	91,318			91,124
410/1990	Csaba Párkányi	Ungarn	92,325			
412/1990	Auli Kivenmaa	Finnland	94,85			
413/1990	A.B.	Italien	91,320		91,158	91,166
414/1990	Primo José Essono Mika Miha	Äquatorial-guinea	94,96			
415/1990	Dietmar Pauger	Österreich	92,333		92,344	
417/1990	Manuel Balaguer Santacana	Spanien	94,101			
418/1990	C.H.J. Cavalcanti Araujo-Jongen	Nieder-lande	94,114			
419/1990	O.J.	Finnland	91,323			
420/1990	G.T.	Kanada	93,190			
421/1990	Thierry Trébutien	Frankreich	94,250			
422-424/1990	Adimayo M. Aduayom et al.	Togo	96,			
425/1990	A.M.M. Doesburg Lannooij Neefs	Nieder-lande	94,120			
426/1990	Mohamed Kaiss	Nieder-lande	93,131			
427/1990	H.H.	Österreich	93,195			

Nummer[1]	Beschwerde-führer[2]	Vertrags-staat	Jahres-bericht[3]	S.D.[4]	EuGRZ[5]	RUDH[6]
428/1990	François Bozize	Zentralafrikanische Republik	94,124			
429/1990	E.W. et al.	Niederlande	93,198			
431/1990	O. Sara et al.	Finnland	94,257			
432/1990	W.B.E.	Niederlande	93,205			
433/1990	A.P.A.	Spanien	94,269			
434/1990	Lal Seerattan	Trinidad u. Tobago	96,			
436/1990	Manuel Solís Palma	Panama	94,274			
437/1990	B. Colamarco Patiño	Panama	95,			
438/1990	Enrique Thompson	Panama	95,			
439/1990	C.L.D.	Frankreich	92,432			
440/1990	Mohammed Bashir El-Megreisi	Libyen	94,128			
441/1990	Robert Casanovas	Frankreich	94,131			94,455
445/1991	Lynden Champagnie, Delroy Palmer und Oswald Chisholm	Jamaika	94,136			
446/1991	J.P.	Kanada	92,434			
447/1991	Leroy Shalto	Trinidad u. Tobago	95,			
448/1991	H.J.H.	Niederlande	92,436			
449/1991	Rafael Mojica	Dominik. Republik	94,142			
450/1991	I.P.	Finnland	93,210			
451/1991	Barry Stephen Harward	Norwegen	94,146			
452/1991	Jean Glaziou	Frankreich	94,277			

Nummer[1]	Beschwerde-führer[2]	Vertrags-staat	Jahres-bericht[3]	S.D.[4]	EuGRZ[5]	RUDH[6]
453/1991	A.R. Coeriel und M.A.R. Aurik	Nieder-lande	95,			
454/1991	Enrique García Pons	Spanien	96,			
455/1991	Allan Singer	Kanada	94,155			
456/1991	Ismet Celepli	Schweden	94,165			94,395
457/1991	A.I.E.	Libyen	92,438			
458/1991	Albert Womah Mukong	Kamerun	94,171			94,457
459/1991	Osbourne Wright	Jamaika	96,			
460/1991	T. Omar Simons	Panama	95,			
461/1991	George Graham und Arthur Morrison	Jamaika	96,			
463/1991	D.B.-B.	Zaire	92,440			
464/1991	Garfield Peart	Jamaika	95,			
467/1991	V.E.M.	Spanien	93,214			
468/1991	Angel N. Olo Bahamonde	Äquatorial-guinea	94,183			94,5
469/1991	Charles Chitat Ng	Kanada	94,189			94,150
470/1991	Joseph Kindler	Kanada	93,138			94,165
471/1991	Theophilus Barry	Trinidad u. Tobago	94,283			
472/1991	J.P.L.	Frankreich	96,			96,31
473/1991	Mario Abel del Cid Gómez	Panama	95,			
475/1991	S.B.	Neusee-land	94,287			
476/1991	R.M.	Trinidad u. Tobago	94,291			
477/1991	J.A.M.B.-R.	Nieder-lande	94,294			
478/1991	A.P.L.-v.d.M.	Nieder-lande	93,217			

Nummer[1]	Beschwerdeführer[2]	Vertragsstaat	Jahresbericht[3]	S.D.[4]	EuGRZ[5]	RUDH[6]
480/1991	José Luis Garcia Fuenzalida	Equador	96,			
482/1991	Andrew Peart	Jamaika	95,			
483/1991	J.v.K. et al.	Niederlande	92,443			
484/1991	H.J. Pepels	Niederlande	94,221			
485/1991	V.B.	Trinidad u. Tobago	93,222			
486/1992	K.C.	Kanada	92,445			
487/1992	Walter Rodríguez Veiga	Uruguay	94,302			
488/1992	Nicholas Toonen	Australien	94,226			
489/1992	Peter Bradshow	Barbados	94,305			
490/1992	A.S. u. L.S.	Australien	93,227			
491/1992	J.L.	Australien	92,448			
492/1992	Lauri Peltonen	Finnland	94,238			94,397
493/1992	Gerald John Griffin	Spanien	95,			
494/992	Lloyd Rogers	Jamaika	95,			
496/1992	T.P.	Ungarn	93,230			
497/1992	Odia Amisi	Zaire	94,310			
498/1992	Zdenek Drbal	Tschechien	94,312			
499/1992	K.L.B.W.	Australien	93,234			
500/1992	Joszef Debreczeny	Niederlande	95,			
501/1992	J.H.W.	Niederlande	93,237			
502/1992	S.M.	Barbados	94,318			
504/1992	Denzil Roberts	Barbados	94,322			
505/1992	Kétenguéré Ackla	Togo	96,			
509/1992	A.R.U.	Niederlande	94,327			

Nummer[1]	Beschwerde-führer[2]	Vertrags-staat	Jahres-bericht[3]	S.D.[4]	EuGRZ[5]	RUDH[6]
510/1992	P.J.N.	Nieder-lande	94,330			
511/1992	Ilmari Länsman et al.	Finnland	95,			
512/1992	Daniel Pinto	Trinidad u. Tobago	96,			
514/1992	Sandra Fei	Kolumbien	95,			
515/1992	Peter Holder	Trinidad u. Tobago	95,			
516/1992	Alina Simunek et al.	Tschechien	95,			
517/1992	Curtis Lambert	Jamaika	94,333			
518/1992	Jong-Kyu Sohn	Südkorea	95,			
519/1992	Lyndon Marriott	Jamaika	96,			
520/1992	E. and A.K.	Ungarn	94,336			
521/1992	Vladimir Kulomin	Ungarn	96,			
522/1992	J.S.	Nieder-lande	94,342			
523/1992	Clyde Neptune	Trinidad u. Tobago	96,			
524/1992	E.C.W.	Nieder-lande	94,346			
525/1992	Pierre Gire	Frankreich	95,			
527/1993	Uton Lewis	Jamaika	96,			
534/1993	H.T.B.	Kanada	94,348			
536/1993	Francis P. Perera	Australien	95,			
537/1993	Paul Anthony Kelly	Jamaika	96,			
538/1993	Charles E. Stewart	Kanada	97,			
539/1993	Keith Cox	Kanada	95,			95,13
540/1993	Celis Laureano	Peru	96,			
541/1993	Errol Simms	Jamaika	95,			
542/1993	Katombe L. Tshishimbi	Zaire	96,			

Nummer[1]	Beschwerdeführer[2]	Vertragsstaat	Jahresbericht[3]	S.D.[4]	EuGRZ[5]	RUDH[6]
544/1993	K.J.L.	Finnland	94,351			
546/1993	Rickly Burrell	Jamaika	96,			
548/1993	R.E.d.B.	Niederlande	94,354			
550/1993	Robert Faurisson	Frankreich	97,			
553/1993	Michael Bullock	Trinidad u. Tobago	95,			
557/1993	X.	Australien	96,			
559/1993	J.M.	Kanada	94,357			
563/1993	Nydia Erika Bautista de Arellana	Kolumbien	96,			
565/1993	R. und M.H.	Italien	94,360			
566/1993	Ivan Somers	Ungarn	96,			
567/1993	Ponsamy Poongavanam	Mauritius	94,362			
568/1993	K.V. und C.V.	Deutschland	94,365			
570/1993	M.A.B., W.A.T. und J.-A.Y.T.	Kanada	94,368			
571/1994	E. Henry und E. Douglas	Jamaika	96,			
572/1994	Hezekiah Price	Jamaika	97,			
573/1994	Harry Atkinson, John Straud und Roger Cyr	Kanada	96,			
575-576/1994	Lincoln Guerra u. Brian Wallen	Trinidad u. Tobago	95,			
578/1994	Leonardus J. de Groot	Niederlande	95,			
580/1994	Ashley	Trinidad u. Tobago				
583/1994	Ronald H. van der Houwen	Niederlande	95,			
584/1994	Antonius Valentijn	Frankreich	96,			

Nummer[1]	Beschwerdeführer[2]	Vertragsstaat	Jahresbericht[3]	S.D.[4]	EuGRZ[5]	RUDH[6]
586/1994	Josef Frank Adam	Tschechien	96,			
588/1994	E. Johnson	Jamaika	96,			
589/1994	Crafton Tomlin	Jamaika	96,			
593/1994	Holland	Irland	97,			
596/1994	Dennie Chaplin	Jamaika	96,			
597/1994	Peter Grant	Jamaika	96,			
598/1994	Carl Sterling	Jamaika	96,			
599/1994	Wayne Spence	Jamaika	96,			
600/1994	Dwayne Hylton	Jamaika	96,			
606/1994	Clement Francis	Jamaika	95,			
607/1994	Michael Adams	Jamaika	96,			
608/1995	Franz Nahlik	Österreich	96,			
638/1995	Edward Lacika	Kanada	96,			
645/1995	Vaihere Bordes et al.	Frankreich	96,			
656/1995	V.E.M.	Spanien	96,			
657/1995	Gerrit van der Ent	Niederlande	96,			
659/1995	Brigitte Lang	Australien	97,			
660/1995	Cornelis Johannes Koning	Niederlande	96,			
664/1995	Gesina Kruyt-Amesz et al.	Niederlande	96,			
671/1995	Jouni E. Länsman et al.	Finnland	97,			
674/1995	Lúdvik Emil Kaaber	Island	97,			
700/1996	Trevor L. Jarman	Australien	97,			

Anhang II: Geltungsbereich der Pakte am 1. Juni 1997
Annexe II: Etats parties aux Pactes le 1er juin 1997

Etat	Pacte I[1]	Pacte II[2]	Art. 41[3] Pacte II	1er PF[4] Pacte II	2e PF[5] Pacte II
Afghanistan	X	X			
Afrique du Sud	S	S			
Albanie	X	X			
Algérie	X	X	X	X	
Angola	X	X		X	
République fédérale d'Allemagne	X	X	X	X	X
Argentine	X	X	X	X	
Arménie	X	X		X	
Australie	X	X	X	X	X
Autriche	X	X	X	X	X
Azerbaïdjan	X	X			
Barbade	X	X		X	
Bélarus	X	X	X	X	
Bélize		X			
Bénin	X	X		X	
Belgique	X	X	X	X	S
Bolivie	X	X		X	
Bosnie-Herzégovine	X	X	X	X	
Brésil	X	X			
Bulgarie	X	X	X	X	
Burundi	X	X			

X = ratifiziert / ratifié
S = unterzeichnet / signé

1 Internationaler Pakt über wirtschaftliche, soziale und kulturelle Rechte / Pacte international relatif aux droits économiques, sociaux et culturels.
2 Internationaler Pakt über bürgerliche und politische Rechte / Pacte international relatif aux droits civils et politiques.
3 Staatenbeschwerdeverfahren nach Art. 41 Pakt II / Requête étatique selon l'art. 41 Pacte II.
4 Fakultativprotokoll zu Pakt II / Protocole facultatif se rapportant au Pacte II.
5 Zweites Fakultativprotokoll zu Pakt II zur Abschaffung der Todesstrafe / Deuxième protocole facultatif se rapportant au Pacte II visant à abolir la peine de mort.

Etat	Pacte I[1]	Pacte II[2]	Art. 41[3] Pacte II	1er PF[4] Pacte II	2e PF[5] Pacte II
Cambodge	X	X			
Cameroun	X	X		X	
Canada	X	X	X	X	
Cap-Vert	X	X			
Chili	X	X	X	X	
Chypre	X	X		X	
République centrafricaine	X	X		X	
Colombie	X	X		X	
Congo	X	X	X	X	
Corée (nord)	X	X			
Corée (sud)	X	X	X	X	
Costa Rica	X	X		X	S
Côte d'Ivoire	X	X		X	
Croatie	X	X	X	X	X
Danemark	X	X	X	X	X
République dominicaine	X	X		X	
Dominique	X	X			
Egypte	X	X			
El Salvador	X	X		X	
Equateur	X	X	X	X	X
Espagne	X	X	X	X	X
Estonie	X	X		X	
Etats-Unis	S	X	X		
Ethiopie	X	X			
Finlande	X	X	X	X	X
France	X	X		X	
Gabon	X	X			
Gambie	X	X	X	X	
Géorgie	X	X		X	

Etat	Pacte I[1]	Pacte II[2]	Art. 41[3] Pacte II	1er PF[4] Pacte II	2e PF[5] Pacte II
Grande-Bretagne	X	X	X		
Grèce	X	X		X	X
Grénade	X	X			
Guatemala	X	X			
Guinée	X	X		X	
Guinée-Bissau	X				
Guinée équatoriale	X	X		X	
Guyane	X	X	X	X	
Haiti		X			
Honduras	X	S		S	S
Hongrie	X	X	X	X	X
Inde	X	X			
Iran	X	X			
Irak	X	X			
Irlande	X	X	X	X	X
Islande	X	X	X	X	X
Israël	X	X			
Italie	X	X	X	X	X
Jamaïque	X	X		X	
Japon	X	X			
Jordanie	X	X			
Kenya	X	X			
Kirghizistan	X	X		X	
Koweït	X	X			
Lettonie	X	X		X	
Lesotho	X	X			
Liban	X	X			
Libéria	S	S			
Libye	X	X		X	

Etat	Pacte I[1]	Pacte II[2]	Art. 41[3] Pacte II	1er PF[4] Pacte II	2e PF[5] Pacte II
Lituanie	X	X		X	
Luxembourg	X	X	X	X	X
Macédonie	X	X		X	X
Madagascar	X	X		X	
Malawi	X	X		X	
Mali	X	X			
Malte	X	X	X	X	X
Maroc	X	X			
Maurice	X	X		X	
Mexique	X	X			
Moldavie	X	X			
Mongolie	X	X		X	
Mozambique		X			X
Namïbie	X	X		X	X
Népal	X	X		X	
Nicaragua	X	X		X	S
Niger	X	X		X	
Nigéria	X	X			
Norvège	X	X	X	X	X
Nouvelle-Zélande	X	X	X	X	X
Ouganda	X	X		X	
Ouzbékistan	X	X		X	
Panama	X	X		X	X
Paraguay	X	X		X	
Pays-Bas	X	X	X	X	X
Pérou	X	X	X	X	
Philippines	X	X	X	X	
Pologne	X	X	X	X	
Portugal	X	X		X	X

Etat	Pacte I[1]	Pacte II[2]	Art. 41[3] Pacte II	1er PF[4] Pacte II	2e PF[5] Pacte II
Roumanie	X	X		X	X
Fédération de Russie	X	X	X	X	
Rwanda	X	X			
Saint-Vincent-et-Grenadines	X	X		X	
Saint-Marin	X	X		X	
Iles Salomon	X				
Sao Tomé-et-Principe	S	S			
Sénégal	X	X	X	X	
Seychelles	X	X		X	X
Sierra Leone	X	X		X	
Slovaquie	X	X	X	X	
Slovénie	X	X	X	X	X
Somalie	X	X		X	
Soudan	X	X			
Sri Lanka	X	X	X		
Suède	X	X	X	X	X
Suisse	X	X	X		X
Suriname	X	X		X	
Syrie	X	X			
Tanzanie	X	X			
République tchèque	X	X	X	X	
Tchad	X	X		X	
Thaïlande		X			
Togo	X	X		X	
Trinité-et-Tobago	X	X		X	
Tunisie	X	X	X		
Turkménistan	X	X		X	
Ukraine	X	X	X	X	
Uruguay	X	X		X	X

Etat	**Pacte I**[1]	**Pacte II**[2]	**Art. 41**[3] **Pacte II**	**1er PF**[4] **Pacte II**	**2e PF**[5] **Pacte II**
Venezuela	X	X		X	X
Viêt-Nam	X	X			
Yémen	X	X			
Yougoslavie	X	X		S	
Zaïre	X	X		X	
Zambie	X	X		X	
Zimbawe	X	X	X		
Gesamtzahl der Ratifikationen/ nombre total de ratifications	136	138	45	92	30

Stichwortverzeichnis

Index